江西省志

1991—2010

江西省地方志编纂委员会　编

江西省地方志编纂委员会

主　修　吴新雄（2012 年 1 月—2013 年 3 月）

鹿心社（2013 年 3 月—2016 年 9 月）

刘　奇（2016 年 9 月—2018 年 9 月）

易炼红（2018 年 9 月—　）

副主修　朱　虹（2012 年 1 月—2016 年 9 月）

李　利（2017 年 9 月—2018 年 9 月）

孙菊生（2018 年 9 月—　）

总　纂　刘　斌（2012 年 1 月—2012 年 7 月）

梅　宏（2012 年 7 月—2019 年 3 月）

甘根华（2019 年 7 月—　）

副总纂　吴小瑜（2012 年 1 月—2014 年 7 月）

周　慧（2012 年 1 月—　）

杨志华（2014 年 7 月—　）

张棉标（2020 年 1 月—　）

凡 例

一、本志以马克思列宁主义、毛泽东思想、邓小平理论、“三个代表”重要思想、科学发展观、习近平新时代中国特色社会主义思想为指导，坚持党的路线、方针、政策，坚持辩证唯物主义和历史唯物主义，全面系统记述江西省自然、政治、经济、文化、社会等各方面的情况。

二、本志总名《江西省志》，系首轮《江西省志》续志，由独立出版的各分志构成。各分志名称为《江西省志・××志（1991—2010）》。分志为通志的不标注断限年份。

三、本志断限。上限原则上为1991年，与首轮《江西省志》下限相衔接，纵贯详记。首轮未修志书的分志上限不限，从事物发端写起；为全面、完整、系统地记述改革开放历史进程，部分分志上限上溯至1978年。下限为2010年底。为了反映机构撤并、领导班子换届、重大工程竣工等内容的完整性，部分分志下限适当下延。各分志断限，参见各分志《编纂说明》。

四、本志基本依照行业、部门设置分志，为反映江西地方特色，将《鄱阳湖志》《景德镇陶瓷文化志》《江河志》《名山志》《山江湖工程志》《茶志》《客家志》从相关行业、部门中分离出来，成为独立设置的7部分志。

五、各分志篇目根据科学分类和社会分工相结合的原则拟定，采用章节体，运用述、记、志、传、图、表、录等7种体裁，以志为主。

六、各分志根据需要设“人物”部分，收录本行业、本部门具有重要影响和作出重大贡献的人物。人物籍贯一律标注省县（市、区）名，城区名前标注设区市名。

七、本志除设《市县概况》分志外，各分志根据需要设“设区市概况”，记述设区市范围内本行业、本部门相关内容。

八、本志一律使用规范的语体文，以第三人称记述，述而不论，寓褒贬于记述之中。

九、本志纪年，一般采用公元纪年。1912年1月1日以前的，采用历史纪年括注公元纪年；1912年1月1日至1949年9月30日根据需要括注民国纪年。

十、行文中人物的职务、职称、军衔等冠于人名之前。

十一、本志语言文字、标点符号、计量单位、数字等表述执行国家标准和相关规定。

十二、志书编纂运用的数据以政府统计部门公布的法定数据为主，专业部门数据、调查数据为辅。

十三、本志采用统计部门、档案部门及相关单位提供的资料一般不注明出处。专用名词、特定事物、外文缩写等，随文括注。

十四、本《凡例》为《江西省志》全志通用体例，各分志的特殊问题，在各分志《编纂说明》中加以说明。

江西省志

质量技术监督志

1991—2010

江西省地方志编纂委员会　编

《江西省志·质量技术监督志（1991—2010）》编纂委员会

《江西省志·质量技术监督志（1991—2010）》编纂办公室

主　　任：李　捷

副 主 任：朱小东　　曾裕明　　吴玉屏

成　　员：吴玉屏（总纂）　　宋丹妮

主　　编：王福平

常务副主编：蔡　玮

副 主 编：李　捷　　吴生龙　　朱小东　　曾裕明　　吴玉屏

《江西省志·质量技术监督志（1991—2010）》编纂指导

胡瑞云　　王小军　　孟　秀

《江西省志·质量技术监督志（1991—2010）》审稿人员

初　　审：	梅　宏	蔡　玮	杨志华	李　捷	胡瑞云
	王小军	孟　秀	周元根	吴生龙	李江生
	李党建	刘自宪	吴玉屏		
复　　审：	甘根华	蔡　玮	杨志华	李　捷	胡瑞云
	王小军	孟　秀	周元根	吴生龙	刘自宪
	吴玉屏				
验　　收：	孙菊生	樊雅强	甘根华	蔡　玮	李　捷
	李立功	彭　林	吴生龙	刘自宪	

2001年10月，省长黄智权（右一）视察农业标准化工作，省质监局局长刘和平（右二）陪同

2005年7月8日，省委副书记、常务副省长吴新雄（右三）在广昌白莲全国标准化示范区视察

2011年1月17日，江西省人民政府召开全省质量兴省动员大会，全面动员和部署实施质量兴省战略。国家质检总局党组书记、局长支树平（右二），江西省委副书记、省长吴新雄（左二），副省长朱虹（左一）出席会议

2004年2月15日至16日，全省质监系统局长会议在江西饭店召开。省人大常委会副主任蒋仲平（左一）、副省长孙刚（左二）等领导出席会议

2005年，国家质检总局副局长王秦平（中）视察江西省质监局

2004年7月17日，国家质检总局副局长葛志荣（右一）在江西视察质检工作

2007 年 5 月 21 日，国家质检总局党组副书记、副局长支树平（前排左六）视察省质监局

2002 年，国家认监委主任王凤清（左一）到江西省指导工作，省人大常委会副主任朱英培（右二）陪同

2007 年 8 月，中纪委驻国家质检总局纪检组长郭汝斌（右）到江西省调研指导，副省长洪礼和（左）与其亲切交谈

2004 年 2 月 26 日，国家标准委主任李忠海（右一）听取省质监局的工作汇报

2008 年 9 月 25 日，副省长谢茹（左二）到省质检院指导工作

1990 年 9 月 11 日，省计量局举办庆祝《中华人民共和国计量法》颁布五周年座谈会，副省长钱家铭（右三）参加座谈会

1990 年，省计量局举办全省制造计量器具企事业单位专业技术人员培训班

2010 年 1 月 22 日，省政府在南昌召开全省计量工作会议

20 世纪 90 年代初，技术人员对加油机进行检定

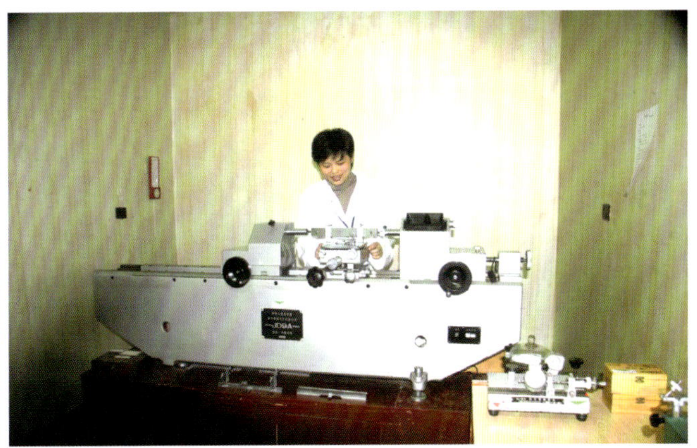

技术人员使用测长机做检定

2006 年 5 月，江西省开始对通行收费公路的载货类汽车实行计重收取车辆通行费。省计量院采取 24 小时连班作业，对公路动态汽车衡进行强制检定

技术人员在高速公路检定公路测速仪

省计量院开展免费计量检测活动

1991年，有关专家在南丰县指导实施南丰蜜桔综合标准化方案

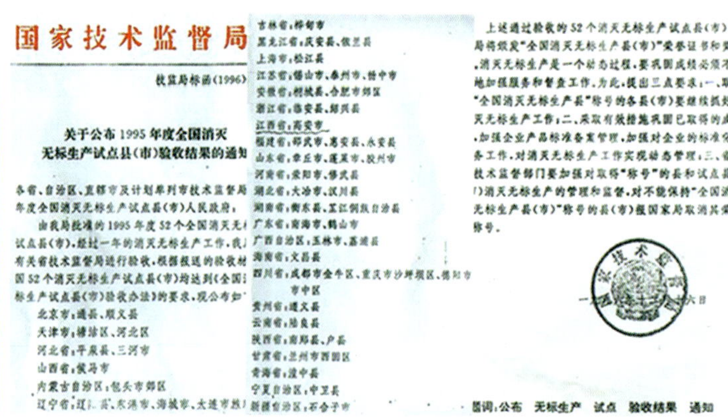

国家技术监督局

技监局标函(1996)

关于公布1995年度全国消灭
无标生产试点县(市)验收结果的通知

各省、自治区、直辖市及计划单列市技术监督局
年度全国消灭无标生产试点县(市)人民政府：

由我局批准的1995年度52个全国消灭无
试点县(市)，经过一年的消灭无标生产工作，我
有关省技术监督局进行验收，根据报送的验收材
国52个消灭无标生产试点县(市)均达到《全国
标生产试点县(市)验收办法》的要求，现公布如

北京市：通县、顺义县
天津市：塘沽区、河北区
河北省：平泉县、三河市
山西省：侯马市
内蒙古自治区：包头市郊区
辽宁省：辽[illegible]县、东港市、海城市、大连市旅
吉林省：桦甸市
黑龙江省：庆安县、依兰县
上海市：松江县
江苏省：锡山市、泰州市、扬中市
安徽省：桐城县、合肥市郊区
浙江省：临安县、绍兴县
江西省：高安市
福建省：邵武市、惠安县、永安县
山东省：章丘市、蓬莱市、胶州市
河南省：荥阳市、修武县
湖北省：大冶市、汉川县
湖南省：衡东县、芷江侗族自治县
广东省：南海市、鹤山市
广西自治区：玉林市、荔浦县
海南省：文昌县
四川省：成都市金牛区、重庆市沙坪坝区、绵阳市
市中区
贵州省：遵义县
云南省：陆良县
陕西省：南郑县、户县
甘肃省：兰州市西固区
青海省：湟中县
宁夏自治区：中卫县
新疆自治区：石河子市

上述通过验收的52个消灭无标生产试点县(市)，
局将颁发"全国消灭无标生产县(市)"荣誉证书和奖
，消灭无标生产是一个动态过程，要巩固成绩必须不
地加强服务和督查工作，为此，提出三点要求：一、取
"全国消灭无标生产县"称号的各县(市)要继续抓好
灭无标生产工作；二、采取有效措施巩固已取得的成
，加强企业产品标准备案管理，加强对企业的标准化
务工作，对消灭无标生产工作实现动态管理；三、省
技术监督部门要加强对取得"称号"的县和试点县
)消灭无标生产的管理和监督，对不能保持"全国消
无标生产县(市)"称号的县(市)报国家局取消其荣
称号。

一[illegible]六日

主题词：公布　无标生产　试点　验收结果　通知

1995年，高安市被列入第一批全国消灭无标生产试点县（市）

1998年10月，省技监局召开《商品条码管理办法》宣贯实施大会

2007年5月，国家标准馆江西分馆在南昌成立

2007年9月18日—19日，第五届中国标准化论坛暨庆祝第38届世界标准日活动在南昌市举行。全国政协委员、中国标准化协会理事长李忠海，副省长洪礼和等出席论坛

2008年10月14日，省市质监部门联合在南昌举行第39届世界标准日宣传活动

全南高山蔬菜国家农业标准化示范区

广昌通芯白莲国家级标准化示范区

上犹有机茶国家农业标准化示范区

新余蜜桔国家农业标准化示范区

万年县淡水珍珠养殖国家级标准化示范区

2000 年，全省质量技术监督工作会议在南昌召开

2002 年 8 月，“江西省名牌战略推进委员会”成立大会在南昌召开

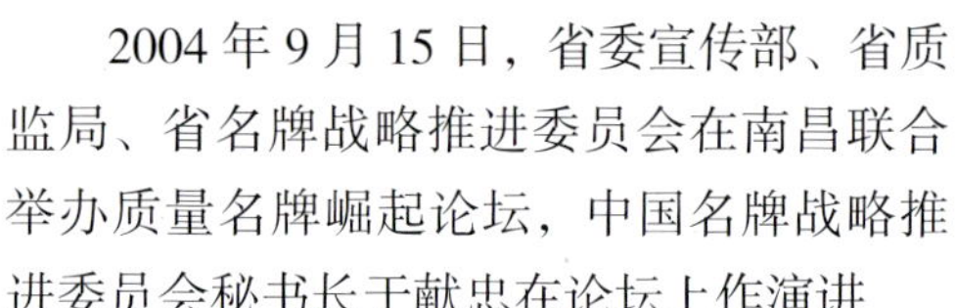

2004 年 9 月 15 日，省委宣传部、省质监局、省名牌战略推进委员会在南昌联合举办质量名牌崛起论坛，中国名牌战略推进委员会秘书长于献忠在论坛上作演讲

2009 年 2 月 18 日，全省质量技术监督工作会议在南昌召开

2001年9月，省质监局在南昌市八一广场举办大型质量宣传咨询服务活动，同时举行基层执法专用车发车仪式

2002年12月26日，中国质量认证中心（CQC）和江西铜业集团公司联合在北京人民大会堂召开江西铜业集团公司党建工作ISO9001认证颁证会，中共中央组织部副部长李景田（左二）、国家认监委党组书记、主任王凤清（右二）为江铜集团颁发全国首张党建工作认证证书

2005年，抚州市质量技术监督局ISO9001认证颁证大会

2006年9月22日，第三届泛珠三角区域（九省区）质量技术监督局长联席会议在江西召开，会议共同签署合作备忘录

2007年10月17日，江西名牌产品暨质量管理先进表彰大会在南昌召开

2008年9月，全省质量月宣传咨询服务活动在南昌八一广场举行

2003年2月12日，南丰蜜桔获得国家质检总局批准，成为江西省第一个国家地理标志保护产品

2004年1月29日，狗牯脑茶实施国家地理标志产品保护，得到市场认可，被列入联合国采购目录

2004年9月27日，赣南脐橙实施国家地理标志产品保护，促进赣南脐橙销往世界各地

2004年10月10日，泰和乌鸡获得国家质检总局批准，是全国首例活体国家地理标志保护产品

稽查人员开展建材专项检查

稽查人员对市场上销售的糖果进行监督检查

检测人员现场检测纤维制品

稽查人员利用先进仪器设备快速辨别假冒伪劣产品

稽查人员在辽宁省辽阳县查获假冒的“江铃”汽车

省质监局开展集中销毁假冒伪劣产（商）品活动

省质监局开展打假保名优活动，得到企业广泛赞誉。德国万宝龙公司总裁向省质监局赠送锦旗

“12365”举报申诉中心正在回答网民提问

省质监局工作人员在大型咨询现场为群众解答疑难问题

工作人员在节日期间对娱乐设施安全情况进行督察

检验人员正在进行电站锅炉内部检验

检验人员对液化气贮罐进行焊缝超声波探伤

开展专项整治“土锅炉”行动，并进行破坏性处理

检验人员对氧舱进行检验

检验人员开展低温天然气容器检验

2006年11月，南昌市质监局联合公安、消防、环保、卫生、安监、气象、交通部门在原南昌化工原料厂举行南昌市危险化学品泄露、特种设备爆炸应急救援演练

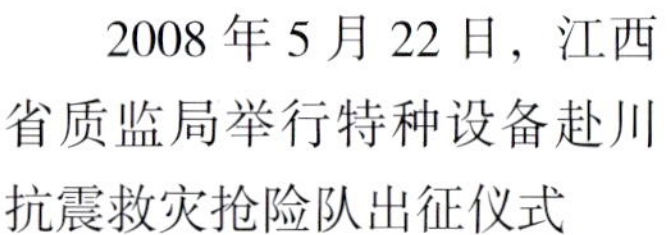

2008年5月22日，江西省质监局举行特种设备赴川抗震救灾抢险队出征仪式

2005年6月，首次全省质监系统信息化工作会议在南昌召开

2006年，国家质检总局对省质检院开展现场调查评估，指定省质检院为28类食品市场准入专业委员会中豆制品和蔬菜制品副主任单位，粮食加工品、蜂产品、肉制品、薯类制品、膨化食品和蛋制品委员单位

2006年11月15日，江西省质量技术监督系统科学技术大会在南昌召开

质监检验中心化验室

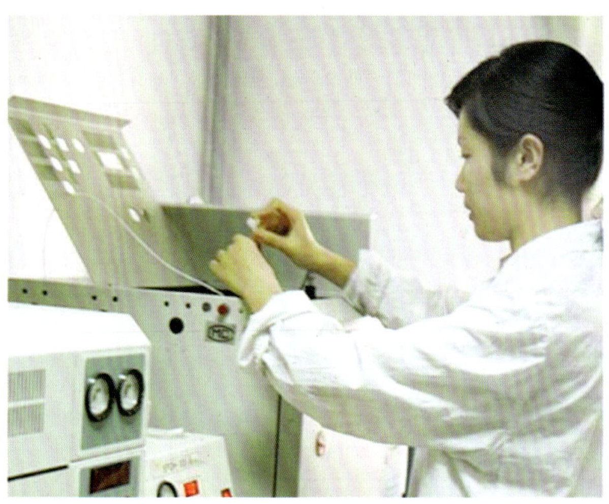
基层质检所 P2 实验室

省质监局信息中心机房

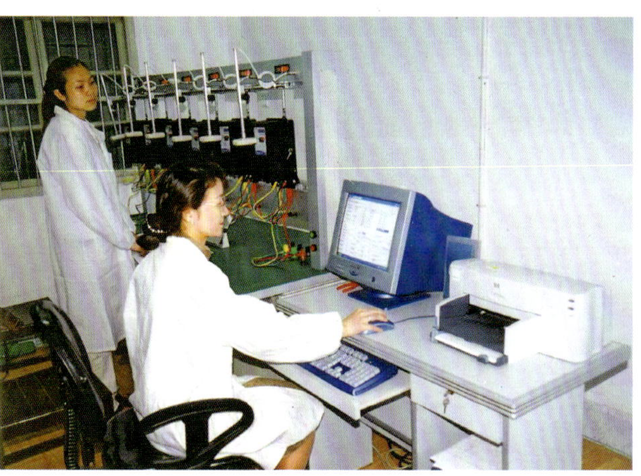
检测人员对民用电表进行检测

检测人员使用 ICP 发射光谱仪检测稀土

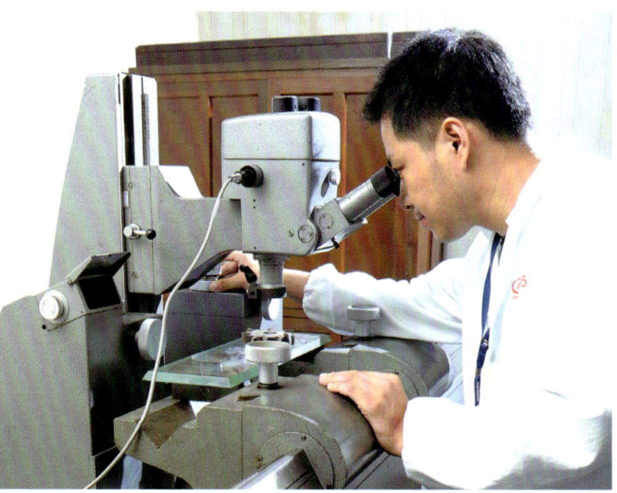
检测人员使用 1m 万工显进行检测

2003 年 5 月，为防控甲型流感，省质监部门在机场口岸免费校准红外体温检测仪

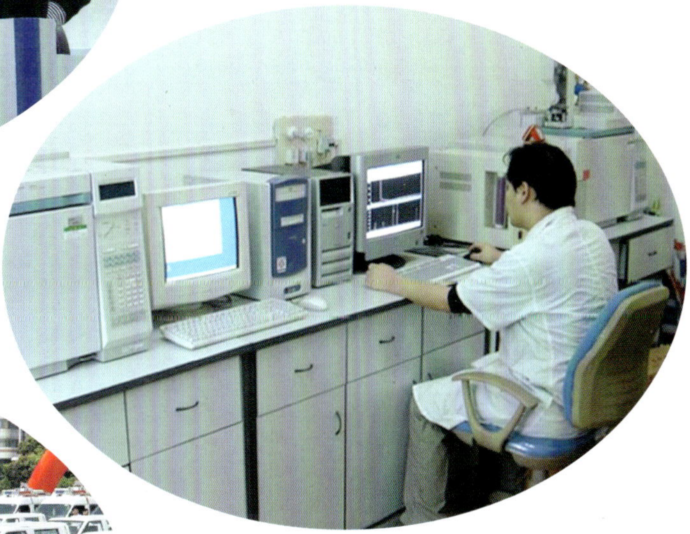

2005 年，评审员对质检机构开展审查认可活动

2010 年 6 月 30 日，省质监局配发“12365 执法打假指挥调度”专用执法车发车仪式

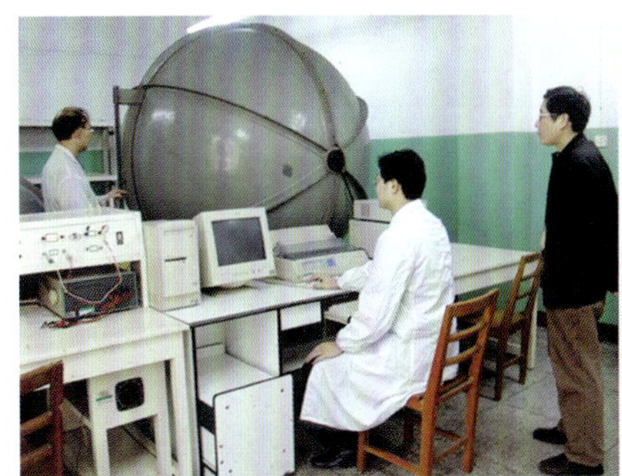

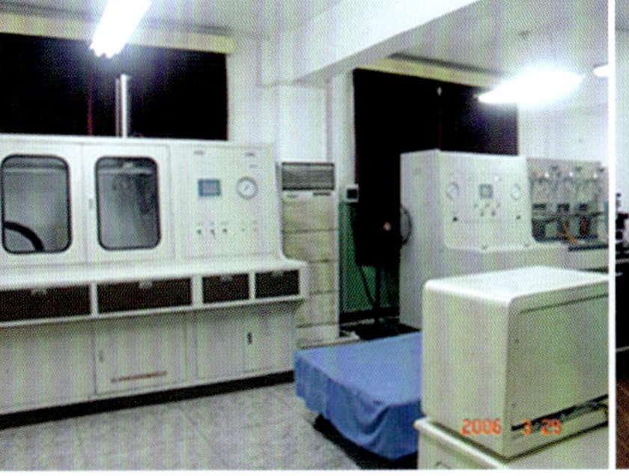

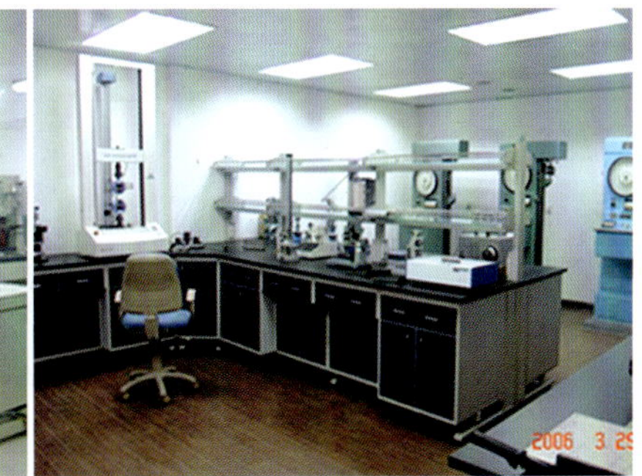

省质检院开展的部分技改项目

2001年，省质监局组织开展“直面入世”系列讲座

2005年2月24日，省质监局召开机关党员大会暨先进典型事迹报告会

2005年9月10日，中央先进性教育活动巡回检查组到省质监局检查指导开展保持共产党员先进性教育活动

2008年3月11日，全省质监系统党风廉政建设工作会议在宜春市召开

1996 年 3 月，江西省技术监督局成立大会在南昌召开

2004 年 6 月 9 日，省质监局举办全省质监系统新闻宣传骨干培训班

2006 年 10 月，省质监局组织开展全省质监系统法律知识竞赛

2006 年 6 月，省质监局举办全省质监系统县级局局长能力建设培训班

省质监局局长朱秉发（左二）接受地方政府赠送锦旗

省质监局参加江西人民广播电台《政风行风热线》直播节目

省质监系统青年文明号单位代表参加服务社会主义新农村出征仪式

省质监局党员重温入党誓词

省质监系统服务“三农”，组织车队送肥下乡

2008 年 1 月 2 日，江西省质监检验检测新办公楼建成搬迁

省产品质量监督检测院办公楼

省计量测试研究院办公楼

省纤维检验局办公楼

省特种设备检验检测研究院办公楼

省锅炉压力容器检验检测研究院办公楼

省钨与稀土产品质量监督检验中心（国家钨与稀土产品质量监督检验中心）办公楼

省钢结构网架质量检验中心（国家塔架质量监督检验中心）办公楼

瑞金中央苏区质检史料馆

瑞金市质监局办公楼

井冈山市质监局办公楼

2005 年，省质监局参加全省“和谐创业、富民兴赣”家和万事兴歌咏大赛获一等奖

2010 年 4 月，在全省省直机关组织的演讲比赛中，省质监局选派的两名选手分获二、三等奖

省质监系统每两年组织一届“新瑞丰杯”乒乓球比赛

省质监局组织全省质监系统羽毛球比赛

省质监系统每年组织一次春节联欢会

质监部门与江西电视台共同举办“质量月”宣传晚会

2009 年，省质监局组织开展金色之旅拓展训练

序

修志是中华民族源远流长的优良文化传统。《江西省志·质量技术监督志(1991—2010)》付梓问世,是江西省市场监管事业发展史上的一件大事,可喜可贺。编纂这部志书历经四年,凝聚着全体修志人员的辛勤劳动和汗水,得到社会各界的大力支持和关心,在此,致以诚挚的谢意。

以史为鉴,可知得失;以志为鉴,可知兴衰。《江西省志·质量技术监督志(1991—2010)》以习近平新时代中国特色社会主义思想为指导,坚持辩证唯物主义和历史唯物主义,真实反映了该时期江西质量技术监督工作的历史沿革和质量技术监督人与时代同频共振的奋斗历程,内容丰富、记载翔实、脉络清晰、体例完备,具有重要的历史意义和现实意义。

20年时光,在历史长河中只是短短的一瞬,但对于江西质量技术监督事业发展来说,却是至关重要的时间维度。1991—2010年,江西省质监部门从省计量局、省标准局始,经省技术监督局(副厅级),后设省质量技术监督局(正厅级);管理体制从地方分级管理到省以下垂直管理;职能从较为单一的标准化、计量和质量监督,扩大到涵盖质量管理、质量监督、标准化、计量、认证认可、检验检测、食品生产质量监管、特种设备安全监察、执法打假等诸多职能,历经从小到大、从大到强的历史性变化。

20年间,江西质监系统干部职工在省委省政府的坚强领导下,不辱使命、不负重托,团结拼搏、认真履职,高举质量振兴旗帜,全面履行综合管理、执法打假和安全监管等职能,在提升质量、净化市场、打假治劣、维护安全、服务发展等方面取得了历史性成就,提升了全省质量总体水平,为全省经济社会发展做出了重要贡献,得到各级党委政府、各有关部门、广大企业和全社会的充分肯定和广泛认可。

不忘历史才能开辟未来。当前,质量技术监督事业已全面融入市场监管事业,站在了新的历史起点。本志的编写,为市场监管干部职工了解历史、借鉴经验,更好地推进市场监管工作提供了可供参考的蓝本。希望全省市场监管系统的同志们认真贯彻落实习近平新时代中国特色社会主义思想和习近平总书记关于市场监管工作系列重要指示,充分认清新时代市场监管部门所肩负的新使命、新担当、新作为,不忘初心,砥砺前行,在推动全省高质量跨越式发展中做出新的更大贡献。

《江西省志·质量技术监督志(1991—2010)》即将付梓,浏览志稿,感悟尤深,谨缀絮言,权以为序。

江西省市场监督管理局党组书记、局长:王福平

2020年6月18日

编纂说明

一、本志运用辩证唯物主义和历史唯物主义的立场、观点和方法，以求真务实的精神，力求全面、客观、准确地记述江西省质量技术监督事业20年改革发展、探索创新的历史脉络和重要史实，反映出时代发展与质监行业特点的紧密联系。

二、本志记述的时间断限自1991年1月1日始，至2010年12月31日止。为保证对事物记述的完整性，个别地方做了适当追溯，对个别重大事件做了适当延续。本志上限的内容和2005年6月出版的《江西省志·江西省标准计量志》下限（1990年）中所记述的相关内容是衔接吻合的。

三、本志记述的地域范围除有特指外，均为江西省境，文中出现"全省""省内"一词亦均指江西省域。

四、本志以志为主，兼容述、记、图、表、录等体裁。全志篇目框架包括凡例、编纂说明、图照、目录、概述、大事记、专业志、人物、附录、编纂始末等。结构采用篇、章、节、目层次结构，有的目以下设子目，或分层次记述。全志共分十一篇四十五章，每篇下设无题概述，主要图片置于卷首。有些图表穿插文中，力求图文相适，言简意赅。

五、本志行文采用现代语体文、记述体和第三人称记述，同时遵循"横排门类、纵述史实"的原则，力求行文朴实、严谨、简洁、流畅。一般述而不论；有些事物在不同篇章必须重复记述的，也力求详此略彼，详略互补。

六、本志中模范先进人物的入选标准为取得教授级高级工程师职称的人员、被人事部及国家质检总局联合表彰的人员。人物简介按照出生年月先后排序，人物籍贯精确到县（市、区）。

七、本志使用的各种称谓，包括国名、人名、地名、职务、机构、单位等，均按资料原文或沿用当时称谓。由于在本志中有些单位名称重复出现，为便于读者观阅，在正文中，以篇为单位，首次出现用全称，并加括号注明简称，其余用简称。多次出现的如：国家技术监督局简称为国家技监局，国家质量技术监督局简称为国家质监局，国家质量监督检验检疫总局简称为国家质检总局，江西省计量局简称为省计量局，江西省标准局简称为省标准局，江西省技术监督局简称为省技监局，江西省质量技术监督局简称为省质监局等等。

八、本志资料来源于省质监局档案室保管的资料档案；在省档案局查阅到的相关资料；省质监局机关各有关处室、各直属机构、全省各设区市质监局、市场和质量监管局搜集整理的历史档案、文献、刊物、大事记、年鉴、著作和经严格考证核实的调查访问资料，这些资料另汇编成《江西省志·质量技术监督志资料长编（1991—2010）》共六册。

目　录

概 述

江西省质量技术监督局是江西省人民政府负责统一管理质量、标准化、计量和特种设备安全监察工作的职能部门。1991—2000 年,江西省质量技术监督职能分散在原江西省计量局(简称省计量局)、原江西省标准局(简称省标准局)、原江西省经济贸易委员会(简称省经贸委)、原江西省劳动厅(简称省劳动厅),经过多次机构改革,逐步整合到一起。

1991 年,省计量局、省标准局分别为江西省人民政府(简称省政府)管理全省计量、标准化工作的职能部门。1995 年 7 月,省政府办公厅印发《关于江西省技术监督局职能配置、内设机构和人员编制方案的通知》,将省计量局、省标准局合并,组建江西省技术监督局(简称省技监局),为副厅级建制,作为省政府统一管理和组织协调全省标准化、计量和质量工作的职能部门,负责《中华人民共和国计量法》《中华人民共和国标准化法》《中华人民共和国产品质量法》在江西的组织实施和行政执法工作。

2000 年 1 月,省政府批转《省技术监督局关于全省质量技术监督管理体制改革方案》,改革现行质量技术监督管理体制,实行省以下质量技术监督系统的垂直管理。同年 9 月,省政府办公厅印发《关于江西省质量技术监督局职能配置、内设机构和人员编制规定的通知》(赣府厅发〔2000〕94 号),组建江西省质量技术监督局(简称省质监局),正厅级建制,为管理标准化、计量、质量工作并行使行政执法监督职能的省政府直属机构。划入由省劳动厅承担的锅炉、压力容器、压力管道、电梯、起重机械、厂内运输车辆、架空索道、游乐设施、防爆电器等特种设备的安全监察监督管理职能;由省经贸委承担的质量管理、质量认证管理、“打假”综合协调、工业产品生产许可证管理的职能;由省石油化学工业总公司承担的化学危险品质量监督管理职能;由省电力工业局、省邮电管理局等承担的用于贸易结算的电能表、电话计费器等计量器具强制检定的行政监督管理职能;农药质量工作的宏观指导和农药质量的监督职能;承担国家质量技术监督局下放的职能。同时将原省技术监督局承担的西药、中药的质量监督管理交给省药品监督管理局,产品质量纠纷的仲裁职能交给人民法院或社会中介组织。2005 年 7 月,根据江西省机构编制委员会办公室《关于省市质监局机构编制的批复》,省质监局增设食品安全监管处,主要负责食品生产加工环节质量卫生的日常监管;严格实行生产许可、强制检验等食品质量安全市场准入制度等工作。2009 年 9 月 29 日,省质监局增设认证监管处,负责全省认证监管工作。至此,质量技术管理职能得到全面理顺,为提升全省质量总体水平、维护质量安全奠定扎实基础。

2001 年以来,全省质监部门大力推进质量振兴,构建质量发展体制机制,促进质量水平提升;夯实质量技术基础,协同推进计量、标准、认证认可和检验检测事业发展;严格质量安全监管,维护产品质量、食品生产质量和特种设备安全平稳态势;加大质监行政执法力度,打击假冒伪劣,规范市场秩序,为全省经济社会持续健康发展做出积极贡献。

一

为保证全省公平贸易和经济社会正常运行,1991 年以来,省计量局、省技监局、省质监局主要围绕法制计量、工业计量和民生计量等方面开展一系列富有成效的工作。

20 世纪 90 年代初,省计量局、省技监局将加强地方计量法规和规章建设作为计量工作的重点。1996 年,省技监局起草《江西省计量监督管理条例(草案)》;1999 年 8 月,省人民代表大会常务委员会通过《江西省计量监督管理条例》。随着计量法规建设逐步完善,地方计量技术法规制修订得到加强。

1991 年以来,全省各级计量行政部门加强计量技术机构授权与监管。经多次考核、整顿,于 1999 年完成对 15 家省级专业计量站和 77 家设区市一级计量授权复查。2000 年后,开展授权考核、实验室比对、技术比武等活动。至 2010 年,全省共有 94 家法定计量检定机构,113 家专项计量检定机构。其中,11 个设区市(含南昌市直属检定站)和 83 个县建立法定计量检定机构。1991 年 1 月,全省共有计量仪器生产企业 60 多家,产品 270 多种。至 1997 年底,全省有 130 家制造计量器具企业纳入法制管理。至 2010 年,全省生产计量器具厂家 38 家,生产 68 种计量器具。1998—2002 年,省技监局、省质监局每年组织计量器具产品质量监督抽查,合格率分别为 89%、95%、91%、74%、86.6%。

1995 年,省计量局、省乡镇企业管理局在全省乡镇企业中开展计量达标管理工作,在大中型企业中开展完善计量检测体系工作。1999 年,省技监局在全省开展企业计量检测保证(合格)确认工作。至 2000 年,全省共 16 家企业获得国家质监局颁发的《完善计量检测体系合格证书》。2005 年,省质监局启动测量管理体系认证工作,至 2010 年,全省共有 28 家和 800 余家企业分别通过国家级和省级计量检测合格确认。

1991—2010 年,省计量局、省技监局、省质监局先后明确强制检定适用范围,坚持定点检定,并开展检查,强检受检率按实际检测能力(含定点检定和计量授权检定)达到 95%。1991—1998 年,省计量局、省技监局发布地方检定规程 2 件。2000—2010 年,省质监局发布地方检定规程 2 件,技术规范 10 件。与此同时,社会公用计量标准建设进一步加快。1992—1994 年,省计量局与有关部门联合印发通知,将省测绘仪器计量检定站建立的光电测距仪检定装置、省气象计量检定所建立的 5 项气象计量标准、省纺织计量中心建立的 23 种纺织质检专用计量器具的综合检定装置确定为社会公用计量标准。2000 年,省质监局加强对计量标准的规划与建设工作,至 2010 年,全省建立社会公用计量标准 906 项。可开展强制检定项目 76 项。全省共 47 项 102 种 127643 台(件)强检工作计量器具(其余 13 项计量器具江西省无相应计量器具或无检定能力)录入国家质检总局强检工作计量器具管理系统,依法设置(含授权)计量检定机构检定员 3834 人、企事业单位计量检定员 5005 人,共有 27 人通过注册计量师资格考核认定。

1991—1999 年，全省各地在商业、粮食、石油、集贸市场广泛开展“计量信得过”活动。2000—2010 年，省质监局组织开展“关注民生、计量惠民”专项行动和“四个走进”（诚信计量进市场、健康计量进医院、光明计量进镜店、服务计量进社区）主题活动，全省集贸市场在用衡器受检率由 70% 提高到 85%，公平秤受检率由 90% 提高到 98%；全省医疗卫生单位在用医用强检计量器具受检率由 80% 提高到 90%；全省眼镜店在用验光配镜用强检计量器具受检率由 95% 提高到 98%；对全省 988 个社区，组织提供 4921 次免费计量检测服务。自 2002 年起，省质监局从源头与流通两方面开展瓶装液化气计量监督检查工作。2003 年防治“非典”期间，省、市计量所和铁路、交通部门的技术人员，采取比对、校准、模拟测量等方法对全省 94 台测温仪进行免费检测。

1996—2001 年，省技监局、省质监局每年制订定量包装商品计量监督计划，选定粮油、农资、副食、建材、酒类 5 类 10 ~ 15 种定量包装商品进行计量跟踪检查，合格率从 65% 上升至 85%。2001 年，省质监局在全省定量包装商品生产企业中，积极开展计量保证能力评价工作，推行定量包装商品“C”标志。至 2010 年，全省获准使用 C 标志的企业共 21 家，产品规格 221 个。2002—2010 年，省质监局每年组织开展全省定量包装商品计量监督检查，并向社会公布检查结果。

2005 年，根据国家质检总局要求，省质监局组织各地对年耗能在 5000 吨标准煤以上的重点耗能企业，开展能源计量调研。2006—2010 年，省质监局与全省列入《全国千家企业节能行动实施方案》的 19 家重点耗能企业签订《共同推进节能降耗增效工作责任书》。针对签订责任书的 19 家和年综合能耗 5000 吨标准煤以上的 475 家重点耗能企业，组织开展能源计量监督检查，引导它们按照强制性国家标准配备计量器具，建立完善测量管理体系。

二

为发挥标准化在促进全省经济社会发展中的引领作用，1991—2010 年 20 年间，省标准局、省技监局、省质监局主要开展标准化管理、企业标准化、农业标准化和服务业标准化、标准信息研究与服务等工作。

1995 年，省技监局起草《江西省标准化管理条例（草案）》。1997 年 10 月，省人民代表大会常务委员会通过《江西省标准化管理条例》，并于 2002 年 7 月和 2010 年 9 月两次修改。

1991—2000 年，全省标准化管理工作重点是组织实施国家强制性标准及对实施情况进行监督以及对企业执行标准登记和消灭无标生产。10 年间，省标准局、省技监局组织开展国旗、食品标签、化肥、农药、饲料、热水器、插头插座等强制性标准实施情况监督检查；1993 年以来，对企业产品标准实行备案管理，至 2000 年，省标准局、省技监局备案产品标准 3340 项。2001 年 8 月省质监局将企业产品执行标准登记工作，下放给各设区市质监局。2001—2010 年，省质监局组织开展食品、化妆品、肥料、家用电器、室内装饰装修材料等强制性标准实施情况监督检查，共备案产品标准 4290 项。

1995—2001 年，省技监局、省质监局在全省开展消灭无标生产工作，全省 87 个列入消灭无标生产试点县（市、区）全部通过验收，涉及企业 17850 家、产品 28339 个；江西省成为全国实现消灭无标生产的省份。1992—2000 年,全省获国家技监局《企业标准化水平证书》3 级的 266 家、4 级的 124 家;获省技监局颁发新的《企业标准化水平证书》151 家。2004 年 3 月,省质监局布置标准化良好行为企业试点工作,至 2010 年底,全省共有 6 家获国家标准化良好行为企业称号,32 家企业获省标准化良好行为企业称号。

1991—2000 年,省标准局、省技监局向 74 家企业、88 个产品颁发《采用国际标准产品标志证书》;2001—2010 年,省质监局向 143 个产品颁发《采用国际标准产品标志证书》。自 2005 年起,积极争取 1 个全国专业标准化技术委员会、2 个分技术委员会及工作组获批由省内单位筹建,并批准筹建江西省专业标准化技术委员会 23 个。

2000 年以后,全省标准化管理工作重点转换为组织标准制修订、标准化试点示范建设、采用国际标准、标委会建设及标准化战略实施。自 2002 年起,省质监局开展组织国家标准项目申报,至 2010 年底,全省共组织申报国家标准 114 项,获批 40 项,其中农业国家标准 11 项。2010 年,全省组织申报国家级服务业标准化试点单位 4 家。

2007 年 1 月,国家认监委、国家标准委印发文件,确定江西省为全国良好农业规范(GAP)试点省份,2007 年,省质监局向国家标准委推荐申报江西省良好农业规范(GAP)试点单位 9 个,2008 年申报试点单位 10 个。至 2010 年底,全省共有国家级农业标准化示范区 103 个、省级农业标准化示范区 115 个,实现平均每县 2 个项目的目标。

2008 年,省质监局启动标准化战略实施工作。2009 年 4 月,省政府印发《江西省人民政府关于实施标准化战略的意见》(赣府发〔2009〕12 号),省政府成立江西省标准化战略领导小组。是年 6 月 19 日,在南昌召开全省标准化会议;省政府门户网站和公务员门户网站正式开通“实施标准化战略专题”栏目。

2008 年,省质监局启动高新技术标准化示范创建工作,是年 7 月 17 日,国家标准委批复同意南昌市高新区开展“国家高新技术产业集群标准化示范基地”试点,2009 年 6 月 19 日示范基地揭牌,2013 年 5 月 9 日通过考核验收。

至 2010 年底,全省质监系统已建成全部国家标准、行业标准、10 多种国际标准和国外先进标准的查询、文本数字打印系统,为江西企业提高产品质量、开展科技创新提供更加有效的服务。至 2010 年底,全省累计有 31 万多个组织机构应用全国统一代码,组织机构代码在财政、税务、金融、外贸、公安、海关、社会保障等 48 个部门的社会和经济管理领域得到应用。全省商品条码系统成员保有量达到 3355 家,使用商品条码标识的产品超过 4 万种,采用条码技术进行扫描结算的连锁超市千余家,使商品条码在零售、物流配送、电子商务、食品安全追溯等国民经济和社会发展的各个领域得到广泛应用。

三

1991—2010 年,全省质量管理工作先后由省经贸委和省质监局主管,主要开展宏观质量管理、实施名牌战略、工业产品生产许可证管理、质监合作互认等工作,为提升全省产品质量、改善民众生活质量、营造浓厚质量氛围方面发挥重要作用。

1998 年 5 月，省经贸委制定《江西省质量振兴实施计划》（赣经贸质发〔1998〕71 号），提出经过 5 ~ 15 年的努力，从根本上提高全省主要产业的整体素质和企业质量管理水平，使全省产品质量、工程质量和服务质量不断满足和适应国内外市场竞争的需要。2001—2010 年。省质监局大力推进全省质量工作。2001 年 11 月，省质监局印发《关于推动开展质量兴市活动的意见》；2003 年 6 月，省质监局印发《关于“质量服务经济、质量振兴江西”十大工程工作方案的通知》；2004 年 5 月，省政府办公厅转发省质监局《关于进一步开展质量兴市工作的意见》（赣府厅发〔2004〕35 号）；2006 年 6 月，江西省质量振兴领导小组成立。2006 年，国家质检总局《质检信息》专刊报道《江西省开展质量兴市工作成效显著》。2010 年 11 月 25 日，《江西省人民政府关于实施质量兴省战略的意见》（赣府发〔2010〕33 号）发布，提出到 2020 年，江西省产品、工程、服务、环境等重点行业和领域质量水平跨入全国先进行列。至 2010 年底，全省开展质量兴市活动的市（县、区）达 79 个，占全省总数的 74.5%。2011 年 1 月 17 日，江西省质量兴省动员大会在南昌召开，省委副书记、省长吴新雄，国家质检总局党组书记、局长支树平，副省长朱虹出席会议并讲话。

1991—2000 年，主要以普及全面质量管理基本知识、推广 ISO9000 标准为重点。2001—2010 年，省质监局从推广先进质量管理方法、培育质量专业人才等方面开展工作。质量状况分析工作主要以产品质量分析报告为主，国家质检总局每年开展制造业质量竞争力指数测评工作。江西省 2001 年列全国 21 位；2010 年列全国 16 位，比 2001 年前移 5 位。全省也每年开展全省制造业质量竞争力指数测评，撰写分析报告，呈省政府领导及省直有关部门，为全省经济决策提供重要参考依据。1997—2010 年，省质（技）监局、省经贸委、省委宣传部等省直单位，每年 9 月举办质量月活动，通过召开质量月大会、开展咨询服务活动、组织宣讲《质量振兴纲要》、宣传名牌产品等，在全社会营造浓厚质量氛围，提高全民质量意识。2009 年，省质监局启动企业质量信用等级评价试点工作；至 2010 年，全省共认定 81 家企业为江西省质量信用 AAA 级企业。全省共有 6892 家企业建立企业质量档案，为全面掌握全省工业企业的质量状况，帮助企业提高质量水平提供有力的数据支撑。至 2010 年，省质监局每年组织开展江西省质量管理先进企业表彰，共表彰企业 123 家，为全省企业树立质量管理标杆；全省参加全面质量管理基本知识培训、考试的人数各为 54863 人和 78360 人；注册质量工程师（初级 41 人，中级 432 人）；注册设备监理师 146 人；推动企业成立开展质量改进并经注册的 QC 小组 19.33 万个，创造综合经济效益 17.93 亿元。

1994 年，省经贸委会同有关部门制定《江西省名牌产品管理办法》并组织实施；1994—2000 年，省经贸委牵头组织评出 300 个江西省名牌产品。2002 年 8 月，江西省名牌战略推进委员会成立，负责统一领导全省名牌战略推进工作；2003 年，省质监局启动江西名牌产品认定工作，至 2010 年，全省累计有 500 家企业生产的 500 个产品获江西名牌产品称号。据统计，全省名牌产品生产企业的工业增加值对全省工业增加值的贡献率达到 38.6%。2011 年 1 月，省政府办公厅印发《江西名牌产品认定和保护办法》（赣府厅发〔2011〕4 号）。

2001—2008 年，国家质检总局每年开展一次“中国名牌产品”评选工作，省质监局积极组织有关企业申报，先后有江铃集团生产的轻型汽车、泰豪集团生产的中小型发电机、景德镇陶瓷股份有限公司生产的红叶牌日用陶瓷等21家企业生产的23个产品获得“中国名牌”称号。2001—2010年,全省共有南丰蜜桔、狗牯脑茶、赣南脐橙、泰和乌鸡、广昌白莲、庐山云雾茶、景德镇瓷器等26种产品获国家质检总局批准为地理标志保护产品。

1991—2000年,省经贸委共完成20多类产品200家企业的工业产品生产许可证发证,负责获证企业证后监管工作。2001—2010年,省质监局先后制定《江西省工业产品生产许可省级发证工作管理办法》(赣质监质发〔2008〕2号)、《江西省工业产品生产许可证获证企业后续监督管理办法(试行)》(赣质监质发〔2008〕13号)等规范性文件。2001—2010年,省质监局共完成44类产品602家企业国家级生产许可证、19类产品954家企业省级生产许可证发证工作。省质监局制定首问责任制、限时办结制和责任追究制等内部管理制度,形成覆盖许可证申请受理、组织审查、审批发证和证后监管全过程的管理体系,并将工业产品生产许可申请受理时限由5天压缩为3天,实地核查时限由30天压缩为20天,省级发证从申请受理到审批发证的时限由60天压缩为40天。省质监局《江西省工业产品生产许可证获证企业后续监督管理办法(试行)》规定,设区市质监局应当根据不同行业、不同企业的质量安全状况,制定相应的监管计划和监管频次,获证企业每年至少要监管一次;并规定监管程序、监管内容、记录表格等。

2004年,江西省质监局与福建、湖南、广东、广西、海南、四川、贵州、云南等省(区)质监局共同商议建立泛珠三角区域质监合作互认机制。2006年,江西省质监局与江苏省、浙江省、安徽省、上海市质监局共同商议建立苏浙皖赣沪质监合作互认机制。2009年,江西省质监局与河南、湖北、湖南、安徽、山西省质监部门开展中部质监合作互认。合作互认促进质监事业发展,提升服务经济社会发展的能力。

四

从20世纪90年代起,江西对产品质量实行监督检查制度,严厉打击生产销售假冒伪劣产品行为。监督检查以监督抽查为主要方式,重点针对可能危及人体健康和人身、财产安全的产品,影响国计民生的重要工业产品以及用户、消费者、有关组织反映有质量问题的产品。为维护全省经济社会正常秩序发挥作用。

按照国家统一部署,1991年,全省产品质量国家监督抽查合格率63.5%,1991—2000年,全省产品质量国家监督抽查平均合格率71.6%;2001—2010年,全省产品质量国家监督抽查平均合格率76.6%;2010年国家监督抽查合格率82.2%,较1991年提高18.7个百分点。自2002年,省质监局组织开展产(商)品质量省级监督抽查,2002年省抽合格率为75.7%;2002—2010年,产(商)品质量省级监督抽查平均合格率为74.4%;2010年产(商)品质量省级监督抽查合格率81.7%,较2002年提高6个百分点。1991年,省标准局组织检验机构对全省有关企业的产品进行抽样检验,合格率41.3%;1991—2000年,省标准局、省技监局组织开展产品质量定期监督检验,平均抽查合格率75.7%;2001—2010年,省质监局组织开展产品质量定期监督检验,平均抽查合格率82.4%;2010年抽查合格率91.5%,较1991年提高50.2个百分点。

1992年9月，省标准局组建省级质量监督执法队伍，拉开全省执法打假工作序幕。1996年2月，省技监局稽查大队成立，受局委托参与或直接组织开展监督检查和打假行动。先后组织开展农资产品质量监督及打假活动、商品质量标准计量大检查活动、“查食品，保安全”“查生活用品，保假日经济”等打假统一行动，组织开展以“保奥运、迎国庆”为主题的百日专项执法检查行动，立案查处假冒萍乡“飞碟”电扇案、假冒“邦迪”创可贴案等大案要案，有力地震慑制假贩假违法犯罪分子的嚣张气焰，维护消费者的合法权益。此外，省质监局还多次组织开展“打假保名优”活动，通过执法打假，捣毁制假窝点，使违法犯罪分子得到应有的惩处，维护市场经济秩序的健康发展和名优企业的合法权益。2005年以来，制假售假犯罪行为初步得到遏制。质监部门也从过去的“打”，转变为“管”，再逐步转到“帮”；打假治劣、规范市场、帮扶企业、保护名优已成为质监执法的主旋律。

1991—2000年，省标准局、省技监局加强纤维质量监督管理，共组织开展棉花质量监督行动20余次，出动500余人次，立案12起。2001—2010年，省质监局组织开展棉花质量监督行动30余次，出动2000余人次，检查300余家企业，查处126起违法案件；组织开展化纤、羊毛、茧蚕丝质量监督行动20余次，出动300余人次，检查100余家企业；组织开展纺织产品、服装质量监督行动10余次，出动8000人次，查处64起违法案件；组织开展絮用纤维制品质量监督行动30余次，出动1500余人次，查处200余起违法案件；尤其是每年组织开展高校新生用絮用纤维制品专项检查，打击制售“黑心棉”的违法行为，维护高校学子合法权益。

2000—2008年，省质监局每年组织开展国家免检产品申报工作，至2007年底，全省共79家企业申报的80余个产品获得国家免检产品资格。2000—2008年，每年组织实施省重点保护产品工作，至2007年底，全省共有389家企业申报的400余个产品获得省重点保护产品资格。此外，组织开展产品质量仲裁检验和质量鉴定工作，至2010年底，全省各级产品质量检验机构未承担过产品质量仲裁检验任务，承担过2起产品质量鉴定任务。

2005年1月21日，国家质检总局、公安部等联合下发《关于加强机动车安全技术检验管理有关工作的通知》（国质检监联〔2005〕39号），要求自2005年1月21日至3月31日，机动车安全技术检验机构（以下简称“安检机构”）监督管理工作由公安机关交通管理部门向质量技术监督部门移交。从2008年起，省质监局依法正式启动安检机构检验资格行政许可审批工作，全省从事机动车安全技术检验工作的安检机构从移交时的32家发展到2010年的122家，经考核合格取得上岗证的检验技术人员从600余人发展到2010年的近2000人，为全省机动车行驶道路交通安全做出积极贡献。

五

1991—2010年，省经贸委、省计量局、省标准局、省技监局、省质监局按照所属职能开展产品认证、管理体系认证、实验室资质认定等工作，在规范市场秩序、提高管理水平、从源头上确保产品质量安全、保护人民生命健康安全、促进对外贸易发展等方面发挥重要作用。

1987年，省计量局开始组织实施质量检验机构计量认证工作；1990年，省标准局开始组织实施产品质量监督检验机构审查认可(验收)工作;1997 年省技监局、2000 年 7 月省质监局分别统一组织实施全省质量检验机构计量认证和审查认可(验收)工作。经过 20 年(1991—2010)的发展,全省质量检验机构计量认证和审查认可(验收)工作已涵盖质量监督、环境监测、医药卫生、疾病控制、生物安全、建设工程等众多领域。通过不断培训与考核,至 2010 年底,省质监局建立起覆盖全省各专业门类的省实验室资质认定(省级计量认证/审查认可)评审员 215 人。全省共有 851 家质量检验机构通过计量认证,有 63 家质量检验机构通过计量认证和审查认可(验收)。同时,省质监局通过年审、监督检查和能力验证等方式不断加强监督管理,规范质量检验机构行为,取得良好成效,为全省经济社会发展提供有力的技术支撑。

1991 年,全省共有 8 家企业的 19 种产品通过有关认证委员会的认证。2001 年 12 月,国家质检总局和国家认监委建立"四个统一"的强制性产品认证(又称 CCC 认证)制度,省质监局及时将国家法律法规和国家认监委的有关要求宣传贯彻到企业,指导和帮助企业做好申请 CCC 认证等各项工作。每年,省质监局举办全省市、县质监局认证监管人员培训班,提高认证监管人员的执法能力;制订 CCC 认证产品生产企业巡查表格,规范检查内容;规定对所有涉及 CCC 认证产品的生产企业每年巡查不少于 1 ~ 2 次。全省质监系统行政执法人员不定期地深入有关市场、经销店,对列入 CCC 认证目录的电视机、电冰箱、洗衣机、台式电脑、插头插座、电线电缆等产品进行专项监督检查。此外,省质监局还承担国家认监委组织的 CCC 认证获证产品监督抽查工作。2002 年,省质监局举办强制性产品认证制度宣贯会,参会企业 150 家。经调查摸底,全省有 223 家企业、400 余种产品被列入 CCC 认证范围。至 2010 年底,全省共获 1754 张 CCC 认证证书。

除强制性产品认证外,至 2010 年底,全省共获自愿性产品认证证书 1275 张,其中,有机产品认证证书 111 张,绿色食品认证证书 470 张,无公害农产品认证证书 382 张,良好农业规范认证证书 13 张,其他自愿性产品认证证书 299 张。2004—2010 年,省质监局还多次组织开展全省食品农产品认证有效性监督检查,对认证违法违规行为依法进行处理。

1994—2010 年,省经贸委、省技监局、省质监局大力推进宣传贯彻质量管理体系标准培训工作,共举办 ISO9000 族标准培训讲座 100 余次,组织举办质量管理体系内、外部审员培训班 10 期,培养外部审核员 200 余人,内审员 1200 余人。在开展企业调研的基础上,通过发布 ISO9000 标准贯标试点企业名单,促进企业按国际标准建立健全文件化质量保证体系并贯彻实施。至 2010 年底,全省共获 3990 张管理体系认证证书。其中,质量管理体系认证证书 3003 张,环境管理体系认证证书 521 张,职业健康安全管理体系认证证书 318 张,食品安全管理体系认证证书 70 张,危害分析与关键控制点管理体系认证证书 58 张,测量管理体系认证证书 20 张。全省 29 个行业中企业质量管理体系认证率达到 36%。同时,组织开展管理体系认证监督检查,2003—2010 年,全省共检查获证企业 689 家,涉及证书 717 张,坚决查处虚假认证、买卖认证证书和减少、遗漏认证基本规范、规则等认证违法违规行为。

1991—2010 年,全省特种设备的安全监察监督管理工作以 2000 年为界线,先后由省劳动厅和

省质监局主管。20 年间，开展特种设备行政许可、特种设备安全监督管理、特种设备检验工作；江西特种设备安全水平不断提升，特种设备安全形势总体平稳，未发生重特大事故和有重大社会影响的事故；特种设备事故起数、死亡人数一直低于全国平均水平。

特种设备行政许可制度是特种设备安全监察工作的一项重要制度，为特种设备安全运行提供基础保证。特种设备安全监察行政许可制度从 20 世纪 80 年代开始实行，不断健全和发展，直到 2003 年《特种设备安全监察条例》颁布实施后，特种设备安全监察行政许可制度更加完善，发挥更加重要的特种设备安全把关作用。2004 年，省质监局进一步推进特种设备行政审批改革，开始实行行政审批"审查、批准、监督"三分离，将特种设备行政许可鉴定评审、作业人员和检验检测人员考核等技术性工作委托给有资格的技术机构和中介组织承担。这是继监察和检验分离，行政许可的又一个改革，通过这项改革，减少监察机构工作量，监察机构全过程实施的行政许可，变为重点的监督监管。2005—2010 年，省质监局强化行政许可后的监督管理工作，组织开展实施《特种设备行政许可鉴定评审管理与监督规则》，在严把安全准入关的同时，加强证后监管工作力度。

特种设备的日常监督管理是贯彻落实有关特种设备监督管理法律法规、保证和提高特种设备安全监督管理有效性的重要工作。1994 年，省劳动厅对全省起重机械情况进行普查；2001　2002 年，省质监局要求各设区市质监部门对辖区内在用锅炉、压力容器、压力管道、电梯、客运索道、起重机械、厂内机动车辆、游艺机和游乐设施等特种设备进行普查和整治工作。摸清全省锅容管特设备的数量、类型、分布情况以及运行状况，消除设备事故隐患，为建立长效动态监控机制打下基础。

1991—1999 年，省劳动厅组织开展全省锅炉房综合治理、压力容器整顿治理、气瓶充装站和气瓶检验站整顿治理工作；2000—2010 年，省质监局组织开展"常查、节查、专查"活动，要求市县特种设备安全监察人员对辖区内的特种设备进行日常监督检查，排除隐患；节假日和重大会议期间，全省特种设备安全监察人员全体出动，深入大型施乐设施及涉及公共场所的特种设备现场，检查设备运行情况，及时排除安全隐患，保障人民群众生命健康安全。2004 年以来，省质监局开始建立和完善全省特种设备动态监管机制，共设置特种设备安全监察机构 114 个，其中，省级特种设备安全监察机构 1 个，市级 11 个，县级 102 个；设置特种设备在岗持证安全监察员 340 人，乡镇政府、街道办事处和重点企业设置特种设备安全协管员 1000 多名。基本实现省、市、县（区）三级安全监察机构和检验机构数据共享、信息交换和及时处理，动态掌握全省特种设备安全状况。

1991—2000 年，省劳动厅及时组织开展土锅炉爆炸、压力容器爆炸、气瓶泄漏爆炸、运载危化品槽罐车大泄毒等事故调查处理与应急救援。2001—2010 年，省质监局建立健全特种设备事故调查处理与应急救援机制，组织成立江西省特种设备事故处理专家组，印发《江西省特种设备事故应急预案》，并经常组织隐患排查、检修维护和检验检测示范观摩和应急救援演练；"十一五"期间，在全省特种设备数接近翻番（至 2010 年底全省达 106727 台）的情况下，杜绝重特大事故和有重大社会影响事故的发生，万台特种设备事故起数降至 0. 47 起、万台特种设备死亡人数降至 0. 56 人，保持全省特种设备安全平稳态势。

特种设备检验是特种设备安全运行的保障，包括特种设备生产企业的制造监督检验、安装监督检验和使用定期检验。1991 年，省劳动厅要求全省劳动安全卫生检测检验站严格按规定的范围及项目从事包括特种生产设备安全性能的检测检验在内的职业安全卫生检测检验。2006年12月,省质监局印发《关于进一步明确全省特种设备检验检测业务授权的通知》,进一步明确全省特种设备检验检测业务授权。至2010年底,全省共有特种设备综合性检验机构15个,其中省级特种设备检验机构2个,市级特种设备检验机构7个,行业及企业综合性检验机构6个。另还有气瓶检验机构63个,各检验机构按各自核准和授权的范围对在用特种设备实施定期检验。

七

进入20世纪90年代以来,省标准局、省计量局及组建后的省技监局、省质监局重视法制建设工作,将质监立法工作作为质监法制建设的一项重要内容。同时,加强法制制度建设,质监部门行政管理和行政执法行为进一步规范。

期间,先后多次向省政府呈交立法项目。省人大先后颁布《江西省产品质量监督管理条例》《江西省标准化管理条例》《江西省计量监督管理条例》《江西省特种设备安全监察条例》。为配合全省政务环境评议评价活动,省质监局制定内部管理制度。至2010年,省质监局共梳理41部法律法规,制定222款行政处罚自由裁量权参照执行标准。20年间,共推动省人大、省政府地方立法4部、颁发政府规章1个。2001—2010年,省质监局制订规范性文件2件(继续有效规范性文件数)。

围绕《中华人民共和国产品质量法》《中华人民共和国标准化法》《中华人民共和国计量法》在全省的贯彻实施,开展"二五""三五""四五""五五"普法活动,采取"走出去、请进来"等多种方式,组织干部职工学习法律知识,每年都举办各种类型的培训班和研讨班,提高全省质监部门依法行政水平,增强干部职工法律意识,提升行政执法人员办案能力。充分利用广播、电视、报纸、墙刊、标语、宣传车等宣传工具,特别是充分利用"3·15""质量月""安全生产月""12·4"法制宣传日,开展质监法律法规宣传,做到"电视有影、广播有声、报纸有文、网络有版",不断提高全社会质监法律意识,质监工作越来越受到社会关注和支持,质监部门的地位得到提升。2010年,省质监局获得全国质检系统"五五"普法先进单位。

八

20世纪90年代初期,省标准局、省计量局的办公用房都是解放初期兴建的旧房。1995年6月—2000年7月,省技监局办公地点在省政府大院东二路3号省号簿大楼5楼,约500平方米。2000年8月至2008年1月,省质监局在省锅炉检测大楼(南昌市江大南路19号)办公。2008年1月,省质监局迁至省质监检验检测楼(南昌市京东大道1139号)办公。省质监局12个直属机构中,省质检院、省计量院、省锅检院等3个直属机构现有检测楼不能满足事业发展的需要,自2010年起,投入建设江西省质监小蓝检测基地,总建筑面积为83464平方米。

2001年,全省质监系统所辖市、县、区局及所属技术机构的业务办公用房有近40%系20世纪50—60年代所建,还有相当一部分单位及技术机构系租用办公场所。2003年,全省质监系统110

个行政机构中,4 个设区市质监局、35 个县级质监局没有办公用房;另有 25 个县级质监局办公用房简陋,建筑面积小于 400 平方米。至 2006 年底,全省质监系统 84% 的单位解决办公与业务用房问题。至 2010 年底,省、设区市质监局已全部解决办公用房问题;全省质监系统总资产 8.98 亿元,固定资产总额 6.17 亿元,建筑物面积 28.16 万平方米,实验室面积及其他 6.28 万平方米。

20 世纪 90 年代初期,全省 100 个各级政府计量、标准行政机构和 114 个技术机构中,拥有大中专学历的人员 676 名,60% 以上未达到中专文化,高、中级技术职称人员 218 名。至 2010 年底,全省质监系统科技人才队伍中,拥有博士 5 名、研究生学历 74 名,高级技术职称人员 266 名、中级技术职称人员 411 名。

进入 21 世纪以来,省质监局多次获国家质检总局科技兴检先进集体称号。其中,省锅检院开发的发射检测技术、磁记忆检测技术、超声导波检测技术和超声 TOFD 方法处于全国先进水平,已广泛应用于 2010 年中海油海底输油管线项目和南海海上石油钻井平台承压设备在线检测;该院与中国特检院等单位合作的《金属压力容器和常压储罐声发射检测及安全评价技术与应用》,获得 2010 年度国家科技进步二等奖,与中国特检院等联合完成的科研项目《大型储罐群安全检验技术体系研究和示范工程》,获国家质检总局科技兴检奖一等奖。

2003 年,省质监局启动信息化建设。2004 年,省机构编制委员会办公室批准同意成立江西省质量技术监督信息中心,为有效组织和实施江西省“金质工程”提供组织保障。通过实施“金质工程”、加强质监网平台建设,至 2010 年,省局与各设区市局组建局域网,实现省、市、县三级质监部门的互联互通、数据共享、协同工作,邮件传输、视频会议、公文传输、特种设备安全监察等一批质监业务系统,省质监局门户网站(江西质监网)运行良好,全省质监系统的信息化水平得以稳步提升。

至 2010 年底,全省国家级质检中心(含筹建)共有 8 个,分别是国家竹木产品质量监督检验中心、国家果蔬产品及加工食品质量监督检验中心、国家陶瓷产品质量监督检验中心、国家钨与稀土产品质量监督检验中心、国家塔架产品质量监督检验中心、国家羽绒产品质量监督检验中心、国家铜及铜产品质量监督检验中心和国家光伏基础材料及应用产品质量监督检验中心;共规划 16 家省级产品质量监督检验机构,为全省特色产业又好又快发展提供技术保障。

20 年的江西质监,经过数次重大改革,斗转星移、沧桑巨变,取得较大的成绩,计量、标准化、质量管理、产品质量监督、认证认可、特种设备监管等各项工作都有长足的进步,法制化和信息化建设、科技管理等取得较大突破,为江西经济社会发展奠定坚实的基础。但江西质监基础仍然比较薄弱,还有许多亟待解决的问题。当前,党和国家高度重视质量工作,坚持质量第一,建设质量强省,开展质量提升行动,质监事业发展机遇与挑战同在,希望与困难共存。展望未来,江西质监事业仍然任重道远,需要不忘初心、牢记使命,锐意进取、埋头苦干,提升质量供给水平,守住质量安全底线,为决胜全面建成小康社会、建设富裕美丽幸福现代化江西、谱写新时代中国特色社会主义江西篇章贡献质监部门更大的力量。

大事记

1991 年

1 月 23 日　省标准局发布地方标准和企业执行标准编号方法规定,对地方标准、企业标准代码、顺序号、年号进行统一规范。

3 月 21 日　江西省技术标准情报所成立(省编委赣编〔1990〕107 号)。

4 月 25 日　省计量局在全省统一施行 1990 国际温标工作,推行 1990 国际温标所需的计量标准器和检定装置的配备工作。

5 月 11 日　全省查处伪劣商品动员会在南昌召开,省长助理张云川参会并讲话。

6 月 18 日　省标准局、省经委、省统计局、省物价局发布《关于实施产品质量分等导则标准的通知》,以优质优价的方式,激发企业提高产品质量和经济效益的积极性。

6 月　南丰蜜桔综合标准化实施方案认证会在南丰县召开。省人大常委会副主任裴德安出席。

7 月 26 日　为提高全省企业标准化水平,省标准局首次向标准化定级验收合格的省级企业颁发证书和铜牌。

8 月 26 日　省标准局印发《关于做好换发技术监督行政执法证件和徽章的通知》,要求自当年 10 月 1 日起技术监督行政部门的行政执法人员在执行公务时,必须出示统一的行政执法证件和佩戴统一的徽章。

9 月 3 日　贵溪县农药厂雇用一辆槽罐车运载 2.4 吨乙甲胺,发生特大泄毒事故,造成 37 人死亡。省政府办公厅就此特大伤亡事故通报全省,劳动部通报全国。1992 年 7 月 10 日,省劳动厅对该起事故做出处理,其中,负有领导责任的鹰潭市劳动局锅炉压力容器安全监察科科长兼锅检所所长蔡某某被吊销其安全监察员证。

9 月 3—4 日　省计量局在江西饭店组织召开全省工业计量工作座谈会。省人大常委会副主任钱家铭、省长助理张云川等到会并讲话。

10 月 5 日　国家技术监督局批准江西省南丰蜜桔综合标准化项目,由南丰县标准计量局承担项目建设。

10 月 29 日　省标准局公布对全省 1990 年以前发布的 1369 个地方标准清理结果:继续有效的地方标准 82 个;废止的地方标准 56 个;需修订的地方标准 7 个;下放为企业标准的 1224 个。并将清理结果以赣标发〔1991〕118号文上报国家技监局审核。

11月1日　江西省开始执行全国统一的计量检定收费标准。

12月1日　省计量局为省邮电管理局通信计量站等16个单位颁发的计量授权检定专用章正式启用，授权有效期5年。是月，省计量局印发《关于加强授权后的监督管理的几项具体规定》，对授权机构的计量检定工作提出具体要求。

是年　省标准局开始对各级质检机构实施审查认可（验收）制度，只有经审查认可合格后的质检机构才能承担监督检验工作。

是年　全省第十二次QC代表大会召开，评选出180余个江西省优秀质量管理小组、10多个江西省质量管理小组活动优秀企业。

1992年

1月1日　江西省开始在统计工作和对外签约中一律使用国家规定的土地面积计量单位，分别为：平方公里（100万平方米）、公顷（1万平方米）、平方米（1平方米）。

1月28日　省标准局委托省技术标准情报所管理全省条码工作。

1月　省标准局设立全省标准资料发行站，建立各县标准资料发行关系，以满足全省各企事业单位对标准资料的需求。

4月8日　省经贸委印发文件，提出通过质量万里行活动，促进企业走质量效益型道路，并将“质量、品种、效益”年活动更加扎扎实实地开展下去。

4月20日　省长吴官正看了《企业导报》刊发关于假冒伪劣商品已侵入各个生活领域的报道后，当即做出批示：“要对伪劣商品给予严厉的打击，不管是省内的或外省的伪劣商品都要严管。有的就要是他破产，否则，这种不正当竞争制止不住！有的厂长要撤职，否则不足以教育人，人民群众对此恨之入骨，人民政府为人民，对坑害人民的事决不能有半点含糊。”

5月15日　省标准局部署实施企业产品标准登记制度，要求省、市、县级企业将现行执行的标准向对应的标准化管理部门登记备案。

6月14日　省标准局部署开展全省优秀标准评选工作，评选范围为1984—1990年，由省标准局发布的省地方标准和省企业标准，共评选出优秀标准获奖项目54项。

8月3日　为贯彻国务院《关于严厉打击生产和经销假冒伪劣商品违法行为的通知》（国发〔1992〕38号）和全国打假电话会议精神，省标准局发文要求重点查处一次性输液器、低压电器、电线电缆、汽车配件、农药、化肥、各种饮料、烟、酒等9类假冒伪劣商品。

9月14日　江西省计量局无线电计量检测中心成立，该中心负责全省无线电计量的监督管理、检定、比对、测试，挂设在省计量局工业处。

9月　省标准局印发《关于组建省级质量监督执法队伍的通知》（赣标质发〔1992〕99号），组建省级质量监督执法队伍，为省标准局非常设机构。

10月8日　江西制订起重机械制造单位、起重机械安装维修单位、电梯安装修理单位安全认可考核标准,规范检测检验行为。

12 月 3 日　省标准局按照国家技监局审核意见重新公布对全省 1990 年以前发布的 1369 个地方标准清理结果:继续有效的地方标准 59 个;废止的地方标准 79 个;下放为企业标准的 1231 个。要求有关部门通知相关企业将下放的企业标准补充、审查、发布后,于 1993 年 3 月 1 日前备案。

12 月 8 日　省标准局制定关于产品质量监督检验结果报送格式规定,要求各级产品质量检测所、站,对所报送的内容按规定的格式执行。

12 月 25 日　省计量局印发《关于加强计量监督及强制检定的几点实施意见》(赣量〔1992〕075 号),明确强制检定适用范围,提出实施定点检定,并对计量监督工作提出具体要求。

1993 年

1 月 6 日　省政府成立江西省打击生产和经销假冒伪劣商品违法行为领导小组,领导小组设在省经委(由下属单位省标准局承担),省长助理张云川任组长兼办公室主任,省经委副主任赵志坚任副组长。

2 月　为贯彻落实国务院关于尽快在全国范围内建立统一代码制度的要求,省政府办公厅批准成立江西省企业、事业单位和社会团体统一代码标识制度领导小组。领导小组下设办公室,办公室设在省标准局。

4 月 5 日　为提高执法水平和效果,省标准局印发《江西省标准局质量监督执法队管理暂行办法》。

4 月 15 日　省计量局组织开展全省计量标准考核(复查)工作,考核工作执行计量标准考核规范(JJG1033 – 1992),采用国家技术监督局新制定的考核证书和表格。

4 月 26 日　省经委印发《关于推广使用激光全息防伪标志的通知》(赣经质〔1992〕019 号),在全省统一推广使用激光全息防伪标志。

6 月 11 日　省经委在全省各地部署开展《中华人民共和国产品质量法》宣传贯彻工作,《中华人民共和国产品质量法》于 1993 年 9 月 1 日正式实施。

6 月 22 日　江西省制定《江西省金融系统推行全国统一代码标识制度实施办法》。

7 月 5 日　省标准局印发《贯彻省人民政府办公厅关于严格执行〈国旗〉国家标准的通知》(赣标标发〔1993〕58 号),要求对生产销售不合格国旗行为进行打击。

8 月 25 日　省标准局、省委宣传部、省经委,联合新闻媒体开展 1993 年质量监督赣江行活动。常务副省长舒圣佑、宣传部部长钟起煌分别听取工作汇报。中央和省级新闻媒体到市县采访,每天播发采访专版,江西电视台制作播出专题晚会。

9 月　省计量局、省卫生厅、省医药管理局共同转发《关于血压计量单位使用的规定的通知》,规范血压计量单位的使用。

10 月 12 日　国家技术监督局发布地方标准清理整顿结果。江西省 25% 仲丁威乳油等 40 个强制性地方标准继续有效。

11月25日　省标准局、省公安厅、省经委、省工商局联合发文，开展打击假冒伪劣无证消防产品行动。

12月10日　省标准局根据国家技术监督局文件精神，对全省质量监督检验计划实行统一管理。

是年　全省质量工作会议在南昌召开，常务副省长舒圣佑、省长助理张云川到会并讲话。

是年　省劳动厅颁发《江西省气瓶充装站注册登记规则(试行)》，首次开展全省气瓶充装站注册登记工作。

1994年

1月8日　省标准局、省工商局印发《关于加强麻类纤维、棉花质量管理与质量监督的通知》，要求省纤维检验局组织实施。

2月17日　省标准局转发《国家技监局关于做好宣传和实施强制性标准的通知》，提出加强对强制性标准的监管，提高执行强制性标准的自觉性。

4月19日　丰城市化肥厂6号煤气柜发生爆炸，死亡4人，伤5人，直接经济损失30万元。1995年6月16日，省劳动厅对该起事故进行调查并对相关责任人做出处罚。

7月　省标准局成立江西省组织机构代码管理中心，承担全省组织机构代码管理工作。

8月8日　为进一步加强对全省起重机械的安全管理工作，省劳动安全卫生检测中心站开展对全省起重机械情况进行普查。

8月10日　省计量局印发《江西省石油计量监督管理办法》，对燃油加油机、销售石油的流量计的强制检定、使用、监管以及操作人员的考核作出规定。

8月15日　省标准局转发国家技术监督局文件，部署进一步加强全省棉花质量监督，严厉打击棉花市场掺杂使假违法行为。

9月16日　省标准局印发《江西省饲料标签审查认可办法》，在全省实行饲料标签审查认可制度，落实GB10648－1993《饲料标签》强制性国家标准要求。

9月26日　省标准局认定国营746厂等13家企业生产的FU206型发光二极管等32个产品为全省首批采用国际标准产品。

10月31日　省标准局公布江西省条码质量监督检验站等15家机构为第二批产品质量检验站。

11月30日　江西省第八届人民代表大会常务委员会第十二次会议通过《江西省产品质量监督管理条例》。自1995年1月1日起施行。

是年　江西省劳动安全卫生监测中心站内设置江西省劳动防护用品质量监督检验中心站，该站与江西省劳动安全卫生检测中心站两块牌子、一套人员、合署办公。

1995 年

1月26日　省标准局根据国家技术监督局的统一安排,对全省行政执法人员开展培训考试、校核、发证工作。

2月10日　省计量局印发《江西省计量工作三年〈1995—1997年〉计划》,该计划涵盖加强计量法制建设,规范市场计量行为,强化计量监督管理,加强对企业计量工作的指导、监督和服务,加强计量队伍的自身建设等六个方面内容。

5月22日　省标准局公布1995年度江西省级免检产品,共有55个企业的61种产品。

6月　省标准局组织开展全省农资产品质量监督及打假活动,全省共立案查处违法案件300余件,其中,标的额在10万元以上的大案要案共18件。

7月24日　省标准局根据《采用国际标准产品标志管理办法》及实施细则的规定,对照国家技术监督局公布的采标标志产品及其目录,决定对全省425普通硅酸盐水泥、矿渣硅酸盐水泥、硅酸盐水泥、普通硅酸盐水泥等水泥产品实施采标标志管理。

7月31日　《江西省人民政府办公厅关于印发江西省技术监督局职能配置、内设机构和人员编制方案的通知》(赣府厅发〔1995〕94号),将省计量局、省标准局合并,组建江西省技术监督局(副厅级),隶属省经贸委管理,为省政府管理全省计量和标准化工作的职能部门。

是日　国家技术监督局印发《关于表彰有突出成绩的计量工作者的决定》,省计量测试研究所的甘克强、游祖文和景德镇市计量测试研究所的王犇被授予"有突出成绩的计量工作者"称号。

8月28日　省劳动厅根据《江西省气瓶检验站资格认可规则(试行)》的规定,经审查合格,向全省第一批24家气瓶检验单位发放许可证和检验钢印。

9月6日　省技术监督局在南昌八一广场开展庆祝《中华人民共和国计量法》颁布十周年宣传活动。

9月13日　樟树四特酒厂等50家江西企业获得国家质量奖和名牌产品企业称号。

10月　宜春油茶林低产改造、南昌县水稻、信丰脐橙3个农业标准化示范区被列入第一批全国高产优质高效农业标准化示范区。

11月10日　省技术监督局发布《江西省条码工作管理办法》,共八章三十一条,自发布之日起施行。

是年　全省各级计量行政部门在商业、粮食、石油、集贸市场广泛开展计量信得过活动,全省参评单位3800家,其中,171家获省技术监督局表彰。

是年　省标准局在全省启动消灭无标生产工作,高安市当年通过全国消灭无标生产试点县(市)验收。

1996 年

1 月 22 日　省技术监督局转发《技术监督行政案件现场处罚规定》(国家技术监督局第 42 号令),该规定共十三条,于 1995 年 12 月 8 日发布并施行。

1 月　省劳动厅印发《江西省锅炉压力容器安全事业发展“九五”规划和 2010 年远景目标规划要点》。

2 月 13 日　根据省编办《关于成立“江西省技术监督局稽查大队”的通知》(赣编发〔1996〕04 号)文件精神,江西省技术监督局稽查大队正式成立,在全省范围内开展技术监督行政执法工作。

3 月 7 日　省技术监督局公布 1996 年度江西省级免检产品,共有 50 家企业的 58 种产品。

3 月 28 日　省技术监督局召开成立大会暨第一次全省技术监督工作会议。国家技术监督局副局长李志民,省人大常委会副主任卢秀珍、钱梓弘,副省长朱英培到会,李志民、朱英培讲话。

3 月　省经贸委、省计委、省编办、省公安厅、省财政厅、省人事厅、省劳动厅、省技监局等 16 个部门联合颁布《江西省组织机构代码管理实施办法》。

4 月 10 日　省长舒圣佑做出批示,省经贸委、省食协:食品工业要抓质量、抓名牌,几个重点名牌要加大宣传力度,并上规模。是年,省经贸委印发《关于在全省食品行业贯彻舒省长“抓质量、抓品牌”指示的意见》(赣经贸行发〔1996〕47 号),并制定省食品工业实施名牌战略的具体方案和规划。

4 月 29 日　省技术监督局成立行政复议委员会,省技术监督局局长杨毓模任主任。

6 月 1—30 日　省技术监督局对全省市场销售的国产彩色电视机、空调器、电冰箱、洗衣机进行质量调查,评定赣新电视有限公司生产的赣新牌彩色电视机等 10 个产品为质量信得过产品,并在《江西日报》予以公告。

6 月 18 日　省技术监督局制定《江西省关于进一步加强节能产品市场监督管理暂行办法》,进一步加强节能产品市场监督管理,保证节能产品质量,保护用户、消费者合法权益。

6 月　省劳动厅转发劳动部《压力管道安全管理与监察规定》,正式开始对压力管道实施安全监察工作。

8 月 12 日　成立江西省计量协会。该协会是全省计量管理部门、计量技术机构、企事业计量单位自愿联合形成的行业性组织,为全省提供计量管理、计量测试、计量技术咨询、计量新产品推广服务。

8 月 20 日　省技术监督局组织系统内执法人员参加全省《中华人民共和国行政处罚法》法律知识考试,1500 多名执法人员取得行政执法资格。

9 月 16 日　成立江西省质量认证办公室,加强对全省质量认证工作的管理。

9 月 18 日　《技术监督行政处罚委托实施办法》(国家技术监督局第 45 号令)予以发布并施行。是日,《国家技术监督局关于修改〈技术监督行政案件办理程序的规定〉的决定》(国家技术监督局第 46 号令)和《国家技术监督局关于修改〈技术监督行政案件现场处罚规定〉的决定》(国家技术监督局第47号令)予以发布,自1996年10月1日起施行。

10月　省技术监督局印发《江西省企业“完善计量检测体系”确认实施意见》,在全省企业中开展完善计量检测体系工作。是年,省火电建设公司成为全省第一家通过国家级“完善计量检测体系”确认的单位。

11月11日　省技术监督局授权省稽查大队以省局的名义行使部分执法权。

11月20日　省技术监督局印发《江西省技术监督事业发展“九五”计划和2010年远景目标纲要》。

12月6日　中国质量万里行组委会公布(1992—1996)光荣榜,对一批重视产品质量、服务质量的优秀企业进行表彰。江西省民星企业集团、江西铜业公司、中国石化九江化工总厂、江西共青羽绒厂、江西景德镇瓷厂、江西景德镇光明瓷厂等6家企业上榜。

12月16日　省技术监督局稽查大队查获李某等人发往新疆、四川、云南等地,假冒“江西省南昌市赣江医疗器械厂”的一次性注射液及一次性输液器共5批334箱。

是年　省技术监督局组织开展“用户满意工程活动”,表彰全省用户满意企业21家,全省用户满意产品31个,全省用户满意服务8家。

1997年

1月7日　省技术监督局对涉及技术监督的地方性法规、规章、规范性文件进行清理。

1月21日　国家技术监督局同意在省工业陶瓷质检站的基础上,筹建工业陶瓷国家测试中心。

3月10日　省技术监督局对技术监督行政执法过程中佩戴执法标志做出规范要求。

3月18日　省技术监督局发布《江西省免检产品管理办法》,对近几年国家和省级质量监督抽查连续两次合格、企业的质量保证条件较好、产品质量稳定、在国内市场占有份额大的产品颁发免检证书,在两年内免除省级及省级以下各类质量监督检查,免检期自1997年4月1日至1999年3月31日。

4月28日　省技术监督局印发《江西省产品质量监督检验机构工作质量考核细则(试行)》,自发布之日起施行。

5月7日　省计量测试研究所被省科学技术委员会、省技术监督局认定为第一批科技成果检测鉴定省级检测机构。

5月14日　省经贸委印发《关于对部分企业质量管理和产品质量进行考评的通知》(赣经贸质发〔1997〕82号),首次提出对申报江西省名牌产品的企业质量管理和产品质量进行考评。

5月20日　省技术监督局与省公安厅设立联合打假办公室,开展联合打假工作,办公室设在省技术监督局。

6月6日　省技术监督局印发《江西省组织机构代码工作考核及奖励办法》《江西省地(市)县条码工作规范及奖励办法》,自发布之日起施行。

6月10日　消灭无标生产工作在全省铺开,省技术监督局要求以县为单位,逐年安排通过验收,3 年实现全省消灭无标生产的目标。是年 11 月 10 日,宜丰县等 42 个县(市)成为全省第一批消灭无标生产县。

6 月 20 日　江西省第八届人民代表大会常务委员会第二十八次会议对《江西省产品质量监督管理条例》进行第一次修正。

6 月　国家技术监督局组织 9 名专家,对省计量测试研究所进行第一次省级法定计量技术机构计量授权考核;该所经考核合格后,获得国家技术监督局颁发的计量授权证书。

8 月 15 日至 10 月 14 日　华东地区六省一市技术监督局联合开展民用水表市场质量检查与监督。

8 月 20 日　省技术监督局组织全省优秀企业,参加中国质量万里行组委会组织的中国质量万里行 5 年回顾展,并获优秀组织奖和优秀设计奖。

9 月　省劳动厅转发劳动部《锅炉压力容器压力管道事故处理规定》。

是月　江西省恢复一年一度的质量月活动。省委宣传部、省经贸委、省技术监督局、省总工会、共青团江西省委在全省联合开展"质量月"活动,活动主题是:让《质量振兴纲要》深入人心。

10 月 23 日　江西省第八届人民代表大会常务委员会第二十次会议通过《江西省标准化管理条例》,自 1998 年 1 月 1 日起施行。

11 月 27 日　国家技术监督局局长、党组书记李传卿到省技术监督局调研。

是年　省技术监督局启动用户满意度测评工作,全年完成用户满意度调查项目 32 个,表彰全省用户满意企业 23 家,全省用户满意产品 27 个,全省用户满意服务 5 家。

1998 年

1 月 13 日　省技术监督局组织对江西市场销售的营养米粉等婴儿代乳食品进行专项监督检查,打击生产、销售伪劣婴儿代乳食品的违法行为,保障消费者合法权益。

3 月 27 日　省政府发布《江西省组织机构代码管理办法》(第 75 号令),自 1998 年 5 月 1 日起施行。标志着全省组织机构代码工作走上法制化轨道。

4 月 13 日　省技术监督局向社会公布全省 82 家企业生产的 93 种产品为 1998 年度江西省免检产品。

4 月 29 日　省技术监督局印发《江西省商品房销售面积计量监督管理办法》。

5 月 15 日　省经贸委制定下发《关于印发〈江西省质量振兴实施计划〉的通知》(赣经贸质发〔1998〕71 号),提出实现江西省质量振兴的主要任务。

5 月　国家质量技术监督局批准万年淡水珍珠和南康甜柚为第二批全国农业标准化示范区项目。

6 月 4 日　省技术监督局稽查大队、省公安厅治安直属支队与浙江省嵊州市技术监督局采取联合行动,将隐藏在浙江省嵊州市长乐镇太平村的地下制假"飞碟"电扇窝点——嵊州益珠电器厂一举捣毁。被告人熊某某犯生产、销售伪劣产品罪和销售伪劣产品罪,数罪并罚,执行有期徒刑七年零六个月,并处罚金人民币45万元;被告人邢某某犯生产、销售伪劣产品罪,判处有期徒刑九年,并处罚金人民币60万元;被告人李某犯销售伪劣产品罪,判处有期徒刑三年,缓刑五年,并处罚金人民币35万元。

8月　省劳动厅印发《江西省压力容器压力管道安装修理单位资格认可与管理暂行办法》,在全国率先开展资格认可与管理工作。

9月1日　省技术监督局在南昌市八一广场举办纪念《中华人民共和国产品质量法》实施五周年纪念活动,省人大常委会副主任钱梓弘参加活动。

9月8日　省劳动厅确定,各单位特种设备的安全监察由省劳动行政部门直接管理,其中检测检验工作由省劳动安全卫生检测中心站或经省劳动行政部门认可的行业检测站组织进行。

9月　省委宣传部、省经贸委、省技术监督局、省总工会、共青团江西省委联合在全省范围内开展"1998年全省质量月"活动。活动的主题是:质量振兴,人人有责。

10月　省技术监督局积极开展洪灾援助工作,将所筹价值近30万元的仪器设备发往九江、上饶、抚州、鹰潭、南昌、景德镇六个受洪水灾害较重的地市技术监督局。

12月30日　省政府组织召开全省打假领导小组会议,副省长朱英培参会并讲话。

1999年

1月7日　中央政治局委员、国务院副总理吴邦国针对龙南县、定南县食用桶装猪油中毒事件做出批示:立即追缴封存这批有毒猪油,防止事态扩大。请深圳查封有毒猪油的生产企业并拘留有关责任人,人命关天,要下决心查到底。1月8日,省技术监督局印发紧急通知,在全省范围内立即开展查处有毒桶装猪油工作。

3月8日　省技术监督局印发《关于全省技术监督部门实行人事、财务报告制度的紧急通知》,要求全省各级技术监督部门认真做好技术监督体制改革前的各项准备工作,并严格遵守人事、财务纪律,对系统内干部任免、人员调动、固定资产管理等做出明确规定。

3月19日　省技术监督局公布全省88家企业生产的115种产品为1999年度江西省重点保护产品。

3月25日　宜丰县技监局、赣州地区计量检定测试所陈平分别受到人事部和国家质监局的联合表彰;新余市局被国家质监局授予全国技术监督系统先进单位,上饶地区局杨正裔、上高县局孙正才、大余县局黄其辉被国家质监局授予先进个人光荣称号。

4月21日　全省技术监督地、市局长会议在南昌召开。会议围绕贯彻落实《国务院批转国家质量技术监督局质量技术监督管理体制改革方案的通知》(国发〔1999〕8号)和《江西省人民政府关于转发国务院批转国家质量技术监督局质量技术监督管理体制改革方案的通知》(赣府发〔1999〕13号)要求,研究和探讨全省质监管理体制改革工作。

8月20日　江西省第九届人民代表大会常务委员会第十次会议通过《江西省计量监督管理条例》,自10月1日起实施。

10 月 19 日　省技术监督局召开《江西省计量监督管理条例》颁布施行座谈会，省人大常委会副主任华桐参会并讲话。

2000 年

1 月 3 日　省政府印发《关于全省质量技术监督管理体制改革方案的通知》（赣府发〔2000〕3 号），改革现行质量技术监督管理体制、实行省以下质量技术监督系统垂直管理。9 月 30 日，省政府办公厅印发《关于江西省质量技术监督局职能配置、内设机构和人员编制规定》，组建江西省质量技术监督局，为省政府直属机构，正厅级建制。职能为：整体划入省技监局的职能；划入由省经贸委承担的质量管理、质量认证管理、“打假”综合协调、工业产品生产许可证管理的职能；划入由省劳动厅承担的锅炉、压力容器、压力管道、电梯、起重机械、厂内运输车辆、架空索道、游乐设施、防爆电器等特种设备的安全监察监督管理的职能。

3 月 9 日　国家质监局发布施行《产品免于质量监督检查管理办法》，是年，全省有景德镇华意电器总公司等 5 家企业的产品获得国家免检产品资格。

4 月 11 日　为认真贯彻落实《国务院关于进一步加强产品质量工作若干问题的决定》（国发〔1999〕24 号），根据《国家质量技术监督局关于深入开展“三重一大”“打假”工作的实施意见》，省质监局结合江西实际，在全省开展重点产品、重点市场、重点区域的打假工作，查处一批大案要案。

4 月下旬至 5 月中旬　省经贸委、省质监局针对《江西省质量振兴实施计划》提出的第一阶段目标的落实和完成情况进行检查，重点检查全省产品质量、工程质量、服务质量和质量管理水平等方面的完成情况。

8 月 21 日　萍乡钢铁有限责任公司制氧厂发生爆炸，造成死亡 22 人、重轻伤 24 人以及厂房设备损毁的重大事故。根据省委书记舒惠国的指示精神，省质监局组织在全省范围内开展锅容管特设备安全检查。

9 月 9 日　在南昌市八一广场举办“2000 年全省质量月——质量宣传咨询服务日”活动。副省长王君参加。当天，省质监局在南昌市公开集中销毁一批假冒伪劣产品。

9 月　省质监局结合新《产品质量法》实施，与省委宣传部、省经贸委、省总工会、共青团江西省委等部门联合组织开展江西省 2000 年质量月活动，活动主题为：质量——新世纪的呼唤。

9—11 月　省质监局组织参加国家质监局举办的《产品质量法》有奖知识竞赛活动，获得组织奖。

是年　省质监局制订《江西省 2000 年重点产品创优实施计划》，确定 95 家企业生产的 147 种产品为 2000 年度江西省重点保护产品，推荐江西省 9 家企业的产品为国家免检产品。

2001 年

2 月 5 日　省编办与省质监局联合印发《关于省以下质量技术监督系统机构编制上划的通知》

(赣编办发〔2001〕9号),全省省以下质监系统机关、事业单位、稽查机构编制上划,上划编制总数3162名。

3月15日　省质监局组织开展维护消费者合法权益活动,与省电视台联合制作电视特别节目《质量连着你我他》。

5月11日　省人事厅、省编办、省财政厅、省经贸委、省劳动和社会保障厅、省质监局六家联合发文《关于尽快划转质量管理和锅炉压力容器压力管道与特种设备安全监察职能机构、人员编制的通知》(赣人字〔2001〕24号),要求抓紧抓好锅容管特安全监察机构、人员编制、职能从劳动部门划入质监部门及质量管理机构、人员编制、职能从经贸委划入质监部门工作落实。

6月15日　省编办印发《关于省技术监督局稽查大队等8家单位成建制划归省质量技术监督局管理的通知》(赣编办发〔2001〕86号),同意将省技术监督局稽查大队、省计量教育培训中心、省计量测试研究所、省产品质量监督检验所、省锅炉压力容器检验所、省技术监督信息研究所、省纺织产品质量检测站、省质量管理协会等单位分别从省经济贸易委员会、省劳动和社会保障厅成建制划给省质量技术监督局管理。划转后,上述单位的机构规格、编制数、经费性质不变。

6月28日　省编办印发《关于同意成立江西省特种设备检测检验中心的通知》(赣编办发〔2001〕96号),同意成立江西省特种设备检测检验中心,相当于副处级事业单位,核定全额拨款编制9名,从省劳动保护教育中心划转。

7月10日　省质监局在全省范围内开展全面检查肉品冷库的统一行动。共出动执法人员784人次,检查肉品冷库144个,查获非法进口或手续、证件不全的畜禽肉类产品347.41吨,其中来自疫区的4.61吨。查获一般不合格的畜禽肉类产品27.59吨;查获省内外病死、变质、假冒伪劣畜禽肉类产品11.87吨。

7月16日　江西省技术监督信息所更名为江西省标准化研究所,并增挂中国WTO/TBT江西通报咨询中心的牌子。

7月18日　省编办印发《关于同意组建江西省质量技术监督教育培训中心的通知》(赣编办发〔2001〕100号),同意在省计量教育培训中心基础上,组建江西省质量技术监督教育培训中心,为省质监局直属的不定级事业单位,核定自收自支事业编制7名。

8月9日　省质监局落实省政府第二批行政审批事项取消项目的要求,取消5项行政审批项目。

8月24日　江西省第九届人民代表大会常务委员会第二十五次会议对《江西省计量监督管理条例》第一次修正。

9月　省质监局联合相关部门以“新世纪、新质量、新生活”为主题,以全面贯彻落实《产品质量法》《国务院关于进一步加强产品质量工作若干问题的决定》为主线在全省开展质量月活动。

10月30日　省纤维检验局从省产品质量监督检验所划出,与省纺织产品质量监督检验站合并,重新组建江西省纤维检验局,为省质监局下属正处级事业单位,核定事业编制28名。

12月10日　省质监局提出今后3—5年内在全省开展质量兴市活动,并选定贵溪、广丰两市(县)为质量兴市活动的第一批试点市(县)。

12 月 24 日　全省质监系统在全省范围内集中开展“查生活用品，保假日经济”打假统一行动。共出动执法人员 44955 人次，检查生产企业 968 家，检查经销单位 2879 家，捣毁制售假冒伪劣食品黑窝点 40 个，破获制假售假团伙 2 个，涉案 13 人。

是年　省质监局确定 44 家企业生产的 86 种产品为 2001 年度省重点保护产品，5 家企业生产的 5 种产品被国家质检总局授予免检产品。

是年　在省优秀质量厂长（经理）评选活动中，南昌铁路局原局长郭敏杰等 57 名厂长（经理）当选 2001 年省优秀质量厂长（经理），南昌铁路局原副局长余卓民等 42 名同志当选 2001 年优秀质量管理者，南昌铁路局企管协会原副秘书长王修通等 24 名同志当选 2001 年省优秀质量工作者。

是年　江西省特种设备检测检验中心顺利通过国家质检总局对其进行的省级特种设备检验机构资格认可。

2002 年

1 月　省质监局首次向省科技厅申报 7 个科研项目，其中《江西省产品质量检验机构应对入世对策研究》被正式列入省科技厅 2003 年科技项目软科学研究课题。

2 月　省计量测试研究所对南昌市区域内的部分定量包装商品生产企业开展定量包装商品净含量国家专项抽查，这是江西省首次承担定量包装商品净含量国家专项抽查任务。

3 月 6 日　省编办印发《关于省以下锅容管特事业单位机构编制上划的通知》（赣编办发〔2002〕24 号），同意将省以下锅容管特事业单位及其 293 名事业编制予以上划。

3 月 13 日　省质监局在南昌召开全省首批无公害农产品标志产品新闻发布会，公布全省首批 13 个无公害农产品标志产品。

3 月 23 日　江西省英雄乳业股份有限公司等 4 家企业的产品获得 2001 年度国家免检产品资格。

3 月 25 日　省计量测试研究所独立承担的 2001 年省级软科学项目“江西计量科技发展对策研究”通过省科技厅组织的评审，并在省科技厅备案。

4 月 19 日　省质监局发布《江西省计量校准管理办法（暂行）》。自 2002 年 5 月 1 日起施行。这是江西省第一个关于校准的规范性管理文件。

4 月　省技术监督局稽查大队被国家质检总局授予“全国质检系统执法打假工作先进集体”和“全国质检系统先进集体”。

是月　省纤维检验局出台《江西省鲜茧收购资格认定实施细则》，对蚕丝行业进行规范管理和有效监督。

是月　全国质检系统法制与宣传工作会议在南昌召开，国家质检总局副局长蒲长城、省人大常委会副主任孙用和到会讲话。

6 月 11 日　省编办与省质监局联合发文《关于印发〈江西省省以下质量技术监督局机构改革实施方案的通知〉》（赣编办〔2002〕83 号），就 11 个设区市、80 个县（市）、13 个区质量技术监督局职能配置、机构设置、人员编制等做出明确规定。

7月29日　江西省第九届人民代表大会常务委员会第三十一次会议对《江西省标准化管理条例》第一次修正。

8月1日　江西省名牌战略推进委员会正式成立,委员会由省有关行业主管部门、社会中介机构、新闻单位和专家学者组成,统一组织实施江西名牌产品的评价、管理、宣传和培育工作。

9月27日　省质监局与省有线电视台三套节目联合主办“再创质量辉煌”电视文艺晚会。

9月28日　国际法制计量组织和国际计量测试联合会在法国圣让德卢兹共同召开“2002年法制计量展望”国际研讨会,省质监局副局长李岱参会并宣读其撰写的《中国法制计量的展望》,这是江西省代表首次在国际计量论坛上宣读论文。

9月　省质监局联合相关部门以“讲诚信,保质量”为主题开展质量月活动。全省11个设区市各自举办“2002年江西省质量月——质量宣传咨询服务日”活动。

是月　全省质监系统公开集中销毁一批假冒伪劣产品。

10月　省质监局以“查假冒伪劣,保生活安全;查热销商品,保假日经济”为主题,开展为期4个月的百日打假联合行动。共出动执法人员2200余人次,捣毁制售假冒伪劣产品窝点40余个,破获制假售假团伙2个,查获假冒伪劣及不合格商品标值320余万元。

12月26日　中国质量认证中心(CQC)和江西铜业集团公司联合在北京人民大会堂召开江西铜业集团公司党建工作ISO9001认证颁证会,中共中央组织部副部长李景田、国家认监委党组书记、主任王凤清,为江铜集团颁发全国首张党建工作认证证书。

12月　省技术监督局稽查大队被人事部和国家质检总局授予全国质检系统先进单位。

是年　江西共青鸭鸭(集团)有限公司“鸭鸭”羽绒服、江西凤凰光学仪器(集团)有限公司“凤凰”单镜头反光照相机和透视取景相机,2家企业3种产品被国家质检总局授予中国名牌产品称号,实现省内中国名牌产品零的突破;江西润田天然饮料食品有限公司生产的瓶装饮用水等11家企业生产的11种产品被国家质检总局确认为国家免检产品。

是年　省质监局印发《江西省重点保护产品管理办法》,进一步规范省重点保护产品的确认及管理工作,77家企业生产的106种产品被确认为省重点保护产品。

是年　省质监局突出申报、审查、发证、监督等主要环节,重点抓好化妆品、螺纹钢、水泥等产品生产许可证发证管理工作,并建立全省工业产品生产许可证管理数据库。

是年　全省有12个市县政府制定质量兴市活动实施意见并颁布实施,各设区市均选定1个市(县)开展质量兴市活动试点。

2003年

1月1日　江西质监网正式对外开通。

1月6日　中央电视台《焦点访谈》节目报道南昌市青山湖区扬子洲乡某加工点用硫黄熏制辣椒并销售的消息。省长黄智权对此作出指示,省质监局迅速行动,查获熏制的辣椒约400袋,用于熏制辣椒的硫黄400千克,并配合工商部门对南昌市几大食品批发市场进行集中清理整治。同时在全省开展端窝点、整市场的紧急行动,严厉打击制假售假违法活动。

1月20日　江西省名牌战略推进委员会制定印发《江西省名牌战略推进工作方案(2003—2005年)》。

1月　国家质检总局批准筹建国家果蔬水产肉禽产品质量监督检验中心。

2月12日　国家质检总局发布公告,对南丰蜜桔实施原产地域产品保护,这是全省第一个获批准的原产地域保护产品。

4月16日至8月31日　全省质监系统开展集贸市场专项整治工作,捣毁制造假冒伪劣商品窝点50个,贮藏假冒伪劣商品窝点24个,印制假标识、假包装物窝点2个,查获假冒伪劣商品标值总额5317.5万元。

4月25日　省产品质量监督检验所和南昌市产品质量监督检验所合并,组建江西省产品质量监督检测院,为正处级事业单位,有全额拨款事业编制65名、自收自支事业编制10名;省计量测试研究所和南昌市计量测试研究所合并,组建江西省计量测试研究院,为正处级事业单位,有全额拨款事业编制135名。

5月16日　为规范"非典"时期消毒液产品,省质监局紧急制定《过氧乙酸消毒液》和《复方次氯酸钠消毒液》两项地方标准。

5月26日　景德镇市锅检所在检验过程中发生一起死亡3人重大伤亡事故。经事故调查组认定,事故是因检验人员严重违反《在用压力容器检验规定》而导致,责令景德镇市锅检所立即进行全面整改。

5月　为进一步规范防治"非典"产品市场秩序,省质监局在全省范围内对口罩、消毒液、一次性防护服等防治"非典"重要产品进行国家监督专项抽查,专项抽查工作由省质检院承担。省计量院在机场口岸开展了人体快速测温仪校准工作。

6月6日　根据《关于全省质量技术监督系统稽查机构更名的通知》(赣编办发〔2003〕91号),省技术监督局稽查大队更名为省质量技术监督稽查总队;各设区市技术监督局稽查大队更名为质量技术监督稽查支队;现有(含单设和挂牌)的县(市、区)技术监督局稽查大队更名为质量技术监督稽查大队。

6月27日　省质监局印发《关于"质量服务经济、质量振兴江西"十大工程工作方案的通知》,在全系统实施服务全省经济建设和社会发展的"质量服务经济、质量振兴江西"十大工程。十大工程的主要内容包括:名牌战略工程、质量兴市工程、质量信用工程、重点保护工程、净化市场工程、标准化工程、扶持民企工程、设备安全工程、原产地域保护工程、质量文化工程。

7月14日　省计委、省财政厅印发《关于调整计量检定收费标准的通知》,此次共调整的计量检定收费项目664类1050项。新的《江西省计量检定收费标准》自8月1日起实施。

7月22日　省质监局印发《江西省质量技术监督局科技项目管理办法(试行)》和《江西省质量技术监督局科技兴检奖励办法》,逐步建立和完善全省质监系统科技管理制度。

8月8日　国家质检总局举行抗击非典工作总结暨表彰大会,省质监局局长刘和平、省计量测试研究院热工室主任李丹丹(女)获全国质量监督检验检疫系统抗击非典先进个人光荣称号;省质监局标准化处获全国质量监督检验检疫系统抗击非典先进集体光荣称号。

9月　省委省政府任命朱秉发为省质监局党组书记、局长。

是月　全省以“坚持以质取胜,提高竞争实力”主题开展质量月活动。

是月　省委宣传部、省质监局、省经贸委、省总工会、共青团江西省委等5部门在南昌举办2003年江西质量高层论坛。

10月22日　省委书记孟建柱、省长黄智权在南昌分别会见国家质检总局党组书记李传卿。李传卿一行在省委副书记、常务副省长吴新雄的陪同下到省质监局检查和指导工作。

11月7日　省编办印发《关于县(市、区)质监局设立党组纪检组的通知》(赣编办发〔2003〕182号),同意全省91个县(市、区)局设立党组纪检组,并各配纪检组长1名。

是日　省质监局举办首期《中华人民共和国认证认可条例》学习培训班。省直有关单位、部分省属重点骨干企业、部分质检机构及全省认证咨询机构的代表共60余人参加培训。

11月26日　省质监局印发《关于进一步发挥质量技术监督职能,促进江西经济发展的若干意见》,提出17条措施。

12月　中共中央政治局原常委宋平、全国政协副主席徐匡迪在国家质检总局局长李长江的陪同下参观中国名牌战略推进成果展览会江西名牌展馆。

是年　全省质监系统共查办制售假冒伪劣商品违法案件1.11万起,查获假冒伪劣商品标值总额1.02亿元,销毁假冒伪劣商品标值总额750.5万元,罚没款总额3200万元。

2004年

1月6日　国家质检总局公布2003年度国家免检产品及其生产企业名单,江西省景德镇陶瓷股份有限公司等3家企业生产的3种产品获得国家免检产品资格。

2月15—16日　江西省质监系统局长会议在南昌召开,省人大常委会副主任蒋仲平、副省长孙刚、省政协副主席金异等领导及省直有关部门的领导出席会议,孙刚在会上讲话。

2月24日　国家质检总局党组书记李传卿一行到省质监局视察指导工作。

2月26日　国家标准化委员会主任李忠海一行五人到省质监局检查指导工作。

3月2日　江西省锅检所承担的国家青年科技基金项目“磁记忆诊断技术在锅炉压力容器检测中的应用研究”课题,顺利通过国家质检总局的评审,实现江西省质监系统科技成果零的突破,该课题同时获得省科技进步三等奖。

3月24日　依据省编办《关于成立江西省质量技术监督信息中心的批复》(赣编办文〔2004〕17号),同意成立江西省质量技术监督信息中心,为省质监局所属全额拨款事业单位,相当于处级,核定全额拨款事业编制6名。

4月20日　为做大做强全省特检事业,经省质监局党组研究决定将南昌市特种设备监督检验中心并入江西省特种设备检测检验中心。

5月25日　省政府办公厅印发《关于进一步开展质量兴市工作意见的通知》(赣府厅发〔2004〕35号)。

6月16日　省编办印发《关于设立江西食品质量监督检测中心的批复》(赣编办文〔2004〕86号),同意设立江西食品质量监督检测中心,差额拨款事业单位,不定级,核定差额拨款事业编制20名,内设办公室、技术部、食品检验部3个机构。

6月28日　省质监局印发《各设区市质量技术监督局工业产品生产许可证监管职责暂行规定》(赣质技监质发〔2004〕14号),提出从六个方面将工业产品生产许可证的监管职责落实到位。

7月17日　国家质检总局副局长葛志荣一行到省质监局检查指导工作。

7月　国家竹木产品质量监督检验中心(江西)、国家陶瓷产品质量监督检验中心(江西)获国家质检总局批准筹建。

9月3日　第一届泛珠三角区域质监合作局长联席会议在广东省广州市举行,泛珠三角9省区质监部门共同签署《泛珠三角区域(九省区)质量技术监督合作框架协议》,建立泛珠三角区域质监部门主要负责人联席会议制度。

9月15日　省委宣传部、省质监局、省名推委联合举办"质量　名牌　崛起"论坛。经济学家金碚、中国零缺陷管理创始人杨刚、六西格玛管理专家金国强、品牌战略专家邓德隆、江西省社科院经济研究所所长黄世贤等国内质量界知名人士参加论坛并作专题演讲,企业、地方政府及质监系统近300名代表参会。

9月16日　省委宣传部、省质监局、省名推委联合召开2004年江西名牌产品暨质量管理先进表彰大会。

9月27日　国家质检总局发布公告,对赣南脐橙实施原产地域产品保护。赣南脐橙原产地域范围包括赣州市所辖18个县(市、区)和1个市级开发区,是全国保护区域最大的原产地域保护产品。

9月　省委宣传部、省质监局、省发展和改革委、省经贸委、省总工会、共青团江西省委等六部门围绕"人人创造质量,人人享受质量"主题,联合组织开展江西省2004年质量月活动。9月4日,全省各地开展质量月宣传咨询服务日活动。11个设区市统一开展公开销毁假冒伪劣商品行动。

10月10日　国家质检总局公布2004年度国家免检产品及其生产企业名单,景德镇华意电器总公司的无氟冷藏冷冻电冰箱等省内10家企业生产的10种产品获得国家免检产品资格。

是日　国家质检总局发布公告,对泰和乌鸡实施原产地域产品保护,这是中国首例活体获批准的原产地域保护产品。

10月15日　省编办印发《关于调整九江市纤检所隶属关系等事宜的批复》(赣编办文〔2004〕140号),同意将九江市纤维检验所划归省纤维检验局管理,并增加自收自支事业编制13名(增编后,该所共有自收自支事业编制21名)。内设办公室、执法科、纺织和棉花检验科。

10月29日　省编办印发《关于抚州市产(商)品质量监督检验所增挂江西省钢结构网架质量检测中心牌子的批复》(赣编办文〔2004〕148号),同意在抚州市产(商)品质量监督检验所的基础上增挂江西省钢结构网架质量检测中心的牌子。实行两块牌子,一套人员。

11月30日　省质监局印发《关于江西省工业产品生产许可证监管工作程序文件的通知》(赣质技监质发〔2004〕29号),制订10个工作程序,为规范全省工业产品生产许可证管理工作行为,提高工作效率奠定基础。

12月19—23日　省质监局率团参加在北京展览馆举办的中国名牌战略推进成果展览会,华意、鸭鸭2家中国名牌产品生产企业和26家江西名牌产品生产企业参加此次展会。江西省质监局获此次展会最佳组织奖。

是年　江西省14个项目被国家质检总局批准为第四批国家级农业标准化示范区项目。

是年　江西铜业、金佳谷物、樟树粮油、金虎集团等企业的4个产品获中国名牌产品称号;39家企业的45个产品获江西名牌产品称号。

2005年

3月16日　省编办印发《关于江西省标准化研究所更名的批复》(赣编办文〔2005〕33号),同意将江西省标准化研究所(江西省组织机构代码管理中心、中国江西WTO/TBT通报咨询中心)更名为江西省标准化研究院(江西省组织机构代码管理中心、中国江西WTO/TBT通报咨询中心)。

4月22日　省产品质量监督检测院筹建的国家竹木产品质量监督检验中心(江西)通过国家实验认可、计量认证和审查认可的“三合一”评审,获批正式成立。

5月12日　省政府办公厅印发《关于进一步做好全省农业标准化工作的通知》,通过建立健全统一权威的农业标准体系,提高农产品质量,进一步增强全省农产品在国内外市场的竞争力,促进农业增效、农民增收和农村经济全面发展。

6月22日　省产品质量监督检测院筹建的国家果蔬产品及加工食品质量监督检验中心(江西)通过实验室认可、计量认证和审查认可“三合一”评审,获批成立。

6月　全省质监系统首次信息化工作会议在南昌召开。

7月18日　省政府与国家质检总局在南昌签署《关于加强质量技术监督检验检疫工作,为实现江西在中部地区崛起做好全面服务的合作协议》,国家质检总局党组书记李传卿、省长黄智权出席签署仪式并致辞,省委副书记、常务副省长吴新雄主持仪式。

7月26日　省编办印发《关于省市质监局机构编制的批复》(赣编办文〔2005〕140号),同意省质监局增设食品安全监管处,11个设区市质监局增设食品安全监管科,省质监局锅炉压力容器安全监察处更名为特种设备安全监察处,设区市质监局锅炉压力容器安全监察科更名为特种设备安全监察科。

7月29日　起省质监局组织开展全省制造业质量竞争力测评,形成《江西省质量竞争力指数分析报告(2004年)》。

9月10日　中央先进性教育活动巡回检查组全国政协常委王巨禄一行在江西省先进性教育办公室副主任李秋生陪同下,对省质监局先进性教育活动开展情况进行检查和指导。

9月13日　省编办印发《关于省锅炉压力容器检验检测机构和特种设备检验检测机构管理体

制和机构编制调整的批复》(赣编办文〔2005〕188号),同意江西省锅炉压力容器检验检测研究所更名为江西省锅炉压力容器检验检测研究院;改变原南昌市、九江市、新余市、鹰潭市锅炉压力容器检验所等机构的隶属关系,由原当地质监部门管理改为江西省锅检院管理,并分别更名为省院的分院;江西省特种设备检验检测中心更名为江西省特种设备检验检测研究院;改变原九江市、新余市、鹰潭市劳动安全卫生检测站等机构的隶属关系,由原当地质监部门管理改为江西省特检院管理,并分别更名为省院的分院。

9月25日　江西省2005年质量月活动领导小组和江西省名牌战略推进委员会在南昌召开2005年全省名牌产品暨质量管理先进表彰大会。

9月　省委宣传部、省质监局、省发展和改革委、省经贸委、省总工会、共青团江西省委等六部门以做强江西品牌、提升江西质量为主线,以"奉献优质产品,构建和谐社会"为主题,联合组织开展2005年全省质量月活动。江西省名推委和省质量协会邀请国际质量科学院院士、亚太质量组织终生名誉主席哈林顿博士到南昌作绩效改进演讲。

10月　第二届泛珠三角区域质监合作局长联席会议在湖南张家界举行,合作各方共同签署《泛珠三角区域(九省区)质量技术监督合作方案》,将合作内容具体到标准化、计量、质量监督、质量管理、认证认可、特种设备、稽查与打假、法规与宣传、技术性贸易壁垒研究、科技兴检等十个方面。

是年　红叶牌日用陶瓷等5家企业6个产品获中国名牌产品称号;润田牌纯净水等19个产品获国家免检产品称号;51家企业的51个产品获江西名牌产品称号;49家企业的产品获江西省重点保护产品称号。

2006年

5月25日　由江西省起草的《地理标志产品赣南脐橙》和《地理标志产品广昌白莲》两个国家标准获国家标准化管理委员会批准发布,并于2006年10月1日起实施。上述两个标准的标准号分别为:GB/T20355－2006、GB/T20356－2006。

5月　全省已有南昌、上饶、抚州、新余、萍乡5个设区市及27个县(区、市)政府成立质量兴市(县、区)领导机构。

6月30日　按照省长黄智权、常务副省长吴新雄的批示精神,江西省成立质量振兴领导小组,领导小组办公室设在省质监局。

6月　省质监局印发《关于"十一五"期间开展节能降耗服务活动的实施方案》,在全省范围内对重点耗能企业开展节能降耗服务活动。是年,能源计量工作列入《江西省政府关于加强节能工作的实施意见》。

8月17日　省编办《关于设区市特种设备检验检测机构整合的批复》(赣编办文〔2006〕114号),同意将赣州、吉安、宜春、萍乡、景德镇、上饶、抚州七市的锅炉压力容器检验所与劳动安全卫生检测站合并,组建各自的特种设备监督检验中心。

8月26日　中央电视台《每周质量报告》栏目曝光江西省两家啤酒生产企业存在产品质量问题,省质监局组织在全省范围内开展啤酒产品专项整治。

8月28日　省编办印发《关于全省质监系统加挂举报申诉中心牌子的批复》(赣编办文〔2006〕119号),同意省质监局监督处加挂江西省质量技术监督局举报申诉中心牌子;设区市质监局监督科、县(市、区)质监局综合股均加挂质量技术监督局举报申诉中心牌子。

8月29日　江苏、浙江、安徽、江西、上海四省一市质监部门在上海市召开长江三角洲苏浙皖赣沪质量技术监督合作互认会议,国家质检总局局长李长江、上海市副市长周太彤出席会议并讲话。会议联合发布《"十一五"期间长江三角洲苏浙皖赣沪质量技术监督合作互认行动纲领》。

8月30日至9月2日　中央纪委驻国家质检总局纪检组长、国家质检总局党组成员郭汝斌到江西省质检系统考察工作。

9月22日　第三届泛珠三角区域质监合作局长联席会议在江西省庐山举行,国家质检总局党组书记李传卿出席会议并讲话,9省区质监局局长参加会议。联席会议审议通过并共同签署《泛珠三角区域(九省区)质量技术监督合作局长联席会议制度》《泛珠三角区域(九省区)质量技术监督合作局长联席会议秘书处工作章程》等文件,会议还签署《泛珠三角区域(九省区)标准化工作合作项目备忘录》。

9月23日　国家质检总局党组书记李传卿一行到江西婺源检查指导工作。

9月25日　江西省2006年质量月活动领导小组和江西省名牌战略推进委员会在南昌召开2006年全省名牌产品暨质量管理先进表彰大会。

9月　省委宣传部、省质监局、省发展和改革委、省经贸委、省总工会、共青团江西省委等六部门联合组织开展2006年江西省质量月活动。本次活动以做强江西品牌、提升江西质量为主线,以"创新提升质量、名牌促进发展"为主题。

11月1日　由江西省起草的《一甲基三氯硅烷》《八甲基环四硅氧烷》和《二甲基硅氧烷混合环体》三项有机硅国家标准,由国家质检总局、国家标准委员会批准发布后在全国实施。标准编号分别为:GB/T20434－2006、GB/T20435－2006、GB/T20436－2006。

11月8—10日　省质监局分设区市组和县级组分别组织全省加油机检定技术比武。10支设区市参赛队和14支县级参赛队共48名选手在南昌进行决赛。此次比武是省质监局成立以来组织的第一次全省计量技术比武活动,共有200多名从事加油机检定的人员得到强化训练,占全省检定人员总数的五分之一。

11月15日　省质监局首次召开全省质监系统科学技术大会,通报表彰"十五"期间江西省质量技术监督系统"科技兴检"成果奖授奖项目,并颁布《江西省质量技术监督事业发展"十一五"(2006—2010年)规划》《江西省质量技术监督局"十一五"科技发展规划》。

12月21日　国家质检总局公布2006年度国家免检产品及其生产企业名单,江西共青鸭鸭(集团)有限公司等10家企业生产的10种产品获得国家免检产品资格。

是年　省质监局组织开展食品专项打假工作,查处啤酒生产企业使用非B瓶及捆扎包装销售啤酒、无证生产桶装纯净水、生产不合格白酒、生产无碘的食用盐以及食用植物油掺假等违法行为。

共查获不含碘食用盐280吨和大量用非B瓶灌装啤酒及捆扎啤酒等违法违规行为。

是年 计量技术服务体系建设被纳入《江西省国民经济和社会发展第十一个五年计划》和《江西省“十一五”科技专项规划》科技基础设施与条件平台建设工程。

是年 全省共有11个产品获中国名牌产品称号，商洲枳壳等7个产品获得国家地理标志产品保护。认定江西名牌产品253个，省重点保护产品112个。

2007年

3月6日 在第一季度婴幼儿配方乳粉产品国家专项抽查中，江西美庐乳业有限公司生产的美庐牌婴儿多+配方奶粉不合格，省质监局责令该公司立即停止不合格产品的生产和销售，召回自2007年1月12日之后生产的同品种产品。

4月20日 国家质检总局发布2007年实施国家免检产品目录，江西省20家企业生产的20种产品获得国家免检产品资格。

5月21日 国家质检总局副局长支树平考察江西质检工作。考察期间，支树平会见了江西省委书记孟建柱，省委常委、南昌市委书记余欣荣，并与副省长洪礼和就做好质检工作、服务地方经济发展等问题交换意见。支树平强调：质检工作要适应和紧跟形势，要努力造就一支政治强、作风好、业务精的质检队伍，不断提高服务江西经济发展的水平。

6月14日 省编办《关于单设江西省钢结构网架质量检验中心的批复》（赣编办文〔2007〕87号），同意单设江西省钢结构网架质量检验中心，正处级事业单位，核定全额拨款事业编制12名。

6月18日 经济日报社、省委宣传部和省质监局以“质量促进和谐”为主题，在南昌举办2007江西质量论坛。省委书记孟建柱作书面发言，省委常委、省委宣传部部长刘上洋出席论坛，副省长洪礼和、经济日报社副总编林跃然、国家质检总局质量司司长孙波和资深质量专家钱仲裘出席会议并作主旨发言。

6月21日 省编办印发《关于省锅炉压力容器检验检测研究院锅炉分院和容器分院合并并更名的批复》（赣编办文〔2007〕94号），同意江西省锅炉压力容器检验检测研究院锅炉检验检测分院和压力容器检验检测分院合并，并更名为江西省锅炉压力容器检验检测研究院南昌市分院。

6月 国家质检总局批复同意在江西省筹建国家钨与稀土产品质量监督检验中心、国家塔架质量监督检验中心、国家羽绒制品质量监督检验中心（江西）、国家铜及铜产品质量监督检验中心（江西）。

7月21日 省质监局制定印发《积极推进“法治质监”建设的若干意见》，明确今后要重点做好法制监督11项工作。

7—12月 省质监局开展2006年全省质量竞争力指数测评试运行工作，并形成《江西省制造业质量竞争力指数分析报告（2006年度）》。

8月29—31日 中纪委驻国家质检总局纪检组长郭汝斌一行到江西考察。

8月31日 苏浙皖赣沪四省一市质监部门在合肥共同举办苏浙皖赣沪质量技术监督合作互认

共同行动暨质量月活动启动仪式。在启动仪式上,共同发布《苏浙皖赣沪质监系统贯彻落实全国质量工作会议精神的共同意见》等5个文件。

8—12月　全省质监系统按照省委省政府和国家质检总局的部署和要求,开展产品质量和食品安全专项整治行动。共出动执法人员40211人次,检查生产企业13856家(次),检查经销单位8275家(次),检查小作坊14874户(次),捣毁制假售假黑窝点100个,涉案货值247.1万元;查处无证企业869家,吊销生产许可证29张,集中销毁假冒伪劣产品标值160余万元。

9月4日　省质监局印发《关于做好产品质量和食品安全专项整治行动重点区域整治的通知》,部署开展对重点区域的整治工作。11月19日,省质监局对部分列入全国、全省重点整治区域及典型案例进行挂牌督办。

9月11日　由省政协副主席金异率领的省政协委员视察团到省质监局视察。

9月18—19日　由国家标准化管理委员会主办、江西省质监局、南昌市人民政府、中国标准化协会承办的第五届中国标准化论坛暨庆祝第38届世界标准日活动在南昌市举行。全国政协委员、中国标准化协会理事长李忠海,副省长洪礼和,国家标准化管理委员会副主任孙晓康,中国标准化协会秘书长马林聪,施耐德公司全球副总裁马查思(音译),省质监局局长朱秉发等出席论坛。来自国内外的代表共60余人参加论坛。

9月　省委宣传部、省质监局、省发展和改革委、省经贸委、省总工会、共青团江西省委等六部门以"质量安全、共同的责任"为主题,联合组织开展2007年江西省质量月活动。

10月17日　2007年全省名牌产品暨质量管理先进表彰大会在南昌召开。副省长洪礼和代表省政府对获2007年中国名牌产品称号的省内企业进行嘉奖。

10月28日　省质监局制定《江西省质量技术监督局科技专项资金使用管理办法》,就核定质量技术监督科技项目的范畴、科技资金的投入使用认定、审核办法以及科技专项资金的核定及下拨方式等予以明确。

11月28日　国家质检总局党组书记李传卿一行到江西质检系统调研指导工作。

11月　第四届泛珠三角区域质监合作局长联席会议在广西南宁举行,合作各方共同签署《泛珠三角区域(九省区)质量振兴宣言》等4个文件,正式发布9项泛珠三角区域标准。

12月19—20日　国家质检总局党组成员、国家认监委主任孙大伟率领国家质检总局产品质量和食品安全专项整治工作检查验收小组,到九江市检查验收产品质量和食品安全专项整治工作。

12月21日　经省政府批准依托江西省锅检院组建江西省无损检测工程技术研究中心。这是江西省第一家省级无损检测工程技术研究中心。

是年　江西省有7个产品获得中国名牌产品称号。至此,江西省有效期内的中国名牌产品总数达到23个,列中部地区前3名,全国第15位;认定117家企业生产的130个产品为江西名牌产品,有20家企业生产的20种产品获得国家免检产品资格。

2008年

1月2日　省质监局搬迁至南昌市京东大道1139号省质监检验检测新办公大楼。

1 月 18 日　省质监局印发《关于严格执行国务院取消的行政审批项目后续监管措施的通知》，取消行政审批项目 14 项，并要求切实加强后续监管工作。

1 月 28—31 日　省计量院流量室、电学室、力学所工作人员冒着冰冻雪灾分赴九江、上饶等地协助石油、电力和交通部门开展抗灾工作，完成工作任务。

2 月 2 日　国家质检总局局长李长江到江西察看雨雪冰冻灾害情况，慰问省质监局干部职工。

2 月 14 日　省质监局印发《江西省工业产品生产许可省级发证工作管理办法》（赣质监质发〔2008〕2 号），明确各级工业产品生产许可证管理部门的工作职责，规范有关发证工作程序；使省级工业产品生产许可证发放工作依法依规地实施。

2 月 28 日　省计量院主编的《机动车方向盘转向力—转向角检测仪校准规范》（JJF1196－2008）由国家质检总局批准发布，是年 6 月 24 日起施行。该规范为江西省主持起草的第一个国家计量技术规范。

3 月 24 日　省质监局印发《关于加强企业质量信用体系建设工作的意见》（赣质监质发〔2008〕6 号），将企业质量信用等级分为守信、基本守信、失信、严重失信 4 级，并按照"鼓励诚信、扶优限劣"的原则，对企业实行分类监管。

3 月 25 日　省质监局标准化处组织起草的地方标准《地理标志赣南脐橙》获省政府颁发的 2007 年度江西省科技进步三等奖。

4 月 15—17 日　省人大常委会副主任朱秉发视察赣州市质检中心和正在兴建的国家钨与稀土产品质量监督检验中心（赣州）。

5 月 19 日　省质监局机关及直属单位 200 余人向汶川大地震遇难同胞集体默哀，全省质监系统广大干部职工共捐款 310 余万元。

5 月 30 日　省质监局印发《关于进一步开展质量兴市工作的通知》，新增吉州、宜丰、浮梁等 11 个县（市、区）开展质量兴市工作。到 2008 年底，全省共有 53 个市、县、区开展质量兴市工作。

6 月 30 日　省质监局印发《江西省工业产品生产许可证获证企业后续监督管理办法（试行）》（赣质监质发〔2008〕13 号），《办法》为加强全省工业产品生产许可证的监督管理，规范取得生产许可证企业生产、经营行为，持续保证产品质量安全，维护消费者利益提供工作依据。

7 月　第五届泛珠三角区域质监合作局长联席会议在贵州省贵阳市举行，合作各方共同签署《泛珠三角区域质量技术监督干部教育培训合作协议》和《泛珠三角区域质量技术监督干部学习交流合作协议》两个文件。

7—12 月　省质监局组织开展 2007 年全省质量竞争力指数测评工作，形成《江西省制造业质量竞争力指数分析报告（2007 年度）》。

8 月 28 日　长三角苏浙皖赣沪质监合作互认共同行动暨 2008 年质量月活动启动仪式在江西省南昌市举行。会议发布苏浙皖赣沪质监系统 2008 年质量月联合行动工作方案。

9 月 16 日　省质监局印发《维护经济秩序，服务经济发展——江西省质监局服务全省经济社会发展的若干措施》，从服务企业、建设鄱阳湖生态经济区等四个方面提出 12 条措施。省长吴新雄给予高度评价，省政府办公厅以参阅文件形式下发全省。

9月18日　根据国务院有关要求,国家质检总局决定对《产品免于质量监督检查管理办法》予以废止,江西省全面停止免检工作。

9月25日　副省长谢茹率省政府食品安全工作领导小组部分成员,就全省乳制品监管工作情况到省质检院进行考察。

9月30日　2008年全省质量月宣传咨询服务活动在南昌八一广场举行,省长吴新雄参加活动并下达“江西质监12365举报申诉服务热线”升级启动令,省人大常委会副主任朱秉发致辞,省政协副主席朱张才出席。吴新雄等还视察咨询服务活动现场。

9月　省委宣传部、省质监局、省发改委、省经贸委、省总工会、共青团江西省委联合组织开展2008年全省质量月活动,活动主题为“质量安全是社会和谐的基础”。

是月　省长吴新雄在省质监局呈送的《关于应对“三鹿奶粉重大食品安全事故”工作的情况专报》和《关于乳制品专项检查工作的情况汇报》上做出批示。吴新雄批示:行动迅速,措施有力,很好。站在对人民群众生命财产高度负责的立场上,继续加强监督,落实查处措施,确保我省食品安全。

10月28日　省编办发文同意成立南昌高新技术产业开发区质量技术监督局、南昌经济技术开发区质量技术监督局和共青开放开发区质量技术监督局,为省质量技术监督局直属副处级行政机构,分别由南昌、九江市质量技术监督局代管。

12月19日　经省委、省政府批准,省质监稽查总队列入参照《中华人民共和国公务员法》管理单位。

12月22日　国家钨与稀土产品质量监督检验中心被商务部评为江西省唯一的2008年优秀公共服务平台资助项目。

是年　省质监局网站被省政府评为年度全省政府网站评比二等奖、被国家质检总局评为质检系统优秀网站。

是年　省质监局与北京市质监局共同加强进京烟花爆竹质量监管,保障进京烟花爆竹的产品质量安全。省质监局受到第29届奥组委的表彰。

2009年

2月7日　商务部副部长蒋耀平率工作组到赣州国家级钨与稀土新材料科技兴贸创新基地——国家钨与稀土产品质量监督检验中心进行调研。

4月9日　省质监局印发《关于开展重点产品质量状况分析的通知》,要求全省各级质监部门要建立重点产品、重点行业质量状况分析报告制度,开展质量状况分析工作,为各级政府宏观经济决策提供科学依据。

4月10日　国家钨与稀土产品质量监督检验中心成立国家钨与稀土产品质量监督检验中心管理委员会和国家钨与稀土产品质量监督检验中心钨与稀土学术委员会。

4月26日　中部六省质量技术监督合作互认座谈交流会在安徽省合肥市举行,中部六省质监局共同签署《中部六省质量技术监督合作互认协议》。安徽省副省长黄海嵩、山西省副省长李小鹏、江西省副省长洪礼和、河南省副省长宋璇涛、湖北省副省长田承忠、湖南省副省长甘霖等领导出席并见证签字仪式。

4月30日　省政府印发《江西省政府关于实施标准化战略的意见》(赣府发〔2009〕12号),省政府成立江西省标准化战略领导小组,省政府15个厅局领导为小组成员。

4月　省锅检院与中国特检院等单位合作的科研项目《大型储罐群安全检验技术体系研究和工程示范》获得中国职业安全健康协会2009年科学技术奖一等奖。

5月11日　省编办印发《关于成立江西省钨与稀土产品质量监督检验中心的批复》(赣编办文〔2009〕42号),同意成立江西省钨与稀土产品质量监督检验中心,为省质监局下属正处级全额拨款事业单位,核定全额拨款编制20名。9月9日,省编办同意江西省钨与稀土产品质量监督检验中心增挂江西省钨与稀土研究院牌子。

5月15日　省政府办公厅印发《江西省质量技术监督局主要职责内设机构和人员编制规定的通知》,对2000年印发的省质监局"三定方案"中的部分职责进行了调整,并增设食品生产监管处和认证监管处两个内设机构。

5月　国家标准化管理委员会印发《关于下达2009年度国家级服务业标准化试点项目的通知》(国标委服务〔2009〕30号),江西瑞金市红色旅游服务业等3个项目列为2009年度国家级服务业标准化试点项目,这是全省服务业项目首次被列为国家级服务业标准化试点。

是月　全国爆发甲型H1N1流感疫情,省计量测试研究院在南昌昌北国际机场、南昌各大专院校对在用体温检测仪进行免费计量校准,共开展热像仪、筛检仪、耳温计、额温计、体温计等人体测温仪器的检定、校准共358台件。

6月19日　省政府在南昌组织召开全省标准化工作会议,副省长部署实施全省标准化战略,国家质检总局党组成员、国家标准委主任纪正昆到会并讲话。

是日　南昌国家高新技术产业集群标准化示范基地揭牌仪式在南昌高新区举行,国家标准委主任纪正昆、南昌市政府市长胡宪等出席。

7月10日　由江西华电电力有限责任公司和四特酒有限责任公司提出的全国螺杆膨胀发电机标准化技术委员会和全国白酒标准化技术委员会特香型白酒分技术委员会获国家标准化委员会批准筹建。

7月17日　2008年度省科学技术奖励大会在南昌召开,省锅检院项目"大型储油罐安全检测技术与评价方法研究"、省计量院项目"机动车方向盘转向力—转向角检测仪校准规范"获2008年度江西省科技进步三等奖。

7月30日　国家质检总局副局长蒲长城一行到江西调研指导工作。

9月12日　省委副书记、省长吴新雄,省人大常委会副主任蒋如铭,省政协副主席李华栋出席在南昌八一广场举行的质量月宣传咨询服务日活动,吴新雄下达全省"质量服务进园区"活动启动令,并向全省11个设区市质量服务进园区活动授旗。

9月15日　省质监局专题向省政府呈送《关于我省企业首次获批筹建全国专业标准化技术委

员会的情况汇报》。省长吴新雄、副省长洪礼和等领导分别做出批示。

9月18日　国家钨与稀土产品质量监督检验中心获批成立全国稀土标准化技术委员会离子型稀土矿工作组。

9月　省计量院主编的《实验室管理与认可》一书获江西省第十三次社会科学优秀成果奖三等奖。

是月　省委宣传部、省质监局、省发改委、省经贸委、省总工会、共青团江西省委联合组织开展2009年全省质量月活动,活动主题为"全员全过程全方位参与,全面提高质量安全水平"。

10月18日　国家质检总局发布由江西省计量院作为主要起草单位起草的《滚筒式车速表检验台》(JJG909-2009)国家检定规程,并正式实施执行。

10月　省质监局与省保监局联合印发《关于推行特种设备责任保险工作的通知》,在全省开展特种设备责任保险工作。

是月　第六届泛珠三角区域质监合作局长联席会议在福建省福州市举行,合作各方共同签署《泛珠三角区域质量信用体系建设合作协议》。

11月5日　经省教育厅和省学位办专业评审后立项、省锅检院与南昌航空大学共建的研究生创新基地是江西立项建设的第一批12个研究生教育创新基地之一。

12月7日　省质监局印发《江西省企业质量信用等级评价试点工作方案》(赣质监质发〔2009〕23号),在全省范围内启动企业质量信用等级评价试点暨2009年度江西省质量信用AAA级企业认定工作。认定25家企业为2009年度江西省质量信用AAA级企业。

12月29日　省质监局首次向社会公开发布《江西省产品质量状况报告(2009)》,省长吴新雄、副省长洪礼和等领导对省质监局呈送的《江西省产品状况报告(2009)》做出批示,指出《报告》数据翔实,分析透彻,比较客观地反映了全省工业产品质量状况,为省委、省政府决策提供了重要依据。同时,要求将《报告》转发各设区市政府和省直有关部门参阅。

12月　省发改委批复江西省质监检测基地项目建议书。基地选址南昌小蓝工业园内,金沙二路以东,莲安路以北,东莲路景观明渠以南,建筑面积83464平方米。

是年　省质监局制定《江西名牌产品评价工作规范》,认定33家企业生产的34个产品为2008年江西名牌产品。联合省旅游局组织开展2009年度江西名牌旅游商品评选工作,认定35个旅游商品为2009年度江西名牌旅游商品。

是年　全省新增15个县(市、区)开展质量兴市工作,全省开展质量兴市县(市、区)总数达69个,占全省县(市、区)总数的67%。10个工业园区启动质量兴园活动。开展全省质量管理先进企业评比表彰工作,授予南昌娃哈哈食品有限公司等20家企业2009年江西省质量管理先进企业荣誉称号。

2010年

1月22日　省政府在南昌召开全省计量工作会议。国家质检总局副局长蒲长城等出席会议,各设区市分管副市长，省、市发改、财政、质监等部门负责同志以及部分企业负责人200余人参加会议。

3月23日　省政府印发《关于进一步加强计量工作的意见》(赣府发〔2010〕9号)。

4月27日　副省长谢茹到南昌鲜徕客食品有限公司进行食品安全检查。

5月28日　省编办批复同意省质量技术监督教育培训中心增挂省质量技术监督行政许可评审中心牌子(赣编办文〔2010〕82号)，自收自支事业编制10名。

5月30日　省锅检院与中国特检院等单位合作的科研项目《大型储罐群安全检验技术体系研究和工程示范》获得国家质检总局2009年度科技兴检奖一等奖，项目完成人之一胡智获国家质检总局2009年度科技兴检奖一等奖。

5月　国家质检总局批复同意在省纤维检验局的基础上筹建国家羽绒制品质量监督检验中心(江西)。

5—12月　省质监局组织开展2009年全省质量竞争力指数测评工作，并编制《江西省产品质量报告(2010)》。

6月22日　省质监局开展实验室开放活动，组织省人大代表、省政协委员、新闻媒体、相关企业参观考察省纤维检验局、省质检院、省计量院。

6月28日　省计量院起草的《透射式烟度计检定规程》获江西省政府颁发的江西省科技进步三等奖。

6月29日　省编办印发《关于各设区市质量技术监督局增设认证监管科的批复》(赣编办文〔2010〕111号)，同意11个设区市质量技术监督局增设认证监管科。

8月26日　第七届泛珠三角区域质量技术监督合作局长联席会议在成都召开，江西等10个省(区、市)的质监局长和特邀的河南省质监局签署《泛珠三角区域质监系统打假保名优协作框架协议》等四个协议。

9月1日　在南昌召开2010年全省质量月活动启动仪式新闻发布会，发布《江西省质监局2010年“质量月”活动总体方案》和《江西省质监局优化创业环境，提升服务水平30条服务措施》。

9月13日　由省质量协会主办，江西中烟工业有限责任公司协办的先进质量方法专题演讲会在南昌举行。国际著名质量管理专家詹姆士・哈林顿博士和新西兰梅西大学卓越组织研究中心(COER)主任罗宾・曼博士就简约流程管理和业务卓越与标杆对比两个题目作专题演讲。

是日　省政府在南昌召开省质量振兴领导小组会议。会议审议通过《关于实施质量兴赣战略的意见》《江西省质量振兴领导小组工作规则》《江西名牌产品认定和保护办法》三个文件，研究进一步推进质量兴省工作。

9月17日　江西省第十一届人民代表大会常务委员会第十八次会议对《江西省产品质量监督管理条例》《江西省标准化管理条例》《江西省计量监督管理条例》进行第二次修正。

9月26日　中部六省质监合作局长联席会议在南昌召开，山西、河南、湖北、湖南、安徽、江西六省质监局局长出席会议。会议对《中部六省质量信用良好企业评价细则》进行研讨，并共同签署《中部六省质量信用体系建设合作协议》。

10 月 12 日　省人大常委会副主任朱秉发到赣州市质监局调研指导工作。

10 月 19 日　中央纪委驻国家质检总局纪检组长王炜到婺源县质监局考察工作。

10 月　质检总局正式批复同意在新余市筹建国家光伏基础材料及应用产品质量监督检验中心。

11 月 5 日　省政府印发《关于实施质量兴省战略的意见》(赣府发〔2010〕33 号)。

11 月 11 日　省质量振兴领导小组新增省委宣传部、省监察厅、省国资委、省水利厅、省林业厅、省质量协会为领导小组成员单位。

11 月 12 日　省质监局印发《江西省质监系统打击侵犯知识产权和制售假冒伪劣商品专项行动方案》,在全省范围内集中开展打击侵犯知识产权和制售假冒伪劣商品专项行动。

11 月 22 日　省质监局政务综合管理平台完成全部模块的开发和培训工作,成功上线试运行。

11 月 26 日　省质监局在全国质检系统质量提升活动中获全国质检系统检测技能大比武活动贡献奖。

11 月　省锅检院与中国特检院等单位合作的科研项目《金属压力容器和常压储罐声发射检测及安全评价技术与应用》获得 2010 年度国家科学技术进步奖二等奖。

第一篇 计 量

1991—2010 年,江西省计量管理由遵循旧例走向依法依规,工业计量由政府主导走向企业自主管理,民生计量由政府监管走向监管与引导支持并举。

计量工作的主要依据为:《中华人民共和国计量法》《中华人民共和国计量法实施细则》《江西省计量监督管理条例》及部门规章等有关文件。《计量法》及配套计量法规颁布实施后,计量器具强制检定、计量标准、计量器具新产品、商品量计量先后纳入法制管理轨道。1999 年 8 月,省人民代表大会常务委员会通过《江西省计量监督管理条例》。2001 年以后,国家质量技术监督局(简称国家质监局)先后制定法定计量检定机构考核、商品量计量检验、计量器具型式评价等计量技术规范,检定机构计量授权、计量器具新产品、计量标准考核等行政许可项目开始实施考评员制度。

20 世纪 90 年代初,省计量局停止实施工业企业计量定级升级管理,企业计量管理工作由政府主导向政府指导、企业依法自主管理转变。省质监局通过引导和帮助企业完善检测体系,推进企业计量管理。大型国企自觉参照国际标准实施计量管理,小企业计量工作出现滑坡。进入 21 世纪后,能源问题日益突出。省质监局通过开展强制性国家标准培训、能源计量监督检查等形式,引导、帮助和督促耗能企业开展能源计量管理。重点耗能企业通过能源计量器具配备、计量检测设备技术改造来加强对能源消耗的准确计量和监控。

20 世纪 90 年代后期,商品经济快速发展,商贸企业将大多数散装商品由企业提前"计量",改为以预包装商品的形式销售。为适应这一变化,商贸计量监督的工作重点由零售商品称重,逐步扩展到定量包装商品和食品、化妆品的过度包装监管,1996—2010 年,全省每年开展定量包装商品监督抽查。2000 年后,省质量技术监督局(简称省质监局)突出民生计量,对集贸市场、加油站、粮食、棉花市场等统一部署计量专项整治和监督检查,重点对加油机组织开展技术改造并进行防作弊检查。自 2001 年起,省质监局组织开展定量包装商品生产企业计量保证能力评价工作,对规模较大、市场有一定影响力的企业鼓励和引导其申请"定量包装商品生产企业计量保证能力评价"采用"C"标志("China"的第一个字母)。商品通过认证贴上"C"标志,即表明其产品净含量是有保证的,消费者可据此放心购买到足量的商品。到 2010 年全省获准使用"C"标志企业 21 家。

《计量法》颁布时,计量服务只有检定一种形式,进入 21 世纪后,以自主溯源为标志的校准服务开始出现,计量服务对象由以大中型国有企业为主扩大到国家机关、大中专院校、科研、医疗机构和公共设施管理部门,计量技术服务能力在省、设区市两级得到较大提升。全省质监管理部门和计量检定机构每年定期开展世界计量日、质量月宣传活动和实验室开放活动,计量的社会认知度逐渐提升。至 2010 年,民生计量工作开始获得省和部分设区市的财政经费支持。

第一章 法制计量

1995年2月,江西省计量局(简称省计量局)印发《江西省计量工作三年〈95—97年〉计划》,提出全省计量工作必须坚持以经济建设为中心,为发展经济和建立社会主义市场经济体制提供必要的技术基础。根据这一要求,1995—1997年全省各级技术监督部门开展计量法律咨询,查处2000多家商店150多个集贸市场,130户制造计量器具企业纳入法制管理,对50种计量器具新产品组织进行样机试验,全省强检计量器具受检率从1995年的85%提高到1997年的95%。

1999年8月20日,省第九届人民代表大会常务委员会第十次会议通过《江西省计量监督管理条例》。此后,省质监局依据《江西省计量监督管理条例》,先后制定《江西省制造计量器具许可证年审实施办法(试行)》《江西省计量校准管理办法(暂行)》《江西省瓶装液化气计量标识管理办法(暂行)》等规范性文件,并依据这些办法开展制造计量器具许可证年审、计量校准机构的资格确认与管理以及瓶装液化气计量标识管理。

20世纪90年代,商品量计量监督的重点由零售商品向定量包装商品转移,全省各地开始开展食品类定量包装商品的省级监督专项抽查,2009年,食品过度包装纳入计量监管。1991—2010年,省计量局、省技监局、省质监局先后组织对集贸市场、加油站、电子计价秤、汽车衡和农资开展计量专项整治,并对法定计量单位和餐饮业、煤矿企业、粮食市场、棉花市场、集贸市场开展计量专项监督检查。

2000年质监系统实行省以下垂直管理以后,省质监局加强对检定员考核/复查的统一管理。2006年注册计量师制度纳入国家人事部门的职业资格准入制度,与计量检定员考核/复查制度并行,2007年省人事厅与省质监局共同开展二级注册计量师的考核认定工作。

第一节 计量法规

《江西省计量监督管理条例》

针对市场经济条件下新的计量法律关系亟待调整的形势,省技术监督局(简称省技监局)将加强地方计量法规和规章建设列为计量工作的重点,从1996年起着手准备《江西省计量监督管理条例(草案)》(以下简称草案)的起草工作,并形成草案初稿,先后征求各地、市技术监督部门,部分大型厂矿商贸企业,技术机构等30多个单位的意见。《江西省人大常委会1999年审议法规草案计划》下达后,省人大财政经济委员会同省技监局成立草案起草小组,并指定副主任委员陈锡文和委员沈文江负责起草的领导工作。起草小组在学习有关法律、法规和规章、文件的基础上,经过对4个省区、6个地市的调研,26次专家学者、各部门、各阶层人士参加的征求意见协调会,征求29个省直部门的意见,先后对草案修改17稿。1999年5月26日由省人大常委会领导主持,省人大财政经济委员会召开有6个省直部门参加的协调会;6月16日受省政府副省长黄智权的委托,省政府秘书长王飏主持召开有19个省直部门参加的协调会。6月27日,在江西省第九届人大常委会第九次会议上,陈锡文作"关于《江西省计量监督管理条例(草案)》的说明"。1999年8月20日,《江西省计量监督管理条例》(以下简称《条例》)经江西省第九届人民代表大会常务委员会第十次会议通过。《条例》共8章48条,自1999年10月1日起施行。《条例》具有以下特点:明确计量监督管理的范围。根据市场经济的发展和国际法制计量的惯例,将强检计量器具的安装和使用计量器具出具计量数据的行为纳入计量监督管理范围。加强与老百姓生活密切相关的强检计量器具的监督管理。规定"直接用于贸易结算的电能表、水表、煤气表、流量计、电话计时计费器等强制检定的计量器具、安装前应当经质量技术监督行政部门指定的法定计量检定机构强制检定合格后,方可安装使用",最大限度地遏制劣质计量器具流入使用领域。条例设置第五章"商品量计量",对以计量量值作为结算依据的商贸行为从计量器具配备、使用到结算和定量包装商品的计量行为进行规定。强化对产品质量检验机构、行政执法机构和法定计量检定机构、社会中介计量机构和行政执法检测机构的计量行为的监督。对纵容、包庇、擅自处理、转移计量违法物品的计量违法行为加大处罚力度,对计量检定、执法人员违法行为应受到的处罚进行明确规定,以规范计量检定、执法人员的行为。与《计量法》及其他省市的条例相比,《条例》规定《制造、修理计量器具许可证》和计量认证的年审;强检计量器具受检情况的审验;直接用于贸易结算的电能、水表、煤气表、流量计、出租车计价器、燃油加油机、电话计时计费器等强检计量器具安装前检定;安装计量器具的资格审查的内容。1999年9月2日,省技监局发文《关于认真学习、宣传、贯彻〈江西省计量监督管理条例〉的通知》。10月19日,省技监局在南昌召开庆祝《江西省计量监督管理条例》颁布施行座谈会,省人大常委会副主任华桐参加会议并讲话。华桐要求技术监督部门加强《条例》的宣传工作,希望有关企事业单位、商贸人士加强学习,自觉遵纪守法,广大公民能依靠法律保护自己的合法权益,使计量这一传统而又年轻的科学更好地为社会和人民生活服务。10月,省技监局局长杨毓模就《条例》颁布实施答《中国计量》杂志问。为使广大人民群众和生产经营者了解、掌握《条例》,全省各级技术监督部门将日常宣传和集中宣传相结合,通过报纸、电视、召开座谈会、挂横幅、分发小册子等形式大量宣传,省技监局和11个地(市)局召开各种形式的座谈会、宣传贯彻会108次,参加会议人员达6000余人(次),散发、张帖《条例》11000多份(张),广泛宣传《条例》,促进公民和生产经营者提高计量法律意识。2001年8月24日,省第九届人民代表大会常务委员会第二十五次会议对《条例》进行第一次修订。将"强制检定的计量器具的使用单位和个人应当将强制检定的计量器具受检情况报当地质量技术监督行政部门审验"修改为"法定计量检定机构应当定期将强制检定的计量器具的检定情况报当地质量技术监督行政部门备案"。删除"从事以计量量值进行贸易结算、安全防护、医疗卫生、环境监测、执法检测等方面的计量活动的单位和个人,应当经过质量技术监督行政部门对其保证计量量值准确可靠的必备条件进行计量确认合格后,方可从事相关的计量活动"。2010年9月17日,省第十一届人民代表大会常务委员会第十八次会议对《条例》进行第二次修订。将"安装计量器具业务的单位或者个人,应当具备法律、法规规定的资格。从事安装强制检定的工作计量器具业务的单位或者个人,应当经县以上质量技术监督行政部门进行资格审查合格后,方可从事安装业务。对已经依法进行资格审查的,不得重复进行资格审查。"修改为"安装计量器具业务的单位或者个人,应当具备法律、法规规定的资格",删除对使用非法定计量单位处罚条款。

地方计量规程与法规

1991—1998年,省计量局颁布地方检定规程两件。2000年省质监局成立后,加强对地方计量检定规程与技术规范的制订工作,根据全省计量产品的生产情况和监管需要组织开展规程规范的起草。2000—2010年,省质监局共发布地方检定规程两件,技术规范十件。

四件地方检定规程是:①《可见分光光度计波长校正片(试行)》,江西省分析测试研究所与江西省计量测试研究所(简称省计量所)起草,1995年1月13日批准,1995年1月13日起实施。②《JY系列轴键槽检查仪》,1995年3月21日批准,1995年3月21日起实施。③《干式变压器电脑温控仪》,编号为JJG(赣)001-2002,省计量所起草,2002年12月31日批准,2003年3月1日起实施。④《测桩荷载箱》编号为JJG(赣)002-2008,省计量测试研究院(以下简称省计量院)起草,2008年12月29日批准,2009年1月1日起实施。

十件地方计量技术规范是:①《注射针针尖刺穿力(锋利度)测试仪校准规范》,编号为JJG(赣)001-2002,南昌市计量测试研究所(简称南昌市计量所)与省医疗器械机电产品质量检测中心起草,2002年12月31批准,2003年3月1日起实施。②《注射器密合性负压试验仪校准规范》,编号为JJF(赣)002-2002,省医疗器械机电产品质量检测中心与南昌市计量所起草,2002年12月31日批准,2003年3月1日起实施。③《连接牢固度测试仪校准规范》,编号为JJF(赣)003-2002,省医疗器械机电产品质量检测中心与南昌市计量所起草,2002年12月31日批准,2003年3月1日起实施。④《电能表现场校验仪校准规范》,编号为JJF(赣)004-2004,省计量院起草,2004年7月5日批准,2004年8月5日起实施。⑤《交直流电能校验仪校准规范》,编号为JJF(赣)005-2004,省计量院起草,2004年7月5日批准,2004年8月5日起实施。⑥《称量法水份测定仪校准规范》,编号为JJF(赣)006-2004,省计量院起草,2004年7月5日批准,2004年9月1日起实施。⑦《高频电刀校准规范》,编号为JJF(赣)007-2004,省计量院起草,2004年9月7日批准,2004年10月1日实施。⑧《电线/电缆测长仪校准规范》,编号为JJF(赣)008-2004,省计量院起草,2004年9月7日批准,2004年10月1日实施。⑨《测温仪表检定仪校准规范》,编号为JJF(赣)009-2006,省计量院起草,2006年4月12日批准,2006年6月1日起实施。⑩《甲醛测定仪校准规范》,编号为JJF(赣)010-2007,省计量院起草,2007年1月31日批准,2007年5月1日起实施。

第二节 强制检定

强制检定管理

1991 年,省计量局根据分层次覆盖和经济合理、方便生产、利于管理的原则,对强检工作计量器具燃油加油机和三等公斤组砝码的检定单位进行调整。

1992 年 12 月 15—17 日,省计量局在抚州市召开全省计量监督暨强制检定研讨会。会议传达全国法制工作会、福州强制检定工作会、武汉全国质量座谈会会议精神,总结计量监督及强制检定工作中出现的新情况新问题。东乡县、樟树市技监局的代表介绍加强技术监督和做好强制检定工作的经验。12 月 25 日,省计量局发文《关于加强计量监督及强制检定的几点实施意见》,就全省实施计量监督及强制检定工作提出要求。在强制检定方面:明确强制检定适用范围。国家公布的强制检定工作计量器具是按项、种、别划分的,不是所有公布的强检计量器具都要进行强检,必须是在公布的项种范围内又直接用于“四大块”的工作计量器具,才能列为强检工作计量器具。企事业单位最高计量标准器具和社会公用计量标准器具属于强检范围。坚持定点检定。定点检定是强制检点的核心,是实施强制检定的组织保证。任何单位不得随意改变确定的强制检定点;各级计量行政部门要为定点检定提供保障,积极支持执行定点检定的技术机构到本地完成强检任务,保证自己管辖的强检工作计量器具 95% 以上送检;充分调动社会力量,提高强检覆盖面。各地市县根据本地实际情况,遵照计量授权的原则确定授权项目,并按规定办理手续,就地就近地开展授权检定。对跨地区的委托授权必须经上一级计量行政部门批准后执行。在加强对计量监督及强制检定工作的管理方面:地区、省辖市计量行政部门,每年对所辖县(市)的计量法制工作及强检工作进行 1 ~2 次检查,并协助解决工作中的实际问题;省辖市、县级计量行政部门对所管辖的区域,经常组织对商贸流通领域进行计量监督检查,对医疗卫生、安全防护、环境监测的计量器具的监督检查,每年不少于两次。重大的节假日组织专项检查,每次检查有记录,查处计量案件有案例;强检受检率按实际检测能力(含定点检定和计量授权检定)达到 95%;检定出证、检定记录必须 100% 规范化,计量检定印必须在有效期内使用;各项社会公用计量标准必须具备两证,并有 2 名计量检定持证人员,计量标准器具必须 100% 送检。12 月,省计量局和省测绘局联合发文《关于加强对光电测距仪计量检定管理的通知》,明确光电测距仪的检定周期不超过一年,省计量局授权省测绘仪器检定站承担省内光电测距仪的计量检定工作。凡省内持有光电测距仪的单位,均应在检定合格期内使用,并统一在省内进行检定。

1993 年 3 月,省计量局、省气象局发出《关于加强气象计量器具检定管理的通知》。省气象计量检定所 1990 年已由省计量局授权在全省范围内承担各种气象计量器具的计量检定工作。全省使用气象计量器具的单位将所使用的气象计量器具统一送省气象计量检定所检定,并保证计量器具在检定合格周期内使用。是年 4 月,省计量局、省纺织工业局发出《关于加强纺织质检计量器具检定管理的通知》,要求全省各纺织企、事业单位的质检计量器具均应依法进行周期检定。根据纺织部《纺织企、事业单位计量器具分类管理办法》及检定规程的要求,纺织质检计量器具检定周期最长不超过一年。对不具备检定条件的单位,省纺织计量中心统一安排周期检定计划进行检定、维修,由纺织计量中心上门服务,或送中心检定。

1994 年 9 月,针对南昌生产和销售啤酒的厂、商家中使用的各种罐装啤酒的定量罐装机及散装、罐(桶)装啤酒、生啤酒(俗称扎啤)的计量单位不统一,既无计量标识又未检定,难以保证啤酒的计量准确、不足量的现象,南昌市标准计量局制定《南昌市啤酒计量监督管理规定》,要求生产和销售的啤酒在标价、计量或结算时必须统一采用法定计量单位"升"或"毫升",用于计价收费的重复使用及一次性使用的啤酒饮用量器(以下简称啤酒杯)必须在啤酒杯上刻(印)制表示容量的永久性标志线(刻度),并经检定合格后方准使用等。

1995 年,省计量局根据省成品油市场整顿领导小组的安排,对有关油库进行现场调查,发现从事成品油批发的单位(油库)计量管理制度不够完善,使用的计量器具未登记造册、建档建卡,除流量计、加油机进行计量检定外,其余涉及安全、贸易结算应进行强制检定的计量器具,例如:压力表、真空表、兆欧表、石油闪点温度计、密度计、带锤钢卷尺、计量罐、计量罐车、衡器等均未进行计量检定。根据这一带有普遍性的情况,全省各地结合成品油市场整顿的有利时机,进一步贯彻《江西省石油计量监督管理办法》,并对各加油站、成品油批发单位(油库)使用的各种计量器具进行清查,帮助他们健全计量器具管理制度,保证各种计量器具按周期送检,确保其准确可靠。对违反《计量法》有关规定,拒不送检的依法处罚。

1996 年 9 月,省技监局发出《关于授权江西省分析测试研究所等单位开展计量检定的通知》,授权省分析测试研究所成立省理化计量检定站,承担全省范围内荧光分光光度计、气相色谱仪、原子分光光度计计量检定工作。授权省煤炭工业科学研究所建立的光干涉型甲烷测定器检定装置和催化燃烧型甲烷测定器检定装置为煤炭部门最高计量标准,承担省属煤矿(已建立计量标准的矿务局除外)光干涉型甲烷测定器和催化燃烧型甲烷测定器两种计量器具的检定工作。10 月,省技监局下发《关于开展对电子收费计时器实施计量监督管理的通知》,在全省范围内组织对宾馆、饭店、公用电话亭和收费停车场等场所的电子收费计时器进行计量监督管理,要求各地(市)技术监督(标准计量)局按强检计量器具的要求强化管理,并统筹安排暂由地(市)级计量技术机构开展电子收费计时器计量检定。检定执行国家技监局于当年 5 月颁布的《电子收费计时器的计量检定规程》。11 月,国家技监局发文《关于认真贯彻落实〈加强啤酒量杯监督管理的通知〉的通知》,要求对啤酒量杯严格按照《强制检定的工作计量器具实施检定的有关规定》,在出厂前由所在地政府计量行政部门所属或授权的计量检定机构或授权制造厂进行全数额首次检定,各地不再进行随后检定。这一年,全省组织对 890 多家宾馆、酒家、饭店使用的啤酒杯进行清理整治。

1997 年 7 月,省技监局依据《中华人民共和国计量法》第九条和《中华人民共和国强制检定的工作计量器具检定管理办法》第五条规定,制定《江西省强检计量器具年度备案办法》,从当年起开展强检计量器具年度备案工作。全省各级技术监督部门组织建立的社会公用计量标准器具,部门、企事业单位建立并开展量值传递的最高计量标准器具和使用强制检定工作计量器具的单位和个人,均须填报《江西省强制检定计量器具年审册》,每年送当地技术监督部门备案年审;对只作首次强检的竹木直尺、体温计、液体量提、啤酒量杯和生活用煤气表、水表、单相电度表不列入年审。凡当地技术监督部门对带行业特点品种单一的工作计量器具(如:公用电话计费器、出租汽车里程计价表、衡器等)或由当地授权对工作计量器具实施统一有效管理的,不再分别组织单户年审;年审工作采取资料报审与实地监督相结合的方法进行,由技术监督行政部门直接组织。对须现场检定的计量器具,其年审工作可委托检定机构一并进行;年审包括国家公布的《强制检定计量器具目录》所列的所有项目,凡当地不能检定的,逐级向上一级技术监督部门指定的计量检定机构申请周期检定,强检计量器具检定关系一经技术监督部门审批确定,不得随意变更。凡新增项目均及时填入年审册,因故需要变更检定关系或暂时封存和设备损坏报废更换者,及时在年审册内注明;使用强制检定计量器具的单位和个人,按规定周期申请检定并送检;各级技术监督部门按分期公布的强检目录,严格区分强检范围,核清项目,认真组织年审。对继续使用(超周期、检定不合格、无有效检定印证、不申报备案年审)计量器具的行为加强监督检查,并依法给予处罚。据省煤炭科研所瓦斯计授权检定站1997年的统计,全省应强制检定的煤矿用瓦斯计受检率仅为20%,而受检的瓦斯计合格率仅为63%,大量不知准确与否的瓦斯计在现场使用,对煤矿的安全生产造成巨大隐患。1997年,各地(市)法定计量技术机构开展强检计量器具的登记、年审工作,投入资金购置标准设备,特别是医疗卫生强检项目由原来只能检血压计、心脑电图仪发展至B超机、X光机、医用激光源、旋光、钴60、CT都能检定,强检计量器具受检率从1995年的85%提高到1997年的95%,社会公用标准、企业最高标准受检率接近100%。

1999年4月,省技监局转发国家质监局《关于企业使用的非强检计量器具由企业依法自主管理的通知》。各级技术监督行政部门加强企业计量工作重要性的宣传,帮助企业提高计量意识,科学引导企业对非强检计量器具依法进行自主管理,完善计量检测体系,保证在用计量器具的完好率,使计量工作切实为企业提高产品质量和经济效益提供可靠的保证;加强强检计量器具的登记造册和监督管理,采取有效措施,保证强检计量器具的受检率达到95%以上的管理目标。计量技术机构适应形势的发展,合理配置资源,在保证完善量传体系的前提下,重点在提高工作的有效性,因地制宜地开展检定、校准、测试服务、提供优质服务等方面下功夫。1999年,吉安地区以医疗卫生单位的强检工作为突破口,抓老大难单位和边远乡镇医院,使全区卫生系统的强检率达到98%以上。上饶地区计量所通过与地区邮电局多次协调,从9月开始实施电话计费器的检定工作,9月至11月检定电话计费器700多台,开创全省地市所大面积检定电话计费器的先例。抚州地区强化用于粮食、棉花、农药、化肥等农用计量器具的管理,确保用于贸易结算、定等定级的计量器具受检率达到100%。1999年4月26日,根据记者反映,有旅客投诉南昌火车站出口处的行李秤严重失准,侵害旅客的利益。省技监局计量处及南昌市计量所有关人员在南昌铁路局的配合下,对南昌火车站出口处型号为TGT-500型行李秤进行现场检查。检查发现该秤标志不全,25千克增铊调整腔铅封及调整物掉出,用该增铊称量,误差达±1.7千克,且经过修复,该秤经检定仍为不合格。省技监局责成南昌铁路局南昌车站立即停止使用该秤,并由南昌铁路局技术监督所进行修理,经检定合格后方可使用。省技监局要求南昌铁路局认真吸取此次事件的教训,举一反三,加强管理,对所管辖范围内的直接用于贸易结算的计量器具进行检查,并将检查结果函告省技监局。针对存在的问题,南昌铁路局责成南昌火车站整改。

2001年,省质监局根据国家粮食清仓查库工作要求,组织各地完成对粮食部门用于贸易结算和经营管理的台秤、地中衡等称重衡器的检定工作;承担粮食清仓查库质检任务的粮食质检机构开展对有关计量器具的自查工作,保证计量器具处于合格状态;配备在粮食清仓查库和粮食质量抽样检验中用于测量、检定用的计量器具,并且使用前进行检定。特别要求粮食清仓查库检查组用于粮食量方的皮尺(或钢卷尺)使用前必须送省计量所检定。是年,省计量所在对全省交通系统机动车综合性能检测线(站)的计量器具实施周期检定的基础上,开始对公安系统机动车安全性能检测线(站)的计量器具实施周期检定。

2002年,省质监局在全省首次开展电能表、煤气表等安装使用前的强制检定工作。

2004年,省质监局发出《关于规定强制检定工作计量器具检定期限的通知》,规定送检强制检定的工作计量器具的检定期限为7天,现场检定的工作计量器具的检定期限为15天(自计量器具使用单位提出申请之日起计算)。违反规定拖延检定期限的,执行强检工作的机构要按照《中华人民共和国强制检定的工作计量器具检定管理办法》第十五条的规定,根据送检单位的要求,及时安排检定,并免收检定费。

2005年,各设区市质监局通过协商沟通、执法检查等措施启动对电话计时计费装置的周期检定工作。景德镇、吉安两地对电信、联通、移动、网通等多家电信单位均实行检定。2006年全省共检定电话计时计费装置9122台件,依法查处违法案件30起。为加强道路安全管理,省公安部门使用公路测速仪对公路行驶车辆进行测速。省计量院自2005年底开始对公路测速仪实施检定。2006年检定交警部门送检雷达测速仪152台,固定点测速仪30套。

为加强对超限超载运输车辆的管理,江西省决定于2006年7月1日开始对通行收费公路的载货类汽车实行计重收取车辆通行费,省交通管理部门为此在高速公路和开放式公路安装动态汽车衡。为确保省政府提出的全省高速公路主线站全部汽车衡、高速公路其他收费站和开放式公路1个车道以上的动态汽车衡在7月1日前检定合格的要求,省质监局副局长李岱在检定现场部署全省公路动态汽车衡的检定工作。省计量院组织38名职工与10余名辅工、6台检定用车与5台生活用车,自5月24日开始,采取24小时三班作业方式连班工作,确保全省公路车辆计重收费工作的顺利实施,受到省政府和省交通厅领导的肯定。

2010年,省质监局每季度在局网站上公告公路管理速度监测仪(测速仪)、呼出气体酒精含量探测器和动态汽车衡等涉及交通安全的民生计量器具的检定情况,并函告省公安厅交警总队,督促全省各级交警部门将测速仪向质监部门申请检定,对新购置的需在使用前到质监部门备案并申请检定。

表 1-1-1　1998—2010 年全省强检计量器具数量

单位:台件

年　份	强检工作计量器具	强检计量标准器具
1998	545525	6039
1999	495555	4524
2000	489878	14103
2001	430238	17243
2002	473883	18130
2003	469808	1671
2004	492287	5041
2005	541220	3684
2006	463205	4368
2007	364668	4032
2008	390429	4502
2009	671670	4423
2010	691083	7403

强检计量器具普查与建档

2004 年,省质监局组织各设区市质监局对涉及生产、生活安全的 9 项 20 种强制检定计量器具登记造册。2006 年,组织开展 29 项 55 种强制检定计量器具的普查登记。各级计量技术机构、计量行政管理部门深入企、事业单位进行调查摸底、普查登记,并按统一要求进行汇总、登记、录入。查清全省 28376 家企、事业单位在用的 29 项 55 种强检计量器具共 1094442 台件。2006 年 12 月至 2007 年 3 月,组织对在用公路管理速度监测仪实施检定的有关情况进行普查,普查数据表明,全省在用公路速度监测仪共 215 台。

2007 年 7 月,根据国家质量监督检验检疫总局(简称国家质检总局)要求,省质监局在全省组织开展强制检定工作计量器具建档工作,建档范围为用于贸易结算、安全防护、医疗卫生、环境监测方面并列入《中华人民共和国强制检定的工作计量器具目录》的 60 项 117 种计量器具。各地按照"谁检定、谁建档"的原则,将所建档案数据上传至国家质检总局强检工作计量器具管理系统。2007 年建立贸易结算用计量器具档案,2008 年建立医疗卫生、安全防护用计量器具档案,2009 年建立环境监测用计量器具档案,至 2009 年底全面完成本行政区域内所有在用强制检定工作计量器具的建档工作,实现在线档案的动态更新和信息化管理。至 2010 年底,全省共 47 项 102 种 127643 台(件)强检工作计量器具(其余 13 项计量器具江西省无相应计量器具或无检定能力)录入国家质检总局强检工作计量器具管理系统。

强检计量器具更新改造

1994年12月,省计量局、省工商行政管理局联合转发国家技监局、国家工商行政管理局《关于在公众贸易中限制使用杆秤的通知》。淘汰杆秤工作采取分步实施的办法,即1995年底前县以上的商店、集贸市场、固定摊位使用的杆秤全部换为电子计价秤或双面弹簧度盘秤,1997年底前乡(镇)商店集贸市场、固定摊位淘汰杆秤,使用电子计价秤或双面弹簧度盘秤。1995年初省计量局、省工商行政管理局发布《关于限制使用杆秤的通告》,省计量局成立限制使用杆秤工作组,对电子计价秤或双面弹簧度盘秤的产品质量的生产厂家进行调查、考核、检测、推荐工作,陆续开展新闻舆论宣传,并在高安市开展"换秤"试点工作。高安市、吉安市、临川市、横峰县以市(县)政府名义发布公告,成立以市县领导负责的"换秤"工作领导小组,制定具体的计划和实施步骤。横峰县采取一次性付款和分期付款的方式集中换秤。玉山县计量局和县工商局联合下文,把换秤工作作为营业执照年检的必备条件之一。萍乡市实行电子计价秤和双面弹簧度盘秤报检制度,只有报检合格的秤才能销售,只有检定合格的电子计价秤和双面弹簧度盘秤才能投入使用。南昌市结合贯彻《零售商品称重计量监督规定》,统一在大中型商场中首先推广使用电子计价秤和双面弹簧度盘秤。1995年3月,省计量局下发《关于限制使用杆秤工作中几个问题的通知》,要求各地、市、县(区)技术监督(标准计量)局对当地销售的弹簧度盘秤、电子计价秤、各类台案秤等产品质量进行全面抽检,防止不合格的计量器具流入市场;对弹簧度盘秤、电子计价秤、台案秤等各类计量器具逐步建立销售前的报检制度,未经报检或经检定不合格的不得销售。5月17—18日,省计量局在南昌召开全省限制使用杆秤工作座谈会,对在公众贸易中限制使用杆秤,推广使用双面弹簧度盘秤、电子计价秤,即"换秤"工作做交流总结。座谈会邀请南昌衡器厂、上海大和衡器有限公司南昌分公司、省计量技术开发公司、省计量器具设备有限公司、南昌市标准计量局直属检定站的代表参加会议,并就两秤的供应、质量、价格、服务等问题回答代表的咨询。7月,省计量局下发《关于重申限制使用杆秤工作中必须注意的几个问题》,要求各地(市)、县(市、区)技术监督(标准计量)局加强对制造、销售电子秤和双面弹簧皮盘秤及其他衡器的监督检查,加强对机械式台、案秤和杆秤的制造、修理和销售的监督管理,对双面弹簧度盘秤的质量继续加强性能考核和售后的服务工作。各级政府计量行政部门的技术机构,应以科学态度,按照商品档次,认真帮助用户做好产品的选型工作。至1995年8月,全省地(市)及一部分县以上城市商店,固定摊位基本上淘汰杆秤。至1997年底,全省县城以上城市商店和固定摊点90%以上淘汰杆秤,更换使用双面度盘秤和电子计价秤。

1999年,根据国家税务总局、国家质监局《关于加油机安装税控装置和生产使用税控加油机有关问题的通知》,省技监局组织开展加油机税控装置安装改造工作。按照国家税务总局、国家质监局的要求,从2000年1月1日起全国不得再生产和销售非税控计价器。为做好含税控功能的出租汽车计价器的选型工作,避免全省在汽车计价器使用方面出现混乱局面,给今后的出租汽车税收工作造成困难,根据兄弟省市和南昌、九江、赣州等地税控功能的出租汽车计价器的使用情况,省技监局向各地推荐上海沪光电表厂生产的SJQ-HGiv型系列、江苏宏图高科技股份有限公司通信设备分公司生产的YXJ－Bi型、上海强生科技发展公司生产的QSJ－G4型出租汽车计价器，要求各地在采用含税控功能的出租汽车计价器时优先考虑使用，并自1999年10月1日起出租车不得再安装非税控计价器。

加油机计量监管

1992年7月，省计量局组织对部分燃油加油站进行计量监督检查，发现有的加油站为谋取私利，采用破坏加油机的精度，不给足用户所购油量；油中渗水；提高油的标号多收油价等恶劣手段侵害用户利益。

1993年3月，省计量局下发《关于进一步加强对全省燃油加油站计量监督管理的通知》，要求各加油站在当年年底以前配备一台标准金属容器（规格为20升至100升均可）放置在加油站的醒目位置，作为“公平秤”使用，让用户随时可以校验所购燃油是否足量。标准金属容器按有关规定进行检定，无特殊情况不得拒检。加油站用标准金属容器经常校验加油机的准确度，做到买卖公平。对新增设的加油站，不配备标准金属容器不准开业。各地、市、县标准计量局按照《计量法》的规定严格执行强制检定，并不定期对加油站进行计量监督检查。省计量局指定南昌长江仪表机械厂生产标准金属容器并监制。这一年，全省加油站均按要求配齐标准金属容器。

1994年8月，针对全省公路沿线石油加油站增多，短斤少两损害消费者利益的计量违法现象频发的现状，省计量局制定颁发《江西省石油计量监督管理办法》，办法共11条，对燃油加油机、销售石油的流量计的强制检定、使用、监管以及操作人员的考核作出规定。1994年，省计量局组织全省各级技术监督部门采取统一行动，开展专项整治活动，共抽查462个经销单位的石油成品油产品，1386台加油机，查处违法案件2700余起，没收加油机14台。

1995年，国家技监局对全国加油站成品油质量、计量组织抽查，抽样总合格率只有66.1%，主要存在问题有汽油辛烷值和柴油闪点不合格，成品油水份、杂质超标，加油站计量不准。针对加油站成品油的质量、计量问题，1996年6月，省技监局下发《关于加强石油产品质量、计量监督管理的通知》，要求各地、市、县（区）技监局加大对石油产品质量、计量监督管理的力度，每年组织对加油站进行质量、计量抽查，对消费者有投诉的加油站及时处理；严格按周期对各加油站的加油机实行强制检定，以确保加油机计量准确。各地加油站在加油机终端安装由国家技监局计划科技司推荐的先进科技产品——JD20LGF－4.8/2.5型燃油净化器，有效地控制油中水分和杂质。（通过燃油净化器的油品水分含量可降为不大于万分之0.3；杂质含量降为不大于2mg/L）。

1997年，省石油总公司调查统计，由于一些加油站利用加油机作弊，不仅坑害消费者，而且使全省每年税收流失5000万元左右。

1998年，省技监局在全省成品油经营单位中开展“江西省质量计量信得过单位”创建活动，并制定《江西省成品油经营单位创建“质量计量信得过单位”确认办法》。经企业自愿申请，在各地、市技监局现场考核、评比和推荐的基础上，省技监局对候选单位按有关要求进行严格审查，授予省石油总公司南昌公司老福山加油站等27家加油站（油库）“江西省质量计量信得过单位”称号，并颁发证书和匾牌。证书有效期从1999年2月9日至2001年2月9日。1998年7月,省技监局印发《江西省燃油加油站计量确认考核细则(试行)》,在燃油加油站开展计量确认活动。1999年,省技监局继续开展全省成品油经营单位创建"质量计量信得过单位"活动。要求申请参加创建活动的加油站(油库)均需安装油料过滤分离器,确保成品油质量。

2000年12月22日,国家税务总局同国家质监局联合印发《关于停止生产销售非税控加油机和非税控计价器的通告》。2001年12月7日,国家质检总局同国家税务总局联合印发《关于对IC卡税控燃油加油机实施计量监督管理的通知》,决定对IC卡税控燃油加油机实施法制管理。2002年12月31日,国家质检总局发布《加油站计量监督管理办法》,对加油站经营中的计量器具、成品油销售计量和相关计量活动的监督管理进行规定。

2003年2月20日,国家质检总局印发《关于对燃油加油机采用强制检定合格标志管理的通知》。根据国家质检总局要求,从2003年7月1日起,全省强制检定合格后的加油机全部加贴全国统一的强制检定合格标志。

2006年3月,国家质检总局发布新版《燃油加油机国家计量检定规程》(JJG443-2006),要求使用计量POS机读取加油机中监控微处理器、编码器的序列号来进行燃油加油机防作弊检查。2007年10月,省质监局组织计量POS机操作培训,并统一发放计量POS机和接收码。

2008年,国家质检总局发出《关于集中组织开展加油机专项计量监督检查的紧急通知》。6—8月,省质监局组织对加油站在用加油机计量性能监督检查。重点检查在用加油机是否具有有效期内的计量检定证书,加油机各部位铅封是否完好,加油机是否具有防作弊功能,是否存在擅自改动或拆装加油机的行为等。2008年全省共有1477家加油站,检查813家加油站、2525台加油机,发现15台未经检定的加油机,查处计量违法案件30起。其中擅自人为改装或拆装、偷换加油机计量控制主板和计量芯片等计量作弊案件5起,最大示值误差达3%,部分违法加油站点的加油机存在断电复位功能。

2009年8月,省质监局转发国家质检总局《关于进一步加强在用加油机监督管理的通知》,并要求,2006年9月8日以后生产的加油机必须启动防欺骗功能,对防欺骗功能项目必须进行检定。2009年11月30日前完成加油机防作弊功能的全面启动;2006年9月7日以前安装使用的不具备防欺骗功能的加油机,限期淘汰更新或改造升级为具有防欺骗功能的加油机,改造后的加油机必须符合加油机国家型式评价大纲的要求,并依据国家计量检定规程的规定检定合格后方可投入使用。所有加油机经过原生产厂家确认后应实施铅封,铅封统一使用由省质监局定制的带唯一性编码的铅封,且加油机检定证书上应标明铅封的唯一性编码。检定合格的加油机应在3个位置铅封,即流量测量变换器、编码器与计控主板。2009年7—11月,省质监局组织对加油站在用加油机计量性能监督检查。2009年全省共检查1512家加油站,7461台加油机,其中具备防作弊功能的加油机4075台,启动防作弊功能2275台,查处计量违法案件42起。

2010年7—8月,省质监局在全省组织开展加油机计量性能和防欺骗功能专项监督检查,责成加油站限期实施淘汰更新或改造升级为具有防欺骗功能的加油机,保证经检定合格的加油机的误差不超过规定的允许误差。2010年全省在用加油机7461台,其中2006年9月7日(含当日)以前生产并在用的加油机3827台，经改造具备防欺骗功能的加油机441台，这441台加油机的防欺骗功能均已启动，1800台未更新改造为具有防欺骗功能的加油机；2006年9月8日（含当日）以后生产并在用的加油机3634台，具备防欺骗功能的加油机3634台，防欺骗功能已启动的1834台，防欺骗功能未启动的1800台。

专项整治与监督检查

1994年8月，省计量局发文贯彻国家技监局《关于对医疗卫生单位使用中的强检计量器具依法实施监督检查的通知》，各级政府计量行政部门组织对本行政区域内的医疗卫生单位，包括省、市、企业的医院以及对外开展治疗和诊断的部队医院进行监督检查，检查面达90%以上。

1995年，省计量局根据国家技监局《关于在粮食收购和农用生产资料销售中加强计量监督的通知》要求，按其规定的检查重点、对象、范围、内容和要求组织各地、市技术监量（标准计量）局、县（市、区）技术监督部门对粮食收购和农用生产资料销售市场进行监督检查。

1998年，省技监局组织对全省128家医疗卫生单位使用的强检计量器具进行检查，合格的有86家，合格率为67.2%；检查强检计量器具3227台件，合格率为91.3%。其中，个体诊所所用的强制检定的工作计量器具的受检率仅为10%左右。

2002—2004年，根据国务院《关于开展集贸市场专项整治工作的通知》和《关于开展加油站专项整治工作的通知》精神，省质监局按照国家质检总局的要求，对集贸市场和加油站进行专项整治。对全省1907家集贸市场和1435家加油站进行普查，对701家集贸市场和1195家加油站进行计量专项检查，查处违法案件518起。建立“一场一站”计量管理档案；对南昌洪城大市场等13个重点整治集贸市场的计量现状进行抽查；举办全省市、县质监局计量执法人员加油站防作弊技术讲习班，组织编写40余万字的《燃油加油站计量人员培训教材》，培训全省580余名加油站计量管理人员；按照国家质检总局《加油站计量监督管理办法》的有关规定，在全省燃油加油站中开展“江西省计量信得过加油站”评比活动，授予樟树市大京九加油站等11家加油站“计量信得过加油站”称号。

2004年3—9月，省质监局在全省开展餐饮业计量专项监督检查。出动执法人员6500余人次，检查全省餐饮店1870家，在用衡器1573台件，在用量杯、量提532台件，查处计量违法案件283起。通过检查，在用衡器的受检率由检查前的37.1%上升至89.3%，受检合格率由92.3%上升至95.1%。

2005年6—9月，省质监局组织对全省煤矿计量基本情况进行调查摸底和监督检查。检查内容主要为煤矿用计量器具生产企业是否满足许可证发放条件、煤矿用计量器具授权检定单位是否具备检定条件、煤矿在用计量器具的配备和检定情况等，对国有重点煤矿进行重点抽查。全省出动执法检查人员1500余人次，检查1家煤矿用计量器具生产企业、5家煤矿用计量器具授权检定机构和各类大小煤矿543处。543处煤矿共有3032台瓦斯计、821台风压表、31台粉尘测量仪、其他在用计量器具1442台，监督检查后的受检率分别为95.4%、71.5%、48.4%、87.9%。

2005年6—11月,省质监局在全省开展粮食、棉花市场计量专项检查。检查内容包括粮食、棉花市场经营者的计量器具配备及检定情况;粮食、棉花市场经营者有无短斤少两等计量违法行为;粮食类定量包装商品的净含量是否符合法定要求。全省各级质监部门会同当地粮食局对辖区内粮食生产、销售企业和粮食收购站(点)的情况进行调查摸底。全省出动计量执法检查人员3000多人次,对1619家粮食收购站(点)、1484家经销企业进行检查,查处计量违法案件200起,责令整改企业113家。抽查粮食类定量包装商品1204批次,合格率为85.7%。依法对9557台(件)强制检定计量器具进行检查,计量器具受检率为88.5%,同时对未经检定的贸易结算用计量器具实施强制检定。全省各级质监部门对辖区内棉花收购、加工企业进行调查摸底。全省出动计量执法检查人员300多人次,对164家棉花收购站、117家销售企业进行检查,查处计量违法案件8起。依法对327台(件)强制检定计量器具进行检查,其中原棉水分测定仪46台,计量器具受检率为98%,同时对未经检定的贸易结算计量器具实施强制检定,检查后受检率达到100%。

2009年,省质监局按照省粮食清仓查库工作领导小组的有关要求,组织对全省粮库使用的计量器具的计量检定情况进行检查。共检查919座粮库,检定电子秤等计量器具2875余台件,建立粮库计量器具档案,经过全面排查,粮食清仓查库用的计量器具受检率和合格率都达到100%。

2009年4—12月,省质监局在全省电子计价秤生产企业、销售市场、使用环节和修理企业中组织开展电子计价秤专项整治。检查集贸市场、餐饮店1023家,检查电子计价秤7189台,依法吊销达不到生产条件的电子计价秤生产企业1家,打击生产销售假冒伪劣电子计价秤的违法行为和计量作弊违法行为10起,查处计量违法案件27起。

2010年3—10月,省质监局组织开展全省汽车衡计量专项整治工作。对已取得制造计量器具许可证的汽车衡生产企业进行检查,建立企业档案;各设区市质监局依法查处无证生产汽车衡和销售无证生产、假冒伪劣或具有作弊功能的汽车衡产品等计量违法行为;建立汽车衡经销企业和在用汽车衡计量档案。2010年,全省取得制造计量器具许可证的汽车衡生产企业8家,销售企业60家,在用汽车衡3915台。其中用于贸易结算2724台,主要分布在各地磅站和企业;用于公路计重收费1151台;用于治理超限超载40台。各地在用汽车衡受检率保持在90%以上。

2010年4—6月,省质监局在全省集中组织开展农资计量专项整治工作,对化肥等农资类定量包装商品开展监督检查,对农资市场进行全面监督检查,加大违法行为的查处力度,加大对农资批发市场等重点单位和重点区域的监督检查。此次专项整治,全省质监系统出动检定和执法人员3999人次,检查农资生产企业233家,销售企业1162家,抽查化肥、种子等农资定量包装商品353批次,检查计量器具2719台件,查处计量器具违法案件61起,定量包装商品违法案件69起。

2010年12月至2011年3月,省质监局在全省开展集贸市场公平秤计量专项监督检查,检查内容包括公平秤的设置、公平秤的性能、公平秤的检定和公平秤的管理。

检定证书式样统一

1996年,国家技监局制定《检定/校准证书》格式,并下发《关于正式使用'检定/校准证书'的通知》。检定/校准证书适用于各级政府计量行政部门依法设置的法定计量检定机构(含授权的计量检定机构);《检定/校准证书》可根据用户(计量器具送检单位)的需要,先在省级及部分大中城市的法定计量检定机构中试用;使用《检定/校准证书》时必须符合下列要求:除少数项目,即主管、检定员、核验员签字等处必须手笔外,一律用计算机打印;根据用户的需要,提供与证书有关的全部或部分资料,并作为证书的副本;为保证证书印制质量和格式的规范一致,体现证书的法制性、严肃性,证书由国家技监局指定单位统一印制、发行。《检定/校准证书》格式于1996年7月1日正式使用。《检定/校准证书》中必须填写国家法定计量检定机构的计量授权证书号,为此国家技监局确定省级以上国家法定计量检定机构计量授权证书号,省计量所授权证书号为国法计1996(010026)号。省技监局确定全省12家地(市)级国家法定计量检定机构的计量授权证书号(其中赣州包括赣州地区计量检定测试所和赣州地区医疗仪器计量检测站两家单位)。

2005年9月,省质监局转发国家质检总局办公厅《关于印发〈仲裁检定申请书〉等式样的通知》,要求在依法进行仲裁检定时,严格执行《仲裁检定和计量调解办法》,并按照国家质检总局制定的仲裁检定相关文书统一式样制作相关文件。

2006年7月1日起,全省各计量检定机构出具检定证书和检定结果通知书时,一律采用国家质检总局《关于印发新版〈检定证书〉和〈检定结果通知书〉封面格式式样的通知》《关于启用新版〈检定证书〉和〈检定结果通知书〉封面格式式样有关问题补充说明的通知》中规定的样式。

第三节　计量器具产品监管

制造计量器具许可证考核

1990年,省计量局在全省组织查处生产、销售无制造计量器具许可证和无生产许可证计量器具的活动,制定《江西制造、修理计量器具许可证评审员管理办法(试行)》,并公告承担计量器具产品样机试验任务的单位和项目。

1991年1月,全省计量仪器生产企业有60多家,产品270多种。省计量局对全省影响大的计量器具实行重点管理,省计量局统一组织计量器具许可证发放工作;各地区、省辖市政府计量行政部门根据有关规定自行部署修理计量器具许可证和个体工商户、修理计量器具许可证的复查换证工作。省重点管理计量器具目录(第一批)包括电能表及其校验装置、水表及其校验装置和煤气表及其校验装置。5月13—18日,省计量局在南昌市召开全省制造计量器具企业暨制造计量器具许可证评审员研讨会,43家制造计量器具企业的56名代表与33名制造计量器具许可证评审员参加会议。会议组织学习国家技监局《制造计量器具许可证考核规范》,研究部署当年制造计量器具许可证到期复查换证工作。7月,省计量局颁布《江西省修理计量器具许可证考核细则》和《江西省个体工商户制造修理计量器具考核细则(试行)》。根据《江西省修理计量器具许可证考核细则》,各地、市计量行政部门组织部署该地区的修理计量器具许可证、个体工商户制造、修理计量器具许可证的考核、复查换证工作,县级政府计量行政部门具体实施。

1996 年,全省获得计量器具制造许可证单位 150 余户。是年,省技监局在对计量器具制造许可证颁发情况进行的普查中发现,有的地、市、县局对未作样机试验单位颁发制造计量器具许可证,有的地、市、县颁发的证书编号不正确,有的单位许可证超期使用,有的单位有部分计量器具未申请许可证即在销售。根据上述情况,省技监局制订《江西省制造计量器具许可证年度注册要求(试行)》,并开始施行年度注册。对逾期不办的,结合计量器具商品市场监督检查情况,对不合格计量器具的制造企业依《计量法》规定,吊销其制造计量器具许可证。年度注册合格的,省技监局以公告的形式向全国公布。至 1997 年底,全省有 130 户制造计量器具企业纳入法制管理,并对 61 家制造计量器具企业进行考核,对 50 种计量器具新产品组织进行样机试验。对 120 家计量器具制造企业实行年检,吊销 7 家超期无效的企业许可证,吊销 3 家 1997 年国家统检不合格又无力整改的企业许可证。

1999 年 1 月,省技监局印发《江西省制造计量器具许可证年审注册办法(试行)》,《办法》共 8 条,规定制造计量器具许可证年审材料审查和现场确认的工作内容。1 月 20—22 日,省技监局在南昌召开全省制造计量器具企、事业单位负责人会议,制造计量器具企、事业单位负责人约 90 人参加。会议总结全省 1998 年制造计量器具许可证管理工作,对《制造、修理计量器具许可证监督管理办法》《江西省制造计量器具许可证年审注册办法(试行)》进行宣传贯彻,对计量器具的样机试验、许可证申请考核程序进行讲解,对企、事业单位的制造计量器具许可证进行 1998 年度年审注册。

1999 年 2—5 月,国家质监局先后下发新的《制造、修理计量器具许可证监督管理办法》《关于制造、修理计量器具许可证监督管理有关问题的通知》和《制造、修理计量器具许可证考评员培训、考核、聘任规定》,并公布"首批重点管理的计量器具目录"。根据这些规定,列入"首批重点管理的计量器具目录"的,其制造许可证向国家质监局或省技监局申请。其中,加油机由国家质监局组织考核发证,电能表、水表、煤气表、衡器(不含杆秤)、出租汽车计价器、加油机税控装置由省质监局组织考核发证。"目录"中由省级质量技术监督部门组织考核发证的计量器具,省质监局在 1999 年底完成复查换证工作;其他项目,自 2000 年 1 月 1 日起,省、部属企业向省技监局申请;省以下企业向当地地、市技监局申请。许可证考核由地、市技监局组织具有考评员证的专家成立考评组进行考核。考核合格后由地、市技监局将考核资料报省技监局,由省技监局统一编号备案,由组织考核的地、市技监局发证。为保证制造计量器具生产企业的计量工作能保持原有的考核发证水平,制造计量器具许可证的到期复查视为重新发证,产品需重做样机试验。样机试验由省技监局委托已授权的样机试验技术机构进行。修理计量器具许可证的考核发证工作由各地、市技监局统一组织安排,原则上由当地县技监局考核,报地、市技监局编号备案。承担制造、修理许可证考核的考评员必须经考核合格,获得考评员资格证书。在《制造、修理计量器具许可证监督管理办法》实施前颁发的修理许可证和"首批重点管理的计量器具目录"以外的制造许可证继续有效,到期换证时按《制造、修理计量器具许可证监督管理办法》执行。制造、修理计量器具许可证有效期为三年。国家质监局调整制造、修理计量器具许可证的编号方法。考评员的培训工作由省技监局组织,考核发证工作由国家质监局全国制造修理计量器具许可证办公室组织实施。1999 年 10 月,经国家质监局统一培训、考核合格,省技监局周元根、宰志强取得制造、修理计量器具许可证考评员资格。从2000年1月1日起,制造、修理计量器具许可证考核全部采用考评员制度。

2000年2月,省质监局印发《江西省制造计量器具许可证年审实施办法(试行)》。《办法》共7条,要求已取得《制造计量器具许可证》的单位必须在许可证有效期内的每年第一季度到省质监局申请年审,省质监局对申请年审单位提供的材料和企业生产情况进行审查。至2000年3月底,全省生产计量器具厂家95家,生产38类计量器具。其中重点管理计量器具生产企业30家。2000年3月,国家质监局下发《关于淘汰DD28型单相电能表等落后产品的通知》,明确对国家明令宣布淘汰的计量器具,各单位一律不得生产、进口。由于文件下得突然,企业来不及对生产和销售工作进行调整,若执行文件,将给九江仪表厂、上饶仪表厂造成超过600万的损失。省质监局根据合理行政的原则,将省电能表销售市场和生产情况及时向国家质监局汇报,同时发文给各地、市、县质监局,申明在国家质监局没有明确意见之前,不主张在流通领域查处省属企业生产和销售的DD28型电能表,并及时派人到有关企业核实库存情况,做出准许库存表在限期内销售的行政决定。6月5日,国家质监局下发《关于DD28型单相电能表等淘汰产品销售问题的通知》,决定"对生产企业和销售单位的库存产品,允许在2000年12月31日前继续销售。自2001年1月1日起,各单位一律不得销售淘汰产品"。至2000年,全省计量器具新产品81个,生产厂家105家。

2001年开始,省质监局于每年第一季度在南昌召开制造计量器具单位负责人会议,宣讲国家关于计量器具产品管理的法规,通报上年度制造重点管理的计量器具企业监督管理的情况,提出当年对制造计量器具的企业实施管理的目标和要求以及对计量器具产品监督管理工作要点,集中办理制造计量器具许可证年度审核。

2002年开始,根据国家质检总局《关于制造计量器具企业设立的维修站不再办理〈修理计量器具许可证〉的通知》,对于制造计量器具企业设立的维修站不再办理《修理计量器具许可证》。3月,省质监局制定下发《电压监测仪生产企业制造计量器具许可证考核生产设施必备条件》,并于当年4季度对全省10家电压监测仪和干式变压器温控仪生产企业进行生产设施必备条件的考核。

2004年3月,省质监局接受国家质检总局计量司委托,承担《计量器具新产品管理办法》修订工作。省质监局组织计量处、省计量院人员成立起草小组,拟定工作计划,多次组织各设区市质监局及计量技术机构进行讨论,提出修改意见。6月,国家质检总局在全国范围征求意见,共有27个单位提出80多条修改意见。新的《计量器具新产品管理办法》于2005年5月16日经国家质检总局局务会议审议通过并公布,自2005年8月1日起施行。新办法取消样机试验的管理模式,把型式评价与样机试验统一合并为型式评价。此后,计量器具的型式评价均委托外省具有资质的计量技术机构开展。

2004年6月,国家质检总局发布新修订的《制造计量器具许可证考核规范》。10月,省质监局在靖安召开制造、修理计量器具许可证考评员研讨会,培训制造、修理计量器具考评员42名。2000—2004年,省质监局对年审中发现不再具备生产条件的38家计量器具生产企业吊销其制造许可证。至2004年12月底,全省有92家企业取得156种(类)计量器具的制造许可证。杜绝了无证生产、生产的计量器具不采用法定计量单位等现象,超项生产和异地生产不重新取证的现象得到一定程度的遏制。大部分企业都有计量管理制度并能执行,部分企业,如三川水表,在国家产品质量监督抽查中全部合格,三川、正泰等取得国家级完善计量检测体系确认证书。

2005年10月,国家质检总局公布《中华人民共和国依法管理的计量器具目录(型式批准部分)》。目录自2006年5月1日起施行。列入"中华人民共和国依法管理的计量器具目录(型式批准部分)"的项目办理计量器具许可证、型式批准和进口计量器具检定;未列入目录的计量器具,不再办理计量器具许可证、型式批准和进口计量器具检定。

省质监局主要通过4个环节对制造计量器具进行管理:把好计量器具新产品的定型鉴定和样机试验,从产品设计就进行质量监控,避免计量产品先天不足;审查生产企业的生产条件,实行制造计量器具许可证制度,企业必须具备与所制造计量器具相适应的生产设施、出厂检定条件、技术文件、人员、管理制度等,经政府计量行政部门考核合格,取得《制造计量器具许可证》方可生产;对生产企业计量器具产品质量监督检查,由政府计量行政部门对计量产品质量定期监督检查和随机抽查;对制造计量器具许可证实施到期复查制度,确保计量器具产品质量稳定并持续改进。至2010年底,全省计量器具新产品获型式批准累计68项,38家计量器具生产企业获得制造计量器具许可。

计量器具产品质量监管

1992年3月30—31日,省计量局在南昌市召开全省计量器具产品质量工作会议,全省51家制造计量器具企业的69名代表,各地区、直辖市标准计量局(技术监督局)12名代表参加会议。会议就抓好计量器具产品质量提出3点意见:认真贯彻执行《质量管理和质量保证》(GB/T10300);强化对计量器具产品质量的监督抽查工作;积极做好计量器具产品的分等工作。会议听取九江仪表厂、鹰潭水表厂等5家企业所做的关于调整产品结构,狠抓产品质量,努力提高企业效益等方面的经验介绍,学习《制造计量器具许可证考核技术规范》,通过《江西省计量器具产品质量监督抽查暂行规定》。

1997年8月,华东六省一市政府计量行政部门共同制订《华东地区计量器具产品联手监督管理暂行办法》《华东六省一市联手对民用水表市场质量检查统一技术规范》,并于8月15日至10月14日联手开展对民用水表市场质量的检查与监督。检查活动由各省、市技监局分别在各局的行政区划范围内组织实施。省技监局委托省计量所依据《华东六省一市联手对民用水表市场质量检查统一技术规范》执行质量监督测试任务,委托南昌、九江、鹰潭、赣州、抚州五地(市)局组织抽样、送样及后处理工作。此次监督检查,华东六省一市水表的合格率为36%。

1999年,在国家质监局第一季度产品质量国家监督检查中,全国单相电度表、膜式煤气表的抽样合格率分别为55.6%和66.7%,江西省无不合格计量器具。省级抽查电能表、水表、校验仪表、量具、衡器、压力表6类60余种产(商)品,仅一个企业的一种产品不合格。

2000年,江西省在电能表产品国家产品质量监督检查中,被抽到的4家单位的产品全部合格,受到国家质监局计量司的表扬。8月,赣州市质监局端掉一个假冒鹰潭"三川"水表的窝点,查获假冒水表价值2万多元。

2002年全省重点管理的计量器具产品质量抽查合格率达到95%以上，一般计量器具产品质量抽查合格率达到85%以上。

1998—2002年，省质监局每年组织计量器具产品质量监督抽查，1998年抽查计量器具41538台件，抽查合格率为89%；1999年抽查20545台件，抽查合格率95%；2000年抽查51501台件，抽查合格率91%；2001年抽查32011台件，抽查合格率74%；2002年抽查35418台件，抽查合格率86.6%。此后，省质监局未组织开展计量器具产品质量监督抽查。

第四节　商品量计量监督

零售商品计量监督

1992年，省计量局根据国家技监局制定的《称量零售商品计量允差管理办法（送审稿）》的要求在全省开展计量允差试点工作。1993年10月，国家技监局、国内贸易部、国家工商行政管理局印发《零售商品称重计量监督规定》。11月，省计量局、省商业厅、省粮食局、省供销合作社、省工商行政管理局联合下发《关于贯彻实施〈零售商品称重计量监督规定〉的通知》，要求各级商业局、粮食局、供销社和计量行政部门、工商行政管理局互相配合，共同做好所辖区域内《零售商品称重计量监督规定》的贯彻落实工作。省计量局在南昌选择10家大型零售商店为试点，率先执行，并在总结经验的基础上，由点到面，由城市推向乡镇，收到良好效果。2002年以后，省质监局不再组织零售商品监督检查，但部分设区市质监局仍然开展零售商品计量监督检查。

定量包装商品计量监督

1995年12月8日，国家技监局制定下发《定量包装商品计量监督规定》，对单件定量包装商品、批量定量包装商品、生产和经销定量包装商品等行为和监督管理进行规定，并明确定量包装商品是指以销售为目的，与消费者利益密切相关，在一定量限范围内具有统一的质量、体积、长度标注的预包装商品。1999年3月，国家质监局下发《商品量计量违法行为处罚规定》，对使用计量器具对商品进行计量所得出商品量不准确、不符合相关规定等的违法行为的处罚规定。

1997年全省消费者投诉中计量投诉3344件，其中，食品类的计量投诉有3082件，占食品类投诉的62%。1997年，全省积极开展《零售商品称重计量监督规定》《定量包装商品计量监督规定》宣传贯彻工作，省技监局共举办3次宣传贯彻学习班，250多人次参加学习，各地、市、县均举办宣传贯彻学习班，4000余人次参加学习。省技监局选择大米、食油、农药、化肥等32种和与人民群众生产、生活密切相关的重点产品商品的计量状况进行跟踪检查。省技监局在生产领域推行计量合格证制度，杜绝不合格的定量包装商品进入市场，在流通领域加强日常巡回市场监督检查，规范市场定量包装商品的计量行为。这一年，全省共查处2000多家商店150多个集贸市场。

1998年，省技监局首次在全省11个地、市组织开展定量包装商品计量专项检查，各地（市）技监局于3月15日至4月15日在11个地(市)政府所在地的城市,重点就与人民生活密切相关的大米、小食品、方便面、真空包装熟食品、干果、茶叶、食油、瓷瓶(罐)装白酒、洗涤品、包装干海味品等十类定量包装商品的净含量开展计量专项检查。共检查定量包装商品的生产企业,以经销定量包装商品为主的各类自选商场、零售及批发市场等共599家,共检查定量包装商品1504批次,净含量合格1165批次,合格率为77.46%。生产企业合格率为77%,其中,国有生产企业合格率为89%,个体生产企业合格率为63%。查处26起利用计量器具作弊、侵害消费者利益的计量违法案件。省技监局组织省技监局稽查大队、南昌市技监局及南昌市计量所有关人员,对南昌市的生产和流通领域开展检查。《江西日报》《信息日报》、江西经济广播电台的《金话筒》节目均对这次活动作报道。萍乡市技监局拨专款添置检测设备,局领导文春棠带领检查人员深入各大商业网点和生产企业开展检查。检查中发现,缺秤少量、变相涨价成为少数不法商人牟取非法利润的主要手段之一。在临川市赣东大道抽查的标注净含量为150克的马来西亚青豆,平均负偏差92克,按市场单价3.00元,商场年销600袋算,一年从消费者处非法获得1104元,变相涨价61%。萍乡市检查茶叶10批次,合格1批次,合格率只有10%。其中标注净含量250克的西湖龙井(毛峰)茶,平均亏量101克,按单件售价34.00元,买一袋消费者要多付13.70元,变相涨价40.3%;一标注净含量400克的西湖龙井(极品),平均亏量90克,按每件单价170.00元,消费者购一件要多付38.30元。萍乡市供销大厦一净含量40克的"烤紫菜"平均亏量27.2克,单件售价3.00元,单件亏量价值2.04元,变相涨价68%。1998年技术监督部门在对重灾区波阳县的救灾物资检查中,发现有些粮管所、粮库利用计量器具作弊,30千克和50千克的袋装大米,平均每袋少500克至1千克。

1996—2001年,省质监局每年制订定量包装商品计量监督计划,选定粮油、农资、副食、建材、酒类5类10~15种定量包装商品进行计量跟踪检查,6年间,合格率从65%上升至85%。统计数据表明:副食商品计量合格率上升较快,但总体合格水平还不高,农资商品计量合格率水平较为稳定,且合格率居各类商品之首。粮油、建材合格率波动较大。

2001年国庆、中秋两节期间,省质监局在全省县以上城市(含县城)范围,开展零售商品和定量包装商品的计量监督检查。零售商品检查范围是酒店、商场、商店,检查项目是酒店零售的鲜活海鲜、水产品、卤制品、酒类和商店、商场零售的食杂商品。定量包装商品计量净含量监督检查范围是超市、商场、批发市场、生产定量包装商品生产企业,检查项目是大米、食用油、酒、洗涤用品、蜜饯、真空包装熟食、干海味品、茶叶、调味品、化妆品10类。

2002年,省计量所首次承担定量包装商品净含量国家专项抽查任务,在南昌市范围内对米、面粉、食用油、酒、牛奶、纯净水、碳酸饮料、冷冻食品、洗衣粉9种定量包装商品进行国家监督专项抽查。2003年省计量所开展定量包装商品净含量国家监督第一季度专项抽查,对南昌市及所属四县定量包装商品生产企业的包装现场及成品仓库内的定量包装商品进行抽查,抽查米、面粉、食用油、牛奶、味精、纯净水、啤酒、白酒、洗衣粉、洗发液等10种定量包装商品的净含量。此后省计量院每年在南昌市开展定量包装商品净含量国家监督专项抽查工作。

表 1-1-2　2002—2010 年南昌市定量包装商品净含量国家监督专项抽查结果

年　份	抽查企业数量	抽查产品批次	合格批次	平均抽查合格率
2002	34	86	62	72.1%
2003	26	76	50	65.8%
2004	57	138	104	75.4%
2005	55	145	123	84.8%
2006	34	154	净含量标注合格 149 批次 净含量检验合格 130 批次	净含量标注合格率为 96.8% 净含量检验合格率为 84.4%
2007	30	150	净含量标注合格 133 批次 净含量检验合格 125 批次	净含量标注合格率为 88.7% 净含量检验合格率为 83.3%
2008	39	150	净含量标注合格 122 批次 净含量检验合格 121 批次	净含量标注合格率为 81.33% 净含量检验合格率为 80.67%
2009	23	50	净含量标注合格 37 批次 净含量检验合格 32 批次	净含量标注合格率为 74% 净含量检验合格率为 64%
2010	25	50	净含量标注合格 43 批次 净含量检验合格 44 批次	净含量标注合格率为 86% 净含量检验合格率为 88%

2005 年 5 月 30 日，国家质检总局在原国家技监局发布的《定量包装商品计量监督规定》的基础上，制定《定量包装商品计量监督管理办法》，将以面积和计数标注的预包装商品纳入定量包装商品。调整定量包装商品量的监管量限，在满足 25 千克（升）以下的定量包装商品这一与广大消费者密切相关的主流商品需求的同时，兼顾 25 千克（升）以上的定量包装商品。2004 年、2006 年、2007 年、2008 年、2009 年、2010 年省质监局在全省范围内开展定量包装商品省级监督专项抽查。检查对象包括水、食用油、冷冻食品、方便面、奶粉、酒、饮料、茶叶、电线电缆、油漆、涂料、水泥、饲料、化肥 14 类定量包装商品的生产、销售企业（含超市、商场、批发市场等）。检查内容包括生产或销售的定量包装商品或零售商品是否符合《定量包装商品计量监督管理办法》的要求；生产经营企业所使用的定量包装机、定量灌装机和销售企业用于贸易结算的商用衡器等强制检定计量器具是否按规定检定等。其中，2006 年 1 月，省质监局在南昌市召开定量包装商品计量管理工作研讨会，对《定量包装商品计量监督管理办法》和《定量包装商品净含量计量检验规则》进行研讨。

2010 年全省定量包装商品计量专项监督检查共检查定量包装商品生产、销售企业 1049 家，定量包装商品 1430 个批次，合格 1237 批次，净含量合格率 86.5%。

商品包装计量监督

针对商品过度包装这一突出问题，国家质检总局 2009 年开始将食品过度包装纳入计量监管。是年，根据国家质检总局《关于开展对月饼包装计量监督检查的通知》要求，省计量院首次开展月饼包装计量监督检验。是年,省质监局组织各设区市质监局依据《限制商品过度包装要求 食品和化妆品》(GB23350-2009),对全省的月饼生产企业进行月饼过度包装专项监督检查。

2010年端午节期间,省质监局组织南昌市质监局和省计量院在南昌市开展过度包装计量专项监督,检查对象为粽子、茶叶、杂粮等高档礼品易集中出现过度包装的生产及销售企业。中秋、国庆节假日期间,组织各设区市质监局和省计量院对红酒、月饼、茶叶、杂粮、化妆品等高档礼品易集中出现过度包装的生产及销售企业进行过度包装计量专项监督。2010年,全省治理过度包装共检查生产、销售企业96家,商品211批次,合格124批次,包装合格率58.8%。商品过度包装现象较为普遍。从影响商品包装合格率的各项指标看,主要是包装空隙率检查结果不理想,合格率在60%以下,而包装层数只有1个批次不合格。

瓶装液化气计量标识管理

2000—2002年,在计量监督抽查中发现瓶装液化气的净含量合格率低于50%,成为广大消费者关心、关注的热点。为确保安全用气和保护群众利益,根据国家质检总局《定量包装商品净含量计量检验规则》和《江西省计量监督管理条例》的有关规定,借鉴全国其他省市的成功经验,省质监局在全省范围内加强对瓶装液化气计量监督管理。2002年1月,省质监局下发《关于加强对瓶装液化气计量监督管理的通知》,提出从源头与流通两方面加强瓶装液化气计量监督。要求液化气站配备合格的称重衡器,且由法定计量检定机构实行强制检定,液化气站的工作人员严格执行液化气充装量不得大于所装气瓶额定公称容量的规定;各设区市质监局根据本地区的实际情况,有计划地安排对液化气站和市场瓶装液化气的计量监督检查,并在南昌、抚州两地试行瓶装液化气计量标识管理。2002年2月和7月,省财政厅和省物价局先后批准南昌市质监局、抚州市质监局试行瓶装液化气计量标识收费,核定瓶装液化气计量标识费收费标准为每瓶1元。抚州市质监局在调查研究的基础上,逐一向市委、市人大、市政府、市政协领导汇报,取得上级支持。以临川区为试点,先后5次召开液化气充装站负责人会议,举办收瓶员培训班,讲解《定量包装商品计量监督规定》《钢瓶安全监察规程》《液化气站充装技术和条件》等有关规定规程,并邀请专家讲授安全知识。收瓶员培训合格后持证上岗,统一着装,在其马夹上标明充气站名称、举报电话,将抚州城区内170多名收瓶员落实到市区供气的5个充装站名下。充装站与收瓶员签订责任状,对违反规定的收瓶员予以解聘,其他站不得聘用。在主要社会服务中心设立公平秤,公布举报电话,有违规行为随时查处。印发宣传单,张贴到街头巷尾、居民宿舍楼等公共场所,在临川区印发告市民书3万多份。各县张贴宣传提纲、标语等。与物价部门组织召开由社会各阶层共35人参加的听证会。抚州市政府下发《批转市质监局等五单位关于加强液化气安全使用管理意见的通知》,主持有城建、物价、消防、安全委员会、市长专线、经济投诉中心等单位参加,并邀请人大、政协、新闻单位等出席的协调会,就有关工作做出安排布置,2002年8月8日开始开展瓶装液化气专项治理工作。2002年8月14日《抚州日报》头版刊登题为《加强液化气安全使用管理新举措正式执行》的文章,向市民介绍钢瓶安全有人代劳、计量问题有"保险"的具体做法。《临川晚报》先后5次,从不同方面介绍政策出台的意义、措施。抚州电视台在综合、文艺 2 个频道连续 5 天播放 25 次告市民书，将文件主要内容告诉市民。各县（区）有线电视台播放市政府文件精神及相关的实施意见。2002 年 8 月至 2003 年 11 月底，抚州市质监局先后组织 1052 人次，对各液化气充装站、收瓶员的经营行为进行定期和不定期的监督检查，并帮助他们依法整改。至 2003 年 11 月底，抚州市实施计量标识的液化气瓶有 110 万个，占全市的 100%。实施计量标识管理以前几乎每瓶液化气都要少量 1～1.5 千克，有些甚至少 3～5 千克，实施计量标识管理后，液化气重量绝大部分在允差范围之内，平均每瓶为消费者挽回经济损失 5 元左右。南昌市质监局自 2002 年 10 月 15 日起开展瓶装液化气专项治理工作。南昌市质监局通过新闻媒体，对使用计量标识、计量信得过的瓶装液化气经营者进行表扬，对严重计量违法的单位和行为进行曝光，表扬、批评曝光在电视、报纸中共出现 70 余次。召开 30 多次各种形式的座谈会并印发释疑的《市民告知书》2 万余份。南昌市质监局与市有关部门取得联系、沟通信息，走访经营者和消费者，征求他们的意见和建议。经过多次协商，南昌市质监局与南昌市市政公用事业局成立联合办公室，共同开展全市瓶装液化气计量标识管理试点工作。南昌市质监局制定试点工作实施方案，向南昌市政府主要领导和分管领导汇报。市政府有关领导做出“前期工作很有成效，请继续加强部门协作，进一步搞好瓶装液化气标识管理工作，对目前市场存在的问题，进一步研究和改善”的批示。南昌市质监局实行 24 小时值班制度，并向社会公布举报电话。2002 年 10 月至 2003 年 11 月底，南昌市质监局共接受消费者咨询 158 次，处理消费者投诉 12 次，查处实施计量标识管理后仍短斤少两的违法行为 36 起，处理假冒计量标识违法行为 6 起。至 2003 年 11 月底，南昌市实施计量标识的瓶装液化气有 234 万瓶，占全市瓶装液化气的 70% 左右。实施计量标识管理后的瓶装液化气计量合格率 95% 以上。2004 年 5 月，省质监局颁布《江西省瓶装液化气计量标识管理办法（暂行）》。办法分总则、管理、监督、罚则、附则 5 章，共 17 条。2004 年 6 月，省财政厅、省发改委同意南昌市、抚州市质监局正式实行瓶装液化气计量标识收费，其他设区市质监局在申请同级财政、物价部门批准后，可试行瓶装液化气计量标识收费，收费标准为每瓶 0.8 元。2004 年，全省有南昌、抚州等 7 个设区市开展瓶装液化气计量标识管理工作。全省共有瓶装液化气充装站 604 家，全年有近 500 万瓶装液化气检测合格后加贴计量标识，查处短斤少两的瓶装液化气 5185 瓶，平均每瓶气为老百姓挽回经济损失 4.3 元。

第五节　法定计量单位使用与监督

法定计量单位使用

1990 年，经国务院批准，原国家技监局、国家土地局和农业部联合发布我国土地面积的法定计量单位为：平方公里（km^2）；公顷（hm^2）；平方米（m^2）。并决定从 1992 年 1 月 1 日起正式应用。1991 年 11 月 6 日，省计量局向省政府提交《关于贯彻国办发〔1991〕62 号文的请示》。请示中省计量局提出 4 项贯彻意见：①鉴于推行法定计量单位是一项长期艰巨的任务，全省各地（市）和各部门要在总结前一阶段工作的基础上,加强监督检查,继续采取多种形式进行宣传,使推行法定计量单位的工作不断向纵深发展。②积极推行土地面积单位的改革。请省政府协调在省电视台举办一期《改革土地面积单位的电视讲座》。农田土地面积单位的改革,在1992年试点的基础上逐步推广。从1992年起,在统计和对外签约中率先使用土地面积法定计量单位。③对于英制严格限制,并逐步予以淘汰。重申对英制设备的引进要持慎重态度的原则。对已引进的设备中与国家法定计量单位不一致的计量仪器仪表,原则上要进行改制。企业生产以英制标志的外销产品,必须报省计量局审批,一律不得在国内销售。④对报刊和出版物使用法定计量单位必须从严要求,从1992年起,出版物如违反规定使用非法定计量单位的,除责令改正、停止销售外,同时按技术监督行政执法处罚规定并处1000元以下罚款。对其他违反规定使用非法定计量单位的将比照有关规定进行处罚。

1991年12月5日,省计量局和省土地管理局联合发文《关于改革土地面积计量单位的通知》,就国家技监局、国家土地管理局、农业部于1990年12月联合发出的《关于改革土地面积计量单位的通知》提出贯彻实施意见。为此,各部门提高对土地面积计量单位改革的认识,大力宣传改革土地面积单位的意义;各地结合实际情况,举办培训班或采取其他形式,培训土地面积改革骨干;结合土地面积调查和科学种田等工作进行农业土地面积单位的改革;从1992年1月1日起,在统计工作中,省级以上和对外签约时,开始使用土地面积法定计量单位。

1993年9月,省计量局、省卫生厅、省医药管理局共同转发《关于血压计量单位使用的规定的通知》。《通知》对血压计量单位的使用作如下规定:血压计量(表)采用双刻度[千帕斯卡(kPa)和毫米汞柱(mmHg)两种计量单位]标尺(盘),标度的最小分度值分别为2mmHg和0.5kPa。国家计量局根据上述原则组织有关国家标准和检定规程的修订,各地按照修订后的国家标准和检定规程组织生产和检定。原生产和改制的双刻度血压计(表)可继续生产和销售。出版物及血压计(表)使用说明、技术资料等使用kPa。同时,在kPa之后,用括号形式给出以mmHg为单位的量值。其他非出版物,两种计量单位可任意选用。

1998年7月,省计量局、省卫生厅共同转发《关于血压计量单位使用规定的补充通知》。考虑到国情并借鉴国际上其他主要国家血压计量单位的使用情况,在临床病历、体检报告、诊断证明、医疗证明、医疗记录等非出版物中可使用毫米汞柱(mmHg)或千帕斯卡(kPa)。在出版物及血压计(表)使用说明中可使用千帕斯卡(kPa)或毫米汞柱(mmHg),如果使用(mmHg)应注明(mmHg)与(kPa)的换算关系。根据国际交流和国外学术期刊的需要,可任意选用(mmHg)或(kPa)。

《计量法》颁布后,全省电力部门积极推行使用法定计量单位,以多种形式宣传、学习法定计量单位。省电力局计量办组织法定计量单位知识竞赛活动,九江发电厂、贵溪发电厂、省火电公司、九江供电局、抚州供电局参加国家技监局举办的计量管理函授学习培训,较系统学习法定计量单位,通过学习均能正确使用法定计量单位,省电力试验研究所主办的《江西电力》刊物上没有出现非法定计量单位。各企业单位重视非法定计量单位计量器具改制工作,共改制压力计量器具近1万台(件),改制率达到99%。

法定计量单位执法检查

江西省推行法定计量单位咨询委员会于1985年成立后，通过开展法定计量单位检查评比，举办化验用法定计量单位技术研讨会、医用法定计量单位研讨会等活动积极推行法定计量单位。1993版《量和单位》国家标准颁布后，全省各级计量行政部门每年对广播电台、电视台贯彻法定计量单位以及广告使用法定计量单位的情况进行检查，积极推动法定计量单位的贯彻施行。1994年11月，上高县标准计量局获国家技监局“全国实施法定计量单位先进集体”荣誉称号。1998年7—8月，省技监局与省广播电视厅对江西人民广播电台、江西电视台贯彻法定计量单位及《量和单位》国家标准(1993年版)执行情况进行联合检查，委托各地(市)技监局、广播电视局对所辖的地(市)广播电台、电视台贯彻执行法定计量单位的情况进行检查。全省检查广播电台、电视台22个单位，抽查节目4266次，符合规范使用计量单位3009个(次)，占整个使用计量单位个次的71%。其中，科技报导节目中规范使用法定计量单位较好，达87%，反映出中国科技领域与国际先进技术接轨的规范化；国际、国内新闻节目规范率71.83%，所出现的不规范使用法定计量单位主要是国内新闻；广告类节目规范率65.07%，日常生活报道节目规范率最低，仅62.84%。省技监局与省新闻出版局联合对江西日报社等8家报社在出版工作中贯彻法定计量单位及《量和单位》国家标准(1993年版)执行情况进行检查。2000年，省质监局在全省范围内开展对报刊、电视使用法定计量单位情况的检查，检查媒体广告8类1665条，合格1627条，合格率为97.71%。此后，省质监局未开展对报刊、电视使用法定计量单位情况的检查。

第六节 计量收费

1991年，国家技监局、国家物价局、财政部《关于印发计量收费标准的通知》制定全国统一的计量检定收费标准，省计量局、省物价局、省财政厅于11月1日共同下发《关于执行全国统一计量收费标准的通知》，要求全省各级政府计量行政部门和所属的计量检定机构及授权承担强制检定和其他检定、测试任务的机构，遵照执行。新增计量器具的收费标准，由省计量局在不高于国家同类计量器具检定收费标准的情况下，制定临时收费标准，报省物价局、省财政厅备案。计量测试和计量器具修理的收费标准，在调查研究的基础上，按提供服务所需的实际支出，由省计量局提出方案报省物价、财政部门核定。

1999年4月，省财政厅下发《关于省直单位行政事业性收费征收实行银行代收制的通知》，根据省政府1998年第86号令《江西省行政事业性收费收支两条线管理办法》的决定，对省直单位行政事业性收费征收一律实行银行代收制。

2000年6月，省物价局、省财政厅向省经济贸易委员会发出《关于对机动车辆检测线标定检测收费标准的复函》，同意汽车安全检测线(包括制动台、车速表、轴重台、前照灯、侧滑台、CO/HC分析仪、烟度计)的检测收费标准。

为保证计量检定工作的开展,规范计量检定收费行为,国家计委、财政部制定国家级计量检定机构的计量检定收费标准,并于2002年8月30日下发《国家计委、财政部关于调整计量检定收费标准的通知》,同时规定"省及省以下计量检定机构的计量检定收费标准,具体由省、自治区、直辖市价格主管部门会同财政部门按照计量检定收费标准的核定原则制定"。根据这一精神,省质监局组织对需调整的计量检定项目及收费进行测算,并于2003年2月向省财政厅、省物价局申请调整计量检定收费标准。

2003年7月14日,省计委、省财政厅发出《关于调整计量检定收费标准的通知》,调整计量检定收费项目共664类1050项,对量大面广、社会影响较大的部分计量器具,按照分步实施、逐步到位的原则,拟定2003—2005年的收费标准。计量检定收费标准自2003年8月1日起执行。省质监局要求各地在新收费标准实施过程中,确保不因收费标准的调整而造成影响社会稳定的事情发生。不得向农民、城镇居民收取水表、电能表、煤气表的检定费用,对下岗职工使用的计量器具免费检定。此后,国家质检总局又多次下文,要求各地在执行收费标准时,要根据当地经济发展的实际情况,同时兼顾被检定计量器具单位的实际承受能力,制定出分步实施、逐步到位的具体措施。

2005年4月,国家发改委、财政部下发《关于调整计量收费标准的通知》,对计量标准考核、计量授权、计量器具型式批准、制造和修理计量器具许可证考核、计量认证、计量人员考核等行政许可项目的收费标准予以调整。2008年,国家发改委、财政部下发《关于计量收费标准及有关问题的通知》,确认以上计量收费标准。

2006年11月,经省发改委、省财政厅备案,省质监局批准公路动态汽车衡检定收费标准。

2010年12月,省发改委、省财政厅降低压力表检定收费标准。降低后压力表检定收费标准为:小于及等于5MPa的,由70元/块降低为50元/块;大于5MPa、小于及等于50MPa的,由100元/块降低为80元/块;大于50MPa的,由180元/块降低为150元/块。降低后压力表检定收费标准自2011年1月1日起执行。

第七节　社会公正计量站监管

1995年7月,国家技监局发布《社会公正计量行(站)监督管理办法》。当年,全省有社会公正计量站15个,其中1995年新增11个,均为称重类公正计量站。

1997年4月,省测绘产品质量监督检验站成立省房地产面积公正计量站。到1998年11月,全省有赣州、宜春两地区,新余、萍乡、南昌三市以及省技监局授权省测绘局成立的公正计量站等6个商品房面积公正计量站,这6个站均通过计量认证。

1998年4月,省技监局印发《江西省商品房销售面积计量监督管理办法》。办法共17条,规定商品房销售面积计算方法、允许误差计算方法、从事商品房面积测量的单位的资质和应配备的计量器具、技监部门的监督管理以及罚则等。《江西省商品房销售面积计量监督管理办法》第六条、第七条规定,房地产面积计量公正站的计量器具必须备有《检定合格证》,检测人员必须备有《考核合格证》方可上岗。是年12月22日,国家质监局批准发布《商品房销售面积测量与计算》计量技术规范，并从发布之日起实施。作为商品房面积测量的第一部国家技术规范，《商品房销售面积测量与计算》统一全国商品房销售面积的测量与计算方法，为保证商品房销售面积的计量准确，加强计量监督，维护商品房买卖双方的合法权益提供技术依据。

1999 年 1 月，省技监局下发《关于各地成立“房地产面积公正计量站”的意见》，要求有条件的地、市成立相应的房地产面积公正计量站，并按照国家质监局《社会公正计量行（站）监督管理办法》的规定，抓紧进行计量认证的准备工作，以便计量认证通过后，面向社会承担房屋面积公正计量检测和仲裁检测任务。1999 年 5 月，国家质监局下发《关于加强社会公正计量行（站）监督管理的通知》，要求公正计量行（站）应具有法人资格，省级质监部门应按照《社会公正计量行（站）监督管理办法》的规定，严格公正站的考核，并建立公告和备案制度。考核工作按照国家质监局制定的《社会公正计量行（站）计量认证考核规范》规定进行。为此，省技监局依据《社会公正计量行（站）计量认证考核规范》的规定，对社会公正计量行（站）进行计量认证。8—11 月，省技监局组织各设区市技监局开展对社会公正计量行（站）的监督检查，检查发现全省 30 多个对外出具公正数据的社会公正计量行（站），只有 12 个具备法人或二级法人资格，并经计量认证。省技监局对不具备法人资格且未经计量认证开展公正计量工作的机构进行行政处罚，并责令其停业工作。1999 年全省 9 个房地产面积公正计量站共测量 352 栋商品房住宅楼，测量面积 21 万多平方米，发现约有 35% 的商品房面积存在短少问题，为消费者挽回经济损失约 40 万元。宜春地区测量商品房 11.6 万平方米，为消费者挽回损失 6 万元，吉安地区监督检查商品房 286 套，测量面积 2.9 万余平方米，发现缺量 851.74 平方米，为消费者挽回损失 15 万元。眼镜计量公正站在所辖区域内开展工作，共检测眼镜 648 个样品，为中小学生免费检查眼镜 1000 多人次。金银珠宝玉石检测公正计量行共检测样品 1150 个，为消费者挽回经济损失 3 万元，称重公正行收入达 4 万元。至 1999 年 12 月，全省有 12 个社会公正计量行（站）通过计量认证，其中房地产面积计量公正行（站）9 个，金银珠宝玉石检测公正计量行、眼镜计量公正站、社会公正称重计量行各 1 个。2000 年，国务院明确商品房面积管理的部门职能分工，即“房产管理部门负责商品房面积管理工作”“质量技术监督部门负责商品房面积测量器具的监督工作”，国家质监局决定停止执行《商品房销售面积测量与计算》计量技术规范和《商品房销售面积计量监督管理办法》，房地产面积公正计量站逐渐消亡。

2009 年，全省取得计量认证资质的公正行（站）只有两家。

第八节　计量检定员与注册计量师

计量检定员考核与复查换证

1993 年 12 月至 1994 年 6 月，省计量局组织对全省部门及企业、事业单位计量检定人员进行复查换证工作。复查换证工作以各地、县政府计量行政部门为主，各主管部门配合。从 1994 年 7 月 1 日起，原计量检定员证无效，必须使用国家技监局统一印制的计量检定员证。检定员证有效期

5年。

1995年,全省依法设置的计量检定机构共有检定员1031人。

1998年6月,省技监局组织全省计量检定员复查考核换证工作。省技监局对衡器、二次仪表、热电偶、心脑电图检定仪、医用诊断X射线辐射源等5个项目组织集中学习后考核换证。各地(市)局所辖县(市、区)局及企、事业单位的衡器检定员必须通过培训学习,重新获得资格确认。非以上5个项目的应考人员采用自学形式,学习法定计量单位、《计量法》第二章、《计量法实施细则》第六章、误差理论、检定规程等五方面的内容。实际操作技能不进行现场考核,由应考人员在本单位对每项持证检定项目根据有关的现行检定规程进行实际检定,按规定要求做好检定记录,出具检定证书(每项持证检定项目需出具一份检定记录及证书)。7月11日,省技监局组织地、市计量所和省属企、事业单位检定员考核。考试地点以就近就地为原则,省技监局计量处为南昌地区主考单位,考场设核工业华东地勘局。各地区(市)技监局为当地主考单位。考试采取百分制,其中计量基础知识(含法律知识)占30%,专业知识占30%,实际操作技能(即检定记录及证书)占40%,且实际操作技能的得分率不得低于总分的25%。此次检定员考核,抚州地区考点23人,宜春地区考点19人,吉安地区考点27人,赣州地区考点38人,萍乡市考点42人,景德镇市考点25人,上饶地区考点28人,九江市考点26人,新余市考点47人,南昌市考点114人。各地(市)技监局对所辖县(市、区)局和企、事业单位检定员的复查、考核换证在年底前结束。

《燃油加油机检定规程》(JJG443－98)和《非自动秤通用检定规程》(JJG555－96)及配套规程直接采用国际建议,在原检定规程的基础上修订,其检定原则和检定方法发生重大变化,国家质监局要求从事燃油加油机、非自动秤两个项目检定工作的人员需进行再培训,获得资格确认;未获得资格确认者,不得再从事相应项目的检定工作。为此,省技监局于1998年11月至1999年4月先后委托省计量协会承办《燃油加油机检定规程》(JJG443－98)、《非自动秤通用检定规程》(JJG555－96)等系列规程的宣传贯彻培训。至1999年7月,全省技术监督系统有95家计量检定机构的325人(次)参加上述检定项目的再培训。1999年8月,省技监局委托省计量协会在南昌举办全省温度类计量检定员考核与复查换证学习班,学习《工作用廉金属热电偶》(JJG351－96)、《动圈式温度指示位式调节仪表》(JJG186－97)、《数字温度指示调节仪》(JJG617－96)。检定员经集中学习、考核合格后,由省技监局组织换、发证。

2000年,省技监局针对大专院校毕业生提高职业技能的要求,与九江船舶工业学校(后更名为九江职业技术学院)联合举办五期应届毕业生检定员资格的培训,共培训学生230人。省质监局成立后,继续为该校学生组织检定员理论知识考试。

2005年10月,省质监局发布《江西省计量检定人员考核须知》,对受理权限、考核内容、主考人、免考条件等进行规范。根据《江西省计量检定人员考核须知》,省、市依法设置的法定计量检定机构、社会公正计量行(站)及计量器具生产企业、在省工商部门注册登记的企、事业单位和省直有关部门的计量检定人员由省质监局组织考核。县级法定计量检定机构,在市、县级工商部门注册登记的企、事业单位的计量检定人员由市质监局组织考核。被授权单位执行授权检定任务的计量检定人员,由授权单位组织考核,或由授权单位委托有关主管部门组织考核。

2005年起，省质监局每年组织省、设区市级国家法定计量检定机构，省级授权计量检定机构，省属企业计量检定机构计量检定员的统一考核，对申请新取检定员证和检定员证新增项目人员从计量基础理论、专业理论、操作技能三个方面进行考核。计量基础理论和专业理论考试由省计量协会组织，操作技能考核由省计量院组织。2010年开始，省质监局于每年5月和10月各组织一次检定员考试。

表1-1-3 2002—2010年江西省计量检定员数量

年 份	依法设置法定计量检定机构	授权机构	企事业单位计量检定员
2002	678	1017	—
2003	790	473	1850
2004	1029	1728	2822
2005	1181	1895	3291
2006	926	2101	4261
2007	980	2286	4220
2008	1069	2333	4237
2009	1144	2529	4636
2010	1242	2592	5005

注册计量师资格认定

2006年4月，人事部、国家质检总局印发《注册计量师制度暂行规定》《注册计量师资格考试实施办法》和《注册计量师资格考核认定办法》，注册计量师制度开始纳入人事部门的职业资格准入制度，与计量检定员考核/复查并行。是年，省人事厅、省质监局共同成立省注册计量师资格考核认定工作领导小组，负责全省一级注册计量师资格考核认定审查和二级注册计量师资格考核认定工作。2007年12月，省人事厅、省质监局召开省二级注册计量师考核认定复核会议，对通过技术业绩预审的人员进行资格复核，同意冯志刚等25人获二级注册计量师执业资格。2008年，国家人事部、国家质检总局发文，省计量院王平意、李丹丹2人通过一级注册计量师资格考核认定。至2010年底，国家质检总局未组织注册计量师资格考试，注册计量师人数未增加。

第二章　计量技术机构监管与计量标准建设

根据《江西省计量工作三年〈95—97 年〉计划》,省计量局(技术监督局)加强对省、地(市)、县(市、区)国家法定计量检定机构的建设与管理。省技监局于 1996 年底、1997 年初组织对地(市)、县(市、区)计量检定机构授权考核,国家技监局于 1997 年对省计量所授权考核。此后,省、设区市、县(市、区)各级法定计量检定机构每隔 5 年接受复查考核。同时,省、设区市两级质监部门利用比对、技术比武等手段开展对计量技术机构的监管。

全省专项计量授权工作大致经历整顿—授权—精简的过程。1991 年,省计量局开展专业授权站的清理整顿,同时继续开展对社会计量技术机构的计量授权,各地市县遵照计量授权的原则在本辖区内开展授权工作,至 1996 年省技监局共授权 27 个企(事业)单位开展检定。2000 年以后,技监部门对非强制检定项目不再授权。2000 年,省政府将原省电力工业局承担的用于贸易结算的电能表行政监督管理职能划入省质监局职能,省质监局经过与省电力公司沟通、协商,自 2003 年开始,采用计量授权、电能计量标准考核、检定员考核和电能表复核检定等形式开展电能计量监管工作。

1992 年,国家计量局颁布 JJF1033 - 1992《计量标准考核规范(试行)》。1993 年省计量局按照规范的要求组织完成对全省地(市)、县(市、区)计量系统内部的社会公用计量标准的换证工作和计量标准考评员的续聘工作,在 1996 年国家技监局印发《计量标准考核(复查)工作要求》后,计量标准考核(复查)工作开始纳入规范化管理。2000 年全省质监系统实行垂直管理后,市、县两级新建计量标准均需经省质监局批准后筹建。至 2010 年,全省质监系统建立计量标准共 906 项。

第一节　依法设置计量检定机构授权考核

1994 年,国家技监局《关于加强计量工作的若干意见》提出“加强对各级法定计量检定机构和检测实验室的监督管理,要按照国际标准化组织关于实验室工作导则的要求,制定办法,定期对法定计量检定机构进行考核评定”。根据这一要求,1996 年 9 月,省技监局制定《江西省法定计量检定机构技术考核规范(试行)》,12 月,依据规范对各地(市)法定计量检定机构开展计量授权考核。1997 年 1 月,各地(市)技监局参照规范对县级法定计量技术机构进行考核。上饶地区计量所由于组织机构未理顺,与上饶地区技监局两块牌子、一套人员,而且是差补经费单位,行政执法缺乏公正性;实验室环境条件达不到国家计量检定规程的要求,实验室大楼附近的垃圾场严重影响计量标准器具的准确度和计量检定业务的正常开展;部分社会公用计量标准,包括检定电能表、酸度计、分光光度计的计量标准未按照相应国家计量检定规程配齐设备,不能满足《江西省法定计量检定机构技术考核规范(试行)》要求,省技监局于1997年2月限期其在3个月内完成整改。3月,省技监局表彰1996年度全省法定计量技术机构先进单位,赣州地区计量检定测试所、南昌市计量所、九江市计量所获表彰。

1997年国家技监局在参考ISO/IEC导则25《检测和校准实验室能力的通用要求》的基础上,制定《法定计量检定机构考核细则》,从基本条件、量值传递能力、质量保证体系和量值传递工作的分包等四个方面对法定计量检定机构提出40条具体的要求。6月,国家技监局组织9名专家组成考评组,依据《法定计量检定机构考核细则》对省计量所进行第一次全面的省级法定计量技术机构计量授权现场考评。考核涉及7类29项73种检测与量传业务。此次考核使用盲样,并对50岁以下人员进行书面考试。12月3日国家技监局发文,向省计量所等32个省级法定计量检定机构颁发计量授权证书。计量授权有效期为5年。此后,省计量所(院)于2002年、2007年再次接受国家质检总局复查考核。2002年,省计量所158项检定项目和152项校准项目获得授权,2007年,省计量院273项检定项目、284项校准项目、5项商品量检测项目获得授权。

为迎接计量授权考核,1996年、1997年全省依法设置计量检定机构共投入128万元改善实验室条件、添置标准仪器设备,各级法定计量检定机构建立质量管理体系,并开始按照管理体系文件要求实施质量管理。1998年,全省地、市级以上国家法定计量技术机构投入经费32.3万元,新建40项计量标准装置。

2000年,国家质监局颁布《法定计量检定机构考核规范》(JJF1069－2000),这是第一个以计量技术规范的形式出台的对计量技术机构的考核规范。

2001年1月,国家质监局发布《法定计量检定机构监督管理办法》,规定法定计量检定机构的职责和管理模式。根据《法定计量检定机构监督管理办法》,国家质监局负责受理省级质监部门依法设置的省级计量检定机构的考核申请并组织考核,省级质监部门负责受理本行政区域内省级以下(不含省级,下同)计量检定机构和省级质量技术监督部门授权建立的计量检定机构的考核申请并组织考核。计量检定机构的(复查)考核按照国家计量技术规范《法定计量检定机构考核规范》的规定执行。

2003年,根据国家质检总局在一个城市只设一个计量技术机构的意见和省编办4月25日《关于成立省产品质量监督检测院、省计量测试研究院的通知》要求,省质监局整合省计量所、南昌市计量所成立省计量院。省计量所编制98人,南昌市计量所编制37人,合并后省计量院编制135人。南昌市计量所建立的44项计量标准撤销。南昌市质监局直属检定站为大集体单位性质,维持其衡器和血压计项目的检定业务,不参与整合。

2003—2004年,省质监局对10家设区市法定计量检定机构(南昌市计量测试所已于2003年7月并入省计量院,南昌市质监局直属检定站与县级计量检定机构同步考核)依据《法定计量检定机构考核规范》(JJF1069－2003)进行计量授权复查考核。此次授权考核还包括对定量包装商品净含量计量检测能力和从事定量包装商品净含量计量检测人员的考核。计量授权有效期为5年。

2004年12月,省质监局以南康市计量检测所为试点,启动全省县级计量检定机构授权考核。

2005年初组织对8家设区市试点县级计量检定机构考核。至2005年4月30日,省质监局完成全省86家县级计量检定机构和南昌市质监局直属检定站的计量授权考核。考核采取交叉形式,考评员来自其他设区市或者省计量院。为迎接此次考核,全省县级计量所共投入232.3万元,其中154.7万元用于添置设备,59.8万元用于改造实验室环境,17.8万元用于添置空调。考核结束后,省质监局委托省质监局培训中心开展衡器和天平检定知识培训和检定机构内审员培训。

2006年10月,省质监局对35家依法设置的计量检定机构进行监督检查,其中设区市级10家、县级25家。省质监局首先在奉新县计量站进行试点,随后派出7个检查组开展监督抽查。全省抽查检定人员138人,检定项目80项次。现场检查结束后,组织对监督检查中抽取的检定证书进行质量评定。对标准器或配套设备超期未检的单位、超授权范围开展检定的单位、存在有证书无原始记录现象的单位进行通报。

2008年5—7月,省质监局对设区市和县级法定计量检定机构进行计量授权复查考核,共考核设区市计量检定机构11家(含南昌市质监局直属检定站),县级计量检定机构83家。5月31日,计量授权考核组在对萍乡市计量所进行现场考核过程中,发现该所伪造主标准器检定证书,使用超出检定周期的计量标准器开展检定,在检定证书和原始记录中存在弄虚作假的行为,考核组暂停现场考核评审。省质监局责令萍乡市计量所暂停相关项目的检定工作,责成萍乡市质监局对萍乡市计量所的违规行为进行严肃处理,并对萍乡市计量所的错误行为予以通报批评。

第二节　检定机构授权与校准机构管理

计量授权工作

根据国家技监局《关于对授权进行清理整顿的通知》精神,省计量局自1990年第四季度到1991年12月,开展对省邮电管理局通信计量站等16个检定单位的清理整顿。1991年11月,省计量局为16个授权单位颁发计量授权检定专用章。被授权单位的"检定专用章"启用时间为1991年12月1日。这16个被授权单位名称及检定专用章编号为:省邮电管理局通信计量站,省计量局计量授权检定专用章(01);九江仪表厂,省计量局计量授权检定专用章(02);南昌航空工业学院电子仪器厂,省计量局计量授权检定专用章(03);南昌钢铁厂计控处,省计量局计量授权检定专用章(04);国营红声器材厂,省计量局计量授权检定专用章(05);南昌广播电视总厂,省计量局计量授权检定专用章(06);九江炼油厂计量室,省计量局计量授权检定专用章(07);东华计量测试研究所,省计量局计量授权检定专用章(08);南昌飞机制造公司计量处,省计量局计量授权检定专用章(09);国营九九九厂,省计量局计量授权检定专用章(10);中船公司6354所,省计量局计量授权检定专用章(11);省劳动卫生职业病防治研究所,省计量局计量授权检定专用章(12);六〇二研究所,省计量局计量授权检定专用章(13);昌河飞机制造厂,省计量局计量授权检定专用章(14);核工业华东地勘局测试研究中心,省计量局计量授权检定专用章(15);省气象计量检定所,省计量局计量授权检定专用章(16)。12 月省计量局将省级计量授权单位名称、项目、范围函告各地区、省辖市、各县(市、区)标准计量(技术监督)局,要求其督促各有关单位做好送检工作。此次授权有效期为 5 年。

1991 年 12 月,省计量局发文《关于加强授权后的监督管理的几项具体规定》,要求授权机构对计量检定测试人员按《计量检定人员管理办法》进行管理;检定按照国家计量系统表和国家计量检定规程(没有国家规程的可按地方、部门计量检定规程)进行,并使用国家统一的检定证书和授权检定专用章;执行强检工作的单位,要按规定的检定最长期限 20 天完成检定任务;承担授权检定的各项计量标准,必须按授权单位指定的法定计量技术机构进行检定,不允许自由送检。

1993 年 6 月,省计量局对授权的 21 个计量技术机构命名,授权单位在全省范围内执行强检或其他检定任务,涉及项目 70 项。在此期间,各设区市授权专业计量检定站 86 家。7 月,省计量局在井冈山召开全省计量工作座谈会,会议决定,县级计量局开展授权应征得地(市)局同意,地(市)局授权应征得省计量局同意。计量授权补充省内某些特殊行业的计量器具检定。针对个别单位超越授权范围开展检定工作的现象,省计量局于 1994 年 3 月下发《关于计量授权单位应严格执行〈计量授权管理办法〉的通知》,要求授权单位带头执行《计量法》,杜绝超授权范围开展检定现象,并对外厂生产的同类计量器具进行检定。

1996 年 12 月 2—4 日,省技监局在南昌县召开全省计量检定授权单位座谈会。省技监局副局长胡志坚传达国家技监局有关精神,并对授权的法定计量检定机构提出全面考核的要求。与会代表认真学习《法定计量检定机构考核细则》。

1991—1996 年,省计量局分期分批共对 27 个企(事业)单位办理省级授权,考核社会公用计量标准共 74 项。到 1998 年,绝大部分授权单位的有效期到期,须申请到期复核。而 1997—1998 年申请的计量授权,因故暂停办理授权工作。原已授权的单位,其开展的检定工作发展不平衡,有的能严格按照《计量授权管理办法》的有关规定执行检定,授权检定工作做得比较好;有的授权单位因检定任务少,效益差,对授权工作不重视,检定工作不正常或不符合授权规定要求。因此,省技监局在 1998 年上半年对省级授权进行全面清理整顿。对符合授权条件的单位,继续给予复核换证,延长有效期 3 年;对不符合授权条件的单位注销授权,收回授权证书。对 1997 年后新申请授权的单位,符合授权条件的给予办理授权。各地、市的计量授权工作,根据本地区的具体情况进行清理整顿。经过清理整顿,1999 年省技监局对省电力计量授权检定站等 15 个单位的 45 项计量标准继续给予计量检定授权,对原授权的江西无线电计量 02 站等 13 个单位撤销计量检定授权。获得授权的 15 个单位及其归口单位是:省电力授权检定站,归口单位为省电力试验研究所;省通信计量检定站,归口单位为省邮电科研所;省电能表授权检定站,归口单位为九江仪表厂;省玻璃量器授权检定站,归口单位为省水文局;省声级计授权检定站,归口单位为国营红声器材厂;省大容量授权检定站,归口单位为九江石油化工总厂;省无线电授权检定站,归口单位为江西洪都航空工业集团有限责任公司;省测绘仪器授权检定站,归口单位为省测绘局;省理化仪器授权检定站,归口单位为省分析测试研究所;省气象仪器授权检定站,归口单位为江西气象技术装备中心;省大质量授权检定站,归口单位为南昌钢铁责任有限公司;省瓦斯计授权检定站,归口单位为省煤炭科研所;省纤维仪器授权检定站,归口单位为省纤维局;省环境监测授权检定站,归口单位为省环境检测中心;省铁路计量授权检定站,归口单位为南昌铁路局。省技监局1999年3月2日对此次授权进行公告,准予被授权单位的相关计量标准在相应范围内进行量值传递和溯源工作,其按规定出具的检定证书具有法律效力。此次授权涉及检定项目63项。是年,设区市授权检定机构77家。授权有效期为3年。

2002年,国家质检总局下发《关于加强计量检定授权管理工作的通知》,要求各省、自治区、直辖市质监局将计量检定授权纳入量值传递工作统一管理,切实做到量传与授权统一管理、宏观调控、合理布局。此后,省质监局对依法设置法定计量检定机构可开展检定的业务不再向社会授权,授权机构建立的计量标准原则上不再颁发社会公用计量标准证书。

2005年开始,各设区市质监局相继对本辖区内自来水公司开展水表检定计量授权工作。至2006年,省质监局授权的专项计量检定机构为9家(不含电能授权检定机构),设区市授权计量检定站31家。2009年11月,省质监局下发《关于进一步规范我省计量授权管理工作的通知》,明确省和设区市两级质监行政管理部门受理范围、计量授权机构需经省质监局规划批准、计量授权证书有效期等事项,并对计量授权单位的证后监督管理提出要求。至2011年,由省质监局授权的专项计量检定机构共8家。

电能计量授权与电能监管

1993年5月,省计量局同意省电力工业局计量办公室成立省电力计量监督站,隶属省电力工业局计量办公室,业务上接受省计量局领导。省电力计量监督站根据电力生产、科研和经营管理的特殊需要,对电力系统内违反计量法律、法规的行为进行查处。电力计量监督站所需的开办费、办案费,计量抽查费以及计量监督检查必备的器材、器具等项经费由省电力工业局负责解决,省计量局负责按标准配备。此后,由于省电力计量监督站组织机构不健全,不能正常开展计量执法监督工作,省技监局于1995年9月暂停省电力计量监督站计量监督工作。次年1月终止对省电力计量监督站的授权,停止其计量执法监督工作。

1995年,根据电力工业部、国家技监局联合下发的《关于在电力部门开展计量执法检查工作》,省电力工业局、省技监局组成联合检查组,对全省范围内的电力计量工作进行执法检查,抽查省电力试验研究所,南昌发电厂、南昌供电局、九江供电局、省火电公司、柘林水电厂。县级供电企业由省电力工业局直属供电局和地区技术监督部门组成检查小组进行抽查。根据《江西省电力系统计量执法检查自查情况总结的报告》,《计量法》颁布10年来,全省电力系统积极开展计量专业普法活动,省电力试验研究所、九江发电厂、贵溪发电厂、抚州供电局、九江供电局等主管计量的领导带头参加计量普法学习,计量人员参加计量普法学习并取得省技监局颁发的计量专业普法合格证。各企业按照《计量法》的有关规定,对建立的最高计量标准均考核合格后开展检定工作。电测、热工计量标准覆盖率基本满足生产需要,大多数单位计量标准在有效期满前按时申请复查考核,计量标准器具及时送检。省电力试验研究所、九江发电厂、贵溪发电厂、南昌发电厂、南昌供电局、万安水电厂、柘林水电厂、省火电公司等单位量值传递工作做得比较好。省电力工业局所属单位除个别扩建的发电厂(新余发电厂)尚未申请计量标准复查考核外,其他全部通过省电力工业局计量办公室组织的计量标准复查考核。企业计量定级升级管理时期,各企业对计量工作比较重视,职责明确,建立计量管理三级网络,计量管理机构健全并能发挥职能,计量基础工作比较扎实,计量管理制度完善,计量器具实行动态管理,在建立计量标准,改善环境条件,提高计量人员素质等方面开展大量工作。企业计量定级升级管理工作停止后,大多数企业计量工作仍保持计量定级升级时的要求,有的计量管理水平有所提高。省电力试验研究所、南昌发电厂、贵溪发电厂、景德镇发电厂、抚州供电局、省火电公司重新调整计量管理网络,进一步明确计量管理机构和计量专职人员。省电力试验研究所的计量器具台账完整齐全,对强检计量器具登记造册并及时送检,对计量器具实行分类和彩色标志管理,重新修订计量管理制度并予以执行,没有建标的计量器具按周期送地方计量机构检定,计量检定系统图和检定记录规范,计量技术档案齐全。各企业单位建立计量器具台账,对强制检定计量器具进行登记造册并定点、定周期送检,编制计量器具周检计划,计量器具分类管理,贵溪发电厂对计量器具实现微机管理。各企业单位对已建标的电测、热工方面的计量器具检定工作比较重视,特别对用于安全防护、环境监测、贸易结算等方面的强制检定计量器具做到定点、定周期检定,为电力系统机组安全发供电、节约能源、降低消耗,提高经济效益打下良好基础。但也存在一些问题:企业单位计量标准覆盖率仅50%左右,不能满足生产需要;计量器具不建标进行量值传递(如流量测量仪表、电量变送器等);计量标准器具送检不及时,检定证书不连续;使用过期失效的计量检定规程,检定系统图和检定记录不规范;计量标准技术档案不完善;环境条件达不到检定规程的要求等。其中不建标进行量值传递的现象在被抽查单位中都存在。企业计量工作依法自主管理后,有些企业领导计量法制观念淡薄,企业计量工作出现不同程度滑坡现象,计量管理机构精简、虚设,不能发挥职能作用,计量专职(兼职)人员岗位职责不明确,景德镇供电局的计量管理工作停留在计量定级时的状况,非电能计量器具检定工作开展得不够好。计量器具管理存在不完善之处,有的计量器具不按周期检定或漏检,例如理化、环保等方面的计量器具被忽视,个别企业医务所(室)血压计、心电图机不送检或超检定周期。有的企业虽然建立计量器具台账,但没有实行动态管理,强制检定和非强制检定概念模糊不清,计量器具不分类管理,对国家和电力部门尚未颁布检定规程的计量器具不送检,也不编制校准方法进行自检。

1998年,国务院政府机构改革中把原电力工业部承担的用于贸易结算的电能表强制检定的行政监督管理职能划入国家质监局。根据国家质监局《关于加强用于贸易结算电能表强制检定监督管理的通知》和省政府《关于印发江西省质量技术监督职能配置内设机构和人员编制规定的通知》中的“把原省电力工业局承担的用于贸易结算的电能表行政监督管理职能划入省质监局职能”的要求,2001年省质监局结合江西实际,提出以“强化法制计量监督、发挥好质量技术监督部门和电力部门现有检定电能表的技术力量”为电能表量值传递监督管理的基本原则,决定采取依法授权,严格监督的方式,实施对贸易结算的电能表的管理,实现独立于交易双方的第三方的监督管理。2月,省质监局下发《关于加强电能表监督管理的实施意见》。根据实施意见,各供电部门、企(事)业单位提供给用户的电能表必须经法定计量检定机构或者授权的计量检定机构检定合格后方可安装,经强检合格的电能表挂上省质监局统一制作的封铅;省电力公司及其市、县级供电部门建立用于检定贸易结算用电能表的最高计量标准装置应向省质监局申请考核;县级以下供电部门建立的用于检定贸易结算用电能表的最高计量标准装置应向设区市质监局申请考核;相关的电能表强制检定授权工作由主持考核的质监局负责。开展电能检定工作的计量标准、检定员由省质监局组织考核(复查)、发证。

2001 年 4 月,省质监局组织对全省范围内开展电能表产品质量以及开展电能表量值传递的检定机构基本情况进行调查摸底,对农网和城网改造中的电能表进行抽查,对 815 名计量检定员进行换证。省计量所于二季度开展电能表产品的省级产品质量监督抽查。样品主要在农网改造工程中选用的电能表产品中抽取,设区市质监局对本辖区内电能检定机构进行调查,并安排对已检定电能表进行计量性能抽检。

2002 年 1 月,省质监局和省电力公司联合下发《关于进一步加强电能表监督管理的通知》,就用于检定贸易结算电能表的计量标准装置的量传、用于贸易结算电能表的强制检定、电力行业计量技术机构的授权考核和电能表复核检定分别提出要求。省电力试验研究院通过考核取得授权后,负责省电力公司各供电局的电能表计量标准装置的检定,省计量所负责县供电有限责任公司(局)的电能计量标准装置的检定。省电力公司各供电局在其计量技术机构通过考核,取得统一授权后开展安装的单、三相电能表的强制检定工作,县、乡级单、三相电能表的强制检定工作,应发挥好质监及电力两部门的优势,因地制宜,采取多种方式实施到位;对于商品房中不用于与供电企业贸易结算的电能表的强制检定工作,由各级质监局负责组织实施,各级供电局(供电公司)在供电前检查确保商品房所用电能表是首检合格的表。省电力试验研究院及省电力公司各供电局计量技术机构的考核由省质监局统一组织,统一授权,县级供电有限责任公司(局)计量技术机构的现场考核由省质监局委托各设区市质监局组织。自 2002 年 2 月 1 日起,凡是城网、农网改造、新安装及轮换的电能表,经强制检定合格后均加挂省质监局统一制作的封铅。各设区市质监局安排抽取当年投放的电能表(含新安装及轮换表)的 10%(不超过 10%)进行复核检定,检定费用由被抽电能表的供电局(供电公司)支付。

至 2003 年,166.2 万只新装电能表挂上省质监局封铅,质监系统计量检定机构按不超过 10% 的比例对市级供电公司近 10 万只新装、轮换的电能表进行复核检定,合格率为 98%。

2003—2004 年,省质监局对 12 家市级供电公司进行首次计量授权考核。2005 年,组织设区市质监局对 93 家县级供电有限责任公司进行首次计量授权考核。电能授权检定机构的授权有效期为 3 年。

2006 年 10—12 月,省质监局和各设区市质监局分别组织市级供电公司电能检定中心和县(区)供电有限责任公司计量所的监督检查,其中市级供电公司 11 家,县级 35 家。检查组现场抽查检定操作共 136 人,其中市级供电公司 26 人,县级供电有限责任公司 110 人。检定项目为单相电能表、三相电能表、电流互感器和电压互感器。省质监局对考核情况及发现的问题进行通报,对使用超出有效期的计量标准开展检定的都昌县、永修县、德安县供电有限责任公司进行通报批评。

2007 年 12 月至 2008 年 1 月,省质监局组织对市级供电公司电能计量技术机构计量授权复查考核。2008 年 5—8 月,受省质监局委托,各设区市质监局组织本辖区内各县级供电有限责任公司计量技术机构的计量授权复查考核，省质监局派出观察员随考核组检查考核质量。

2009年12月，省质监局和省电力公司联合发出《关于进一步加强电能表监督管理的补充通知》。通知要求，质监部门要依法监管，对因电能计量引起的纠纷，按《仲裁检定和计量调解管理办法》的规定进行仲裁检定和计量调解；供电部门提供给用户用于贸易结算的电能表必须经质量技术监督部门授权的法定计量检定机构强制检定合格后，方可安装使用；供电部门的计量技术机构由省质监局组织授权考核；质量技术监督部门对当地供电公司的新购电能表进行抽检；省质监局对供电企业建立的电能表最高计量标准装置和计量检定人员统一组织考核；未取得授权的计量技术机构不能承担用于贸易结算电能表的强制检定工作；地（市）级供电公司应对用于贸易结算的单、三相电能表加强抽检及轮换计划，确保运行中的电能表准确计量。质监部门每年按计划对当地的在用电能表进行现场抽检。

校准机构监管

根据《中华人民共和国计量法》的立法宗旨和《江西省计量监督管理条例》的有关规定，省质监局于2002年4月19日颁布下发《江西省计量校准管理办法（暂行）》。《办法》共25条，对计量校准机构应当具备的条件，申请、审批、复查、变更、注销以及违规处罚等进行规定。该《办法》规范了计量校准行为，发挥了计量校准机构在经济活动中的作用，《办法》自2002年5月1日起施行。

2003年，省质监局依据《江西省计量校准管理办法（暂行）》对江西东华计量测试研究所进行评审。由于江西东华计量测试研究所于2002年7月7日按ISO/IEC17025－1999通过国家校准/检测实验室认可，在技术能力上达到计量校准机构所需的条件，省质监局批复江西东华计量测试研究所可以从事相关计量器具的校准业务。并明确，非强制检定的计量器具（含检测设备）可以采用校准的方式进行量值溯源，用于贸易结算、安全防护、医疗卫生、环境监测等方面，需按照有关规定执行强制检定，而不能以校准代替。至2003年底，全省有8家计量技术机构取得校准资格，量传、溯源双轨运行机制初步建立。

2006年4月，省计量院接受中国实验室国家认可委员会组织的实验室认可首次现场评审。是年8月，获得实验室认可证书，43项检测项目和183项校准项目获得认可。此后，省计量院于2007年7月通过实验室认可监督评审。通过认可的校准项目185项，检测项目42项。2009年2月和12月，省计量院接受实验室认可第二次、第三次监督评审。

第三节 计量检定机构证后监管

检定行为监管

2001年3月4日，湖口县标准计量所给湖口县粮油质检站开具721分光光度计、扭力天平、热电偶、TG628天平检定证书各1张，TG328天平检定证书2张，但该所仅建有衡器、压力表和加油机容量3项社会公用计量标准。省质监局对湖口县标准计量所超项检定的违法行为在全省进行通报批评。

2010年,九江市计量所超范围开展全站仪检定,省质监局纪检组向九江市质监局下发《关于对九江市计量所"超范围检定"问题处理意见的函》,对九江市计量所超范围开展全站仪检定的相关责任人给予相应处理。省质监局下发《关于对九江市计量所超范围检定行为的通报》,要求各级法定计量检定机构要以此为鉴,规范内部管理,加强对检定人员的教育和培训,提高责任意识,坚决杜绝乱开证、乱收费、乱检定的现象。

2010年,根据国家质检总局要求,省质监局在全省质检系统中组织开展检测工作整顿活动,省质监局对省计量院和设区市计量所进行检查,设区市质监局对辖区内县级计量所进行检查,省质监局按30%的比例对县级计量所进行抽查。

计量比对

根据《法定计量检定机构监督管理办法》,省级以上质量技术监督部门通过定期或者不定期对所建计量基、标准状况进行赋值比对,实施对法定计量检定机构的监督。2005—2010年,省质监局先后组织9项实验室间比对,建有相应计量标准的设区市、县级计量检定机构和电能授权检定机构参加比对。

2005年6—7月,省质监局在设区市计量检定机构中开展酸度计和F2等毫克组砝码量值比对,省计量院为主导实验室。省计量院制定《酸度计电计示值误差与仪器示值总误差测量结果比对试验工作细则》和《F2等毫克组砝码测量结果比对试验工作细则》。新余市技术监督检测中心、九江市计量所、上饶市计量质量检测中心、抚州市计量所、宜春市技术监督检测中心、鹰潭市计量所、赣州质量技术监督检测中心参加酸度计检定装置比对。景德镇市计量测试研究所、新余市技术监督检测中心、九江市计量所、上饶市计量质量检测中心、抚州市计量所、宜春市技术监督检测中心、萍乡市计量所、鹰潭市计量所、吉安市质量技术监督检测中心、赣州质量技术监督检测中心参加二等毫克组砝码标准装置比对。

2006年7—9月,省质监局组织在设区市计量检定机构中开展外径千分尺测量结果量值比对,在赣州、吉安、九江、上饶市质监局所辖县(市、区)计量检定机构中开展克组砝码测量结果量值比对。千分尺比对试验的参考实验室为省计量院,克组砝码比对试验的参考实验室分别为赣州检测中心、吉安技术监督检测中心、九江计量所、上饶计量所。赣州市质量技术监督检测中心、吉安市技术监督检测中心、萍乡市计量所、宜春市技术监督检测中心、鹰潭市计量所、上饶市计量质量检测中心和九江市计量所参加克组砝码测量结果量值比对。

2009年6—8月,省质监局组织对各设区市计量检定机构和市、县级电能计量检定机构开展电能表和互感器测量结果量值比对。电能表比对试验的参考实验室为省电科院,互感器比对试验的参考实验室为省计量院。全省9个地市计量所(新余市检测中心未参加)、12个地市电力公司计量所和90个县级电力公司计量所参加电能表量值比对。全省电流互感器计量授权单位共82家,81

家参加电流互感器。永修县供电公司因标准装置存在故障未参加比对。

2009 年 9—10 月,省质监局组织在设区市计量检定机构中开展分光光度计计量标准量值比对,参考实验室为省计量院。九江市计量所、抚州市计量所、景德镇市计量所、上饶市计量所、鹰潭市计量所、吉安市检测中心、赣州市计量所、萍乡市计量所、宜春市技术监督检测中心、新余市检测中心参加比对。

2010 年 8—10 月,省质监局组织对各设区市计量检定机构开展心电图机、M1 等级公斤组砝码测量结果量值比对,参考实验室为省计量院。赣州市计量所。宜春市技术监督检测中心、吉安市技术监督检测中心、上饶市计量所、九江市计量所、萍乡市计量所、新余市技术监督检测中心、鹰潭市计量所、景德镇市计量所参加心电图机测量结果量值比对。新余市技术监督检测中心、宜春市技术监督检测中心、萍乡市计量所、吉安市技术监督检测中心、赣州市技术监督检测中心、抚州市计量所、鹰潭市计量所、上饶市计量所、景德镇市计量所、九江市计量所参加 M1 等级公斤组砝码测量结果量值比对。

技术比武

2006 年,省质监局分设区市组和县级组分别组织全省加油机检定技术比武。县级技术机构分成 7 个片,分宜和莲花县所划入宜春片,乐平市和浮梁县所划入九江片,贵溪市和余江县所划入上饶片,由设区市质监局组织初赛,选出 14 家县级技术机构参加全省的决赛。自 7 月省质监局下文布置全省比武活动以来,设区市质监局组织宣传贯彻新版加油机检定规程,开展集训,进行加油机检定反复操练。11 月 8—10 日,10 支设区市参赛队和 14 支县级参赛队共 48 名选手在南昌进行决赛。决赛由面试和操作两个环节组成。设区市组中,赣州市计量检测所获一等奖,抚州市计量所获二等奖,景德镇计量所和九江市计量所获三等奖;县(市、区)级组中,瑞昌市计量所获一等奖,东乡县计量检定测试所、安远县计量检测所获二等奖,婺源县计量检定所、分宜县技术监督检测所、万安县技术监督检测所获三等奖。此次比武是省质监局成立以来组织的第一次全省计量技术比武活动,共有 200 多名从事加油机检定的人员得到强化训练,占全省检定人员总数的 1/5。2006 年第 12 期《中国计量》杂志对此进行报道。

部分设区市质监局也组织开展技术比武活动。2009 年 10 月,赣州市质监局举行血压计(表)、压力表计量检定技术比武。2010 年 5 月 27—28 日,九江市质监局举办全系统计量检定人员技术比武活动。竞赛分理论考核和实际操作。理论考核分计量基础知识、专业基础知识、计量检定相关知识。实际操作分压力表、电子秤 2 个项目。通过考核评比,获得优胜单位称号的是瑞昌市质监局、星子县质监局和永修县质监局。

2010 年 10 月,省质监局组织全省具有压力表检定资质的 10 家设区市级和 60 家县级法定计量检定机构进行技术比武。12—14 日,10 家设区市计量检定机构和由设区市质监局推荐的 12 家县级计量检定机构在省计量院进行决赛。比武由笔试、业务知识提问和实际操作三个环节组成。设区市组中,九江市计量所、景德镇市计量所和吉安市计量检测中心分别获得第一、二、三名。县级组中,南城县计量所获一等奖,瑞金市计量所、贵溪市计量所获二等奖,都昌县计量所、南丰县计量所和高安市计量所获三等奖。各设区市质监局也组织技术比武活动。

第四节 社会公用计量标准建设与管理

社会公用计量标准建设

1991年4月25日,省计量局在全省统一施行1990国际温标工作,配备推行90国际温标所需的计量标准器和检定装置。

各级计量行政部门依法设置的计量检定机构建立的计量标准通过考核后,即由计量行政部门颁发《社会公用计量标准证书》,确定为社会公用计量标准,但专业计量授权站建立的计量标准须经计量行政管理部门专文确认。1992年12月,省计量局和省测绘局联合发文《关于加强对光电测距仪计量检定管理的通知》,授权省测绘仪器计量检定站建立的光电测距仪检定装置为社会公用计量标准。1993年2月,省计量局和省气象局联合发文《关于加强气象计量检定管理的通知》,省气象计量检定所建立的5项计量标准于1989年通过省计量局的考核,确定为社会公用计量标准,省计量局于1990年授权其在全省范围内承担各种气象计量器具的计量检定工作。4月,省计量局和省纺织工业局联合发文《关于加强纺织质检计量器具检定管理的通知》,将省纺织计量中心建立的23种纺织质检专用计量器具的综合检定装置确定为社会公用计量标准,授权其在全省范围内开展纺织质检计量器具检定服务工作。

2002年,全省质监系统计量检定机构96家,其中省级1家,设区市11家,县级84家。工作人员1143名,其中省级76名,设区市级313名,县级754名。计量检定员678名,其中省级40名,设区市级237名,县级401名。省、市两级共建立社会公用计量标准407项,其中省级106项,设区市级301项。省、市计量所设备固定资产2776.9万元,其中省级513万元,设区市级2263.9万元。

表1-2-1 2002年江西省各设区市计量技术机构人员与计量标准建设情况

设区市名称	计量检定机构数量(家)	工作人员人数(其中设区市人数)	检定员人数(其中设区市人数)	建立计量标准数量(项)	可开展的强检计量器具项、种	设备固定资产原值(万元)
南昌市	9	135(36)	64(29)	46	23项37种	199.90
九江市	12	138(41)	53(32)	34	33项62种	320.80
景德镇市	2	41(29)	32(25)	14	13项22种	59.00
萍乡市	2	42(39)	34(33)	29	19项31种	148.00
新余市	2	27(19)	26(17)	16	6项15种	253.00
鹰潭市	3	16(7)	16(7)	23	5项13种	25.60
赣州市	19	207(36)	140(33)	43	32项54种	388.00

续表

设区市名称	计量检定机构数量(家)	工作人员人数(其中设区市人数)	检定员人数(其中设区市人数)	建立计量标准数量(项)	可开展的强检计量器具项、种	设备固定资产原值(万元)
宜春市	11	169(27)	72(25)	22	38 项 69 种	209.20
上饶市	13	119(17)	49(15)	17	21 项 48 种	225.50
吉安市	14	104(30)	87(25)	19	33 项 35 种	308.00
抚州市	7	69(32)	65(29)	18	15 项 31 种	126.90

至 2005 年 9 月 30 日，全省依法设置法定计量检定机构建立社会公用计量标准共 802 项，其中省级 123 项、设区市级 254 项、县级 425 项。授权建立社会公用计量标准 3 项。省、市、县计量检定机构建立计量标准数量分别是：省计量院 123 项，其中省级最高计量标准 45 项，省级次级计量标准 78 项。

表 1－2－2 2005 年江西省质监系统设区市计量检定机构建立社会公用计量标准

单位名称	建标项数	高标项数	次标项数
九江市计量所	38	31	7
景德镇市计量所	17	15	2
萍乡市计量所	27	21	6
新余检测中心	17	15	2
鹰潭市计量所	17	15	2
赣州检测中心	40	31	9
宜春检测中心	33	21	12
上饶检测中心	22	20	2
吉安检测中心	23	20	3
抚州市计量所	20	19	1

表 1－2－3 2005 年江西省质监系统县级计量检定机构建立社会公用计量标准

县区名称	标准项数	县区名称	标准项数	县区名称	标准项数	县区名称	标准项数
南昌市	2	上饶县	4	吉州区	6	龙南县	6
青山湖区	2	余干县	6	吉水县	4	宁都县	6
湾里区	3	万年县	6	峡江县	3	安远县	6
青云谱区	2	鄱阳县	5	井冈山市	2	瑞金市	6
南昌县	6	弋阳县	5	泰和县	5	全南县	5
新建县	5	德兴县	6	遂川县	3	大余县	6

续表

县区名称	标准项数	县区名称	标准项数	县区名称	标准项数	县区名称	标准项数
安义县	4	玉山县	6	永丰县	3	寻乌县	5
进贤县	8	横峰县	4	万安县	5	崇义县	6
庐山区	2	婺源县	6	吉安县	3	于都县	5
九江县	5	广丰县	5	永新县	2	上犹县	5
都昌县	4	铅山县	5	安福县	5	兴国县	6
修水县	6	临川区	6	新干县	4	会昌县	6
永修县	5	南城县	6	袁州区	8	定南县	5
瑞昌县	6	黎川县	5	上高县	7	南康县	5
武宁县	5	崇仁县	6	樟树市	6	信丰县	5
湖口县	5	金溪县	2	宜丰县	6	石城县	3
德安县	4	乐安县	4	万载县	7	赣县	5
彭泽县	6	资溪县	5	高安市	7	余江县	6
星子县	3	东乡县	6	丰城市	9	贵溪市	4
乐平市	6	南丰县	6	奉新县	6	莲花县	3
浮梁县	2	宜黄县	3	铜鼓县	5	分宜县	6
信州区	1	广昌县	5	靖安县	5		

注:上表中“南昌市”为南昌市质监局直属检定站,南昌市计量测试所于2003年7月并入省计量院,南昌市质监局直属检定站与县级计量检定机构同步考核。

2006年,计量技术服务体系建设纳入《江西省国民经济和社会发展第十一个五年计划》和《江西省“十一五”科技专项规划》。

2009年,针对抚州市长期以来30吨以上大型衡器检定不规范的现象,抚州市计量所建立相应计量标准,统一开展全市大型衡器的检定工作,各县(市、区)计量所不再开展30吨以上衡器检定。是年,临川区计量所建立的6项计量标准全部移交抚州市计量所。

至2010年,全省建立社会公用计量标准906项,可开展强制检定项目76项。“十一五”期间,全省新建省级计量标准19项,市级计量标准65项,新开展动态汽车衡、有害气体探测器、公路测速仪等强制检定计量器具的检定,在全国率先开展测桩荷载箱检定。

1991—2010年,省计量所(院)建立的省级社会公用计量标准分别是:1991年新建检定光学仪器标准器组、电导仪检定装置、旋光仪检定装置、白度计检定装置;1993年新建眼镜片顶焦度标准装置;1996年新建出租汽车计价检定装置、火焰光度计检定装置、原子吸收分光光度计检定装置、折射率仪检定装置、气相色谱仪检定装置、汽车排气分析仪检定装置、紫外可见近红外分光光度计检定装置;1997年新建平尺平板检定装置、环规检定装置、小角度测量仪标准装置、样板直尺检定装置、基本玻璃量器标准装置、绝缘电阻表检定装置、浊度计检定装置、医用激光源检定装置;1998年新建经纬仪检定装置、水准仪检定装置、血压计检定装置、粉尘采样器检定装置、滑板式汽车侧滑检验台检定装置、汽车底盘测功机检定装置、滚筒式车速表检定台检定装置、轴(轮)重仪检定装置、滚筒反力式制动检验台检定装置、汽车前照灯检测仪检定装置、滤纸式烟度计检定装置、医用诊断X射线辐射源检定装置、生化分析仪检定装置、验光仪顶焦度标准装置;1999年新建高压高阻检定装置、摩托车轮偏检测仪检定装置、液相色谱仪检定装置、医用超声诊断仪超声源检定装置;2003年新建湿度计检定装置、三相电能表标准装置、医用诊断计算机断层摄影装(CT)X射线辐射源检定装置;2004年新建其他几何量参数计量器具的检定装置、坐标测量机检定装置、扭矩扳子检定装置、千斤顶检定装置、定量包装机检定装置、液体流量定量灌机检定装置、超声探伤仪检定装置、雷达测速仪检定装置、熔点仪检定装置、电位滴定仪检定装置、瞳距仪检定装置、镜像光泽度标准装置;2005年新建恒温恒湿场校准装置、动态计重系统检定装置、非色散原子荧光光度计检定装置、离子色谱仪检定装置、发射光谱仪检定装置、一氧化碳分析仪及报警器检定装置、二氧化碳气体分析仪检定装置、二氧化硫气体检测仪检定装置、可燃气体检测警报器检定装置、电话计费器检定仪标准装置、测色色差计检定装置、雷达测速仪检定装置;2006年新建电压互感器标准装置、电流互感器标准装置、互感校验仪检定装置;2007年新建喷嘴式气体流量标准装置、烟气分析检定装置、呼出气体酒精含量探测器检定装置;2008年新建一等金属量器标准装置、接地导通电阻测试仪检定装置、风速仪检定装置、透射式烟度计检定装置;2009年新建测桩荷载箱检定装置。

社会公用计量标准规划

2004年9月,省质监局下发《关于进一步完善和规范我省计量标准考核工作的通知》。省、市、县(市、区)计量所(院)建立社会公用计量标准,需填写《拟建计量标准计划表》,分析拟建计量标准社会效益和经济效益并进行可行性论证。省计量院拟建计量标准报省质监局,设区市计量所(检测中心)拟建计量标准经设区市质监局同意后上报,县(市、区)计量所(检测中心)拟建计量标准经县(市、区)局同意后上报设区市质监局批准,并报省质监局备案。

2005年10月,省质监局下发《江西省社会公用计量标准发展规划(2006—2010年)》。规划分析全省社会公用计量标准的基本情况、发展趋势和发展条件,提出对社会公用计量标准发展的战略定位与发展步骤,明确省、市、县三级依法设置的法定计量检定机构社会公用计量标准的发展重点。省计量院负责对省级社会公用计量标准进行全面更新改造,完成项目配套建设工作,扩展社会公用计量标准的测量范围和服务领域,提高测量能力和自动化水平,加强在线检测能力,建立与省六大支柱产业相适应的省级社会公用计量标准体系,为计量执法提供可靠的技术保证。设区市计量技术机构结合当地"十一五"规划和重点发展产业,加强本地量值传递体系建设及强制检定项目,发展公正计量,建设具有当地特色的社会公用计量标准项目。设置的常规检定项目为衡器、焦度计、验光镜片箱、验光机、电话计时计费器、加油机、天平、砝码、血压计、心电监护仪、压力表、民用"三表"等计量器具的检定以及定量包装商品净含量的计量检验,有条件的设区市技术机构,可根据当地需求,建立经纬仪检定装置、水准仪检定装置、定量罐装机检定装置等计量标准。对大型衡器、气相色谱仪、液相色谱仪等投资较大的项目,在全省范围予以布点。县级计量技术机构在现有授权项目范围内开展工作,原则上不再上新项目,衡器检定装置仅限开展30吨以下衡器的检定。

计量标准考核与复查

1992年,国家技监局制定《计量标准考核规范》(JJG1033-92),这是关于计量标准考核工作的首部计量技术文件。1993年4月,省计量局发出《关于进一步做好全省计量标准考核(复查)工作的通知》。《通知》指出,计量标准考核(复查)工作,均按照《计量标准考核规范》的要求,并一律采用国家技监局新制定的考核证书和表格进行考核工作。省计量局不再以发文形式下达考核(复核)计划部署考核工作,而改为按实际需要随时进行考核。眼镜镜片顶焦度标准器组、旋光管标准器组、雷达测速仪标准装置、高压、高阻测量仪检定装置、心、脑电图仪检定装置、接地电阻表检定装置、直流高阻计检定装置、电秒表检定装置、验光镜片检定装置、白度计检定装置、木(折)直尺检定装置等计量标准不再进行现场考核,只要经主持考核的政府计量部门审核合格后,即可发证。7月29—31日,省计量局在上饶地区玉山县召开全省贯彻执行《计量标准考核规范》研讨会。省计量局就具体实施《计量标准考核规范》提出几点要求:自8月1日起,全省计量标准考核(复查)工作一律按照《计量标准考核规范》执行,由考评员现场考评。现场考评时,必须对检定人员实行理论考试(含面试)和现场操作考试,计量系统内部现场操作考核实行每一计量大类抽查一种。12月,全省地(市)、县(市、区)计量系统内部的社会公用计量标准换证工作基本结束。计量标准考核证书的有效期为3年。1993年,省计量局对省级(二级)计量标准考评员聘书到期办理续聘工作,有效期3年。随着全省乡镇工业的发展,乡镇企业的计量技术水平得到进一步提高,许多企业要求建立计量标准。根据《计量标准考核办法》第六条的规定,乡镇企业建立的各项最高计量标准,由当地县级政府计量行政部门主持考核。根据各地县计量部门的要求,结合各地实际,省计量局在县级计量行政部门设置三级计量标准考核考评员。

1994年3月22—24日,省计量局组织县级计量标准考评员培训工作,对经考核合格的人员予以聘任。共聘任二级考评员4人,三级考评员36人。1996年5月20日,国家技监局下发《关于印发〈计量标准考核(复查)工作要求〉的通知》,对计量标准考核(复查)的受理程序、考核(复查)收费标准等作出规定,建立标准考核复查制度,计量标准考核(复查)工作纳入规范化管理。

1998年,省技监局对聘任期满的省级(二级)计量标准考评员办理续聘工作。对新补报的考评员,统一组织培训考核,合格后发证,原聘任的考评员参加培训。

1999年11月17日,国家质监局制定《关于印发〈计量标准考评员管理规定〉的通知》,进一步加强计量考评员的管理,对计量考评员的培训、考核、注册及监督管理提出规定和要求,并将计量标准考评员分为二级,即计量标准一级考评员和二级考评员,取消三级考评员。2002年,全省计量标准二级考评员30人。2003—2006年,全省计量标准二级考评员116人。

2004年9月,省质监局下发《关于进一步完善和规范我省计量标准考核工作的通知》,明确省、设区市两级质监局受理计量标准考核的范围、考核计划的下达、复查申请时间、计量标准器的检定、校准等问题。

2005年1月,国家质检总局在《计量标准考核办法》的基础上,修订颁布《计量标准考核办法》,将计量标准考核证书的有效期修改为4年。2005年2月,省质监局下发《关于加强社会公用计量标准管理的通知》,同时下发2005年度社会公用计量标准考核计划,依法设置计量检定机构当年到期的计量标准列入计划。

2008年,全省有2人被聘为计量标准一级(国家级)考评员,61人被聘为计量标准二级(省级)考评员。至2010年底全省计量标准考评员未增加。

第三章　工业计量

1992年起省计量局停止实行工业企业的计量定级升级管理。1994开始,省计量局根据分类指导原则,帮助不同类型企业完善计量检测体系,即指导计量基础较好的大中型企业,完善计量检测和管理体系;指导和帮助中小企业建立基本的计量检测手段和计量管理制度。至2000年底,全省共16家企业获得国家质监局颁发的《完善计量检测体系合格证书》。2005年,企业计量检测体系审查工作转为由社会中介组织开展测量管理体系认证,至2010年全省有28家企业通过测量管理体系认证。

自2001年开始,国家质检总局借鉴欧洲在定量包装商品上实行"e"标志管理的经验,在全国开展定量包装商品生产企业计量保证能力评价工作,推行定量包装商品"C"标志制度。是年,省质监局在全省开展此项工作,对规模较大、市场有一定影响力的企业鼓励和引导其申请"定量包装商品生产企业计量保证能力评价"采用"C"标志。至2010年,全省获准使用"C"标志的企业共21家,产品规格221个。

为服务企业能源计量工作,2005年,省质监局组织对年耗能在5000吨标准煤以上的重点耗能企业开展能源计量调研,摸清本行政区域内能源消耗大户的基本情况。次年,成立节能降耗增效服务活动领导小组与服务队,为重点耗能企业开展能源计量服务。此后,省质监局通过开展节能执法检查,引导省百家重点耗能企业按照GB17167－2006《用能单位能源计量器具配备和管理通则》的要求,配备满足要求的计量器具,完善测量管理体系。

第一节　企业计量管理

企业计量管理从政府主导向政府指导转变

1991年1月,省计量局印发《江西省计量工作先进企业评比办法(试行)》,并向20个省有关厅局、公司和11个地区、市下达推荐名额。2月,国家技监局颁布《企业计量工作定级升级管理办法》,省计量局依据新《办法》开展企业计量工作定级升级,原《工业企业计量工作定级、升级办法(试行)》废止。9月,国务院作出暂停对企业评优升级活动的决定,减轻企业负担,弱化政府对企业的直接干预。9月3—4日,省计量局在江西饭店主持召开省工业计量工作座谈会。来自63家厂矿企业的68名代表以及省直行业主管厅局的12名代表参加会议。省人大常委会副主任钱家铭、省长助理张云川和省经委主任钱梓弘到会并讲话。省领导对全省1986—1991年宣传、贯彻、实施《计量法》所取得的成绩予以肯定，强调计量工作是国民经济建设和社会发展的一项重要技术基础工作。企业计量工作是这一基础工作的核心，是改善企业经营管理、提高产品质量、节能降耗、提高企业经济效益的重要保证。因此加强企业计量工作，提高企业计量管理水平和检测能力是提高企业产品质量、提高企业经济效益、振兴江西经济的一项紧迫任务。省计量局副局长钱少明主持会议，省计量局局长杨毓模总结1986—1991年全省执行《计量法》的情况，副局长胡志坚作总结发言。会议受国家技监局委托，向取得"一级计量合格单位"的11家企业颁发"国家计量先进单位"荣誉证书，同时表彰加强企业计量工作，促进企业走上质量效益型道路的54家省级计量先进企业和11名计量管理先进工作者。有10家企业在大会上作发言。会议期间，代表们围绕着企业计量工作在节能降耗，提高产品质量中的作用，计量工作如何为提高企业经济效益服务以及应该怎样正确分析和评估企业的计量工作之作用等问题进行讨论。会议认为，增强全员的计量意识和计量法制观念，特别是领导的计量意识，是搞好企业计量工作的关键；企业计量工作参与企业生产经营的全过程是对企业计量工作的基本要求；完善监测手段，加强计量数据监督管理是企业计量工作的重点。

自1992年起，省计量局停止实行工业企业的计量定级升级管理。全省工业计量管理工作由政府主导转向政府指导和监督，企业计量工作逐步进入依法自主管理的轨道。

1993—1995年，省计量局连续3年结合全省经济建设的重点开展"百家经济效益上台阶"活动，对省内100家有影响的大中型企业采取引导、指导、服务的方针，引导企业依法做好自主管理，不断保障和提高计量管理水平，同时组织学习贯彻GB/T19022.1－1994《测量设备的质量保证要求第1部分：测量设备的计量确认体系》(ISO10012－1－1992)，指导企业完善计量检测体系。1993年8月，省计量局在井冈山召开全省工业计量工作座谈会。会议指出，工业计量工作必须为经济建设服务，计量管理必须与质量管理相结合，计量技术必须为提高产品质量服务，企业计量工作不仅要抓好计量器具、计量数据的管理，还应深入到设计、生产各部门，解决企业产品质量和经济效益上的一些问题。会议同时学习ISO9000系列标准及配套标准ISO10012，使企业计量工作与国际惯例接轨，从而适应社会主义市场经济的需要，为加入世界贸易总协定做准备。

1994年，省乡镇企业管理局和省计量局制定《江西省乡镇企业计量达标管理办法(试行)》，在计量工作有一定基础的乡镇企业中开展乡镇企业计量达标管理试点工作。10月11日，国家技监局提出《关于加强计量工作的若干意见》，要求政府计量行政部门根据分类指导原则，帮助不同类型企业完善计量检测体系，提高计量管理水平。即：指导计量基础较好的大中型企业，参照国际标准，通过学习国外先进的计量管理方法，进一步完善计量检测和管理体系，提高企业自身的计量保证能力；指导和帮助中小企业建立基本的计量检测手段和计量管理制度，尤其是帮助小型乡镇企业和私营企业配齐、管好生产经营必需的计量器具，使这些企业的计量检测能力和管理工作能满足企业生产的基本需要。

1995年3月20日，省乡镇企业局、省计量局印发《江西省乡镇企业计量工作达标管理暂行办法》。在各地、市、县(市、区)乡镇企业局和技术监督(标准计量)局中建立计量达标评审员队伍。4月，国家技监局印发《关于帮助100个企业完善计量检测体系工作的通知》，即在企业有自身需求的基础上,政府部门给予指导、帮助和评价,依据《测量设备的质量保证要求 第1部分:测量设备的计量确认体系》(GB/T19022.1-1994),引导企业计量工作走上科学管理的道路,增强企业对产品质量、经营管理、节能降耗和市场竞争的技术基础保证能力。根据企业自愿申报,江铃汽车股份有限公司、省火电建设公司、德安水泥厂列入国家技监局1995年企业完善计量检测体系确认计划(第一批)。

1996年10月,省技监局下发《江西省企业“完善计量检测体系”确认实施意见》,决定在全省企业中开展完善计量检测体系工作,并鼓励大中型企业、创名牌企业、百户扶优增效企业及制造计量器具企业,积极采用GB/T19022.1,完善计量检测体系。省技监局将对采标企业及时进行重点指导和服务,并为企业培训计量体系确认内部审核员。采标企业根据自身需要自愿申请国家级、省级完善计量检测体系确认。1996年,省火电建设公司成为全省第一家通过国家级完善计量检测体系确认的单位。

1997年,省技监局组织计量管理人员和技术人员深入到全省20家名牌、骨干企业开展计量上门服务活动,为全省骨干企业培养企业计量内审员200人次,宣传贯彻面由原来的大、中型企业发展到乡镇、民营企业。省技监局帮助指导江铃汽车股份有限公司、江西铜业股份有限公司、江西氨厂、江西水泥厂、省火电建设公司、德安水泥厂等8家国有大、中型企业完善计量检测体系。根据按工业企业分类指导的原则,对乡镇企业和中小型企业,制订计量合格确认办法,帮助企业培训计量管理技术人员,建立正常计量管理秩序,指导配备必要的计量设施,理顺传递关系。1997年12月,省技监局转发国家技监局《围绕两个根本性转变,进一步加强工业企业计量工作的意见》。提出转变政府职能适应市场经济的工业计量工作指导思想,即围绕两个根本性转变,充分发挥技术监督部门、企业主管部门和广大企业的积极性,全面提高企业计量技术和计量管理的整体素质,为企业提高管理水平、科技水平、产品质量、经济效益,提供可靠的计量保证。确立计量工作要遵循中央提出的贴紧经济、深化改革、依靠企业、分类指导、综合管理的原则。至1997年底,全省有400多家乡镇企业计量工作通过计量确认。省技监局建立和加强与企业的信息联系,通过调查表的形式,征求企业在计量工作方面需要技术监督部门做什么,应发挥怎样的作用等方面的意见。省技监局与31家企业建立对口帮促联系点,并制定联系制度。

1998年,省技监局在中小型企业中广泛推行《江西省企业计量合格确认规范(试行)》引导其提高计量保证能力;对生产定量包装商品的企业开展考核,颁发“定量包装商品企业合格证书”,这一年全省共有256家中、小型企业通过确认或考核。

1999年,获得国家质监局颁发的《完善计量检测体系合格证》的洪都计量测试研究所(隶属洪都航空工业集团公司,公司内部称计量处),已建有几何量、力学、无线电、时间频率、电磁学、热学、化学等7类32项公司最高标准。1999年,省技监局在全省开始开展省级企业计量检测保证确认和市级企业计量检测合格确认工作。至2000年底,全省共16家企业获得国家质监局颁发的《完善计量检测体系合格证书》。这16家企业基本代表全省机械、石油化工、化工、化纤、有色冶金、医药、水泥等行业的最高的技术装备和企业计量管理水平。

取消工业企业计量定级升级工作后,计量管理工作在不同的企业出现分化。一方面,大、中型国有企业,特别是大型国企日益重视计量工作,如江西铜业股份有限公司、江铃汽车股份有限公司、昌河飞机制造公司、江西洪都有限责任公司、中国石化集团九江石油化工总厂、东航江西分公司等企业对计量工作常抓不懈,并积极采用国际标准建立企业计量检测体系,使计量工作在提高产品质量、节能降耗、提高经济效益方面发挥应有作用。另一方面,不少企业计量工作滑坡,表现在:计量方面投入不足,造成企业计量手段落后,计量管理水平停滞不前,计量队伍缺乏相对稳定性,计量器具不按期检定。少数企业出现停用必需的计量标准器具,不合理延长计量器具检定周期的现象。

2003 年 12 月国家质检总局发布《测量管理体系　测量过程和测量设备的要求》(GB/T19022—2003,idt ISO　10012:2003),代替《测量设备的质量保证要求　第 1 部分:测量设备的计量确认体系》(GB/T19022. 1 - 1994)和《测量设备的质量保证　第 2 部分:测量过程控制指南》(GB/T　19022. 2 - 2000),并开始在全国各地组织宣传贯彻。昌河飞机制造公司、江西洪都有限责任公司、南昌钢铁厂、江西核工业瑞丰生化有限责任公司等 4 家企业于 2004 年通过考评,成为全省首批按照新版标准获得完善计量检测体系证书的企业。

为更好地推动企业计量工作,国家质检总局与国家认监委决定将企业计量检测体系审查工作转为测量管理体系认证方式,由社会中介机构依据等同采用 ISO　10012:2003 的 GB/T19022 - 2003《测量管理体系　测量过程和测量设备的要求》,开展计量器具配备、测量过程控制和管理要求的测量管理体系认证。2005 年底,国家质检总局与国家认监委批准中国计量测试学会成立中启计量体系认证中心,对全国企业开展测量管理体系认证工作,同时设立培训机构,承担全国测量管理体系审核员的培训工作。

2006 年 1 月 1 日,中启计量体系认证中心江西分中心在南昌成立,专门负责全省测量管理体系认证、测量管理体系内审员培训等工作,办公场所设在省计量测试学会。至 2010 年,全省有 28 家企业通过国家级完善计量检测体系确认,800 多家企业通过计量检测合格确认。

工业园区企业计量

2004 年,省质监局组织对全省工业园区企业的计量工作进行调研,共调查 2003 年投产企业 2514 家,分布于 98 家工业园区,其中市级园区 16 家,县级园区 82 家。其中已配备计量管理人员,开展计量工作(含计量管理和计量检测)的企业 1110 家,占投产企业的 44. 15%;设有计量管理机构的企业 671 家,占开展计量工作企业的 60. 45%;建立计量标准的企业 94 家,占开展计量工作企业的 8. 47%;计量器具实现溯源企业 635 家,占开展计量工作企业的 57. 21%;原材料检测用计量器具基本配备企业 233 家,占开展计量工作企业的 20. 99%;开展能源(水、电、煤、气)检测的企业 358 家,占开展计量工作企业的 32. 25%;对工艺过程实施检测和控制的企业 487 家,占开展计量工作企业的 43. 87%;基本配备产品出厂检测用计量器具的企业 915 家,占开展计量工作企业的 82. 43%。

工业园区企业计量工作发展不平衡。大中型国有企业建立较完善的计量管理组织机构和计量检测体系,配备准确的计量器具和较高素质的计量技术人员,可为企业的生产经营、节能降耗、提高产品质量、拓展产品市场提供真实可靠的数据。股份制企业建立与企业基本相适应的计量检测体系,使其产品质量得到相应保障。部分企业没有开展计量工作,或是没有按照要求进行建标或量值溯源,产品质量得不到可靠保障,同时由于企业在生产经营、节能降耗、成本核算等方面的计量工作不到位,影响企业的经济效益,制约企业的发展。在开展计量工作的企业中,产品质量检测用计量器具配备较为齐全,原材料、能源消耗,工艺过程控制所使用的计量器具配备不齐全,受检率不高。

全省工业园区一半以上的企业,特别是小型企业,没有配备用于进厂原材料、能源消耗、工艺过程监控以及终端产品检验的计量器具。约占企业总数20%的部分中小企业的产品需要送到外单位检测,有的企业不检测,致使所售产品无法保证质量;占投产企业总数44.15%的企业虽然配备计量人员,但计量人员身兼数职,配备的计量器具简单;绝大多数小型企业、劳动密集型企业,因受资金、成本控制等因素影响,计量器具配置匮乏,与企业实际需要有较大差距;有的私营企业虽然配置计量设备,但设备简单落后或不检定。

园区绝大部分企业是中小企业,大部分没有建立计量标准和进行量值溯源,难以保证产品质量的持续稳定。在园区内已开展计量工作的企业中80%左右存在“三重三轻”的现象:重计量器具的配置,轻计量器具的管理;重进出厂的能耗、物资流转的计量管理,轻生产过程中能耗、物资流转的计量管理;重终端产品的质量检测,轻用计量手段加强生产工艺过程的质量监控。工业园区中80%以上为新创办企业,管理层业务素质参差不齐,计量管理经验和知识不足,且没有经过系统培训,致使企业的计量管理体系不完善或不能有效运转。部分企业的能源管理模式粗放,导致能源利用率只有32%,比发达国家低十几个百分点,万元国内生产总值能耗为世界平均水平的3.3倍,主要用能产品单位能耗比发达国家高40%。

食品企业计量器具监管

针对食品生产加工企业计量管理工作意识淡薄,检验设备未检定以及经检定不合格仍继续使用的情况,省质监局2007、2008、2009年连续三年发文,要求对食品生产加工企业的检验设备加强计量监管,强调食品生产企业应依法进行计量器具的检定工作,并经检定合格方能使用,要求加强食品生产许可证审查中对企业计量器具管理的审核,食品生产企业。文件下发后,食品生产加工企业所使用的强制检定工作计量器具,如定量包(灌)装机等,经依法设置的计量技术机构强检合格后使用;计量器具如有国家计量检定规程的,选择检定作为量值溯源方式,并经检定合格后使用;各设区市质监局开展所辖食品生产企业所使用的计量器具的监督检查。申请取证企业的申请材料不符合要求的,不予受理;在现场审查工作中发现在用计量器具未按时检定的,审核不予通过。在对获证企业的年检工作中,不符合上述要求的限期予以整改。

第二节 能源计量

节能计量服务与计量检查

能源计量是针对节能减排的技术措施和基础环节,国家质检总局将能源计量工作作为推动节能减排的重要抓手。2005年以来,国家质检总局联合国家发改委等部门先后印发《加强能源计量工作的意见》《“十一五”重大节能工程实施意见》等一系列文件,提出能源计量工作是企业加强能源管理、提高能源管理水平的基础,是企业执行国家节能法规、政策、标准,合理用能,优化能源结构,提高能源利用效率,提高经济效益和市场竞争力的保证。

2005年,省质监局组织各设区市质监局开展企业能源计量调研和耗能企业能源计量状况抽样调查工作,摸清本行政区域内能源消耗大户(如冶金、建材、电力等行业)的基本情况,帮助企业增强节能意识,引导企业加强计量基础工作,建立和完善能源计量监控管理体系。调查发现全省有32家年耗能在5万吨标准煤以上的大中型企业。9月,省质监局结合《中华人民共和国计量法》颁布20周年庆祝活动,在南昌市召开全省能源与计量研讨会,重点研讨企业能源计量工作,交流节能降耗的措施和经验。省质监局局长朱秉发,副局长李岱、徐光辉和省人大财经委副主任委员张振球出席会议。省财政厅以及省电力公司等大中型企业计量部门负责人50余人参加会议。

2006年,国家质检总局与国家发改委等五部门联合印发《关于开展千家企业节能行动的通知》,国家质检总局印发《关于对重点耗能企业开展节能降耗服务活动的通知》,开展“千家企业节能行动”和“重点耗能企业节能降耗服务活动”等一系列活动,对国家确定的“千家企业”实现全面服务,同时延伸服务范围到所有省级重点耗能企业和其他耗能较大的企业。是年,国家质检总局和国家标准委对GB/T17167-1997《企业能源计量器具配备和管理导则》进行修订,发布GB17167-2006《用能单位能源计量器具配备和管理通则》,将原来的推荐性标准修改为强制性标准,对用能单位的能源计量提出一些基本要求。6月,省质监局成立节能降耗增效服务活动领导小组。朱秉发任组长,李岱任执行组长。是月,省质监局印发《关于“十一五”期间开展节能降耗服务活动的实施方案》,布置在全省范围内对重点耗能企业开展节能降耗服务活动。成立省和11个设区市的节能降耗增效服务队,服务队由省、市质监系统的计量专家以及有色金属、冶金、建材、石油石化、电力、煤炭等行业专家组成。节能降耗增效服务队深入企业,帮助企业解决实际的计量检测问题。7月25日,省质监局在新余钢铁有限责任公司举行“江西省开展节能降耗增效服务活动”启动仪式。省质监局局长朱秉发、副局长李岱,省发改委副主任张桃生,新余市副市长何萍高以及省经贸委、省国资委有关部门负责人出席仪式。朱秉发向11个设区市的节能降耗增效服务分队授旗,李岱作题为《认真落实科学发展观 扎实开展节能降耗增效服务活动》的讲话。李岱代表省质监局分别与列入全国千家企业节能行动实施方案的冶金、有色金属、煤炭、电力、石油化工、建材、纺织等9个重点耗能行业的19家省重点耗能企业的负责人签订《共同推进节能降耗增效工作责任书》;新余钢铁有限责任公司介绍开展管理节能、技术节能、结构节能,加强能源管理,提高企业能源计量水平的主要做法;江西铜业集团公司代表与会企业宣读节能降耗倡议书。11 个设区市质监局、重点耗能单位的近 100 位代表参加启动仪式,并参观新余钢铁有限责任公司中板生产线与能源计量网。是年,能源计量工作列入《江西省人民政府关于加强节能工作的实施意见》。省质监局组织专家汇编《江西省能源计量工作指南》,印制 1000 余本,免费发放给全省 126 家重点耗能企业,为其开展节能降耗、做好能源计量工作提供依据和参考。特邀《用能单位能源计量器具配备和管理通则》(GB17167－2006)主要起草人、全国节能监测管理中心主任张万路来南昌进行宣传贯彻讲课。组织百家重点耗能企业以及质监系统的计量管理人员近 100 人参加学习,通过现场提问答疑,学习交流等方式进行培训,深刻领会国家标准的内容和实质,为其贯彻落实打好理论基础。

2007 年 7—10 月,根据国家质检总局要求,省质监局对列入《千家企业节能行动实施方案》中的省内 18 户国家重点耗能企业以及省百家重点耗能企业开展"贯彻执行国家强制性标准 GB17167《用能单位能源计量器具配备和管理通则》"的监督检查。重点检查企业是否按照《用能单位能源计量器具配备和管理通则》的要求配齐能源计量器具,所配备的能源计量器具是否准确完好,能源消耗数据是否来源于计量仪表,督导企业的能源管理依靠计量检测数据,从而使其能耗数据真实可靠。检查组通过听取企业汇报、现场核查和召开企业有关部门代表座谈会等多种形式,取得大量的第一手材料。检查发现,全省百家重点耗能企业的总能耗约占全省总能耗的 50%。102 户重点耗能企业分布在九大行业,属于钢铁、有色、建材、石油加工、化工和电力行业六个高耗能行业的占 75.5%,其中建材业占 42.2%,是全省能源消费的第一大行业。从全省工业内部能源消费结构情况看,位居能源消费前 7 位的行业能源消耗占总能耗的 80.3%,全国平均为 75.3%。煤炭、黑色金属、建材为代表的高耗能行业能耗比重均高于全国平均水平。重点耗能企业能耗在 1 万吨标准煤以上的企业占 88.2%,其中能耗在 1 万～10 万吨标准煤的企业占 53.9%。2007 年前 3 季度,有 4 个设区市的百家重点耗能企业能源消费量超过 200 万吨标准煤。其中新余市 8 户企业 321 万吨标准煤;九江市 14 户企业 269 万吨标准煤;南昌市 19 户企业 225 万吨标准煤;萍乡市 14 户企业 214 万吨标准煤。省质监局组织专家编制《企业能源计量档案》,档案内容包含企业基本情况、主要能源消耗情况、能源计量器具配备和管理情况、能源计量检测和数据使用情况、计量人员情况等 5 个方面的内容,共 100 多条信息;组织计量人员 1000 余人,奔赴百家重点耗能企业,与企业建立对口联系机制,指导、帮助企业摸清能源计量的情况,规范其能源计量管理流程。

2008 年 4 月,省质监局向省政府呈报《我省重点耗能企业能源计量调研报告》。报告详细地阐述全省重点耗能企业能源计量现状,开展能源计量服务活动的主要做法和取得的成效以及能源计量工作存在的问题。省政府办公厅就企业能源计量工作征求相关厅局意见,分管副省长对调研报告做出批示。5—10 月,省质监局对全省 126 家重点耗能企业开展节能执法检查,通过检查达到 3 个 100% 的目标:即进出用能单位的能源计量器具配备率达到 100%;重点耗能企业的主要次级用能单位的能源计量器具配备率达到 100%;能源计量器具受检率达到 100%。10 月,省质监局下发《关于贯彻落实〈中华人民共和国节约能源法〉的实施意见》,提出建立健全节能标准体系、加强能源计量工作、大力抓好特种设备节能降耗工作、推动节能认证标识制度的实施、加强对企业节能降耗的监管等5条意见。其中,能源计量工作包括加强能源计量器具配备的监督检查、建立能源计量数据核查制度、继续推进节能降耗服务、加强能源计量器具制造企业的监管管理等措施。

2008年8月,省质监局会同省经贸委联合转发国家发改委和国家质检总局《关于联合开展能源效率标识专项执法检查的通知》,对全省列入《能源效率标识产品目录》的26家生产企业、国家发布能效标识产品实施规则的6批21类产品联合开展能效标识专项监督检查,重点检查21类产品的能效标识是否备案、是否正确标注、是否存在伪造、冒用或虚假宣传等。严厉打击伪造、冒用能源效率标识或者利用能源效率标识进行虚假宣传的行为,督促相关产品生产企业按要求履行标识备案,提高能效标识的标注质量。全省共出动执法人员876人次,检查生产、销售企业342家次,查办违法案件12起。到2008年底,全省18户国家重点耗能企业中,除电力、煤炭企业外,基本通过完善计量检测体系认证。

2010年2月9日,省发改委、省质监局、省统计局联合下发《关于加强能源计量与统计工作的通知》,提出"到2010年底,全省综合能耗5000吨标煤以上的重点用能企业,能源计量器具配备和管理全部达到强制性国家标准要求。在全省已建立完善计量检测体系认证的企业仅有28家的基础上,力争建立完善计量检测体系认证的企业达到60家"的目标任务。引导省百家重点耗能企业按照GB17167－2006配备满足要求的计量器具,按照GB/T19022－2003《测量管理体系　测量过程和测量设备的要求》,建立完善测量管理体系。2010年7—10月,省质监局组织开展重点耗能企业能源计量监督检查。检查对象为列入国家千家企业节能行动的重点耗能企业和年综合能耗5000吨标准煤以上的475家省级重点耗能企业。检查重点是企业是否按照GB17167－2006配备计量器具,所配计量器具是否按规定进行检定、校准;计量器具检测出的数据是否得到应用;计量器具的管理是否符合GB17167－2006的要求。

能源计量成果

大多数企业通过依靠技术进步,开展节能技术改造和技术革新,加强节能综合治理,进行优化用能和节能管理活动,推动能源使用合理化。新余钢铁有限责任公司于2007年投资建设EMS能源管理系统,这是一个集过程监控、能源管理、能源调度为一体的公司级管控一体化计算机系统,2009年2月份投入运行。监控管理的能源介质主要有电力、焦炉煤气、高炉煤气、转炉煤气、混合煤气、压缩空气、氧气、氮气、氩气、蒸汽、生产水、生活水等,计量检测点数约为25000点。有效地实施节能调度技术,优化煤气平衡,仅减少煤气放散和提高转炉煤气回收,2009年1—11月创经济效益7000余万元,同时因减少煤气放散,减少对大气的污染,起到节能减排,保护环境的作用。中石化九江分公司基本构建完成集一、二次能源计量数据采集、追溯、平衡、汇总、查询、运行管理为一体的"计量管理信息系统",计量管理初步实现网络化,用准确的计量数据,为优化生产和技术经济指标创造条件。2009年,原油综合损失率为1.15%,比2005年降低0.72个百分点,年平均减少损耗7000吨,其中比2008年减少损耗12000吨;炼油综合能耗70千克标油/吨,比2005年降低9.5个单位,年平均降低消耗9000吨标油,其中比2008年降低7.7个单位,减少消耗30000吨。江铜集团贵溪冶炼厂瞄准最新先进水平,不断进行计量、控制、检测设备的技术改造和整改,按周期开展相关计量器具的检定、校准、维护维修。对主要耗能工艺设备采用先进的计算机在线控制,全厂重点耗能设备建立完善的计量监控等措施,取得明显成效。2006年与2005年比,全年共节约能源9.45万吨标煤,节能价值8050万元。南昌长力钢铁股份有限公司从计量定升级、到建立健全计量检测体系的20年,经历整顿、提高、发展和建立完善体系几个阶段。通过不断完善自身建设和计量管理办法,建立能源消费统计和能源利用状况分析制度,为企业节能降耗夯实基础。2007年,南钢万元产值能耗为1.987吨标煤,比2006年的2.165吨标煤下降5%,降低成本核算2.14亿元。

第三节　定量包装商品生产企业计量保证能力评价

2001年4月6日,国家质监局发布《定量包装商品生产企业计量保证能力评价规定》和《定量包装商品生产企业计量保证能力评价规范》,对在定量包装商品生产企业开展计量保证能力评价实施鼓励政策。当年,省质监局在全省开展定量包装商品生产企业计量保证能力评价工作。企业自愿参加计量保证能力评价,省质监局对企业自我评价情况按照《定量包装商品生产企业计量保证能力评价规范》的要求组织实施核查,决定是否允许企业在其生产的定量包装商品上使用"C"标志。省质监局制定的《定量包装商品企业计量合格考核细则》不再执行。对规模较大、市场有一定影响力的企业积极鼓励和引导其申请"定量包装商品生产企业计量保证能力评价"采用"C"标志。对于企业已取得"C"标志的商品,根据国家质检总局的要求,不得在市场进行计量监督抽查。2001年7月,省质监局组织全省430家定量包装生产企业的610名计量人员在井冈山进行《定量包装商品净含量检验规则》和《定量包装商品生产企业计量保证能力评价规范》及《"C"标志使用规定》的培训宣传贯彻。2004年,抚州广昌的江西昌顺集团有限公司在全省第一家获准使用"C"标志,涉及定量包装商品33种。

自2005年6月起,根据国家质检总局规定,定量包装商品生产企业要获得国家免检产品和省重点保护产品资格,其生产的定量包装商品必须符合《定量包装商品计量监督规定》的要求,开展计量保证能力评价的定量包装商品要取得"C"标志。2005年,省质监局委托省计量协会承担定量包装商品生产企业取得"C"标志的技术服务和咨询培训工作,当年帮助江西润田等5家企业取得"C"标志。至2005年底,全省共6家企业取得定量包装"C"标志,分别是江西昌顺集团有限公司(注册地抚州),涉及商品为食品(56项);景德镇市开门子农用化工有限公司(注册地景德镇),涉及商品为复合肥料(41项);江西润田天然饮料食品有限公司(注册地南昌),涉及商品为饮料(7项);江西汇银米业有限公司(注册地宜春),涉及商品为大米(15项);南昌江红酿造厂(注册地南昌),涉及商品为醋、料酒(10项);江西明月山天然食品有限公司(注册地宜春),涉及商品为矿泉水(4项)。

2006年3月,省质监局和省粮食局联合下发《关于进一步做好粮食类定量包装商品生产企业计量保证能力评价工作的通知》,要求各设区市、县(市、区)质监局、粮食主管部门密切配合,制定"C"标志推行计划,并与有关企业加强联系,切实做好"C"标志宣传推行工作,引导粮食类定量包装商品生产企业积极参与"C"标志评价工作。至2010年,全省获准使用C标志的企业共21家,产品规格 221 个。

表 1－3－1　至 2010 年底江西省取得定量包装“C”标志的企业

企业名称	设区市	产品类别
江西昌顺集团有限公司	抚州	干货(56 项)
江西开门子肥业集团有限公司	景德镇	化肥(7 项)
江西润田天然饮料食品有限公司	南昌	饮料(7 项)
江西汇银米业有限公司	宜春	大米(15 项)
南昌江红酿造厂	南昌	调味料(10 项)
江西明月山天然食品有限公司	宜春	矿泉水(4 项)
江西省圣塔实业集团	赣州	水泥(2 项)
江西堆花酒业有限责任公司	吉安	白酒(10 项)
江西万年青水泥股份有限公司	南昌	水泥(2 项)
江西省春丝食品有限公司	宜春	面条(7 项)
南昌电缆有限责任公司	南昌	电线电缆(6 项)
江西锦溪水泥有限公司	景德镇	水泥(3 项)
江西晶星食品有限公司	赣州	面条(2 项)
江西玉华集团	吉安	水泥(6 项)
江西南昌昌碧米业集团有限公司	南昌	大米(6 项)
江西万载千年食品有限公司	宜春	小食品(35 项)
江西齐峰水泥有限公司	吉安	水泥(5 项)
江西上好佳食品工业有限公司	九江	小食品(13 项)
定南聚穗园粮油经营有限公司	赣州	大米(7 项)
定南县瑞丰粮油食品有限公司	赣州	面条(16 项)
江西瑞金万年青水泥有限责任公司	赣州	水泥(2 项)

第四章　计量服务

计量服务活动主要体现在计量检定/校准服务于工业企业生产、民生计量服务于社区和计量宣传咨询服务等三个方面。

全省各计量检定机构在完成强制检定任务的同时,为全省企事业单位提供检定校准技术服务。省质监局召开企业座谈会,了解企业计量需求;制作计量宣传片,编印《计量与企业》教材,为园区企业开展计量知识免费讲座。2008 年冬春之季,全省计量技术机构克服洪水、冰冻灾害等造成困难,为全省企事业单位提供及时的计量检定服务。2003 年非典型肺炎、2009 年 H1N1 流感疫情暴发期间,省计量院对各航空口岸使用的快速测温仪器开展免费校准服务。

全省各级计量行政部门组织开展各类民生计量工作。1995—2009 年,先后开展商业、粮食、石油、集贸市场"计量信得过"活动,眼镜服务企业"光明工程"等级评定工作,瓶装液化气计量标识管理,商业、服务业诚信计量体系建设以及"关注民生、计量惠民"专项行动。2010 年 3 月 23 日,省政府下发《关于进一步加强计量工作的意见》后,各地深入开展以服务民生为主题的计量惠民系列活动。到 2010 年底,9 个设区市出台《关于进一步加强计量工作的意见》的实施意见,明确对乡村(社区)医疗卫生机构和集贸市场的常用计量器具实行免费检定,所需经费由同级财政保障。

全省各级计量部门在每年"5·20 世界计量日"和质量月活动期间,采取多种形式进行计量宣传,计量行政管理部门受理民生计量投诉,举行现场咨询服务活动,计量检定机构开放实验室,为社区居民提供民生计量器具免费检测。

第一节　服务企业

1992 年,为贯彻发展第三产业的方针,华东区无线电计量协作组江西分组成立省科技咨询服务中心无线电计量协作部,作为省科技咨询服务中心的分支机构,在规定的业务范围内开展科技咨询活动,按规定收费并享受有关优惠政策。江西分组开展的咨询主要有三类:综合技术服务、技术咨询及相关的物资供应和配套服务。江西分组设立银行账号,并建有财务章。9 月 14 日,省计量局成立无线电计量检测中心,挂设在省计量局工业处。检测中心以江西分组为基础,负责全省无线电计量的监督管理、检定、比对测试的组织和领导工作。10 月以后,检测中心承担全省无线电计量标准考核工作;对没有国家计量检定规程,或是省内无计量标准而其结构又比较复杂笨重,致使企业无线电计量检定相当困难,难于保证企业生产和量值传递需要的无线电计量器具,采用协作的方式进行测试、比对。江西分组以检测中心的名义实施对全省无线电计量器具的检定及无线电计量授权单位的监督管理。10月7—10日，江西分组在九江仪表厂召开1991年度年会，全省28个单位33名代表出席。会议传达华东区计量协作组1991年度会议精神，总结1991年度江西分组的工作，听取省计量局代表江西分组所做的《关于当前江西分组工作的几点意见的说明》，通过江西分组《关于大力开展科技咨询服务和加强全省无线电计量管理的意见》，制定1992年度江西分组具体活动计划，调整江西分组正副组长单位。省计量局为组长单位，省计量所等7家单位为副组长单位。1992年10月至1993年6月，江西分组开展BO－5、BO－13失真度检定装置，高频甚高频接收机，抖晃仪等4种无线电计量器具比对测试活动，举办华东区数字电压表、数字频率计原理检定、维修技术培训检定取证研讨会以及全省无线电计量标准考核考评员的培训和聘请工作。1993年，江西分组开展BO－13失真度检定装置的比对测试活动，举办示波器、频率计、信号源维修、检定取证技术交流会，举办数字电压表原理、维修、检定技术交流会，开展全省电视场强仪的协作测试活动，并承办华东区无线电计量协作组1993年度年会。

1998年，长江全流域出现历史上罕见的特大洪水，省内长江流域、鄱阳湖沿岸地区遭受严重损失，加上6、7月间暴雨造成的内涝，致使南昌、九江、景德镇、鹰潭、上饶地区、宜春地区、抚州地区等7个地、市不同程度地受灾。省技监局通过各种途径筹措价值近30万元的计量仪器设备（省计量所8万余元，局计量开发公司8万余元，上海华东计量测试中心10余万元）由综合计划处会同计量处发往九江、上饶、抚州、鹰潭、南昌、景德镇等6个受灾较重的地、市技监局及受灾较重的县技监局。九江市遭遇特大洪水灾害，市计量所仅有职工30多人，在组织25人的抢险突击队24小时把守长江大堤的情况下，急企业所急，安排检修工作，帮助企业灾后恢复生产。九江化纤厂是国家大二型企业，其地中衡急需检修，九江市计量所衡器室的工作人员绕道行驶，经过3次转车1次坐船，本只需半小时的路程花3个多小时才赶到厂里，解决企业的燃眉之急。

按照省委、省政府加快工业化进程的要求，2003年7—11月，省质监局对全省108个工业园区的4690余户工业企业组织开展计量现状及计量需求调查，帮助全省工业园区企业规模上台阶，产品质量上档次。2004年，省质监局拨出专项经费，制作以宣传企业计量工作为主题的宣传片《走进计量》，针对园区企业现状组织编纂了教材《计量与企业》，免费发放给全省108个工业园区的企业经营管理者。2004年10—12月，省质监局组织专家到11个各设区市工业园区，对全省471家已开工企业的负责人进行免费计量培训，培训人员581名。各设区市质监局的分管局长与设区市工业园区管委会的分管领导参加讲座并讲话。省计量院的授权老师从什么是计量、计量的特点、分类以及计量与企业的关系、法律法规对企业计量工作的要求，选用省内大、中、小型国营和民营企业计量工作的例子，重点介绍计量在工业企业中优化经营管理、节能降耗、提高产品质量和拓展产品市场方面的作用。通过培训，参训人员提高对计量工作的认识，基本掌握企业计量工作基本知识，对计量在工业企业中优化经营管理、节能降耗、提高产品质量和拓展产品市场方面的作用有更进一步的了解。这是江西省直机关第一次下到基层免费为工业园区企业提供的知识讲座。江西电视台、《信息日报》《江南都市报》等省级媒体对此进行报道。是年，各级计量检定机构走访大、中型企业241家，签订检定/校准协议书98份，到78家园区为企业开展上门服务，检测计量器具11236台（件）。2005年，省质监局又在县级工业园区继续开展这一工作，组织为82个县级工业园区的1509家园区企业培训企业经营管理者1894人,发放教材2000余份,光盘200余张。有的设区市邀请地处园区以外但在当地较为知名的企业参加培训。

2008年冬春之季,江西省发生严重冰冻灾害。省计量院流量室、电学室、力学所技术人员冒着冰冻雪灾分赴九江、上饶等地开展工作,以保障石油、电力和交通部门抗灾工作,为中石化江西分公司、省电力公司、省交通厅提供计量检测服务,途中因冰灾天气被困高速公路段滞留当地,但最终圆满完成工作任务。

2009年11—12月,省质监局先后召开大型企业、省直单位、新型三产企业和设区市质监局参加的4个计量工作座谈会,就进一步发挥计量在服务企业、服务社会发展的重要作用进行恳谈。省商务厅、省交通厅、省建设厅等厅局希望加强部门间合作,结合行业特点深化行业计量工作开展,提高计量器具受检率,规范行业计量管理行为。江西铜业公司等企业提出,作为全省计量工作的主管部门,省质监局应加强对企业计量工作的指导,在计量体系的建立、计量数据的准确采集和有效使用方面帮助企业提高工作水平。参加座谈会的有省发改委、省财政厅、省工信委、省商务厅、省工商局、省统计局等11个厅局以及省电力公司、中石化江西分公司、江铜、新钢、江中等30余家大中型企业的代表。

第二节　服务民生

计量惠民服务

1995年,全省各级计量行政部门在商业、粮食、石油、集贸市场广泛开展“计量信得过”活动,全省参评单位3800家,其中被评为地(市)级“计量信得过”单位450家,省计量局表彰的有171家。2005年,全省为下岗职工免费检测计量器具6656台件,为城镇居民、农民免费检定电能表、水表、煤气表3599台(件)。2007年3月,省政府办公厅下发《关于加强对“民生工程”52件实事落实情况组织督查的通知》,其中“提高对药品、医疗器械的检验检测能力”一项工作涉及质监局的职能。5月28日,省质监局发出《关于落实省政府“民生工程”有关工作的通知》,要求各设区市质监局、省计量院加强医用计量器具的强制检定工作。按照国家质检总局要求,2008年5月至2009年12月31日,省质监局在全省组织开展“关注民生、计量惠民”专项行动。在“四个走进”(诚信计量进市场、健康计量进医院、光明计量进镜店、服务计量进社区)主题活动中,省、市、县三级计量技术机构组织人员为社区居民提供民生计量器具免费检测,计量行政管理部门受理民生计量投诉,现场解答居民提问,向群众宣传计量法律法规。全省有集贸市场1538家,在用衡器41907台,通过开展“关注民生、计量惠民”专项行动,在用衡器受检率由70%提高到85%,公平秤总数由799台提高到961台,公平秤受检率由90%提高到98%,查处计量违法案件数170件;全省有医疗卫生单位2626家,在用医用强检计量器具25005台件,其受检率由80%提高到90%,查处计量违法案件数53件;全省有眼镜店507家,在用验光配镜用强检计量器具1241台件,其受检率由95%提高到98%,查处计量违法案件51件；全省有社区988个，质监系统组织提供免费检测服务4921次。

2010年1月22日，省政府在南昌召开全省计量工作会议。省长吴新雄给大会发来的贺信，国家质检总局副局长蒲长城等出席会议，各设区市分管副市长，省、市发改委，财政，质监等有关部门的负责同志以及部分企业负责人200余人参加会议。

2010年3月23日，省政府下发《关于进一步加强计量工作的意见》，《意见》要求“大力实施‘关注民生、计量惠民’工程，加强贸易结算、安全防护、医疗卫生、环境监测、行政执法、产品质量检验等关系国计民生的计量器具的周期检定和监督管理，提高强制检定覆盖率和合格率。深入开展以服务民生为主题的计量惠民系列活动，把提高乡村（社区）医疗服务和市场公平交易的计量保障能力作为各级政府民生工程的主要内容，每年两次对全省乡村卫生院（所）、社区卫生服务机构常用医疗器具和集贸市场的衡器实行免费检定，所需资金由质监部门从财政安排的经费中统筹考虑，做到方便群众、造福百姓”。至2010年底，全省8个设区市以市政府名义召开计量工作会议，9个设区市出台《实施意见》。《意见》明确对乡村（社区）医疗卫生机构和集贸市场的常用计量器具实行免费检定，所需经费由同级财政保障。上饶市划拨7万元用于市本级乡镇医院医疗器具和集贸市场衡器免费检定。新余市政府同意于2011年度将85万元标准化、计量工作经费列入预算。吉安市确定质监、发改、财政、工信等15个部门计量工作联席会机制，市委、市政府将民生计量器具的强检率纳入年度考核。九江、宜春市政府对获得“C”标志认证和测量管理体系认证的企业予以奖励，并在资金、技术、产业政策等方面予以支持，并要求建设主管部门将民用三表的检定情况列入工程验收内容，保障居民家庭用水、用电、用气计量准确。

服务疫情防控

2003年5月，根据国家质检总局内部明电《关于做好防治“非典”期间计量工作有关问题的通知》和《关于立即对各航空口岸使用的快速测温仪器开展免费校准检测服务有关问题的通知》，省、市计量所和铁路、交通部门的技术人员，深入抗击“非典”的前沿领域，采取比对、校准、模拟测量等方法对全省94台测温仪进行免费检测；省计量所每日到南昌昌北国际机场、南昌火车站开展人体快速测温仪的校准、比对。5月底国家质检总局为省计量所配备的红外辐射温度计校准装置到位后，省计量所和南昌铁路技术监督所开展红外测温仪校准装置的比对工作，以保证红外测温仪的准确可靠。2003年二季度有关计量技术机构共免费开展对红外测温仪的校准检测近2000余次。2009年5月，根据国家质检总局《关于对口岸体温检测仪进行计量校准的紧急通知》，省质监局发出《关于对我省口岸体温检测仪进行计量校准的紧急通知》，要求计量检测机构迅速组织力量，对全省各口岸在用体温检测仪进行免费计量校准，确保其准确、有效。省计量院前往南昌昌北国际机场，对在用体温检测仪进行免费计量校准，对红外体温测试仪还坚持每3周重新校准1次。5月4日至6月22日，省计量院共派出22人次赴昌北机场口岸开展检测，免费开展各类体温检测仪的检测校准324台件。其中现场检测仪器设备21台（红外像自动搜索测试系统4台，红外视频智能体温监测系统4台、体温检测扫描仪5台、手持式红外测试仪8台），在实验室检定玻璃体温计303

支。随着疫情的发展,省计量院深入南昌各大专院校,对学校新购进的红外体温测试仪进行现场检测。甲型流感防控期间,省计量院免费开展热像仪、筛检仪、耳温计、额温计、体温计等人体测温仪器的检定、校准共358台件。江西电视台5套对此进行报道。

诚信计量体系建设

根据国家诚信体系建设的总体要求,2007年,国家质检总局公布《商业　服务业诚信计量行为规范》,并下发《关于推进商业　服务业诚信计量体系建设工作有关要求的通知》。省质监局于2007年12月14日发出《关于推进商业　服务业诚信计量体系建设的意见》,要求各设区市制定实施方案,有计划、有步骤地建立诚信计量体系,在2008年一季度完成试点工作,取得经验后,再扩展到与老百姓生活最密切的集贸市场、加油站、餐饮业、眼镜店、商店、医院等重点领域。各地在重点领域开展计量专项监督检查以及各类诚信计量活动,建立诚信计量档案,建立健全诚信计量信用制度和公告制度,适时发布诚信计量红、黑名单。2008年9月2日,省质监局下发《关于在全省开展"江西省计量诚信单位"评价活动的通知》,在全省商场(超市)、加油站、眼镜店、医疗机构中开展诚信计量评价活动。省质监局制定《"江西省计量诚信单位"评价细则》,组织现场评价,公布江西省计量诚信单位名单,设区市质监局对申报企业按照评价细则的要求完成资格审查和推荐工作,受理有关投诉和进行日常监督。"江西省计量诚信单位"有效期2年。有效期内,除国家质检总局统一安排的监督检查计划外,省级及以下质监部门不再对该企业进行计量检查。有效期满前3个月,企业可选择再次申报。2010年7月23日,省质监局印发《江西省推进诚信计量、建设和谐城乡行动计划》。根据省政府《关于进一步加强计量工作的意见》和国家质检总局《关于印发〈推进诚信计量、建设和谐城乡行动计划〉的通知》,省质监局决定用3年(2010—2012年)时间,在全省范围内集中组织开展"推进诚信计量、建设和谐城乡"主题活动。

光明工程

根据国家质监局《"光明工程"计划实施方案》《江西省质量振兴实施计划》规定,为规范眼镜行业,净化眼镜市场,并结合全省"光明工程"试点工作的经验,2001年9月,省质监局先后印发《江西省眼镜服务企业"光明工程"等级评定办法》和《江西省"光明工程"计划实施方案》,引导眼镜制配企业加强内部质量管理,增强服务意识。2001年9—10月,全省各设区市质监局对辖区内眼镜服务企业和眼镜生产企业的基本情况进行调查摸底,掌握全市眼镜行业的数量、经营规模、人员状况及配备的计量器具情况,组织学习《江西省计量监督管理条例》,完成眼镜行业验光、配镜人员的上岗培训工作。10月,省质监局在全省范围内开展对眼镜服务企业服务质量等级评定工作。2002年6月,对南昌亨得利、博士眼镜等14家获得江西省"光明工程"放心眼镜店荣誉称号的企业授予奖牌和证书,并向社会公布。"光明工程"放心眼镜店的有效期为2年,在有效期内,获得"光明工程"放心眼镜店的企业可免除省级以下质监部门的监督检查。2003年8月至2004年6月30日,省质监局组织人员对全省的眼镜制配场所进行全面计量监督检查,共检查眼镜配装、经营企业696家,在用计量器具2223台，通过专项整治，计量器具配备率从过去的81%提高到90%，受检率从58%提高到90%。

计量宣传

1996年1月，《中国计量》杂志创刊。杂志社在各省、自治区、直辖市技监局及国务院各部门计量管理机构设立地方和部门通联部，建立通讯员队伍。该杂志每年在江西发行上千册，宣传最新的计量法律法规、企业计量的好做法。每年"5·20世界计量日"期间，各地采取多种形式进行计量宣传，如开放实验室，举行现场咨询服务活动，到集贸市场、学校开展免费检定，在报纸上开设计量专版，发放宣传小册子，发放标准砝码等。活动中，全省向社区群众免费发放统一定制的100克标准砝码2万个，提供免费检测校准服务近1万台件。2009年省质监局组织人员到各地和相关企业实地拍摄计量工作的场景，制作《科学发展话计量》宣传片；向设区市质监局、大型企业征集计量方面的经验交流材料，并汇集成册。2010年6月22日，省质监局开展实验室开放活动，组织省人大代表、省政协委员、新闻媒体、相关企业参观考察省纤检局、省质检院、省计量院。

第二篇　标准化

随着《中华人民共和国标准化法》和《中华人民共和国标准化法实施条例》的颁布实施,全省的标准化工作逐步纳入到法制管理的轨道。1991 年至 2000 年,全省标准化工作重点,是组织实施标准和对标准的实施进行监督,主要是组织实施国家强制性标准和对国家强制性标准的实施进行监督,企业标准化水平评价以及对企业产品执行标准登记和消灭无标生产。2001 年至 2010 年,全省标准化工作重点,是标准制修订、标准化试点示范建设、采用国际标准、标委会建设及标准化战略实施。标准化工作领域由工业领域、农业领域扩展到服务业领域及高新技术领域。

1991 年,开展企业标准化定级考核。1992 年,对《质量管理和质量保证》系列国家标准贯彻和实施进行布置;评选优秀标准;实施企业产品标准登记制度。1993 年,对《国旗》国家标准贯彻和实施进行布置。1994 年,确定江西省首批 13 家生产企业的 32 项采标产品实施采标标志,并颁发《采用国际标准产品标志证书》。1995 年,全省消灭无标生产工作启动;全省第一批全国高产优质高效农业标准化示范区建设工作启动。1996 年,开展企业产品标准复审。1997 年,《江西省标准化管理条例》颁布实施。1998 年,制定《江西省企业产品执行标准登记管理办法》,实行企业产品执行标准登记管理。

2001 年,省质监局制定《江西省地方标准管理办法》;开展江西省农业地方标准清理和江西省强制性地方标准清理;下放企业产品执行标准登记管理权限;启动省级农业标准化示范建设。2002 年,制定《江西省农业标准规范备案管理办法》;公布江西省首批 13 个无公害农产品标志产品。2003 年,对在省质监局备案的市农业标准规范实施备案公告制度,开展消灭无标生产表彰活动。2004 年,开展全国首批标准化良好行为企业创建工作。2005 年,因农业标准化示范区工作突出,省质监局被评为全国农业标准化示范区组织推广先进单位,永丰县质监局等 4 个单位被评为全国农业标准化示范区建设先进单位。2006 年,组织 2006 年度标准类江西省科学技术奖励推荐工作;组织中国标准创新贡献奖申报。2007 年,启动良好农业规范试点工作。2008 年,开展南昌市高新区国家高新技术产业集群标准化示范基地试点工作。2009 年,全国螺杆膨胀发电机标准化技术委员会、全国白酒标准化技术委员会特香型白酒分技术委员会、全国稀土标准化技术委员会离子型稀土矿工作组获批由江西省企业筹建;省政府印发《江西省人民政府关于实施标准化战略的意见》;召开全省标准化会议。2010 年,开展江西省专业标准化技术委员会筹建;制定《江西省专业标准化技术委员会管理规定》;批准筹建江西省机械标准化技术委员会等 23 个专业标准化技术委员会;成立江西省智能建筑及电气节能标准化技术委员会;省政府门户网站和公务员门户网站正式开通"实施标准化战略专题"栏目。

第一章　标准化管理

为贯彻实施《中华人民共和国标准化法》和《中华人民共和国标准化法实施条例》，1991年，省标准局启动《江西省标准化管理条例》地方性法规立法论证和调研工作，1996年形成《江西省标准化管理条例》（草案送审稿）；1997年10月23日，《江西省标准化管理条例》经江西省第八届人民代表大会常务委员会第三十次会议通过，10月28日，江西省人民代表大会常务委员会第14号公告发布实施。《江西省标准化管理条例》共六章三十六条，并分别于2002年7月29日和2010年9月17日进行两次修正。

从1991年起，围绕农业产品的品种、规格、质量要求以及生产技术、管理技术等方面要求，省标准局加快制定、发布省地方标准和国家标准，作为规范农业生产、服务社会发展的一项重要手段。开展GB/T19000－ISO90000《质量管理和质量保证》系列国家标准、《国旗》《食品标签通用标准》等重要国家标准的实施和监督。开展全国专业标准化技术委员会和江西省专业标准化技术委员会筹建，启动实施标准化战略，组织机构代码管理。1992、1994、2002、2004年省标准局、省技监局、省质监局分别开展全省优秀标准评选表彰活动、江西省标准化科技成果评选、标准类省科学技术奖励推荐、中国标准创新贡献奖推荐工作。

截至2010年底，全省共制定省地方标准605项。承担的“脐橙”“地理标志产品赣南脐橙”“地理标志产品广昌白莲”“地理标志产品泰和乌鸡”“地理标志产品庐山云雾茶”“原产地域产品南丰蜜桔”“原产地域产品遂川狗牯脑茶”“地理标志产品寻乌蜜桔”“电镀用氨基磺酸钴”“藕粉”等国家标准相继发布实施。制定《江西省地方标准管理办法》《江西省农业标准规范备案管理办法》，加强地方标准制、修订管理，规范省农业标准规范备案管理。

第一节　《江西省标准化管理条例》立法

立法的必要性

《中华人民共和国标准化法》于1988年12月29日颁布、1989年4月1日实施，《中华人民共和国标准化法实施条例》于1990年4月6日实施，全省的标准化工作按照国家法律、法规的规定，对标准的制定、促进标准的实施、规范市场秩序、打击伪劣产品等都起到规范作用，全省标准化工作逐步纳入到法制管理的轨道。在《标准化法》实施过程中，标准化工作存在以下问题：

一方面,《标准化法》的一些规定过于原则,操作性不够强。主要表现以下几点:一是全省生产企业无标生产状况严重。据调查,企业中产品无标生产占20%以上,导致产品生产和交货没有依据,质量失去控制,给企业和消费者造成不应有的损失,二是执行作废标准、无效标准占有相当比例。有标准不按标准组织生产、检验的情况也很突出,标准规定应当检验的产品项目不施行正常检验。三是企业自定标准水平低,造成“劣币驱逐良币”。由于推荐性标准可以自愿采用,有的企业便以此为由,随意降低标准的质量要求从而客观上造成产品由于执行高标准可能是不合格品,而执行低标准反而成合格品,这样的合格品的质量是低劣的,这种扭曲的现象导致企业的不平等竞争,危害消费者利益,一些劣质产品充斥市场给打假工作造成困难。

另一方面,由于经济社会的发展,对标准化工作提出新的要求,也必须用法律、法规加以规范和完善。有些标准在保证产品质量和改善环境、节约能源等方面发挥重要作用,如《公共信息图形符号》《三相异步电动机经济运行》的设计、制图、取样和实验方法、安全规程等标准,均需明确规定实施要求及法律责任,以保证其得到贯彻执行。同时为规范市场经济秩序,保护企业和消费者的合法权益,按标准化的要求完善和规范产品的标识,有利于消费者选购商品及监督商品质量。基于以上原因,制定地方标准化法规非常必要与迫切。

立法调研

为更好地贯彻实施《中华人民共和国标准化法》和《中华人民共和国标准化法实施条例》,1991年3月19日,省标准局起草《江西省实施标准化法管理办法》(征求意见稿),向各地(市)标准计量(技术监督)局、省直有关厅、局(公司、协会)标准化管理部门及有关单位征求意见。3月28—30日,省标准局在南昌市召开会议对办法进行讨论和修改,省直有关厅局负责标准化工作的人员和市(地)政府标准化行政主管部门的主要领导参加。

1992年4月14日,省标准局向省政府呈送《关于颁发“江西省实施〈中华人民共和国标准化法〉管理办法”的请示报告》。1993年11月27日,省政府法制局将《江西省实施〈中华人民共和国标准化法〉管理办法》列入1994年立法计划。在立法过程中,该管理办法更名为《江西省标准化管理条例》。

1995年省技监局正式向省政府法制局提出申请制定《江西省标准化管理条例》这一地方性法规的计划,并于1995年9月成立《江西省标准化管理条例》起草小组。起草小组数易其稿,完成《江西省标准化管理条例》初稿,鉴于山东省、安徽省均已出台标准化的地方性法规,本着学习取经的目的,省人大财经委、省政府法制局、省技术监督局联合成立《江西省标准化管理条例》地方性法规立法调研组,于1996年3月11—22日赴山东省、安徽省进行调研。调研结束后,起草小组对兄弟省的标准化法规情况进行分析整理,对《江西省标准化管理条例》(征求意见稿)进行修改、补充。于1996年3月底召开市(地)、县(市、区)技术监督部门人员参加的讨论会,对《江西省标准化管理条例》(征求意见稿)进行专题讨论,并进行修改。4月下旬,又分别召开省内有关知名企业和省直有关厅局的专题讨论会,会后对所提的意见认真研究和分析,并做出妥当的处理,形成《江西省标准化管理条例》(草案送审稿)。

颁布实施及修正

1996年5月23日,省标准局将《江西省标准化管理条例》(草案送审稿)及其说明报送省政府,请予审议。1997年10月23日,《江西省标准化管理条例》经江西省第八届人民代表大会常务委员会第三十次会议通过,是月28日,江西省人民代表大会常务委员会第14号公告公布实施。《江西省标准化管理条例》共六章三十六条。

2002年7月29日,江西省第九届人民代表大会常务委员会第三十一次会议通过《江西省人民代表大会常务委员会关于修改〈江西省标准化管理条例〉的决定》,自公布之日起施行。《江西省标准化管理条例》(第一次修正)作10处修改:增加一条作为第十一条:"鼓励企业对其产品采用推荐性国家标准、行业标准、地方标准。不采用推荐性标准的,产品生产者应当制定企业产品标准。企业产品标准的主要性能指标或者技术指标低于推荐性国家标准、行业标准、地方标准要求的,企业应当在产品标识或者使用说明书中明示";增加一条作为第十八条:"企业根据自愿原则可以向省政府质量技术监督行政主管部门认可的认证机构申请农产品质量认证。经认证合格的,由认证机构颁发农产品质量认证证书,准许企业在产品或者产品包装上使用农产品质量认证标志。"删除第十七条规定;第二十三条改为第二十四条,修改为:"企业按照国际标准或者国外先进标准组织生产的产品,符合国家有关规定的,可以在其产品或者该产品的说明书、包装物上印制采用国际标准产品标志,并按国家有关规定报质量技术监督行政主管部门或者其他有关部门备案。"同时,对原第三十条、第三十三条作相应修改;第二十五条改为第二十六条,删除其第二款规定;增加一条作为第三十条:"违反本条例规定,生产、销售无标准产品,或者企业产品标准的主要性能指标或者技术指标低于推荐性国家标准、行业标准、地方标准要求,并且未在产品标识或者使用说明中明示的,由质量技术监督行政主管部门责令限期改正,逾期不改正的,处1000元以上5000元以下罚款。"增加一条作为第三十一条:"违反本条例规定,产品标识不符合强制性标准的,由质量技术监督行政主管部门责令限期改正,可以并处200元以上1000元以下罚款。逾期不改正的,没收违法生产、销售的产品和违法所得,并处以违法生产、销售产品货值金额50%以上2倍以下的罚款。"删除第二十九条规定;增加一条作为第三十二条:"违反本条例规定,生产、销售不符合强制性标准的产品的,由质量技术监督行政主管部门责令改正,没收违法生产、销售的产品,并处违法生产、销售产品货值金额1倍以上3倍以下的罚款;有违法所得的,并处没收违法所得。"将原法规条文中的"技术监督行政主管部门"修改为"质量技术监督行政主管部门",删除"地区行政公署"的内容。《江西省标准化管理条例》(第一次修正)共六章三十九条。

2010年9月17日,江西省第十一届人民代表大会常务委员会第十八次会议对《江西省标准化管理条例》第二次修正。《江西省标准化管理条例》(第二次修正)删除第二十一条和第二十二条关于企业产品执行标准登记管理的内容。《江西省标准化管理条例》(第二次修正)共六章三十七条。

第二节　标准制定和地方标准管理

《中华人民共和国标准化法》(1988 版)第六条规定:“对需要在全国范围内统一的技术要求,应当制定国家标准。国家标准由国务院标准化行政主管部门制定。对没有国家标准而又需要在全国某个行业范围内统一的技术要求,可以制定行业标准。行业标准由国务院有关行政主管部门制定,并报国务院标准化行政主管部门备案,在公布国家标准之后,该项行业标准即行废止。对没有国家标准和行业标准而又需要在省、自治区、直辖市范围内统一的工业产品的安全、卫生要求,可以制定地方标准。地方标准由省、自治区、直辖市标准化行政主管部门制定,并报国务院标准化行政主管部门和国务院有关行政主管部门备案,在公布国家标准或者行业标准之后,该项地方标准即行废止”。江西省从 20 世纪 90 年代初期开始注重全省地方标准的制定;自 2002 年始,省质监局开展组织国家标准项目申报,同时不断加强对地方标准的管理。

省地方标准制定

从 1991 年起,围绕农业(包括林业、牧业、渔业,下同)产品(包括种子、种苗、种畜、种禽)的品种、规格、质量要求以及生产技术、管理技术等方面要求,省标准局加快制定、发布省地方标准,作为规范农业生产、服务社会发展的一项重要手段。

为加强对地方标准和企业产品标准有效管理,依据国家技监局发布的《地方标准管理办法》和《企业标准化管理办法》,1991 年 1 月 23 日,省标准局停止执行江西省标准局《关于〈地方标准、企业标准和推荐性标准实行新代号、编号规定〉的通知》。凡今后批准、发布的地方标准、企业产品标准,包括复审后修订和确认的标准必须执行国家统一规定的标准编号方法。地方标准的编号,由地方标准代号、地方标准版序号和年号 3 部分组成。如强制性地方标准编号 DB36/XXX－XX,推荐性地方标准编号 DB36/TXXX－XX;企业产品标准的编号 Q/XXXXXX－XX。对于地方所属企业的企业代号由省标准局会同省政府有关行政主管部门规定。各级管理部门在受理企业产品标准备案时,应核对其标准编号方法是否正确,否则不予备案。

1992 年 8 月 27 日,省标准局发布 1992 年棉花品级实物国家标准。规定 1992 年棉花品级实物国家标准在新棉上市时实施,1991 年实物标准同时作废。

1993 年 8 月 26 日,省标准局批准发布 1993 年省仿制棉花品级实物国家标准。1993 年省仿制棉花品级实物标准自当年新棉上市时开始执行,1992 年实物标准同时废止。

1994 年 8 月 3 日,省标准局批准发布 1994 年省仿制棉花品级实物国家标准。1994 年省仿制棉花品级实物标准自当年新棉上市时开始执行,1993 年实物标准同时作废。

1995 年 8 月 22 日,省标准局批准发布 1995 年省仿制棉花品级实物国家标准。1995 年省仿制棉花品级实物国家标准自当年新棉上市时开始执行,1994 年实物标准同时作废。

1991—1995 年 5 年间,全省共制定、发布省地方标准 216 项。

2001 年 6 月 26 日，省质监局下达《生态农业技术规范》等 32 项 2001 年度江西省地方标准制(修)订项目计划，要求按《江西省地方标准管理办法》组织落实。

2002 年 5 月 20 日，省质监局确定《江西省归档文件整理规范》等 38 项 2002 年江西省地方标准制(修)订项目计划，并予下达。要求各项目承担单位按《江西省地方标准管理办法》要求，认真组织落实。

为做好全省地方标准的制(修)订工作，2003 年 3 月 19 日，省质监局下达编制 2003 年度制(修)订江西省地方标准项目计划的通知，明确 2003 年申报重点：省政府确定重点发展的 10 个农产品基地 20 个农产品品牌、100 家龙头企业有关的项目；无公害、绿色、有机农产品项目；服务业项目；采用国际标准或国外先进标准项目；地方标准修订项目。

为做好《袁河流域水污染物排放标准》省地方标准制定，根据工作要求及非典实际，2003 年 5 月 15 日，省质监局对省环保局提出的《袁河流域水污染物排放标准》省地方标准送审稿以函审的方式审定。这是省内第一个以函审形式审定的省地方标准。

2003 年 4 月，非典期间，为规范江西消毒液市场秩序，确保消毒液的质量，省质监局启动快速制定程序，制定《过氧乙酸消毒液》和《复配次氯酸钠消毒液》两种消毒液地方标准，并直接承担标准的起草工作。5 月，省质监局紧急组织省疾病控制中心、省化工研究所等有关单位起草《过氧乙酸消毒液》和《复配次氯酸钠消毒液》两项省地方标准。5 月 16 日下午省质监局在南昌市组织召开该两项标准审定会。随后，正式发布该两项地方标准。19 日(17 日、18 日为休息日)上午两项标准得到国家质检总局批复，取得备案号。19 日下午省质监局即将印有国家质检总局备案号的两个地方标准在江西质监网上向外界公布。20 日《江西日报》《信息日报》均在明显位置登载江西省发布《过氧乙酸消毒液》和《复方次氯酸钠消毒液》两项地方标准的消息。

2003 年 5 月 20 日，省质监局组织召开《集团购买、批量生产棉胎》省地方标准审定会。7 月 31 日，省质监局确定并下达 2003 年度江西省地方标准制(修)订项目计划(第一批)共 22 项。9 月 10 日，省质监局确定并下达 2003 年度江西省地方标准制(修)订项目计划(第二批)共 34 项。11 月 4 日，省质监局召开《江西省工业企业主要产品用水定额》和《江西省城市生活用水定额》省地方标准审定会。

2004 年 4 月 5 日，省质监局下达编制 2004 年度制(修)订江西省地方标准项目计划的通知。4 月 13 日，省质监局召开《浮梁茶》省地方标准审定会。4 月 14 日，省质监局召开《照相业服务操作规程和质量要求》和《照相企业星级的划分及评定》2 项省地方标准审定会。6 月 25 日，省质监局确定并下达 2004 年度江西省地方标准制(修)订项目计划(第一批)共 18 项。

2005 年 3 月 22 日，省质监局下达编制 2005 年度制(修)订江西省地方标准项目计划的通知。7 月 27 日，省质监局确定并下达 2005 年度江西省地方标准制(修)订项目计划共 66 项。8 月 27 日，省质监局发布 2005 年仿制棉花国家品级实物标准。该实物标准自 2005 年 9 月 1 日开始执行，2004 年度的棉花实物标准同时作废。

2006 年 1 月 20 日，省质监局下达编制 2006 年度制(修)订江西省地方标准项目计划的通知。5 月 22 日，省质监局确定并下达 2006 年度江西省地方标准制(修)订项目计划共 45 项。6—7 月，省质监局组织《包装农产品标识》《旅游购物景点质量等级的划分与评定》《烟草专用基肥》《饮用泉水》4 项区域标准征求意见,并将修改意见函复广东省质监局。

2007 年 5 月 17 日,省质监局下达编制 2007 年度制(修)订江西省地方标准项目计划的通知,将节约能源、循环经济、生态经济项目新增为申报重点。确定并下达 2007 年度江西省地方标准制(修)订项目计划共 69 项。5—8 月,省质监局组织《米粉质量安全要求》《城市公共安全应急联动系统基本功能要求》《包装农产品标识》《旅游购物点质量等级的划分与评定》《烟草专用基肥》《饮用泉水》《汽车玻璃膜》《预包装润滑剂标签通则》8 项区域标准的征求意见。12 月 6 日,省质监局转发泛珠三角区域(九省区)标准委员会批准的区域标准(2007 年第 1 号,第 2 号),要求全省认真执行。根据《泛珠三角(九省区)标准化工作合作项目备忘录》的要求,泛珠三角(九省区)在发布地方标准制(修)订工作时,实行信息共享机制的有关规定。

2008 年 2 月 27 日,省质监局下达编制 2008 年度制(修)订江西省地方标准项目计划的通知,将节能减排、循环经济与综合利用项目列为申报重点。6 月 3 日,省质监局确定并下达 2008 年度江西省地方标准制(修)订项目计划(第一批)共 74 项。

为深入贯彻省政府《关于实施标准化战略的意见》的有关要求,落实实施标准化战略的具体目标,切实做好 2009 年度省地方标准制(修)订项目计划工作,2009 年 7 月 8 日,省质监局布置申报 2009 年度省地方标准制(修)订项目工作,申报原则是:围绕省内光伏材料等 10 个优势高新技术产业和实施 100 项重大高新技术成果产业化项目,充分发挥标准在国民经济中的技术支撑作用,促进经济结构调整,加快全省产业升级,增强经济发展后劲;围绕全省产业发展重点,突出安全生产、农产品出口、现代服务业、高新技术产业、资源节约与循环经济发展及其他急需标准的项目;积极加大采标力度,采用国际标准和国外先进标准项目;坚持自主创新原则,强化标准制定与科技创新紧密结合,提高标准的水平。申报范围是:农业(含林业、牧业、渔业,下同)产品的品种、规格、质量及生产技术、管理技术要求;工业产品的质量、安全、卫生要求和工业产品的设计、生产、检验、包装、储运、使用等过程中安全、卫生要求;现代物流业、文化旅游业、家政服务业、商务服务业等行业服务标准;信息、能源、资源、交通运输、环境保护的安全卫生和技术要求;煤矿、非煤矿山、危险化学品、烟花爆竹和机械安全等领域的技术要求、操作规程;需要修订的地方标准;法律、法规规定应当制定地方标准的其他技术要求。11 月 17 日,经审查,省质监局确定并下达 2009 年度省地方标准制(修)订项目计划共 125 项。要求各项目承担单位按《江西省地方标准管理办法》的要求,认真组织落实。

2009 年,省质监局发布实施《江西绿茶》(DB36/T555 - 2009)、《江西省船型主尺度系列普通货船》(DB36/T561 - 2009)等 19 项地方标准,涉及农业、林业、交通、旅游等多个行业。

2010 年,省质监局发布《LED(发光二极管)路灯》《江西省高速公路沥青路面设计规范》《有机食品资溪白茶》《江西旅游生态设施规范》等一批符合生态经济区建设要求的地方标准;按照生态经济区建设的有关要求,与环保部门加强合作,开展《鄱阳湖生态经济区水污染物排放标准》等一批急需地方标准的研究制定工作。启动“地方标准快速制定程序”,对涉及节能、环保、低碳和安全方面的项目,畅通地方标准申报绿色通道,缩短标准批准发布周期。对《蓄热式高效节能熔铝炉》《危险场所电气防爆安全检测技术规程》等地方标准项目给予快速立项。

至2010年12月底，全省共制定省地方标准605项。

表2-1-1　1991—2010年发布的江西省地方标准目录

标准编号	标准名称	推荐/强制	提出单位	起草单位	发布日期	实施日期
DB36/001-1991	糯米粉	强制	省粮食局	省粮油质检站	1991.01.17	1991.03.01
DB36/002-1991	粘米粉	强制	省粮食局	省粮油质检站	1991.01.17	1991.03.01
DB36/003-1991	木质防火门	强制	省消防总队	万载装饰板厂	1991.01.17	1991.03.01
DB36/004-1991	甲基托布津原粉	强制	省石化厅	贵溪农药厂	1991.04.17	1991.04.17
DB36/005-1991	70%甲基托布津、可湿性超微粉剂	强制	省石化厅	贵溪农药厂	1991.04.17	1991.04.17
DB36/006-1991	江西省蚕种生产检验规程	强制	省农牧渔业厅	省农牧渔业厅经作处	1991.04.20	1991.05.01
DB36/007-1991	蚕室蚕具及蚕体蚕座药剂消毒标准	强制	省农牧渔业厅	省农牧渔业厅科教处、上饶地区经作科	1991.04.20	1991.05.01
DB36/008-1991	桑蚕种繁育技术规程	强制	省农牧渔业厅	省蚕种场	1991.04.20	1991.05.01
DB36/009-1991	桑园建设及管理技术规程	强制	省农牧渔业厅	广丰县蚕种场	1991.04.20	1991.05.01
DB36/010-1991	XQS系列消防气压给水设备	强制	省消防总队	九江给水设备厂	1991.05.15	1991.05.15
DB36/T011-1991	江西省红壤旱地红麻高产栽培技术规程	推荐	省农牧渔业厅	省农牧渔业厅经作处	1991.05.22	1991.06.01
DB36/012-1991	QD50/65多用消防水枪	强制	省消防总队	上饶市金属材料厂	1991.06.20	1991.06.20
DB36/013-1991	江西省水稻品种区域试验方法	强制	省农牧渔业厅	省农科院水稻所等	1991.06.29	1991.06.29
DB36/014-1991	江西省油菜品种区域试验方法	强制	省农牧渔业厅	省农科院旱作所、省种子站	1991.06.29	1991.06.29
DB36/T015-1991	南丰蜜桔分级标准	推荐	南丰县标准计量局	省标准局标准处	1991.10.11	1991.10.15
DB36/016-1991	猪配合饲料质量标准及检验方法	强制	—	—	—	—
DB36/017-1991	鸡配合饲料质量标准及检验方法	强制	—	—	—	—
DB36/018-1991	混合饲料质量标准及检验方法	强制	—	—	—	—

续表

标准编号	标准名称	推荐/强制	提出单位	起草单位	发布日期	实施日期
DB36/019－1991	浓缩饲料质量标准及检验方法	强制	—	—	—	—
DB36/020－91	饲料添加剂质量标准及检验方法	强制	—	—	—	—
DB36/T021－91	嫁接桑苗	推荐	省农牧渔业厅	省农牧渔业厅经作处	—	—
DB36/T022－1991	5X－0.7型和5XF－1.34型复式种子精选机技术操作规程	推荐	省农牧渔业厅	省种子站	—	—
DB36/T023－1991	柑橘嫁接苗	推荐	省农牧渔业厅	省农牧渔业厅经作处	—	—
DB36/T024－1991	5XZ－1.0重力式种子精选机技术操作规程	推荐	省农牧渔业厅	省种子站	—	—
DB36/T025－1991	江西省棉红铃虫测报及防治规程	推荐	省农牧渔业厅	省植保质检站、省标准局标准处	—	—
DB36/T026－1991	棉花营养钵育苗移栽技术规程	推荐	省农牧渔业厅	宜春地区苎麻研究所	—	—
DB36/T027－1991	铜皮青	推荐	省农牧渔业厅	宜春地区苎麻研究所	—	—
DB36/T028－1991	细叶绿	推荐	省农牧渔业厅	宜春地区苎麻研究所	—	—
DB36/T029－1991	鲁班兜	推荐	省农牧渔业厅	宜春地区苎麻研究所	—	—
DB36/T030－1991	修水麻	推荐	省农牧渔业厅	宜春地区苎麻研究所	—	—
DB36/T031－1991	桐树白	推荐	省农牧渔业厅	宜春地区苎麻研究所	—	—
DB36/T032－1991	芦竹青	推荐	省农牧渔业厅	宜春地区苎麻研究所	—	—

续表

标准编号	标准名称	推荐/强制	提出单位	起草单位	发布日期	实施日期
DB36/T033－1991	黑皮兜	推荐	省农牧渔业厅	宜春地区苎麻研究所	—	—
DB36/T034－1991	宜苎一号	推荐	省农牧渔业厅	宜春地区苎麻研究所	—	—
DB36/T035－1991	棉花栽培技术规程	推荐	省农牧渔业厅	省农牧渔业厅经作处	—	—
DB36/T036－1991	烤烟栽培技术规程	推荐	省农牧渔业厅	省农牧渔业厅经作处	—	—
DB36/037－1991	精樔油	强制	—	—	—	—
DB36/038－1991	红薯淀粉	强制	—	—	—	—
DB36/039－1991	红薯粉丝	强制	—	—	—	—
DB36/040－1991	内扣式带钢消防接口	强制	—	—	—	—
DB36/041－1991	Y2 型 1211 固定灭火系统	强制	—	—	—	—
DB36/042－1991	罐外式烟雾自动灭火系统	强制	—	—	—	—
DB36/043－1991	CO_2 固定式自动灭火系统	强制	—	—	—	—
DB36/044－1991	PSD、PSY40 型消防水炮技术条件	强制	—	—	—	—
DB36/045－1991	YPD 型多用途化学泡沫灭火剂技术条件	强制	—	—	—	—
DB36/046－1991	手提贮压式干粉灭火器	强制	—	—	—	—
DB36/047－91	MF025 干粉灭火棒	强制	—	—	—	—
DB36/048－1991	钢制防火门	强制	—	—	—	—
DB36/049－1991	400～60000L 机械搅拌发酵容器	强制	—	—	—	—
DB36/050－1991	船用防火门	强制	—	—	—	—
DB36/051－1991	40%乙酰甲胺磷乳剂	强制	—	—	—	—

续表

标准编号	标准名称	推荐/强制	提出单位	起草单位	发布日期	实施日期
DB36/052 - 1991	40%稻瘟净乳油	强制	—	—	—	—
DB36/053 - 1991	40%甲杀乳油	强制	—	—	—	—
DB36/054 - 1991	杀螟松原油	强制	—	—	—	—
DB36/055 - 1991	50%杀螟松	强制	—	—	—	—
DB36/056 - 1991	1%灭瘟素可湿性粉剂	强制	—	—	—	—
DB36/057 - 1991	25%杀虫脒水剂	强制	—	—	—	—
DB36/058 - 1991	三氯杀虫酯原粉	强制	—	—	—	—
DB36/059 - 1991	20%三氯杀虫酯乳剂	强制	—	—	—	—
DB36/060 - 1991	4%速灭威粉剂	强制	—	—	—	—
DB36/061 - 1991	20%叶蝉散胶悬剂	强制	—	—	—	—
DB36/062 - 1991	2.5%甲基对硫磷粉剂	强制	—	—	—	—
DB36/063 - 1991	嘧啶氧磷原油	强制	—	—	—	—
DB36/064 - 1991	40%苏化203乳油	强制	—	—	—	—
DB36/065 - 1991	40%嘧啶氧磷乳油	强制	—	—	—	—
DB36/066 - 1991	赤霉素结晶粉	强制	—	—	—	—
DB36/067 - 1991	40%赤霉素乳剂	强制	—	—	—	—
DB36/068 - 1991	48%地乐胺乳油	强制	—	—	—	—
DB36/069 - 1991	2.5%双蝉粉剂	强制	—	—	—	—
DB36/070 - 1991	3%杀虫双颗粒剂	强制	—	—	—	—
DB36/071 - 1991	20%三环唑可湿性粉	强制	—	—	—	—
DB36/072 - 1991	2%虱灭灵粉剂	强制	—	—	—	—
DB36/073 - 1991	40%复方甲胺磷乳油	强制	—	—	—	—
DB36/074 - 1991	40%甲甲磷乳油	强制	—	—	—	—
DB36/075 - 1991	20%混灭威乳剂	强制	—	—	—	—
DB36/076 - 1991	卫生级杀螟松原油	强制	—	—	—	—
DB36/077 - 1991	4%仲丁威粉剂	强制	—	—	—	—
DB36/078 - 1991	仲丁威原油	强制	—	—	—	—
DB36/079 - 1991	225千克松香镀锌薄板包装桶	强制	—	—	—	—

续表

标准编号	标准名称	推荐/强制	提出单位	起草单位	发布日期	实施日期
DB36/080－1991	25%仲丁威乳油	强制	—	—	—	—
DB36/081－1991	25%单甲脒水剂	强制	—	—	—	—
DB36/082－1991	20%叶蝉可湿性剂	强制	—	—	—	—
DB36/083－1991	3%甲双粉剂	强制	—	—	—	—
DB36/084－1991	21%灭杀毙乳油	强制	—	—	—	—
DB36/085－1991	2%、4%叶蝉散粉剂	强制	—	—	—	—
DB36/086－1991	40%久效磷乳油	强制	—	—	—	—
DB36/087－1991	20%坫效氰戊菊酯乳油	强制	—	—	—	—
DB36/088－1991	10%双效灵水剂(试行)	强制	—	—	—	—
DB36/089　1991	40%水胺硫磷乳油	强制	—	—	—	—
DB36/090－1991	石硫合剂	强制	—	—	—	—
DB36/091－1991	氰戊菊酯—西维因复合悬浮剂	强制	—	—	—	—
DB36/092－1991	5%井冈霉素水剂	强制	—	—	—	—
DB36/T093－1991	林木育苗技术标准	推荐	—	—	—	—
DB36/T094－1991	杉木良种繁育技术规程	推荐	省林业厅	省林科院	—	—
DB36/T095－1991	马尾松良种繁育技术规程	推荐	省林业厅	赣州地区林科所	—	—
DB36/096－1991	杉木种子常温贮藏技术标准(作废)	强制	—	—	—	—
DB36/097－1991	200L聚乙烯(PVF)涂料松节油包装钢桶(作废)	强制	—	—	—	—
DB36/T098－1991	温州蜜柑保鲜技术规程	推荐	省农牧渔业厅	省农科院园艺所	1991.11.01	1991.12.01
DB36/T099－1991	稻瘟病圃调查规程	推荐	省农牧渔业厅	省植保质检站、宜春植保公司测报站	1991.11.01	1991.12.01
DB36/100－1991	多效唑原料	强制	省石化厅	江西农大化工厂	1991.11.01	1991.12.01
DB36/101－1991	15%多效唑可湿性粉剂	强制	省石化厅	江西农大化工厂	1991.11.01	1991.12.01
DB36/102－1991	25%甲氯菊酯乳油	强制	省石化厅	省化工研究所	1991.12.23	1992.01.01

续表

标准编号	标准名称	推荐/强制	提出单位	起草单位	发布日期	实施日期
DB36/103－1991	45%乐胺磷乳油	强制	省石化厅	省化工研究所、丰城市农药厂	1991.12.23	1992.01.01
DB36/104－1991	100亿活孢子/毫升苏云金杆菌悬浮剂	强制	省石化厅	江西霉制剂厂	1991.12.23	1992.01.01
DB36/105－1992	YDX－1型化学泡沫灭火剂	强制	省消防总队	玉山县腾龙化工厂	1992.01.13	1992.01.13
DB36/106－1992	特级小麦粉	强制	省粮食局	省粮油质检站	1992.01.28	1992.02.01
DB36/T107－1992	春植甘蔗栽培技术规程	推荐	省农牧渔业厅	省农业厅经作处	1992.01.28	1992.02.01
DB36/T108－1991	烤烟烘烤技术规程	推荐	省烟草专卖局	省烟草公司	1991.12.01	1991.12.10
DB36/T109－1991	烤烟良种繁育技术规程	推荐	省烟草专卖局	省烟草公司	1991.12.01	1991.12.10
DB36/T110－1991	烤烟试验调查记载标准	推荐	省烟草专卖局	省烟草公司	1991.12.01	1991.12.10
DB36/111－1992	25%扑虱灵可湿性粉剂	强制	省石化厅	东乡县农药厂	1992.02.25	1992.03.01
DB36/112－1992	40%高效磷乳油	强制	省石化厅	东乡县农药厂	1992.02.25	1992.03.01
DB36/113－1992	90%杀虫单原粉	强制	省石化厅	宜春地区化工厂	1992.04.09	1992.04.15
DB36/114－1992	40%多菌灵复合胶悬剂	强制	省石化厅	湖口农药厂	1992.05.15	1992.05.15
DB36/T115－1992	江西省种植业农情调查规范	推荐	省农牧渔业厅	省农业信息中心	1992.06.11	1992.07.01
DB36/116－1992	40%叶胺磷乳油	强制	省石化厅	余干县化工厂、江西农药厂、赣南农药厂	1992.06.15	1992.06.15
DB36/117－1992	0.2%油菜素甾醇类物可溶性粉剂	强制	省石化厅	江西洪都精细生物化工厂	1992.07.22	1992.07.22
DB36/T118－1992	棉花新品种区域试验	推荐	省农牧渔业厅	省棉花研究所、省种子管理站	1992.07.29	1992.09.01
DB36/T119－1992	江西省主要养殖鱼类人工繁殖技术规程	推荐	省农牧渔业厅	省水产技术推广站	1992.09.04	1992.10.01
DB36/120－1992	27%皂烟碱可溶性浓剂	强制	省石化厅	新余市植物农药厂	1992.11.20	1992.11.20

续表

标准编号	标准名称	推荐/强制	提出单位	起草单位	发布日期	实施日期
DB36/121－1992	灭多威原粉	强制	省石化厅	贵溪农药厂	1992.12.28	1993.01.01
DB36/122－1992	20%灭多威乳油	强制	省石化厅	贵溪农药厂	1992.12.28	1993.01.01
DB36/080－1992	仲丁威乳油	强制	省石化厅	贵溪农药厂	1992.12.28	1993.01.01
DB36/T123－1993	南丰蜜桔品系	推荐	抚州地区标准计量局	南丰县标准计量局	1993.01.09	1993.03.01
DB36/T124－1993	南丰蜜桔苗木	推荐	抚州地区标准计量局	南丰县标准计量局	1993.01.09	1993.03.01
DB36/T125－1993	南丰蜜桔包装	推荐	抚州地区标准计量局	南丰县标准计量局	1993.01.09	1993.03.01
DB36/T126－1993	南丰蜜桔贮藏保鲜标准	推荐	抚州地区标准计量局	南丰县标准计量局	1993.01.09	1993.03.01
DB36/T127－1993	南丰蜜桔	推荐	抚州地区标准计量局	南丰县标准计量局	1993.01.09	1993.03.01
DB36/128－1993	20%井冈霉素可溶性粉剂	强制	省石化厅	江西农药厂	1993.01.20	1993.01.20
DB36/129－1993	10%井冈霉素水剂	强制	省石化厅	江西农药厂	1993.01.20	1993.01.20
DB36/130－1993	20%三唑磷乳油	强制	省石化厅	东乡农药厂	1993.06.01	1993.06.10
DB36/131－1993	哒螨灵原粉	强制	省石化厅	江西农大化工厂	1993.09.20	1993.10.01
DB36/132－1993	15%哒螨灵乳油	强制	省石化厅	江西农大化工厂	1993.09.20	1993.10.01
DB36/133－1993	农之宝1号	强制	省石化厅	江西制药厂	1993.03.20	1993.03.20
DB36/134－1993	1808乳油	强制	省石化厅	泰和县农药厂	1993.04.05	1993.04.15
DB36/135－1993	25%氧乐氰乳油	强制	省石化厅	永修农药厂	1993.04.24	1993.05.01
DB36/136－1993	2.5%溴氰菊酯乳油	强制	省石化厅	永修农药厂	1993.04.24	1993.05.01
DB36/137－1993	26%杀噻井悬浮剂	强制	省石化厅	兴国县化工厂	1993.12.06	1994.01.01
DB36/138－1993	40%久敌乳油	强制	省石化厅	新建县农药厂	1994.03.14	1994.01.01
DB36/139－1993	作废农药标准	强制	省石化厅	—	—	—
DB36/T140－1993	运输车输综合性能检查评定方法	推荐	省交通厅	省公路运输局	1993.02.15	1993.02.15

续表

标准编号	标准名称	推荐/强制	提出单位	起草单位	发布日期	实施日期
DB36/T141－1993	车辆大修竣工质量检查评定方法	推荐	省交通厅	省公路运输局	1993.02.15	1993.02.15
DB36/T142－1993	汽车日常维护作业技术条件	推荐	省交通厅	省公路运输局	1993.02.15	1993.02.15
DB36/T143.1－1993	汽车维护竣工技术条件	推荐	省交通厅	省公路运输局	1993.02.15	1993.02.15
DB36/T144－1993	广昌通芯白莲	推荐	抚州地区标准计量局	广昌县标准计量局、县科研所	1993.10.18	1993.12.01
DB36/T145－1993	广昌白莲品种	推荐	抚州地区标准计量局	广昌县标准计量局、县莲科所	1993.10.18	1993.12.01
DB36/T146－1993	广昌白莲栽培技术规程	推荐	抚州地区标准计量局	广昌县标准计量局、县莲科所	1993.10.18	1993.12.01
DB36/T147－1993	广昌通芯白莲加工、干燥技术规程	推荐	抚州地区标准计量局	广昌县标准计量局、县莲科所	1993.10.18	1993.12.01
DB36/T148－1993	劳动防护—纱口罩	推荐	省劳动厅	省劳动厅卫生职业病防治研究所	1993.12.13	1994.01.20
DB36/T149－1993	劳动防护—白纱手套	推荐	省劳动厅	省劳动厅卫生职业病防治研究所	1993.12.13	1994.01.20
DB36/T150－1993	劳动防护—帆布手套	推荐	省劳动厅	省劳动厅卫生职业病防治研究所	1993.12.13	1994.01.20
DB36/T151－1993	劳动防护皮革—绒布手套	推荐	省劳动厅	省劳动厅卫生职业病防治研究所	1993.12.13	1994.01.20
DB36/T152－1993	劳动防护防寒手套	推荐	省劳动厅	省劳动厅职安处、省劳防服质监站	1993.12.13	1994.01.20
DB36/T153－1993	劳动防护浸塑手套	推荐	省劳动厅	南昌市劳动安全卫生监安检测站	1993.12.13	1994.01.20
DB36/T154－1993	普通防寒工作服	推荐	省劳动厅	省劳动厅职安处、省劳防服质监站	1993.12.13	1994.01.20

续表

标准编号	标准名称	推荐/强制	提出单位	起草单位	发布日期	实施日期
DB36/155－1994	20%三氯杀螨醇乳油	强制	省石化厅	东乡农药厂	1994.04.15	1994.04.15
DB36/156－1994	23%威敌水溶性液剂	强制	省石化厅	江西南昌威敌化学制剂公司	1994.04.15	1994.04.15
DB36/T157－94	旱地甘蔗栽培技术规程	推荐	省农牧渔业厅	省农牧渔业厅经作处	1994.04.18	1994.04.18
DB36/158－1994	FP防腐阻燃剂(作废)	强制	省消防总队	铁道部鹰潭木材防腐厂	1994.06.30	1994.07.01
DB36/T159－1994	春花生栽培技术规程	推荐	省农牧渔业厅	省农业技术推广总站	1994.08.03	1994.10.01
DB36/160　1994	45%硫三环唑悬浮剂	强制	省石化厅	丰城市农药厂	1994.08.08	1994.08.20
DB36/T161－1994	杜洛克猪	推荐	省农牧渔业厅	九江市良种猪场、省畜牧学院	1994.10.13	1994.12.01
DB36/T162－1994	杭猪	推荐	省农牧渔业厅	修水县杭猪场、省畜牧学院	1994.10.13	1994.12.01
DB36/T163－1994	赣西两头乌猪	推荐	省农牧渔业厅	省畜牧学院、宜春地区农牧渔业局	1994.10.13	1994.12.01
DB36/T164－1994	大约克夏猪	推荐	省农牧渔业厅	省种猪场、省畜牧学院	1994.10.13	1994.12.01
DB36/T165－1994	赣州白猪	推荐	省农牧渔业厅	赣州地区农业局、省畜牧学院	1994.10.13	1994.12.01
DB36/T166－1994	长白猪	推荐	省农牧渔业厅	省畜牧学院等	1994.10.13	1994.12.01
DB36/T167－1994	滨湖黑猪	推荐	省农牧渔业厅	省畜科所、省畜牧学院	1994.10.13	1994.12.01
DB36/T168－1994	中约克夏猪	推荐	省农牧渔业厅	省中约克种猪场、省畜牧学院	1994.10.13	1994.12.01
DB36/T169－1994	赣中南花猪	推荐	省农牧渔业厅	吉安地区农业局、省畜牧学院	1994.10.13	1994.12.01

续表

标准编号	标准名称	推荐/强制	提出单位	起草单位	发布日期	实施日期
DB36/T170－1994	赣东黑猪	推荐	省农牧渔业厅	南城县畜牧良种场、省畜牧学院	1994. 10. 13	1994. 12. 01
DB36/T171－1994	赣东北黑猪	推荐	省农牧渔业厅	玉山黑猪原种场、省畜牧学院	1994. 10. 13	1994. 12. 01
DB36/T172－1994	乐平花猪	推荐	省农牧渔业厅	乐平市种猪场、省畜牧学院	1994. 10. 13	1994. 12. 01
DB36/T173－1994	泰和鸡	推荐	省农牧渔业厅	吉安地区农业局、泰和鸡种鸡所	1994. 10. 13	1994. 12. 01
DB36/T174－1994	崇仁麻鸡	推荐	省农牧渔业厅	省畜科所	1994. 10. 13	1994. 12. 01
DB36/T175－1994	白耳黄鸡	推荐	省农牧渔业厅	广丰县农业局、省畜牧学院	1994. 10. 13	1994. 12. 01
DB36/T176－1994	大余麻鸭	推荐	省农牧渔业厅	赣州地区农业局、省畜科所	1994. 10. 13	1994. 12. 01
DB36/T177－1994	丰城灰鹅	推荐	省农牧渔业厅	丰城市畜牧水产局	1994. 10. 13	1994. 12. 01
DB36/T178－1994	兴国灰鹅	推荐	省农牧渔业厅	兴国县农业局	1994. 10. 13	1994. 12. 01
DB36/T179－1994	莲花白鹅	推荐	省农牧渔业厅	吉安市技监局、莲花县畜牧局	1994. 10. 13	1994. 12. 01
DB36/T180－1994	广丰白翎鹅	推荐	省农牧渔业厅	广丰白翎鹅场、上饶市技监局	1994. 10. 13	1994. 12. 01
DB36/181－1994	喷长精可溶性粉剂	强制	省石化厅	江西光灿生物化学公司	1994. 11. 11	1994. 12. 01
DB36/182－1995	35%甲杀乳油	强制	省石化厅	赣南农药厂	1995. 02. 18	1995. 02. 18
DB36/183－1995	30%双胺磷乳油	强制	省石化厅	赣南农药厂	1995. 02. 18	1995. 02. 18
DB36/184－1995	30%久威乳油	强制	省石化厅	南昌威敌化学制剂公司	1995. 02. 18	1995. 02. 18
DB36/185－1995	强敌－311可湿性粉剂	强制	省石化厅	南昌威敌化学制剂公司	1995. 02. 18	1995. 02. 18

续表

标准编号	标准名称	推荐/强制	提出单位	起草单位	发布日期	实施日期
DB36/186－1995	18%硫丹氯氰菊酯乳油	强制	省石化厅	南昌威敌化学制剂公司	1995.02.18	1995.02.18
DB36/187－1995	28%乐果单氰菊酯乳油	强制	省石化厅	南昌市物种农药厂	1995.03.12	1995.03.12
DB36/188－1995	10%灭草王可湿性粉剂	强制	省石化厅	江西农大化工厂	1995.03.13	1995.03.13
DB36/189－1995	12%高效顺反氯马杀乳油	强制	省石化厅	新建县农药厂	1995.03.30	1995.04.01
DB36/T190－1995	信丰脐橙	推荐	赣州市技监局	信丰县技监局	1995.03.30	1995.04.30
DB36/T191－1995	信丰脐橙品种	推荐	赣州市技监局	信丰县技监局	1995.03.30	1995.04.30
DB36/T192－1995	信丰脐橙育苗技术规程	推荐	赣州市技监局	信丰县技监局	1995.03.30	1995.04.30
DB36/T193－1995	信丰脐橙栽培技术规程	推荐	赣州市技监局	信丰县技监局	1995.03.30	1995.04.30
DB36/T194－1995	信丰脐橙采摘技术规程	推荐	赣州市技监局	信丰县技监局	1995.03.30	1995.04.30
DB36/T195－1995	信丰脐橙分级	推荐	赣州市技监局	信丰县技监局	1995.03.30	1995.04.30
DB36/T196－1995	信丰脐橙包装	推荐	赣州市技监局	信丰县技监局	1995.03.30	1995.04.30
DB36/T197－1995	信丰脐橙贮藏保鲜	推荐	赣州市技监局	信丰县技监局	1995.03.30	1995.04.30
DB36/198－1995	50%甲胺磷—敌百虫乳油	强制	省石化厅	江西省化工所	1995.05.01	1995.05.01
DB36/181－1995	喷长精可溶性粉剂	强制	省石化厅	江西光灿生物化学公司	1995.06.16	1995.07.01
DB36/200－1995	XY56消防高温排烟通风机	强制	省消防总队	永修通风设备厂	1995.05.07	1995.05.20
DB36/201－1995	20%克螨王乳油	强制	省石化厅	江西农大化工厂	1995.08.10	1995.08.10
DB36/T202－1995	实验大小鼠饲育环境条件及设施	推荐	省科委	省医学实验动物中心	1995.08.15	1995.09.15
DB36/T203－1995	实验大小鼠全价营养饲料	推荐	省科委	省医学实验动物中心	1995.08.15	1995.09.15
DB36/T204－1995	近交系大小鼠遗传检测规范	推荐	省科委	省医学实验动物中心	1995.08.15	1995.09.15

续表

标准编号	标准名称	推荐/强制	提出单位	起草单位	发布日期	实施日期
DB36/T205－1995	实验大小鼠病原菌检测等级	推荐	省科委	省医学实验动物中心	1995.08.15	1995.09.15
DB36/T206－1995	远交群大小鼠保种繁育要求	推荐	省科委	省医学实验动物中心	1995.08.15	1995.09.15
DB36/T207－1995	实验大小鼠病理学检查	推荐	省科委	省医学实验动物中心	1995.08.15	1995.09.15
DB36/208－1995	MFZ045 手提贮压式干粉灭火器	强制	省消防总队	江西消防器材一厂	1995.08.18	1995.08.18
DB36/209－1995	FH 型防火阀技术条件	强制	省消防总队	江西消防器材一厂	1995.08.18	1995.08.18
DB36/210－1995	PY 型排烟阀技术条件	强制	省消防总队	江西消防器材一厂	1995.08.18	1995.08.18
DB36/130－1995	20%三唑磷乳油	强制	省石化厅	东乡农药厂	1995.08.18	1995.08.18
DB36/211－1995	14%络氨铜水剂	强制	省石化厅	江西农大农学系、南昌市蛟桥激素厂	1995.10.18	1995.11.01
DB36/212－1995	4%田草净颗粒剂	强制	省石化厅	抚州新兴化工有限公司	1995.11.10	1995.11.20
DB36/213－1995	20%唑威乳油	强制	省石化厅	泰和农药厂	1995.11.27	1995.12.01
DB36/214－1995	25%对氯杀虫酯乳油	强制	省石化厅	泰和农药厂	1995.11.27	1995.12.01
DB36/215－1995	14%乙苄可湿性粉剂	强制	省石化厅	余干县化工厂	1995.12.25	1996.01.01
DB36/216－1995	40%灭铃净乳油	强制	省石化厅	湖口农药厂	1995.12.25	1996.01.01
DB36/217－1996	喹禾灵原药	强制	省石化厅	省科力农化实业有限公司	1996.01.10	1996.01.20
DB36/218－1996	10%喹禾灵乳油	强制	省石化厅	省科力农化实业有限公司	1996.01.10	1996.01.20
DB36/219－1996	30%虱玖灵可湿性粉剂	强制	省石化厅	丰城市农药厂	1996.01.10	1996.01.20
DB36/T220－1996	江西省春玉米净种栽培技术规程	推荐	省农业厅	省农科院旱作所	1996.03.20	1996.04.20

续表

标准编号	标准名称	推荐/强制	提出单位	起草单位	发布日期	实施日期
DB36/T221－1996	春大豆栽培技术规程	推荐	省农业厅	省农科院旱作所	1996. 03. 20	1996. 04. 20
DB36/T222－1996	江西省秋芝麻栽培技术规程	推荐	省农业厅	省农科院旱作所	1996. 03. 20	1996. 04. 20
DB36/T223－1996	江西省大豆品种区域试验规程	推荐	省农业厅	省种子站、省旱作所	1996. 03. 20	1996. 04. 20
DB36/T224－1996	江西省小麦品种(系)区域试验规程	推荐	省农业厅	九江市农科所、省种子站	1996. 03. 20	1996. 04. 20
DB36/225－1996	20%敌百虫乳油	强制	省石化厅	南昌威敌化学制剂公司	1996. 05. 15	1996. 05. 15
DB36/226－1996	3%克百威颗粒剂	强制	省石化厅	南昌威敌化学制剂公司	1996. 05. 15	1996. 05. 15
DB36/227－1996	28%氯久敌乳油	强制	省石化厅	新建县农药厂	1996. 05. 15	1996. 05. 15
DB36/228－1996	22%久畏乳油	强制	省石化厅	南昌赣丰化工农药厂	1996. 05. 23	1996. 06. 01
DB36/T229－1996	百合栽培技术操作规程	推荐	省农业厅	泰和县经济作物站	1996. 07. 09	1996. 10. 01
DB36/230－1996	28%苄·喹可湿性粉剂	强制	省石化厅	高安市山野化工有限责任公司	1996. 07. 19	1996. 08. 01
DB36/231－1996	15%苄·乙甲粉剂	强制	省石化厅	高安市山野化工有限责任公司	1996. 07. 19	1996. 08. 01
DB36/211－1996	14%、25%络氨铜水剂	强制	省石化厅	南昌市植物激素厂	1996. 07. 19	1996. 08. 01
DB36/232－1996	50%辛氰乳油	强制	省石化厅	南昌农药厂	1996. 08. 20	1996. 09. 01
DB36/233－1996	26%辛·威·氯乳油	强制	省石化厅	南昌农药厂	1996. 08. 20	1996. 09. 01
DB36/234－1996	30%敌·氰乳油	强制	省石化厅	九江农药厂、景德镇市岚山农药厂	1996. 09. 16	1996. 10. 01
DB36/235－1996	30%甲胺菊酯乳油	强制	省石化厅	九江农药厂、景德镇市岚山农药厂	1996. 09. 16	1996. 10. 01

续表

标准编号	标准名称	推荐/强制	提出单位	起草单位	发布日期	实施日期
DB36/236-1996	20.5%甲·溴复合乳油	强制	省石化厅	九江农药厂、景德镇市岚山农药厂	1996.09.16	1996.10.01
DB36/237-1996	35%辛·敌·氰乳油	强制	省石化厅	九江农药厂、景德镇市岚山农药厂	1996.09.16	1996.10.01
DB36/238-1996	喷油泵试验台校验规范	强制	省农机局	省喷油泵维修质检站	1996.10.10	1996.10.10
DB36/239-1996	25%多硫可湿性粉剂	强制	省石化厅	贵溪市农药厂	1996.11.20	1996.12.01
DB36/240-1996	70%甲硫可湿性粉剂	强制	省石化厅	贵溪市农药厂	1996.11.20	1996.12.01
DB36/080-1996	仲丁威乳油	强制	省石化厅	贵溪市农药厂	1996.11.20	1996.12.01
DB36/241-1996	烯效唑原粉	强制	省石化厅	江西农大化工厂	1996.12.10	1996.12.10
DB36/242-1996	5%烯效唑可湿性粉剂	强制	省石化厅	江西农大化工厂	1996.12.10	1996.12.10
DB36/T243-1996	南康甜柚	推荐	赣州市技监局	南康市果业局	1996.12.06	1996.12.20
DB36/T244-1996	南康甜柚分级	推荐	赣州市技监局	南康市果业局	1996.12.06	1996.12.20
DB36/T245-1996	南康甜柚品种	推荐	赣州市技监局	南康市果业局	1996.12.06	1996.12.20
DB36/T246-1996	南康甜柚栽培技术规程	推荐	赣州市技监局	南康市果业局	1996.12.06	1996.12.20
DB36/T247-1996	南康甜柚育苗技术规程	推荐	赣州市技监局	南康市果业局	1996.12.06	1996.12.20
DB36/T248-1996	南康甜柚采摘技术规程	推荐	赣州市技监局	南康市果业局	1996.12.06	1996.12.20
DB36/T249-1996	南康甜柚包装	推荐	赣州市技监局	南康市果业局	1996.12.06	1996.12.20
DB36/T250-1996	南康甜柚贮藏	推荐	赣州市技监局	南康市果业局	1996.12.06	1996.12.20
DB36/251-1996	阿维菌素B1乳油	强制	省石化厅	江西亚星抗生素总厂	1997.01.15	1997.02.01
DB36/252-1996	18%乙·苄可湿性粉剂	强制	省石化厅	宜黄县农用化工厂	1997.01.15	1997.02.01
DB36/T253-1997	"吨糖田"甘蔗栽培技术规程	推荐	省农业厅	省农业厅经作局	1997.03.20	1997.04.01
DB36/T254-1997	水稻沼液浸种操作技术规程	推荐	省农业厅	省水稻所	1997.03.20	1997.04.01

续表

标准编号	标准名称	推荐/强制	提出单位	起草单位	发布日期	实施日期
DB36/T255－1997	棉花施用沼肥操作技术规程	推荐	省农业厅	省农业厅环保能源处、省棉花所	1997.03.20	1997.04.01
DB36/256－1997	2%高渗吡虫啉乳油	强制	省石化厅	南昌绿叶化学制剂有限公司	1997.03.24	1997.04.01
DB36/257－1997	25%苄·乙·甲粉剂	强制	省石化厅	省励远化工科技实业公司	1997.03.24	1997.04.01
DB36/258－1997	11%三唑氯氰乳油	强制	省石化厅	抚州新兴化工有限公司	1997.04.07	1997.05.01
DB36/259－1997	2.1%氯·阿乳油	强制	省石化厅	抚州新兴化工有限公司	1997.04.07	1997.05.01
DB36/212－1997	4%、6%苄·乙·甲颗粒剂	强制	省石化厅	抚州新兴化工有限公司	1997.04.07	1997.05.01
DB36/135－1997	25%氧乐·氰乳油	强制	省石化厅	南昌威敌化学制剂公司	1997.04.25	1997.05.01
DB36/260－1997	25%高效顺反氯·甲乳油	强制	省石化厅	南昌绿叶化学制剂有限公司	1997.06.10	1997.06.20
DB36/261－1997	10%吡虫啉可湿性粉剂	强制	省石化厅	江西农药厂第一分厂	1997.06.25	1997.07.01
DB36/262－1997	35%乙·喹乳油	强制	省石化厅	江西农药厂第一分厂	1997.06.25	1997.07.01
DB36/263－1997	25%丁·苄粉剂	强制	省石化厅	江西正帮化工有限公司	1997.07.14	1997.07.20
DB36/216－1997	40%甲·氰菊酯乳油	强制	省石化厅	湖口农药厂、南昌赣丰化工农药厂	1997.07.14	1997.07.20
DB36/264－1997	40%杀乐可湿性粉剂	强制	省石化厅	南昌威敌化学制剂公司	1997.12.25	1998.01.01
DB36/T265－1997	塑料钵体水稻育秧盘	推荐	省农业厅	省农业技术推广总站	1997.09.01	1997.10.01

续表

标准编号	标准名称	推荐/强制	提出单位	起草单位	发布日期	实施日期
DB36/266－1997	10%敌畏·氯氰乳油	强制	省石化厅	江西新辉煌化工有限公司	1997.10.06	1997.10.15
DB36/267－1997	阿维菌素B1原药	强制	省石化厅	江西亚星抗生素总厂	1997.10.06	1997.10.15
DB36/268－1997	35%丁·苄可湿性粉剂	强制	省石化厅	高安市山野化工有限责任公司	1997.10.27	1997.11.01
DB36/T269－1997	双季稻栽培技术规程	推荐	南昌市技监局	南昌县技监局	1997.11.05	1997.12.01
DB36/T270－1997	早晚稻育秧技术规程	推荐	南昌市技监局	南昌县技监局	1997.11.05	1997.12.01
DB36/T271－1997	水稻抛秧技术规程	推荐	南昌市技监局	南昌县技监局	1997.11.05	1997.12.01
DB36/T272－1997	水稻主要病虫害测报与防治	推荐	南昌市技监局	南昌县技监局	1997.11.05	1997.12.01
DB36/T273－1997	水稻病虫综合防治	推荐	南昌市技监局	南昌县技监局	1997.11.05	1997.12.01
DB36/T274－1997	杂交水稻制种技术规程	推荐	南昌市技监局	南昌县技监局	1997.11.05	1997.12.01
DB36/T275－1997	稻谷管理	推荐	南昌市技监局	南昌县技监局	1997.11.05	1997.12.01
DB36/T276－1997	赣早籼31号	推荐	南昌市技监局	南昌县技监局	1997.11.05	1997.12.01
DB36/T277－1997	赣早籼34号	推荐	南昌市技监局	南昌县技监局	1997.11.05	1997.12.01
DB36/T278－1997	南昌白猪	推荐	省农业厅	省畜牧局等	1997.11.05	1997.12.01
DB36/T279－1997	余干黑羽乌鸡	推荐	省农业厅	省农科院畜牧所、余干县畜牧良种场	1997.11.05	1997.12.01
DB36/280－1997	皮鞋产品标识	强制	省技监局	省技监局	1997.11.10	1998.01.01
DB36/281－1997	20%高渗甲胺磷乳油	强制	省石化总公司	余干县农药化工厂	1997.11.10	1998.01.01
DB36/282－1997	25%高渗对硫磷乳油	强制	省石化总公司	余干县农药化工厂	1997.11.10	1998.01.01
DB36/283－1997	2%高渗吡虫啉可湿性粉剂	强制	省石化总公司	余干县农药化工厂	1997.11.10	1998.01.01
DB36/284－1997	20%异唑可湿性粉剂	强制	省石化总公司	丰城市农药化工厂	1997.11.18	1997.11.18

续表

标准编号	标准名称	推荐/强制	提出单位	起草单位	发布日期	实施日期
DB36/285－1997	2.5%吡虫啉可湿性粉剂	强制	省石化总公司	丰城市农药化工厂	1997.11.18	1997.11.18
DB36/T286－1997	崇仁麻鸡蛋鸡饲养技术操作规程	推荐	抚州市技监局	崇仁县技监局	1997.11.20	1997.12.01
DB36/T287－1997	崇仁麻鸡蛋的品质标准	推荐	抚州市技监局	崇仁县技监局	1997.11.20	1997.12.01
DB36/T288－1997	崇仁麻鸡孵化技术操作规程	推荐	抚州市技监局	崇仁县技监局	1997.11.20	1997.12.01
DB36/T289－1997	崇仁麻鸡育雏技术操作规程	推荐	抚州市技监局	崇仁县技监局	1997.11.20	1997.12.01
DB36/T290－1997	崇仁麻鸡育成技术操作规程	推荐	抚州市技监局	崇仁县技监局	1997.11.20	1997.12.01
DB36/T291－1997	崇仁麻鸡肉质及其营养成份	推荐	抚州市技监局	崇仁县技监局	1997.11.20	1997.12.01
DB36/292－1997	20%水胺高效氯氰乳油	强制	省石化总公司	南昌威敌化学制剂公司	1997.12.25	1998.01.01
DB36/293－1997	40%甲对敌乳油	强制	省石化总公司	江西励远化工科技公司	1997.12.25	1998.01.01
DB36/294－1997	25%辛·氰乳油	强制	省石化总公司	江西励远化工科技公司	1997.12.25	1998.01.01
DB36/295－1997	36%甲·腐可湿性粉剂	强制	省石化总公司	赣丰化工农药厂	1997.12.25	1998.01.01
DB36/296－1997	5%井冈霉素A水溶性粉剂	强制	省石化总公司	赣州地区生物化工厂	1997.12.25	1998.01.01
DB36/128－1997	10%、20%井冈霉素水溶性粉剂	强制	省石化总公司	赣州地区生物化工厂	1997.12.25	1998.01.01
DB36/219－1997	30%噻·井可湿性粉剂	强制	省石化总公司	赣州地区生物化工厂	1997.12.25	1998.01.01

续表

标准编号	标准名称	推荐/强制	提出单位	起草单位	发布日期	实施日期
DB36/T320－1998	油茶低产林改造	推荐	宜春市技监局	宜春市油茶局、宜春市技监局	1998.03.12	1998.04.01
DB36/T321－1998	油茶籽	推荐	省粮食局	省粮油质检站、宜春市技监局	1998.04.30	1998.05.01
DB36/T322－1998	米粉干	推荐	省粮食局	省粮油质检站	1998.04.30	1998.05.01
DB36/T323－1998	干面条	推荐	省粮食局	省粮油质检站	1998.04.30	1998.05.01
DB36/T324－1998	床土调制剂	推荐	省农业厅	省化肥质量监督检验站	1998.05.27	1998.06.01
DB36/T325－1998	优质油菜种子生产规程	推荐	省农业厅	省农科院旱作所	1998.07.03	1998.07.20
DB36/T326－1998	优质油菜栽培技术规程	推荐	省农业厅	省农科院旱作所	1998.07.03	1998.07.20
DB36/T327－1998	稻板麦栽培操作规程	推荐	省农业厅	九江市农科所、省种子管理站	1998.07.03	1998.07.20
DB36/328－1998	25%杀·噻可湿性粉剂	强制	省石化总公司	丰城市农药厂	1998.08.10	1998.08.15
DB36/329－1998	25%异·噻可湿性粉剂	强制	省石化总公司	丰城市农药厂	1998.08.10	1998.08.15
DB36/330－1998	30%异·噻乳油	强制	省石化总公司	丰城市农药厂	1998.08.10	1998.08.15
DB36/331－1998	40%异·瘟灵乳油	强制	省石化总公司	丰城市农药厂	1998.08.10	1998.08.15
DB36/332－1998	40%福·多可湿性粉剂	强制	省石化总公司	南昌市农业科研所	1998.10.20	1998.10.30
DB36/T333－1998	万载康乐黄鸡	推荐	省农业厅	万载县畜牧良种场、江西农大动物学院	1998.11.02	1998.11.30
DB36/T334－1998	沼肥养鱼生产技术规程	推荐	省农业厅	省农业厅农业环监站	1998.12.14	1998.12.30
DB36/T335－1998	无公害小白菜生产技术规程	推荐	省农业厅	省农业厅农业环监站	1998.12.14	1998.12.30
DB36/T336－1998	无公害农业环境质量	推荐	省农业厅	省农业厅农业环监站	1998.12.14	1998.12.30
DB36/T337－1999	优质稻生产技术规程	推荐	省农业厅	省农科院水稻所	1999.04.20	1999.04.30
DB36/T338－1999	农村户用沼气池输气管路安装操作规程	推荐	省农业厅	省农业厅环保能源处	1999.04.20	1999.04.30

续表

标准编号	标准名称	推荐/强制	提出单位	起草单位	发布日期	实施日期
DB36/T339－1999	耐酸陶瓷环填料技术条件	推荐	萍乡市技监局	萍乡市技监局	1999.05.10	1999.06.01
DB36/T340－1999	瓷质球拱	推荐	萍乡市技监局	萍乡市技监局	1999.05.10	1999.06.01
DB36/T341－1999	东乡黑羽绿壳鸡蛋	推荐	省农业厅	东乡县农科所、省畜科所	1999.09.22	1999.10.20
DB36/T342－1999	吉安红毛鸭	推荐	省农业厅	吉安畜牧兽医站、遂川县畜兽站	1999.09.22	1999.10.20
DB36/T343－1999	波纹面	推荐	省粮食局	省粮油质检站	1999.12.15	1999.12.30
DB36/T344－1999	红薯淀粉	推荐	省粮食局	省粮油质检站	1999.12.15	1999.12.30
DB36/T345－1999	红薯粉丝	推荐	省粮食局	省粮油质检站	1999.12.15	1999.12.30
DB36/T001－1999	糯米粉	推荐	省粮食局	省粮油质检站	1999.12.15	1999.12.30
DB36/T002－1999	粘米粉	推荐	省粮食局	省粮油质检站	1999.12.15	1999.12.30
DB36/T346－1999	杂交玉米制种高产技术规程	推荐	省农业厅	省农科院旱作所	1999.12.30	2000.02.01
DB36/T347－1999	芝麻新品种区域试验技术规程	推荐	省农业厅	省农科院旱作所	1999.12.30	2000.02.01
DB36/T348－1999	甘蔗薄膜覆盖育苗技术规程	推荐	省农业厅	省经作局	1999.12.30	2000.02.01
DB36/T349－1999	无公害茶叶生产技术规程	推荐	省农业厅	省农业环境监测站	1999.12.30	2000.02.01
DB36/T243－2000	南康甜柚	推荐	赣州市技监局	南康市果业局	2000.06.15	2000.07.01
DB36/T244－2000	南康甜柚分级	推荐	赣州市技监局	南康市果业局	2000.06.15	2000.07.01
DB36/T245－2000	南康甜柚品种	推荐	赣州市技监局	南康市果业局	2000.06.15	2000.07.01
DB36/T246－2000	南康甜柚栽培技术规程	推荐	赣州市技监局	南康市果业局	2000.06.15	2000.07.01
DB36/T247－2000	南康甜柚育苗技术规程	推荐	赣州市技监局	南康市果业局	2000.06.15	2000.07.01
DB36/T248－2000	南康甜柚采摘技术规程	推荐	赣州市技监局	南康市果业局	2000.06.15	2000.07.01
DB36/T249－2000	南康甜柚包装	推荐	赣州市技监局	南康市果业局	2000.06.15	2000.07.01
DB36/T250－2000	南康甜柚贮藏保鲜	推荐	赣州市技监局	南康市果业局	2000.06.15	2000.07.01

续表

标准编号	标准名称	推荐/强制	提出单位	起草单位	发布日期	实施日期
DB36/T350－2000	优质大米	推荐	省粮食局	省粮油质检站、东乡虎岗米业公司	2000.06.15	2000.07.01
DB36/T351－2000	江西省乡镇农机管理服务站建设规范	推荐	省农业厅	省农业机械管理局	2000.06.15	2000.07.01
DB36/T352－2000	江西省农业机械农田作业标准	推荐	省农业厅	省农业机械管理局	2000.06.15	2000.07.01
DB36/T353－2000	珍珠的分级	推荐	上饶市技监局	万年春珍珠集团、万年县技监局	2000.07.20	2000.08.01
DB36/T354－2000	珍珠接种技术操作规程	推荐	上饶市技监局	万年春珍珠集团、万年县技监局	2000.07.20	2000.08.01
DB36/T355－2000	育珠蚌养殖及采珠技术操作规程	推荐	上饶市技监局	万年春珍珠集团、万年县技监局	2000.07.20	2000.08.01
DB36/T356－2000	三角帆蚌亲本标准	推荐	上饶市技监局	万年春珍珠集团、万年县技监局	2000.07.20	2000.08.01
DB36/T357－2000	三角帆蚌亲繁殖、培育技术规程	推荐	上饶市技监局	万年春珍珠集团、万年县技监局	2000.07.20	2000.08.01
DB36/T358－2000	三角帆作业蚌标准	推荐	上饶市技监局	万年春珍珠集团、万年县技监局	2000.07.20	2000.08.01
DB36/T359－2001	武宁黑芝麻	推荐	省农业厅	省农业厅粮油处、省农科院旱作所	2001.01.15	2001.02.01
DB36/T360.1－2001	江西省建设事业集成电路(IC)卡应用系统规范第一部分卡片规范	推荐	省建设厅	省建筑科学研究院	2001.05.09	2001.05.30

续表

标准编号	标准名称	推荐/强制	提出单位	起草单位	发布日期	实施日期
DB36/T360.2－2001	江西省建设事业集成电路(IC)卡应用系统规范第二部分终端规范	推荐	省建设厅	省建筑科学研究院	2001.05.09	2001.05.30
DB36/T360.3－2001	江西省建设事业集成电路(IC)卡应用系统规范第三部分应用规范	推荐	省建设厅	省建筑科学研究院	2001.05.09	2001.05.30
DB36/T360.4－2001	江西省建设事业集成电路(IC)卡应用系统规范第四部分安全规范	推荐	省建设厅	省建筑科学研究院	2001.05.09	2001.05.30
DB36/T361－2001	无公害农产品质量标准	推荐	省农业厅	省农业厅环境监测站	2001.03.13	2001.04.01
DB36/T362－2001	绿色食品苦瓜生产技术规程	推荐	省农业厅	省农业厅环境监测站	2001.03.13	2001.04.01
DB36/T363－2001	有机茶叶生产加工技术规程	推荐	省农业厅	省农业厅环境监测站	2001.03.13	2001.04.01
DB36/T364－2001	黄颡鱼	推荐	省农业厅	省畜牧水产学校	2001.04.23	2001.05.01
DB36/T365－2001	池塘主养青虾技术操作规程	推荐	省农业厅	南昌大学	2001.04.23	2001.05.01
DB36/T366－2001	万安玻璃红鲤	推荐	省农业厅	吉安市水产站	2001.04.23	2001.05.01
DB36/T367－2001	万安玻璃红鲤鱼苗鱼种质量标准	推荐	省农业厅	吉安市水产站	2001.04.23	2001.05.01
DB36/T368－2001	无公害肉鸡生产技术规程	推荐	省农业厅	省畜牧兽医局	2001.04.23	2001.05.01
DB36/T369－2001	规模化养猪生产技术规程	推荐	省农业厅	省养猪行业协会	2001.04.23	2001.05.01
DB36/T370－2001	无公害肉猪生产技术规程	推荐	省农业厅	省畜牧兽医局	2001.04.23	2001.05.01
DB36/T371－2001	高山辣椒栽培技术规程	推荐	省农业厅	省农业厅经作局	2001.04.23	2001.05.01

续表

标准编号	标准名称	推荐/强制	提出单位	起草单位	发布日期	实施日期
DB36/T372－2001	江西省秋延后辣椒棚栽技术规程	推荐	省农业厅	省农业厅经作局	2001.04.23	2001.05.01
DB36/T373－2001	江西省无公害蔬菜生产技术规程	推荐	省农业厅	省农业厅经作局	2001.04.23	2001.05.01
DB36/T374－2001	江西省早熟梨栽培技术规程	推荐	省农业厅	省农业厅经作局	2001.07.04	2001.08.01
DB36/T375－2001	无公害优质大米	推荐	省农业厅	省农业厅粮油处	2001.07.04	2001.08.01
DB36/T376－2001	优质晚籼米	推荐	省农业厅	省农业厅经作局	2001.07.04	2001.08.01
DB36/T377－2001	优质早籼米	推荐	省农业厅	省农业厅经作局	2001.07.04	2001.08.01
DB36/T378－2001	拖拉机变型运输机通用技术条件	推荐	省农业厅	省农机安全监理总站、省农业机械鉴定站	2001.11.08	2001.12.01
DB36/T379－2001	QL200型固定式气溶胶自动灭火系统设计、施工、验收、规范	推荐	省公安厅消防局	江西三星气龙新材料有限公司	2001.11.26	2001.12.01
DB36/T380－2002	江西省归档文件整理规范	推荐	省档案局	省档案局、省标准化所	2002.04.22	2002.07.01
DB36/T381－2002	美容美发服务操作规程	推荐	省国内贸易行业管理办公室	省国内贸易行业管理办公室	2002.06.01	2002.07.01
DB36/T382－2002	美容美发质量标准	推荐	省国内贸易行业管理办公室	省国内贸易行业管理办公室	2002.06.01	2002.07.01
DB36/T383－2002	美容美发企业星级评定标准	推荐	省国内贸易行业管理办公室	省国内贸易行业管理办公室	2002.06.01	2002.07.01
DB36/T384－2002	宁都黄鸡品种	推荐	省农业厅	省畜牧兽医局、宁都县畜牧兽医技术服务中心	2002.07.24	2002.09.01

续表

标准编号	标准名称	推荐/强制	提出单位	起草单位	发布日期	实施日期
DB36/T385－2002	三氟甲烷（HFC－23）洁净气体灭火系统设计、施工、验收、规范	推荐	省公安厅消防局	江西三星气龙新材料有限公司	2002.11.15	2003.01.01
DB36/T386－2002	钢筋混凝土异形柱结构技术规程	推荐	省建设厅	省土木建筑学会	2002.11.28	2003.01.01
DB36/T387－2003	无公害食品南丰蜜桔	推荐	省农业厅	省经作局、省经济站、抚州市南丰橘柑研究所、南丰县橘柑技术推广中心	2003.05.19	2003.05.19
DB36/T388－2003	无公害食品南丰蜜桔生产技术规程	推荐	省农业厅	省经作局、省经济站、抚州市南丰橘柑研究所、南丰县橘柑技术推广中心	2003.05.19	2003.05.19
DB36/T389－2003	无公害食品赣南脐橙	推荐	省农业厅	省经作局、省经济站、赣州市果业局	2003.05.19	2003.05.19
DB36/T390－2003	无公害食品赣南脐橙生产技术规程	推荐	省农业厅	省经作局、省经济站、赣州市果业局	2003.05.19	2003.05.19
DB36/T391－2003	无公害食品猕猴桃	推荐	省农业厅	省经作站、省农科院园艺研究所	2003.05.19	2003.05.19
DB36/T392－2003	无公害食品新余蜜桔	推荐	省农业厅	省经作局、省经作站、新余市农业局	2003.05.19	2003.05.19
DB36/T393－2003	无公害水果基地认定标准	推荐	省农业厅	省经作局、省经作站、江西农业大学	2003.05.19	2003.05.19

续表

标准编号	标准名称	推荐/强制	提出单位	起草单位	发布日期	实施日期
DB36/T394－2003	无公害蔬菜基地认定标准	推荐	省农业厅	省农业环境监测站、省经作局	2003.05.19	2003.05.19
DB36/T395－2003	江西省生态农业建设技术规范	推荐	省农业厅	省农业环境监测站、省农业厅	2003.05.19	2003.05.19
DB36/T396－2003	无公害食品结球甘蓝生产技术规程	推荐	省农业厅	南昌市蔬菜科学研究所	2003.05.19	2003.05.19
DB36/T397－2003	无公害食品藜蒿	推荐	省农业厅	省无公害农产品质量监督检验站、南昌县农业局	2003.05.19	2003.05.19
DB36/T398－2003	无公害食品白莲	推荐	省农业厅	省植保植检站、广昌白莲研究所	2003.05.19	2003.05.19
DB36/T399－2003	无公害食品双低油菜籽	推荐	省农业厅	省粮油作物局	2003.05.19	2003.05.19
DB36/T400－2003	无公害食品南方大豆	推荐	省农业厅	省粮油作物局	2003.05.19	2003.05.19
DB36/T401－2003	无公害食品蜂蜜	推荐	省农业厅	省养蜂研究所、省蜂产品质量检验站	2003.05.19	2003.05.19
DB36/T402－2003	野桂花蜜	推荐	省农业厅	省养蜂研究所、省蜂产品质量检验站	2003.05.19	2003.05.19
DB36/T403－2003	无公害食品荷包红鲤	推荐	省农业厅	婺源县先锋水产技术研究中心	2003.05.19	2003.05.19
DB36/T404－2003	无公害食品彭泽鲫	推荐	省农业厅	彭泽县水产局	2003.05.19	2003.05.19
DB36/T405－2003	无公害水产品基地认定标准	推荐	省农业厅	省水产技术推广站	2003.05.19	2003.05.19
DB36/T406－2003	规模化养猪场无害化处理技术规程	推荐	省农业厅	省畜牧兽医局、江西农业大学	2003.05.19	2003.05.19
DB36/T407－2003	规模化养鸡场无害化处理技术规程	推荐	省农业厅	省畜牧兽医局、省农科院畜牧兽医研究所、江西农业大学	2003.05.19	2003.05.19

续表

标准编号	标准名称	推荐/强制	提出单位	起草单位	发布日期	实施日期
DB36/T408－2003	无公害生猪基地认定标准	推荐	省农业厅	省畜牧兽医局	2003.05.19	2003.05.19
DB36/T409－2003	无公害肉鸡基地认定标准	推荐	省农业厅	省畜牧兽医局	2003.05.19	2003.05.19
DB36/T410－2003	猪尿中克伦特罗检测方法—酶联免疫吸附测定法	推荐	省农业厅	省兽药饲料监察所	2003.05.19	2003.05.19
DB36/T411－2003	猪肝中克伦特罗检测方法—酶联免疫吸附测定法	推荐	省农业厅	省兽药饲料监察所	2003.05.19	2003.05.19
DB36/T412－2003	动物可食性组织中庆大霉素残留检测方法—微生物学测定法	推荐	省农业厅	省兽药饲料监察所	2003.05.19	2003.05.19
DB36/T413－2003	安义瓦灰鸡	推荐	省农业厅	省畜牧兽医局、安义县畜牧兽医站	2003.05.19	2003.05.19
DB36/T414－2003	过氧乙酸消毒液	推荐	省质监局	省疾病预防控制中心、省化学工业研究所、江西昌九生物股份公司江氨分公司	2003.05.16	2003.05.16
DB36/T415－2003	复方次氯酸钠消毒液	推荐	省质监局	省疾病预防控制中心	2003.05.16	2003.05.16
DB36/T416－2003	集团购买棉胎	推荐	省质监局	省纤维检验局	2003.06.26	2003.06.26
DB36/T417－2003	水稻直播技术操作	推荐	南昌市质监局	南昌市农业局	2003.07.09	2003.08.01
DB36/418－2003	袁河流域水污染物排放标准	强制	省环境保护局	省环境监测中心站	2003.07.16	2003.08.15
DB36/T419－2003	江西省城市生活用水定额	推荐	省水利厅	省水文局	2003.11.27	2004.01.01

续表

标准编号	标准名称	推荐/强制	提出单位	起草单位	发布日期	实施日期
DB36/T420-2003	江西省工业企业主要产品用水定额	推荐	省水利厅	省水文局	2003.11.27	2004.01.01
DB36/T421-2004	狗牯脑茶	推荐	省质监局	省标准化协会、遂川县狗牯脑茶厂	2004.02.05	2004.02.15
DB36/T422-2004	杉木大径材培育苗木	推荐	省林业厅	省林业科学院、永丰县官山林场	2004.03.05	2004.04.01
DB36/T423-2004	杉木大径材培育栽培管理	推荐	省林业厅	省林业科学院、永丰县官山林场	2004.03.05	2004.04.01
DB36/T424-2004	无公害黄栀子干果	推荐	抚州市质监局	江西恒信绿色产业发展有限责任公司、抚州市质监局、金溪县质监局	2004.04.21	2004.05.01
DB36/T425-2004	黄栀子栽培技术规程	推荐	抚州市质监局	江西恒信绿色产业发展有限责任公司、抚州市质监局、金溪县质监局	2004.04.21	2004.05.01
DB36/T426-2004	鲜淮山	推荐	省质监局	抚州市质监局、南城县农业局、南城县质监局、南城县淮山产业化领导小组办公室	2004.04.21	2004.05.01
DB36/T427-2004	淮山生产技术规程	推荐	省质监局	抚州市质监局、南城县农业局、南城县质监局、南城县淮山产业化领导小组办公室	2004.04.21	2004.05.01

续表

标准编号	标准名称	推荐/强制	提出单位	起草单位	发布日期	实施日期
DB36/T428－2004	广昌白莲生产技术规程	推荐	省质监局	广昌县白莲研究所、广昌县质监局	2004.04.21	2004.05.01
DB36/T429－2004	广昌白莲	推荐	省质监局	广昌县白莲研究所、广昌县质监局	2004.04.21	2004.05.01
DB36/T430－2004	广昌白莲品种	推荐	省质监局	广昌县白莲研究所、广昌县质监局	2004.04.21	2004.05.01
DB36/T431－2004	照相业服务操作规程和质量要求	推荐	省内贸行办	省内贸行办	2004.04.27	2004.06.01
DB36/T432－2004	照相企业星级的划分及评定	推荐	省内贸行办	省内贸行办	2004.04.27	2004.06.01
DB36/433－2004	歌舞娱乐场所消防安全技术标准	强制	省建设厅、省消防总队	省消防总队、省建筑标准设计办公室	2004.05.28	2004.07.01
DB36/T434－2004	无公害食品龙牙百合	推荐	宜春市质监局	万载县质监局、万载县农业局	2004.06.15	2004.07.01
DB36/T435－2004	无公害食品龙牙百合生产技术规程	推荐	宜春市质监局	万载县质监局、万载县农业局	2004.06.15	2004.07.01
DB36/T436－2004	龙牙百合种球	推荐	宜春市质监局	万载县质监局、万载县农业局	2004.06.15	2004.07.01
DB36/T437－2004	龙牙百合鳞片快速繁育种球生产技术规程	推荐	宜春市质监局	万载县质监局、万载县科委龙牙百合鳞片快速繁育组	2004.06.15	2004.07.01
DB36/T438－2004	浮梁茶	推荐	景德镇市质监局	浮梁县茶叶协会	2004.07.01	2004.08.01
DB36/T439－2004	盐酸克伦特罗的快速筛查—胶体金免疫层析法	推荐	省农业厅	省农产品质量安全检测中心、江西中德大地生物工程有限公司	2004.07.01	2004.08.01

续表

标准编号	标准名称	推荐/强制	提出单位	起草单位	发布日期	实施日期
DB36/T440－2005	马尾松毛虫可持续控制技术规程	推荐	省林业厅	赣州市森林病虫害防治检疫站	2005.01.07	2005.01.10
DB36/T441－2005	中小学生作业本	推荐	省教育厅	省勤工俭学办公室	2005.02.24	2005.03.10
DB36/T442－2005	绿色食品赣南脐橙生产技术操作规程	推荐	省发展绿色食品领导小组办公室、省绿协	赣南果业股份有限公司	2005.04.01	2005.05.01
DB36/T443－2005	绿色食品南丰蜜桔生产技术操作规程	推荐	省发展绿色食品领导小组办公室、省绿协	抚州市南丰柑橘研究所、南丰县柑橘技术推广中心	2005.04.01	2005.05.01
DB36/T444－2005	绿色食品龙牙百合生产技术操作规程	推荐	省发展绿色食品领导小组办公室	省绿办、省绿协	2005.04.01	2005.05.01
DB36/T445－2005	绿色食品葛生产技术规程	推荐	省发展绿色食品领导小组办公室	横峰县葛业开发有限公司	2005.04.01	2005.05.01
DB36/T446－2005	洗涤业服务操作规程和质量要求	推荐	省内贸行办	省内贸行办	2005.08.01	2005.09.01
DB36/T447－2005	洗涤企业星级的划分及评定	推荐	省内贸行办	省内贸行办	2005.08.01	2005.09.01
DB36/T448－2005	得雨活茶	推荐	景德镇市质监局	江西得雨活茶股份有限公司	2005.09.15	2005.10.01
DB36/449－2005	非发酵性豆制品	强制	南昌市质监局	南昌市豆类制品总公司、省标准化研究院、南昌市质监局	2005.09.21	2005.12.01
DB36/T450－2005	原产地域产品赣南脐橙	推荐	原产地域产品标准化工作组	省标准化协会、赣州市果业局、赣州市质监局	2005.07.21	2005.07.21

续表

标准编号	标准名称	推荐/强制	提出单位	起草单位	发布日期	实施日期
DB36/T451－2005	春花生抗旱生产技术规程	推荐	省农业厅	省农科院、中国科学院南京土壤所、南京农大	2005.09.30	2005.10.01
DB36/T452－2005	双季稻节水生产技术规程	推荐	省农业厅	河海大学、南京农大、中科院南京土壤所、省农科院	2005.09.30	2005.10.01
DB36/T453－2005	一季稻节水生产技术规程	推荐	省农业厅	河海大学、南京农大、中科院南京土壤所、省农科院	2005.09.30	2005.10.01
DB36/T454－2005	乌索酸	推荐	宜春市质监局	宜春学院生物工程研究所	2005.11.18	2005.12.01
DB36/T455－2005	乌索酸标准品	推荐	宜春市质监局	宜春学院生物工程研究所	2005.11.18	2005.12.01
DB36/T456－2005	计算机网络系统工程技术要求与检测评估规范	推荐	省信息产业厅	省电子产品监督检验所	2005.11.28	2006.01.01
DB36/T457－2005	兴国鱼丝	推荐	赣州市质监局	江西国兴集团百丈泉食品饮料有限公司	2005.11.28	2006.01.01
DB36/T458－2005	江西省农家旅馆星级的划分与评定	推荐	省旅游局	省旅游局	2005.12.20	2006.01.01
DB36/T459－2006	军山湖清水大闸蟹	推荐	南昌市质监局	进贤县质监局、进贤县军山湖鱼蟹开发公司	2006.01.05	2006.02.01
DB36/T460－2006	军山湖清水大闸蟹养殖技术规范	推荐	南昌市质监局	进贤县质监局、进贤县军山湖鱼蟹开发公司	2006.01.05	2006.02.01
DB36/T461－2005	无公害食品遂川金柑	推荐	省农业厅	省经作技术服务站、遂川县果业局	2005.12.25	2006.02.01

续表

标准编号	标准名称	推荐/强制	提出单位	起草单位	发布日期	实施日期
DB36/T462－2005	无公害食品三湖红桔	推荐	省农业厅	省经作技术服务站、新干县质监局、新干县果业局	2005. 12. 25	2006. 02. 01
DB36/T463－2005	无公害食品红芽芋	推荐	省农业厅	省经作技术服务站、上饶市农业局农技中心、铅山县农技中心、铅山县紫溪乡农业中心	2005. 12. 25	2006. 02. 01
DB36/T464－2005	无公害食品黄颡鱼	推荐	省农业厅	省水产技术推广站、九江市水产科学研究所	2005. 12. 25	2006. 02. 01
DB36/T465－2005	无公害食品辣椒	推荐	省农业厅	南昌市蔬菜科学研究所	2005. 12. 25	2006. 02. 01
DB36/T466－2005	无公害食品辣椒生产技术规程	推荐	省农业厅	南昌市蔬菜科学研究所	2005. 12. 25	2006. 02. 01
DB36/T467－2005	无公害食品黄花菜生产技术规程	推荐	省农业厅	省经作局技术服务站、湖口县农业局	2005. 12. 25	2006. 02. 01
DB36/T468－2005	无公害食品白耳黄鸡生产技术规程	推荐	省农业厅	江西农业大学、广丰县白耳黄鸡原种场、南丰县畜牧兽医站	2005. 12. 25	2006. 02. 01
DB36/T469－2005	无公害食品蜂蜜生产技术规程	推荐	省农业厅	省养蜂研究所、省蜂产品质量检验站	2005. 12. 25	2006. 02. 01
DB36/T470－2005	奶牛养殖小区建设技术规范	推荐	省农业厅	省畜牧兽医局、省畜牧技术推广站	2005. 12. 25	2006. 02. 01

续表

标准编号	标准名称	推荐/强制	提出单位	起草单位	发布日期	实施日期
DB36/T471－2005	肉牛养殖小区建设技术规范	推荐	省农业厅	省畜牧兽医局、省畜牧技术推广站	2005.12.25	2006.02.01
DB36/T472－2005	肉鸡养殖小区建设技术规范	推荐	省农业厅	省农院畜牧兽医研究所	2005.12.25	2006.02.01
DB36/T473－2005	肉牛规模饲养生产技术规程	推荐	省农业厅	省畜牧技术推广站、省畜牧兽医局	2005.12.25	2006.02.01
DB36/T474－2005	肉山羊规模饲养生产技术规程	推荐	省农业厅	省畜牧技术推广站、省畜牧兽医局	2005.12.25	2006.02.01
DB36/T475－2005	肉鸡规模饲养生产技术规程	推荐	省农业厅	江西农业大学、南昌科技大学、抚州市临川区罗湖镇政府	2005.12.25	2006.02.01
DB36/T476－2005	蛋鸭规模饲养生产技术规程	推荐	省农业厅	南昌市畜牧兽医站、南昌县畜牧兽医站、省畜牧兽医局	2005.12.25	2006.02.01
DB36/T477－2005	肉鹅规模养殖生产技术规程	推荐	省农业厅	省农科院畜牧兽医所	2005.12.25	2006.02.01
DB36/T478－2005	金边瑞香盆花生产技术规程	推荐	省农业厅	省经济作物技术服务站、赣州市农业局经作科、赣州市花卉协会、大余县花卉生产办公室、大余县花卉协会	2005.12.25	2006.02.01

续表

标准编号	标准名称	推荐/强制	提出单位	起草单位	发布日期	实施日期
DB36/T479 - 2005	金边瑞香	推荐	省农业厅	省经济作物技术服务站、赣州市农业局经作科、赣州市花卉协会、大余县花卉生产办公室、大余县花卉协会	2005. 12. 25	2006. 02. 01
DB36/T480 - 2005	蜂荷花粉	推荐	省农业厅	省养蜂研究所、省蜂产品质量检验站	2005. 12. 25	2006. 02. 01
DB36/T481 - 2005	虎舌红	推荐	省农业厅	赣州市农业局经作科、赣州市花卉协会、大余县花卉协会	2005. 12. 25	2006. 02. 01
DB36/T482 - 2005	花鱼骨	推荐	省农业厅	江西信江特种水产开发有限公司、南昌大学、广丰县水产站	2005. 12. 25	2006. 02. 01
DB36/T483 - 2005	饲料中硒的测定—氢化物原子荧光法	推荐	省农业厅	省兽药饲料监察所	2005. 12. 25	2006. 02. 01
DB36/T484 - 2005	饲料中沙丁胺醇的测定—酶联免疫吸附法	推荐	省农业厅	省兽药饲料监察所	2005. 12. 25	2006. 02. 01
DB36/T485 - 2005	猪尿中沙丁胺醇的测定—酶联免疫吸附法	推荐	省农业厅	省兽药饲料监察所	2005. 12. 25	2006. 02. 01
DB36/T486 - 2005	畜禽肉中金霉素残留量的测定—高效液相色谱法	推荐	省农业厅	省无公害农产品质量监督检验站	2005. 12. 25	2006. 02. 01

续表

标准编号	标准名称	推荐/强制	提出单位	起草单位	发布日期	实施日期
DB36/T487－2006	早熟梨平棚架栽培技术规程	推荐	省农业厅	南京农业大学、省农科院、余江县农业局	2006.01.10	2006.02.01
DB36/T488－2006	水稻免耕生产技术规程	推荐	省农业厅	省农科院、泰和县农业局	2006.01.10	2006.02.01
DB36/T489－2006	水稻高产优质生产技术规程	推荐	省农业厅	省农科院、上高县农业局	2006.01.10	2006.02.01
DB36/T490－2006	稻鸭共育生产绿色大米技术规程	推荐	省农业厅	省农科院、奉新县农业局、上高县农业局	2006.01.10	2006.02.01
DB36/491－2006	餐饮业用湿巾	强制	省质监局	省纤维检验局	2006.01.25	2006.05.01
DB36/T492－2006	华南厚皮香苗木培育技术规程	推荐	上饶市质监局	上饶市林科院、德兴市林业局	2006.02.28	2006.05.01
DB36/T493－2006	华南厚皮香造林技术规程	推荐	上饶市质监局	上饶市林科院、德兴市林业局	2006.02.28	2006.05.01
DB36/T494－2006	有机食品婺源绿茶质量要求	推荐	上饶市质监局	婺源县茶业协会、婺源县茶业局、婺源县质监局	2006.04.29	2006.07.01
DB36/T495－2006	有机食品婺源绿茶管理体系	推荐	上饶市质监局	婺源县茶业协会、婺源县茶业局、婺源县质监局	2006.04.29	2006.07.01
DB36/T496－2006	有机食品婺源绿茶标识与销售	推荐	上饶市质监局	婺源县茶业协会、婺源县茶业局、婺源县质监局	2006.04.29	2006.07.01

续表

标准编号	标准名称	推荐/强制	提出单位	起草单位	发布日期	实施日期
DB36/T497－2006	有机食品婺源绿茶生产技术规程	推荐	上饶市质监局	婺源县茶业协会、婺源县茶业局、婺源县质监局	2006.04.29	2006.07.01
DB36/T498－2006	有机食品婺源绿茶加工技术规程	推荐	上饶市质监局	婺源县茶业协会、婺源县茶业局、婺源县质监局	2006.04.29	2006.07.01
DB36/T499－2006	无公害食品婺源绿茶生产技术规程	推荐	上饶市质监局	婺源县茶业协会、婺源县茶业局、婺源县质监局	2006.04.29	2006.07.01
DB36/T500－2006	无公害食品婺源绿茶加工技术规程	推荐	上饶市质监局	婺源县茶业协会、婺源县茶业局、婺源县质监局	2006.04.29	2006.07.01
DB36/T501－2006	无公害食品婺源绿茶质量要求	推荐	上饶市质监局	婺源县茶业协会、婺源县茶业局、婺源县质监局	2006.04.29	2006.07.01
DB36/T502－2006	大径级毛竹材用林培育技术	推荐	省林业厅	省林业调查规划研究院、宜丰县林业局	2006.06.28	2006.08.01
DB36/T503－2006	马尾松大径材培育苗木	推荐	省林业厅	省林科院、省林业科技推广总站、永丰县官山林场	2006.06.28	2006.08.01
DB36/T504－2006	马尾松大径材培育栽培管理	推荐	省林业厅	安福县林业局、乐安县实验林场	2006.06.28	2006.08.01

续表

标准编号	标准名称	推荐/强制	提出单位	起草单位	发布日期	实施日期
DB36/T505－2006	地理标志产品万年贡米	推荐	省质监局	万年县质监局	2006.07.01	2006.10.01
DB36/506－2006	松脂采集技术规程	强制	省林业厅	省森林工业局	2006.12.05	2007.01.01
DB36/T507－2006	金边瑞香种苗	推荐	赣州市质监局	大余县质监局、大余县农业局	2006.12.29	2007.01.20
DB36/T508－2006	金边瑞香运输	推荐	赣州市质监局	大余县质监局、大余县农业局	2006.12.29	2007.01.20
DB36/T509－2006	景德板鸡	推荐	景德镇市质监局	景德板鸡实业公司	2006.12.29	2007.01.20
DB36/T510－2006	景德板鱼	推荐	景德镇市质监局	景德板鸡实业公司	2006.12.29	2007.01.20
DB36/T511－2007	江西省双季稻气象灾害指标	推荐	省气象局	省气象台	2007.04.19	2007.06.01
DB36/T512－2007	短期天气预报术语	推荐	省气象局	省气象台	2007.05.17	2007.06.17
DB36/T416－2007	集团购买棉胎	推荐	省纤检局	省纤检局、省博瑞实业有限公司	2007.06.21	2007.07.10
DB36/T513－2007	瑞金红色旅游景区（点）设施与服务质量规范	推荐	赣州市质监局	瑞金市旅游局、瑞金市纪念馆、瑞金市质监局	2007.09.05	2007.10.01
DB36/T514－2007	无公害食品藠头生产技术规程	推荐	南昌市质监局	南昌市质监局、南昌市蔬菜科学研究所	2007.09.07	2007.10.01
DB36/T515－2007	无公害食品荷兰豆生产技术规程	推荐	南昌市质监局	南昌市蔬菜科学研究所	2007.09.07	2007.10.01
DB36/T516－2007	无公害食品茄子生产技术规程	推荐	南昌市质监局	南昌市蔬菜科学研究所	2007.09.07	2007.10.01
DB36/T517－2007	无公害食品菜心生产技术规程	推荐	南昌市质监局	南昌市蔬菜科学研究所	2007.09.07	2007.10.01
DB36/T518－2007	地理标志产品弋阳年糕	推荐	上饶市质监局	弋阳县质监局	2007.10.26	2007.12.01

续表

标准编号	标准名称	推荐/强制	提出单位	起草单位	发布日期	实施日期
DB36/T519－2007	城市地下管线普查技术规程	推荐	南昌市质监局	南昌市规划局	2007.11.05	2008.01.01
DB36/T520－2007	有机食品毛豆生产技术规程	推荐	宜春市质监局	万载县科技局、万载县农业局、万载县有机办	2007.11.13	2008.01.01
DB36/T521－2007	有机食品优质中稻生产技术规程	推荐	宜春市质监局	万载县科技局、万载县农业局、万载县有机办	2007.11.13	2008.01.01
DB36/T522－2007	有机食品生姜生产技术规程	推荐	宜春市质监局	万载县科技局、万载县农业局、万载县有机办	2007.11.13	2008.01.01
DB36/T523－2007	无公害食品信丰赣南脐橙	推荐	赣州市质监局	信丰县质监局、信丰县果茶局	2007.12.07	2008.01.01
DB36/T524－2007	信丰赣南脐橙栽培技术规程	推荐	赣州市质监局	信丰县质监局、信丰县果茶局	2007.12.07	2008.01.01
DB36/T525－2007	信丰赣南脐橙采后处理	推荐	赣州市质监局	信丰县质监局、信丰县果茶局	2007.12.07	2008.01.01
DB36/T526－2007	信丰甜玉米	推荐	赣州市质监局	信丰县农业局、信丰县质监局	2007.12.07	2008.01.01
DB36/T527－2007	信丰甜玉米生产技术规程	推荐	赣州市质监局	信丰县农业局、信丰县质监局	2007.12.07	2008.01.01
DB36/T528－2007	信丰甜玉米加工技术规范	推荐	赣州市质监局	信丰县农业局、信丰县质监局	2007.12.07	2008.01.01
DB36/T529－2007	水半夏	推荐	赣州市质监局	信丰县农业局、信丰县质监局	2007.12.07	2008.01.01
DB36/T530－2007	水半夏栽培技术规程	推荐	赣州市质监局	信丰县农业局、信丰县质监局	2007.12.07	2008.01.01
DB36/T531－2008	地理标志产品高安腐竹	推荐	宜春市质监局	高安市质监局	2008.01.09	2008.02.01

续表

标准编号	标准名称	推荐/强制	提出单位	起草单位	发布日期	实施日期
DB36/T532－2008	地理标志产品军山湖大闸蟹	推荐	南昌市质监局	进贤县军山湖鱼蟹开发公司、进贤县质监局、进贤县水产技术推广站	2008.01.09	2008.02.01
DB36/T533－2008	井冈山红色旅游景区设施及服务质量	推荐	吉安市质监局	吉安市质监局、吉安市旅游局、吉安市标准化协会	2008.01.01	2008.05.01
DB36/T534－2008	汽车客运站出站车辆安全例行检查技术规范	推荐	省交通厅	省道路运输管理局	2008.02.15	2008.03.15
DB36/T535－2008	公路工程勘察设计检查、验收、评定规程	推荐	省交通厅	省交通设计院	2008.04.28	2008.05.28
DB36/T536－2008	桂花扦插繁育技术规程	推荐	南昌市质监局	南昌市林木良种管理站、江西卓菌园林景观工程有限公司	2008.07.23	2008.09.01
DB36/T537－2008	樟树播种育苗技术规程	推荐	南昌市质监局	江西省标准化协会、南昌市林木良种管理站	2008.07.23	2008.09.01
DB36/T538－2008	主要绿化树种苗木质量	推荐	南昌市质监局	南昌市林木良种管理站、江西满园春园林公司、湾里区绿地苗圃	2008.07.23	2008.09.01
DB36/T539－2008	江西省旅行社星级的划分与评定	推荐	省旅游局	省旅游局行业管理处	2008.07.28	2008.08.01

续表

标准编号	标准名称	推荐/强制	提出单位	起草单位	发布日期	实施日期
DB36/T540－2008	汽车快修业开业条件	推荐	省交通厅	省道路运输管理局	2008.10.23	2009.01.01
DB36/T541－2008	木荷苗木培育技术规程	推荐	省林业厅	德兴县林业局	2008.11.11	2009.01.01
DB36/T542－2008	林荷造林技术规程	推荐	省林业厅	德兴县林业局	2008.11.11	2009.01.01
DB36/T543－2008	山杜英苗木培育技术规程	推荐	省林业厅	德兴县林业局	2008.11.11	2009.01.01
DB36/T544－2008	山杜英造林技术规程	推荐	省林业厅	德兴县林业局	2008.11.11	2009.01.01
DB36/T545－2008	广昌泽泻	推荐	抚州市质监局	广昌县质量技术监督管理协会	2008.11.11	2009.01.01
DB36/T546－2008	广昌泽泻生产技术规程	推荐	抚州市质监局	广昌县质量技术监督管理协会	2008.11.11	2009.01.01
DB36/T547－2008	广昌泽泻种子	推荐	抚州市质监局	广昌县质量技术监督管理协会	2008.11.11	2009.01.01
DB36/T548－2008	地理标志产品崇仁麻鸡	推荐	抚州市质监局	崇仁县质监局、崇仁县畜牧水产局、崇仁麻鸡原种场	2008.12.23	2009.02.01
DB36/T549－2008	崇仁麻鸡生产技术规程	推荐	抚州市质监局	崇仁县质监局、崇仁县畜牧水产局、崇仁麻鸡原种场	2008.12.23	2009.02.01
DB36/T550－2009	杏香兔耳风繁育技术规程	推荐	省林业厅	省林业科学院、江西天佑药业有限公司	2009.02.25	2009.04.01
DB36/T551－2009	油茶无性系丰产林培育技术规程	推荐	省林业厅	新余市林业局、省林业厅科技处、中国林科院亚热带林业实验中心	2009.02.25	2009.04.01
DB36/T552－2009	油茶芽苗砧嫁接育苗技术规程	推荐	省林业厅	中国林科院亚热带林业实验中心	2009.02.25	2009.04.01

续表

标准编号	标准名称	推荐/强制	提出单位	起草单位	发布日期	实施日期
DB36/T553－2009	地理标志产品陈山红心杉	推荐	省林业厅	省林科院、安福县质监局、安福县林业局、安福县国营陈山林场	2009.02.25	2009.04.01
DB36/T554－2009	车用M25甲醇汽油	推荐	景德镇市质监局	江西新源石化有限公司	2009.03.11	2009.05.01
DB36/T555－2009	江西绿茶	推荐	省农业厅	省蚕桑茶叶研究所	2009.03.13	2009.05.01
DB36/T556－2009	江西绿茶种植和加工技术规程	推荐	省农业厅	省经济作物技术推广站	2009.03.13	2009.05.01
DB36/T557－2009	金边瑞香脱毒快繁技术规程	推荐	省林业厅	省科学院生物资源研究所、大余县花卉生产办公室、省林业推广总站	2009.04.10	2009.05.01
DB36/T558－2009	杨树扦插育苗技术规程	推荐	省林业厅	省林业科技推广总站、省科学院生物资源研究所	2009.04.10	2009.05.01
DB36/T559－2009	杂种马褂木扦插繁育技术规程	推荐	省林业厅	省科学院生物资源研究所、省林业科技推广总站	2009.04.10	2009.05.01
DB36/T560－2009	兴国县红色旅游景区设施与服务质量规范	推荐	兴国县政府	兴国县旅游局、兴国县质监局	2009.05.01	2009.10.01
DB36/T561－2009	江西省船型主尺度系列普通货船	推荐	省交通厅	省交通厅航运管理局	2009.08.27	2009.12.01
DB36/T562－2009	江西省船型主尺度系列集装箱船	推荐	省交通厅	省交通厅航运管理局	2009.08.27	2009.12.01
DB36/T563－2009	江西省船型主尺度系列油品船	推荐	省交通厅	省交通厅航运管理局	2009.08.27	2009.12.01
DB36/T564－2009	江西省船型主尺度系列化学品船	推荐	省交通厅	省交通厅航运管理局	2009.08.27	2009.12.01

续表

标准编号	标准名称	推荐/强制	提出单位	起草单位	发布日期	实施日期
DB36/T565-2009	江西省电力需求气象条件发布等级	推荐	省气象局	省气象科技服务中心	2009.09.15	2010.01.01
DB36/T566-2009	富硒食品硒含量分类标准	推荐	宜春市质监局	丰城市质监局、丰城市农业局、丰城市林业局、丰城市畜牧水产局、丰城市财政局	2009.11.10	2009.12.20
DB36/T567-2009	A级绿色食品水稻生产技术规程	推荐	南昌市质监局	南昌县粮油生产管理站、南昌市质监局、南昌县农业局、南昌县科学技术管理局、南昌县质监局	2009.11.10	2009.12.20
DB36/T568-2009	肉鸭规模饲养生产技术规程	推荐	南昌市质监局	南昌市动物疫病预防控制中心、南昌县畜牧兽医管理站	2009.11.10	2009.12.20
DB36/T569-2009	猪用饲料安全与卫生	强制	南昌市质监局	南昌百世腾牧业有限公司、江西农业大学、省饲料工作办公室、省饲料兽药监察所	2009.11.10	2009.12.20
DB36/T570-2010	无公害食品水蕹菜生产技术规程	推荐	南昌市质监局	南昌市蔬菜科学推广中心、南昌市质监局、高新开发区质监局	2010.01.20	2010.03.15

续表

标准编号	标准名称	推荐/强制	提出单位	起草单位	发布日期	实施日期
DB36/T571－2010	瓜菜作物种子茄果类	推荐	南昌市质监局	南昌市农业科学院、南昌市质监局、高新开发区质监局	2010.01.20	2010.03.15
DB36/T572－2010	地理标志产品余江夏天无	推荐	鹰潭市质监局	江西天施康中药股份有限公司、余江县质监局	2010.01.20	2010.03.15
DB36/T573－2010	沥青路面乳化沥青厂拌冷再生技术规范	推荐	省交通运输厅	省赣粤高速公路股份有限公司、省高等级公路管理局质监站	2010.01.20	2010.03.15
DB36/T574－2010	自反力平衡荷载箱	推荐	省建设工程安全质量监督管理局	南昌永琪科技发展有限公司	2010.01.20	2010.03.15
DB36/T575－2010	南昌市物流企业认定和等级评估指标	推荐	南昌市质监局	南昌市物流协会、南昌市质监局、经开区质监局	2010.04.13	2010.07.01
DB36/T576－2010	江西省高速公路沥青路面设计规范	推荐	省交通运输厅	省交通科学研究院	2010.05.18	2010.09.01
DB36/T577－2010	江西省高速公路沥青路面施工技术规范	推荐	省交通运输厅	省交通科学研究院	2010.05.18	2010.09.01
DB36/T578－2010	地理标志产品丰城冻米糖	推荐	宜春市质监局	丰城市质监局	2010.06.24	2010.10.01
DB36/T579－2010	LED(发光二极管)路灯	推荐	南昌市质监局	晶和照明有限公司、省电子信息产检院、晶能光电、昌大光电科技、江西联创	2010.06.24	2010.10.01

续表

标准编号	标准名称	推荐/强制	提出单位	起草单位	发布日期	实施日期
DB36/T580－2010	室内照明LED球泡灯	推荐	南昌市质监局	江西联创光电科技股份有限公司、南昌市质监局、江西联创致光科技有限公司、江西晶和照明有限公司、省电子信息产品监督检验院	2010.07.14	2010.11.01
DB36/T581－2010	室内照明LED管形灯	推荐	南昌市质监局	江西联创光电科技股份有限公司、南昌市质监局、江西联创致光科技有限公司、江西晶和照明有限公司、省电子信息产品监督检验院	2010.07.14	2010.11.01
DB36/T582－2010	剩余电流动作保护装置检验规范剩余电流装置部分	推荐	新余市质监局	江西新源电测仪器有限公司、新余市质监局	2010.07.14	2010.11.01
DB36/T583－2010	光皮树大田播种育苗技术规程	推荐	省林业厅	省林业科技推广总站、赣州市林业技术推广站	2010.07.14	2010.11.01
DB36/T584－2010	地理标志产品靖安椪柑	推荐	宜春市质监局	靖安县果业局、靖安县质监局	2010.07.14	2010.11.01
DB36/T585－2010	南昌市园林植物栽植土质量	推荐	南昌市质监局	南昌市园林绿化局、南昌高新技术开发区质监分局	2010.07.14	2010.11.01

续表

标准编号	标准名称	推荐/强制	提出单位	起草单位	发布日期	实施日期
DB36/T586－2010	有机食品资溪白茶	推荐	抚州市质监局	资溪县政府、资溪县质监局、资溪县农业局、资溪县香檀山茶业有限公司	2010.07.14	2010.11.01
DB36/T587－2010	有机食品资溪白茶生产技术规程	推荐	抚州市质监局	资溪县政府、资溪县质监局、资溪县香檀山茶业有限公司	2010.07.14	2010.11.01
DB36/T588－2010	有机食品资溪白茶加工技术规程	推荐	抚州市质监局	资溪县政府、资溪县质监局、资溪县香檀山茶业有限公司	2010.07.14	2010.11.01
DB36/T589－2010	有机食品资溪白茶管理体系	推荐	抚州市质监局	资溪县政府、资溪县质监局、资溪县香檀山茶业有限公司	2010.07.14	2010.11.01
DB36/T590－2010	有机食品资溪白茶标识与销售	推荐	抚州市质监局	资溪县政府、资溪县质监局、资溪县香檀山茶业有限公司	2010.07.14	2010.11.01
DB36/T591－2010	江西旅游生态设施规范	推荐	省旅游局	中南林业科技大学、江西财大、省旅游规划研究院	2010.07.27	2010.11.01
DB36/T592－2010	江西旅游生态行为规范	推荐	省旅游局	中南林业科技大学、江西财大、省旅游规划研究院	2010.07.27	2010.11.01

续表

标准编号	标准名称	推荐/强制	提出单位	起草单位	发布日期	实施日期
DB36/T593－2010	基于3S技术的农业气候区划方法	推荐	省气象局	省气象科学研究所	2010.08.09	2010.12.01
DB36/T594－2010	机动车维修服务质量规范	推荐	省交通运输厅	省公路运输管理局、南昌市公路运输管理处、赣州市公路运输管理处、九江市公路运输管理处、江西长运机动车检测中心有限公司、江西运通汽车技术服务有限公司	2010.08.27	2010.12.01
DB36/T595－2010	建设工程质量检测信息监管系统技术规范	推荐	省计量测试研究院	省计量测试研究院、省建设工程安全质量监督管理局、江西泰豪建设数据服务有限公司	2010.08.27	2010.12.01
DB36/T596.1－2010	LED照明工程施工与验收规范第1部分:施工规范	推荐	南昌市质监局	江西晶和照明股份有限公司、南昌市质监局、南昌市路灯管理处、晶能光电(江西)有限公司、省昌大光电科技有限公司、江西联创光电科技股份有限公司	2010.08.27	2010.12.01

续表

标准编号	标准名称	推荐/强制	提出单位	起草单位	发布日期	实施日期
DB36/T596.2－2010	LED照明工程施工与验收规范第2部分：验收规范	推荐	南昌市质监局	江西晶和照明股份有限公司、南昌市质监局、南昌市路灯管理处、晶能光电（江西）有限公司、省昌大光电科技有限公司、江西联创光电科技股份有限公司	2010.08.27	2010.12.01
DB36/T596.3－2010	LED照明工程施工与验收规范第3部分：LED道路照明工程施工与验收规范	推荐	南昌市质监局	江西晶和照明股份有限公司、南昌市质监局、南昌市路灯管理处、晶能光电（江西）有限公司、省昌大光电科技有限公司、江西联创光电科技股份有限公司	2010.08.27	2010.12.01
DB36/T597－2010	分宜苎麻种植技术规程	推荐	新余市质监局	分宜县质监局、分宜县农业综合开发办公室、江西恩达家纺有限公司	2010.11.09	2010.12.01
DB36/T598－2010	转基因抗虫棉专用药肥混用技术规程	推荐	省农业厅	省棉花研究所、安徽中棉种业长江有限责任公司	2010.11.09	2010.12.01

续表

标准编号	标准名称	推荐/强制	提出单位	起草单位	发布日期	实施日期
DB36/T599－2010	转基因抗虫棉病虫草害综合防治技术规程	推荐	省农业厅	省棉花研究所、安徽中棉种业长江有限责任公司	2010.11.09	2010.12.01
DB36/T600－2010	蓄热式熔铝反射炉	推荐	宜春市质监局	丰城市宏成金属制品有限公司、江西宏成窑炉技术开发有限公司	2010.11.09	2010.12.01
DB36/T601－2010	江西省乡村旅游点质量等级划分与评定	推荐	省旅游局	省旅游规划研究院	2010.12.20	2011.03.20
DB36/T602－2010	湾里区旅游景区设施及服务质量	推荐	南昌市质监局	南昌市湾里区质监分局、湾里区旅游局	2010.12.20	2011.03.20
DB36/T603－2010	三清山风景区轿业服务质量规范	推荐	上饶市质监局、三清山风景区管委会	三清山风景名胜区质监分局	2010.12.20	2011.03.20

国家标准制定

在重点抓好省地方标准项目制(修)订的同时,省质监局积极争取承担国家标准项目。围绕江西省特色、优势产业,自2002年起,省质监局开展组织国家标准项目申报。

2002年2月7日,省质监局组织11项(其中:推荐性10项,强制性1项)国家标准项目向国家标准委申报。

2003年1月16日,省质监局组织2003年制(修)订国家标准项目计划推荐,要求选择全省生产经营活动中急需、有优势的国家标准项目于2003年2月15日前向省质监局推荐,由省质监局初审通过后,统一向国家标准委申报。3月4日,省质监局组织5项(其中推荐性4项,标准样品1项)国家标准项目向国家标准委申报。国家标准委将《脐橙》列入2003年国家标准制订项目,并将制标任务下达给江西省。9月2日,省质监局将《脐橙》国家标准的研制工作下达赣州市质监局,并对研制工作提出要求。

根据国家标准委对国家标准计划项目编制方式重大调整,2004年4月5日,省质监局在全省范围内组织申报江西省承担制(修)订国家标准项目。要求各设区市质监局和省直有关部门结合本地、本部门实际,选择优势、强势产业的国家标准项目向省质监局推荐,由省质监局初审通过后,统一向国家标准委申报。

根据国家标准委《关于申报国家标准化科研计划项目的通知》要求,2006年8月,省质监局组织国家标准化科研计划项目申报。并将初审通过的《架桥机标准体系建立》等5项科研项目报送国家标准委。

2006年7月,省质监局组织2007年度国家标准计划项目申报。8月2日,省质监局将专家初审后的《食品中反式脂肪酸的测定》等63项计划项目报国家标准委。《食品添加剂D-异抗坏血酸》《荷包红鲤》《荷包红鲤养殖技术规范》等3项国家标准项目,列入2006年国家标准计划。是年11月6日,省质监局将该3项国家标准下达给设区市质监局,要求督促、帮助项目承担单位按《国家标准管理办法》的要求,认真做好标准的研制工作。

接国家标准委国标委(计划〔2006〕97号)文,《乌索酸标准样品》项目列入2006年国家标准样品研制计划。2007年2月5日,省质监局将《乌索酸标准样品》项目下达给宜春市质监局,要求宜春市质监局督促、帮助项目承担单位尽快实施计划,按期完成任务。

根据国家标准委2003年制(修)订国家标准计划,省质监局完成《脐橙》推荐性国家标准的制定工作。2007年1月5日,省质监局将《脐橙》推荐性国家标准报国家标准委,请审批、编号、发布。建议该标准于2007年8月1日起实施。2007年5月,省质监局向全国各省、自治区、直辖市质监局及有关单位征求《食品添加剂异抗坏血酸》国家标准(征求意见稿)意见。11月29日,省质监局在江西省南昌市组织召开《食品添加剂异抗坏血酸》国家标准审查(初审)会议。

根据国家标准委国家标准制(修)订计划,2008年1月17日,省质监局组织《地理标志产品寻乌蜜桔》国家标准(征求意见稿)征求意见。

《蜂窝陶瓷》等32项国家标准项目,经国家标准委批准,列入2007年国家标准计划。2008年4月2日,省质监局将项目下达给各设区市质监局,省标准化研究院,省直有关部门,要求督促、帮助项目承担单位按《国家标准管理办法》的要求,认真做好标准的研制工作。6月20日,省质监局组织申报2008年度国家标准计划项目。

2009年1月14日,省质监局组织《藕粉》国家标准(征求意见稿)征求意见。

2009年5月18日,由江西省核工业兴中科技有限公司承担制定的《电镀用氨基磺酸钴》《电镀用氨基磺酸镍》《电镀用氨基磺酸亚铁》3项国家标准由国家标准委批准发布;2008—2009年由江西工业陶瓷(国家)测试中心主持起草的《耐酸陶瓷球拱》推荐性国家标准送审稿顺利通过专家审查;由江西省化工研究所负责起草的《农药水不溶物测定方法》、中石化九江分公司参与起草的《机器状态监测与诊断数据处理、通信与表示　第1部分:一般指南》、省计量院参与起草的《移动式摩托车安全检测站》等三项国家标准项目获国家标准委批准立项。

根据国家标准委《2010年国家标准项目立项指南》要求,2010年5月,省质监局组织2010年国家标准项目申报。7月14日,省质监局将《甲基高含氢硅油》等35项国家标准项目向国家标准委推荐。

表2-1-2　2002—2010年江西省推荐的国家标准(包括国家标准样品)项目名单

标准项目名称	性质	标准类别	制定/修订	类别	技术委员会或技术归口单位	主要起草单位	推荐时间
草酸钴	推荐	产品	制定	国家标准	—	赣州钴钨有限责任公司	2002.02
结构用低合金高强度电焊钢管	推荐	产品	制定	国家标准	—	江西洪都钢厂	2002.02
改性铜.硅胶催化剂	推荐	产品	制定	国家标准	—	九江华雄化工有限公司	2002.02
优质大米	推荐	产品	制定	国家标准	—	江西省粮油质检站	2002.02
米粉干	推荐	产品	制定	国家标准	—	江西省粮油质检站	2002.02
广昌白莲	推荐	产品	制定	国家标准	—	江西省经济作物局	2002.02
饲料中纯蛋白的测定	推荐	方法	制定	国家标准	—	江西省农科院农副产品加工测试研究所	2002.02
食品中砷的测定—原子荧光光度法	推荐	方法	修订	国家标准	—	农业部肉及肉制品质量监督检验测试中心	2002.02
食品中硒的测定—原子荧光光度法	推荐	方法	修订	国家标准	—	农业部肉及肉制品质量监督检验测试中心	2002.02
食用油中碘价的测定	推荐	方法	修订	国家标准	—	江西省农科院农副产品加工测试研究所	2002.02
火腿卫生标准	强制	卫生	修订	国家标准	—	农业部肉及肉制品质量监督检验测试中心	2002.02
脐橙	推荐	产品	制定	国家标准	—	江西省经作局、江西省经作站、江西省脐橙研究所、赣州市果业局	2003.03
一甲基三氯硅烷	推荐	产品	制定	国家标准	—	蓝星化工新材料股份有限公司江西星火有机硅厂	2003.03
二甲基硅氧烷混合环体	推荐	产品	制定	国家标准	—	蓝星化工新材料股份有限公司江西星火有机硅厂	2003.03

续表

标准项目名称	性质	标准类别	制定/修订	类别	技术委员会或技术归口单位	主要起草单位	推荐时间
八甲基环四硅氧烷	推荐	产品	制定	国家标准	—	蓝星化工新材料股份有限公司江西星火有机硅厂	2003.03
赤霉素	—	—	研制	国家标准样品	—	江西核工业瑞丰生化有限责任公司	2003.03
食品中反式脂肪酸的测定	强制	方法	制定	国家标准	TC270 粮油	南昌大学	2006.08
动密封多用回转炉	推荐	产品	制定	国家标准	—	赣州有色金属冶炼有限公司	2006.08
非晶纳米晶合金铁芯	推荐	产品	制定	国家标准	全国磁性元件与铁氧体材料标准化技术委员会	江西大有科技有限公司	2006.08
全自动连续推舟粉末冶金还原炉	推荐	产品	制定	国家标准	—	赣州有色金属冶炼有限公司	2006.08
食品添加剂　红花红色素	推荐	产品	制定	国家标准	TC11	鹰潭市贵溪华康天然色素厂	2006.08
中草药牙膏	推荐	产品	制定	国家标准	中国口腔清洁护理用品工业协会	诚志日化有限公司	2006.08
氨基磺酸镍溶液(精密电镀级)	推荐	产品	制定	国家标准	T63 化学	江西核工业实验化工厂	2006.08
氨基磺酸钴溶液(精密电镀级)	推荐	产品	制定	国家标准	T63 化学	江西核工业实验化工厂	2006.08
氨基磺酸亚铁(精密电镀级)	推荐	产品	制定	国家标准	T63 化学	江西核工业实验化工厂	2006.08
赤霉素原药	强制	产品	修订	国家标准	T133 农药	江西新瑞丰生化有限公司	2006.08
赤霉素标准品	强制	其他	制定	国家标准	T118 标准样品	江西新瑞丰生化有限公司	2006.08

续表

标准项目名称	性质	标准类别	制定/修订	类别	技术委员会或技术归口单位	主要起草单位	推荐时间
丙烯酰胺	推荐	产品	制定	国家标准	T63 化学	江西昌九农科化工有限公司	2006.08
甲萘威原药	强制	产品	制定	国家标准	T133 农药	海利贵溪化工农药有限公司	2006.08
绿原酸含量检测方法	推荐	方法	制定	国家标准	T63 化学	抚州苍源药业开发有限公司	2006.08
丹参素含量检测方法	推荐	方法	制定	国家标准	T63 化学	抚州苍源药业开发有限公司	2006.08
陶瓷球拱	推荐	产品	制定	国家标准	T162 非金属化工设备	工业陶瓷国家测试中心	2006.08
土壤中总砷的测定—非色散原子荧光法	推荐	方法	制定	国家标准	T63 化学	江西省农产品质量安全检测中心	2006.08
二环戊基二甲氧基硅烷	推荐	产品	制定	国家标准	全国化学标准化技术委员会	江西西林科新材料有限公司	2006.08
甲基环戊二烯三羰基锰	推荐	产品	制定	国家标准	全国化学标准化技术委员会	江西西林科新材料有限公司	2006.08
环己基甲基二甲氧基硅烷	推荐	产品	制定	国家标准	全国化学标准化技术委员会	江西师大化工有限公司	2006.08
变性淀粉	条文强制	产品	制定	国家标准	—	江西省标准化研究院、抚州市质量技术监督局、江西雨帆农业发展有限公司	2006.08
茶　茶多酚的测定	推荐	方法	修订	国家标准	(TC32)全国农业分析标准化技术委员会	—	2006.08
鳗鲡	强制	产品	修订	国家标准	全国水产标准化技术委员会	瑞金市质局、农业局	2006.08
黄栀子	推荐	产品	制定	国家标准	—	兴达农业生态发展有限公司	2006.08
地理标志产品　商洲枳壳	推荐	产品	制定	国家标准	原产地域产品标准化工作组	新干县质监局	2006.08

续表

标准项目名称	性质	标准类别	制定/修订	类别	技术委员会或技术归口单位	主要起草单位	推荐时间
金柑	推荐	产品	制定	国家标准	—	遂川质监局	2006.08
金边瑞香	推荐	产品	制定	国家标准	T282 花卉	江西省经济作物技术服务站、大余县质监局、大余县农业局	2006.08
食用百合粉	强制	产品	制定	国家标准	—	江西绿海油脂有限公司	2006.08
茶粕粉	推荐	产品	制定	国家标准	—	江西绿海油脂有限公司	2006.08
饲料用油茶饼(粕)	推荐	产品	制定	国家标准	—	江西绿海油脂有限公司	2006.08
米粉条	条文强制	产品	制定	国家标准	(TC64)全国食品工业标准化技术委员会	江西省标准化研究院、江西省春丝食品有限公司	2006.08
食品和饲料中桔霉素酶联免疫吸附测定(ELISA)法	推荐	方法	制定	国家标准	(TC76)全国饲料工业标准化技术委员会	江西省标准化研究院、江西中德联合研究院	2006.08
烤烟漂浮育苗技术规程	推荐	方法	制定	国家标准	T144 烟草	石城县质监局、烟草局	2006.08
含乳饮料	强制	产品	制定	国家标准	(TC64)全国食品工业标准化技术委员会	江西省标准化研究院、南昌统一企业食品有限公司	2006.08
方便面厂卫生规范	强制	管理	制定	国家标准	(TC64)全国食品工业标准化技术委员会	江西省标准化研究院、南昌统一企业食品有限公司	2006.08
红色旅游景点导游讲解词技术规范	推荐	管理	制定	国家标准	全国旅游标准化技术委员会	瑞金市质局、旅游局	2006.08
电涡流缓速器	推荐	产品	制定	国家标准	—	永通赣州汽车技术有限公司	2006.08
涡轮增压器合金密封环技术要求	推荐	产品	制定	国家标准	全国内燃机标准化技术委员会	全国内燃机标准化技术委员会	2006.08

续表

标准项目名称	性质	标准类别	制定/修订	类别	技术委员会或技术归口单位	主要起草单位	推荐时间
涡轮增压器合金密封环检验方法	推荐	方法	制定	国家标准	全国内燃机标准化技术委员会	萍乡市德博科技发展有限公司	2006.08
可变截面涡轮增压器喷嘴环组件技术条件	推荐	产品	制定	国家标准	全国内燃机标准化技术委员会	全国内燃机标准化技术委员会	2006.08
机械弹簧用韧化处理冷拉非合金钢丝	推荐	产品	修订	国家标准	盘条及钢丝	新华金属制品股份有限公司	2006.08
冷冲模典型结构	推荐	基础	制定	国家标准	模具	洪都航空集团公司	2006.08
YYTet7952RCS 智能式新型宽带网络视频服务器	推荐	产品	制定	国家标准	—	江西憶源多媒体有限公司	2006.08
通信电台通用规范	条文强制	基础	制定	国家标准	无线电通信技术委员会	国营第七一三厂	2006.08
无线电接收机通用规范	条文强制	基础	制定	国家标准	无线电通信技术委员会	国营第七一三厂	2006.08
自组织网络通信通用规范	条文强制	基础	制定	国家标准	—	国营第七一三厂	2006.08
地波雷达系统通用规范	条文强制	基础	制定	国家标准	雷达标准化技术归口	国营第七一三厂	2006.08
照明用大功率白光LED	推荐	产品	制定	国家标准	—	江西联创光电科技股份有限公司	2006.08
半导体蓝色 LED	推荐	产品	制定	国家标准	TC78 半导体	江西联创光电科技股份有限公司	2006.08

续表

标准项目名称	性质	标准类别	制定/修订	类别	技术委员会或技术归口单位	主要起草单位	推荐时间
半导体片式 LED	推荐	产品	制定	国家标准	TC78 半导体	江西联创光电科技股份有限公司	2006.08
复合岩棉板耐火舱室第 1 部分:衬板和隔板	推荐	其他	制定	国家标准	军辅船标技委	江西朝阳机械厂	2006.08
复合岩棉板耐火舱室第 2 部分:天花板	推荐	其他	制定	国家标准	军辅船标技委	江西朝阳机械厂	2006.08
复合岩棉板耐火舱室第 3 部分:防火门	推荐	其他	制定	国家标准	军辅船标技委	江西朝阳机械厂	2006.08
复合岩棉板耐火舱室第 4 部分:构架件	推荐	其他	制定	国家标准	军辅船标技委	江西朝阳机械厂	2006.08
复合岩棉板耐火舱室第 5 部分:塑料装饰件	推荐	其他	制定	国家标准	军辅船标技委	江西朝阳机械厂	2006.08
复合岩棉板耐火舱室第 6 部分:安装节点	强制	其他	制定	国家标准	军辅船标技委	江西朝阳机械厂	2006.08
高频喷射呼吸机	强制	产品	制定	国家标准	全国麻醉和呼吸设备标准化技术委员会	江西省特力麻醉呼吸设备有限公司	2006.08
齿科冷光美白仪	推荐	产品	制定	国家标准	国口腔材料和器械设备标准化技术委员会	南昌普洋科技有限公司	2006.08
布面石膏板新型墙体材料	推荐	产品	制定	国家标准	全国轻质与装饰装修建筑材料标准化技术委员会	江西华春环保装饰材料有限公司	2006.08
偏钨酸铵分析方法	推荐	方法	制定	国家标准	T63 化学	赣州华兴钨制品有限公司	2006.08
金属钐	推荐	产品	修订	国家标准	T243 有色金属	赣州虔东实业(集团)有限公司	2006.08

续表

标准项目名称	性质	标准类别	制定/修订	类别	技术委员会或技术归口单位	主要起草单位	推荐时间
金属镱	推荐	产品	制定	国家标准	T243 有色金属	赣州虔东实业(集团)有限公司	2006.08
甲基高含氢硅油	推荐	产品	制定	国家标准	全国塑料标准化技术委员会	蓝星化工新材料股份有限公司江西星火有机硅厂	2010.07
二甲基硅油	推荐	产品	制定	国家标准	全国塑料标准化技术委员会	蓝星化工新材料股份有限公司江西星火有机硅厂	2010.07
通信用塑料光纤	推荐	产品	制定	国家标准	全国信息技术标准化技术委员会	江西大圣塑料光纤有限公司	2010.07
钆铁合金	推荐	产品	制定	国家标准	全国稀土标准化技术委员会	国家钨与稀土产品质量监督检验中心	2010.07
钬铁合金	推荐	产品	制定	国家标准	全国稀土标准化技术委员会	国家钨与稀土产品质量监督检验中心	2010.07
钇铁合金	推荐	产品	制定	国家标准	全国稀土标准化技术委员会	江西省龙钇重稀土材料有限责任公司	2010.07
钇基稀土硅铁合金	推荐	产品	制定	国家标准	全国稀土标准化技术委员会	赣州龙钇稀土材料有限公司	2010.07
钇基稀土镁硅铁合金	推荐	产品	制定	国家标准	全国稀土标准化技术委员会	赣州龙钇稀土材料有限公司	2010.07
镝镓合金	推荐	产品	制定	国家标准	全国稀土标准化技术委员会	赣州虔东稀土集团股份有限公司	2010.07
超高纯氧化钆	推荐	产品	制定	国家标准	全国稀土标准化技术委员会	赣州虔东稀土集团股份有限公司	2010.07
船用防火滑移式舱壁门	推荐	产品	制定	国家标准	全国船用机械标准化技术委员会	江西朝阳机械厂	2010.07
水电工程结构用低焊接裂纹敏感性高强度钢板	推荐	产品	制定	国家标准	全国钢标准化技术委员会	新余钢铁集团有限公司	2010.07
烟花爆竹 RFID 电子监管码标签应用规范	推荐	产品	制定	国家标准	电子标签标准工作组	中兴长天信息技术(南昌)有限公司	2010.07

续表

标准项目名称	性质	标准类别	制定/修订	类别	技术委员会或技术归口单位	主要起草单位	推荐时间
医疗应用 RFID 数据接口规范	推荐	方法	制定	国家标准	电子标签标准工作组	中兴长天信息技术（南昌）有限公司	2010.07
医疗应用 RFID 流程规范	推荐	产品	制定	国家标准	电子标签标准工作组	中兴长天信息技术（南昌）有限公司	2010.07
医疗 RFID 设备技术规范	推荐	产品	制定	国家标准	电子标签标准工作组	中兴长天信息技术（南昌）有限公司	2010.07
建筑太阳能光伏一体化组件用聚乙烯醇缩丁醛标准	推荐	产品	制定	国家标准	全国太阳光伏能源系统标准化技术委员会	江西塞维 BEST 太阳能高科技有限公司	2010.07
太阳能光伏用玻璃表面绒面度性能检测标准	推荐	方法	制定	国家标准	全国太阳光伏能源系统标准化技术委员会	江西塞维 BEST 太阳能高科技有限公司	2010.07
太阳能光伏用玻璃通过率检测标准	推荐	方法	制定	国家标准	全国太阳光伏能源系统标准化技术委员会	江西塞维 BEST 太阳能高科技有限公司	2010.07
室内照明 LED 球泡灯	推荐	产品	制定	国家标准	全国照明电器标准化技术委员会	江西联创光电科技股份有限公司	2010.07
室内照明 LED 管形灯	推荐	产品	制定	国家标准	全国照明电器标准化技术委员会	江西联创光电科技股份有限公司	2010.07
LED（发光二极管）路灯	推荐	产品	制定	国家标准	全国照明电器标准化技术委员会	江西省晶和照明有限公司	2010.07
LED 照明工程施工与验收规范　第 1 部分：施工规范	推荐	方法	制定	国家标准	全国照明电器标准化技术委员会	江西省晶和照明有限公司	2010.07
LED 照明工程施工与验收规范　第 2 部分：验收规范	推荐	方法	制定	国家标准	全国照明电器标准化技术委员会	江西省晶和照明有限公司	2010.07

续表

标准项目名称	性质	标准类别	制定/修订	类别	技术委员会或技术归口单位	主要起草单位	推荐时间
LED照明工程施工与验收规范 第3部分:LED道路照明工程施工与验收规范	推荐	方法	制定	国家标准	全国照明电器标准化技术委员会	江西省晶和照明有限公司	2010.07
碱式碳酸钴	推荐	产品	制定	国家标准	全国化学标准化技术委员会	江西核工业兴中科技有限公司	2010.07
工业用氨基磺酸钴	推荐	产品	制定	国家标准	全国化学标准化技术委员会	江西核工业兴中科技有限公司	2010.07
乙酸镍	推荐	产品	制定	国家标准	全国化学标准化技术委员会	江西核工业兴中科技有限公司	2010.07
电镀用氨基磺酸铜	推荐	产品	制定	国家标准	全国化学标准化技术委员会	江西核工业兴中科技有限公司	2010.07
婴幼儿清火植物固体饮料(奶粉伴侣)	推荐	产品	制定	国家标准	全国食品工业标准化技术委员会	江西省每伴食品有限公司	2010.07
研磨瓷球	推荐	产品	制定	国家标准	全国工业陶瓷标准化技术委员会	萍乡市金刚科技有限责任公司	2010.07
现代物流企业服务规范标准	推荐	管理	制定	国家标准	全国物流标准化技术委员会	南昌市物流行业协会	2010.07
富硒大米	推荐	产品	制定	国家标准	全国粮油标准化技术委员会	丰城市质量技术监督协会	2010.07
富硒鲜禽蛋	推荐	产品	制定	国家标准	全国畜牧业标准化技术委员会	丰城市质量技术监督协会	2010.07
富硒鲜(冻)禽产品	推荐	产品	制定	国家标准	全国畜牧业标准化技术委员会	丰城市质量技术监督协会	2010.07

表 2－1－3　2007 年江西省制定国家标准计划项目名单

计划编号	项目名称	强制/推荐	制定/修订	完成时间	主管部门	技术归口单位	起草单位
20074748－T－609	蜂窝陶瓷	推荐	制定	2009	中国建筑材料工业协会	全国工业陶瓷标准化技术委员会	中国科学院上海硅酸盐研究所、江西省景德镇特种陶瓷研究所
20071299－T－469	地理标志产品 商洲枳壳	推荐	制定	2008	国家标准化管理委员会	WG4 全国原产地域产品标准化工作组	吉安市质量技术监督局、新干县质量技术监督局、新干县药材局、新干县中药材开发总公司
20071706－T－456	烤烟漂浮育苗技术规程	推荐	制定	2008	国家烟草专卖局	TC144 全国烟草标准化技术委员会	江西省石城县质量技术监督局、石城县烟草专卖局
20072589－T－609	布面石膏板新型墙体材料	推荐	制定	2008	中国建筑材料工业协会	TC285 全国墙体屋面及道路用建筑材料标准化技术委员会	江西华春环保装饰材料有限公司
20073466－T－610	偏钨酸铵发射光谱分析方法	推荐	制定	2008	中国有色金属工业协会	TC243 全国有色金属标准化技术委员会	赣州华兴钨制品有限公司
20073467－T－610	偏钨酸铵化学分析方法	推荐	制定	2008	中国有色金属工业协会	TC243 全国有色金属标准化技术委员会	赣州华兴钨制品有限公司
20073493－T－610	钨精矿化学分析方法过硫酸盐—硫酸亚铁铵容量法测定锰量	推荐	制定	2008	中国有色金属工业协会	TC243 全国有色金属标准化技术委员会	赣州有色冶金研究所
20073524－T－442	茶　茶多酚的测定	推荐	修订	2008	中华全国供销合作总社	中华全国供销合作总社	南昌统一企业食品有限公司
20075142－T－469	机械弹簧用韧化处理冷拉非合金钢丝	推荐	修订	2008	国家标准化管理委员会	全国弹簧标准化技术委员会	新华金属制品股份有限公司

续表

计划编号	项目名称	强制/推荐	制定/修订	完成时间	主管部门	技术归口单位	起草单位
20075676 - T - 469	冷冲模典型结构	推荐	制定	2008	国家标准化管理委员会	全国模具标准化技术委员会	江西南昌市洪都航空工业集团公司
20076032 - T - 303	电涡流缓速器	推荐	制定	2008	国家发展和改革委员会	全国汽车标准化技术委员会	永通赣州汽车技术有限公司
20076111 - T - 303	镨钕合金及其化合物化学分析方法—稀土配分量的测定	推荐	制定	2009	国家发展和改革委员会	全国稀土标准化技术委员会	赣州有色冶金研究所
20076716 - T - 522	复合岩棉板耐火舱室第1部分:衬板、隔板和转角板	推荐	制定	2008	中国船舶工业集团公司	全国船舶舾装标准化技术委员会	江西朝阳机械厂
20076717 - T - 522	复合岩棉板耐火舱室第2部分:天花板	推荐	制定	2008	中国船舶工业集团公司	全国船舶舾装标准化技术委员会	江西朝阳机械厂
20076718 - T - 522	复合岩棉板耐火舱室第3部分:防火门	推荐	制定	2008	中国船舶工业集团公司	全国船舶舾装标准化技术委员会	江西朝阳机械厂
20076719 - T - 522	复合岩棉板耐火舱室第4部分:构架件	推荐	制定	2008	中国船舶工业集团公司	全国船舶舾装标准化技术委员会	江西朝阳机械厂
20076720 - T - 522	复合岩棉板耐火舱室第5部分:塑料装饰件	推荐	制定	2008	中国船舶工业集团公司	全国船舶舾装标准化技术委员会	江西朝阳机械厂
20076721 - T - 522	复合岩棉板耐火舱室第6部分:安装节点	推荐	制定	2008	中国船舶工业集团公司	全国船舶舾装标准化技术委员会	江西朝阳机械厂

续表

计划编号	项目名称	强制/推荐	制定/修订	完成时间	主管部门	技术归口单位	起草单位
20078196－T－604	动密封多用回转炉	推荐	制定	2008	中国机械工业联合会	中国机械工业联合会	赣州有色金属冶炼有限公司
20078245－T－604	全自动连续推舟粉末冶金还原炉	推荐	制定	2008	中国机械工业联合会	中国机械工业联合会	赣州有色金属冶炼有限公司
20078948－T－606	氨基磺酸钴（精密电镀级）	推荐	制定	2008	中国石油和化学工业协会	全国化学标准化技术委员会	江西核工业实验化工厂
20078949－T－606	氨基磺酸镍（精密电镀级）	推荐	制定	2008	中国石油和化学工业协会	全国化学标准化技术委员会	江西核工业实验化工厂
20078950－T－606	氨基磺酸亚铁（精密电镀级）	推荐	制定	2008	中国石油和化学工业协会	全国化学标准化技术委员会	江西核工业实验化工厂
20078951－T－606	丙烯酰胺（AM）	推荐	制定	2009	中国石油和化学工业协会	全国化学标准化技术委员会	江西昌九农科化工有限公司
20078905－T－606	二环戊基二甲氧基硅烷	推荐	制定	2008	中国石油和化学工业协会	全国橡胶与橡胶制品标准化技术委员会	江西西林科新材料有限公司
20078912－T－606	环己基甲基二甲氧基硅烷	推荐	制定	2009	中国石油和化学工业协会	全国橡胶与橡胶制品标准化技术委员会	江西师大化工有限公司、南昌市质量技术监督局
20079128－Q－610	三氧化二砷	强制	制定	2009	中国有色金属工业协会	全国有色金属标准化技术委员会	江西铜业集团公司
20079138－T－610	碳化铌粉	推荐	制定	2009	中国有色金属工业协会	全国有色金属标准化技术委员会	九江有色金属冶炼厂
20079156－T－610	阴极铜	推荐	修订	2009	中国有色金属工业协会	全国有色金属标准化技术委员会	江西铜业集团公司

续表

计划编号	项目名称	强制/推荐	制定/修订	完成时间	主管部门	技术归口单位	起草单位
20077841 - T - 604	可变几何(截面)涡轮增压器喷嘴环组件零件与成品验收技术条件	推荐	制定	2008	中国机械工业联合会	全国内燃机标准化技术委员会	北京理工大学、江西省萍乡市德博科技发展有限公司、上海内燃机研究所
20076762 - T - 522	船用三氟甲烷灭火装置	推荐	制定	2008	中国船舶工业集团公司	全国船用机械标准化技术委员会	中国船舶工业综合技术经济研究院、江西三星气龙新材料有限公司、全国消防标委会
20079462 - T - 469	地理标志产品寻乌蜜桔	推荐	制定	2008	国家标准化管理委员会	WG4 全国原产地域产品标准化工作组	江西省寻乌县果业局、江西省寻乌县质量技术监督局

围绕江西省特色、优势产业,由省质监局承担的国家标准项目《地理标志产品赣南脐橙》(GB/T20355 - 2006)、《地理标志产品广昌白莲》(GB/T20356 - 2006)、《地理标志产品泰和乌鸡》(GB/T21004 - 2007)、《地理标志产品庐山云雾茶》(GB/T21003 - 2007)、《原产地域产品南丰蜜桔》(GB19051 - 2008)、《原产地域产品遂川狗牯脑茶》(GB/T19691 - 2008)、《脐橙》(GB/T21488 - 2008)、《地理标志产品寻乌蜜橘》(GB/T22439 - 2008)、《电镀用氨基磺酸钴》(GB/T23846 - 2009)、《藕粉》(GB/T25733 - 2010)等国家标准相继发布实施。这些标准的发布实施为这些特色、优势农产品的生产、管理提供技术依据。

地方标准管理

根据《关于清理整顿现行标准工作的通知》部署,省标准局组织对1990年以前发布的1369个地方标准依法进行清理。1991年10月29日,省标准局公布清查结果:继续有效的地方标准82个;废止的地方标准56个;需修订的地方标准7个;下放为企业标准的1224个[其中省标准局下放的有671项,地(市)下放的有553项]。同时规定,除82个地方标准继续有效外,凡属1990年12月底以前发布的地方标准均一律废止;对于废止的地方标准,原起草单位应在组织审查后根据情况制订企业标准。属于企业的产品标准,企业应于1991年12月底前重新制定或按规定办理备案,否则视为无标生产。省标准局将结果以赣标标发〔1991〕118号文,上报国家技监局审核。经审核后,按国家技监局提出的意见,1992年12月3日,省标准局将清理整顿结果调整并重新公布:继续有效的地方标准59个;废止的地方标准79个。除59个地方标准继续有效,79个地方标准废止外,凡属

1990 年 12 月底以前发布的地方标准均一律废止并作为企业标准下放给企业，要求地(市)标准计量(技术监督)局、省直各有关厅(局)、中央驻赣有关部门通知有关企业将下放的企业标准经过补充、审查、发布后，于 1993 年 3 月 1 日前交有关部门备案。

1993 年 10 月 12 日，国家技术监督局发布地方标准清理整顿结果。江西省 25% 仲丁威乳油等 40 个强制性地方标准继续有效。

为加强地方标准制(修)订工作的规范化管理，2001 年 5 月 30 日，省质监局制定《江西省地方标准管理办法》。《江西省地方标准管理办法》共六章二十六条，包括第一章总则主要规定制定本省地方标准的范围、分类、编号；第二章地方标准的计划；第三章地方标准制定程序；第四章地方标准的复审；第五章农业标准规范的制定和第六章附则等内容。

2001 年 11 月 28 日，省质监局布置江西省农药地方标准清理工作，对《25% 杀 · 噻可湿性粉剂》(DB36/328 - 1998)、《25% 异 · 噻可湿性粉剂》(DB36/329 - 1998)、《30% 异 · 噻乳油》(DB36/330 - 1998)、《40% 异 · 瘟灵乳油》(DB36/331 - 1998)、《40% 福 · 多可湿性粉剂》(DB36/332 - 1998)等 5 项省农药地方标准进行清理，2002 年 2 月底前清理完毕，自 2002 年 3 月 1 日起该 5 项农业地方标准一律废止。根据 WTO/TBT 协议及国家质检总局关于清理强制性地方标准的有关要求，需将清理范围内的标准全部转化为企业标准；同时抓紧标准的制(修)订工作，将标准制定为企业标准(即重新起草、审定、编号、发布、备案)；自 2002 年 3 月 1 日起，凡没有重新制定标准并按规定备案的企业，其产品按无标论处。各级质量技术监督部门依据《中华人民共和国标准化法》等法律、法规对该违法行为予以查处。

2001 年 11 月 29 日，省质监局布置江西省强制性地方标准清理工作。清理依据是 WTO/TBT 有关制定技术法规的正当理由和《标准化法》和有关法律、法规中有关强制性地方标准范围的规定，如满足以下技术要求可以继续保留为强制性地方标准：保护人体健康和人身财产安全的要求；保护动植物生命健康的要求；产品的安全、卫生要求；区域性的环境保护、节约能源要求；农业种子(种畜、种禽、种苗)选育的技术要求；农产品及其加工产品中有毒有害物质残留限量要求；工程建设规范涉及安全的要求；防止欺诈，保护消费者利益的要求；有关法律、法规规定的要求。强制性地方标准分为条文强制和全文强制，无任何强制性条款的应调整为推荐地方性标准。清理范围为《江西省蚕种生产检验规程》(DB36/006 - 91)等 18 项强制性地方标准。清理意见分为四种，即继续有效、修订、转为推荐性标准和废止。12 月 31 日，省质监局将 18 项强制性地方标准清理结果报送至国家标准化管理委员会，继续有效 2 项，废止 2 项，转为推荐性 14 项。

为加强江西省农业标准规范备案的管理，保证农业标准规范的编写质量，根据《江西省地方标准管理办法》，2002 年 4 月 30 日，省质监局制定《江西省农业标准规范备案管理办法》。2003 年 2 月 11 日，省质监局研究决定，在省质监局备案的市农业标准规范均实施备案公告制度。各申请备案单位在收到备案公告后，方可将农业标准规范文本及发布通告发送有关部门。要求各设区市质监局将已发布的农业标准规范按《江西省农业标准规范备案管理办法》要求，将有关材料报送省质监局标准化处，对符合要求的农业标准规范，省质监局以公告形式，分期分批对外公布。

2004 年 8 月 3 日，省质监局按照国家标准委《关于做好农业地方标准清理复审工作的通知》的要求,对农业地方标准初步清理结果提出复审意见。并发函请各标准归口单位按照国标委农轻〔2004〕66号文件要求,对省质监局提出的复审意见进行研究,并将结果于8月20日前反馈给省质监局标准化处。逾期不反馈的,视为同意复审意见处理。9月6日,省质监局将江西省农业地方标准清理复审结果上报给国家标准委:全省农业地方标准共185项(截至2003年底),强制性标准1项,推荐性标准184项,其中继续有效的标准102项,修改19项,修订42项,废止22项。

根据《关于印发〈食品标准清理工作准备和初审阶段实施方案〉的通知》文件精神,2005年2月23日,省质监局布置、组织江西省食品地方标准清理工作。全省食品地方标准共7项,计划项目1项。其中继续有效的标准5项,修订的标准2项,继续有效的计划项目1项。清理结果报国家标准委。

为确保两个安全,进一步提高全省食品通用实验室和特种设备检验机构的标准化水平,杜绝使用作废标准进行试验和检验工作,省质监局于8月20日至10月31日,对全省食品通用实验室和特种设备检验机构的标准时效性进行专项检查。标准时效性专项检查,省质监局委托省标准化院具体承担。各设区市质监局于8月20日前将所属食品通用实验室和特种设备检验机构的在用标准目录,按统一格式以电子版形式报省标准化院;省标准化院于10月20日前完成对各食品通用实验室和特种设备检验机构在用标准的查新工作,对各单位的标准使用情况出具查新报告,并将标准时效性专项检查工作总结报省质监局标准化处;省质监局适时公布专项检查结果,对检查中发现的问题,通知有关食品通用实验室和特种设备检验机构限期整改,逾期不改,予以通报。

第三节　强制性标准实施与监督

1991年6月18日,省标准局布置《工业产品质量分等导则》国家标准实施工作:做好对标准的宣传贯彻和分等准备工作;进一步加强全面质量管理、标准化管理和计量管理等基础工作,积极采用国际标准和国外先进技术标准,为实施《分等导则》积极创造条件。从1992年开始,要求有条件的部门就产品质量等级申报、优质产品评定、监督抽查、优劣判定和配套的经济政策等均按《分等导则》执行。

1993年5月7日,省标准局下发赣标标发〔1993〕53号文对宣传贯彻《质量管理和质量保证》系列标准进行布置。6月11日,省标准局在井冈山举办《质量管理和质量保证》系列标准宣传贯彻会。会议主要讲解GB/T19000－IS090000系列国家标准和《质量术语》国家标准,包括企业建立和实施质量体系的基本要求、质量体系要素的应用和使用指南,在合同环境下的3种质量保证模式的选择,企业如何开展质量认证等内容。9月7日,为加快贯彻GB/T19000－IS09000《质量管理和质量保证》系列国家标准,省标准局就贯彻实施再次提出意见。

为严格实施国旗标准,保证国旗质量。1993年2月17日、4月14日,省标准局2次行文就全省执行《国旗》有关国家标准问题提出实施意见,请省政府批转各地执行。省政府办公厅下发《转发省标准局关于严格执行〈国旗〉国家标准意见的通知》后,7月5日,省标准局印发《贯彻省人民政府办公厅关于严格执行〈国旗〉国家标准的通知》,对国旗标准的实施提出具体要求:各地(市)标准计量(技术监督)局应按照GB12982和GB12983组织对该地(市)国旗定点企业制作国旗的质量保证条件进行一次全查,并对所制作的国旗进行一次检验,统计好已制作国旗的数量及达到标准的程度;各地(市)、县(市、区)标准计量(技术监督)局应会同工商行政管理部门对所辖区内所销售的国旗进行一次监督检查,对销售不符合国家标准国旗的要责令其立即停止销售。对应悬挂国旗的单位所挂国旗进行一次检查,对不符合国家标准的国旗,要进行统计,限期更换,最迟于10月1日之前更换完毕。为进一步推动国旗标准的实施,根据各地反映的一些共性问题,9月7日,省标准局开展对《国旗》标准实施监督,要求各地要加强宣传,使全社会对贯彻国旗标准的认识提高到爱国主义的高度。监督检查依据为CB12982《国旗》和GB12983《国旗颜色标准样品》及省标准局提供的标准国旗;县及县以下单位由县标准化管理部门负责;地(市)所属单位由地(市)标准化管理部门负责;监督检查的对象为市场销售的国旗和有关单位悬挂的国旗。

1994年2月17日,省标准局转发《国家技监局〈关于做好宣传和实施强制性国家标准工作的通知〉》,要求全省上下认真做好强制性国家标准的宣传,提高全民执行强制性标准的自觉性。切实组织好标准的实施工作,依法做好标准的实施监督检查,推动强制性标准的实施,以保护人身财产安全,保障人体健康。

1996年1月22日,省标准局布置《家用燃气快速热水器》(GB6932－1994)国家标准实施。要求各地(市)技术监督(标准计量)局要做好市场经销热水器情况的调查摸底,广泛进行宣传,认真研究该标准并贯彻执行。确保在1996年12月31日前实现市场停止销售不符合(GB6932－1994)国家标准热水器的目标。同时做好对该标准实施监督的准备。

1996年1月22日,省标准局布置《食品标签通用标准》1994年版本国家标准实施。要求各地(市)技术监督(标准计量)局对所辖地区范围内的食品生产企业所使用的库存食品标签进行一次统计。若还存有符合《食品标签通用标准》1987年版本,但不符合1994年版本的食品标签,各地(市)技术监督(标准计量)局或企业须于1996年2月15日前向省标准局标准处申请备案,经省标准局标准处按规定审核认可同意后再通知相关企业以配合当年监督检查。对销售企业仍销售符合《食品标签通用标准》1987年版本,但不符合1994年版本的预包装食品,销售企业须在1996年2月15日前向当地(市、县、区)技术监督部门申请延长销售期限,由受理的技术监督部门审核认可后方可销售,销售期限最长延至1996年8月31日。

为保证各类标准,特别是强制性标准的实施,1996年5月31日,省技监局发文开展标准实施监督。省技监局选择有代表性的重要标准作为标准实施监督项目,要求省直各有关厅、局、公司结合行业、部门特点,初选标准实施监督项目,每个部门一般为2～5个,于当年6月30日前填写好附件《1996年标准实施监督项目计划推荐表》报省技监局标准化处,省技监局根据所报项目计划进行综合研究,最后确定实施监督项目。

1996年7月2日,省技监局布置《家用和类似用途插头插座第一部分:通用要求》(GB2099.1－1996)《家用和类似用途单相插头插座型式、基本参数和尺寸》(GB1002－1996)2项国家标准贯彻实施准备工作。要求:生产插头、插座的企业要做好老产品的过渡及新标准的实施准备工作;从1997年2月1日新标准实施之日起,生产企业不得再按GB1062－1980、GB2099－1980标准组织插头、插座的生产;新标准实施前按旧标准生产的插头、插座产品,在1997年9月30日以前处理、销售完毕;从1997年10月1日起,经销企业不得在市场销售不符合新标准的插头、插座产品。

1996年11月27日,省技监局转发国家技监局《关于加强宣贯插头插座强制性新标准的通知》,布置插头插座强制性新标准宣传贯彻工作。通知要求各地要组织本地区插头插座生产、经销、监督检验等单位认真学习标准和国家技监局统一编写的宣传贯彻教材。省技监局委托省标准化协会在适当时候举办标准宣传贯彻会,以保证统一教材、统一授课。各地、市负责组织本地区的制造、经销单位及有关单位派人学习。

2001年8月10日,省质监局布置《食品标签通用标准》强制性国家标准实施工作:全省企业生产预包装食品生产日期(包括分装日期)的标注须符合《食品标签通用标准》,自2001年12月1日起,除铝箔包装袋外,其他材料的包装袋,生产日期必须使用鲜明的对比色标注(即生产日期的颜色与包装材料的色调要有明显的差异),并应按年、月、日的顺序标注,不符合上述要求的不得在全省行政区域内销售;凡生产日期模糊不清的或不符合标准规定的,应按《查处食品标签违法行为规定》有关条款处理。同时要求生产企业须对现有封口设备进行技术改造,增加有色打印功能;各地质监局要本着"帮助企业、服务企业"的原则,组织、帮助企业对现有设备进行技术改造,确保2001年12月1日起全省市场销售的食品标签上的生产日期标注符合要求。

2001年8月10日,省质监局布置GB/T1.1－2000《标准化工作导则第1部分:标准的结构和编写规则》实施工作:要求各设区市质监局、省直有关部门要认真组织好该项标准的宣传贯彻,为2001年9月1日正式实施做好准备;自2001年9月1日起,各标准起草单位均应按GB/T1.1－2000标准要求编写各类标准;对未按GB/T1.1－2000标准要求编写的企业产品标准,各级质量技术监督部门将不予备案。

为规范肥料市场,维护经营者和消费者的合法权益,2002年2月7日,省质监局组织《肥料标识内容和要求》(GB18382－2001)强制性国家标准宣传和实施。要求自2002年1月1日起,省内企业生产的肥料,其销售包装上的产品标识应符合GB18382国家标准要求;自2002年7月1日起,产品标识不符合GB18382国家标准的肥料不得在省行政区域内销售;各级质量技术监督部门应切实组织好该项标准的实施,积极主动地督促和帮助本地生产企业按标准规范肥料产品标识,并做好有关服务工作;各级质量技术监督部门可以开展受理肥料生产企业上报的肥料标识的审查认可工作。

2002年2月7日,省质监局组织实施《室内装饰装修材料有害物质限量》10项强制性国家标准。要求自2002年1月1日起,省内企业生产的产品应执行以上相关标准,过渡期6个月;自2002年7月1日起,不符合以上标准的产品禁止在省行政区域内销售;各级质量技术监督部门对生产、销售不符合以上相关标准的单位和个人,依据《标准化法》等法律法规进行查处;各地要做好宣传工作,将标准信息及实施要求告知辖区内建筑装饰材料生产企业、经销单位、建筑施工单位、室内装饰装修公司及监督检验单位,督促其严格执行国家标准;开展标准宣传贯彻培训。宣传贯彻培训工作在省质监局统一组织领导下进行,实行统一师资、统一教材、统一考试、发证的宣传贯彻培训方式。有关宣传贯彻培训工作由省质监局教育培训中心承办。

2002年6月3日,省质监局开展《房间空气调节器安装规范》强制性国家标准实施情况检查。

检查的重点是空调器安装人员的培训、安装支架的质量及重点安装环节的安装质量等。

2003 年非典期间,4 月 29 日国家标准委批准发布《医用防护口罩技术要求》等 4 项强制性国家标准,4 月 30 日下午 4 时,国家质检总局、国家标准委紧急布置,要求各地自即日起严格执行。为及时传达国家质检总局和国家标准委通知精神,布置标准实施。省质监局立即组织全部力量,研究、起草实施国标的紧急通知,并以明传电报的形式向各市局发送。同时起草新闻发布稿,以最快的速度把新国标消息告诉全省各界。新闻稿于 5 月 2 日在《江西日报》登出,并被搜狐网、大江网等国内网站转载。

2004 年 2 月 9 日,省质监局组织实施 GB15629. 11 –2003《信息技术系统间远程通信和信息交换局域网和城域网特定要求第 11 部分:无线局域网媒体访问控制和物理层规范》和 GB15629. 1102 –2003《信息技术系统间远程通信和信息交换局域网和城域网特定要求第 11 部分:无线局域网媒体访问控制和物理层规范:2. 4GHz 频段较高速物理层扩展规范》强制性国家标准。

2004 年 6 月 14 日,省质监局组织实施《花生油》(GB1534 – 2003)和《大豆油》(GB1535 – 2003)2 项国家标准。规定:《花生油》(GB1534 –2003)和《大豆油》(GB1535 –2003)2 项标准均为强制性国家标准,推迟到 2004 年 10 月 1 日起实施。自 10 月 1 日起,各有关生产单位生产、销售的大豆油、花生油,均应符合新国家标准要求;各级质量技术监督部门应切实组织好该两项标准的贯彻实施:①加强企业产品执行标准登记的复核工作,确保花生油和大豆油生产企业按新国家标准组织生产。②加强企业产品标准备案的审核工作,凡制定花生油、大豆油企业产品标准的,均应符合新国家标准中有关强制性内容。③指导和帮助企业设计食品标签,确保企业食品标签符合 GB7718 及如下要求:压榨花生油(或大豆油)、浸出花生油(或大豆油)须在产品标签中分别标注“压榨”“浸出”字样;花生油、大豆油及其他食用植物油均应在产品标签中标注“原料的原产国名”。

2004 年,江西省在全国率先出台《歌舞娱乐场所消防安全技术标准》强制性地方标准。于 6 月 29 日通过国家标准委备案。7 月 23 日,省政府召开贯彻实施该强制性地方标准的新闻发布会。这是省内首个由省政府召开的实施地方标准的新闻发布会。该标准正式实施后,为全省歌舞娱乐场所设计、施工和行政执法提供技术依据。标准实施仅三个月南昌市就有 145 家不符合标准要求的歌舞娱乐场所被关停,消除安全隐患。

2004 年 7 月 14 日,省质监局布置实施《婴幼儿配方粉及婴幼儿补充谷粉通用技术条件》等 3 项强制性国家标准。

2004 年 8 月 5 日,省质监局向全省转发国家标准委《关于立即停止非授权网上或以光盘形式销售国家标准活动的紧急通知》,要求遵照执行。

2004 年 9 月 17 日,省质监局组织实施《预包装食品标签通则》(GB7718 –2004)和《预包装特殊膳食用食品标签通则》(GB13432 –2004)2 项食品标签强制性国家标准。要求:2 项标准为强制性国家标准,届时标签不符合强制性标准要求的食品不准生产、销售和进口,各级质监部门要将食品标签新标准的信息及时通知辖区内食品生产、经销企业,使其合理安排食品包装的生产数量和食品的采购量,避免造成浪费;要将该两项标签新标准的实施作为落实食品监管职能调整的重要措施,帮助企业按新标准做好食品标签的设计、修改、完善,使之符合新国标的要求;省质监局负责质监系统人员(含师资)以及食品生产许可证管理产品生产企业的宣传贯彻,各设区市质监局负责其他食品生产、经销企业的宣传贯彻;要切实为企业实施新标准提供有效服务,按照企业自愿申请的原则,各级质监部门可对符合新国标的食品标签进行备案;依据《江西省标准化管理条例》规定,省质监局将对经培训考试合格者颁发《江西省标准实施监督员证》,作为开展食品标签标准化和标准宣传贯彻工作的资质。10 月 9—11 日,省质监局在南昌市举办该两项标准的宣传贯彻会。

2005 年 2 月 1 日,省质监局将国家标准委特急件《关于在流通领域延期实施 GB1536 - 2004〈菜籽油〉国家标准的通知》转发给各设区市质监局,要求当地有关部门和单位遵照执行。

按照国家标准委《关于实施〈预包装食品标签通则〉等两项国家标准有关问题的通知》要求,2005 年 8 月 22 日,省质监局发文规定:为减少企业损失,对于部分食品标签库存量较大,且其标准符合 GB7718 - 1994《食品标签通用标准》、GB13432 - 1992《特殊营养食品标签》标准要求的企业,可以向所属设区市质监局申请,并经省质监局核准后,可适当延长食品标签的使用期限。各设区市质监局初审同意后,按附件填写《标签延期使用的预包装食品统计表》,同时报送电子版本一份,于 2005 年 9 月 10 日前报省质监局核准;由省质监局直接受理标签备案的企业,若需延期,可直接向省质监局申报。2006 年 7 月 11 日,省质监局下文规定:对江西省食品生产企业的预包装食品标签,凡是符合 GB7718 - 1994《食品标签通用标准》及相关标准的,延期使用至 2006 年 11 月 1 日。

2005 年 11 月 17 日,省质监局转发国家标准委《关于复原乳标识标注有关问题的通知》,布置复原乳标识标注需注意问题和整改事项,要求当地有关生产企业遵照通知执行。

2006 年 1 月 20 日,省质监局布置实施《蜂蜜》(GB18796 - 2005)强制性国家标准。规定:《蜂蜜》标准属强制性国家标准,生产企业自 2006 年 3 月 1 日起实施,流通领域自 2006 年 11 月 1 日起实施;各地要强化服务,加强监督,组织做好《蜂蜜》强制性国家标准的实施工作。凡不符合《蜂蜜》标准中强制性要求的企业标准和产品标签,均应要求企业按期更正;要引导并规范企业做好标签标示工作,重点关注内容;自《蜂蜜》强制性国家标准正式实施之日起,凡不符合该标准要求的,各地质监部门应依据有关法律、法规进行处理。2006 年 3 月 1 日,省质监局将国家标准委《关于蜂蜜制品名称标注的意见》转发实施。

2006 年 4 月 3 日,省质监局布置实施《非发酵性豆制品》(DB36/449 - 2005)强制性地方标准。要求自 2006 年 5 月 1 日起,生产、加工企业应按 DB36/449 - 2005《非发酵性豆制品》强制性地方标准组织生产;自 2005 年 8 月 1 日起,市场停止销售不符合 DB36/449 - 2005《非发酵性豆制品》强制性地方标准的产品;各地质监部门要进一步做好《非发酵性豆制品》强制性地方标准宣传贯彻工作,帮助辖区内生产、流通企业和经营户学习标准,正确理解标准;过渡期结束后要结合当地实际,采取有效措施,加强标准实施的监督管理。

2006 年 8 月 22 日,省质监局转发国家标准委《关于延长部分果冻产品旧标签使用期限的通知》和《关于 GB10344 - 2005〈预包装饮料酒标签通则〉等 2 项国家标准延期实施的通知》,要求遵照执行,并通知当地企业。

2007 年 2 月 27 日,省质监局转发国家标准委《关于同意 GB5606. 2 - 2005〈卷烟第 2 部分包装标识〉国家标准中有关烟气一氧化碳标识要求延期实施的复函》,要求遵照执行,并通知当地有关单位。

2008年11月24日,省质监局转发国家标准委《关于延期实施GB21633－2008〈掺混肥料(BB肥)〉国家标准中有关产品外包装执行标准标识要求的通知》,要求结合工作实际,认真做好标准的宣传贯彻、实施和监督工作。

2009年8月5日,省质监局布置《限制商品过度包装要求食品和化妆品》(GB23350－2009)国家标准的宣传贯彻工作。

2010年1月15日,省质监局布置实施GB/T1.1－2009《标准化工作导则第1部分:标准的结构和编写》。规定:要高度重视和认真组织好GB/T1.1－2009的学习和宣传工作,确保该项标准的顺利实施;2010年1月1日起,标准起草单位要按GB/T1.1－2009的要求编写国家标准、行业标准、地方标准和企业标准;2010年3月1日以后上报的地方标准报批稿应当符合GB/T1.1－2009规定的要求和格式;2010年3月1日以后,各级标准化行政主管部门对未按GB/T1.1－2009要求编写的企业标准将不予备案。

2010年12月13日,省质监局转发国家标准委《关于延长〈复混肥料(复合肥料)〉(GB15063－2009)包装袋标识规定实施日期的通知》,要求《复混肥料(复合肥料)》(GB15063－2009)国家标准中"自2010年12月1日起,市场上复混肥料(复合肥料)产品外包装禁止标注符合GB15063－2001字样"规定的实施日期延长至2011年6月30日。各单位遵照执行,并通知当地有关单位。

第四节　专业标准化技术委员会建设

国家标准委负责全国专业标准化技术委员(包括全国专业标准化技术委员会、分技术委员会及工作组)筹建。从2005年起,国家标准委向全国各地征集全国专业标准化技术委员会、分技术委员会及工作组。是年,省质监局启动全国专业标准化技术委员会申报及筹建工作。根据《江西省人民政府关于实施标准化战略的意见》的总体安排,2010年2月,省质监局启动江西省专业标准化技术委员会筹建。

全国专业标准化技术委员会筹建

根据国家标准委《关于征集组建新的全国专业标准化技术委员会、分技术委员会及工作组的通知》要求,2005年,省质监局组织全国专业标准化技术委员会、分技术委员会及工作组的申报工作。2006年2月15日,省质监局将省内申请组建的全国专业标准化技术委员会报国家标准委。

根据国家标准委《关于申报全国专业标准化技术委员会有关事项的通知》要求,2006年8月4日,省质监局将初审通过的全国脐橙标准化技术委员会等11项技术委员会报国家标准委审示。

根据《关于征求拟筹建全国专业标准化技术委员会意见的函》要求,2007年9月,省质监局将全国白酒标准化技术委员会特香型白酒分技术委员会申报材料报国家标准委审示;9月5日,省质监局将全国起重机标准化技术委员会制动器分技术委员会申报材料报国家标准委审示。

2008年2月22日,省质监局向国家标准委推荐江西华伍起重电器(集团)有限责任公司、四特酒有限责任公司承担全国起重机标准化技术委员会制动器分技术委员会和全国白酒标准化技术委员会特香型白酒分技术委员会秘书处工作。

根据国家标准委《关于组织申报全国专业标准化技术委员会的通知》,为推动全省标准化技术委员会组织体系建设和标准化事业的发展,2008年4月28日,省质监局组织2008年度全国专业标准化技术委员会(TC)、分技术委员会(SC)、工作组(WG)的申报工作。6月4日,省质监局将初审通过的全国螺杆膨胀动力机标准化技术委员会等10份技术委员会、分技术委员会筹建申请材料报国家标准委审示。

2009年7月10日,根据国家标准委《关于批准筹建全国林业有害生物防治标准化技术委员会等98个全国专业标准化技术委员会的通知》,由江西华电电力有限责任公司和四特酒有限责任公司提出,经省质监局向国家标准化管理委员会申请的全国螺杆膨胀发电机标准化技术委员会和全国白酒标准化技术委员会特香型白酒分技术委员会获批筹建。9月11日,省质监局布置全国螺杆膨胀发电机标准化技术委员会和全国白酒标准化技术委员会特香型白酒分技术委员会筹建工作。要求新余市、宜春市质监局组织做好起草标委会负责制定的国家标准领域内国家标准体系框架初稿和提出归口管理国家标准和国家标准计划项目清单等工作。

2009年9月18日,赣州国家钨与稀土产品质量监督检验中心获批成立全国稀土标准化技术委员会离子型稀土矿工作组。这标志着省内企业承担国字号的标委会工作实现实质性突破,为全省积极推进标准化战略,开展国家标准制修订工作提供强有力的技术力量。9月22日,省质监局征集全国螺杆膨胀发电机标准化技术委员会委员和全国白酒标准化技术委员会特香型白酒分技术委员会委员。10月9日,省质监局发文成立全国螺杆膨胀发电机标准化技术委员会和白酒标准化技术委员会特香型白酒分技术委员会筹建工作领导小组。12月28日,省质监局将成立特香型白酒分技术委员会相关材料上报国家标准委批复。2010年2月23日,省质监局将成立全国螺杆膨胀发电机技术委员会相关材料上报国家标准委批复。

2009年9月15日,省质监局专题向省政府呈送《关于我省企业首次获批筹建全国专业标准化技术委员会的情况汇报》。10月21日,省委副书记、省长吴新雄,副省长洪礼和等领导分别在情况汇报上做出批示。省长吴新雄批示:“工作主动,很好。”副省长洪礼和批示:“好!”

根据《江西省人民政府关于实施标准化战略的意见》要求,为充分发挥各领域技术专家在标准化研究、制(修)订、实施和应对技术性贸易壁垒等方面的作用,更好地组织实施标准化战略。2009年8月11日,省质监局决定筹备建立省标准化专家人才库。规定专家库主要任务、专家条件、推荐与审查要求。2010年,在全省各行业、各领域全面发动和广泛征集的基础上,省质监局成立由344名专家组成的省标准化专家人才库,初步组建起一支以高等院校、科研院所、检测机构、企业技术研发中心为主体的标准化专家队伍。

省专业标准化技术委员会筹建

根据《江西省人民政府关于实施标准化战略的意见》的总体安排,2010年2月24日,省质监局下达文件，在全省范围内筹建省专业标准化技术委员会。

为加强江西省专业标准化技术委员会的管理，2010 年 7 月 15 日，省质监局制定《江西省专业标准化技术委员会管理规定》。该规定由管理职责、技术委员会工作职责、组建原则及条件、程序、技术委员会的组成、工作程序、经费及监督检查几方面内容组成。

经有关方面提出，2010 年 8 月 19 日，省质监局下文批准筹建省机械标准化技术委员会等 23 个专业标准化技术委员会。规定：标委会组成须符合《江西省专业标准化技术委员会管理规定》；标委会筹建工作程序为征集委员、拟定标委会组成方案、研究标准体系框架、准备标委会成立相关材料、申报成立标委会。筹建单位接本通知后，应当在 3 个月内完成标委会筹建工作，并将成立标委会相关材料及申请成立文件报省质监局标准化处审核批复。

表 2－1－4　2010 年批准筹建的江西省专业标准化技术委员会名单

标委会名称	对口的国家标委会	秘书处承担单位	筹建单位（组织申报单位）
江西省机械标准化技术委员会	全国机械行业有 127 个标准化技术委员会	江西省机械工业质量协会	省机械行办
江西省林业标准化技术委员会	全国林业领域有 20 个标准化技术委员会	江西省林业厅科技与国际合作处	省林业厅
江西省日用陶瓷标准化技术委员会	全国日用陶瓷、工业陶瓷、建筑卫生陶瓷标准化技术委员会	中国轻工业陶瓷研究所	景德镇市质监局
江西省石油和化工标准化技术委员会	全国化学、农药、石油产品和润滑油、涂料颜料、染料、橡胶和橡胶制品、塑料制品、煤化工领域上百个标准化技术委员会	省石油和化学工业协会	省工业和信息化委员会
江西省稀土标准化技术委员会	全国有色金属标准化技术委员会	国家钨与稀土产品质量监督检验中心	赣州市质监局
江西省计量器具标准化技术委员会	全国计量器具使用与管理标准化技术委员会	江西省计量测试研究院	省计量测试研究院
江西省竹木产品标准化技术委员会		江西省产品质量监督检测院	省产品质量监督检测院
江西省烟花爆竹标准化技术委员会	全国烟花爆竹标准化技术委员会	宜春检验检疫技术研究所	江西出入境检验检疫局
江西省 LED 标准化技术委员会	半导体器件	晶能光电（江西）有限公司	南昌市质监局

续表

标委会名称	对口的国家标委会	秘书处承担单位	筹建单位（组织申报单位）
智能建筑电气节能江西标准化技术委员会	智能建筑及居住区数字化	泰豪科技股份有限公司	南昌市质监局
江西省移动电源标准化技术委员会	移动电站	清华泰豪三波电机有限公司	南昌市质监局
江西省有色金属标准化技术委员会	ISO/TC26. 79. 119. 183	江西铜业股份有限公司	省国资委
江西省交通运输标准化技术委员会	全国交通运输领域5个全国专业标准化委员会和8个行业标准化委员会	江西省交通科学研究院	省交通运输厅
江西省经济作物标准化技术委员会	—	江西省农业厅经济作物局	省农业厅
江西省畜牧业标准化技术委员会	全国畜牧业标准化技术委员会	江西省畜牧技术推广站	省农业厅
江西省水产标准化技术委员会	全国水产标准化技术委员会	江西省水产技术推广站	省农业厅
江西省无公害农产品、绿色(有机)食品标准化技术委员会	国际食品法典委员会CAC	江西省农产品质量安全中心	省农业厅
江西省旅游标准化技术委员会	全国旅游标准化技术委员会	江西省旅游局监督管理处	省旅游局
江西省饲料标准化技术委员会	全国饲料工业标准化技术委员会	江西省兽药饲料监察所	省农业厅
江西省纺织标准化技术委员会	全国纺织品标准化技术委员会	江西省纤检局	省纤检局
江西省条代码标准化技术委员会	全国条代码标准化技术委员会	江西省标准化院	省标准化院
江西省工业陶瓷标准化技术委员会	全国工业陶瓷标准化技术委员会	国家工业陶瓷测试中心	萍乡市质监局
江西省环保标准化技术委员会	全国环境管理标准化技术委员会	江西省环境保护科学研究院	省环保厅

为做好专业标准化技术委员会的筹建工作,省质监局于2010年8月27日召开筹建工作座谈会。12月24日,省质监局批准成立江西省智能建筑及电气节能标准化技术委员会,其编号为JX-

TC001。该标委会主要负责智能建筑及电气节能领域的省地方标准制(修)订工作。第一届标委会由3名顾问和25名委员组成,秘书处由泰豪科技股份有限公司承担。要求尽快启动标委会工作,并按照《江西省专业标准化技术委员会管理规定》进行管理。

第五节 标准化战略实施

实施标准化战略是推动技术进步、提高产品质量、促进产业发展,节约资源、保护环境、扩大国际贸易的重要举措。为促进全省经济社会又好又快发展,实现建设“生态、平安、创新”江西,率先在中部崛起。2008年,省质监局启动标准化战略实施工作。

2008年,省质监局代拟《江西省人民政府关于实施标准化战略的意见》征求意见稿,于7月18日向省发改委等11个单位征求意见。9月8日,省质监局将经征求意见汇总、修改后的《江西省人民政府关于实施标准化战略的意见》(代拟稿)报省人民政府审示。

省长吴新雄和省政府副秘书长蔡玉峰为做好《意见》的修改,多次作重要批示。根据省长吴新雄的指示,省质监局与省政府办公厅、省发改委、省财政厅等各有关厅局加强沟通协调,对《意见》出台的必要性和标准化目标的可行性进行反复论证,将经各行业专家论证过的标准化项目装订成册,报送省政府办公厅。

为加强全省标准化工作,根据省政府《关于实施标准化战略的意见》(代拟稿)要求,2009年2月25日,省质监局发文推荐江西省标准化战略领导小组成员和联络员,推荐1名副职领导担任江西省标准化战略领导小组成员,1名处级干部担任江西省标准化战略领导小组联络员。3月23日,省质监局向省政府办公厅呈报江西省标准化战略领导小组成员和联络员建议名单。

2009年4月30日,省政府印发《江西省人民政府关于实施标准化战略的意见》。《意见》从充分认识实施标准化战略的重要意义、实施标准化战略的指导思想、基本原则和工作目标、实施标准化战略的主要任务和实施标准化战略的主要措施等4个方面部署实施标准化战略。5月6日,省政府成立江西省标准化战略领导小组。

2009年6月19日,全省标准化会议在南昌召开。会议由省政府副秘书长蔡玉峰主持,省标准化战略领导小组副组长、省质监局局长作工作报告,分管副省长亲自部署全省标准化战略的实施,并强调要组织到位,资金到位。国家质检总局党组成员、国家标准委主任纪正昆到会,并作讲话。8月11日,为更好地组织实施标准化战略,省质监局筹备建立江西省标准化专家人才库,向全省征集专家。

2010年2月,省质监局开展省标准化战略领导小组联络员会议筹备和材料准备工作。4月12日,发文做好实施标准化战略信息报送工作,对信息具体要求、信息报送方式和设立信息员等作出规定。4月26日,省政府门户网站和公务员门户网站正式开通“实施标准化战略专题”栏目。该栏目是全省实施标准化战略,十分重要的宣传平台和窗口。栏目开通集中展示江西省实施标准化战略成果,实现标准化信息交流与经验共享。7月,省质监局开展省标准化战略领导小组成员会议的筹备和材料准备工作。

2010年7月9日上午,省政府召开省标准化战略领导小组会议,领导小组各成员单位和省住房城乡建设厅的负责同志参加会议。省质监局汇报全省实施标准化战略以来的工作情况,各参会单位负责同志发言。会议讨论通过《江西省专业标准化技术委员会管理规定》。会议要求编制标准化发展规划和年度项目规划;抓紧筹建省专业标准化技术委员会;出台各项标准化政策措施;增强主动服务意识,为创业搭建好标准化服务平台;进一步加强协调配合;加大标准化宣传力度。

第六节　组织机构代码管理

1989年10月,国务院发布《国务院批转国家技术监督局等部门关于成立企业、事业单位和社会团体统一代码标识制度报告的通知》。要求尽快在全国范围内全面建立统一代码标识制度。

1993年2月,经省政府办公厅批准成立"江西省企业、事业单位和社会团体统一代码标识制度领导小组"。领导小组下设办公室,办公室设在省标准局。

1993年6月,制定《江西省金融系统推行全国统一代码标识制度实施办法》。

1994年7月,经省编办批准省技术标准情报所更名为江西省技术监督信息研究所,加挂江西省组织机构代码管理中心牌子,承担全省组织机构代码管理工作。

1995年,全省党政机关、企(事)业单位和社会团体采集数据和颁发组织机构代码证书11万家,全省地(市)县数据库已基本建成并通过国家代码中心验收。

1996年3月,省经贸委、省计委、省编办、省公安厅、省财政厅、省人事厅、省劳动厅、省技监局等16个部门联合发文,颁布《江西省组织机构代码管理实施办法》。

1996年12月,省技监局与省国税局、省地税局联合下发《关于强化税务登记、统一代码使用管理有关问题的通知》,在税务部门推广应用组织机构代码。

1997年6月,省技监局印发《江西省组织机构代码工作考核及奖励办法》《江西省地(市)县条码工作规范及奖励办法》,自发布之日起施行。

1997年12月,省工商局下发《关于转发〈关于联合推动全国组织机构代码工作的通知〉》,在工商行政管理部门推广应用组织机构代码。

1998年1月,省外经贸厅下发《转发外经贸部和国家技术监督局〈关于外商投资企业和台港澳侨投资企业领导全国组织机构代码和进出口企业代码有关事宜的通知〉的通知》,要求全省所有外商投资企业和台港澳侨投资企业都必须办理组织机构代码。

1998年3月27日,省政府令第75号发布《江西省组织机构代码管理办法》,1996年3月16个部门联合发文颁布的《江西省组织机构代码管理实施办法》废止。

2000年4月,省质监局与国家外汇管理局江西分局联合发文转发国家外汇管理局、国家质检总局《关于在外汇业务工作中全面使用组织机构代码标识的通知》,要求各级外汇管理部门和相关金融机构在涉外交易中全面规范和统一使用组织机构代码标识。

2000年7月,全省组织机构代码达到173794家,开始对全省组织机构代码证书进行年检。11月,省民政厅下发《关于我省民办非企业单位申领中华人民共和国组织机构代码证的通知》,要求全省范围内民办非企业单位均需申领《中华人民共和国组织机构代码证》。

2001年6月，省质监局委托省技术监督信息研究所依法对省内组织机构代码情况进行执法监督检查。8月，省质监局下发《关于在全省质量技术监督系统工作中推广使用组织机构代码标识的通知》，要求全省各级质量技术监督部门在各自业务管理中，凡涉及对组织机构（包括企业、事业、社会团体和个体）的注册、发证、登记、备案以及在对各类事业单位进行监督、检验、检查时，应查验相应机构的《中华人民共和国组织机构代码证书》。

2002年1月，省代码中心在全省启动并实施代码证电子副本发行工作。

2002年3月，省质监局下发《关于在全省质量技术监督系统推广应用代码公共信息载体的通知》，要求全省质监系统启动代码公共信息载体的应用，在开展质量、标准、计量、锅容管特、稽查、评审、名牌认定等业务工作时，都必须把审验纸制代码证书和代码公共信息载体作为必备条件和手续。

2004年9月，省质监局与省工商局联合下发《关于进一步加强企业和个体工商户组织机构代码管理通知》，要求企业和个体工商户办理组织机构代码证书。11月，省质监局与省地税局联合下发《关于在税务登记工作中进一步规范使用〈全国组织机构代码证书〉的通知》，要求各级地税机关在办理税务登记时查验组织机构代码证书并实行年度审验制度。

2005年3月，省代码中心研发的《江西省组织机构代码验证换证咨询提醒服务系统》列入全国代码中心2005年“创新工程”项目，在全省进行推广应用。6月，全省各地人民银行在银行账户核查和贷款卡年审等工作中需查验组织机构代码证。

2006年3月，省代码中心将组织机构代码电子扫描工作作为重点工作推进。

2007年12月，省代码中心搭建全省代码电子档案管理系统网络平台，并在全省配发相关设备，全面开展代码电子档案扫描工作。

2008年1月，省质监局与省总工会联合下发《关于工会法人组织申办中华人民共和国组织机构代码证有关问题的通知》，规定各级基层工会应当办理代码证书。3月，转发全国组织机构代码管理中心《关于配合法院系统做好组织机构代码信息录入工作的通知》，在全省法院应用组织机构代码。3月，转发全国组织机构代码管理中心《关于积极配合建设部在全国应用组织机构代码进行住房公积金管理的通知》，在全省住房公积金管理中应用组织机构代码。

2009年5月，省质监局与省教育厅联合下发《关于在高校毕业生就业工作中实施查验组织机构代码证书的通知》，要求各高等院校对进入本院校毕业生就业市场的用人单位要实行登记备案制度，查验组织机构代码。7月，省代码中心配合最高人民法院和全国代码中心在南昌举办全国法院系统“全国组织机构代码共享平台”查询使用培训暨执行案件信息管理工作研讨会，使代码信息在法院执行系统得到全面、深层次的应用。7—9月，全省开展代码数据专项清整，共清整209057条问题数据，占全省代码有效数据的77%。12月，全省代码档案电子化建档量达到110149份。

2010年4月，省代码中心配合省检察院在检察院系统应用全国组织机构代码共享平台。6月，配合国家税务总局征管司和国家代码中心召开税务与组织机构代码信息共享项目技术分析会，会后对6万条代码数据行政区划字段进行清整。江西省作为税务与组织机构代码信息共享的全国2

个试点省份之一,认真做好数据专项清整和信息比对工作,取得较好的成效,为在全国范围内推广应用做好充分的准备。

截至2010年底,全省累计有31万多个组织机构应用全国统一代码,建立覆盖全省范围的组织机构基本信息数据库,建成覆盖全省11个设区市,99个县(市、区)行政区划的组织机构代码管理机构的计算机网络,实现全省组织机构代码数据的网络化、动态化管理,保证全省代码信息的质量和时效性。组织机构代码在财政、税务、金融、外贸、公安、海关、社会保障等48个部门的社会和经济管理领域得到应用。

江西省组织机构代码管理工作成效显著,多次受到全国组织机构代码管理中心的表彰,先后获得2005年度、2007年度、2010年度全国组织机构代码工作二等奖,2008年度全国组织机构代码工作三等奖。

表2-1-5 2004—2010年江西省组织机构代码数据统计

年 份	办证数(单位:份)	验证数(单位:份)	制作IC卡数(单位:张)
2004	47077	38804	23005
2005	56361	63543	24275
2006	61347	70885	17178
2007	65144	82445	13191
2008	73375	94382	13388
2009	82126	101349	19619
2010	91728	120115	17845

第七节 标准化科技与宣传

标准科技创新

1991年10月14日至11月15日,《全省首届标准化知识竞赛》顺利召开。共有131个单位400余人参赛。1992年1月20日,经竞赛委员会初步评选,省标协三届六次常委理事会讨论审定,省标协印发《全省首届标准化知识竞赛获奖名单的公告》,确定一等奖2名、二等奖10名、三等奖49名,特别奖1名、集体参赛组织奖5名。

1992年6月14日,省标准局发文评选优秀标准。评选范围为自1984—1990年底由省标准局发布的省地方标准和省企业标准(包括1991年由省标准局公布废止和下放给企业的标准)。10月7日,省标准局印发1984—1990年江西省优秀标准获奖项目公告:经省优秀标准评审委员会评审,省标准局核准,共选出1984—1990年江西省优秀标准获奖项目54项,其中一等奖5项,二等奖15项,三等奖34项。对获奖项目按等级发放奖金,具体标准为一等奖300元;二等奖200元;三等奖

100 元,并对项目主要完成人发给成果证书。同时鼓励有关主管部门和负责单位对获奖项目和有关人员进行表彰和奖励。

1994 年,省标准局开展江西省优秀企业产品标准评选工作。8 月 3 日,省标准局下达江西省优秀企业产品标准评审结果:获奖标准 81 项,其中一等奖 5 项,二等奖 20 项,三等奖 56 项。

2002 年 5 月 23 日,省质监局开展优秀标准评选工作。评选范围为自 2000 年至 2002 年 5 月完成的国家标准、行业标准、省地方标准、企业产品标准;委托省标准化协会承担评选的有关组织和技术审查工作,提出奖项建议,报省质监局审核、批准;凡获奖优秀标准,由省质监局向标准起草单位和起草人颁发荣誉证书。9 月 20 日,省质监局公布 2002 年度江西省标准化科技成果评选结果:标准化科技成果 42 项,其中一等奖 6 项,二等奖 13 项,三等奖 23 项。

2004 年 4 月 21 日,省质监局开展 2002—2003 年度江西省标准化科技成果评选。评选范围为 2002 年、2003 年完成的国家标准、行业标准、省地方标准(含已备案的市、县农业标准规范)、企业产品标准(已经省局或市、县局备案)。委托省标准化协会承担评选的有关组织和技术审查工作,提出奖项建议,报省局审核、批准。由省局向标准起草单位和起草人颁发荣誉证书。12 月 24 日,省质监局公布 2004 年度江西省标准化科技成果评选结果:共评出标准化科技成果 66 项,其中一等奖 9 项,二等奖 21 项,三等奖 36 项。

表 2-1-6　2004 年度江西省标准化科技成果项目

奖次	标准名称	标准号	完成单位	起草完成人
一等奖	铜冶炼企业产品能耗	YS/T101-2002	江西铜业集团公司	宗闰桃、吴一澂、李保娣、金宏杰、田小鹏
	过氧乙酸消毒液	DB36/T414-2003	江西省疾病预防控制中心、江西省质监局	余国平、孙吉昌、刘成伟、殷铭俊
	原产地域产品南丰蜜桔	GB19051-2003	江西省质监局、抚州市质监局等	涂　建、王泽义、李跃进、王建平
	美容美发企业星级评定标准	DB36/T383-2002	江西省内贸行办	万家明、夏　敏、金南根
	袁河流域水污染物排放标准	DB36/418-2003	江西省环境监测中心站	熊　觎、杜　林、蔡　芹
	泓泰铝塑复合板	Q/HTJ001-2003	江西泓泰企业集团有限公司	叶希敏、陈　勇、管晓琴

续表

奖次	标准名称	标准号	完成单位	起草完成人
一等奖	L－乳酸甲酯	Q/JMB002－2003	江西武藏野生物化工有限公司	刘　兰、印培民、马　柯
	水稻直播技术操作规程	DB36/T417－2003	南昌市农业局、南昌市标准化协会	曹闽苏、涂学林、胡友发
	无公害食品上饶红心柚	DB3611/T003－2003	上饶市林业局、上饶市林科所、江西信木农业发展有限公司	刘　建、俞方洪、肖信木、龙云英、朱　恒
二等奖	野桂花蜜	DB36/T402－2003	江西省养蜂研究所、省蜂产品质量检验站	饶奇生、寿走毅
	纸质凉席制品	Q/RSMZ001－2003	上饶松明竹草制品有限公司	姜　浩、陈黎明、饶国华
	机械锁紧鼓包型抽蕊铆钉通用规范	HB7720－2002	洪都航空工业集团	魏敏真、胥艳萍、陈金云
	复方次氯酸钠消毒液	DB36/T415－2003	江西省疾病预防控制中心、江西省质监局	孙吉昌、余国平、刘成伟、殷铭俊
	L－乳酸	Q/JMB001－2003	江西武藏野生物化工有限公司	刘　兰、印培民、马　柯
	江中牌可纯咀嚼片	Q/JJZ006－2002	江西江中药业股份有限公司	吕毅斌、尧梅香、余银芳
	无公害食品蜂蜜	DB36/T401－2003	江西省养蜂研究所、省蜂产品质量检验站	饶奇生、寿走毅
	纳米钨粉	Q/ZYT01－2003	江西崇义章源钨制品有限公司	杨贵彬、陈邦明、谢海根
	远控消防炮系统通用技术条件	Q/XHJ02－2002	江西西河机械厂	王章清、张廷禄、欧阳小勇
	蚕丝被	Q/LDQJ001－2002	江西省绿冬丝科实业有限责任公司	丁永华
	改性铜硅胶催化剂	Q/HX001－2002	九江华雄化工有限公司	田业华
	无公害食品彭泽鲫	DB36/T404－2003	彭泽县水产局	洪小明、许友光、黄　滨
	破壁灵芝孢子粉	Q/HT003－2002	武宁县宏泰生物有限公司	俞汉林、沈爱喜、熊中良
	千古盒	Q/RGRS001－2003	江西上饶国人实业有限公司	饶国华、张国寅、姜　浩

续表

奖次	标准名称	标准号	完成单位	起草完成人
二等奖	磷酸酯淀粉	Q/JYH001－2003	江西雨帆化工有限责任公司	冯绍峰、乐建华、于接长
	川奇牌安睡胶囊	Q/NCQ0006－2003	南昌川奇保健品有限公司	孙小毛、孔祥礼
	功能米:紫宝香糯1号	Q/YTZD001－2003	玉山县特种水稻研究开发中心	姜　浩、杨玉梁、刘卫正、肖宽波
	牙轮钻具	Q/DJS003－2003	德兴铜矿建设有限公司	谢光明、谭新国、黄初皓
	稻鸭共育模式生产绿色稻谷技术规程	DB360921/001－2003	江西省奉新县农业局	黎红志、彭春瑞、吴烈梅
	美媛春牌美媛春口服液	Q/GEH003－2003	江西广恩和制药有限公司	张小波、毛欣、张炜
	低脂无糖酸牛奶	Q/JYGB013－2003	江西阳光乳业有限公司	彭冬英、袁飞连、喻宜萍
三等奖	功能性蚕丝无纺絮片	Q/LDQJ002－2003	江西省绿冬丝科实业有限责任公司	丁永华
	助多钙中老年奶粉	Q/MLRY006－2002	江西美庐乳业有限公司	肖华元、陈　林
	96%天然樟脑原药	Q/DCNH001－2003	江西德兴市长荣天然香料厂	梁　寅、秦春梅、严　俊
	山蜡梅叶片	WS－11310(ZD－1310)－2002	江西江中药业股份有限公司	卢建中、李诒光
	六味地黄丸	YBZ00812003	江西江中药业股份有限公司	喻　萍、季巧迁
	活性腐植酸复合肥	Q/OXL003－2003	宜春新龙化工有限公司	胡秀筠、邓正安、肖达邦
	植物奶油粉	Q/5JVS002－2002	江西维尔宝食品生物有限公司	郑为完、熊华、谢传华
	乙二醇锑	Q/8EH002－2002	铜鼓县二源化工有限公司	邱时勇、聂兆勇
	吉安韭菜苔生产技术规程	DB360802/T001－2002	吉州区质量技术监督局	于　群、张道龙、王亚保
	吉安韭菜苔	DB360802/T002－2002	吉州区质量技术监督局	于　群、张道龙、王亚保
	DDS催化剂	Q/JYBY001－2003	江西永丰县博源实业有限公司	魏雄辉、黄真诚、魏凤辉

续表

奖次	标准名称	标准号	完成单位	起草完成人
三等奖	共聚聚丙烯(PP－C)管材	Q/SHY001－2003	江西沈洪扬实业有限公司	付明磊、王　勤、陈　艳、王　群、刘　峰
	UYQ－01型油烟净化器	Q/NCHB001－2002	南昌市环保科研所	李北一、刘建文、庄铁生
	音之沅牌珍珠润喉糖	Q/JBCTG001－2003	江西本草天工科技有限责任公司	龚建平、饶　毅、钟文军
	达成Ⅵ型给水机组	Q/DCJ008－2002	江西达成工业集团给水设备有限公司	罗会超、童成月、何文良
	烤烟漂浮育苗技术规程	DB362137/T302.01－2002	石城县质监局、石城县烟草专卖局	黄羿华、黄运荣、黄　炜
	南安板鸭	Q/YBY001－2002	大余南安板鸭厂	邓万德、徐　平
	八甲基环四硅氧烷	Q/XHC12－2002	江西星火有机硅厂	马景明、吴　红、黄翠萍
	广昌白莲	DB36/T429－2004	广昌县白莲科学研究所、广昌县质量技术监督局	谢克强、杨良波、张香莲、谢鸣、熊　启、刘翠萍
	二甲基环硅氧烷混合环体	Q/XHC38－2002	江西星火有机硅厂	马景明、何　靖、刘雪英
	一甲基三氯硅烷	Q/XHC45－2003	江西星火有机硅厂	马景明、陈卫东、吴　萍
	竹凉席	Q/RSMZ002－2003	上饶松明竹草制品有限公司	饶国华、陈黎明、姜　巍
	无公害食品上饶鲜梨	DB3611/T006－2003	上饶市林业局、林科所、广丰县林科所	刘建、俞方洪、龙云英、朱　恒、郑亚东
	食用商品乌龟	Q/YTSC001－2002	弋阳特种水产养殖场	费成益、姜　浩、赵春光
	川奇牌消食化积口服液	Q/NCQ0020－2003	南昌川奇保健品有限公司	孙小毛、孙祥礼
	“玉京牌”西瓜	Q/YGCZ2002－2003	玉山县供销合作总公司	饶国华、陶天真、肖宽波
	超微破壁花粉	Q/YLYX001－2003	江西信江沅生物食品公司	郑庆阳、肖宽波、毛萍英、邓仕发
	罗纹石台球板	Q/YXH001－2002	玉山县星华集团公司	肖宽波、陈仲玉、何振富

续表

奖次	标准名称	标准号	完成单位	起草完成人
三等奖	聚合物乳液高弹性防水涂料	Q/HDWJ001 - 2003	横峰县涂万家高弹性防水涂料厂	姜　浩、方利中、方丽琴、焦永军
	混凝土模板用再生胶合板	Q/TXL001 - 2003	江西雪岭木业有限公司	李德新、熊海鸿、邱江煤
	蔬菜布丁	Q/JYPL001 - 2003	江西一品郎实业有限公司	黄芝丰、王育明、陈唯伟
	蒸肉粉	Q/XYS001 - 2002	新干县营养食品厂	刘春如、袁文龙、胡文东
	峡江青池蒿菜	DB360823/T001 - 2003	峡江县质监局、峡江县农业局	胡小明、刘小英
	变性淀粉 YE308	Q/JYH005 - 2003	江西雨帆化工有限公司	冯绍峰、乐建华、于接长
	强的纳米 863 生物助长器	Q/NLM003 - 2001	南昌纳米高新技术开发有限公司	温俊强
	额定电压 0.6/1KV 塑料绝缘预制分支电缆	Q/NCC02314 - 2003	南昌电缆有限责任公司	邹　明、丁小琴

根据国家标准委《关于评选全国农业标准化示范区先进单位及先进工作者的通知》要求，2005年7月27日，省质监局将全国农业标准化示范区先进单位及先进工作者推荐名单报送国家标准委。10月20—21日，国家标准委在北京召开全国农业标准化示范区工作总结暨表彰大会，会议对在农业标准化示范区工作中做出突出贡献的31个组织推广先进单位、150个先进单位和210名先进工作者进行表彰。省质监局被评为全国农业标准化示范区组织推广先进单位，永丰县质监局、江西国鸿集团有限公司、万载县质监局、永修县质监局被评为全国农业标准化示范区建设先进单位。南昌市质监局湾里分局胡友发、新余市质监局朱小东、宜春市质监局彭军平、抚州市质监局张宝仙、上饶市质监局姜浩、江西省质监局涂建6人被评为全国农业标准化示范区建设先进个人。

2006年4月24日，省质监局组织2006年度标准类省科学技术奖励推荐工作。推荐范围为由省内人员负责起草的现行有效的国家标准、行业标准、地方标准和企业标准。推荐程序是由各设区市质监局组织有关企业申报后，统一报省质监局。省质监局组织有关专家对收到的材料进行初评，选出符合要求的项目向省科技厅申报。省属及中央驻赣企业可直接向省质监局申报。

2006年5月22日，省质监局开展2004—2005年度江西省标准化科技成果评选。评选范围为2004年、2005年完成的国家标准、行业标准、省地方标准（含已备案的市、县农业标准规范）、企业产品标准（已经省局或市、县局备案）。

根据国家标准委《关于组织申报首届中国标准创新贡献奖的通知》要求，省质监局组织中国标准创新贡献奖申报。2006年9月20日，将《原产地域产品南丰蜜桔》（GB19051 - 2003）、《电工用铝包钢线》和《水稻直播技术操作规程》等3项江西省中国标准创新贡献奖励项目推荐报送国家标准委。

2007年2月6日,省质监局公布2006年度江西省标准化科技成果评选结果:标准化科技成果23项,其中一等奖4项,二等奖7项,三等奖12项。

2007年4月9日,省质监局组织2007年度标准类省科学技术奖励推荐工作。推荐范围为由省内人员负责起草的现行有效的国家标准或行业标准。按照《关于申报和推荐2007年度中国标准创新贡献奖奖励项目的通知》要求,省质监局组织中国标准创新贡献奖申报,7月18日,将《原产地域产品狗牯脑茶》《高频喷射呼吸机》《乌索酸》和《水稻直播技术操作规程》等4项江西省"中国标准创新贡献奖"奖励项目推荐报送国家标准委。

按照《关于申报和推荐2008年中国标准创新贡献奖备选项目的通知》要求,省质监局组织2008年中国标准创新贡献奖申报。2008年7月10日,省质监局将《螺杆膨胀动力机》《硅基氮化镓蓝光芯片》《八甲基环四硅氧烷》《一甲基三氯硅烷》《布面石膏板》等5个中国标准创新贡献奖项目推荐报送国家标准委。蓝星化工新材料股份有限公司江西星火有机硅厂起草的《八甲基环四硅氧烷》(GB/T20435-2006)荣获三等奖。

按照《关于征集2009年度标准化公益性行业科研专项项目的通知》要求,省质监局组织2009年度标准化公益性行业科研专项项目申报,2008年7月29日,将《气候资源小网格数据集制作方法研究》等7个2009年度标准化公益性行业科研专项项目报国家标准委。

2008年8月16日,省质监局组织2008年度标准类省科学技术奖推荐工作。推荐范围为由省内人员负责起草的现行有效的国家标准或行业标准。

2009年10月9日,省质监局推荐《一甲基三氯硅烷》(GB/T20434-2006)和《血细胞分析仪应用试剂》2个江西省2009年中国标准创新贡献奖备选项目向国家标准委申报。蓝星化工新材料股份有限公司江西星火有机硅厂起草的《一甲基三氯硅烷》(GB/T20434-2006)获三等奖。

2010年6月18日,省质监局推荐江西特康科技有限公司起草的《血液分析仪应用试剂》(YY/T0456-2003)和江西铜业集团公司起草的《铜冶炼企业单位产品能源消耗限额》(GB21248-2007)2个江西省2010年中国标准创新贡献奖备选项目向国家标准委申报。《铜冶炼企业单位产品能源消耗限额》荣获三等奖。

标准化宣传

10月14日是世界标准日。1991—2010年,省标准化主管部门每年都会围绕世界标准日的主题开展形式多样的宣传活动。

表2-1-7 1991—2010年世界标准日主题

年 份	届 次	主 题
1991	第22届	劳动安全
1992	第23届	国际标准:打开市场的关键
1993	第24届	全球标准使信息处理的更好

续表

年　份	届　次	主　题
1994	第 25 届	标准与消费者:一个更加美好世界的伙伴
1995	第 26 届	一个移动着的世界
1996	第 27 届	呼唤服务标准
1997	第 28 届	世界贸易需要国际标准
1998	第 29 届	标准在日常生活中
1999	第 30 届	耸立在建筑上的标准
2000	第 31 届	国际标准促进和平与繁荣
2001	第 32 届	环境与标准紧密相连
2002	第 33 届	一个标准一次检验全球接受
2003	第 34 届	为全球信息社会制订全球标准
2004	第 35 届	标准连着世界
2005	第 36 届	标准使世界更安全
2006	第 37 届	标准为小企业创造大效益
2007	第 38 届	标准造福人与社会
2008	第 39 届	标准与智能绿色建筑
2009	第 40 届	标准应对气候变化
2010	第 41 届	标准让世界更畅通

2006 年 9 月,省质监局组织参加第四届中国标准化论坛。

2006 年 9 月 20 日,省质监局和南昌市质监局联合举办“第三十七届世界标准日”报告会。邀请国内知名标准化专家来江西就标准化与企业创新和发展、标准化与国际国内市场等问题作专题报告。参加人员为省、市直有关部门、技术机构负责人,市质监系统标准化工作人员;南昌市各名牌企业及规模以上企业领导和标准化工作负责人。

按照国家标准委《关于开展标准化专项宣传活动的意见》要求,2007 年 7 月 10 日,省质监局开展标准化专项宣传活动。要求各单位要结合当地实际情况,积极争取当地政府和有关部门的支持,认真策划部署,抓紧制定具体的宣传活动方案,切实做好标准化专项宣传活动的组织工作;要围绕当地特色产业,突出活动主题,开展形式多样、内容丰富的标准化专题宣传活动,展示标准化工作在促进当地经济社会发展、保障人民生活质量安全、增强我省产品在国内外市场的竞争力等方面取得的成果;大力宣传农业标准化示范区、创建标准化良好行为企业以及服务标准化等工作对促进当地经济社会发展、推动企业技术进步的重要作用;动员当地企业积极参与标准化专项宣传活动,展示企业通过建立企业标准体系、采用国际标准和国外先进标准等工作而取得的效益及成果,塑造企业良好社会形象。

2007 年 9 月 18—21 日,第五届中国标准化论坛在南昌举行,论坛由国家标准化管理委员会主办,省质监局、南昌市人民政府和中国标准化协会承办。论坛主题是实施标准战略,推进节约型社会建设。

2008 年 9 月 24 日,省质监局布置 2008 年世界标准日宣传活动。活动宗旨是通过开展第三十九届世界标准日系列活动,大力宣传标准化工作在推动绿色理念与信息通讯技术的结合,建造节能、安全和通讯便利的智能化建筑中的重要作用,为建设资源节约型、环境友好型社会,促进人与自然和谐发展做出新的贡献。10 月 14 日,省质监局在南昌市胜利路步行街明秀广场举办第三十九届世界标准日宣传活动。

2009 年 6 月 8 日,省质监局表彰全省标准化工作先进集体和标准化创新贡献单位。授予赣州市果业局等 21 家单位“全省标准化工作先进集体”荣誉称号,授予江西铜业集团公司等 15 家单位“全省标准化创新贡献单位”荣誉称号。

2009 年 10 月 2 日,江西省政协机关报《光华日报》第二版以一个专版发表《农业标准化是农业发展进入黄金时期的重要标志》,文章采用论谈形式对全省农业标准化工作进行报道,省质监局主要负责人、副巡视员蒋洪南、处长宰志强作为特约嘉宾出席。同时,省质监局制作 15000 份世界标准日宣传册和电子宣传栏发给各设区市局供各地散发和借鉴。这些全新的宣传方式不仅争取更多的标准化宣传对象,而且扩大标准化工作的社会影响力和认知度。

2009 年,在省质监网站上开辟“标准化知识专栏”,通过一问一答的形式,逐步将标准化基础知识通俗易懂、简洁实用地推出,供全省质监系统各级标准化工作者学习参考。

2010 年 10 月 21 日,省质监局组织参加由省标准化协会承办以“实施标准化战略,促进江西绿色崛起”为主题的标准化论坛。

第二章　企业标准化

企业标准化工作包括企业产品标准备案管理、企业实施标准监督管理、国际标准采用、企业标准化水平评价等工作。1991 年 7 月 5 日,《江西省企业产品标准备案管理办法》实施,规范全省企业产品标准的备案工作;为提高全省产品执行标准水平和产品质量,1992 年 5 月,省标准局开始对企业产品执行的标准实行登记制度和备案认可编号制度;是年 9 月,省标准局布置换发企业标准化水平证书工作,换证后的证书有效期 4 年,此证作为衡量各企业标准化水平的依据。

1996 年开始,省技监局每年都开展企业产品标准复查和清理工作,清理和作废大批技术内容不合理或格式不符合规范的标准,完善企业产品标准备案制度。1998 年 2 月 16 日,省技监局制定《江西省企业产品执行标准登记管理办法》。1995—2001 年,针对市场上企业无标准生产情况,开展消灭无标生产专项整治工作,全省 87 个县(市、区)成为消灭无标生产试点,并全部通过验收。

2000 年至 2003 年 7 月,全省受理的采用国际标准标志产品共 70 个。2006 年至 2010 年,全省受理的采用国际标准标志产品共 73 个。2008 年,为全面实施技术标准和名牌战略,提升南昌高新区的创新能力,启动高新技术标准化示范建设。2009 年 6 月,南昌国家高新技术产业集群标准化示范基地在南昌高新区揭牌。2009 年 9 月,省质监局正式印发《江西省企业产品标准备案管理办法》。

第一节　企业产品标准备案管理

为规范全省企业产品标准的备案工作,依据国家技监局《企业标准化管理办法》,1991 年 3 月 25 日,省标准局草拟《江西省企业产品标准备案管理办法》(征求意见稿),向各地(市)标准计量(技术监督)局、省政府相关部门和单位征求意见。7 月 5 日,《江西省企业产品标准备案管理办法》印发实施。

1996 年 5 月 24 日,省技监局开展企业产品标准复审工作,对已在省技监局备案的企业产品标准进行复审。对复审中发现标龄已超过 3 年、技术内容不合理或编写格式不符合 GB/T1.1 - 1993 标准的企业标准必须进行修订,并要求相关企业将修订后的标准于 1996 年 10 月 31 日前按规定程序重新办理备案手续,由省技监局核发新的备案注册号并予公告,逾期不修订的,将取消其备案注册号,按无标生产论处。

为扶优限劣,杜绝无标生产,沟通标准备案信息,打击制售假冒伪劣产品的违法行为。1996 年 5 月 31 日,省技监局对已受理并备案的合法企业产品标准分批向社会发布公告。内容包括:企业名称、标准名称和编号、备案注册号等。

根据国家标准委《关于加强食品企业标准化工作的通知》要求,2005年5月16日,省质监局布置食品企业标准清理工作,在全省范围内对2002年1月1日以后备案在册食品企业标准进行全面清理。至2005年7月6日,清理前备案食品标准共3464项,清理后备案食品标准共2443项。

为减少企业损失,经企业申请,2005年9月21日,省质监局审查核准江西省润田昌北饮料食品有限公司等77家456项的预包装食品延期使用。

2005年7月8日,省质监局开展对已备案的食品企业标准清理工作。清理范围是省质监局在2002年1月1日至2005年7月1日期间受理备案的近200项食品企业产品标准,经清理保留124项,其余均取消备案。

为扶持全省支柱产业的快速、健康发展,经江西铜业集团公司申请,2005年12月5日,省质监局同意江西铜业集团公司及所属厂矿和多样化经营企业的企业产品标准统一在省质监局备案。

按照省政府办公厅《关于开展全省保健食品专项整治工作的通知》要求,省质监局布置对保健食品进行专项整治。2006年3月8日,省质监局决定在全省范围内对已备案保健食品企业标准进行清理。

为加强全省企业产品标准备案管理,进一步修改完善标准备案管理办法,2007年2月27日,省质监局向各设区市质监局征集标准备案管理工作中好的办法和建议。2009年5月8日,省质监局将修订的《江西省企业产品标准备案管理办法》(征求意见稿),向各设区市质监局及省工信委、省交通厅、省国防科工办、省机械行业办、省轻工行业办等单位征求意见。9月29日,正式印发《江西省企业产品标准备案管理办法》,1991年制定的《江西省企业产品标准备案管理办法》废止。

按照《关于发送企业标准备案复审工作有关材料的通知》要求,2008年4月21日,省质监局布置开展家具、玩具、服装、油漆涂料和仿真饰品等5类产品企业标准备案复审工作。

为做好与卫生行政部门相关衔接准备工作,根据国家标准委《关于做好备案食品企业标准统计工作的通知》要求,2009年5月5日,省质监局布置食品企业标准登记造册,清理辖区内已备案的食品企业标准,对2009年6月1日之后尚在备案有效期内的食品企业标准进行登记造册。

根据《食品安全法》第二十五条"企业标准应当报省级卫生行政部门备案"规定,2009年5月26日,省质监局下文布置,自2009年6月1日起,全省质监系统不再受理食品企业标准备案;同时要求各设区市局在答复有关食品生产企业咨询食品企业标准备案事宜时,及时做好《食品安全法》的宣传解释工作。

为贯彻落实《食品安全法》,确保2009年6月1日之前在江西省各级质监部门备案、尚在备案有效期内的食品企业标准合法、有效,按照卫生部、质检总局等7部委《关于贯彻实施〈食品安全法〉有关问题的通知》要求,7月9日,省质监局布置对在全省质监系统备案的食品企业标准(2006年6月1日至2009年5月31日期间在省各级质监部门备案的食品企业标准)进行全面清理。按照"谁受理,谁清理"的原则,省质监局负责在省质监局备案的普通食品、保健食品企业标准的清理工作;各设区市质监局负责辖区内备案的所有食品企业标准的清理工作。清理的结果分为继续有效和取消备案。取消备案的情况有:标准中严重缺项、指标过于低下的;不符合国家法律、法规及强制性标准要求的;食品名称不能反映食品真实属性的;其他情况必须取消备案的。未列入取消备案范围、尚在备案有效期内的食品企业标准为继续有效标准。

表 2－2－1　1991—2010 年在省局备案的企业产品标准数

单位:个

年份	A	B	C	D	E	F	G	H	J	K	L	M	N	P	Q	T	U	W	X	Y	S	小计
1991	0	2	0	0	1	0	31	33	68	2	152	1	9	3	3	21	1	5	10	19	0	361
1992	0	6	0	0	0	5	32	6	66	11	134	2	5	0	3	36	0	7	28	12	0	353
1993	1	1	13	0	1	3	7	0	32	3	77	1	0	1	3	19	2	3	51	14	0	232
1994	0	43	27	0	0	0	20	2	38	1	97	0	1	0	2	10	2	3	65	19	0	330
1995	0	50	27	0	0	5	10	3	10	0	75	0	3	0	3	9	0	0	80	12	0	287
1996	0	109	57	0	0	2	10	1	27	1	62	1	3	0	2	34	0	9	87	21	0	426
1997	0	80	36	0	1	0	13	8	43	9	42	0	0	1	5	59	0	1	58	11	0	367
1998	0	85	19	0	0	2	49	4	22	5	14	0	6	0	3	14	0	8	53	2	0	286
1999	0	71	41	0	0	0	117	5	15	1	11	0	8	2	2	28	0	1	110	6	0	418
2000	5	77	19	0	1	0	97	1	11	3	8	1	3	0	1	4	3	0	42	4	0	280
2001	1	25	18	0	0	0	103	3	21	7	17	1	5	1	7	8	0	3	22	11	0	253
2002	0	18	9	0	0	0	97	1	18	4	3	0	2	0	4	49	0	1	49	26	1	282
2003	0	28	0	0	0	0	165	0	0	0	0	0	0	0	1	34	0	0	0	0	0	228
2004	0	11	17	0	6	0	188	1	13	7	10	0	0	0	3	1	0	0	46	18	0	321
2005	0	67	10	0	17	0	151	0	28	2	3	0	1	0	6	29	0	0	75	16	0	405
2006	0	40	30	8	0	1	264	2	10	6	5	0	0	0	1	7	0	0	169	36	1	580
2007	0	18	27	0	0	0	306	0	18	1	4	1	10		9	2	1	1	123	39	0	560
2008	0	39	18	0	0	0	219	0	28	8	0	0	0	0	2	7	0	0	149	23	1	494
2009	0	40	32	0	1	0	429	0	20	2	10	5	0	0	2	5	0	0	97	15	1	659
2010	0	41	17	5	0	0	338	0	11	2	12	0	1	0	1	40	0	0	0	40	0	508

说明:按行业分类统计,A 是综合,B 是农业、林业,C 是医药、卫生、劳动保护,D 是矿业,E 是石油,F 是能源、核技术,G 是化工,H 是冶金,J 是机械,K 是电工,L 是电子元器件与信息技术,M 是通信、广播,N 是仪器、仪表,P 是工程建设,Q 是建材,T 是车辆,U 是船舶,W 是纺织,X 是食品,Y 是轻工、文化与生活用品,S 是铁路。

第二节　企业实施标准监督管理

为贯彻执行《食品标签通用标准》国家标准,表扬先进,1992 年 5 月 22 日,省标准局制定《执行〈食品标签通用标准〉好的单位和优秀食品标签表扬办法》并向全省征集推荐执行《食品棕签通用标准》好的单位和优秀食品标签。

为提高全省产品执行标准水平和产品质量,1992 年 5 月 15 日,省标准局决定对企业产品执行的标准实行登记制度,并进行布置。

为加强食品标签的管理,保证标签的合法性、合理性和真实性,便于消费者识别和开展监督检查,1993 年 5 月 5 日,省标准局决定在食品标签审查的基础上,实行备案认可编号制度,即在全省范围内,对企业的食品标签经审查合格后,给予备案认可号。1994 年 9 月 16 日,省标准局出台《江西省饲料标签审查认可办法》,布置在全省实行饲料标签审查认可制度。1995 年 7 月 24 日,省标准局布置已认可的食品标签复查工作。

为做好国家强制性标准实施,1996 年 11 月 18 日,省技监局将国家技监局等 3 家《关于贯彻执行 GB11121－1995〈汽油机油〉国家标准有关问题的通知》转发给各地(市)技监局、化学工业局,要求及时传达,通知要求自 1996 年 8 月 1 日起,有关生产和经销单位按新标准 GB11121－1995《汽油机油》强制性国家标准组织生产和销售。1997 年 1 月 28 日,省技监局对省内市场销售的家用燃气快速热水器贯彻国家标准情况进行监督检查,对检查合格的产品,省质监局颁发合格证书。

为加强进口预包装食品标签管理,根据国家经济贸易委员会、卫生部和国家技监局《关于检查进口预包装食品标签的通知》要求,由省技监局牵头与南昌市技监局、南昌市卫生检疫局及省技监局稽查大队共同组成联合检查组,于 1997 年 1 月 8 日至 9 日在南昌市对 30 家商场、饭店、批发单位及个体食品店销售的进口预包装食品(重点进口酒类)的标签进行检查。3 月 25 日,省技监局布置对插头、插座、饮料、酒、冷冻饮品、酱油、饲料、农药、化肥等实施标准和产品达标情况进行监督检查。6 月 5 日,省技监局布置《消费品使用说明玩具使用说明》国家标准宣传贯彻。要求全省玩具制造者实施《消费品使用说明玩具使用说明》国家标准,做好设计、印制合格标签的准备实施工作。6 月 11 日,省技监局组织对在市场上销售的房间空气调节器及家用电动洗衣机标准实施监督检查。检查合格的由技监局颁发《市场商品实施标准监督检查合格证书》,不合格的按《标准化法》和《产品质量法》等有关法律、法规规定进行处理。

为广泛宣传全省食品企业,引导消费者正确通过标签选购食品,1997 年 5 月 7 日,省技监局在全省范围内组织开展评选优秀食品标签活动。

为对企业产品执行标准进行有效规范的管理,严格实施《江西省标准化管理条例》第二十条“县级以上人民政府技术监督行政主管部门对企业生产的产品所执行的标准实行登记管理制度”及第二十一条“《企业产品执行标准证书》由省技术监督行政主管部门统一印制和组织发放”的规定,1998 年 2 月 16 日,省技监局制定《江西省企业产品执行标准登记管理办法》。是年 3 月 18 日,省技监局对产品执行标准登记工作进行布置:《企业产品执行标准证书》必须是经省技监局发放的并盖有省技监局公章后方可生效;各单位不得自行印制证书,凡属自行印制的以及不规范的证书一律作废,不准继续使用;如发现擅自印刷标有国家技监局或省技监局及其他字样的证书,省技监局将停止布置给有关业务工作,并将情况通报给当地政府;各级技监局必须严格按省技监局提出的产品执行标准登记制度的要求执行,不得各行其是,对于产品执行标准未登记或登记不符合江西省法规要求,省技监局将不安排消灭无标生产的验收工作。2001 年 8 月 10 日,根据省政府赣府发〔2001〕5 号文件要求,省质监局下放企业产品执行标准登记管理权限,原由省质监局承担的省属及中央在赣企业的产品执行标准登记工作，下放给各设区市质监局，今后省质监局不再承担企业产品执行标准登记工作；该项工作下放后，企业现有的《企业产品执行标准证书》仍然有效。由各设区市质监局按《江西省企业产品执行标准登记管理办法》的规定，对其进行登记，建台账和复核等工作；各设区市质监局应对省属及中央在赣企业产品执行标准情况进行复核，帮助企业收集现行有效标准，并纳入当地企业执行标准登记台账；各设区市质监局是否将企业产品执行标准登记管理权限下放给县（市、区）局，由各设区市局自行确定，但须符合当地政府行政审批事项清理工作意见的精神。

2005 年 10 月 31 日，省质监局布置各地对省内企业生产以“安神补脑液”命名的普通食品进行核查，按普通食品和保健食品“不得以药品名称或类似药品的名称命名产品”的规定取消各地受理的标准和标签备案。2006 年 11 月 6 日，省质监局组织对以“安神补脑液”命名的非药产品开展一次检查。要求各地凡是受理以“安神补脑液”命名的产品的标准备案和标签备案的，一律撤销备案，并责令企业不得生产；对 2005 年就已撤销备案，但至今仍在生产的企业，要求依法从严处理。

为贯彻落实国家质检总局关于开展部分重点产品质量专项整治行动电视电话会议精神，根据省质监局《关于印发〈江西省质量技术监督系统部分重点产品质量专项整治行动方案〉的通知》和《关于上报重点产品专项整治信息的通知》要求，2008 年 4 月 7 日，省质监局在全省范围内对部分重点产品 10 类企业标准开展复审工作，复审范围是全省各级质监部门 2005 年 2 月 1 日之后备案的部分重点产品企业标准；复审分工是各设区市局标准化科（处）负责组织在当地备案的部分重点产品企业标准的复审；省局标准化处负责组织在省局备案的部分重点产品企业标准的复审，并对各设区市复审工作进行督查以及各地复审工作相关数据的统计和信息收集。

第三节　企业标准化水平评价

1991 年 7 月 26 日，省标准局决定对 1991 年内经省级标准化考核已定级企业颁挂铜牌，规定：标准化考核上等级企业颁挂铜牌的具体工作委托省标准化协会承办；凡申请挂牌企业填写《省级企业标准化定级合格挂牌申请表》于 8 月 25 日前寄南昌市北京西路江西省标准化协会；铜牌内标明“省级企业标准化定级合格单位”字样。

经赣州地区标准计量局赣标计字〔1990〕第 021 号文申请，1991 年 7 月 26 日，经审核，省标准局批准 44 人为赣州地区机械电子工业系统、冶金煤炭工业系统、食品工业系统、林业工业系统、轻化纺工业系统和建材工业系统企业标准化定级考核班子成员。

按照国家技监局工作安排，本着注重实效，减轻企业负担的原则，1992 年 9 月 4 日，省标准局布置换发企业标准化水平证书工作：凡已获省标准局颁发的《企业标准化定级考核合格证书》的企业可持原有证书到省标准局，换发国家技监局统一印制的《企业标准化水平证书》四级或三级证书。如有充分材料证明企业标准化水平确有提高的，也可直接换三级证书。换证方式为持省标准局颁发的《企业标准化定级考核合格证》《企业标准化水平证书换证申请表》及企业自查材料，到省标准局标准管理处办理，经核查合格后发给国家统一《企业标准化水平证书》证书，整个换证工作不另组织到企业考核。换证后的证书，有效期 4 年，将以此证作为衡量各企业标准化水平的依据。

1997年5月22日,省技监局开展《企业标准化水平证书》的换证工作。已持有国家技监局和原省标准局颁发的《企业标准化水平证书》(四级或三级)和《企业标准化水平定级证书》的企业,都可自愿申请换证。换证条件是企业标准化水平保持获得《标准化水平证书》时所具有的水平,并有所提高。换证程序是企业申请、省技监局书面审查合格,由省技监局颁发新的《企业标准化水平证书》。即日起至同年12月底基本完成换证工作。

企业标准化定级考核工作的证书颁发工作2000年4月结束。

表2-2-2 1992—1994年全省企业标准化水平考核名单

发证日期	证书编号	部门	企业名称	地址	级别
1992.11.05	3600590	粮油	吉安市油脂厂	吉安市	4级
1992.11.13	3600591	乡镇	江西省新街陶瓷厂	高安县	4级
1992.12.01	3600592	铁路	南铁上饶机务段	上饶市	3级
1992.12.02	3600593	—	上高大理石	上高县	4级
1992.12.02	3600594	—	南昌化验制样机厂	湾里区	4级
1992.12.04	3600595	—	江西特种电机股份有限公司	宜春市	3级
1992.12.04	3600596	铜业	贵溪冶炼厂	贵溪市	3级
1992.12.05	3600597	化工	南昌农药厂	莲塘县	3级
1992.12.05	3600598	轻工	安义塑料厂	安义县	4级
1992.12.05	3600599	农垦	云山制药厂	永修县周田	3级
1992.12.05	3600600	化工	泰和农药厂	泰和县上田乡	3级
1992.12.07	3600601	机械	江西手扶拖拉机厂	南昌县	3级
1992.12.07	3600602	林业	瑞金县化工厂	瑞金县	4级
1992.12.07	3600603	轻工	泰和乌鸡酒厂	泰和县	4级
1992.12.07	3600604	—	吉安火力发电厂	吉安市	3级
1992.12.08	3600605	—	梅岭水泥制品厂	梅岭罗北	3级
1992.12.08	3600606	粮食	定南县粮油工业公司	定南县	4级
1992.12.08	3600607	林业	崇义县化工厂	崇义县	4级
1992.12.08	3600608	—	国营三三四七厂	景德镇市	4级
1992.12.08	3600609	化工	九江江西赣北化工厂	九江市	4级
1992.12.08	3600610	轻工	萍乡市制伞厂	萍乡市	4级
1992.12.08	3600611	轻工	萍乡市塑料厂	萍乡市	4级
1992.12.08	3600612	化工	江西第二化肥厂	新余市	4级
1992.12.09	3600613	教委	江南化工厂	南昌市	4级

续表

发证日期	证书编号	部　门	企业名称	地　址	级　别
1992. 12. 09	3600614	电子	国营红声器材厂	吉安市	3 级
1992. 12. 09	3600615	轻工	上饶市塑料厂	上饶市	4 级
1992. 12. 09	3600616	机械	江西方向机厂	南昌市	4 级
1992. 12. 09	3600617	有色	有色四建机电安装公司	德兴市	3 级
1992. 12. 10	3600618	轻工	上饶全粮液酒厂	上饶县	3 级
1992. 12. 10	3600619	电力	九江发电厂	九江市	3 级
1992. 12. 10	3600620	轻工	都昌县五金机械厂	都昌县	4 级
1992. 12. 10	3600621	化工	赣东化工厂	抚州市	3 级
1992. 12. 10	3600622	农垦	江西轧辊厂	新建县	3 级
1992. 12. 10	3600623	农垦	江西气门芯厂	永修县	4 级
1992. 12. 10	3600624	粮油	大余县工业饲料公司	大余县	4 级
1992. 12. 10	3600625	建材	瑞昌水泥压力管厂	瑞昌县	4 级
1992. 12. 11	3600626	水利	龙南县小水电公司	龙南县	4 级
1992. 12. 11	3600627	有色	宜春钽铌矿	宜春市	4 级
1992. 12. 11	3600628	机械	江汽	南昌市	3 级
1992. 12. 11	3600629	轻工	江西盐矿	樟树市	3 级
1992. 12. 12	3600630	建材	吉水县水泥厂	吉水县	4 级
1992. 12. 12	3600631	工办	经纬化工厂	湾里区	3 级
1992. 12. 12	3600632	机械	乐平包装容器厂	乐平市	3 级
1992. 12. 12	3600633	电力	赣州供电厂	赣州市	3 级
1992. 12. 12	3600634	机械	樟树起重机械厂	樟树市	3 级
1992. 12. 14	3600635	轻工	赣州印刷厂	赣州市	4 级
1992. 12. 14	3600636	电子	南昌家电有限公司	南昌市	4 级
1992. 12. 15	3600637	工办	人民机械厂	瑞昌县	3 级
1992. 12. 15	3600638	农业	南丰县蜜桔加工厂	南丰县	3 级
1992. 12. 15	3600639	医药	江西江南制药厂	南昌市	3 级
1992. 12. 15	3600640	轻工	景德镇纸箱厂	景德镇	3 级
1992. 12. 15	3600641	有色	赣州有色冶金汽修厂	赣州市	3 级
1992. 12. 15	3600642	轻工	国营江西上高县酿酒厂	上高县	3 级
1992. 12. 15	3600643	林业	吉安县化工人造板厂	吉安县	3 级

续表

发证日期	证书编号	部　门	企业名称	地　址	级　别
1992.12.16	3600644	机械	分宜驱动桥厂	分宜县	4级
1992.12.16	3600645	城建	景德镇市自来水公司	景德镇市	3级
1992.12.17	3600646	化工	赣南化工厂	赣州市	3级
1992.12.17	3600647	乡镇	进贤锅炉厂	进贤县	3级
1992.12.17	3600648	水电	吉水县螺滩水电管线	吉水县	3级
1992.12.17	3600649	垦管	水胶合板厂	全南县	4级
1992.12.17	3600650	轻工	萍乡市造纸厂	萍乡市	3级
1992.12.18	3600651	轻工	景德镇市人民瓷厂	萍乡市	3级
1992.12.18	3600652	垦管	大茅山造纸厂	德兴市	3级
1992.12.18	3600653	工办	华联食品厂	南昌市	3级
1992.12.18	3600654	医药	永丰制药二厂	永丰县	3级
1992.12.19	3600655	纺织	九棉五厂	九江市	4级
1992.12.19	3600656	建材	德安水泥厂	德安县	4级
1992.12.19	3600657	乡镇	遂川县胶合板厂	遂川县衙前	3级
1992.12.19	3600658	垦管	白马庙制药厂	南昌新祺周	3级
1992.12.19	3600659	化工	临川县兽药厂	临川区	4级
1992.12.19	3600660	机械	江西水箱厂	南昌市	3级
1992.12.19	3600661	电力	罗湾水电厂	靖安县	4级
1992.12.19	3600662	纺织	九棉一厂	九江市	4级
1992.12.19	3600663	建材	萍乡市水泥厂	萍乡市	3级
1992.12.19	3600664	轻工	国营吉水县造纸厂	吉水县	4级
1992.12.19	3600665	—	玉山油墨厂	玉山县	4级
1992.12.19	3600666	城建	南昌市自来水公司	南昌市	3级
1992.12.21	3600667	轻工	为民瓷厂	景德镇市	4级
1992.12.21	3600668	医药	东乡制药厂	东乡县	3级
1992.12.21	3600669	轻工	省高标彩印厂	南昌市	4级
1992.12.21	3600670	纺织	省纺织机械厂	抚州市	3级
1992.12.21	3600671	纺织	江西针织总厂	南昌市	4级
1992.12.22	3600672	纺织	丰城市纺织机械厂	丰城市	4级
1992.12.22	3600673	化工	萍乡市腐蚀酸化厂	萍乡市	4级

续表

发证日期	证书编号	部门	企业名称	地址	级别
1992.12.22	3600674	机械	玉山轴承厂	玉山县	3级
1992.12.22	3600675	轻工	南昌塑料八厂	南昌市	4级
1992.12.22	3600676	水电	余江县水电公司	南昌市	4级
1992.12.23	3600677	轻工	南丰塑料厂	南丰县	4级
1992.12.23	3600678	轻工	波阳县酒厂	波阳县	3级
1992.12.23	3600679	轻工	吉安造纸厂	吉安市	3级
1992.12.23	3600680	船舶	江西浔阳电子仪器厂	德安县	3级
1992.12.23	3600681	化工	南昌化工原料厂	南昌市	3级
1992.12.24	3600682	化工	永丰化肥厂	永丰县	4级
1992.12.24	3600683	医药	赣南制药厂	赣州市	4级
1992.12.24	3600684	纺织	江西化纤化工厂	乐平市	3级
1992.12.24	3600685	农垦	东风纺织器材厂	奉新县	4级
1992.12.24	3600686	粮油	高安县粮食局建山制米厂	高安市建山	3级
1992.12.24	3600687	医药	江西国药厂	南昌市	3级
1992.12.24	3600688	—	江西省稀土研究所	南昌市昌北区	4级
1992.12.24	3600689	—	红垒匍匐粉厂	东乡县	3级
1992.12.24	3600690	建材	吉安市水泥厂	吉安市	3级
1992.12.24	3600691	交通	吉安船厂	吉安市	3级
1992.12.24	3600692	医药	清江制药厂	—	3级
1992.12.24	3600693	机械	南昌轴承厂	南昌市	4级
1992.12.24	3600694	机械	南昌电缆厂	南昌市	3级
1992.12.24	3600695	轻工	泰和火柴厂	泰和县	3级
1992.12.24	3600696	工办	先锋机械厂	宜丰县	3级
1992.12.26	3600697	铁路	铁四部鹰潭木材防腐厂	鹰潭市	3级
1992.12.26	3600698	机械	江西防爆电机厂	南昌市	3级
1992.12.26	3600699	纺织	新余纺织厂	新余市	3级
1992.12.26	3600700	机械	南昌八一配件厂	南昌市	3级
1992.12.26	3600701	垦管	江西青峰制药厂	全南县	4级
1992.12.26	3600702	轻工	江西红都制糖厂	瑞金市	3级
1992.12.26	3600703	机械	江西化油器厂	南昌市	4级

续表

发证日期	证书编号	部　门	企业名称	地　址	级　别
1992.12.26	3600704	有色总公司	银山铅锌矿	德兴市	3级
1992.12.26	3600705	粮油	赣州地方粮油公司	赣州市	3级
1992.12.26	3600706	航空天部	南昌飞机制造公司	南昌市	3级
1992.12.26	3600707	建材	九江玻璃纤维厂	九江市	3级
1992.12.26	3600708	矿冶	七二一矿	乐安县	3级
1992.12.26	3600709	工办	国营五七二七厂	九江市	3级
1992.12.26	3600710	机械	九江轴承厂	九江县	4级
1992.12.26	3600711	农垦	江西红星乳品厂	东乡县	3级
1992.12.26	3600712	农业	江西民星企业集团公司	莲塘县	3级
1992.12.26	3600713	交通	南昌汽车修理总厂	南昌市	4级
1992.12.26	3600714	轻工	井冈山造纸厂	井冈山市	4级
1993.01.03	3600715	机械	瑞金机床厂	瑞金县城角	4级
1993.01.04	3600716	机械	江南蓄电池厂	南昌市	3级
1993.01.04	3600717	机械	江西曲轴连杆厂	吉安市	3级
1993.01.05	3600718	农垦	大茅山铜矿	德兴市	3级
1993.01.05	3600719	农垦	江西怀玉山活性有限公司	玉山县	3级
1993.01.05	3600720	农垦	大茅山铜矿铜材加工厂	德兴市	3级
1993.01.05	3600721	机械	江西汽车附件三厂	南昌市	3级
1993.01.05	3600722	建材	高安县水泥厂	高安市	3级
1993.01.05	3600723	建材	东方砂轮厂	奉新县	3级
1993.01.05	3600724	机械	江西齿轮箱总厂	赣州市	3级
1993.01.05	3600725	纺织	江西省抚州印染厂	抚州市	4级
1993.01.05	3600726	工办	江西工具厂	万载县	3级
1993.01.06	3600727	化工	九江石油化工总厂	九江市	3级
1993.01.06	3600728	煤炭	萍乡矿务局六六一厂	萍乡市高坑镇	3级
1993.01.06	3600729	工办	九江仪表厂	九江市	3级
1993.01.06	3600730	工办	江西机械化工厂	吉安县	3级
1993.01.06	3600731	水利	永丰县供电所	永丰县	3级
1993.01.06	3600732	机械	江西轴承厂	宜春市	3级
1993.01.06	3600733	交通	都昌造船厂	都昌县	3级

续表

发证日期	证书编号	部　门	企业名称	地　址	级　别
1993.01.06	3600734	—	德兴市水电公司	德兴市	4 级
1993.01.06	3600735	—	爱民机械厂	吉安市	3 级
1993.01.06	3600736	机械	赣南水轮机厂	赣州市	3 级
1993.01.06	3600737	电子	南昌电家器厂	南昌湾里区	3 级
1993.01.06	3600738	机械	瑞金化工机械厂	瑞金市	3 级
1993.01.06	3600739	工办	安福液压件厂	安福县	3 级
1993.01.06	3600740	工办	翔生机械厂	新溪桥	3 级
1993.01.06	3600741	机械	江西赣南轴承厂	南康县	3 级
1993.01.06	3600742	机械	景德镇市印刷机械总厂	景德镇市	3 级
1993.01.06	3600743	工办	国营连胜自行车厂	弋阳县	3 级
1993.01.06	3600744	有色	大余县有色金属选冶厂	大余南安镇	4 级
1993.01.06	3600745	—	赣南印刷厂	赣州市	4 级
1993.01.06	3600746	—	赣南火柴厂	赣州市	4 级
1993.01.06	3600747	—	龙南水泥厂	龙南县	4 级
1993.01.06	3600748	—	龙南印刷厂	龙南县	4 级
1993.01.06	3600749	—	于都县钨矿	于都县	4 级
1993.01.06	3600750	—	崇义县叙头厂	崇义县	4 级
1993.01.06	3600751	—	赣南水泥厂	信丰县	4 级
1993.01.06	3600752	—	大余县钨矿	大余县	4 级
1993.01.06	3600753	—	江西第三制糖厂	赣县	4 级
1993.01.06	3600754	林业	九连山胶合板厂	龙南县	4 级
1993.01.06	3600755	林业	安远化工厂	安远县	4 级
1993.01.06	3600756	林业	赣州第二木材厂	赣州市	4 级
1993.01.06	3600757	—	寻乌县化工厂	寻乌县	4 级
1993.01.06	3600758	—	信丰化肥厂	信丰县	4 级
1993.01.06	3600759	—	瑞金电线厂	瑞金市	4 级
1993.01.06	3600760	—	兴国县钨矿	兴国县	4 级
1993.01.06	3600761	—	赣县钨矿	赣县	4 级
1993.01.06	3600762	—	江西第二制糖厂	赣州市	4 级
1993.01.06	3600763	—	会昌制糖厂	会昌县	4 级

续表

发证日期	证书编号	部 门	企业名称	地 址	级 别
1993.01.06	3600764	—	赣州水泵厂	赣州市	4级
1993.01.06	3600765	—	赣州木材厂	赣州市	4级
1993.01.06	3600766	—	赣州市煤气公司	赣州市	4级
1993.01.06	3600767	—	兴国县小水电公司	兴国县	4级
1993.01.06	3600768	—	赣南无线电厂	赣州市	4级
1993.01.06	3600769	—	江西气体压缩机厂	赣州市	3级
1993.01.06	3600770	—	赣州畜产厂	赣州市	4级
1993.01.06	3600771	—	江西九二盐矿	会昌县	4级
1993.01.06	3600772	—	寻乌稀土工业公司	寻乌县	4级
1993.01.06	3600773	—	龙南县稀土矿	龙南县	4级
1993.01.06	3600774	林业	定南县化工厂	定南县	4级
1993.01.06	3600775	—	大余县食品厂	大余县	4级
1993.01.06	3600776	林业	会昌化工厂	会昌县	4级
1993.01.06	3600777	—	会昌锡矿	会昌县	4级
1993.01.07	3600778	化工	广丰县非金属矿工业公司	广丰县	3级
1993.01.07	3600779	机械	江西制氧机厂	九江市	3级
1993.01.07	3600780	轻工	赣州市造纸厂	赣州市	4级
1993.01.07	3600781	工办	江西专用设备厂	上高县	3级
1993.01.07	3600782	机械	于都齿轮箱厂	于都县	4级
1993.01.07	3600783	冶金	赣州钴冶炼厂	赣州	3级
1993.01.07	3600784	轻工	赣州塑料制品厂	赣州	3级
1993.01.07	3600785	机械	江西机械电器厂	宜春市	3级
1993.01.07	3600786	—	奉新水电公司	奉新市	3级
1993.01.07	3600787	电子	九江整流器厂	九江市	4级
1993.01.07	3600788	机械	江西赣州阀门厂	赣州市	4级
1993.01.07	3600789	电子	中国人民解放军6909厂	上饶县	3级
1993.01.07	3600790	外经	省高产进出口公司上饶羽绒厂	上饶市	3级
1993.01.07	3600791	机械	江西新干电子仪器厂	新干县	4级
1993.01.07	3600792	机械	萍乡电焊条厂、萍乡矿务局矿灯厂	萍乡市	3级
1993.01.07	3600793	机械	江西发动机总厂	萍乡市	3级

续表

发证日期	证书编号	部 门	企业名称	地 址	级 别
1993.01.08	3600794	机械	南昌通用机械厂	南昌市	3级
1993.01.08	3600795	化工	朝阳磷矿	上饶县	4级
1993.01.08	3600796	纺织	江纺	南昌市	3级
1993.01.08	3600797	工办	江西钢丝厂	新余市	3级
1993.01.08	3600798	—	铁山垅钻矿	于都县	3级
1993.01.08	3600799	建材	赣南东方红水泥厂	于都县	3级
1993.01.08	3600800	轻工	国营东方瓷厂	景德镇市	3级
1993.01.08	3600801	纺织	抚州针织厂	抚州市	3级
1993.01.09	3600802	电力	天河火力发电厂	吉安天河	3级
1993.01.09	3600803	电力	江西吉安供电局	吉安市	3级
1993.01.09	3600804	化工	吉水县化肥厂	吉水县	4级
1993.01.09	3600805	轻工	江西景春实业(集团)公司	余江县	3级
1993.01.09	3600806	机械	江西电影机械厂	南昌市	3级
1993.01.11	3600807	轻工	江西赣州电池厂	赣州市	3级
1993.01.11	3600808	建材	泰和水泥厂	泰和县	3级
1993.01.11	3600809	电子	东方无线电厂	奉新县	3级
1993.01.12	3600810	水利	枫江供电所	吉水县	3级
1993.01.12	3600811	轻工	光明瓷厂	景德镇市	3级
1993.01.12	3600812	水利	老愚公水电厂	奉新县	3级
1993.01.12	3600813	—	井冈山电子材料厂	井冈山市	
1993.01.12	3600814	冶金	赣州有色金属机械厂	赣州市	4级
1993.01.12	3600815	煤炭	萍乡矿务局水泥厂	萍乡市	3级
1993.01.12	3600816	电力	万安水力发电厂	万安县	3级
1993.01.12	3600817	冶金	江西新余钢铁总厂	新余市	3级
1993.01.13	3600818	—	江西泰和制药厂	泰和县	3级
1993.01.13	3600819	机械	南昌齿轮厂	南昌市	3级
1993.01.14	3600820	轻工	遂川羽绒厂	遂川县	3级
1993.01.15	3600821	轻工	宇宙瓷厂	景德镇市	3级
1993.01.15	3600822	轻工	雕塑瓷厂	景德镇市	3级
1993.01.19	3600823	化工	江西橡胶厂	南昌市	3级

续表

发证日期	证书编号	部门	企业名称	地址	级别
1993.01.19	3600824	轻工	景德镇陶瓷机械厂	景德镇市	3级
1993.01.29	3600825	九船	江新造船厂	湖口县	4级
1993.02.01	3600826	九船	九三〇四厂	九江市	3级
1993.02.02	3600827	工办	长虹机械厂	南昌市	3级
1993.02.02	3600828	轻工	省印刷公司	南昌市	4级
1993.02.02	3600829	农垦	江西乳品厂	南昌市	3级
1993.02.02	3600830	矿冶	七二四矿	修水县	3级
1993.02.02	3600831	纺织	上饶毛纺厂	上饶市	4级
1993.02.02	3600832	建材	分宜水泥厂	分宜县	3级
1993.02.03	3600833	纺织	抚二纺	抚州市	3级
1993.02.03	3600834	电力	江西柘林水力发电厂	永修县	3级
1993.02.03	3600835	机械	江西变压器	新建县	3级
1993.02.04	3600836	粮油	江西省樟树市粮油公司	樟树市	3级
1993.02.04	3600837	农垦	江西婺源县清华水电站	婺源县	4级
1993.02.09	3600838	化工	万载橡胶厂	万载县	3级
1993.02.09	3600839	水电	宜丰县小水电公司	宜丰县	3级
1993.02.10	3600840	轻工	景德镇瓷用原料化学工厂	景德镇市	3级
1993.02.10	3600841	纺织	抚州棉纺织厂	抚州市	3级
1993.02.11	3600842	有色	中国有色金属工业第四冶业公司	贵溪市	3级
1993.02.11	3600843	钨业	大吉山钨矿	全南县	3级
1993.02.11	3600844	邮电	邮电部景德镇通信设备厂	景德镇市	3级
1993.02.11	3600845	轻工	江西造纸厂	南昌市	3级
1993.02.11	3600846	小水电	兴国长风水电站	兴国县	3级
1993.02.12	3600847	城建	赣州自来水公司	赣州市	3级
1993.02.12	3600848	机械	赣州电机厂	赣州市	3级
1993.02.13	3600849	机械	上犹滤清器厂	上犹县	3级
1993.02.13	3600850	电力	省电力试验研究所	南昌市	3级
1993.02.13	3600851	水利	萍乡市电线厂	萍乡市	3级
1993.02.13	3600852	电子	国营第八五九厂	景德镇市	3级
1993.02.13	3600853	化工	东乡农药厂	东乡县	3级

续表

发证日期	证书编号	部　门	企业名称	地　址	级　别
1993. 02. 13	3600854	建材	德安水业厂	德安县	3 级
1993. 02. 15	3600855	轻工	萍乡塑料厂	萍乡市	3 级
1993. 02. 16	3600856	机械	宜春风动工具厂	宜春市	3 级
1993. 02. 17	3600857	工办	赣江机械厂	南昌市	3 级
1993. 02. 18	3600858	轻工	江西赣南造纸厂	赣州市	3 级
1993. 02. 18	3600859	水电	永丰县夫坑水电站	永丰县	3 级
1993. 02. 18	3600860	轻工	江西万新羽绒厂	上高县	3 级
1993. 02. 18	3600861	轻工	江西会成洗涤剂厂	鹰潭市	3 级
1993. 02. 19	3600862	农垦	永修羽绒厂	永修县	3 级
1993. 02. 20	3600863	林业	宁都县化工厂	宁都县	3 级
1993. 02. 22	3600864	轻工	赣州酒厂	赣州市	3 级
1993. 02. 22	3600865	农垦	共青羽绒厂	德安县	3 级
1993. 02. 22	3600866	轻工	樟树四特酒厂	樟树市	3 级
1993. 02. 23	3600867	工办	赣江化工厂	永新县	4 级
1993. 02. 23	3600868	化工	丰城市电石厂	丰城市	4 级
1993. 02. 24	3600869	冶金	南昌钢厂	南昌市	3 级
1993. 02. 25	3600870	核矿冶	核工业总公司七二〇厂	新建县	3 级
1993. 03. 01	3600871	轻工	景德镇市艺术瓷厂	景德镇市	4 级
1993. 03. 01	3600872	冶金	荡坪钨矿	大余县	3 级
1993. 03. 01	3600873	农垦	红星机械厂	东乡县	3 级
1993. 03. 02	3600874	九船	朝阳机械厂	彭泽县	3 级
1993. 03. 03	3600875	铁路	南铁分局向塘机务段	南昌县	3 级
1993. 03. 03	3600876	机械	萍乡市变压器厂	萍乡市	3 级
1993. 03. 04	3600877	化工	向塘化肥厂	南昌县	3 级
1993. 03. 04	3600878	农垦	济生制药厂	新建县	3 级
1993. 03. 04	3600879	机械	万载水泵厂	万载县	4 级
1993. 03. 05	3600880	铁路	南昌通讯段	南昌市	3 级
1993. 03. 06	3600881	轻工	景德镇市耐火器材厂	景德镇市	4 级
1993. 03. 06	3600882	电子	国营八九七厂	景德镇市	3 级
1993. 03. 06	3600883	轻工	峡江造纸厂	峡江县	4 级

续表

发证日期	证书编号	部　门	企业名称	地　址	级　别
1993.03.06	3600884	铁路	南昌车辆段	南昌市	3级
1993.03.06	3600885	农垦	新余味精厂	新余市	3级
1993.03.06	3600886	机械	江西变电设备总厂	崇仁县	3级
1993.03.08	3600887	冶金	龙南钨矿	龙南县	3级
1993.03.08	3600888	交通	宜春汽车运输公司	宜春市	3级
1993.03.11	3600889	轻工	江西塑料制品试验厂	南昌市	3级
1993.03.11	3600890	机械	赣东北轴瓦厂	弋阳县	3级
1993.03.12	3600891	冶金	钨矿	于都县	3级
1993.03.12	3600892	冶金	德安萤石矿	德安县	3级
1993.03.12	3600893	建材	上高白水泥厂	上高县	4级
1993.03.13	3600894	林业	永丰县纤维板厂	永丰县	3级
1993.03.15	3600895	轻工	江西压力锅厂	南昌市	3级
1993.03.17	3600896	机械	宜春工程机械厂	宜春市	3级
1993.03.17	3600897	机械	万安锅炉厂	万安县	3级
1993.03.17	3600898	劳改	江西直流电机厂	赣州市	3级
1993.03.17	3600899	纺织	九江针织内衣三厂	九江市	3级
1993.03.18	3600900	化工	化工部星火化工厂	永修县	3级
1993.03.18	3600901	城建	南昌市公共交通公司	南昌市	3级
1993.03.18	3600902	化工	东乡化肥厂	东乡县	3级
1993.03.18	3600903	机械	石城轴瓦厂	石城琴江镇	4级
1993.03.18	3600904	乡镇	全南缫丝厂	全南县	4级
1993.03.20	3600905	煤炭	黄岗岭矿务局七〇九厂	高安县	3级
1993.03.20	3600906	钨业	小龙钨矿	泰和县	3级
1993.03.22	3600907	地勘	鹰潭市贵溪华康天然色素厂	鹰潭市	3级
1993.03.23	3600908	九船	四九一厂	瑞昌县	3级
1993.03.23	3600909	农垦	江西省军山毛纺织总厂	军山	3级
1993.03.24	3600910	建材	江西玉山化工建材总厂	玉山县	4级
1993.03.24	3600911	工办	江西第二机床厂	永新县	3级
1993.03.26	3600913	建材	江西红梅建筑陶瓷总厂	高安县	3级
1993.03.27	3600914	轻工	兴国糖厂	兴国县	4级

续表

发证日期	证书编号	部　门	企业名称	地　址	级　别
1993.03.27	3600915	农垦	万龙山吊扇厂	萍乡市	3级
1993.03.30	3600916	有色	西华山钨矿	大余县	3级
1993.03.31	3600917	有色	画眉坳钨矿	兴国县	4级
1993.03.31	3600918	机械	江西电缆厂	吉安市	3级
1993.03.31	3600919	电力	赣东北供电局	乐平县	3级
1993.03.31	3600920	工办	南方电动车工具厂	南昌市	3级
1993.04.01	3600921	船舶	船用阀门厂	湖口县	3级
1993.04.01	3600922	林业	武功山纤维板厂	安福县	4级
1993.04.02	3600923	工办	洪新机械厂	南昌市	3级
1993.04.02	3600924	地勘	核工业华东二六八天线厂	玉山县	3级
1993.04.02	3600925	铜业	永平铜矿	铅山县	3级
1993.04.02	3600926	铜业	德兴铜矿	德兴市	3级
1993.04.02	3600927	铜业	东乡铜矿	东乡县	4级
1993.04.03	3600928	化工	鹰潭市磷肥厂	鹰潭市	3级
1993.04.07	3600929	机械	江西电机厂	南昌市	3级
1993.04.07	3600930	工办	长河机械厂	南昌市	3级
1993.04.08	3600931	冶金	漂塘钨矿	大余县	3级
1993.04.08	3600932	机械	赣南机械总厂	赣州市	3级
1993.04.09	3600933	机械	江西油嘴油泵厂	瑞昌县	3级
1993.04.13	3600934	工办	江西庆江化工厂	泰和县	3级
1993.04.17	3600935	商业	南昌肉联厂	南昌市	3级
1993.04.22	3600936	化工	江西前卫化工厂	新余市	3级
1993.04.23	3600937	化工	华新生物化学制品厂	新干县	3级
1993.04.24	3600938	轻工	宜黄县塑料厂	宜黄县	3级
1993.04.24	3600939	矿冶	核工业七一九矿	崇义县	3级
1993.04.26	3600940	冶金	岿美山钨矿	定南县	4级
1993.04.26	3600941	机械	宜春齿轮厂	高安县	4级
1993.04.30	3600942	煤炭	江西省煤矿机械厂	樟树市	3级
1993.05.06	3600943	九船	四五九厂	瑞金市	3级
1993.05.07	3600944	化工	宜春地区磷肥厂	宜春市	4级

续表

发证日期	证书编号	部　门	企业名称	地　址	级　别
1993.05.11	3600945	轻工	万载酒厂	万载县	3级
1993.05.11	3600946	轻工	泰和糖厂	泰和县	3级
1993.05.22	3600947	冶金	丰城市绿山钨矿	丰城市	3级
1993.05.27	3600948	粮油	南昌市粮油机械厂	南昌市	3级
1993.06.07	3600949	电子	红都无线电厂	南昌市	3级
1993.06.07	3600950	煤炭	萍乡矿务局	萍乡市	3级
1993.06.11	3600951	农垦	八一酿酒厂	全南县	3级
1993.06.28	3600952	电力	枫渡水力发电厂	永新县	3级
1993.06.29	3600953	电力	景德镇火力发电厂	景德镇市	3级
1993.06.29	3600954	电力	红口水电厂	新余市	3级
1993.06.29	3600955	钨业	赣州有色冶金化工厂	赣州市	3级
1993.07.02	3600956	煤炭	分宜煤矿电机厂	分宜县	3级
1993.07.08	3600957	电力	洪万水力发电厂	南城县	3级
1993.07.08	3600958	小水电	大余县小水电公司	大余县	3级
1993.07.16	3600959	机械	江西机油泵厂	吉安市	3级
1993.08.04	3600960	机械	江西吉安机床厂	吉安市	3级
1993.08.05	3600961	化工	贵溪农药厂	贵溪市	3级
1993.08.13	3600962	冶金	洪都钢厂	南昌市	3级
1993.08.18	3600963	轻工	峡江方便米粉厂	峡江县	3级
1993.08.25	3600964	医药	临川制药厂	临川区	4级
1993.09.14	3600965	—	九江自来水公司	九江市	4级
1993.09.22	3600966	化工	樟树化工厂	樟树市	3级
1993.09.20	3600967	—	九江柴油机厂	九江市	3级
1993.11.24	3600968	工办	江西仪器厂	湾里区下罗	3级
1993.11.24	3600969	工办	二六〇厂	南昌市	3级
1993.11.29	3600970	农垦	大茅山鞋检厂上海川沙联合营厂	上海川沙高南解放西路	3级
1993.11.29	3600971	农垦	大茅山化纤器材厂	德兴市	3级
1993.11.29	3600972	农垦	大茅山制刷厂	德兴市	3级
1993.12.04	3600973	机械	江西锻压机床厂	九江市	3级
1993.12.25	3600974	水利	修水县电力公司	修水县	3级

续表

发证日期	证书编号	部　门	企业名称	地　址	级　别
1994.01.18	3600975	轻工	余干县酒厂	余干县	4 级
1994.01.29	3600976	—	赣州市赣江棉织厂	赣州市	4 级
1994.01.27	3600977	—	上犹江水力发电厂	上犹县	3 级
1994.01.30	3600978	—	红都啤酒厂	南昌市	3 级
1994.11.15	3600979	煤炭	萍乡南方煤机厂	萍乡市	3 级

表 2-2-3　1997—2000 年全省企业标准化水平考核名单

发证日期	证书编号	企业名称	地　址
1997.07.23	36001001	江西机械化工厂	吉安县
1997.07.24	36001002	江西洪门水力发电厂	南城县
1997.07.25	36001003	南昌家电有限公司	南昌市
1997.07.25	36001004	怀玉山活性炭(集团)有限公司	玉山县
1997.07.27	36001005	江西盐矿	樟树市
1997.07.31	36001006	江西第二机床厂	永新县
1997.08.01	36001007	吉水县水泥厂	吉水县
1997.08.04	36001008	江西第二化肥厂	新余市
1997.08.05	36001009	江西赣州酒厂	赣州市
1997.08.06	36001010	江西省军山毛纺织总厂	永修县
1997.08.07	36001011	万载橡胶厂	万载县
1997.08.08	36001012	南昌白马庙制药厂	新祺周
1997.08.12	36001013	赣州供电局	赣州市
1997.08.13	36001014	江西赣南化工厂	赣州市
1997.08.14	36001015	江西锦江酒厂	万载县
1997.08.15	36001016	景航锻铸公司	景德镇市
1997.08.15	36001017	夫坑水电站	永丰县
1997.08.22	36001018	赣州水泵厂	赣州市
1997.08.22	36001019	奉新老愚公水电厂	奉新县
1997.08.25	36001020	宜丰县小水电公司	宜丰县
1997.08.26	36001021	南昌齿轮厂	湾里区蛟桥
1997.08.26	36001022	萍乡矿务局六六一厂	萍乡市

续表

发证日期	证书编号	企业名称	地　址
1997.08.27	36001023	九连山胶合板厂	龙南县
1997.08.27	36001024	江西分宜水泥股份有限公司	分宜县
1997.08.28	36001025	江西省东风纺织器材厂	奉新县
1997.08.28	36001026	江西曲轴连杆厂	吉安市
1997.08.29	36001027	江西摩托制动器总厂	南昌市
1997.08.29	36001028	南昌市柏医疗器械厂	南昌县
1997.09.01	36001029	吉安机床厂	吉安市
1997.09.02	36001030	南丰县弘业蜜桔加工有限公司	南丰县
1997.09.03	36001031	萍乡矿务局高坑发电厂	萍乡市高坑
1997.09.03	36001032	东方红实业股份有限公司	于都县禾丰镇
1997.09.10	36001033	井冈山纸业有限公司	井冈山市
1997.09.10	36001034	中国四冶第一安装工程公司	德兴市
1997.09.18	36001035	中国第四冶金建设公司	贵溪市
1997.09.18	36001036	江西爱民机械厂	德安县
1997.09.22	36001037	江西徐山有色金属矿业有限责任国内公司	丰城市
1997.09.23	36001038	江西船用阀门厂	湖口县
1997.09.25	36001039	南昌电缆厂	南昌市
1997.09.25	36001040	江西上犹江水力发电厂	上犹县
1997.09.25	36001041	江西万安水电厂	万安县
1997.10.06	36001042	南昌市自来水公司	南昌市
1997.10.07	36001043	江西樟树起重机械厂	樟树市
1997.10.08	36001044	江西江新造船厂	湖口县
1997.10.08	36001045	丰城市电石厂	丰城市
1997.10.08	36001046	奉新水电公司	奉新县
1997.10.08	36001047	黄冈岭矿务局七〇七九厂	高安市
1997.10.13	36001048	江西赣北化工厂	九江市
1997.10.15	36001049	江西省上高县白水泥厂	上高县
1997.10.16	36001050	广丰县非金属矿工业公司	广丰县
1997.10.16	36001051	江西铜业公司德兴铜矿	德兴市
1997.10.22	36001052	向塘机务段	南昌县向塘镇

续表

发证日期	证书编号	企业名称	地　址
1997.10.22	36001053	江西化油四厂	南昌市
1997.10.24	36001054	江西气体压缩机厂	赣州市
1997.10.24	36001055	国营二六〇厂	南昌市
1997.10.28	36001056	江西前卫化工厂	新余市
1997.10.29	36001057	九江玻璃纤维厂	九江市
1997.10.29	36001058	宜春齿轮厂	高安市
1997.10.30	36001059	江西省抚州棉纺织厂	临川市
1997.10.30	36001060	江西省抚州第二棉纺织厂	临川市
1997.10.30	36001061	九江一棉纺织公司	九江市
1997.11.03	36001062	江西特种电机股份有限公司	宜春市
1997.11.04	36001063	江西电缆有限责任公司	吉安市
1997.11.04	36001064	盘古山钨矿	于都县
1997.11.04	36001065	九江船用机械厂	瑞昌市
1997.11.05	36001066	江西轴承厂	宜春市
1997.11.05	36001067	泰和水泥厂	泰和县
1997.11.06	36001068	波阳县酒厂	波阳县
1997.11.06	36001069	江南蓄电池厂	南昌市
1997.11.07	36001070	江西棉纺织印染厂	南昌市
1997.11.07	36001071	南昌济生制药厂	新祺周
1997.11.07	36001072	赣州钴冶炼厂	赣州市
1997.11.10	36001073	江西红都制糖厂	瑞金市
1997.11.10	36001074	江西江铃齿轮股份有限公司	赣州市
1997.11.10	36001075	遂川县胶合板厂	遂川街前
1997.11.10	36001076	于都齿轮箱厂	于都县
1997.11.11	36001077	临川制药厂	临川市
1997.11.11	36001078	江西赣东化工有限责任公司	临川市
1997.11.11	36001079	宜春工程机械股份有限公司	宜春市
1997.11.12	36001080	赣南水轮机厂	赣州市
1997.11.12	36001081	连胜自行车厂	弋阳县
1997.11.12	36001082	景德镇印刷包装机械有限公司	景德镇市

续表

发证日期	证书编号	企业名称	地　址
1997.11.13	36001083	新余钢铁有限责任公司	新余市
1997.11.13	36001084	峡江专利食品工业有限公司	峡江县
1997.11.17	36001085	九江石油化工总厂	九江市
1997.11.17	36001086	九江仪表厂	九江市
1997.11.19	36001087	九江整流器厂	九江市
1997.11.20	36001088	赣州市煤气公司	赣州市
1997.11.21	36001089	省稀土研究所	南昌市
1997.11.24	36001090	宜春钽铌矿	宜春市
1997.11.27	36001091	江西九江发电厂	九江市
1997.11.28	36001092	中国核工业总公司七二一矿	乐安县
1997.12.08	36001093	宁都县化工厂	宁都县
1997.12.08	36001094	江西液压件股份有限公司	安福县
1997.12.09	36001095	江发集团公司	萍乡市
1997.12.09	36001096	萍乡电焊条厂	萍乡市
1997.12.09	36001097	赣南水泥厂	信丰县
1997.12.10	36001098	画眉坳钨矿	兴国县
1997.12.10	36001099	江西工具有限责任公司	万载县
1997.12.11	36001100	江西合成洗涤剂厂	鹰潭市
1997.12.11	36001101	赣南机械制造有限责任公司	赣州市
1997.12.11	36001102	江西九二盐矿	会昌县
1997.12.12	36001103	国营八五九厂	景德镇市
1997.12.12	36001104	江西东方红水泥厂	于都县
1997.12.12	36001105	江西红星机械厂	东乡县
1997.12.12	36001106	九江五棉有限责任公司	九江市
1997.12.16	36001107	贵溪冶炼厂	贵溪县
1997.12.17	36001108	修水县电力公司	修水县
1997.12.18	36001109	赣州木材厂	赣州市
1997.12.22	36001110	赣州阀门厂	赣州市
1997.12.22	36001111	上犹滤清厂	上犹县
1997.12.22	36001112	中国核工业总公司七二九矿	崇义县

续表

发证日期	证书编号	企业名称	地　址
1997.12.22	36001113	南昌市化工原料厂	南昌市
1997.12.22	36001114	江西国药有限责任公司	南昌市
1997.12.22	36001115	核工业新生物化学制品厂	新干县
1997.12.23	36001116	江西纸业集团有限公司	南昌市
1997.12.23	36001117	南昌铁路局南罗车辆段	南昌市
1997.12.24	36001118	江西明达电力设备股份有限公司	萍乡市
1997.12.24	36001119	龙南县水电公司	龙南县
1997.12.25	36001121	江西赣南制药厂	赣州市
1997.12.25	36001122	高安市水泥厂	高安市
1997.12.25	36001123	小龙钨矿	泰和县
1997.12.29	36001124	江西赣州电机厂	赣州市
1997.12.29	36001125	江西直流电机厂	赣州市
1997.12.29	36001126	江西省八一酿酒厂	全南县陂头镇
1997.12.29	36001127	江西制氧机厂	九江市
1997.12.29	36001128	萍乡客车厂	萍乡市
1997.12.30	36001129	国营第四三八〇厂	吉安市
1997.12.30	36001130	江西洪都钢厂	南昌市
1998.02.18	36001131	江西省瑞金化工机械厂	瑞金市
1998.02.18	36001132	中国核工业总公司七二〇厂	新建县
1998.02.24	36001133	赣州畜产厂	赣州市
1998.02.27	36001134	江西青峰制药厂	全南县
1998.03.20	36001135	枫渡水力发电厂	永新县
1998.04.16	36001136	萍乡南方煤机厂	萍乡市
1998.04.27	36001137	江西第二糖厂	赣州市
1998.09.17	36001138	赣州市自来水公司	赣州市
1998.10.09	36001139	国营第八三四厂	吉安市
1999.02.23	36001140	江西消防车辆制造厂	新建县
1999.04.12	36001141	景德镇陶瓷机械厂	景德镇市
2000.04.08	36001142	天津大桥(集团)公司上饶电焊条厂	上饶市
2000.04.21	36001143	江西变压器有限责任公司	乐安县

续表

发证日期	证书编号	企业名称	地　址
2000.04.21	36001144	江西长城减震器有限公司	崇仁县
2000.04.21	36001145	赣东苎麻纺织厂	崇仁县
2000.04.21	36001146	江西长衡机械有限公司	崇仁县
2000.04.21	36001147	崇仁县粮油加工厂	崇仁县
2000.04.21	36001148	国营永胜机械厂	崇仁县
2000.04.21	36001149	江西崇仁机动车辆改装有限责任公司	崇仁县
2000.04.21	36001150	江西长峰机械厂	崇仁县
2000.04.21	36001151	江西澳赣辐条实业有限公司	崇仁县

为保证消费者吃上安全、放心的月饼,借鉴标准化示范区的成功做法,2003 年 7 月 21 日,省质监局布置在全省范围内选择若干家质量管理基础好、品牌知名度高的月饼生产企业进行重点帮扶、服务,攻克贯标难题,以典型引路,辐射带动全省月饼生产企业全面实施新标准,达到上质量、上水平、出效益的目标,提高江西月饼市场竞争能力。同时要求各设区市局可择优选择 1 ~ 2 家月饼生产企业向省局申报,省质监局审查通过后的单位列入全省实施月饼系列标准示范单位名单。经过企业申请、设区市质监局推荐,经审查,2003 年 8 月 8 日,省质监局确定江西乔家珊食品有限公司、新余市恒香工贸有限公司和赣州港嘉兴食品有限公司等三家企业为全省实施月饼系列标准示范单位(2003 年度)。

为掌握企业标准化工作的现状,了解企业在标准化领域的需求,帮助企业提高标准化工作水平,及时为企业提供标准化工作信息咨询和技术服务,2010 年 5 月 11 日,省质监局决定在全省范围内开展企业标准化工作现状调查。调查范围是全省行政区域范围内的所有生产企业。调查原则是要体现服务的目的,对企业在贯彻标准化法律法规中的违法行为要视情节依法处理。调查内容是企业生产依据的产品标准情况、企业参与标准化工作情况、企业在标准化方面有什么需求。调查采用函调和重点调查相结合的方法。可以采用发函调查和对重点产品和重点企业开展实地调查相结合的方法。取得相关资料,发现有关问题,进行相应处理。

第四节　企业标准化良好行为创建

1996 年 9 月 5 日,按照国家技监局文件要求,省技监局将江西省江铃汽车股份有限公司、南昌柴油机有限责任公司等 11 家单位作为建立企业标准体系试点企业;南昌洪城大厦、赣州地区华联通百货商厦和赣州市云山饭店等 3 家单位作为服务质量标准宣传贯彻试点企业名单上报给国家技监局。是日,省技监局发文布置,各试点企业填写好《国家建立企业标准体系试点企业基本情况表》或《国家服务质量标准宣贯试点企业基本情况表》并按时报送至省技监局。企业标准体系试点和服务质量标准宣传贯彻试点工作正式启动。

2004年3月22日，省质监局布置标准化良好行业企业试点工作。对国家标准委已确定石油化工股份有限公司九江分公司、江西鑫新实业股份有限公司上饶线材厂、江西国鸿实业有限公司、江西江铃齿轮有限公司等4家为全国首批标准化良好行为企业试点单位，要求九江、上饶、南昌和赣州市质监局要负责做好当地试点企业的试点工作，切实做好对试点企业的指导与服务，根据企业的需要，提供标准化信息咨询，帮助企业建立健全企业标准体系。并制定好实施方案，确保在10月15日前完成试点工作。为做好企业标准化良好行为试点工作，2005年1月13日，省质监局在南昌新地酒店召开企业标准化良好行为试点工作座谈会。

2005年4月28—29日，省质监局组织确认专家组对中石化股份有限公司九江分公司的标准化良好行为工作进行确认验收。根据《标准化良好行为确认评分表》打分，基本分390分，加分80分，总分470分。达到国家标准化良好行为企业AAAA级标准。

2005年6月8—9日，省质监局组织确认专家组对江西鑫新实业股份有限公司上饶线材厂的标准化良好行为工作进行确认验收。根据《标准化良好行为确认评分表》打分，基本分390分，加分75分，总分465分。达到国家标准化良好行为企业AAAA级标准。

2005年7月12日，省质监局组织确认专家组对江西国鸿集团有限公司的标准化良好行为工作进行确认验收。根据《标准化良好行为确认评分表》打分，基本分376分，加分50分，总分426分，达到国家标准化良好行为企业AAA级标准。

2005年9月9日，省质监局布置第二批国家级标准化良好行为企业试点及首批省级标准化良好行为企业试点工作。南昌印钞厂、江西诚志日化有限公司、江西光明英雄乳业股份有限公司、江西宏丰人造板有限公司等4家企业为第二批国家级标准化良好行为试点企业。南昌新华电缆有限公司等25家企业为首批省级标准化良好行为试点企业项目。该批企业试点时间为1年，从即日起至2006年6月30日，省级试点企业可延长至9月30日。试点企业要本着实事求是，注重实效的原则，按照GB/T15496、GB/T15497《企业标准体系》系列国家标准的规定，建立适合于企业生产经营管理需要的标准体系，并有效实施。对建立的企业标准体系，要按GB/T19273的要求进行企业自我评价，符合确认申请条件的，可向省质监局提出确认申请。各地要切实加强对当地企业的技术指导与服务，根据企业的要求，提供标准化信息咨询，帮助企业建立健全标准体系。标准化良好行为试点确认应按照国家标准委颁布的《标准化良好行为企业试点确认工作细则（试行）》及《标准化良好行为确认评分表（试行）》执行。

2006年12月11—12日，省质监局组织确认专家组对南昌印钞厂的标准化良好行为工作进行确认验收。根据《标准化良好行为确认评分表（试行）》打分，基本分390分，加分68分，总分458分，达到AAAA级标准化良好行为企业标准。

2006年12月28—29日，省质监局组织确认专家组对江西诚志日化有限公司的标准化良好行为工作进行确认验收。根据《标准化良好行为确认评分表（试行）》打分，基本分385分，加分77分，总分462分，达到AAAA级标准化良好行为企业标准。

在企业自愿申请、设区市质监局推荐的基础上，2009年4月13日，省质监局将江西昌九农科化工有限公司、江西中烟工业公司、方大新材料（江西）有限公司、江西雄鹰铝业股份有限公司4家企业作为第三批国家级标准化良好行为企业试点名单向国家标准委推荐上报。

2010年,省质监局指导四特酒有限责任公司、江西卓尔金属设备集团有限公司等企业开展标准化良好行为企业试点工作,推荐华能国际电力股份有限公司井冈山电厂、贵溪发电有限责任公司两家电力企业申报国家级AAAA级标准化良好行为试点单位。

至2010年底,全省共有标准化良好行为企业38家(其中国家组织开展标准化良好行为创建企业6家,省质监局组织开展标准化良好行为创建企业32家)。

表2-2-4 2005—2010年国家组织开展标准化良好行为创建企业名单

单位名称	证书号	等　级
中石化股份有限公司九江分公司	GSP(36)0001-2005	AAAA
江西鑫新股份有限公司上饶线材厂	GSP(36)0002-2005	AAAA
江西国鸿(集团)公司	GSP(36)0003-2005	AAA
江铃齿轮股份有限公司	GSP(36)0004-2005	AA
南昌印钞厂	GSP(36)0005-2007	AAAA
江西诚志日化有限公司	GSP(36)0006-2007	AAAA

表2-2-5 2006—2010年省内组织开展标准化良好行为创建企业名单

单位名称	证书号	等　级
大余县伟良钨业有限公司	GSP(3600)01-2006	AA
信丰恒隆麦饭石酒业有限公司	GSP(3600)02-2006	AAA
江西赣电兴乐电缆有限公司	GSP(3600)03-2006	AAAA
赣州港都卫生制品有限公司	GSP(3600)04-2006	AAA
四特酒有限责任公司	GSP(3600)05-2006	AAAA
江西金虎保险设备集团有限公司	GSP(3600)06-2006	AA
江西省春丝食品有限公司	GSP(3600)07-2006	AA
江铃汽车股份有限公司	GSP(3600)08-2006	AAA
江西金佳谷物股份有限公司	GSP(3600)09-2006	AA
新余钢铁有限责任公司	GSP(3600)10-2006	AAA
江西洪都钢厂	GSP(3600)11-2006	AA
江西省樟树粮油公司	GSP(3600)12-2006	AA
江西和氏米业有限公司	GSP(3600)13-2006	AA
江西省绿冬丝科实业有限责任公司	GSP(3600)14-2006	AA
江西金薄金生态科技有限公司	GSP(3600)15-2007	AAA
江西昌九农科化工有限公司	GSP(3600)16-2007	AAA

续表

单位名称	证书号	等　级
江西金佳谷物股份有限公司	GSP(3600)17－2008	AAA
江西美庐乳业有限公司	GSP(3600)18－2008	AAA
江西航天日用化工发展有限责任公司	GSP(3600)19－2008	AAA
江西中景集团有限公司	GSP(3600)20－2008	AAA
萍乡钢铁有限公司	GSP(3600)21－2008	AAA
江西恩达家纺有限公司	GSP(3600)22－2008	AA
江西华春企业集团有限公司	GSP(3600)23－2008	AA
江西特康科技有限公司	GSP(3600)24－2008	AA
南昌百特生物高新技术有限公司	GSP(3600)25－2008	AA
江西飞龙钻头制造有限公司	GSP(3600)26－2008	AA
乐平市梅岩种猪场	GSP(3600)27－2008	AAA
江西彭泽牧业有限公司	GSP(3600)28－2008	AAA
景德镇陶瓷有限公司	GSP(3600)29－2008	AAA
江西省春丝食品有限公司	GSP(3600)30－2010	AAA
四特酒有限责任公司	GSP(3600)31－2010	AAAA
江西卓尔金属设备集团有限公司	GSP(3600)32－2010	AAA

第五节　高新技术标准化示范建设

2008年，为全面实施技术标准和名牌战略，提升南昌高新区的创新能力，加快实现科研、标准、产业的同步化、自主创新技术标准化、标准工作主体企业化、标准服务支撑平台化，发挥国家高新技术产业标准化示范区的辐射带动作用，省质监局启动高新技术标准化示范建设。

2008年1月9日，省质监局向省政府呈送请求，恳请省政府致函国家标准化管理委员会，建议批准南昌高新区为国家高新技术产业标准化示范区。江西省高新技术标准化示范申报工作拉开帷幕。7月17日，国家标准化管理委员会正式批复江西省政府，同意在江西省南昌市高新区开展国家高新技术产业集群标准化示范基地试点工作。全省高新技术标准化示范建设正式启动。

2009年，南昌国家高新技术产业集群标准化示范基地建设进展顺利。6月19日，南昌国家高新技术产业集群标准化示范基地揭牌仪式在南昌高新区举行。国家标准委主任纪正昆、省质监局主要负责人、南昌市政府市长胡宪等领导出席。是年，全国高新技术产业标准化示范区研讨会、2009年第三期国际标准化综合知识培训班、2009年国际标准化技术对口工作会议等会议在南昌召开,全国各省市的标准化专家会聚南昌,为全省高新技术产业集群标准化示范区建设、全省国际标准化工作带来新机遇和学习机会。

第六节　国际标准采用

1991年3月16日,省标准局下达全省1991年第一批采用国际标准产品验收(审核)计划(共计50项),要求各考核部门按省标准局1990年11月颁发的《江西省采用国际标准和国外先进标准产品验收简化程序的若干暂行规定》要求,组织所负责产品的验收或审核。考核合格产品省标准局将统一颁发《采用国际标准验收合格证》。7月3日,省标准局下达1991年度省第二批采用国际标准产品验收(审核)计划(共计75项)。要求年内全面完成所委托项目的验收或审核,以确保当年完成100项的目标。

根据《采用国际标准产品标志管理办法》及实施细则的规定,对照国家技监局首批公布的采标标志产品及其标准目录,1994年9月26日,省标准局确定省首批13家生产企业的32项采标产品实施采标标志。要求企业将相关材料于10月30日报省标准局备案,省标准局将发给国家技监局统一印制的《采用国际标准产品标志证书》,企业可在其产品包装、标签或产品说明书上按要求印制采标标志图样。

1994年10月20日,省标准局下达1994年采标重点产品列入国家级重点新产品试制鉴定计划,要求各相关单位按照国家技监局、国家科委有关通知的要求,组织好江西电线电缆总厂等5家单位5个新产品项目的实施工作。

根据《采用国际标准产品标志管理办法》及实施细则的规定,1995年7月24日,省标准局决定将符合普通硅酸盐水泥GB175－1992、矿渣硅酸盐水泥GB344－1992、硅酸盐水泥、普通硅酸盐水泥GB178－1992要求的水泥产品实施采标标志。

1995年5月8日,省标准局确定省第二批64家生产企业的56项产品实施采标标志,并下达。1996年6月25日,省标准局下达第三批实施采用国际标准标志产品及其标准目录。1996年4月14日,省标准局决定对当前暂不具备使用采标标志条件的采标产品颁发全省统一的《采用国际标准合格证书》,以提高产品知名度,增强市场竞争能力。

为摸清全省采标情况,1998年8月5日,省技监局布置对全省已取得采标标志证书的采标产品情况进行调查。调查内容为采标标志产品质量符合标准的情况;采标标志在产品或产品包装上的使用情况;产品采标后的社会、经济效益。

2001年12月31日,省质监局转发《中华人民共和国国家质量监督检验检疫总局令》第10号令,布置鼓励企业采标,根据《采用国际标准管理办法》第二十一条规定对采标产品实施采标标志制度,各设区市质监局、省直各部门可对照《实施采标标志及相应标准目录》,向省质监局推荐本地、本部门企业的采标产品,经审查符合条件者,省质监局按《采用国际标准产品标志管理办法》的规定颁发全国统一的认可证书,允许企业在其产品及包装上使用采标标志。

2002年4月30日,省机械行业管理办公室商省质监局制订《2002年江西省机械产品实施采用国际标准和国外先进标准标志计划》，规定对采标产品实施采标标志制度。

2004年6月3日，省质监局转发《关于推进采标产品标志工作的意见》，布置2004年采标工作：2004年实施采标标志的重点产品是空调、饮用天然矿泉水、婴幼儿食品、内墙涂料、水泥等五类产品，各地、各部门要加大工作力度，组织做好企业采标标志的申报工作。

2009年，江西三鑫医疗器械集团有限公司、江西华亿木业有限公司等35家工业企业产品办理采用国际标准和国外先进标准标志证书。

2000年至2003年7月31日，全省受理的采用国际标准标志产品共70个。2006年至2010年12月，全省受理的采用国际标准标志产品共73个。

表2-2-6　2000—2003年7月全省采用国际标准标志产品名录

备案号	企业名称	产品名称
(2000)3600C008	江西飞碟电器集团有限公司	FC6吊风扇
(2000)3600C0170	江西凤凰光学仪器(集团)有限公司	反射式天文望远镜
(2000)3600C0171	江西丰临医用器械有限公司	一次性使用无菌注射器
(2000)3600C0172	江西丰临医用器械有限公司	一次性使用输液器(带针)
(2000)3600C0173	江西电力计量器厂	JSZN-35、JSZG-10电压互感器
(2000)3600C0174	江西电力计量器厂	JLS-10、JLS-35组合互感器
(2000)3600C038	萍乡市文塔水泥有限责任公司	42.5级普通硅酸盐水泥
(2000)3600C061	萍乡市珠亭山水泥厂	42.5级普通硅酸盐水泥
(2000)3600C0175	盘古山钨矿水泥厂	42.5级普通硅酸盐水泥
(2000)3600C0176	江西贵溪化肥有限责任公司	磷酸二铵
(2000)3600C0177	江西贵溪化肥有限责任公司	复混肥料
(2001)3600C0028	江西铜业公司	工业硫酸
(2001)3600C0029	江西铜业公司	阴极铜
(2001)3600C0178	江西省永新水泥厂	32.5级普通水泥
(2001)3600C0179	萍乡钢铁有限责任公司	40级螺纹钢
(2001)3600C0180	萍乡钢铁有限责任公司	460级螺纹钢
(2001)3600C0079	江西省玉山水泥厂	32.5级普通水泥
(2001)3600C0181	江西省陆羽泉啤酒有限公司	8°、10°陆羽泉啤酒
(2001)3600C0182	江西洪都钢厂	结构用低合金高强电焊钢管
(2001)3600C0087	婺源县立新矿业有限公司水泥厂	32.5级普通水泥
(2001)3600C0086	婺源县鄣公山水泥厂	32.5级普通水泥
(2001)3600C0183	江西东方红实业股份有限公司	贡江牌32.5级普通水泥
(2001)3600C0184	崇义县水泥有限公司	阳岭牌32.5级普通水泥

续表

备案号	企业名称	产品名称
(2001)3600C0185	赣州铁石水泥有限公司	铁石牌32.5级普通水泥
(2001)3600C0186	赣州铁石水泥有限公司	铁石牌42.5级普通水泥
(2001)3600C0187	萍乡钢铁有限责任公司	钢筋混凝土用热轧带肋钢筋
(2001)3600C0188	江西高强电瓷集团有限公司	高压线路盘形悬式绝缘子
(2001)3600C0189	萍乡市第二高压电瓷厂	高压线路盘形悬式绝缘子
(2001)3600C0190	萍乡市华东出口电瓷厂	高压线路盘形悬式绝缘子
(2001)3600C0191	萍乡市第四电瓷厂	高压线路盘形悬式绝缘子
(2001)3600C0192	萍乡市腾飞电瓷制造有限公司	高压线路盘形悬式绝缘子
(2002)3600C0193	江西凤凰光学仪器(集团)有限公司	DC型35mm单镜头反光电测光照相机
(2002)3600C0194	江西凤凰光学仪器(集团)有限公司	E型35mm单镜头反光自动曝光照相机
(2002)3600C0195	东乡县金江圣风水泥有限责任公司	32.5级普通水泥
(2002)3600C0196	宜黄县水泥有限公司	32.5级普通水泥
(2002)3600C0197	江西凤凰光学仪器(集团)有限公司	35mm透视取景全自动照相机
(2002)3600C0198	江西凤凰光学仪器(集团)有限公司	35mm透视取景焦平面快门照相机
(2002)3600C0199	江西凤凰光学仪器(集团)有限公司	35mm透视取景机械中心快门照相机
(2002)3600C0200	丰城矿务局水泥厂	赣丰牌42.5级普通水泥
(2002)3600C0201	江西上高县中林白水泥有限责任公司	525级白色硅酸盐水泥
(2002)3600C0202	江西上高县中林白水泥有限责任公司	425级白色硅酸盐水泥
(2002)3600C0203	江西宏丰人造板有限公司	宏丰牌中密度纤维板
(2002)3600C0204	樟树市顺达水泥有限公司	药都牌32.5级普通水泥
(2002)3600C0205	江西兰丰水泥有限责任公司	兰丰牌32.5级普通水泥
(2002)3600C0206	江西兰丰水泥有限责任公司	42.5级普通水泥
(2002)3600C0207	江西明生水泥有限公司	明生牌32.5级普通水泥
(2002)3600C0208	江西天纪电力设备有限公司	电流互感器
(2002)3600C0209	江西天纪电力设备有限公司	电压互感器
(2002)3600C0210	江西天纪电力设备有限公司	组合互感器
(2002)3600C0211	江西洪达医疗器械集团有限公司	一次性使用输液器
(2002)3600C0212	江西洪达医疗器械集团有限公司	一次性使用无菌注射器
(2002)3600C0213	江西洪达医疗器械集团有限公司	一次性使用无菌注射针
(2002)3600C0214	江西洪达医疗器械集团有限公司	一次性使用输血器

续表

备案号	企业名称	产品名称
(2002)3600C0215	新华金属制品股份有限公司	预应力钢绞线
(2002)3600C0216	江西长林机械(集团)有限公司	自动扶梯和自动人行道
(2002)3600C0217	江西起重机械总厂	CD1 型钢丝绳电动葫芦
(2002)3600C0218	江西起重机械总厂	LD 型电动单梁起重机
(2002)3600C0219	江西起重机械总厂	LX 型电动单梁悬挂起重机
(2002)3600C0220	江西起重机械总厂	QD 型通用桥式起重机
(2002)3600C0222	江西省万载县融城水泥厂	万城牌 32.5 级普通水泥
(2002)3600C0223	万载县强龙水泥有限责任公司	康强牌 32.5 级普通水泥
(2002)3600C0224	兴国赣兴水泥有限公司	宝华山牌 32.5 级普通水泥
(2002)3600C0225	鹰潭市亿丰磷肥有限公司	钙镁磷肥
(2002)3600C0228	华意压缩机股份有限公司	华意牌 AE 系列冰箱压缩机
(2003)3600C0229	江西新光明照明电器有限公司	贵雅牌紧凑型节能灯
(2003)3600C0230	上饶成功电子信息产业园有限公司	DD650 单相电能表(长寿命型)
(2003)3600C0231	上饶成功电子信息产业园有限公司	DD862 单相电能表
(2003)3600C0232	上饶成功电子信息产业园有限公司	DS862 三相三线有功电能表
(2003)3600C0233	上饶成功电子信息产业园有限公司	DT862 三相四线有功电能表
(2003)3600C0234	上饶成功电子信息产业园有限公司	DDS650 单相电子式电能表

表 2-2-7　2006—2010 年全省采用国际标准标志产品目录

证书编号	企业名称	产品名称
(2006)3600C0288	信丰县犀牛泉矿泉水有限公司	饮用天然矿泉水
(2007)3600C0289	江西赣电兴乐电缆有限公司	架空绞线
(2007)3600C0290	江西赣电兴乐电缆有限公司	聚氯乙烯绝缘无护套电缆电线
(2007)3600C0291	江西赣电兴乐电缆有限公司	额定电压 1kV 和 3kV 挤包绝缘电力电缆
(2007)3600C0292	鹰潭市月湖电线电缆厂	一般用途单芯硬导体无护套电缆
(2007)3600C0293	泰豪科技股份有限公司	内燃发电机组
(2007)3600C0294	江西铜业集团公司	阴极铜
(2007)3600C0295	江西洪都钢厂	低中压锅炉用无缝钢管
(2007)3600C0296	江西洪都钢厂	高压锅炉用无缝钢管
(2007)3600C0297	江西三环水泥有限公司	32.5 等级普通水泥
(2007)3600C0298	江西三环水泥有限公司	42.5 等级普通水泥
(2007)3600C0299	江西起重机械总厂	CDI(MDI)型钢丝绳电动葫芦

续表

证书编号	企业名称	产品名称
(2007)3600C0300	江西起重机械总厂	LH 电动葫芦桥式起重机
(2007)3600C0301	江西起重机械总厂	LD 电动单梁起重机
(2007)3600C0302	江西起重机械总厂	LX 电动单梁悬挂起重机
(2007)3600C0303	江西起重机械总厂	QD 通用桥式起重机
(2007)3600C0304	江西起重机械总厂	MG 通用门式起重机
(2008)3600C0305	江西电缆有限责任公司	一般用途单芯硬导体无护套电缆
(2008)3600C0306	江西电缆有限责任公司	铜芯聚氯乙烯绝缘聚氯乙烯护套电力电缆
(2008)3600C0307	江西电缆有限责任公司	铝芯交联聚乙烯绝缘聚氯乙烯护套细钢丝铠装电力电缆
(2008)3600C0308	江西电缆有限责任公司	铜芯交联聚乙烯绝缘聚氯乙烯护套电力电缆
(2008)3600C0309	凤凰光学集团有限公司	数字生物显微镜
(2008)3600C0310	宜丰县华泰铝业有限责任公司	铝合金建筑型材
(2008)3600C0311	江西新华金属制品有限责任公司	预应力混凝土用钢绞线
(2008)3600C0312	瑞金市堡山水泥有限公司	通用硅酸盐水泥
(2008)3600C0313	宜春市黄龙水泥有限公司	32.5 级普通水泥
(2008)3600C0314	江西兰丰水泥集团有限公司	42.5 级普通硅酸盐水泥
(2008)3600C0315	江西赣丰建材有限责任公司	32.5 级普通水泥
(2008)3600C0316	江西上高县圳鑫水泥有限公司	32.5 级普通水泥
(2008)3600C0317	江西朝日塑胶电缆有限公司	聚氯乙烯绝缘护套电缆及无护套电缆电线
(2008)3600C0318	樟树市顺达水泥有限公司	42.5 级普通水泥
(2009)3600C0319	南昌电缆有限责任公司	钢芯铝绞线
(2009)3600C0320	南昌电缆有限责任公司	一般用途单芯硬导体无护套电缆
(2009)3600C0321	南昌电缆有限责任公司	钢带铠装聚氯乙烯护套电力电缆
(2009)3600C0322	江西华亿木业有限公司	中密度纤维板
(2009)3600C0323	江西瑞金市万年青水泥有限责任公司	32.5 级普通硅酸盐水泥
(2009)3600C0324	江西鑫新实业股份有限公司	155 级聚酯漆包铜圆线
(2009)3600C0325	江西鑫新实业股份有限公司	130 级直焊聚氨酯漆包铜圆线
(2009)3600C0326	江西鑫新实业股份有限公司	180 级聚酯亚胺漆包铜圆线
(2009)3600C0327	江西鑫新实业股份有限公司	130L 级聚酯漆包铜圆线
(2009)3600C0328	江西三鑫医疗器械集团有限公司	一次性使用无菌注射器
(2009)3600C0329	江西三鑫医疗器械集团有限公司	一次性使用输液器(带针)
(2009)3600C0330	江西中策电缆科贸有限公司	一般用途单芯硬导体无护套电缆

续表

证书编号	企业名称	产品名称
(2009)3600C0331	江西锦鸡水泥有限公司	32.5R 等级复合硅酸盐水泥
(2009)3600C0332	江西科得玻璃钢有限公司	玻璃纤维增强塑料夹砂管
(2009)3600C0333	江西高强电瓷集团有限公司	标称电压高于1000V的架空线路绝缘子
(2009)3600C0334	江西省萍乡市华东出口电瓷厂	标称电压高于1000V的架空线路绝缘子
(2009)3600C0335	萍乡市环宇电瓷厂	标称电压高于1000V的架空线路绝缘子
(2009)3600C0336	萍乡市第二高压电瓷厂	标称电压高于1000V的架空线路绝缘子
(2009)3600C0337	江西萍乡电瓷电器厂	标称电压高于1000V的架空线路绝缘子
(2009)3600C0338	江西省萍乡市龙发实业有限公司	耐化学腐蚀陶瓷塔填料
(2009)3600C0339	萍乡市新安工业有限责任公司	耐化学腐蚀陶瓷塔填料
(2009)3600C0340	江西盘古山资产管理经营有限公司水泥厂	32.5 等级复合硅酸盐水泥
(2009)3600C0342	江西省萍乡电瓷电器厂	标称电压高于1000V的交流架空线路用复合绝缘子
(2009)3600C0343	江西省萍乡电瓷电器厂	电气化铁路接触网用棒形瓷绝缘子
(2009)3600C0344	江西省萍乡市南坑高压电瓷厂	标称电压高于1000V的架空线路绝缘子
(2009)3600C0345	江西强联电瓷股份有限公司	标称电压高于1000V系统用户外支柱绝缘子
(2009)3600C0346	江西省萍乡市第四电瓷厂	标称电压高于1000V的架空线路绝缘子
(2009)3600C0347	萍乡市华为电瓷电器科技有限公司	标称电压高于1000V的架空线路绝缘子
(2009)3600C0348	萍乡百斯特电瓷有限公司	标称电压高于1000V的架空线路绝缘子
(2009)3600C0349	萍乡市锦宏瓷业有限公司	标称电压高于1000V的架空线路绝缘子
(2009)3600C0350	萍乡市华顺环保化工填料有限公司	耐酸耐温砖
(2009)3600C0351	萍乡市华顺环保化工填料有限公司	耐化学腐蚀陶瓷塔填料
(2009)3600C0352	萍乡市龙发实业有限公司	耐酸砖
(2009)3600C0353	萍乡市龙发实业有限公司	耐酸耐温砖
(2009)3600C0354	江西省九都泵业有限公司	离心泵
(2010)3600C0355	大亚木业(江西)有限公司	中密度纤维板
(2010)3600C0356	江西华洋电瓷制造有限公司	标称电压高于1000V的架空线路绝缘子
(2010)3600C0357	萍乡市海克拉斯电瓷制造有限公司	标称电压高于1000V的架空线路绝缘子
(2010)3600C0358	萍乡市玻瓷高压绝缘子有限公司	标称电压高于1000V的架空线路绝缘子
(2010)3600C0359	萍乡市旭华电瓷电器制造有限公司	标称电压高于1000V的架空线路绝缘子
(2010)3600C0360	萍乡市长岭电瓷制造有限公司	标称电压高于1000V的架空线路绝缘子

第七节　消灭无标生产

针对全国工业企业基本无标生产现状,1995 年 6 月,国家技监局制定《全国消灭无标生产试点县实施方案》,消灭无标生产试点工作启动。

1995 年,江西省消灭无标生产工作启动。高安市技监局通过全国消灭无标生产试点县(市)验收。

瑞昌市、赣县列入国家技监局 1996 年消灭无标生产试点县(市)。

1997 年 6 月 10 日,省技监局布置消灭无标生产工作,消灭无标生产工作全省全面铺开。要求全省从同年 7 月起,以县为单位,逐年安排通过验收,3 年实现全省消灭无标生产的目标。同时要求各地(市)技监局对所辖县(市)迅速部署消灭无标生产工作,使每年有一批县达到统一验收标准,获消灭无标生产县称号。

1997 年 11 月 5 日,省技监局制定《江西省消灭无标生产县实施方案》。11 月 10 日,批准宜丰县等 42 个县(市)为全省第一批消灭无标生产县。

为在 3 年内实现全省消灭无标生产的目标,1998 年 3 月 25 日,省技监局制定《关于全省消灭无标生产工作的计划安排》,确定靖安县等 28 个第二批消灭无标生产县(市、区),宜春市等 14 个第三批消灭无标生产县(市、区)。要求第一批 1998 年验收,第二批 1999 年验收,第三批 2000 年验收。要求各地(市)技监局抓好第一批消灭无标生产县(市、区)工作的同时,注重抓好第二批、第三批的消灭无标生产的有关基础性工作,如提前完成的也可申请验收。

按国家技监局《关于印发〈全国消灭无标生产试点县(市)抽查方案〉的通知》要求,1998 年 1 月 8 日,省技监局组织开展全国消灭无标生产试点县抽查工作。抽查依据是《消灭无标生产试点县实施方案》和《全国消灭元标生产试点县(市)验收办法》,抽查工作侧重点是:消灭无标生产工作情况考查,重点是试点县在宣传发动、调查摸底、认真整改和严格验收 4 个环节是否能按照国家局的要求进行,工作是否全面、扎实;消灭无标生产工作效果考查,重点是企业的标准化意识是否普遍提高,企业能否按标准组织生产和检验;产品质量、经济效益、产品合格率是否有较大提高;成效巩固状况的考查,重点是试点县为巩固全县消灭无标生产成果采取哪些有效措施,验收后有没有出现倒退情况。

为推动全省消灭无标生产工作,根据省技监局《江西省消灭无标生产县实施方案》,1998 年 4 月 12 日,省技监局制定下发《江西省消灭无标生产县(市)验收办法》,布置全省消灭无标验收工作。全省消灭无标生产县(市、区)验收工作均由技监局统一组织进行,具体验收工作由 3 ~ 5 名有标准化工作经验,具有工程师或相当职称的人员组成的验收小组承担。对工作措施的考核内容和要求、对县(市)技监局考核内容和要求、工作结果的考核要求有具体规定。

1998 年 10 月,省技监局组织专家组对进贤县、广丰县两县的消灭无标生产工作进行验收。是年 12 月 17 日,省技监局转发国家质监局《关于加强消灭无标生产工作若干意见的通知》给各地(市)、县(市、区)技监局,要求遵照执行,在开展该项工作中一定要讲究实效,不走过场。已通过验收的县(市)要不断巩固成果,随时准备迎接国家质监局或省技监局的抽查。

为鼓励广大标准化工作者的工作热情,肯定工作成绩,经各地(市)技监局推荐,1999 年 4 月 14 日,省技监局下文表彰全省消灭无标生产工作先进集体和先进个人,对宜春地区技监局等 15 个全省消灭无标生产工作先进集体、林志忠等 29 位全省消灭无标生产工作先进个人进行表彰。4 月 22 日,省技监局下达文件确定丰城市等 33 个县(市、区)为全省第二批消灭无标生产县(市),要求 1999 年验收。8 月,省技监局组织专家组对崇仁县和南昌市湾里区进贤县、广丰县 2 县的消灭无标生产工作进行验收。

2001 年,受国家质检总局的委托,省质监局组织石城县、玉山县全国消灭无标生产试点县消灭无标生产工作验收,12 月 4 日,省质监局将石城县、玉山县全国消灭无标生产验收材料报送国家标准委。

经过全省标准化工作者 6 年的共同努力和扎实工作,全省消灭无标生产工作取得显著成效,对强化标准化意识,提高企业产品质量,整顿市场经济秩序,促进地方经济的发展起重要的作用。2003 年 3 月 19 日,省质监局对消灭无标生产工作先进单位和先进工作者进行表彰。授予宜春市质监局、赣州市质监局、抚州市质监局、吉安市质监局、新余市质监局、九江市质监局、景德镇市质监局、鹰潭市质监局、永丰县质监局、进贤县质监局、德安县质监局、瑞昌市质监局、高安市质监局、宜丰县质监局、德兴市质监局、玉山县质监局、乐安县质监局、南城县质监局、吉州区质监局、信丰县质监局、赣县质监局、浮梁县质监局等 22 个单位全省消灭无标生产工作先进单位荣誉称号;授予罗明、叶禄青、于群、巢木水、余国平、吴进、涂世凡、周衍江、王汝锡、林志忠、陈家盛、章仕兴、曹莉莉、江林春、黄月荣、李永忠、李和平、黄小平、周桃元、屈立新、赵晓忠、钟蔚恒、俞金莲等 23 人全省消灭无标生产工作先进工作者荣誉称号。

从 1995 年国家质量技术监督局在全国部署县(市、区)企业消灭无标生产试点工作以来,全省把消灭无标生产作为贯彻实施《标准化法》和《江西省标准化管理条例》、推动企业标准化一项重要工作来抓,并取得较好的成效。采取先试点后推行,在试点基础上逐步推开,并在 1997 年布置用三年时间每年一批消灭无标生产的县(市、区),到 2001 年全省县(市、区)顺利通过消灭无标生产验收,江西省成为实现消灭无标生产的省份。消灭无标生产工作成效明显:

一是扭转企业无标准生产现象。在开展消灭无标生产工作前,由于市场经济发育不完善,市场管理机制不健全,导致不少企业无标准生产。开展消灭无标生产工作以来,特别是从 1998 年实施企业产品执行标准实行登记管理制度后,全省设区市和县(市、区)局对各个企业生产的产品及标准进行逐个登记,并建立档案,绘制县(市、区)产品执行标准网络图,并对无标产品限期制标,帮助企业制标,提供有效标准给企业以替代过期作废的标准,加强对企业产品标准的管理,从根本上扭转无标准生产的现象。

二是产品标准覆盖率大幅提高。64 个县(市、区)的企业产品标准覆盖率由 55.8% 提高至 97.6%,提高 41.8 个百分点。至 2001 年年底共有 8573 家企业,16282 个产品,其中有标准的产品 15896 个。同时,各县(市、区)产品标准覆盖率最高达 99% 以上,最低为 95.0%,比消灭无标生产前提高幅度最大的为 58.2 个百分点,提高幅度最小的为 17.3 个百分点。

三是产品质量抽检合格率明显提高。全省县(市、区)企业产品,由市级以上质检部门监督抽查合格率,消灭无标之前最低为30.9%,最高为82.1%,2002年最低为68.0%,最高为97.5%,企业产品质量抽检合格率有明显提高。宜春市以酱油、糕点、小食品、化肥、农药、茶叶、皮蛋、肉奶、豆制品、罐头、粮油、水泥、月饼、饮料酒、饲料、建筑用钢筋、烧结普通砖等14种产品,1998、1999、2000年的质量定期抽查平均合格率分别为72.2%、73.4%、79.8%,比1995年消灭无标生产前提高10个以上百分点。

四是企业按产品质量标准进行出厂检验明显好转。出厂检验是企业把好产品质量的关键环节。产品未经检验就出厂销售,质量无法保证。在消灭无标生产以后,全南县的企业按标准出厂检验把关率大幅度上升,1999年全县企业产品抽检合格率由消灭无标生产工作前的54.5%上升为86.2%,上升30个百分点,瑞金市消灭无标生产以前有60多家企业70余种产品未经检验便上市销售。2000年经消灭无标生产工作后,当地质监部门督促、帮助企业建立检测手段,购买设备建立实验室、进行委托检验,对出厂产品进行把关检验,确保不合格产品不出厂,企业的形象和信誉都得到良好的保证。

五是企业按标准组织生产的自觉性有所增强。在激烈的市场竞争中以及政府加强产品质量监督的强大压力下,企业切身感受到产品质量在提升市场竞争力中的重要作用,对产品标准的重视及按标准组织生产自觉性大大增强。以饲料行业为例,该行业的竞争是非常激烈的,所以制、修订标准异常活跃,贯彻标准较为主动。1999年国家修订《饲料标签》,并于2000年6月1日起实施。宜春市的各饲料厂闻风而动,除积极参加标准宣传贯彻会外,并在2000年6月1日标准实施之前,都主动地按《饲料标签》标准的要求,对企业的产品标准进行修订,饲料标签都重新进行审定和印刷。当年在该市局重新备案的饲料产品就达63家。崇仁县麻鸡加工厂,在消灭无标生产工作后,他们制定相应的企业标准,并按标准组织生产,产品质量得到有力保障,提高市场销售份额,该厂已成为县知名企业,按标准组织生产的自觉性大大加强。

六是标准化工作提高企业的经济效益。标准化工作为实现企业有序管理奠定基础。从技术标准、管理标准到工作标准,可为企业建立完整的标准体系,从原料入厂到产品出厂的生产全过程都是按标准要求运行,这样不仅可以保证产品质量,而且可降低生产成本,提高经济效益。瑞金市金龙水泥厂是个小型水泥生产企业,经过消灭无标生产工作,建立企业标准体系,严格按标准组织生产,从原材料进厂到各车间工段及产品入库、出厂都设有质量控制点,做到不合格原料不投产、不合格半成品不流入下道工序,不合格产品不出厂,保证企业产品质量稳定与提高,并取得可观的经济效益。节能降耗,降低生产成本,在电耗方面,2001年吨水泥耗电83.8度,比2000年的86.8度、1999年的90.2度,吨水泥节电分别为3.0度、6.4度,年均电耗节约成本近10万元;在煤耗方面,2001年吨水泥耗煤166千克,比2000年的180千克、1999年的192千克,吨水泥节煤分别为26千克、14千克,年均煤耗节约成本近20万元。劳动生产率提高,市场份额扩大,由于水泥质量稳定,售后服务好,产销量1999年为4.5万吨,2001年增至6.2万吨,创下历史新高,同比效益年增长100多万元。大余县的伟良钨业有限公司是全省最早获得自营出口权的私营企业,公司建立标准体系,并通过ISO9000质量体系认证,由于贯彻实施标准,产品质量稳定提高,碳化钨粉、蓝色氧化钨等五个产品出口享誉中外，并获得显著的经济效益。2001 年产值超亿元，纳税额为 1200 万元，已成为该县财政的支柱产业之一。

七是标准化意识明显增强。通过消灭无标生产工作的宣传与培训，对产品标准管理力度的加强，企业标准化意识有很大提高。企业标准化工作由被动的“要我做”，变主动的“我要做”。新产品开发、产品更新，企业首先想到的是制、修订标准，并按规定申请备案，这已成为企业的一种自觉行为。最明显的反映是企业产品标准备案，在消灭无标生产前，每年在当地产品标准备案数很少，自 1995 年以来，各设区市及县（市、区）产品标准备案数都有增多，甚至标准备案数成倍地增长。

八是县（市、区）质量技术监督局标准化管理手段得到进一步加强。开展消灭无标生产工作以来，全省县（市、区）质量技术监督局对企业产品标准的管理已建立起一套行之有效的制度，有企业产品执行标准登记管理制度、企业产品标准年度审核制度、产品标准备案制度、产品标准废止报告制度、产品标准采标制度等。《标准化法》及《江西省标准化管理条例》得到有效的贯彻实施，宜春市每个县（市、区）都以政府名义印发《企业产品执行标准管理办法》和《企业产品执行标准动态管理实施方案》。县（市、区）质量技术监督局都有专人管理企业产品标准，建立企业产品标准档案，实施年度审核，做好动态管理日常工作，收集最新的标准信息，为企业提供标准资料，帮助企业制、修订标准。企业产品标准处于较好的受控状态。

全省消灭无标生产工作结束后，企业的产品标准管理进入备案管理和执行标准登记管理阶段。

表2-2-8 1996—2001年全省消灭无标生产工作情况

县、市总数(个)	开展工作的县市(个)	企业总数(个)	产品总数(个)	产品执行国家、行业标准数(项)	产品执行地方标准数(项)	产品执行企业标准数(项)	开展工作前标准覆盖率(%)	开展工作后标准覆盖率(%)	召开会议次数(次)	参加会议人数(人)	举办培训班次数(次)	参加培训班人数(人)	帮助企业查询标准(项)	帮助企业制定标准(项)	帮助企业委托检验(批次)	印发资料份数(份)	媒体刊播次数(次)	国家、省地方产品质量抽查合格率提高百分点数
94	87	19850	28339	19601	428	7584	60.76	97.44	539	23360	432	20593	14319	4776	13153	90506	1198	12.37

表 2-2-9　2001 年江西省部分县(市、区)消灭无标生产工作情况

设区市	2001 年工业总产值(万元)	工业占 GDP 的%	工业企业数(个)			产品总数(个)			执行标准数(个)			标准覆盖率(%)			市级以上监督抽查合格率(%)			汇总的县(市、区)
			1	2	3	1	2	3	1	2	3	1	2	3	1	2	3	
赣州	1310799.9	32.5	2327	2434	2690	3829	4056	4426	1687	3961	4358	44.1	97.7	98.5	30—75	64.8—97.5	73.7—97.5	16 个县(市)
宜春	805371.0	30.6	864	979	825	1461	1857	1481	1207	1840	1480	82.6	99.1	99.9	51—82.1	60—95.3	68—95.4	5 个县(市)
吉安	103000.0	22.0	870	960	1082	2120	2800	3042	1210	2720	2959	57.1	97.1	97.3				13 个县(市、区)
抚州	477700.0	31.1	706	713	818	2166	2277	2387	1398	2234	2273	64.5	98.1	95.2	65	80	85	11 个县(市)
上饶	95340.3	43.1	858	948	901	1460	1648	2263	1116	1641	2170	76.4	99.6	95.9	62.5—80	67.5—92	82—96	6 个县(市、区)
九江	1070121.0	47.7	914	870	940	1109	1127	1067	591	1127	1067	53.3	100	100	58.7—72	77.8—97.3	79—94	8 个县(市、区)
景德镇	261736.0	48.5	190	180	93	256	238	265	129	226	261	50.4	95.0	98.5	50—70.6	80—72.3	76.1—85	乐平、浮梁
新余	995000.0	59.5	407	442	1193	524	618	1310	210	597	1288	40.1	96.6	98.3	80.8	89.8	86	渝水区、分宜县
萍乡	129769.0	35.5	57	57	31	65	65	41	40	62	40	61.5	95.4	97.6		85	93.0	莲花县
合　计	7033901.2	35.3	7193	7583	8573	12990	14686	16282	7588	14408	15896	58.4	98.1	97.6	30.9—82.1	60.0—97.5	68.0—97.5	64 个县(市、区)

说明:(1)1 指“消灭无标之前”;2 指“验收结果”;3 指“目前情况”。(2)赣州 16 个县(市)指:南康市、赣县、信丰县、大余县、上犹县、崇义县、安远县、龙南县、定南县、全南县、于都县、兴国县、瑞金县、会昌县、寻乌县、石城县;(3)宜春 5 个县:樟树、奉新、万载、宜丰、上高;(4)吉安 13 个县(市、区)指:吉州区、青原区、井冈山市和吉安县、泰和县、万安县、遂川县、永新县、永丰县、吉水县、峡江县、安福县、新干县;(5)抚州 11 个县(市)指:临川市、东乡县、南城县、黎川县、南丰县、崇仁县、乐安县、宜黄县、金溪县、资溪县、广昌县;(6)上饶 6 个县:上饶、德兴、余干、波阳、婺源、信州;(7)九江 8 个县:庐山、九江、武宁、修水、星子、都昌、彭泽、瑞昌。

第三章　农业标准化

农业标准化工作主要包括农业标准体系建设、农业标准化示范区建设、无公害农产品标志管理和良好农业规范试点。

为加强省农业标准规范备案的管理,根据《江西省地方标准管理办法》,省质监局制定并印发《江西省农业标准规范备案管理办法》。围绕全省赣南脐橙、崇仁麻鸡、南丰蜜桔、广昌白莲、遂川狗牯脑茶等特色、优势产业和产品开展农业省地方标准制修订(包括农业标准规范备案)和国家标准制修订工作,构建江西省农业标准体系。

为推进农业标准实施,组织开展农业标准化示范区建设,开展国家级农业标准化示范区6批103个项目建设,开展省级农业标准化示范区4批115个项目建设。示范区建设的内容涵盖种植、养殖、加工等农业生产的主要领域,包含粮食、油料、水果、蔬菜、畜禽、水产、食用菌、花卉等多种经济作物。2007年,江西省被确定为全国良好农业规范(GAP)试点省份,9家单位为第一批国家良好农业规范试点项目,全省良好农业规范(GAP)试点工作启动。2009年,随着服务市场的繁荣,江西省服务业标准化试点建设工作正式启动。

根据《江西省无公害农产品标志管理实施细则》,至2010年底,全省共有85个产品获批成为省无公害农产品标志产品。

第一节　农业标准体系建设

1992年7月23日,省标准局发布1992年仿制苎麻、熟红麻实物国家标准。1992年仿制苎麻、熟红麻实物国家标准在当年新麻上市时开始执行,有效期2年。原1990年仿制的苎麻、熟红麻实物国标同时作废。

为加强省农业标准规范备案的管理,根据《江西省地方标准管理办法》,2002年4月30日,省质监局制定并印发《江西省农业标准规范备案管理办法》。规定:设区市质量技术监督行政主管部门制定的农业标准规范,向省质量技术监督行政主管部门备案;县(市、区)质量技术监督行政主管部门制定的农业标准规范,向设区市质量技术监督行政主管部门备案;农业标准规范发布后,须在30日内向受理备案单位备案。

2003年6月17日,省质监局组织召开《水稻直播技术操作规程》省地方标准审定会。

《狗牯脑茶》标准项目2003年列入国家标准制订计划项目,项目名称为《原产地域产品狗牯脑茶》,项目编号为20030624-Q-469。2003年8月26日,《原产地域产品狗牯脑茶》全票通过国家原产地域保护产品工作组组织的专家审查。2004年10月8日，省质监局向国家标准委行函，请求尽快批准发布《原产地域产品狗牯脑茶》。2005年3月23日，国家标准委批准发布《原产地域产品狗牯脑茶》，实施日期为2005年8月1日。

2003年9月12日，省质监局启动编制《江西省"十五"后三年农业标准发展计划》工作。10月24日，省质监局召开编制《江西省"十五"后三年农业标准发展计划》座谈会。

根据国家标准委《关于开展农业国家标准、行业标准、地方标准清理工作的通知》精神，省质监局布置、组织全省农业地方标准清理工作。全省现行有效的农业地方标准共190项，强制性标准1项，推荐性标准189项，其中需要保留的标准108项，修改19项，修订47项，废止16项。2003年9月22日，省质监局将清理结果报国家标准委。

根据《关于做好农业地方标准清理复审工作的通知》要求，2004年8月3日，省质监局开展农业地方标准清理复审工作。

2004年4月13日，省质监局组织召开《浮梁茶》省地方标准审定会。10月23日，省质监局组织召开《双季稻栽培技术规范》《稻谷管理》《水稻病虫综合预防》《水稻抛秧技术规程》《水稻主要病虫害测报与防治》《杂交水稻制种技术规程》《早晚稻育秧技术规程》等7项省地方标准审定会。10月27日，省质监局组织召开《江西省松毛虫可持续控制技术规程》省地方标准审定会。

2004年8月25日，省质监局和省农业厅联合召开农业标准化工作会议。省质监局、省农业厅、省委农工部、省政府办公厅、省粮食局、农科院、烟草专卖局等部门的有关领导、省直12个部门有关处室负责人、11个设区市政府分管农业副秘书长、质量技术监督局局长和标准化科长、农业局局长和市场科科长、永丰等11个县(市)政府分管副县长、农业局局长、质量技术监督局局长及有关新闻单位记者共130多人出席会议。省政府副省长危朝安、国家标准委副主任孙晓康出席会议并作重要讲话，农业部向大会发来贺信。

2005年1月14日，省质监局向国家标准委行函，请求尽快批准《原产地域产品赣南脐橙》国家标准立项。4月18日，省质监局向各有关省质监局、有关单位征求《脐橙》国家标准(征求意见四稿)意见。5月27日，省质监局向全国各有关单位征求《原产地域产品广昌白莲》(征求意见稿)国家标准意见。

2006年11月28日，《脐橙》国家标准审查会议在南昌召开。

《地理标志产品赣南脐橙》(GB/T20355－2006)、《地理标志产品广昌白莲》(GB/T20356－2006)、《地理标志产品泰和乌鸡》(GB/T21004－2007)、《地理标志产品庐山云雾茶》(GB/T21003－2007)、《地理标志产品　南丰蜜橘》(GB19051－2008)、《地理标志产品　遂川狗牯脑茶》(GB/T19691－2008)、《脐橙》(GB/T21488－2008)、《地理标志产品寻乌蜜桔》(GB/T22439－2008)、《藕粉》(GB/T25733－2010)继续发布实施。

截至2010年底，全省制定农业国家标准11项、省农业地方标准322项，市(县)农业标准规范416项。以国家标准为基础，行业标准、地方标准和企业标准相配套的农产品质量标准体系基本建立，并在全省农业生产中广泛实施。粮油、棉麻、烟草、畜禽、水产、水果、茶叶、蔬菜等主要农产品的生产基本实现有标准可依。

第二节　农业标准化示范区建设

国家级农业标准化示范区建设

1991年6月,南丰蜜桔综合标准化实施方案认证会在南丰县召开,省人大常委会副主任裴德安出席。是年10月5日,省标准局布置南丰蜜桔综合标准化国家项目。成立以县长为主任的南丰蜜桔综合标准化技术委员会;编制南丰蜜桔综合标准化进度安排实施方案;制定南丰蜜桔综合标准;确定试点基地。

1992年,省标准局布置国家扶助地方项目猕猴桃综合标准化工作。

1992年11月30日,省标准局将信丰脐橙、安远香菇、寻乌蜜桔等3项综合标准化作为国家扶助地方综合标准项目向国家标准委申报。

1994年7月19日,省标准局布置南丰、广昌、信丰、瑞昌、奉新县等国家扶助地方农业综合标准化项目实施情况总结工作。要求从项目落实、进展情况、实施效果、存在问题及今后的打算等方面来总结,形成总结材料。

1995年10月,宜春油茶林低产改造、南昌县水稻、信丰脐橙3个农业标准化示范区列入第一批全国高产优质高效农业标准化示范区。全省第一批全国高产优质高效农业标准化示范区建设工作启动。

1997年1月7日,省技监局将油茶林低产改造、水稻、脐橙3个国家农业标准化示范区工作进展情况报送国家技监局标准化司。11月11日,省技监局向国家技监局标准化司报送水稻、信丰脐橙、宜春油茶农业标准化示范区总结统计工作材料。1997年,省技监局组织第二批全国高产优质高效农业标准化示范区计划申报,12月30日,省技监局将淡水珍珠和南康甜柚作为全国农业标准化示范区项目向国家技监局标准化司申报。1998年5月,淡水珍珠和南康甜柚被国家质监局批准为第二批全国农业标准化示范区项目。

2001年4月18日,省质监局启动第三批国家级农业标准化示范区计划申报工作,要求各设区市质监局在调查研究的基础上,按照有利于促进农业结构调整,有利于形成产业化,有利于发展特色农业、创品牌农业和无公害农产品,有利于发展生态农业的要求,选择有一定规模和影响力、当地政府积极性高的项目向省质监局申报。4月30日,省质监局将百合标准化示范区等9个项目作为第三批农业标准化示范区项目报送给国家质监局。是年9月,该9个项目被国家质监局列为第三批全国农业标准化示范区项目计划并下达。示范区项目数在全国各省市中名列第三。

2001年10月23日,省质监局布置第三批全国农业标准化示范区建设工作。要求各项目承担单位按《国家技术监督局农业标准化示范区管理办法(试行)》的要求,认真组织实施。相关设区市质监局要加强对项目实施的督促、指导。第三批全国农业标准化示范区建设正式启动。是日,省质监局向国家标准委呈报第三批全国农业标准化示范区项目实施方案。

2002年11月26日，省质监局组织召开万年淡水珍珠标准化示范区项目考核验收会议。验收工作组对照《全国高产优质高效农业标准化示范区考核验收项目和纪要一览表》的要求，逐条逐项评议，考核得分77分，考核合格，通过验收。12月9日，省质监局将万年淡水珍珠标准化示范项目考核验收的综合报告报国家标准委。

2003年，省质监局组织第四批全国农业标准化示范区项目申报。2003年6月6日，省质监局将进贤军山湖清水大闸蟹养殖标准化示范区等13项申报第四批全国农业标准化示范区项目向国家标准委申报。7月2日，省质监局将AA级大鄣山茶示范区向国家标准委增报为第四批全国农业标准化示范区项目。

2003年7月2日，省质监局布置第三批国家级农业标准化示范区项目建设考核验收准备工作。8月8日，省质监局将赣州市情况报告、永丰县情况汇报作为全国农业标准化示范区典型事例向国家标准委上报。

2004年4月20日，省质监局将《开展农业标准化示范区建设的做法和成效》《上下联动各方协作共同推进农业标准化》《抓住机遇与时俱进大力推进蔬菜标准化进程》《农业标准化为科技兴果插上金翅膀—实施脐橙、甜柚国家级农业标准化示范项目的体会》《坚持标准与科技、农户、生态农业结合努力发挥农业标准化示范区的示范效应和品牌效应》共5篇作为江西省参加全国农业标准化示范区经验交流会议材料报国家标准委。

2004年6月8日，省质监局组织永丰早辣椒国家级标准化示范区考核验收。验收工作组对照《全国高产优质高效农业标准化示范区考核验收项目和纪要一览表》的要求，经逐条逐项评议，考核得分88.5分，考核合格，通过验收。6月21日，省质监局将永丰早辣椒标准化示范项目考核验收的综合报告报国家标准委。

2004年6月29日，省质监局组织永修鳜鱼国家级标准化示范区考核验收。验收工作组对照《全国高产优质高效农业标准化示范考核验收项目和纪要一览表》的要求，经逐条逐项评议，考核得分88分，考核合格，通过验收。7月9日，省质监局将永修鳜鱼标准化示范项目考核验收的综合报告报国家标准委。

2004年7月15日，省质监局组织生猪国家级标准化示范区考核验收。验收工作组对照《全国高产优质高效农业标准化示范考核验收项目和纪要一览表》的要求，经逐条逐项评议，考核得分91分，达到合格要求，同意通过验收。7月26日，省质监局将生猪标准化示范项目考核验收的综合报告报国家标准委。

2004年11月2日，省质监局组织AA级绿色食品"大鄣山"大米生产国家级标准化示范区考核验收。11月11日，省质监局将AA级绿色食品"大鄣山"大米生产标准化示范项目考核验收的综合报告报国家标准委。

2004年12月21日，省质监局组织新余无公害蔬菜国家标准化示范区考核验收。12月30日，省质监局将新余无公害蔬菜标准化示范项目考核验收的综合报告报国家标准委。

2004年12月22日，省质监局组织万载百合国家标准化示范区考核验收。12月30日，省质监局将万载百合标准化示范项目考核验收的综合报告报国家标准委。

2004年12月26日,省质监局组织赣州猪—沼—果生态农业标准化示范区考核验收。示范项目以92分的成绩顺利通过验收。2005年1月27日,省质监局将赣州猪—沼—果生态农业标准化示范项目考核验收的综合报告报国家标准委。

2005年4月12日,省质监局组织南方早熟梨国家农业标准化示范区考核验收。

2005年6月15日,省质监局组织南丰蜜桔国家农业标准化示范区考核验收。该示范项目以81.5分的成绩顺利通过验收。7月8日,省质监局将南丰蜜桔标准化示范项目考核验收的综合报告报国家标准委。

为宣传推广农业标准化示范区建设中的先进成果和先进管理经验,展现农业标准化示范区建设10年来的成就,2006年1月9日,省质监局在全省征集农业标准化示范区宣传画册材料。

为认真贯彻落实胡锦涛总书记在中共中央政治局第四十一次集体学习时的重要讲话精神,按照国家标准委在全国范围内全面铺开农业标准化示范区工作要求。2007年4月29日,省质监局组织农业标准化示范区项目申报。5月9日,将国家水稻直播标准化示范区等138项江西省农业标准化示范区推荐项目报国家标准委。

2007年7月23日,省质监局布置第五批国家级农业标准化示范区考核验收工作。省质监局负责组织国家级农业标准化示范区项目的考核验收。考核验收按《全国农业标准化示范区效果评价体系表》要求进行。国家级示范区项目由市质监局于当年8月30日前提出申请,省质监局统一安排验收时间。

2007年11月13日,省质监局转发国家标准委《国家农业标准化示范区管理办法(试行)》,要求全省按《国家农业标准化示范区管理办法(试行)》组织实施农业标准化示范区建设。

2008年2月,奶牛养殖标准化示范区等40个项目被国家标准委确定为第六批全国农业标准化示范区。是年,葡萄种植标准化示范区和蚕桑标准化示范区被增补为第六批全国农业标准化示范区。

2010年4月19日,省质监局布置第六批国家级农业标准化示范区项目目标考核。省质监局负责组织国家级农业标准化示范区项目的目标考核,目标考核依据是《国家农业标准化示范区管理办法(试行)》。全省第六批国家级农业标准化示范区10月底完成目标考核。

2010年6月13日,根据国家标准委《关于做好国家农业标准化示范区项目申报工作的通知》要求,省质监局组织国家农业标准化示范区项目申报工作。7月13日,省质监局将肉鸭养殖标准化示范区等15项国家农业标准化示范区项目推荐给国家标准委。

2010年6月底,省质监局做好全国农业标准化示范区抽查的迎检工作。煌上煌集团承担的禽鸭养殖标准化示范区和吉安思倍得农牧有限公司承担的生猪养殖标准化示范区以106分和98分成绩高分通过抽查,其中禽鸭养殖示范区项目在同组6个省中得分最高,被国家标准委评为优秀项目。

2010年8月20日,省质监局制定《第六批国家农业标准化示范区目标考核方案》,布置第六批国家农业标准化示范区项目目标考核工作。目标考核采取交流考核,省质监局组织8个目标考核工作组,统一开展对第六批国家农业标准化示范区项目目标考核。目标考核时间为2010年8月至

10 月。项目目标考核采取听取汇报、审查资料、现场考核、抽样调查、农户走访等形式，由项目目标考核组专家根据《国家农业标准化示范区项目目标考核评价表》，逐项进行考核评分。

2010 年 10 月，省质监局组织陕西杨凌全国农业标准化成果展的筹备工作，制定 8 块宣传展板和 8 分钟的 DVD 宣传片，并组织全省 30 种农产品和 4 家企业参加成果展。宣传片被国家标准委作为循环播放的 5 个优秀宣传片之一。

2010 年 12 月 30 日，省质监局公布第六批 41 个国家级农业标准化示范区考核合格名单。第六批示范区项目除蜂产品生产标准化示范区撤销外，其他 41 个示范区全部通过目标考核。

1995—2010 年，全省国家级农业标准化示范区共 6 批共 103 个，其中第一批 3 个，第二批 2 个，第三批 9 个，第四批 14 个，第五批 33 个，第六批 42 个。

表 2-3-1　1995—2010 年全省国家级农业标准化示范区名单

批　次	项目名称	承担单位	参加单位	批准时间	所在县区
第一批	宜春油茶林低产改造	宜春市油茶局、宜春市技监局		1995. 10	宜春市
第一批	南昌县水稻	南昌县人民政府		1995. 10	南昌县
第一批	信丰脐橙	信丰县技监局		1995. 10	信丰县
第二批	南康甜柚	南康县技监局		1998. 05	南康县
第二批	万年淡水珍珠	万年县技监局		1998. 05	万年县
第三批	万载百合	万载县农业局		2001. 09	万载县
第三批	无公害蔬菜	新余市农业局		2001. 09	新余市
第三批	“猪—沼—果”生态农业模式	赣州市农村环保能源站		2001. 09	赣州市
第三批	生猪	江西国鸿实业有限公司		2001. 09	南昌市
第三批	南丰蜜桔	南丰县林业局		2001. 09	南丰县
第三批	鳜鱼养殖	永修县质监局、永修县水产局		2001. 09	永修县
第三批	南方早熟梨	鹰潭市果业办		2001. 09	鹰潭市
第三批	早辣椒	永丰县人民政府		2001. 09	永丰县
第三批	AA 级绿色食品“大鄣山”大米	婺源县农业技术推广中心		2001. 09	婺源县
第四批	进贤“军山湖”清水大闸蟹养殖标准化示范区	南昌市质监局、进贤县军山湖鱼蟹开发公司		2003. 06	进贤县
第四批	奉新绿色大米标准化示范区	奉新县质监局、奉新县农业局		2003. 06	奉新县
第四批	广昌通芯白莲标准化示范区	广昌县质监局、广昌县白莲科研所		2003. 06	广昌县
第四批	大余金边瑞香标准化示范区	大余县质监局		2003. 06	大余县

续表

批　次	项目名称	承担单位	参加单位	批准时间	所在县区
第四批	都昌菊三七标准化示范区	都昌县质监局、江西省菊三七开发有限公司		2003.06	都昌县
第四批	泰和乌鸡标准化示范区	泰和县人民政府		2003.06	泰和县
第四批	横峰葛业标准化示范区	横峰县质监局、横峰县农业局		2003.06	横峰县
第四批	瑞昌山药标准化示范区	瑞昌市质监局、瑞昌市农业局		2003.06	瑞昌市
第四批	鹰潭无公害蔬菜标准化示范区	鹰潭市质监局、鹰潭市飞鹰农业开发有限公司		2003.06	鹰潭市
第四批	遂川狗牯脑茶叶标准化示范区	遂川县人民政府		2003.06	遂川县
第四批	万年生猪标准化示范区	万年县质监局、万年县生猪养殖协会		2003.06	万年县
第四批	南昌花卉苗木标准化示范区	南昌市质监局、江西卓茵景观工程有限公司		2003.06	南昌市
第四批	都昌淡水有核珍珠养殖标准化示范区	都昌县质监局、都昌县农业局		2003.06	都昌县
第四批	婺源AA级“大鄣山”茶标准化示范区	婺源县质监局		2003.06	婺源县
第五批	黄姜标准化示范区	新干县人民政府	新干县质监局、新干县农业局	2004.12	新干县
第五批	黄鸡标准化示范区	宁都县农业局	宁都县质监局、宁都县畜牧兽医技术服务中心	2004.12	宁都县
第五批	三荣银杏茶标准化示范区	江西省三荣银杏开发有限责任公司	鹰潭市质监局	2004.12	鹰潭市
第五批	无公害椪柑标准化示范区	靖安县果业局	靖安县质监局	2004.12	靖安县
第五批	春源“得尔乐”油茶标准化示范区	江西春源绿色食品有限公司	玉山县委农工部、玉山县质监局	2004.12	玉山县

续表

批　次	项目名称	承担单位	参加单位	批准时间	所在县区
第五批	黄栀子标准化示范区	金溪县质监局	江西恒信绿色产业公司、江西兴达生态农业发展有限公司、金溪光海实业公司	2004.12	金溪县
第五批	有机兔标准化示范区	南昌市农业局	江西省圣丰高新农业综合有限责任公司	2004.12	南昌市
第五批	无公害蜜桔标准化示范区	新余市农业局	新余市果业局、新余市质监局	2004.12	新余市
第五批	无公害优质稻标准化示范区	莲花县农业局、莲花县质监局		2004.12	莲花县
第五批	早熟梨种植标准化示范区	都昌县农业局	都昌县质监局、都昌县政府农村工作办公室	2004.12	都昌县
第五批	无公害羊标准化示范区	崇义县农业局	崇义县质监局	2004.12	崇义县
第五批	食用仙人掌标准化示范区	吉州区人民政府	吉安市华隆实业有限公司、吉州区质监局	2004.12	吉州区
第五批	反季节地埋香菇标准化示范区	铜鼓县绿色食品领导小组办公室	铜鼓县质监局	2004.12	铜鼓县
第五批	鄱阳河蟹标准化示范区	江西省鄱阳县珠湖水产养殖场	鄱阳县质监局	2004.12	鄱阳县
第五批	无公害大棚反季节蔬菜标准化示范区	崇仁县质监局崇仁县蔬菜生产办公室		2004.12	崇仁县

续表

批 次	项目名称	承担单位	参加单位	批准时间	所在县区
第五批	有机皮蛋标准化示范区	南昌县农业局	江西环珠食品有限公司、南昌县质监局	2004.12	南昌县
第五批	奶牛标准化示范区	于都县质监局		2004.12	于都县
第五批	竹篙薯标准化示范区	泰和县人民政府	泰和县质监局	2004.12	泰和县
第五批	南方丘陵地区农田建设标准化示范区	高安市农业综合开发办公室	高安市质监局	2004.12	高安市
第五批	白耳黄鸡标准化示范区	江西省集味堂绿色食品开发有限公司	广丰县人民政府、广丰县农业局、广丰县质监局	2004.12	广丰县
第五批	无公害荞头标准化示范区	新建县生米镇人民政府	江西南昌生米荞头有限公司	2004.12	新建县
第五批	高山蔬菜标准化示范区	全南县农业局	全南县质监局、全南县蔬菜生产办公室	2004.12	全南县
第五批	荷兰黄瓜标准化示范区	吉水县人民政府	吉水县质监局	2004.12	吉水县
第五批	红心柚标准化示范区	江西信木农业发展有限公司	玉山县委农工部、玉山县质监局	2004.12	玉山县
第五批	绿色蔬菜标准化示范区	安义县农业局、安义县质监局	江西安义从玉农业发展有限公司	2004.12	安义县
第五批	有机茶标准化示范区	上犹县茶果局	上犹县质监局、上犹县梅岭茶场	2004.12	上犹县
第五批	马铃薯标准化示范区	泰和县人民政府	泰和县质监局	2004.12	泰和县
第五批	无公害大禾谷标准化示范区	弋阳县质监局、弋阳县农业局		2004.12	弋阳县
第五批	鳗鱼养殖标准化示范区	瑞金市质监局		2004.12	瑞金市

续表

批　次	项目名称	承担单位	参加单位	批准时间	所在县区
第五批	三元杂交猪标准化示范区	上犹县畜牧水产局	上犹县质监局、上犹县畜牧兽医站	2004.12	上犹县
第五批	贡芋标准化示范区	赣县吉埠镇人民政府	赣县质监局	2004.12	赣县
第五批	美国红提标准化示范区	青原区人民政府	青原区质监局	2004.12	青原区
第五批	脐橙标准化示范区	万安县人民政府	万安县质监局、万安县果业局	2004.12	万安县
第六批	奶牛养殖标准化示范区	南昌市质监局	江西阳光乳业集团有限公司	2008.02	青云谱区
第六批	甜玉米生产标准化示范区	信丰县质监局	信丰县古陂镇人民政府、信丰县农业局	2008.02	信丰县
第六批	生猪养殖标准化示范区	吉安市质监局	吉安市思倍得农牧有限公司	2008.02	吉安市
第六批	苎麻生产标准化示范区	分宜县质监局、江西恩达家纺有限公司	分宜县农业开发办	2008.02	分宜县
第六批	黄栀子生产标准化示范区	樟树市质监局	樟树市农业局、樟树市药业局	2008.02	樟树市
第六批	禽鸭养殖标准化示范区	南昌市质监局	江西煌上煌集团	2008.02	南昌县
第六批	天桂梨生产标准化示范区	广丰县质监局	广丰县林科所	2008.02	广丰县
第六批	金银花生产标准化示范区	抚州市质监局	抚州市苍源药业开发有限公司	2008.02	抚州市
第六批	淡水螃蟹养殖标准化示范区	瑞昌市质监局	瑞昌市武蛟乡人民政府	2008.02	瑞昌市
第六批	木薯生产标准化示范区	东乡县质监局、东乡县农业局、东乡县科协	江西雨帆农业发展有限公司	2008.02	东乡县

续表

批　次	项目名称	承担单位	参加单位	批准时间	所在县区
第六批	吴茱萸生产标准化示范区	樟树市质监局	樟树市农业局、樟树市药业局	2008.02	樟树市
第六批	无公害葡萄种植标准化示范区	新余市果业局、新余市质监局	渝水区观巢镇政府	2008.02	渝水区
第六批	蚕桑生产标准化示范区	修水县质监局	修水县蚕桑局	2008.02	修水县
第六批	水半夏生产标准化示范区	信丰县质监局	信丰县大阿镇人民政府、信丰县农业局	2008.02	信丰县
第六批	三湖红桔生产标准化示范区	新干县质监局、新干县农业局、新干县果业局	新干县三湖镇政府	2008.02	新干县
第六批	绿化苗木培育标准化示范区	江西省蚕茶研究所、南昌市林业种苗站	江西金乔园林有限公司	2008.02	南昌县
第六批	园林景观建设标准化示范区	丰城市质监局	江西润禾园林景观有限公司	2008.02	丰城市
第六批	蜂产品生产标准化示范区	上饶县质监局、上饶县农业局	上饶市益精蜂业有限公司	2008.02	上饶县
第六批	寻乌蜜桔生产标准化示范区	寻乌县质监局	寻乌县果业局	2008.02	寻乌县
第六批	金桔生产标准化示范区	遂川县人民政府	遂川县质监局、遂川县农业产业化办公室	2008.02	遂川县
第六批	山药种植标准化示范区	江西省瑞昌市供销合作社		2008.02	瑞昌市
第六批	生猪养殖标准化示范区	质监局、畜牧水产局	东乡县绿缘生态综合养殖场	2008.02	东乡县
第六批	中草药种植标准化示范区	南昌县食品药品监督管理局	汇仁集团有限公司	2008.02	南昌县
第六批	泽泻农业综合生产标准化示范区	广昌县质监局、广昌县驿前镇人民政府、广昌县农业局	广昌县人民政府	2008.02	广昌县
第六批	水稻测土配方施肥标准化示范区	南昌市农业局、南昌市质监局	南昌市粮油生产管理站	2008.02	南昌市

续表

批　次	项目名称	承担单位	参加单位	批准时间	所在县区
第六批	甜叶菊生产标准化示范区	赣县质监局、赣县农业局、赣县十大体系办	赣州菊隆高科技食品有限公司	2008.02	赣县
第六批	早辣椒套种果蔗标准化示范区	永丰县质监局、永丰县农业局	永丰县蔬菜管理局	2008.02	永丰县
第六批	红薯生产标准化示范区	江西意力勇实业发展有限公司	都昌县质监局	2008.02	都昌县
第六批	石蛙养殖标准化示范区	袁州区质监局	袁州区农业局、宜春市三高绿健养殖有限公司	2008.02	袁州区
第六批	蔬菜生产标准化示范区	赣县五云镇政府	赣县质监局、赣县农业局、赣县十大体系办	2008.02	赣县
第六批	花卉苗木培育标准化示范区	湾里区质监分局、湾里区农业办公室	江西淦鑫实业发展有限公司	2008.02	湾里区
第六批	富硒大米生产标准化示范区	万安县人民政府	万安县质监局	2008.02	万安县
第六批	绿竹笋生产标准化示范区	广丰县质监局	江西吴记园食品有限公司	2008.02	广丰县
第六批	无公害早熟梨生产标准化示范区	新余市果业局、新余市质监局	江西珊娜果业公司	2008.02	渝水区
第六批	洪门禽蛋生产标准化示范区	南城县畜牧水产局、南城县县质监局	江西洪门养殖有限公司	2008.02	南城县
第六批	黄牛养殖标准化示范区	高安市质监局	高安市绿园农业开发公司、高安市相城镇人民政府	2008.02	高安市
第六批	食用菌生产标准化示范区	于都县科技局	于都县质监局	2008.02	于都县

续表

批　次	项目名称	承担单位	参加单位	批准时间	所在县区
第六批	糯谷生产标准化示范区	高新区质量技术监督分局	高新连谊粮油食品有限公司	2008.02	高新区
第六批	有机稻谷生产标准化示范区	万载县质监局	万载县有机农业办公室	2008.02	万载县
第六批	生态观光园建设标准化示范区	县质监局	崇仁县飞翔果业立体开发有限公司	2008.02	崇仁县
第六批	葡萄种植标准化示范区	吉安县果业局	县农工部、县农业局、县质监局	2008.12	吉安县
第六批	蚕桑标准化示范区	永新县政府	永新县蚕桑办	2008.12	永新县

省级农业标准化示范区建设

2001 年 4 月 18 日,省质监局启动省级农业标准化示范区计划申报工作,要求各设区市质监局在调查研究的基础上,按照有利于促进农业结构调整,有利于形成产业化,有利于发展特色农业、创品牌农业和无公害农产品,有利于发展生态农业的要求,选择有一定规模和影响力、当地政府积极性高的项目向省质监局申报。7 月 2 日,省质监局确定下达百合标准化示范区等 22 项第一批省级农业标准化示范区项目。首批省级示范区项目包括粮食、经济作物、水果、蔬菜、养猪、水产、生态农业等方面的项目。其中,万载百合项目系作为支持万载县政府“3·11”事故后进行产业结构转型项目,意义深远;赣州猪—沼—果生态农业项目,是国家唯一的南方农村能源生态模式,可减少森林砍伐、减少农药、化肥施用量;AA 级大鄣山大米项目,生产的大米品质已超过泰国大米,国鸿无公害养猪项目将为消费者提供真正放心的猪肉。

2003 年 7 月 2 日,省质监局布置全省首批农业标准化示范区项目建设考核验收准备工作。12 月 2 日,省质监局下达无公害新余蜜桔标准化示范区等共 28 项第二批省级农业标准化示范项目。

2004 年 4 月 28 日、11 月 3 日、12 月 22 日省质监局分别组织广昌通芯白莲、浮梁有机茶开发、萍乡无公害蔬菜省级农业标准化示范区项目考核验收。

2005 年 1 月 4 日,省质监局布置第二批省级农业标准化示范区建设项目年度工作总结事宜。2 月 5 日,省质监局委托赣州市质监局对寻乌蜜桔标准化示范区考核验收。4 月 12 日,省质监局组织南方早熟梨国家农业标准化示范区考核验收。

2005 年 2 月 1 日，省质监局下达蚕桑产业等 18 个标准化示范区项目为第三批省级农业标准化示范区项目。

2005 年 5 月，省政府以赣府厅发〔2005〕25 号文件的形式，发布《关于进一步做好全省农业标准化工作的通知》。

2005 年 7 月 27 日至 9 月 15 日，省质监局组织开展全省农业标准化示范区检查工作。检查范围为所有农业标准化示范区项目(包括国家级第一批、第二批、第三批、第四批、第五批和省级第一批、第二批、第三批)。检查内容为依据《农业标准化示范区管理办法》的要求，结合项目任务书重点检查。检查方式有单位自查、设区市质监局检查、省质监局抽查和迎接国家标准委检查。

2007 年 7 月 23 日，省质监局布置第三批省级农业标准化示范区考核验收工作。各设区市局负责组织省级农业标准化示范区项目的考核验收。考核验收按《全国农业标准化示范区效果评价体系表》要求进行。省级示范区项目先将验收有关材料上报省局，经审核合格后方可安排验收。

2008 年 2 月 21 日，省质监局下达鄱湖鳝养殖标准化示范区等共 80 项第四批省级农业标准化示范项目。项目计划执行时间为 3 年，2010 年底前完成示范任务。项目承担单位每年 11 月 15 日前报送项目年度执行情况总结，并由设区市局汇总后统一报送省局。总结内容应包括项目实施情况、地方配套经费落实情况、计划任务和目标的完成情况，内容要客观、真实。6 月 3 日，省质监局将油茶种植标准化示范区等 30 个项目增补为第四批省级农业标准化示范区项目。

2010 年 4 月 19 日，省质监局布置第四批省级农业标准化示范区项目目标考核。各设区市局负责组织省级农业标准化示范区项目的目标考核。目标考核按《国家农业标准化示范区管理办法(试行)》。全省第四批省级农业标准化示范区 12 月底完成目标考核。

至 2010 年，省级农业标准化示范区共 4 批 115 个，示范区建设的内容涵盖种植、养殖、加工等农业生产的主要领域，包含粮食、油料、水果、蔬菜、畜禽、水产、食用菌、花卉等多种经济作物。

表 2-3-2　1995—2010 年全省省级农业标准化示范区名单

批　次	项目名称	承担单位	参加单位	所在县区
第一批	无公害蔬菜	南昌市郊区蔬菜管理局		南昌郊区
第一批	定南蜜梨	定南县质监局		定南县
第一批	寻乌蜜桔	寻乌县质监局		寻乌县
第一批	蒿菜	峡江县人民政府		峡江县
第一批	中华猕猴桃	瑞昌市质监局、瑞昌市农业局		瑞昌市
第一批	淮山	南城县农业局、南城县质监局、南城县淮山领导小组、南城农业开发办		南城县
第一批	无公害蔬菜	萍乡市质监局、萍乡市蔬菜产销办公室		萍乡市

续表

批　次	项目名称	承担单位	参加单位	所在县区
第一批	茶树菇	江西南昌远泰生物开发有限公司		南昌郊区
第一批	水稻直播技术	南昌市农业局		南昌湾里区
第一批	葛业种植	横峰县质监局		横峰县
第一批	有机茶开发	浮梁县茶业局		浮梁县
第一批	安源黄麻羊	萍乡市质监局、萍乡市农业局		萍乡市
第一批	广昌通芯白莲	广昌县质监局、广昌县白莲科学研究所		广昌县
第二批	无公害新余蜜桔标准化示范区	新余市农业局、新余市质监局		新余市
第二批	上栗县无公害蔬菜瓜果标准化示范区	萍乡市质监局、萍乡市农业局、上栗县人民政府		萍乡市
第二批	吉安韭菜苔标准化示范区	吉州区人民政府		吉州区
第二批	玉山县白玉豆系列蔬菜标准化示范区	玉山县供销合作总公司		玉山县
第二批	余江县生猪养殖标准化示范区	余江县农业局		余江县
第二批	都昌早熟梨标准化示范区	都昌县农业局		都昌县
第二批	武宁仿野生灵芝栽培标准化示范区	武宁县宏泰生物有限公司		武宁县
第二批	南昌热欣有机猪肉标准化示范区	南昌热欣养殖实业有限公司		南昌高新区
第二批	进贤食用菌标准化示范区	进贤县食用菌责任有限公司		进贤县
第二批	金溪黄栀子标准化示范区	金溪县农业综合开发领导小组、金溪县质监局		金溪县
第二批	黎川茶树菇标准化示范区	黎川县质监局、黎川县食用菌产业化办公室		黎川县

续表

批　次	项目名称	承担单位	参加单位	所在县区
第二批	崇仁无公害大棚反季节蔬菜标准化示范区	崇仁县质监局、崇仁县蔬菜办		崇仁县
第二批	宜丰县猕猴桃标准化示范区	宜丰县农业综合开发办公室		宜丰县
第二批	兴国灰鹅标准化示范区	兴国县农业局		兴国县
第三批	蚕桑产业标准化示范区	龙南县茧丝绸总公司	龙南县质监局	龙南县
第三批	樱桃番茄标准化示范区	吉水县人民政府	吉水县质监局、江西绿鼎农业有限公司	吉水县
第三批	茉莉花茶标准化示范区	青原区人民政府	青原区质监局、青原区河东街道办事处	青原区
第三批	紫宝香糯 1 号标准化示范区	玉山县特种水稻研究开发中心	玉山县质监局、玉山县农技推广中心	玉山县
第三批	“绿饶”无公害茶园标准化示范区	上饶县远泉种植有限公司	上饶县质监局、上饶县委农村工作部	上饶县
第三批	榨菜系列蔬菜标准化示范区	玉山县富达实业有限公司	玉山县质监局、玉山县农业综合开发办公室	玉山县
第三批	无公害蔬菜标准化示范区	江西众鑫农业发展有限公司	广丰县质监局、广丰县农业局	广丰县
第三批	南美白对虾标准化示范区	江西丰溪水产开发有限公司	广丰县质监局、广丰县农业局	广丰县
第三批	无公害泥鳅标准化示范区	上饶田生水产养殖有限公司	上饶县质监局、上饶县农业局	上饶县
第三批	天顺黄栀子标准化示范区	江西天顺生态农业有限公司	临川区质监局、临川区黄栀子产业化办公室	临川区
第三批	红薯标准化示范区	宜黄县农业局	宜黄县质监局	宜黄县
第三批	红薯标准化示范区	江西省资溪有机食品加工厂	资溪县质监局	资溪县
第三批	无公害优质稻标准化示范区	新余市农业局	新余市质监局、新余市粮油生产站	新余市

续表

批　次	项目名称	承担单位	参加单位	所在县区
第三批	无公害蔬菜标准化示范区	乐平市推进农业产业化领导小组办公室、乐平市质监局		乐平市
第三批	白鹤湖有机茶标准化示范区	贵溪市白鹤湖生态有机茶场	贵溪市质监局	贵溪市
第三批	黄姜标准化示范区	安远县中药材生产管理办公室	安远县农业局、安远县质监局	安远县
第三批	大白桃标准化示范区	都昌县农业局	都昌县质监局、都昌县农村工作办公室	都昌县
第三批	仿野生灵芝标准化示范区	武宁县宏泰生物有限公司	武宁县质监局、武宁县农业局	武宁县
第四批	鄱湖鳝养殖标准化示范区	南昌县南新乡政府	南昌茅莲湖水产养殖场	南昌县
第四批	黑芝麻生产标准化示范区	南昌市质监局、南昌市粮油生产管理站	江西粮友绿色食品有限公司	进贤县
第四批	蛋制品生产标准化示范区	青云谱区质量技术监督分局	南昌市梅氏食品有限责任公司	青云谱区
第四批	蜜蜂养殖标准化示范区	新建县质监局	江西汪氏蜜蜂园有限公司	新建县
第四批	红薯粉丝生产标准化示范区	安义县质监局	南昌天豫食品有限公司	安义县
第四批	藜蒿种植标准化示范区	进贤县质监局	江西省鄱湖实业有限公司	进贤县
第四批	茶叶生产标准化示范区	江西省蚕茶研究所	江西省蚕茶研究所茶厂	南昌县
第四批	蔬菜、糯玉米生产标准化示范区	新建县质监局	江西大铭食品有限公司	新建县
第四批	大米生产标准化示范区	贵溪市农业局	贵溪市质监局	贵溪市
第四批	生猪养殖标准化示范区	贵溪市农业局	贵溪市质监局	贵溪市

续表

批　次	项目名称	承担单位	参加单位	所在县区
第四批	烟叶生产标准化示范区	乐安县优质烟叶基地办	乐安县质监局	乐安县
第四批	烤烟生产标准化示范区	黎川县烤烟办	黎川县质监局	黎川县
第四批	西瓜种植标准化示范区	临川区质监局	彭田乡政府	彭田乡
第四批	万亩水稻生产标准化示范区	东乡县质监局、东乡县农业局	江西金泰米业有限公司、江西东乡粮油有限公司	东乡县
第四批	杂交制种标准化示范区	宜黄县质监局	宜黄县种子公司	宜黄县
第四批	鲜蜜橘分级包装及冷藏保鲜标准化示范区	南丰县质监局	江西省南丰县双龙果业有限公司	南丰县
第四批	蜜梨种植标准化示范区	金溪县质监局	外资办、农办	金溪县
第四批	鳗鱼养殖标准化示范区	资溪县农业局、资溪县质监局	资溪县福丰鳗业有限公司	资溪县
第四批	速食笋生产标准化示范区	黎川县质监局	黎川县野趣食品厂	黎川县
第四批	红心杉木生产标准化示范区	安福县林业局、安福县质监局	安福县陈山林场	安福县
第四批	葡萄种植标准化示范区	吉安县果业局	县农工部、县农业局、县质监局	吉安县
第四批	肉鸡养殖标准化示范区	吉安温氏畜禽有限公司	县农工部、县农业局、县质监局	吉安县
第四批	芦笋种植标准化示范区	吉安市质监局	江西省吉安市农作物良种站	吉安市
第四批	肉牛养殖标准化示范区	泰和县人民政府	泰和县质监局、泰和县农业局	泰和县
第四批	生猪养殖标准化示范区	安福县人民政府	县农业局、县质监局	安福县

续表

批　次	项目名称	承担单位	参加单位	所在县区
第四批	蚕桑标准化示范区	永新县政府	永新县蚕桑办	永新县
第四批	杨梅种植标准化示范区	峡江县玉珠杨梅食品有限公司	农业局、质监局	峡江县
第四批	紫皮大蒜种植标准化示范区	上高县质监局	上高县农业局、上高县塔下乡人民政府	上高县
第四批	丹桂生产标准化示范区	分宜县质监局	新余景笙农业综合开发有限公司	分宜县
第四批	柑橘种植标准化示范区	江西王品农业科技开发有限公司	安远县果业局	安远县
第四批	无公害生猪养殖标准化示范区	安远县农业局	安远县东江源良种猪场	安远县
第四批	食用菌生产标准化示范区	安远县农业局	安远县食用菌种管理中心	安远县
第四批	螺旋藻生产标准化示范区	瑞金市质监局	瑞金市农业局	瑞金市
第四批	山蜡梅、黄金茶生产标准化示范区	玉山县质监局	江西三清山绿色食品有限公司	玉山县
第四批	棉花、油菜种植(轮)标准化示范区	江西省九江市供销合作社		九江县
第四批	东升豚养殖标准化示范区	江西省彭泽县供销合作社		彭泽县
第四批	翠冠梨种植标准化示范区	瑞昌市质监局	瑞昌市横立山乡人民政府	瑞昌市
第四批	华英鸭养殖标准化示范区	江西省庐山区供销合作社		庐山区
第四批	黄颡鱼养殖标准化示范区	江西省庐山区供销合作社		庐山区
第四批	花椒种植标准化示范区	修水县质监局	修水县古市镇人民政府	修水县

续表

批　次	项目名称	承担单位	参加单位	所在县区
第四批	油茶种植标准化示范区	瑞昌市洪下乡人民政府	瑞昌市质监局、瑞昌市委农工部	瑞昌市
第四批	淡水小龙虾养殖标准化示范区	瑞昌市畜牧水产局	瑞昌市质监局、瑞昌市委农工部	瑞昌市
第四批	獭兔养殖标准化示范区	瑞昌市畜牧水产局、瑞昌市高丰镇人民政府	瑞昌市质监局、瑞昌市委农工部	瑞昌市
第四批	禽类养殖标准化示范区	瑞昌市畜牧水产局	瑞昌市质监局、瑞昌市委农工部	瑞昌市
第四批	西瓜种植标准化示范区	瑞昌市夏畈镇人民政府、瑞昌市桂林街道办事处	瑞昌市质监局、瑞昌市委农工部	瑞昌市
第四批	辣椒种植标准化示范区	瑞昌市横立山乡人民政府	瑞昌市质监局、瑞昌市委农工部	瑞昌市
第四批	生猪养殖标准化示范区	瑞昌市横港镇人民政府、瑞昌市南义镇人民政府、瑞昌市桂林街道办事处	瑞昌市质监局、瑞昌市委农工部	瑞昌市
第四批	吴茱萸种植标准化示范区	瑞昌市大德山林场	瑞昌市质监局、瑞昌市委农工部	瑞昌市
第四批	四大家鱼养殖标准化示范区	瑞昌市白杨镇人民政府	瑞昌市质监局、瑞昌市委农工部	瑞昌市
第四批	川芎种植标准化示范区	瑞昌市南义镇人民政府	瑞昌市质监局、瑞昌市委农工部	瑞昌市
第四批	生猪养殖标准化示范区	九江市景海牧业有限公司	九江市农业局	九江市
第四批	种猪养殖标准化示范区	九江市种畜场	九江市农业局	九江市
第四批	蔬菜种植标准化示范区	九江市经作站	九江市农业局	九江市
第四批	食用菌栽培标准化示范区	彭泽县水木山珍专业合作社	九江市农业局	彭泽县
第四批	乌鱼池塘养殖标准化示范区	都昌县水产局	都昌县质监局	都昌县

续表

批　次	项目名称	承担单位	参加单位	所在县区
第四批	草鱼养殖标准化示范区	都昌县水产局	都昌县质监局	都昌县
第四批	网箱养殖加州鲈、翘嘴鳜标准化示范区	都昌县水产局	都昌县质监局	都昌县
第四批	黄栀子种植标准化示范区	都昌县春辉黄栀子农民专业合作社	都昌县质监局	都昌县
第四批	螃蟹养殖标准化示范区	都昌县水产局	都昌县质监局	都昌县
第四批	生猪养殖标准化示范区	都昌县农业局	都昌县质监局	都昌县
第四批	优质棉种植标准化示范区	都昌县农业局	都昌县质监局	都昌县
第四批	优质蔬菜种植标准化示范区	都昌县农业局	都昌县质监局	都昌县
第四批	优质水稻种植标准化示范区	江西鄱湖惠民粮油有限公司	都昌县质监局	都昌县
第四批	双低油菜种植标准化示范区	江西鄱湖惠民粮油有限公司	都昌县质监局	都昌县
第四批	柑桔种植标准化示范区	云山集团果林公司	永修县质监局	永修县
第四批	柑桔种植标准化示范区	星子柑桔专业合作社	星子县供销社	星子县
第四批	富硒大米标准化示范区	珠海农丰进出口有限公司	丰城市质监局	丰城市
第四批	高产油茶标准化示范区	丰城市白土镇岗霞油茶协会	丰城市质监局	丰城市
第四批	有机茶标准化示范区	井冈山市质监局	井冈山市农业局	井冈山市
第四批	于都脐橙标准化示范区	于都县果茶局	于都县质监局	于都县

第三节　无公害农产品标志管理

为做好全省实施无公害农产品标志工作，根据省内农产品生产、经销、科研、检验力量等情况，2001年，省质监局制定并下发《江西省无公害农产品标志管理实施细则》，对申请者应具备的条件、审批程序等做出规定。

为规范市场，引导消费，保证人民群众食用安全，省质监局决定向社会推出一批无公害农产品标识产品。2002年1月30日，省质监局面向全省征集无公害农产品标志产品。

2002年3月13日，省质监局在南昌召开省首批无公害农产品标志产品新闻发布会，公布全省首批13个无公害农产品标志产品。

表2-3-3　2002年江西省首批无公害农产品标志产品名单

产品名称	单位名称	生产、经销	产　地
婺荷牌婺源荷包红鱼	婺源县荷包红鲤研究所	生产、经销	婺源县
三百山牌脐橙	安远县果茶桑技术推广服务中心	生产、经销	安远县
国鸿牌冷却猪肉	江西国鸿实业有限公司	生产、经销	南昌县该公司基地
玉茗牌猪肉	江西锦绣谷绿色安全食品专营市场有限公司	经销	该公司“无规定疫病区”生产基地
胡萝卜	萍乡市安源区农村民间流通组织协会	经销	五陂镇
大蒜	萍乡市安源区农村民间流通组织协会	经销	五陂镇
苦瓜	南昌长青无公害蔬菜配送有限公司	经销	郊区扬子洲乡
白洲牌牛蒡净菜	江西省农业科技产品有限公司	经销	该公司种植基地
永丰牌大蒜	永丰县蔬菜销售公司	经销	永丰县
永丰牌甘蓝	永丰县蔬菜销售公司	经销	永丰县
永丰牌白萝卜	永丰县蔬菜销售公司	经销	永丰县
猪肉	吉安市吉州区国光超市	经销	吉安市蔬菜基地
芥菜莌	吉安市吉州区国光超市	经销	吉安市肉联厂

为进一步落实《泛珠三角区域（九省区）标准化工作合作项目备忘录》的要求，推进泛珠三角区域（九省区）农业标准化示范区农产品实施加贴专用标志工作，扩大示范区的影响，提高产品知名度，2007年9月7日，省质监局组织泛珠三角区域（九省区）农业标准化示范区农产品标志申报工作。要求设区市质监局按照《泛珠三角区域（九省区）农业标准化示范区农产品标志管理办法（试行）》组织辖区内农业标准化示范区（国家级、省级、市级和县级）的企（事）业单位、各种经济合作组织或个人开展标志的申报工作。并加强对泛珠三角区域（九省区）农业标准化示范区农产品宣传，提升和扩大泛珠三角区域（九省区）农业标准化示范区农产品的品牌效应。

至2010年12月，全省共85个产品获批成为省无公害农产品标志产品。

表2-3-4　2002—2010年全省无公害农产品标志产品名单

证书编号	产品名称	企业名称	类　型	产　地
36N001-2002	婺荷牌婺源荷包红鱼	婺源荷包红鲤研究所	生产	婺源县
36N002-2002	三百山牌脐橙	安远县果桑技术推广服务中心	生产	安远县孔田镇、镇岗乡、三百山镇
36N003-2002	国红牌冷却猪肉	江西国鸿实业有限公司	生产	南昌县公司基地
36N004-2002	玉茗牌猪肉	江西锦绣谷绿色安全食品专营市场有限公司	经销	公司“无规定疫苗区”生产基地
36N005-2002	胡萝卜	萍乡市安源区农村民间流通组织协会	经销	王陂镇长潭蔬菜基地
36N006-2002	大蒜	萍乡市安源区农村民间流通组织协会	经销	王陂镇长潭蔬菜基地
36N007-2002	苦瓜	南昌市长青无公害蔬菜配送有限公司	经销	郊区扬子洲无公害蔬菜基地
36N008-2002	白洲牌牛蒡净菜	江西省农业科技产品有限公司	经销	永丰无公害蔬菜
36N009-2002	永丰牌大蒜	永丰县蔬菜销售公司	经销	永丰无公害蔬菜
36N010-2002	永丰牌甘蓝	永丰县蔬菜销售公司	经销	生产基地
36N011-2002	永丰牌白萝卜	永丰县蔬菜销售公司	经销	生产基地
36N012-2002	国光牌猪肉	吉安市吉州区国光超市	经销	吉安市肉联区
36N013-2002	国光牌芥菜蔸	吉安市吉州区国光超市	经销	吉安市蔬菜基地
36N014-2002	永丰牌旱辣椒	永丰县蔬菜销售公司	经销	永丰无公害蔬菜生产基地
36N015-2002	永丰牌空心菜	永丰县蔬菜销售公司	经销	永丰无公害蔬菜生产基地
36N016-2002	永丰牌黄瓜	永丰县蔬菜销售公司	经销	永丰无公害蔬菜生产基地
36N017-2002	银凤牌茄子	江西省芦溪县银河农产品流通协会	经销	芦溪无公害蔬菜基地
36N018-2002	银凤牌辣椒	江西省芦溪县银河农产品流通协会	经销	芦溪无公害蔬菜基地
36N019-2002	上栗茄子	上栗县农村民间流通组织协会	经销	上栗县上栗镇
36N020-2002	上栗黄瓜	上栗县农村民间流通组织协会	经销	上栗县上栗镇

续表

证书编号	产品名称	企业名称	类　型	产　地
36N021－2002	生猪	江西省东乡县农业科学研究所	生产	东乡县
36N022－2002	军山湖牌清水大闸蟹	江西省进贤县军山湖开发公司	生产	罗溪镇东门口军山湖养殖基地
36N023－2002	生猪	万年县山庄养殖有限公司	生产	公司养殖基地
36N024－2002	生猪	江西省万年县畜牧良种繁殖场	生产	公司养殖基地
36N025－2002	生猪	万年县湖云人牧业有限责任公司	生产	公司养殖基地
36N026－2003	省龙牌晚籼米	江西金泰米业有限公司	经销	东乡老虎岗
36N027－2003	盘古茶叶	于都县盘古茶厂	生产	于都县盘古山镇
36N028－2003	热欣牌猪肉	南昌热欣养殖实业有限公司	生产	南昌县蒋巷镇
36N029－2003	昌顺牌通心白菜	广昌县昌顺实业有限公司	经销	广昌县白莲基地
36N030－2003	“吉庐”牌韭菜苔	吉安市蓝天食品有限公司	经销	吉州区禾埠乡、白塘乡、曲濑乡、兴桥镇
36N031－2003	长春牌猪肉	江西长青牧业有限公司	生产	公司基地
36N032－2003	三百山牌西(甜)瓜	安远县本头镇大棚西(甜)瓜合作社	生产	安远县本头镇三批村
36N033－2003	生猪	万年县吉里种猪公司	生产	万年县陈营镇庙山上
36N034－2003	旺顺牌猪肉	万年县斋山畜牧业养殖有限公司	生产	万年县湖玉乡斋山
36N035－2003	晨兴牌食用仙人掌	吉安市华隆实业有限公司	经销	吉州区长塘乡基地

续表

证书编号	产品名称	企业名称	类　型	产　地
36N036-2003	通威牌池塘配合饲料(698、668)	通威股份有限公司南昌分公司	生产	公司基地
36N037-2003	通威牌“鱼水性”池塘配合饲料(103、103LP、103LLP)	通威股份有限公司南昌分公司	生产	公司基地
36N038-2003	通威牌鲫鱼专用配合饲料(190、191)	通威股份有限公司南昌分公司	生产	公司基地
36N039-2003	通威牌池塘养鱼配合饲料(601、603、603LP)	通威股份有限公司南昌分公司	生产	公司基地
36N040-2003	通威牌草鱼专用配合饲料(120、128)	通威股份有限公司南昌分公司	生产	公司基地
36N041-2003	生猪	江西正邦肉食品有限公司	生产	南昌蛟桥
36N042-2003	鲜兔肉	江西省圣丰高新农业综合开发有限责任公司	经销	公司基地
36N043-2004	菜豆	吉安市吉州区白塘街道办事处	经销	吉南城上基地
36N044-2004	青池牌篙菜	峡江县青池蔬菜食品有限公司	经销	峡江县仁和镇、巴邱镇等基地
36N045-2004	樱桃番茄	江西绿鼎农业有限公司	生产	吉水县八都现代农业科技园
36N046-2004	荷兰黄瓜	江西绿鼎农业有限公司	生产	吉水县八都现代农业科技园
36N047-2004	丙申牌草杂食性鱼配合饲料(膨化料)(300、300A、300E、300L)	江西丙申饲料发展有限公司	生产	公司基地
36N048-2004	丙申牌草杂食性鱼配合饲料(颗粒料)(663、663A、663T)	江西丙申饲料发展有限公司	生产	公司基地
36N049-2004	丙申牌斑点叉尾鱼、鮰鱼用配合饲料(膨化)	江西丙申饲料发展有限公司	生产	公司基地

续表

证书编号	产品名称	企业名称	类 型	产 地
36N050－2004	大米	江西省金谷米有限公司	经销	珠湖农场
36N051－2005	利人牌大米	东乡县利人米业有限公司	经销	东乡县、进贤县、余干县
36N052－2005	培力牌大米	东乡县红星粮油有限责任公司	经销	鄱阳湖红里垦殖场
36N053－2005	国鸿牌冷却猪肉	江西国鸿集团有限公司	生产	南昌县蒋巷镇
36N054－2005	生猪	东乡县大地鑫畜牧良种场	生产	公司基地
36N055－2005	长虹牌西红柿	吉安市长塘乡农经综合服务站	生产	吉州区、长塘乡
36N056－2006	省龙牌晚籼米	江西金泰米业有限公司	经销	东乡老虎岗
36N057－2006	广联牌斑点叉尾鮰饲料	江西正邦科技股份有限公司南昌广联分公司	生产	公司基地
36N058－2006	通威牌鱼用浮性配合饲料（151、152、601）	通威股份有限公司	生产	公司基地
36N059－2006	通威牌鲫鱼育成配合饲料（191、171、668、1#）	南昌分公司	生产	公司基地
36N060－2006	通威牌池塘养鱼配合饲料（698、2#、3#、1036）	通威股份有限公司	生产	公司基地
36N061－2006	通威牌池塘养鱼配合饲料（103、103A、103LP）	南昌分公司	生产	公司基地
36N062－2006	通威牌草鱼育成配合饲料（128、1031、1032）	南昌分公司	生产	公司基地
36N063－2006	微笑山庄牌蜂蜜	江西微笑食品有限责任公司	经销	铜鼓县定江西路

续表

证书编号	产品名称	企业名称	类 型	产 地
36N064－2007	斑点叉尾鮰鱼用配合饲料	江西华达牧业有限公司	生产	公司基地
36N065－2007	金典牌好口福纯野生茶油	江西省	生产	丰城市
36N066－2007	草杂食性鱼配合饲料(膨化)	江西丙申饲料发展有限公司	生产	昌北经济开发区
36N067－2007	草杂食性鱼配合饲料(颗粒)	江西丙申饲料发展有限公司	生产	昌北经济开发区
36N068－2007	斑点叉尾鮰鱼用配合饲料(膨化)	江西丙申饲料发展有限公司	生产	昌北经济开发区
36N069－2007	溢流香牌咸鸭蛋	瑞昌市溢香禽蛋加工厂	生产	瑞昌市澎湖
36N070－2008	盘古茶叶	于都县盘古茶厂	生产	盘古山镇
36N071－2008	生猪	江西湖云牧业有限公司	经销	公司养殖基地(万年县)
36N072－2009	青池牌篙菜	江西省青池食品有限公司	经销	新余市
36N073－2009	系马桩牌山药	瑞昌市惠农山药专业合作社	经销	瑞昌市
36N074－2009	通威牌鱼用浮性配合饲料(601、151、152)	通威牌股份有限公司南昌分公司	生产	江西省内
36N075－2009	通威牌专用鱼饲料(191、171、668、白鲳、1#)	通威牌股份有限公司南昌分公司	生产	公司基地
36N076－2009	通威牌池塘(混养)鱼配合饲料(668、2#、3#、128)	通威牌股份有限公司南昌分公司	生产	公司基地
36N077－2009	通威牌鱼水性池塘养鱼配合饲料(103、03LP、103A)	通威牌股份有限公司南昌分公司	生产	公司基地

续表

证书编号	产品名称	企业名称	类　型	产　地
36N078－2009	通威牌池塘混养鱼配合饲料(SKA、SKB、精养、生态料)	通威牌股份有限公司南昌分公司	生产	公司基地
36N079－2010	江南韵菜	江西省江南有机茶开发有限公司	生产	公司基地
36N080－2010	联合牌茄子	丰城市同田联合蔬菜专业合作社	生产	公司基地
36N081－2010	联合牌辣椒	丰城市同田联合蔬菜专业合作社	生产	公司基地
36N082－2010	浔阳雾牌兔肉	江西瑞丰兔业发展有限公司	生产	公司基地
36N083－2010	溢流香牌咸鸭蛋	瑞昌市溢香禽蛋加工厂	生产	公司基地
36N084－2010	生姜	瑞昌市绿野生姜专业合作社	生产	公司基地
36N085－2010	羊肉	瑞昌市天鹏山羊养殖专业合作社	生产	公司基地
36N086－2011	联合牌小黄瓜	丰城市同田联合蔬菜专业合作社	生产	公司基地
36N087－2012	青池牌篙菜	江西省青池食品有限公司	经销	吉安市各县、市、区及新余等地
36N088－2013	丙申牌草杂食性鱼配合饲料(膨化)	江西丙申饲料发展有限公司	生产	公司基地
36N089－2013	丙申牌草杂食性鱼配合饲料(膨化)	江西丙申饲料发展有限公司	生产	公司基地
36N090－2013	丙申牌斑点叉尾鱼鮰鱼配合饲料(膨化)	江西丙申饲料发展有限公司	生产	公司基地
36N091－2013	华达牌635池塘混养鱼配合饲料	江西华达牧业有限公司	生产	公司基地

第四节　试点建设

良好农业规范(GAP)试点

2007年1月18日,国家认监委、国家标准委印发《关于下达国家第一批良好农业规范(GAP)试点项目的通知》中,确定江西省为全国良好农业规范(GAP)试点省份,安义从玉农业发展有限公司等9家单位为第一批国家良好农业规范试点项目。全省良好农业规范(GAP)试点工作启动。

为做好第一批国家良好农业规范试点工作,2007年4月9日,省质监局印发《关于做好国家第一批良好农业规范(GAP)试点工作的通知》,对全省的第一批良好农业规范(GAP)试点项目的工作开展,提出具体的要求。

为推进全省良好农业规范试点项目的顺利实施,指导各地有针对性地开展工作,统一管理人员、技术人员对GAP标准的理解和应用,2007年4月26—28日,省质监局在南昌举办全省良好农业规范培训班。各设区市局标准化科长、良好农业规范项目试点单位负责人和技术人员、农业标准化示范区承担单位负责人共80余人参加会议。

2008年2月21日,省质监局布置2007年度良好农业规范(GAP)试点总结及2008年度试点项目申报工作。3月18日,省质监局组织完成省2007年度试点情况统计和2008年度试点项目申报。将2007年度试点情况统计表和南昌市高新连谊粮油食品有限公司等10个2008年度试点项目申报表报送国家标准委。

全省第一批良好农业规范试点单位9个,其中植物产品类试点项目6个,动物产品类试点项目3个,项目培训数25次,培训16380人次。GAP标准化生产规模植物类85133公顷,动物类62000头(只),产值为76020万元。

表2-3-5　2007年全省第一批良好农业规范试点项目名单

产品名称	单位名称
菜心、结球甘蓝等	江西安义从玉农业发展有限公司
生猪	江西国鸿集团有限公司
生猪	江西东盛种猪有限公司
红心柚	江西信木农业开发有限公司
白耳黄鸡	江西省集味堂绿色食品开发有限公司广丰县白耳黄鸡原种场
生猪	吉安思倍得农牧有限公司
辣椒	永丰县蔬菜销售公司
新余蜜桔	新余蜜桔香椿开发中心
寻乌蜜桔	寻乌县果业发展有限公司

表 2－3－6　2007 年度全省良好农业规范试点情况

类别	试点项目数	培训项目数	培训人次数	GAP 标准化生产项目数			GAP 标准化生产规模/产值					
				认证项目总数	已签认证合同未完成认证项目总数	其他项目总数	认证项目生产合计		已签认证合同未完成认证项目生产合计		其他项目生产合计	
							规模	产值	规模	产值	规模	产值
植物产品	6	15	16380	0	2	4	0	0	21333	50920	63800	16400
动物产品	3	9		1	1	1	12000	600	20000	3500	30000	4600
合　计	9	24	16380	1	3	5	—	600	—	54420	—	21000

说明：认证产品总规模，动物类产品数量以头(只)计，植物类产品以公顷计，产值以万元计。

服务标准化试点建设

2009 年 5 月，兴国将军园、瑞金中央革命根据地纪念馆和瑞昌市安顺客运有限公司获国家标准委批准，成为首批国家级服务业标准化试点单位。江西省服务业标准化试点建设启动。

2010 年，省质监局组织滕王阁旅游、井冈山旅游、婺源乡村旅游和南昌湾里风景区旅游四个项目申报国家级服务业标准化试点单位。

瑞昌市安顺客运有限公司通过国家级服务试点的实施，公司的社会知名度和信誉度明显提升，旅客满意度达到 98% 以上；公司连续四年通过省交通厅考核，均被评为“江西省道路客运质量信誉考核优秀企业(AAA 级)”，被九江市消协评为 2009 年度“工商企业诚信承诺先进单位”；公司营业收入由 2008 年的 920 万元提高到 2010 年的 1250 万元，年增长 10% 以上；瑞金中央革命根据地纪念馆国家级服务业标准化试点及时完成对 22 处革命旧址、纪念建筑及旅游基础设施进行大规模改造，顺利通过国家 4A 级旅游区验收，成为江西第一个通过国家 4A 级旅游验收的红色景区。显著地改变各旅游区(点)管理和服务长期落后的面貌，促进旅游区(点)加快迈向保护、开发、建设、经营和管理的新高度。

第四章　标准信息研究与服务

20世纪90年代以后,经济的发展促进全省标准文献服务水平的不断提升。江西省标准化研究院为社会提供标准信息服务的范围由过去单一提供标准计量文献资料查询服务,发展为集标准信息研究与服务、物品编码研究与服务、物流与自动识别技术研究与服务、WTO/TBT研究与服务为一体的综合性、专业化的标准信息服务体系。

至2010年,全省质监系统已拥有全部国家标准和行业标准、10多种国际标准和国外先进标准,建成完整标准查询系统。全省的商品条码系统成员保有量达到3355家,商品条码在零售、物流配送、电子商务、食品安全追溯等国民经济和社会发展的各个领域得到广泛应用。标准信息服务为江西企业提高产品质量、科技创新提供更加有效的服务。

第一节　标准文献收集与管理

1992年1月,江西省标准化研究院(以下简称"省标准化院")设立标准资料发行站,建立各县标准资料发行关系,以满足全省各企(事)业单位对标准资料的需求。

1992年12月,省标准化院从中国标准情报中心引进标准文献管理与检索系统以及国家标准、行业标准与国际标准(ISO)、国际电工委员会标准(IEC)、英国标准(BS)等标准检索数据库。

1999年12月,省标准化院馆藏有效标准资料达10万件,建成机械、化工、建材、商业、轻工、冶金等行业的行业标准检索数据库,拥有国家标准、行业标准与国际标准(ISO)及欧盟(CEN)、计算机标准检索数据库,总记录数据量达到6万多条,为产品采标、设计、更新换代提供服务;与中国标准出版社、中国标准情报中心和机械、轻工、化工、建材、冶金、商业、电子等主要行业的标准出版部门建立标准资料直供关系。

2001年,省标准化院共收集标准文献1936件;清理作废各类标准10133件。收集美国、日本、欧共体技术法规目录13481条和WTO成员方的通报800余条。

2002年12月,省标准化院对国家标准、行业标准数据库进行全面整理、维护;对馆藏的外文标准进行清理,剔除作废标准;对所有全文标准在数据库中作馆藏标记;在标准信息服务网络上增加标准有效性确认系统。

2004年12月,省标准化院收集国家标准、行业标准1200件,清理作废标准1300件。

2007年5月,省标准化院成立国家标准馆江西分馆,实现与国家标准馆信息平台的互联和资源共享。

2008 年 7 月，省标准化院建立全省首套标准文本数字打印系统正式投入使用。

2010 年，省标准化院对 30 多种国外标准进行整理，建成标准查询系统。已拥有全部国家标准和行业标准、10 多种国际标准和国外先进标准。为江西企业提高产品质量、科技创新提供更加有效的服务。

表 2－4－1　2010 年江西省标准化研究院馆藏标准文献

标准代号	标准文献名称	存在介质	数　量（件）
GB	中国国家标准	纸本	12100
HB	中国行业标准	纸本/电子	33200
DB36	江西省地方标准	纸本/电子	212
ABMA	美国轴承制造商协会标准	纸本/电子	33
AGMA	美国煤气协会标准	纸本/电子	120
AATCC	美国纺织师与印染师协会标准	纸本	130
ANSI	美国国家标准	纸本	11076
ASME	美国机械工程师协会标准	纸本	742
ASTM	美国材料与试验协会标准	纸本	10870
BHMA	美国建筑小五金制造商协会标准	纸本	30
CAC	国际食品法典	纸本	220
CFR	美国联邦注册法规	纸本	124
CEN	欧盟标准	纸本	20170
IEC	国际电工委员会标准	纸本	2814
IEEE	美国电气与电子工程师协会标准	纸本	680
ISO	国际标准	纸本	13207
ITU	国际电信联盟标准	纸本	6040
JTCI	国际信息技术标准	纸本	970

第二节　物品编码管理

1992 年 1 月 28 日，江西省技术标准情报所受省标准局委托管理全省商品条码工作。

1994 年，省技术标准情报所制定《江西省条码工作管理办法（试行）》。

2004 年 12 月，省技术标准情报所草拟的《江西省商品条码管理办法》（修改稿）通过专家组的论证，并形成最新稿（第六稿）。

2005 年 5 月，省质监局下发《关于加快普及使用储运条码的通知》，推广储运条码在非零售商品包装上的使用，并重点选择医药、酒类、饮料和食品等行业推广使用储运条码。到年底全省共有

120余家企业的上千种商品使用储运条码。

2005年11月,萍乡上栗县政府发布《关于在全县烟花鞭炮产品上推广使用商品条码的通知》,在全国率先在烟花鞭炮产品上推广使用商品条码,极大的推动当地烟花鞭炮生产企业使用商品条码的积极性,对有效地建立烟花鞭炮危险品安全"预警机制"具有重要意义。

2006年11月,省质监局和省经贸委联合下发《关于在服装行业普及使用商品条码的通知》,推动全省服装企业使用商品条码。

2007年3月省标准化院在南昌首次承办全国条码工作会议。

2008年5月,省标准化院根据国家质检总局、商务部、国家工商总局《关于贯彻〈国务院加强食品等产品安全监督管理的特别规定〉实施产品质量电子监管码的通知》要求,重点抓好加入电子监管网的9类69种产品生产企业商品条码系统成员的发展工作,使系统成员发展数有较大幅度增长。

2009年,全省商品条码续展率达到75.0%,创历史最高水平。

2010年,全省的商品条码系统成员保有量达到3355家,使用商品条码标识的产品超过4万种,采用条码技术进行扫描结算的连锁超市有千余家,使商品条码在零售、物流配送、电子商务、食品安全追溯等国民经济和社会发展的各个领域得到广泛应用。江西省商品条码管理工作成效显著,多次受到国家中心的表彰,2004年度荣获条码推进工程阶段成果奖、2005年荣获全国条码工作先进集体三等奖和条码推进工程先进单位、2008年度荣获全国物品编码工作先进集体三等奖、2009年度荣获全国物品编码工作先进集体二等奖。

表2-4-2 1991—2010年江西省商品条码工作情况

单位:家

年　份	注册量	续展数	注销量	保有量
1991	1	0	0	1
1992	33	0	0	34
1993	78	0	0	112
1994	81	0	0	193
1995	117	0	0	310
1996	134	0	0	444
1997	169	66	52	561
1998	193	98	120	634
1999	252	147	0	886
2000	288	161	178	996
2001	329	288	199	1126
2002	440	305	213	1353
2003	478	414	93	1738

续表

年　份	注册量	续展数	注销量	保有量
2004	557	592	325	1970
2005	542	621	101	2411
2006	518	754	305	2624
2007	403	813	248	2779
2008	700	895	412	3067
2009	506	985	341	3232
2010	412	1121	289	3355

第三节　世界贸易组织（WTO）/技术性贸易壁垒（TBT）研究与服务

2001 年 7 月 16 日，经省机构编制委员会批准，省标准化所增挂“中国 WTO/TBT 江西通报咨询中心”牌子，承担有关技术性贸易壁垒通报、咨询服务及标准化研究等工作。

2006 年 2 月，省标准化院开始建设江西建设技术性贸易壁垒预警系统，开发江西省技术性贸易壁垒预警信息服务网。

2006 年 6 月至 2009 年 12 月，省标准化院编辑出版《WTO/TBT 信息通报》（共 4 期），该刊物提供 WTO/TBT 最新预警和通报资讯、行业信息、标准动态、专题研究、合格评定及相关知识介绍等，供政府机关、企业单位、机构团体内部免费交流。旨在服务企业，避免和消除贸易技术壁垒对江西省出口的影响，提高企业自我防范的意识，减少损失，促进江西省外贸发展。

2009 年 11 月，省标准化院开展的“省技术性贸易壁垒预警系统建设可行性研究”项目列为省质监局 2009 年度科技计划项目。该项目通过对全省出口企业遭遇技术性贸易壁垒情况的分析研究，以提升江西省应对国外技术性贸易壁垒的能力，促进外贸出口为目标，建立一系列包括 TBT - SPS 通报、省出口企业和出口产品等信息的基础数据库等，实现质监及相关政府部门和企业、专家的互动和联合，确保江西省出口企业能够有效应对国外技术性贸易壁垒。2012 年 6 月，该项目通过省质监局组织的专家验收。

第三篇　质量管理

本篇所指质量管理是指在政府层面上对质量工作的宏观管理,主要包括组织实施国家和本省关于质量振兴的方针、政策和措施;对全省质量振兴活动和质量管理工作进行宏观指导和控制;组织实施质量奖励制度,推进名牌战略;总结推广先进的质量管理理论和方法,开展质量技术监督合作互认等。

质量管理工作的主要依据为:《中华人民共和国产品质量法》《工业产品生产许可证试行条例》(国务院1984年4月7日颁布并实施,2005年9月1日废止)、《工业产品生产许可证管理条例》(国务院令第440号,自2005年9月1日起施行)、国务院《质量振兴纲要(1996—2010年)》(国发〔1996〕51号)、《国务院关于进一步加强产品质量工作若干问题的决定》(国发〔1999〕24号);《中国名牌产品管理办法》(国家质检总局令第12号,2001年12月29日)、《设备监理单位资格管理办法》(国家质检总局令第28号,2002年11月1日)、《工业产品生产许可证管理条例实施办法》(国家质检总局令第80号,2005年9月15日);《江西省人民政府关于进一步加强产品质量和食品安全工作的通知》(赣府发〔2008〕2号)以及其他部门规章和有关文件。

1991—2000年,全省质量管理工作由省经委(省经贸委)组织协调,省政府各工业厅局负责管辖行业内的质量管理,省技监局(含省标准局、省计量局)主要负责产品质量的监督管理。2000年10月,按省政府机构改革的要求,省经贸委内设处室质量管理处,划归新成立的省质监局。主要职责包括全省质量管理工作的宏观指导、对认证认可工作实施监督管理以及工业产品生产许可证管理等。在此期间,质量管理工作主要依托行政手段,以质量监督带动质量管理。通过实施生产许可证管理,引导企业引进和采用先进的管理办法,强化企业管理,促进产品质量提高。在全省企业中开展全面质量管理教育培训、推行全面质量管理方法,使一大批企业,特别是大中型骨干企业,初步实现从传统的质量管理向全面质量管理的过渡,企业的质量管理水平普遍得到提高。

2001—2010年是全省质量管理不断迈向高层次、大质量的时期。质量管理工作由质量监督法律法规体系建设上升为影响经济社会发展全局的重要问题,质量工作成为"经济生活的生命线"。在此期间,强化质量管理主要以贯彻《质量振兴纲要》为主线,组织开展质量兴市、质量月和群众性质量管理活动,建立健全质量诚信体系建设,推动企业建立质量档案,组织开展质量状况分析等。质量管理在提升全省产品质量、改善民众生活质量、营造浓厚质量氛围方面发挥重要作用。

第一章　宏观质量管理

1991—1992 年,技术监督系统在质量工作方面的重点是产(商)品质量的监督抽查及后处理、产品质量监督检验网络的规划建设以及质量监督法律法规体系建设。其主要目标是产(商)品监督抽查合格率达到或超过全国平均水平,主要工业产品质量监督检验覆盖率力争达到90%以上。

1993 年,国家《产品质量法》颁布实施。1996 年,国务院发布《质量振兴纲要(1996—2010年)》,提出质量工作的长远战略规划。1997 年,省经贸委提出省质量振兴的主攻目标。2001 年 12 月,根据国家质检总局关于开展"质量兴市"活动的统一部署,省质监局启动在全省各地推进"质量兴市"活动,提出 3 ~ 5 年内,开展"质量兴市"活动的总体目标并取得成效。2003 年 2 月 11 日,省质监局下发《关于开展质量状况普查建立企业质量档案的通知》,在全省企业建立质量档案,加强宏观质量管理工作。2003 年 6 月 27 日,省质监局下发《关于下发"质量服务经济、质量振兴江西"十大工程工作方案的通知》,提出"率先在中部地区崛起"战略目标,努力将全省的产品质量、工程质量、服务质量、环境质量和生活质量提高到一个新水平。2004 年,全省开始启动企业质量诚信体系建设和管理工作。2005 年,根据国家质检总局、国家统计局要求,省质监局在全省开展质量竞争力指数测评试运行工作。2007 年 5 月 31 日,省政府办公厅下发《关于社会信用体系建设的实施意见》,要求"形成以道德为支撑、产权为基础、法律为保障的社会信用制度"。

至 2010 年,省内企业质量管理认证率达到 35%,六西格玛管理、精益生产、统计过程控制(SPC)、统计技术、卓越绩效模式等先进的质量管理理念和方法在企业得到较为普遍的推广和应用。

第一节　《质量振兴纲要》贯彻实施

1996 年 12 月 24 日,国务院发布《质量振兴纲要(1996—2010 年)》。1997 年 3 月 24 日,省经贸委制定下发《关于要求印发〈关于切实贯彻《质量振兴纲要》的决定〉的请示》,明确提出省质量振兴的主攻目标是:经过 5 ~ 15 年的努力,从根本上提高省主要产业的整体素质和企业质量管理水平,使省产品质量、工程质量和服务质量不断地满足和适应国内外市场竞争的需要。确定建立省质量奖励制度。设立省质量管理奖,优质产品奖、优质工程奖、优质服务奖,以奖励全省质量管理或服务质量先进的企业以及质量达到先进水平的产品或工程。

1997 年 9 月 2 日省委宣传部、省经贸委、省技监局、省总工会、共青团省委共同制定下发《关于贯彻〈关于在全国范围内开展"97 质量月"活动的通知〉》,提出:深入贯彻国家《质量振兴纲要》,增强全民质量意识,促进省质量总体水平的提高为主题。通过开展各项活动,动员和组织全社会各方面力量投身质量振兴事业,形成全社会重视质量的环境和风气,促进全省产品质量、工程质量、服务质量和质量管理水平的全面提高。

1998年2月24日,省经贸委制定下发《关于转发"关于印发〈1998年贯彻实施《质量振兴纲要》的若干意见〉的通知"的通知》,确定国家于1998年开始建立质量振兴联席会议制度,联席会议不定期召开,由国家经贸委和国家技监局具体组织,约请有关行业主管部门或有关地方负责质量工作的领导同志参加,其目的是组织协调和决策指导有关质量领域的一些跨地区、跨部门的重大问题。国家质量振兴联席会议的日常工作由国家经贸委质量司、国家技监局质量司承担。同时要求,各级地方政府可根据需要,建立相应的质量振兴联席会议制度。

1998年5月15日,省经贸委制定下发《关于印发〈江西省质量振兴实施计划〉的通知》,提出实现省质量振兴的主要任务是:建立适应社会主义市场经济的完善的质量法规体系,建立协调、有序、高效的质量工作体系,培养一支跨世纪的高素质质量管理与监督队伍,形成促进企业提高质量的机制,从整体上提高全省的产品质量、工程质量、服务质量和质量管理水平。实现省质量振兴的主要目标是:到2000年,基本实现工业结构合理化、集约化的调整目标,100个江西名牌产品的质量达到国内或国际先进水平,100家年销售收入超亿元的优势企业全部建立健全质量保证体系,其整体素质达到全国中、上水平,并初步形成若干个具有竞争力的优势产业及一批大中型企业和企业集团。主要产品75%以上按国际标准或国外先进标准组织生产,国际先进水平的优等品率要达到20%以上,售后服务实行规范化管理,出口产品合格率达到100%,国家可比性监督抽查合格率达到90%以上。到2010年,主要产业和大型企业能够基本适应国内国际市场竞争的需要,高科技产品对全省国民经济增长的贡献达到较高的比例,形成若干个技术含量高、规模优势大、经济效益好的企业集团及一批跨地区、跨行业的综合经营企业集团,实现工业生产由数量速度型到质量效益型的转变,形成一大批涉及各主要产业的名牌产品。主要产品85%以上按国际标准或国外先进标准组织生产,国际先进水平的优等品率达到30%以上,形成规范化的售后服务网络,国家可比性跟踪抽查合格率稳定在95%以上。

2000年4月下旬至5月中旬,省经贸委、省质监局针对《江西省质量振兴实施计划》提出的第一阶段目标的落实和完成情况,开展以产品质量、工程质量、服务质量和质量管理水平为重点的联合检查,从各地、各部门联合检查结果显示,第一阶段目标完成,达到预期效果。

2003年6月27日,省质监系统为建设"三个基地,一个后花园"和"率先在中部地区崛起"战略目标,积极投身"弘扬井冈精神,兴我美好江西"活动,使质量技术监督工作对省经济发展的促进作用得到更全面的体现,省质监局制定下发《关于下发"质量服务经济、质量振兴江西"十大工程工作方案的通知》。十大工程主要内容包括:名牌战略工程、质量兴市工程、质量信用工程、重点保护工程、净化市场工程、标准化工程、扶持民企工程、设备安全工程、原产地域保护工程、质量文化工程。

2006年6月30日,按照省长黄智权、常务副省长吴新雄的批示精神,经省直有关部门协商,省质量振兴领导小组由下列人员组成:组长:分管副省长;副组长:省质监局局长朱秉发、省政府副秘书长朱希;成员单位:省经贸委、省发改委、省财政厅、省科技厅、省外经贸厅、省农业厅、省建设厅、省卫生厅、省交通厅、省信息产业厅、省质监局、省工商局、省食品药监局、省安监局、江西出入境检验检疫局、省统计局、省旅游局、省环保局、省烟草专卖局、省通信管理局、省邮政局、民航江西监管办、南昌铁路局、省国防科工办、省综合行管办、省内贸行管办、省机械行管办、省轻工行管办。省质量振兴领导小组办公室设在省质监局，由省质监局副局长李岱兼任办公室主任。

是年，省政府批准同意《江西省质量振兴领导小组主要工作职责》：贯彻落实国家有关质量振兴的方针、政策和法律、法规，研究拟定提高省质量总体水平的发展战略，制订促进省质量振兴的政策措施。贯彻落实国务院领导指示精神，组织、协调中国产品质量电子监管网推广工作。组织开展质量平安建设，建立和完善部门协作机制，对质量工作实行综合治理。贯彻落实《江西省人民政府、国家质检总局〈关于加强质量监督检验检疫工作为实现江西在中部地区崛起做好全面服务的合作协议〉》。审议全省质量振兴实施情况，进一步推动全省质量兴市、名牌战略等各项工作向纵深发展，对在质量振兴工作中做出突出贡献的单位和个人进行表彰奖励。对质量平安建设各项工作落实情况及目标责任进行检查考核，对质量工作和打假工作行政领导责任制落实情况进行督促检查，对在质量平安建设中做出突出贡献的单位和个人进行表彰奖励。审议、决定其他重要事项。

2010年9月13日，省政府在南昌召开2010年省质量振兴领导小组第一次会议，分管副省长主持会议并作重要讲话。会议审议《关于实施质量兴赣战略的意见》《江西省质量振兴领导小组工作规则》。

2010年11月11日，鉴于部分领导小组成员单位机构、人员变动，根据实施质量兴省战略的需要以及《关于成立江西省质量振兴领导小组的通知》和《关于调整部分省政府非常设机构领导小组组长、副组长的通知》精神，省质量振兴领导小组组成人员调整为：组长：副省长朱虹；副组长：省质监局局长王詠、省政府副秘书长蔡玉峰；成员：吴晓军、刘正明、管荣升、左喜明、李青华、万国根、吴昌平、关晏民、许润龙、蔡玮、刘建华、田克仁、朱志明、温珍才、孙菊生、熊柏华、罗来发、徐素珍、袁家义、肖力健、陈庆文、詹志文、杨贵平、李新乐、魏斌。增加省委宣传部、省监察厅、省国资委、省水利厅、省林业厅、省质量协会为领导小组成员单位。领导小组办公室设在省质监局，领导小组办公室主任继续由省质监局副局长蔡玮兼任。截至2010年12月，全省南昌、上饶、抚州、新余、萍乡等11个设区市及27个县（区、市）政府成立质量振兴领导机构，质量市振兴工作在全省蓬勃开展。

经过十四年奋斗，全省贯彻落实《质量振兴纲要》取得实质性成效，实现质量振兴总体目标：1997—2000年，基本实现工业结构合理化、集约化调整，初步形成若干个具有竞争力的优势产业及一批大中型企业和企业集团。重点产品可比性跟踪监督抽查的合格率达到91%；出口产品的出厂合格率达到100%；主要产业的产品质量和服务水平总体达到国家标准。钢铁、煤炭、有色金属、石油化工等主要原材料工业的产品质量100%达到国家标准，其中有20%以上产品质量达到国外先进水平。机械、电子等基础元器件的可靠性有较大幅度提高，汽车关键零部件的质量和整车配套能力有较大突破。机械、电子、石油化工等重大装备的安全性能指标100%达到国家强制性标准。主要消费类产品的质量、安全和卫生指标100%达到国家强制性标准。

2001—2010年，主要产业和大型企业基本适应国际国内市场竞争环境，形成20多个技术含量高、规模优势大、经济效益好的企业集团和高新技术工业园，企业研究与试验发展经费比重不断提高,实现工业生产由数量速度型到质量效益型的转变,名牌产品企业主要产品按国际标准或国外先进标准组织生产达到85%以上,其中有30%以上达到国际先进水平。竣工交付使用的工程质量100%达到国家或规范要求,大中型工程建设项目综合试车和验收一次合格达到100%,其他工程一次验收合格率达到90%,其中优良率达到35%以上。铁路、交通、民航、商业、旅游、医疗卫生以及金融、保险、房地产、信息咨询等传统和新兴服务行业,大多推行服务质量国家标准,初步实现服务质量的制度化、程序化、标准化。

各项数据显示:全省质量竞争力指数保持上升趋势。

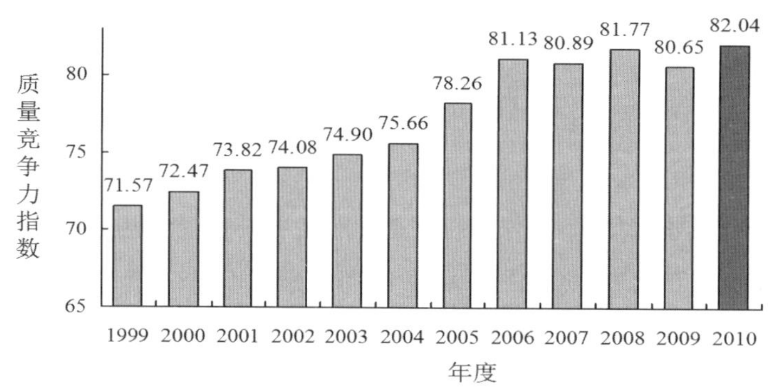

图3-1-1　1999—2010年江西省质量竞争力指数变化趋势

注:质量竞争力指数是国家质检总局研制的从质量视角衡量一个国家或地区经济增长和可持续发展能力的宏观指标。它是按特定的数学方法生成的、用于反映制造业质量竞争力整体水平的动态性经济技术指标,由"质量水平"和"发展能力"2个二级指标、6个三级指标以及相应的12个统计指标构成。

第二节　质量兴市

"质量兴市"活动,是泛指以质量为核心的区域经济振兴活动,开展活动的主体包括市、县、区。开展"质量兴市"活动,是全面提高质量总体水平、振兴区域经济的重要举措和有效手段。历经几年发展,到2001年,全省质量水平有较大提高,但质量问题仍比较突出,产品质量总体水平与经济发展要求和国际先进水平相比仍有较大差距。自2001年开始,省质监局围绕经济结构调整、工业园区建设和农业产业化,以提高质量为中心,充分发挥质量工作在区域经济发展中的重要作用,全力推进"质量兴市"活动。

2001年11月2日,省质监局制定下发《关于推动开展"质量兴市"活动的意见》,标志着正式在全省开展"质量兴市""质量兴企"工作。《意见》提出在3~5年内开展"质量兴市"活动目标:政府质量工作责任制得到落实;产品质量稳定提高;名优产品得到较大发展;企业技术质量水平提高。列入当地主要工业产品目录的产品80%以上按国际标准或国外先进标准组织生产;消灭无标生产;当地产品标准覆盖率持续保持在95%以上。企业质量管理水平提高;企业依法组织生产;打假治劣取得成效;工程质量稳定提高;服务质量明显提高;农业质量工作进一步完善;区域经济发展成绩显著。"质量兴市"的总体要求:三年初见成效,五年效果显著。为带动全省"质量兴市"活动的开展,选定贵溪、广丰两市(县)为省"质量兴市"活动的第一批试点市(县)。其他各设区市质监局在认真分析开展"质量兴市"活动的必要性和可行性的基础上,各选定1个市(县、区)开展"质量兴市"活动试点。

2002年,全省有12个市县政府制定"质量兴市"活动实施意见并颁布实施,其他各设区市均选定1个市(县)开展"质量兴市"活动试点。

2003年,全省有14个县(市、区)有效开展质量兴市工作,永修、崇仁两县的"质量兴市"工作得到国家质检总局的表彰。

2004年,省质监局为加强对各地开展"质量兴市"工作的指导和推动,组织召开全省"质量兴市"工作会,制定"质量兴市"工作绩效检查考核表,指导和帮助有关市县制定"质量兴市"工作方案,明确政府和企业的责任和义务,明确阶段目标、任务和具体时间表。是年5月25日省政府办公厅转发省质监局起草的《关于进一步开展质量兴市工作的意见》。2004年底,开展质量兴市的市县、区增至23个,试点工作取得实效。

2005年,省质监局进一步深化质量兴市的工作机制,建立质量兴市活动绩效检查考核机制,全省开展质量兴市的市县、区增至34个,并表彰一批质量兴市先进单位。

2006年各地不断完善质量兴市工作规范,形成质量兴市长效机制。全省有36个市、县、区有效开展质量兴市工作,其中新余、瑞金、永修、崇仁和上饶市信州区等5个市(县、区)获全国质量兴市先进市、县荣誉称号,全省区域经济社会发展的质量显著提高。国家质检总局《质检信息》专刊登载《江西省开展质量兴市工作成效显著》的文章。

2007年,省质监局围绕县域经济、工业园区、农业产业化,围绕提高经济运行质量开展质量兴市工作。加强组织领导:在全省清理非常设机构的情况下,省质监局积极主动地向省政府汇报,得到省政府领导理解和支持,保留省质量振兴领导小组;省政府还根据领导分工变化,调整领导小组组长及部分成员,加强对质量兴市工作的领导。深入基层指导质量兴市工作:根据各地开展质量兴市工作的程度和区域经济发展水平,到樟树、分宜等10个市、县、区指导质量兴市工作,帮助制订质量兴市工作方案及实施细则,进一步引导各地完善质量兴市工作规范。组织开展"质量专家老区行和园区行"活动:9—10月,组织质量专家赴南昌、赣州、吉安等地,举办5场质量兴市专题讲座,成功举办"2007江西质量论坛";与此同时,继续促进瑞金市与上海市闵行区质量兴市对口交流,争取上海市闵行区质监局对瑞金市质监局的支持帮助,进一步夯实瑞金市质监局质量技术基础及技术机构建设,提升区域质量水平。积极推动各地建立质量奖励制度:2007年,南昌市政府出台质量奖励制度。全年新增全南、大余、芦溪和莲花等6个县开展质量兴市工作。到2007年,全省有42个市、县、区开展质量兴市工作。南昌高新区管委会、江西铜业集团公司等3个单位获得国家质检总局的表彰。

2008年,省质监局着眼于提高区域经济运行质量,积极深化质量兴市工作内容,不断增强质量兴市工作有效性。一方面,制订下发《关于进一步开展质量兴市工作的通知》。进一步明确各设区市应增加的质量兴县(市、区)数及有关工作要求,切实提高各级政府开展质量兴市工作的主动性和积极性,不断扩大质量兴市工作的覆盖面,进一步增强质量兴市活动对促进区域经济社会发展的作用。另一方面,以工业园区为突破口,在全省启动“质量兴园”工作。通过有计划、有重点地引导和帮助园区企业增强质量意识、完善内部管理、采用先进的管理方法,进一步增强园区产品的市场竞争能力,提高园区经济运行的质量和效益,促进园区产品结构调整和产业升级,引导园区节能减排,走质量效益型和新型工业化道路。2008 年南昌市政府开展首届南昌市市长质量奖评审工作,江铃汽车股份有限公司、泰豪科技股份有限公司获得南昌市市长质量奖。引导各地将质量兴市工作向纵深发展,全省有 53 个市、县、区开展质量兴市工作,新增吉州、宜丰、浮梁等 11 个县(市、区)。

2009 年,省质监局实施以质取胜战略。推进质量兴市工作,组织开展质量兴市实地调研,其中以于都、新干、樟树、高安等地以质量振兴促进地方经济发展,特色鲜明,成效显著;着力推进质量兴园活动,不断深化“质量兴市”工作机制,在全省工业园区创造性地开展“质量兴园”活动,向省政府呈送《关于开展“质量兴园”活动的意见》;全省有 5 个设区市质监局召开“质量兴园”动员大会,成立工作机构;10 个工业园区启动“质量兴园”活动;42 个“质量兴市”两年以上的县(市、区)开展绩效评价自查工作;推动政府实施质量奖励制度,积极建议省政府将“省长质量奖(井冈质量奖)”和“江西省质量管理先进企业”纳入省政府表彰项目,加大对省质量管理工作成绩突出单位和个人的表彰力度,通过加强宏观激励导向,鼓励和引导省内企业走“质量兴企”的发展道路。是年,授予南昌娃哈哈食品有限公司等 20 家企业“江西省质量管理先进企业”荣誉称号。全省新增 16 个县(市、区)开展“质量兴市”工作,开展“质量兴市”县(市、区)总数达 69 个,占全省县(市、区)总数的 67%。

2010 年,“质量兴市”活动向“质量兴省”活动迈进。省质监局代省政府拟定《关于实施质量兴省战略的意见》,推动召开省质量振兴领导小组会议,会议研究进一步推进质量兴省工作事宜。省质量振兴领导小组成员、联络员,省直有关单位分管领导和业务处长共 33 个单位,70 余人参加会议。各地通过政府成立质量兴园工作领导小组、召开质量兴园工作会、制定指导和考核文件等方式,将质量兴园活动进一步引向深入,进一步扩大质量兴园活动范围,开展“质量兴园”工作的工业园区达到 39 个。开展“质量兴市”活动市(县、区)的国内生产总值、财政收入、招商引资和经济增长都得到大幅提高,其国内生产总值比全省平均增长率高出 4 个百分点,产品质量监督抽查合格率比全省平均高出 10.3 个百分点。

第三节　质量诚信体系建设

企业质量信用是指企业在生产经营活动中遵守质量法律法规、贯彻执行标准、兑现质量承诺的能力和程度。社会信用体系建设是在国务院领导下的一项重要工作,企业质量信用是社会信用的重要组成部分。质量信用体系的建设是在国家质检总局统一领导、规划和监管下依法推进、分步实施的一项工作。为加强企业质量信用信息管理,2004 年,国家质检总局要求各地方局着力建立质量信息安全责任制度,确保企业质量档案的信息安全。省内自 2004 年开始着手强化企业质量诚信体系建设和管理工作。

2004 年,国家质检总局办公厅下发《关于企业质量信用评价及企业质量档案等有关问题的紧急通知》，是年10月9日，省质监局下发《转发〈关于企业质量信用评价及企业质量档案等工作有关问题的紧急通知〉的通知》，省质监系统按《通知》要求加强企业质量信用评价及企业质量档案等工作管理。

2006年9月28日，针对社会上个别机构冒用国家质检总局名义开展质量信誉等级评估的问题，国家质检总局下发《关于个别机构冒用总局名义开展质量信誉等级评估工作有关问题的紧急通知》。对各种打着国家质检总局名义以赢利为目的的"质量信誉等级评估""建立企业质量信用档案"、论坛和培训等活动，进行坚决制止。并强调企业质量档案的管理，建设质量信息安全责任制度，严禁对外泄露任何企业质量档案信息，确保企业质量档案的信息安全。

2007年5月31日，为贯彻《国务院办公厅关于社会信用体系建设的若干意见》精神，加快推进全省社会信用体系建设，创造良好的社会信用环境，促进全省经济社会又好又快发展，省政府办公厅下发《江西省人民政府办公厅关于社会信用体系建设的实施意见》。确定总体目标为：按照"形成以道德为支撑、产权为基础、法律为保障的社会信用制度"的总体要求，经过5年左右时间，建成以"一套法规、两个平台、三大主体"（制定一套地方性信用法规规章，构建信用信息交换和服务两大平台，打造政府、企业、个人三大信用主体）为主要内容，体系完整、分工明确、运行高效、监管有力的社会信用体系基本框架和运行机制，使政府公信力显著提高，企业信用显著提升，公民信用意识明显增强，形成良好的全省社会信用环境。同时提出，构建社会信用联合征信系统，建设企业信用信息共享数据库和企业信用综合评级系统。

2008年3月24日，省质监局制定下发《关于加强企业质量信用体系建设工作的意见》，将企业质量信用等级分为守信、基本守信、失信、严重失信4个级别，按照"鼓励诚信、扶优限劣"的原则，对企业实行分类监管。对守法经营、质量过硬的A级企业，加大扶持和保护力度，降低监督抽查比例；对基本守信的B级企业，有针对性地做好监管和服务；对管理薄弱的C级企业，加大监督抽查和检查力度，监督企业尽快整改；对制假售假、严重失信的D级企业，实施信息披露与淘汰。同时，建立健全分工负责机制。省质监局负责组织、指导全省企业质量信用体系建设工作，统一管理全省企业质量信用信息，组织开展全省企业质量信用等级评价、分类监管及信息发布工作，指导与监督市、县、区质监局开展企业质量信用管理和宣传工作；负责组织质量信用动态跟踪、实时核实工作。设区市质监局主要负责本行政区内企业质量档案的核实审查工作；实施企业质量信用分类监管；受理计算机生成的守信（A级）企业申请，参与省质监局组织的守信（A级）企业核实、评价工作；核实计算机生成的严重失信（D级）企业质量信用状况；负责质量信用动态跟踪、实时核实及上报工作。县（市、区）质监局主要负责本行政区内企业质量档案的建立、核实、审查工作；具体落实企业质量信用分类、开展日常监管；动态跟踪企业质量信用信息、及时记录信息变更，并逐级上报。

2008年7月14日，省质监局就《江西省企业基础信息和信用信息交换目录》征求意见，进一步完善信息征集内容和评价标准。

2009年9月12日，省质监局在南昌八一广场举行企业质量诚信倡导活动，全省100家名优企业公开发出《企业质量诚信倡议书》，省长吴新雄出席活动，32家中央及省级主流媒体对活动进行现场报道，进一步扩大质量诚信的社会影响力。12月7日，省质监局印发《江西省企业质量信用等级评价试点工作方案》，制定《江西省企业质量信用AAA级评价细则（试行）》，明确指导思想、工作目标、评价内容、责任分工、工作原则、评价程序和进度安排等事项,为质量信用AAA级评价提供指导性文件。

2010年5月24日,在全省范围内启动企业质量信用等级评价试点暨“2009年度江西省质量信用AAA级企业”认定工作。经过企业自愿申报、设区市质监局推荐、资料审查和专家评审等程序,在征求工商、税务、银行、环保、安监等11个有关部门意见的基础上,认定25家企业为“2009年度江西省质量信用AAA级企业”,并于9月17日发文表彰获奖企业。2009年度江西省质量信用AAA级企业名单:江铃汽车股份有限公司,江西昌河汽车有限责任公司,泰豪科技股份有限公司,凤凰光学集团有限公司,华意压缩机股份有限公司,江西井冈山盛泰通信技术有限责任公司,江西贵溪化肥有限责任公司,蓝星化工新材料股份有限公司江西星火有机硅厂,江西诚志日化有限公司,江西省绿冬丝科实业有限责任公司,双胞胎饲料有限公司,江西煌上煌集团食品股份有限公司,江西省春丝食品有限公司,南昌亚洲啤酒有限公司,江西共青鸭鸭(集团)有限公司,江西回圆服饰有限公司,罗宾有限公司,江西飞宇竹业集团有限公司,江西省资溪县青云地板集团有限公司,江西南丰振宇实业集团有限公司,江西泓泰企业集团有限公司,江西锦溪水泥有限公司,景德镇陶瓷股份有限公司,江西萍钢实业股份有限公司,赣州虔东稀土集团股份有限公司。

2010年6月21日,省工信委等部门联合下发《关于转发加强工业产品质量信誉建设指导意见的通知》,针对国内产品质量信誉上存在的突出问题,明确6个方面的任务、措施:提高思想认识,加强组织领导;进一步落实企业质量主体责任;积极推动质量诚信体系建设;加快自主品牌培育;提高工业产品质量,维护消费者合法权益;加强标准化工作。

2010年,省质监局进一步扩大企业质量信用等级评价,按照《加强工业产品质量信誉建设指导意见的通知》精神,依据《江西省企业质量信用AAA级评价细则》,全省有81家企业申报质量信用AAA级企业,在征求各相关部门意见的基础上,经过专家初评,评审委员会审定,2010年共认定81家企业申报质量信用AAA级企业。

截至2010年,通过推进和加强质量诚信体系建设,企业质量诚信意识得到普遍提高,企业质量诚信体系得到健全和制度化,大多数企业产品质量承诺、服务质量承诺都能够向顾客和社会公示,质量监督系统的监管能力和水平得到有效提升,假冒伪劣产品明显减少。地方性信用法规规章出台,构建信用信息交换和服务两大平台,完成以政府、企业、个人三个信用主体的质量诚信框架,实现质量诚信建设总体目标。

第四节　企业质量档案建立

企业质量档案是指经国家统计局批准,由企业质量管理和产品质量相关信息构成的数据记录,涉及企业基本情况、质量管理状况、产品质量状况、质量监督活动状况、标准化管理、计量管理、许可证管理、特种设备监督检验、获得认证情况、产品综合性评价、质量违法与投诉状况等多方面信息。省内自2003年开始建立企业质量档案工作。

2003年,根据国家质检总局《关于“开展质量状况普查建立企业质量档案”的通知》要求,省质监局为全面掌握全省工业企业的质量状况,加强分类指导,切实从源头抓好产品质量,在全省范围内开展建立企业质量档案工作。2月11日,省质监局下发《关于开展质量状况普查建立企业质量档案的通知》,明确企业质量档案的主要内容、建档范围、完成时间。企业质量档案的主要内容包括:企业基本情况、质量管理状况、产品质量状况、防伪技术产品生产与应用、质量监督、标准化管理、计量管理、许可证管理、特种设备监督管理、认证、质量奖惩情况等。企业质量档案的建档范围:省内依法成立、具有明确法律地位的工业生产企业(以工商行政管理部门核发营业执照的单个企业为基本单位,包括法人、非法人和其他生产企业),单纯生产军工产品的企业不在此列。完成时间安排:全省2003年9月底以前,完成涉及实施强制性管理产品(包括工业产品生产许可证、强制性产品认证、食品质量安全生产许可证、制造计量器具许可证、锅容管特检验制造许可证)的生产企业的建档工作;2003年12月底以前,完成年销售额500万元以上工业生产企业(以下简称:规模以上企业)的建档工作。2004年6月底以前各设区市质监局必须完成年销售额100万元以上工业企业建立质量档案工作。此项工作得到质监局高度重视,省质监局成立建立企业质量档案工作领导小组,下设办公室。领导小组组长:刘和平。各设区市质监局也成立由主要领导任组长的建立企业质量档案工作领导小组。

2003年6月,省质监局制作统计分析软件用于企业质量档案管理。统计分析软件功能齐全,操作方便,基本覆盖企业质量档案中所有质量数据并能进行分层分析,为快捷、准确掌握行业、地区、经济类型、质量管理状况及年度走势提供帮助。

2003年7月,国家质检总局下发《关于开展全国企业质量状况调查工作的通知》,并编制出《企业质量档案样本》,明确填表指南与调查要点。按照国家质检总局要求,12月,全省完成1710家企业建立质量档案工作。其中,按企业销售额统计,年销售额在500万元以上企业804家,占总数的47%。按企业所有制统计,国有企业180家,占总数的10.5%;集体与联营企业205家,占总数的12%;股份制企业130家,占总数的8%;有限责任公司708家,占总数的41%;私营企业264家,占总数的15%;外资与中外合资企业72家,占总数的4%;其他家企业138家,占总数的8%。产品涉及汽车、冶金、石化、机械、电子、建材、医药、烟草、食品、轻纺等行业。

2004年,继续加大企业质量档案建设工作,省内建立企业质量档案数量扩大到3702家。其中,按企业销售额统计,年销售额在500万元以上企业1484家,占总数的40.1%。按企业所有制统计,国有企业331家,占总数的8.9%;集体与联营企业355家,占总数的9.6%;股份制企业211家,占总数的5.7%;有限责任公司1459家,占总数的39.4%;私营企业613家,占总数的16.6%;外资与中外合资企业151家,占总数的4.1%;个体户与个体合伙企业553家,占总数的14.9%;其他家企业29家,占总数的0.8%。产品涉及汽车、冶金、石化、机械、电子、建材、医药、烟草、食品、轻纺等行业。这些档案为对全省企业进行分类监管,有针对性地帮助企业解决标准、计量、质量管理方面存在的问题,研究全省工业企业产品质量状况提供基础性数据。

2007年,企业质量档案建立工作向重点产品延伸。8月29日,国家质检总局印发《关于做好10类重点产品生产企业建立企业质量档案工作的通知》。省质监局按照国务院和省政府的统一要求,印发《关于做好10类重点产品生产企业建立企业质量档案工作的通知》,部署在全省范围内全面开展家用电器、儿童玩具、劳动防护用品、汽车配件、低压电器、建筑钢材、人造板、扣件、电线电缆、燃气器具10类重点产品生产企业质量普查,建立相关企业质量档案。全省502家10类重点产品生产企业完成建立质量档案工作,建档率达到100%;同时,把全省242家纳入工业产品生产许可证管理的危化品、防爆电气、农业生产资料的生产企业全部列入建立质量档案范畴,完成率达到100%。另外,稳步推进产品质量电子监管网建设。全省有16家企业加入电子监管网。

2008年,进一步深入开展建立质量档案工作。2月20日,国家质检总局印发《关于深入开展部分重点产品质量专项整治行动的通知》,部署在全国范围内开展家具、玩具、服装、油漆涂料、仿真饰品、絮用纤维制品、人造板、装饰材料、汽车配件、洗涤用品新10类重点产品专项整治工作。整治方案要求对新10类重点产品建立质量档案。省质监局将《通知》要求的10类产品以及列入工业产品生产许可证和3C认证目录范围的产品、名牌及免检产品生产企业全部列入建立企业质量档案范围。全省1062家10类重点产品生产企业100%建立质量档案。组织推动6类69种产品加入产品质量电子监管网,截至2008年9月底,全省累计入网企业621家,激活上市企业12家。全省列入10类重点产品的1062家生产企业100%建立质量档案。

2009年,省质监局下发《关于开展建立企业质量档案工作的通知》,进一步将建立企业质量档案的范围扩大到列入工业产品生产许可目录的产品生产企业以及有效期内的名牌产品生产企业,其他企业可自愿申请建立企业质量档案。此项工作截至2010年底,全省获证企业建档1384家,建档率达92.5%,其中,家电下乡产品生产企业建档率达100%。

至2010年,全省共有6892家企业建立企业质量档案,组织推动6类69种产品621家企业加入产品质量电子监管网,激活上市企业12家。通过建立、分析企业质量档案,为全面掌握全省工业企业的质量状况,加强分类指导,切实从源头抓好产品质量,帮助企业提高质量水平提供有效的数据支撑。

第五节　企业全面质量管理

1991—2000年,全省企业质量管理工作一直是由省经贸委负责推进,2001年随着质量管理处由省经贸委划归省质监局,全省企业质量管理工作才由省质监局负责推进。

1991—2000年,省经贸委通过举办"全面质量管理基本知识""ISO9000标准"培训班、组织观看《全面质量管理基本知识》电视讲座、参加全国《全面质量管理基本知识》统一考试、国营企业人手一本《全面质量管理基本知识教材》等形式,强化企业质量管理意识,提高企业质量管理水平和能力。

2001—2010年,省质监局从教育培训、宣传贯彻国家质量管理标准、推进质量体系认证、推广先进质量方法、培育质量专业人才队伍、总结推广企业先进质量管理经验、表彰质量管理优秀企业等方面开展工作。

全面质量管理知识普及

全面质量管理(TQM)知识普及教育是一项利国利民的质量基础性工作。1980年国家开展大规模推进全面质量管理基本知识普及教育工作。20年后,2001年7月5日,国家质检总局、原国家经贸委、中华全国总工会、共青团中央联合下发《关于开展新一轮质量管理培训的通知》,省质监局在省质协的配合下,在全省企业中开展新一轮质量管理知识的教育培训工作。

1993年,举办全面质量管理基本知识培训班22期,培训员工2000余人,在集中举办全面质量管理基本知识普及教育培训的基础,强化企业内部培训,据不完全统计,全省培训员工达21600人。

1994年,《江西省一九九四年质量管理工作要点》中提出全省质量管理工作主要目标:全省125种主要工业产品和百户企业中45户主导产品质量稳定提高率要分别达到85%以上;安排重点产品质量攻关31项,年内力争完成12项;全省抓好75户企业计划降损4200万元。重点抓好百户企业的降损工作;抓好8项重点工业产品实物质量的提高;做好58个企业30个品种新质量指标体系的考核统计工作;抓好30种工业产品质量分等定级工作。

与省乡镇局联合举办乡镇企业领导质量法规和质量保证知识教育;参加国家技监局举办的"企业领导人员质量管理和质量保证知识广播培训讲座"辅导工作,邀请中国质量协会著名专家来昌培训内部审核员骨干;共举办质量知识普及宣传,广播函授学习班共16次,参加人数3万余人次。

1995年5月,邀请国家质量认证办专家来南昌讲课,为全省培训质量体系审核员70余名。组织企业员工参加全国全面质量管理统考,约3000人通过考试,获得全面质量管理知识考试合格证书。

1996年,省经贸委举办企业领导《质量合理和质量保证》知识电视讲座培训。组织开展企业全面质量管理基础知识教育培训,选送优秀企业质量管理人员参加中国质量协会举行的对口专业学习10余次,省经贸委举办企业领导《质量合理和质量保证》知识电视讲座培训。

1997年,举办全面质量管理基本知识辅导员培训班2期,培训辅导员220人,组织5250名员工参加全国全面质量管理基本知识统考并取得合格证。江铃汽车股份有限公司等3家单位被国家技监局质量管理司和中国质量协会授予全国全面质量管理普及教育先进单位;胡杰、李明亮等11人被中国质量协会授予全国全面质量管理普及教育先进个人。

1998年,举办全面质量管理基本知识辅导员培训班3期,培训辅导员300人,组织7050名员工参加全国全面质量管理基本知识统考并取得合格证。新余钢铁有限责任公司等3家单位被国家质监局质量管理司和中国质量协会授予全国全面质量管理普及教育先进单位;胡军、喻强等8人被中国质量协会授予全国全面质量管理普及教育先进个人。

1999年,举办全面质量管理基本知识辅导员培训班3期,培训辅导员300人,组织7050名员工参加全国全面质量管理基本知识统考并取得合格证。新余钢铁有限责任公司等3家单位被国家质监局质量管理司和中国质量协会授予全国全面质量管理普及教育先进单位;胡军、喻强等8人被中国质量协会授予全国全面质量管理普及教育先进个人。

2000 年,举办全面质量管理基本知识辅导员培训班 2 期,培训辅导员 180 人,组织 8000 名员工参加全国全面质量管理基本知识统考并取得合格证。九江市质监局质量科等 3 家单位被中国质量协会授予全国全面质量管理普及教育先进单位;叶瑞平、邹瑞玲等 8 人被国家质监局质量管理司和中国质量协会授予全国全面质量管理普及教育先进个人。

2001 年,举办全面质量管理基本知识辅导员培训班 3 期,培训辅导员 260 人,组织 6500 名员工参加全国全面质量管理基本知识统考并取得合格证。新余市质监局质量科等 3 家单位被国家质检总局质量管理司和中国质量协会授予全国全面质量管理普及教育先进单位;程文辉、李晓明等 8 人被国家质检总局质量管理司和中国质量协会授予全国全面质量管理普及教育先进个人。

2002 年,举办全面质量管理基本知识辅导员培训班 2 期,培训辅导员 190 人,组织 7800 名员工参加全国全面质量管理基本知识统考并取得合格证。昌河飞机工业(集团)责任有限公司等 3 家单位被国家质检总局质量管理司和中国质量协会授予全国全面质量管理普及教育先进单位;邓艳玲等 10 人被国家质检总局质量管理司和中国质量协会授予全国全面质量管理普及教育先进个人。

2003 年,举办全面质量管理基本知识辅导员培训班 6 期,培训辅导员 333 人,组织 13250 名员工参加全国新一轮全面质量管理基本知识统考并取得合格证。省质量协会被国家质检总局质量管理司和中国质量协会授予“2003 年度全面质量管理基本知识普及教育优秀组织奖”,南昌钢铁有限责任公司、江铃汽车股份有限公司、新余市质监局、广丰卷烟厂 4 家单位被国家质检总局质量管理司和中国质量协会授予全国全面质量管理普及教育先进单位;姜晓菲、喻强、聂冬梅、胡杰、程文辉、徐厥通、罗倪、樊久春、刘军、李晓明、李明亮等 10 人被国家质检总局质量管理司和中国质量协会授予全国全面质量管理普及教育先进个人。

2004 年,举办全面质量管理基本知识辅导员培训班 5 期,参加学习班的企业达到 100 多家,参加培训人员 400 多人,培训辅导员 310 人。组织 6700 多人参加全国新一轮全面质量管理基本知识统考并取得合格证。新余钢铁有限责任公司、赣州市质监局质量科、新余市质监局质量科等 3 家单位被国家质检总局质量管理司和中国质量协会评为全国全面质量管理普及教育先进单位,涂梁华、程文辉、叶瑞平、邹瑞玲、周凤珠、傅玉辉 6 人评为先进个人。

2005 年,举办全面质量管理基本知识骨干培训班 4 期,有 320 人参加培训,组织 3500 多人参加全国新一轮全面质量管理基本知识统考并取得合格证。景德镇市质监局质量科、质监局质量处、萍乡钢铁有限责任公司 3 家单位被国家质检总局质量管理司和中国质量协会评为全国全面质量管理普及教育先进单位,张功莘、欧阳健、邓艳玲、傅晓敏、傅勇 5 人评为先进个人。

2006 年,组织 3000 多人参加全国新一轮全面质量管理基本知识统考并取得合格证。上饶市质监局质量科、宜春市质监局质量科 2 家单位被中国质量协会评为全国全面质量管理普及教育先进单位,余金森、周岩、聂春华 3 人评为先进个人。

2007 年,组织 3000 多人参加全国新一轮全面质量管理基本知识统考并取得合格证。昌河飞机工业(集团)责任有限公司、吉安市质监局质量科等 3 家单位被中国质量协会评为全国全面质量管理普及教育先进单位,傅晓敏、周伟祥、徐小兵、杨力 4 人评为先进个人。

2008 年,组织 1500 多人参加全国新一轮全面质量管理基本知识统考并取得合格证。

2009 年,在水泥企业、建筑企业宣讲全面质量管理知识和质量管理方法培训班 2 期,培训质量管理骨干 180 名,组织 1260 人参加全国新一轮全面质量管理基本知识统考并取得合格证。

2010 年,举办全面质量管理普及教育师资培训班 2 期,有 200 多人参加培训并获得全面质量管理知识普及教育教师资格,组织 1500 人参加全国新一轮全面质量管理基本知识统考并取得合格证。

ISO9000 质量管理体系标准宣传贯彻

ISO9000 质量管理体系标准是国际质量管理和质量保证技术委员会(ISO)制订的质量管理和质量保证标准。1987 年首次发布 ISO9000 系列标准,1991—2000 年对这套标准分二个阶段进行修改,2000 年 12 月 15 日正式发布 2000 年版的 ISO9000 族标准,2000 年版标准充分考虑 1987 年版和 1994 年版标准以及其他管理体系标准的使用经验,使质量管理体系更加适合各类组织的需要。国家基本同步制定和颁布 GB/T19000 族标准。为认真贯彻质量管理和质量保证系列国家标准,积极引导企业建立质量管理体系,提高产品质量保证能力,组织开展标准培训,培育建立质量管理体系审核员队伍,鼓励开展 ISO9000 质量管理体系认证,特别是管理基础较好的重点企业和生产出口企业搞好认证工作。

1994—2010 年,全省大力推进宣传贯彻质量管理体系工作,在开展企业调研的基础上,通过发布 ISO9000 标准贯标试点企业名单,促进企业按国际标准建立健全文件化质量保证体系并贯彻实施。仅 2004 年就有 73 个贯标试点企业和百户企业要围绕贯彻 GB/T19000 - ISO9000 系列标准,建立正常运行的质量管理和质量保证体系。共举办 ISO9000 族质量管理体系标准培训讲座 100 余次,组织举办质量管理体系内、外部审员培训班 10 期,培养外部审核员 200 余人,内审员 1200 余人。至 2010 年 12 月,全省 29 个行业中企业质量管理体系认证率达到 36%。为鼓励企业按国际标准建立质量保证体系,有部分市、县(区)制定奖励制度,对通过 ISO9000 质量管理体系认证的企业给予 1 万 ~5 万元不等的奖励,促进企业质量保证能力的提升。

卓越绩效模式推广

卓越绩效模式是引导企业持续改进,追求卓越绩效的有效系统方法。为大力推广《卓越绩效评价准则》(GB/T19580 - 2004)国家标准,鼓励和引导企业积极学习和实施卓越绩效模式,不断转变观念,追求卓越,全面提升市场竞争力,省质监局授权委托省质量协会在推广"走质量效益型"发展道路的基础上,自 2005 年起在全省推广先进的卓越绩效模式,并开展表彰实施卓越绩效模式先进企业,推荐全国实施卓越模式先进企业的活动。

1994 ~2000 年,省质协组织相关企业探索走质量效益型发展道路,通过评选实践活动,不断总结经验,摸索完善全省质量效益型先进企业评选及推荐全国质量效益型先进企业评选标准。

2001 年,为表彰推进、实施卓越绩效先进企业和个人,在全省开展评选江西省优秀质量厂长(经理)的活动,南昌铁路局局长郭敏杰等 57 名厂长(经理)当选年度江西省优秀质量厂长(经理),

余卓民等42名同志当选年度江西省优秀质量管理者,王修通等24人当选年度江西省优秀质量工作者。并评选出南昌卷烟厂等18家企业为江西省质量效益型先进企业。

2002年,评选出景德镇华意电器总公司等21家企业为江西省质量效益型先进企业。

2003年,为引导更多企业走质量效益型发展道路,在以往评选江西省质量效益型先进企业的基础上,增设"江西省质量效益型先进企业特别奖",表彰连续三年获得"江西省质量效益型先进企业"的先进典型。2003年,评选出江西省质量效益型先进企业特别奖5个、江西省质量效益型先进企业14家,其中萍乡钢铁有限责任公司、南昌卷烟厂两家企业获"全国质量效益型企业"称号。

2004年,继续扩大开展推进走质量效益型发展道路的活动。评选出江西省质量效益型先进企业15家,其中江铃汽车股份有限公司、萍乡钢铁有限责任公司两家企业获"全国质量效益型企业"称号。

2005年,国家标准《卓越绩效评价准则》《卓越绩效评价准则实施指南》正式颁布实施。当年组织开展《卓越绩效评价准则》《卓越绩效评价准则实施指南》的宣传贯彻活动,举办《卓越绩效评价准则》标准培训班3期,参加学习企业100余家,培训人数350余人;并将走质量效益型发展道路活动统一到实施卓越绩效模式上来。制定下发《江西省实施卓越绩效模式先进企业评选办法》,评出省实施卓越绩效模式先进企业10家,实施卓越绩效模式特别奖企业2家。其中萍乡钢铁有限责任公司获全国实施卓越绩效先进企业特别奖,江西诚达工程监理公司、新余钢铁有限责任公司获"全国实施卓越绩效模式先进企业"称号。

2006年,重点引导创名牌产品生产企业和有一定管理基础的企业学习实施《卓越绩效评价准则》标准,评出江西省实施卓越绩效模式先进企业8家。其中江西诚达工程监理公司、江西盾牌化工有限责任公司获"全国实施卓越绩效模式先进企业"称号。

2007年,继续推广卓越绩效模式,在全省范围内开展实施卓越绩效模式活动。评选出江西省实施卓越绩效模式先进企业7家、先进个人8名。其中江西诚达工程咨询监理有限公司获"全国实施卓越绩效模式先进企业特别奖",昌河飞机工业(集团)责任有限公司评为全国实施卓越绩效模式先进企业。

2008年,举办3场卓越绩效模式讲座,指导帮助多家企业按卓越绩效模式开展自我评价,找出企业最关键的弱项,实施改进,并取得成效。评选出江铃汽车股份有限公司等9家企业为江西省实施卓越绩效模式先进企业、李易东等11位先进个人。其中江铃汽车股份有限公司、江西添光化工有限责任公司评为全国实施卓越绩效模式先进企业。

2009年,评选出泰豪科技股份有限公司等10家企业为江西省实施卓越绩效先进企业,简勤等4位质量管理卓越领导者、夏文勇等9位优秀质量管理者,授予江西洪都航空工业集团有限责任公司和江西省地质工程(集团)公司2家"全省实施卓越绩效模式先进企业特别奖"。其中泰豪科技股份有限公司、中国移动通信集团江西有限公司评为全国实施卓越绩效模式先进企业。

是年,省政府于3月30日常务会议上同意设立"省长质量奖"(又称井冈质量奖),并定于两年为一届。经培育、动员申报,第一届井冈质量奖评选,有21家企业进入专家评审环节。

2010年,省质监局加大推进卓越绩效模式的力度,要求所有申报省质量管理先进企业的单位必须导入卓越绩效模式，提供“实施卓越绩效模式自评报告”，并组织专家按照《卓越绩效评价准则》认定“2010年江西省质量管理先进企业”。继续开展《卓越绩效评价准则》宣传贯彻，举办《卓越绩效评价准则》培训，有80多家企业，120多人企业代表参加培训。评选出江西省质量管理先进企业21家，江西省实施卓越绩效先进企业10家，王洪、郑伟两位全省质量管理卓越领导者，毛勇等10位全省优秀质量管理者。新余钢铁集团有限公司被评为全国实施卓越绩效模式先进企业，并获得全国质量奖“鼓励奖”。

通过在全省推进卓越绩效模式，更多的企业解和掌握卓越绩效的评价方式，开展质量标杆学习与比对，科学地运用标准寻找企业管理短板，提高企业管理成熟度。

用户满意工程活动

实施用户满意工程，是中国质量协会发起并联合国家技监局等有关部门、行业协会共同推进的一项社会性质量工程，1996年5月28日，中国质量协会牵头，与国家技监局、国内贸易部、机械工业部、冶金工业部、化学工业部、邮电部、中国轻工总会等部、会联合发出《关于“实施用户满意工程”的通知》，标志着全国用户满意工程活动的启动。江西省根据中国质协部署，是年启动实施用户满意工程活动，开展评选江西省用户满意奖的工作。

1996年，工作重点组织开展“实施用户满意工程活动”宣传推广活动，召开用户和企（商）等座谈会，征求用户对产品质量，服务质量的意见，组织大商场质量跟踪站和企业产品维修站开展咨询、维修服务和用户评价、推荐活动。表彰全省用户满意企业21家、全省用户满意产品31个、全省用户满意服务8家。

1997年，启动用户满意度调查测评工作，全年完成用户满意度调查项目32个，表彰全省用户满意企业23家、全省用户满意产品27个、全省用户满意服务5家。

1998年，完成用户满意度调查项目23个，表彰全省用户满意企业28家、全省用户满意产品25个、全省用户满意服务10家。

1999年，完成用户满意度调查项目38个，表彰全省用户满意企业21家、全省用户满意产品26个、全省用户满意服务12家。

2000年，完成用户满意度调查项目36个，表彰全省用户满意企业22家、全省用户满意产品20个、全省用户满意服务16家。赣州市质协钟良玉等6人评为全省先进用户工作者。

2001年，完成用户满意度调查项目56个，表彰全省用户满意企业30家、全省用户满意产品30个、全省用户满意服务25家、全省用户满意工程1项。赣州市质协钟良玉等6人评为全省先进用户工作者。赣州市质量协会等3家单位评为全省用户工作先进单位，南铁企协黎耀等8人评为全省优秀用户工作者。

2002年，完成用户满意度调查项目45个，表彰全省用户满意企业27家、全省用户满意产品22个、全省用户满意服务22家、全省用户满意工程1项。

2003年，重新修订《江西省用户满意企业和产品评价表彰管理办法》，加大开展第三方用户满意测评工作力度,完成用户满意度调查项目80个,通过科学、客观、公正的第三方用户满意度测评,使越来越多的企业更加关注顾客。通过为企业提供有价值的评价报告,使企业及时了解顾客需求,获得质量改进信息,取得良好的社会和经济效益。12月召开全省用户满意奖表彰会,有75家企业获全省用户满意企业、52个产品获全省用户满意产品、31项服务获全省用户满意服务、1项工程获全省用户满意工程。其中南昌铁路局、萍乡钢铁有限责任公司、江铃等六家企业分别评为全国用户满意企业、产品、服务和建筑工程。

2004年3月组织开展优质服务月活动,并获得全国用户委员会授予的2004年优质服务月活动优秀组织者荣誉。全年完成用户满意度调查项目48个,表彰全省用户满意企业38家,全省用户满意产品24个,全省用户满意服务25项,全省用户满意工程1项。其中新余钢铁有限责任公司、南昌钢铁有限责任公司、江西盐矿、南昌火车站、省移动通信公司萍乡和抚州分公司、南铁建筑工程有限责任公司等7家企业分别获得“全国用户满意企业、产品、服务和建筑工程”的荣誉。

2005年3月继续组织开展优质服务月活动,并获得全国用户委员会授予的2005年优质服务月活动优秀组织者荣誉。完成用户满意度调查项目46个,表彰全省用户满意企业31家,全省用户满意产品20个,全省用户满意服务6项,全省用户满意工程5项。其中南昌烟厂、江西移动通信有限责任公司上饶分公司和赣州分公司获全国用户满意企业称号;萍乡钢铁有限责任公司生产的低碳钢热轧圆盘条、江西盾牌化工有限公司生产的地乐胺被评为全国用户满意产品;中国联通江西分公司投诉、咨询受理服务被评为全国用户满意服务;江西中恒建筑公司建造的南昌十中图书综合楼被评为全国用户满意工程。

2006年3月组织相关企业参加“2006年全国优质服务月”活动,开展创建全国用户满意服务明星活动,省质量协会获2006年全国优质服务月优秀组织者荣誉,江西移动通信公司、江西公路开发总公司等7家企业获2006年全国优质服务月活动先进单位,金晓、王冬梅、朱翠萍、张糯梅、程兆荣5人获2006年全国优质服务月先进个人荣誉。有3个班组获全国用户满意服务明星班组。全年完成用户满意度调查项目35个,表彰全省用户满意企业25家,全省用户满意产品23个,全省用户满意服务6项,全省用户满意工程9项。其中南昌钢铁有限责任公司、江西移动通信有限责任公司抚州分公司等5家公司获全国用户满意企业称号;江铃汽车股份有限公司“江铃全顺”牌商用车等4家公司的产品被评为全国用户满意产品;江西移动通信有限责任公司2项服务评为全国用户满意服务;南昌市建筑工程集团有限公司承建的中国联通江西分公司通信枢纽办公楼被评为全国用户满意工程。

2007年3月继续组织开展优质服务月活动,南昌铁路局南昌车站获2007年全国优质服务月标兵示范单位荣誉,江西洪都航空工业集团有限责任公司、江西省电信有限公司九江市分公司、鹰潭百姓珠宝金行有限公司获2007年全国优质服务月活动先进单位荣誉,万晴嵩、陈智南、廖钢获2007年全国优质服务月活动先进工作者荣誉。全年完成用户满意度调查项目21个,表彰全省用户满意企业16家,全省用户满意产品17个,全省用户满意工程8项。其中中国移动通信集团江西有限公司、萍乡钢铁有限责任公司、南昌卷烟总厂3家公司获全国用户满意企业称号;江西新瑞丰生化有限公司“瑞丰”牌赤霉素、萍乡钢铁有限责任公司“博升”牌低碳钢热轧圆盘条、江西盾牌化工有限公司“盾”牌48%仲丁灵(地乐胺)3家公司的产品被评为全国用户满意产品;江西省第五建筑工程有限公司承建的江西北大科技园一期创业大厦被评为全国用户满意工程。

2008年,省质监局开展对申报省名牌产品企业第三方用户满意度测评工作,测评企业34家。全年表彰全省用户满意企业13家,全省用户满意产品21个,全省用户满意工程3项,全省用户满意服务5项,先进个人36位。其中泰豪科技股份有限公司、江西赣玛实业有限公司、南昌长力钢铁股份有限公司、新余钢铁有限责任公司、中国移动通信集团江西有限公司萍乡分公司5家公司获全国用户满意企业称号;南昌长力钢铁股份有限公司“长力”牌弹簧扁钢和“海鸥”牌热轧带肋钢筋、江铃汽车股份有限公司“江铃全顺”牌商用车两家公司的产品被评为全国用户满意产品;浙江中富建筑集团股份有限公司第十一分公司承建的南昌“高能·金域名都一期11#楼”工程被评为全国用户满意工程;中国移动通信集团江西有限公司客户服务呼叫中心“客户服务热线”被评为全国用户满意服务。

2009年,启动创建全省用户满意服务明星活动,制定《创建“全省用户满意服务明星”活动管理办法》。3月省质协、省总工会、共青团省委和省妇联联合下发《关于开展创建“全省用户满意服务明星”活动的通知》,在全省推进创建全省用户满意服务明星活动,12月召开全省质量先进表彰大会,对王翼等27名全省用户满意服务明星,中国移动江西有限公司九江分公司九瑞大道自办营业厅等24个全省用户满意服务明星班组,左清等5位全省用户满意杰出管理者进行表彰,并在《江西日报》公告获奖者名单。同时获得表彰的还有全省用户满意企业26家,全省用户满意产品8个,全省用户满意工程5项,全省用户满意服务6项,先进个人18位。其中江西省新瑞丰生化有限公司获“全国用户满意企业”称号;新余钢铁股份有限公司“袁河”牌热轧中厚板、江西南缆集团有限公司“赣昌”牌电线电缆等2家公司的产品被评为“全国用户满意产品”;浙江中富建筑集团股份有限公司(赣)承建的南昌“高能·金域名都二期7#楼”工程被评为全国用户满意工程;中国移动通信集团江西有限公司赣州分公司“投诉处理”服务、江西诚达咨询监理有限公司“建设工程咨询监理”服务被评为全国用户满意服务。

2010年,完成用户满意度调查项目35个,表彰中国电信股份有限公司江西分公司等21家江西省用户满意企业;江西蓝天宇家纺用品有限公司“雨兰家纺”牌床上用品等33个江西省用户满意产品;江西省机场集团公司南昌昌北国际机场客户服务等2项江西省用户满意服务;浙江中富建筑集团股份有限公司(赣)承建的“高能·金域名都三期11#楼”工程等6项江西省用户满意工程;郑伟等22位用户满意活动卓越领导者;曾上林等19位用户满意活动优秀推进者。其中国电信股份有限公司江西分公司等3家企业获全国用户满意企业称号;江西新瑞丰生化有限公司“瑞丰”牌赤霉素等6家公司的产品被评为全国用户满意产品;中国建筑第四工程局有限公司江西分公司承建的“江西移动通信枢纽楼”等2个工程被评为全国用户满意工程;江西省机场集团公司南昌昌北国际机场“客户服务服务”被评为全国用户满意服务。3月,省质协、省总工会、共青团省委和省妇联联合下发《关于开展2010年创建“全省用户满意服务明星”活动的通知》,在全省继续开展创建全省用户满意服务明星活动,并对王晓恒等27名全省用户满意服务明星;卢耀辉等3位全省用户满意杰出管理者;中国移动通信集团江西有限公司上饶分公司万年县稻米城稻花班等35个全省用户满意服务明星班组进行表彰。

通过在制造和服务领域推进实施用户满意工程活动,引导企业建立以顾客为中心的经营战略,运用科学的方法,解决企业与顾客需求之间的差异,通过用户满意度调查,掌握顾客真实的感知质量和忠诚度,发现顾客诉求和质量改进重点,促进企业不断提高实现用户满意的能力,更多、更好地生产用户满意产品、建设用户满意的工程。

先进质量管理方法推广

传播先进的质量管理理念,推广先进的质量管理方法是质监部门的使命和职责。2001—2010年期间,在省质量协会配合下,结合结构调整和增长方式转变,引导企业发挥主体作用,结合企业质量管理现状,采取三步走策略推广先进质量管理方法,即宣传培训、试点取经、全面推进。推广先进质量管理方法重点工作是组织质量专家下基层,到企业较为集中的工业园区、经济开发区、高新技术产业园区对企业领导、专业技术人员和一线员工开展先进质量管理方法培训,并深入生产现场指导企业系统运用先进方法,帮助企业提升应用先进质量方法的能力和水平,提高产品实物质量和全员质量意识,促进质量改进和质量创新。

六西格玛方法是当时国际上较为先进的一种质量管理模式,为让企业掌握六西格玛管理方法,省质监局把六西格玛管理作为选修课目,引入全省质量专业资格继续教育培训。组织六西格玛管理普及培训,聘请六西格玛黑带大师到经济开发区、工业园区为企业讲解六西格玛方法。组织企业赴六西格玛管理优秀企业现场学习对标。至2010年,省内汽车及零部件行业实施六西格玛管理企业超过60%,江铃汽车股份有限公司有一批成果获得全国优秀六西格玛成果奖。

为帮助企业提高现场管理水平,普及生产现场精细化管理技术,组织开展现场管理方法培训与科普讲坛。先后在新干县箱包生产基地、萍乡市工业陶瓷生产集中区,举办企业现场管理科普讲坛;举办全省冶金、电气(力)、建筑、机械、化工、轻工、兵器、工业陶瓷、医药服务等行业质量专业人员参加的现场管理方法培训,围绕5S管理、目视管理、作业标准化、快速换模、拉动系统、看板管理、柔性生产单元与U型布局、IE工程、防错法(Poka-Yoke)、TPM改善等现场改善方法。帮助企业理解推行现场精细化管理成功的关键因素,掌握企业减少或消除现场浪费的方法,促进企业绩效提高。

为指导企业员工学习实践质量管理中常用的统计工具和方法,组织开展以“新老七种工具”为主要内容的系列培训。老七种工具指排列图、因果图、散布图、控制图、调查表法、直方图、分层法。新七种工具指系统图(树图)、关联图、亲和图、过程决策程序图法、矢线图法(甘特图)、矩阵图、矩阵数据解析法。不同的统计工具适用于不同的管理状态,适用于解决不同的问题。通过培训与指导,通过应用成果评价与推广,为企业科学地解决质量问题提供新的思路和工具,提高企业质量管理的科学性和有效性。

2001—2010年,共举办六西格玛管理普及培训5期,质量统计工具培训25期,现场管理改善方法培训6期,QC知识培训30期。通过“质量培训课堂企业行、质量专家服务企业行”活动,通过质量宣讲、质量月活动、质量知识竞赛、媒体宣传、成果分享和交流等形式，推动全省先进质量方法普及应用，提高企业质量行为能力和质量管理水平。

国家注册质量工程师培训与注册

2000 年 12 月 22 日，人事部、国家质监局下发《关于印发〈质量专业技术人员职业资格考试暂行规定〉和〈质量专业技术人员职业资格考试实施办法〉的通知》，正式启动注册质量工程师工作，在国家质监局统一部署下，江西省组织开展注册质量工程师培训、继续教育和注册登记工作。这项工作通过设置企业实用的质量专业课目，开展质量工程师继续教育，促进企业质量专业人员的培养，为提高企业质量管理水平提供人才保障。

2001 年，组织举办全省大中型企业质量管理人员“质量工程师专业理论和务实”培训班 2 期，有 100 多家企业，200 余人参加初级质量工程师知识培训，有 200 多家企业，350 余人参加中级质量工程师知识培训。是年组织 200 余人参加全国注册质量工程师全国统考，有 80 人通过考试，分别获得初级、中级国家注册质量工程师资格。

2002 年，组织举办“质量工程师专业理论和务实”培训班 2 期，有 100 多家企业，200 余人参加初级质量工程师知识培训，有 200 多家企业，350 余人参加中级质量工程师知识培训。是年组织 200 余人参加全国注册质量工程师全国统考，有 80 人通过考试，分别获得初级、中级国家注册质量工程师资格。

2003 年，国家质检总局下发《关于印发〈质量专业技术人员职业资格注册登记管理暂行办法〉的通知》，省内启动质量工程注册登记工作。全年注册登记质量工程师 100 人。

2004 年，继续开展质量工程注册登记工作。全年注册登记质量工程师 100 人。

2005 年 11 月，组织开展质量工程师继续教育工作，继续教育内容：质量管理小组活动知识、5S（即：整理、整顿、清扫、清洁、素养）管理和卓越绩效管理知识。213 位质量工程师参加培训，全年注册登记质量工程师 250 人。

2006 年 3 月，组织开展质量工程师继续教育工作，继续教育内容：质量管理小组活动知识、5S 管理和卓越绩效管理知识。有 55 位质量工程师参加培训，全年注册登记质量工程师 100 人。

2007 年 4 月，组织开展质量工程师继续教育工作，继续教育内容：质量管理小组活动知识、5S 管理和卓越绩效管理知识。120 位质量工程师参加培训，全年注册登记质量工程师 150 人。

2008 年，首次举办全省注册设备监理师继续教育培训，110 多位注册设备监理师参加培训，全年注册登记质量工程师 50 人，注册登记设备监理师 116 人。

2009 年 4 月，组织开展质量工程师继续教育工作，继续教育内容：六西格玛管理 200 位质量工程师参加培训，注册登记质量工程师 250 人。

2010 年 4 月，组织开展质量工程师继续教育工作，继续教育内容为六西格玛管理，75 位质量工程师参加培训，注册登记质量工程师 150 人。

第六节　质量月及群众性质量活动

质量月是指在国家质量工作主管部门的倡导和部署下,由全社会尤其是广大企业积极参与、旨在提高全民族质量意识、提高质量的一年一度的专题活动。中国质量月活动始于1978年。当时正值国民经济开始恢复初期,许多企业生产效率低、质量问题严重。1978年6月24日,国家经委向全国发出《关于开展质量月活动的通知》,决定每年9月份在全国工交战线开展质量月活动,大张旗鼓地宣传"质量第一"的思想,树立"生产优质品光荣、生产劣质品可耻"的风尚。

1978—1984年,质量月活动连续开展7次,内容一次比一次丰富,规模也一次比一次大。

1985—1996年,鉴于质量月活动的各项内容基本成为广大企业的自觉行动,为避免在一年里设置过多的专题活动月,停止质量月的明确称呼,但质量月活动的主要内容仍然进行。

1996年12月,国务院颁布《质量振兴纲要(1996—2010年)》,其中提出要继续开展质量月活动。因此,从1997年开始,国家又恢复一年一度的质量月活动。恢复后的质量月活动仍然定为每年的9月份。

为搞好每年的质量月活动,中宣部、国家经贸委、国家质检总局、中华全国总工会、共青团中央等有关部门每年都联合发出关于在全国开展质量月活动的通知,部署当年的全国质量月活动,围绕实现国民经济发展目标,提出当年的活动主题。集中一段时间,动员和组织社会各方面力量,采取多种形式,有针对性地开展质量月活动。一般质量月的主要活动有:召开主题大会、开展大规模咨询服务活动、组织宣讲《质量振兴纲要》、拍摄质量月主题公益电视广告、举办质量知识竞赛、组织开展"五查一访"、表彰质量效益型企业、专项监督检查及打假活动、宣传名牌产品展示名牌战略成果等。

表3-1-1　1997—2010年质量月活动主题

年　度	质量月活动主题
1997	让《质量振兴纲要》深入人心
1998	质量振兴,人人有责
1999	创造高质量,迎接新世纪
2000	质量——新世纪的呼唤
2001	新世纪、新质量、新生活
2002	讲诚信、保质量
2003	坚持以质取胜,提高竞争实力
2004	人人创造质量,人人享受质量
2005	奉献优质产品,构建和谐社会　副标题:质量在我手中,用户在我心中
2006	创新提升质量,名牌促进发展

续表

年　度	质量月活动主题
2007	质量安全,共同的责任
2008	质量安全是社会和谐的基础
2009	全员全过程全方位参与,全面提高质量安全水平
2010	抓质量水平提升促发展方式转变

1997 年 9 月,是恢复质量月活动的第一年。省委宣传部、省经贸委、省技监局、省总工会、团省委联合下发《关于贯彻〈关于在全国范围内开展“97 质量月”活动的通知〉》,成立由省委宣传部、省经贸委、省技监局、省总工会、团省委及有关部门的负责人组成的省“质量月”活动领导小组,决定 9 月在全省范围内开展“97 质量月”活动。“97 质量月”活动的主题是:让《质量振兴纲要》深入人心。

活动期间,省委宣传部、省经贸委、省技监局、省总工会、团省委会同省有关部门和社会团体,围绕宣传贯彻国家《质量振兴纲要》,在人民广场举办《质量振兴纲要》宣传咨询活动。省打假领导小组召开“97 江西打假保名牌新闻发布会”,公布全省第一批重点保护名优产品名单及打假保优工作方案。省经贸委围绕“爱我江西、用我名牌”突出抓好江西名牌产品的宣传推介活动,在省电视台、江西日报等媒体上开设江西名牌产品专栏,在南昌市中心开设“名牌广场”广告墙,召开江西名优产品展销会,并会同省直有关部门和地市对“97 名牌产品”申报企业开展质量管理和实物质量考评。省经贸委、省技监局组织开展《质量振兴纲要》的宣讲培训。省技监局围绕庆祝《中华人民共和国产品质量法》实施四周年,在南昌举行由省内大中型企业、有关部门和质检机构参加的座谈会,并与省技术监督执法大队在广场举办打假成果展览。省质量管理协会组织实施“用户满意工程”,开展用户满意奖的评价推荐工作,扩大用户满意奖的社会影响。省总工会会同省有关部门组织开展职工岗位技能竞赛。团省委组织开展“青年文明号服务卡助万家”活动,在全省 21 个城市,发动窗口行业青年文明号集体在立足岗位的同时,主动深入社区,走进千家万户,为群众提供优质服务,促进窗口行业服务质量的改善。各级地方电视台制作“质量振兴、人人有责”和“提高质量水平、振兴江西经济”的公益广告,并在晚间节目时间播出。

1998 年 9 月,省委宣传部、省经贸委、省技监局、省总工会、团省委联合下发《关于贯彻〈关于在全国范围内开展“98 质量月”活动的通知〉》,决定 9 月份在全省范围内开展“98 质量月”活动。“98 质量月”活动的主题是:质量振兴人人有责。

活动期间,组织报刊、广播、电视等新闻媒体,开展邓小平质量思想,《质量振兴纲要》和“质量振兴、人人有责”的学习宣传活动。以提高质量、降低成本、提高效益为目标,在青年职工中开展青年文明号服务和青年岗位能手等质量活动,以此作为深化青年文明号和青年岗位能手活动新的突破口。在昌开展 10 个商场和 50 家企业厂长、经理站柜台活动,听取用户意见、质量投诉,开展质量咨询。组织有关单位深入开展打假保名牌活动,改善质量环境,进一步规范市场行为。实施用户满意工程,评选用户满意奖,开展争创质量效益型企业的活动,并进行总结表彰。

2000年9月,全国质量月活动总体要求:以党的十五大精神和"三个代表"重要思想为指导,以全面贯彻落实《国务院关于进一步加强产品质量工作若干问题的决定》为主线,围绕质量月活动主题,动员各方面的力量,采取各种有效形式,力求使活动开展得深入、扎实。省质监局依据总体要求,结合新《产品质量法》实施,与省委宣传部、省经贸委、省总工会、团省委等部门联合制定2000年全省质量月活动方案,组织开展"江西省2000年质量月"活动,围绕"质量——新世纪的呼唤"主题,确定11项主要活动。9月9日,在南昌市八一广场举办"2000年全省质量月——质量宣传咨询服务日"活动。副省长王君参加咨询宣传服务活动。9月9日,省质监局在南昌市公开集中销毁一批假冒伪劣产品。9月5日至9月中下旬,省质监局与南昌卷烟厂在《信息日报》共同举办金圣杯《产品质量法》知识有奖竞赛活动。9月28—30日,省质监局在南昌举办第二期不合格企业厂长经理培训班。

2001年9月,为更好地落实党和国家领导人对质量工作的各项重要指示,进一步唤起全民质量意识,提高全省产品质量、工程质量和服务质量水平,省委宣传部、省质监局、省经济贸易委员会、省总工会、共青团省委等部门联合制定江西省2001年质量月活动方案,围绕"新世纪、新质量、新生活"主题,开展一系列活动。8月31日,在南昌市联合召开江西省2001年质量月活动暨质量技术监督新闻发布会,省人大、省政府、省监察厅、省工商局、省商检局、省药监局等有关部门的领导参加会议,同时近20家新闻媒体也参加新闻发布会。9月8日在南昌市八一广场共同举办"2001年江西省质量月－质量宣传咨询服务日"活动。8月31日至9月14日,省质监系统在全省范围内组织开展棉絮专项打假联合行动,全省共出动执法人员3212人次,检查1462家企业,发现有问题的105家,没收劣质棉絮1065床;捣毁生产加工和销售窝点19个;查处违法案件78起。许多群众对这两项关系人民生命财产安全和身体健康的专项打假行动给予极大的支持,在社会上树立质量技术监督的良好形象。9月18—28日,省质量技术监督系统在全省范围内组织开展锅容管特设备及配件专项打假和安全监察统一行动,全省共出动执法人员5051人次,检查3332家企业,发现有问题的企业1667家;责令整改锅容管特设备1331台,查封763台,销(拆)毁500台;查处违法案件311起。9月26日省质量技术监督系统在南昌等11个设区市公开集中销毁一批假冒伪劣产品,涉及烟酒、食品、棉被、农资、建材、电动工具、电线电缆、一次性医疗器械等10大类50余个品种,标值近900万元。在9月26日全省统一销毁假冒伪劣产品活动和9月28日集中开展的联合打假行动中,有10多家新闻媒体在执法现场做大量报道,令人身临其境,感受深切,社会反响很大。9月29日晚,省委宣传部、省质监局、省总工会、团省委和省有线电视台三套节目联合主办一台题为"呼唤质量"的电视文艺晚会。据不完全统计,截止到9月30日,仅省质监局关于质量月活动方面的报道约87篇次,20多家新闻单位对此次活动作近200余次的宣传报道,使质量月活动深入人心。

2002年9月,为进一步学习、宣传、贯彻《产品质量法》等有关法律法规,加强质量法制观念,提高消费者自我保护能力,打击生产、销售假冒伪劣产品的违法行为,营造一个人人关心质量,诚信守法的浓厚社会氛围和良好的市场环境,省委宣传部、省质监局、省经贸委、省总工会、共青团省委等部门联合制定江西省2002年质量月活动方案,围绕"讲诚信,保质量"主题,开展一系列活动。8月30日,在南昌市联合召开江西省2002年质量月活动暨质量技术监督新闻发布会,省人大、省政府、省政协、省监察厅、省工商局、省药监局、江西出入境检验检验局等有关部门的领导参加大会。9月7日，全省11个设区市在各自所在地举办“2002年江西省质量月－质量宣传咨询服务日”活动；省质量技术监督系统于9月下旬在南昌等11个设区市公开集中销毁一批假冒伪劣产品，涉及烟酒、食品、棉被、农资、建材、电动工具、电线电缆等9大类40余个品种，标值近600万元；9月下旬，省质监局在南昌举办一次为期两天的170人参加的“生产不合格产品的厂长经理培训班”；组织开展全省范围内的社会计量资源及需求调查活动，为从源头上提高产品质量作积极的探索。9月27日晚，省委宣传部、省质监局、省经贸委、省总工会、共青团省委和省有线电视台三套节目联合主办一台题为“再创质量辉煌”的电视文艺晚会。据不完全统计，此次质量月活动，有近30家新闻媒体对此次活动作近200次的宣传报道，质监局系统内发表质量月活动方面的报道80余篇次，进一步扩大质量月活动的社会影响力。

2003年9月，质量月活动以全面贯彻落实《产品质量法》《国务院关于进一步加强产品质量工作若干问题的决定》为主线，围绕“坚持以质取胜，提高竞争实力”主题开展一系列活动。9月11日，在南昌市联合召开江西名牌产品暨质量管理先进表彰大会，省人大、省政府、省政协等有关领导参加大会。会上，对获得中国名牌、江西名牌产品的生产企业、获得全国质量兴市活动先进市县荣誉称号的县人民政府、质量管理先进企业和先进个人进行表彰。9月6日，全省11个设区市在各自所在地举办“2003年江西省质量月—质量宣传咨询服务日”活动。活动中，围绕《产品质量法》，大力宣传质量法律法规和保护消费者合法权益等方面的知识，为消费者免费进行食品、烟草、家电、农资、眼镜、建材、化妆品、计算机、摩托车、燃气器具等产品质量咨询和检测服务，同时受理各类产品质量投诉，展示优质名牌产品生产企业形象等。据统计，参加此次活动的群众近6万人次，发放各类宣传资料2万余份，接待各类咨询近千人次，受理各类质量投诉百余起，进一步增强广大企业的质量法制观念和消费者依法自我保护的意识。同时，以《产品质量法》为依据，深入开展抓重点产品、重点市场、重点区域及查大案要案的“三重一大”行动，加大对制假售假违法犯罪行为打击的力度。9月下旬，在南昌等11个设区市公开集中销毁一批假冒伪劣产品，涉及烟酒、食品、棉被、农资、建材、电动工具、电线电缆等7大类40余个品种，标值近600万元。举办2003年江西质量高层论坛。论坛围绕“WTO与企业质量管理”“质量文化”“质量与社会进步的关系”“质量兴市、质量兴企与区域经济发展的关系”“原产地域保护制度对江西经济发展的影响”等六个方面展开论述。有关领导、专家学者和企业管理人员参加论坛活动。质量月期间，还组织开展眼镜制配场所计量监督检查活动，共检查眼镜配装、经营企业696家、在用计量器具2223台。通过检查使眼镜店所需计量器具配备率达到80%以上；组织开展起重机械设备安全专项检查整治活动，全省质监系统共出动检查人员1260人次，检查使用单位1510家，检查各类起重机械3094台，提出整改意见755条；组织开展“百城万店无假货”示范街、名优产品进商场展销活动。组织开展领导、知名企业家及百姓谈质量活动。通过报刊、电视、广播等新闻媒体，开展100余次质量访谈。大家围绕“名牌战略工程、质量兴市工程、质量信用工程、市场近百次的净化工程、重点保护产品工程、标准化工程、扶持民企工程、设备安全工程、原产地域产品保护工程、质量文化工程”等十大工程畅所欲言、献计献策。

2004年9月，省委宣传部、省质监局、省发改委、省经贸委、省总工会、团省委六部门制定2004

年江西省质量月活动方案,围绕“人人创造质量,人人享受质量”活动主题,组织开展一系列活动。9月4日,在各市、县、区组织开展2004年全省质量月宣传咨询服务日和统一销毁假冒伪劣商品活动。活动由各市、县、区质监局主持,工商、卫生防疫、药监、烟草专卖等有关单位配合。咨询服务内容主要包括:产品质量、计量、标准化、特种设备安全知识咨询服务、产品质量现场投诉受理服务、食品安全生产许可证和强制性认证制度宣传以及名优食品展示活动等。服务台前,咨询的市民络绎不绝,据不完全统计,质量宣传咨询服务日共散发有关宣传材料近8万份,接受咨询2万余次,受理投诉200多起。销毁食品、农资、化妆品、建材、汽配、棉花等假冒伪劣商品总金额545余万元。9月16日,省委宣传部、省质监局、省名推委联合召开2004年江西省名牌产品暨质量管理先进表彰大会。省长黄智权为大会发来贺信,对获“中国名牌”的江西樟树粮油公司、金虎集团、金佳谷物和江西铜业集团公司表示热烈的祝贺,充分肯定江西省名牌战略取得的成果和实施名牌战略推进的现实意义。省政府对获2004年“中国名牌”、全国质量管理先进企业称号的江西企业进行嘉奖。并对获2004年“江西名牌产品”“江西省质量管理先进企业”、质量管理先进个人进行表彰。质量月期间,为加强生产许可证企业质量管理,提高质监人员监管能力,省质监局组织企业学习、贯彻《中华人民共和国认证认可条例》,举办三期认证监管人员培训班,有219人参加学习并通过国家认监委组织的统一考试,初步建立一支认证监管队伍。为推进品牌建设,创新质量管理,省委宣传部、省质监局、省名推委还联合举办“质量名牌崛起”论坛。此次论坛邀请国内质量界知名人士作主旨演讲。国家质检总局质量司司长于献忠,省质监局副局长、省名推委主任胡菊芬从政府宏观管理的角度阐述国家名牌评价的基本原则、名牌对区域经济发展的重大影响;《中国经营报》社社长、著名的经济学家金碚,中国零缺陷管理创始人杨刚,六西格玛管理专家、中国朱兰研究院副院长金国强,著名品牌战略专家邓德隆,省社会科学院经济研究所所长、研究员黄世贤等专家、学者分别从自己研究领域,就品牌质量概念、质量前沿理念、品牌建设、零缺陷管理、品牌企业在宏观经济中的战略意义等作专题演讲;全国“质量兴市”先进单位、青岛市质监局副局长阎宝珠在会上介绍青岛市政府开展“质量兴市”活动的经验和取得成绩;浙江温州正泰集团、北京大唐移动电讯设备公司、江西南昌卷烟厂的有关领导分别介绍企业在质量、品牌建设方面最佳实践。来自江西名牌企业、质量管理先进企业、质量兴市(县)的地方政府及质监系统的300多位代表参加论坛活动。此次论坛得到湖南、安徽、山西、湖北、河南等中部地区省质监局的大力支持,并派出有关领导出席论坛。

本年质量月活动充分发挥新闻舆论宣传作用,江西日报、江西电视台等省内各大新闻单位,中国质量报、中国经营报、大江网等30余家国内知名媒体对此次活动作近200次的宣传报道,使质量月活动,创造、享受质量理念进一步在群众中传播。

2005年9月,省委宣传部、省质监局、省发改委、省经贸委、省总工会、团省委六部门联合组织开展2005年江西省质量月活动。此次质量月活动总体要求是:以邓小平理论和“三个代表”重要思想为指导,深入贯彻落实党的十六大和十六届四中全会及省委十一届八次全会精神,按照科学发展观和构建和谐社会的要求,以做强自主品牌、提升质量竞争力为主线,动员和引导全社会努力提高产品质量和质量管理水平,营造人人关心质量、人人重视质量的良好环境,促进经济结构调整和经济增长方式转变,推动省经济全面、协调、健康发展。活动主题“奉献优质产品,构建和谐社会”。

为使江西企业更好地与国际接轨，了解当今世界质量管理动态，获取更多卓越绩效管理信息，提高省企业国际竞争力，9 月 6 日，省名推委、省质量协会特邀请詹姆士·哈林顿博士来江西就如何提高企业经营管理质量，作“全面改进管理——下一代绩效改进”的演讲。詹姆士·哈林顿博士对中国质量事业的发展一贯给予高度关注，此次演讲会采取互动、讨论方式，通过剖析世界著名企业，对全省企业关注的“如何确定企业愿景，制定个性化的改进与变革管理计划”“如何激发每位员工的创造力，建立有活力的员工队伍”“如何在1000 多种改进工具中进行挑选，以使投资收益最大化”等问题进行解答。参加演讲会的 100 多家企业领导及代表还开展对话交流活动。9 月 25 日，省2005 年质量月活动领导小组和江西省名牌战略推进委员会在南昌召开 2005 年全省名牌产品暨质量管理先进表彰大会。省长黄智权为大会发来贺信。省政府对获 2005 年“中国名牌”称号的江西企业进行嘉奖。质量月期间还组织开展一系列相关活动。

表 3－1－2　2005 年江西省质量月活动数据统计

活动内容		数　量
省市级领导参加质量月活动情况		77（人次）
宣传情况	进行报道的省市级媒体	16（家）
	省市级媒体刊登或播出报道	87（篇）
“食品质量安全周”活动	制作展板	136（块）
	发放材料	27.67（万份）
	参加联展的商场（超市）	142（家）
	接受群众咨询和投诉	1982（人次）
执法打假情况	出动执法人员	5575（人次）
	出动执法车辆	67（辆次）
	立案	125（件）
	查获假冒伪劣产品货值	58.31（万元）
质量专家企业行	组织专家	23（人次）
	接受专家咨询、服务的企业	58（家）

2006 年 9 月，省委宣传部、省质监局、省发改委、省经贸委、省总工会、团省委六部门联合组织开展 2006 年江西省质量月活动。此次活动以做强江西品牌、提升江西质量为主线，围绕“创新提升质量名牌促进发展”主题，大力宣传质量方针政策，形成人人关心质量、重视质量、参与质量氛围，提升江西的产品、工程和服务质量水平，推动全省经济社会快速、和谐发展。9 月 25 日，省 2006 年质量月活动领导小组和省名推委在南昌召开 2006 年全省名牌产品暨质量管理先进表彰大会。省委书记孟建柱、省长黄智权为大会发来贺信，对获“2006 年全国质量兴市先进市县”的新余市、瑞金市、上饶信州区和获“中国名牌”的新余钢铁公司等 11 家企业表示热烈的祝贺，充分肯定省名牌战略推进取得的成果和实施名牌战略对促进江西经济社会发展现实意义。省政府对获 2006 年“全国质量

兴市先进市县”和“中国名牌”荣誉称号的省市县和企业进行嘉奖。省人大、省政协、省委宣传部、省发改委、省经贸委、省总工会、团省委、省财政厅、省国税局、省地税局、省统计局、南昌海关等部门的领导参加大会并为获奖企业颁奖。会上公布获2006年“江西名牌产品”名单,并颁发证书;对全省质量管理先进企业进行表彰。9月29日,省和南昌市2006年质量月活动领导小组在南昌共同举办2006年质量月现场咨询活动。此次质量月活动还组织一系列活动,如“食品安全年”专题行动;定量包装商品计量专项监督抽查活动;“百城万店无假货”“产品质量放心承诺”“诚信兴商”活动;质量现场咨询等活动,取得很好效果。

表3-1-3　2006年江西省质量月活动数据统计

活动内容		数　量
省市级领导参加质量月活动情况		77(人次)
宣传情况	进行报道的省市级媒体	42(家)
	省市级媒体刊登或播出报道	105(篇)
	组织专题晚会、文艺演出	2(场)
	印发宣传材料	8(万份)
	播放质量月公益广告	780(次)
	省市级质量月现场咨询活动	11(场)
执法打假情况	出动执法人员	4150(人次)
	出动执法车辆	1208(辆次)
	立案	491(件)
	查获假冒伪劣产品货值	351(万元)
质量专家企业行	组织专家	26(人次)
	接受专家咨询、服务的企业	72(家)
食品质量安全年专题活动	查处小作坊	828(家)
	查处食品生产违法行为	336(起)
参加“百城万店无假货”“产品质量放心承诺”“诚信兴商”活动的商场(超市)		83(家)
散发各种质量知识宣传单		5(万份)

2007年,省委宣传部、省质监局、省发改委、省经贸委、省总工会、团省委等6部门继续联合组织开展2007年江西省质量月活动。此次活动总体要求:以邓小平理论和“三个代表”重要思想为指导,以科学发展观为统领,积极实施质量振兴、以质取胜战略,深入贯彻落实全国质量工作会议精神,全面开展质量整治、确保安全活动,动员和引导全社会增强质量法制意识,促进企业提高质量,形成质量振兴、人人有责的良好社会氛围,大力促进经济结构调整和经济增长方式转变,推动省经济社会又好又快发展,以实际行动迎接党的十七大召开。活动主题:“质量安全共同的责任”。本年度质量月活动持续两个月。9月份,全省11个设区市所在地均组织开展质量月现场咨询活动。主

要内容包括:《产品质量法》《国务院关于加强食品等产品安全监督管理的特别规定》和《国务院关于加强产品质量和食品安全工作的通知》等质量法律法规宣传咨询、产品质量咨询服务及有关质量管理和质量技术咨询服务、名牌产品生产企业形象展示、为消费者免费进行食品、烟草、家电、农资、眼镜、建材、化妆品、计算机等产品质量咨询和检测服务、受理各类产品质量投诉等。据统计,参加此次活动的群众近7万人次,发放各类宣传资料3万余份,接待各类咨询近千人次,受理各类质量投诉百余起;组织开展食品生产企业管理体系认证有效性监督检查。对全省30家食品生产企业质量管理体系认证有效性情况进行监督检查,督促食品生产企业加强质量管理、确保食品质量安全,强化认证机构监管,进一步规范省认证市场,提高认证有效性;组织开展全省重点耗能企业贯彻国家强制性标准《用能单位能源计量器具配备和管理通则》的监督检查工作。建立企业能源计量档案,制定全省重点耗能企业贯彻执行国家强制性标准情况监督检查计划。完成列入国家《千家企业节能行动实施方案》的19家重点耗能企业的监督检查工作,通过检查,确保"三个到位",即能源计量器具配备到位,周期检定落实到位,企业能耗数据通过计量器具检测到位;组织开展质量专家园区行活动。共组织13位专家(26人次)分赴9个园区(81家企业)进行讲学、专题指导、释疑解难等,深受企业好评。10月17日,组织召开2007年全省名牌产品暨质量管理先进表彰大会。副省长洪礼和代表省政府对获2007年"中国名牌"荣誉称号的省内企业进行嘉奖。会上公布获2007年"江西名牌产品"名单及"2007年江西省质量管理先进企业"名单,并颁发奖牌和证书。

表3-1-4　2007年江西省质量月活动数据统计

活动内容		数　量
省市级领导参加质量月活动情况		82(人次)
参与质量月活动的企业		786(家)
质量月期间省政府对中国名牌奖励累计		90(万元)
宣传情况	进行报道的省市级媒体	42(家)
	省市级媒体刊登或播出报道	216(篇)
	组织专题晚会、文艺演出	2(场)
	印发宣传材料	10(万份)
专项整治行动	出动执法人员	16789(人次)
	出动执法车辆	3089(辆次)
	取缔制假窝点	100(个)
	关停无证生产食品加工企业	133(家)
	查处涉嫌犯罪的大案要案	7(件)
	曝光制假制劣企业黑名单	32(个)

续表

活动内容		数　量
质量专家行活动	组织专家	26(人次)
	专家讲座	9(场次)
	接受专家咨询、服务的企业	81(家)
质量宣传	印发有关质量知识、法律法规类宣传资料	10(万份)

2008年9月,省委宣传部、省质监局、省发改委、省经贸委、省总工会、团省委联合组织开展2008年质量月活动。此次活动以认真贯彻落实党的十七大精神为指导,以科学发展观为统领,围绕“质量安全是社会和谐的基础”活动主题开展工作。8月28日,在南昌举行长三角苏浙皖赣沪质监合作互认共同行动暨2008年质量月活动启动仪式。会议内容:总结苏浙皖赣沪质监合作互认工作成果,交流推进名牌战略、实施政府质量奖励制度、帮助汶川地震灾后重建确保产品质量安全的经验,发布苏浙皖赣沪质监系统2008年质量月联合行动工作方案,举行质量月活动授旗仪式。此次质量月活动启动仪式得到省政府和国家质检总局的高度重视,国家质检总局质量司司长孙波出席会议并讲话。9月30日,在南昌组织开展2008年全省质量月宣传咨询服务活动。省委副书记、省长吴新雄下达“江西质监12365举报申诉服务热线”升级启动令并视察咨询服务活动现场,省人大常委会副主任朱秉发致辞,省政协副主席朱张才出席。吴新雄对此次活动给予高度评价,朱秉发在讲话中充分肯定省质监工作成绩,强调质量工作的重要意义。质量月期间,各地质监局在当地党委宣传部、发改委、经贸委、工会、共青团组织的配合下,结合各自的实际和特点,积极开展多种形式的质量月活动。各设区市质监局和省质监局直属单位均制订质量月活动方案,明确目标、任务和责任部门。南昌市质监局利用“南昌质量短信平台”向市县区党政机关、企事业单位和重点企业发送质量月宣传短信5.6万条,印刷2万张宣传画、20多种资料光盘免费分发到全市近200家名牌企业、重点企业、社区、商场、宾馆和机关进行张贴,进一步渲染质量月活动气氛。赣州市质监局举办钨与稀土技术标准研讨会,与赣州经济技术开发区管委会联合举办质量兴园暨创建技术标准体系示范工业园活动启动仪式。上饶市质监局质量月活动部署早、行动快、内容新,与上饶日报联合举办一次饶城百姓信赖的十大家居品牌评选活动,引导广大群众正确消费,树立品牌意识,深化质量观念。

表3-1-5　2008年江西省质量月活动数据统计

活动内容		数　量
省、市领导参加质量月活动情况		83(人次)
参与质量月活动的企业		2394(家)
宣传情况	进行报道的省市级媒体	42(家)
	省市级媒体刊登或播出报道	393(篇)
	组织专题晚会、文艺演出	14(场)
	印发宣传材料	38.65(万份)

续表

活动内容		数　量
执法打假	出动执法人员	9710(人次)
	出动执法车辆	2502(辆次)
	取缔制假窝点	30(个)
	查处涉嫌犯罪的大案要案	10(件)
	曝光制假制劣企业黑名单	11(个)
质量专家行活动	组织专家	162(人次)
	组织专家讲座	30(场次)
	接受专家服务的企业	1670(家)
整顿奶制品生产企业情况	整顿奶制品生产企业	20(家)
	出动人员	7500(人次)
	组织检测	1040(批次)

2009 年 9 月,根据中央宣传部、国家质检总局、工信部、住建部、总工会、团中央等 6 部门联合下发的《关于开展 2009 年全国“质量月”活动的通知》要求,省委宣传部、省质监局、江西检验检疫局、省工信委、省住建厅、省总工会、团省委继续在全省开展“质量月”活动,制定《2009 年全省质量月活动方案》。围绕“全员全过程全方位参与,全面提高质量安全水平”活动主题,以“质量和安全年”活动为平台,立足提高质量、保障安全、扩大需求、促进增长,通过开展一系列形式多样、具有特色和社会影响力的主题活动,推进质量兴市、名牌战略、信用体系建设、标准贯彻实施和先进质量管理方法推广等工作。9 月 12 日,质量月宣传咨询服务日活动在南昌八一广场举行,省委副书记、省长吴新雄,省人大常委会副主任蒋如铭,省政协副主席李华栋出席活动,省长吴新雄下达全省“质量服务进园区”活动启动令,并向全省 11 个设区市“质量服务进园区”活动授旗。省政协副主席朱张才下达全省“质量月”活动启动令,并通过视频在 11 设区市分会场同时举行。省质监局主要负责人代表质量月活动领导小组致辞,省政府副秘书长蔡玉峰主持启动仪式,质量月活动领导小组成员单位负责人参加启动仪式。据统计,全省参加“质量月”活动的省、市领导达 128 人次,实现全省“质量月”活动的高位推动。

各地质监部门结合当地实际,积极创新质量月活动形式,自选动作亮点纷呈。南昌市质监局组织全市 20 家大中型企业召开质量管理现场会,总结推广南昌市市长质量奖获奖企业实施卓越绩效模式的成功经验。赣州市质监局在工业园区企业中推广质量管理小组活动,建立质量管理小组 47 个,召开座谈会 27 次,组织培训 21 场,培训人员 3200 余人。九江市质监局对全市 15 个工业园区的近千家企业进行质量调查,向市政府呈送《九江市工业园区质量状况调查分析报告》。上饶市质监局组织企业开展“质量和安全年”和“食品安全法”知识竞赛。吉安、赣州分别举办首届质量论坛,当地政府部门、名牌产品生产企业、优势产业企业代表等参加论坛。全省 11 个设区市通过政府领导专题撰文、名优企业及产品展示、质量月流动宣传车等形式,丰富“质量月”内容。

表3-1-6　2009年江西省质量月活动数据统计

活动内容		数　量
省、市领导参加“质量月”活动情况		128(人次)
参与“质量月”活动的企业		4316(家)
实施质量对比和提升工程的企业		386(家)
宣传情况	进行报道的省市级媒体	62(家)
	省市级媒体刊登播出报道	327(篇)
	组织专题晚会、文艺演出	4(场)
	印发宣传材料	23.6(万份)
执法打假	出动执法人员	9075(人次)
	出动执法车辆	1495(辆次)
	取缔制假窝点	20(个)
	查处涉嫌犯罪的大案要案	6(件)
	曝光制假制劣企业黑名单	5(个)
质量专家行活动	组织专家	248(人次)
	组织专家讲座	62(场次)
	接受专家服务的企业	1148(家)
质量培训教育活动	接受教育培训的企业	1456(家)
	接受教育培训的人员	4323(人次)

2010年9月,省委宣传部、省质监局、江西检验检疫局、省工信委、省住建厅、省总工会、团省委继续在全省开展质量月活动,制定《2010年全省质量月活动方案》。质量月活动指导思想:以科学发展观为统领,以品牌、标准、信誉、服务和效益为重点,围绕“质量提升”活动,大力实施以质取胜战略,努力营造政府重视质量、企业追求质量、社会崇尚质量、人人关注质量的良好社会氛围,全面提高全民质量意识,努力提升全省质量总体水平,为加快全省经济发展方式转变、提高经济发展的质量和效益做出新贡献。9月1日,江西省召开2010年质量月活动启动仪式新闻发布会,发布《江西省质监局2010年“质量月”活动总体方案》和《江西省质监局优化创业环境,提升服务水平30条服务措施》。为提升质量月活动的社会知名度,推动质量月活动,省质监局将质量月宣传口号、活动主题制成公益短信,通过短信平台,向全省各级党政机关、事业单位、重点企业和社会公众发送宣传质量月短信百万余条。在人民网和大江网开通省质量月活动专栏,面向全国宣传江西质量月活动开展情况。还采取宣传车、悬挂标语,举办演讲、征文、书画、摄影比赛等形式,有效提升省质量月活动的影响力。9月4日在全省11个设区市、99个县(市、区)同时开展质量月现场咨询活动,宣传质量知识,受理解决质量投诉举报287件。9月13日,由省质量协会主办,江西中烟工业有限责任公司协办的先进质量方法专题演讲会在南昌举行。国际著名质量管理专家詹姆士·哈林顿博士和新西兰梅西大学卓越组织研究中心(COER)主任罗宾·曼博士分别就简约流程管理和业务卓越与标杆

对比作专题的演讲。9 月 17 日，省质监局主要负责人接受人民网江西频道专访，向广大网友介绍 2010 年全省质量月活动有关情况，并就质量月活动主题及当前质监工作等回答网友的提问。9 月 26—28 日，第五届中国中部投资贸易博览会在南昌召开，在中博会重大合作项目签约仪式上，山西、河南、湖北、湖南、安徽、江西等中部 6 省质监部门，围绕合力打造“质量中部”“诚信中部”，共同签署《中部六省质量信用体系建设合作协议》。

质量月期间，省政府组织召开省质量振兴领导小组第一次会议，研究进一步推进质量兴省工作等事宜。省委组织部、省质监局在省委党校联合举办全省领导干部质量兴省专题培训班，有力推动全省实施质量兴省战略，进一步加大地方党委政府对质监工作的领导力度。各地质量月活动也特色鲜明，亮点纷呈。赣州市质监局利用国家钨与稀土产品质量检验中心的技术优势，举办钨与稀土及其他有色金属企业研讨讲座，搭建政府部门、技术研究机构与企业之间的有效互动平台，帮助企业分析查找质量问题，改进质量管理。抚州市质监局会同大觉山风景区开展“质量走进生态旅游”主题活动。九江市质监局抓住鄱阳湖生态经济区建设上升为国家战略的契机，在全市推进“质量兴园”活动。上饶市质监局在全市开展质量知识进企业、进乡村、进社区、进学校、进机关、进媒体的“六进”活动。吉安市质监局组织井冈山华能电厂等全市 35 家大型企业向社会发出《努力节能降耗，建设和谐吉安》倡议书。通过有效推进质量月活动，增强“质量月”活动在全社会的影响力，打造出“质量月”活动的品牌。

表 3－1－7　2010 年江西省质量月活动数据统计

活动内容		数　量
省级领导参加“质量月”活动情况		8(人次)
市级领导参加“质量月”活动情况		104(人次)
企业参与情况	开展“质量月”活动的企业	2414(家)
	开展“七查一访”活动企业	1155(家)
	开展质量标杆对比提升活动企业	407(家)
	召开企业质量座谈会	201(次)
	帮助企业解决质量问题	561(个)
	企业开展 QC 小组活动	407(次)
宣传情况	进行报道的省市级媒体	45(家)
	省市级媒体刊登或播出报道	518(篇)
	组织专题晚会、文艺演出	22(场)
	印发宣传材料	24.5(万份)
	网上直播访谈	9(次)

续表

活动内容		数　量
执法打假	出动执法人员	10597(人次)
	出动执法车辆	2758(辆次)
	取缔制假窝点	20(个)
	查处涉嫌犯罪的大案要案	3(件)
	曝光制假制劣企业黑名单	13(个)
	查处违法产品货值	2890(万元)
质量专家行活动	组织专家	102(人次)
	组织专家讲座	35(辆次)
	接受专家服务的企业	537(家)
接受质量培训教育培训的人员		2718(人次)
参与“开放月”活动实验室		41(个)
“实验室开放”集中展示活动参观人数		1426(人次)
参加食品检验技能大比武活和知识竞赛的人数		301(人次)
受理解决消费者投诉		287(件)

群众性质量活动

省群众性质量活动主要依托质量管理(QC)小组活动展开。质量管理小组活动是一项群众性的质量管理活动,国家自1979年开始推进,是年召开全国第一次质量管理小组代表大会。省内是1980年开始推进质量管理小组活动,是年召开江西省第一次质量管理小组代表大会,此后每年召开一次质量管理小组代表大会,总结一年来全省群众性质量管理活动的经验、研究存在的问题和对策,发表质量管理小组活动成果,评选、表彰江西省优秀质量管理小组,推荐全国优秀质量管理小组、全国质量信得过班组等。质量管理小组活动由省质量协会、省总工会、团省委、省科学技术协会和省妇联共同推进,省质监局对质量管理活动提供指导和支撑。

1991年,召开全省第十二次质量管理小组代表大会,评选出180余个省优秀质量管理小组、10多个省质量管理小组活动优秀企业。

1992年,召开全省第十三次质量管理小组代表大会,评选出201个省优秀质量管理小组、15个省质量管理小组活动优秀企业。其中有13个小组获全国优秀质量管理小组称号。

1993年,全省注册登记质量管理小组约2万个,取得可计算经济效益22.5万元。召开全省第十四次质量管理小组代表大会,评选出243个省优秀质量管理小组、23个省质量管理小组活动优秀企业、18个省质量信得过班组、37位省质量管理小组活动优秀推进者。其中有21个小组获全国优秀质量管理小组称号。

1994 年,注册登记质量管理小组约 2 万个,取得可计算经济效益 3.25 亿元。7 月在井冈山召开全省第十五次质量管理小组代表会议,评选出约 200 个省优秀质量管理小组、20 个省质量管理小组活动优秀企业、15 个省质量信得过班组、30 位省质量管理小组活动优秀推进者。其中有约 20 个小组获全国优秀质量管理小组称号。

1995 年,召开全省第十六次质量管理小组代表大会,评选出 222 个省优秀质量管理小组、23 个省质量管理小组活动优秀企业、18 个省质量信得过班组、37 位省质量管理小组活动优秀推进者。其中有 32 个小组获全国优秀质量管理小组称号,3 个班组获全国优秀质量信得过班组称号,1 人评为全国质量管理小组活动卓越领导者,2 人评为全国质量管理小组活动优秀推进者。为表彰和鼓励先进,按《江西省质量奖奖励办法》规定,国家级优秀质量管理小组奖金 500 元,省(部)级优秀质量管理小组奖金 300 元,奖金由获奖小组所在企业支付。建议各单位对于在质量管理小组活动中做出优异成绩的个人,在评先进、晋升工资、职称评定、奖励等方面予以优先考虑。

1996 年,全省注册登记的质量管理小组约 2.3 万个,全省第十七次质量管理小组代表大会于 1996 年 7 月在上饶召开,参会代表 250 余人,评选出 229 个江西省优秀质量管理小组、26 个省质量管理小组活动优秀企业、26 个省优秀质量管理信得过班组、21 位省质量管理小组活动卓越领导者、39 位省质量管理小组活动优秀推进者。1996 年全国第十八次质量管理小组代表会在南昌召开,参会代表达 1000 余人,会上全省有 29 个小组获全国优秀质量管理小组称号;2 家企业获全国质量管理小组活动优秀企业称号;4 个班组获全国优秀质量信得过班组称号。

1997 年,全省注册登记质量管理小组约 1.5 万个,全省第十八次质量管理小组代表大会于 1997 年 7 月 26—29 日在井冈山召开,参会代表 230 余人,发表质量管理小组成果 150 个,评出 140 个省优秀质量管理小组、22 个省质量管理小组活动优秀企业、21 个省质量信得过班组、16 位省质量管理小组活动卓越领导者、28 位省质量管理小组活动优秀推进者。其中有 22 个小组获全国优秀质量管理小组称号;1 家企业获全国质量管理小组活动优秀企业称号;1 个班组获全国质量信得过班组称号。

1998 年,全省注册登记质量管理小组约 1.6 万个,全省第十九次质量管理小组代表大会于 1998 年 7 月 22—25 日在新余召开,参会代表 250 余人,发表质量管理小组成果 175 个,评出 170 个省优秀质量管理小组、25 个省质量管理小组活动优秀企业、28 个省质量信得过班组、22 位省质量管理小组活动卓越领导者、28 位省质量管理小组活动优秀推进者。其中有 22 个小组获全国优秀质量管理小组称号;2 家企业获全国质量管理小组活动优秀企业称号;3 个班组获全国质量信得过班组称号;1 人评为全国质量管理小组活动卓越领导者;5 人评为全国质量管理小组活动优秀推进者。

1999 年,全省注册登记 QC 小组约 1.7 万个,全省第二十次质量管理小组代表大会于 1999 年 7 月 23—26 日在新余召开,参会代表 260 余人,发表质量管理小组成果 200 个,评出 197 个江西省优秀质量管理小组、26 个省质量管理小组活动优秀企业、27 个省质量信得过班组、27 位省质量管理小组活动卓越领导者、32 位省质量管理小组活动优秀推进者。其中有 28 个小组获全国优秀质量管理小组称号;5 家企业获全国质量管理小组活动优秀企业称号;2 个班组获全国质量信得过班组称号;1 人评为全国质量管理小组活动卓越领导者。

2000 年,全省注册登记 QC 小组约 1.85 万个,全省第二十一次质量管理小组代表大会于 2000 年 7 月 27—30 日在南昌召开,参会代表 270 余人,发表质量管理成果 210 个,评出 206 个省优秀质量管理小组、23 个省质量管理小组活动优秀企业、24 个省质量信得过班组、26 位省质量管理小组活动卓越领导者、30 位省质量管理小组活动优秀推进者。其中有 29 个小组获全国优秀质量管理小组称号,1 家企业获全国质量管理小组活动优秀企业称号;3 个班组获全国质量信得过班组称号;1 人评为全国质量管理小组活动卓越领导者。

2001 年,全省注册登记质量管理小组约 1.9 万个,全省第二十二次质量管理小组代表大会于 2001 年 7 月 20—23 日在景德镇召开,参会代表 210 余人,发表 QC 成果 150 个,评出 149 个省优秀质量管理小组、24 个省质量管理小组活动优秀企业、30 个省质量信得过班组、24 位省质量管理小组活动卓越领导者、32 位省质量管理小组活动优秀推进者。其中有 40 个小组获全国优秀质量管理小组称号,4 家企业获全国质量管理小组活动优秀企业称号;4 个班组获全国质量信得过班组称号;7 人评为全国质量管理小组活动优秀推进者。

2002 年,全省注册登记的质量管理小组约 1.9 万个,全省第二十三次质量管理小组代表大会于 2002 年 7 月 25—28 日在宜春召开,参会代表 250 余人,发表质量管理小组成果 170 个,评出 167 个省优秀质量管理小组、22 个省质量管理小组活动优秀企业、19 个省质量信得过班组、27 位省质量管理小组活动卓越领导者、25 位省质量管理小组活动优秀推进者。其中有 33 个小组获全国优秀质量管理小组称号,2 家企业获全国质量管理小组活动优秀企业称号;1 个班组获全国质量信得过班组称号;3 人评为全国质量管理小组活动卓越领导者。

2003 年,质量管理小组活动主题:以人为本、追求卓越的现场管理。全省注册登记的质量管理小组约两万个,全省第二十四次质量管理小组代表大会于 2003 年 8 月 6—8 日在南昌召开,参会代表 260 余人,发表质量管理小组成果 195 个,评选出 172 个省优秀质量管理小组、22 个省质量管理小组活动优秀企业、14 个省质量信得过班组、25 位省质量管理小组活动卓越领导者、36 位为省质量管理小组活动优秀推进者。其中有 30 个小组获全国优秀质量管理小组称号;1 家企业获全国质量管理小组活动优秀企业称号;2 个班组获全国质量信得过班组称号;2 人评为全国质量管理小组活动卓越领导者;4 人评为全国质量管理小组活动优秀推进者。

2004 年,质量管理小组活动主题:应用统计技术,提高活动实效。全省注册登记的质量管理小组约两万个,全省第二十五次质量管理小组代表大会于 2004 年 7 月 12—14 日在九江市召开,参会代表 320 余人,发表质量管理小组成果 185 个,评选出 173 个省优秀质量管理小组、26 家省质量管理小组活动优秀企业、14 个省质量信得过班组、26 位省质量管理小组活动卓越领导者、48 位省质量管理小组活动优秀推进者。其中 33 个小组获全国优秀质量管理小组称号;1 个企业获全国质量管理小组活动优秀企业称号;1 个班组获全国质量信得过班组称号。

2005 年,质量管理小组活动主题:统计技术·创新·持续改进。全省注册登记的质量管理小组约两万个,成果率 73.6%,获得可计算经济效益 2.32 亿元,质量管理小组成员提合理化建议 12186 条。全省第二十六次质量管理小组代表大会于 2005 年 7 月 19—21 日在赣州市召开,参会代表 400 余人,发表质量管理小组成果 211 个,评出 199 个省优秀质量管理小组、30 个省质量管理小组活动优秀企业、15 个省质量信得过班组、23 位省质量管理小组活动卓越领导者、52 位为省质量管理小组活动优秀推进者。其中有 32 个小组获全国优秀质量管理小组称号，两家企业获全国质量管理小组活动优秀企业称号，8 个班组获全国质量信得过班组称号；两位企业领导人获全国质量管理小组卓越领导者称号。

2006 年，质量管理小组活动主题：注重数据分析，提升质量管理小组活动水平。全省注册登记质量管理小组约 2.2 万个，成果率 66.2%，获得可计算经济效益 3.26 亿元，质量管理小组成员提合理化建议 13167 条。全省第二十七次质量管理小组代表大会于 2006 年 7 月 18—20 日在南昌市召开，参会代表 400 余人，发表质量管理小组成果 202 个，评选出 177 个省优秀质量管理小组、20 个省质量管理小组活动优秀企业、22 个省质量信得过班组、27 位省质量管理小组活动卓越领导者、46 位省质量管理小组活动优秀推进者。其中有 31 个小组获全国优秀质量管理小组称号，两家企业获全国质量管理小组活动优秀企业称号，15 个班组获全国质量信得过班组称号；两位企业领导人获全国质量管理小组卓越领导者称号。

2007 年，质量管理小组活动主题：普及·深化·创新。全省注册登记质量管理小组约 1.6 万个，成果率 68.6%，获得可计算经济效益 3.35 亿元，质量管埋小组成员提合理化建议 13210 条。全省第二十八次质量管理小组代表大会于 2007 年 7 月 10—12 日在井冈山召开，参会代表 380 余人，发表质量管理小组成果 202 个，评选出 189 个省优秀质量管理小组、24 个省质量管理小组活动优秀企业、12 个省质量信得过班组、28 位省质量管理小组活动卓越领导者、43 位省质量管理小组活动优秀推进者。其中有 29 个小组获全国优秀质量管理小组称号，中国国电集团公司九江发电厂获全国质量管理小组活动优秀企业称号，南昌卷烟总厂制丝车间生产班组等 12 个班组获全国质量信得过班组称号；熊辉敏获全国质量管理小组卓越领导者称号，江峰、张菁、黄宏伟、涂勇 4 人评为全国质量管理小组活动优秀推进者。

2008 年，质量管理小组活动主题：分享·和谐·提升。全省注册登记质量管理小组约 1.71 万个，成果率 68.9%，获得可计算经济效益 3.29 亿元，质量管理小组成员提合理化建议 12961 条。全省第二十九次质量管理小组代表大会于 2008 年 7 月 8—10 日在景德镇召开，参会代表 450 余人，发表质量管理小组成果 269 个，评出 261 个省优秀质量管理小组、22 家省质量管理小组活动优秀企业、20 个省质量信得过班组、28 位省质量管理小组活动卓越领导者、50 位为省质量管理小组活动优秀推进者。其中有 30 个质量管理小组获全国优秀质量管理小组称号、南昌长力钢铁股份有限公司获全国质量管理小组活动 30 周年优秀企业特别奖、江西中烟工业公司获全国质量管理小组活动优秀企业称号、江西上饶供电公司送电线路运行二班等 14 个班组获全国质量信得过班组称号、谢道雄获全国质量管理小组活动卓越领导者称号；喻强、章步云、齐昌春、江育华 4 人获全国质量管理小组活动优秀推进者称号。

2008 年，省科协、省总工会、共青团省委和省质协联合发出《关于在质量管理小组开展“节能降耗减排”活动的通知》，在全省开展“节能降耗减排”质量管理小组专题活动。12 月在南昌召开全省节能降耗减排质量管理小组活动成果发布会。发表成果 27 个，洪都航空工业集团有限公司《900# 厂房及高安火工区节能降耗》、江铜集团公司《谷壳替代烟煤》和国电九江发电厂《减少机组停运状态锅炉给水泵耗电量》等6项成果获一等奖。

2009年,质量管理小组活动主题:挑战自我·关注现场·提升执行力。全省注册登记质量管理小组约1.82万个,成果率68.2%,获得可计算经济效益2.89亿元,质量管理小组成员提合理化建议2845条。全省第三十次质量管理小组代表大会于2009年7月1—4日在宜春召开,参会代表380余人,发表质量管理小组成果262个,评选出中国移动江西公司业务支撑系统部质量管理小组等243个质量管理小组为省优秀质量管理小组;新余钢铁有限责任公司等23家企业为省质量管理小组活动优秀企业;江西中烟工业公司南昌卷烟厂设备科设备管理班组等27个班组为省质量信得过班组;朱敏等28人为省质量管理小组活动卓越领导者;张菁等49人为省质量管理小组活动优秀推进者。其中江西上饶供电公司生产技术部飞翔质量管理小组等31个质量管理小组被授予全国优秀质量管理小组荣誉称号;泰豪科技股份有限公司电机分厂压片班等17个班组被授予全国质量信得过班组荣誉称号;江西洪都航空工业集团有限责任公司等2家企业获全国质量管理小组活动优秀企业称号。

2009年,省质协、省科协、省总工会、共青团省委和省妇联联合发出《关于在质量管理小组开展“自主创新”活动的通知》,在全省开展“自主创新”质量管理小组专题活动。11月,召开全省自主创新QC成果发布会,有26个小组发表创新型成果,中国移动江西有限公司《研发第二代身份证自助快捷开户入网的方法》、中国电信江西分公司《“翼通卡”产品考勤、门禁、消费系统开发》和江西中烟工业公司《贮梗丝柜遮盖装置的研制》等7项成果获一等奖。

2010年,质量管理小组活动主题:讲求方法,扎实有效。全省注册登记质量管理小组约2.2万个,成果率69.1%,获得可计算经济效益2.82亿元。于2010年6月30日至7月3日在广西桂林召开全省第三十一次质量管理小组代表大会暨江西、广西两省区质量管理小组成果交流会。参会代表330余人,发表质量管理小组成果287个,评选出江西铜业股份有限公司贵溪冶炼厂选矿车间质量管理小组等260个质量管理小组为省优秀质量管理小组;新余钢铁有限责任公司等23家企业为省质量管理小组活动优秀企业;江西中烟工业有限责任公司南昌卷烟厂嘴棒成型甲班等19个班组为省质量信得过班组;谢飞鸣等24人为省质量管理小组活动卓越领导者;林谷登等35人为省质量管理小组活动优秀推进者。其中中国移动江西有限公司宜春分公司客户服务呼叫中心质量管理小组等33个质量管理小组被授予全国优秀质量管理小组荣誉称号;江西省电力科学研究院化环所油及六氟化硫班组等15个班组被授予全国质量信得过班组荣誉称号;泰豪科技股份有限公司、江西赣西供电公司等2家企业获全国质量管理小组活动优秀企业称号;江西铜业股份有限公司董家辉被授予全国质量管理小组活动卓越领导者。

2010年3月,省质协、省科协、省总工会、共青团省委和省妇联联合发出《关于在质量管理小组开展“现场质量提升”活动的通知》,在全省开展“现场质量提升”质量管理小组专题活动,11月,在九江星子县召开全省现场质量提升QC成果发布会,参会代表120多人,会上有55个小组发表成果,南昌卷烟厂《提高TBK出口水分CPK值合格率》等13项成果获一等奖。

2010年4月,建立《全省质量管理小组诊断师注册制度》,将QC小组活动诊断师分为三个级别:初级、中级和高级。通过相应科目的考核,可获得相应级别的诊断师资格,是年有111位质量管理人员获得省质量管理小组活动初级诊断师资格。

2010年9月，在赣州召开赣州市经济开发区QC成果发布会，有20多家企业，50多位代表参加会议，会上发表质量管理小组成果30多个。

1991—2010年，质量管理小组活动得到全面深入发展，成为参与人数最多，开展活动时间最长、取得效益最为明显的一项群众性质量管理活动。通过开展群众性质量活动，激发员工参与质量管理的积极性和创造性，提高职工科学思维能力、组织协调能力、分析与解决问题的能力，增强团队精神，改善生产、服务、工作现场，为改进质量，降低消耗，提高经济效益做出积极贡献。

第七节 质量状况分析报告

质量状况分析报告是指根据统计调查数据，对一定时期内行业、地区质量现状、趋势、特点进行分析评价，查找存在问题，提出措施和建议的一项综合性管理活动。它是宏观质量管理的重要内容和环节，对提高质量工作的预见性和针对性有重要意义。质量状况分析报告根据需要分为质量状况综合分析和专题分析。综合分析主要反映报告周期内全省、全省辖市（县、区）质量总体状况。专题分析主要反映辖区热点或重点行业、产品、区域的质量状况。

全省质量状况分析报告实行省、市（县、区）分级管理，上级对下级质量分析报告工作进行指导监督，下级对上级报告质量分析报告工作开展情况。省、市（县、区）质监局质量状况综合分析报告每年开展一次，工业产品、食品、特种设备等质量状况专题分析报告每季开展一次。质量状况分析报告由各级负责质量分析工作的部门撰写。

1991—2004年质量状况分析报告工作主要是以产品质量分析报告为主，同时也会开展质量方面的专题性调查研究，如对百户企业和大中型企业的领导和群体质量意识、质量管理、降损效益、产品质量状况进行专题调查等。2005年，国家质检总局为建立科学合理的宏观质量水平评价指标体系，对实施政府宏观调控，促进经济增长的质量和效益的提高，启动开展质量竞争力指数测评试行工作。质量竞争力指数是按特定的数学方法生成的、用于反映制造业质量竞争力整体水平的动态性经济技术指标。它统一不同行业或地区的质量评价标准，可以对不同行业或地区的质量水平和发展潜力进行定量比较、对国民经济总体的质量竞争优势进行综合评价，是各级政府制定宏观经济政策的重要依据。

1996年9月9日，省经贸委下发《关于开展“江西经济质量状况调查与对策研究”和编辑〈江西质量〉一书有关事项通知》，此项目由省经贸委和南昌大学牵头，会同省科委、省工商局、省技监局、省社会科学院等单位的部分经济管理工作者、理论工作者一起，对江西经济质量状况开展全面的调查研究，掌握全省当前经济质量现状，总结省经济质量管理与监督工作的经验教训和成功经验。在此基础上，着重研究和探讨江西经济实现两个根本转变、全面提高质量效益，促进江西经济全面发展的途径。“江西经济质量问题调查和对策研究”项目获得省政府有关领导的高度重视，副省长周懋平、朱英培担任该项目和《江西质量》一书顾问，并为《江西质量》一书题词。

2005年4月4日，国家质检总局质量司下发《关于开展质量竞争力指数测评试运行工作的函》,为验证质量竞争力指数测评的科学性和地区层面的可行性,国家质检总局在部分有意愿、具备一定条件的地区组织开展质量竞争力指数测评试运行工作。7 月 29 日,为进一步贯彻实施《质量振兴纲要》,推动产品质量整体水平的提高,根据国家质检总局、国家统计局《关于开展质量竞争力指数地方试运行工作的通知》,进入首批开展质量竞争力指数地方试运行工作省份,正式开始全省质量竞争力指数测评试运行工作。工作目标是:验证宏观质量水平评价指标体系——质量竞争力指数的科学性、有效性和适用性,检验质量竞争力指数测评方案在地区层次的可行性和可操作性,建立科学合理、实用有效、完整协调的国家宏观质量水平评价机制,满足社会主义市场经济发展过程中政府解质量状况、实施宏观调控和质量监管的需要。12 月,组织开展全省制造业质量竞争力研究,从"标准与技术水平、质量管理水平、质量监督与检验水平、研发与技术改造能力、核心技术能力、市场适应能力"等 6 个方面,建立起涵盖 12 项指标的全省制造业质量竞争力指数评估体系,对全省 2004 年制造业的质量竞争力指数进行测评,并形成《江西省质量竞争力指数分析报告(2004 年)》。

2007 年 7—12 月,按照国家质检总局、国家统计局《关于开展质量竞争力指数测评地方试点工作的通知》要求,省质监局开展 2006 年全省质量竞争力指数测评试运行工作,从宏观上掌握全省制造业产品质量状况,形成《江西省制造业质量竞争力指数分析报告(2006 年度)》,并将《报告》呈送给省政府,为政府决策提供数据支撑。

数据显示:2006 年省制造业质量竞争力指数高于全国平均水平,列中部地区第一位。

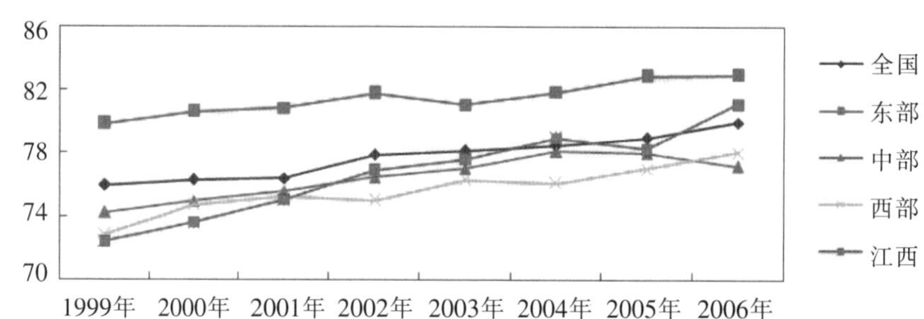

图 3-1-2　2006 年省制造业质量竞争力指数与东、中、西部地区及全国平均水平比较

	江西	安徽	湖南	湖北	河南	山西
质量竞争力	81.13	77.73	80.48	79.82	75.04	74.31
质量水平	84.92	78.16	82.17	82.08	76.56	76.32
发展能力	77.33	77.3	78.8	77.55	73.51	72.3

图 3-1-3　2006 年省制造业质量竞争力指数与中部地区五省比较

2008 年 6 月,举办全省质监系统质量管理与认证监管人员业务培训班,培训中把质量状况分析存在的问题及解决方案作为重点培训内容,以提高质量分析的水平;7—12 月,开展 2007 年全省质量竞争力指数测评工作。根据质量竞争力指数模型,就"质量水平"和"发展能力"两个二级指标、6 个三级指标以及相应的 12 个观测变量展开数据采集。利用中规模以上企业的相关数据进行计算,依据计算结果，形成包括全省制造业29个行业，11个设区市在内的2007年度《江西省制造业质量竞争力指数分析报告》。是年，国家质检总局质量司在井冈山市举办全国质量竞争力指数测评研讨会，此会由省质监局承办，会议开得非常成功，达到预期目标。

2008年省制造业质量竞争力指数为81.77，位列全国第12位，测评结果达到历史最高水平。2004—2008年省六大支柱产业汽车航空及精密制造业、特色冶金和金属制品业总体上高于全国平均水平；中成药和生物医药行业、电子信息和现代家电行业、食品工业、精细化工与新型建材行业的质量竞争力指数逐年递增，汽车航空及精密制造业、特色冶金和金属制品业的质量竞争力指数呈总体递增趋势。

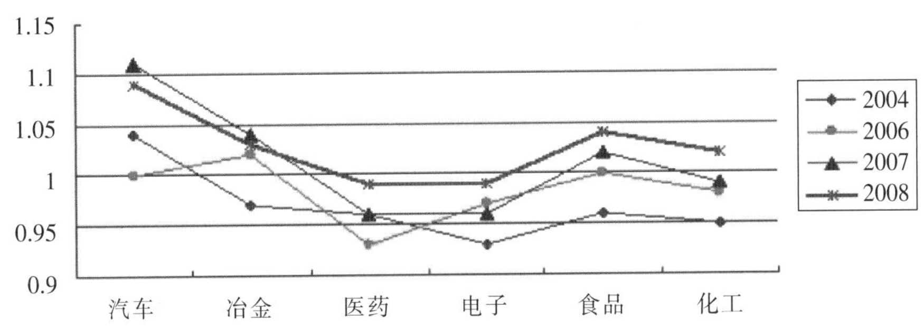

图3－1－4　2004—2008年江西省六大支柱产业质量竞争力指数

省质监局根据全省制造业质量竞争力状况，帮助企业应对所面临的严峻形势和挑战，促进全省经济社会更加健康地发展，草拟《维护经济秩序，服务经济发展——江西省质监局服务全省经济社会发展的若干措施》。从服务企业、建设鄱阳湖生态经济区等四个方面，提出12条务实高效的措施，给省委省政府宏观经济决策提供参考依据。该报告得到省委副书记、省长吴新雄高度评价，省政府办公厅以参阅文件形式下发全省。

2009年4月9日，省质监局下发《关于开展重点产品质量状况分析的通知》，要求全省各级质监部门要建立重点产品、重点行业质量状况分析报告制度，开展质量状况分析工作，为各级政府宏观经济决策提供科学依据。同时要求各设区市质监局要结合当地支柱产业、特色产业，拟定本地区具有代表性的1个以上工业产品进行质量状况分析。有条件的地方开展全省范围的产品质量状况分析，由省质监局质量处在技术与数据方面予以支持。

2009年5—12月，省质监局组织开展2008年全省质量竞争力指数测评工作。向全省2000家企业发放质量指标调查表。经过数据统计、分析，结合2008—2009年省生产领域产品质量监督抽查结果，采用定量和定性分析方法，撰写《江西省产品质量报告(2009)》。质量状况分析报告得到省政府高度认可，省委副书记、省长吴新雄等省政府领导均给予高度评价。

12月29日，省质监局召开《江西省产品质量状况公报(2009)》新闻发布会，首次公布制造业质量竞争力指数和产品监督抽样合格率等产品质量宏观统计数据。并从《江西省产品质量状况公报(2009)》发布的重要意义、内容；引导企业发展；消费者选择产品指导作用；产品质量监督抽查等5个方面回答记者的提问，社会反响很大，对提高全省质量水平起到积极作用。

2010年5月27日，省质监局下发《关于开展2009年质量竞争力指数测评工作的通知》继续在全省开展质量竞争力指数测评工作,经过半年的数据采集,现场调查,完成质量竞争力指数测评工作。根据2009年省制造业质量竞争力指数测算结果和2009—2010年省生产领域产品质量监督抽查结果,编制《江西省产品质量报告(2010)》。报告从全省产品质量总体状况、存在的问题与原因分析、建议与对策等三个方面阐述提升质量水平的紧迫性及关键策略。

第二章　名牌战略

省内开展质量创优、名牌评选活动的溯源可从1979年发布《中华人民共和国产品奖励条例》开始。从1979—1993年,主要工作内容是:开展产品质量分等定级,优质产品评选工作,推荐优秀企业、优质产品参加国优(国家优质产品奖)、部优的评选等。1993年《中华人民共和国产品质量法》颁布实施以后,"对产品质量管理先进和产品质量达到国际先进水平、成绩显著的单位和个人,给予奖励"成为质量工作的重要内容。

1994年,省经贸委会同有关部门制定《江西省名牌产品管理办法》并组织实施。1994—2000年,省经贸委牵头组织评出300个江西省名牌产品。2002年8月,江西省名牌战略推进委员会成立,负责统一领导全省名牌战略推进工作。2001—2008年,省质监局积极组织有关企业申报"中国名牌产品",全省共有21家企业生产的23个产品先后获得"中国名牌"称号。2003年,省质监局启动江西名牌产品认定工作,至2010年,全省累计有500家企业生产的500个产品获江西名牌产品称号。2001—2010年,省质监局积极组织申报地理标志(原产地域)产品保护,全省共有26种产品获国家质检总局批准为地理标志保护产品。2001—2010年,省质监局每年组织开展江西省质量管理先进企业评选和表彰,共表彰企业123家,为全省企业树立质量管理标杆。

第一节　中国(江西)名牌产品

中国名牌,是国家质检总局授予国内优秀企业的一个奖项。2001年,国家质检总局开始每年举办一次"中国名牌产品"评选,并于2005年推出"中国世界名牌产品"的评选。2008年,随着国家质检总局职能调整,不再直接办理与企业和产品有关的名牌评选活动。

自国家质检总局举办中国名牌产品评选以来,省质监局积极推进品牌建设,实施名牌战略,大力培育中国名牌,按照《中国名牌产品管理办法》,指导、帮助企业获得申报中国名牌,先后有27个产品获得中国名牌称号。

2001年,按照国家质检总局的工作部署,开展中国名牌产品推荐的有关工作,制定《江西省2001年创中国名牌产品计划》,选择一批有发展优势的骨干企业作为重点服务对象,帮助解决管理和生产中的难题、完善质量保证体系、提高产品实物质量,使企业管理上水平、产品上档次、质量上台阶,争创中国名牌产品。

为进一步推动省名牌战略的实施,引导和规范名牌战略推进工作,培育和发展壮大一批在市场竞争中处于领先地位的产品和企业,扩大江西名牌产品的覆盖范围,更好地与国家名牌战略推进委员会和兄弟省市名牌战略推进委员会进行协调和沟通,加强对省名牌产品及其生产企业的有效扶持和保护,确保省名牌事业健康有序地发展,12 月 24 日,省质监局向国家质检总局递交《关于申请设立"中国名牌战略推进委员会江西省分会"的报告》,在省委、省政府和国家质检总局的关心和支持下,江西省名牌战略推进委员会于次年的 8 月正式成立。

2002 年 3 月 18 日,按照全国质量技术监督系统质量管理工作会议的部署,省质监局向国家质检总局提出重点扶持发展的凤凰牌照相机、景德镇红叶牌日用陶瓷等十项产品,并恳请将这十项产品列入 2002 年度中国名牌产品发展计划的报告。

表 3-2-1 申请列入 2002 年度中国名牌产品发展计划产品名单

产品名称	商　标	企业名称
照相机	凤凰	江西凤凰光学仪器(集团)有限公司
日用陶瓷	红叶	景德镇陶瓷股份有限公司
无氟压缩机	华意	景德镇华意电器总公司
得雨活茶	得雨	江西得宇集团
云雾茶	大鄣山	江西省婺源茶叶(集团)公司
轻型汽车	江铃	江铃汽车集团公司
微型汽车	昌河	昌河飞机工业公司
电解铜	贵冶	江西铜业公司
智能发电机	三波	清华泰豪科技股份有限公司
铝塑复合板	雅丽泰	江西泓泰建材有限公司

2002 年,江西共青鸭鸭(集团)有限公司"鸭鸭"羽绒服、江西凤凰光学仪器(集团)有限公司"凤凰"单镜头反光照相机和透视取景相机,2 家企业 3 种产品被国家质检总局授予中国名牌产品光荣称号,实现省内中国名牌产品零的突破。2003 年,根据江西省的优势和特点,制定《江西省名牌战略推进工作方案(2003—2005 年)》及名牌产品培育发展规划,把培育、争创中国名牌列入发展规划之中。景德镇华意电器总公司进入中国名牌产品企业名单。

2004 年,围绕培育全省六大支柱产业和 63 户核心企业、38 个重点工业项目开展名牌战略推进工作,进一步健全名牌战略推进工作机制,促进中国(江西)名牌产品诞生。江西铜业集团公司"贵治"牌阴极铜;江西金佳谷物股份有限公司"金佳"牌大米;江西省樟树粮油公司"玉珠"牌大米;江西金虎保险设备集团有限公司"金虎"牌保险柜等 4 个产品获"中国名牌产品"称号。9 月 7 日,按照省政府办公厅对省质监局《关于荣获中国名牌产品、国家免检产品等荣誉称号企业和个人进行表彰奖励的请示》的批复,对当年获得"中国名牌产品"荣誉称号的企业各奖励 30 万元,共计 120 万元。

2005 年 2 月 22 日,为争取更多产品列入《中国名牌产品评价目录》,省质监局向国家质检总局呈报《关于报送 2005 年中国名牌产品评价目录建议的报告》。提出列入 2005 年中国名牌产品评价目录的立项名单。

表 3－2－2　2005 年江西省中国名牌产品评价目录建议名单

类　别	产品名称	商　标	企业名称
机电类	中小型发电机	泰豪	泰豪科技股份有限公司
	光学镜头	凤凰	凤凰光学仪器(集团)有限公司
	钢绞线		新华金属制品股份有限公司
	四开系列胶印机		江西中景集团有限公司
冶金类	热轧中厚板	袁河	新余钢铁有限责任公司
	草酸钴	兴大	赣州逸豪优美科实业有限公司
轻纺类	日用瓷	景德镇	景德镇陶瓷协会
	纯涤纶股线	远东	新余华源远东纺织有限公司
食品类	蜂产品	汪氏、巢	江西汪氏蜜蜂园有限公司
	食品添加剂异 VC 钠	维纳	江西省德兴市百勤异 VC 钠有限公司
	山茶油	绿海	江西绿海油脂有限公司
	松花蛋	梅氏、一旦鲜	南昌市梅氏食品有限责任公司
	挂面	春丝	江西省春丝食品有限公司
	烤鳗	赣曼	瑞金市红都水产食品有限公司
	食用精制碘盐	井冈	江西盐矿有限责任公司
化工类	炭黑	黑猫	江西黑猫炭黑股份有限公司
	赤霉素	瑞丰	江西核工业瑞丰生化有限责任公司
	八甲基环四硅氧烷	蓝星	蓝星化工新材料股份有限公司江西星火有机硅厂
建材类	高档铝塑复合板	雅丽泰	江西泓泰企业集团有限公司
到期的 2002 年中国名牌产品	照相机	凤凰	江西凤凰光学仪器(集团)公司
	羽绒服	鸭鸭	江西共青鸭鸭(集团)有限公司

经过努力,省内有 5 家企业 6 个产品获“中国名牌产品”。具体名单:景德镇陶瓷股份有限公司“红叶”日用陶瓷餐具、诚志股份草珊瑚分公司“草珊瑚”牙膏、南昌卷烟厂“金圣”卷烟、江西共青鸭鸭(集团)有限公司“鸭鸭”羽绒服(复评)、江西凤凰光学仪器(集团)有限公司“凤凰”单镜头反光照相机和透视取景相机(复评)。

2006 年 2 月 22 日,省质监局根据《江西省国民经济和社会发展第十一个五年规划纲要》的总体目标,结合省重点培育的六大支柱产业及相关优势企业发展情况,提出 2006 年中国名牌产品评价目录和十一五期间重点培育产品建议。

表3-2-3　2006年江西省中国名牌产品评价目录建议名单

产品名称	商　标	企业名称
中小型发电机	泰豪	泰豪科技股份有限公司
炭黑	黑猫	江西黑猫炭黑股份有限公司
蜂产品	汪氏	江西汪氏蜜蜂园有限公司
有机硅	星火	江西星火有机硅厂
乳猪饲料	双胞胎	江西双胞胎集团有限公司
涤纶股线	华源	新余华源远东纺织有限公司
汽车钢板弹簧	长力	江西长力汽车弹簧股份有限公司
铝塑复合板	雅丽泰	江西泓泰企业集团有限公司
草酸钴	兴大	赣州逸豪优美科实业有限公司
银锭	江铜	江西铜业集团公司

2006年8月9日，按照国家质检总局《关于征求〈中国名牌产品“十一五”培育规划〉意见的函》要求，省质监局根据《江西省国民经济和社会发展第十一个五年规划纲要》的总体目标，结合省重点培育的六大支柱产业及相关优势企业发展情况，提出“十一五”期间省重点培育中国名牌产品建议，并报送到国家质检总局。

表3-2-4　“十一五”期间(2006—2010年)江西省培育中国名牌产品建议名单

产品名称	行业代码	所属行业	年　度
光学镜头	414	机械	2007
工业制动器	3531	机械	2007
四开系列胶印机	364	机械	2007
铜材(铜板、铜棒、铜管)	3340	有色	2007
涤纶股线	171	纺织	2007
蜂产品	149	食品	2007
无铅松花蛋、咸鸭蛋	149	食品	2007
异VC钠	1494	化工	2007
银锭	3322	贵金属冶炼	2008
汽车钢板弹簧	3725	汽车制造	2008
带肋钢筋	323	钢压延加工	2008
炭黑	29	橡胶工业	2008
赤霉素	263	化学品制造业	2008
竹地板	204	竹制品制造	2008

续表

产品名称	行业代码	所属行业	年度
挂面	149	食品	2008
拉丝用低碳钢盘条	323	钢压延加工	2009
学生用品	241	文化用品制造	2009
山茶油	133	植物油加工	2009
酱鸭	1352	食品	2009
工业硫酸	2611	化学原料制造	2009
稀土材料	333	有色	2010
环保锅炉	351	机械	2010
电工圆铜线	3351	机械	2010
汽车发动机	3725	机械	2010
电线电缆	393	机械	2010

2006 年，全省有 11 个企业产品获中国名牌产品称号，全省中国名牌产品总数达到 20 个，跨入中部地区前 3 名，全国排名第十五位。获 2006 年中国名牌产品企业是：蓝星化工新材料股份有限公司江西星火有机硅厂、泰豪集团有限公司、新余钢铁有限责任公司、江西洪达医疗器械集团有限公司、江西省陶瓷工业公司、江西省安福县火腿（集团）有限责任公司、正邦集团有限公司、江西双胞胎集团、江西泓泰企业集团有限公司、江西三川水表股份有限公司、华意电器总公司。

2007 年，以打造品牌为抓手，充分发挥扶优扶强作用，新余钢铁有限责任公司“袁河”优质碳素钢热轧盘条、江西省绿冬丝科实业有限责任公司“绿冬”蚕丝被、江西省春丝食品有限公司“春丝”挂面、江西铜业集团公司“贵冶”高纯阴极铜、江西金虎保险设备集团有限公司“金虎”保险柜/箱、江西金佳谷物股份有限公司“金佳”大米和江西省樟树粮油公司“玉珠”大米等 7 个产品获得中国名牌产品。

截至 2007 年底，全省有中国名牌产品 23 个，国家免检产品 46 个。在培育和争创中国名牌产品的过程中，省政府给予大力支持，制定中国名牌产品奖励办法，凡是获得中国名牌产品企业，省政府一次性奖励 30 万元，所在地区政府也制定配套政策，给予相应奖励。

2008 年，省质监局向国家质检总局推荐新钢钢绞线、新余恩达家纺、萍钢热轧带肋钢筋等 10 个产品申报中国名牌，推荐新钢生产的船板申报中国世界名牌。

第二节　江西名牌产品认定

江西省名牌产品评价认定工作从 1994 年开始。1994—2000 年，省经贸委牵头组织评价出 6 批共 300 个江西省名牌产品。2003 年，省质监局根据省政府机构改革所赋予的职能，正式启动开展江西名牌产品评选认定工作。

江西名牌产品评价工作坚持企业自愿申请,科学、公正、公平、公开,不搞终身制,不向企业收费,不增加企业负担的原则。坚持扶优扶强,围绕六大支柱产业开展名牌战略推进工作,根据省内优势和特点,每年制定名牌产品的培育规划,并组织实施。通过名牌产品认定,省主要行业和重点工业企业质量水平稳步提高,部分产品技术和质量水平达到或超过国际先进水平,形成一批以名牌产品为核心、具有较强竞争能力的大型企业集团和支柱产业,对全省产品质量总体水平提高起到重要的带动作用,有力地推动全省经济社会发展。

1994年3月31日,省经贸委下发《关于印发〈江西省一九九四年质量管理工作要点〉的通知》,在《江西省一九九四年质量管理工作要点》组织开展产品质量分等定级工作。5月18日,省经贸委向省政府提交《关于实施名牌战略发展名牌产品的请示》。请示中提出:制定名牌战略规划,将省重点产品、拳头产品、优势产品和市场占有率高、效益好、上规模的产品列入规划;由省经委统一负责,会同有关部门制定相应的《江西省名牌产品管理办法》并组织实施,对评出的名牌产品由省经委授予"江西省名牌产品"称号,颁发证书,向社会和广大消费者公布。请示获得批准。9月13日,省经贸委下发《关于转发〈关于印发国家质量奖和名牌产品企业调查表的函〉的通知》公布50家省获得国家质量奖和名牌产品企业名单,分别是:国营九三九四厂、宜春风动工具厂、江西平板玻璃厂、江西发动机总厂、江西鄣公山茶厂、国营834厂、国营999厂、九江玻璃纤维厂、樟树制药厂、江西赣南造纸厂、景德镇艺术瓷厂、景德镇华意电器总公司、赣新电视有限公司、江西水泥厂、江西合成洗涤剂厂、南昌家电有限公司、上饶县全粮液酒厂、宜春市橡胶厂、江西采矿机械厂、江西上饶茶厂、江西井冈山茶厂、景德镇雕塑瓷厂、樟树四特酒厂、国营4380厂、国营连胜自行车厂、南昌飞机制造公司、南昌无线电四厂、江西赣州钴冶炼厂、江西乳品厂、江西压力锅厂、景德镇板鸡厂、南昌华联食品厂、南昌罐头啤酒厂、江西前卫化工厂、国营740厂、景德镇人民瓷厂、江西婺源茶厂、国营4321厂、江西味精厂、新岗山活性炭厂、南昌化验制样机厂、江南蓄电池厂、江西赣州木材厂、江西钨钼材料厂、江西凤凰山葡萄酒厂、江西共青羽绒厂、江西光学仪器总厂、景德镇建国资厂、江西酒厂、上饶啤酒厂。

1995年,根据全省经贸工作的安排和部署,提出当年质量工作要集中力量培育和发展一批名牌产品,通过提质增值,扩大规模,增强名牌产品优势,使全省10大类产品和骨干企业在国内外市场上有较强的竞争能力。

1996年4月10日,根据省长舒圣佑对省经贸委、省食协的指示:食品工业要抓质量、抓名牌,几个重点名牌要加大宣传力度,并上规模。省食品工业协会起草《关于在全省食品行业贯彻舒省长"抓质量、抓名牌"指示的意见》。制定省食品工业实施名牌战略的具体方案和规划,总体目标是加强对骨干企业、名牌产品的培育,在"九五"期间培植30~50个名牌产品,其中3~5个产品要达到国家名牌水平。9月9日,为配合省委、省政府制定和实施的经济与社会发展战略一系列新举措,贯彻落实国务院即将颁布实施的《质量振兴纲要》,促进江西经济尽快实现两个根本转变,省经贸委和南昌大学牵头,会同省科委、省工商局、省技监局、省社会科学院等单位开展"江西经济质量问题调查和对策研究"项目,同时编写《江西质量》一书。在《江西质量》中向国内外宣传江西名牌、江西质量、江西水平和江西气派,把江西的优秀企业和名牌产品推向国内、国际市场。

1997 年 5 月 14 日，依据国家经贸委、国家技监局《关于推动企业创名牌的若干意见》和《江西省名牌产品管理暂行办法》，省经贸委下发《关于对部分企业质量管理和产品质量进行考评的通知》，首次提出对申报江西省名牌产品的企业量管理和产品质量进行考评，提高江西省名牌产品评价的科学性、公正性。

1998 年 3 月 20 日，发布《江西省质量振兴实施计划》，在计划中提出：到2000 年，基本实现工业结构合理化、集约化的调整目标，100 个江西名牌产品的质量达到国内或国际先进水平的主要目标。主要措施之一：实施名牌发展战略，优化产业经济结构，要制订江西名牌发展战略规划，创造有利于发展壮大江西名牌的政策环境，建立科学的名牌产品评价体系，在省质量奖的基础上认定江西名牌产品。要结合企业的改革、改组、改造，引导生产要素向优势企业流动，形成一批名牌企业，并组建若干个以名牌为龙头、跨地区、跨行业联合的企业集团。要不断扩大名牌产品和名牌企业的规模效益，争创具有较强国际竞争力的江西名牌产品。同时，引导社会各界支持名牌产品的生产销售，形成宣传名牌，保护名牌，发展名牌的良好社会氛围。

2000 年，进一步加大《质量振兴纲要》贯彻落实的力度，以宣传贯彻《产品质量法》为契机，始终坚持以质量为中心不动摇，结合全省的实际，积极推广和实施“名牌战略”，制订《江西省 2000 年重点产品创优实施计划》，确定全省 95 家企业生产的 147 种产品为 2000 年度江西省重点保护产品，向国家质监局推荐江西省 9 家企业的产品为国家免检产品。

2001 年 3 月 8 日，省质监局根据国家质监局《2001 年质量技术监督工作要点》精神，制定《2001 年全省质量管理与认证工作要点》，并下发《关于印发〈2001 年全省质量管理与认证工作要点〉的通知》。《要点》和《通知》重点贯彻落实了中央、省经济工作会议和全省质量技术监督工作会议的有关工作部署。2001 年，省质监局确定 44 家企业生产的 86 种产品为 2001 年度江西省重点保护产品，5 家企业生产的 5 种产品被国家质检总局授予免检产品。

2002 年 8 月，江西省名牌战略推进委员会正式成立。省名推委由省有关行业主管部门、社会中介机构、新闻单位和专家学者组成，负责统一组织实施名牌产品的评价、管理、宣传、培植工作，对全省名牌战略推进工作进行统一领导。省名推委秘书处设在省质监局质量处，负责研究和制定全省质量发展规划，协调处理全省质量方面存在的重大问题；向省政府提出全省宏观质量管理和实施名牌战略等方面的重大措施和建议；负责制订江西名牌产品的评价、管理办法和程序，组织实施全省质量奖励制度；提出全省质量工作目标责任制，并组织检查考核工作；推进全省质量立市（县）的相关活动。省名推委的成立，推动名牌评价工作向规范化、科学化的方向发展，标志着省名牌战略进入新的阶段。2002 年，进一步规范省重点保护产品的确认及管理工作，制定下发《江西省重点保护产品管理办法》，77 家企业的 106 种产品被确定为江西省重点保护产品。

2003 年，在充分调研的基础上，省质监局制定《江西省名牌战略推进工作方案（2003—2005 年）》及名牌产品培育发展规划，指导和督促各设区市建立和完善名牌战略推进工作体系。正式启动江西名牌产品的认定工作。评价确认 105 个江西名牌产品，确认 45 家企业的 83 个产品为省重点保护产品。9 月 12 日，在南昌召开江西名牌暨质量管理先进表彰大会，为名牌产品企业授牌和表彰。12 月，组织江西名牌企业参加由中宣部、国家质检总局、国家发改委、全国总工会、共青团中央在北京举办的中国名牌战略推进成果展览会。省质监局在此次展览会汇报江西名牌产品评价工作取得的成果,并获最佳组织奖荣誉。

2004年,积极围绕培育全省六大支柱产业和63户核心企业、38个重点工业项目开展名牌战略推进工作,进一步健全名牌战略推进工作机制,完善名牌战略推进工作体系,建立名牌产品及其生产企业跟踪调查服务制度,积极开展打假保名牌工作,对名优产品和生产企业实施重点保护,促进名牌产品和名牌企业顺利发展。经评定,全省39家企业的45个产品获江西名牌产品称号、南昌统一集团有限公司等64家企业的97个产品获得江西省重点保护产品。9月15日,省质监局在南昌召开江西名牌暨质量管理先进表彰大会,为名牌产品企业授牌和表彰。9月20日,省委宣传部和省质监局在南昌举办质量名牌崛起论坛,中国名推委秘书长于献忠等一批国内外知名经济学家、质量管理专家、品牌战略专家和知名企业领导到会作精彩演讲,来自各企业、地方政府及质监系统近300名代表参会。

2005年,以打造品牌为抓手,充分发挥扶优扶强作用,积极推进名牌战略,实施国家产品免检和省产品重点保护制度。全省51家企业的51个产品获江西名牌产品称号;49家企业的产品获江西省重点保护产品称号。

2006年,在设区市质监局推荐下,按照《江西省名牌产品管理办法》,经过公示,省名牌战略推进委员会认定148个江西名牌产品,并于9月25日,在南昌召开全省名牌产品暨质量管理先进表彰大会,为名牌产品企业授牌,进行表彰。

2007年3月19日,国家质检总局下发《关于在第八届中国西部国际博览会期间举办"中国名牌产品展览会暨中国名牌企业发展国际论坛"的通知》,省质监局组织一批江西名牌产品企业参加5月份在成都举办的中国名牌产品展览会。

2007年,省质监局培育一大批"江西名牌产品"和"省重点保护产品"。经过公示,省名牌战略推进委员会认定117个江西名牌产品,并于9月25日,在南昌召开全省名牌产品暨质量管理先进表彰大会,为名牌产品企业授牌,进行表彰。

2008年,从名牌产品培育、评价和监管等方面狠下功夫,进一步提高名牌战略实施的科学性、规范性、公正性和有效性。从规范名牌产品培育工作入手,开展全省名牌产品发展情况调查统计工作和《江西省2008—2010年名牌培育发展规划》调查工作,围绕鄱阳湖生态经济区建设,制定《江西省名牌产品培育指导目录》,为名牌产品培育工作指明方向。从严格名牌产品评价工作入手。确立"三公开"(公正、公平、公开)为名牌评价的基本原则,研究制定《江西名牌产品企业现场考核表》,组成三个检查组,对食品、化工、建材等30家企业进行现场核查。使以市场评价、质量评价、发展评价和效益评价为主要内容的名牌产品评价体系基本完备,推动名牌发展战略走上科学规范的发展轨道。从加强名牌产品监督管理入手,撤销江西光明英雄牌奶粉等三个产品的江西名牌产品称号;暂停江西博雅生物制药公司人血白蛋白的江西名牌产品称号,保证省名牌认定工作持续健康发展,推动省名牌战略再上新台阶。全省有164家企业生产的173个产品申报江西名牌,经过严格的资料审查、现场审核、专家评审和省名推委全体委员审核,对其中47个产品进行公示、公告后,认定为江西名牌产品并进行表彰。

2009 年，省质监局着力推动名牌发展战略。多次向省政府汇报江西名牌推进、名牌产品评价情况和江西名牌旅游商品评选工作，得到省政府的高度重视与支持。省委副书记、省长吴新雄，副省长洪礼和均做出重要批示，形成省名牌战略高位推进的良好态势。完善机制，规范程序。为进一步完善名牌产品评价机制，规范产品评价程序，起草制定《江西名牌产品评价工作规范》，形成以市场评价为基础，以专业评价、行业评价为核心，以社会评价为补充的名牌产品产生机制，使名牌产品评价更加科学公正、公平公开。严格把关，科学评选。经省政府同意，授予 33 家企业生产的 34 个产品江西名牌产品称号。

按照《2009 中国（江西）红色旅游博览会总体方案》要求，联合省旅游局组织开展“2009 年度江西名牌旅游商品”评选工作，认定 35 个旅游商品为 2009 年度江西名牌旅游商品。

2010 年，为进一步保护名牌产品，深入推进名牌发展战略，省质监局为省政府代拟《江西名牌产品认定和保护办法》。9 月 13 日，省政府在南昌召开省质量振兴领导小组第一次会议，审议通过《江西名牌产品认定和保护办法》。经省政府同意，授予 33 家企业生产的 34 个产品江西名牌产品称号。

据统计;2003—2010 年，全省累计有 500 家企业的 500 个产品获江西名牌产品产品，省重点保护产品增加到 112 个。通过实施名牌战略，提高企业自主创新能力和产品质量水平，扩大知名度和市场占有率，增强产品和企业的国际竞争力。全省六大支柱产业名牌产品占全部江西名牌产品总数的三分之二以上，全省名牌产品生产企业的工业产值对全省工业总产值的贡献率达到 38.6%。推动省产业结构调整和资源优化配置，为实现省经济社会又好又快发展产生极大的推动作用。

第三节　地理标志（原产地域）产品保护

地理标志又称原产地标记，是指标示出某商品来源于某一地域内，该商品的特定质量、信誉或其他特征，与该地理来源相关联的一种标志。具有地理标志的产品，市场价值远远高于同类其他产品。地理标志保护制度是国际上普遍承认、颇具影响的产品质量监控保护制度。地理标志可在 WTO 成方国范围内自动得到承认和保护。实施地理标志产品保护，有助于推进中国农业产业化进程。

1999 年 7 月 30 日国家质监局局务会议通过《原产地域产品保护规定》，1999 年 8 月 17 日以国家质监局令第 6 号发布施行。国家质监局确立原产地域产品保护办公室（以下简称“保护办”），具体负责组织对原产地域产品保护的审核和注册登记等管理工作。保护办按照原产地域产品的特点设立若干专家审查委员会，分别负责原产地域产品保护申请的技术审查工作。有关省、自治区、直辖市质监局根据有关地方人民政府对原产地域产品保护的建议，成立原产地域产品保护申报机构。

江西省的地理标志产品工作启动于 2001 年初。2003 年 4 月 15 日，省质监局成立江西省原产地域产品保护领导小组，下设办公室。领导小组组长由局长刘和平兼任，办公室设在省局法规处。2003 年 2 月，“南丰蜜桔”获得国家质检总局批准，成为江西省第一个原产地域保护产品。2004 年 9 月，“赣南脐橙”获得原产地域保护，是当时保护范围最广的产品。2004 年 10 月，“泰和乌鸡”获得国家质检总局批准,这是全国第一例活体产品获得原产地域保护。2005 年开始,省质监局多次对全省原产地域产品保护工作先进单位和个人进行评选和表彰。截至 2010 年底共有南丰蜜桔、狗牯脑茶、赣南脐橙、泰和乌鸡、广昌白莲、庐山云雾茶、景德镇瓷器等 26 种产品通过审查,实施原产地域产品保护。江西省的原产地域产品保护工作在申报总量、获得批准的项目、项目成功率、项目申报类别上都取得了较大的突破。

南丰蜜桔

“南丰蜜桔”距今已有 1300 多年的栽培历史,它以色泽金黄、皮薄圆润、肉嫩无渣、香甜爽口、清香独特而享誉国内外,历史上曾被列为朝贡珍品,被誉为“桔中之王”。2001 年 6 月,南丰县政府率先提出《南丰蜜桔》地理标志产品保护申请,2003 年 2 月 12 日,国家质检总局发布公告,“南丰蜜桔”原产地域产品保护通过审查,自即日起对“南丰蜜桔”实施原产地域产品保护,“南丰蜜桔”原产地域以“南丰蜜桔”原产地域范围以江西省抚州市人民政府《关于南丰县“南丰蜜桔”申报国家原产地域产品予以定名和明确保护范围的批复》提出的地域范围为准,为南丰县现辖行政区域。2004 年 9 月 27 日,国家质检总局发布公告,根据《原产地域产品保护规定》,对江西省南丰县质量技术监督协会提出的“南丰蜜桔”原产地域产品专用标志使用申请的审核,予以注册登记。自即日起,南丰县质量技术监督协会可以按照有关规定在“南丰蜜桔”产品上使用南丰蜜桔原产地域产品专用标志,获得原产地域产品保护,并依法接受监督。

狗牯脑茶

“狗牯脑茶”产于罗霄山脉南麓的狗牯脑山,茶品质外形秀丽,芽端微勾,白毫显露,香气清高的特点。泡后茶叶速沉,液面无泡,汤色清明,滋味醇厚,清凉可口,回味甘甜,为茶中珍品。2003 年遂川县政府向国家质检总局申报狗牯脑茶原产地域产品保护申请,2004 年 1 月 29 日,国家质检总局根据《原产地域产品保护规定》,通过对“狗牯脑茶”原产地域产品保护申请的审查。“狗牯脑茶”原产地域范围以江西省吉安市人民政府《关于明确“狗牯脑茶”原产地域产品保护范围的批复》提出的地域范围为准,为江西省遂川县现辖行政区域。2005 年 11 月 2 日,根据《地理标志产品保护规定》,国家质检总局已组织通过对“狗牯脑茶”地理标志产品专用标志使用申请的审核,予以注册登记。自即日起,江西省遂川县狗牯脑茶厂可以按照有关规定在相关产品上使用地理标志产品专用标志,获得地理标志产品保护,并依法接受监督。

赣南脐橙

“赣南脐橙”果大色艳、香气浓郁、甘甜味鲜、营养丰富,堪称果中佳品。在全国橙类评比中多次名列榜首。信丰被评为“中国脐橙之乡”“脐橙出口基地县”和全国唯一的“脐橙标准化示范区”。2004 年 8 月 13 日国家质检总局在江西九江庐山召开赣南脐橙申报国家原产地域保护的专家审定会,9 月 27 日,国家质检总局发布公告,“赣南脐橙”原产地域产品保护通过审查,自即日起对“赣南脐橙”实施原产地域产品保护。“赣南脐橙”原产地域范围以赣州市人民政府《关于赣南脐橙申报国家原产地域产品保护进一步明确地域范围的请示》提出的地域范围为准，为赣州市所辖信丰县、寻乌县、安远县、赣县、南康市、于都县、定南县、龙南县、瑞金市、会昌县、兴国县、章贡区、宁都县、大余县、全南县、崇义县（不包括上堡乡、乐洞乡）、上犹县（不包括安和乡、寺下乡、双溪乡、水岩乡、平富乡、五指峰乡、陡水镇）、石城县（不包括高田镇、木兰乡）、赣州经济技术开发区等18个县（市、区）和1个市级开发区现辖行政区域。2005年9月，省质监局依据《地理标志产品保护规定》，对赣州市赣南脐橙协会提出使用“赣南脐橙”地理标志专用标志的申请进行初审，并于26日报请国家质检总局审核批准。2010年度中国农产品品牌大会上，“赣南脐橙”品牌再次被评为中国农产品区域公用品牌百强，品牌价值达到26.08亿元。赣南脐橙作为江西省唯一产品，入围商务部、国家质检总局中欧地理标志协定谈判的地理标志产品清单。

泰和乌鸡

“泰和乌鸡”是江西省泰和县特产，因具有丛冠、缨头、绿耳、胡须、丝毛、毛脚、五爪、乌皮、乌肉、乌骨“十大”特征以及极高营养价值和药用价值而闻名世界。2003年2月泰和县人民政府向国家质检总局递交了申报材料。2004年10月10日，国家质检总局发布公告，“泰和乌鸡”原产地域产品保护通过审查，自即日起对“泰和乌鸡”实施原产地域产品保护，“泰和乌鸡”原产地域范围以吉安市人民政府《关于明确泰和乌鸡申报国家原产地域产品保护范围的批复》提出的地域范围为准，为江西省泰和县现辖行政区域。

广昌白莲

“广昌白莲”是江西省广昌县特产。广昌县自古以来就被称为“莲乡”，白莲的种植和加工历史非常悠久，品质突出，具有色白、粒大、味甘清香、营养丰富、药用价值高、炖煮易烂、汤清肉绵等特点，是药食共用的优良保健食品。历来被称为“贡莲”，为“莲中珍品”，一直畅销海内外。2003年10月，省质监局对广昌白莲实施原产地域产品保护进行初审，认为“广昌白莲”符合《原产地域产品保护规定》要求，并于24日报请国家质检总局审核批准。2004年8月13日，国家质检总局在九江庐山召开“广昌白莲”产品申报国家原产地域保护的专家审定会。2004年10月13日，国家质检总局发布公告，“广昌白莲”原产地域产品保护通过审查，自即日起对“广昌白莲”实施原产地域产品保护，“广昌白莲”原产地域范围以抚州市人民政府《关于界定广昌白莲原产地域保护范围的函》提出的地域范围为准，为江西省广昌县现辖行政区域。

庐山云雾茶

“庐山云雾茶”是传统名茶，是中国绿茶系列之一。宋代列为“贡茶”。因产自庐山而得名。茶芽肥绿润多毫，条索紧凑秀丽，香气鲜爽持久，滋味醇厚甘甜，汤色清澈明亮，叶底嫩绿匀齐。云雾茶风味独特，由于受庐山凉爽多雾的气候及日光直射时间短等条件影响，形成其叶厚，毫多，醇甘耐泡的特点。2003 年 10 月,省质监局对“庐山云雾茶”实施原产地域产品保护进行初审,“庐山云雾茶”符合《原产地域产品保护规定》要求,并于 24 日报请国家质检总局审核批准。2004 年 8 月 13 日,国家质检总局在九江庐山召开“庐山云雾茶”产品申报国家原产地域保护的专家审定会。12 月 13 日,国家质检总局发布公告,“庐山云雾茶”原产地域产品保护通过审查,自即日起对“庐山云雾茶”实施原产地域产品保护,“庐山云雾茶”原产地域范围以九江市人民政府《关于“庐山云雾茶”申报国家原产地域产品重新明确保护范围的批复》提出的地域范围为准,包括九江市的庐山风景区;庐山区的海会镇,威家镇,虞家河乡,莲花镇,五里乡,赛阳镇,姑塘镇,新港镇;星子县的东牯山林场,温泉镇,白鹿镇;九江县的岷山乡现辖行政区域。

广丰白耳黄鸡

“广丰白耳黄鸡”产于江西省上饶地区广丰,属中国稀有的白耳蛋用早熟鸡种。白耳黄鸡的选择以三黄一白的外貌为标准,即黄羽、黄喙、黄脚、白耳。单冠直立,耳垂大,呈银白色,虹彩金黄色,喙略弯,黄色或灰黄色,全身羽毛黄色,大镰羽不发达,黑色呈绿色光泽,小镰羽橘红色。皮肤和胫部呈黄色,无胫羽。开产日龄 152 天,年产蛋 184 个,蛋重 55 克左右,蛋壳呈深褐色。2003 年 10 月,省质监局对“广丰白耳黄鸡”实施原产地域产品保护进行初审,认为“广丰白耳黄鸡”符合《原产地域产品保护规定》要求,并于 24 日报请国家质检总局审核批准。2005 年 4 月 6 日,国家质检总局发布公告“广丰白耳黄鸡”原产地域产品保护通过审查,自即日起对“广丰白耳黄鸡”实施原产地域产品保护,以广丰县人民政府《关于界定“广丰白耳黄鸡”原产地域保护范围的函》提出的地域范围为准,为江西省广丰县现辖行政区域内。

万年贡米

“万年贡米”吸取四季清泉,根植水土特异,营养丰富,颗粒大,体细长,颗形如梭,米色似玉。起源于南北朝。明正德七年(1512)进贡朝廷,皇帝食用后大加赞赏,遂传旨“代代耕食,岁岁纳贡”,贡米因而得名。2004 年 6 月,省质监局对“万年贡米”实施原产地域产品保护进行初审,认为“万年贡米”符合《原产地域产品保护规定》要求,并于 30 日报请国家质检总局审核批准。2005 年 4 月 6 日,国家质检总局发布公告“万年贡米”原产地域产品保护通过审查,自即日起对“万年贡米”实施原产地域产品保护,原产地域范围以上饶市人民政府《关于界定“万年贡米”原产地域保护范围的函》提出的地域范围为准,为江西省万年县现辖行政区域内。

景德镇瓷器

“景德镇瓷器”大量系艺术陶瓷、生活用瓷和陈设用瓷,以白瓷为闻名,素有“白如玉,明如镜,薄如纸,声如磬”之称,品种齐全,曾达三千多种品名。瓷质优良,造型轻巧,装饰多样。2004 年 6 月,省质监局对“景德镇瓷器”实施原产地域产品保护进行初审认为“景德镇瓷器”符合《原产地域产品保护规定》要求,并于 30 日报请国家质检总局审核批准。2005 年 4 月 15 日,国家质检总局发布公告,“景德镇瓷器”原产地域产品保护通过审查,自即日起对“景德镇瓷器”实施原产地域产品保护。“景德镇瓷器”原产地域范围以景德镇市人民政府《关于界定景德镇瓷器原产地域产品保护范围的函》提出的地域范围为准,为景德镇市珠山区、昌江区、乐平市、浮梁县现辖行政区域。景德镇瓷器为中国第一例工业类原产地域保护的产品。

商州枳壳

江西樟树市(原清江县)古称“商州”,素有“枳壳之乡”的美誉,早在800多年以前,这里出产的枳壳称为“商州枳壳”,享有盛名。2005年7月,省质监局对“商州枳壳”实施原产地域产品保护进行初审,认为“商州枳壳”符合《原产地域产品保护规定》要求,并于7月7日报请国家质检总局审核批准。2006年4月19日,国家质检总局发布公告,“商州枳壳”国家地理标志产品保护通过审查,自即日起对“商州枳壳”实施地理标志产品保护。“商州枳壳”地理标志产品保护范围以新干县人民政府《关于请求给予商州枳壳地理标志产品保护的建议》提出的范围为准,为江西省新干县现辖行政区域。

金溪黄栀子

“金溪黄栀子”作为传统的中药材始载于《神农百草经》,栀子为常用中药,以果实供药用,具有泻火除烦、清热利湿、凉血解毒等功能。主治热病心烦,肝火目赤、湿热黄疸、小便黄短、血热吐衄、尿血、黄疸型肝炎。栀子不仅是重要的中药资源。而且也是化工、食品工业的重要原料。栀子色素是天然染料和食用色素,产品除内销外,还大量出口。2005年12月,省质监局对“金溪黄栀子”实施国家地理标志产品保护进行初审,认为“金溪黄栀子”符合《地理标志产品保护规定》要求,并于7日报请国家质检总局审核批准。2006年11月30日,国家质检总局发布公告,“金溪黄栀子”国家地理标志产品保护通过审查,“金溪黄栀子”实施地理标志产品保护。“金溪黄栀子”地理标志产品保护范围以金溪县人民政府《关于划定金溪黄栀子地理标志产品产地范围的建议》提出的范围为准,为江西省金溪县现辖行政区域。

寻乌蜜桔

“寻乌蜜桔”系指产地江西省寻乌县的蜜桔产品,是寻乌县的拳头产品。“寻乌蜜桔”具有皮薄、色鲜、果型好、质脆化渣、清香无核、风味浓厚等特点,深受消费者喜爱。2006年4月,省质监局对“寻乌蜜桔”实施国家地理标志产品保护进行初审,认为“寻乌蜜桔”符合《地理标志产品保护规定》要求,并于21日报请国家质检总局审核批准。2006年11月30日,国家质检总局发布公告,“寻乌蜜桔”国家地理标志产品保护通过审查,自即日起对“寻乌蜜桔”实施地理标志产品保护。“寻乌蜜桔”地理标志产品保护范围以寻乌县人民政府《关于划定寻乌蜜桔产地范围的建议》提出的范围为准,为江西省寻乌县长宁镇、文峰乡、三标乡、桂竹帽镇、古潭镇、澄江镇、罗珊镇、水源乡、南桥镇、留车镇、晨光镇、菖蒲乡、龙廷乡、项山乡、丹溪乡等15个乡镇现辖行政区域。

弋阳年糕

“弋阳年糕”又名弋阳大禾米粿,产于江西省上饶市弋阳县的传统特色名产。“弋阳年糕”制作始于唐代,已有1200多年的历史,它以弋阳大禾谷米为原料,采用“三蒸两百锤”的独特工艺制作而成,以白洁玉润、柔韧爽滑而著称。2005年11月,省质监局对“弋阳年糕”实施国家地理标志产品保护进行初审,认为“弋阳年糕”符合《地理标志产品保护规定》要求,并于24日报请国家质检总局审核批准。2006年12月28日,国家质检总局发布公告,“弋阳年糕”国家地理标志产品保护通过审查,自即日起对“弋阳年糕”实施地理标志产品保护。“弋阳年糕”地理标志产品保护范围以弋阳县人民政府《关于建议“弋阳年糕”保护地域范围的报告》提出的范围为准,为江西省弋阳县现辖行政区域。

横峰葛

葛是多年生藤本植物。块根圆柱状,肥厚,外皮灰黄色,内部粉质,富纤维,葛根加工史最早可溯源至西晋。由于葛的药用价值给当地的经济带来很大的影响,后人便称葛玄洗葛之溪称为“葛溪”,取此地名为葛源,“横峰葛”具有表面光滑须根少,皮色淡黄,肉质乳白色的特色。葛根、藤茎、叶、花、种子及葛粉均可入药,葛根药用价值最高。葛根味甘辛、性平,有升阳解肌,透疹止泻、除烦止渴之功能,2005年7月,省质监局对“横峰葛”实施原产地域产品保护进行初审,认为“横峰葛”符合《原产地域产品保护规定》要求,并于22日报请国家质检总局审核批准。2007年1月12日,国家质检总局发布公告,“横峰葛”国家地理标志产品保护通过审查,自即日起对“横峰葛”实施地理标志产品保护。“横峰葛”地理标志产品保护范围以横峰县人民政府《关于横峰葛地理标志产品保护范围的报告》提出的范围为准,为江西省横峰县现辖行政区域。

高安腐竹

“高安腐竹”是以优质黄豆为原料,用传统工艺加工制作而成的一种豆制品,“高安腐竹”生产加工历史悠久,是腐竹品牌中的极品,产品外观油亮光泽,呈淡黄色,支条均匀,条内空心,口味纯正,甘淡而清香、无异味、韧性好、有嚼头、吸水膨胀后不糊,在同类产品中,尤以久煮不糊而显其长。2005年12月,省质监局对“高安腐竹”实施国家地理标志产品保护进行初审,认为“高安腐竹”符合《地理标志产品保护规定》要求,并于7日报请国家质检总局审核批准。2007年1月12日,国家质检总局发布公告,国家地理标志产品保护通过审查,自即日起对“高安腐竹”实施地理标志产品保护。“高安腐竹”地理标志产品保护范围以高安市人民政府《关于明确高安腐竹申报国家地理标志产品保护范围的建议》提出的范围为准,为高安市锦河沿线的筠阳街道办事处、瑞州街道办事处、田南镇、相城镇、灰埠镇、扬圩镇、龙潭镇、石脑镇、祥符镇、上湖镇、蓝坊镇、大城镇等12个乡镇、街道办现辖行政区域。

崇仁麻鸡

“崇仁麻鸡”是江西省崇仁县地方鸡种，蛋肉兼用型。崇仁麻鸡具有显著的“三高一低”特点，即可食部、氨基酸及维生素含量高，胆固醇含量低微。崇仁麻鸡还是中国最宝贵的矮小型基因库，被中科院确定为中国很有发展前途的地方优良品种，在长期的生态环境饲养下，以致形成了崇仁麻鸡体小、敏捷、觅食力强等特点。2005 年 10 月，省质监局对“崇仁麻鸡”实施国家地理标志产品保护进行初审，认为“崇仁麻鸡”符合《地理标志产品保护规定》要求，并于 25 日报请国家质检总局审核批准。2007 年 9 月 6 日，国家质检总局发布公告，“崇仁麻鸡”国家地理标志产品保护通过审查，自即日起对“崇仁麻鸡”实施地理标志产品保护。“崇仁麻鸡”地理标志产品保护范围以崇仁县人民政府《关于崇仁县崇仁麻鸡申报地理标志产品保护予以定名和明确保护范围的请示》提出的范围为准，为江西省崇仁县现辖行政区域。

军山湖大闸蟹

“军山湖大闸蟹”是江西省进贤县特产。军山湖的大闸蟹体态青背白肚、金爪黄毛、双螯强健、八足坚硬、蟹体厚实、反应敏捷、额齿深、第四侧齿明显、背部疣状明显。体型肥硕，头胸甲相对较厚，肉质致密，甲壳坚硬，有光泽。具有“大、肥、腥、鲜、甜”“五星”特征和“绿、靓、晚”三大比较优势，是大闸蟹中的上品，在历届河蟹大赛上屡获金蟹奖、银蟹奖和“蟹王”“蟹后”称号，且远销日本、韩国、新加坡等国际市场。2006 年 6 月，省质监局对“军山湖大闸蟹”实施国家地理标志产品保护进行初审，认为“军山湖大闸蟹”符合《地理标志产品保护规定》要求，并于 26 日报请国家质检总局审核批准。2007 年 10 月 12 日，国家质检总局发布公告，“军山湖大闸蟹”国家地理标志产品保护通过审查，自即日起对“军山湖大闸蟹”实施地理标志产品保护。“军山湖大闸蟹”军山湖大闸蟹地理标志产品保护范围以进贤县人民政府《关于军山湖大闸蟹地理标志产品保护地域范围的建议》提出的范围为准，为江西省进贤县军山湖、青岚湖、陈家湖现辖行政区域。

兴国灰鹅

“兴国灰鹅”属灰羽肉用型品种，具有特耐粗饲、生长快，适应性和抗逆性强，肉质鲜美等优良特性。全身羽毛紧密呈灰色，嘴青、脚黄（青），成年公鹅体躯较长、头较大，性成熟后额前肉瘤突起，叫声洪亮。2006 年 9 月，省质监局对“兴国灰鹅”实施国家地理标志产品保护进行初审，认为“兴国灰鹅”符合《地理标志产品保护规定》要求，并于 21 日报请国家质检总局审核批准。2007 年 12 月 10 日，国家质检总局发布公告，“兴国灰鹅”国家地理标志产品保护通过审查，自即日起对“兴国灰鹅”实施地理标志产品保护。“兴国灰鹅”地理标志产品保护范围以兴国县人民政府《关于划定兴国灰鹅地理标志产品保护范围的建议》提出的范围为准，为江西省兴国县现辖行政区域。

婺源绿茶

“婺源绿茶”历史悠久,唐代著名茶叶专家陆羽在《茶经》中就有“歙州茶生于婺源山谷”的记载。“婺源绿茶”从18世纪开始就已进入国际市场,乾隆年间,外销到英国;光绪年间,中国外贸绿茶销往世界,婺源做了无名英雄。在所有销往世界的婺绿名称中均称谓“中国绿茶”。“婺源绿茶”具有叶质柔软,持嫩性好,芽肥叶厚,气清高持久,有兰花之香,滋味醇厚鲜爽,汤色碧绿澄明,芽叶柔嫩黄绿,条索紧细纤秀,锋毫显露,色泽翠绿光润特色。2007年8月,省质监局对“婺源绿茶”实施国家地理标志产品保护进行初审,认为“婺源绿茶”符合《地理标志产品保护规定》要求,并于22日报请国家质检总局审核批准。2008年10月31日,国家质检总局发布公告,“婺源绿茶”国家地理标志产品保护通过审查,自即日起对“婺源绿茶”实施地理标志产品保护。“婺源绿茶”地理标志产品保护范围以婺源县人民政府《关于要求划定婺源绿茶为地理标志产品保护的请示》提出的范围为准,为江西省婺源县现辖行政区域。

余江夏天无

“夏天无”是一种原产自江西省余江县的中草药材,由于它的地上部分一到初夏季节就枯萎而难觅其踪,故得名“夏天无”。经现代医学研究证明,夏天无的块茎中含有能活血通络、行气止痛的化学成分,对风湿性关节炎、跌打损伤、中风偏瘫等多种疾病疗效显著,余江县有记载的用药历史可追溯至东汉年间,余江县是全国最大的夏天无种植区。2007年4月,省质监局对“余江夏天无”实施国家地理标志产品保护进行初审,认为“余江夏天无”符合《地理标志产品保护规定》要求,并于23日报请国家质检总局审核批准。2008年12月17日,国家质检总局发布公告,“余江夏天无”国家地理标志产品保护通过审查,自即日起对“余江夏天无”实施地理标志产品保护。“余江夏天无”地理标志产品保护范围为江西省余江县邓埠镇、杨溪乡、马荃镇、春涛乡、平定乡、潢溪镇、锦江镇、黄庄乡、画桥镇、高公寨林场、洪湖乡、余江县水稻原种场、刘家站垦殖场等13个乡镇场现辖行政区域。

南康甜柚

“南康甜柚”在赣州市有1500多年的种植历史,由于特定的环境气候和土质条件,加上传统的种植技术,形成了南康甜柚特有的外形特征,果皮具芳樟香气,果肉脆嫩,化渣爽口,呈蜜蜡色,蜜香甘甜略有苹果味,回味持久,风味独特,在柚类中独具特色。2008年1月,省质监局对“南康甜柚”实施国家地理标志产品保护进行初审,认为“南康甜柚”符合《地理标志产品保护规定》要求,并于14日报请国家质检总局审核批准。2009年5月4日,国家质检总局发布公告,“南康甜柚”国家地理标志产品保护通过审查,自即日起对“南康甜柚”实施地理标志产品保护。“南康甜柚”地理标志产品保护范围为江西省南康市现辖行政区域。

丰城冻米糖

“丰城冻米糖”是江西丰城食品生产中享有盛名的特色传统名小吃。相传已有两百多年的生产历史，始产当在清乾隆年间。“丰城冻米糖”具有四角平整，洁白晶亮，红柚丝均匀铺面，小块切包，松脆爽口，入口消融，无渣无屑，不粘牙、不塞牙，回味无穷特点。2008 年 9 月，省质监局对“丰城冻米糖”实施国家地理标志产品保护进行初审，认为“丰城冻米糖”符合《地理标志产品保护规定》要求，并于 28 日报请国家质检总局审核批准。2009 年 11 月 19 日，国家质检总局发布公告，“丰城冻米糖”国家地理标志产品保护通过审查，自即日起对“丰城冻米糖”实施地理标志产品保护。“丰城冻米糖”地理标志产品保护范围为江西省丰城市现辖行政区域。

靖安椪柑

“靖安椪柑”是用外地椪柑实生苗上取芽嫁接在本地红橘上，经过多年精心培育而成的优良品种。具有果形高扁圆形，果蒂完整，色泽橙红（黄）鲜艳，果皮光洁细腻，果肉鲜艳，肉质脆嫩化渣，风味甘甜，酸甜适度，具有该品种特征香气。2008 年 9 月，省质监局对“靖安椪柑”实施国家地理标志产品保护进行初审，认为“靖安椪柑”符合《地理标志产品保护规定》要求，并于 28 日报请国家质检总局审核批准。2009 年 12 月 28 日，国家质检总局发布公告，“靖安椪柑”国家地理标志产品保护通过审查，自即日起对“靖安椪柑”实施地理标志产品保护。“靖安椪柑”地理标志产品保护范围为江西省靖安县香田乡、双溪镇、雷公尖乡、仁首镇、宝峰镇、水口乡、高湖镇等 7 个乡镇现辖行政区域。

樟树吴茱萸

“樟树吴茱萸”产于江西省樟树市，是优良的中药材品种。具有不开口，内无种子，气芳香浓郁，味辛辣刺舌而苦，有效成分高等特点，在中药界享有盛誉。2008 年 9 月，省质监局对“樟树吴茱萸”实施国家地理标志产品保护进行初审，认为“樟树吴茱萸”符合《地理标志产品保护规定》要求，并于 28 日报请国家质检总局审核批准。2010 年 2 月 24 日，国家质检总局发布公告，“樟树吴茱萸”国家地理标志产品保护通过审查，自即日起对“樟树吴茱萸”实施地理标志产品保护。“樟树吴茱萸”地理标志产品保护范围为江西省樟树市现辖行政区域。

马家柚

“马家柚”具有出汁率较高，结果早，单颗产量高，果肉细嫩，色泽浅红，甜脆可口等特点；有止咳化痰、健胃消食、润肺清肠、补血健脾等功效。2010 年 1 月，省质监局对“马家柚”实施国家地理标志产品保护进行初审，认为“马家柚”符合《地理标志产品保护规定》要求，并于 12 日报请国家质检总局审核批准。12 月 21 日，国家质检总局发布公告，“马家柚”国家地理标志产品保护通过审查，自即日起对“马家柚”实施地理标志产品保护。“马家柚”地理标志产品保护产地范围为江西省广丰县现辖行政区域。

婺源荷包红鲤

“婺源荷包红鲤”产于江西省婺源县,属于鲤科鲤属鲤鱼的一个变种,是当地独有的传统养殖鱼类,因色泽鲜红、头小尾短、背高体宽、背部隆起、腹部肥大、形似荷包而得名。荷包红鲤肉质肥美细嫩,汤鲜味美,肥而不腻,香而无腥,除可供食用和观赏外,还有较高的食疗功能和药用价值。2010年1月,省质监局对“婺源荷包红鲤”实施国家地理标志产品保护进行初审,认为“婺源荷包红鲤”符合《地理标志产品保护规定》要求,并于12日报请国家质检总局审核批准。12月31日,国家质检总局发布公告,“婺源荷包红鲤”国家地理标志产品保护通过审查,自即日起对“婺源荷包红鲤”实施地理标志产品保护。“婺源荷包红鲤”地理标志产品保护产地范围为江西省婺源县现辖行政区域。

第三章　工业产品生产许可证管理

工业产品生产许可证制度经历起始阶段、发展和统一管理阶段。1984 年 4 月，国务院颁布《工业产品生产许可证试行条例》（以下简称《条例》），决定对重要工业产品实施强制性的生产许可证管理，标志着工业产品生产许可证制度正式在全国范围开始推行。《条例》颁布后，是年，国家经委又发布《工业产品生产许可证管理办法》，并成立全国工业产品生产许可证办公室，设在国家标准局，承担全国生产许可证管理的日常工作。省内也成立江西省工业产品生产许可证办公室，设在省经济贸易委员会。初步形成国家统一管理，部门审核发证，地方技监局负责监督执法的管理体制。这种管理体制从 1984 年一直延续到 1998 年。

1998 年国务院机构改革，国家质监局具有管理工业产品生产许可证工作的职能。2001 年，根据国家质检总局三定方案，明确国家质检总局管理全国工业产品生产许可证工作的职能。2002 年 3 月，国家质检总局发布《工业产品生产许可证管理办法》（国质检〔2002〕19 号令）。2005 年 9 月 1 日，《工业产品生产许可证管理条例》（国务院令第 440 号）施行。11 月 1 日，《工业产品生产许可证管理条例实施办法》（国家质检总局令第 80 号）施行。

1991—2000 年，省经贸委共完成 20 多类产品 200 家企业的生产许可证发证及证后监管工作。2001—2010 年，省质监局先后制定《江西省工业产品生产许可省级发证工作管理办法》《江西省工业产品生产许可证获证企业后续监督管理办法（试行）》等规范性文件，将工业产品生产许可申请受理时限由 5 天压缩为 3 天，实地核查时限由 30 天压缩为 20 天，省级发证从申请受理到审批发证的时限由 60 天压缩为 40 天；完成 44 类产品 602 家企业国家级生产许可证、19 类产品 954 家企业省级生产许可证发证工作；组织各设区市质监局根据不同行业、不同企业的质量安全状况，制定相应的监管计划和监管频次，规定统一监管程序、监管内容、记录表格等，保证获证企业每年至少监管一次。

第一节　工业产品生产许可证发证审查

工业产品生产许可证发证审查是质监局或有发证资格的政府部门对申请取证企业进行工厂条件审查，主要审查企业连续稳定生产合格产品的必备条件和质量保证能力，以确认它是否符合发证产品实施细则的要求。发证审查是企业办理生产许可证工作程序中重要环节。

根据《工业产品生产许可证办证程序》，省质监局根据工业产品生产许可证发证产品目录受理企业申请，根据产品实施细则的规定，由审查部或省质监局对企业进行生产条件现场审查和产品抽样。企业工厂生产条件和产品质量检验完成后，由产品审查部或省质监局将符合发证要求的企业的申请书、生产条件审查报告、产品质量检验报告等相关材料汇总报国家质检总局，由国家质检总局颁发证书并向社会公告。

1998 年 11 月以前，工业产品生产许可证发证审查及发证管理职能分散在各部委，经贸委国家工业局负责工业产品；劳动部负责特种劳动防护产品；中国兵器工业总公司负责民爆器材产品；电力部负责电力机械产品；建设部负责电梯、塔机、建筑扣件等产品，国家技监局负责牵头燃气用具产品等。1998 年 11 月 5 日国家质监局下发《关于进一步做好工业产品生产许可证管理工作的通知》，明确从 1998 年 11 月起，国务院授权国家质监局管理全国工业产品生产许可证工作，所有生产许可证证书一律改由国家质监局负责盖章发放。

工业产品生产许可证产品目录

工业产品生产许可证产品目录采取动态管理，由国家质检总局适时分布列入国家实施生产许可证管理目录名单。

1984 年，低压电器，电度表等 87 类产品被列入第一批实施生产许可证管理的产品目录。

1991 年 3 月 4 日，国家技监局下发《关于印发一九九一年发放生产许可证产品计划目录的通知》，要求各有关单位，严格遵照国务颁发的《工业产品生产许可证试行条例》认真组织实施。未列入《一九九一年发放工业产品生产许可证产品计划目录》的产品，一律不得发放生产许可证。同时，凡 1988 年以前(含 1988 年)列入《发证计划目录》的产品，各地证部门均应在 1991 年内完成发证工作。在规定的时间内，未完成发证工作的产品，不再结转列下一年度的《发证计划目录》，撤销发证计划。

1994 年 3 月 8 日，为适应社会主义市场经济的要求，管好实施生产许可证管理的产品，国家决定缩小发证范围，国家经贸委、国家技监局下发《关于公布第二批撤销生产许可证管理的产品目录的通知》，自 7 月 1 日起，对第二批 102 种产品不再实施生产许可证管理。

表 3-3-1　第二批撤销生产许可证管理的产品目录(102 种)

序　号	产品名称	序　号	产品名称
1	鱼颗粒饲料机	52	内燃机滤清器
2	紫胶、烤胶	53	核仪器用低压电源
3	塑料贴面板	54	NIM 插件机箱
4	人造板机械	55	半导体集成电路
5	往复式泥浆泵	56	半导体分立器件
6	地质钻探金刚石钻头	57	半导体光电器件
7	地质钻探金刚石扩孔器	58	电声器件
8	液压元件	59	煤矿电容式发爆器

续表

序　号	产品名称	序　号	产品名称
9	中小型电机	60	钻铤
10	木工机床	61	钻杆接头
11	拖拉机	62	抽油光杆
12	锻压机床	63	套管扶正器
13	小型收割机	64	纺织专件
14	内燃发电机组	65	有梭棉织机
15	有梭毛织机	66	有梭丝织机
16	棉精梳机	67	乙二醇
17	棉纺粗纱机	68	顺丁橡胶
18	梳棉机	69	大坝灌浆机
19	梳毛机	70	仓丁气力输送泵
20	棉织机	71	电动锁气器
21	丝织机	72	隧洞作业车
22	毛纺粗纱机	73	多臂钻车
23	粗纱机	74	水面蒸发器
24	电子衡器	75	双缝干涉实验仪
25	合成洗衣粉	76	光具座
26	消防空气呼吸器	77	电阻箱
27	起锚机、系缆绞盘和	78	筒式电阻箱
28	系泊绞车	79	斜面小车
29	铜板材	80	冲击摆实验器
30	铜带材	81	向心力演示器
31	铝板材	82	电机原理说明器
32	铝带材	83	演示电桥
33	聚苯乙烯	84	感应圈
34	电子开关	85	无线电组合教具
35	筒式计时器	86	可调内阻电池
36	斜槽轨道	87	演示线路实验板
37	直流高压电源	88	洛仑兹力演示器
38	气垫导轨	89	光具盘

续表

序　号	产品名称	序　号	产品名称
39	小型气源	90	光干涉衍射偏振演示器
40	威尔逊云雾室	91	分光镜
41	盖革计数器	92	滑动变阻器
42	可拆变电器	93	演示电磁继电器
43	变压器原理说明器	94	学生电磁继电器
44	低压电源	95	小型电动机模型
45	教学用信号源	96	低频信号发生器
46	学生电子实验箱	97	教学蓄电池
47	光谱管组	98	碰撞实验器
48	教学示波器	99	电磁振荡演示仪
49	力矩盘	100	地球运行仪
50	气体定律演示器	101	月球运行仪
51	感应起电机	102	电动轮椅车

2002 年,经调整,国家质检总局将电热食品加工机械、油锯低压电器等 87 种产品列入国家实施生产许可证管理的产品目录。

表 3-3-2　2002 年列入国家实施生产许可证管理的产品目录(87 种)

序　号	产品名称	序　号	产品名称
1	电热食品加工机械	45	眼镜
2	油锯	46	餐具洗涤剂
3	人造板	47	婴幼儿配方奶粉
4	锅炉用无缝钢管	48	白酒
5	钢筋混凝土用变形钢筋	49	铁路车辆闸瓦
6	预应力混凝土用钢丝绞线	50	铁路专用制动软管连接器
7	冶炼用耐火材料	51	预应力混凝土轨枕
8	圆股钢丝绳	52	电气化铁路接触网供电金具
9	轴承钢材	53	弹条扣件
10	轧钢辊	54	铁路桥预应力混凝土简支梁
11	轻小型起重运输设备	55	港口装卸机械
12	泵	56	建筑卷扬机
13	空气压缩机	57	公路桥梁支座

续表

序　号	产品名称	序　号	产品名称
14	蓄电池	58	汽车制动液
15	机械密封	59	特种劳动防护用品
16	脱粒机	60	石油天然气工业用焊接钢管
17	防爆电气	61	建筑钢脚手架扣件
18	砂轮	62	建筑门窗
19	内燃机	63	摩托车乘员头盔
20	电线电缆	64	水泥
21	电焊条	65	混凝土输水管
22	电力整流器	66	磨擦材料
23	重要电子元器件	67	建筑防水卷材
24	卫星电视广播地面接收设施	68	铜及铜合金管材
25	集成电路卡（IC 卡）	69	铝型材
26	阻燃输送带	70	广播铁塔
27	复混肥料	71	电力线路金具
28	磷肥	72	输电线路铁塔
29	农药	73	电力线载波机
30	橡胶密封制品	74	带电作业工器具
31	化学试剂	75	水文仪器
32	工业搪玻璃设备	76	水工金属结构
33	溶解乙炔	77	岩土工程仪器
34	食用化工产品	78	金属包装桶罐
35	氯氟烃	79	救生设备
36	防喷器及防喷器控制装置	80	抽油设备
37	石棉密封制品	81	燃气器具
38	钻井悬吊工具	82	粉碎机
39	助力自行车	83	人民币伪币鉴别仪
40	电热毯	84	棉花加工机械
41	压力锅	85	防伪技术产品
42	化妆品	86	危险化学品（氯碱类、无机盐类、浓硝酸、环氧乙烷、压缩液化气体、染料中间体等）
43	食用酒精	87	危化品包装物及容器
44	食用香精香料		

2003 年 6 月 5 日，根据国家质检总局《关于贯彻落实〈全国防治非典型肺炎指挥部关于加强对

过氧乙酸等危险化学品及消毒剂监督管理的紧急通知(第七号)〉的紧急通知》,国家对过氧乙酸产品全面启动生产许可证管理工作。

2003 年 7 月 21 日,根据国家质检总局《关于对危险化学品实施生产许可证管理有关事项的通知》及《关于对危险化学品包装物、容器产品实行生产许可证制度及有关问题的通知》,国家对危险化学品及危险化学品包装物、容器产品实施生产许可证管理。

表 3-3-3 国家对危险化学品及危险化学品包装物、容器产品实施生产许可证管理目录

类 别	产品名称	产品规格(具体产品品种)
压缩、液化气体产品	永久性气体	工业用氧、工业用氮、工业氦、工业氢、纯氮、纯氩、纯氖、纯氦、氪气、纯甲烷、高纯氧、高纯氮、高纯氩、高纯氦、航空呼吸用氧气、灯泡用氩气、电子工业用气体氮、电子工业用气体氩、电子工业用气体氢、电子工业用气体氧、电子工业用气体氦、纯氢、高纯氢
	液化气体	氙气、电子工业用气体氧化亚氮、电子工业用气体高纯氨、电子工业用气体硅烷、电子工业用气体磷化氢、工业用液体二氧化碳、焊接用二氧化碳
危险化学品包装物、容器产品	金属桶	钢桶、黄磷包装钢桶、固碱包装钢桶、内销电石包装钢桶、钢提桶、方桶
	金属罐	工业用薄钢板圆罐、方罐与扁圆罐、气雾罐(φ25.4mmZ 型/ϕ25.4mmY 型)、气雾阀(φ25.4mm)
	塑料容器	危险品包装用塑料桶、聚乙烯吹塑桶、塑料编织袋(装载重量 60 千克以下)、复合塑料编织袋(装载重量 60 千克以下)
	罐体	钢、铝罐体、玻璃钢、塑料罐体
第二批无机盐产品	磷化合物	工业赤磷、工业黄磷、工业磷酸、食品添加剂磷酸、工业亚磷酸
	氯酸盐	高氯酸铵、工业氯酸钠、工业亚氯酸钠、工业溴酸钠、食品添加剂溴酸钾
	硝酸盐	工业硝酸钠、食品添加剂硝酸钠、工业硝酸钾、工业硝酸钡、工业硝酸锌、工业亚硝酸钠、食品添加剂亚硝酸钠、工业亚硝酸钙
染料中间体产品	染料中间体	间苯二胺、2,4-二氨基甲苯、1-萘胺、对硝基苯胺、邻硝基苯胺、间硝基苯胺、邻硝基对甲苯胺、氯苯、硝基苯、邻硝基甲苯、对硝基甲苯、邻苯二甲酸酐、苯胺、邻甲苯胺、N-甲基苯胺、N,N-二甲基苯胺、邻硝基氯苯、对硝基氯苯、对硝基酚钠、2,4-二硝基氯苯、对氨基苯甲醚、邻氨基苯甲醚、对氨基乙酰苯胺、保险粉、邻二氯苯、2-萘酚、H 酸单钠盐、蒽醌、吐氏酸、J 酸、苯基周位酸、猩红酸双钠盐、2-氰基-4-硝基苯胺、乙酰乙酰苯胺、4,4’-二氨基二苯乙烯-2,2’-二磺酸(DSD 酸)、1-氨基蒽醌、2-羧基-3-萘甲酸、对氨基苯磺酸钠、溴氨酸钠盐(1-氨基-4-溴蒽醌-2-磺酸钠)、1-萘酚-4-磺酸(NW 酸)、2-氨基-8-萘酚-6-磺酸(γ 酸)、1-萘酚、三聚氯氰、2-萘酚-3,6-二磺酸二钠盐(R 盐)、G 盐、1-萘胺-4-磺酸钠、1-萘胺-8-磺酸(周位酸)、工业水杨酸、间氨基乙酰苯胺、对氨基苯磺酸

续表

类　别	产品名称	产品规格(具体产品品种)
第二批氯碱产品	次氯酸盐	次氯酸钙(漂粉精)、漂白粉、漂白液、次氯酸钠溶液
	三氯化磷	三氯化磷
	三氯氧磷	三氯氧磷

2007 年 12 月 5 日,国家质检总局制定《关于公布实行生产许可证制度管理的产品目录的公告》(2007 年第 174 号)。按照行政审批制度改革要求,经严格审查论证,国务院于 2007 年 10 月 9 日下发《国务院关于第四批取消和调整行政审批项目的决定》,决定取消轧钢辊、油锯等 14 类产品的生产许可审批。同时,国务院行政审批改革领导小组办公室确认,继续保留对人造板等 66 类产品实行生产许可证制度管理。

表 3-3-4　实行生产许可证制度管理的产品目录(2007.12.5)

序　号	产品名称	序　号	产品名称
1	人造板	34	特种劳动防护用品
2	建筑用钢筋	35	建筑钢管脚手架扣件
3	预应力混凝土用钢材	36	建筑外窗
4	耐火材料	37	建筑卷扬机
5	钢丝绳	38	摩托车乘员头盔
6	轴承钢材	39	水泥
7	泵	40	输水管
8	空气压缩机	41	摩擦材料及密封制品
9	蓄电池	42	建筑防水卷材
10	机动脱粒机	43	铜及铜合金管材
11	防爆电气	44	铝、钛合金加工产品
12	砂轮	45	广播通信铁塔及桅杆
13	内燃机	46	电力金具
14	电线电缆	47	输电线路铁塔
15	电焊条	48	电力调度通信设备
16	电力整流器	49	水工金属结构
17	轻小型起重运输设备	50	水文仪器
18	卫星电视广播地面接收设备	51	岩土工程仪器
19	集成电路卡及集成电路卡读写机	52	制冷设备
20	化肥	53	救生设备

续表

序　号	产品名称	序　号	产品名称
21	农药	54	抽油设备
22	橡胶制品	55	燃气器具
23	防喷器及防喷器控制装置	56	饲料粉碎机械
24	钻井悬吊工具	57	人民币伪钞鉴别仪
25	电热毯	58	危险化学品
26	助力车	59	危险化学品包装物、容器
27	香精香料	60	棉花加工机械
28	眼镜	61	防伪技术产品
29	预应力混凝土枕	62	无线广播电视发射设备
30	预应力混凝土铁路桥简支梁	63	税控收款机
31	港口装卸机械	64	加工食品
32	公路桥梁支座	65	直接接触食品的材料等食品相关产品
33	汽车制动液	66	化妆品

2010年8月25日,国家质检总局制定《关于公布实行生产许可证制度管理的产品目录的公告》(总局2010年90号公告)。按照行政审批改革要求,经严格审查论证,国务院于2010年7月4日下发《国务院关于第五批取消和下放管理层级行政审批项目的决定》,决定取消建筑外窗、工业用香精香料2类产品的生产许可审批,国务院行政审批改革领导小组办公室同时确认继续对人造板等64类产品实行生产许可证制度管理。

表3-3-5　实行生产许可证制度管理的产品目录(2010.8.25)

序　号	产品名称	序　号	产品名称
1	人造板	33	特种劳动防护用品
2	建筑用钢筋	34	建筑钢管脚手架扣件
3	预应力混凝土用钢材	35	建筑卷扬机
4	耐火材料	36	摩托车乘员头盔
5	钢丝绳	37	水泥
6	轴承钢材	38	输水管
7	泵	39	摩擦材料及密封制品
8	空气压缩机	40	建筑防水卷材
9	蓄电池	41	铜及铜合金管材
10	机动脱粒机	42	铝、钛合金加工产品

续表

序　号	产品名称	序　号	产品名称
11	防爆电气	43	广播通信铁塔及桅杆
12	砂轮	44	电力金具
13	内燃机	45	输电线路铁塔
14	电线电缆	46	电力调度通信设备
15	电焊条	47	水工金属结构
16	电力整流器	48	水文仪器
17	轻小型起重运输设备	49	岩土工程仪器
18	卫星电视广播地面接收设备	50	制冷设备
19	集成电路卡及集成电路卡读写机	51	救生设备
20	化肥	52	抽油设备
21	农药	53	燃气器具
22	橡胶制品	54	饲料粉碎机械
23	防喷器及防喷器控制装置	55	人民币伪钞鉴别仪
24	钻井悬吊工具	56	危险化学品
25	电热毯	57	危险化学品包装物、容器
26	助力车	58	棉花加工机械
27	眼镜	59	防伪技术产品
28	预应力混凝土枕	60	无线广播电视发射设备
29	预应力混凝土铁路桥简支梁	61	税控收款机
30	港口装卸机械	62	加工食品
31	公路桥梁支座	63	直接接触食品的材料等食品相关产品
32	汽车制动液	64	化妆品

江西省工业产品生产许可证发证审查及发证

1991—2000年，省经贸委共完成20多类产品200家企业的生产许可证发证审查工作。2001年开始，企业的生产许可证发证审查工作由省质监局负责。

2001年，省质监局制定《江西省工业产品生产许可证管理暂行办法》，加大对生产许可证管理工作力度。组织召开白酒等产品生产许可证发证工作会，完成白酒、复混肥、过磷酸钙、水泥、电视广播接收机、螺纹钢筋、一次性医疗器械等20多类产品100家企业的生产许可证发证审查工作。在国家有关部门的大力帮助和支持下，帮助一批重点招商引资企业取得市场准入资格，积极为地方经济发展服务。

同时,为提高工业产品生产许可证审查人员素质和工作能力,更好地完成工业产品生产许可证审查任务,全国工业产品生产许可证办公室建立《全国工业产品生产许可证审查员考试注册制度》,考试合格者由全国许可证办公室审核后予以注册,统一颁发《全国工业产品生产许可证国家注册审查员证书》。为建立健全省审查员队伍,省质监局积极开展审查员培训班。12 月 21 日,省工业产品生产许可证办公室下发《关于举办江西省工业产品生产许可证审查员培训班的通知》,在南昌举办省工业产品生产许可证审查员培训班,200 多位相关人员通过考试,获得全国工业产品生产许可证国家注册审查员资格。12 月,在南昌举办省水泥产品生产许可证换(发)证工作会,为企业换(发)证提供指导和帮助。

2002 年,省质监局继续完善和加强生产许可证管理,重点抓好化妆品、螺纹钢、水泥等产品生产许可证发证管理工作,突出申报、审查、发证、监督等主要环节,对 200 多家企业的申报进行受理和文件审查。建立全省生产许可证数据库。9 月,为做好全省生产许可证审查员的培训与注册工作,举办两期生产许可证审查员培训班,300 多位质检机构相关专业人员,获得全国工业产品生产许可证国家注册审查员资格。

2003 年,省质监局加大对生产许可证日常监管力度,认真抓好申报、审查、发证、监督等主要环节,严格审查程序、缩短发证周期、确保发证质量。配合农业厅、卫生厅等部门完成剧毒品清查工作。先后组织召开过氧乙酸、危险化学品包装容器、香精香料、复混肥料、冷轧螺纹钢筋、水泥、第三批白酒生产许可证发证工作会。举办第三期生产许可证审查员培训,建立生产许可证审查员专家库,建立发证企业电子档案。全年共受理复混肥、农药、电动自行车、水泥、危险化学品、防水卷材共 30 类计 170 家企业和产品的申请;并对水泥、白酒、化妆品、电线电缆、奶粉、农药、餐具洗涤剂、砂轮、压缩机、调度绞车、水泵等共 28 类计 300 家企业和产品发放生产许可证。

2004 年 6 月,按照国家质检总局提出的"从源头抓质量、提高工作的有效性,从基层抓落实、提高依法行政水平"的工作部署,省质监局制定《各设区市质量技术监督局工业产品生产许可证监管职责暂行规定》,并印发至各设区市质监局。11 月,按照《行政许可法》的要求,加大对工业产品生产许可证工作进行规范管理的力度,制定并发布《江西省工业产品生产许可证监管工作程序》及相关的表格、记录文件,规范申报受理、审查安排、证后监管等工作,严格发证程序、缩短发证周期、确保发证质量,使工业产品生产许可证监管工作步入科学管理的轨道。制定下发《各设区市质量技术监督局工业产品生产许可证监管职责暂行规定》,签署《江西省质量技术监督系统工业产品生产许可证监管工作责任状》和《工业产品生产许可证审查组长工作责任状》,初步建立起责任追究制度。积极配合全国工业产品生产许可证办公室、国家审查部协调许可证发证宣传贯彻、审查工作,对 28 类工业产品发放生产许可证。完成复混肥料、眼镜、建筑外窗等产品生产许可证的现场审查工作。共受理企业申报 174 家,发放许可证 146 张。

2005 年,积极配合国家宏观调控,重点加强对钢铁、水泥、建材、白酒、危险化学品等产品生产许可证的发证及监管。全年共受理企业申请 224 家,185 个产品取得工业产品生产许可证,涉及安全产品的质量水平进一步提高。组织开展生产许可证无证查处工作。

2006 年,以生产许可为主要内容的产品市场准入制度进一步完善。全年度共发放受理决定书

341 张,颁发国家工业产品生产许可证 1099 张。

2007 年,受理 202 家企业申办工业产品生产许可证,发证 99 家,办理委托加工备案 14 项。

2008 年,认真执行两级受理、两级发证工作。制定下发《江西省工业产品生产许可省级发证工作管理办法》,规范验配眼镜和建筑外窗受理、核查、审理及发证程序,明确省质监局与市质监局的工作职责。1—9 月底,省质监局共受理并发放工业产品生产许可决定书 231 张;设区市质监局受理现场审查,省级书面审查、批准发放的生产许可证证书 278 张。全省共发放生产许可证 1821 张,其中国家质检总局发证 1543 张,省质监局发证 278 张。

针对省内水泥企业换证数量大,国家产业政策、节能降耗要求严的情况,特别邀请国家水泥审查部的领导来省对水泥企业进行考察调研,对 15 名注册审查员进行现场示教;请有关专家制作水泥企业应具备的环保设备照片,为顺利有效地开展水泥企业的现场核查奠定较好的基础。积极做好抗震救灾及灾后重建有关工业产品生产许可工作。四川汶川发生强烈地震后,及时转发全国工业产品生产许可证办公室《关于做好抗震救灾及灾后重建工业产品生产许可证工作的紧急通知》,对到期换发证的水泥企业一律延期至 2008 年 12 月 31 日,确保灾后物资的正常生产。

2009 年,建立全过程规范管理体系。先后制定完善首问责任制、限时办结制和责任追究制等内部管理制度,形成覆盖许可证申请受理、组织审查、审批发证和证后监管全过程的管理体系,实现省工业产品生产许可证管理各项工作有章可循、有规可依,切实压缩行政审批时限,得到全国工业产品生产许可证办公室的高度评价。全省以"机关效能年"活动为契机,将工业产品生产许可申请受理时限由 5 天压缩为 3 天,实地核查时限由 30 天压缩为 20 天,省级发证从申请受理到审批发证的时限由 60 天压缩为 40 天,压缩审批时限达到 33%,审批效率明显提高。针对国家质检总局当年下放的 12 类省级发证产品,组织召开省级发证产品实施细则宣传贯彻会,帮助企业及时了解实施细则变更信息。同时,将眼镜、建筑外窗等 2 类产品的发证工作委托设区市质监局实施。全省共发放国家质检总局发证产品许可证书 287 张,省级发证产品许可证书 93 张。

2010 年,进一步落实国家产业政策,加强工业产品生产许可管理,共发放国家发证许可证书 152 张,省级发证许可证书 65 张,上报注销 100 家落后产能企业生产许可证。

第二节　工业产品生产许可证后续监管

根据《工业产品生产许可证管理条例》和《工业产品生产许可证管理办法》的有关规定,对获证企业的监督管理工作主要采取国家监督抽查、地方监督抽查和日常执法监督和生产许可证年度监督审查等方式。

随着全省工业产品生产许可证获证群体的不断壮大,省质监局加大获证后续监管工作,对无证生产、销售无证产品以及有证生产不合格产品的违法行为,依据有关规定进行处罚。对于少数企业出现放松质量管理,产品质量滑坡的现象,进行整改等。

1991—2000 年,证后监管工作由省经贸委负责。

2003 年 4 月 30 日,根据国家质检总局发布的《工业产品生产许可证管理办法》(2002 年第 19

号局长令),全国工业产品生产许可证办公室制定《工业产品生产许可证年度监督审查规定》,统一规范管理全国许可证年度监督审查工作,加强工业产品生产许可证管理,规范获证企业的生产、经营行为,确保获证企业的生产条件、产品质量符合《实施细则》的要求和有关规定。

2004年,国家质检总局下发《关于进一步加强对获得工业产品生产许可证企业监督管理的通知》,充分发挥生产许可证制度在从源头抓质量工作中的重要作用,强化获证企业的日常监督管理工作,严厉打击获证企业的各类违法行为,确保产品质量安全。要求坚决打击获证企业的造假行为;严厉处罚获证企业生产不合格产品行为;积极采取措施制止获证企业违反国家产业政策行为;加大对获证企业的日常监督检查力度;对于获证企业的其他违法行为,各地质量技术监督部门要按有关法律法规规定,依法从重从快处理。6月28日,为全面贯彻落实国家质检总局《关于切实强化生产源头监管严格责任追究的若干意见》,省质监局研究制定《各设区市质量技术监督局工业产品生产许可证监管职责暂行规定》,进一步明确工业产品生产许可证年度监督审查工作要求和职责,严格工业产品生产许可证监管,强化获证产品和获证企业的监管和有效遏制无证生产工作责任。9月7日,省质监局下发《关于举办全省认证监管人员培训的通知》,对全省各级质量技术监督部门从事认证监管的工作人员和行政执法人员开展法律、法规和业务知识培训,用三年时间,对全省质监系统从事认证监管工作的人员进行轮训,提高认证监管人员的业务素质和依法行政水平。11月5日,国家质检总局制定《工业产品生产许可证注销程序管理规定》。11月30日,省工许办制定并发布《江西省工业产品生产许可证年度监督审查工作程序》。对监督审查责任做进一步梳理,省工许办负责全省生产许可证年度监督审查的组织、协调和管理工作;各级质监局负责本行政区域内生产许可证获证企业年度监督审查的初审工作;审查组长按规定做好现场抽查的组织实施并对审查报告负责。对年审不合格的企业,由省工许办暂扣证书,提交省质监稽查总队立案吊销其生产许可证,按照法律程序告知企业、组织听证,并上报国家质检总局。全年,组织开展白酒生产许可证年审工作,完成200家企业生产许可证年度监督审查。对部分获证后放松管理的企业进行整改。同时,配合省安管局等部门完成危险化学品安全督查工作。

2006年5月8日,省质监局下发《关于进一步加强工业产品生产许可证监管工作的通知》,规范市场经济秩序,切实维护产品质量安全,建立健全区域监管长效机制,全面落实“统一管理、分类监管、重心下移、层级负责”的监管工作要求。提出按风险程度实施分类监管思路:各级质监部门根据本辖区获证企业的生产条件、管理水平和产品质量状况等因素,对获证企业和产品实施分类监管。对白酒、婴幼儿配方乳粉、化肥、农药、农机、水泥、螺纹钢筋、建筑扣件、危险化学品及其包装物等需要重点监管的产品,每半年至少对生产企业开展一次监督检查;其他产品,每年至少对生产企业开展一次监督检查。在监督检查中发现企业或产品存在问题的,要严格按照相关规定予以处理并督促整改;对存在严重质量问题的产品,要责令企业立即收回,实行监督销毁或做必要的技术处理;拟吊销生产许可证的,要暂扣证书并及时上报。12月13日,国家质检总局,国家发展和改革委员会联合下发《关于工业产品生产许可工作中严格执行国家产业政策有关问题的通知》,对违反国家产业政策的企业进行严格执法和处置。全年,组织开展对10类重点产品的监督抽查工作,对7家化肥企业进行吊证处理。

2008年6月25日，省质监局制订《江西省工业产品生产许可证获证企业后续监督管理办法(试行)》，要求各级质监部门认真履行从源头抓质量的职责，切实加强对获证企业产品质量后续监管工作。为确保奥运期间获得危化品和农药产品生产许可证企业生产产品的安全，7月29日省工许办下发《关于对危化品和农药产品获证企业进行监督检查的通知》，要求各设区市质监局对全省获得危化品和农药产品生产许可证企业进行一次全面的监督检查。此次监督检查以获证产品实施细则和《危险化学品生产企业检查表》为依据，以检查获证企业安全生产措施和其保证产品质量安全的能力为主。各设区市质监局高度重视，共出动检查人员350余人次，检查获证企业170家，占全省获证企业数的91%，发出整改报告10余份，严肃处理江西丰秀实业有限公司生产的有机—无机复混肥造成农民禾苗死亡事件。通过检查，进一步规范获证企业的安全生产行为，确保获证企业持续保证生产安全和产品质量的能力。8月13日，为全面反映工业产品生产许可工作在落实节能减排方面取得的成绩和效果，进一步做好落实节能减排工作，省工许办按照全国工许办《关于定期上报生产许可工作落实节能减排有关信息的通知》，组织开展水泥产品实施细则执行情况监督检查，监管率达80%。通过审查把关，对生产过程中高耗能和易造成环境污染的水泥、钢铁、危险化学品等产品进行监督，推动落后工艺装备的淘汰。

9月1日，省工业产品生产许可证办公室下发《关于认真做好2008年工业产品生产许可证年度监督审查工作的通知》，对全年后续监管工作进行布置安排。查处取缔无证无照经营行为是一项综合性执法工作。省政府高度重视查处取缔无证无照经营行为长效工作机制的建立，9月19日，根据《无照经营查处取缔办法》(国务院令第370号)和有关法律法规规定，省政府下发《江西省人民政府关于建立查处取缔无证无照经营行为长效工作机制的意见》，要求地方各级政府要按照权力和责任对等的原则，坚持“谁主管、谁审批、谁负责”，落实责任，建立长效工作机制。建立联席会议制度、信息通报、案件移送制度，开展专项行动，形成监管合力，确保查处取缔无证无照经营行为工作落到实处，取得实效。11月5日，为进一步加强省内危险化学品等部分产品获证企业的监管工作，切实保障产品质量和人体健康、生命财产安全，省工许办下发《关于进一步加强危险化学品等部分产品获证企业监管工作的通知》，根据全省重点监管产品生产企业分布情况，强调建立全省重点监管产品生产安全风险监测系统，将全省11个设区市的重点监管产品监督抽查数据及市、县、区质监局日常监督检查信息，纳入风险监测系统，对全省重点监管产品生产企业的质量安全风险进行动态监测。建立健全应对突发事件的处理机制，定期组织应急处理演练，不断提高处理突发事件的应急反应能力。

2009年7月9日，省质监局下发《关于贯彻落实国家质检总局〈工业产品生产许可注销程序管理规定〉的通知》，贯彻执行《工业产品生产许可注销程序管理规定》(国家质检总局令第93号)中关于工业产品生产许可撤回、撤销、吊销和注销规定。10月，省质监局下发《关于进一步加强电热毯产品质量监管的通知》，要求全省各设区市质监局严格实施电热毯产品无证查处和电热毯产品质量安全专项整治工作，进一步做好电热毯产品生产许可工作，加强电热毯产品质量监管，贯彻落实“质量和安全年”活动有关要求。由省质监局质量处、监督处牵头，有关地市质监部门具体实施，对全省生产电热毯产品的企业进行“地毯式”调查，抽查合格率100%。通过开展电热毯产品质量监管工作,规范企业的生产行为,净化电热毯产品消费市场,确保省内生产领域电热毯产品质量安全。11月10日,省质监局下发《关于加强工业产品生产许可证获证企业在用计量器具监督检查的通知》,对省内工业产品生产许可证企业生产工艺控制和出厂检验所用计量器具的计量溯源提出要求。2009年获证企业后续监管工作重点是农资、农机、危化品、电热毯等产品的监督审查。在11个设区市全面组织获证企业监督检查11次,监管率达71.5%,其中农资、高危产品获证企业监管率分别达94.6%和94.8%。11月12日,省工许办将不符合许可条件的53家获证企业的工业产品生产许可证上报国家质检总局建议注销。

2010年,省质监局对全省农资(化肥、农药、农机)、危险化学品等部分产品获证企业进行后续监管,进一步加强省内农资、危险化学品等产品获证企业的后续监管,确保全国"两会"期间社会安全稳定和春耕顺利进行。3月2日至4月上旬,组织开展全省性监督抽查2期,抽查企业200家。4月7日,省工许办决定对全省工业产品生产许可证过期企业进行监督检查,对许可证过期企业仍在生产,按照相关法律法规进行无证查处,对涉及产业政策的,报告地方政府,建议政府予以取缔。4月26日,根据《关于〈国务院关于加强食品等产品安全监督管理的特别规定〉若干问题的实施意见》要求,合理使用有限的监管资源,省质监局质量管理与认证处下发《关于明确工业产品许可证获证企业后续监管中应当重点加强监管产品范围的通知》,进一步明确重点加强监管产品范围和要求。6月18日,根据《中华人民共和国行政许可法》《中华人民共和国工业产品生产许可证管理条例》以及《工业产品生产许可证注销程序管理规定》(国家质检总局令第93号),省质监局向国家质检总局建议注销江西省萍乡市文塔水泥有限责任公司等97家企业的工业产品生产许可证。6月份,省内出现罕见的大范围持续降雨天气,一些设区市洪涝灾害十分严重,给当地危险化学品、农药等获证企业生产、保管环节的安全带来严重影响。6月24日,省质监局下发《关于加强抗洪抢险期间危险化学品等产品获证企业监管工作的紧急通知》,要求质监系统各单位,对本区域内受灾或可能受灾的获证企业,尤其是生产危险化学品、农药的企业进行一次拉网式的摸底调查,掌握受灾情况;企业对受浸淹的危险化学品、农药区域要做出明显的标志,并通知当地政府和安监等部门;落实洪涝地区监管责任和区域,定人、定企、定责,现场指导企业采取切实有效防范措施,防止危险化学品、农药等产品泄漏并做好应急措施和预案。由于部署及时,措施有效,抗洪抢险期间危险化学品等产品的安全得到保证,维护了广大人民群众生命财产安全。据统计,截至2010年12月底,全省共发放工业产品生产许可证1337张,发证目录范围内的产品基本取得工业产品生产许可证。质监部门在企业实施监督检查时严格执行"五公开""十不准""八严禁"等各项规定,做到严格执法、公正执法、文明执法,不得妨碍企业的正常生产经营活动,维护质监部门科学、公正、廉洁、高效的行业形象。

20年实践证明,工业产品生产许可证工作有力地促进企业生产条件改善和质量管理水平和产品质量的提高,促进产业结构的调整优化。企业生产条件得到明显改善,质量管理水平、产品质量得到显著提高,省内新型干法水泥生产能力达3970万吨,占全省的69%,比全国高出19个百分点,居全国第三位。全省复混肥料生产企业数量减少65%,对违反国家产业政策的企业及落后工艺依法实施淘汰,促进经济由速度型、能耗型、粗放型向质量效益型、循环型、集约型转变。

第四章　质监合作互认

21世纪初开始，国家经济体制向市场经济体制过渡，政府转变职能、企业转变机制，区域经济一体化发展趋势明显，政府质量管理的工作重心也转变到按照社会主义市场经济的规律和要求，综合运用法律、行政、经济等多种手段，通过引导、协调、监督、服务，推进企业质量管理工作，促进产品质量整体水平提高。质监合作互认就是根据国家对质监工作的总体规划和要求，充分发挥各方的优势和特色，合作互动，共同发展，建立统一开放、健康有序的市场环境，为区域内企业的生产、经营和服务活动，企业间的合作交流提供便利，促进商品流通，促进区域经济共同发展。

2004年，省质监局与福建、湖南、广东、广西、海南、四川、贵州、云南等省(区)质监局共同商议建立泛珠三角区域质监合作互认机制，并签署《泛珠三角区域(九省区)质量技术监督合作框架协议》。2006年，省质监局加入长三角区域质量技术监督合作互认，2009年，根据安徽省政府倡议，中部地区6个相邻省份河南、湖北、湖南、安徽、江西、山西质监部门开展合作互认，签署《中部六省质量技术监督合作互认协议》。本着服务经济、优势互补、资源共享、协同发展的原则，通过成立领导小组，建立联席会议制度，增强信息交流，在质量、标准、计量、食品、特种设备安全监察、认证认可和打假领域达成合作互认行动纲领。"互认"内容主要包括：建立市场准入互认制度、联手打假、建立一体化标准体制、避免重复检查、减轻企业负担、省级名牌产品互认、开放技术服务市场等互认制度，不断促进质监事业发展，提升服务经济社会发展的能力，促进经济社会又好又快发展。

第一节　泛珠三角区域质监合作互认

泛珠三角区域(泛珠江三角洲地区)，是2003年7月在国内正式提出来。泛珠江三角地区包含中国华南、东南和西南的九个省份，后加两个特别行政区香港和澳门。泛珠江三角地区覆盖中国1/5的国土面积和占1/3的人口。2004年泛珠江三角地区GDP达到6353.6亿美元。泛珠三角经济一体化的发展形势赋予质监工作新的内涵和使命，为发挥质监工作为区域经济和社会发展服务的职能作用，泛珠三角区域质监部门开展合作互认。每年至少召开一次质监部门主要负责人联席会议，研究决定区域合作重大事宜，协调推进区域合作。

2004年9月3日，第一届泛珠三角区域质监合作局长联席会议在广东省广州市举行，福建、江西、湖南、广东、广西、海南、四川、贵州、云南等省(区)质监局共同签订《泛珠三角区域(九省区)质量技术监督合作框架协议》。标志着泛珠三角区域质监合作机制正式建立。《合作框架协议》确立合作宗旨、合作原则、合作要求、合作内容和合作机制，建立泛珠三角区域质监部门主要负责人联席会议制度。协作工作小组由协议各方参与该合作项目的相关业务负责人组成。协作工作小组对具体合作项目及相关事宜提出工作措施,制订详细的合作协议、计划,落实本协议提出的合作事项,定期向联席会议报告合作项目落实情况。

2005 年 10 月 31 日,为落实《泛珠三角区域(九省区)质量技术监督合作框架协议》,在湖南省长沙市召开第二届泛珠三角区域(九省区)质监合作局长联席会议。合作各方本着自愿参与、优势互补、共同发展的原则,在充分协商的基础上,就泛珠三角区域(九省区)质量技术监督合作,共同制定《泛珠三角区域(九省区)质量技术监督合作方案》。合作方案从标准化、计量、质量监督、质量管理、稽查与打假、特种设备、认证认可、技术性贸易壁垒研究、法规与宣传、科技兴检等 10 个方面的具体合作互认达成共识,进一步发挥质监工作为区域经济和社会发展服务的职能作用,

2006 年 9 月 22 日,泛珠三角区域(九省区)质监合作局长联席会议第三届会议,在庐山召开。广西、广东、湖南、江西、福建、四川、云南、贵州、海南九省(区)质监局长出席会议。国家质检总局党组书记、副局长李传卿等出席会议并作重要讲话。国家质检总局质量司司长孙波、法规司司长刘兆彬、食品监管司司长邬建平等 8 位司长参加会议。李传卿在会上充分肯定泛珠九省质监合作取得的成绩,并要求泛珠九省质监部门要以科学发展观为统领,进一步健全合作机制,进一步增强合作的有效性,打破地区封锁,创造规范、有序、可持续的发展环境,为提升产品质量整体水平,增强区域整体影响力和竞争力做出更大的贡献。质监合作局长联席会议在质量、标准、计量、特种设备安全监察、认证认可、打假治劣等领域进行深入探讨,并分别介绍各自在《泛珠三角区域质量技术监督合作框架协议》内取得的成绩。研究制定并共同签署《泛珠三角区域(九省区)质量技术监督合作局长联席会议制度》《泛珠三角区域(九省区)质量技术监督合作局长联席会议秘书处工作章程》和《泛珠三角区域(九省区)标准化工作合作项目备忘录》等 3 个文件,建立监督检验信息通报制度和省级名牌产品质量互认等制度,提出近期应重点推进的 11 个方面的工作,进一步提升泛珠三角区域质量技术监督合作的范围和层次,推动区域质监合作向纵深发展。

2007 年 9 月 7 日,泛珠三角区域(九省区)标准化委员会制定《泛珠三角区域(九省区)农业标准化示范区农产品标志管理办法(试行)》。并在泛珠三角区域(九省区)实施。该《办法》进一步落实《泛珠三角区域(九省区)标准化工作合作项目备忘录》的要求,推进泛珠三角区域(九省区)农业标准化示范区农产品实施加贴专用标志工作,扩大示范区的影响,提高农产品知名度。

11 月 7 日,第四届泛珠三角区域(九省区)质量技术监督合作局长联席会议在广西南宁市召开。国家质检总局副局长蒲长城,广西壮族自治区人民政府副秘书长王德伦,国家质检总局执法督查司司长韩毅,福建省质监局局长黄序和,江西省质监局局长朱秉发、副巡视员蒋洪南,湖南省质监局局长刘爱才,广西壮族自治区质监局局长邓于仁、副局长段一中、谢瑾瑜、闭俊东、纪检组长门传真、总工程师王凯志、巡视员秦开副,海南省质监局党组书记韩剑准、四川省质监局局长刘云夏,贵州省质监局局长张梓钟、总工程师秦红,云南省质监局副局长符亚杰,广东省质监局主要负责人以及各省区质监局相关处室的负责同志共 100 余人出席会议。重庆市质监局局长张宗清及相关处室负责同志应邀出席会议。广西壮族自治区人民政府副主席杨道喜代表广西壮族自治区党委、政府到会看望与会代表。国家质检总局副局长蒲长城听取各省、市、自治区质监局对产品质量和食品安

全专项整治行动验收细则的意见,代表总局作重要讲话。会议围绕十七大精神,认真贯彻科学发展观、构建和谐社会、大力实施“以质取胜”、坚持从源头抓质量、以区域质监合作促进区域经济社会协调发展等一系列重要问题,对合作四年来取得的成就进行回顾和总结,充分交流各地的经验和做法。对今后的工作方向和内容达成共识。合作各方一致认为,区域质监合作取得积极的成效,每年都有实质性的合作内容,每年都有实质性的进展,达到合作互动、优势互补、共同发展的目的。会议研究制定并共同签署《泛珠三角区域(九省区)质量振兴宣言》《东盟技术标准信息服务平台建设合作备忘录》《打假保名优合作备忘录》《国家质检中心和检验检测技术机构资源共享优势互补合作备忘录》4 个文件。提出近期应重点推进东盟技术标准信息服务平台建设、打假保名优、国家质检中心和检验检测技术机构资源共享优势互补的工作,进一步深化泛珠三角区域质监合作的内容和方式。会议认真结合当前全国产品质量和食品安全专项整治工作深入探讨和交流,对广西百色、桂林等地开展产品质量和食品安全专项整治的情况进行指导。会议一致同意重庆市质监局正式成为泛珠三角区域质量技术监督合作局长联席会议成员单位。会议更名为:泛珠三角区域(9 +1)质量技术监督合作局长联席会议。

2008 年 7 月 21 日,第五届泛珠三角区域质量技术监督合作局长联席会议在贵阳举行。国家质检总局副局长蒲长城出席并讲话,贵州省副省长谢庆生到会致辞。贵州、广东、云南、福建、江西、广西、海南、四川、湖南、重庆等十省(区、市)质监局局长围绕“以更开阔的思路,更有效的措施,推动泛珠三角区域发展”的主题,交流开展区域合作的做法和取得的成效,并就质监系统进一步深入开展区域合作交流,促进区域经济发展提出新的思路和建议。会上签署《泛珠三角区域质量技术监督干部教育培训合作协议》和《泛珠三角区域质量技术监督干部学习交流合作协议》,将泛珠三角区域的质量技术监督合作将推向深入。

2009 年 10 月 21 日,第六届泛珠三角区域质监合作局长联席会议在福州召开。国家质检总局党组成员、国家标准委主任纪正昆出席会议并讲话。福建省副省长李川到会致辞。国家质检总局质量管理司司长孙波、国家标准委总工程师于欣丽、产品质量监督司副司长刘洪生、食品生产监管司副巡视员刘清慧出席会议。来自江西、湖南、广东、广西、海南、四川、贵州、云南、重庆和福建等十省(区、市)的质监局长参加会议。此次联席会议以贯彻落实国家质检总局关于“加快诚信体系建设,落实质量安全责任”的要求为出发点,以推进区域企业质量信用体系建设和合作为主题。十省(区、市)质监局长在会上共同签署《泛珠三角区域企业质量信用体系建设合作协议》,从统一建立企业信用管理制度、企业质量信用体系建设联络体制、信息通报与共享机制等六方面着手,充分发挥区域间协调、合作作用,强化企业质量诚信意识,完善质量诚信评价机制,加大质量失信惩戒力度,共同推进企业质量信用体系建设和泛珠三角区域质监部门的合作力度。

2010 年 8 月 26 日,第七届泛珠三角区域质量技术监督合作局长联席会议在成都召开,来自广东、福建、江西、湖南、广西、海南、贵州、云南、重庆、四川等十个省(区、市)的质监局长和特邀的河南省质监局、成都市质监局负责人参加会议。国家质检总局总工程师张纲出席并发表重要讲话,四川省副省长黄小祥出席并致辞。与会相关质监局长签署《泛珠三角区域质监系统打假保名优协作框架协议》《泛珠三角区域质监系统质量兴省(区、市)工作经验交流合作协议》《泛珠三角区域质监系统计量合作和互认协议》《泛珠三角区域质监人才培养和干部交流合作备忘录》四个方面的协议。参会代表探析小作坊监管纳入地方立法监管的模式,加快建立大质检工作机制,大力推进大质检文化建设的途径以及"十二五"质监事业发展的重大和热点问题。交流各省(区、市)质监局在标准、计量、质量、行政执法、食品和特种设备安全等方面的成功经验。广东省质监局副局长、联系会副秘书长邱庄胜作《泛珠三角区域质监合作局长联席会议秘书处工作章程修订说明》,表决通过泛珠三角区域质监合作局长联席会议会旗、会徽。

第二节　苏浙皖赣沪质监合作互认

改革开放以来,长江三角洲在较短的时间内成为全国发展速度最快、开放程度最高、投资环境最佳、经济内在素质最好的地区,形成世界上公认的第六大都市群。长江三角洲地区源远流长的文化,相互交融的经济,紧密相连的地缘,奠定21世纪质监合作的深厚基础。2003年,上海市质监局倡导长三角区域质量技术监督合作,2006年,根据上海市质监局"进一步扩大区域合作互认"的建议和邀请,江西省、安徽省质监局加入长三角合作互认体系。

2006年8月29日,江苏、浙江、安徽、江西、上海四省一市质监部门在上海市召开长江三角洲苏浙皖赣沪质量技术监督合作互认会议,省质监局局长朱秉发参加会议。国家质检总局局长李长江、上海市副市长周太彤出席会议并讲话。会议本着"服务经济、加强合作、深化互认、促进发展"的原则,在总结前三年长江三角洲地区质量技术监督合作互认工作成果和经验的基础上,结合"十一五"期间国民经济与社会发展新形势、新要求,联合发布《"十一五"期间长江三角洲苏浙皖赣沪质量技术监督合作互认行动纲领》。根据《行动纲领》,四省一市质监部门开展合作互认达成"十个统一"。"十个统一"的主要内容:工作协调机制、综合质量分析报告、用户满意度测评活动、举办庆祝世界标准日高层论坛、重点企业产品品牌的扶持保护目录、打假治劣行动、计量器具和人员管理、质量安全监管合作互认联动规划、制定技术服务市场规则、质量合作互认网站专栏等。

10月26—29日,沪皖暨苏浙赣食用农产品互认联席会议在黄山市召开,上海市、安徽省、江苏省、浙江省、江西省五省市质监局副局长、标准化处长参加会议,安徽省质监局副局长袁方主持会议。会议通报《沪皖食用农产品互认协议》落实情况,研究探讨地方标准、监督抽查情况通报方式、互认农产品标识等问题。会议商定,在《"十一五"期间长江三角洲苏浙皖赣沪质量技术监督合作互认行动纲领》基础上,四省一市质监局共同签署《苏浙沪皖赣食用农产品互认协议》。《协议》规定,自2006年10月26日起,五省市食用农产品统一市场准入要求,实行产品互认、互通、互监。按照协议,凡经省级以上有关认证机构认定,并按规定加贴相应标志的粮油、蔬菜、干鲜果品、畜禽肉、蛋、奶、茶叶、水产品及土特产品等食用农产品,苏浙沪皖赣在产品互通方面给予本地相应农产品同等待遇;对依法获得省级以上认可资质的检测机构出具的检测报告实行互认;统一并互认省级食用农产品质量及生产技术规程;对违反管理规定或产品不符合要求的食用农产品生产或销售企业实行联合警示和责令退出制度,对违规企业,第一次向企业发出警告并责令其召回产品;第二次经原认证机构确认取消相应称号,责令退出市场。建立五省市食用农产品联席会议制度,建设统一的监管信息和标准信息发布平台。11月,江苏省质监局牵头在昆山市召开苏浙皖赣沪四省一市质监局质量处长会议,省质监局派员参加。会议对一些共同关注的问题进行深入的讨论、沟通和协调,明确进一步开展合作的方向。

2007年4月23日,安徽省质监局牵头在石台县召开长江三角洲苏浙皖赣沪四省一市质监局质量处长会议,安徽省质监局副巡视员聂世平到会讲话。会议交流各项质量管理工作,研讨落实合作互认行动纲领,共同打造区域质监品牌,共同开展质量月活动等具体工作。会议商定:1.加速推进区域名牌合作互认工作,确定以无差别、非歧视原则,分类别汇总各省(市)名牌产品,统一向社会公布,共同开展帮扶、指导工作。2.明确苏浙皖赣沪四省一市质监系统2007年质量月联合行动的内容和形式,原则确定2007年8月下旬在安徽召开苏浙皖赣沪"四省一市"质量月共同行动会议。

5月31日,华东地区质量监督工作第二次交流会在黄山市召开。会议由安徽省质监局副局长高宗宏主持,上海、浙江、江苏、山东、福建、江西、安徽等7省市质监局分管领导、监督处、质检所负责人参加会议,部分地市质监局领导应邀出席会议。会议着重围绕提高新形势下监督工作的针对性和有效性进行交流,就监督工作中的热点、难点以及其他共性问题进行充分探讨。会议审议通过安徽省质监局起草的《华东地区质量监督工作交流会工作规则》,商定建立华东地区产品质量联合整治机制、监督抽查工作联动机制、检验报告互认机制和国家免检产品监管协调机制。

8月22日,安徽省质监局牵头在马鞍山市召开苏浙皖赣沪四省一市质监局质量处长会议,安徽省质监局副局长汪韧出席会议并讲话。会议对一些共同关注的问题进行深入讨论、沟通和协调,就8月31日在合肥召开长三角苏浙皖赣沪质量技术监督合作互认共同行动暨质量月活动启动仪式的具体事宜进行磋商。

8月31日,苏浙皖赣沪四省一市质监部门在合肥共同举办长三角苏浙皖赣沪质量技术监督合作互认共同行动暨质量月活动启动仪式,安徽省人大常委会副主任朱先发到会讲话。在仪式上,安徽省质监局局长张万宽发布《苏浙皖赣沪质监系统贯彻落实全国质量工作会议精神的共同意见》;江苏省质监局局长夏鸣发布《苏浙皖赣沪质监系统产品质量和食品安全联合行动工作方案》;浙江省质监局副局长杨烨发布《苏浙皖赣沪质监系统实施名牌战略工作情况》;江西省质监局副局长李岱发布《苏浙皖赣沪质监系统贯彻落实〈质量振兴纲要〉工作情况》;上海市质监局局长翁祖亮发布《苏浙皖赣沪质监系统2007年质量月联合行动工作方案》。

11月6日,苏浙皖赣沪四省一市质监部门在上海召开稽查工作联席会议。四省一市质监局分管行政执法工作的局领导、稽查部门负责人,各市质监局稽查工作负责人参加会议。会议邀请最高人民检察院侦查监督厅副厅长元明、华东政法大学教授邹荣就质量技术监督稽查执法如何更好地实现依法行政作专题讲座。四省一市稽查部门负责人就如何加强行政执法进行交流,并就典型案例进行剖析。

2008年7月18日,江西省质监局牵头在庐山召开苏浙皖赣沪四省一市质监局质量处长会议,商讨2008年质量月期间四省一市合作互认共同行动暨质量月活动启动仪式有关事宜,并对一些共同关注的合作问题进行深入讨论、沟通和协调,明确下阶段工作任务和重点,确定合作互认发展方向。

8月28日,长三角苏浙皖赣沪质监合作互认共同行动暨2008年质量月活动启动仪式在南昌市举行。国家质检总局质量司司长孙波到会讲话,江西省质监局主要负责人主持会议,安徽省质监局副局长汪韧在会上介绍苏浙皖赣沪质监系统合作互认一年来工作情况。会议围绕国务院对质量工作提出的新要求,总结苏浙皖赣沪质监合作互认工作成果,交流各地在推进名牌战略、实施政府质量奖励制度、帮助汶川地震灾后重建确保产品质量安全的经验,发布苏浙皖赣沪质监系统2008年质量月联合行动工作方案。

12月2日,长三角皖浙苏赣沪四省一市质量技术监督稽查工作联席会议在黄山市召开。国家质检总局执法督查司打假协调处处长侯广拯到会讲话,安徽省质监局副局长高宗宏主持会议。四省一市质监局分管负责同志出席会议,来自江苏、浙江、安徽、江西、上海质监系统稽查人员共200多人参加会议。会议本着"加强合作、服务社会、促进和谐、共同发展"的宗旨,在总结长三角四省一市加强稽查执法区域合作经验成果的基础上,通过召开大会、专家讲座、典型案件交流、稽查工作思路交流等多种形式交流各方在拓宽执法领域、提高执法效率、有效强化监管方面的经验和做法,分析执法过程中遇到的难点、热点问题,就加强长三角区域合作、实现区域稽查打假联动协作机制、进一步提高稽查执法工作促进国民经济与社会发展的有效性和贡献率等方面进行深入研讨并形成统一认识。

2009年5月,在井冈山召开华东地区质量监督工作第四次交流会。会议就如何在质量和安全年活动中做好质量监督工作以及进一步提高质量监督工作有效性的具体措施进行交流。各区域合作成员省市联合创办季刊《稽查通讯》,成为四省一市稽查打假协作经验交流的平台。同时,各省市质监局还开展区域联合行动,打击省际违法行为。

6月,浙江省质监局组织召开苏浙皖赣沪质量技术监督中外品牌保护协作网会议预备会。四省一市的质监稽查部门对《苏浙皖赣沪质量技术监督中外品牌保护协作网章程》中的相关内容进行修改,使之更加符合执法效能最大化,服务企业最优化的要求,优化长三角四省一市名优企业发展环境。

7月,省计量院选派10名长度、电学、热工、理化、力学、流量专业技术人员赴上海市计量测试技术研究院进行跟班学习,并将学到的知识在全省计量技术机构进行介绍和推广,提高江西计量技术人员的整体技术水平。同时,各省市质监局充分利用其他区域合作成员省市质监局的技术优势,邀请技术专家进行实地指导。安徽省质监局建立计量专家和评审员队伍合作机制,邀请江西省计量院7名专家和评审员,对安徽56项计量标准予以考核,实现省际计量专家资源共享,取得良好的效果。在此期间,省质监局主要负责人率省质监局相关处室和部分设区市质监局主要负责人,就相邻省份质监工作的发展情况和发展思路赴安徽、江苏等地学习考察。听取兄弟省质监局关于质监工作的经验介绍,并就如何更好地发挥质监职能,服务地方经济建设等进行交流和探讨。

2010年11月23日,上海市质监局主办、浙江省质监局协办在杭州召开苏浙皖赣沪质监合作质量处长联席会议,省质监局质量处肖斌副处长参会。会议通报各省"质量提升"活动开展情况及质量管理工作基本情况,并就开展"区域名牌"评价进行研讨,同时,介绍苏浙皖赣沪主办、上海市标准化院承办的《质量与标准化》杂志有关情况。会议商定:将开展"区域名牌"评价活动。由上海市质监局起草评价细则、工作方案,征得各省质监局同意后,上海市质监局报请上海市政府“四省一市”合作办公室与各省政府合作办公室共同签署;设立《质量与标准化》区域性杂志。该杂志由原《上海质量》改版而来,2010 年获国家出版总署批准刊号。国家质检总局局长支树平为杂志创刊题词:“依托标准、提升质量、科学发展”,对《质量与标准化》寄予殷切期望。

第三节　中部地区质监合作互认

中部地区是指河南、湖北、湖南、安徽、江西、山西六个相邻省份,它地处中国内陆腹地,起着承东启西、接南进北、吸引四面、辐射八方的作用。2008 年,国际金融危机尚未见底,世界经济形式复杂多变,中国经济下行压力加大,企业经营困难增多。面对当时形势,质监部门的任务就是帮助企业应对国际金融危机,渡过当前难关,提升产品质量水平和市场竞争力,促进经济平稳较快发展。在此背景下,中部六省的质监部门意识到,应该加强团结,密切合作,增强处理复杂问题的能力,坚持走共同发展的道路。为实现中部区域间交流合作和扩大对外开放,充分发挥中部 6 省质监部门在中部地区经济发展进程中的重要作用,根据安徽省政府倡议,中部地区质监开展合作互认。

2009 年 4 月 26 日,中部 6 省质量技术监督合作互认座谈交流会在安徽省合肥市举行。借第四届中国中部投资贸易博览会平台,中部六省质监局共同签署《中部六省质量技术监督合作互认协议》。安徽省副省长黄海嵩、山西省副省长李小鹏、江西省副省长洪礼和、河南省副省长宋璇涛、湖北省副省长田承忠、湖南省副省长甘霖等领导出席并见证签字仪式。座谈交流会由安徽省质监局副局长高宗宏主持。各参会质监局代表围绕“服务经济、优势互补、协同发展”的工作目标和《中部六省质量技术监督合作互认协议》的总体框架进行交流。

《中部六省质量技术监督合作互认协议》明确了十个方面合作事项:一、建立合作互认工作机制。一是建立中部六省质量技术监督部门联席会议制度。每年由中国中部投资贸易博览会承办省份的省质监局举行一次联席会议,研究决定六方合作重大事宜,协调推进合作互认工作。二是根据合作需要成立若干协作工作小组,开展多边合作。协作工作小组由协议各方参与该合作项目的相关业务处室及有关技术机构负责人组成。协作工作小组对具体合作项目及相关事宜提出工作措施,制订合作计划。二、共同推进质量振兴工作,服务地方经济发展。一是共同探讨在服务地方经济和社会发展、企业发展需求、百姓民生等方面面临的问题,特别是在农业和能源领域充分发挥质监部门优势,不断提高服务工作有效性。二是加强质量兴省工作交流合作,鼓励开展质量兴市的市(县、区)跨省结对交流经验。三是开展推广卓越绩效评价准则等先进质量管理模式方面的交流合作,通过跨省质量管理经验交流,相互借鉴政府质量奖励制度,不断提升质量管理水平。三、加强质量诚信体系建设交流合作。共同探讨建立规范的企业质量信用评价机制、产品质量信用发布机制和质量违法违规企业“黑名单”制度,逐步实行信用分类管理,惩处失信行为。四、建立名牌产品互认制度,提高名牌产品竞争力。中部六省质量技术监督局在门户网站共同发布互认的名牌产品目录。对互认范围内的企业及产品,在跨区域生产、合作、经营中实行无差别指导和服务,跨省异地优先保护,涉及质量问题或案件的按照“先属地告知、后协商处理”的原则予以解决。五、加强质量技术监督基础工作合作。一是加强质量管理体系、产品认证、强制性认证及实验室资质认可等工作的合作与交流,有选择地开展产品质量检验的比对验证,保持检测方法一致。二是开展区域计量检定、校准、检测及人员培训的相互合作,实现资源共享和资源互补。三是交流地区间实施标准化战略情况,开展应对技术性贸易壁垒、旅游服务、现代物流、地方标准互认、农业标准化体系建设等领域的联动与合作。四是加强中部六省食用农产品的互认、互通,建设中部六省食用农产品监管信息和标准信息发布平台,及时交流食用农产品地方标准制(修)订实施信息和食用农产品检测、认证(定)情况,互相通报食用农产品生产、市场监管动态和检测机构、认证机构变化情况。六、加大质量和安全监管合作。一是建立重大食品安全事件信息通报制度。对需要联合办理的食品安全重大事件,相互协调,积极配合。二是加强特种安全监管、节能管理和行政执法交流合作。三是共同探讨和交流在加强重点工业产品安全监管方面的合作。七、建立联合打假治劣与市场整治的合作机制。对联合打假、专项整治以及异地协查进行综合协调。及时相互通报产品质量监督抽查结果、假冒伪劣产品的源头和流向等信息。对需要协助调查或联合办理的行政案件,相互协调,积极配合。每年围绕重点行业及产品以及区域性、倾向性制假售假活动开展联合打假行动。八、加强技术机构的交流与合作。加强检验检测技术机构合作,推进检验检测公共服务平台建设。充分发挥相关方技术机构的比较优势,实现技术、设备、人才等资源的互补共享,提高技术机构检测能力,拓展检测、校准市场。建立检验检测技术研究合作机制,重大专题项目联合攻关,定期交流检验检测技术研究动态和成果。九、加强信息化建设合作,实现信息资源共享。建立信息资源共享平台,在中部六省质量技术监督局网站统一开辟质量互认专栏,及时发布合作互认相关政策、标准和互认程序、项目以及重大活动等信息。强化政策法规信息交流,及时通报各地出台的质量技术监督地方性法规、政府规章和重要的规范性文件,相互交流依法行政和法制监督的重大举措和工作经验。十、加强干部培训和人才交流学习的合作。每年适时互派质监系统干部、技术带头人、业务骨干进行学习交流。各省质监局业务处室,技术机构,市、县(市、区)局对口开展交流学习。

2010 年 7 月 28 日,中部 6 省质监局质量处长会议在南昌召开,中部 6 省质监局质量处负责人参会。会议交流 2009 年以来中部 6 省质监合作互认的经验与成果,2009 年中部 6 省质监合作各成员单位认真履行合作互认协议,不断加强质量振兴、名牌互认、市场准入、安全监管、联合打假、标准体系、技术机构建设等方面的合作,逐步建立市场准入互认、区域标准一体化、打假治劣快速反应、检测服务优势互补等合作机制。中部 6 省名牌产品实现跨省异地优先保护;优质农产品开通区域市场绿色通道;跨省重大质量安全案件做到协助调查和联合办理;技术机构比较优势得到进一步发挥。

2010 年 9 月 26 日,中部 6 省质监合作局长联席会议在南昌召开,山西、河南、湖北、湖南、安徽、江西 6 省质监局局长出席会议。会议总结一年来中部 6 省质监合作经验与成果,探讨大质量工作机制、大质检文化建设和“十二五”质监事业发展思路,并对《中部六省质量信用良好企业评价细则》进行研讨。根据第五届中国中部投资贸易博览会重大合作项目安排,中部六省质量技术监督部门还共同签署《中部六省质量信用体系建设合作协议》。中部 6 省质监部门就进一步加强中部 6 省质监合作,共同推进中部 6 省质监事业发展,达成 4 点共识。加强中部 6 省合作机制建设。将中部

6 省质监合作局长联席会议形成制度安排，研究决定中部 6 省质监合作重大事项，协调推进合作互认工作。拓展和深化质监合作互认领域。继续实施名牌产品互认制度，启动中部 6 省质量信用良好企业评价工作。信守“优势互补、协同发展”宗旨，加强区域标准化工作交流合作，统筹规划建立国家级、省级质检中心和检测实验室。共同推动中部 6 省加快崛起，为将中部 6 省建设成为粮食生产基地、能源原材料基地、现代装备制造及高技术产业基地和综合交通运输枢纽做出应有的贡献。

第四篇　产品质量监督

产品质量监督是国家从宏观上对产品质量进行监督管理的重要措施,是促进产品生产和经营者提高产品质量的基本手段,其目的主要是通过建立和完善各种产品质量监督制度,实现国家对产品生产的调控职能,促进产品质量提高。产品质量监督包括产品质量监督检查、假冒伪劣产品惩治、机动车安全技术检验机构资格管理、纤维质量监督管理等多项内容。

产品质量监督检查是指产品质量监督部门按照有关法律的规定,对企业生产、销售的产品进行抽样、检验,并对抽查结果依法公告和处理的活动。从20世纪90年代起,全省产品质量监督检查工作不断完善加强。1994年省内以立法的形式出台《江西省产品质量监督管理条例》,强化质量监督职责,为全省实施监督检查工作提供法规依据。自2002年起从省财政争取专项经费,实施产品质量省级监督抽查工作;2000年至2008年实施国家免检产品和省重点产品保护工作,推动企业加强质量管理、争创质量荣誉、提升市场竞争力。

全省质量技术监督部门开展多种形式的打假行动,尤其是自2000年实行省以下垂直管理以来,进一步加大对假冒伪劣产品惩治力度,把日常检查和集中打假相结合,执法监督与舆论监督相结合,打假治劣与扶优扶强相结合,突出重点区域、重点产品、重点对象,狠抓大案要案查办,充分发挥打假主力军的作用。多年来,先后对食品、农资、建材、医疗器械、化妆品、特种设备、民生计量产品等重点产品,组织开展专项执法打假行动,查办大批质量违法案件,惩处一批违法犯罪分子首恶,净化市场环境,维护广大消费者的合法权益。

机动车安全技术检验机构资格管理是依据相关法律法规对机动车安全技术检验机构(以下简称“安检机构”)实施的检验资格许可和监督管理。2005年1月21日,根据国家规定,安检机构检验资格许可及监督管理工作由公安机关交通管理部门向质量技术监督部门移交;2006—2007年,省质监局开展安检机构检验资格行政许可前的研究与论证。从2008年开始,省质监局依法启动安检机构检验资格行政许可审批工作,并逐步完善监管机制,组织各级质监部门加强监督管理、规范检验行为,为保障道路交通安全做出贡献。

纤维质量监督管理工作从1991年起步,通过对棉花收购、加工等环节强化棉花质量监督,严厉打击棉花掺杂使假违法行为。2001年,国务院出台《棉花质量监督管理条例》,确立纤维检验机构执法主体资格地位,为纤维检验工作提供法律依据。纤维检验机构对棉花收购加工企业、茧丝收购加工企业和絮用纤维制品生产企业等产品质量进行监督,协调教育、民政部门对集团购买床上用品、民政救灾救济用棉胎等产品质量进行监督,维护纤维制品市场秩序。

第一章　产品质量监督检查

产品质量监督检查包括产品质量国家监督抽查、产(商)品质量省级监督抽查、产品质量定期监督检验、国家免检产品、省重点保护产品、产品质量仲裁检验和质量鉴定等工作。1991—2010 年,国家质量技术监督部门共抽查全省 3607 家企业的 4227 批次产品;省质量技术监督部门共对全省 29806 家企业生产的 38149 批次产品进行产品质量定期监督检验。2002 年至 2010 年底,省质监局共抽查 22165 家企业生产的 25545 批次产品。2000 年至 2007 年底,全省共有 79 家企业申报的产品获得国家免检产品资格(2008 年 9 月,根据国务院有关要求,该项工作停止)。2001 年至 2007 年底,全省共有 389 家企业申报的产品获得省重点保护产品资格。1999 年至 2010 年底,全省共实施两起产品质量鉴定。国家、省级监督检查合格率显示,全省产品质量平均抽查合格率从 20 世纪 90 年代初的 70% 左右上升到 2010 年的 90% 左右。

第一节　国家监督抽查

1991—2010 年,国家质量技术监督部门组织有关质量技术监督部门和产品质量监督检验机构对国内生产、销售的产品质量进行抽样检验,共抽查江西省 3607 家企业的 4227 批次产品,合格批次数为 3191。

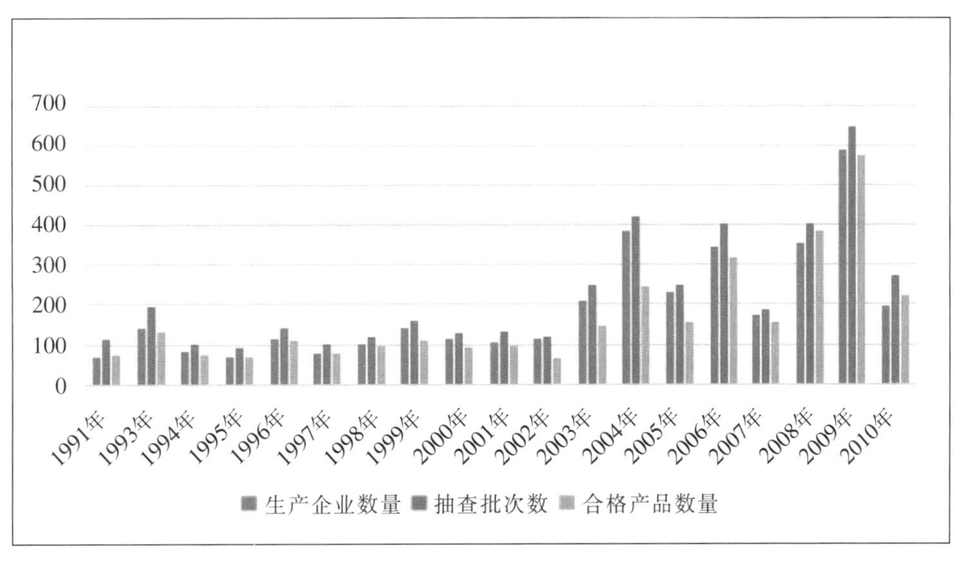

图 4－1－1　1991—2010 年国家监督抽查江西省情况

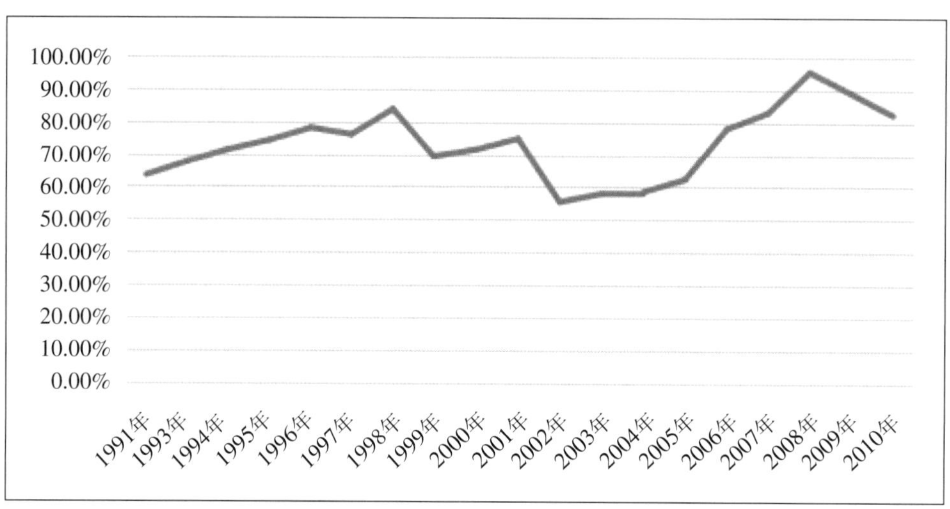

图4-1-2　1991—2010年国家监督抽查江西省合格率情况

1991年产品质量国家级监督抽查共抽查全省69家企业生产的31类115批次产品,经检验,其中73批次产品质量合格,抽查合格率为63.5%,42批次产品质量不合格,不合格产品检出率为36.5%。第一季度,国家监督抽查全省8家企业生产的4类29批次产品,合格15种,不合格14种,合格率为51.7%;第二季度,国家监督抽查全省10家企业生产的7类15批次产品,合格6种,合格率40.0%,不合格产品生产企业有8个,占抽查企业总数的80.0%;第三季度,国家监督抽查全省19家企业生产的8类25批次产品,合格21种,合格率为84.0%;第四季度,国家监督抽查全省32家企业生产的12类46批次产品,合格31种,抽样合格率为67.4%。

1992年产品质量国家级监督抽查共抽查全省142家企业生产的195批次产品,经检验,其中132批次产品质量合格,抽查合格率为67.7%,63批次产品质量不合格,不合格产品检出率为32.3%。第一季度,国家监督抽查全省22家企业生产的29批次产品,合格24种,不合格5种,抽查合格率为82.6%;第二季度,国家监督抽查全省50家企业生产的81批次产品,合格56种,抽样合格率为69.1%;第三季度,国家监督抽查全省30家企业生产的33批次产品,合格26种,抽样合格率为78.8%;第四季度,国家监督抽查全省40家企业生产的52种产品,合格26种,抽样合格率为50.0%。

1993年产品质量国家级监督抽查共抽查全省108家企业生产的146批次产品,经检验,其中95批次产品质量合格,抽查合格率为65.1%,51批次产品质量不合格,不合格产品检出率为34.9%。第一季度,国家监督抽查全省32家企业的40批次产品,合格29种,抽查合格率为72.5%;第二季度,国家监督抽查全省28家企业的39批次产品,合格29种,抽查合格率为74.4%;第三季度,国家监督抽查全省48家企业的67批次产品,合格37种,抽查合格率为64.9%。

1994年产品质量国家级监督抽查共抽查全省84家企业生产的101批次产品,经检验,其中72批次产品质量合格,抽查合格率为71.3%,29批次产品质量不合格,不合格产品检出率为28.7%。第一季度,国家监督抽查全省42家企业生产的55批次产品,合格39种,抽样合格率为70.9%;第二季度国家监督抽查全省19家企业生产的22批次产品,合格19种,抽样合格率为86.4%;第三季度国家监督抽查全省 4 家企业生产的 5 批次产品，合格 2 种，抽样合格率为 40.0%；第四季度，国家监督抽查全省 19 家企业的 19 批次产品，合格 12 种，抽查合格率为 63.2%。

1995 年产品质量国家级监督抽查共抽查全省 68 家企业生产的 93 批次产品，经检验，其中 69 批次产品质量合格，抽查合格率为 74.2%，24 批次产品质量不合格，不合格产品检出率为 25.8%。第一季度，国家监督抽查全省 15 家企业生产的 25 批次产品，合格 14 种，抽查合格率为 56.0%；第二季度，国家监督抽查全省 35 家企业的 37 批次产品，合格 29 种，抽样合格率为 78.4%；第四季度，国家监督抽查全省 18 家企业生产的 31 批次产品，合格 26 种，抽查合格率为 83.9%。

1996 年产品质量国家级监督抽查共抽查全省 114 家企业生产的 50 类 141 批次产品，经检验，其中 110 批次产品质量合格，抽查合格率为 78.0%，31 批次产品质量不合格，不合格产品检出率为 22.0%。第一季度，国家监督抽查全省 42 家企业的 14 类 57 种工业产品，其中合格 39 种，抽样合格率为 68.4%；第二季度，国家监督抽查全省 24 家企业生产的 13 类 30 批次产品，合格 23 种，抽样合格率为 76.7%；第三季度，国家监督抽查全省 20 家企业生产的 10 类 25 批次产品，合格 15 种，抽样合格率为 60.0%；第四季度，国家监督抽查全省 28 家企业的 13 类 29 批次产品，合格 23 种，抽样合格率为 79.3%。

1997 年产品质量国家级监督抽查共抽查全省 78 家企业生产的 41 类 100 批次产品，经检验，其中 76 批次产品质量合格，抽查合格率为 76.0%，24 批次产品质量不合格，不合格产品检出率为 24.0%。第一季度，国家监督抽查全省 20 家企业生产的 12 类 33 批次产品，合格 19 种，抽样合格率为 57.6%；第二季度，国家监督抽查全省 13 家企业生产的 11 类 13 批次产品，合格 10 种，抽样合格率为 76.9%；第三季度，国家监督抽查全省 17 家企业生产的 11 类 20 批次产品，合格 16 种，抽样合格率为 80.0%；第四季度，国家监督抽查全省 28 家企业的 7 类 34 批次产品，合格 31 种，抽样合格率为 91.2%。

1998 年产品质量国家级监督抽查共抽查全省 100 家企业生产的 52 类 117 批次产品，经检验，其中 98 批次产品质量合格，抽查合格率为 83.8%，19 批次产品质量不合格，不合格产品检出率为 16.2%。第一季度，国家监督抽查全省 8 家企业的 4 类 8 批次产品，合格 7 种，抽样合格率为 87.5%；第二季度，国家监督抽查全省 23 家企业生产的 9 类 25 批次产品，合格 19 种，抽样合格率为 76.0%；第三季度，国家监督抽查全省 13 家企业生产的 10 类 18 批次产品，合格 17 种，抽样合格率为 94.4%；第四季度，国家监督抽查全省 56 家企业的 29 类 66 批次产品，合格 55 种，抽样合格率为 83.3%。

1999 年产品质量国家级监督抽查共抽查全省 140 家企业生产的 23 类 160 批次产品，经检验，其中 111 批次产品质量合格，抽查合格率为 69.4%，49 批次产品质量不合格，不合格产品检出率为 30.6%。第一季度，国家监督抽查全省 11 家企业生产的 7 类 12 批次产品，合格 9 种，抽样合格率为 75.0%；第二季度，国家监督专项抽查南昌市、鹰潭市、抚州地区等 3 个地(市)30 家企业生产的 30 批次产品，合格 21 批次，抽样合格率为 70.0%；第二季度，国家啤酒质量专项抽查全省 45 家生产、经销企业的 58 批次啤酒，其中理化及卫生指标抽查全省 28 家企业生产的 40 批次产品和全省外 17 家企业生产的 18 批次产品，其理化、卫生指标全部合格，对 45 家生产、经销企业的 58 批次产品的感官指标进行评定,结果高档啤酒有1批次,占抽样总数的5.2%,中档啤酒有49批次,占抽样总数的84.5%,低档啤酒有6批次,占抽样总数的10.3%;第二季度,国家监督抽查全省10家企业的5类11批次产品,合格6种,抽样合格率为54.5%;第三季度,国家监督抽查全省27家企业11类27批次产品,合格20种,抽样合格率为74.1%;第四季度,国家监督抽查全省17家企业生产的22批次产品,合格15种,抽样合格率为68.2%。

2000年产品质量国家级监督抽查共抽查全省113家企业生产的43类126批次产品,经检验,其中90批次产品质量合格,抽查合格率为71.4%,36批次产品质量不合格,不合格产品检出率为28.6%。第一季度,国家监督抽查全省20家企业生产的10类20批次产品,合格12种,产品抽样合格率为60.0%;第二季度,国家监督抽查全省32家企业生产、经销的12类34批次产品,合格18种,产品抽样合格率为52.9%;第三季度,国家监督抽查全省44家企业生产的14类55批次产品,合格45种,产品抽样合格率为81.8%;第四季度,国家监督抽查全省17家企业的7类17批次产品,合格15种,抽样合格率为88.2%。

2001年产品质量国家级监督抽查共抽查全省103家企业生产的131批次产品,经检验,其中98批次产品质量合格,抽查合格率为74.8%。第一季度,烟花爆竹产品质量国家监督专项抽查全省15家企业生产的16批次产品,合格13种,抽样合格率为81.3%;第一季度,国家监督抽查全省17家企业的7类17批次产品,合格14种,抽样合格率为82.4%;第二季度,国家监督抽查全省28家企业的9类43批次产品,合格29种,抽样合格率为67.4%;第三季度,国家监督抽查全省20家企业10类26批次产品,合格20种,抽样合格率为76.9%;第四季度,国家监督抽查全省23家企业的6类29批次产品,合格22种,抽样合格率为75.9%;第四季度,小麦粉等5类产品质量国家监督专项抽查全省3260家企业生产的3260批次产品,合格2650批次,抽样合格率为81.3%。

2002年产品质量国家级监督抽查共抽查全省115家企业生产的37类119批次产品,经检验,其中66批次产品质量合格,抽查合格率为55.5%,53批次产品质量不合格,不合格产品检出率为44.5%。第一季度,国家监督抽查全省17家企业的9类18批次产品,合格16种,抽样合格率为88.9%;第二季度,热轧带肋钢筋产品质量国家监督专项抽查全省34家企业的34批次产品,合格9批次,抽样合格率为26.5%,其中在生产领域抽查18家企业的18批次产品,合格1批次,抽样合格率为5.6%,在建筑钢材市场抽查6家企业的6批次产品,合格3批次,抽样合格率为50.0%,在建筑工地抽查10家企业的10批次产品,合格5批次,抽样合格率为50.0%;第二季度,国家监督抽查全省15家企业的8类15批次产品,合格12种,抽样合格率为80.0%;第三季度,国家监督抽查全省27家企业的10类27批次产品,合格13种,抽样合格率为48.1%;第四季度,国家监督抽查全省22家企业的10类25批次产品,合格16种,抽样合格率为64.0%。

2003年产品质量国家级监督抽查共抽查全省210家企业生产的41类250批次产品,经检验,其中145批次产品质量合格,抽查合格率为58.0%,105批次产品质量不合格,不合格产品检出率为42.0%。第一季度,口罩、消毒液等防治"非典"产品国家监督专项抽查全省77家企业生产的111批次产品,合格53批次,抽样合格率为47.8%。其中,抽查63批次口罩,合格23批次,抽样合格率为36.5%;抽查48批次消毒液,合格30批次,抽样合格率为62.5%。第一季度,国家监督抽查全省14家企业的9类16批次产品,合格13种,抽样合格率为81.3%。第二季度,饮用水产品质量国家监督专项抽查全省28家企业生产的28批次产品,合格12批次,抽样合格率为42.9%,其中抽查12批次纯净水,合格4批次,抽样合格率为33.3%,抽查16批次矿泉水,合格8批次,抽样合格率为50.0%。第二季度,国家监督抽查全省24家企业的8类25批次产品,合格24种,抽样合格率为96.0%。第三季度,国家监督抽查全省11家企业的7类13批次产品,合格11种,抽样合格率为84.6%。第四季度,国家监督抽查全省56家企业的17类57批次产品,合格32种,抽样合格率为56.1%。

2004年产品质量国家级监督抽查共抽查全省384家企业生产的39类420批次产品,经检验,其中246批次产品质量合格,抽查合格率为58.6%,174批次产品质量不合格,不合格产品检出率为41.4%。第一季度,禽类制品、消毒液、口罩等产品质量国家监督专项抽查全省129家企业生产的159批次产品,合格71批次,抽样合格率为44.7%。其中,抽查79批次禽类制品,合格39批次,抽样合格率为49.4%;抽查56批次口罩,合格15批次,抽样合格率为26.8%;抽查24批次消毒液,合格17批次,抽样合格率为70.8%。第二季度,大桶饮用水产品质量国家监督专项抽查全省36家企业生产的36批次产品,合格17批次,抽样合格率为47.2%。其中,抽查33批次大桶饮用纯净水,合格16批次,抽样合格率为48.5%;抽查3批次大桶饮用矿泉水,合格1批次,抽样合格率为50.0%。第二季度,乳粉生产企业开展必备条件专项调查和产品质量国家监督专项抽查工作中,共调查全省8家乳粉生产企业,企业调查覆盖率为100%,其中3家为乳粉分装企业,5家为普通乳粉、婴幼儿配方乳粉及特殊营养配方乳粉生产企业;专项抽查共抽查全省4家乳粉生产企业生产的4批次产品,合格4批次,产品抽样合格率为100%,未实施抽查的4家乳粉生产企业中,有2家企业已停产,2家企业生产的产品已实施监督检查。第二季度,国家监督抽查全省50家企业的14类51批次产品,合格33种,抽样合格率为64.7%。第三季度,国家监督抽查全省50家企业的13类53批次产品,合格37种,抽样合格率为69.8%。第四季度,国家监督抽查全省111家企业的12类117批次产品,合格84种,抽样合格率为71.8%。

2005年产品质量国家级监督抽查共抽查全省231家企业生产的51类250批次产品,经检验,其中156批次产品质量合格,抽查合格率为62.4%,94批次产品质量不合格,不合格产品检出率为37.6%。第一季度,国家监督抽查全省46家企业的7类46批次产品,合格28种,抽样合格率为60.9%。第二季度,国家监督抽查全省45家企业的10类48批次产品,合格28种,抽样合格率为58.3%。第三季度,禽类肉制品、消毒用品质量国家监督专项抽查全省24家企业生产的26批次产品,合格17批次,抽样合格率为65.4%。其中,抽查14批次禽类肉制品,合格5批次,抽样合格率为35.7%;抽查9批次烧碱,3批次漂白粉,结果均合格。第三季度,国家监督抽查全省34家企业的15类43批次产品,合格28种,抽样合格率为65.1%。第四季度,国家监督抽查全省82家企业的19类87批次产品,合格55种,抽样合格率为63.2%。

2006年产品质量国家级监督抽查共抽查全省346家企业生产的64类404批次产品,经检验,其中315批次产品质量合格,抽查合格率为78.0%,89批次产品质量不合格,不合格产品检出率为22.0%。第一季度,国家监督抽查全省84家企业的16类103批次产品,合格88种,抽样合格率为

85.4%;第二季度,国家监督抽查全省135家企业的21类148批次产品,合格113种,抽样合格率为76.4%;第三季度,国家监督抽查全省54家企业的14类68批次产品,合格56种,抽样合格率为82.4%;第四季度,国家监督抽查全省73家企业的13类85批次产品,有58批次产品合格,抽样合格率为68.2%。

2007年产品质量国家级监督抽查共抽查全省172家企业生产的31类187批次产品,经检验,其中155批次产品质量合格,抽查合格率为82.9%,32批次产品质量不合格,不合格产品检出率为17.1%。第一季度,电冰箱、大米、炒货等3类产品质量国家监督专项抽查全省50家企业生产的11类57批次产品,合格51种,产品抽样合格率为89.5%;第二季度,国家监督抽查全省68家企业生产的17类74批次产品,合格60种,产品抽样合格率为81.1%;第三季度,国家监督抽查全省54家企业生产的11类56批次产品,合格44种,产品抽样合格率为78.6%。

2008年产品质量国家级监督抽查共抽查全省355家企业生产的403批次产品,经检验,其中384批次产品质量合格,抽查合格率为95.3%,19批次产品质量不合格,不合格产品检出率为4.7%。第一季度,国家监督抽查全省108家企业生产的125批次产品,产品抽样合格率为96.0%;第二季度,国家监督抽查全省117家企业生产的131批次产品,产品抽样合格率为91.8%;第三季度,国家监督抽查全省130家企业生产的147批次产品,产品抽样合格率为97.1%。

2009年产品质量国家级监督抽查共抽查全省587家企业生产的23类645批次产品,经检验,其中573批次产品质量合格,抽查合格率为88.8%,72批次产品质量不合格,不合格产品检出率为11.2%。第一季度,国家监督抽查全省108家企业生产的125批次产品,产品抽样合格率为96.0%。第二季度,国家监督抽查全省117家企业生产的131批次产品,产品抽样合格率为91.8%。第三季度,国家监督抽查全省130家企业生产的147批次产品,产品抽样合格率为97.1%。第三季度,复混肥、磷肥产品质量国家监督专项抽查和生产企业调查工作中,共抽查全省62家企业生产的68批次产品,合格55批次,抽样合格率为80.9%。其中,抽查47家复混肥企业生产的52批次复混肥产品,合格40批次,抽样合格率为76.9%;抽查16家磷肥企业生产的16批次磷肥产品,合格15批次,抽样合格率为93.8%;共调查75家生产企业,其中复混肥生产企业58家,磷肥生产企业17家。第三季度,国家监督抽查全省128家企业生产的13类132批次产品,实物质量合格104种,产品抽样合格率为78.8%。第四季度,国家监督抽查全省42家企业生产的10类42批次产品,实物质量合格30种,产品抽样合格率为71.4%。

2010年产品质量国家级监督抽查共抽查全省196家企业生产的18类270批次产品,经检验,其中222批次产品质量合格,抽查合格率为82.2%,48批次产品质量不合格,不合格产品检出率为17.8%。第一季度,烟花爆竹产品质量国家监督专项抽查全省75家企业生产的146批次产品,结果有58家企业生产的108批次产品符合标准要求,26家企业生产的38批次产品不符合标准要求,产品抽查合格率为74.0%。上半年,国家监督抽查全省121家企业生产的18类124批次产品,合格114种,产品抽样合格率为91.9%。

第二节　省级监督抽查

产(商)品质量省级监督抽查始于2002年,至2010年底,省质监局组织有关产品质量监督检验机构对辖区内生产、销售的产(商)品质量进行抽样检验,共抽查22165家企业生产的25545批次产品,其中19011批次产品质量合格。

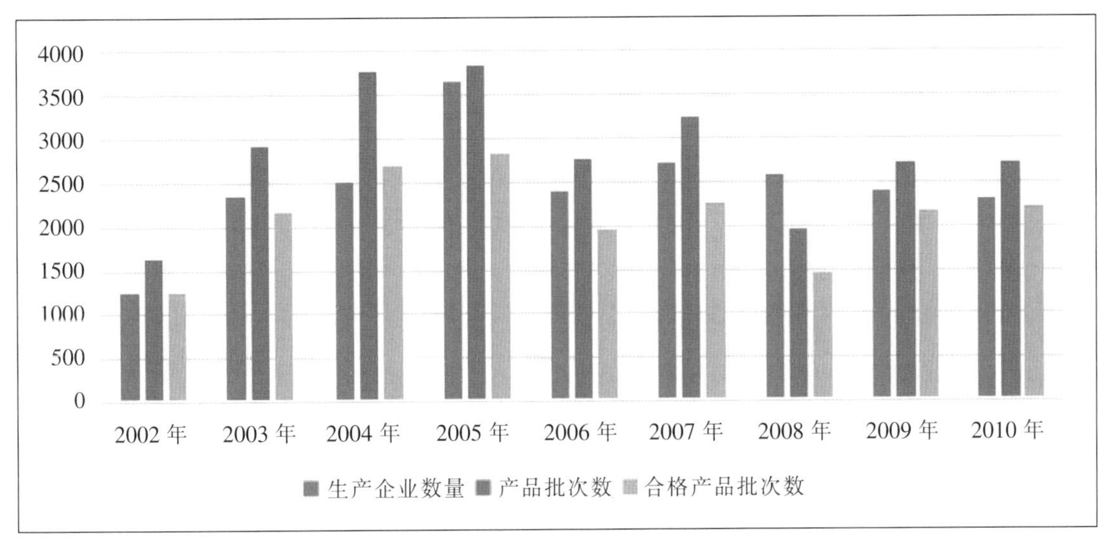

图4-1-3　2002—2010年省级监督抽查

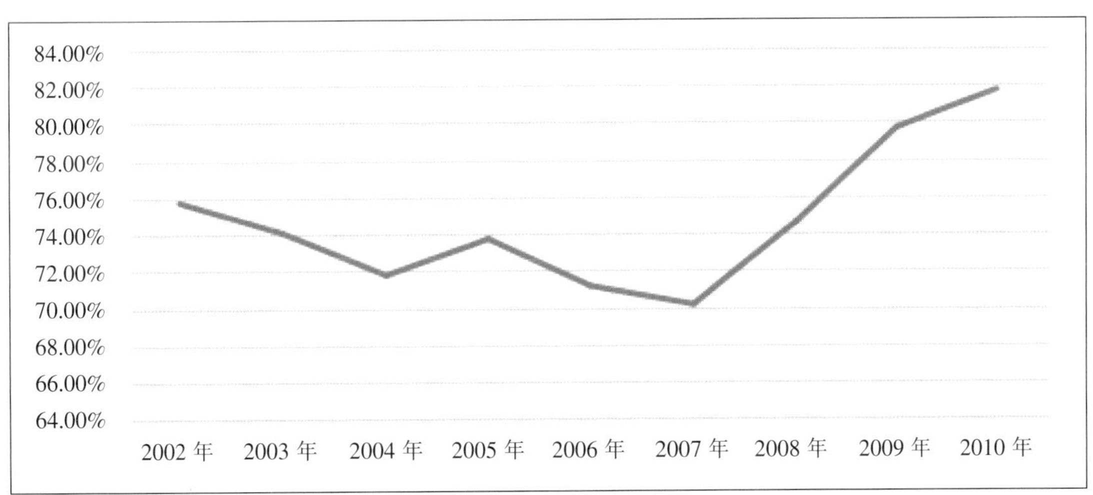

图4-1-4　2002—2010年省级监督抽查合格率

2002年产品质量省级监督抽查共抽查1258家企业生产的20类1635批次产品,经检验,其中1238批次产品质量合格,抽查合格率为75.7%,397批次产品质量不合格,不合格产品检出率为24.3%。第二季度,省级产品质量监督抽查共抽查1258家企业生产的20类1635批次产品,合格1238批次,产品抽样合格率为75.7%。其中,产品抽样合格率在90%以上的有4类产品,占产品类别总数的20.0%,生(鲜)啤酒、GSM手机、超高压水晶釜的抽样合格率为100%;产品抽样合格率在60%~90%之间的有8类产品,占产品类别总数的40.0%;产品抽样合格率为低于60%的有8类产品,占产品类别总数的40.0%,家用瓶装液化石油气调压器抽样合格率为0。第三季度,省级产品质量监督抽查共抽查854家企业生产的23类1116批次产品,合格751批次,产品抽样合格率为67.3%。其中,产品抽样合格率在90%以上的有7类产品,占产品类别总数的30.4%,混凝土外加剂的抽样合格率为100%;产品抽样合格率在60%~90%之间的有10类产品,占产品类别总数的43.5%;产品抽样合格率低于60%的有6类产品,占产品类别总数的26.1%,聚氯乙烯卷材地板抽样合格率为9.5%。

2003年产品质量省级监督抽查共抽查2349家企业生产的61类2911批次产品,经检验,其中2156批次产品质量合格,抽查合格率为74.1%,755批次产品质量不合格,不合格产品检出率为25.9%。第一季度,省质监局、省妇女联合会对妇女儿童用品进行省级产品质量监督专项抽查,共抽查231家企业生产的239批次产品,合格186批次,抽样合格率为77.8%。其中,卫生巾(卫生护垫)共抽查67家企业生产的67批次产品,合格62批次,抽样合格率为92.5%;儿童玩具共抽查59家企业生产的60批次产品,合格57批次,抽样合格率为95.0%;儿童服装共抽查35家企业生产的40批次产品,合格40批次,抽样合格率为100%;果冻共抽查48家企业生产的50批次产品,合格14批次,抽样合格率为28.0%;婴幼儿米粉共抽查22家企业生产的22批次产品,合格13批次,抽样合格率为59.1%。第二季度,产品质量省级监督抽查共抽查969家企业生产的26类1125批次产品,合格769批次,产品抽样合格率为68.4%。其中,产品抽样合格率在90%以上的有6类产品,占产品类别总数的23.1%;产品抽样合格率在60%~90%之间的有11类产品,占产品类别总数的42.3%;产品抽样合格率低于60%的有9类产品,占产品类别总数的34.6%,液化石油气调压器抽样合格率仅有15.0%。第四季度,产品质量省级监督抽查共抽查1149家企业生产的30类1547批次产品,合格1201批次,产品抽样合格率为77.6%。其中,产品抽样合格率在90%以上的有4类产品,占产品类别总数的13.3%;产品抽样合格率在60%~90%之间的有21类产品,占产品类别总数的70.0%;产品抽样合格率低于60%的有5类产品,占产品类别总数的16.7%。

2004年产品质量省级监督抽查共抽查2511家企业生产的3766批次产品,经检验,其中2703批次产品质量合格,抽查合格率为71.8%,1063批次产品质量不合格,不合格产品检出率为28.2%。第一季度,农资产品质量省级监督专项抽查共抽查162家企业生产的170批次产品,合格125批次,产品抽样合格率为73.5%。其中,抽查60批次化肥,合格43批次,抽样合格率为71.7%;抽查50批次农药,合格46批次,抽样合格率为92.0%;抽查20批次农膜,合格17批次,抽样合格率为85.0%;抽查20批次水泵,合格4批次,抽样合格率为20.0%;抽查20批次农用运输机械,合格15批次,抽样合格率为75.0%。第二季度,化肥产品质量省级监督专项抽查共抽查244家企业生产的274批次化肥,合格156批次,抽样合格率为56.9%。其中,抽查129家省内企业生产的133批次化肥,合格85批次,抽样合格率为63.9%;抽查115家外省驻省企业生产的141批次化肥,合格71批次,抽样合格率为50.4%。其中,抽查248批次复混(合)肥料,合格143批次,抽样合格率为57.7%;抽查17批次过磷酸钙,合格7批次,抽样合格率为41.2%;抽查9批次有机—无机复合肥料,合格6批次,抽样合格率为66.7%。第二季度,产品质量省级监督抽查共抽查909家企业生产的27类1064批次产品,合格760批次,产品抽样合格率为71.4%。其中,产品抽样合格率在90%以上的有4类产品,占产品类别总数的14.8%;产品抽样合格率在60%～90%之间的有17类产品,占产品类别总数的63.0%;产品抽样合格率低于60%的有6类产品,占产品类别总数的22.2%,液化石油气调压器产品抽样合格率仅有17.5%。第三季度,农药产品质量省级监督专项抽查共抽查91家企业生产的104批次产品,合格73批次,抽样合格率为70.2%。其中,抽查66批次乳油类农药,合格45批次,抽样合格率为68.2%;抽查11批次水剂类农药,全部合格;抽查27批次粉剂类农药,合格17批次,抽样合格率为63.0%。抽查省内4家企业生产的4批次产品,合格3批次,抽样合格率为75.0%;抽查外省驻省87家企业生产的100批次产品,合格70批次,抽样合格率为70.0%。第三季度,米、面、油、酱油、醋等5类食品质量省级监督专项抽查共抽查528家企业生产的532批次产品,合格527批次,抽样合格率为99.1%。其中,抽查498批次大米,1批次面粉,全部合格;抽查9批次食用植物油,合格8批次,抽样合格率为88.9%;抽查16批次酱油,合格13批次,抽样合格率为81.3%;抽查8批次食醋,合格7批次,抽样合格率为87.5%。第三季度,产品质量省级监督抽查共抽查750家企业生产的13类799批次产品,合格493批次,产品抽样合格率为61.7%。其中,产品抽样合格率在90%以上的有1类产品,占产品类别总数的7.7%;产品抽样合格率在60%～90%之间的有7类产品,占产品类别总数的53.8%;产品抽样合格率低于60%的有5类产品,占产品类别总数的38.5%,节能灯产品抽样合格率仅有33.3%。第四季度,产品质量省级监督抽查共抽查全省736家企业生产的17类823批次产品,合格569批次,产品抽样合格率为69.1%。其中,产品抽样合格率在90%以上的有4类产品,占产品类别总数的23.5%;产品抽样合格率在60%～90%之间的有9类产品,占产品类别总数的52.9%;产品抽样合格率低于60%的有4类产品,占产品类别总数的23.5%,机动车制动液产品抽样合格率仅有28.6%。

2005年产品质量省级监督抽查共抽查3657家企业生产的52类3846批次产品,经检验,其中2835批次产品质量合格,抽查合格率为73.7%,1011批次产品质量不合格,不合格产品检出率为26.3%。1—2月,重点食品质量省级监督专项抽查共抽查308家企业生产的321批次产品(其中省内企业生产的产品70批次,外省驻省企业生产的产品251批次),合格210批次,产品抽样合格率为65.4%。其中,抽查50批次食用植物油,合格49批次,产品抽样合格率为98.0%;抽查30批次酱油,合格25批次,产品抽样合格率为83.3%;抽查30批次食醋,合格21批次,产品抽样合格率为70.0%;抽查40批次豆制品,合格27批次,产品抽样合格率为67.5%;抽查81批次饮料,合格56批次,产品抽样合格率为69.1%;抽查40批次熟肉制品,合格11批次,产品抽样合格率为27.5%;抽查50批次白酒,合格21批次,产品抽样合格率为42.0%;3—4月,可能含有苏丹红的食品质量省级监督专项抽查共抽查20家企业生产的5种共20批次食品,经检验,有2批次样品含有苏丹红Ⅰ号。第一季度,农资产品质量省级监督专项抽查共抽查全省215家企业生产的241批次产品,合格165批次,产品抽样合格率为68.5%。其中,抽查150批次化肥,合格92批次,抽样合格率为61.3%;抽查73批次农药,合格57批次,抽样合格率为78.1%;抽查18批次农膜,合格16批次,抽样合格率为88.9%。其中,抽查省内76家企业生产的96批次产品,合格63批次,产品抽样合格率为65.6%;抽查外省驻省139家企业生产的145批次产品,合格102批次,产品抽样合格率为70.3%。第二季度,产品质量省级监督抽查共抽查583家企业生产的16类652批次产品,合格439

批次,产品抽样合格率为67.3%。其中,产品抽样合格率在90%以上的有1类产品,占产品类别总数的6.2%;产品抽样合格率在60%~90%之间的有11类产品,占产品类别总数的68.8%;产品抽样合格率低于60%的有4类产品,占产品类别总数的25.0%,家用液化石油气调压器产品抽样合格率仅有16.7%。8月份,月饼产品质量省级监督专项抽查共抽查全省31家企业生产的50批次月饼,合格46批次,产品抽样合格率为92.0%。其中,有2批次产品违规使用防腐剂苯甲酸,有2批次产品馅料含量达不到规定要求,有12批次产品的标签不符合规定要求。第三季度,产品质量省级监督抽查共抽查1856家企业生产的19类1914批次产品,合格1516批次,产品抽样合格率为79.2%。其中,产品抽样合格率在90%以上的有3类产品,占产品类别总数的15.8%;产品抽样合格率在60%~90%之间的有9类产品,占产品类别总数的47.4%;产品抽样合格率低于60%的有7类产品,占产品类别总数的36.8%,细木工板、电子节能灯产品抽样合格率分别为23.5%和22.5%。第四季度,产品质量省级监督抽查共抽查644家企业生产的17类698批次产品,合格441批次,产品抽样合格率为63.2%。其中,产品抽样合格率在80%以上的有3类产品,占产品类别总数的17.6%;产品抽样合格率在60%~80%之间的有8类产品,占产品类别总数的47.1%;产品抽样合格率低于60%的有6类产品,占产品类别总数的35.3%,消防应急灯具产品抽样合格率仅为38.9%。

2006年产品质量省级监督抽查共抽查2392家企业生产的56类2753批次产品,经检验,其中1959批次产品质量合格,抽查合格率为71.2%,794批次产品质量不合格,不合格产品检出率为28.8%。1月,烟花爆竹产品质量省级监督专项抽查共抽查91家企业生产的96批次产品,合格23批次,产品抽样合格率为24.0%。其中,抽查35批次爆竹类产品,合格8批次,产品抽样合格率为22.9%;抽查61批次烟花类产品,合格15批次,产品抽样合格率为24.6%。第二季度,产品质量省级监督抽查共抽查586家企业生产的17类708批次产品,合格545批次,产品抽样合格率为77.0%。其中,产品抽样合格率在80%以上的有9类产品,占产品类别总数的52.9%;产品抽样合格率在60%~80%之间的有5类产品,占产品类别总数的29.4%;产品抽样合格率低于60%的有3类产品,占产品类别总数的17.7%,家用液化石油气调压器产品抽样合格率仅为25.0%。9月,月饼质量省级监督专项抽查共抽查23家企业生产的40批次月饼,合格38批次,产品抽样合格率为95.0%,比2005年度同期提高3个百分点。其中,抽查省内13家企业生产的24批次产品,合格22批次,产品抽查合格率为91.7%;抽查外省驻省10家企业生产的16批次产品,质量全部合格。第三季度,产品质量省级监督抽查共抽查924家企业生产的19类1012批次产品,合格730批次,产品抽样合格率为72.1%。其中,产品抽样合格率在90%以上的有5类产品,占产品类别总数的26.3%;产品抽样合格率在60%~90%之间的有10类产品,占产品类别总数的52.6%;产品抽样合格率低于60%的有4类产品,占产品类别总数的21.1%,电子节能灯产品抽样合格率仅为25.0%。第三季度,啤酒产品质量省级监督专项抽查共抽查省28家啤酒生产企业生产的75批次啤酒,合格46批次,产品抽样合格率为61.3%。第四季度,产品质量省级监督抽查共抽查740家企业生产的20类822批次产品,合格577批次,产品抽样合格率为70.2%。其中,产品抽样合格率在90%以上的有6类产品,占产品类别总数的30%;产品抽样合格率在60%~90%之间的有8类产品,占产品类别总数的 40%;产品抽样合格率低于 60% 的有 6 类产品,占产品类别总数的 30%,灯具、干制食用菌、消防应急灯具抽样合格率均低于 30%。

2007 年产品质量省级监督抽查共抽查 2725 家企业生产的 53 类 3233 批次产品,经检验,其中 2268 批次产品质量合格,抽查合格率为 70.2%,965 批次产品质量不合格,不合格产品检出率为 29.8%。1—2 月,烟花爆竹产品质量监督专项抽查共抽查 184 家企业生产的 200 批次产品,合格 66 批次,产品抽样合格率为 33.0%。其中,抽查 145 批次爆竹类产品,合格 41 批次,产品抽样合格率为 28.3%;抽查 55 批次烟花类产品,合格 25 批次,产品抽样合格率为 45.5%。1—3 月,白酒产品质量省级监督专项抽查共抽查 166 家企业生产的 237 批次白酒,合格 191 批次,抽样合格率为 80.6%。其中,抽查省 134 家企业生产的 187 批次白酒,合格 142 批次,抽样合格率为 75.9%;抽查外省驻省 32 家企业生产的 50 批次白酒,合格 49 批次,抽样合格率为 98.0%。第二季度,化肥产品质量省级监督专项抽查共抽查 226 家企业生产的 252 批次化肥,合格 182 批次,抽样合格率为 72.2%。其中,抽查 207 批次复混(复合)肥料,合格 148 批次,抽样合格率为 71.5%;抽查 14 批次过磷酸钙,合格 11 批次,抽样合格率为 78.6%;抽查 13 批次钙镁磷肥,合格 9 批次,抽样合格率为 69.2%;抽查 10 批次生物有机肥,合格 7 批次,抽样合格率为 70%;抽查 3 批次有机/无机复混肥料、1 批次含氮钙镁硫肥,1 批次氮钾中肥,均合格。第二季度,产品质量省级监督抽查共抽查 516 家企业生产的 16 类 635 批次产品,合格 463 批次,产品抽样合格率为 72.9%,比 2006 年度同期下降 4.1 个百分点。其中,抽查省企业生产的 96 批次产品,合格 72 批次,抽样合格率为 75%;抽查外省驻省企业生产的 539 批次产品,合格 391 批次,抽样合格率为 72.5%。其中,产品抽样合格率在 90% 以上的有 4 类产品,占产品类别总数的 25.0%;产品抽样合格率在 70% ~90% 之间的有 6 类产品,占产品类别总数的 37.5%;产品抽样合格率低于 70% 的有 6 类产品,占产品类别总数的 37.5%,蜜饯抽样合格率仅为 25.0%。9 月,月饼产品质量省级监督抽查共抽查 45 家企业生产的 60 批次月饼,实物质量合格 51 批次,抽样合格率为 85.0%;产品标签合格 40 批次,合格率为 66.7%。第三季度,产品质量省级监督抽查共抽查 817 家企业生产的 18 类 985 批次产品,合格 710 批次,产品抽样合格率为 72.1%。其中,产品抽样合格率在 90% 以上的有 3 类产品,占产品类别总数的 16.7%;产品抽样合格率在 70% ~90% 之间的有 8 类产品,占产品类别总数的 44.4%;产品抽样合格率低于 70% 的有 7 类产品,占产品类别总数的 38.9%,毛巾抽样合格率仅为 10%。第四季度,产品质量省级监督抽查共抽查 771 家企业生产的 19 类 864 批次产品,合格 605 批次,产品抽样合格率为 70.0%。其中,产品抽样合格率在 90% 以上的有 6 类产品,占产品类别总数的 31.6%;产品抽样合格率在 70% ~90% 之间的有 4 类产品,占产品类别总数的 21.1%;产品抽样合格率低于 70% 的有 9 类产品,占产品类别总数的 47.3%,消防应急灯具抽样合格率仅为 16.7%。

2008 年产品质量省级监督抽查共抽查 2575 家企业生产的 63 类 1959 批次产品,经检验,其中 1461 批次产品质量合格,抽查合格率为 51.0%,1404 批次产品质量不合格,不合格产品检出率为 49.0%。1—2 月,烟花爆竹产品质量省级监督专项抽查共抽查 53 家企业生产的 54 批次产品,合格 40 批次,产品抽样合格率为 74.1%。其中,抽查 37 批次爆竹类产品,抽样合格率为 70.3%;抽查 17 批次烟花类产品,抽样合格率为 82.4%。1—3 月,重点节日热销产品质量省级监督专项抽查共抽查10类326家企业生产的351批次产品,合格306批次,产品抽样合格率为87.2%。其中,产品抽样合格率在90%以上的有6类,70%~90%的有2类,低于70%的有2类。第二季度,产品质量省级监督抽查共抽查562家企业生产的17类685批次产品,实物质量合格503批次,抽样合格率为73.4%,比2007年度同期提高0.5个百分点。其中,抽查省内76家企业生产的104批次产品,实物质量合格77批次,抽样合格率为74.0%;抽查外省驻省486家企业生产的581批次产品,实物质量合格426批次,抽样合格率为73.3%。其中,产品抽样合格率在90%以上的有3类产品,占产品类别总数的17.7%;产品抽样合格率在80%~90%之间的有4类产品,占产品类别总数的23.5%;产品抽样合格率在70%~80%之间的有6类产品,占产品类别总数的35.3%;产品抽样合格率低于70%的有4类产品,占产品类别总数的23.5%,家用瓶装液化石油气调压器抽样合格率仅为40.0%。第三季度,饮用水产品质量省级监督专项抽查共抽查34家企业生产的34批次产品,合格33批次,产品抽样合格率为97.1%。其中,抽查32批次饮用天然矿泉水,合格31批次;抽查2批次矿物质水,合格2批次。第三季度,产品质量省级监督抽查共抽查904家企业生产的19类997批次产品,实物质量合格732批次,产品实物质量抽样合格率为73.4%,比2007年度同期提高1.3个百分点。其中,产品抽样合格率在90%以上的有6类产品,占产品类别总数的31.6%;产品抽样合格率在70%~90%之间的有6类产品,占产品类别总数的31.6%;产品抽样合格率低于70%的有7类产品,占产品类别总数的36.8%,节能灯抽样合格率仅为22.0%。第四季度,产品质量省级监督抽查共抽查696家企业生产的17类741批次产品,实物质量合格579批次,产品实物质量抽样合格率为78.1%,比2007年度同期提高8.1个百分点。其中,抽查省内153家企业生产的167批次产品,实物质量合格125批次,产品实物质量平均抽样合格率为74.8%。此次抽查产品实物质量抽样合格率在90%以上的有8类产品,占产品类别总数的47.1%;产品实物质量抽样合格率在70%~90%之间的有4类产品,占产品类别总数的23.5%;产品实物质量抽样合格率低于70%的有5类产品,占产品类别总数的29.4%,干制食用菌抽样合格率仅为35.1%。

2009年产品质量省级监督抽查共抽查2398家企业生产的63类2726批次产品,经检验,其中2172批次产品质量合格,抽查合格率为79.7%,554批次产品质量不合格,不合格产品检出率为20.3%。1—3月,重点节日热销产品质量省级监督专项抽查共抽查10类348家企业生产的427批次产品,实物质量合格370批次,产品抽样合格率为86.7%。此次抽查产品实物质量抽样合格率为100%的有3类产品,90%~99.9%的有5类产品,低于60%的有2类产品。第二季度,全省家电下乡中标企业生产的中标产品质量省级监督专项抽查共抽查1家中标企业生产的4批次电冰箱(冷柜)产品,其中冰箱2种,冷柜2种,结果均合格。第二季度,产品质量省级监督抽查共抽查644家企业生产的19类767批次产品,实物质量合格592批次,抽样合格率为77.2%,比2008年度同期提高3.8个百分点。其中,抽查省74家企业生产的101批次产品,实物质量合格77批次,抽样合格率为76.2%;抽查外省驻省570家企业生产的666批次产品,实物质量合格515批次,抽样合格率为77.3%。此次抽查产品实物质量抽样合格率在90%以上的有4类产品,占产品类别总数的21%;产品抽样合格率在80%~90%之间的有6类产品,占产品类别总数的31.6%;产品抽样合格率在70%~80%之间的有3类产品,占产品类别总数的15.8%;产品抽样合格率低于70%的有6

类产品，占产品类别总数的31.6%，潜水电泵抽样合格率仅为33.3%。第三季度，产品质量省级监督抽查共抽查895家企业生产的19类971批次产品，实物质量合格757批次，产品实物质量抽样合格率为78.0%，比2008年度同期提高4.6个百分点。其中，抽查全省114家企业生产的142批次产品，实物质量合格130批次，产品实物质量平均抽样合格率为91.5%。此次抽查产品抽样合格率在90%以上的有7类产品，占产品类别总数的36.8%；产品抽样合格率在70%～90%之间的有7类产品，占产品类别总数的36.8%；产品抽样合格率低于70%的有5类产品，占产品类别总数的26.4%，节能灯抽样合格率仅为28.3%。第四季度，产品质量省级监督抽查共抽查510家企业生产的15类557批次产品，实物质量合格449批次，产品实物质量抽样合格率为80.6%，比2008年度同期提高2.5个百分点。其中，抽查省59家企业生产的68批次产品，实物质量合格51批次，产品实物质量抽样合格率为75%。此次抽查产品抽样合格率在90%以上的有7类产品，占产品类别总数的46.7%；产品抽样合格率在70%～90%之间的有3类产品，占产品类别总数的20%；产品抽样合格率低于70%的有5类产品，占产品类别总数的33.3%。

2010年产品质量省级监督抽查共抽查2300家企业生产的56类2716批次产品，经检验，其中2219批次产品质量合格，抽查合格率为81.7%，497批次产品质量不合格，不合格产品检出率为18.3%。第一季度，上海世博会开幕式烟花的4家定点生产企业中省内占2家，省质监局组织质检机构，对2家企业用于专供烟花产品生产的71个烟火药配方进行抽样检验，结果全部合格，组织质检机构对2家企业生产的全部专供烟花产品共计120个品种进行监督抽查，结果全部合格，实现“确保安全，万无一失”的工作目标；5月，建筑用钢材产品质量省级监督专项抽查涉及省8家生产企业、3家经销单位和4个建筑工地，共抽查16家企业生产的20批次产品，合格19批次，产品实物质量抽样合格率为95%。其中，抽查外省驻省8家企业生产的8批次产品，结果均合格；抽查省8家企业生产的12批次产品，合格11批次；抽查8批次钢筋混凝土用热轧光圆钢筋，结果均合格；抽查12批次钢筋混凝土用热轧带肋钢筋，合格11批次，1批次不合格产品是因重量偏差不达标造成的。5月，粽子、蛋制品等端午节传统食品质量省级监督专项抽查共抽查12家企业生产的20批次粽子，合格20批次，抽样合格率为100%；抽查20家企业生产的30批次蛋制品，合格30批次，抽样合格率为100%。其中，抽查省12家企业生产的18批次产品，抽查外省驻省20家企业生产的32批次产品。第二季度，产品质量省级监督抽查共抽查718家企业生产的21类837批次产品，实物质量合格689批次，实物质量抽样合格率为82.3%，比2009年度同期提高5.1个百分点。其中，抽查省69家企业生产的90批次产品，实物质量合格74批次，实物质量抽样合格率为82.2%；抽查外省驻省649家企业生产的747批次产品，实物质量合格615批次，实物质量抽样合格率为82.3%。此次抽查实物质量抽样合格率在90%以上的有10类产品，占产品类别总数的47.6%；实物质量抽样合格率在80%～90%之间的有4类产品，占产品类别总数的19.1%；实物质量抽样合格率在70%～80%之间的有2类产品，占产品类别总数的9.5%；实物质量抽样合格率低于70%的有5类产品，占产品类别总数的23.8%，陶瓷片密封水嘴抽样合格率仅为30%。第三季度，产品质量省级监督抽查共抽查806家企业生产的17类889批次产品，实物质量合格665批次，实物质量抽样合格率为74.8%，比2009年度同期下降3.2个百分点。其中，抽查省198家企业生产的250批次产品，实物质量合格214批次,实物质量抽样合格率为85.6%;抽查外省驻省608家企业生产的639批次产品,实物质量合格451批次,实物质量抽样合格率为70.6%。第四季度,产品质量省级监督抽查共抽查746家企业生产的18类830批次产品,实物质量合格706批次,实物质量平均抽样合格率为85.1%,比2009年度同期提高4.5个百分点。其中,抽查省335家企业生产的415批次产品,实物质量合格375批次,实物质量抽样合格率为90.4%;抽查外省驻省411家企业生产的415批次产品,实物质量合格331批次,实物质量抽样合格率为79.8%。

第三节　省级定期监督检验

1991—2010年,省质量技术监督部门组织有关产品质量监督检验机构定期对辖区内生产企业的产品进行抽样检验,共抽查29806家企业生产的38149批次产品,其中30163批次产品质量合格。

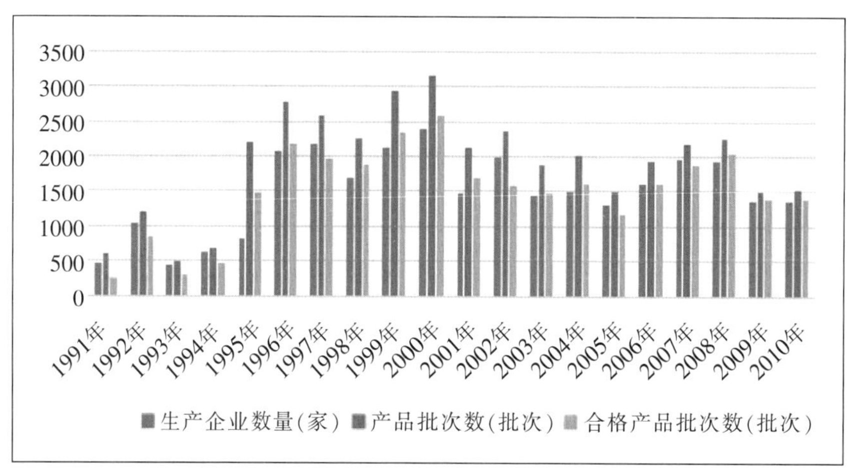

图4-1-5　1991—2010年江西省级定期监督检验

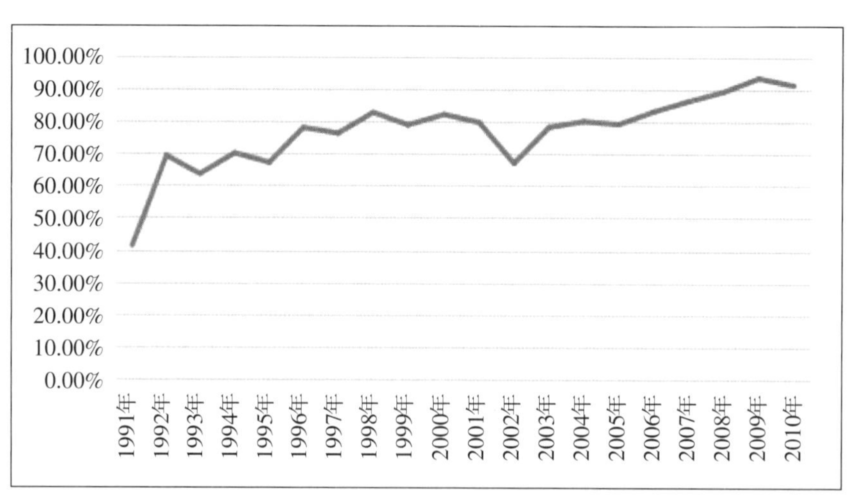

图4-1-6　1991—2010年江西省级定期监督检验合格率

1991年产品质量定期监督检验共抽查476家企业生产的593批次产品,经检验,其中245批次产品质量合格,抽查合格率为41.3%,348批次产品质量不合格,不合格产品检出率为58.7%。第二季度，省标准局组织有关单位对全省碳酸饮料进行统检，共抽查237家企业生产的300种碳酸饮料，其中合格32种，合格率为10.7%，劣质139种，占抽查总数的46.3%；第二季度，省标准局组织有关单位对全省啤酒进行统一监督检查，共抽查25家啤酒生产企业生产的30批次产品，合格27个，合格率90%，同时对25个啤酒生产企业的质量保证条件进行审查，其中22家企业质量保证条件审查合格，3家企业不合格。第三季度，省标准局组织有关单位对省产混凝土输水管、饲料粉碎机、柴油机及钨精矿等四类产品的质量进行监督检验，其中混凝土输水管共抽查6家企业生产的16种规格型号的产品，全部合格，合格率为100%；饲料粉碎机共抽查2家企业生产的2批次产品，全部合格，合格率为100%；柴油机共抽查2家企业生产的2批次产品，其中1种合格、合格率为50.0%；钨精矿共抽查37家企业生产的38批次产品，30种合格，合格率为81.1%。第三季度，省标准局组织有关单位对省产化纤、聚乙烯农膜、聚乙烯地膜、溶解乙炔、沉淀碳酸钙、胶鞋及棉布等7类产品的质量进行监督检验，其中化纤共抽查5家企业生产的5批次产品，全部合格，合格率为100%；聚乙烯农膜共抽查10家企业生产的10批次产品，全部合格，合格率为100%；聚乙烯地膜共抽查12家企业生产的12批次产品，全部合格，合格率为100%；溶解乙炔共抽查9家企业生产的9批次产品，8种合格，合格率为88.9%；沉淀碳酸钙共抽查5家企业生产的5批次产品，3种合格，合格率为60.0%；胶鞋共抽查6家企业生产的8批次产品，合格5种，合格率为62.5%；棉布共抽查6家企业生产的8批次产品，2种合格，合格率为25.0%。第三季度，省标准局组织有关单位对全省塑料编织袋进行统一监督检查，共抽查32家塑料箱织袋生产企业生产的32批次产品，合格19个，合格率为59.4%，同时对这32家塑料织袋生产企业的质量保证条件进行审查，其中27家企业质保条件经审查合格，5家企业不合格。第三季度，省标准局组织有关单位对全省白色陶质釉面砖进行统一监督检查，共抽查38家白色陶质釉面砖生产企业生产的38批次产品，合格36个，合格率为94.7%，同时对38家白色陶质釉面砖生产企业的质量保证条件进行审查，36家企业合格，合格率为94.7%。第四季度，省标准局组织有关单位对全省磷肥进行统一监督检查，共抽查32家磷肥生产企业生产的2种共33批次产品，合格33个，合格率为100%，同时对这32家磷肥生产企业的质量保证条件进行审查，合格29个，合格率为90.6%。第四季度，省标准局组织有关单位对全省蜂产品进行统一监督检查，共抽查22家蜂产品生产企业生产的45批次产品，合格11个，合格率为24.4%，其中伪劣产品12个，占抽查产品总数的26.7%，同时对这22家蜂产品生产企业的质量保证条件进行审查，21家企业合格，合格率为95.5%。

1992年产品质量省级定期监督检验共抽查省1040家企业生产的69类1210批次产品，经检验，其中840批次产品质量合格，抽查合格率为69.4%，370批次产品质量不合格，不合格产品检出率为30.6%。第一季度，省标准局组织有关单位对全省复混肥进行统一监督检查，共抽查37家复混肥生产企业的37批次样品，合格26批次，合格率为70.3%，其中中小型企业的34批次样品，合格26批次，合格率为76.5%；乡镇企业的3批次样品全部不合格，25个获生产许可证企业的样品，合格率为100%；3个获省优企业的样品，合格率为100%；37个复混肥生产企业的质量体系保证条件经审查，32家企业合格，合格率为88.3%。第二季度，省标准局组织有关单位对全省碳酸饮料进行统一监督检查，共抽查196家碳酸饮料生产企业的209批次样品，合格63批次，样品合格率为

30.1%,劣质55批次,占抽查样品总数的26.3%,其中“三资”企业的4批次样品全都合格;中小型企业的165批次样品,合格52批次,合格率为31.5%;个体企业的17批次样品,合格4批次,合格率为23.5%;乡镇企业的23批次样品,合格3批次,合格率为13.0%;196批次碳酸饮料生产企业的质量体系保证条件经审查,51家企业合格,77家企业基本合格,68家企业不合格。上半年,省级产品质量日常监督检验352家企业生产的36类414种内销产品,合格287种,抽样合格率为69.3%,比1991年度同期下降4.4个百分点。在抽查的36类产品中,农膜、水泵等12类产品的合格率为100%;农药、卷烟等7类产品的合格率为80%~99%之间;火柴、蜂王浆制品等7类产品的合格率为60%~79%;胶粘皮鞋、饲料等10类产品的合格率低于60%。第四季度,省级产品质量日常监督检验455家企业生产的31类550种内销产品,合格464种,抽样合格率为84.4%。在抽查的31类产品中,一次性输液器、肉制品、低压成套开关等13类产品的质量较好,合格率为100%;水泥、松香、羽绒等8类产品的合格率在80%~99%之间;化妆品、大米、纸袋纸等6类产品的合格率在60%~79%之间;活性炭、化学试剂等4类产品的合格率低于60%。

1993年产品质量省级定期监督检验共抽查省436家企业生产的32类490批次产品,经检验,其中312批次产品质量合格,抽查合格率为63.7%,178批次产品质量不合格,不合格产品检出率为36.3%。第二季度,省标准局组织有关单位对全省碳酸饮料进行统一监督检查,共抽查143家碳酸饮料生产企业的147种碳酸饮料,其中合格24种,抽样合格率为16.3%,劣质56种,占抽查样品总数的38.1%;143家碳酸料生产企业的生产条件经审查,25家企业合格,56家企业基本合格,62家企业不合格。第三季度,省级产品质量定期监督检验共抽检全省293家企业生产的31类计343种内销产品,合格288种,抽样合格率为84.0%。在抽查的31类产品中,中频装置、农药等15类产品的质量较好,合格率均为100%;胶合板,花炮等7类产品的合格率在80.0%~90.9%之间;豆制品、硬质纤维板等8类产品的合格率在60.0%~79.9%之间;橡胶杂件产品的质量较差,合格率仅为35.7%。

1994年产品质量省级定期监督检验共抽查省639家企业生产的45类677批次产品,经检验,其中475批次产品质量合格,抽查合格率为70.2%,202批次产品质量不合格,不合格产品检出率为29.8%。第二季度,省标准局组织有关单位对全省甲胺磷、甲基对硫磷农药产品质量进行统一监督检查,共抽查3家企业生产的4批次农药产品,全部合格,抽样合格率为100%,3家企业的生产条件经审查全部合格。第二季度,省标准局对全省含氯饮料生产企业生产的乳饮料进行监督检查,共抽查10家企业生产的10批次产品,合格1种,合格率为10%。检查结果表明,该类产品存在较严重的质量问题,有的产品所标明的指标与实际不符,有的产品不执行GB11673-89标准的有关要求。第三季度,省标准局组织有关单位对全省塑料电线产品质量进行统一监督检查,共抽查26家企业生产的28批次产品,合格10批次,抽样合格率为35.1%,26家企业的生产条件经审查,8家企业合格,18家企业不合格。第四季度,省级产品质量定期监督检验共检查省600家企业生产的42类计635批次产品,合格460批次,抽样合格率为72.4%。在检查的42类产品中,羽绒制品、白砂糖等16类产品的质量较好,合格率均为100%;食用酒精、食用植物油等5类产品的合格率在80.0%~99.9%之间;花炮、复混肥等14类产品的合格率在60.0%~79.9%之间;化学试剂、民用蜂窝煤等7类产品质量较差,合格率均低于60.0%。

1995年产品质量省级定期监督检验共抽查省808家企业生产的45类2201批次产品,经检验,其中1480批次产品质量合格,抽查合格率为67.2%,721批次产品质量不合格,不合格产品检出率为32.8%。1—5月,全省各级技术监督部门加强对农资产品的质量监督力度,共检查化肥1320批次,其中合格730批次,伪劣337批次,合格率为55.3%,伪劣率为25.5%;共检查农药602批次,其中合格390批次,伪劣41批次,合格率为64.8%,伪劣率为7.8%,全省绝大多数的县、市技术监督部门对所辖区的农资市场特别是农药、化肥、种子市场的质量状况做到心中有数,大多数的伪劣和不合格农药、化肥、种子已基本查出,并得到应有的处理。第一、二季度,省级产品质量定期监督检验共检查省454家企业生产的24类计522批次产品,合格454批次,抽样合格率为87.0%,比1994年度同期提高14.2个百分点。在检查的24类产品中,调压器、矿山机械等14类产品的合格率为100%;人造板、酒类等7类产品的合格率在80.0%~99.9%之间;纱线、软饮料、饲料等3类产品的合格率在60.0%~79.9%之间。第三季度,省产品质量定期监督检查共抽查全省257家企业生产的18类计359批次产品,合格296批次,抽样合格率为82.5%,比1994年度同期提高9.6个百分点。在检查的18类产品中,卷烟、磷肥等8类产品的合格率为100%;农药、日用陶瓷等4类产品的合格率在80.0%~99.9%之间;茶叶、含乳饮料等5类产品的合格率在60.0%~79.9%之间;荧光灯镇流器产品质量较差,合格率低于60.0%。

1996年产品质量省级定期监督检验共抽查省2083家企业生产的109类2779批次产品,经检验,其中2171批次产品质量合格,抽查合格率为78.1%,608批次产品质量不合格,不合格产品检出率为21.9%。第二季度,省技监局组织有关单位对全省天然矿泉水产品质量进行统检,共检查28家企业生产的28批次矿泉水产品,合格22批次,不合格3批次,另有3家企业拒检,其中3批次产品按不合格产品计算,抽样合格率为78.6%,劣质产品1种,占抽样总数的3.6%。其中,28家企业的生产条件经考核,4家合格,20家基本合格,4家不合格;28家企业的水源水经检查,有1家企业的水源水达不到标准要求。统检结果表明,全省大中型企业产品质量稳定可靠,其抽样合格率为100%,但总的抽样合格率与1995年度统检结果相比下降7.1个百分点。第二季度,省级产品质量定期监督检验共抽查全省512家企业生产的33类计694批次产品,合格540批次,抽样合格率为77.8%,比1995年度同期下降9.2个百分点。在检查的33类产品中,卷烟、塑料薄膜等11类产品的合格率为100%;汽车零配件、人造板等11类产品的合格率在80.0%~99.9%之间;半导体变流器、皮鞋等6类产品的合格率在60.0%~79.9%之间;皮革、饲料等5类产品的质量较差,合格率低于60.0%。

1996年第三季度,省技监局组织有关单位对全省信封产品质量进行统检,共检查240家企业生产的533批次信封产品,合格356批次,抽样合格率为66.8%。其中,240家企业的生产条件经考核69家合格,152家基本合格,19家不合格。另外有16家企业拒检。统检结果表明,全省中型企业的产品抽样合格率为78.6%,高出小型企业12.8个百分点,其中国有中型企业的产品抽样合格率为最高,为79.3%。第三季度,省技监局组织有关单位对全省塑料电线产品质量进行统检,共检查31家企业生产的31批次塑料电线产品,合格17批次,抽样合格率为54.8%,不合格14批次,不合格率为45.2%,劣质产品4批次,占抽样总数的12.9%。31家企业的生产条件经考核,6家合格,25家不合格。第三季度,省产品质量定期监督检查共检查省450家企业生产的29类计552批次产品,合格450批次,抽样合格率为81.5%,比1995年度同期下降1个百分点。在检查的29类产品中,动力煤、书刊等14类产品的合格率为100%;农药、化肥等9类产品的合格率在80.0%~99.9%之间,一次性使用输液器、茶叶等2类产品的合格率在60.0%~79.9%之间;含乳饮料、酱油等4类产品的质量较差,合格率低于60.0%。第三季度,省技监局组织省化工产品质量监督检验站对全省化肥、农药生产企业的产品进行省定期监督检验,其中化肥共抽查76家企业生产的91批次产品,合格75批次,抽样合格率为82.4%;农药共抽查24家企业生产的32批次产品,合格31批次,抽样合格率为96.9%。

1996年第四季度,省技监局组织对市场上销售的电热毯进行监督抽查,共抽查25家企业生产的41种规格的电热毯,合格的有3种规格,不合格的有38种规格,市场抽查合格率为7.3%。第四季度,省级产品质量定期监督检验共抽查全省721家企业生产的43类计809批次产品,合格708批次,抽样合格率为87.5%,比1995年度同期提高12.7个百分点。在检查的43类产品中,卷烟、白炭黑等27类产品的合格率为100%;大米、水泥等11类产品的合格率在80.0%~99.9%之间;灯具的合格率在60.0%~79.9%之间;蜂窝煤、瓦楞纸箱等4类产品质量较差,合格率均低于60.0%。

1997年产品质量省级定期监督检验共抽查省2178家企业生产的137类2577批次产品,经检验,其中1969批次产品质量合格,抽查合格率为76.4%,608批次产品质量不合格,不合格产品检出率为23.6%。第一季度,省级产品质量定期监督检验共抽查全省76家企业生产的11类计82批次产品,合格69批次,抽样合格率为84.1%。在检查的11类产品中,农膜、地膜等6类产品的合格率为100%;动力煤、半导体变流器等2类产品的合格率在80.0%~99.9%之间;软体家具的合格率在60.0%~79.9%之间;胶鞋、眼镜等2类产品质量较差,合格率均低于60.0%。

1997年第二季度,省技监局组织省金银珠宝饰品质量监督检验站对全省金银珠宝饰品生产(经销)企业的金银珠宝饰品质量进行监督检查,共抽查42家金银珠宝饰品生产(经销)企业的130件金银珠宝饰品,合格32件,抽样合格率为24.6%。其中,抽查金饰品44件,合格21件,抽样合格率为47.7%;抽查珠宝饰品86件,合格11件,抽样合格率为12.8%。第二季度,省技监局组织有关单位对全省瓶装饮用天然矿泉水产品质量进行统检,共检查27家矿泉水产品生产企业的27批次产品,合格2批次,2家拒检企业的2批次产品按不合格产品计算,抽样合格率为88.9%。27家企业的生产条件经考核,5家合格,20家基本合格,2家不合格。第二季度,省级产品质量定期监督检验共抽查全省779家企业生产的49类计967批次产品,合格724批次,抽样合格率为74.9%。在检查的49类产品中,柴油机、电焊机等21类产品的合格率为100%;工业炸药、饮料酒等10类产品的合格率在80.0%~99.9%之间;动力煤、塑料电线等8类产品的合格率在60.0%~79.9%之间;纸张、喷雾器等10类产品质量较差,合格率均低于60.0%。

1997年第三季度,省级产品质量定期监督检验共抽查全省406家企业生产的26类计469批次产品,合格397批次,抽样合格率为84.6%,比1996年度同期提高3.1个百分点。在检查的26类产品中,电子元器件、绞车等9类产品的合格率为100%;农用运输车、动力煤等7类产品的合格率在80.0%～99.9%之间；化肥、酱油等5类产品的合格率在60.0%～79.9%之间；有色金属产品、一次性使用注射器等5类产品质量较差，合格率均低于60.0%。第四季度，省级产品质量定期监督检验共抽查全省848家企业生产的49类计902批次产品，合格745批次，抽样合格率为82.6%，比1996年度同期下降4.9个百分点。在检查的49类产品中，卷烟、大米等28类产品的合格率为100%；水泥、食用酒精等10类产品的合格率在80.0%～99.9%之间；化学试剂、瓦楞纸箱等6类产品的合格率在60.0%～79.9%之间；喷油泵试验台、小食品等5类产品质量较差，合格率均低于60.0%。

1998年产品质量省级定期监督检验共抽查省1678家企业生产的114类2271批次产品，经检验，其中1883批次产品质量合格，抽查合格率为82.9%，388批次产品质量不合格，不合格产品检出率为17.1%。第一季度，省级产品质量定期监督检验共抽查全省81家企业生产的7类计99批次产品，合格84批次，抽样合格率为84.8%，比1997年度同期提高0.7个百分点。在检查的7类产品中，卷烟、塑料薄膜等4类产品的合格率为100%；眼镜、鞋等2类产品的合格率在80.0%～99.9%之间；动力煤的合格率在60.0%～79.9%之间。

1998年第二季度，省技监局组织有关单位对全省生产、流通领域的啤酒质量进行监督抽查（仅对啤酒的理化指标），共抽查55家企业生产、经销的92批次啤酒产品，合格84批次，抽样合格率为91.3%，其中抽查全省24家企业生产的37批次啤酒，合格36批次，抽样合格率为97.3%；抽查31家经销企业销售的55批次省外产啤酒，合格48批次，抽样合格率为87.3%。第二季度，省级产品质量定期监督检验共抽查全省748家企业生产的41类计1027批次产品，合格831批次，抽样合格率为80.9%，比1997年度同期提高6个百分点。在检查的41类产品中，卷烟、纱线、家用交流稳压保护器等15类产品合格率为100%；饮料酒、塑料电线、饲料等13类产品的合格率在80.0%～99.9%之间；动力煤、饮料、塑料编织袋等8类产品的合格率在60.0%～79.9%之间；啤酒瓶、纸板、建筑用钢筋等5类产品质量较差，合格率均低于60.0%。第三季度，省级产品质量定期监督检验共抽查全省287家企业的19类计394批次产品，合格355批次，抽样合格率为90.1%，比1997度同期提高5.5个百分点。在检查的19类产品中，食用盐、卷烟、化肥等11类产品的合格率为100%；农药、动力煤、客车等5类产品的合格率在80.0%～99.9%之间；电能表、齿轮两类产品的合格率在60.0%～79.9%之间；冷冻饮品的产品质量较差，抽样合格率为54.8%。

1998年第四季度，省技监局组织省农业机械产品质量监督检验站对生产、流通领域的农用运输车产品质量进行专项抽查，共抽查6家企业生产、销售的6批次农用运输车，合格2批次，抽样合格率为33.3%。其中，抽查省产农用运输车3批次，合格2批次，抽样合格率为66.7%；抽查省外产农用运输车3批次，结果全部不合格。第四季度，省技监局对市场销售的激光视盘机进行质量专项抽查，共抽查37家经销单位经销、28家企业生产的70批次激光视盘机，合格29批次，抽样合格率为41.4%，其中，抽查国内7家知名品牌生产企业的25批次激光视盘机，合格25批次，抽样合格率为100%；抽查21家利用知名品牌商品名称、企业字号、图型、代号等标志作相同或近似使用的生产企业的45批次激光视盘机，合格4批次，抽样合格率为8.9%。抽查结果表明，知名品牌的产品质量比较好，一些利用知名品牌激光视盘机商品名称、企业字号、图型、代号等标志作相同或相近使用的激光视盘机质量比较差。第四季度,省级产品质量定期监督检验共抽查全省464家企业的44类计583批次产品,合格498批次,抽样合格率为85.4%,比1997年度同期提高2.8个百分点。在检查的44类产品中,烟花爆竹、卷烟、大米等23类产品的合格率为100%;食用酒精、动力煤、灯具等7类产品的合格率在80.0%~99.9%之间;服装、机制糖、水泥电杆等9类产品的合格率在60.0%~79.9%之间;肉制品、酱腌菜、钙塑瓦楞箱等5类产品质量较差,合格率均低于60.0%。

1999年产品质量省级定期监督检验共抽查省2113家企业生产的140类2946批次产品,经检验,其中2329批次产品质量合格,抽查合格率为79.1%,617批次产品质量不合格,不合格产品检出率为20.9%。第一季度,省级产品质量定期监督检验共抽查全省43家企业的8类133批次产品,合格112批次,抽样合格率为84.2%,比1998年度同期下降0.6个百分点。在检查的8类产品中,卷烟、塑料薄膜等4类产品的合格率为100%;奶粉的合格率为92.3%;动力煤、化学纤维两类产品的合格率在60.0%~79.9%之间;冶炼精煤的质量较差,合格率仅为50.0%。

1999年第二季度,全省流通领域产品质量监督抽共抽查11个省(市)192家企业生产的13类283批次的产品,共有91家生产企业的182批次产品质量不合格,抽查合格率46.64%。此次抽查中质量好的产品有白酒、空调器,合格率都在96%以上,差的产品有水果冻,合格率为3.85%。第二季度,省级产品质量定期监督检验共抽查全省720家企业的46类1108批次产品,合格934批次,抽样合格率为84.3%,与上一年度同期相比提高3.4个百分点。在检查的46类产品中,卷烟、电话机、交流稳压保护器等22类产品的合格率为100%;人造板、动力煤、饲料等11类产品的合格率在80.0%~99.9%之间;矿泉水、纯净水、农机零配件等7类产品的合格率在60.0%~79.9%之间;啤酒瓶、喷雾器、液体奶等6类产品质量较差,抽样合格率均低于60.0%。

1999年第三季度,省级产品质量定期监督检验共抽查全省470家企业的25类608批次产品,合格502批次,抽样合格率为82.6%,与1998年度同期相比下降7.5个百分点。在检查的25类产品中,电子元器件、食用碘盐、卷烟等13类产品的合格率为100%;农药、动力煤、茶叶等5类产品的合格率在80.0%~99.9%之间;化肥、冷饮、水泥包装袋等6类产品的合格率在60.0%~79.9%之间;工业陶瓷产品质量较差,抽样合格率为47.1%。第四季度,省级产品质量定期监督检验共抽查全省688家企业的48类计814批次产品,合格680批次,抽样合格率为83.7%。抽查结果显示,与1998年度同期相比,粮油及其制品、低压成套开关设备、冶炼精煤、碾米机、收获脱粒机、水泥压力管的产品质量均较好且保持稳定;溶解乙炔、粉碎机、动力煤、白砂糖的产品质量有所提高;水泥、食用酒精、灯具等产品质量基本持平;磨具、豆制品、纸张、小食品、瓦楞纸箱、化学试剂的产品质量出现不同程度的下降。

2000年产品质量省级定期监督检验共抽查省2395家企业生产的115类3148批次产品,经检验,其中2591批次产品质量合格,抽查合格率为82.3%,557批次产品质量不合格,不合格产品检出率为17.7%。第一季度,产品质量省级定期监督检验共抽查全省10个地(市)99家企业的9类174批次产品,合格153批次,抽样合格率为87.9%,比1999年度同期上升3.7个百分点。在检查的9类产品中,卷烟、塑料薄膜等5类产品的合格率为100%;动力煤、防盗保险柜(箱)等2类产品的合格率在80.0%~99.9%之间;眼镜的合格率为73.5%;防盗安全门的质量较差,合格率仅为

50.0%。3月,省技监局对流通领域及宾馆、餐饮单位销售、使用的餐巾纸、卫生纸品质量进行一次专项抽查,共抽查57家经销单位、使用单位经销、使用的60批次的餐巾纸,涉及生产企业50家,合格37批次,抽样合格率为61.7%;共抽查76家经销单位、使用单位经销、使用的76批次的卫生纸,涉及生产企业70家,合格43批次,抽样合格率为56.6%。抽查结果表明,国有及大中型企业生产的餐巾纸、卫生纸质量比较好。

2000年第二季度,省技监局对烟花爆竹产品质量进行全省统一监督检查,共抽查全省45家企业生产的74批次烟花爆竹产品,合格59批次,抽样合格率为79.7%。其中,抽查57批次烟花类产品,合格49批次,抽样合格率为86.0%,抽查17批次爆竹类产品,合格10批次,抽样合格率为58.8%。第二季度,省技监局组织各级技术监督部门对复合(混)肥质量进行专项整顿,共抽查省内外106家企业生产条297批次的复合(混)肥,合格139批次,抽样合格率为46.8%;抽查省内生产企业32家的67批次的复合(混)肥,合格21批次,抽样合格率为31.3%。第二季度,产品质量定期监督检验共抽查全省713家企业的35类1205批次产品,合格1050批次,抽样合格率为87.1%,与1999度同期相比提高2.8个百分点。在检查的35类产品中,变压器、卷烟、铝合金建筑型材等18类产品的合格率为100%;建筑用钢材、动力煤、饲料等9类产品的合格率在80.0%~99.9%之间;液体奶等产品的合格率在60.0%~79.9%之间;纯净水、啤酒瓶等2类产品质量较差,抽样合格率均低于60.0%。

2000年第三季度,省级产品质量定期监督检验共抽查全省420家企业生产的19类537批次产品,合格454批次,抽样合格率为84.5%,与1999年同期相比合格率提高1.9个百分点。在被检查的19类产品中,卷烟、压力表、精制碘盐等9类产品的合格率为100%;茶叶、农药、水泥包装袋等7类产品的合格率在80.0%~99.9%之间;冷饮、冶炼精煤、化肥等3类产品的合格率在60.0%~79.9%之间。

2000年第四季度,省技监局对市场部分与广大消费者日常生活密切相关的食品质量进行专项监督抽查,其中奶粉抽查22家生产企业的27批次产品,结果只有3批次合格,有24批次不合格,其中劣质产品15批次,抽样合格率为11.1%;液体奶抽查4家企业的21批次产品,合格18批次,抽样合格率为85.7%;腐竹抽查26家生产企业的27批次产品,结果有22批次产品添加雕白块或硼砂,掺假率81.5%;米粉抽查17家企业的19批次产品,结果有8批次产品掺有雕白块或硼砂,掺假率为42.1%;粉皮(粉丝、粉条)抽查33家生产企业的33批次产品,结果有3批次掺有硼砂,掺假率为9.1%;面条抽查12家生产企业的14批次产品,结果有两批次产品掺有硼砂,掺假率为14.3%;蜂蜜抽查30家生产企业的37批次产品,结果有16批次产品掺假,掺假率为43.2%;面粉抽查9家生产企业的9批次产品,结果有4批次产品超量增加增白剂,掺假率为44.4%。第四季度,产品质量省级定期监督检验共抽查全省786家企业的40类计844批次产品,合格724批次,抽样合格率为85.8%,比1999年度同期上升2.1个百分点。在检查的40类产品中,卷烟、羽绒制品、食用酒精、高压开关柜等18类产品的合格率为100%;奶粉、水泥、动力煤、瓦楞纸箱等10类产品的合格率在80.0%~99.9%之间;生丝、婴幼儿食品、磨具等7类产品的合格率在60.0%~79.9%之间;卫生纸、口服液、豆制品、防盗安全门等5类产品质量较差,合格率均低于60.0%。

2001年产品质量省级定期监督检验共抽查省1470家企业生产的47类2124批次产品,经检验,其中1697批次产品质量合格,抽查合格率为79.9%,427批次产品质量不合格,不合格产品检出率为20.1%。第一季度,产品质量省级定期监督检验共抽查10个设区的179家企业的7类计304批次产品,合格231批次,抽样合格率为76.0%,比2000年度同期下降11.9个百分点。在检查的7类产品中,卷烟、动力煤、塑料薄膜等5类产品的合格率为100%,配装眼镜、防盗保险柜(箱)等2类产品的合格率为60.0%~79.9%之间。第二季度,产品质量省级定期监督检验共抽查11个设区市的653家企业的29类计1171批次产品,合格868批次,抽样合格率为74.1%,比2000年度同期下降13个百分点。在抽查的29类产品中,卷烟、动力煤、电度表、铝合金型材等10类产品的合格率为100%;啤酒、饲料、液体奶、人造板等11类产品的合格率在80.0%~99.9%之间;天然山泉水、软饮料、PVC型材等3类产品的合格率在60.0%~79.9%之间;家用电子交流稳压保护器、建筑用钢材、纯净水、啤酒瓶等5类产品质量较差,合格率均低于60.0%。第四季度,产品质量省级定期监督检验共抽查全省638家企业生产的11类计722批次产品,合格598批次,抽样合格率为82.8%,比2000年度同期下降2.5个百分点。在检查的11类产品中,放射性产品、卫生巾、豆制品等3类产品的抽样合格率为100%;磨具、水泥包装袋、瓦楞纸箱、烟花爆竹等4类产品的抽样合格率在80.0%~99.9%之间;婴幼儿食品、肉制品、卫生纸等3类产品的抽样合格率在60.0%~79.9%之间;米粉干产品质量较差,抽样合格率仅为22.2%。

2002年产品质量省级定期监督检验共抽查省1989家企业生产的60类2367批次产品,经检验,其中1590批次产品质量合格,抽查合格率为67.2%,777批次产品质量不合格,不合格产品检出率为32.8%。第二季度,产品质量省级定期监督检验共抽查11个设区市的700家企业生产的27类计937批次产品,合格629批次,抽样合格率为67.1%,比2001年度同期下降7个百分点。在抽查的27类产品中,电能表、铝合金建筑型材、电焊机、冶炼精煤等10类产品的抽样合格率为100%;啤酒、饮料酒、电线电缆等8类产品的抽样合格率在80.0%~99.9%之间;家用电子交流稳压保护器、软饮料、PVC管材(管件)等3类产品的抽样合格率在60.0%~79.9%之间;液体奶、人造板、防水卷材、建筑用钢材、纯净水、啤酒瓶等6类产品质量较差,抽样合格率均低于60.0%。

2002年第三季度,产品质量省级定期监督检验共抽查11个设区市的205家企业生产的11类计272批次产品,合格196批次,抽样合格率为72.1%。在抽查的11类产品中,茶叶、小麦粉、漏电保护器等3类产品的抽样合格率为100%;面条、农药、冷冻饮品等3类产品的抽样合格率在80.0%~99.9%之间;月饼的抽样合格率为68.8%;熟肉制品、化肥、食醋、酱油等4类产品的抽样合格率均低于60.0%。第四季度,产品质量省级定期监督检验共抽查全省1084家企业生产的22类计1158批次产品,合格765批次,抽样合格率为66.1%,比2001年度同期下降16.7个百分点。在检查的22类产品中,民用爆破器材、保健食品、卫生巾、奶粉、灯具、饲料粉碎机、电子元件、婴幼儿食品等8类产品的抽样合格率为100%;羽绒制品、涂料、化学试剂、天然石材、磨具、食用植物油等6类产品的抽样合格率在80.0%~99.9%之间;烟花爆竹、卫生纸、防盗安全门、小食品、胶粘剂、米粉干等6类产品的抽样合格率在60.0%~79.9%之间;大米、豆制品产品质量较差,抽样合格率均低于50.0%。

2003年产品质量省级定期监督检验共抽查省1441家企业生产的45类1867批次产品，经检验，其中1464批次产品质量合格，抽查合格率为78.4%，403批次产品质量不合格，不合格产品检出率为21.6%。第二季度，产品质量省级定期监督检验共抽查11个设区市的722家企业生产的23类计1003批次产品，合格744批次，抽样合格率为74.1%，比2002年度同期上升7个百分点。在抽查的23类产品中，啤酒、加碘盐、电风扇等8类产品的抽样合格率为100%；铝合金建材型材、电线电缆、含乳饮料等7类产品的抽样合格率在80.0%～99.9%之间；人造板、配装眼镜等5类产品的抽样合格率在60.0%～79.9%之间；建筑用钢材、纯净水、啤酒瓶等3类产品质量较差，抽样合格率均低于60.0%。第三季度，产品质量省级定期监督检验共抽查11个设区市的190家企业生产的10类计270批次产品，合格217批次，抽样合格率为80.4%，比2002年度同期上升8.3个百分点。在抽查的10类产品中，电子镇流器、干电池、食醋等3类产品的抽样合格率为100%；农药、灯具、发电用煤、弹簧软床垫等4类产品的抽样合格率在80.0%～99.9%之间；化肥、酱油等2类产品的抽样合格率在60.0%～79.9%之间；学生服产品质量较差，抽样合格率仅为15.8%。第四季度，产品质量省级定期监督检验共抽查省529家企业生产的12类计594批次产品，合格503批次，抽样合格率为84.7%，比2002年度同期提高18.6个百分点。在检查的12类产品中，防盗保险柜、卫生巾、饲料粉碎机等3类产品的抽样合格率为100%；水泥、奶粉、磨具等3类产品的抽样合格率在80.0%～99.9%之间；烟花爆竹、纸巾纸、卫生纸、胶粘剂、胶粘皮鞋、陶瓷砖等6类产品的抽样合格率在60.0%～79.9%之间；陶瓷砖的产品质量较差，抽样合格率仅为38.5%。

2004年产品质量省级定期监督检验共抽查省1500家企业生产的31类2009批次产品，经检验，其中1612批次产品质量合格，抽查合格率为80.2%，397批次产品质量不合格，不合格产品检出率为19.8%。第二季度，产品质量省级定期监督检验共抽查11个设区市的774家企业生产的16类计1042批次产品，合格825批次，抽样合格率为79.2%，比2003年度同期上升5.1个百分点。在抽查的16类产品中，铝合金建材型材、食用加碘盐、绞车、化妆品等4类产品的抽样合格率为100%；啤酒、水泥、电线电缆、熟肉制品、消防器材、豆制品等6类产品的抽样合格率在80.0%～99.9%之间；人造板、饲料、纯净水、洗涤用品等4类产品的抽样合格率在60.0%～79.9%之间；木家具、啤酒瓶等2类产品质量较差，抽样合格率均低于60.0%。第三季度，产品质量省级定期监督检验共抽查11个设区市的358家企业生产的7类计457批次产品，合格362批次，抽样合格率为79.2%，比2003年度同期下降1.2个百分点。在抽查的7类产品中，节能灯具、家用稳压器、干电池等3类产品的抽样合格率为100%；含乳饮料、建筑用塑料制品、商品条码等3类产品的抽样合格率在70.0%～99.9%之间；弹簧软床垫产品质量较差，抽样合格率仅为52.6%。第四季度，产品质量省级定期监督检验共检查省368家企业生产的8类计510批次产品，合格425批次，抽样合格率为83.3%，比2003年度同期下降1.4个百分点。在检查的8类产品中，低压成套开关设备、奶粉、饲料粉碎机、电子元器件等4类产品的抽样合格率为100%；烟花鞭炮、磨具等2类产品的抽样合格率在80.0%～99.9%之间；配装眼镜、熟肉制品等2类产品的抽样合格率在60.0%～79.9%之间。

2005年产品质量省级定期监督检验共抽查省1301家企业生产的23类1487批次产品，经检验，其中1180批次产品质量合格，抽查合格率为79.4%，307批次产品质量不合格，不合格产品检出率为20.6%。第二季度,产品质量省级定期监督检验共抽查省910家企业生产的13类计1057批次产品,合格840批次,抽样合格率为79.5%,比2004年度同期上升0.3个百分点。在检查的13类产品中,装运机械、饲料、矿泉水(山泉水)、水泥等4类产品的抽样合格率为90.0%以上;电线电缆、人造板、水泵、商品条码、纯净水、木家具等6类产品的抽样合格率在60.0%~89.9%之间;白酒、啤酒、黄酒等3类产品的抽样合格率均低于60.0%。第三季度,产品质量省级定期监督检验共检查省391家企业生产的10类计430批次产品,合格340批次,抽样合格率为79.1%,比2004年度同期下降0.1个百分点。在检查的10类产品中,内(外)墙涂料、酸牛乳、混凝土外加剂等3类产品的抽样合格率为90.0%以上;轴承、水泥包装袋、烟花爆竹、胶粘剂等4类产品的抽样合格率在70.0%~89.9%之间;茶叶、干压陶瓷砖、蓄电池等3类产品的抽样合格率均低于70.0%。

2006年产品质量省级定期监督检验共抽查省1607家企业生产的42类1932批次产品,经检验,其中1610批次产品质量合格,抽查合格率为83.3%,322批次产品质量不合格,不合格产品检出率为16.7%。第二季度,产品质量省级定期监督检验共检查省736家企业生产的15类计900批次产品,合格750批次,抽样合格率为83.3%。抽查结果显示,与2005年度同期相比,绞车的产品质量较好,且保持稳定;白酒、蓄电池、电线电缆、啤酒、黄酒等5类产品的抽样合格率均有所提高;商品条码、轴承等产品质量问题仍然存在,产品抽样合格率下降。第三季度,产品质量省级定期监督检验共检查省470家企业生产的12类计515批次产品,合格431批次,抽样合格率为83.7%,比2005年度同期提高4.6个百分点。在检查的12类产品中,低压成套开关、内(外)墙涂料、混凝土外加剂、铝合金建筑型材、化妆品、饲料、干压陶瓷砖等7类产品的抽样合格率为90.0%以上,占抽查产品类别总数的58.3%;农药、化肥、胶粘剂等3类产品的抽样合格率在70.0%~89.9%之间,占抽查产品类别总数的25.0%;水泥包装袋、弹簧软床垫等2类产品的抽样合格率低于70.0%,占抽查产品类别总数的16.7%。第四季度,产品质量省级定期监督检验共检查省401家企业生产的15类计517批次产品,合格429批次,抽样合格率为83.0%,比2005年度同期下降9.6个百分点。在检查的15类产品中,皮鞋、防水材料、防盗保险柜、果蔬汁及果蔬汁饮料、消防产品、金属家具、含乳饮料及植物蛋白饮料、电工用铜铝线等8类产品的抽样合格率为100%,占抽查产品类别总数的53.4%;建筑用塑料制品、食品包装容器、磨具、木家具、卫生纸等5类产品的抽样合格率在80.0%~99.9%之间,占抽查产品类别总数的33.3%;瓦楞纸箱、啤酒瓶等2类产品的抽样合格率低于70.0%,占抽查产品类别总数的13.3%。

2007年产品质量省级定期监督检验共抽查省1968家企业生产的45类2173批次产品,经检验,其中1880批次产品质量合格,抽查合格率为86.5%,293批次产品质量不合格,不合格产品检出率为13.5%。第二季度,产品质量省级定期监督检验共抽查省448家企业生产的11类计602批次产品,合格494批次,抽样合格率为82.1%,比2006年度同期下降1.2个百分点。抽查结果显示,溶剂型木器涂料、装运机械的产品质量较好,且保持稳定;蓄电池、电线电缆、啤酒、轴承、商品条码、啤酒瓶等6类产品的抽样合格率均有所提高;白酒产品抽样合格率有所下降。第三季度,产品质量省级定期监督检验共抽查省1052家企业生产的21类计1080批次产品,合格930批次,抽样合格率为86.1%,比2006年度同期提高2.4个百分点。在抽查的21类产品中,内(外)墙涂料、消防器材、铝合金建筑型材、膨化食品、互感器、农用运输机械、作业本、低压成套开关、饲料、水泥、磨具等11类产品的抽样合格率为90.0%以上，占抽查产品类别总数的52.4%；农药、建筑用塑料制品、人造板、化肥、胶粘剂、酱油等6类产品的抽样合格率在70.0%～89.9%之间，占抽查产品类别总数的28.6%；茶叶、水泥包装袋、弹簧软床垫、木家具等4类产品的抽样合格率低于70.0%，占抽查产品类别总数的19.0%。第四季度，产品质量省级定期监督检验共检查省468家企业生产的13类计491批次产品，合格456批次，抽样合格率为92.9%，比2006年度同期提高6.8个百分点。在抽查的13类产品中，建筑外窗、食用植物油、蛋制品、金属家具、奶粉、电动自行车、食品用包装容器、干压陶瓷砖等8类产品的抽样合格率在95.0%以上，占抽查产品类别总数的61.5%；罐头、化妆品、瓦楞纸箱、防水材料、卫生纸等5类产品的抽样合格率在80.0%～94.9%之间，占抽查产品类别总数的38.5%。

2008年产品质量省级定期监督检验共抽查省1937家企业生产的49类2273批次产品，经检验，其中2034批次产品质量合格，抽查合格率为89.5%，239批次产品质量不合格，不合格产品检出率为10.5%。第二季度，产品质量省级定期监督检验共抽查省527家企业生产的17类计707批次产品，产品实物质量合格596批次，抽样合格率为84.3%，比2007年度同期提高2.2个百分点。产品实物质量抽样合格率在90%以上的有9类产品，占产品类别总数的52.9%；产品抽样合格率在80%～90%之间的有4类产品，占产品类别总数的23.5%；产品抽样合格率在70%～80%之间的有2类产品，占产品类别总数的11.8%；产品抽样合格率低于70%的有2类产品，占产品类别总数的11.8%。第三季度，产品质量省级定期监督检验共抽查省529家企业生产的18类计586批次产品，产品实物质量合格525批次，抽样合格率为89.6%，比2007年度同期提高3.5个百分点。实物质量抽样合格率在90%以上的有低压成套开关设备、弹簧软床垫、涂料、豆制品、饮料、食用植物油、饲料、农药、消防产品、作业本等10类产品，占产品类别总数的55.6%；产品抽样合格率在80%～90%之间的有化肥、洗涤用品、铝合金建筑型材、木家具等4类产品，占产品类别总数的22.2%；产品抽样合格率在70%～80%之间的有防水材料等1类产品，占产品类别总数的5.6%；产品抽样合格率低于70%的有机动车辆制动液、建筑用钢筋、服装等3类产品，占产品类别总数的16.7%。第四季度，产品质量省级定期监督检验共抽查省881家企业生产的14类计980批次产品，产品实物质量合格913批次，抽样合格率为93.2%，比2007年度同期提高0.3个百分点。实物质量抽样合格率在90%以上的有磨具、电子元器件、建筑外窗、金属家具、水泥、肉制品、瓦楞纸箱、卫生纸、蜂产品等9类产品，占产品类别总数的64.3%；产品实物质量抽样合格率在80%～90%之间的有建筑用人造板、塑料制品、化妆品、絮用纤维制品（棉服、棉被）等4类产品，占产品类别总数的28.6%；产品实物质量抽样合格率为低于80%的有水泥包装袋1类产品，占产品类别总数的7.1%。

2009年产品质量省级定期监督检验共抽查省1372家企业生产的37类1493批次产品，经检验，其中1399批次产品质量合格，抽查合格率为93.7%，94批次产品质量不合格，不合格产品检出率为6.3%。第二季度，产品质量省级定期监督检验共抽查省321家企业生产的14类计326批次产品，产品实物质量合格308批次，抽样合格率为94.5%，比2008年度同期提高10.2个百分点。

产品实物质量抽样合格率在90%以上的有12类产品,占产品类别总数的85.8%;产品抽样合格率在80%~90%之间的有1类产品,占产品类别总数的7.1%;产品抽样合格率低于80%的有1类产品,占产品类别总数的7.1%。第三季度,产品质量省级定期监督检验共抽查省346家企业生产的12类计397批次产品,产品实物质量合格371批次,抽样合格率为93.5%,比2008年度同期提高3.9个百分点。产品实物质量抽样合格率在90%以上的有建筑外窗、低压成套开关设备、混凝土外加剂、消防器材、铝合金建筑型材、饲料、农药、软体家具、建筑用钢筋等9类产品,占产品类别总数的75%;产品抽样合格率在80%~90%之间的有纱线等1类产品,占产品类别总数的8.3%;产品抽样合格率低于70%的有胶粘剂、木家具等2类产品,占产品类别总数的16.7%。第四季度,产品质量省级定期监督检验共抽查省705家企业生产的11类计770批次产品,产品实物质量合格720批次,平均抽样合格率为93.5%,比2008年度同期提高0.3个百分点。产品实物质量抽样合格率在90%以上的有金属家具、电子元器件、卫生纸、磨具、水泥、人造板、干压陶瓷砖等7类产品,占产品类别总数的63.6%;产品抽样合格率在80%~90%之间的有活性炭、瓦楞纸箱、水泥包装袋等3类产品,占产品类别总数的27.3%;产品抽样合格率低于70%的有啤酒瓶1类产品,占产品类别总数的9.1%。

2010年产品质量省级定期监督检验共抽查省1375家企业生产的32类1532批次产品,经检验,其中1402批次产品质量合格,抽查合格率为91.5%,130批次产品质量不合格,不合格产品检出率为8.5%。第二季度,产品质量省级定期监督检验共抽查省326家企业生产的9类计379批次产品,产品实物质量合格353批次,实物质量抽样合格率为93.1%,比2009年度同期下降1.4个百分点。实物质量抽样合格率在90%以上的有7类产品,占产品类别总数的77.8%;实物质量抽样合格率在80%~90%之间的有1类产品,占产品类别总数的11.1%;实物质量抽样合格率低于80%的有1类产品,占产品类别总数的11.1%。第三季度,产品质量省级定期监督检验共抽查省450家企业生产的12类471批次产品,产品实物质量合格422批次,实物质量抽样合格率为89.6%,比2009年度同期下降3.9个百分点。实物质量抽样合格率在90%以上的有9类产品,占产品类别总数的75%;实物质量抽样合格率在80%~90%之间的有1类产品,占产品类别总数的8.3%;实物质量抽样合格率低于80%的有2类产品,占产品类别总数的16.7%。第四季度,产品质量省级定期监督检验共抽查省599家企业生产的11类682批次产品,产品实物质量合格627批次,实物质量抽样合格率为91.9%,比2009年度同期下降1.6个百分点。实物质量抽样合格率在90%以上的有8类产品,占产品类别总数的72.7%;实物质量抽样合格率在80%~90%之间的有1类产品,占产品类别总数的9.1%;实物质量抽样合格率在70%~80%之间的有2类产品,占产品类别总数的18.2%。

第四节　国家免检产品

2000年,国家质监局为鼓励企业提高产品质量,扶优扶强,引导消费,按照《国务院关于进一步加强产品质量工作若干问题的决定》要求,制定《产品免于质量监督检查管理办法》,规定对质量长期稳定在较高水平，执行的产品标准达到或者严于国家标准要求，经省级以上质量技术监督部门连续3次以上监督检查均为合格，具备完善的质量保证体系，生产经营符合国家法律法规的要求和国家产业政策，经济效益在本行业排名前列等条件的产品授予免检资格，在一定时期内免于各级政府部门的质量监督抽查。

免检工作坚持扶优扶强、宁缺毋滥、保持权威性和含金量、简化手续、不向企业收费等五项原则。同时，还坚持做到减轻企业负担与促进完善企业自律机制相结合，严格事前审查与加强事后监督相结合。免检制度实施以来，不仅受到企业的赞誉，还受到社会各界的普遍欢迎，在社会上形成企业积极争创免检产品、商家大力宣传免检产品、消费者放心购买免检产品的良好氛围。

免检工作从2000年起，每年进行一次。根据国家质检总局公告，至2007年底，全省共有79家(次)企业的产品获得国家免检产品资格。

表4-1-1　2000年度江西省国家免检产品及生产企业名单

产品名称	生产企业
华意牌BCD无氟冷藏冷冻箱，BC无氟冷藏冷冻箱	景德镇华意电器总公司
金丰牌46.3%农业用尿素	江西江氨化学工业有限公司
海鸥牌Φ10mm~Φ40mm钢筋混凝土用热轧带肋钢筋	南昌钢铁有限责任公司
袁河牌、山凤牌Φ12mm~Φ25mm钢筋混凝土用热轧带肋钢筋	新余钢铁有限责任公司
万年青牌P.O42.5，P.C32.5R，P.O42.5R水泥	江西万年青水泥股份有限公司

表4-1-2　2001年度江西省国家免检产品及其生产企业名单

产品名称	生产企业
江海牌优等品农业用尿素	中国石油化工股份有限公司九江分公司
博升牌HRB335，HRB400Φ6mm~Φ32mm 钢筋混凝土用热轧带肋钢筋	萍乡钢铁有限责任公司
洋房牌P.Ⅱ52.5R，P.Ⅱ52.5，P.O42.5R，P.O42.5，P.O32.5R，P.O32.5，P.C32.5，P.C32.5R，P.S42.5水泥	江西亚东水泥有限公司
英雄牌400g/袋，800g/听婴幼儿配方乳粉	江西英雄乳业股份有限公司

表4-1-3　2002年度江西省国家免检产品及生产企业名单

产品名称	生产企业
雪莲牌麒麟系列、红叶系列小麦粉	江西省樟树粮油公司
碧云牌5~50kg大米	江西奉新碧云米业有限责任公司
玉珠牌花卉系列大米	江西省樟树粮油公司
金佳牌大米	江西金佳谷物股份有限公司

续表

产品名称	生产企业
万年贡牌贡米系列大米	江西省万年贡贡米(集团)有限责任公司
仙人牌色拉油	江西省樟树粮油公司
中兴牌酿造酱油	南昌中兴食品有限公司
孔雀牌、丰收牌酿造酱油	南昌市朝阳酿造总厂
梅岭牌470ml/瓶,梅岭酿造香醋	南昌江红酿造厂
润田牌2升以下瓶装纯净水	江西润田天然饮料食品有限公司
羽绒服160/88B、165/92B;含绒量90%灰鸭绒	江西共青鸭鸭羽绒集团(有限)公司

表4-1-4　2003年度江西省国家免检产品及生产企业名单

产品名称	生产企业
红叶牌饮食炊具类高档日用细瓷	景德镇陶瓷股份有限公司
柏顿牌强化复合木地板	中外合资江西宏丰人造板有限公司
陶瓷产品	江西玉风瓷厂

表4-1-5　2004年度江西省国家免检产品及生产企业名单

产品名称	生产企业
华意牌BCD、BC系列无氟冷藏冷冻箱电冰箱	景德镇华意电器总公司
江海牌优等品尿素	中国石油化工股份有限公司九江分公司
金丰牌农业用尿素	江西江氨化学工业有限公司
圣塔牌P.O32.5水泥	江西省圣塔实业集团有限公司
万年青牌P.O42.5R、P.C32.5R、P.O52.5R水泥	江西万年青水泥股份有限公司
洋房牌P.O42.5、P.S42.5、P.S32.5、P.O32.5R、P.O42.5R、P.O32.5、P.C32.5R水泥	江西亚东水泥有限公司
博升牌Φ12mm~Φ40mm;HRB335、HRB400钢筋混凝土用热轧带肋钢筋	萍乡钢铁有限责任公司
海鸥牌Φ25mm~Φ40mm;HRB335、HRB400钢筋混凝土用热轧带肋钢筋	南昌钢铁有限责任公司
袁河牌Φ6mm~Φ36mm钢筋混凝土用热轧带肋钢筋	新余钢铁有限责任公司
三川牌旋翼式冷水水表(DN15-40)	江西三川水表股份有限公司

表 4－1－6　2005 年度江西省国家免检产品及生产企业名单

产品类别	生产企业
瓶装饮用水、饮料	江西润田天然饮料食品有限公司
婴幼儿配方乳粉	江西光明英雄乳业股份有限公司
化肥	江西贵溪化肥有限责任公司
大米、小麦粉	江西金佳谷物股份有限公司
大米、食用植物油	江西省樟树粮油公司
饲料	江西双胞胎饲料有限公司
水泥	江西兰丰水泥集团有限公司
水泥	江西国兴实业集团有限公司
水泥	江西泰和玉华水泥有限公司
水泥	兴国赣兴水泥有限公司
水泥	江西万基水泥有限公司
饲料	江西省加大实业有限公司
大米	江西汇银米业有限公司
大米	新余市百乐工贸有限公司
酱油	南昌市朝阳酿造厂
食醋	南昌江红酿造厂

表 4－1－7　2006 年度江西省国家免检产品及生产企业名单

产品名称	生产企业
柏顿牌木地板	江西宏丰人造板有限公司
草珊瑚牌化妆品（牙膏）	诚志股份有限公司草珊瑚分公司
景赐坊牌陶瓷墙地砖	景德镇市鹏飞建陶有限责任公司
红叶牌日用陶瓷（高档日用细瓷）	景德镇陶瓷股份有限公司
岩鹰牌水泥	江西岩鹰水泥有限公司
三环牌水泥	江西三环水泥有限公司
鸭鸭牌羽绒服	江西共青鸭鸭（集团）有限公司
回圆牌羽绒服	江西回圆服饰有限公司
雅丽泰牌铝塑复合板	江西泓泰企业集团有限公司
玉风牌日用陶瓷（高档日用细瓷）	江西省玉风瓷厂

表 4－1－8　2007 年度江西省国家免检产品及生产企业名单

产品类别	生产企业
水泥	江西亚东水泥有限公司
有色金属	江西铜业集团公司
热轧带肋钢筋	南昌长力钢铁股份有限公司
水泥	江西万年青水泥股份有限公司
化肥	中国石油化工股份有限公司九江分公司
民用计量表	江西三川水表股份有限公司
热轧带肋钢筋	萍乡钢铁有限责任公司
热轧带肋钢筋	新余钢铁有限责任公司
有色金属	大余县伟良钨业有限公司
有色金属	赣州江钨钨合金有限公司
水泥	江西锦溪水泥有限公司
水泥	江西圣塔实业集团有限公司
化肥	景德镇开门子农用化工有限公司
化肥	江西江氨化学工业有限公司
旋耕机	南昌旋耕机厂有限责任公司
水泥	江西正大水泥有限责任公司
水泥	高安红狮水泥有限公司
水泥	九江鑫山水泥有限公司
水泥	江西庐山海螺水泥有限公司
化肥	江西浩伦农业科技有限公司

2008 年 9 月 18 日,根据国务院有关要求,国家质检总局发布第 109 号令,决定对《产品免于质量监督检查管理办法》予以废止,免检工作停止;2010 年 8 月 9 日,国家质检总局发布《关于进一步做好产品免检停止后相关后续工作的通知》,要求有效期内原免检产品生产企业抓紧处理印有免检标志的包装物,同时要求各级质监部门严厉打击违规使用免检标志的违法行为,并配合相关部门查处违规宣传活动。

第五节　省重点保护产品

2002 年 4 月,省质监局为鼓励企业提高产品质量,提高产品质量监督检查的有效性,扶优扶强,避免重复检查,依据《江西省产品质量监督管理条例》和《省人民政府批转省经贸委省技术监督局贯彻国务院关于进一步加强产品质量工作若干问题决定实施意见的通知》,出台《江西省重点保护产品管理办法》,对省内质量好、信誉高、市场覆盖量大、效益好的产品实行政府部门实施的重点保护制度。

除法律法规对产品质量监督检查另有规定以及省质监局直接组织的产品质量监督检查外,重点保护产品在有效期内,免除省级有关部门及各市、县(市、区)质监局和其他有关部门的质量监督检查。对在有效期内的重点保护产品,各级质量技术监督部门优先为其生产企业开展打假、反不正当竞争等服务工作,为企业创造一个优胜劣汰的市场环境。省重点保护工作的实施,得到广大名优生产企业的普遍拥护。

省重点保护产品工作从2001年起,每年进行一次。2001年萍乡钢铁有限责任公司、江西万年青水泥股份有限公司、江西亚东水泥有限公司等44家企业的产品获得省重点保护产品资格;2002年南昌钢铁有限责任公司、萍乡钢铁有限责任公司、江西泓泰企业集团有限公司等77家企业的产品获得省重点保护产品资格;2003年江西庐陵水泥有限公司、江西亚东水泥有限公司、南昌电缆有限责任公司等45家企业的产品获得省重点保护产品资格;2004年省泰和玉华水泥有限公司、江西兰丰水泥集团有限公司、萍乡钢铁有限责任公司等64家企业的产品获得省重点保护产品资格;2005年江西和氏米业有限公司、江西双胞胎集团有限公司、景德镇市开门子农用化工有限公司等49家企业的产品获得省重点保护产品资格;2006年江西庐山海螺水泥有限公司、南昌海螺水泥有限责任公司、江西绿海木业有限公司等54家企业的产品获得省重点保护产品资格;2007年江西三环水泥有限公司、江西永胜铝型材有限公司、九江正大饲料有限公司等56家企业的产品获得省重点保护产品资格。至2007年底,全省共有389家(次)企业的产品获得省重点保护产品资格。

2008年,参照国家质检总局停止国家免检产品的做法,省质监局停止省重点保护产品工作。

第六节　产品质量仲裁检验和质量鉴定

1999年3月10日,国家质监局为正确判定产品质量状况,处理产品质量争议,保护当事人的合法权益,出台《产品质量仲裁检验和产品质量鉴定管理办法》,设立产品质量仲裁检验和产品质量鉴定两项工作,要求各级质量技术监督部门坚持公正、公平、科学、求实的原则,处理产品质量争议时以产品质量仲裁检验报告和产品质量鉴定报告为准来判定产品质量状况,法律、行政法规另有规定的按相关规定执行。

产品质量仲裁检验是指经省级以上产品质量技术监督部门或者其授权的部门考核合格的产品质量检验机构,在考核部门授权其检验的产品范围内根据申请人的委托要求,对质量争议的产品进行检验,出具仲裁检验报告的过程;产品质量鉴定是指省级以上质量技术监督部门指定的鉴定组织单位,根据申请人的委托要求,组织专家对质量争议产品进行调查、分析、判定,出具质量鉴定报告的过程,产品质量鉴定依申请并具备相应条件才能组织实施。

2005年7月,根据景德镇市中级人民法院的申请,省质监局委托省产品质量监督检测院对江西景德镇啤酒有限公司使用的啤酒生产设备(宁波神鱼轻工机械厂生产)进行产品质量鉴定;2007年8月,根据瑞昌市消费者协会的申请,省质监局委托省电子产品家用电器质量监督检验站就某消费者购买的DVD、电视机等电器进行产品质量鉴定。至2010年底,省内各级产品质量检验机构未承担过产品质量仲裁检验任务。

第二章 假冒伪劣产品惩治

20世纪90年代初,省质监部门已开展行政执法打假工作。1992年开始省、市、县三级质监部门组建专门承担执法办案工作的稽查机构,加强专职执法力量;1992年9月,省标准局开始组建一支省级质量监督执法队伍,就此拉开全省质监执法打假工作的序幕。1993年,省、市、县三级质监部门承担同级政府打假领导小组办公室的职责,协调相关部门开展系列打假联合行动、督办系列重大案件。1996年2月,省技监局稽查大队成立。稽查大队是省技监局直属的专职执法机构,受局委托参与或直接组织开展监督检查和打假行动。2000年后,省质监部门进一步加大打假力度,涉及到百姓日用品、化肥、农药、建材、危化品、化妆品、食品等多个领域,并开展统一行动、专项整治、突击查处、受理举报查处等多种形式的打假行动,同时把专项整治与联合行动相结合,着力查处大案要案,有力地打击了制假售假违法犯罪分子的嚣张气焰。此外,省质监部门还多次开展"打假保名优"活动,捣毁制假窝点,有力地维护市场经济秩序的健康发展和名优企业的合法权益。2005年开始在全省质监系统内组织评选年度办案先进单位和办案能手,促进一线执法人员提升办案水平、争当先进典型。2007年,各级质监部门承担同级政府产品质量和食品安全专项整治工作领导小组办公室工作,履行牵头协调、组织督办等日常职责。经过多年努力,制假售假犯罪行为初步得到遏制,从之前的公然制假售假到打"擦边球"逐渐向规范化方向发展。至2010年,质监执法从过去的"打",转变为"管",再逐步转变为"帮";打假治劣、规范市场、帮扶企业、保护名优已成为质监执法行动的主旋律。

第一节 组织领导

1993年1月6日,省政府办公厅下发赣府厅字〔1993〕5号文件,成立江西省打击生产和经销假冒伪劣商品违法行为领导小组,切实加强对打击生产和经销假冒伪劣商品违法行为工作的领导。领导小组办公室设在省经委(由下属单位省标准局承担),省长助理张云川任组长兼办公室主任,省经委副主任赵志坚任副组长。

2000年12月12日,根据国务院国发〔2000〕32号文和国务院办公厅《关于立即开展棉花打假专项行动的紧急通知》以及国家质监局关于开展严厉打击棉花掺杂使假违法行为专项行动的总体部署,在省打假领导小组的统一部署和协调下,成立省质量技术监督系统棉花专项打假领导小组,李舰海任组长,罗小璋、杨荣林任副组长,针对全省各棉产区及棉花交易集散地的制假窝点、非法加工点进行重点打击。

2007年8月31日，根据国家质检总局、省政府关于加强产品质量和食品安全有关工作的要求，省质监局下发《关于成立省质监局产品质量和食品安全领导小组的通知》，朱秉发任组长，李岱任副组长。

2008年12月31日，省质监局成立打击违法添加非食用物质和滥用食品添加剂专项整治领导小组，李岱任组长，赵泰初任副组长，以加强对全省质监系统打击违法添加非食用物质和滥用食品添加剂专项整治工作的组织领导。

2009年9月3日，省内成立查处取缔无证无照经营联席会议，以加强相关政府职能部门间的协作配合，形成查处取缔无证无照经营的工作合力，省质监局为成员单位之一。

第二节　专项打假（整治）行动

农资打假专项行动

1992年6月，应鄱阳、万年、余干等县标准计量（技术监督）局请求，省标准局就上饶地区农资联合公司经销马来西亚产三元复合肥质量一案展开调查，调查结果显示，该化肥水溶性磷含量为零，不符合国家复合肥标准要求。发生地各县农资公司和基层供销社的县标准计量（技术监督）局分别立案查处。

1995年6月，省标准局组织开展农资产品质量监督及“打假”活动，全省共检查化肥1320个批次，其中合格730个批次，伪劣337个批次，合格率为55.3%，伪劣率为25.5%，不合格和伪劣化肥达3.3万吨。此外，共检查农药602个批次，其中合格390个批次，伪劣41个批次，合格率为64.8%，伪劣率为6.8%，不合格和伪劣农药达680吨，同时，查出大量种子、饲料、农机零配件等假冒伪劣农资产品。全省共立案查处案件300余件，其中标的额达10万元以上的大案要案共18起。

1998年2月12日，根据国家技监局监发〔1998〕11号《关于召开“打假”工作布置会的通知》文件精神，省技监局在全省开展农资产品质量监督检查和“打假”活动，此次活动以南昌县、乐平市、余江县、东乡县、鄱阳县等二十二个县（市）为重点检查地区。同时，组织部署以水泥、钢筋、建筑用电器和消防器具及防水材料等建材产品为对象，以九江市及所辖县（市）、鄱阳县、余干县等市、县及省重点工程为重点检查区域，开展组织监督检查和执法打假活动。

2000年5月24日，省质监局组织各级技术监督部门在全省范围内开展对农资产品专项执法大检查与“打假”行动，共出动执法人员4042人次，对全省农资产品经销点进行拉网式检查，检查专业市场242个，专业商业街97条，检查加盟门店2508家，端掉制假窝点27个，查获违法案件627个，查获伪劣产品标值金额共计731.8万元。

2002年2月10日，省质监局在春耕生产期间集中开展农资产品专项打假活动，此次活动共出动执法人员3195人次，检查生产企业185家，检查经销企业1786家，捣毁制造假冒伪劣农资产品窝点3个，查处销售假冒伪劣产品商店110家、摊商18个；查办违法案件217起，其中立案查处案件

91起,大案要案1起;查获假冒伪劣农资产品标值总额达266.7万元,罚没款达15.4万元。查获假冒伪劣农资产品涉及化肥、农药、农膜、饲料、种子、农机零配件、农用运输车等十余种产品,其中,化肥2888.8吨、农药5.7吨、农膜73.9吨、饲料32.7吨、喷雾器1731台、水泵304台、种子2200包、农用运输车12辆、变型运输车15台、农机零配件793件。

2003年2月11日,省质监局在全省集中开展农资产品专项打假活动,此次活动重点打击生产、销售国家明令淘汰的杀虫脒、毒鼠强及其他剧毒农药的违法行为,从源头上彻底根除这类剧毒农药的非法生产。

2004年7月16—26日,省质监局在全省范围内开展化肥产品专项打假集中统一行动,各地共查办制假售假案件125起,查获假冒伪劣化肥315.6吨。

食品打假专项行动

1995年6月16日,省标准局转发国家技监局《关于加强对夏季饮料市场质量监督和"打假"力度的通知》,要求全省技术监督部门开展好夏季饮料市场专项打假工作。

1996年7月,省技监局在全省范围内开展夏季市场饮料质量、计量监督检查及"打假"活动,对江西宾馆、江西饭店、青山湖宾馆、远东大酒店等大型酒店宾馆进行突击检查。检查品种包括各类包装饮料,抽检产品全部达标。

1998年2月9日,全省各级技术监督部门对标注为山西省汾阳市杏花村中杏酒厂的福寿酒、贵府酒、孟府喜酒等品牌的白酒进行清查。

2001年7月10日,省质监局在全省范围内开展了对肉品冷库进行全面检查的统一行动,共出动执法人员784人次,检查肉品冷库144个,查获非法进口或手续、证件不全的畜禽肉类产品347.4吨,其中来自疫区的4.6吨。查获一般不合格的畜禽肉类产品约27.5吨;查获省内外病死、变质、假冒伪劣畜禽肉类产品11.8吨。销毁病死、变质、假冒伪劣畜禽肉产品6.2吨。查办违法案件30起,其中现场处罚13起,立案查处11起。

2001年8月11—31日,全省质监系统开展酱油专项打假联合行动,查获标识不合格酱油63.6吨;查获不合格酱油约44吨;查获用毛发水解胱氨酸废液、工业用盐等国家明令禁止的非食品用料加工生产的酱油3.7吨。

2001年9—10月,省质监局开展大米、面粉专项打假活动,全省共出动执法人员9747人次,检查生产企业3593家,检查经销单位1103家,其中发现有问题的生产企业763家,有问题的经销单位278家。查获标识不合格大米1685.5吨,涉案总金额达176.4万元;查获标识不合格面粉494.4吨,涉案总金额达59.7万元;查获用霉变原料米加工的大米4.8吨,涉案总金额达3.4万元;查获过量使用过氧化苯甲酰(增白剂)的面粉558.6吨,标值达68万元。查处过量使用增白剂的面粉加工企业1家;查处案件400起,其中现场处罚304起,立案查处96起,标的额在10万元以上的大案要案1起。此次活动共捣毁窝点8个,其中生产窝点2个,销售窝点6个,罚没款44.7万元,移送公安机关案件2起共2人。

2002年4月30日至10月30日,全省各级质监部门在"雕白块"食品专项打假整治专项行动中,共查处违禁使用"雕白块"生产、经销企业64家;没收含"雕白块"食品16.8吨、涉案总金额9.71万元,没收食品加工现场"雕白块"计66千克,捣毁生产含"雕白块"食品窝点21个。

2004年3月11日开始,各级质监部门在全省范围内进行为期十天的肉类食品专项打假活动。此次集中检查活动共出动执法人员5806人次,共检查肉类养殖场106家,检查肉类产品加工场所321家,检查集贸市场499个,检查肉类产品存放冷库339个,查获病死猪肉0.3吨、注水肉300件,查获来自疫区的肉类产品1964件,查获无标识、无检验检疫证明的肉类产品3143件。

2004年4月23日,国家质检总局下发《关于立即组织开展奶粉专项质量监督抽查和执法打假集中行动的紧急通知》,决定在全国范围内开展奶粉专项质量监督抽查和执法打假集中行动,省质监局要求全省质监系统坚决按照文件的要求执行。2004年5月18日,安徽阜阳问题奶粉事件曝光,省质监局要求各地进一步加大食品质量监督和执法打假工作力度,突出重点,严厉查处食品生产、销售中违法犯罪行为。

2007年9月5日,根据国家质检总局派驻工作组的安排,全省质监系统参加赣浙闽皖四省交界区域专项整治联合行动,对辖区内的白酒生产加工企业进行统一行动,共出动执法人员368人次,检查白酒生产企业23家,捣毁白酒生产黑窝点6个,封存白酒5.6吨,封存扣押劣质原料1.2吨,没收生产工具6套,总货值22.4万元,形成对非法白酒生产加工企业特别是生产加工小作坊的全面打假态势。

2008年9月23日,省质监局转发国家质检总局《关于对生产和非法使用三聚氰胺企业开展专项执法检查的紧急通知》,要求全省质监系统严格按照文件的要求立即开展对生产和非法使用三聚氰胺企业开展专项执法检查。省质监局对江西美庐乳业有限公司进行了突击检查,并对该公司成品奶粉及原料奶粉进行了溯源查证,在其生产车间、配料间、原辅材料库及成品库均未发现三聚氰胺及疑似三聚氰胺的物质。经对该公司库存的全部原料奶粉共8个批次进行了抽样,检测结果表明,该公司生产的奶粉两个批次含三聚氰胺,使用的原料奶粉是从宝鸡惠民乳品(集团)有限公司和唐山营佳乳品有限公司购进的,上述两家公司生产的原料奶粉均含三聚氰胺;而该公司自己生产的原料奶粉经检测均不含三聚氰胺。省质监局督促该公司购进三聚氰胺检测设备,并进一步采取措施,加强和完善对原料奶粉的控制把关。另省质监局对江西光明英雄乳业有限公司进行突击检查,检查人员先后对该公司的原辅材料库、成品库、生产车间、奶粉配方、工艺流程及质量安全控制程序等进行检查,未发现三聚氰胺或其他可疑化学物质,也未发现企业在生产加工环节添加三聚氰胺的情况。调查人员先后对该公司法定代表人、总经理,副总经理、质量部经理、仓库保管、分料员、生产车间投料员、质量部驻生产车间现场品检员等分别进行调查。被调查人员都明确表示,该公司在奶粉生产过程中均未添加三聚氰胺或其他可疑化学物质,除原料奶之外的其他辅料及添加剂均是从光明集团总部指定的商家采购,入库手续齐全,所有使用的辅料及添加剂从分料、投料直至包装等各个环节均按公司规范操作,并实行相应的监督机制,经过深入细致的调查,没有发现该公司在生产加工过程中添加三聚氰胺的任何嫌疑。省质监局将检查情况向省政府汇报。

2008年10月17日,遵照省政府领导对《江西省公安厅关于协助湖南省城步苗族自治县公安局核查问题奶粉案件情况报告》有关批示精神,省质监局对涉嫌存在产品质量问题的江西维尔宝食品生物有限公司及江西依万食品生物有限公司进行调查,未发现有三聚氰胺。

建材打假专项行动

2000年11月15日,省质监局在全省范围内开展集中打击制售假冒伪劣螺纹钢等建筑用钢材的统一行动。省质监局、十一个地级市及所辖县(市)区质监局在公安等部门的大力配合下,对螺纹钢等建筑用钢材的生产、经销单位进行突击检查。全省共检查小炼钢、小轧钢企业108家,建筑用钢材经销单位331家,查获假冒伪劣和无生产许可证钢材共计4062.4吨(其中查获假冒钢材1594.6吨、劣质钢材1141.2吨,无生产许可证钢材1326.6吨)标值达934.4万元,查封半成品、原材料1428吨,标值达271.4万元,查封生产设备55台(套),端掉2个制假售假窝点,向公安机关移送制假售假者7人。

2001年1月11日,省质监局组织开展螺纹钢等建筑用钢材专项打假行动,要求各地质监部门对原已取缔、关停的小轧钢企业进行全面暗访调查,发现死灰复燃的,要迅速、坚决地采取"五彻底"措施,并依法严肃追究涉案人员责任,对构成犯罪的依法移交司法机关绳之以法。

2002年6月7日,省质监局在全省集中开展"地条钢"专项打假联合行动("地条钢"及其制品是指所有以废钢铁为原料,经过感应炉熔化在生产中不能有效地进行成分和质量控制的钢及以其为原料轧制的钢材都属于"地条钢"),要求各级质量技术监督部门迅速对本辖区生产"地条钢"和用"地条钢"坯加工钢材的企业重新进行调查摸底,严厉查处生产国家明令淘汰和禁止生产的"地条钢"和用"地条钢"坯加工钢材的违法行为。

2003年6月11日,省经贸委牵头,省质监局、省工商局、省环保局、省电力公司配合,在全省范围内开展"地条钢"的专项整治工作。此次整顿范围包括全省辖区内生产"地条钢"的企业。

2004年,省质监局报请省政府下发《转发省质量技监局等10部门关于江西省"地条钢"专项整治工作方案的通知》,成立由质监、经贸、公安、监察、建设、工商等部门组成的"地条钢"专项整治工作领导小组,在全省范围内组织开展了声势浩大的专项整治活动,有效地遏止"地条钢"反弹的势头,保护国有大中型企业的合法权益。据南昌钢铁有限责任公司、新余钢铁股份有限公司、萍乡钢铁股份有限公司等三家国有钢铁生产企业提供的数据显示,通过开展"地条钢"整治,这三家企业年销售额较上年度都有大幅度增长,国家建材市场专项整治工作领导小组先后两次派督查组到江西省检查工作,对整治成果表示满意。

特种设备领域专项打假

2001年9月18—28日,省质监局在全省范围内组织开展锅容管特设备及配件专项打假和安全监察统一行动。此次行动全省共出动执法人员5051人次,共检查特种设备生产、销售、使用单位3332家,其中,发现存在问题的单位1667家,不合格率为50%;查封存在安全隐患的锅炉462台,压力容器122台,游乐设施102台,其他特种设备77台;销毁、拆毁存在安全隐患的锅炉465台,压力容器6台，游乐设施19台，其他特种设备10台；查获不合格锅容管特配件标值67.99万元，其中假冒伪劣锅容管特配件标值3.7万元。

2002年7月26日，省质监局在全省集中开展“土锅炉”专项打假行动，判废、监督销毁锅容管特设备563台(件)，其中锅炉552台、压力容器9台、游乐设施1台、特种设备1台。

2010年2月11日，省质监局接到国家质检总局通知，反映广东省质监部门在监督检查中发现广东东莞九丰能源有限公司在液化石油气中掺杂二甲醚，且违法产品已销往部分省份地区。6月8日，省质监局会同有关部门组织开展对全省所有液化石油气充装单位开展专项执法检查，出动执法人员2452人次，检查液化石油气充装单位447家，并对401家液化石油气充装单位的401批次液化石油气产品质量进行抽样检验，有326批次产品检出二甲醚，检出率为81.3%。其中，二甲醚含量在5%以下的有173批次；含量在5%～10%之间的有78批次；含量在10%～20%之间的有63批次；含量大于20%的有12批次。根据检验结果，各地质监部门立即向当地政府做出汇报，并对在液化石油气中掺杂二甲醚的违法行为依法进行查处，共立案查办违法案件155起，罚没款总额达216.2万元。

重大案件查办

假冒“飞碟”电器案　江西飞碟电器集团有限公司生产的“飞碟”牌电器为江西省名牌产品、江西省免检产品。一些不法分子利用“飞碟”电器的名牌效应，大肆制假、售假，南昌、赣州、吉安等地区成为假冒产品集散地，使江西飞碟电器集团蒙受巨大的损失。为此，省委、省政府领导先后做出重要批示，并强调一定要以此为突破口，把保护、爱护省名牌与“打假”工作结合起来，要一抓到底。自1997年下半年开始，省技监局稽查大队先后在南昌市万寿宫、南昌家电商城、南昌市郊区桃花村等地端掉了四个销售假冒“飞碟”电器窝点，查获假冒、劣质电器4000余台。

“三无”桶装猪油案　1998年底，定南、龙南等地相继发生部分群众食用“三无”桶装猪油恶性中毒事件。对此，省委、省政府及国家技监局非常重视，国务院领导做出重要批示。为保障人民生命安全，省技监局要求全省各级技术监督部门在全省范围内立即开展查处有毒桶装猪油工作，由于无产品名称，无厂名厂址，无合格证的“三无”桶装猪油大部分是从广东省流入省内的，多数为工业用猪油和劣质猪油，难以判断其用途究竟为食用还是工业用，另外，猪油包装用桶各不相同，污染物和污染程度不一，难以检验判定和进行处理。为防止这些桶装猪油继续流入市场，省技监局特请示国家技监局，可否责令停止作为食用油销售，监督改作工业用油处理。1999年2月12日，省技监局对这些被封存的“三无”桶装猪油做出处理决定：凡是经销者能够提供证据，证明被封存的“三无”桶装猪油是食用油，且经检验合格对人体健康无毒无害的，予以解封，准予按食用油销售；否则一律按工业用油处理。

生产、销售“废品”水泥案　1999年6月21日，省技监局查办萍乡钢铁厂峡山口水泥厂生产、销售“废品”水泥案。经对萍乡市峡山口水泥厂生产的水泥抽样检验，检验结论为“废品”，省技监局稽查大队立即对该厂立案查处。但在执法人员明确告知水泥检验结果为“废品”，且要求库存的

230吨"废品"水泥不得销售的情况下,该厂相关负责人仍对外销售。稽查大队赶到该厂封存"废品"水泥仓库时,库存的230吨水泥仅剩43吨。省技监局案件审理委员会经审理做出处理决定:没收违法生产、销售的"废品"水泥;没收违法所得97240元;并处以违法所得五倍的罚款计486200元。此外,该厂相关负责人违法行为已构成犯罪,依据《江西省产品质量监督管理条例》第四十二条规定,移送司法部门依法追究刑事责任,稽查大队依据《大案、要案报告制度》将该案向国家技监局报告。

生产、销售假冒伪劣"邦迪"创可贴案 2000年7月上旬至8月中旬,省质监局在全省范围内集中组织开展查处生产和销售假冒伪劣"邦迪"创可贴违法行为的专项行动。省质监局将进贤县、修水县、萍乡市列入执法打假的重点地区。全省各级技术监督部门共出动执法人员3325人,对全省2435家经销"邦迪"创可贴的单位进行拉网式检查,共查获假冒伪劣"邦迪"创可贴标值23.99万元,立案查处违法案件47起,罚款5.48万元。

生产有毒辣椒案。

2003年1月6日,中央电视台《焦点访谈》栏目对南昌市青山湖区扬子洲乡某加工点用硫黄熏制辣椒一事进行报道。省长黄智权指示省质监局要"连夜出动、清查窝点",国家质检总局副局长蒲长城致电省质监局,要求迅速铲除制假窝点,积极进入市场开展强制检验商品的监督检查,对质量问题严重的商品要严肃处理,并一查到底。当晚,省质监局迅速研究部署,由副局长李舰海亲自带队,组织省质监稽查总队、南昌市质监局稽查支队及青山湖区质监局三级质量技术监督部门的60余名执法人员,于21时赶到位于南昌市青山湖区扬子洲乡河下村57号的加工现场。执法人员当场查封熏制的辣椒约400袋,用于熏制辣椒的硫黄400千克,未加工的辣椒800袋,包装袋1000只。

非法使用食品添加剂案 2008年6月27日,省质监局接国家质检总局转来的举报材料和商务部转来的群众来信反映四特酒有限责任公司生产的酒制品存在质量问题,省质监局迅速组成调查组,对四特酒有限责任公司进行调查。调查组深入到企业的灌装车间和勾兑车间,查看勾兑记录,对生产线、生产设施和卫生条件进行检查。经过调查,该公司大量使用食用酒精生产酒,灌装车间的卫生和生产设施不符合法律规定的食品生产所必须具备的条件,非法使用未获生产许可证的食品添加剂,省质监局对该公司进行立案查处。

生产假冒压榨茶油、有机食品案 2008年8月21日,国家质检总局执法督查司发出关于江西万华科技有限公司生产假冒压榨茶油、有机食品案件举报处理转办单(执案字〔2008〕第77号、121号),省质监局批转省质监稽查总队严格进行依法查处。省质监稽查总队迅速开展执法检查,经全面调查取证、案件审理,依法作出行政处罚,并将《关于对举报江西万华科技有限公司生产假冒压榨茶油、有机食品案件查处情况的综合汇报》报送国家质检总局。

产品质量和食品安全重点区域整治

2007年9月4日,省质监局印发《关于做好产品质量和食品安全专项整治行动重点区域整治的通知》,组织开展对重点区域的整治工作。

表4-2-1　2007年列入全国产品质量和食品安全重点整治区域名单

重点区域	重点产品	主要问题
抚州市黎川县、资溪县	白酒	非法使用添加剂、非食品原料，企业（含小作坊）数量多
萍乡市上栗县，抚州市临川区、南丰县	米粉	无证生产，生产条件差，使用非食品原料、滥用添加剂，企业（含小作坊）数量多
九江市永修县	糖果	无证生产，卫生质量差，企业（含小作坊）数量多
上饶市余干县	食醋、酱油	生产条件差，无标生产，企业（含小作坊）数量多
鹰潭市区	纯净水	无证生产

表4-2-2　2007年列入江西省产品质量和食品安全重点整治区域名单

设区市名称	整治内容
吉安市	吉安县大桶水、吉水县板鸭、永新县白酒
南昌市	南昌县、青云谱区蛋制品
抚州市	崇仁县纯净水、临川区米粉
宜春市	樟树市保健食品
新余市	渝水区果汁饮料
上饶市	市区城乡接合部饮用水、蛋制品
景德镇市	市城郊豆制品
萍乡市	安源区地沟油、冷冻饮品
九江市	市区豆制品
鹰潭市	月湖区黄酒、酱油、食醋
赣州市	章贡区饮用水、饮料、南康市人造板、蜜饯

2007年11月19日，按照《关于公布全省质监系统产品质量和食品安全专项整治行动挂牌督办名单的通知》，针对各地专项整治行动开展情况，省质监局对部分列入全国、全省重点整治区域及典型案例进行挂牌督办，重点整治区域涉及余干县、黎川县、资溪县、上栗县，鹰潭市月湖区。

2007年8—12月，全省质监系统按照省委省政府和国家质检总局的部署和要求，开展了产品质量和食品安全专项整治行动，圆满完成了各项整治工作，共出动执法人员40211人次，检查生产企业13856家（次），检查经销单位8275家（次），检查小作坊14874户（次），捣毁制假售假黑窝点100个，涉案货值247.1万元；查处无证企业869家，吊销生产许可证29张，集中销毁假冒伪劣产品标值160余万元。

2008年4月1日，省质监局制定并出台《江西省质量技术监督系统部分重点产品质量和食品安全专项整治行动方案》，下发专项整治责任分工明细表，有效指导各地专项整治的开展。5月22日，根据国家质检总局文件和省质监局《江西省质量技术监督系统部分重点产品质量专项整治行动方案》要求，省质监局作出部署，要求切实做好重点产品的区域整治工作。

表4-2-3 2008年列入全国重点产品质量专项整治重点区域名单

重点区域	重点产品
吉安吉水	装饰材料
宜春高安、景德镇市西区城郊、东郊	油漆涂料
宜春高安、景德镇市西区城郊、东郊、南昌青山湖区	家具
宜春高安	服装

表4-2-4 2008年列入江西省重点产品质量专项整治重点区域名单

设区市	重点区域	重点产品
南昌	青山湖区香江家具大市场	家具
	西湖区洪城大市场、万寿宫商城	玩具
	青山湖区罗家镇	服装
	西湖区装潢建材大市场	油漆涂料
	东湖区二七北路	仿真饰品
	南昌县汽配城	汽车配件
	西湖区洪城大市场	絮用纤维制品、洗涤用品
	西湖区装潢建材大市场	人造板、装饰材料
九江	共青城	服装
	庐山区	装饰材料
赣州	南康市	服装
吉安	吉水县	人造板
景德镇	景德镇市东郊	涂料
萍乡	安源区	涂料、人造板

“打假保名优”专项行动

1992年8月3日,省标准局发文对生产、经销使用虚假产地、假冒其他企业名称或代号商品,伪造或冒用优质产品、认证产品、许可证标志,违反国家有关规定生产或经销危及人身安全、健康商品等违法行为予以打击,要求重点查处一次性输液器、低压电器、电线电缆、汽车配件、农药、化肥、饮料、烟、酒等九类假冒伪劣商品。

1997年10月9日,省技监局下发《1997年四季度“打假保名优”活动实施方案》,重点查处食品、卷烟、建筑材料、农用生产资料、机动车、日化用品以及其他省名优产品和国家技监局确定重点保护的产品。其中,省技监局对白酒、啤酒、洗涤用品、化妆品等十三种产品进行质量监督抽查。

1999年,省技监局下发《关于进一步采取措施促进省烟酒工业加快发展的通知》,将省名优烟酒产品列入全省技术监督系统“重点保护产品”,在全省范围内开展“打假保名优”工作。其中,金圣、南方、月兔牌卷烟、南昌牌啤酒等20种名优烟酒产品被列入全省技监系统“重点保护产品”名单。根据《通知》要求，为强化打假力度，各地技术监督部门与公安、工商、烟草等部门联系与配合，联手打假。对与“重点保护烟酒产品”搞不正当竞争的产品，如采用相似包装，低质低价倾销等，要加大质量监督抽查力度，并通过新闻媒体对质量低劣的产品予以曝光，以达到扶优限劣、规范市场、引导消费的目的。

2000年4月，根据省技监局文件《关于在全省深入开展“三重一大”“打假”工作的实施意见的报告》，全省技监系统深入开展重点产品、重点市场、重点区域的“打假”及查处一批大案要案（以下简称“三重一大”）工作。主要目标是用三年左右时间，对重点区域制假售假违法活动依法进行打击，使影响国计民生、涉及人身健康安全重点产品的制假售假状况得到明显改观。涉及的重点产品，包括农业生产资料、建筑及装饰材料、家用燃气器具、汽车及摩托车配件；化妆用品及洗涤用品；食品、卷烟、成品油等。重点查处的市场包括南昌洪城大市场，江西装潢建材大市场，九江京九副食品批发市场，赣州市赣南贸易广场，赣东北大市场，鹰潭市莲花路眼镜市场等等。其中，上栗县的劣质烟花鞭炮，湘东区的劣质水泥，进贤县的假冒伪劣笔、一次性输液器与注射器、劣质烟花鞭炮，瑞金市的假冒伪劣摩托车及卷烟等是此次重点查处对象。文件中的大案要案是指：假冒伪劣产品货值金额超过50万元（含50万元）以上的案件；已造成消费者致残、致死等伤害，或造成用户、消费者财产损失涉及面广等性质恶劣、危害严重的案件；因不法分子围攻或地方保护主义阻挠而使技监部门难以查处的案件。

2010年11月13日，根据国务院、国家质检总局和省政府关于开展打击侵犯知识产权和制售假冒伪劣商品专项行动的工作部署，省质监局印发《江西省质监系统打击侵犯知识产权和制售假冒伪劣商品专项行动方案》，加大打击生产领域侵犯知识产权和制售假冒伪劣商品工作力度。决定从2010年11月至2011年3月，在全省范围内集中开展打击侵犯知识产权和制售假冒伪劣商品专项行动，严肃查处一批制售假冒伪劣大案要案，曝光一批违法违规企业，形成打击违法行为的高压态势，增强企业诚信守法意识，提高消费者识假辨假能力，形成全社会自觉抵制假冒伪劣产品的良好氛围；工作重点是，突出“三重一大”：突出重点产品，即以汽车配件（刹车片、制动液、安全玻璃、灯具等涉及安全的配件）、手机为重点产品；突出重点地区，即以产品制造集中地、制售假冒伪劣产品案件高发地，特别是无证生产问题突出、区域性产品质量问题反映较多的地区为重点地区；突出重点问题，即重点查处以假充真、伪造或冒用他人厂名、厂址，伪造或冒用质量标志等违法行为；狠抓大案要案，严厉查处一批有严重违法行为的制售假冒伪劣大案要案。

计量领域打假专项行动

1991年，全省各级计量部门会同工商、商业、供销、粮食等有关部门，组织开展全省性的商贸流通领域计量大检查。赣州市标准计量局抽查185个商店，591个个体摊点，13个生产加工企业，共检查计量器具763台（件）。德安县标准计量局组织人员深入全县19个基层供销社，对销售农药、化肥等农用物资的计量器具进行监督检查及检定修理。宜春地区标准计量局在全区开展了两次规模较大的计量监督执法检查,共抽查了33个医疗卫生单位,19个二级计量合格企业,对问题严重、违反《计量法》法律规定的单位进行处罚。

1993年,全省各级计量执法部门采取日常检查与突击检查相结合的方法,重点查处一批群众反映强烈的计量违法案件。宜春地区标准计量局加强对集贸市场、商业经销单位计量执法监督,共查处计量违法案件131起,没收不合格计量器具1324台(件),罚没款合计11万余元。景德镇市标准计量局对城乡31个道路加油站、5家水泥厂、12个集贸市场进行计量监督检查,共抽查加油机、秤、尺、售油器12868台(件),收缴不合格计量器具263台(件),查处计量违法案件62起。

1995年全年,省技监局组织开展对全省加油站的成品油质量和加油机计量进行统一监督检查,全省共抽查462批次成品油,1386台加油机,对质量、计量不合格的加油站由所辖区技术监督部门依法进行查处。

2002年4月25日,全省质监系统集中开展集贸市场内计量器具及商品量专项执法检查,共检查集贸市场213个,现场检查在用计量器具9179台(件),合格8179台(件),在用计量器具抽样合格率为89.1%;检查在用公平秤275台,合格254台,在用公平秤抽样合格率为92.4%;检查零售商品1680批次,合格1350批次,零售商品计量抽样合格率为80.4%;检查定量包装商品1974批次,合格1657批次,定量包装商品计量抽样合格率为83.9%。对缺斤少两、计量作弊等坑害消费者的不法行为,使用属于强制检定范围内的计量器具而未申请强制检定以及使用不合格计量器具的行为,质量技术监督部门依法进行处罚。

2002年4月1日至8月31日的专项行动中,全省质监系统开展加油站专项整治工作,对2542台加油机计量准确度进行抽查,合格2330台,抽样合格率为91.7%;抽查590批次油品计量,合格515批次,抽样合格率为87.3%。

2005年10月20日,省质监局在全省范围内组织开展对交通主干线沿线加油站的计量专项执法检查,维护市场经济秩序,对缺斤少两、计量作弊等坑害消费者的不法行为,要求所辖区质监部门予以坚决打击、严厉惩处。

民生打假专项行动

2000年,针对生产、流通领域假冒伪劣燃气用具产品屡禁不止问题,省质监局在全省范围内组织开展对燃气热水器、燃气灶具、液化石油气钢瓶、调压阀等燃气用具专项打假行动。此次燃气用具专项打假行动中,全省各级技术监督部门共检查经销单位1583家,查获伪劣商品标值83万元。

2001年1月2日,省质监局转发《国家质量技术监督局关于2001年元旦、春节期间开展化妆品专项打假活动的通知》。此次行动中全省共出动执法人员约1.4万人次,检查专业市场226个,查处销售假冒伪劣商品商店1382家,捣毁制售假冒伪劣商品窝点125个,其中洗涤化妆用品窝点21个。查获假冒伪劣商品货值1018.5万元,其中洗涤化妆用品货值109.8万元,查办违法案件1590起,其中洗涤化妆用品案件105起。向公安机关移送制假售假案件5起,提请吊销营业执照案件5起。

2001年1月2日，省质监局转发《国家质量技术监督局关于对涉及城乡电网改造工程的产品（或设备器材）开展专项打假行动的通知》。2月6日，省质监局根据《通知》组织全省各级质监部门展开行动，共出动执法人员2260人次，检查生产企业137家，经销企业563家，捣毁制假售假窝点2个，查获不合格城乡电网改造用产品995批次、标值853万元；查获假冒伪劣城乡电网改造用产品72批次、标值167.6万元；查获国家明令淘汰的产品89批次、标值达24.5万元；立案查处案件124起，其中商品标的额在10万元以上的大案要案3起，向公安机关移送案件4起共6人。

2002年1月20日，根据国家质检总局《关于印发〈全国质检系统开展百日打假联合行动方案〉的通知》和《关于组织开展百日打假联合行动第三次特别行动的通知》精神，省质监系统在全省范围内集中开展了“查热销商品，保假日经济”打假统一行动。1月20日上午9时代号“九点行动”开始，全省各级质量技术监督部门统一出动，此次行动以与消费者密切相关的热销商品，含卤制品、熟肉制品、方便食品、保健食品、婴幼儿食品、乳制品、裸装食品等及锅容管特设备为重点检查对象。全省共出动执法人员5069人次，检查生产企业914家，检查经销单位3422家，检查使用单位398家，捣毁制售假冒伪劣产品窝点34个；查获标识不合格产品1686批次、价值277万元；查获不合格产品939批次、价值365.4万元；假冒伪劣产品271批次、价值268.1万元；查办制售假冒伪劣产品案件640起，大案要案4起，移送公安机关案件2起共2人；销毁假冒伪劣产品标的额28.4万元，罚没款28万元。省技监局稽查大队接到群众举报对鄱阳县田贩街镇金属改制厂进行突击检查，现场查获无证生产的螺纹钢和地条钢坯共计140吨，货值近26万元。对南昌市郊华顺针织制衣厂进行执法检查，现场查封假冒“鹅”牌背心、汗衫共424箱（300件/箱）及一批生产设备，假冒产品货值近120万元。此外，此次统一行动还查封、销毁了“土锅炉”17台、“三无”游艺机3台、起重机械1台，收缴非法生产、销售的“三无”烟花爆竹货值1.8万元，消除了安全隐患。切实维护消费者的合法权益，将打假联合行动引向纵深。

2002年8月20日至9月30日，全省质监系统开展“黑心棉”专项打假行动，查获不合格絮用纤维制品约2.5万床（件）、不合格棉花30.1吨，没收劣质絮用纤维制品2220床（件）、掺杂使假棉花2.4吨。

2002年9月10日至11月16日，省质监局组织开展旅游市场打假专项整治工作，捣毁制造伪劣商品窝点3个，贮藏假冒伪劣商品窝点1个；查获假冒伪劣商品标值总额460万元，其中假冒伪劣瓶装饮用水3601瓶、饮料近万瓶、月饼5.7吨、方便面632盒、熟肉制品134千克、珠宝玉石饰品9件、卷烟3条、饮料酒5508瓶、洗涤化妆用品约3.5万瓶、胶卷171卷、絮棉制品296床。

2005年12月21日，省质监局转发国家质检总局《关于落实移动电话机市场秩序专项整治方案开展专项执法打假工作的通知》，同时要求各地质监部门严厉打击用废旧拆解零部件拼装、翻新移动电话机及其电池，伪造、冒用3C认证及入网证书和标志等违法行为，规范生产源头，铲除非法生产移动电话机的地下工厂及窝点。

2006年1月16日，省质监局转发国家质检总局《关于立即在全国开展电热毯产品质量专项整治工作的紧急通知》，组织各级质量技术监督部门开展电热毯产品专项整治工作。

2006年8月20日，省质监局在全省范围内组织开展啤酒专项整治活动。10月9日，省质监局决定从9月下旬至2007年春节前夕,在全省范围内开展秋冬季食品、服装等生活用品专项执法打假行动。

第三节　执法管理活动

依法行政

1992年9月,根据省标准局《关于组建省级质量监督执法队伍的通知》精神,省标准局开始着手组建省级质量监督执法队伍。队伍成员从省级质检所(站)选定,经培训考核合格后,统一颁发中国技术监督行政执法证,承办省标准局交办的质量监督执法任务。

1993年4月5日,省标准局印发《江西省标准局质量监督执法队管理暂行办法》。《办法》规定,省标准局质量监督执法队是由省标准局组建的非常设机构,其成员(以下简称行政执法人员)原则上从省级产品质量监督检验机构中选拔,经省标准局培训考核合格后颁发行政执法证件。省标准局质量监督执法队(以下简称执法队)工作部署,由省标准局质量监督处安排。

1995年9月,省技监局依据国家技监局《关于对技术监督行政违法案件查处应注意的几个问题的通知》精神,要求全省技术监督部门对技术监督行政违法案件查处必须严格执行"违法行为发生地"管辖原则、对运输途中的产品,一般不予查处原则,执法主体必须符合法定要求原则,杜绝行政处罚的随意性原则和罚没物品上缴原则共五项要求。省技监局要求各地技术监督部门要联合公安、武警、检察、工商等部门对造假、销假窝点进行突击查处,对可能造成人身安全健康和国家财产损失的假冒伪劣商品,要及时采取收缴、封存、销毁等措施,杜绝重新流入市场。

1996年2月13日,省编办下发《关于成立"江西省技术监督局稽查大队"的通知》批准成立省技监局稽查大队,稽查大队是省技监局直属的专职执法机构,受局委托参与或直接组织开展监督检查和"打假"活动。9月20日,省技监局转发国内贸易部、冶金工业部、国家经贸委、建设部、国家工商行政管理总局、国家技监局《关于重申严禁生产、经销、使用假冒伪劣建筑钢材的通知》,要求各地技监部门要把建筑钢材领域的打假工作抓紧抓好。

1996年11月,根据《中华人民共和国行政处罚法》和《技术监督行政处罚委托实施办法》(国家技术监督局第45号令)相关规定,省技监局决定委托省技监局稽查大队行使现场处罚、调查取证、登记保存、封存、扣押强制措施,依法作出行政处罚决定等部分行政处罚权,罚没款一律交指定账户,没收物按有关罚没物品管理办法进行办理。省技监局对稽查大队所实施的行政处罚行为负责监督,并对其行为的后果承担法律责任,委托书自1996年11月11日起生效。1999年3月19日,经省技监局研究决定设立江西省技术监督局稽查大队驻建材专业市场监督管理办公室,以便于加强对建材专业市场的监督管理。

1996年11月13日,全省技术监督行政执法工作会议在南昌召开,这是省技监局成立以来第一次行政执法工作会议。会议学习贯彻《中华人民共和国行政处罚法》《技术监督行政案件办理程序的规定》(国家技术监督局第46号令)、《技术监督行政案件审理工作规则》(国家技术监督局第48号令)精神,各级技术监督行政部门应当设立案件审理委员会,负责对本部门立案查处的案件进行集体审议。并要求省技监局立案查处的案件,都必须经过省技监局案件审理委员会的集体讨论之后,才能作出行政处罚决定。

1997年8月,省技监局转发国家技监局《关于在技术监督行政执法工作中严格执行"五公开""十不准"的规定》,要求各地市技术监督局要将通知传达到所辖县(市)局,设立举报电话并向社会公布。

1998年2月9日,省技监局转发国家技监局《关于认真落实江总书记重要指示,进一步加强对白酒产销的监督管理,严厉打击制售假酒等违法行为的紧急通知》,着重强调全省各级技术监督部门要会同有关部门迅速开展查处假酒工作。6月5日,国家质监局在全国建立技术监督系统"打击假冒、保护名优"信息网络,省技监局要求全省"打假保优"信息联络员要积极工作,尽职尽责,认真收集本地"打假保优"活动信息,并于每个季度季末前五天向省技监局监督稽查处报送信息、重要案件和典型案件要随时报送。12月22日,省技监局制定《江西省技术监督执法工作大案要案报告和督查制度》,切实加强对查处质量违法行为大案要案的领导和督查。

1999年2月23日,省技监局转发国家质监局《关于在质量技术监督行政执法工作中正确处理暴力抗法事件的通知》,对正确处理暴力抗法提出具体要求,要求各地按通知精神正确妥善处理好行政执法中的暴力抗法事件。

2000年7月5日,省质监局根据国家质监局、国家冶金工业局《关于在全国开展打击生产和经销假冒伪劣螺纹钢等建筑钢材违法行为专项活动的通知》精神,要求各地(市)局积极配合有关部门开展关停小轧钢厂和取缔"地条钢"坯生产等整顿治理工作。

2000年11月16日,根据国家质监局《技术监督行政案件办理程序的规定》《质量技术监督执法工大案要案报告和督查制度》等规定,结合全省实际,省质监局制定《江西省质量技术监督大案要案查处规定》,目的是为切实加强质量技术监督大案要案查处工作力度,充分发挥质量技术监督系统整体效能,克服地方保护主义,确保大案要案及时、准确地得到处理。省质监局统一管理全省质量技术监督系统大案要案的查处工作,设区市质监局负责本行政区域质量技术监督系统大案要案的查处工作,要求各地质监部门认真贯彻执行。

2003年6月11日,国家质检总局制定《质量技术监督系统落实打假责任考核办法(试行)》,省质监局与各设区市质监局签订打假责任状,对各设区市打假责任制的落实情况进行考核检查,对有功人员进行表彰奖励,对未落实打假责任制的单位和人员严格追究责任。

2004年3月29日,省质监局转发国家质检总局《关于进一步加强强制性产品认证行政执法工作的通知》,并对各地进一步开展好强制性产品认证行政执法工作进行部署。5月20日,广州市发生用工业酒精勾兑散装酒销售,致使多人中毒、死亡的事件,国家质检总局下发《关于进一步加强酒类产品质量监督管理和执法打假工作的通知》,要求各级质量技术监督部门加强对酒类产品的监督管理和执法打假工作,杜绝类似事件的再度发生。省质监局要求全省质监部门坚决按照国家质检总局文件要求执行,保障广大人民群众的生命健康安全。

2005年11月11日,省质监局转发国家质检总局《关于进一步加强禽肉制品及防控禽流感相关产品质量监督和执法打假工作的紧急通知》,要求各地从生产加工源头严把禽肉制品和相关防控产品的质量安全关。

2007年1月,省质监局出台《关于进一步加强当前执法打假工作的几点实施意见》《关于加强执法办案现场管理的若干规定》等一系列规范性文件,对执法人员提出"七项严禁"等新要求,有效规范全系统的行政执法行为。6月20日,省质监局转发国家质检总局《关于暂缓对使用旧标签包装生产销售熏煮火腿和火腿肠产品行为进行行政处罚的通知》,要求全省质监系统认真遵照执行。

2009年9月7—11日,省质监局重点针对《食品安全法》组织大规模培训,邀请全国人大法律委员会委员、专家黄威讲课,全省2千余名执法人员通过视频进行培训,通过认真学习《食品安全法》有关法律法规,提高业务素质,统一食品安全的办案尺度。

2009年11月4日,2009年苏浙皖赣沪四省一市质量技术监督稽查工作联席会议在江西省九江市召开,会期两天,会议内容是总结、交流各地在执法打假方面的经验和做法,研究四省一市稽查打假协作的新方式,探讨质量技术监督行政执法过程中遇到的热点、难点问题及应对思路,会议进行典型案例交流、专家论坛、工作思路交流等;江苏、浙江、安徽、江西省各设区市质监局,上海市各区、县质监局分管局长及稽查队负责人,部分县(市、区)局负责人,《长三角稽查通讯》编辑人员参加会议。

先进评选

2003年4月4日,根据国家质检总局《关于评选2001年以来执法打假工作先进个人的通知》要求,省质监局按照自下而上的评选推荐程序,严格评选和推荐标准,在征求人事、纪检监察部门意见和基层推荐单位进行公示的基础上,推荐李捷、罗昭光2人为全国质检系统打假工作先进个人。

2005年,省质监局制定了《江西省质量技术监督系统办案先进单位、办案能手评选办法》,成立了由省公检法、纪检、法制办等单位专家参加的顾问委员会。

2006年,肖炜、张新媛、邬高萍、罗中凯、支贞华、胡剑秋、谌小明7人荣获2005年度江西省质监系统办案能手称号。

2007年3月5日,根据《江西省质监系统办案先进单位、办案能手评选办法》,喻何云、范前明、邹小毛、敖宇海、陈荣共5人荣获2006年度江西省质监系统办案能手称号。3月26日,省质监局对2006年度监督和执法打假工作进行表彰,赣州市质监局、新余市质监局、景德镇市质监局和省质监稽查总队被评为执法打假工作先进单位,省质监局12365举报申诉中心被评为全省12365举报申诉处理工作先进单位。

2008年2月18日,李志纯、邓小淳、欧阳建刚、杨军、江洪共5人荣获2007年度江西省质监系统办案能手称号。

2009年3月13日,杨锋、奚毅、杨安、刘小诗、吴晓革、刘璜生共6人荣获2008年度江西省质监系统办案能手称号。

2010 年 4 月 1 日，胡艳艳、罗来辉、曾小龙、刘发斌、杨建洪、李军、艾清水共 7 人荣获 2009 年度江西省质监系统办案能手称号。

江洪、肖炜二人分获 2009 年度、2010 年度全国质检系统“执法打假”办案能手称号。

第四节　产品质量举报申诉

举报申诉受理

1998 年 3 月 12 日，国家质检总局发布 51 号令，颁布施行《产品质量申诉处理办法》，省技监局 12365 举报申诉中心依据该《办法》，在日常工作中，把投诉举报作为专门的事项进行单项统计。

2004 年 3 月 15 日，省质监局开通“12365”举报申诉热线电话。2005 年 6 月 17 日，省通信管理局正式批复同意质量技术监督号码 12365 备案范围扩大至全省。7 月 5 日，省质监局向各设区市质监局转发省通信管理局《关于同意质量技术监督号码 12365 备案范围扩大至全省的函》，要求各局持号码备案通知和码号开通书面要求与当地相关电信运营企业协商开通 12365 码号事宜，严格按照规定的结构、位长、用途和使用范围，不得擅自转让、出租或扩大号码用途，不得利用该号码对社会开展经营活动。至 2005 年底，全省所有的设区市质监局陆续开通“12365”特殊服务电话。2005 年，全省 12365 举报申诉热线受理举报申诉、咨询服务热线电话 16 万余个，受理举报案件 1250 起，处理产品质量纠纷 710 起。

2006 年，全省 12365 举报申诉热线受理举报申诉、咨询服务热线电话 2.1 万余个，回复群众来信咨询 1800 余次；受理并转办举报案件 1324 起，调解质量纠纷 765 起。

2007 年，全省 12365 举报申诉热线受理举报申诉、咨询服务热线电话 1.2 万余个，受理举报投诉案件共 319 起，其中批转查处举报案件 169 起，处理申诉、投诉类的案件 150 起。举报查处案件主要涉及建材、食品、能源产品等多种类别产品。其中，建材产品类案占 33.1%，食品类占 26.6%，能源产品类案 8.9%，轻工产品类案 7.1%，特种设备案 5.3%，农用产品类案占 4.7%，家用电器类案 2.9%，机电产品类案占 2.3%，其他类案 9.1%。受理举报申诉咨询服务、来信（含传真、网上、电子邮件）、来访 800 多人次，办结率为 100%。

2008 年，全省 12365 举报申诉服务热线共受理举报申诉咨询服务软件系统电话 22629 个，转人工坐席 3835 个。其中省质监局 12365 举报申诉中心共受理举报申诉咨询服务热线电话 9756 个，转人工坐席 2267 个，各设区市质监局 12365 举报申诉中心共受理举报申诉咨询服务热线电话 12873 个，转人工坐席 1568 个。

2009 年 10 月 14 日，国家质检总局副局长支树平下达全国质量技术监督 12365 举报处置指挥系统联网启动令，并通过视频与江西省 12365 举报申诉中心工作人员通话。支树平说：“江西 12365 工作做得很好，在这么多省中能选中你们，说明你们的工作是非常具有典型意义的，希望你们再接再厉”。2009 年，全省 12365 举报申诉服务热线共受理举报申诉咨询服务软件系统电话 27129 个，转人工坐席744个。其中批转查处举报案件354起,处理申诉、投诉类的案件200余起。向工商、药监、建设、环保、卫生等系统转出相关案件22件。办结率为100%。2009年举报申诉中心获江西省消费者维权模范单位。

2010年,全省12365举报申诉服务热线共受理举报申诉咨询服务热线软件系统电话20222个、座席接听4456个。其中批转查处举报案件216起,处理申诉、投诉类的案件120余起。向工商、药监、建设、环保、卫生等系统转出相关案件9件。办结率为100%。12365举报申诉中心于2010年获2008—2009年度省青年文明号和2009年度全省质监系统举报申诉管理工作先进单位称号。

举报申诉中心建设

2006年8—11月,省质监局12365举报申诉中心对举报申诉业务流程进行了规范梳理,建设江西省质监系统法规查询快速通道,并抽调两名话务员对有关法律法规进行整理和归类,共整理法律法规32部,办案程序规定24部,部门规章、监督管理、执法依据等200余部。"法规查询平台"由法律法规、总局令、办案程序规定、部门规章、监督管理等十个版块组成。为进一步加大对生产加工企业的监管力度,实现动态监管还建立了"江西省生产加工企业质量监管系统"数据库,完善全省包括食品、建材、化工、农资等22类行业近3万家企业的信息。

2007年5月22日,省质监局下发《关于转发省编办〈关于省质监系统加挂举报申诉中心牌子的批复〉的通知》,要求各市、县(区)局2007年年底前务必完成挂牌工作,形成省、市、县三级举报申诉中心。举报申诉中心的主要职责是:负责受理辖区内关于产品质量、计量、标准化、特种设备等方面的举报申诉工作。

2008年3月24日,国家质检总局信息中心副主任侯秋枫,执法督查司处长郭跃视察12365举报申诉中心,审查《全省质监系统"12365举报申诉及指挥调度管理系统"建设方案》。9月12日,省质监局发文《关于规范全省质监系统"12365举报申诉中心"管理的通知》,要求规范全省质监系统12365举报申诉中心管理,完善运行模式,明确各级局的责任。

2008年9月,省质监12365举报申诉服务热线全面升级,4个月内省质监局12365系统受理举报申诉和咨询总量突破15000余件,处理1625件,创历史新高。全省质监系统12365举报申诉及指挥调度管理系统项目一期,江西省12365举报申诉服务及系统办公平台于2008年9月全面投入使用,江西省质量监督视频会议及生产监管平台、江西省质量技术监督法规查询平台于2009年全面投入使用,前者能够提供完善的视频会议管理,包括:H.323呼叫、自动轮循、电子白板、文字短信、会议管理、共享屏幕、远程控制、会议录像、分配权限、广播视频、会议邀请、语音激励等;后者能为工作人员查询法律法规、许可证、认证认可、监督抽查等信息提供便利。江西省质量技术监督执法监督指挥调度及案审系统平台顺利完成。

9月30日,结合"质量月"活动的安排,省质监局在南昌市八一广场举办12365举报申诉服务热线电话升级启动仪式,省长吴新雄亲自下达"江西质监12365举报申诉服务热线"升级启动令,全省12365举报申诉系统经过全面改造扩容实现二项突破,构建一个全新格局。首先在硬件设施、办公条件上得以提升。省质监局举报申诉中心从原先不到10平方米的工作室扩展到拥有办公室、中心机房、热线接听室、举报申诉受理接待室、申诉案件调解室、执法打假指挥调度中心面积达500多平方米的综合场所。同时，省质监局还为十一个设区市局举报申诉中心统一配发"12365系列管理制度""12365标识形象""12365机房座席""12365软件系统及电脑、服务器"等设备，为全省质监系统受理投诉举报、消费维权机构提供强有力的技术支持。省质监局将12365举报申诉为民维权工作列为一项重要工作来抓，举报申诉中心成立之初省质监局拨出专款，配备办公设施及开展业务工作的程控交换机、电脑、摄像机、录音笔，集电话、打印、扫描、传真、复印多功能的一体机等设备。2008年又拨出专款300万元，用于建设一个集协同办公、举报、投诉、处理、执法、监管、指挥调度、案件审理、数据发布、法规查询和视频会议为一体的"全省质监系统12365举报申诉及指挥调度管理系统"。

2009年3—10月，国家标准化管理委员会主任纪正昆、省纪检委效能室主任徐小平、省直机关工委副书记童水仙、福建省质监局副局长赵雪萍、重庆市质监局副巡视员余澄等人先后莅临江西省12365举报申诉中心，进行视察并指导工作。10月21—23日，省规范行业协会专项治理工作检查评估组、苏浙皖赣沪质监局监督稽查工作预备会代表来到中心参观指导。

2009年11月9日，省质监局向省机构编制委员会报送《关于成立江西省质量技术监督局12365举报处置指挥中心的请示》。在省质监局门户网站增设专门的栏目，开发相应的软件，添置相应的硬件设备，彻底改变以往单纯拨打热线电话的举报申诉方式，采用热线电话、来信来函、书面传真、网页留言、电子邮件、移动短信、来人来访等多种形式受理举报申诉。充分利用视频会议系统，对十一个市局举报申诉中心实行了电子视频管理，随时掌握各地工作情况并进行指挥调度。

2010年5月31日，12365执法打假指挥调度中心三期方案执法监管指挥车验收完毕，省质监局领导在执法指挥中心能够通过音视频或文字等手段进行远程执法调度指挥。现场监督执法的图像和声音能通过现场指挥车无线或有线方式实时传输到省质监局指挥中心并记录保存，实现远程指挥调度实时互动。现场执法人员可通过手持设备采集执法或监管现场相关数据，同时对执法人进行生物信息识别，以监督执法人员的办案流程。6月30日，江西省12365数字化举报申诉指挥调度监督专用执法车发车仪式正式启动，为11个设区市局配发12365执法打假指挥调度专用执法车，配备现场执法所需的单兵无限视频图像传输设备、视频会议软件、云台、发电机、打印机、车载工业控制计算机、GPS地图软件系统等设备。

2004—2010年，省质监局相继出台《江西省质量技术监督局举报申诉中心文明礼貌规范用语》《江西省质量技术监督局举报申诉中心保密制度》《江西省质量技术监督局举报申诉中心回避制度》《江西省质量技术监督局举报申诉中心工作制度》《12365质监热线工作须知》《12365质监热线值守人员岗位职责》《12365举报申诉中心机房管理制度》《12365质监热线道德规范》《12365接处举报申诉规则》《江西省质量技术监督打假举报奖励实施细则》等一系列规章制度，严格规范工作程序，确保举报申诉咨询服务工作更加科学规范。中心工作做到了全省"四个统一"，即"统一全省12365举报申诉服务热线文明礼貌规范用语，统一全省12365举报申诉中心的系列管理制度，统一全省12365举报申诉中心标识形象和机房座席，统一全省12365举报申诉工作程序"，为企业、消费者提供便捷的举报投诉、咨询服务、消费维权平台。

第三章　机动车安全技术检验机构资格管理

根据2004年实施的《中华人民共和国道路交通安全法》《中华人民共和国道路交通安全法实施条例》有关规定,由质量技术监督部门对机动车安全技术检验机构(以下简称“安检机构”)实施检验资格许可管理。2005年质量技术监督部门启动接收安检机构监督管理工作,2008年省质监局依法启动安检机构检验资格行政许可审批工作。在省质监局、省公安厅等部门的共同努力下,全省从事机动车安全技术检验工作的安检机构由移交时的32家(其中汽车检测线28条、摩托车检测线16条)发展到2010年的122家(其中汽车检测线87条、摩托车检测线64条);从事机动车安全技术检验的技术人员从600余人发展到2010年的近2000余人。通过依法严格安检机构资格许可审批,全省安检机构得到规范、健康、有序发展,满足全省机动车安全技术检验工作的需要,为全省机动车行驶道路交通安全做出积极贡献。

第一节　法律法规及制度依据

2005年1月,国家质检总局、公安部和国家认监委联合下发《关于加强机动车安全技术检验机构管理有关工作的通知》,要求自2005年1月21日至3月31日,安检机构检验资格许可及监督管理工作由公安机关交通管理部门向质量技术监督部门移交。3月,国家质检总局下发《关于做好机动车安全技术检验机构监督管理接收工作的通知》,就做好机动车安检机构监督管理的接收工作提出具体工作要求。3月,省质监局下发《关于转发国家质检总局〈关于做好机动车安全技术检验机构监督管理接收工作的通知〉的通知》,要求各设区市质监局组织对辖区内机动车安检机构人员、检验资质、资产设备、机构性质等基本情况进行全面调查摸底,对安检机构的在用计量器具进行一次监督检查,并加强与当地公安机关交通管理部门的联系,做好机动车安检机构监管职能承接工作。

2005年5月,省质监局下发《关于转发国家质检总局、公安部、国家认监委〈关于加强机动车安全技术检验机构管理有关工作的通知〉的通知》,要求各设区市质监局按要求做好安检机构检验资格及监督管理工作移交中过渡期的相关工作。8月,国家质检总局下发《关于公布1860家承担机动车安全技术检验任务机构名单的通知》,公布全国1860家承担机动车安全技术检验任务机构名单,其中江西长运机动车检测中心等32家省内安检机构在名单内,省质监局向32家安检机构颁发《临时资格证书》,有效期统一为2005年9月1日至2006年8月31日。

2006年2月,国家质检总局颁布《机动车安全技术检验机构管理规定》(国家质量监督检验检疫总局令第87号),明确规定安检机构的常规检验资格由安检机构所在地省级质量技术监督部门实施许可申请的受理、审查和决定,同时还就各级质量技术监督部门对安检机构监督管理职责、规划设置、资格管理和安检机构行为规范以及法律责任等内容做出详细规定。8 月,国家质检总局印发《机动车安全技术检验机构检验资格许可办理程序》《机动车安全技术检验机构常规检验资格许可审查员管理办法》《机动车安全技术检验机构常规检验资格许可技术条件》,就机动车安检机构资格许可的申请办理、技术条件的审查和审查员的管理等要求做出具体规定。

2007 年 3 月,为解决开展安检机构资格许可工作所需经费问题,省质监局向省财政厅、省物价局报送《关于申请机动车安全技术检验机构检验人员岗前考试收费标准立项的函》。4 月,省财政厅、省发改委对省质监局关于考试收费申请进行批复,同意省质监局向参加考试的安检机构检验技术人员收取考试费。7 月,省质监局转发国家质检总局出台的《关于印发〈机动车安全技术检验机构设置规划管理规定〉的通知》,要求各级质监部门结合区域经济发展水平、社会发展要求和机动车保有量或每年机动车检验量,充分考虑本地区机动车未来发展需要,科学有序地对本行政区安检机构进行设置规划。9 月,省质监局转发国家质检总局出台的《机动车安全技术检验机构监督管理规范》和《机动车安全技术检验机构检验资格许可证书管理规范》,并要求各级质监部门组织有关部门和相关安检机构进行学习贯彻,确保安检机构资格管理工作的质量,促进安检机构不断提高检验技术水平。

2009 年 10 月,国家质检总局颁布《机动车安全技术检验机构监督管理办法》(国家质量监督检验检疫总局令第 121 号,自 2009 年 12 月 1 日起施行),同时废止 2006 年 2 月 27 日国家质量监督检验检疫总局公布的《机动车安全技术检验机构管理规定》(国家质量监督检验检疫总局令第 87 号)。11 月,国家质检总局下发《关于印发〈机动车安全技术检验机构检验资格许办理程序〉等 5 个规范性文件的通知》,同时将原制定的《机动车安全技术检验机构检验资格许办理程序》等 5 个规范性文件予以废止。12 月,省质监局将国家质检总局发布的《机动车安全技术检验机构监督管理办法》和相关的 5 个配套规范性文件转发至各设区市质监局,要求组织学习贯彻,并认真遵照执行。

第二节 安检机构监督管理

2006 年 7 月,省质监局下发《关于在全省开展机动车安全技术检验机构专项监督检查的通知》,在全省范围内开展一次对安检机构的专项监督检查,切实履行好对车辆安检机构监督管理的职责。对省公安厅交通管理部门交接过来的所有从事机动车安全技术检验工作的安检机构,从安检机构的业务台账、仪器设备、检验记录、检验报告、计算机管理等方面入手,重点对机动车安全技术检验标准执行、检验设备管理、计算机管理、计量认证、检验范围等内容进行检查。各级质量技术监督部门对监督检查中发现安检机构的违法违规行为,采取约谈、责令整改和立案查处等方式依法进行处理。

2006 年 11 月,为推动安检机构资格许可工作,根据《机动车安全技术检验机构常规检验资格许可审查员管理办法》规定,在走访各大院校、检验检测机构的基础上,省质监局下发《关于机动车安全技术检验机构常规检验资格许可现场审查员资格考试报名的通知》,组织对报名参加考试的 8

名专家进行审查员资格考试,并对经考试合格符合要求的8名专家给予审查员资格注册。

2007年5—7月,省质监局根据《机动车安全技术检验机构管理规定》有关要求,通过考试报名和考试方式,分3期组织安检机构检验技术人员考试,其中397人考试合格,省质监局为考试合格者颁发检验员证。

2007年7月,根据国家质检总局《关于开展机动车安检机构资格管理工作情况调查的通知》要求,省质监局下发《关于开展机动车安检机构资格管理工作情况调查的通知》,组织各级质量技术监督部门对本行政区安检机构资格许可的有关情况进行调查,调查主要围绕安检机构社会化的进展情况(具有法人资格的安检机构数量)、机动车社会保有量(大型机动车、小型机动车、摩托车)、机动车安检机构数(取得计量认证)等内容开展。经调查掌握,全省共有安检机构74家(其中具备法人资格的有64家,其余10家均为公安交警部门的安检机构,通过计量认证的有43家),机动车保有量为354.7万(其中汽车65.8万辆、摩托车288.2万辆)。

2007年11月至2008年1月,省质监局根据《机动车安全技术检验机构管理规定》有关要求,通过考试报名和考试方式,组织安检机构检验员资质换证考试,其中367人考试合格,省质监局为考试合格者颁发检验员证。

2008年4月,省质监局派员参加国家质检总局在中国计量学院召开的安检机构资格许可座谈会,会议讲解安检机构资格管理工作的相关法律、法规、规范性文件和技术标准等,并研讨安检机构资格许可工作中的有关问题。

2008年5月,省质监局下发《关于上报2008年度机动车安全技术检验机构设置规划的通知》,要求各设区市质监局按照《机动车安全技术检验机构设置规划管理规定》要求,上报本辖区2008年度安检机构设置规划。

2008年6月,为确保安检机构资格许可工作顺利开展,省质监局下发《关于召开机动车安全技术检验机构资格许可工作会的通知》,在南昌市召开安检机构资格许可工作会,对安检机构资格许可工作进行动员部署,对《机动车安全技术检验机构管理规定》、资格许可办理程序和资格许可技术条件等规范性文件进行宣传贯彻。各设区市质监局分管领导、监督科科长和95家安检机构的法人及技术负责人参加会议。

2008年9月,省质监局根据《机动车安全技术检验机构管理规定》有关要求,通过考试报名和考试方式,分两批组织安检机构检验员上岗证考试,其中272人考试合格,省质监局为考试合格人员颁发检验员证。

2008年10月,省质监局下发《关于进一步加强机动车安全技术检验机构资格许可工作的通知》,要求省内承担机动车安全技术检验任务的32家安检机构在2008年10月31日前申请检验资格许可,2008年12月31日前未取得检验资格许可的将取消承担机动车安全技术检验任务资格。

2009年1月,省质监局转发国家质检总局《关于2008年全国机动车安全技术检验机构监督检查情况的通报》,要求各级质监部门认真贯彻执行,并在春运高峰期间加强对所属辖区内安检机构的监督管理,对安检机构出虚假报告、不检验出报告等违法违规行为依法予以严肃查处,确保春运期间机动车的行驶安全。

2009 年 2 月，省质监局向省公安厅通报全省安检机构资格许可工作情况，截至 2008 年底全省共有 15 家安检机构通过审查取得机动车安全技术检验资格许可，省质监局给 15 家安检机构发放资格许可证书和检验专用章。

2009 年 4 月，根据国家质检总局《机动车安全技术检验机构设置规划管理规定》精神，省质监局根据区域经济发展水平、社会发展要求、机动车保有量、每年机动车检验量等情况，在全面调查、研究的基础上，向国家质检总局报送《关于上报江西省 2009 年度机动车安全技术检验机构设置规划的请示》。其中 2009 年度规划情况：拟在南昌市所辖区域内设置规划 6 条汽车检测线和 4 条摩托车检测线；拟在九江市所辖区域内规划设置 7 条汽车检测线和 11 条摩托车检测线；拟在赣州市所辖区域内规划设置 8 条汽车检测线和 20 条摩托车检测线；拟在吉安市所辖区域内规划设置 2 条汽车检测线和 11 条摩托车检测线；拟在萍乡市所辖区域内规划设置 1 条汽车检测线和 5 条摩托车检测线；拟在景德镇市所辖区域内规划设置 2 条汽车检测线和 1 条摩托车检测线；拟在抚州市所辖区域内规划设置 4 条汽车检测线和 12 条摩托车检测线；拟在宜春市所辖区域内规划设置 4 条汽车检测线和 11 条摩托车检测线；拟在上饶市所辖区域内规划设置 1 条汽车检测线和 10 摩托车检测线；拟在新余市所辖区域内规划设置 1 条汽车检测线和 3 条摩托车检测线；拟在鹰潭市所辖区域内规划 1 条汽车检测线和 1 条摩托车检测线。中长期规划是：争取实现取得资格许可安检机构的检测线总数达到：汽车检测线 90 条、摩托车检测线 100 条的目标。10 月，国家质检总局同意江西省机动车安检机构设置规划，要求省质监局严格按规划开展工作。

2009 年 6 月，为切实做好全省 2009 年安检机构资格许可和监督管理工作，省质监局下发《关于召开机动车安全技术检验机构监督管理工作座谈会的通知》，在南昌市召开由各设区市质监局监督科科长参加的安检机构监督管理座谈会，会议研究安检机构规划布点、安检机构资格许可和当前有关监督管理工作要求，并交流安检机构监督管理工作经验。

2009 年 8—9 月，省质监局根据《机动车安全技术检验机构管理规定》有关要求，通过考试报名和考试方式，分两批组织安检机构检验员上岗证考试，其中 318 人考试合格，省质监局为考试合格人员颁发检验员证。

2009 年 9—11 月，根据省机关效能建设领导小组办公室印发的《全省汽车安全技术检验机构有关问题及专项整治意见》要求，省质监局下发《关于开展机动车安全技术检验机构专项整治行动的通知》，在全省范围内开展为期 2 个月的安检机构专项整治行动。专项整治中省、市、县质量技术监督部门三级联动，重点对取得检验资格许可安检机构检验范围、检验设备有效性、检验技术人员资格、管理制度落实情况等内容进行监督检查。通知要求市、县质量技术监督部门要制定专项整治行动方案；对监督检查中发现安检机构违法违规等行为，限期整改和依法查处；对专项整治工作落实不到位的予以通报。在专项整治行动中，省、市、县质量技术监督部门共出动近 400 人次对全省 43 家安检机构进行监督检查，对检查中发现存在问题 21 家安检机构下达限期整改措施。通过专项整治行动，安检机构检验行为得到进一步规范，违法违规行为得到有效遏制。

2009 年 12 月，国家质检总局下发《关于 2009 年全国机动车安全技术检验机构监督检查情况的通报》，通报国家质检总局对浙江、江西等 9 个省（自治区）的 98 家安检机构进行监督检查的有关情况。是月,省质监局参加国家质检总局在北京召开的安检机构监管工作座谈会,会议总结近年来全国安检机构资格管理工作,宣传贯彻《机动车安全技术检验机构管理规定》及5个规范性文件,宣讲《机动车安全技术检验项目和方法》(GB21861-2008),研究进一步加强安检机构监管工作措施。

2010年1—2月,省质监局下发《关于对我省机动车安全技术检验机构开展监督检查的通知》,对全省范围内的安检机构开展一次监督检查,重点对取得资格许可安检机构检验技术条件的保持情况、国家机动车安全技术现行有效检验标准的执行情况、是否存在超检验能力和超范围检验的现象、检验所用仪器及设备是否按期进行检定或校准、是否有出具虚假检测结果或报告等内容进行监督检查。通知要求设区市质监局在监督检查中,认真组织人员对所属辖区内从事机动车安全技术检验安检机构进行全面监督检查,对监督检查中发现存在问题安检机构要按照《机动车安全技术检验机构监督管理规范》有关要求进行依法查处,对监督检查中发现安检机构出具虚假检测结果或报告的,及时移送公安交通管理部门处理。

2010年2月,省质监局根据《机动车安全技术检验机构管理规定》有关要求,通过考试报名和考试方式,组织安检机构检验员上岗证考试,其中176人考试合格,省质监局为考试合格人员颁发检验员证。是月,省质监局下发《关于做好贯彻落实〈机动车安全技术检验机构监督管理办法〉的通知》,要求各级质量技术监督部门全面准确理解掌握并认真贯彻执行相关文件的各项规定要求,加大服务力度,积极督促和指导安检机构按照国家有关规定完善许可条件;加强与公安交通管理部门沟通,做好安检机构的监管配合工作,并按《机动车安全技术检验机构监督管理办法》(国家质检总局令第121号)的要求,加强对所属辖区内安检机构的监督管理,确保对安检机构实行有效监管;要依据“统筹规划、合理布局、方便检测”的原则,根据区域内机动车保有量的多少和区域面积的大小合理设置安检机构。

2010年5月,根据国家质检总局和公安部联合下发的《关于进一步加强机动车安全技术检验机构和机动车安全技术检验工作监管的通知》要求,省质监局与省公安厅联合下发《转发〈关于进一步加强机动车安全技术检验机构和机动车安全技术检验工作监管的通知〉的通知》,并制定《江西省机动车安全技术检验工作专项整治方案》,成立以省质监局副局长李岱、省公安厅副厅长罗永银为组长,省质监局监督处处长王云、省公安厅交警总队副总队长龙毅为副组长的专项整治领导小组;各设区市质监局和公安局按照统一部署,联合成立专项整治工作领导小组,重点对安检机构资质、检验行为、检验人员、检验设备、制度落实、条件保持等内容开展监督检查。在专项整治期间,省质监局与省公安厅联合组织3个督查组,分别对11个设区市质监局、公安交通管理部门进行督查,并抽查21家安检机构,督查组对督查中发现的问题及时进行反馈并提出整改意见。专项整治行动中各级质量技术监督部门共出动执法人员1200余人次,对117家安检机构进行监督检查,对28家存在问题安检机构下达限期整改措施,对8家问题严重安检机构进行立案查处。通过专项整治行动安检机构主体责任、依法检验和服务意识得到进一步提升。

2010年5—6月,省质监局根据《机动车安全技术检验机构管理规定》有关要求,通过考试报名和考试方式,组织安检机构检验员上岗证考试,其中629人考试合格,省质监局为考试合格人员颁发检验员证。

2010 年 7 月，省质监局下发《关于进一步加强机动车安全技术检验机构监督管理工作有关事项的通知》，要求各级质量技术监督部门在各自的职责范围内负责本行政区域内安检机构的监督管理工作。县（市、区）质监局负责本行政区域内安检机构年度工作报告的审核，未设立质量技术监督部门的行政区域内安检机构年度工作报告的审核由设区市质监局负责；要求各单位按照安检机构监管档案目录要求建立监管档案，做到"一机构一档案"，管理过程中应当根据安检机构的变化情况，及时对档案内容进行补充，以确保监管档案的完整性、真实性与可靠性；要求各单位要按照安检机构监督检查文书要求认真填写有关表格，监督检查情况和处理结果应当及时归档，并保存 3 年；要求各单位要按照《机动车安全技术检验机构监督管理规范》等有关要求，认真履行监管职责，一年内对安检机构的全面监督检查原则上不得少于 1 次，专项监督检查原则上不得少于 2 次，日常巡查可根据实际情况适时组织；要求各单位加强信息报送工作，各设区市质监局于每年 12 月 31 日前将安检机构监督管理工作总结报省质监局。对监督检查发现的重大问题，应当及时向上级质量技术监督部门汇报，并将情况通报公安交通管理等相关部门。

2010 年 12 月，省质监局参加国家质检总局在四川省成都市召开的安检机构监管工作座谈会，会议总结 2010 年全国安检机构资格管理工作有关情况，通报 2010 年全国安检机构专项整治工作情况，部署 2011 年安检机构监管工作。是月，省质监局根据《机动车安全技术检验机构管理规定》有关要求，通过考试报名和考试方式，组织安检机构检验员上岗证考试，其中 505 人考试合格，省质监局为考试合格人员颁发检验员证。

第四章　纤维质量监督管理

纤维质量监督管理是指为保证纤维质量,维护正常的纤维流通秩序,对棉花、茧丝等纤维质量进行监督,并对违法行为进行处罚,实现国家宏观调控目标的全过程。根据国内建立规范性纤维市场的客观需要,全省纤维质量监督管理工作经历起步、发展并不断向法制化、规范化发展的过程。1991—2000年是纤维质量监督起步阶段。国家技监局发布文件《关于在纤维质量监督管理和检验中授权专业纤维检验机构实施技术监督行政处罚的规定》,该文件赋予专业纤检机构行政执法权。10年来,省质监局按照要求,通过对棉花收购、加工等环节强化棉花质量监督执法,强化"打假"工作宣传力度等措施严厉打击纤维质量违法行为,维护省内正常纤维流通秩序,为纺织企业提供良好的用棉环境,促进纤维生产健康发展。

2001—2010年是纤维质量发展阶段。2001年,国务院出台行政法规《棉花质量监督管理条例》(国务院令第314号),该条例确立纤检系统执法主体资格地位,为纤检工作提供法律依据。根据该条例和该条例延伸出来的《茧丝质量监督管理办法》《絮用纤维制品质量监督管理办法》等一系列规章,省质监局对棉花收购加工企业、茧丝收购加工企业和絮用纤维制品生产企业等产品质量进行有力监督,查办一批生产假冒伪劣产品和以不合格产品冒充合格产品的案件,维护纤维市场秩序。同时,执法人员积极主动加强与教育和民政部门沟通协调,对高校集团购买床上用品、民政救灾救济用棉胎的产品质量进行监督,省内高校集团购买床上用品和民政救灾救济用棉胎的产品质量得到大幅度提高,"黑心棉"事件大幅度减少。

第一节　棉花质量监督管理

1992年2月20日,省标准局按照国家技监局、国家物价局、财政部联合发文《关于审定行政事业性收费的若干问题的通知》,棉花检验收费继续按照《棉花监督检验收费规定》实行收费,其他产品质量监督抽查和流通环节检验免收费。

1993年12月,为落实国家技监局《关于进一步加强棉花质量监督工作的紧急通知》,省标准局通过强化棉花质量监督执法,强化"打假"工作宣传力度等措施,积极配合公检法部门查处大案要案,严厉打击棉花掺杂使假违法行为,共出动检查人员180人次,检查收购和加工场所80余家,把好棉花质量关,维护棉花市场正常秩序,确保当年棉花收购和调拨工作顺利进行。

1994年8月15日,省标准局转发国家技监局文件,部署江西进一步加强棉花质量监督,严厉打击棉花市场掺杂使假违法行为。8—12月,省标准局加强棉花收购质量监督检查,严格棉花加工环节的质量监督管理,全面开展“全国十万吨棉花质量大检查”,共出动检查人员58人次,抽查皮棉2.8万吨,立案12起,罚没款金额18.6万元,严厉打击棉花掺杂使假违法行为。

1995年12月,棉花年度调拨工作已进入关键阶段,为贯彻落实国务院加强棉花流通各个环节质量监督管理的精神,确保调拨棉花质量,省技监局开展全国调拨棉花质量大检查工作,共出动检查人员120人次,检查棉花收购企业65家,抽查皮棉11.5万吨,保证棉花质量监督工作的正常开展,维护棉花质量稳定。

1997年9月,按照《关于鼓励使用新疆棉生产出口产品的暂行办法》,省技监局鼓励纺织企业使用新疆生产出口产品,按照《“出疆棉”质量公证检验办法(暂行)》执行,共出动人次40余人次,抽查纺织企业用新疆棉8.2万吨,保证从事进料加工纺织企业新疆棉的质量,维护供需双方的合法权益。

1998年5月,省技监局坚决贯彻强制性棉花国家质量标准,开展棉花质量监督执法和棉花收购监督检查,共出动执法人员120人次,检查棉花加工企业60余家,强化企业对国家强制性标准的认识,规范棉花市场流通秩序,维护棉花供需各方正当利益,并切实做好棉花质量公证检验试点工作。

1999年1月始,省技监局逐步开展经营性棉花公证检验、国家储备棉强制性公证检验、棉花收购及加工的资格认定工作、棉花质量执法监督、棉花质量法制建设,深入推进国务院关于深化棉花流通体制改革等各项工作。8—9月,省技监局通过严格执行GB1109－1999《棉花》细绒棉国家标准,加强棉花收购环节监督检查,开展国家安排的经营性棉花公证检验试点、强化棉花质量监督执法等工作,做好当年棉花质量技术监督工作。

至2000年,省技监局棉花品级实物国家标准工作在每一年度均验收通过,报请上级部门审查批准发布,在当年新棉上市时开始执行。同一阶段,省技监局开展棉花质量监督工作,共开展质量监督行动20余次,出动500余人次,立案12起,收缴罚没款20余万元。

2001年9月7日,省质监局举办省质量技术监督系统《棉花质量监督管理条例》宣传贯彻会,会上传达国务院及国家质检总局有关会议和全省棉花工作会议精神,详细讲解《棉花质量监督管理条例》文本。10月16日,省质监局发文《关于江西省棉花收购、加工资格认定有关问题的通知》,严把棉花收购、加工企业质量保证能力前置审查质量关。新棉上市后,省质监局对全省所有申报棉花收购、加工的企业都进行实地勘察、现场检验、并逐个建立企业档案,将棉花收购、加工企业质量保证能力全方位的资料悉数登记在案,共计73家收购、加工企业和69家收购企业和1家加工企业通过质量保证能力前置审查。

2002年1—6月,省质监局严格执行《江西省棉花收购、加工与市场管理暂行办法》,严把棉花收购、加工企业质量保证能力前置审查质量关,对省内109家申报棉花收购加工企业进行实地考核,指导56家企业按要求建立质量保证能力取得资格。同一阶段,省质监局认真做好桑蚕收烘企业质量保证能力前置条件审查工作,实地考核省内62家桑蚕茧收烘企业,对来省内桑蚕茧收烘站的30名检验人员进行培训考核。同一阶段,省质监局和省教育厅联合制定《江西省高校学生用纤维制品质量监督管理暂行办法》,明确从生产企业资格条件的前置审查到招标标的物检验及交货时批量检验的全过程监管措施,切实维护广大学生的合法权益和身心健康,省内有21家棉絮生产企业通过前置条件审查获准进入高校市场。

2003年,省质监局严格执行《江西省棉花收购、加工与市场管理暂行办法》,组织力量对省内棉花收购、加工企业质量保证能力情况进行检查,对省内非公证检验试点单位购入成包皮棉进行监督,共计2049吨。

2004年7月5—7日,省质监局召开2004年度全省棉花质量监督工作与棉花技术交流会,省内专业纤维检验机构、棉花收购、加工企业、部分纺织企业负责人共计120人参加会议。交流会传达了全国棉花质量监督工作会议精神,通报全国棉花质量检验体制改革试点情况,总结2003年度全省棉花质量监督工作,分析省内棉花流通市场的形势和面临的问题,部署2005年度棉花质量监督工作。

2005年5月,马回岭镇棉花非法加工市场被国家质检总局挂号列为重点区域整治对象,省质监局成立"小皮辊机、小锯齿机和土打包机"(以下简称"两小一土")专项整治工作领导小组,集中开展"两小一土"专项整治工作,省质监局副局长徐光辉、省纤检局局长等一行十余人来到九江县,与当地政府主要负责人座谈,研究整治方案,对该镇棉花非法加工行为进行打击,维护棉花加工秩序。

7月,省质监局查办一起棉花掺杂掺假重大案件,涉案金额88.58万元,由于该案案情复杂,省质监局专门派人赴中国纤维检验局(以下简称中纤局)请求指导,9月,省质监局下达处罚决定书,行政相对人主动缴清大部分罚款。

8月5日,省质监局召开年度全省棉花质量监督工作会议,省内专业纤维检验机构、棉花收购、加工企业、部分纺织企业负责人共计140人参加会议。会议通报全国棉花质量检验体制改革试点情况,预测2006年度省内棉花市场情况。由于2005年度棉花种植面积减少,总产量下降,用棉需求增大,供需缺口较大,棉花市场形势非常严峻,会议要求各级专业纤检机构要早布置、早准备,切实维护好棉花流通市场秩序;要求全省棉花收购、加工企业提高认识共同推动全省棉花质量检验体制改革顺利进行。2005年,省质监局加大棉花收购加工环节监督检验力度,共出动检查人员800余人次,检查棉花收购加工企业95家,重点地区企业3次,检查籽棉大垛359垛,代表重量10760吨,抽查成包皮棉156批,重量4860吨;立案15起,结案13起,收缴罚没款43.31万元。对存在问题的企业提出警告,要求其限期整改,对存在严重质量问题的企业进行立案处理并作为该项工作重点检查对象记录在案。

2006年5月22日,省质监局成立"两小一土"专项整治工作领导小组,制定"两小一土"专项整治工作方案,集中开展"两小一土"专项整治工作。9月26日,省质监局发布《江西省棉花质量监督检查工作实施方案》,全面开展当年棉花质量监督检查工作。2006年,省质监局针对抢购超水棉、统装花、混等混级、使用国家明令禁止的棉花加工设备等现象,对全省棉花收购加工企业进行监督检查,共检查棉花收购、加工企业172家(次),检查籽棉3万多吨,检查成包皮棉70批共计2035吨,查处棉花案件22起,涉案金额达320余万元。加大对使用"两小一土"非法设备加工棉花的企业的打击力度,对5家非法加工企业进行立案调查。

2007年10月,根据江西某纺织企业投诉,省质监局执法人员依法对该企业采购的价值65万元的棉花进行抽样检查。经检验,该批河南某公司供应的原验为一级的棉花实际仅为70%的四级,

10%的三级,20%的五级,依法进行立案调查,严肃查处销售以次充好棉花的单位,及时为纺织企业挽回经济损失。2007年,省质监局组织相关人员认真学习《棉花质量监督管理条例》《棉花加工资格认定和市场管理暂行办法》及《棉花质量监督检查工作实施细则》等相关制度,明确棉花质量监督检查工作中的权利义务,掌握全省棉花企业基本信息和质量保证能力情况。当年,共检查收购加工企业60家(次),抽查籽棉6000吨,检查皮棉7000吨,办理12起棉花质量案件。依法查处一批棉花质量违法行为,有效保障省内棉花市场经济秩序持续稳定。

2008年8月13日,省质监局召开2008年全省棉花质量监督工作研讨会,省内各主要棉花经营、纺织企业的代表100余人参加。会议通报2007年棉花质量监督工作情况,就棉花标准宣传贯彻、质量监督、新体制改革等相关内容进行分组讨论,共收集建议和意见10余条。8—9月,省质监局派出棉花检验人员前往河南漯河检验出库棉2万余吨。10月,省质监局首次前往新疆开展国储棉检验工作,国储棉检验工作横跨近半年时间,检验人员克服新疆极寒天气完成检验工作,完成新疆国储棉检验任务5万余吨。

2009年6月,省质监局召开2008年度棉花质量检验体制改革工作座谈会,省内各主要棉花经营、纺织企业代表80余人参加,会议通报棉花质量检验体制改革具体实施方案。9月,省质监局召开全省棉花质量监督工作座谈会,省内各主要棉花经营、纺织企业代表100余人参加,会议通报2008年棉花质量监督工作情况,就棉花标准宣传贯彻、质量监督、新体制改革等相关内容进行分组讨论。同时,省质监局举办全省新体制棉花加工企业样品管理员、信息系统管理员培训班,共计60余人参加培训,培训班邀请省内技术专家系统讲解新体制棉花加工技术,就建立健全完善的质量保证制度和体系进行现场咨询,该项培训工作进一步提升省内棉花加工企业的质量意识和质量保证能力。

2009年,省质监局进一步加强对全省多家棉花收购加工企业的监督检查,专项检查期间,共出动执法人员150余次,检查64家企业,立案12起。

2010年5月,省质监局直属单位省纤检局首次在外省开展期货棉检验工作,前往河南豫棉物流有限公司进行检验,此次检验共完成检验数量约2500吨。

至2010年,省质监局棉花品级实物国家标准工作在每一年度均验收通过,报请上级部门审查批准发布,在当年新棉上市时开始执行。同一阶段,省质监局开展棉花质量监督工作,共开展棉花质量监督行动30余次,出动2000余人次,检查300余家企业,查处126起违法案件,罚款500余万元。

第二节　化纤　羊毛　茧蚕丝质量监督管理

1993年4月,省标准局按照国家技监局等部委联合发布《羊毛质量监督管理办法》执行羊毛质量监督管理工作,促进羊毛市场的建立,维护羊毛市场正常流通秩序,保护国家利益和生产、经销、消费者的合法权益。1994年4月20日,省标准局按照国家技监局《关于加强化纤质量监督执法工作的通知》要求,认真贯彻落实《中华人民共和国产品质量法》《中华人民共和国标准化法》《纤维质量行政执法管理办法》和《关于对产品质量监督计划实行统一管理的通知》的有关规定,做好化纤质量监督执法工作。

1991—2001 年,化纤、羊毛、茧蚕丝质量监督管理工作未单独部署,并入产品质量监督抽查工作中。为进一步强化茧丝质量监督管理,2001 年 8 月 3 日,国务院出台的《棉花监督管理条例》中赋予纤维检验机构茧丝监督权力。

2002 年 4 月,省质监局出台《江西省鲜茧收购资格认定实施细则》,对蚕丝行业进行规范管理和有效监督。为使该项细则顺利实施,省质监局举办 2 期全省茧丝质量检验人员资质考核培训班和 1 期全省《生丝(GB1797 - 2001)》国家新标准宣传贯彻会,宣传国家茧丝流通体制改革的政策,宣传贯彻《茧丝流通管理办法》,并邀请外省技术专家系统讲解蚕茧收烘理论和蚕茧检验技术,就建立健全完善的质量保证制度和体系进行现场咨询。该项培训工作进一步提升省内茧丝企业的质量意识和质量保证能力。按照该项细则要求,省质监局对省内 24 家申报单位的 60 个收购站点进行质量保证能力审查及现场考核,并将考核结果和存在问题向省经贸委等相关单位进行通报。春季和夏季茧期,省质监局共出动执法人员 100 余人次,依据《茧丝流通管理办法》,对全省鲜茧收购行为进行 3 个巡回的监督检查,着力对企业不规范行为进行现场指导,加大政策宣传力度,使国家政策及相关技术规范深入人心,同时立案查处 1 起不按《茧丝流通管理办法》要求,严重破坏鲜茧资源的行为。

2003 年 3 月 1 日《茧丝质量监督管理办法》的颁布施行,按照中纤局工作部署,省质监局执法人员深入基层,对全省 14 个县、19 家蚕茧收购加工点进行执法检查,强化茧丝质量监督管理。共出动执法人员 168 人次,检查鲜茧 164.8 吨,干茧 7 吨,对 4 家企业当场做出责令整改的行政处罚,涉案金额达 73 万元。在执法检查中发现部分收购企业存在混堆、混级加工鲜茧的现象,省质监局加强《茧丝质量监督管理办法》宣传力度,对执行国家标准情况进行检查,要求问题企业严格按《茧丝质量监督管理办法》进行收购、加工蚕茧,强化其质量意识和法律法规意识。5 月 10 日,省质监局召开 2003 年全省茧丝质量监督管理工作会议,省内各产区桑蚕管理部门负责人和各主要茧站负责人共计 40 余人参加会议,会上集中宣传贯彻《茧丝质量监督管理办法》,省内茧丝工作自此步入正轨。

2004 年 6 月 10 日,中纤局批复同意省质监局直属单位省纤检局为第一批承担国家生丝公证检验承检机构。

2006 年 4 月 16 日,省质监局召开 2006 年度全省茧丝质量监督工作会议,省内各产区桑蚕管理部门负责人和各主要茧站负责人共 60 余人参加会议。会议要求全省茧丝企业严格按照《茧丝质量监督管理办法》和国家标准要求组织生产,部署当年茧丝质量监督工作,并请中纤局专家组对《茧丝质量监督管理办法》进行系统讲解。

2008 年 3 至 5 月,省质监局深入九江等地检查茧丝市场,走访 10 余家用茧企业,及时了解市场、企业情况,掌握第一手资料,规范茧丝收购加工秩序,开展茧丝监督工作。

2009 年 12 月 20 日,根据中纤局 2009 年度非棉纤维公证检验计划任务分配方案通知,省质监局完成桑蚕干茧公证检验任务 1000 吨,生丝公证检验任务 100 批。2010 年 3 月 24 日,中纤局在南昌市召开全国非棉纤维质量监督工作会议,中纤局副局长孙会川一行及全国来自各非棉产地的 50 多位人员参加会议,会议总结交流 2009 年非棉纤维质量监督工作,安排部署 2010 年非棉纤维质量监督工作,重点研究进一步提高非棉纤维质量监督工作的有效性。12 月 15 日,根据中纤局下达的

2010年非棉纤维公证检验任务计划分配方案，省质监局直属单位省纤检局完成桑蚕干茧2850吨，生丝公证检验100批。2001—2010年，省质监局开展化纤、羊毛、茧蚕丝质量监督工作，共开展监督执法行动20余次，出动300余人次，检查100余家企业，涉案金额达80余万元。

第三节　纺织产品服装质量监督管理

1991—2005年，纺织产品、服装质量监督管理工作未单独部署，并入产品质量监督抽查工作中。为进一步加强纺织制品监督管理，2005年，省质监局赋予省纤检局纺织制品行政执法权。是年3月8日，省质监局与省勤工俭学办联合印发《学生服面料及服装通用技术规范》，对省内学生服进行规范管理和有效监督。为确保校服品质，保障广大中小学生健康成长，省质监局开展对全省校服的质量专项行动工作，共出动人员120余人次，对全省部分校服生产企业的产品进行抽查。重点检查使用说明、可分解芳香胺、纤维含量、甲醛含量、pH值、耐洗色牢度、耐水色牢度、耐酸、碱汗渍色牢度、耐干摩擦色牢度、缝纫强力等10项指标。

2005年5月19日，省质监局与省教育厅联合印发《江西省学生用纤维制品质量监督管理暂行办法》，省质监局按照该办法对学生用纤维制品质量进行监督管理，在高校开学前走进校园对学生用床上用品、军训服等产品进行质量宣传和监督检查活动。重点加强高校床上用品供货企业产品检查力度，督促供货企业确保产品质量，并对校园周边销售劣质纺织制品的各摊点进行全面的检查；在学校学工处等部门的协助下，在校园醒目位置设立“打假联系点”，公布举报电话，发动师生积极举报制假售假违法行为，并针对一些自购自带床上用品入校的学生和家长，通过发放宣传单、警示语及现场讲解等方式，提高学生和家长防范意识。该项活动共出动人员100余人次，起到警示宣传作用，有效阻止劣质床上用品流入校园，保障学生的身体健康和切身利益。

2006年4月28日，省质监局首次召开全省羽绒及羽绒制品生产企业负责人会议，参会人员共计30人，会上就全省羽绒及羽绒制品的质量监督工作进行汇报，并对下一年羽绒及羽绒制品的质量监督工作进行全面部署。

2007年8月，省质监局根据举报对江西某学院采购的学生服装进行执法检查，经抽样检验，省内一生产企业供给该学院的3000件T恤和2000件白衬衫均不符合国家强制性标准，属劣质产品，省质监局对相关责任单位依法进行处理。是年，省质监局共出动执法人员200人次，对全省范围的纺织制品及服装进行监督检查。检查范围涉及南昌、九江、吉安、赣州、抚州等地区，检查的产品涉及湿巾、四件套、被子、护士服、羽绒服等；共立案15起，罚没款共计20.8万元。

2008年4月1日，省质监局召开2008年全省学生用床上用品和军训服生产、销售企业监督工作会议，参会人员共计40人，生产销售企业30家，会上倡议各企业加强行业自律。6月27日，省质监局与省教育厅联合转发国家质检总局、教育部《关于加强高校学生床上用品质量监督管理工作的通知》，省质监局严格执行通知要求，深入省内各大高校对高校学生床上用品进行突击检查，共出动40人次，查处4起违法案件，查处4家企业，罚款6.2万元，对高校学生进行宣传10次，发放宣传制品200余份。

2009年4月1日,省质监局制定实施《江西省纤维制品企业质量信用等级评定实施细则》,首次对省内集团采购供货企业实施质量信用等级管理制度。2010年3月30日,省质监局召开2010年全省高校集团采购学生用床上用品、军训服等产品质量监督工作座谈会,共计参会人员45人,就高校集团采购学生用床上用品、军训服等产品质量监督工作进行汇报,并对下一年高校集团采购学生用床上用品、军训服等产品质量监督工作进行全面部署。

至2010年,省质监局开展纺织产品、服装质量监督工作,共开展质量监督行动10余次,出动8000人次,查处64起违法案件,查处64家企业,罚款88.02万元。

第四节　絮用纤维制品质量监督管理

1991—2005年,絮用纤维制品质量监督管理工作未单独部署,并入产品质量监督抽查工作中。为进一步加强絮用纤维制品质量监督管理,2001年,省质监局赋予省纤检局絮用纤维制品质量监督执法权。

2001年7—9月,省质监局对省内生产加工企业、销售企业、医院、宾馆、幼儿园、大中专院校的棉絮进行监督抽查,共抽查285批次产品,合格110批次,抽样合格率为38.6%。不合格棉絮175批次计19057床,其中"黑心棉"141批次计17384床。

8月27日至11月27日,省质监局在省内集中开展棉絮质量监督抽查和专项打假统一行动,共出动执法人员6827人次,检查生产加工企业695家、经销企业876家,发现有问题的生产加工企业118家、经销企业191家;检查学校、宾馆、饭店、医院、834家,发现有问题的学校、宾馆、饭店、医院130家;没收劣质棉絮10021床,标值46.9万元;捣毁生产加工和销售窝点35个;查处违法案件252起,罚没款31.3万元。

10月18日,省质监局组织举行全省絮棉国家标准《絮用纤维制品通用技术要求》宣传贯彻会,来自省内大中专院校、絮棉制品经销商、生产企业及质监部门代表参加会议。通过此次宣传贯彻,提高大中专院校、宾馆、医院等絮棉制品集团采购方的絮棉质量意识和鉴别能力,规范了省内絮棉市场秩序。

11月,省质监局将纤维制品技术监督行政执法权委托省纤检局行使,并发文批准成立省纤检局技术监督行政案件审理委员会。

2002年4月17日,省质监局向省高校后勤研究会发函《关于尽快实施〈江西省高校学生用纤维制品质量监督管理暂行办法〉的建议》,进一步加强高校学生用絮用纤维制品的监督管理,同时组织执法人员40余人次开展对高校学生用絮用纤维制品监督抽查,检查10余家企业,抽查絮用纤维制品3万套。8月19日,省质监局下发《关于在全省开展"黑心棉"专项打假行动的通知》,组织执法人员在省内全面开展"黑心棉"打假工作,共计出动100余人次,检查20余家企业,查处3起违法案件,罚款约3万元。12月10日,省质监局按照联合下发的《关于加强集团购买絮用纤维制品质量监督工作的意见》要求,全面开展集团购买絮用纤维制品质量监督工作。

2003年6月,省质监局开始对全省医院用于经营性服务的棉胎质量进行监督检查,"黑心棉"

打假范围持续深入，共计出动执法人员 60 余人次，抽查 10 余家生产企业，查处违法案件 3 起，罚款 3 万余元。

是年，全国非典型性肺炎疫情严重，省质监局组织执法人员对省内各地市重点医院进行全面检查，共立案查处 13 家医院，杜绝“黑心棉”流入医院，保护住院患者权益。江西电视台、《江南都市报》《信息日报》等媒体对此进行相关报道。省质监局对全省棉絮生产企业进行复查，有 14 家棉絮生产企业重新取得资格，24 家床上用品生产企业列入公证检验跟踪单位，进一步维护学生的合法权益和身心健康。

2004 年 4 月 9 日，省质监局首次召开 2004 年度全省絮棉加工企业工作会议，共有 26 家絮棉加工企业参加会议，会上就 2003 年絮用纤维制品监督情况进行通报，把省内絮用纤维制品工作纳入常规化监督管理范围。

2006 年 6 月 14 日，国家质检总局第 89 号局长令公布《絮用纤维制品质量监督管理办法》，自 2006 年 9 月 1 日起施行，省质监局认真组织全体人员学习，并遵照该项办法执行絮用纤维制品质量监督管理工作。9 月，省质监局加强与高校合作，联合发布公告，出动执法人员 100 余人次，联合新闻媒体对省内相关高校周边的“黑心棉一条街”进行查处和曝光，对已流入学生手中的劣质絮棉进行回收，进一步维护学生的切身利益。10 月召开省内絮用纤维制品质量监督管理办法宣传贯彻会，共有 30 家絮棉加工企业参加会议。

2007 年 12 月，省质监局执法人员经过详细调查摸底，一举端掉某批发市场存储大量劣质絮用纤维制品的仓库，查获黑心棉棉胎及棉大衣 4800 余床（件），军训服 2280 件，货值 22 万元，严厉惩处制假售假分子。12 月 19 日，省质监局按照《关于加强救灾救济用絮用纤维制品质量监督管理的通知》要求，开展救灾救济用絮用纤维制品质量监督管理工作，进一步规范省内救灾救济用絮用纤维制品市场秩序，联合省民政厅发文，对省内民政救灾絮用纤维制品进一步进行监管。

2008 年 1 月，省质监局联合民政部门，对省民政系统救灾救济用絮用纤维制品开展专项检查。共出动执法人员 115 人次，检查生产企业 20 余家，检查 30 余批次，棉胎 3.7 万床，被套 3.7 万床。其中，不合格棉胎约 15000 余床，不合格被套约 4000 床，立案 13 起。

4 月，省质监局召开由全省学生用絮用纤维制品监督座谈会，省内 30 余家学生用絮用纤维制品生产企业负责人参加，通报 2007 年工作情况，部署 2008 年工作任务。

2009 年，依据中纤局有关要求，省质监局从全省各地选取部分幼儿园作为重点监控对象，集中开展幼儿园用絮用纤维制品专项整治活动，共出动执法人员 30 余次，检查幼儿园 10 余家，检查絮用纤维制品 200 余套。

2007—2009 年，省质监局每年开展高校新生用絮用纤维制品专项检查，邀请大中专院校在校内联合建立“黑心棉”打假联系点，共同打击制售“黑心棉”的违法行为，维护高校学子合法权益，形成絮用纤维制品质量监督工作齐抓共管良好局面，共计出动执法人员 600 余人次，发放宣传资料 3000 余份，抽查絮用纤维制品 10 余万套。

至 2010 年，省质监局开展絮用纤维制品质量监督工作，共开展质量监督行动 30 余次，出动 1500 余人次，查处 200 余起违法案件，查处 70 余家企业，罚款 200 余万元。

第五篇　认证认可

认证是指由认证机构证明产品、服务、管理体系符合相关技术规范、相关技术规范的强制性要求或者标准的合格评定活动。认可是指由认可机构对认证机构、检查机构、实验室以及从事评审、审核等认证活动人员的能力和执业资格,予以承认的合格评定活动。认证认可作为国际通行的规范经济、促进发展的重要手段,在从源头上确保产品质量安全、规范市场行为、指导消费、保护环境、保护人民生命健康、促进对外贸易等方面发挥不可忽视的作用。认证认可包括质量认证、实验室资质认定与监督管理等。

为提高检验工作质量,国家在试点的基础上于 1987 年开始对质量检验机构实施计量认证考核,1990 年,国家发布《标准化法实施条例》,明确对设立质量检验机构进行审查认可(验收)。质量检验机构计量认证和审查认可(验收)是实验室资质认定的两种形式。20 世纪 90 年代,全省认证认可工作,分别由省经济委员会(后改为省经济贸易委员会)、省标准局和省计量局(后合并为省技监局)管理,2000 年 1 月起,统一由省质监局管理。

认证认可工作的主要依据为:《中华人民共和国认证认可条例》(国务院令第 390 号,自 2003 年 11 月 1 日起施行);《国务院办公厅关于加强认证认可工作的通知》(国办发〔2002〕11 号);《强制性产品认证管理规定》(国家质检总局令第 5 号,自 2002 年 5 月 1 日起施行,2009 年 9 月 1 日废止);《认证违法行为处罚暂行规定》(国家质检总局令第 29 号,自 2002 年 12 月 15 日起施行);《有机产品认证管理办法》(国家质检总局令第 67 号,自 2005 年 4 月 1 日起施行);《产品质量检验机构计量认证管理办法》(1987 年 7 月 10 日原国家计量局发布,2006 年 4 月 1 日废止);《实验室和检查机构资质认定管理办法》(国家质检总局令第 86 号,自 2006 年 4 月 1 日起施行)及其他部门规章等有关文件。

2009 年 9 月省编办核准同意在省质监局成立认证监管处,2010 年 6 月省编办同意在各设区市质监局成立认证监管科,全省质监系统初步建立起认证执法监管体系。通过每年对认证执法监管人员进行业务培训,建立一支省、市、县三级认证行政监管工作队伍;推进全省自愿性认证和强制性产品认证,全省获认证证书总数达到 7019 张,在全国排名列第 19 位;加强强制性产品认证监管工作,通过完善生产企业质量档案管理、确定重点监管企业和产品目录、建立强制性产品认证生产企业巡查制度等手段,加强全过程认证监管,有效保障强制性产品认证产品质量安全;加强对认证机构监督管理,初步建立认证活动行政监督制度。加强认证咨询机构的行政许可管理。加强自愿性认证活动监督管理,开展管理体系认证和食品农产品认证有效性监督检查。规范实验室管理,全省共有 851 家实验室(质量检验机构)通过计量认证,其中有 63 家实验室(质量检验机构)同时通过审查认可(验收),为全省经济社会发展提供技术保障。

第一章　质量认证

质量认证包括产品认证和管理体系认证等。20世纪80年代,国家开始对质量认证工作实施行政管理。1993年,《中华人民共和国产品质量法》颁布,规定在全国推行企业质量体系认证制度和产品质量认证制度,质量认证纳入政府行政管理范畴。

20世纪90年代初,省政府有关部门加强推行质量认证工作的领导,省经济委员会(后改为省经济贸易委员会)、省标准局(后改为省技监局、省质监局)分别组织开展相关标准的宣传贯彻、培训,推动全省质量认证工作。

1996年9月16日,根据国家有关法律、法规和规章的规定以及省政府有关文件精神,省经济贸易委员会成立江西省质量认证办公室,统一负责全省质量认证工作的管理,确保全省质量认证事业健康发展,促进该项工作尽快与国际惯例接轨。

从2000年开始,省质监局强化对强制性产品认证监管,加强对认证机构管理,组织全省开展管理体系认证有效性监督检查、食品农产品认证有效性监督检查工作,坚决查处虚假认证、买卖认证证书和减少、遗漏认证基本规范、规则等认证违法行为,维护认证认可市场秩序。2009年9月29日,省质监局增设认证监管处,负责全省认证监管工作。2010年6月29日,省编办印发《关于各设区市质量技术监督局增设认证监管科的批复》,同意11个设区市质量技术监督局增设认证监管科。

至2010年,全省认证从业机构不断发展,有3家认证机构分支机构、12家认证机构办事处、4家认证咨询机构;产品认证和管理体系认证数量不断增加,获得1754张强制性产品认证证书、1275张自愿性产品认证证书、3990张管理体系认证证书。

第一节　质量认证制度

自1978年中国恢复在国际标准化组织的成员地位以来,国家积极研究认证制度及相应的国际规范,建立适应本国需要的认证制度。至2010年,已经建立并实施强制性产品认证制度、自愿性产品认证制度、进出口食品加工企业卫生注册制度以及ISO9000、ISO14000等标准的管理体系认证制度,并在此基础上建立认证人员注册、认证机构和实验室认可制度。

强制性产品认证是指国家以立法或颁布强制性指令等方式对一些涉及人体健康、环保、安全等方面的产品实施强制性认证制度。实施强制性认证的产品如果没有经过认证,禁止进入市场流通。2001年12月,为适应加入WTO的需要和与国际惯例接轨,国家发布中国强制性产品认证制度(即CCC认证)。

自愿性认证是指由国家认证认可管理部门制定相应的认证制度,经批准并具有资质的认证机构按照"统一的认证标准、实施规则和认证程序"开展实施的认证项目。自愿性认证包括管理体系认证和自愿性产品认证。

管理体系认证,是指由认证机构依据公开发布的管理体系标准和补充文件,对组织的体系进行评定。经评定合格的企业,由认证机构对其颁发体系认证证书,证明组织在特定的范围内具有必要的管理能力。管理体系认证根据所依据的标准不同进行划分,主要包括:质量管理体系(QMS)认证、环境管理体系(EMS)认证、职业健康安全管理体系(OHSMS)认证、危害分析与关键控制点(HACCP)认证、食品安全管理体系(FSMS)认证、软件过程及能力成熟度评估(SPCA)认证等。

自愿性产品认证主要包括:无公害农产品认证、绿色食品认证、有机产品认证、饲料产品认证、工业产品认证等。

至2001年底,全省共有403家企业贯彻实施GB/T19000族标准;256家企业取得质量(管理)体系认证证书,6家企业取得环境管理体系认证证书,51项产品取得产品质量认证证书。

2002年11月,省质监局发出《关于对我省企业通过管理体系认证和产品认证情况进行调查的通知》,组织对全省企业管理体系认证和产品认证情况进行一次全面调查。

2007年4月,省质监局转发国家质检总局、国家认监委《关于印发〈关于进一步加强和改善认证行政执法工作的意见〉的通知》,要求各设区市局进一步理顺认证行政执法体制,完善工作机制,加大执法力度,提高行政执法效能和监管效率,促进认证行政执法工作健康、有序、全面发展。

2008年12月,省质监局转发国家认监委《关于建立认证行政执法工作情况统计汇报制度的通知》,决定自2009年1月起对认证行政执法工作情况实行月报制度,要求各设区市局按照要求认真做好执法统计信息报送工作。

第二节　认证从业机构

认证从业机构是指从事认证认可活动的机构。主要包括:认证机构、认证培训机构、认证咨询机构。自20世纪90年代中期以来,全省认证机构分支机构、认证机构办事处和认证咨询机构陆续建立,接受技术监督部门的监督管理。

认证机构分支机构

1991年9月,中国方圆标志认证委员会成立,并在全国六大区(沈阳、北京、南京、广州、成都和西安)设立工作站,作为中国方圆标志认证委员会的派出机构,开展认证工作。

2001年7月,省质监局向国家认证认可监督管理委员会(以下简称国家认监委)提出申请,在省质量技术监督培训中心设立江西质量体系认证中心,但未获批准。

认证机构办事处

1997年8月,省技监局向中国方圆标志认证委员会提出申请,在省计量协会成立中国方圆标志认证委员会江西认证工作办事处。

2001 年 9 月，省质监局向中国方圆标志认证委员会提出申请，在省质量技术监督培训中心设立中方委江西办事处。

认证咨询机构

2002 年，根据国家质检总局《质量认证咨询机构备案登记管理办法》，省质监局制定《江西省质量认证咨询机构备案工作程序》，对江西省认证咨询机构进行梳理，并完成认证咨询机构重新登记前的审查及上报推荐工作。

2003 年，省质监局对全省认证咨询机构重新进行梳理，全省共有 9 家认证咨询机构获国家认监委批准。

2004 年 5 月，省质监局按照《认证咨询机构管理办法》等规定，完成对 5 家认证咨询机构的监督检查，对发现的问题督促机构限期整改。

至 2007 年底，全省有效期内的认证咨询机构 5 家，认证咨询机构江西分支机构 1 家。

2010 年，省质监局对 1 家认证咨询机构扩项申请进行备案，并上报国家认监委。

2010 年 3 月，省质监局依据《中华人民共和国认证认可条例》和国家质检总局《认证咨询机构管理办法》（国家质检总局令第 82 号）的规定，对江西华真科技咨询服务有限公司和武汉科力协管理顾问有限公司江西分公司等 2 家认证咨询机构的批准书有效期届满未延续，依法注销其认证咨询机构批准证书。

认证从业机构监督管理

1994 年 1 月，根据《中华人民共和国产品质量法》第九条的规定，国家技监局依据国际标准化组织公布的有关指南和国际惯例，制定《质量体系认证机构认可规则》和《质量体系认证实施程序规则》，依法对全国质量体系认证工作实施统一管理。

1995 年 8 月，根据《中华人民共和国产品质量法》的有关规定，国家技监局对全国质量体系认证工作实施统一管理，制定《质量体系认证机构认可管理办法》，规范质量体系认证机构资格认可工作。

2001 年，省质监局转发国家质检总局《关于对认证机构及认证咨询机构进行调查的函》，对辖区内境内外认证机构及境内外认证咨询机构活动的情况进行调查，坚决查处买证、卖证和一条龙咨询认证等违规行为，积极推进自愿认证、认证咨询和相关培训中介组织的改革和发展，引导认证中介服务组织开展有序竞争，提高管理体系认证、服务认证和产品认证的有效性。

2003 年，省质监局完成国家认监委下达的 24 家获体系认证企业的认证稽查任务并汇总、上报。共查处 5 家违规认证咨询机构、1 家违规认证机构，并对 34 家未经国家认监委批准的机构进行通报，规范全省认证咨询市场。

2007 年，省质监局共检查 22 家认证机构评审的 31 家食品生产企业，对违反《中华人民共和国认证认可条例》的4家认证机构实施行政处罚,对违反规定的3家认证机构进行调查处理。

2008年,省质监局积极推进认证及认证咨询机构信息政务公开工作。全省2家认证分支机构、8家认证机构办事处和6家认证咨询机构的有关信息在江西质监网上公开,方便公众查询。

2010年,省质监局被国家认监委确定为全国首批重点推动认证执法监管体系建设的8个省级质量技术监督局之一,在全省质监系统开展加强认证执法监管体系建设工作,制定《江西省加强认证执法监管体系建设工作实施方案》。是年,省质监局被国家认监委确定为自愿性认证活动执法监管系统试运行省级质量技术监督局单位之一,并从2010年5月20日开始试运行该系统。期间,组织全省对13家企业20项认证活动进行抽查。自2010年12月起,全省正式运行该系统。初步建立认证从业机构认证活动行政监督制度。

2010年4月,省质监局制定《江西省认证机构监督管理暂行规定》,加强对认证机构的监督管理,实行对认证活动的全过程监督管理。召开在赣认证从业机构座谈会。

2010年6月,省质监局下发《关于上报认证监管工作有关信息的通知》,有序规范开展全省认证机构的监管工作。

表5-1-1 2010年底江西省认证从业机构情况

机构性质	机构名称
认证机构分支机构	方圆标志认证集团江西有限公司
认证机构分支机构	中大华远认证中心南昌分中心
认证机构分支机构	中国检验认证集团江西分公司
认证机构办事处	北京兴国环球认证有限公司江西办事处
认证机构办事处	北京中绿华夏有机食品认证中心江西办事处
认证机构办事处	北京恩格威认证中心江西办事处
认证机构办事处	广州赛宝认证中心服务有限公司南昌办事处
认证机构办事处	北京联合智业认证有限公司南昌办事处
认证机构办事处	凯新认证(北京)有限公司江西办事处
认证机构办事处	凯新认证(北京)有限公司南昌办事处
认证机构办事处	中饮标(北京)安全饮品认证中心江西办事处
认证机构办事处	中质协质保中心江西办事处
认证机构办事处	深圳环通认证中心江西办事处
认证机构办事处	北京中联天润认证中心江西南昌办事处
认证机构办事处	浙江公信认证有限公司江西办事处
认证咨询机构	江西金钥匙智业顾问有限公司
认证咨询机构	南昌九州企业管理咨询中心
认证咨询机构	南昌信达咨询策划有限公司
认证咨询机构	江西华创认证咨询有限公司

第三节　产品认证

1981年国家开展产品质量认证试点工作以来，至1991年，全省共有8家企业的19种产品通过了有关认证委员会的认证，“八五”期间，全省共有33种产品获得质量认证。

强制性产品认证

至1991年，江西瑞金电线厂等企业生产的聚氯乙烯绝缘连接用软电线等13种产品通过中国电工产品认证委员会的长城标志安全认证。

1994年9月，省标准局转发国家技监局《关于对实施安全认证的电工产品进行监督检查的通知》，部署全省对家用及类似场所用的断路器等11种首批实行强制性监督管理的电工产品实施监督检查。

2001年12月，国家质检总局和国家认监委公布“统一标准、技术法规和合格评定程序，统一目录，统一标志，统一收费标准”四个统一的强制性产品认证制度，标志着新的强制性产品认证制度正式建立。新的国家强制性认证标志名称为“中国强制认证”，英文名称为“china compulsory certification”，英文缩写为“CCC”标志。是月，国家质检总局、国家认监委公告列入《第一批实施强制性产品认证的产品目录》的19类132种产品，并自2002年5月1日起，由中国质量认证中心等9家认证机构开始组织受理认证申请。自2003年5月1日起，未获得强制性产品认证证书和未加施“CCC”认证标志的产品不得出厂、销售、进口。

2002年，中国进出口质量认证中心和中国电工产品认证委员会秘书处等合并为中国质量认证中心（CQC），从事除农机产品、消防产品、安防技术防范产品以外16类产品CCC认证工作。7月，省质监局发出《关于对列入〈第一批实施强制性产品认证的产品目录〉产品的生产企业进行调查的通知》，根据国家质检总局和国家认证认可监督管理委员会2001年第33号公告要求，自2003年5月1日起，未获得强制性产品认证证书和未加施中国强制性认证（CCC认证）标志的产品不得出厂、销售、进口。为帮助全省企业做好强制性产品认证的准备工作，省质监局决定对全省列入《第一批实施强制性产品认证的产品目录》产品的生产企业进行调查，以便及时将国家法律法规和国家认监委的有关要求宣传贯彻到企业，指导和帮助企业做好申请强制性产品认证等各项工作。10月，CQC上海分中心成立，是CQC设立在上海市的分支机构，主要承担上海、安徽和江西等两省一市强制性产品认证工作。

是年，省质监局为全省有关企业申请强制性产品认证做好服务工作，召开有150家企业参加的全省强制性产品认证制度宣传贯彻会。经调查摸底，全省有223家企业、400余种产品被列入CCC认证范围，并建立涉及CCC认证管理产品生产企业的质量档案。

2003年，省质监局组织举办强制性产品认证工厂检查员培训班，培训强制性产品认证工厂检查员。3月，省质监局转发国家质检总局、国家认监委《关于明确强制性产品认证制度和工业产品生产许可证制度管理范围有关问题的通知》,提出对不再实施工业产品生产许可证制度管理的产品,省质监局不再受理企业办理生产许可证申请,各级质监部门应督促有关企业及时办理强制性产品认证。8月,省质监局组织开展强制性产品认证行政执法工作。全省质监系统行政执法人员深入到有关企业、市场,对电视机、电冰箱、洗衣机、台式电脑、插头插座、电线电缆等产品进行专项监督检查,取得阶段性成果。至2003年底,全省共有223家企业获730张CCC认证证书。

2004年4月,省质监局向国家质检总局、国家认监委提出申请,请求批准省质检院承担省额定电压450V/750V及以下电线电缆产品(耐油聚氯乙烯护套屏蔽和非屏蔽软电缆除外)及溶剂型木器涂料、瓷质砖、混凝土防冻剂等装饰装修产品强制性产品认证检测任务。至2004年底,全省共有230家企业获976张CCC认证证书,证书数占全国总数的0.61%,在全国列第19位。其中,家用和类似用途设备、机动车辆及安全附件、电线电缆产品、低压电器是全省CCC认证的主体,这4类产品获CCC认证证书数占全省80.7%,生产企业数占全省总数的68.7%。

2005年3月,省质监局再次请求国家认监委批准省质检院承担"电线电缆、装饰装修产品"强制性产品认证检测任务。4月,省质监局转发国家质检总局、国家认监委《关于全面加强强制性产品认证行政执法工作的通知》,要求各设区市局指定专门科室和专人具体负责做好强制性产品认证行政执法情况的统计工作,并按季度上报《强制性产品认证行政执法工作情况统计报表》。9月,省质监局转发国家认监委《关于开展2005年强制性产品认证行政执法监督检查的通知》,要求各设区市局、省质监稽查总队切实加强领导,统筹安排,精心组织,全面落实,并对2003年8月1日以来开展强制性产品认证行政执法工作情况进行总结。是月,省质监局转发国家认监委《关于全面开展强制性认证目录内的装饰装修产品认证行政执法工作的通知》和《中国国家认证认可监督管理委员会公告2005年第13号》,要求相关单位认真贯彻执行。至2005年底,全省共获1081张CCC认证证书。

2006年5—10月,全省开展以直接关系人身、财产安全及认证有效性较差的电线电缆、照明设备、电动工具、家用及类似用途设备和电路开关及保护或连接用电器装置等5类28种产品为重点的CCC认证产品专项整治工作,清理整顿非法认证行为。全省质监系统共查处违反强制性产品认证案件1308起。至2006年底,全省共获1298张CCC认证证书。

2007年6月,省质监局转发国家认监委《关于全面开展玩具产品强制性产品认证行政执法工作的通知》,要求各设区市局认真做好强制性产品认证行政执法统计工作,尤其要认真总结"玩具产品CCC认证行政执法"工作情况。7月,省质监局转发国家认监委《关于进一步提高强制性产品认证有效性和加强认证监管工作的通知》,要求各设区市局认真贯彻实施。

10月,省质监局发出《关于进一步加强重点产品生产企业建立企业质量档案工作的通知》,要求各设区市局进一步加强对列入CCC认证目录范围的家用电器、儿童玩具、汽车配件、低压电器、电线电缆等重点产品生产企业建档工作,对列入建档范围的企业100%建立质量档案,严格审核企业质量档案数据,加强帮扶整治工作,对经帮扶仍达不到获证条件的企业,及时采取措施责令停产、转产,并予以登记,进行跟踪检查;对有制假制劣行为的企业,依法查处,坚决取缔。至2007年底,全省共获1224张CCC认证证书。

2008年3月，省质监局转发国家认监委《关于自助终端类产品强制性产品认证有关问题的通知》，要求各设区市局认真遵照执行。5月，省质监局转发国家认监委《关于全面开展农机产品强制性产品认证行政执法工作的通知》，要求各设区市局认真遵照执行。2008年，省质监局指导全省开展强制性产品认证行政执法检查工作，严厉查处违法行为，提高产品质量安全水平。全省质监系统共检查CCC认证有关单位2358家次，其中，生产企业216家次，经销单位1259家次，从事经营性活动单位883家次；罚没款总额合计386万元。至2008年底，全省共获1373张CCC认证证书。

2009年，省质监局下发《江西省强制性产品认证行政监管工作方案》，明确指导思想、工作目标、监管对象、工作内容、工作任务和工作要求。各设区市质监局对全省359家CCC认证产品获证企业建立质量档案，并实施动态管理，开展对辖区内获证企业的巡查。10月，省质监局按照国家认监委《关于对强制性产品认证行政监管工作进行检查的通知》要求，认真开展强制性产品认证行政监管自查工作，并对自查中发现的问题及时进行整改。至2009年底，全省共获1547张CCC认证证书。

2010年5月，省质监局转发国家认监委《关于进一步加强玩具产品强制性产品认证监督检查工作的通知》，组织有关设区市质监局对获得玩具产品CCC认证证书的6家生产企业开展巡查。2010年5—7月，省质监局第一次承担国家认监委组织的强制性产品认证获证产品监督抽查工作，在28家经销企业中抽查44家玩具企业生产的52个批次产品，其中31家企业38个批次产品合格，批次合格率为73.1%。至2010年底，全省共获1754张CCC认证证书。

自愿性产品认证

至1991年，南昌无线电四厂生产的金属化聚丙烯介质电容器等2种产品通过中国电子元器件质量认证委员会PRC标志的合格认证；江西水泥厂等企业生产的525号硅酸盐水泥等4种产品通过中国水泥产品质量认证委员会的合格认证。

1991年9月，中国方圆标志认证委员会在京正式成立，代表国家实施以自愿性合格认证为主的产品质量认证，为推动全国产品质量认证工作发挥重要作用。中国方圆标志认证委员会是国家技监局直接设立的第三方国家认证机构，下设认证工作站作为认证委员会的派出机构。中国方圆标志认证委员会设立的认证站分别是：东北认证站（沈阳）、华北认证站（北京）、华东认证站（南京）、中南认证站（广州）、西南认证站（成都）和西北认证站（西安），其中华东认证站（南京）负责包括江西在内的华东六省一市产品质量认证工作。

2004年，按照国家认监委《关于对获农产品认证企业开展专项监督检查的通知》要求，省质监局组织对省内9家获农产品认证企业开展专项监督检查，检查组行程近4000公里，遍及赣南、赣东和赣西等地。检查产品涉及蜜桔、脐橙、茶叶、蔬菜等，农产品认证类型涉及有机、绿色和无公害认证。至2004年底，全省共获52张自愿性产品认证证书。

2005年，按照国家认监委《关于开展食品和农产品认证标志专项监督检查工作的通知》要求，省质监局组织开展对南昌及其所辖县区内的大型超市、商场和认证产品专卖店等场所食品和农产品认证标志专项监督检查。共出动87个检查组,4733人次,检查86个超市、商场等场所,检查产品744种,涉及生产企业304家。发现违法违规使用标志的产品299种,占检查产品总数的40.2%,涉及生产企业109家,认证机构6家。至2005年底,全省共获78张自愿性产品认证证书。

至2006年底,全省共获有机产品认证证书242张,获绿色食品认证证书503张。至2007年底,全省共获有机产品认证证书344张,获其他自愿性产品认证证书122张。

2008年2月,省质监局、省发改委联合转发国家质检总局、国家发改委和国家认监委《关于发布〈关于加强资源节约产品认证工作的意见〉的通知》,要求重点推进全省太阳能、生物质能、风能等产品以及节水、节电、节油产品的认证工作。至2008年底,全省共获有机产品认证证书25张,获绿色食品认证570张,获无公害农产品认证411张,获良好农业规范认证证书1张,获其他自愿性产品认证证书156张。

至2009年底,全省共获有机产品认证证书107张,获绿色食品认证证书679张,获无公害农产品认证证书473张,获良好农业规范认证证书9张,获其他自愿性产品认证证书295张。

2010年8—9月,省质监局组织开展食品农产品认证有效性监督检查工作,按照检查比率不低于有效证书总数20%的要求,全省共检查食品农产品认证企业228家,涉及获证产品319个,涉及认证机构16家,检查人日数257人日。发现主要问题:一是3家获证企业存在超期使用认证证书行为,占全部检查企业比率的1.3%,占全部违规行为比率的37.5%。二是5家企业存在冒用、超范围、超期使用认证标志行为,占全部检查企业比率的2.2%,占全部违规行为比率的62.5%。其中1家获证企业还存在放松质量管理,产品质量不能持续符合认证要求行为。三是存在问题的获证产品集中在绿色食品和有机产品。四是通过对企业的检查,发现1家认证机构涉嫌认证咨询一条龙行为,1家认证机构涉嫌未按认证实施规则实施认证行为。

2010年11月,省质监局转发国家认监委《关于切实加强食品农产品认证监管工作的通知》,要求各设区市局建立有机产品认证监管联动机制,在2011年元旦、春节期间组织开展对有机产品认证标志专项监督检查工作。至2010年底,全省共获有机产品认证证书111张,获绿色食品认证证书470张,获无公害农产品认证证书382张,获良好农业规范认证证书13张,获其他自愿性产品认证证书299张。

第四节　管理体系认证

20世纪90年代初,全省开始实施质量体系认证工作,重点开展企业质量管理体系认证。2000年以后,陆续开展质量管理体系认证、职业健康安全管理体系认证、环境管理体系认证和食品安全管理体系(HACCP)认证等管理体系认证。

1993年3月,省经济委员会为加强对贯标工作的政策导向和业务指导,督促和鼓励企业的质量管理工作和国际惯例接轨,建立和完善适合市场经济要求的质量体系。在全省确定一批宣传贯彻GB/T19000系列国家标准试点企业:南昌柴油机厂、江西棉纺织印染厂、南昌飞机制造公司、南昌市邮政局、南昌电信局、江西氨厂、江西乳品厂、江西生物药厂、江西锅炉厂、南昌钢铁厂、南昌开关厂、江西电子仪器厂、南昌饲料厂、华意电器总公司、东风制药厂、乐平食品厂、雕塑瓷厂、光明瓷厂、四三二一厂、八九七厂、江西水泥厂、江西工业电炉厂、七一三厂、江西制氧机厂、赣州钨钼材料厂、赣州木材厂、赣南卷烟厂、怀玉山活性炭厂、上饶线材厂、浒坑钨矿、吉安机床厂、赣州制药厂、江西酒厂、抚州棉纺织厂、江西汽车底盘厂、高安灰埠瓷厂、江西特种电机股份有限公司、宜春工程机械厂、江西发动机制造厂、万龙山电扇厂、萍乡客车厂、分宜煤矿电机厂、新余纺织厂、江西巧克力食品厂、贵溪冶炼厂、鹰潭水泵厂、江西汽车制造厂、上饶地区酒厂、江西拖拉机制造厂、江西手扶拖拉机制造厂、江西变压器厂、江西电缆厂、上饶客车厂、富奇汽车厂、江西齿轮箱总厂、赣州电机厂、八三四厂、江西涤纶厂、九江化纤厂、九江玻璃纤维厂、德安水泥厂、江西重型机床厂、江西车辆开关厂、江西华赣服装公司、萍乡轴承厂、新余辊锻厂、江西合成洗涤剂厂、鹰潭市磷肥厂、鹰潭市铜材厂、赣新电视有限公司、江西电线电缆总厂、江西赣丰饲料公司、江西红星粮食饲料厂、江西直流电机厂。并提出总结推广试点企业的经验,鼓励条件成熟的企业自愿申请质量管理体系认证。

1994 年 8 月,省经济委员会《一九九四年上半年质量工作情况报告》提出,抓好 GB/T19000－ISO9000 系列标准的贯彻试点,积极做好试点企业的培训,咨询和认证准备等服务工作,下半年力争完成 5 个企业的认证前审核工作。举办 2 期内部审核员培训班,为每个试点企业培训 6 至 8 名内部审核员。9 月,省经济委员会制订《百户经济效益上台阶企业质量管理基本要求》,其中包括企业开展 ISO9000 系列标准宣传贯彻工作。

1995 年 2 月,省经济委员会《一九九五年质量工作安排意见》提出:组织 100 个企业推行 GB/T19000－ISO9000 系列标准,建立健全质量体系。11 月,省经济贸易委员会印发《关于"着力宣传贯彻 ISO9000 国际标准,促进企业管理改革"的通知》,要求广大企业要认清形势,提高全体职工的质量管理意识,要以贯彻执行 ISO9000 系列标准为契机,深化企业全面质量管理。全省共有 73 家企业进行"贯标"试点,有 5 家电子企业通过质量管理体系认证。

1996 年 3 月,省经济贸易委员会印发《关于印发〈江西省贯彻实施 GB/T19000－ISO9000 系列标准重点企业进度表〉的通知》,要求列入《进度表》的企业要对"贯标"工作实行目标管理,将"贯标"工作落到实处。省经济贸易委员会根据需要适时组织对企业"贯标"工作的考评和经验交流活动,把"贯标"工作作为全省实施"名牌战略"和省质量管理奖评审的一项基础工作来抓,抓好重点、推广到面,以推动全省质量管理工作广泛深入开展。11 月,省经济贸易委员会在 1996 年度质量项目技措费中分配给江西省质量认证办公室 5 万元,用于 ISO9000 标准宣传贯彻、国家注册审核员培训、贯标考评。12 月,省经济贸易委员会引导企业通过采用科学的质量管理方法、增强质量意识、提高质量管理水平,贯彻落实《质量振兴纲要》。通过采用先进的科技成果、提高产品质量、促进产品升级换代、优化产业和产品结构、提高资源综合利用效率和经济效益,决定制订《江西省"九五"重点企业贯彻实施 ISO9000 族标准规划》。

1997 年 7 月,江西质量认证中心经江西省质量认证办公室批准和省工商行政管理局登记注册,正式成立,具备独立的法人地位。为使江西质量认证中心能尽早通过国家技监局及中国质量体系认证机构国家认可委员会的资格认可,省经济贸易委员会请求国家技监局尽早安排对江西质量认证中心审查认可。

2000 年,省质监局积极宣传贯彻质量管理和质量保证系列标准,帮助企业建立和完善质量保证体系。至 2000 年底,全省共有 239 家企业通过 ISO9000 质量体系认证。

2001 年,省质监局积极帮助企业培养质量管理专业人员,建立和完善质量管理体系,举办 1 期注册质量体系内部审核员培训班和 1 期 2000 版质量体系内部审核员转换培训班,为企业培训质量管理体系内审员共 70 人。7 月,全省拥有国家注册验证审核员、主任审核员和审核员等各类级别审核员共 100 余人,涉及设计开发、生产制造、安装和服务等专业领域。是年,全省共有 403 家企业贯彻实施 GB/T19000 族标准。至 2001 年底,全省共有 256 家企业取得质量管理体系认证证书,6 家企业取得环境管理体系认证证书。

2002 年,江西铜业集团首次将 ISO9000 质量管理体系导入到党建工作中,开创国有企业在党建工作中推行 ISO9000 质量管理体系的先河。12 月,中国质量认证中心(CQC)和江西铜业集团公司联合在人民大会堂召开"江西铜业集团公司党建工作 ISO9001 认证颁证会",中共中央组织部副部长李景田、国家认监委党组书记、主任王凤清为江铜集团颁发全国首张党建工作质量管理体系认证证书。至 2002 年底,全省共有 2055 家企业获国家认可的认证机构颁发的质量管理体系认证证书。

2003 年,省质监局组织全省完成 27 家通过质量管理体系认证企业认证有效性监督检查工作。至 2003 年底,全省获经国家认可的认证机构颁发的质量管理体系认证证书 2286 张。

至 2004 年底,全省共获经国家认可的认证机构颁发的管理体系认证证书 2974 张。其中,质量管理体系认证证书 2917 张,环境管理体系认证证书 40 张,职业健康安全管理体系认证证书 15 张,危害分析与关键控制点认证证书 2 张。

2005 年,抚州市质监局通过 ISO9001 认证,国家认监委副主任刘卓慧和中国方圆认证中心主任张伟等到会颁发认证证书。至 2005 年底,全省共获经国家认可的认证机构颁发的管理体系认证证书 1857 张。其中,质量管理体系认证证书 1720 张,环境管理体系认证证书 91 张,职业健康安全管理体系认证证书 42 张,危害分析与关键控制点认证证书 4 张。

至 2006 年底,全省共获经国家认可的认证机构颁发的管理体系认证证书 2929 张。其中,质量管理体系认证证书 2666 张,环境管理体系认证证书 166 张,职业健康安全管理体系认证证书 81 张,危害分析与关键控制点认证证书 16 张。

2007 年 9—10 月,省质监局组织对全省部分通过 GB/T19001、HACCP 认证的食品生产企业开展管理体系认证有效性监督检查。监督检查以考核认证有效性为主,兼顾规范性和公正性。主要检查企业遵守法律法规情况、管理体系运行情况、食品生产过程中关键点控制情况;同时,检查认证机构遵守法律法规、认证基本规范、认证规则等方面的规范性和公正性情况。共检查 31 家企业,涉及北京联合智业认证有限公司、哈特福德全球标准认证(北京)有限公司等 22 家认证机构。其中,有 16 家认证机构在审核 20 家企业时,存在不同程度的问题。存在的主要问题:1. 认证机构的问题(1)未能及时跟踪法律法规的新要求;(2)认证范围界定存在违反规定情况;(3)个别机构从事超范围认证活动;(4)存在影响审核活动公正性行为;(5)审核活动的规范性不够;(6)证后监管不规范。2. 获证企业的问题(1)对食品方面新法规的学习和贯彻执行不够重视;(2)部分企业管理存在"两张皮"现象;(3)部分企业不能正确使用认证标志。3. 认证咨询问题(1)"认证咨询一条龙"、以个人名义从事认证咨询活动等违规现象依然存在,甚至比较普遍;(2)部分认证机构办事处或技术公司从事认证咨询活动;(3)存在部分非法认证咨询机构提供认证咨询服务的现象。此次检查共发出整改通知书13份,立案查处5起,罚款26万元。

至2007年底,全省共获国家认可的认证机构颁发的管理体系认证证书3130张。其中,质量管理体系认证证书2723张,环境管理体系认证证书239张,职业健康安全管理体系认证证书130张,危害分析与关键控制点认证证书38张。

2008年,省质监局认真贯彻实施《认证认可条例》,开展认证有效性监督检查。认真贯彻落实国家质检总局《关于深入开展部分重点产品质量专项整治行动的通知》要求,组织对列入专项整治范围,且通过质量管理体系认证的部分企业的认证有效性进行监督检查。主要检查企业遵守法律法规情况、管理体系运行情况、生产过程中关键点控制情况;同时,检查认证机构遵守法律法规、认证基本规范、认证规则等方面的规范性和公正性情况。全省共检查人造板、家具、油漆涂料等产品生产企业96家,涉及中国检验认证集团、北京中大华远认证中心等35家认证机构。发现有9家认证机构在审核12家企业时,存在不同程度的违法情况。存在的主要问题:1. 个别认证机构存在伪造审核记录等违反认证规范行为。2. 认证机构对产品适用的法律法规识别不够。3. 部分认证机构年度监督审核时间严重超出规范要求。4. 部分企业存在体系认证与日常管理"两张皮"现象。5. 部分企业仍在使用被注销的认证机构签发的认证证书。仍存在少数认证机构办事处从事认证活动、非法认证咨询机构提供认证咨询服务等问题。此次检查共发出整改通知书23份,立案查处7起,罚款26万元。

至2008年底,全省共获3010张管理体系认证证书。其中,质量管理体系认证证书2524张,环境管理体系认证证书299张,职业健康安全管理体系认证证书155张,食品安全管理体系认证证书32张。

2009年9月,省质监局认证监管处刚刚组建成立,即迅速下发《关于开展江西省2009年度管理体系认证有效性监督检查工作的通知》,抽取全省220家通过管理体系认证的单位,组织各设区市质监局开展管理体系认证有效性监督检查,坚决查处虚假认证、买卖认证证书和减少、遗漏认证基本规范、规则等认证违法行为。

至2009年底,全省共获3917张管理体系认证证书。其中,质量管理体系认证证书3153张,环境管理体系认证证书399张,职业健康安全管理体系认证证书212张,食品安全管理体系认证证书50张,危害分析与关键控制点认证证书85张,测量管理体系认证证书18张。

2010年,省质监局组织对全省通过管理体系认证的部分企业的认证有效性进行监督检查,重点检查质量管理体系认证,按照抽查比例不低于全省有效证书总数10%的要求。全省共派出行政监管人员421人次,检查获证企业309家,涉及证书337张,涉及认证机构75家。

至2010年底,全省共获3990张管理体系认证证书。其中,质量管理体系认证证书3003张,环境管理体系认证证书521张,职业健康安全管理体系认证证书318张,食品安全管理体系认证证书70张,危害分析与关键控制点管理体系认证证书58张,测量管理体系认证证书20张。

第二章　实验室资质认定与监督管理

实验室资质认定包括计量认证和审查认可。1987 年,省计量局开始组织实施质量检验机构计量认证工作。1990 年,省标准局开始组织实施产品质量监督检验机构审查认可(验收)工作。1997 年 8 月 8 日,省技监局成立江西省技术监督局实验室评审管理办公室,负责校准实验室和检测实验室评审工作的统一管理,包括质检机构验收、审查认可、计量认证,及其他公正检验机构和实验室的评审。产品质检机构的计量认证和审查认可采取统一组织、同步进行、分别发证。2000 年 1 月,省质监局统一管理全省质量检验机构计量认证和审查认可(验收)工作。至 2010 年底,全省共有 851 家实验室(质量检验机构)通过计量认证,其中有 63 家实验室(质量检验机构)同时通过审查认可(验收)。质量检验机构计量认证和审查认可(验收)工作已涉及质量监督、环境监测、医药卫生、疾病控制、生物安全、建设工程等众多领域。

第一节　计量认证

计量认证管理

对质量检验机构的计量认证(下称计量认证)是考核为社会提供公证数据的质量检验机构检验、测试的能力和可靠性,证明其是否具有为社会提供公证数据的资格。1990 年以后,随着市场经济的发展,质检机构面向社会开展多种检测服务,质量检验工作的公正性、科学性要求越来越高,计量认证范围越来越广,管理也越来越规范。

1990 年 5 月,省计量局制定《关于委托承办计量认证的规定(试行)》,推动全省计量认证工作深入开展,《规定》要求:①省、地、市、县各级主管部门所属产品质量监测中心(站)以及对外出具公证数据的专业检测实验室,必须进行计量认证,并在取得计量认证合格证书后,才能开展产品质量检验和其他检测业务活动,出具的检验结果才具有法律效力。②具备条件的省直主管部门,可成立计量认证专业评审组,负责受理本系统省级检测机构计量认证的申请、初查、预审和正审工作。在正审时省计量局计量认证办公室派员参加。另对计量认证评审员队伍,地、市级质检机构的计量认证等问题也做出相应规定。

1991 年 6 月,国家技监局制定《产品质量检验机构和测试实验室现场检测项目计量认证的若干规定》,作为对 JJG1021－90《产品质量检验机构计量认证技术考核规范》的补充规定。

1992年2月,省计量局制定《关于计量认证的几项补充规定》,要求:省、地(市)、县(市、区)各级产品质量检验机构和对外出具公证数据的专业实验室,必须进行计量认证;规定省计量局、地(市)计量行政部门及计量认证专业(机械、粮油、环保、卫生)评审组的分工,明确由省计量局审批发证;提出计量认证依据、评审组组成、评审员考核聘任、监督及收费等要求。

1993年6月,省环境保护局、省计量局联合印发《关于各级环境监测机构必须进行计量认证的通知》,明确承担环境监测任务的行业和企、事业单位的监测机构,必须取得计量认证合格证书后,方可出具公证监测数据,要求全省环境监测机构抓紧进行计量认证的各项准备工作,争取在年内通过计量认证。

1994年3月,省计量局给省城乡建设环境保护厅复函,同意在省城乡建设环境保护厅成立江西省计量认证建筑评审组,加强对全省建筑工程质检中心(站)、实验室监督管理,提高检测工作质量;推荐评审组成员名单,制定年度认证工作计划,尽快开展计量认证考评工作。评审组工作印章,由省城乡建设环境保护厅刻制和颁发,报省计量局备案。

1997年3月,省技监局印发《关于对已取得计量认证合格证书的产品质检机构(实验室)进行年审的通知》,并提出:根据《产品质量检验机构计量认证管理办法》的规定,促进已通过计量认证的产品质量检验机构(实验室)不断提高工作质量和管理水平,从1997年开始,对质检机构(实验室)上年度的计量管理和质保体系运行情况进行年审;年审时间定为第二年一季度末10天内完成,1997年确定为4月下旬;年审实施,由地(市)局评审组和五个行业评审组及省计量局计量认证办公室按各自受理和组织计量认证的范围,采用审查技术资料的方式分别进行;"年审表"上的审核结论分合格、不合格2种情况,年审不合格的单位,限期整改;在年审基础上,抽取20%的单位(重点是年审不合格的单位),安排监督检查。

1998年,省技监局组织对计量认证合格单位进行年审。

1999年,省技监局根据《江西省计量监督管理条例》第十九条规定,对取得计量认证合格证书的质检机构继续开展年审。年审工作由省计量协会实施。是年,省技监局发文,对计量认证的申报、申请资料的提交、初访、上报评审员核准表、正式评审、整改、整改后监督检查、评审资料的上报、发证等程序做出明确规定。粮油评审组为此还专门发文,要求下属各质检机构均按程序办理。根据要求,每次评审前,由省级评审组、卫生评审组、环保评审组和建筑评审组以及相关设区市提出评审组成员建议名单,报省计量认证管理办公室核准。

1999年4月,省技监局转发《国家质量技术监督局认证评审司〈关于进一步规范、调整计量认证工作的通知〉》,要求在计量认证考核评审中严格执行JJG1021－90《产品质量检验机构计量认证技术考核规范》增加和明确的条款,并明确企业的内部检测机构不属计量认证的受理范围。6月,省技监局转发《国家质量技术监督局〈关于加强社会公正计量行(站)监督管理的通知〉》,要求各地对本行政区域内的社会公正计量行(站)进行一次监督检查。8—11月,全省开展对社会公正计量行(站)的监督检查。在对所辖区域的30多个对外出具公正数据的计量行(站)进行检查的过程中,只有12个具备法人及二级法人资格,并经计量认证。对其余不具备法人资格且未经计量认证开展社会公正计量工作的机构,依据《社会公正计量行(站)监督管理办法》进行行政处罚,并责令停业。通过监督检查,有的不具备条件的机构按《社会公正计量行(站)计量认证考核规范》的规定进行整顿,创造条件申请计量认证,促进计量行(站)的规范化、合法化。

1999年8月,省技监局印发《江西省计量认证评审员研讨会会议纪要》,强调:1.严格按《计量法》《计量法实施细则》的规定:为社会提供公正数据的产品质量检验机构,必须经省级以上人民政府计量行政部门计量认证。凡是没有通过计量认证的产品质量检验机构不能对社会出具公正数据,否则将依法查处。2.各产品质量检验机构申请计量认证的项目所依据的标准,必须是现行的国家、国际标准/规程、规范或现行行业标准。3.严格计量认证的申请、评审程序。4.申请计量认证机构所使用的专用、无规程或计量检定部门不能检定的计量器具应参加国家、行业部门组织的能力验证试验或比对试验。5.计量认证工作必须严格按照计划进行,未列入计划的、原则上不受理。

2000年,省质监局印发《江西省计量认证管理办法》,对计量认证的内容、程序、监督等作出规定。6月,国家质监局印发《关于对省级产品质检机构计量认证评审工作进行改革的通知》,明确对省级产品质检机构的计量认证评审工作结合国家对省级产品质检机构进行验收评审工作一起进行,省级质监局不再另行组织评审专家组对质检机构进行计量认证评审,避免对质检机构的重复评审,减轻质检机构的负担。由中国实验室国家认可委员会(CNACL)组织实施对省级产品质检机构的计量认证评审、验收评审要求与质检机构的实验室国家认可评审结合进行(简称"三合一评审")。省级产品质检机构通过"三合一评审"后,计量认证证书仍由省级质监局颁发,审查验收证书由国家质监局颁发,实验室认可证书由CNACL颁发。

2001年1月,省质监局在给省药品监督管理局《关于对江西省药品监督管理局、江西省卫生厅〈关于成立江西省药品监督行业计量评审组的请示〉的批复》中回复:同意药品检验机构的计量认证工作从原卫生厅卫生评审组管理的范围剥离;同意由省药品检验所承担市、县级药检所计量认证工作的组织及前期准备工作;各级药品检验所的计量认证评审由省质监局组织实施。2001年开始,省质监局在每年的1月和7月下达计量认证评审计划,未列入计划的,原则上不受理。

2002年3月,省质监局召开全省质检机构工作座谈会,宣传贯彻新版审查认可准则及认可要求,指导质检机构按新版审查认可要求建立质量体系,帮助质检机构尽快完成向新版《计量认证/审查认可(验收)评审准则》的转换,不断提高检测能力。

2003年开始,省质监局在每年年初组织召开计量认证研讨会。研讨会对上年计量认证工作进行总结,对当年工作作出安排。设区市质监局、行业评审组负责人、拟在当年进行计量认证的机构负责人参会。

2003年5月,国家认监委下发《关于"非典"时期计量认证评审工作有关问题的通知》,要求各行业评审组、各省级质监局暂不安排对疫区实验室的计量认证现场评审工作。明确2003年计量认证证书到期的实验室(包括同时进行实验室认可的实验室),计量认证证书有效期延长半年(从证书有效期截止日起算),延长期内可以继续使用CMA标志,尽力克服"非典"给计量认证工作带来的不利影响。10月,省质监局转发国家质检总局和国家认监委联合印发的《关于法定计量检定机构申请办理认证合格证书的通知》,明确承担政府质量技术监督行政管理部门或其他单位的委托,开展计量器具产品质量监督抽查工作和其他产品的质量检验活动的法定计量检定机构,应当申请办理计量认证合格证书，并应于2003年12月31日前向受理计量认证申请的机关递交《计量认证/审查认可申请书》。对未取得计量认证合格证书的法定计量检定机构，不得开展计量器具产品质量监督抽查工作或其他产品的质量检验活动。

2005年，根据国家质检总局、公安部、国家认监委《关于加强机动车安全技术检验机构管理有关工作的通知》和国家质检总局、国家认监委《关于做好机动车安全技术检验机构监督管理接收工作的通知》要求，机动车安全技术检验机构资格及监督检查工作由公安机关交通管理部门向质检部门移交。机动车安检机构只有通过计量认证才能对外出示公证数据。省质监局对机动车安检机构的人员、检验资质、资产设备、机构性质进行摸底，在此基础上，召开机动车安检机构计量认证工作会议，并根据机动车安检机构申请，开始受理机动车安检机构的计量认证。

2007年1月1日，《实验室资质认定评审准则》正式实施。为此，省质监局于2007年1月组织研讨贯彻实施《实验室资质认定评审准则》。

至2010年，省质监局陆续出台《实验室变更备案规范》《实验室资质认定申报要求》《实验室资质认定现场评审作业指导书》《资质认定现场评审“八严禁”》等规定，规范资质认定管理，严把评审质量，保证评审的廉洁公正。

计量认证发证

1990年，通过计量认证质检机构数为27家。至1990年底，共通过计量认证质检机构数为90家。

1992年4月，省计量局召开全省计量认证工作座谈会，1992年5月，根据此次会议精神，省计量局下发《关于发送一九九二年计量认证工作计划的通知》，计划对省煤炭质检中心、南昌工程质监中心、赣州地区产品质量监督检验所等43个单位进行计量认证。

1993年11月，在召开的全省计量认证工作经验交流会上，省计量认证环保评审组等3个先进集体、邓永等39个先进个人受到省计量局表彰。

1994年9月，省计量局印发《关于计量认证复查的通知》，明确取得计量认证合格证书的检测技术机构，须在有效期满前6个月提出计量认证复查申请，逾期不提出申请的，将注销计量认证合格证书，停止使用计量认证标志。省塑料制品质检站、省纸张质检站、省日用化工质检中心站、省食品质检站、省皮革制品质检站、省味精质检站、省罐头啤酒质检站、省矿山机械产品质检中心、省机电产品检测站、省汽车产品检测站、省农机产品质检中心、鹰潭水泵产品检测站、省机械产品材料质检站、省粮油质量监督检验站、省食品卫生监督检验所、省地矿局桩基质检站、省钢丝绳检测站、核工业七一三分析测试中心、核工业华东地勘局测试研究中心、省林木种植质检站、省林产工业产品质检站、核工业华东地勘局二七〇研究所、省化工产品质检中心、江西橡胶密封制品质检站、省分析测试研究所、省产品质量监督检验所、省乳制品质检站、南昌市卫生防疫站、省化纤质检站和省纺织印染布质检站为1994年须通过计量认证复查的单位。

1999年6月，由于原计量认证申请书及评审报告等系列工作用表格已不再适用，省技监局决定自1999年7月1日起一律使用新表格,旧表格同时作废。1997年1月至1999年12月,全省通过计量认证的单位共有348家,其中165家为首次计量认证合格单位,183家为计量认证复查合格单位。

1997年1月至1999年12月,165家首次计量认证合格单位:南昌市眼镜质量监督检验站、宜春地区石油产品质量监督检测站、全南县农作物种子质量监督检验站、龙南县农作物种子质量监督检验站、江西省建设监理总公司桩基检测中心、南昌市第二建筑工程公司试验室、江西省摩托车质量监督检验站、江西省物化探公司工程物探所、湖口县药品检验所、高安市药品检验所、瑞金市卫生防疫站、会昌县卫生防疫站、寻乌县卫生防疫站、永修县卫生防疫站、彭泽县药品检验所、上犹县粮油质量监督检验站、崇义县粮油质量监督检验站、横峰县粮油质量监督检验站、万年县粮油质量监督检验站、赣州地区防雷中心、南昌市劳动安全卫生监察检测站、景德镇市建筑设计院建材试验室、赣州地区职业安全卫生检测站、南昌市第三建筑工程公司建筑科研所、江西省房地产面积公正计量站、贵溪市粮油质量监督检验站、奉新县建筑工程质量检测站、樟树市建筑工程质量监督站、赣州机动车辆安全技术检测站、赣州交通车辆综合性能检测站、九江市机电产品检测中心、遂川县土壤肥料饲料质量监督检验站、九江港煤炭质量检验站、九江市珠宝金银饰品质量监督检验站、宜春地区桩基础质量检测中心、南丰县建筑工程材料检测中心、广昌县建筑工程质量监督站、新余市面上劳动安全卫生检测站、煤炭部丰城矿区工程质量监督站、南昌市锅炉压力容器检验所、江西省广播电视检测中心、景德镇市防雷中心、新余市避雷装置安全检测站、有色总公司江西地勘四队化验室、临川市上顿渡建设工程检测站、瑞昌市建筑工程质量检测站、安义县建筑工程质量监督站、乐平市建筑工程质量检测中心、崇仁县建筑材料检测站、萍乡市劳动安全卫生检测检验站、南昌市压力容器检测中心、九江县药品检验所、万载县药品检验所、万载县卫生防疫站、临川市药品检验所、乐安县药品检验所、江西省城建设施产品质量监督检验站、上饶地区劳动安全卫生检测检验站、吉安地区农作物种子质量监检站、瑞昌市粮油质量监督检验站、永修县粮油质量监督检验站、乐平市粮油质量监督检验站、赣州市产品质量监督检验所、赣县技术监督测试检验所、南康市粮油质量监督检验站、南昌县第二建筑工程公司工程质量检测站、萍乡市电器机械产品质检站、吉安地区劳动安全卫生检测检验站、江西省金银珠宝玉石检测公正计量行、江西省燃气用具产品质量监督检验站、南昌市金银珠宝饰品质量监督检验站、武警水电第二总队工程质量检测中心站、德安县药品检验所、信丰县技术监督检验所、赣州地区兽药监督检验所、赣州地区金银产品技术监测中心、赣州地区房地产面积计量公正站、赣州地区眼镜计量公正站、上犹县建筑工程质量检测中心、江西省监狱局建筑工程质量检测中心、宜春地区防雷中心、井冈山市建筑工程质量检测试验室、江西省通信产品质量监督检验站、南昌市建筑行业安全管理监督站检测中心、吉水县建筑工程质量检测站、永修县建筑工程质量检测站、黎川县建筑工程质量检测中心、南康市建筑工程质量检测中心、大余县建筑工程质量检测中心、庐山建筑工程质量监督检验站、江西新钢建设有限责任公司试验室、宜春地区房地产面积计量公正站、新余市房地产面积计量公正站、南昌市房地产面积计量公正站、萍乡市房地产面积计量公正站、江西省计量产品质量监督检验站、江西省高等级公路管理局质量监督站、南昌市节能监测中心、九江市劳动安全卫生检测站、萍乡市防雷检测中心、都昌县药品检验所、九江市商品房销售面积计量公正站、南昌县质量计量监测中心、上饶地区房地产品面积公正计量站、江西省工业陶瓷质量监督检验站、江西省石油公司上饶分公司化验室、婺源县产品质量监督检验所、上饶地区农作物种子质量监督检验站、九江市建筑工程质量检测中心、万安县建筑工程检测室、峡江县建筑工程质量检测站、贵溪市建筑工程检测中心、余江县建筑工程检测中心、鹰潭市建筑工程检测中心、江西省建筑构件公司试验室、德兴市卫生防疫站、吉安地区房地产面积计量公正站、鹰潭市防雷中心、宜春地区金银产品检测中心、宜春地区农作物种子质量监督检验站、宜春地区劳动安全卫生检测站、新余市渝水区卫生防疫站、铜鼓县卫生防疫站、安义县药品检验所、江西省交通设计院工程试验检测站、铜鼓县建筑工程检测中心、上高县建筑材料检测中心、永丰县建筑材料检测中心、赣县建筑工程质量检测站、江西赣南建研工程勘察有限公司测试所、兴国县建筑工程质量检测中心、赣州市建筑工程质量检测中心、南昌市西湖区环境监测站、芦溪县环境监测站、新建县建筑工程质量检测中心、大余车辆综合性能检测站、江西省车辆综合性能检测龙南站、抚州车辆综合性能检测站、宜丰县建筑工程检测站、吉安地区金银珠宝质量检测站、江西省无线电监测站、九江地质工程勘察院土工试验室、江西省烟花鞭炮质量监督检验站(一站)、靖安县建筑工程质量检测站、宜春地区建工建材检测中心、宁都县建筑工程质量检测中心、信丰县建筑工程质量检测站、会昌县建筑工程质量检测站、信丰车辆综合性能检测站、南昌市粮油质量监督检验站、江西省矿山呼吸性粉尘监测中心贵溪检测站、吉安县建筑工程质量检测站、安福县建筑工程质量检测中心、抚州地区第二机动车辆综合性能检测站、九江市第一建筑工程公司实验室、九江市第二建筑工程公司材料试验室、吉安市建筑工程质量检测站、全南县建筑工程质量检测站、萍乡钢铁厂建筑安装工程公司试验室、赣南建筑工程总公司建筑科学试验所、龙南县建筑工程质量检测站、南昌衡器总厂社会公正称重计量行、鹰潭市产品质量监督检验所、江西省公路工程检测中心、波阳县农作物种子质量监督检验站

1997 年 1 月至 1999 年 12 月,183 家计量认证复查合格单位:九江市产品质量监督检验所、鹰潭市日用化工产品质量监督检验站、江西省地矿局赣西实验室、江西省机械产品质量监督总站、江西省农机产品质量监督检测中心、吉安地区饲料质量监督检验站、江西省地矿局地球物理(化学)实验测试所、赣州地区药品检验所、高安市粮油质量监督检验站、吉安地区环境监测站、南昌市环境监测站、新余市环境监测站、萍乡市环境监测站、鹰潭市环境监测站、上饶地区环境监测站、景德镇市环境监测站、抚州地区环境监测站、赣州地区环境监测站、九江市环境监测站、省矿山机械产品质量监督检测中心、江西省齿轮质量监督检验站、江西省低压电器质量检验站、吉安地区水电局基本建设工程质量检测站、省地矿局九一六实验室、九江市水电规划设计院土工试验室、江西省水利规划设计院岩土试验室、江西省煤炭质量监督检验站、南昌铁路局中心卫生防疫(环境监测)站、江西省地矿局环境地质实验室、宜春地区环境监测站、吉安地区药品检验所、湖口县粮油质量监督检验站、上饶地区粮油质量监督检验站、武宁县粮油质量监督检验站、彭泽县粮油质量监督检验站、修水县粮油质量监督检验站、樟树粮油公司粮油质监站、德兴市粮油质量监督检验站、上饶县粮油质量监督检验站、余干县粮油质量监督检验站、上饶市粮油质量监督检验站、波阳县粮油质量监督检验站、萍乡市产品质量监督检验所、宜春地区产品质量监督检验所、江西乡镇企业花炮质量安全检测中心、万安县药品检验所、九江市药品检验所、赣州地区卫生防疫站、吉安市药品检验所、上饶地区药

品检验所、赣州地区工业卫生研究所、抚州地区药品检验所、会昌县粮油质量监督检验站、瑞金市粮油质量监督检验站、安远县粮油质量监督检验站、大余县粮油质量监督检验站、赣县粮油质量监督检验站、永丰县粮油质量监督检验站、峡江县粮油质量监督检验站、宜春地区粮油质量监督检验站、宜春市粮油质量监督检验站、赣州地区粮油质量监督检验站、于都县粮油质量监督检验站、石城县粮油质量监督检验站、吉安市粮油质量监督检验站、吉水县粮油质量监督检验站、吉安县粮油质量监督检验站、莲花县粮油质量监督检验站、铅山县粮油质量监督检验站、永新县粮油质量监督检验站、江西省乡镇企业食品质量监督检验站、江西有色冶金环境保护监测站、萍乡市建材产品质量监督检验站、南昌市产品质量监督检验所、宜春地区兽药饲料监察站、赣州地区土壤肥料质量监督检验站、赣州地区饲料质量监督检验站、赣州地区建材产品质量监督检验站、宜春市产品质量监督检验所、江西省标准件产品质量检测站、吉安市环境监测站、吉安县环境监测站、大余县环境监测站、信丰县环境监测站、赣州市环境监测站、于都县环境监测站、宁都县环境监测站、赣州地区建筑工程质检中心、江西省计量测试研究所、中国四冶建设公司建筑研究所、江西省农业机械产品质量监督检测中心、地矿部江西地勘局实验测试中心、江西省乡镇企业水泥质量监督检验站、南昌市饲料质量监督检验站、宜丰县产品质量监督检验站、玉山水泥厂化验室、上饶地区水泥质量检测站、南昌市职业病防治所、新余市卫生防疫站、江西省交通工程质量检测站、东乡县环境监测站、贵溪市环境监测站、铅山县环境监测站、上饶市环境监测站、德兴市环境监测站、乐平市环境监测站、分宜县环境监测站、江西省纤维检验局、华东地质学院工程检测中心、赣州地区农作物种子质量监督检验站、南昌市建筑工程质量检测中心、吉安地区技术监督检测中心、江西水泥厂化验室、上饶地区酒类质量监督检验站、江西省水利水电建设总公司中心实验室、南昌铁路局南昌中心卫生防疫站鹰潭分站、新余市药品检验所、南昌市西湖区卫生防疫站、宜春地区药品检验所、江西省劳动卫生职业病防治研究所、江西省纺织产品质量监督检验站、江西省地勘局赣西北中心实验室、江西省兽药饲料监察所、赣州地区水电局基本建设工程质量检测站、抚州地区粮油质量监督检验站、瑞昌市环境监测站、江西省电子产品监督检验所、江西省汽车质量监督检验站、江西省焊接材料产品质量检测站、新建县环境保护监测站、江西省烟草质量监督检测站、江西第二化肥厂环境监测站、江西省建材产品质量监督检验站、江西省电力试验研究所、江西地勘局水文地质(工程地质)测试中心、南昌机动车检测中心、江西省医药产品质量检测中心、江西省有色金属产品质量监督检验站、江西省盐业产品质量监督检验站、江西省能源利用监测中心、江西省茶叶质量监督检验站、九江市水利水电工程质量检测站、南昌铁路局节能监测站、江西省化工产品质量监测中心涂料质检站、新余钢铁有限责任公司环境监测站、江西长运机动车检测中心、江西省冶金产品质量监督检验站、江西省冶金产品质量监督检测中心焦化站、上犹县种子质量监督检验站、兴国县农作物种子质量监督检验站、赣县农作物种子质量监督检验站、赣州市章贡区农作物种子质量监督检验站、崇义县农作物种子质量监督检验站、大余县农作物种子质量监督检验站、瑞金市农作物种子质量监督检验站、宁都县农作物种子质量监督检验站、会昌县农作物种子质量监督检验站、石城县农作物种子质量监督检验站、江西省食品质量监督检验站、吉安地区建材产品质量监督检验站、高安市产品质量监督检验所、丰城市产品质量监督检验所、靖安县产品质量监督检验所、乐安县粮油质量监督检验站、樟树市粮油质量监督检验站、弋阳县粮油质量监督检验站、宜黄县粮油质量监督检验站、临川市粮食局粮油质量监督检验站、都昌县粮油质量监督检验站、上高县粮油质量监督检验站、景德镇市粮油质量监督检验站、丰城市粮油质量监督检验站(丰城市饲料质量监督检验站)、星子县粮油质量监督检验站、黎川县粮油质量监督检验站、广丰县粮油质量监督检验站、万载县粮油质量监督检验站、宜丰县粮油质量监督检验站、玉山县粮油质量监督检验站、南城县粮油质量监督检验站、南丰县粮油质量监督检验站、江西省地质矿产局桩基质量检测站、江西省煤田地质科研所、江西省计量器具新产品样机试验站。

2000年,省质监局对省农科院绿色食品环境检测中心等62家质检机构进行首次计量认证,对省粮油质量监督检验站等104家质检机构进行计量认证复查。经考核评审合格,颁发计量认证证书。

表5-2-1　2000年江西省首次计量认证合格单位

单位名称	证书号(2000)量认赣字( )号	发证时间及有效期	认证类型
波阳县建筑工程质量检测站	U0797	2000.01.31—2005.01.30	首次
南昌市建筑设计研究院岩土工程勘察队	U0798	2000.01.31—2005.01.30	首次
新余市农作物种子质量监督检验站	V0799	2000.01.31—2005.01.30	首次
抚州公路分局质量检测中心	P0800	2000.03.21—2005.03.20	首次
新余市建筑工程总公司建筑建材试验室	U0801	2000.03.21—2005.03.20	首次
上饶地区防雷装置质量检测检验所	L0802	2000.04.27—2005.04.26	首次
九江市防雷装置质量检测检验所	L0803	2000.04.27—2005.04.26	首次
吉安地区防雷装置质量检测检验所	L0804	2000.04.27—2005.04.26	首次
江西省农科院绿色食品环境检测中心	V0805	2000.04.27—2005.04.26	首次
南昌县第三建筑工程公司质量检测站	U0806	2000.04.27—2005.04.26	首次
武宁县建筑材料试验室	U0807	2000.04.27—2005.04.26	首次
江西省电力电杆质量检测中心	Z0808	2000.06.16—2005.06.15	首次
九江市无线电监测站	H0809	2000.06.16—2005.06.15	首次
临川市第二卫生防疫站	S0810	2000.06.16—2005.06.15	首次
九江市农作物种子质量监督检验站	V0811	2000.06.16—2005.06.15	首次
婺源县建设材料质量检测中心	U0812	2000.07.24—2005.07.23	首次
南昌冶金建设有限责任公司实验室	U0813	2000.07.24—2005.07.23	首次
南昌市无线电监测站	H0814	2000.07.24—2005.07.23	首次
宜春市无线电监测站	H0815	2000.07.24—2005.07.23	首次
萍乡市无线电监测站	H0816	2000.07.24—2005.07.23	首次
鹰潭市劳动安全卫生检测检验站	L0817	2000.07.24—2005.07.23	首次

续表

单位名称	证书号(2000)量认赣字( )号	发证时间及有效期	认证类型
南昌市城市排水监测站	U0818	2000.07.24—2005.07.23	首次
都昌县建筑工程质量检测中心	U0819	2000.09.05—2005.09.04	首次
共青城建筑工程质量检测站	U0820	2000.09.05—2005.09.04	首次
遂川县建设工程质量检测中心	U0821	2000.09.05—2005.09.04	首次
赣县环保监测站	U0822	2000.09.05—2005.09.04	首次
上饶县卫生防疫站	S0823	2000.09.05—2005.09.04	首次
东乡县卫生防疫站	S0824	2000.09.05—2005.09.04	首次
宁冈县建筑工程检测试验室	U0825	2000.09.05—2005.09.04	首次
德安县建设工程质量检测站	U0826	2000.09.05—2005.09.04	首次
鹰潭市无线电监测站	H0827	2000.09.05—2005.09.04	首次
上饶市无线电监测站	H0828	2000.09.05—2005.09.04	首次
景德镇市无线电监测站	H0829	2000.09.05—2005.09.04	首次
抚州市无线电监测站	H0830	2000.09.05—2005.09.04	首次
吉安市无线电监测站	H0831	2000.09.05—2005.09.04	首次
彭泽县建筑工程质量检测中心	U0832	2000.10.11—2005.10.10	首次
石城县建筑工程质量检测站	U0833	2000.10.11—2005.10.10	首次
九江县建设工程质量检验测试中心	U0834	2000.10.11—2005.10.10	首次
湖口县建筑工程质量检测中心	U0835	2000.10.11—2005.10.10	首次
星子县建筑工程质量检测中心	U0836	2000.10.11—2005.10.10	首次
永新县建筑工程质量检测中心	U0837	2000.10.11—2005.10.10	首次
瑞金市建筑工程质量检测站	U0838	2000.10.11—2005.10.10	首次
安远县建筑工程检测站	U0839	2000.10.11—2005.10.10	首次
瑞金市产品质量监督检验所	Z0840	2000.10.11—2005.10.10	首次
宜黄县建筑工程检测站	U0841	2000.11.13—2005.11.12	首次
赣州市第一建筑工程公司测试中心	U0842	2000.11.13—2005.11.12	首次
万载县建设工程质量检测中心	U0843	2000.11.13—2005.11.12	首次
乐安县建筑工程质量检测站	U0844	2000.11.13—2005.11.12	首次
赣州市无线电监测站	H0845	2000.11.13—2005.11.12	首次
江西省城规工程质量检测中心	U0846	2000.11.13—2005.11.12	首次
宜春公路工程检测中心	P0847	2000.11.13—2005.11.12	首次

续表

单位名称	证书号(2000)量认赣字( )号	发证时间及有效期	认证类型
横峰县建筑材料质量检测中心	U0848	2000. 11. 13—2005. 11. 12	首次
新余市无线电监测站	H0849	2000. 11. 13—2005. 11. 12	首次
安义县环保监测站	U0850	2000. 11. 13—2005. 11. 12	首次
江西省越信安防系统检测中心	L0851	2000. 11. 13—2005. 11. 12	首次
九江市庐山区建筑工程质量检测站	U0852	2000. 12. 13—2005. 12. 12	首次
吉安公路分局工程质量检测中心	P0853	2000. 12. 13—2005. 12. 12	首次
吉安市城市信用社吉信金店检测室	Z0854	2000. 12. 13—2005. 12. 12	首次
南昌市建筑工程集团有限公司中心试验室	U0855	2000. 12. 30—2005. 12. 29	首次
南昌市市政工程管理处中心试验室	U0856	2000. 12. 30—2005. 12. 29	首次
玉山县农作物种子质量监督检验站	V0857	2000. 12. 30—2005. 12. 29	首次
南昌市防雷装置质量检测检验所	L0858	2000. 12. 30—2005. 12. 29	首次

表 5-2-2　2000 年江西省计量认证复查合格单位

单位名称	证书号(2000)量认赣字( )号	发证时间及有效期	认证类型
南昌黄金检测站	Z0422	2000. 01. 31—2005. 01. 30	复查
江西省阀门产品质量检测站	A0417	2000. 01. 31—2005. 01. 30	复查
江西省轴承产品质量检测站	A0123	2000. 01. 31—2005. 01. 30	复查
江西贵冶华信金属有限责任公司化验室	G0429	2000. 01. 31—2005. 01. 30	复查
江西省钢丝绳检测站	L0147	2000. 03. 21—2005. 03. 20	复查
南昌铁路局工程质量检测中心	N0449	2000. 03. 21—2005. 03. 20	复查
江西省塑料制品质量监督检验站	C0130	2000. 03. 21—2005. 03. 20	复查
江西省电线电缆产品质量检测站	A0131	2000. 04. 27—2005. 04. 26	复查
江西省药品检验所	S0315	2000. 04. 27—2005. 04. 26	复查
江西消防车辆制造厂汽车检测站	L0439	2000. 04. 27—2005. 04. 26	复查
核工业华东地质局二七〇研究所	F0142	2000. 06. 16—2005. 06. 15	复查
抚州地区卫生防疫站	S0421	2000. 06. 16—2005. 06. 15	复查
江西省农药质量监督检验站	V0387	2000. 06. 16—2005. 06. 15	复查
江西省粮油质量监督检验站	Q0163	2000. 06. 16—2005. 06. 15	复查
南昌县建筑工程质量检测站	U0463	2000. 06. 16—2005. 06. 15	复查

续表

单位名称	证书号(2000)量认赣字( )号	发证时间及有效期	认证类型
核工业华东基础工程质量检测中心	F0470	2000.06.16—2005.06.15	复查
新余市技术监督检测中心新余市纤维检验所	Z0456	2000.06.16—2005.06.15	复查
永新县卫生防疫站	S0525	2000.07.24—2005.07.23	复查
永新县药品检验所	S0444	2000.07.24—2005.07.23	复查
万载县水泵产品质量检测站	A0129	2000.07.24—2005.07.23	复查
江西省华昌建筑质量检测中心	T0472	2000.07.24—2005.07.23	复查
南昌市政工程开发总公司质量检测站	U0462	2000.07.24—2005.07.23	复查
德兴市建筑工程检测中心	U0464	2000.07.24—2005.07.23	复查
核工业华东地质测试中心	F0127	2000.07.24—2005.07.23	复查
江西省昌建桩基质量检测站	U0482	2000.09.05—2005.09.04	复查
景德镇市建筑工程质量检测中心	U0487	2000.09.05—2005.09.04	复查
江西省有色工程总公司第五工程处基础质量检测中心(更名)	U0479	2000.09.05—2005.09.04	复查
昌河飞机工业公司环境监测站	U0390	2000.09.05—2005.09.04	复查
进贤县环境监测站	U0391	2000.09.05—2005.09.04	复查
临川市环境监测站	U0346	2000.09.05—2005.09.04	复查
宜春市环境监测站	U0411	2000.09.05—2005.09.04	复查
南昌市湾里区环境监测站	U0410	2000.09.05—2005.09.04	复查
江西洪都航空工业集团环境监测站	U0385	2000.09.05—2005.09.04	复查
上饶地区卫生防疫站	S0420	2000.09.05—2005.09.04	复查
吉水县药品检测所	S0530	2000.09.05—2005.09.04	复查
安福县药品检验所	S0524	2000.09.05—2005.09.04	复查
遂川县药品检验所	S0460	2000.09.05—2005.09.04	复查
泰和县药品检验所	S0432	2000.09.05—2005.09.04	复查
吉安县卫生防疫站	S0528	2000.09.05—2005.09.04	复查
吉水县卫生防疫站	S0529	2000.09.05—2005.09.04	复查
安福县卫生防疫站	S0431	2000.09.05—2005.09.04	复查
万安县卫生防疫站	S0526	2000.09.05—2005.09.04	复查
泰和县卫生防疫站	S0527	2000.09.05—2005.09.04	复查
遂川县卫生防疫站	S0461	2000.09.05—2005.09.04	复查

续表

单位名称	证书号(2000)量认赣字( )号	发证时间及有效期	认证类型
信丰县卫生防疫站	S0441	2000. 10. 11—2005. 10. 10	复查
信丰县药品检验所	S0492	2000. 10. 11—2005. 10. 10	复查
安远县药品检验所	S0521	2000. 10. 11—2005. 10. 10	复查
安远县卫生防疫站	S0501	2000. 10. 11—2005. 10. 10	复查
龙南县药品检验所	S0506	2000. 10. 11—2005. 10. 10	复查
寻乌县药品检验所	S0520	2000. 10. 11—2005. 10. 10	复查
赣州市章贡区药品检验所	S0494	2000. 10. 11—2005. 10. 10	复查
赣州市赣章贡区卫生防疫站	S0443	2000. 10. 11—2005. 10. 10	复查
崇义县卫生防疫站	S0540	2000. 10. 11—2005. 10. 10	复查
崇义县药品检验所	S0503	2000. 10. 11—2005. 10. 10	复查
大余县卫生防疫站	S0538	2000. 10. 11—2005. 10. 10	复查
大余县药品检验所	S0499	2000. 10. 11—2005. 10. 10	复查
上犹县药品检验所	S0502	2000. 10. 11—2005. 10. 10	复查
上犹县卫生防疫站	S0539	2000. 10. 11—2005. 10. 10	复查
南康市卫生防疫站	S0491	2000. 10. 11—2005. 10. 10	复查
南康市药品检验所	S0490	2000. 10. 11—2005. 10. 10	复查
定南县卫生防疫站	S0495	2000. 10. 11—2005. 10. 10	复查
定南县药品检验所	S0493	2000. 10. 11—2005. 10. 10	复查
全南县药品检验所	S0504	2000. 10. 11—2005. 10. 10	复查
全南县卫生防疫站	S0505	2000. 10. 11—2005. 10. 10	复查
江西省金银珠宝饰品质量监督检验站	F0481	2000. 10. 11—2005. 10. 10	复查
兴国县药品检验所	S0498	2000. 11. 13—2005. 11. 12	复查
兴国县卫生防疫站	S0446	2000. 11. 13—2005. 11. 12	复查
宁都县卫生防疫站	S0515	2000. 11. 13—2005. 11. 12	复查
石城县药品检验所	S0517	2000. 11. 13—2005. 11. 12	复查
石城县卫生防疫站	S0427	2000. 11. 13—2005. 11. 12	复查
瑞金市药品检验所	S0518	2000. 11. 13—2005. 11. 12	复查
瑞金市卫生防疫站	S0641	2000. 11. 13—2005. 11. 12	复查
会昌县药品检验所	S0519	2000. 11. 13—2005. 11. 12	复查

续表

单位名称	证书号(2000)量认赣字( )号	发证时间及有效期	认证类型
会昌县卫生防疫站	S0642	2000.11.13—2005.11.12	复查
于都县卫生防疫站	S0428	2000.11.13—2005.11.12	复查
于都县药品检验所	S0514	2000.11.13—2005.11.12	复查
赣县药品检验所	S0496	2000.11.13—2005.11.12	复查
赣县卫生防疫站	S0497	2000.11.13—2005.11.12	复查
龙南县卫生防疫站	S0507	2000.11.13—2005.11.12	复查
华东交通大学建筑工程质量检测所	U0488	2000.11.13—2005.11.12	复查
高安市建筑工程质量检测中心	U0471	2000.11.13—2005.11.12	复查
南康市农作物种子质量监督检验站	V0483	2000.11.13—2005.11.12	复查
江西省分析测试中心	Z0164	2000.11.13—2005.11.12	复查
江铜矿山新技术开发有限公司化验室	G0484	2000.11.13—2005.11.12	复查
新余市建筑工程质量检测中心	U0358	2000.12.13—2005.12.12	复查
九江市纤维检验所	Z0513	2000.12.13—2005.12.12	复查
宁都县药品检验所	S0515	2000.12.13—2005.12.12	复查
萍乡市建筑工程质量检测中心	U0542	2000.12.13—2005.12.12	复查
中国核工业总公司七一九分析测试中心	G0169	2000.12.30—2005.12.29	复查
宜黄县卫生防疫站	S0536	2000.12.30—2005.12.29	复查
南昌市卫生防疫站	S0162	2000.12.30—2005.12.29	复查
南城县卫生防疫站	S0534	2000.12.30—2005.12.29	复查
临川市第一卫生防疫站	S0532	2000.12.30—2005.12.29	复查
南丰县卫生防疫站	S0535	2000.12.30—2005.12.29	复查
江西省建筑设计研究总院勘察分院	U0550	2000.12.30—2005.12.29	复查
婺源县粮油质量监督检验站	Q0531	2000.12.30—2005.12.29	复查
九江市粮油质量监督检验站	Q0469	2000.12.30—2005.12.29	复查
萍乡市粮油质量监督检测站	Q0445	2000.12.30—2005.12.29	复查
崇仁县粮油质量监督检验站	Q0406	2000.12.30—2005.12.29	复查
赣州市章贡区粮油(饲料)质量监督检验站	Q0365	2000.12.30—2005.12.29	复查
东乡县粮油质量监督检验站	Q0453	2000.12.30—2005.12.29	复查
江西省建筑工程质量检测中心	U0174	2000.12.30—2005.12.29	复查
江西省化工化肥农药质量监督检验站	B0155	2000.12.30—2005.12.29	复查
江西省防雷中心	L0553	2000.12.30—2005.12.29	复查

2001年,依据《中华人民共和国计量法》和《产品质量检验机构计量认证管理办法》的规定,省质监局对余干县建筑工程质量检测中心等88家质检机构进行首次计量认证,对省火电建设公司调整试验所等103家质检机构进行计量认证复查。经考核评审合格,颁发计量认证证书。

表5-2-3　2001年江西省首次计量认证合格单位

单位名称	证书号(2001)量认(赣)字( )号	发证时间及有效期
余干县建筑工程质量检测中心	U0859	2001.02.23—2006.02.22
赣州市建设安全技术检测所	U0860	2001.02.23—2006.02.22
于都县建筑工程质量检测站	U0861	2001.02.23—2006.02.22
吉安市交通工程质量检测中心	P0862	2001.02.23—2006.02.22
赣州市商品混凝土有限公司试验室	U0863	2001.03.28—2006.03.27
江西昌厦建设工程集团公司质量检测站	U0864	2001.04.16—2006.04.15
江西省陶瓷质量监督检验站	C0865	2001.04.16—2006.04.15
铁道部大桥局船舶工程总公司中心试验室	M0866	2001.04.16—2006.04.15
华东勘察设计研究院江西岩土工程勘察院	Z0868	2001.06.13—2006.06.12
上饶车辆综合性能检测站	P0869	2001.06.13—2006.06.12
南昌钢铁有限责任公司环境监测站	U0870	2001.06.13—2006.06.12
乐安县卫生防疫站	S0871	2001.07.20—2006.07.19
资溪县卫生防疫站	S0872	2001.07.20—2006.07.19
金溪县卫生防疫站	S0873	2001.07.20—2006.07.19
黎川县卫生防疫站	S0874	2001.07.20—2006.07.19
奉新县卫生防疫站	S0875	2001.07.20—2006.07.19
樟树市卫生防疫站	S0876	2001.07.20—2006.07.19
定南县建筑工程质量检测站	U0877	2001.07.20—2006.07.19
赣南公路勘察设计院质量检测中心	P0878	2001.07.20—2006.07.19
抚州市机电产品检测站	Z0880	2001.09.28—2006.09.27
宜春市交通工程质量检测中心	P0881	2001.09.28—2006.09.27
萍乡钢铁有限责任公司环境检测站	U0882	2001.09.28—2006.09.27
宜春市袁州区卫生防疫站	S0883	2001.09.28—2006.09.27
景德镇市饲料监察室	V0884	2001.09.28—2006.09.27
南昌县第八建筑工程公司质量检测站	U0885	2001.09.28—2006.09.27
萍乡市永安实业有限公司机动车辆综合性能检测站	P0886	2001.09.28—2006.09.27
九江市庐山区卫生防疫站	S0887	2001.09.28—2006.09.27

续表

单位名称	证书号(2001)量认(赣)字( )号	发证时间及有效期
武宁县卫生防疫站	S0888	2001.09.28—2006.09.27
修水县卫生防疫站	S0889	2001.09.28—2006.09.27
星子县卫生防疫站	S0890	2001.09.28—2006.09.27
瑞昌市卫生防疫站	S0891	2001.09.28—2006.09.27
德安县卫生防疫站	S0892	2001.09.28—2006.09.27
共青城卫生防疫站	S0893	2001.09.28—2006.09.27
九江县卫生防疫站	S0894	2001.09.28—2006.09.27
湖口县卫生防疫站	S0895	2001.09.28—2006.09.27
九江市浔阳区卫生防疫站	S0896	2001.09.28—2006.09.27
都昌县卫生防疫站	S0897	2001.09.28—2006.09.27
庐山卫生防疫站	S0898	2001.09.28—2006.09.27
彭泽县卫生防疫站	S0899	2001.09.28—2006.09.27
靖安县卫生防疫站	S0900	2001.09.28—2006.09.27
新余市建新工程技术中心	U0901	2001.12.28—2006.12.27
崇义县建筑工程检测中心	U0902	2001.12.28—2006.12.27
江西冶金工程质量监督站	E0903	2001.12.28—2006.12.27
萍乡矿业集团有限责任公司环保监测站	U0904	2001.12.28—2006.12.27
萍乡公路工程质量检测中心	P0905	2001.12.28—2006.12.27
江西中昌工程桩基检测有限公司	U0906	2001.12.28—2006.12.27
景德镇市卫生防疫站	S0907	2001.12.28—2006.12.27
婺源县卫生防疫站	S0908	2001.12.28—2006.12.27
乐平市卫生防疫站	S0909	2001.12.28—2006.12.27
分宜县卫生防疫站	S0910	2001.12.28—2006.12.27
上饶市信州区卫生防疫站	S0911	2001.12.28—2006.12.27
广丰县卫生防疫站	S0912	2001.12.28—2006.12.27
余干县卫生防疫站	S0913	2001.12.28—2006.12.27
万年县卫生防疫站	S0914	2001.12.28—2006.12.27
铅山县卫生防疫站	S0915	2001.12.28—2006.12.27
贵溪市卫生防疫站	S0916	2001.12.28—2006.12.27
景德镇市劳动卫生职业病防治所	S0917	2001.12.28—2006.12.27

续表

单位名称	证书号(2001) 量认(赣)字( )号	发证时间及有效期
南昌大川建材质量检测有限公司	R0918	2001. 12. 28—2006. 12. 27
南昌市湾里区建筑工程检测中心	U0919	2001. 12. 28—2006. 12. 27
南昌县第五建筑工程公司检测站	U0920	2001. 12. 28—2006. 12. 27
南昌铁路局贵溪桥梁厂工程材料质量检测站	N0921	2001. 12. 28—2006. 12. 27
横峰县卫生防疫站	S0922	2001. 12. 28—2006. 12. 27
丰城市卫生防疫站	S0923	2001. 12. 28—2006. 12. 27
广昌县卫生防疫站	S0924	2001. 12. 28—2006. 12. 27
景德镇市药品检验所	S0925	2001. 12. 28—2006. 12. 27
万年县药品检验所	S0926	2001. 12. 28—2006. 12. 27
江西省车辆综合性能检测瑞金站	P0927	2001. 12. 28—2006. 12. 27
抚州市临川区土壤肥料质量监督检验站	V0928	2001. 12. 28—2006. 12. 27
上饶公路分局玉山材料试验室	P0929	2001. 12. 28—2006. 12. 27
上饶公路分局科研设计室材料试验室	P0930	2001. 12. 28—2006. 12. 27
核工业玉山工程勘察院土工试验室	F0931	2001. 12. 28—2006. 12. 27
江西洪都航空工业集团有限责任公司理化测试中心	W0932	2001. 12. 28—2006. 12. 27
中央储备粮贵溪直属库粮油检测中心	Q0933	2001. 12. 28—2006. 12. 27
中央储备粮泰和直属库粮油检测中心	Q0934	2001. 12. 28—2006. 12. 27
中央储备粮萍乡直属库粮油检测中心	Q0935	2001. 12. 28—2006. 12. 27
中央储备粮共青城直属库粮油检测中心	Q0936	2001. 12. 28—2006. 12. 27
寻乌县建设局建筑材料检测站	U0937	2001. 12. 28—2006. 12. 27
上饶建环新型建材推广服务中心桩基检测站	U0938	2001. 12. 28—2006. 12. 27
景德镇市东方建筑质量检测中心	U0939	2001. 12. 28—2006. 12. 27
上饶市建设咨询监理公司基础检测中心	U0940	2001. 12. 28—2006. 12. 27
江西恒实检测技术开发有限公司	U0941	2001. 12. 28—2006. 12. 27
弋阳县建筑工程质量检测中心	U0942	2001. 12. 28—2006. 12. 27
江西省北斗工程检测技术有限公司	U0943	2001. 12. 28—2006. 12. 27
萍乡矿业集团有限责任公司机械产品理化检验站	F0944	2001. 12. 28—2006. 12. 27
萍乡市交通工程质量监督站试验检测中心	P0945	2001. 12. 28—2006. 12. 27
中央储备粮昌北直属库粮油检测中心	Q0948	2001. 12. 28—2006. 12. 27
江西省家用冰箱产品质量检测站	A0949	2001. 12. 28—2006. 12. 27
江西省机动车零配件产品质量监督检验站	P0950	2001. 12. 28—2006. 12. 27

表5-2-4 2001年江西省计量认证复查合格单位

单位名称	证书号(2001)量认(赣)字( )号	发证时间及有效期
江西省火电建设公司调整试验所	Z0545	2001.02.23—2006.02.22
江西省水电工程局中心试验室	Z0203	2001.02.23—2006.02.22
南昌市第一建筑工程公司中心试验室	U0543	2001.02.23—2006.02.22
江西省防震减灾工程研究所	U0622	2001.02.23—2006.02.22
遂川县粮油质量监督检验站	Q0451	2001.02.23—2006.02.22
新干县粮油质量监督检验站	Q0364	2001.02.23—2006.02.22
南昌市第五建筑安装公司建筑材料检测中心	U0558	2001.02.23—2006.02.22
昌河飞机工业公司理化检测中心	W0546	2001.02.23—2006.02.22
九江市车辆综合性能检测站	P0381	2001.02.23—2006.02.22
江西省测绘产品质量监督检验站	U0477	2001.02.23—2006.02.22
江西省纸张质量监督检验站	C0118	2001.02.23—2006.02.22
中国核工业总公司七二一分析测试中心	G0170	2001.04.16—2006.04.15
南昌县环境监测站	U0544	2001.04.16—2006.04.15
南昌市东湖区环境保护监测站	U0465	2001.04.16—2006.04.15
江西省民用爆破器材产品质量监督检验站	L0185	2001.04.16—2006.04.15
景德镇市产品质量监督检验所	Z0510	2001.04.16—2006.04.15
江西省消防产品质量监督检验站	L0473	2001.04.16—2006.04.15
江西省地矿局赣南中心实验室	F0168	2001.06.13—2006.06.12
萍乡市湘东区卫生防疫站	S0555	2001.06.13—2006.06.12
萍乡市劳动卫生职业病防治所	S0402	2001.06.13—2006.06.12
芦溪县卫生防疫站	S0554	2001.06.13—2006.06.12
上栗县卫生防疫站	S0575	2001.06.13—2006.06.12
南昌市郊区卫生防疫站	S0223	2001.06.13—2006.06.12
南昌市湾里区卫生防疫站	S0419	2001.06.13—2006.06.12
安义县卫生防疫站	S0215	2001.06.13—2006.06.12
进贤县卫生防疫站	S0404	2001.06.13—2006.06.12
新建县卫生防疫站	S0415	2001.06.13—2006.06.12
南昌县卫生防疫站	S0260	2001.06.13—2006.06.12
吉安市吉州区卫生防疫站	S0623	2001.06.13—2006.06.12

续表

单位名称	证书号(2001)量认(赣)字( )号	发证时间及有效期
吉安市卫生防疫站	S0210	2001.06.13—2006.06.12
新干县卫生防疫站	S0610	2001.06.13—2006.06.12
萍乡市卫生防疫站	S0395	2001.06.13—2006.06.12
萍乡市安源区卫生防疫站	S0556	2001.07.20—2006.07.19
宜春市卫生防疫站	S0247	2001.07.20—2006.07.19
高安市卫生防疫站	S0583	2001.07.20—2006.07.19
南昌中威建材检测有限责任公司	U0560	2001.07.20—2006.07.19
江西赣昌工程质量检测中心	U0551	2001.07.20—2006.07.19
南丰县诚正建设工程材料检测有限公司	U0667	2001.07.20—2006.07.19
萍乡矿区工程质量监督站检测中心	U0541	2001.07.20—2006.07.19
德安县技术监督局产品质量监督检验室	Z0602	2001.07.20—2006.07.19
江西省地矿局赣东北实验室	F0190	2001.09.28—2006.09.27
上高县卫生防疫站	S0447	2001.09.28—2006.09.27
南昌科盛建筑质量检验所	Z0203	2001.09.28—2006.09.27
南昌县建筑工程公司工程质量检验室	U0586	2001.09.28—2006.09.27
江西省土壤肥料测试中心	V0187	2001.09.28—2006.09.27
樟树市药品检验所	S0522	2001.09.28—2006.09.27
抚州地区建筑工程公司检测中心	U0512	2001.09.28—2006.09.27
九江市卫生防疫站	S0414	2001.09.28—2006.09.27
江西省莲花县卫生防疫站	S0577	2001.09.28—2006.09.27
江西省水利厅基本建设工程质量检测中心站	V0179	2001.09.28—2006.09.27
江西省锅炉压力容器检验研究所	L0211	2001.12.28—2006.12.27
江西铜业公司环境监测站	U0573	2001.12.28—2006.12.27
南昌市青云谱区环境检测站	U0574	2001.12.28—2006.12.27
宜春市水利水电工程质量检测站	V0271	2001.12.28—2006.12.27
萍乡市药品检验所	S0401	2001.12.28—2006.12.27
东乡县建筑工程检测中心	U0563	2001.12.28—2006.12.27
抚州市饲料质量监督检验站	V0440	2001.12.28—2006.12.27
江西省印刷产品质量监督检验站	Z0468	2001.12.28—2006.12.27

续表

单位名称	证书号(2001)量认(赣)字( )号	发证时间及有效期
金溪县粮油质量监督检验站	Q0393	2001. 12. 28—2006. 12. 27
德安县粮油质量监督检验站	Q0570	2001. 12. 28—2006. 12. 27
广昌县粮油质量监督检验站	Q0455	2001. 12. 28—2006. 12. 27
修水县建设工程质量检测中心	U0601	2001. 12. 28—2006. 12. 27
余江县卫生防疫站	S0437	2001. 12. 28—2006. 12. 27
玉山县卫生防疫站	S0434	2001. 12. 28—2006. 12. 27
鹰潭市卫生防疫站	S0413	2001. 12. 28—2006. 12. 27
中国十五冶第二工程公司中心试验室	R0219	2001. 12. 28—2006. 12. 27
江西省农副加工产品质量监督检验站	V0197	2001. 12. 28—2006. 12. 27
江西有色冶金建设公司试验室	R0250	2001. 12. 28—2006. 12. 27
江西省卫生防疫站	S0176	2001. 12. 28—2006. 12. 27
江西省乳制品质量监督检验站	S0162	2001. 12. 28—2006. 12. 27
江西省食品卫生监督检验所	Q0160	2001. 12. 28—2006. 12. 27
抚州市防雷装置质量检测检验所	L0628	2001. 12. 28—2006. 12. 27
南昌市青云谱区卫生防疫站	S0405	2001. 12. 28—2006. 12. 27
井冈山市卫生防疫站	S0606	2001. 12. 28—2006. 12. 27
南昌市东湖区卫生防疫站	S0285	2001. 12. 28—2006. 12. 27
永修县卫生防疫站	S0644	2001. 12. 28—2006. 12. 27
泰和县粮油质量监督检验站	Q0205	2001. 12. 28—2006. 12. 27
上饶市水利工程质量检验站	V0196	2001. 12. 28—2006. 12. 27
江西省矿机产品质量监督检验站	A0151	2001. 12. 28—2006. 12. 27
分宜县建筑工程质量检测站	U0595	2001. 12. 28—2006. 12. 27
宜春市袁州区建筑工程质量检测中心	U0596	2001. 12. 28—2006. 12. 27
江西省建筑工程学校建筑工程质量检测所	U0579	2001. 12. 28—2006. 12. 27
江西昌大建设工程质量检测咨询中心	U0478	2001. 12. 28—2006. 12. 27
上饶市信州区建设工程质量检测中心	U0485	2001. 12. 28—2006. 12. 27
上饶县建筑工程检测中心	U0590	2001. 12. 28—2006. 12. 27
金溪县建筑工程检测站	U0566	2001. 12. 28—2006. 12. 27
资溪县建筑工程质量检测站	U0567	2001. 12. 28—2006. 12. 27

续表

单位名称	证书号(2001)量认(赣)字( )号	发证时间及有效期
抚州市建筑工程检测中心	U0466	2001.12.28—2006.12.27
南城县建筑工程质量检测站	U0565	2001.12.28—2006.12.27
江西水泥厂建筑工程检测中心	U0593	2001.12.28—2006.12.27
丰城市建筑材料检测站	U0580	2001.12.28—2006.12.27
泰和县建设工程质量检测中心	U0561	2001.12.28—2006.12.27
广丰县建筑工程质量检测中心	U0594	2001.12.28—2006.12.27
玉山县建筑材料试验室	U0486	2001.12.28—2006.12.27
南方工业学校测试研究所	F0195	2001.12.28—2006.12.27
南昌市公安局机动车辆检测站	P0213	2001.12.28—2006.12.27
江西省地质科学研究所	F0184	2001.12.28—2006.12.27
江西省地质矿产勘察开发局九一二实验室	F0191	2001.12.28—2006.12.27
萍乡市机动车辆安全技术检测站	P0416	2001.12.28—2006.12.27
九江公路分局科研设计所中心试验室	P0627	2001.12.28—2006.12.27
樟树市技术监督检测所	Z0442	2001.12.28—2006.12.27
进贤县建筑工程质量检测站	U0552	2001.12.28—2006.12.27

2002 年,省质监局对赣州市大地岩土工程勘察公司等 17 家质检机构进行首次计量认证,对于都县农作物种子质量监督检验站等 30 家质检机构进行计量认证复查。经考核评审合格,并颁发计量认证证书。

表 5-2-5　2002 年江西省首次计量认证合格单位

单位名称	证书号(2002)量认(赣)字( )号	发证时间及有效期
赣州市大地岩土工程勘察公司	F0946	2002.02.07—2007.02.06
南昌市联合市政工程质量检测中心有限公司	U0947	2002.02.07—2007.02.06
江西省量仪刃具产品质量检验站	Z0951	2002.07.01—2007.06.30
江西鸿基建筑工程检测有限公司	U0952	2002.08.27—2007.08.26
鹰潭公路分局材料试验室	P0953	2002.08.27—2007.08.26
南昌铁路局环境监测站	U0954	2002.08.27—2007.08.26
抚州市粮油中心库质量检验站	Q0955	2002.11.26—2007.11.25
九江市建工质量检测中心	U0956	2002.11.26—2007.11.25

续表

单位名称	证书号(2002) 量认(赣)字( )号	发证时间及有效期
江西省牧草种子监督检测中心	V0957	2002.11.26—2007.11.25
中央储备粮上高直属库粮油检测中心	Q0958	2002.11.26—2007.11.25
九江市建筑设计院土工试验室	U0959	2002.11.26—2007.11.25
南昌市种子质量监督检测站	V0960	2002.11.26—2007.11.25
江西华大土木工程技术有限公司工程质量检测中心	U0961	2002.11.26—2007.11.25
江西华泰基础检测有限公司	U0962	2002.12.30—2007.12.29
江西省交通桥梁检测加固有限公司	P0963	2002.12.30—2007.12.29
江西瑞凌建筑工程检测有限公司	U0964	2002.12.30—2007.12.29
上饶天一桩基检测站	U0965	2002.12.30—2007.12.29

表5-2-6　2002年江西省计量认证复查合格单位

单位名称	证书号(2002) 量认(赣)字( )号	发证时间及有效期
于都县农作物种子质量监督检验站	V0584	2002.02.07—2007.02.06
瑞昌市技术监督局产品质量检验所	Z0438	2002.02.07—2007.02.06
新干县建筑工程质量检测站	U0585	2002.02.07—2007.02.06
宜春车辆综合性能检测站	P0476	2002.02.07—2007.02.06
江西科光窑炉材料有限公司分析测试中心	E0588	2002.02.07—2007.02.06
江西省特种设备检测中心	L0617	2002.02.07—2007.02.06
上饶市产品质量监督检验所	Z0612	2002.07.01—2007.06.30
江西省饲料科学研究所	V0201	2002.07.01—2007.06.30
江西有色地质测试中心	F0227	2002.07.01—2007.06.30
赣州市产品质量监督检验所	Z0613	2002.07.01—2007.06.30
江西省核工业地质局测试研究中心	F0127	2002.08.27—2007.08.26
江西省建设监理总公司桩基检测中心	U0635	2002.08.27—2007.08.26
江西省机械产品质量监督总站	A0166	2002.08.27—2007.08.26
江西省烟草质量监督检测站	C0121	2002.08.27—2007.08.26
江西省物化探公司工程物探所	U0638	2002.08.27—2007.08.26
九江市珠宝金银饰品质检站	F0665	2002.08.27—2007.08.26
江西省电子产品监督检验所	H0128	2002.08.27—2007.08.26

续表

单位名称	证书号(2002) 量认(赣)字( )号	发证时间及有效期
江西省盐业产品质量监督检验站	Q0136	2002.11.26—2007.11.25
江西省地勘局赣西北中心实验室	F0125	2002.11.26—2007.11.25
南昌市环境监测站	U0217	2002.11.26—2007.11.25
萍乡市环境监测站	U0230	2002.11.26—2007.11.25
九江市环境监测站	U0220	2002.12.30—2007.12.29
樟树市建筑工程质量监督站检测室	U0658	2002.12.30—2007.12.29
赣州市机动车辆安全质检站	P0660	2002.12.30—2007.12.29
赣州市土肥质检站	V0340	2002.12.30—2007.12.29
江西省粮油质量监督检验站	Q0163	2002.12.30—2007.12.29
江西省农机产品质量监督检测一站	A0153	2002.12.30—2007.12.29
南昌摩托车质量监督检验所	A0637	2002.12.30—2007.12.29
南昌铁路疾病预防控制中心	S0253	2002.12.30—2007.12.29
九江市纤维检验所	Z0513	2002.12.30—2007.12.29

至2002年底,全省共有859家检测机构通过计量认证评审,取得计量认证合格证书。检测机构涉及机械、电子、建筑、环卫、卫生、粮食、气象、公路、药检、农业、无线电监测等领域。

至2003年底,全省共有878家实验室通过计量认证。

至2004年底,全省有900家实验室通过计量认证。

2005年,根据国家认监委《关于开展第二次全国检验检测资源及实验室状况调查的通知》要求,对全省约1000家实验室开展实验室资源调查工作。完成复查、首次和扩项计量认证评审的实验室111家,至2005年底,全省有937家实验室通过计量认证。

至2006年底,全省有868家实验室获得计量认证证书。

2008年6月1日,国家强制性标准《通用硅酸盐水泥》(GB175－2007)开始实施,新标准在技术要求、产品性能、合格判定等方面作较大的变动,明确氯离子含量为必检项目。为实现新标准的顺利实施,省质监局决定对开展通用硅酸盐水泥产品检验的实验室进行计量认证扩项评审。受省计量认证评审组委托,省计量协会在南昌集中开展扩项评审工作。

2010年,省质监局与省司法厅联合对全省100多家司法鉴定机构进行宣传贯彻培训,并选定7家试点单位,正式启动全省司法鉴定机构资质认定工作。2010年,按照《中华人民共和国食品安全法》的要求,对食品检验机构进行资质认定。完成全省200多家食品检验机构资格转换。至2010年底,全省共有851家实验室获得计量认证证书。

评审员管理

1996年8月,省技监局发布《江西省产品质量检验机构考核评审员管理暂行办法》,要求凡县级以上人民政府产品质量监督管理部门依法设置和依法授权的、为社会提供公证数据的产品质量检验机构,其考核评审工作由省技监局委托的质检机构评审员组成的评审组现场考核评审合格,并取得授权证书后,方可承担相应的产品质量监督检验、仲裁检验等公证检验工作。评审员由各质检机构上报省技监局监督稽查处,并经培训合格后取得评审员资格。

1999年7月,依据国家《产品质量检验机构计量认证评审员管理办法》的有关规定,省技监局培训并考核通过130位省级计量认证评审员。

根据国家规定,新的《计量认证/审查认可(验收)评审准则》于2001年12月1日起实施。为保证新《准则》的顺利实施,2001年7月,省质监局对115位评审员进行知识更新培训,经考试合格后聘为省级计量认证/审查认可(验收)评审员。

2002年,省质监局聘请国家认监委资深主任评审员对全省100多名省级评审员进行ISO/IEC17025:1999的转换培训。全省还选派11人参加全国"二合一"准则师资培训班,既培训师资,又培训国家级评审员,不断加强师资力量。

至2003年底,全省拥有覆盖各专业门类的省级计量认证评审员132人。

至2004年底,全省有覆盖各专业门类的省级计量认证/审查认可评审员146人。

至2005年底,全省拥有覆盖各专业门类的省级实验室评审员179人。

2009年9月,省质监局认证监管处成立。将原计量认证与审查认可的评审员合二为一,组织开展省实验室资质认定评审员的重新考核聘用工作,对通过考核的215人颁发评审员证书;同时,召开评审组长座谈会,要求评审组长加强责任意识,并做好评审员的"传、帮、带",打造一支高素质的资质认定评审专家队伍。

能力验证

省质监局从2002年开始组织对通过资质认定的实验室开展能力验证活动,并对能力验证结果予以通报。

表5-2-7 2002—2010年省质监局组织实验室能力验证情况

年份	实验室类别	能力验证项目	参加实验室数量(家)	能力验证结果
2002	食品类实验室	白酒中的甲醇	126	合格76家
2003	粮油类实验室	稻谷中的脂肪酸值和食用油的色泽	40	合格38家
	地质行业实验室	土壤、岩石、硅酸盐中的主要参数	13	合格8家
	建筑、建材类实验室	水泥(制品)检验项目	130	合格72家

续表

年　份	实验室类别	能力验证项目	参加实验室数量(家)	能力验证结果
2004	粮油类实验室	食用油的过氧化值及面粉的灰分	47	合格 42 家
	水质分析类实验室	水中氟化物、铬、铅等参数	131	合格 127 家
	工程基桩类实验室	工程基桩	50	合格 46 家
2006	水质分析类实验室	水中钙、钾、砷、汞四个参数	38	合格 24 家
2007	建筑类实验室	钢筋拉伸试验	131	结果满意 114 家
	粮油类实验室	稻谷的出糙率、整精米率、杂质、水分和油脂的色泽、酸值和过氧化值	81	结果满意 66 家
	药品检验实验室	药品鉴别和有关物质含量测定	13	结果满意 13 家
2008	食品类实验室	饮料中甜蜜素、苯甲酸钠	23	结果满意 23 家
	建筑建材类实验室	水泥的凝结时间、抗压强度、水泥中氯离子含量	96	结果满意和基本满意 81 家
	水质检测类实验室	水中 Pb^{2+}、Hg^{2+}、NO_3^-、Cl^-	105	结果满意和基本满意 100 家
2010	食品、建材类实验室	食用油理化分析、食品中农残测定、液相色谱法测食品中合成色素、钢筋的力学试验	273	结果满意的 223 家

第二节　审查认可

1991 年,省标准局对各级质检机构实施审查认可(验收)制度,规定质检机构必须经过审查合格才能承担监督检验工作。

1992 年,根据国家技监局《关于认真做好地方产品质量监督检验机构“整顿、充实、提高”工作的通知》的要求,省标准局规划第一批省级产品质量监督检验站 36 个,依据《产品质量监督检验站审查认可细则》的要求,全面开展对这些质检机构的审查认可工作。对审查认可合格的质检机构,依法授权其为具有承担相应产品执法检验资格的省级质检站。至 1994 年 2 月底,共对省食品质检站等 20 个省级质检站进行审查认可或认可复查。

1993 年,根据《中华人民共和国标准化法》第十九条“县级以上政府标准化行政主管部门,可以根据需要设置检验机构,或者授权其他单位的检验机构,对产品是否符合标准进行检验”“处理有关产品是否符合标准的争议,以前款规定的检验机构检验数据为准”,《中华人民共和国产品质量法》第十一条“产品质量检验机构必须具备相应的检测条件和能力,经省级以上人民政府产品质量监督管理部门或者其授权的部门考核合格后,方可承担产品质量检验工作”的规定,按照国家有关产品质量监督检验机构“基本条件”“管理办法”“验收细则”“审查认可细则”的要求,省食品质检站等7个省级质检站通过认可复查,省茶叶质检站等8个省级质检站通过审查认可,省标准局正式授权这15个质检机构为具有承担相应产品执法检验资格的省级质检站,其检验结果具有法律效力。同时,根据国家技监局关于原则上不在生产企业设置质检站的规定,省标准局决定撤销省味精质检站等9个设在生产企业或条件尚不具备的省级质检站。

1994年,审查认可质检机构数为11个,分别为省粮油质检站、省塑料质检站、省纺织质检站、省林木种子质检站、省矿山机械质检站、省食盐质检站、省放射性产品质检站、省陶瓷质检站、省饲料质检站、省农机质检一站和省农机质检二站。是年,全省规划质检机构数为15个,分别为省条码质检站、省燃气用具质检站、省金银珠宝质检站、省劳动防护用品质检站、省测绘产品质检站、省化肥质检站、省农药质检站、省印刷品质检站、省乳制品质检站、省有机化工产品质检站、省种子质检站、省通信产品质检站、省消防自动系统质检站、省电力工业发配电设备质检站和省计算机质检站。

1995年,省纤维检验局通过验收考核合格,医药产品等7个省级质检站通过审查认可考核合格,省技监局正式授权这8个质检机构为具有承担相应产品执法检验资格的质检机构。

1996年1月,省纸张检验站通过审查认可复查,印刷产品等2个省级质检站通过审查认可,省技监局正式授权这3个质检机构为具有承担相应产品执法检验资格的质检机构。是年,电力设备等3个省级质检站通过审查认可。

1997年,上饶地区产品质量监督检验所、南昌市产品质量监督检验所、赣州地区产品质量监督检验所等3个质检所通过评审验收,为具有承担相应产品执法检验资格的质检机构;省喷油泵维修质量监督检验站、省燃气用具产品质量监督检验站、省民用爆破器材产品质量监督检验站、省冶金产品质量监督检验站、省劳动安全产品质量监督检验站等5个质检站通过审查认可,省技监局正式授权这5个质检站为具有承担相应产品执法检验资格的质检机构。上述8个质检所、站按规定程序出具的检验结果具有法律效力。为做好地(市)、县(市、区)质检机构的整顿、验收与审查认可工作,根据《中华人民共和国产品质量法》第十一条“产品质量检验机构必须具备相应的检测条件和能力,经省级以上人民政府产品质量监督管理部门或者其授权的部门考核合格后,方可承担产品质量检验工作”的规定,省技监局下发《关于认真做好地(市)、县(市、区)产品质量监督检验机构“整顿、充实、提高”工作的通知》,并明确以下原则与要求:1. 按原国家技监局对地(市)、县(市、区)质检机构改革的思路,一个地区内不要搞重复建设,不要求每个县都建质检所;确因工作需要必建的,原则上要求与计量所合二为一,走综合性技术机构的道路,避免人力、物力的浪费。2. 对于列入第一批整顿规划的地(市)质检机构,各地(市)局必须抓紧落实其验收或审查认可的时间,并于1998年1月底前将验收及审查认可的时间安排表报我局;对纳入第一批规划的质检机构,在1998年度还未通过验收或审查认可的,取消其质检机构定点规划。3. 自1998年起,凡是未经过验收或审查认可的质检机构,不能承担执法监督检验任务;凡是未取得“质量监督员”证的质检机构人员,不能参与产品抽样与监督检安排。

1998年2月,萍乡市产品质量监督检验所、宜春地区产品质量监督检验所、新余市技术监督检测中心(新余市纤维检验所)等4个质量监督检验所(中心)通过验收,南昌市眼镜质量监督检验站、省乳制品质量监督检验站、省量仪刃具产品质量监督检验站、南昌市劳动安全卫生产品质量监督检验站、萍乡市建材产品质量监督检验站、南昌市锅炉压力容器产品质量监督检验站、南昌市压力容器产品质量监督检验站、省金银珠宝饰品质量监督检验二站、省城建设施产品质量监督检验站、南昌市种子质量监督检验站等10个质量监督检验站通过审查认可，被省技监局正式授权为具有承担相应产品质量监督检验资格的质检站。

1999年1月，九江市产品质量监督检验所、九江市纤维检验所、吉安地区技术监督检测中心、赣州地区产品质量监督检验所（新增检测项目）、上饶地区产品质量监督检验所（新增检测项目）通过验收；省计量产品质量监督检验站、省通信产品质量监督检验站、省工业陶瓷质量监督检验站等20个产品质量监督检验站通过审查认可。7月，抚州地区产（商）品质量监督检验所等6个产品质量监督检验机构通过审查认可和验收。

2001年，机动车零配件、农副产品、矿山机械等11个省级产品质量监督检验站通过审查认可和资格认可复查。

2002年，省质监局在年初召开全省质检机构工作座谈会，宣传贯彻新版《计量认证/审查认可评审准则》及认可要求，指导检验机构按新版要求建立质量体系。对17家质检机构进行计量认证/审查认可（其中2家是初次评审）。

至2003年底，全省通过审查认可授权有效期内的质检机构60家，涉及机械电子、化工医药、矿业冶金、建筑建材、轻工纺织、食品粮油、农业、特种设备及综合检验等领域，其中省级质检机构39家。

至2004年底，全省共有85家质检机构通过审查认可。

2005年，省计量产品质量监督检验站等16家产品质量监督检验机构通过审查认可。

至2006年底，全省共有89家质检机构通过审查认可。

至2007年底，全省共有91家质检机构通过审查认可。

2008年，组织完成21家质检机构审查认可工作，其中新批准质检机构2家，复评审质检机构19家。至2008年底，全省共有86家质检机构通过审查认可。

2009年，吉安市质量技术监督检测中心等20家产品质量监督检验机构通过审查认可。

至2010年底，全省共有63家质检机构通过审查认可。

表5－2－8　2009年审查认可复评审和首次授权的产品质量监督检验机构名单

质量监督检验机构名称	主管部门	CAL编号省质监认字	授权（验收）的主要检验范围
吉安市质量技术监督检测中心	吉安市质监局	008	粮油加工品、酒类、饲料类、轻化工产品、电器类、建材类等31大类产品（复评审、扩项）
东乡县产品质量检测中心	东乡县质监局	139	水果、酒类、粮油、巧克力及巧克力制品等18种产品（首次评审）

续表

质量监督检验机构名称	主管部门	CAL 编号省质监认字	授权(验收)的主要检验范围
萍乡市产品质量监督检验所	萍乡市质监局	053	烟花爆竹等1种产品(扩项)
高安市产品质量监督检验站	高安市质监局	140	饮料、酒类、乳和乳制品、食用菌制品等29种产品(首次评审)
九江市产品质量监督检验所	九江市质监局	057	粮油加工品、酒类、建筑用钢材类、水泥类、石油产品、家用太阳热水系统等62大类产品(复评审)
赣州市产品质量监督检验所	赣州市质监局	049	钨精矿、仲钨酸铵、氧化钨、电池级混合稀土金属等59种产品(扩项)
江西省食品质量监督检验站	江西省商务厅	001	酒类、饮料类、粮食类、食品添加剂等24大类产品(复评审)
江西省无公害农产品质量监督检验站	江西省农业厅	014	肉及肉制品、蛋及蛋制品、农药类、环境类等21大类产品(复评审)
江西省化工化肥农药质量监督检验站	江西省石化集团公司	015	化肥类、化工类、农药类等3大类产品(复评审)
江西省中小企业水泥质量监督检验站	萍乡市经贸委	103	通用硅酸盐水泥、钢筋混凝土用热轧光圆钢筋、烧结普通砖、混凝土外加剂等27种产品(复评审)
江西省饲料质量监督检验站	江西省农业厅	018	单一饲料、饲料添加剂等4类产品(复评审)
江西省农业机械产品质量监督检验一站	江西省机械行管办	025	柴油机、农用运输车、饲料加工机械、水泵等11类产品(复评审)
江西省农业机械产品质量监督检验二站	江西省农业科学院	026	拖拉机类、内燃机类、水泵、农机零配件类等11类产品(复评审)
江西省金银珠宝饰品质量监督检验站	江西省珠宝研究所	034	贵金属首饰、珠宝玉石、钻石分级等3类产品(地址变更)
江西省印刷产品质量监督检验站	江西省新闻出版局	037	平版印刷品、凸版印刷品、包装装潢、书刊装订等4种产品(复评审)
赣州市土壤肥料质量监督检验站	赣州市农业局	118	尿素、碳酸氢铵、有机—无机复混肥料、有机肥料等15种产品(复评审)

续表

质量监督检验机构名称	主管部门	CAL编号省质监认字	授权(验收)的主要检验范围
赣州市建材产品质量监督检验站	赣州市经贸委	120	水泥品质指标、墙体材料、砌筑砂浆、防水卷材等13种产品(复评审)
江西省建筑工程质量检测中心	江西省建设厅	132	建筑用钢材、水泥、建筑幕墙工程、建筑外窗、门窗型材等18类产品(复评审)
江西省发电用煤质量监督检验站	江西省电力科学研究院	155	煤等1种产品(复评审)
江西省摩托车质量监督检验站	江西省国防科工办	010	摩托车和轻便摩托车、小型汽油机、助力车、车用喇叭性能等19种产品(复评审)

第三节　实验室监督管理

1991年6月，国家技监局印发《关于〈对已取得计量认证合格证书的检测机构进行监督检查的若干规定〉的通知》(以下简称《通知》)以加强对检测机构的监督管理，使已取得计量认证合格证书的检测机构能够保持其原认证时的检测水平和公正性。《通知》对监督检查的频次、组织方式、检查组组成、检查内容及评定方法、检查结果的处理等做出明确规定。8月，省计量局转发该文件，并在四季度对已通过计量认证的单位进行监督抽查。

1994年4月，因未通过计量认证监督检查，省计量局注销南昌市粮油质量监督检验站计量认证合格证书；因计量认证合格证书到期未送交计量认证复查申请书，省计量局注销省花炮质量监督检验站计量认证合格证书。

1995年11月，省技监局下发《关于计量认证监督检查的通知》，于本年12月至1996年1月，省技监局组织对省锅炉压力容器检验所、省水利规划设计院水质实验室、省国防工业节能监测站、江西有色地质测试中心、省乡镇企业食品质检站、省地矿局九一六实验室、中国有色五建二公司试验室、江西有色冶建公司德兴工程指挥部试验室、省劳卫职业病防治所、省冶金产品质检中心焦化站、南铁分局南昌中心卫生防疫站、南昌市产品质检所和吉安地区产品质检所等单位进行监督检查。

1996年3月，因已超过5年有效期未提出计量认证复查申请，省技监局注销省味精质量监督检验站等9家产品质检机构计量认证合格证书，停止其使用计量认证标志。

1997年4月，因已超过5年有效期未提出计量认证复查申请，省技监局注销省木家具质量检测中心站、省火柴质量检测中心站、省电力工业局电杆质量检测中心、省水利规划设计院水质实验室和上饶地区活性炭质量监督检验站等5家质检机构计量认证合格证书，停止其使用计量认证标志。

1998年3月，省技监局下发《关于计量认证合格单位年审的通知》，要求参照1996年度年审做法，对质检机构(实验室)1997年度的计量管理和质保体系运行情况进行年审。

2000年,因计量认证有效期满未复查,或在有效期内因机构改革而撤销,省技监局发布《江西省技术监督局计量认证公报》,决定依法注销江西省晴雨伞质量检测中心站等15家质检机构计量认证合格证书,停止其使用认证标志及证书编号。

表5-2-9　2000年省技监局第一批注销计量认证合格证书单位

单位名称	注销原因
南昌市机动车辆检测站	机构改革
中国有色四冶建设公司五公司试验室	有效期满未复查
中国有色四冶建设公司一公司试验室	有效期满未复查
中国有色四冶建设公司四公司试验室	有效期满未复查
江西省陶瓷质量监督检验站	有效期满未复查
江西省电线电缆质量监督检验站	有效期满未复查
江西省化肥质量监测中心	机构改革
江西橡胶密封制品检测站	有效期满未复查
江西省农药质量检测中心	机构改革
江西省化工产品质检中心轮胎胶鞋质检站	机构改革
江西省晴雨伞质量检测中心站	有效期满未复查
江西有色冶金建设公司德兴工程指挥部试验室	有效期满未复查
航空工业南昌(江西省国防工业)节能监测站	有效期满未复查
江西省纸制品质量检测中心站	有效期满未复查
南昌辛家庵社会公正称重计量站	机构改革

2000年7—9月,省质监局按15%~20%的比例组织对已获计量认证证书的实验室进行监督检查,对监督检查不通过的实验室、限期整改仍达不到要求或失去公正地位,造成用户损失及社会影响的实验室,依法注销计量认证合格证书,停止其使用计量认证标志。

2001年开始,省质监局每年对有效期内的实验室按15%的比例进行监督检查,在每年的一季度制定相应的监督检查计划,四季度将监督检查结果进行汇总,对不符合要求且经整改仍达不到要求的实验室依法注销其计量认证合格证书。

2001年8月,对因计量认证期满未申请复查,省质监局依法注销省蜂产品质量监督检验站等7家质检机构计量认证合格证书,停止其使用计量认证标志及证书编号。

表5-2-10　2001年省质监局注销计量认证合格证书单位

单位名称	证书号	发证时间及有效期
江西省蜂产品质量监督检验站	(94)量认(赣)字(Q0129)号	1994.02.02—1999.02.01
江西省日用化工质量检测中心站	(95)量认(赣)字(C0143)号	1995.03.31—2000.03.30
中核总公司七一三分析测试中心	(94)量认(赣)字(G0157)号	1994.12.30—1999.12.29

续表

单位名称	证书号	发证时间及有效期
省林产工业产品质量监督检测站	(95)量认(赣)字(V0154)号	1995.05.09—2000.05.08
省耐火材料质检站	(95)量认(赣)字(E0180)号	1995.12.29—2000.12.28
省冶金厅工程质量检测中心	(94)量认(赣)字(E0409)号	1994.05.25—1999.05.24
江西省自行车产品质量检测站	(95)量认(赣)字(A0458)号	1995.01.26—2000.01.25

2002年,省质监局对100家有效期内的实验室进行监督检查。

2002年8月,因计量认证期满未申请复查,省质监局依法注销省汽车产品质量检测站等31家质检机构计量认证合格证书,停止其使用计量认证标志及证书编号。

表5-2-11　2002年省质监局注销计量认证合格证书单位

单位名称	证书号( )量认(赣)字( )号	发证时间及有效期
江西省汽车产品质量检测站	(96)A0149	1996.06.24—2001.06.23
江西省喷油泵维修质量监检站	(96)V0621	1996.11.15—2001.11.14
抚州地区水泥质量监督检验站	(96)U0572	1996.06.24—2001.06.23
萍乡市饲料质量监督检验站	(96)V0615	1996.11.15—2001.11.14
宁冈县卫生防疫站	(96)S0607	1996.10.23—2001.10.22
上饶地区桩基工程质量检测站	(96)U0571	1996.03.18—2001.03.17
南昌县药品检验所	(94)S0404	1994.05.25—1999.05.24
新建县药品检验所	(94)S0398	1994.04.06—1999.04.05
进贤县药品检验所	(94)S0397	1994.04.06—1999.04.05
南昌市郊区药品检验所	(94)S0399	1994.04.06—1999.04.05
吉安县药品检验所	(94)S0426	1994.12.09—1999.12.08
峡江县药品检验所	(96)S0609	1996.10.23—2001.10.22
新干县药品检验所	(96)S0611	1996.10.23—2001.10.22
永丰县药品检验所	(96)S0625	1996.12.31—2001.12.30
井冈山市药品检验所	(96)S0605	1996.10.23—2001.10.22
莲花县药品检验所	(96)S0576	1996.06.24—2001.06.23
南城县药品检验所	(95)S0533	1995.12.29—2000.12.28
宜黄县药品检验所	(95)S0536	1995.12.29—2000.12.28
南丰县药品检验所	(94)S0430	1994.12.09—1999.12.08
东乡县药品检验所	(96)S0589	1996.09.12—2001.09.11

续表

单位名称	证书号( )量认(赣)字( )号	发证时间及有效期
金溪县药品检验所	(96)S0626	1996.12.31—2001.12.30
丰城市药品检验所	(94)S0424	1994.10.20—1999.10.19
上高县药品检验所	(95)S0450	1995.01.26—2000.01.25
修水县药品检验所	(95)S0523	1995.11.28—2000.11.27
武宁县药品检验所	(96)S0603	1996.10.23—2001.10.22
瑞昌市药品检验所	(96)S0604	1996.10.23—2001.10.22
永修县药品检验所	(96)S0614	1996.11.15—2001.11.14
德兴市药品检验所	(94)S0394	1994.04.06—1999.04.05
玉山县药品检验所	(94)S0435	1994.12.30—1999.12.29
波阳县药品检验所	(96)S0578	1996.06.24—2001.06.23
余江县药品检验所	(94)S0436	1994.12.30—1999.12.29

2003年7月,因计量认证期满未申请复查,省质监局依法注销省齿轮质量监督检验站等19家质检机构计量认证合格证书,停止其使用计量认证标志及证书编号。

表5-2-12　2003年省质监局注销计量认证合格证书单位

单位名称	证书号( )量认(赣)字( )号	发证时间及有效期
江西省齿轮质量监督检验站	(97)A0167	1997.05.20—2002.05.19
江西省地矿局赣西实验室	(97)F0173	1997.02.03—2002.02.02
江西省低压电器质检站	(97)A0209	1997.05.20—2002.05.19
江西省地矿局九一六实验室	(97)F0249	1997.07.02—2002.07.01
万安县药品检验所	(97)S0275	1997.12.31—2002.12.30
上饶市水泥质量检测站	(98)R0331	1998.11.19—2003.07.01
玉山水泥厂化验室	(98)R0332	1998.11.19—2003.07.01
萍乡市建筑工程质监站	(96)U0597	1996.09.12—2001.09.11
全南县农作物种子质检站	(97)V0633	1997.02.03—2002.02.02
龙南县农作物种子质检站	(97)V0634	1997.02.03—2002.02.02
湖口县药品检验所	(97)S0639	1997.04.14—2002.04.13
高安市药品检验所	(97)S0640	1997.04.14—2002.04.13
彭泽县药品检验所	(97)S0645	1997.04.14—2002.04.13

续表

单位名称	证书号( )量 认(赣)字( )号	发证时间及有效期
江西省房地产面积公正计量站	(97)Z0655	1997.05.22—2002.05.21
宜春市桩基础质检中心	(97)U0666	1997.09.16—2002.09.15
九江县药品检验所	(97)S0684	1997.12.31—2002.12.30
万载县药品检验所	(97)S0685	1997.12.31—2002.12.30
抚州市临川区药品检验所	(97)S0687	1997.12.31—2002.12.30
乐安县药品检验所	(97)S0688	1997.12.31—2002.12.30

2004年5月,国家认监委颁发《计量认证/审查认可(验收)获证检测机构监督管理办法》,省质监局组织对105家实验室进行监督检查。6月,按照《中华人民共和国产品质量法》及有关法律法规的要求,省质监局决定撤销省种子质量监督检验站等25家质检机构审查认可授权资格,收回相关质检机构的授权章(CAL章)和授权证书,要求被撤销审查认可授权资格的质检机构不得再以任何形式使用CAL授权章和授权证书。

表5-2-13　撤销审查认可授权资格质检机构名单

机构名称	授权截止日期	授权号
江西省种子质量监督检验站		质监认字(040)号
江西省林木种子质量监督检验站	2002.07.05	质监认字(019)号
萍乡市电器机械产品质量监督检验站	2002.01.19	质监认字(060)号
吉安地区农作物种子质量监督检验站		质监认字(128)号
赣州农作物种子质量监督检验站	2002.07.05	质监认字(123)号
新余市农作物种子质量监督站		质监认字(134)号
江西省冶金产品质量监督检验站	2000.01.19	质监认字(047)号
省乡镇企业产品质量监督检测中心	2002.07.05	质监认字(124)号
南昌市劳动安全卫生监察检测站	2000.10	质监认字(102)号
南昌市粮油质量监督检验站	2002.10.10	质监认字(129)号
江西省茶叶质量监督检验站	2002.10.11	质监认字(003)号
丰城市粮油饲料质量监督检验站	2002.12.15	质监认字(139)号
宜春市袁州区粮油质量监督检验站	2002.12	质监认字(140)号
余干县粮油质量监督检验站	2002.12.14	质监认字(141)号
万载县粮油饲料质量监督检验站	2002.12.14	质监认字(142)号
乐平市粮油质量监督检验站	2002.12.15	质监认字(143)号

续表

机构名称	授权截止日期	授权号
宜丰县粮油质量监督检验站	2003. 05. 21	质监认字(144)号
武宁县粮油质量监督检验站	2003. 12. 04	质监认字(146)号
高安市粮油质量监督检验站	2003. 12. 04	质监认字(147)号
章贡区粮油饲料质量监督检验站	2003. 12. 04	质监认字(148)号
修水县粮油质量监督检验站	2003. 12. 04	质监认字(149)号
东乡县粮油质量监督检验站	2003. 12. 04	质监认字(150)号
安福县粮油质量监督检验站	2003. 12. 04	质监认字(151)号
婺源县粮油质量监督检验站	2003. 12. 04	质监认字(152)号
崇仁县粮油质量监督检验站	2003. 12. 04	质监认字(153)号

2005 年 10—11 月,省质监局按照国家认监委《关于开展 2005 年度计量认证专项监督检查工作的通知》要求,对食品检测实验室开展计量认证专项监督检查。89 家从事食品中的微生物、非食用蛋白水解液、胭脂红、苯甲酸、苏丹红、工业盐、对羟基苯甲酸脂、工业冰醋酸、香精香料、甜味剂、孔雀石绿等项目检测的实验室列入计划。监督检查以省内自查为主,国家认监委组织跨省互查。

国家认监委计量认证监督检查组于 2005 年 11 月 10 日对抚州市产品质量监督检验所进行专项监督检查。检查组现场发现实验室管理和环境条件不符合要求,多台检测设备检定超期或断档,在抽取的检测报告中,发现婴儿配方奶粉检验项目未经计量认证,就对外出具加盖计量认证标志的报告,违反计量认证有关规定,检查组建议该实验室在完成整改后,方可通过此次监督检查。省质监局依照检查组建议,发出通报要求抚州市产品质量监督检验所应引起高度重视,针对检查组提出的问题认真整改,如未按要求完成整改,将视情况暂停或取消其计量认证资格。11 月,省质监局依据国家认监委计量认证监督检查组的建议,根据《计量认证/审查认可(验收)获证检测机构监督管理办法》第十条和第十三条的规定,责令省分析测试研究所(其计量认证证书号为(2000)量认(赣)字(Z0164)号)暂停使用计量认证标志,待计量认证复查评审通过后,方可继续使用。暂停期间,不得对外出具加盖计量认证标志的检测报告。

2005 年 12 月,依据《中华人民共和国计量法》和《产品质量检验机构计量认证管理办法》的规定,因计量认证期满未按时申请复查,省质监局依法注销省乡镇企业水泥质检站等 128 家质检机构计量认证合格证书。

表 5-2-14　2005 年省质监局注销计量认证合格证书单位

单位名称	所在地区	证书号( )量认赣字( )号	有效期	注销原因
江西省乡镇企业水泥质检站	萍乡	(98)R0110	2003. 11. 10	超期,未申请
江西省医药产品质量检测中心	南昌	(99)S0113	2004. 08. 11	超期,未申请

续表

单位名称	所在地区	证书号( )量认赣字( )号	有效期	注销原因
江西省冶金产品质检站	新余	(99)E0115	2004.10.10	超期,未申请
江西省化工产品质量监测中心涂料质检站	新余	(99)B0119	2004.09.09	超期,未申请
江西省纺织产品质量监督检验站	南昌	(99)D0120	2004.02.10	机构合并
江西省电机产品质量检测站	南昌	(96)K0145	2001.06.23	超期,未申请
江西省环境监测中心站	南昌	(96)U0192	2001.06.23	国家计量认证
鹰潭市日用化工产品质检站	鹰潭	(97)C0202	2002.02.02	超期,未申请
赣州市药品检验所	赣州	(97)S0206	2002.04.13	超期,未申请
江西省计量测试研究所	南昌	(98)Z0222	2003.11.18	机构合并
有色总公司江西节能监测中心	赣州	(96)E0225	2001.12.04	超期,已申请
江西省能源利用监测中心	南昌	(99)Z0228	2004.08.11	超期,未申请
赣州市工业卫生研究所	赣州	(98)S0240	2003.02.18	超期,未申请
南昌市职业病防治所	南昌	(98)S0242	2003.11.18	超期,未申请
新余市药品检验所	新余	(99)S0245	2004.02.10	超期,未申请
江西省乡镇企业食品质量监督检验站	南昌	(98)Q0252	2003.04.26	超期,未申请
湖口县粮油质量监督检验站	九江	(97)Q0256	2002.12.30	超期,未申请
吉安市吉州区药品检验所	吉安	(98)S0261	2003.02.18	超期,未申请
江西省冶金产品质检中心焦化站	新余	(99)E0274	2004.10.10	超期,未申请
吉安县粮油质量监督检验站	吉安	(98)Q0280	2003.02.18	超期,未申请
永新县粮油质量监督检验站	吉安	(98)Q0281	2003.02.18	超期,未申请
吉州区粮油质量监督检验站	吉安	(98)Q0283	2003.02.18	超期,未申请
南昌市产品质量监督检验所	南昌	(98)Z0284	2003.05.31	机构合并
定南县粮油质量监督检验站	赣州	(93)Q0292	1998	超期,未申请
会昌县粮油质量监督检验站	赣州	(98)Q0294	2003.02.18	超期,未申请
瑞金市粮油质量监督检验站	赣州	(98)Q0295	2003.02.18	超期,未申请
石城县粮油质量监督检验站	赣州	(98)Q0296	2003.02.18	超期,未申请
龙南县粮油质量监督检验站	赣州	(93)Q0301	1998	超期,未申请
宜丰县产品质量监督检验站	宜春	(98)Z0302	2003.11.10	超期,未申请
万载县粮油质量监督检验站	宜春	(99)Q0305	2004.12.29	超期,未申请
铅山县粮油质量监督检验站	上饶	(98)Q0312	2003.02.18	超期,未申请

续表

单位名称	所在地区	证书号()量认赣字()号	有效期	注销原因
江西省标准件产品质量监督检验站	南昌	(98)A0325	2003.08.12	超期,未申请
上饶市酒类质量监督检验站	上饶	(99)Q0329	2004.01.31	超期,未申请
宜春市袁州区产品质量监督检验所	宜春	(98)Z0330	2003.08.12	超期,未申请
江西省焊接材料产品质量监督检验站	萍乡	(99)A0342	2004.04.07	超期,未申请
靖安县产品质量监督检验所	宜春	(99)Z0354	2004.12.14	超期,未申请
丰城市产品质量监督检验所	宜春	(99)Z0355	2004.12.14	超期,未申请
南丰县粮油质量监督检验站	抚州	(99)Q0360	2004.12.29	超期,未申请
玉山县粮油质量监督检验站	上饶	(99)Q0362	2004.12.29	超期,未申请
赣州市章贡区农作物种子监督检验站	赣州	(99)V0369	2004.10.28	超期,未申请
崇义县农作物种子质量监督检验站	赣州	(99)V0370	2004.10.28	超期,未申请
瑞金市农作物种子质量监督检验站	赣州	(99)V0371	2004.10.28	超期,未申请
石城县农作物种子质量监督检验站	赣州	(99)V0372	2004.10.28	超期,未申请
宁都县农作物种子质量监督检验站	赣州	(99)V0373	2004.10.28	超期,未申请
上犹县种子质量监督检验站	赣州	(99)V0374	2004.10.28	超期,未申请
会昌县农作物种子质量监督检验站	赣州	(99)V0375	2004.10.28	超期,未申请
兴国县农作物种子质量监督检验站	赣州	(99)V0376	2004.10.28	超期,未申请
大余县农作物种子质量监督检验站	赣州	(99)V0377	2004.10.28	超期,未申请
赣县农作物种子质量监督检验站	赣州	(99)V0378	2004.10.28	超期,未申请
萍乡市产品质量监督检验所	萍乡	(97)Z0386	2002.12.30	超期,未申请
乐安县粮油质量监督检验站	抚州	(99)Q0392	2004.12.29	超期,未申请
鹰潭市药品检验所	鹰潭	(94)S0396	1999.04.05	超期,未申请
宜丰县粮油质量监督检验站	宜春	(99)Q0407	2004.12.29	超期,未申请
高安市产品质量监督检验站	宜春	(99)Z0425	2004.12.14	超期,未申请
新余市纤维检验所	新余	(97)Z0457	2002.12.30	机构合并
江西金牛建筑工程公司实验室	南昌	(96)U0559	2001.02.05	超期,未申请
江西省医疗器械机电产品质检中心	南昌	(96)S0581	2001.06.23	超期,未申请
万年县建筑工程质量检测中心	上饶	(96)U0592	2001.09.11	超期,未申请
南昌市种子质量监督检测中心	南昌	(96)V0598	2001.09.11	重新认证
峡江县卫生防疫站	吉安	(96)S0608	2001.10.22	超期,未申请

续表

单位名称	所在地区	证书号( )量认赣字( )号	有效期	注销原因
铜鼓县粮油质量监督检验站	宜春	(96)Q0619	2001.11.14	超期,未申请
靖安县粮油质量监督检验站	宜春	(96)Q0620	2001.11.14	超期,未申请
万安县粮油质量监督检验站	吉安	(96)Q0629	2001.12.30	超期,未申请
分宜县粮油质量监督检验站	新余	(96)Q0630	2001.12.30	超期,未申请
南昌市眼镜质量监督检验站	南昌	(97)C0631	2002.02.02	超期,未申请
寻乌县卫生防疫站	赣州	(97)S0643	2002.04.13	超期,未申请
上犹县粮油质量监督检验站	赣州	(97)Q0646	2002.04.13	超期,未申请
横峰县粮油质量监督检验站	上饶	(97)Q0648	2002.04.13	超期,未申请
南昌市劳动安全卫生监察检测站	南昌	(97)L0651	2002.05.19	超期,未申请
贵溪市粮油质量监督检验站	鹰潭	(97)Q0656	2002.07.01	超期,未申请
九江市机电产品检测中心	九江	(97)Z0662	2002.08.18	超期,未申请
九江市珠宝金银饰品质检站	九江	(02)0665		机构合并
新余市劳动安全卫生检测站	新余	(97)L0669	2002.11.09	超期,未申请
煤炭部丰城矿区工程质监站	宜春	(97)U0670	2002.11.09	超期,未申请
南昌市锅炉压力容器检测所	南昌	(97)L0671	2002.12.30	超期,未申请
江西省广播电视检测中心	南昌	(97)M0672	2002.12.30	超期,未申请
南昌市压力容器检测中心	南昌	(97)L0677	2002.12.30	超期,未申请
萍乡市劳动安全卫生检测检验站	萍乡	(97)L0678	2002.12.30	超期,未申请
万载县卫生防疫站	宜春	(97)S0686	2002.12.30	超期,未申请
上饶市劳动安全卫生检测站	上饶	(98)L0689	2003.02.18	超期,未申请
赣州市章贡区产品质检所	赣州	(98)Z0694	2003.04.26	机构合并
赣县技术监督测试检验所	赣州	(98)Z0695	2003.04.26	超期,未申请
萍乡市电器机械产品质检站	萍乡	(98)Z0698	2003.04.26	超期,未申请
吉安市劳动安全卫生检测检验站	吉安	(98)L0699	2003.05.31	超期,未申请
南昌市金银珠宝饰品质检站	南昌	(98)Z0704	2003.07.14	超期,未申请
德安县药品检验所	九江	(98)S0705	2003.08.12	超期,未申请
信丰县技术监督检验所	赣州	(98)Z0706	2003.08.12	超期,未申请
赣州市金银产品技术监测中心	赣州	(98)Z0708	2003.08.12	超期,未申请
赣州市房地产面积计量公正站	赣州	(98)Z0709	2003.08.12	超期,未申请

续表

单位名称	所在地区	证书号( )量认赣字( )号	有效期	注销原因
江西省监狱局建筑工程质量检测中心	南昌	(98)U0712	2003.08.15	超期,未申请
井冈山建筑工程质量检测中心	吉安	(98)U0714	2003.08.15	超期,未申请
庐山建筑工程质量监督站	九江	(98)U0722	2003.11.18	超期,未申请
宜春市房地产面积计量公正站	宜春	(98)Z0724	2003.11.18	超期,未申请
新余市房地产面积计量公正站	新余	(98)Z0725	2003.11.18	超期,未申请
南昌市房地产面积计量公正站	南昌	(98)Z0726	2003.11.18	超期,未申请
萍乡市房地产面积计量公正站	萍乡	(98)Z0727	2003.11.18	超期,未申请
九江市劳动安全卫生检测站	九江	(98)L0731	2003.11.10	超期,未申请
都昌县药品检验所	九江	(98)S0733	2003.11.18	超期,未申请
九江市商品房销售面积计量公正站	九江	(98)Z0734	2003.12.17	超期,未申请
南昌县质量计量监测中心	南昌	(98)Z0735	2003.12.17	超期,未申请
上饶市房地产面积计量公正站	上饶	(98)Z0736	2003.12.27	超期,未申请
婺源县产品质量监督检验所	上饶	(98)Z0739	2003.12.29	超期,未申请
江西省建筑构件公司试验室	南昌	(98)U0747	2003.12.29	超期,未申请
吉安市房地产面积计量公正站	吉安	(99)Z0749	2004.01.29	超期,未申请
宜春市金银产品检测中心	宜春	(99)F0751	2004.01.31	超期,未申请
宜春市劳动安全卫生检测站	宜春	(99)L0753	2004.01.31	超期,未申请
铜鼓县卫生防疫站	宜春	(99)S0755	2004.02.10	超期,未申请
安义县药品检验所	南昌	(99)S0756	2004.02.10	超期,未申请
永丰县建筑材料检测中心	吉安	(99)U0760	2004.03.23	超期,未申请
赣县建筑工程质量检测站	赣州	(99)U0761	2004.03.23	超期,未申请
江西赣南建研工程勘察有限公司测试所	赣州	(99)U0762	2004.03.23	超期,未申请
兴国县建筑工程质量检测中心	赣州	(99)U0763	2004.03.23	超期,未申请
新建县建筑工程质量检测中心	南昌	(99)U0767	2004.04.07	超期,未申请
大余车辆综合性能检测站	赣州	(99)P0768	2004.05.10	超期,未申请
江西省车辆综合性能检测龙南站	赣州	(99)P0769	2004.05.10	超期,未申请
抚州车辆综合性能检测站	抚州	(99)P0770	2004.05.10	超期,未申请
信丰车辆综合性能检测站	赣州	(99)P0781	2004.10.10	超期,未申请
江西省矿山呼吸性粉尘监测中心贵溪检测站	鹰潭	(99)L0783	2004.11.25	超期,未申请

续表

单位名称	所在地区	证书号( )量 认赣字( )号	有效期	注销原因
抚州市第二机动车辆综合性能检测站	抚州	(99)P0786	2004. 11. 25	超期,未申请
九江市第一建筑工程公司实验室	九江	(99)U0787	2004. 12. 14	超期,未申请
九江市第二建筑工程公司材料试验室	九江	(99)U0788	2004. 12. 14	超期,未申请
吉安市吉州区建筑工程检测站	吉安	(99)U0789	2004. 12. 14	超期,未申请
全南县建筑工程质量检测站	赣州	(99)U0790	2004. 12. 14	超期,未申请
萍乡钢铁冶金建设有限公司试验室	萍乡	(99)U0791	2004. 12. 14	超期,未申请
赣南建筑工程总公司建筑科学试验所	赣州	(99)U0792	2004. 12. 14	超期,未申请
龙南县建筑工程质量检测站	赣州	(99)U0793	2004. 12. 14	超期,未申请
波阳县农作物种子质量监督检验站	上饶	(99)V0796	2004. 12. 29	超期,未申请
南昌衡器总厂社会公正称重计量行	南昌	(99)公 010	2004. 12. 14	超期,未申请

2007 年,根据国家认监委《关于开展食品等产品质量检验检测机构资质专项监督检查的通知》的要求,省质监局对 248 家食品类实验室进行专项监督检查,主要分布在卫生、粮食、质监、药监、农业等领域,其中疾控中心 109 家,粮油质检站 94 家,质检所 20 家,药检所 13 家,农产品检测中心 5 家,其他部门省级质检机构 7 家。

2008 年 6 月,根据国家认监委《计量认证/审查认可(验收)获证检测机构监督管理办法》,省质监局对上饶市警安消防检测技术服务中心(资质认定证书号为 2006141124L)进行计量认证监督检查。检查发现该检测机构伪造数据、出具虚假报告,扰乱检测市场,情节严重,依据国家质检总局《实验室和检查机构资质认定管理办法》第四十三条和国家认监委《计量认证/审查认可(验收)获证检测机构监督管理办法》第十条的有关规定,依法撤销上饶市警安消防检测技术服务中心的资质认定证书(证书号为 2006141124L),该检测机构不得对外出具带有 CMA 标志的检测报告。

2009 年,根据国家认监委的统一部署,省质监局下发《关于开展江西省 2009 年度资质认定获证实验室专项监督检查的通知》,从全省家电检测机构、节能监测机构、食品检验机构、煤矿安全生产及建工建材行业的检测机构和农资、农业投入品检测机构的五个领域中,抽取 228 家检测机构开展资质认定获证实验室专项监督检查。对 115 家管理基本规范但管理存在一些问题的实验室,提出整改要求;对 6 家管理存在严重问题,不能满足资质认定要求的实验室,暂停其资质认定资格。

2010 年,省质监局为贯彻落实国家质检总局开展检测工作整顿的整体部署,组织开展全省检测机构整顿活动,提升检测服务能力,规范检测工作行为。召开法定质检机构负责人座谈会,要求各质检机构认真开展自查自纠;组织 31 家法定质检机构参加检测实验室能力验证活动,结果均表现为满意。组织对有关法定质检机构开展检测工作整顿活动情况进行全面检查。对 17 家制度建设和质量体系建设完善、日常管理规范、检验质量有效控制的实验室予以通报表扬;对 9 家管理存在问题,需要整改的实验室下达整改通知书;对 3 家检测工作基本处于停业状态的实验室予以暂停或注销。

2010 年,省质监局下发《关于下达 2010 年度第二批实验室资质认定评审计划及规范使用 CMA、CAL 标志的通知》规范实验室的资质认定管理,加强证后监督,要求新印章从 2010 年 5 月 1 日起正式启用。

至 2010 年底,省质监局对全省 851 家检测机构能力调研,掌握全省检测机构的真实检测能力及其检测机构在生存与发展过程中亟待解决的现实难题。并在此基础上,编写全省实验室能力建设的调研报告,提出“十二五”期间全省检测技术机构发展的对策建议。

第六篇　特种设备安全监督与检验

特种设备包括锅炉、压力容器、压力管道、电梯、起重机械、客运索道、大型游乐设施、场(厂)内专用机动车辆八大类设备。它不仅是经济建设的重要基础设备,也是人民群众生活不可或缺的基础设施。20 世纪 70 年代初国家开始对特种设备实施安全监察制度。1991—2010 年,全省特种设备安全监察水平不断提升,安全形势总体平稳。

1991 年以来,全省各级特种设备安全监察部门积极贯彻《锅炉压力容器安全监察暂行条例》(国发〔1982〕22 号,2003 年 6 月 1 日废止),《特种设备质量监督与安全监察规定》(国家质检总局令第 13 号,2000 年 6 月 29 日起施行),《特种设备安全监察条例》(国务院令第 373 号,2003 年 6 月 1 日起施行)等规章制度文件,强化安全监察队伍建设,建立和完善特种设备的生产、使用、检验各环节全过程监督管理体制,每年坚持开展特种设备薄弱环节的专项整治,组织开展重大节假日和重大政治活动特种设备安全检查活动及各种专项行动,消除安全隐患,有效遏制特种设备事故的发生。特种设备重大事故从 1995 年的 23 起下降到 2000 年的 2 起;爆炸事故从 1995 年的 3 起下降到 2000 年的 2 起。

2001—2002 年,省质监局按照国家质检总局部署,组织全省质监部门对在用特种设备进行普查登记和整顿治理,查清全省特种设备数量,查找事故隐患,进行使用登记,开展安全隐患的整顿治理工作,为全面开展安全监察奠定基础。

2003 年 6 月 1 日,国务院《特种设备安全监察条例》正式施行。全省各级质监部门通过举办宣传贯彻培训班,出动宣传车,悬挂粘贴横幅标语,发放各类宣传材料,举办知识竞赛等形式组织开展《特种设备安全监察条例》的宣传贯彻。且在以后每年的全省安全月活动中,都把宣传贯彻《特种设备安全监察条例》作为重要活动内容。

2006 年初,省质监局确立“抓基层,打基础,规范管理”工作主线,基层局建立“一图两档三台账”,动态掌握辖区内特种设备“五率”状况,执行事故隐患跟踪机制;检验检测机构规范完善检验质量体系,落实检验现场“三确认”制度;推行使用单位规范管理和标准化管理。至 2010 年,全省建立并形成以各级监察机构为主,乡(镇)、村、街道、企业安全协管员为辅的特种设备安全监察网络。杜绝重特大事故和有重大社会影响的事故,特种设备事故起数、事故死亡人数一直低于全国平均水平,是万台设备事故率、万台设备死亡率较低的省份之一。保持全省特种设备安全平稳态势。

第一章 特种设备行政许可

特种设备行政许可是特种设备安全监察工作的重要组成部分。同时,也是在特种设备安全领域贯彻安全生产"安全第一、预防为主"方针的重要手段。

特种设备行政许可根据许可对象分为:单位资格许可、个人资格许可和设备有关许可。单位许可又分为设计单位、制造单位、安装改造维修单位、气体充装单位、检验检测机构等资格许可;个人资格许可分作业人员、检验检测人员等资格许可;设备有关许可主要是设备使用登记和设计文件鉴定。

全省的特种设备行政许可制度从20世纪80年代中期开始实行并逐步完善。1980年,机械部和国家劳动总局针对当时由于锅炉制造原因引发事故较多的情况进行联合发文,对全国的锅炉制造单位实行了择优定点,淘汰不合格锅炉制造厂的政策。1982年2月,国务院颁布《锅炉压力容器安全监察暂行条例》,实行锅炉压力容器安全监察行政许可制度和监督检查制度。1990年,全省开始实施特种设备行政许可管理,在设计、制造、安装、维修改造等环节开展行政许可鉴定评审工作,逐步建立了特种设备使用登记制度和作业人员考核制度。2003年,质检总局《特种设备行政许可实施办法(试行)》明确了行政许可项目、许可形式、许可程序,并要求许可工作按照《条例》的有关规定,分级负责管理。

第一节 行政许可管理

1982年,国务院颁布《锅炉压力容器安全监察暂行条例》,实行锅炉压力容器安全监察行政许可制度和监督检查制度,国家、省、市三级安全监察机构按照条例分工,分别承担行政许可的受理、进行许可条件的现场审查、审查结果的审批和发证。

1984年,按照国务院《工业产品生产许可证试行条例》的规定,电梯、起重机械等实行工业产品生产许可证制度,由质量技术监督部门负责组织实施。

1990年,省劳动厅根据劳动部转发的《江苏省危险性较大的设备设计、制造、安装、使用管理规定》,发文对起重机械、电梯的安装、维修实行安全认可制度。

2000年,全省特种设备安全监察职能由省劳动厅划转至质量技术监督部门,特种设备行政许可制度继续按照原来的分工施行。

2001年,省质监局推进特种设备行政审批改革,建立特种设备评审人员专家库,制订《江西省锅容管特专家组评审规定》,将具体评审工作交由专家组进行,规范评审过程。

2003 年，省质监局转发质检总局《特种设备行政许可实施办法（试行）》。

2004 年，省质监局进一步推进特种设备行政审批改革，开始实行行政审批“审查、批准、监督”三分离，将特种设备行政许可鉴定评审、作业人员和检验检测人员考核等技术性工作委托给有资格的技术机构和中介组织承担。这是继监察和检验分离后，行政许可的又一个改革。通过这项改革使监察机构由全过程实施的行政许可转变为重点的监督监管。

2005 年开始，省质监局强化行政许可后的监督管理工作，组织开展实施《特种设备行政许可鉴定评审管理与监督规则》，在严把安全准入关的同时加强证后监管工作力度。2005 年对新取证、升级、增项的 37 家机电类生产单位组织开展监督抽查，共下发监察指令书 7 份，撤销 3 家生产单位许可证。2006 年继续落实对上年度抽查的 37 家机电类生产单位的整改及撤销工作要求。2010 年抽查机电类特种设备生产单位 30 家，对其中 9 家违法行为较为严重的单位实施行政处罚，并对机电类特种设备安装改造维修单位推行换证复审不重复约请评审机构，强化鉴定评审机构间的相互监督。

2006 年 1 月 12 日，国家质检总局发布《关于公布首批特种设备行政许可鉴定评审机构的公告》，规定从 3 月 1 日起，未经国家质检总局公布的鉴定评审机构不得从事特种设备鉴定评审工作。根据鉴定评审工作的需求，按照既不能垄断又有利良性发展和服务企业的目的，省质监局对全省评审机构进行调整，每项评审工作设置两个评审机构。3 月 3 日，国家质检总局公布第二批特种设备行政许可鉴定评审机构名单，确定省锅炉压力容器检验研究所、省特种设备检测检验中心、省特种设备安全技术协会、南昌市锅炉压力容器检验所、宜春市特种设备监督检验中心、九江市锅炉压力容器检验研究所等 6 家单位拥有省内特种设备行政许可的鉴定评审资质。

第二节　设计行政许可

1982 年，国务院颁布的《锅炉压力容器安全监察暂行条例》规定，锅炉设计实行设计图纸审查制度，压力容器实行设计单位资质认可制度。全国性的锅炉定型设计，经国务院主管部门和国家劳动总局锅炉压力容器安全监察局审查批准；非全国性的锅炉定型设计，经省、自治区、直辖市主管部门和劳动局（厅）锅炉压力容器安全监察处审查批准。

1993 年，劳动部颁发《压力容器设计单位资格管理与监督规则》，规定省级主管部门和劳动部门共同组织进行设计单位的审查，省级主管部门批准，劳动部门备案，双方共同签发压力容器设计审批证。省劳动厅与省机械厅、省石化厅等省级主管部门共同开展全省一、二类压力容器设计单位的资格认可工作。

1996—2000 年，共审批锅炉、压力容器设计图纸 120 套；批准设计单位 29 家。

2002 年 8 月，国家质检总局印发《压力容器压力管道设计单位资格认可与管理规则》，规定由质监部门负责压力容器、压力管道设计单位的申请受理、审查、批准和发证。省质监局负责全省一、二类压力容器和 GB 类、GC2、GC3 类压力管道设计单位的资格认可工作。

2003 年，根据《特种设备安全监察条例》规定，锅炉设计实行图纸鉴定制度，具体工作由鉴定评审机构承担。省锅检院承担全省范围内锅炉设计图纸鉴定工作。

2004 年,国家质检总局颁布实施 TSGG1001 - 2004《锅炉设计文件鉴定管理规则》,至 2005 年,共审批锅炉设计图纸 259 套,批准设计单位 23 家。

2008 年,国家质检总局颁布实施 TSGR1001 - 2008《压力容器压力管道设计许可规则》,至 2010 年,共审批锅炉设计图纸 325 套,批准设计单位 30 家。

第三节 制造行政许可

锅炉压力容器制造行政许可

按照 1982 年《锅炉压力容器安全监察暂行条例实施细则》规定,将锅炉制造许可证分为五级。锅炉制造行政许可工作由国家和省两级分级实施,省级负责 E 级锅炉制造许可工作,进行条件审查和审批发证。

表 6-1-1 1982 年锅炉制造许可证分级表

<table>
<tr><th colspan="2">级别</th><th colspan="2">允许制造的锅炉范围</th><th>许可证签发单位</th><th>有效期</th></tr>
<tr><td colspan="2">A</td><td colspan="2">蒸汽出口压力≥100kgf/cm^2 的固定式蒸汽锅炉</td><td rowspan="3">劳动人事部</td><td rowspan="3">5 年</td></tr>
<tr><td colspan="2">B</td><td colspan="2">蒸汽出口压力<100kgf/cm^2 的固定式蒸汽锅炉</td></tr>
<tr><td colspan="2">C</td><td colspan="2">蒸汽出口压力≤25kgf/cm^2 的固定式蒸汽锅炉</td></tr>
<tr><td rowspan="3">D</td><td>D1</td><td rowspan="3">蒸汽出口压力≤13kgf/cm^2 的固定式蒸汽锅炉</td><td>容量不受限制</td><td rowspan="4">省、市、自治区劳动局(厅)</td><td rowspan="4">3 年</td></tr>
<tr><td>D2</td><td>容量≤4 吨/小时</td></tr>
<tr><td>D3</td><td>容量≤1 吨/小时</td></tr>
<tr><td colspan="2">E</td><td colspan="2">蒸汽出口压力<1kgf/cm^2 的固定式蒸汽锅炉和水温低于 120℃的热水锅炉</td></tr>
</table>

按照《锅炉压力容器安全监察暂行条例实施细则》规定,压力容器制造单位分为一、二类和三类压力容器制造单位两种。一、二类压力容器制造单位由省级劳动部门负责受理申请,组织条件审查,审批发证。

1993 年 5 月 26—27 日,省劳动厅在进贤县召开全省锅炉制造工作座谈会,全省 C、D、E 级锅炉制造单位和部分地、市劳动部门锅炉压力容器安全监察、检验机构负责人参加。会议主要学习《E1 级锅炉制造厂必备条件》、讨论《C 级锅炉制造厂必备条件(初稿)》和《D 级锅炉制造厂必备条件(初稿)》以及布置 E1 级锅炉制造厂初审、E2 级锅炉制造厂换证审查工作。

1991—1994 年,省劳动厅会同有关部门对 62 家一、二类压力容器制造单位和 1 家气瓶制造单位的制造资格进行审查。严肃查处了江西建材设备机械厂、江西南城矿山机械厂等单位,责令高安县制剂设备厂停止生产,并取消江西矿山机械厂一、二类压力容器制造资格,规定未经发证单位审查批准,不允许擅自生产和销售空气压缩机和附属压力容器。

1996—2000 年,共审批锅炉、压力容器制造单位 64 家。

2000 年 8 月 2 日,省质监局下发《关于坚决制止非法制造锅炉的通知》,要求凡未取得锅炉制造许可证的企业自下文之日起,必须立即停止生产,对于其他非法生产窝点,各地应发现一个取缔一个,从严查处。并公布 22 家非法生产承压、常压锅炉厂家名单。10 月 30 日,省质监局下发《转发国家质量技术监督局〈关于公布《常压热水锅炉制造许可证条件》的通知〉的通知》,要求已取得常压锅炉制造许可证尚未达到《许可条件》规定的单位,要采取积极有效措施,在一年内必须达到《许可条件》要求,逾期仍达不到的,暂停或取消制造资格。省质监局特设处已受理制造资格申请的单位,应按照《许可条件》逐条进行对照检查,原省劳动厅颁布的《常压锅炉制造许可证条件》与《许可条件》相抵触的,以《许可条件》为准。

2000 年,全省完成审核的锅炉、压力容器制造单位 61 家,其中锅炉制造单位 15 家,压力容器制造单位 46 家。

2001 年对 15 家锅炉压力容器制造单位进行取(换)证审查工作。

2002 年 7 月,国家质检总局 22 号令公布《锅炉压力容器制造监督管理办法》,将锅炉、压力容器制造级别和许可有效期进行统一,划分为 A、B、C、D 四个制造级别进行管理。由国家和省级分级实施,国家负责 A、B、C 级,省级负责 D 级锅炉压力容器制造许可工作。

表 6-1-2　2002 年锅炉制造许可级别表

级　别	制造锅炉范围
A	不限
B	额定蒸汽压力小于及等于 2.5MPa 的蒸汽锅炉
C	额定蒸汽压力小于及等于 0.8MPa 且额定蒸发量小于及等于 1t/h 的蒸汽锅炉;额定出水温度小于 120℃的热水锅炉
D	额定蒸汽压力小于及等于 0.1MPa 的蒸汽锅炉;额定出水温度小于 120℃且额定热功率小于及等于 2.8MW 的热水锅炉

表 6-1-3　2002 年压力容器制造许可级别表

级　别	制造压力容器范围	代表产品
A	超高压容器、高压容器(A1);第三类低、中压容器(A2);球形储罐现场组焊或球壳板制造(A3);非金属压力容器(A4);医用氧舱(A5)	A1 应注明单层、锻焊、多层包扎、绕带、热套、绕板、无缝、锻造、管制等结构形式
B	无缝气瓶(B1);焊接气瓶(B2);特种气瓶(B3)	B2 注明含(限)溶解乙炔气瓶或液化石油气瓶。B3 注明机动车用、缠绕、非重复充装、真空绝热低温气瓶等
C	铁路罐车(C1);汽车罐车或长管拖车(C2);罐式集装箱(C3)	—
D	第一类压力容器(D1);第二类低、中压容器(D2)	—

至2002年底,全省审核批准的锅炉制造单位16家,压力容器制造单位58家。

至2005年底,审核批准的锅炉制造单位13家,压力容器制造单位39家。

至2010年底,审核批准的锅炉制造单位8家,压力容器制造单位32家。

电梯、起重机械生产制造行政许可

1990年,省劳动厅根据劳动部转发的《江苏省危险性较大的设备设计、制造、安装、使用管理规定》实施电梯、起重机械安全认可制度,但此后较长时间仍然只实行工业产品生产许可证制度。电梯制造许可归口省建设厅管理,起重机械中的塔式起重机与施工升降机归口省建设厅管理,桥门式起重机归口省机械厅管理,港口起重机归口省交通主管部门管理。电梯、起重机械安全认可证的工作一直未能正式实施。据不完全统计到2000年全省有电梯制造企业1家,起重机制造企业17家。

2002年,全省经许可的电梯制造企业4家,起重机制造企业14家。

2003年,国务院下发《关于取消第二批行政审批项目和改变一批行政审批项目管理方式的决定》,将电梯、起重机械等特种设备由生产许可证管理改变为特种设备制造许可证管理。国家质检总局负责电梯、起重机械的制造许可工作。同年,国务院《特种设备安全监察条例》规定,电梯、起重机械、客运索道、大型游乐设施及其安全附件、安全保护装置的制造,应当经国务院特种设备安全监督管理部门许可。6月,国家质检总局印发《机电类特种设备制造许可规则(试行)》,对电梯、起重机械等设备制造单位条件、许可程序、评审机构和监督管理等方面作出规定。省质监局配合国家质检总局开展工作。

2003年,全省许可电梯制造企业2家,起重机制造企业2家。截至2010年底,全省经许可的起重机制造企业25家。

2004年开始,按照行政许可分级管理的要求,省级监察部门不再对电梯制造单位进行许可,电梯制造单位许可由国家质检总局负责。

压力管道及压力管道元件制造行政许可

1996年4月23日,劳动部印发《压力管道安全管理与监察规定》,将压力管道的制造、安装、改造、维修、使用、检验纳入安全监察管理范围,并对压力管道元件制造实行行政许可管理。压力管道元件制造单位必须经过安全注册认可。

1998年8月21日,省劳动厅下发《关于印发〈江西省压力容器压力管道安装修理单位资格认可与管理暂行办法〉的通知》,明确在劳动部《压力管道评审机构资格认可办法》未正式颁布前,安装修理单位资格认可评审工作暂时由省级劳动行政部门组织实施。

2000年1月,国家质检总局印发《压力管道元件制造单位安全注册与管理办法》,明确压力管道元件制造单位的安全注册条件、程序及相关管理规定。按照要求,元件制造单位分A、B级管理,A级由国家质检总局颁发证书,B级由省质监局颁发证书。至2000年底,全省组织评审并受理许可压力容器压力管道安装修理单位18家。

2002 年,全省组织评审并受理许可试安装压力管道单位 3 家,压力管道设计单位 1 家。

2003 年,国务院《特种设备安全监察条例》规定,压力管道元件的制造单位,应当经国务院特种设备安全监督管理部门许可。全省组织评审并受理许可试安装压力管道压力管道单位 3 家,压力管道设计单位 1 家。

2004 年,按照国家质检总局《压力管道安装单位资格许可实施细则》《压力管道设计单位资格许可与管理实施细则》等规定,全省组织评审并受理许可试安装压力管道单位 1 家,全省压力管道安装资格 12 家,批准压力管道设计资格 3 家,压力管道元件制造及安装资格 2 家。

2005 年,全省组织评审并受理许可试安装压力管道单位 1 家,批准压力管道安装资格 15 家,批准压力管道设计资格 3 家。

2006 年,全省组织评审并受理许可试安装压力管道单位 3 家,批准压力管道安装资格 3 家,批准压力管道设计资格 2 家。

2007 年,全省组织评审并受理许可试安装压力管道单位 2 家,压力管道元件制造单位 1 家。

2008—2010 年,全省组织评审并受理许可压力管道元件制造单位 8 家。

第四节　安装　改造　维修行政许可

锅炉、压力容器、压力管道安装、改造、修理行政许可

按照《特种设备安全监察条例》规定,锅炉、压力容器、压力管道安装、改造、修理的许可由省级锅炉压力容器压力管道安全监督管理部门组织实施。

1990 年 5 月,省劳动厅印发《江西省压力容器安装修理单位资格审定暂行办法》,规定从 1991 年 7 月 1 日起,全省压力容器安装修理单位,一律凭证从事安装修理工作。鉴于当时全省多数单位取证准备工作尚未就绪,资格审查和发证工作尚未进行。后经研究决定,压力容器的凭证安装修理规定,推迟到 1992 年 7 月 1 日起实施。

1991 年,省劳动厅印发《江西省锅炉安装修理安全管理规定》,并在全省开始贯彻执行。

1992 年,省劳动厅对 9 家锅炉安装单位进行换证、升级审查,颁布许可证。

1993 年 5 月,省劳动厅在九江市召开锅炉安装工作座谈会。总结锅炉安装修理单位换证(含取证、升级)工作情况,给 46 个单位颁发新的“锅炉安装修理许可证”。全年共对江西省火电建设公司锅炉安装工程等 58 个单位进行换证、升级审查,颁布许可证。

1994 年对南昌市锅炉设备安装公司等 13 个单位进行换证审查,颁发锅炉安装修理许可证。

1995 年 7 月 24 日,根据国务院颁布的《锅炉压力容器安全监察暂行条例》和省劳动厅印发《江西省压力容器安装修理单位资格审定暂行办法》,受理江西飞宇压力容器设备公司等 32 家压力容器安装、修理资格申请。同意承接已受理范围内的压力容器安装、修理业务。

1998 年,对江西昌达电力实业开发总公司等 21 家单位组织换证审查,颁发《锅炉安装修理改

造许可证》。

1999年,江西江联设备安装有限公司等25家单位符合发证条件,予以颁发《压力容器压力管道安装修理许可证》。对九江市设备安装公司等11家单位进行锅炉修理改造资格审查,准予颁发《锅炉安装修理改造许可证》。

2000年,南昌市工业设备安装建筑工程公司锅炉压力容器安装分公司等18家单位符合发证条件,予以颁发《压力容器压力管道安装修理许可证》。中国有色十五冶第二工程公司(锅炉安装分公司)等10家单位符合锅炉安装修理改造条件,予以颁发《锅炉安装修理改造许可证》。

2000年6月8日,国家质监局发布《压力管道安装单位资格认可实施细则》,全国开始统一的安装单位资格认可工作。截至2000年底,全省有锅炉安装改造修理许可单位70家,压力容器压力管道安装修理许可单位43家。

2001年1月,省质监局召开该实施细则的宣传贯彻会,全省开始压力管道安装许可证的受理、评审、联审、发证工作。

2002年,全省锅炉安装改造修理许可单位78家,压力容器安装修理许可单位55家,压力管道安装修理许可单位56家。

2003年1月,省质监局下发《关于同意省所正式开展压力管道元件制造单位安全注册与安装单位资格许可评审试点工作的函》,同意省锅检所自下发之日起开展压力管道元件制造单位安全注册与安装单位资格许可的评审试点工作。评审范围为国家质检总局〔2002〕质检锅便字第5005号便函中所授权的第一类第一组和第二类第二组(GB类)、第三组(GC类)。

2004年,国家质检总局颁布实施TSGG3001－2004《锅炉安装改造单位监督管理规则》,省质监局进行全省宣传贯彻,并且按规定开始实施。

2006年,国家质检总局颁布实施TSGR3001－2006《压力容器安装改造维修许可规则》,省质监局进行全省宣传贯彻,并且按规定开始实施。

2009年,国家质检总局颁布实施TSGD3001－2009《压力管道安装改造维修许可规则》,省质监局进行全省宣传贯彻,并且按规定开始实施。

至2010年底,锅炉安装改造修理许可单位34家,压力容器安装修理许可单位10家,压力管道安装修理许可单位44家。

电梯、起重机械安装、改造、修理行政许可

1990年,省劳动局印发《江西省电梯起重机械安装维修单位安全认可暂行办法》,对电梯、起重机械实行安装、维修安全认可制度。1991年,审查电梯、起重机械制造、安装、维修单位资格26家,复查3家。1992年,江西省劳动厅对全省63个电梯、起重机械安装维修单位进行资格审查并颁发许可证。至2000年底,全省有电梯、起重机械安装改造修理许可单位80家。

1996—2000年,共审批特种设备安装修理单位113家。

2001年,省质监局根据国家质检总局《特种设备质量监督与安全监察规定》的规定,制定《江西

省电梯起重机械安全维修保养改造资格认可规则》,对电梯、起重机械等机电类特种设备安装维修保养改造资质的单位条件、认可程序、监督管理等作出规定。

2003年8月,国家质检总局制定印发《机电类特种设备安装改造维修许可规则(试行)》,对电梯、起重机械等设备安装改造维修单位条件、许可程序、评审机构和监督管理等方面作出规定,要求已持证单位应按照该规则重新完善条件,换发许可证书。

至2005年12月,全省取得电梯安装改造维修许可证的单位有61家,取得起重机械安装改造维修许可证的单位有19家。

2008年8月,省质监局制定并印发《江西省电梯起重机械安装改造维修许可鉴定评审细则》(以下简称《细则》)。要求切实履行各自职责,严把许可准入关。有关特种设备鉴定评审机构应当及时制定本单位的评审细则和评审指南,纳入本单位的质量保证体系,并报省质监局特种设备处批准。《细则》自2008年9月1日起实施,省内各特种设备鉴定评审机构之前的机电类特种设备安装改造维修许可鉴定评审细则届时废止。

2010年11月,省质监局转发国家质检总局《关于简化〈特种设备安装改造维修告知书〉的通知》。

至2010年底,全省取得电梯安装改造维修许可证的单位有72家,取得起重机械安装改造维修许可证的单位有27家。

充装许可

1989—1990年,根据建设部、劳动部、公安部《关于整顿液化石油气贮灌厂(站)的通知》及省政府领导的意见,省劳动厅开展全省液化石油气贮灌厂(站)检查整顿工作。通过检查整顿,大部分气站达到安全要求,其中:合格或基本合格的气站193个,占总数的58.8%。但存在隐患需要整改的气站115个,占35.1%,应立即关闭的气站20个,占6.1%。

1992年5月1日,省劳动厅转发《劳动部〈关于发送《气瓶充装站注册登记和气瓶检验站资格审查工作的意见》的通知〉的通知》,对气瓶充装站进行注册登记。充装站按所充装介质:永久气体、液化气体、溶解乙炔、液化石油气体四个类别进行分别注册登记。以充气促气瓶销售为目的由液化石油气瓶制造厂建立的液化石油气充装站,不予注册登记。

1993年6月,省劳动厅制定并印发《江西省气体充装站注册登记规则(试行)》,自发布之日起施行。

1996—2000年,全省有取得许可证气瓶充装站641家。

2001—2005年,全省有取得许可证气瓶充装站720家。

2006—2010年,全省有取得许可证气瓶充装站804家。

第五节 使用登记

特种设备使用登记是安全监督管理制度的一项重要内容,是一项特种设备行政许可项目。也是合法使用特种设备必须满足的要求,是做好特种设备安全监察工作的一个重要关口。

使用登记管理

1990年前,国内特种设备使用登记管理体系已经初步形成。1981年5月,国家劳动总局颁发《压力容器安全监察规程》,对压力容器的设计、制造、安装、使用和检修等环节做出明确规定。要求使用压力容器的单位,要对每台容器进行编号、登记、建立设备档案,并每年报告压力容器设备数量。该规程全面规定压力容器使用环节的安全管理工作,明确建立健全规章制度和操作规程以及压力容器定期检验的类别和检验周期。1982年国务院颁布《锅炉压力容器安全监察暂行条例》,规定锅炉使用环节实行行政许可管理。1986年2月,劳动人事部颁布《锅炉使用登记办法》,规定"凡使用固定式承压锅炉的单位,应按照本办法的规定向锅炉所在地的县级以上(含县级)劳动部门办理登记手续",由劳动部门对符合条件的锅炉依法进行登记,省市、县两级安全监察机构负责锅炉使用登记工作。1989年劳动部颁发《压力容器使用登记管理规则》,要求建立压力容器使用登记制度,查清压力容器数量和安全技术状况,加强压力容器的使用管理,对提高安全运行水平,降低事故率,起到积极的作用。

1991年,劳动部颁布《起重机械安全监察规定》。

1992年,劳动部颁布《关于加强电梯安全管理的通知》。同年5月28日,省劳动厅转发《劳动部关于颁发〈客运架空索道安全运营与监察规定〉的通知》和《关于发放客运索道〈安全使用许可证的通知〉的通知》,开始对客运架空索道的运行实行《安全使用许可证》制度,客运索道站,企业须取得《安全使用许可证》后,方准投入运营。客运架空索道《安全使用许可证》的颁发、管理和监督工作,由劳动部负责。

1993年,劳动部修订并公布《压力容器使用登记管理规则》。

1995年,劳动部颁布《厂内机动车辆安全管理规定》,对厂内机动车辆开始实施检验制度。劳动厅对上述文件逐一进行转发,对起重机、电梯、厂内机动车辆实行登记制度,定期统计与之有关的安全事故,对检验中发现的事故隐患督促使用单位及时整改。

1996年4月,劳动部发布《压力管道安全管理与监察规定》,将压力管道纳入安全监察范围。

1997年,省劳动厅下发《关于进一步加强电梯安全管理与检验工作的通知》,在全省范围内集中开展检查整顿工作,各市劳动部门对电梯状况进行调查摸底,填写《电梯状况一览表》,开始对电梯使用登记的初步工作。

2000年,国家质监局发布《小型和常压热水锅炉安全监察规定》,将小型和常压热水锅炉的使用纳入安全监察范围。

2001年4月,国家质检总局发布《特种设备注册登记与使用管理规则》,对电梯、起重机械、厂内机动车辆、客运索道、游艺机和游乐设施的注册登记作出规定。5月,省质监局转发国家质检总局《关于印发〈特种设备注册登记与使用管理规则〉的通知》。

2003年3月,国务院《特种设备安全监察条例》颁布后,锅炉使用登记管理进一步加强,同时,因小型和常压热水锅炉不再纳入《特种设备安全监察条例》监察范围，全省不再对这类锅炉实施安全监察。7月，国家质检总局发布《锅炉压力容器使用登记管理办法》，对锅炉压力容器使用登记、变更登记、监督管理等作出规定。同年，国家质检总局发布《压力管道使用登记管理规则（试行）》，对使用登记对象的划分、压力管道的安全状况等级划分及确定方法、使用登记条件、使用登记程序、使用登记管理和监督检查等做出规定。11月，全省开始开展压力管道使用登记工作。

2005年7月4日，省质监局转发国家质检总局质检特函〔2005〕23号《关于压力管道使用登记有关问题的答复》。

2006年5月29日，省质监局下发《关于转发国家质检总局〈关于贯彻执行《气瓶使用登记管理规则》若干意见的通知〉的通知》，并提出贯彻意见，要求各设区市局把开展气瓶使用登记作为当年一项重要的专项整治工作，加强领导，制定措施与方案，及时组织开展气瓶使用登记工作，力争使江西省的气瓶使用登记率在当年年底前达到80%以上。同时，省质监局对全省各设区市充装单位登记代码进行统一规定，并规定对400升以下的气瓶按批进行使用登记，组批的数量和原则由登记机关根据当地充装单位气瓶实际数量、具体安全状况确定。各设区市局及时将《气瓶使用登记管理规则》以及《通知》转发至本辖区内各持证气瓶充装单位，考虑到气瓶数量大、流动性强、安全状况复杂，可先选择条件较好的气瓶充装单位先期开展气瓶使用登记试点，在摸索成功经验后全面推动其他充装单位气瓶使用登记工作。

2009年，国家质检总局颁布实施TSGG5001－2009《压力管道使用登记管理规则》。同年，国家质检总局颁布实施TSGT5001－2009《电梯使用管理与维护保养规则》和TSGQ5001－2009《起重机械使用管理规则》，全省按规范要求实施登记管理。

注册登记管理

按照规定，省、市质监部门分级负责在用特种设备的使用登记工作。

1996—2000年，累计使用登记建档的锅炉8694台、固定式压力容器22793台、液化气体罐车761辆、气瓶143万只、电梯3000部、起重机械5800台、厂内运输车1480辆、架空索道6条、滑道1条。

2001—2003年，全省累计使用登记建档的在用锅炉9716台，在用压力容器25664台，气瓶1597762只，压力管道4552千米，电梯4107台，起重机械10403台，客运索道7条，大型游乐设施305台，场（厂）内机动车辆3368辆。

2004年，开始进行移动式压力容器使用证更换和IC卡发放工作，重新核实登记液化气体火车罐车96辆、汽车罐车157辆。全省累计使用登记的7类特种设备总量达63283台，其中，锅炉12251台，压力容器29787台、电梯5625台、起重机械11680台、厂内机动车辆3706台、大型游乐设施226台（套）、客运索道8条。特种设备数量增速与2003年同期相比，特种设备总量增加6768台，增幅为12%，其中，电梯增加1779台，增幅高达46%。

2005年，全省累计使用登记的在用特种设备数量：锅炉10063台，固定式压力容器27628台、移动式压力容器265辆、氧舱70台,气瓶2833098只,压力管道1911.72千米,电梯6718台;起重机械12346台,客运索道9条,大型游乐设施523台,场(厂)内机动车辆3291辆。

2006年,全年办理特种设备注册登记5652台,施工告知4863台。全省累计使用登记的在用特种设备64595台,其中,锅炉10765台、压力容器27820台、电梯8368台、起重机械13508台、游乐设施270台、客运索道9条、厂(场)内机动车辆3855台。另有气瓶299.1万只,压力管道1911.72千米。

2007年,全省累计使用登记的在用特种设备60315台,其中,锅炉9162台、压力容器25438台、电梯9429台、起重机械12222台、游乐设施276台、客运索道9条、厂(场)内机动车辆3779台。另有气瓶301.3万只,压力管道2305.18千米。

2008年,全省累计使用登记的在用特种设备73659台,其中,锅炉11132台、压力容器29675台、电梯12695台、起重机械16131台、游乐设施281台、客运索道12条、厂(场)内机动车辆3733台。另有气瓶312.4万只,压力管道2324.63千米。

2009年,全省累计使用登记的在用特种设备96083台,其中,锅炉13075台、压力容器39925台、电梯17573台、起重机械20338台、游乐设施377台、客运索道12条、厂(场)内机动车辆4783台。另有气瓶344.8万只,压力管道2314.6千米。

2010年,全省累计使用登记的在用特种设备106875台,其中,锅炉13748台、压力容器42504台、电梯21952台、起重机械23583台、大型游乐设施393台、客运索道12条、场(厂)内专用机动车辆4683台。另有气瓶345.8万只,压力管道2411.2千米。

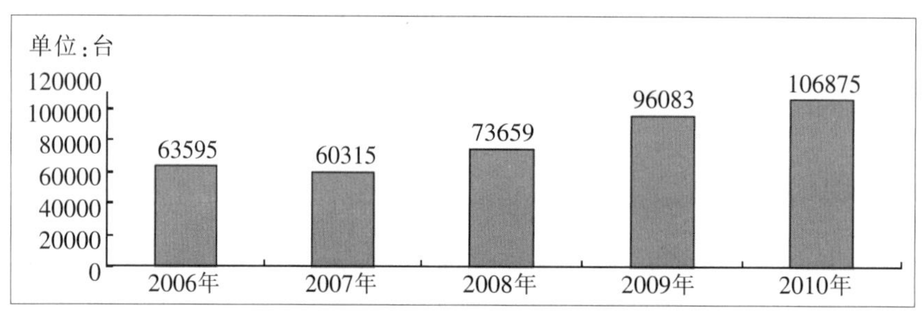

图6-1-1　2006—2010年在用设备数量趋势图

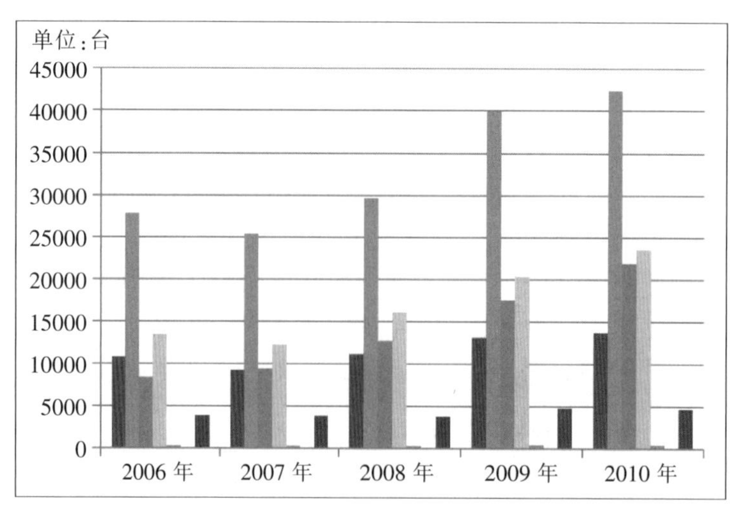

图6-1-2　2006—2010年在用设备分类趋势图

	2006 年	2007 年	2008 年	2009 年	2010 年
锅炉	10765	9162	11132	13075	13748
压力容器	27820	25438	29675	39925	42504
电梯	8368	9429	12695	17573	21952
起重机械	13508	12222	16131	20338	23583
大型游乐设施	270	276	281	377	393
客运索道	9	9	12	12	12
场内专用机动车辆	3855	3779	3733	4783	4683

第六节　检验检测机构核准

1992 年 5 月 1 日,省劳动厅转发《劳动部关于发送〈气瓶充装站注册登记和气瓶检验站资格审查工作的意见〉的通知》,提出“不应打乱原有秩序,重复建新站”的原则。关于检验站的规划,重点是整顿和提高,仍然执行劳动部《关于 1991 年气瓶充装站、检验站整顿治理工作的通知》,严格控制检验站数量,检验站的规模不宜太小,要达到一定的检验量;无缝气瓶和溶解乙炔气瓶每站每年检验量应大于 5000 只,焊接气瓶应大于 2000 只、液化石油气瓶应大于 20000 只。同时不分隶属关系,综合考虑建站条件,以社会效益和保证安全为出发点,择优定点,做到公正合理。溶解乙炔气瓶检验站应与充装站建在一起,其他气瓶检验站也应尽量与充装站建在一起,以利于余气残液回收,减少污染,安全和方便用户。气瓶检验站应先规划,后审查。未列入规划的站,不予审查,不予编号,审查由省级劳动部门统一组织安排,依据 GB12135《气瓶定期检验站技术条件》,按照劳动部《关于 1991 年气瓶充装站、检验站整顿治理工作的通知》要求,逐个进行。

1992 年 9 月 15 日,省劳动厅制定并印发《江西省劳动安全卫生检测检验站资格认可规则》,规定自下文之日起,经资格认可的检测站方可从事批准范围的电梯、起重机械、厂内运输车辆等监督检验、定期检验等检验检测检验工作。其检测项目经劳动厅授权后,具有监督检验的性质。检测站出具的检测检验报告和结论,是职业安全卫生监察的主要技术依据之一。检验检测机构要有专门的机构和人员,有健全的检测质量管理体系,有完善的管理制度,有必要的检测仪器设备。具备条件的检测站可以向其主管劳动部门提出申请,初审工作由其主管劳动部门负责,初审同意后报省劳动厅进行审查,经同意受理的,由省劳动厅组织资格审查组按本规则和《江西省劳动安全卫生检测检验站资格审查评定细则》进行审查考核,合格者由省劳动厅颁发《江西省检测检验站资格认可证》,不合格者按本规则进行整改,半年后才能再提出申请。已取得资格认可证的检测站,每四年由省劳动厅复审一次,逾期其认可证自然失效。

1993 年 6 月省劳动厅制定并印发《江西省气瓶检验站资格认可规则(试行)》,自下文之日起执行。

1995年8月28日,根据《江西省气瓶检验站资格认可规则(试行)》有关规定,经省劳动厅组织对有关气瓶检验单位进行审查,第一批24家检验单位符合发证条件,准予发给气瓶检验许可证和检验钢印。

1997年3月17日,省劳动厅下发《关于新余钢铁有限责任公司行车自检站资格认证批复》,认定新余钢铁有限责任公司行车自检站基本符合资格认证要求,授权新余钢铁有限责任公司行车自检站承担本公司内20吨(不含20T)的行车年检工作。经授权的检测检验工作代表劳动部门的第三方检测检验,并纳入劳动部门检测检验工作管理工作的范畴。委托新余市劳动局对该站的日常抽检工作,抽检比例为当年应检数的10%以上;20吨以上(含20T)的行车年检工作由省劳动安全卫生检测检验站承担。

2005年5月,省质监局转发质检总局《关于房屋建筑和市政工程工地起重机械检验检测机构核准问题的批复》。

1996—2000年,全省共审批气瓶检验单位55家。

2001—2005年,全省共审批气瓶检验单位311家。其中:2001年核准气瓶检验站60家,2002年核准气瓶检验站57家,2003年核准气瓶检验站65家,2004年核准气瓶检验站70家,2005年核准气瓶检验站59家。

2006—2010年,全省共审批气瓶检验单位296家。其中:2006年核准气瓶检验站53家,2007年核准气瓶检验站54家,2008年核准气瓶检验站59家,2009年核准气瓶检验站66家,2010年核准气瓶检验站64家。

第七节　作业人员考核

1991年8月1日,根据《锅炉压力容器安全监察暂行条例》的规定,江西省劳动厅下发《关于开展压力容器操作人员技术培训和考核发证工作的通知》,提出由劳动部门进行监察的压力容器,其操作人员均应接受技术培训和考核,并取得操作证。考核工作由地、市监察机构主持进行。亦可由监察机构委托行业主管部门或有条件的大、中型企业主持进行。经考核合格的操作人员,由所在地、市监察机构签发《江西省压力容器操作证》,操作证统一由省劳动厅印制。

1992年10月8日,省劳动厅下发《关于加强电梯、起重机械安全管理的通知》,规定制造、安装、修理单位的专业技术人员和技术工人的专业培训由省监察机构组织实施,考核合格后由省级监察机构颁发上岗证书。

1993年2月13日,省劳动厅在全省颁发执行《江西省特种作业人员安全管理办法》,原《关于印发〈江西省特种作业人员管理暂行办法〉的通知》同时废止。

1996—2000年,共计对2128名焊工,6948名司炉工,504名水处理人员,789名锅炉房管理人员,1292名压力容器操作人员,381名充装人员,722名移动式压力容器押运员、驾驶员,13200名特种作业人员,920名特种设备安装修理人员,进行考核发证。

2001年12月,国家质检总局发布《特种设备作业人员培训考核管理规则》,对电梯(含自动扶梯和自动人行道)、起重机械、厂内机动车辆、客运索道、游艺机和游乐设施等机电类特种设备作业人员的基本条件、培训、考核、发证和复审、日常管理等作出规定,要求从事特种设备作业人员必须进行专业技术培训。经专业技术考核并审核其他条件合格者,由负责考核的特种设备安全监察机构,报所属的质量技术监督行政部门,颁发全国通用的《锅炉压力容器压力管道特种设备操作人员资格证》。特种设备作业人员必须持证上岗,严禁无证操作。

2002 年,省质监局将作业人员培训考核工作下放给技术机构,充分发挥其技术优势,进一步增强经济实力。全年作业人员考核发证 6227 人,累计持证总数为 32418 人。4 月,国家质检总局印发《锅炉压力容器压力管道焊工考试与管理规则》,补充完善焊工考试的内容和方法,增加压力管道受压元件焊接和钛、铝、铜、镍材料的焊接考试及持证焊工管理等内容。

2005 年 1 月和 9 月国家质检总局颁布《特种设备作业人员监督管理办法》和《特种设备作业人员考核规则》。对特种设备作业人员考核的组织实施、考试机构、考核程序与要求、监督管理等作出规定。7 月 22 日,省质监局转发国家质检总局《特种设备作业人员监督管理办法》,要求各级质监部门应认真组织本辖区特种设备生产、使用单位学习贯彻《特种设备作业人员监督管理办法》,加大特种设备作业人员的监督管理力度,切实加强对特种设备作业活动的监督检查,严格持证上岗,严禁无证操作,坚决查处特种设备违法作业行为。并对江西省特种设备作业人员行政许可省、市级负责范围作出规定,同时制定《江西省特种设备作业人员考试机构授权办法》,规定未经授权不得开展相关考试工作。要求各设区市局应制定申报、审核、批准程序,按《办法》第九条要求向社会公布发证等相关事项,并严格按照行政审批时限完成受理、发证工作。同年,为解决多年来与省安管局的职能交叉问题,与省安管局联合发文,明确特种设备作业人员[除场(厂)内机动车辆外]的培训考核职能、范围。全年作业人员考核发证 14747 人,累计持证总数为 42926 人。

2006 年 8 月 1 日,省质监局根据国家质检总局《特种设备作业人员监督管理办法》(第 70 号令)、《关于转发国家质检总局〈特种设备作业人员监督管理办法〉的通知》要求,规范考核程序,完善考试机构条件。首批确定并公布九江市特种设备安全技术协会等 6 家特种设备作业人员考试机构《关于公布江西省特种设备作业人员考试机构的通知》。10 月 17 日确定并公布江西省特种设备安全技术协会等 4 家单位为第二批江西省特种设备作业人员考试机构。全年作业人员考核发证 16578 人,累计持证总数为 50891 人。

2007 年全省考核各类特种设备作业人员、检验人员共 14100 人。

2010 年 6 月,省质监局组织对全省特种设备作业人员考试机构进行监督检查。7 月 1 日,省质监局制定《加强特种设备作业人员考试机构建设的意见》,成立特种设备作业人员考核管理委员会,决定在全省统一实行理论机考化考试和作业人员信息化管理。提出考试机构必须满足必要的考试条件,要按照理论知识考试机考化、实际操作考试实物化(模拟化)要求配置资源。全年作业人员考核发证 27872 人,累计持证总数为 91396 人。其中,锅炉作业人员 19032 人,压力容器作业人员 14884 人,压力管道作业人员 642 人,电梯作业人员 6617 人,起重机械作业人员 29436 人,客运索道作业人员 76 人,大型游乐设施作业人员 535 人,场(厂)内专用机动车辆作业人员 6179 人,特种设备焊接作业人员 2968 人,特种设备安全附件作业人员 85 人,特种设备管理人员 10942 人。

第二章　特种设备安全监督管理

特种设备的安全监督管理是贯彻落实有关特种设备监督管理法律法规、保证和提高特种设备安全监督管理有效性的重要工作。20世纪70年代，为贯彻实施劳动安全监察制度、建立和健全劳动安全管理机构，全省劳动部门开始加强特种设备设计、制造、安装、改造、维修、使用的登记许可管理和开展特种设备隐患治理和监督检验工作，初步形成了特种设备安全监察体系。

2000年全国政府部门机构改革，特种设备安全监察职能划转到质量技术监督部门，特种设备安全监督管理工作受到进一步重视，监督管理工作进一步开拓。在国家质检总局部署下，通过抓基层，打基础，初步建立全省特种设备安全动态监督管理体系；同时，通过开展一系列特种设备普查整治、特种设备安全大检查、专项整治活动，有效地提高特种设备安全监督管理水平。

第一节　特种设备安全监察管理

安全监察动态监督管理体系建设

随着江西经济的持续快速发展，特种设备安全监督管理部门任务更加艰巨，单纯依靠现有的安全监察队伍，已远远不能适应工作需要，尽快建立各级安全监察网络已成为特种设备安全监察工作的重点工作之一。实现特种设备的动态监管就是要建立有效运转的特种设备安全监察网络和信息网络。

2003年，国家质检总局决定，在2002年底完成的特种设备普查整治工作的基础上，在全国范围内逐步建立和完善特种设备动态监督管理机制，并提出《关于建立特种设备动态监督管理机制的意见》。根据《意见》要求，省质监局制订《江西省建立特种设备动态监督管理机制实施方案》，部署建立和完善特种设备动态监督管理机制，即安全监察网络和信息化网络建设，制订《江西省建立特种设备动态监督管理机制实施方案》和《江西省特种设备动态监管指导性意见》，安排以南昌市局，赣州市局，宜春市局为全国100个试点城市，2004年开始全面建立和完善特种设备动态监管体系建设。省质监局成立以局长朱秉发为组长，副局长李舰海为副组长的特种设备动态监督管理机制领导小组，各设区市局的领导小组也相继成立，落实县、市区局特种设备安全管理人员，建立质监系统的安全监察网络名单。

2004年7月，省质监局转发质检总局《关于特种设备动态监督管理体系建设要求及工作目标的意见》,至2004年底,全省97个县区局批准设立特种设备安全监察股,南昌、赣州、宜春和九江等设区市在辖区内各乡镇、街道和重点企业设置1000多名特种设备安全协管员,全省质监系统共设置特种设备安全监察机构114个,其中省级特种设备安全监察机构1个,市级11个,县级102个。全省特种设备在岗持证安全监察人员共390人,省质监局投资建设特种设备动态监管信息网络,特种设备安全监察应用软件和检验检测管理应用软件。

2005年2月,省质监局下发《关于建立特种设备动态监督管理机制的通知》,提出建立健全安全监察网络,按照属地管理的原则,把终端建在乡镇政府和街道办事处及重点企业,同时,加强特种设备安全协管员队伍建设,确保其有效运转,加强信息化网络建设,实现特种设备的动态监管。至2005年底,全省安全监察组织网络和信息化网络建设已取得阶段性成果。在安全监察组织网络建设方面,97个县区局批准设立安全监察股,县区局新增特种设备安全监察员200余名,乡镇政府、街道办事处和重点企业设置特种设备安全协管员2400多名,已基本实现了省、市、县三级安全监察组织网络,并正向建立"以块为主,条块结合,纵向到底,横向到边"安全管理网络方向发展。另外,对乡镇、街道和重点企业安全协管员,绝大部分市、县区局已组织相关业务培训,并明确了安全协管员的工作职责和工作程序。在信息化网络建设方面,符合国家质检总局要求的特种设备动态监管信息化网络系统基本建成,软件测试、安装和人员培训以及计算机数据录入、核对整理工作基本结束,全省基本实现采用统一软件,按照规定程序进行省、市两级数据库的信息交换和动态处理,适时掌握全省特种设备的安全状况。

2006年,省质监局分3批对252名县区局安全监察人员和分管局长进行培训,有194人参加全国统一取证考试。在制订全省质监系统特种设备安全监察、检验检测工作职责及责任追究规定和特种设备安全监察、检验检测工作目标责任制考核办法及细则的基础上,对考核办法及细则进行了修订、完善,突出了"抓基层,打基层,规范管理"工作主线。抓基层局安全监管责任到位。重点落实安全监察人员、协管员划片分区监管责任制,落实安全监察机构建章立制、建立工作档案和各类台账等基础性工作,即"一图两档三台账",并逐步落实基层质监局"一把手"的安全责任。同时抓检验检测机构技术把关责任到位。重点是加强检验检测机构内部管理,提高检验工作质量和检验覆盖率,落实检验现场"三确认"制度。

2007年,省质监局制定并实施《江西省特种设备安全监察员管理办法》,在全省范围内组织各级安全监察人员进行业务知识学习和比武活动。

2009年3月,根据《关于印发〈江西省质监系统"质量和安全年"活动方案〉的通知》精神,省质监局制定了《江西省质监系统"质量和安全年"活动实施意见(特种设备安全监察工作)》,要求继续深化特种设备安全专项整治,开展特种设备安全大检查,强化现场监察及开展特种设备宣传教育活动。5月,根据国家质检总局《关于印发特种设备安全"三项行动"实施方案的通知》、省政府办公厅《关于印发江西省进一步推进安全生产执法、治理和宣传教育"三项行动"实施方案的通知》以及《省安委会办公室关于印发江西省安全生产执法行动工作方案的通知》《省安委会办公室关于印发江西省安全生产治理行动工作方案的通知》《省安委会办公室关于印发江西省安全生产宣传教育行动工作方案的通知》要求,省质监局制定下发《江西省特种设备安全"三项行动"工作方案》,全面推进全省特种设备安全执法行动、治理行动和宣传教育行动。6月,省质监局制定下发《进一步规范全省特种设备安全监察和检验工作管理措施》。

2010年1月,省质监局下发《江西省特种设备安全监察工作绩效考核办法》。同时,制定全省特种设备信息化网络管理办法,加强信息化网络规范使用。信息化网络在覆盖各设区市局和检验机构的基础上不断完善,宜春、赣州、南昌、上饶等设区市局已经覆盖各县区局;特种设备制造、安装、改造、维修单位的培训工作已完成,已基本具备网上办理施工告知、设备查询等电子政务的条件。各设区市局的安全监察信息网络数据库基本做到每月更新一次,并做到及时上报省质监局。各监察、检验机构继续对平台数据进行清理完善,规范特种设备基本信息和检验信息的录入变更,省质监局实行采用信息化平台数据考核各设区市局和检验机构特种设备定检率,基本实现省、市、县(区)三级安全监察机构和检验机构的数据共享、信息交换和动态处理,动态掌握全省特种设备安全状况。

安全监察规范化管理

"抓基层,打基础,规范管理"是省质监局落实省委省政府、国家质检总局关于切实加强安全工作总体思路。2005年以前,全省特种设备安全监察和检验工作虽然没有发生重特大事故,但基层局安全监察工作基础比较薄弱,检验检测机构内部管理差距也比较大,安全监察、检验检测和行政执法配合不够默契,使用单位安全管理很不规范。

2006年初,在广泛调研的基础上,省质监局确定全省特种设备安全监管"抓基层,打基础,规范管理"工作主线。先后下发《关于规范全省特种设备安全监察管理工作的指导意见》《规范特种设备使用单位安全管理的指导意见》及《进一步规范全省特种设备安全监察和检验检测管理工作的指导意见》和《关于进一步加强基层特种设备安全监察工作的意见》,对基层局、检验检测机构规范管理做出具体规定,对指导使用单位安全管理提出明确要求,将《特种设备安全监察条例》及有关规章和安全技术规范转化为落实安全监察工作的有形内容,将落实"三方责任"转化为各特种设备岗位责任的具体行为。具体做法包括:①抓好质监部门安全监管责任的到位。重点是落实安全监察人员、协管员划片分区监管责任制,落实安全监察机构建章立制、建立工作档案和各类台账,即"一图两档三台账"等基础性工作;②抓好检验检测机构安全把关责任的到位,重点是加强检验机构内部管理,提高检验工作质量和检验率,落实检验现场"三确认"制度,为安全监察机构提供技术支撑;③重点抓好使用管理安全主体责任的到位,重点是帮助指导使用单位建章立制、完善操作规程、健全安全技术档案,建立应急预案并组织演练、签订安全使用承诺书,增强法规意识,规范其内部安全管理。

2006年,全省有9288家企业与质监部门签订特种设备安全使用承诺书,企业主动申报检验、注册登记的意识得到有效强化,当年全省特种设备使用企业主动报检率达到80%以上,特种设备使用环节的事故隐患得到及时发现和消除。

2007年,省质监局在完善《江西省特种设备安全监察机构目标责任制考核办法》《江西省特种设备检验检测机构目标责任制考核办法》的基础上，先后制定并下发《江西省特种设备安全监察工作绩效考核办法》和《江西省特种设备检验检测工作绩效考核办法》，坚持每年对设区市局特种设备安全监察机构及所有检验检测机构进行绩效考核，5 月，省质监局下发《关于对全省县区局特种设备安全监察机构规范化管理工作进行达标验收的通知》对设区市局指导使用单位规范管理工作进行验收。全年对全省 99 个县区局进行规范管理全覆盖达标验收，使用管理安全主体责任得到进一步落实。9 月，省质监局转发国家质检总局《关于进一步加强特种设备安全监察工作的通知》，要求认真贯彻落实《关于扎实做好党的十七大期间特种设备安全监察工作的通知》《关于印发全省特种设备隐患排查和起重机械专项整治行动实施方案的通知》和《关于印发全省部分重点行业领域起重机械专项整治实施方案的通知》的各项要求，确定专人负责信息收集和报送工作，并从 9 月份开始到年底前，在每个月的 26 日前，以传真和电子邮件形式向省质监局特种设备处报送当月的工作信息。

2008 年 3 月，省质监局下发《关于进一步加强电站锅炉安全监察工作的通知》。要求开展对电站锅炉（含自备电厂和地方小火电厂使用的发电锅炉）的专项检查，并将电站锅炉大修（即重大修理）纳入监察范围，当电站锅炉发生事故时，使用单位应按照规定及时向当地质量技术监督部门特种设备安全监察机构报告，并按照有关要求积极配合做好事故的调查处理工作。4 月，根据国家总局《特种设备现场安全监督检查规则（试行）》和《特种设备重点监控工作要求》的有关规定，省质监局组织相关人员对《关于规范全省特种设备安全监察管理工作的指导意见》进行了修订。正式公布《关于规范全省特种设备安全监察管理工作的指导意见（修订版）》。8 月，省质监局转发国家质检总局《关于印发〈特种设备安全监察人员管理办法〉的通知》。11 月，根据国家质检总局《特种设备安全监察人员管理办法》，省质监局制定印发《江西省特种设备安全监察协管员管理办法（试行）》。

2009 年 8 月，按照国家质检总局《关于下发〈特种设备安全监察绩效测评方法〉的通知》要求，省质监局制定下发《特种设备安全监察绩效评价试点工作方案》，先行在赣州市局、宜春市的丰城市局分别开展市级和县级特种设备安全监察绩效评价试点工作。

2010 年 3 月，省质监局《关于报送 2010 年特种设备安全监察工作自选项目的通知》，要求各设区市局围绕今年全省特种设备安全监察工作重点和当地政府中心工作，上报各自监察工作的自选项目。4 月，在总结赣州市、丰城市 2009 年特种设备安全监察绩效评价试点工作的基础上，省质监局制定并下发《江西省特种设备安全监察绩效考核办法》。

第二节　特种设备普查整治

要实现建立长效的动态监管机制，消除特种设备事故隐患，就必须摸清全省特种设备的数量和状况。1994 年，劳动部下发《关于对全国起重机械情况进行普查的通知》，决定对全国起重机械情况进行一次普查。8 月，省劳动厅发文，要求对全省起重机械情况进行普查。

2001 年 9 月，根据国家质检总局《关于在全国开展锅炉压力容器压力管道及特种设备普查登记工作的通知》精神，省质监局制定并下发《关于在全省开展锅炉压力容器压力管道及特种设备普查登记和整顿治理工作的实施意见》,对全省在用锅炉、压力容器、压力管道、电梯、客运索道、起重机械、厂内机动车辆、游艺机和游乐设施等特种设备普查整治工作进行部署。普查整治工作分普查、检验治理、注册登记并颁发使用证(检验合格标志)三个阶段进行。省质监局、市质监局均成立特种设备设备普查整治领导小组,指导、协调全省特种设备普查整治工作。其中赣州市和南昌市分别由政府有关领导挂帅,普查整治前期,全省先行开展大规模的特种设备普查整治宣传工作。

2001 年 9—12 月,按要求选择在抚州、鹰潭、宜春三个设区市开展试点,其他设区市选择一个县(区)试点。

2002 年 1 月开始,全省范围内的特种设备设备普查整治工作全面铺开。为使普查整治工作更加适应江西的实际情况,省质监局自行开发"江西省锅容管特设备普查登记软件",并对 11 个设区市普查办的专业人员进行相应的软件操作培训。9—11 月,省质监局委派 2 个普查整治验收组,在自查验收合格的基础上对全省 11 个各设区市及有关单位开展省级验收工作。9 月 22—25 日,省质监局对赣州市进行首家省级验收。12 月 2—5 日,国家质检总局组织对全省普查整治工作进行验收,并一次性通过验收。普查整治工作期间,全省下发文件 1403 份,全省累计出动普查人员 43575 人次,培训特种设备作业人员约 2500 人次,填写普查登记表十几万张,发出监察意见通知书 9623 份,查封、停用设备 11601 台,报毁、拆除设备 1222 台。至 2002 年 11 月 30 日止,全省使用单位共计 15537 家(锅炉使用单位 7305 家,压力容器使用单位 3461 家,特种设备使用单位 4771 家),各类设备总计 51804 台(锅炉 9486 台,压力容器 25617 台,电梯 3511 台,起重机械 9736 台,厂内机动车辆 3119 台,游乐设施 328 台,客运索道 7 条)。普查后的设备已全部录入计算机,录入率为 100%。此次普查和 2001 年年报数据比较,锅炉数量下降 2.1%,压力容器数量增加 14.4%,电梯数量增加 46.4%,起重机械数量增加 112.8%,厂内机动车辆数量增加 44.2%,游乐设施数量增加 13.5%,客运索道数量增加 16.7%。此次普查整治,全省在用锅容管特设备的数量、类型、分布情况以及运行状况都基本摸清,覆盖全省的设备普查登记数据库得以建立并完善,同时查处一批非法设计、制造、安装的"土锅炉""土容器"等设备,有效的遏制特种设备重特大事故发生,实现国家质监总局提出的"杜绝特大事故,遏制重大事故,减少一般事故"的工作目标。

2003 年 5 月和 6 月省质监局分别下发《关于在全省开展气瓶安全普查整治试点工作的通知》和《关于在全省开展气瓶安全普查整治工作的通知》,确定南昌市、赣州市、萍乡市和鹰潭市作为省气瓶整治试点城市。通过普查整治,4 个设区市气瓶总数达 77.0518 万只,各单位均建立本单位有产权气瓶或托管气瓶管理档案,使气瓶安全状况得到改善。普查整治中,共取缔违规充装单位 14 家,发监察意见书 360 份,报废气瓶共计 20848 只。赣州市局整治工作动作快、效果好,《中国质量报》曾专题报道赣州市的经验。10 月中旬,4 个试点设区市已完成本地普查工作进行地市级验收。12 月,省质监局印发《江西省气瓶普查整治验收办法》的通知,12 月 30 日完成对 4 个试点城市进行省级验收。至 2003 年底,全省共普查登记气瓶 300 万只,检验钢瓶 70 万只,报废钢瓶 4.5 万只,发出安全监察指令书 631 份,取缔违规充装单位 48 家。通过以产权制度改革为核心的气瓶普查整治,基本对全省各类气瓶的数量和安全状况进一步掌握,已初步形成以气瓶充装单位为安全责任主体的安全监管新模式。

2003 年 3 月 27 日，南昌市质监局被评为全国 35 个被表彰的锅炉压力容器压力管道特种设备普查整治工作先进集体之一。8 月，省质监局下发《关于在全省开展工业压力管道普查工作的通知》，部署在全省范围内开展工业压力管道专项普查工作，同时确定景德镇市和鹰潭市作为试点城市，要求在半年内完成专项普查工作。11 月，省质监局印发《江西省压力管道普查整治工作验收办法》的通知。经过 4 个月的艰苦工作，两试点城市普查工业压力管道合计 146.8161 千米，其中 GC1 级 1.86 千米，GC2 级 19.4722 千米，GC3 级 126.4839 千米。在两城市验收合格的基础上，省质监局于 12 月 30 日完成对上述两城市工业压力管道专项普查的省级验收，实现国家质检总局提出的工作目标。

至 2004 年底，全省工业压力管道普查工作基本完成，对工业压力管道的数量、分布和安全状况基本了解。全年共普查工业压力管道 1635 千米，检验 122 千米，查出隐患 243 处，发出安全监察指令书 210 份，普查涉及使用单位 3621 家。

2005 年，气瓶普查整治工作结束以来，一些气瓶充装单位违规充装非自有钢瓶和超期未检钢瓶或报废钢瓶的现象有所抬头，气瓶充装单位的安全管理工作有所松懈。与此同时，一些气瓶检验单位为了扩大检验业务，增加检验收入，未经当地设区市质监局同意，擅自跨地区（指设区市，以下同）抢夺检验瓶源，有的气瓶检验单位甚至采取降低检验收费标准和随意减少气瓶检验项目等违规手段进行恶性竞争，严重扰乱了气瓶检验市场的正常秩序，破坏了来之不易的气瓶专项整治大好形势，给气瓶安全使用带来了严重的事故隐患。为加强气瓶充装单位和气瓶检验单位内部管理，4 月，省质监局下发《关于进一步巩固气瓶普查整治成果和加强气瓶安全监察工作的通知》，维护和规范全省气瓶充装以及气瓶检验市场的正常秩序，巩固气瓶普查整治成果。

第三节 现场安全检查与专项整治

锅炉房综合治理

为贯彻实施《锅炉房安全管理规则》，使锅炉安全监察工作在运行管理环节上，尽快转向正常管理的轨道，提高锅炉房安全管理水平，保证锅炉安全运行，全省从 1989 年开始在全省开展锅炉房综合治理工作。

1991 年 4 月 4 日，省劳动厅下发《关于进一步开展锅炉房综合治理工作的通知》，确定今后两、三年内，将锅炉房的综合治理列为全省锅炉安全监察的重点工作之一。同时，把“1991 年的综合治理面应达 80%，合格锅炉房应达 65%，1992 年的综合治理面应达 95%，合格锅炉房应达 90%，1993 年进行综合治理的扫尾工作，逐步转向正常的锅炉运行管理”，作为全省锅炉房的综合治理管理目标。对于新建的锅炉房，必须符合《评定标准》的要求，否则，不得批准投入使用。

至 1991 年底，全省锅炉房总数 5069 座，综合治理总数 4209 座占总数的 83.03%，合格锅炉房 3205 座，合格比例 63.22%。

至1992年底,全省锅炉房总数5159座,综合治理总数4882座占总数的94.63%,合格锅炉房4133座,合格比例80.11%。江西铜业公司于1992年6月2~19日对所属单位89台锅炉,57座锅炉房进行综合治理情况全面检查,评出安全文明生产锅炉14台,文明达标锅炉房9座。对重大隐患提出整改意见,公司以江铜司安字〔1992〕第389号文件通报检查情况。

至1993年5月底,全省锅炉房总数5173座,综合治理总数4896座占总数的94.72%,合格锅炉房4231座,合格比例81.85%,全省锅炉房综合治理工作顺利完成。

压力容器整顿治理

1991年1月3日,省劳动厅下发《关于建立在用压力容器正常管理秩序的通知》,要求凡未进行注册登记的压力容器,不准继续使用,并按规定对该压力容器的使用单位进行处罚。已进行整顿治理的单位,应按原劳动人事部劳人锅局〔1987〕43号文附件一《关于在用压力容器整顿工作的意见》第三部分整顿管理中第11条的具体要求,对管理工作进行整顿,并建立正常秩序。各在用压力容器的检验单位,要按所在地、市锅炉压力容器安全监察机构的统一安排,与使用单位密切配合,制订计划,对已注册登记的压力容器,按已定的检验周期,进行定期检验。各地、市锅炉压力容器安全监察机构应加强督促检查,发现问题及时处理。协助企业尽快实现在用压力容器的科学管理。

1992年6月29日,省劳动厅以赣劳锅〔1992〕20号文,转发《转发〈国务院办公厅转发劳动部关于压力容器整顿治理情况和进一步加强安全工作报告的通知〉的通知》,要求各地在贯彻执行的同时,消除大部分地、市存在的监控使用和带病运行的压力容器的隐患,各地、市劳动局在开展压力容器定期检验的同时,抓好整顿治理收尾工作、充分发挥各行业、主管部门和企业的作用,该报废的坚决报废、能修复的尽快安排修复,原定的安全等级为四级和五级的压力容器转换成三级以上或报废,使压力容器监管工作逐步走上正轨。

1994年12月3日,省劳动厅以赣劳锅〔1994〕19号文转发劳动部《关于落实对医用高压氧舱安全检查工作有关意见的通知》,要求全省认真贯彻执行。之后至12月21日,省劳动厅会同有关部门对全省各地、市11家医用氧舱使用单位的使用情况进行安全检查。

气瓶充装站和气瓶检验站整顿治理

1992年9月,按照劳动部的要求,全省气瓶充装站和气瓶检验站整顿治理工作正式开展,省劳动厅在南昌市召开全省气瓶整治工作会议,部署全省气瓶充装站和气瓶检验站整顿治理工作,全省劳动部门锅炉压力容器安全监察和检验机构负责人,气瓶检验站负责人出席会议。

1993—1996年,在各级劳动部门的共同努力下,全省气瓶充装站和气瓶检验站整顿治理工作进展顺利。1996年,围绕以整治频发事故和整治"三无、二借、一不"的全年工作重点,采取针对措施如期完成对气瓶充装站、钢瓶检验站的治理整顿和验收工作,46家钢瓶检验站和270家气瓶充装站已经取得劳动部门颁发的《气瓶检验许可证》和《气体充装许可证》。对南昌市锅检所等9个检验单位进行常规性监督检查,抽查面为40%。

1997 年 3 月，已完成气瓶检验站资格认可 51 家，占全省总数的 95% 以上；完成气瓶充装站注册登记 280 余家，占全省总数的 60% 左右，与全国平均水平相比还有不小差距。省劳动厅转发《关于进一步加强气瓶充装站和气瓶检验站安全监察工作的通知》，对降低气瓶事故率、提出意见，全省气瓶两站按劳动部文件要求将转入正常化监察与管理阶段，个别气瓶检验站抓紧时间整改完成资格认可。各地、市劳动部门在 6 月底前全面完成气站的注册登记工作（在期限内未完成整改的气瓶充装站坚决停掉），其注册登记编号及文件按江西省劳动厅《关于重申气体充装站注册登记程序的通知》要求报劳动厅锅炉处。各地市劳动部门要加强对气瓶充装站的日常监督检查，特别是理顺个体和承包性质的气站关系，挂靠有关主管部门，确保事故的调查和赔偿得以落实。自 1997 年始，每年对本地区气站进行一次年审。从 1997 年起每年对气瓶检验站检验质量抽查，抽查比例不少于总数的 25%。各检验站对报废气瓶采用压扁或切割等不可修复措施进行处理，并集中保管，严禁将报废气瓶退回产权单位，坚决杜绝报废气瓶重新流入使用环节。凡未对报废气瓶进行破坏性处理或继续使用和充装的，追究有关人员的责任和取消其检验、充装资格。

1999 年 4 月 7 日，省劳动厅转发国家质检总局《关于整顿焊割气体气瓶市场的通知》，在全省组织开展一次对焊割气体气瓶市场的专项检查与整顿，整治重点对象为焊割气体燃料销售、机械制造、金属材料加工、气瓶制造等行业及单位。

2000 年 5 月 17 日，省劳动厅下发《关于开展全省气瓶安全与质量大检查的通知》，将国家质检总局《关于开展气瓶质量安全大检查的通知》转发全省并提出检查意见，要求全省各地（市）劳动行政部门要把对气瓶安全与质量检查以及气瓶两站整顿治理当作当年安全监察工作的一项重要内容，加强领导并结合本年度气体充装站年审和气瓶检验站监督考核工作迅速组织实施，重点检查气体充装站（尤其是液化石油气充装站、溶解乙炔充装站）、气瓶检验站和气瓶制造单位，具体检查内容以及检查中发现问题的处理要按总局《通知》规定执行。根据省气瓶两站现实情况，自通知发出之日起，暂停各地（市）气瓶检验站新增布点，不再受理气瓶检验资格申报。要求各地（市）劳动行政部门要和当地有关部门密切配合，严格控制气体充装站（尤其是液化石油气充装站）的建设与审批。今后对气体充装站的审批要坚持上规模、上水平的原则；对已取得充装资格，但规模小、水平低、管理差的单位，要限期整改。整改后仍达不到条件要求的，应取消充装资格；对无证充装点，坚决予以取缔。

根据 2010 年 4 月 7 日召开的华东地区特种设备安全协作网会议纪要精神，为贯彻落实“平安世博”的总体目标，进一步保障特种设备安全，规范气瓶充装行为，省质监局决定自 7 月 1—30 日联合开展华东六省一市气瓶充装单位专项整治行动，就各气瓶充装单位充装非自有产权气瓶、充装超期未检气瓶、充装报废气瓶、不规范充装等行为进行专项检查，整治重点区域为各设区市交界、周边区域。4 月 29 日，省质监局制定并下发《全省液化石油气瓶充装站专项整治工作方案》，部署在全省范围内开展液化石油气瓶充装站气瓶充装专项整治活动。各设区市局按照此次专项整治作为 2010 年全省特种设备专项整治的主要内容进行部署，落实责任，结合开展“安全生产年”活动，加强与建设、公安消防、工商等部门的沟通，形成畅通的外部协调联系机制，全面排查和治理液化石油气充装站气瓶充装过程中的安全隐患。

锅容管特设备及配件专项打假

省质监局将专项打假与安全监察有机结合,充分利用锅容管特职能划转的有利时机,进一步加大锅容管特安全监察工作的力度。2001 年 9 月 18—28 日,在全省范围内组织开展锅容管特设备及配件专项打假与安全监察统一行动,这次行动共检查生产企业 106 家,其中发现有问题的生产企业 33 家;检查经销企业 116 家,其中发现有问题的经销企业 23 家;检查使用单位 3110 家,其中发现有问题的使用单位 1611 家;责令整改锅容管特设备 1331 台,其中锅炉 590 台、压力容器 389 台、游乐设施 169 台、其他特种设备 183 台;查封锅容管特设备 763 台,其中锅炉 462 台、压力容器 122 台、游乐设施 102 台、其他特种设备 77 台;销(拆)毁锅容管特设备 500 台,其中锅炉 165 台、压力容器 6 台、游乐设施 19 台、其他特种设备 10 台;查获不合格锅容管特配件标值 67.99 万元,其中假冒伪劣锅容管特配件标值 3.7 万元;查处违法案件 311 起,其中现场处罚 254 起,立案查处 57 起;罚没款 5.71 万元。

浴室锅炉专项安全检查与专项整治

为保证全省浴室锅炉的安全使用,防止发生重大伤亡事故,2001 年 11 月,省质监局发出《关于在全省开展浴室锅炉专项安全检查的通知》,决定于 2001 年 11 月 30 日至 12 月 15 日,在全省范围内组织开展浴室锅炉专项安全检查与整治,重点检查中学、大中专院校、闹市区、城乡接合部浴室非法制造、使用的锅炉,常压锅炉改承压使用,茶水炉烧蒸汽和无证操作。此次检查历时 15 天,各地锅炉压力容器安全监察机构与稽查大队相互配合。综合运用法律手段、行政手段、经济手段对浴室锅炉进行整治,集中精力拔除“钉子”户,彻底消除事故隐患。共出动执法检查人员 2680 人次,检查浴室 891 家,检查浴室锅炉 925 台,其中责令限期整改锅炉 463 台,立即停用锅炉 110 台,查封销毁锅炉 50 台。12 月 11—14 日全省统一行动日期间,江西卫视、《江西日报》等众多新闻媒体,对存有严重安全隐患的“钉子户”予以曝光,不但使正在开会的省十一届党代会代表及时了解到省浴室锅炉的状况,而且对提高广大消费者的安全意识和遏制制造、使用“土锅炉”的违法行为起到积极作用。

2003 年 11 月 18 日,为贯彻省委、省政府召开的全省安全生产电视电话会议精神,杜绝类似上海市虹口区瑞虹路怡泉浴室常压热水锅炉承压使用重大爆炸事故的发生,省质监局下发《关于在全省集中开展浴室锅炉专项整治行动的通知》和全省统一行动日实施方案。

2004 年 1 月 5—15 日组织开展全省浴室锅炉专项整治行动,各级质监局对此次整治行动均进行精心组织和周密安排,采用明察暗访、全面检查、重点打击的方式,查出并消除大量事故隐患,确保浴室锅炉的安全运行。1 月 6 日全省统一行动日共出动检查人员 1229 人次,检查使用单位 534 家,其中查封锅炉 76 台、销(拆)毁锅炉 14 台,提出整改意见 737 条,发出安全监察意见书 357 份。此次专项整治行动,共组织特种设备安全监督管理部门执法人员 2831 人次,检查使用单位 895 家、其中查封锅炉 91 台、销(拆)毁锅炉 23 台、发出安全监察意见书 391 份,提出整改意见 1137 条,罚没款 10.99 万元。检查中发现非法制造“土锅炉”25 台、常压锅炉承压使用 48 台,无锅炉使用证 82 台,未检验 78 台、操作人员无证上岗 92 人,已整改 46 台。

2005 年 12 月,中共江西省委督查室《重要信息》第 157 期反映农村澡堂锅炉设备安全隐患严重。省质监局下发《关于开展浴室锅炉安全大检查的紧急通知》,在全省组织开展了一次浴室锅炉安全大检查。

“土锅炉”专项整治

1996—2000 年以来,在开展日常安全监察工作的同时,对质量问题严重、事故频发的“土锅炉”,液化石油气钢瓶产品开展专项治理工作。取缔非法锅炉制造厂 22 家,取消 1 家液化气钢瓶检验单位资格;销毁“土锅炉”72 台,报废处理不合格钢瓶 1.3 万只;发现并消除大量的事故隐患。

2003 年 1 月 8 日至 1 月 25 日开展“土锅炉”专项整治,省质监局下发《关于在全省集中开展“土锅炉”专项整治行动的通知》,检查的范围是辖区内制造、销售、使用环节的“土锅炉”,此次“土锅炉”专项整治行动是全省完成锅容特普查登记工作后首次统一行动。2003 年 1 月 20 日定为全省“土锅炉”专项整治统一行动日。

2004 年 10 月,为防止全省特种设备重大事故、杜绝校园事故,确保人民生命财产安全,省质监局下发《关于集中开展“土锅炉”专项整治行动的通知》,决定 10 月 18—28 日在全省集中开展“土锅炉”专项整治行动。检查的重点是辖区内制造、销售、使用环节的“土锅炉”,特别是人口密集区、学校及附近的各类锅炉。重点查处非法制造、使用的锅炉、常压锅炉改承压使用,茶水炉烧蒸汽和无证操作。全省 11 个设区市局按省质监局的要求立即组织有关部门进行布置,对检查重点、场所、内容、人员等方面进行分工、明确目标,落实责任。两次整治共检查 1212 家使用单位,检查重点区域的各类锅炉 1300 台,销毁“土锅炉”113 台,查封锅炉 158 台,下发安全监察意见书 481 份。

2006 年 6 月 27 日,省质监局再次下发《关于深入开展“土锅炉”专项整治工作的通知》,继续加强“土锅炉”专项整治工作。各设区市局积极行动,结合当地实际,制定专项整治方案,重点检查的区域为城乡接合部、米粉(豆腐)作坊、浴室、个体制衣厂、小型木制品厂和各类校园附近。此次专项整治活动截止到 12 月 10 日,全省共出动检查人员 3934 人次、检查使用单位 1505 家,下达监察指令书 306 份、查封锅炉 127 台、拆除“土锅炉”189 台。

大型游乐设施和客运索道专项整治

1997 年,省劳动厅对庐山、三清山、井冈山的客运索道、高架电力机车进行安全监察,并对井冈山索道、庐山高架电力机车的运行事故做出严肃处理。

1999 年初,国务院副总理吴邦国对《国内动态清样》(第 422 期)刊登的“黑龙江大型娱乐设施隐患严重”一文做出批示:“要下决心清除游乐设施的隐患,支持质监局的工作,这涉及群众,尤其是儿童的生命安全”。当时,一些游乐设施质量低劣,运营管理不善,人身伤亡事故(特别是青少年和儿童伤亡事故)屡有发生,引起社会各界的广泛关注。为规范游乐设施的安全质量管理工作,国家质监局等六部委联合下发《关于开展游乐设施安全质量大检查的通知》,决定“六一”儿童节前,在全国开展一次游乐设施安全质量大检查。5月,省劳动厅下发赣劳安〔1999〕3号文,要求各地市劳动局、技监局督促各游乐场所立即对现运行的游乐设施进行一次清理登记;各使用单位立即按照《游艺机和游乐设施安全监督管理规定》《游艺机和游乐设施安全标准》(GB8408－89)和《游乐园(场)安全和服务质量》(GB/T16767－1997)要求进行一次全面自检。至5月25日,省技术监督局稽查大队、省劳动安全卫生检测中心站,抽调专门的力量对南昌等地市游乐场所的在用游乐设施进行一次安全质量大检查。在检查中发现无生产许可证的企业制造的游乐设施、未按有关规定进行安装检测验收的,经监察存在缺陷和隐患较大的情况的,没有安全管理制度无游乐乘坐、游乐设施安全注意事项的,或者有制度,不完善,执行不严的,立即进行查封。省劳动安全卫生检测中心站在五月底前组织专门的技术力量完成对南昌等地市载人的、危险性较大的游乐设施安全质量检测,合格的发给全省统一的安全使用证。并把检测结果报告省质监局和省劳动厅。

2001年9月份,开展全省客运索道、游艺机和游乐设施安全专项检查,基本完成客运索道的基本状况和全省游艺机和游乐设施的档案资料收集工作。

2004年4月21日,组织全省客运索道、A级大型游乐设施运营单位在庐山召开大型游乐设施和客运索道紧急救援演习现场观摩会。5月,根据全省深化特种设备安全专项整治方案,为规范全省大型游乐设施和客运索道的安全管理,确保游乐设施和客运索道的安全运行,省质监局下发《关于在全省开展大型游乐设施和客运索道安全专项整治的通知》,决定于5月12日至10月31日,在全省范围内组织开展大型游乐设施和客运索道安全专项整治活动。此次专项整治涉及的使用单位56家,设备319台(套),核定注册登记大型游乐设施242台(套)、客运索道8条。结合“五一”“六一”“十一”特种设备安全大检查,强制拆除违规安装使用的赣州上犹陡水水库溜索、宜春靖安翠竹山庄溜索、新余抱石公园小火车等设备,查封停用庐山彰龙太乙索道、吉安井冈山五马朝天溜索、吉水毛泽东祖籍浏览苑溜索、宜春靖安櫓崖溜索等60多台次索道和游乐设施,销(拆)毁“土制”游乐设施11台。“六一”期间,结合国务院《特种设备安全监察条例》施行一周年,联合建设、教育、安管、工会、共青团等部门在公园娱乐场所和繁华地段,开展特种设备法制宣传教育活动,重点宣传大型游乐设施的安全使用知识。针对“五一”“十一”黄金周重要时间段,采取对重点设备、重点单位进行值班蹲守监控,组织暗访督察等措施,确保封停设备节日期间不使用,确保重点设备出现问题能第一时间掌握情况。通过专项整治,重新核实全省大型游乐设施和客运索道的数量和安全状况,进一步规范全省大型游乐设施和客运索道的安全管理,提高设备的安全状况。

2010年6月29日,深圳市东部华侨城有限公司“太空迷航”大型游乐设施发生事故后,省质监局按照国家质检总局通知和分管副省长“即请省质监局对全省大型游乐设施进行全面检查,要防范在先,确保安全”的批示要求,及时在全省范围内组织开展大型游乐设施安全大检查,共出动检查人员175人次,检查设备370台(套),下发安全监察指令书20份,并对受洪涝灾害的萍乡市鹅湖公园、抚州市沙滩乐园内的19台(套)大型游乐设施实施免费检验。检查工作完成后,省质监局及时将全省大型游乐设施基本情况、安全检查工作情况、存在问题及工作打算向省政府进行书面报告。省长吴新雄,副省长洪礼和对大型游乐设施安全监管工作作出重要批示“请省质监局会同相关部门落实安全主体责任，规范内部管理，对超出设计年限的“老旧”游乐设施要重点跟踪监控，加强设备维护，积极筹措资金，限期进行更新改造。”

电梯维护保养整治

2005 年，在加强现场监察的同时，针对电梯使用环节开展安全检查。全年组织开展“春节”“两会”“五一”“六一”“十一”等大规模安全检查活动 5 次，检查生产、使用、检验单位 27436 家次。出动检查人员 12259 人次，检查使用单位 5126 家次，检查各类设备 20144 台次，共发出安全监察指令书 2144 份，提出整改意见 3115 条，责令整改设备 3169 台，查封停用设备 342 台，销毁拆除不合格设备 176 台。安全检查工作中采取：加强检查期间省、市、县区三级质监局的层级督查暗访；加大重点设备的监管力度，组织现场监控；督促使用单位明确值班领导责任，强化企业自查；完善应急预案和组织应急救援演习，确保操作人员持证上岗，防止不符合运营条件的设备擅自投入使用。同时，省、市、县区三级质监局在重大节假日和重要政治活动日期间安排专人值班，公布值班电话，确保信息畅通，提高快速应变能力。全省累计检查电梯 1200 余台，涉及使用单位 656 家，规范电梯日常维护保养 4100 余台，基本实现新版电梯安全检验合格标志更换到位，在用电梯日常维护保养率达 98% 以上。

“土制特种设备”专项整治

2001 年是国家整顿和规范市场经济秩序年，省质监局根据国家质检总局部署和省委、省政府指示精神，全年共开展 5 次全省规模性的锅容管特专项整治行动。5 次专项整治活动准备充分，采取事先进行暗访、踩点，各级质监部门监察机构、稽查大队与各级公安部门和新闻媒体部门紧密配合，使每次行动都达到预期效果，对于整治过程中发现的“土锅炉”“土容器”就地作破坏处理，存在事故隐患的设备一律封停进行整改。

至 2002 年，省质监局在全省共开展 24 次锅容管特设备安全大检查和“土锅炉”等专项打假整治，其密度、规模以及取得的成果创全省锅容管特设备安全监察史之最，其中与监督处、稽查大队联合组织的全省范围内的统一打假行动属全国首创。在开展的安全检查活动中，全省共出动执法人员 43575 人次，发出监察意见通知书 9623 份，查封、停用设备 11601 台，报废销毁、拆除设备 1222 台，为确保省内锅容管特设备的安全运行打下坚实的基础。为加强对重点锅容管特设备的监控，杜绝重特大事故的发生，省质监局对全省范围内的锅容管特设备进行摸底调查，重点调查出现事故易导致群死群伤的锅容管特设备。建立全省《重点监控锅容管特设备名册》，全省锅容管特设备 583 台纳入重点监控范围。为降低事故发生率，及时消除事故隐患，省质监局下发《江西省锅容管特设备事故隐患处理暂行办法》，划定事故隐患类别，通过努力，锅容管特事故明显下降。3 年中，全省仅发生锅容管特设备非死亡事故 4 起，其中 2001 年 3 起，2002 年 1 起，为严重事故，死亡事故 1 起，事故率逐年下降。

2005 年，按照“安全第一、预防为主”的安全生产方针，在 2004 年开展“土制特种设备”专项整治的基础上,省质监局下发《关于开展全省"土制特种设备"专项整治的通知》,继续深入开展"土制特种设备"专项整治工作,巩固特种设备专项整治成果,实现"杜绝重特大事故、遏制严重事故、减少一般事故"安全目标,查处和打击城乡接合部、偏远乡镇中的豆制品作坊、米粉作坊、个体小浴室和学校幼儿园中擅自制作的"土锅炉"以及承压使用的常压锅炉;重点打击高速公路、等级公路、建筑工地、货运车站码头、采砂(石)场等可能造成群死群伤事故场所使用的"土起重机",公园游乐场所及风景旅游区中的"滑索"以及提供儿童游玩的"土游乐设施"。各设区市、县(区)局结合本地实际,制定开展"土制特种设备"专项整治方案,与安管、建设、交通、公安等部门联合开展专项整治工作,采取分片分区,落实责任,发现和查处"土制特种设备"力度,克服盲区,认真排查,强制拆除或解体报废"土制特种设备",及时消除辖区内潜在的事故隐患。

起重机械专项整治

2005年8月1日,云南省文山州富宁县谷拉乡天生桥水电站建设工地一台门座式起重机械倾翻,造成14人死亡和3人受伤的特种设备特大事故,国家质检总局先后印发《关于进一步加强起重机械等特种设备安全监察工作的紧急通知》《关于云南8.1起重机倾翻特大事故原因通报和有关要求的通知》,对加强当前的起重机械安全监察工作提出具体要求。为贯彻落实国家质检总局文件要求,9月,省质监局下发《关于开展起重机械安全专项整治的通知》。决定2005年10月1日至12月31日在全省范围内组织开展起重机械安全专项整治。整治工作的重点是电力、公路、铁路建设施工用起重机械以及各类流动式起重机、固定式简易载货升降机、内河港口用固定式起重机、施工升降机和塔式起重机。全省各设区市局结合本地实际,争取当地政府的大力支持,并且和电力、铁路、交通、建设等部门的密切配合,切实开展此次起重机械安全专项整治工作。严格市场准入制度,强化起重机械生产(包括制造、安装、改造、维修)、使用、检验的资格许可管理。健全完善起重机械安全管理制度,加强施工现场安全管理,严格执行施工方案,做好事故防范和报告工作。

2007年6月,根据国家质检总局《关于开展特种设备隐患排查和起重机械专项整治行动的通知》要求,省质监局下发《关于印发全省特种设备隐患排查和起重机械专项整治行动实施方案的通知》,在全省范围内组织开展特种设备隐患排查和起重机械专项整治行动。

2009年10月,全省开展机电类特种设备生产单位监督抽查工作,涉及起重机械制造单位6家,安装改造维修单位8家。从抽查情况看,大部分被抽查单位能按照国家相关法律法规从事起重机械制造、安装、改造、维修工作,但也有部分单位存在问题,其中3家单位问题严重的省质监局特设处对其进行停产处理。至12月底,全省共检查起重机械生产单位15家,检查起重机械使用单位3235家、起重机械7921台,发现各类安全隐患2652个,已完成整改2287个。

中小煤矿企业特种设备专项整治

省委办公厅2005年10月13日《今日信息汇要》(第191期)刊出标题为《我省小煤窑特种设备状况堪忧》的短讯,反映质监系统会同有关部门于近期对300余家小煤窑共计530余台特种设备安全检查中，发现诸多问题，如：压力容器注册登记率仅为10%，60%的设备无技术资料，10%的设备未按国家规定进行定期检验，还有30%的操作人员未持证上岗，这些突出问题引起省委书记孟建柱的高度重视。副省长于10月17日做出批示“请省质监局会同煤炭行办严格整改，严格监管，确保安全”。为切实贯彻省委、省政府领导指示精神，省质监局和省煤炭行业办联合下发《关于开展全省中小煤矿企业特种设备安全专项整治工作的通知》，决定自2005年10月26日起，在全省市县区和乡镇中小煤矿企业联合开展特种设备安全专项整治工作。此次专项整治的范围主要是《特种设备安全条例》规定的中小煤矿企业所属的锅炉、压力容器、压力管道、电梯、起重机械和场（厂）内车辆，整治的重点单位是乡镇和个体私营小煤矿，重点设备是压力容器和起重机械，此次整治全省出动安全监察人员1175人次，共检查中小煤矿571家，检查特种设备778台，发出《特种设备安全监察指令书》168份，责令整改特种设备368台，销毁不符合安全要求的特种设备13台。通过此次专项整治，基本消除省内中小煤矿众多的特种设备安全事故隐患，使得全省中小煤矿特种设备安全管理整体水平得以提升。

大型煤矿企业特种设备专项整治

2006年9月，省质监局和省煤炭集团公司联合下文《关于在全省开展大型煤矿企业特种设备安全专项整治工作的通知》，决定在全省范围内对大型煤矿企业联合开展特种设备安全专项整治工作，消除特种设备安全监管工作的死角和盲区，整治的重点单位是国有统配煤矿和省属煤矿。此次专项整治涵盖4个矿务局（萍乡矿务局、丰城矿务局、乐平矿务局和英岗岭矿务局）和5家大型煤矿（花鼓山煤矿、天河煤矿、八景煤矿、大光山煤矿和棠浦煤矿），期间共检查特种设备257台，责令整改设备45台，销毁不符合安全要求的设备10台。经过3个月的专项整治，全省大型煤矿特种设备安全管理整体水平得到提升，安全形势好转。

危险化学品槽罐车充装单位专项整治

2004年4月，全国连续发生危险化学品泄漏等事故，国务院办公厅下发《关于加强危险化学品安全管理工作的紧急通知》，国家质检总局下发《关于立即开展对取得危险化学品生产许可证企业全面复查的紧急通知》，省政府下发了《关于进一步加强危险化学品安全管理工作的紧急通知》。根据国务院、国家质检总局及省政府三个明电的要求，省质监局下发《关于开展危险化学品安全大检查的紧急通知》，要求各设区市局督促本地区运输危险化学品的各类常压槽罐（如油罐车）和其他贮存常压容器（如油罐）的使用单位进行认真排查和登记，建立详细设备台账，并安排设备的检验工作，危险化学品的运输常压槽罐和储存常压容器未经有资质的专业检验机构检验合格不得使用。7月，省质监局下发《关于下发〈江西省危险化学品罐车专项检查整治方案〉的通知》。

2006年7月，为贯彻《安全生产法》《特种设备安全监察条例》和《危险化学品安全管理条例》，落实国务院安全生产委员会办公室《关于开展危险化学品槽罐车充装单位专项整治活动的通知》的要求，根据国家质检总局、国家安全监管总局《关于开展承压汽车罐车充装站专项整治活动的通知》

精神,省质监局和省安管局联合下发《关于开展全省承压汽车罐车充装站专项整治活动的通知》,决定自2006年8月14日至2007年4月30日,在全省范围内开展承压汽车罐车充装站专项整治活动。专项整治活动具体分成排查摸底、自查自纠和检查验收3个阶段进行。为配合此次专项整治活动,省安监局还于2006年11月13日专门下发《关于开展危险化学品储运环节安全专项检查的通知》,对全省危险化学品生产经营单位储运环节进行专项检查。各设区市质监局和安监局积极行动,及时将《承压汽车罐车充装站专项整治标准》下发至当地各承压汽车罐车充装站,布置开展承压汽车罐车充装站专项整治活动。各承压汽车罐车充装站也都及时按照专项整治标准组织开展自查工作,专项整治工作依照文件要求按时段有序地进行。

2007年1月15日和4月15日,根据联合下发的《关于开展全省承压汽车罐车充装站专项整治省级验收工作的通知》,省质监局和省安监局组织联合验收组,分片分组对液化气体汽车罐车充装单位和永久气体汽车罐车充装单位进行省级验收。至2007年4月25日,对全省9个设区市29家承压汽车罐车充装站完成验收。其中液化气体汽车罐车充装站22家,永久气体汽车罐车充装站7家;液化气体汽车罐车共计182台,低温汽车罐车58台,罐箱车4台,长管拖车3台。验收合格的单位28家,不合格的单位1家。对不合格的充装站已现场下达停止充装指令书,责令其整改到位并经核实后方能恢复充装。

2010年,为贯彻省政府关于在全省范围内开展一次危险化学品安全管理大检查的通知要求,省质监局组织全省危险化学品行业压力容器等设备安全大检查,共检查329个单位,检查设备1539台,其中压力容器1432台,液化气槽车161台,下达限期整改通知42份,整改到位的设备45台。

特种设备隐患排查和专项整治

2002年,结合全省锅容管特设备普查登记和整顿治理工作,组织开展全省范围的特种设备专项大检查13次,并加强对使用环节的监察力度,坚持日常监察与专项检查相结合,普查登记与整顿治理相结合,确保锅容管特设备无重、特大事故发生。2月,开展春节前的全省锅容管特设备安全生产大检查,检查重点主要是容易发生群死群伤事故的重点设备和各市已确定的被列入监控使用的设备和单位。此次检查共出动检查人员1018人,检查涉及的各类企业共2617家,检查锅容管特设备共2916台(套),其中拆除“土锅炉”等非法制造的设备80台,责令停运整改234台设备,提出整改意见312条,发出监察意见书425份。3月,配合“3·15”活动开展全省游艺机、游乐设施的安全大检查。报废游乐设施19台,查处无证生产的游乐设施26台。4月份开展“五一”节前的全省在用锅容管特设备安全大检查,确保节日生产安全。根据省长黄智权的批示精神,开展“五一”黄金周游乐5月设施安全大检查,重点检查节前检查存在安全隐患的游乐设施和已封停的游乐设施。此次共检查游乐设施523台,责令整改97台,查封停用31台,拆毁27台,其余400余台通过整治后基本达到安全要求。此次检查,省质监局共组织6个督查组对全省11个设区市100个县区安全检查进行督导和指导,督查重点是大型游乐设施和存在安全隐患的游乐设施,并对全省6条客运道、1条滑道和1条客运缆车再次进行现场安全检查。5月,开展“六一”儿童节前游乐设施安全检查,检查的重点是游客比较集中的游乐园(场)、公园、危险性较大和乘客较多的以及前期检查中发现问题需要整改的游乐设施。为贯彻落实省委、省政府关于进一步做好安全生产工作的指示精神,再次开展锅容管特安全大检查,并要求与锅容管特普查登记有机结合,积极配合有关部门认真开展危险化学品安全管理专项整治,加强液化石油气、溶解乙炔、液氯、液氨等易燃易爆有毒有害气体充装站整治工作,严厉打击非定点生产的锅炉、压力容器,查封没收"三无"产品。按照国家质检总局提出的加油站专项整治要求,开展加油机防爆检查和隐患整治。共完成抽查任务889台,其中:中石化所属加油站72台,合格的69台,合格率95.83%(不合格的经整改复检后已全部合格),社会加油站817台,合格的662台(含整改后复检合格)合格率81%。为贯彻国务院《危险化学品安全生产管理条例》精神,6月,组织开展全省范围内的汽车罐车专项安全大检查,主要检查使用、充装、检验环节的汽车罐车。从8月21日起,在各市、县开展液化气体汽车罐车专项安全大检查的基础上,省质监局组织督查组对9个设区市的液化气体汽车罐车专项安全检查工作进行督查。组织在景德镇市开展燃气梭式窑集中整治行动,整治目标是查处违规使用的气瓶、燃气压力管道,消除社会影响较大的事故隐患,遏制窑用锅炉重、特大事故的发生。在集中整治期间,省质监局派督导组两次赴景德镇市进行督导。8—9月,部署全省开展"土锅炉"打假专项整治工作,截止至9月9日,此次打假行动共计出动执法人员4488人次,检查生产企业14家,检查使用单位1547家,责令改正锅炉690台,判废、监督销毁锅炉591台。9—10月,派出5个督查组在全省范围内开展一次锅容管特设备安全大检查行动,确保"十一"黄金周和中共十六大期间锅容管特设备安全运行,营造祥和、稳定的社会环境。

2003年,省质监局全面部署锅容管特设备安全专项整治行动。全年共开展专项检查和整治行动13次,全省出动各级人员15023人次:检查使用单位9133家,检查各类设备24231台5023人次,其中锅炉3472台,压力容器12322台、电梯1874台、起重机械5064台、厂内机车辆1393台、游乐设施392台、客运索道7条,提出整改意见5213条,发出监察意见书2135份,罚没款17.17万元。

2006年,继续深化专项整治工作,联合安监部门开展罐车充装单位专项整治,严厉打击违规超装、逃避检验等行为;联合省煤炭集团公司开展大中型煤矿的特种设备专项整治。深入开展"土锅炉"专项整治,取缔"土制特种设备",捣毁"土锅炉"120台。整治中,全省共出动检查人员14542人次,检查各类设备16124台次,涉及生产使用单位5056家次,共发出安全监察意见书1565份,查封停用设备396台,拆除不合格设备271余台。加大安全大检查力度。组织开展元旦、春节、"两会""五一""十一"黄金周等大规模安全检查活动4次,共出动检查人员18436人次,检查各类设备23653台次,涉及使用单位7271家次,发出安全监察意见书3724份,查封停用设备799台,拆除不合格设备362余台,取缔非法单位14家。采取多种措施,突出重点,组织对客运索道、A级大型游乐设施等重点设备的现场监控,开展节日期间省、市、县区三级质监局的层级督查暗访。同时,强化省、市、县区三级质监局在重大节假日和重要政治活动日期间专人值班,公布值班电话,确保信息畅通,提高快速应变能力。

2007年,按照国家质检总局《关于开展特种设备隐患排查和起重机械专项整治行动的通知》要求和省安委会的部署,6月13日,省质监局下发《关于印发全省特种设备隐患排查和起重机械专项整治行动实施方案的通知》,决定从6月起在全省开展特种设备隐患排查治理和起重机械专项整治行动。隐患排查的范围是石油、化工、冶金、有色、电力、水利、建筑施工、高速公路建设施工、铁路建设施工以及人员密集场所和近年来发生过安全事故的行业使用的特种设备,重点是工厂、码头、货场内和电力、交通、铁路、房屋、市政工程建设施工用起重机械以及各类流动式起重机、叉车和固定式简易载货升降机。各设区市局与相关部门通力合作,各司其职,各负其责,将隐患排查、专项整治和三个体系建设一并推进。省质监局党组高度重视此项工作,成立以党组书记、局长朱秉发为组长,副局长陈国柱为副组长的领导小组,将其纳入产品质量和食品安全专项整治风暴行动,并强化工作措施。先后下发《关于开展冶金起重机专项检查工作的通知》《关于印发全省特种设备隐患排查和起重机械专项整治行动实施方案的通知》等多个文件,并与省安监局联合下发《关于印发全省部分重点行业领域起重机械专项整治实施方案的通知》。深入开展隐患排查并落实整改,组织安全监管干部到基层局和生产使用单位,负责督促落实安全隐患排查治理和不安全问题整改。整治期间,省质监局由副局长陈国柱带队组织4个组对全省隐患排查和专项整治工作情况进行督查暗访,各设区市局主要领导或分管领导也都积极参与督查暗访。特种设备隐患排查治理和起重机械专项整治行动中,全省共出动检查人员15539人次,检查特种设备13289台,涉及生产使用单位5268家,发现重大隐患特种设备2914台,监督整改重大隐患特种设备2389台,查处违法案件307起,向各级政府报告隐患情况170起,特种设备7项考核指标均达到100%。期间,各级政府领导对特种设备隐患排查和起重机械专项整治都较为重视,其中,省长吴新雄、副省长洪礼和及景德镇、鹰潭市有关政府领导对相关工作作出重要批示。副省长洪礼和在省质监局《关于特种设备安全监管干部深入基层企业排查安全隐患工作情况的报告》上批示:“向特种设备安监干部致敬!请继续努力,确保特种设备运营安全”。在元旦、春节、五一、国庆和中共的十七大期间,省质监局认真组织开展安全大检查,做好重点设备监控和节日值班、值守工作,保证重大节日和重要时期特种设备安全运行。从9月8日至中共十七大结束,省质监局下发《关于扎实做好中共十七大期间特种设备安全监察工作的通知》等多个文件,并先后两次召开全省特种设备安全监察工作视频会议,部署、强调特种设备安全隐患排查和安全检查、督查工作。加大安全隐患排查力度,共出动各级安全检查人员3990人次,检查特种设备7530台(套),涉及使用单位2223家,查出隐患907处并明确整改时限,发出安全监察指令书418份,查封隐患设备93台,拆除隐患设备11台。其中,对存在安全隐患且有一定社会影响的“南昌之星”160米摩天轮、萍乡武功山金顶索道、赣州客家风情园大型游乐设施等坚决实施查封停用。

2008年,全力保障北京奥运会期间全省特种设备安全。省质监局先后下发奥运会期间全省特种设备安全保障工作方案和突发事件应急预案,并成立领导工作小组,召开视频会议,及时组织开展隐患排查工作。全省共整改特种设备安全隐患2986个,查封停用各类特种设备219台,并重点落实奥运火炬传递沿线的监督检查和值守监控工作。奥运火炬在江西传递期间和北京奥运会期间,全省未发生任何特种设备安全事故。2008年是“隐患治理年”,全省先后对起重机械、电站锅炉、超高压水晶釜、压力管道元件等薄弱环节进行重点整治,全省共出动安全排查治理人员17984人次,检查各类特种设备21497台(套),涉及生产使用单位7592家,下达安全监察指令书2117份,查封停用隐患设备270台，拆除报废隐患设备57台；共督查10个设区市局、103个县区局，涉及乡镇1266个、企业3273家，超过国家质检总局的“三个1/3”督查工作目标。全省三级安全监察机构建立特种设备隐患台账，通过隐患排查治理，打击违法、违规行为，督促企业主体责任的落实，在逐步完善隐患整改跟踪机制，使隐患治理工作纳入规范化、程序化的轨道。

2009年，各级质监局有效开展“质量和安全年”特种设备安全“三项行动”。执法行动中，下达安全监察指令书4379份，实施行政处罚1017次，吊销许可证6份。治理行动中，出动检查人员16995人次，检查生产使用单位10915家次，检查特种设备20033台(套)，发现各类隐患7239个，其中监督完成隐患整改6043个。重视国庆60周年活动期间，各级质监局高度，采取免费保障性检验、提前定期检验、技术性检查、重点监控、现场值守等多项措施，加强监督检查、层级督查、应急准备和节日值班等工作。9月份，全省出动安全检查人员6605人次，检查特种设备生产使用单位4323家，下发安全监察指令书511份，查封不合格特种设备67台。另外，先后开展元旦春节、“两会”、旅游旺季、“五一”“六一”“安全生产月”期间的安全检查工作，实现上述时期特种设备零事故。

2010年，深入开展薄弱环节的专项整治。部署开展气瓶整治、液化石油气掺混二甲醚问题整治、起重机械整治、场(厂)内专用机动车辆普查和电梯整治，查处报废和超期未检液化石油气钢瓶20000余只，并针对深圳华侨城“太空迷航”事故，对省内大型游乐设施进行全覆盖的安全隐患排查，将省内服役10年以上的36台(套)“老旧”B级大型游乐设施纳入重点监控范围。全面排查治理特种设备安全隐患，组织开展特种设备“打非”专项行动。共排查特种设备隐患8629起，已整改7686起，下达监察指令书2212份。加强重要时期特种设备安全保障。元旦、春节、“两会”、五一、汛期、国庆以及亚运会等重要时期，全省共出动各类检查人员13884人次，检查特种设备18382台(套)，涉及生产使用单位11387家，发出安全监察指令书1427份。同时，做好汛期灾后重建服务工作，指导检验检测机构对受洪灾严重的大型游乐设施和液化石油气充装站特种设备进行免费服务。积极开展检验检测机构整顿。督促全省11个设区市局和质监系统内16家综合性特种设备检验机构开展自查自纠，组织考核和验收，并对16家检验机构开展全覆盖的年度监督检查。对瓶检机构开展25%的年度监督抽查，检查14家瓶检机构，对其中问题严重的3家实施行政处罚。

压力管道元件专项整治

2008年7月，为深入开展特种设备隐患排查和安全百日督查专项行动，根据国家质检总局《关于开展压力管道元件和起重机械专项整治工作有关问题的通知》，省质监局下发《关于开展压力管道元件和起重机械专项整治工作的通知》，就进一步做好压力管道元件和起重机械专项整治工作进行部署。通过对压力管道元件专项整治，查清省内压力管道元件制造单位的情况，规范压力管道元件的生产和使用，杜绝无证制造和“贴牌”生产行为，严禁使用无证企业生产的产品，切实提高压力管道元件安全质量水平。通过深化起重机械专项整治，规范起重机械的生产、使用和检验检测，进一步落实生产单位、使用单位的安全主体责任，切实提高起重机械安全质量和使用管理水平，全面完成起重机械专项整治的工作目标，整治工作2009年10月底前完成。

2009年,全省有压力管道元件制造单位共计15家。其中,2家企业已作出所制造的压力管道元件产品不得用于压力管道使用的承诺和声明,另有3家压力管道元件制造企业已由工业产品生产许可证转换为特种设备制造许可证。省质监部门对5家压力管道元件制造单位进行了监督抽查,抽查比例为33%。各地质监部门以及检验机构同时加强对新、改、扩建压力管道元件采购、使用情况的监管,由江西省锅检院开展对天然气西气东输二线和川气东送长输管道江西段的监督检验工作,省内10个标段的长输管道全部纳入安装监督检验范围。

深化安全生产专项整治

2000年8月21日凌晨,萍乡钢铁有限责任公司制氧厂发生爆炸,造成死亡22人、重轻伤24人以及厂房设备损毁的重大事故。省委、省政府领导高度重视,省委书记舒惠国8月22日在全省党员领导干部会议上的讲话中指出:“安全生产要常抓不懈,要把安全工作的各项措施落实到实处”。根据指示精神,结合当时全省锅炉压力容器压力管道及特种设备安全生产及运行情况。8月25日,省质监局下《关于立即开展全省锅炉压力容器压力管道及特种设备安全检查的紧急的通知》,决定在全省范围内开展一次锅容管特设备的安全检查。这次检查的重点是各类企业及民营单位使用的锅炉、压力容器(尤其是液化石油气站区内)、工业及公用压力管道以及各娱乐点、风景点的游乐设施、游艺机和客运索道等特种设备。同年11月,再次下发《关于进一步开展全省锅炉、压力容器、压力管道及特种设备安全检查的通知》,要求全省进一步开展全省锅炉、压力容器、压力管道、电梯(含自动扶梯)、起重机械、厂内机动车辆、客运索道、游艺机和游乐设施等设备安全检查,重点检查各企业事业单位及个体经营者使用的锅炉、压力容器(尤其是液化石油气站)、工业及公用压力管道,风景旅游点、各娱乐场所的游艺机和游乐设施;星级宾馆的电梯、大型商场的自动扶梯,铁路货场、港口头的起重机械。同年,重点加大现场监察力度,共开展6次锅容管特设备安全生产大检查。2000年元月、4月、5月开展的3次安全生产大检查涉及各类企业近千家,责令整改的有178家,共查处并拆除“土锅炉”72台,2000年9月、12月和2001年元月开展的3次安全生产大检查由省质监局直接组织参加,各检查组累积行程数千公里,检查企业130家,共检查锅炉86台,压力容器172台,自动扶梯20台,电梯85部,架空客运索道6条,滑道1条,游乐设施32台,共查出隐患271处,提出整改意见457条,有效遏制事故上升的趋势,对确保的设备安全运行起到积极的作用。

2001年1月,根据省委、省政府指示精神,省质监局对省直有关单位锅容管特设备开展安全大检查。各设区市劳动局、质监局根据《关于认真贯彻省政府〈全省安全生产紧急电视电话会议〉精神的紧急通知》精神,开展本区域内的安全生产大检查。省质监局分成4个组对40个厅(局)共计55个单位进行现场检查。检查锅炉55台,液化石油气贮罐及压力容器82台,电梯72部,起重机械5台,提出整改意见174条,发出监察意见书7份。5月,省建设厅、省旅游局、省妇女联合会、省质监局联合下文要求各地为确保“六一”国际儿童节期间游乐场所和旅游场所广大游客的生命和财产安全,在5月开展游艺机、游乐设施和客运索道的安全大检查,强化现场管理,确保“六一”期间游艺机和游乐设施的安全运行,未出现一起伤亡事故。7月,根据国家质检总局部署,省质监局组织在全省范围内开展中小学幼儿园锅炉压力容器安全大检查,发出监察意见书278份,限期整改45台,立即停用112台,当场拆除121台。9月初,省质监局组织开展全省客运索道、游艺机和游乐设施专项安全大检查,通过此次检查,基本摸清全省索道和游艺机、游乐设施的数量与安全状况,建立台账。责令全省各相关风景点的9条溜索全部停运,其中拆除2条。发出意见书18份,拆除5台、停用69台游艺机和游设施。9月中旬,省质监局下发《关于开展全省气瓶检验站检验质量和安全大检查的通知》,要求各设区市开展对本区域内的各类气瓶检验站检验质量的安全大检查,要求检查覆盖率达100%。至11月,共检查检验单位54家,其中检验质量较好的19家,限期整改的29家,停检整改的3家,取消检验资格的3家。

2004年6月,根据省政府办公厅《江西省人民政府办公厅转发国务院办公厅关于深化安全生产整治工作的通知》精神,结合江西特种设备安全运行现状,省质监局印发《江西省深化特种设备安全专项整治实施方案》,提出继续深化特种设备安全专项整治实施方案,要求全面开展气瓶、压力管道普查整治工作,电梯维护保养专项整治,"土锅炉"专项整治,游乐设施和客运索道专项整治的工作。按照国务院办公厅和国家质检总局的部署,还开展中小学幼儿园及儿童游乐场所专项安全检查和危险化学品运输罐车专项整治。进行移动式压力容器使用证更换和IC卡发放工作,重新核实登记液化气体火车罐车96辆、汽车罐车157辆。

2008年,按照《关于在全省迅速开展安全生产专项整治工作的紧急通知》要求,省质监局发出《关于切实做好元旦春节期间特种设备安全监察工作的通知》和《关于转发省政府办公厅〈关于在全省迅速开展安全生产专项整治工作的紧急通知〉的通知》,对全省开展特种设备安全专项整治工作提出明确要求和具体措施。元旦前夕及节日期间,强化节日值班的同时,全省各设区市、县区质监局在督促特种设备使用单位做好安全自查和设备维护的基础上,集中力量对学校、幼儿园、车站、机场、码头、宾馆饭店、商场、医院、体育场馆、旅游景点、公园游乐场等人员密集场所以及医药化工企业、剧毒化学品生产企业、改制企业等重点单位、重点设备和重点部位组织开展监督检查。检查中,全省共出动安全检查人员1572人次,检查特种设备使用单位839家,检查特种设备2467台(套),发出安全监察指令书195份,发现一般隐患5703起,其中已整改销号5584起,整改率为97.9%;发现重大隐患1065起,其中已整改销号988起,整改率为92.8%。至2009年元旦,全省未发生特种设备安全事故。

2010年4月,按照全省安全生产工作会议部署和省政府办公厅《江西省继续深入开展"安全生产年"活动实施方案》要求,为继续深入开展"安全生产年"活动,省质监局在总结2009年全省特种设备安全"三项行动"工作的基础上,制定下发了《继续深入开展特种设备"安全生产年"活动实施方案》。要求继续深入开展特种设备专项整治工作,加强特种设备规范化管理工作以及加强应急管理与事故救援工作。

液化石油气掺混二甲醚问题专项整治

2010年,按照国家质检总局、国家能源局、国家安监总局、国家工商总局4部门《关于印发〈联合开展液化石油气掺混二甲醚问题专项整治行动方案〉的紧急通知》要求,为切实维护广大人民群众生命财产安全,严厉打击违法行为和解决液化石油气存在掺混二甲醚等突出问题,省质监局、省工商局、省安监局、省能源局联合下发《关于印发〈江西省联合开展液化石油气掺混二甲醚问题专项整治行动方案〉的紧急通知》,从8月1日至12月31日在全省范围内联合开展液化石油气掺混二甲醚问题专项整治行动。各设区市有关部门全面开展对本地区液化石油气充装单位和二甲醚生产企业调查摸底,对所有充装单位开展全面执法检查,共查处液化石油气中掺混二甲醚的违法案件140起。各地质监、工商开展3次专项抽检,通过反复检查防止违法行为反弹,督促企业落实进货验收制度、产品购销台账制度,检查中发现二甲醚含量超过限量值的,一律列入“黑名单”向社会曝光。

第四节　特种设备节能监管

特种设备节能减排是社会综合节能减排工作的一项重要内容,其中工业锅炉、换热压力容器和电梯是特种设备节能监管的重要领域。全省工业锅炉运行热效率普遍低于图纸设计要求,因此节能减排工作的潜力很大,提高工业锅炉运行效率,对能源主要依赖外部供给的江西省经济具有长远的战略意义。

2007年,特种设备节能监管工作全面启动。按照国家质检总局对特种设备节能监管的要求和省节能办《关于印发江西省“十一五”期间1000台高耗能、高污染燃煤工业锅炉(窑炉)淘汰、改造工作实施方案的通知》要求,省质监局经过充分调研,于9月3日向省政府呈送《江西省在用燃煤工业锅炉节能降耗调研报告》《工业锅炉节能降耗示范工程方案》《江西省工业锅炉节能降耗长效机制的几点建议》,并确定“十一五”期间在用工业锅炉淘汰、改造详细名录。副省长洪礼和批示同意,并要求抓好落实。同时,为认真落实《江西省人民政府办公厅关于印发江西省工业园区污水达标排放等七个专项行动方案》要求,联合省经贸委、省环保局下发《关于印发2007年江西省淘汰燃煤锅炉(窑炉)专项行动实施方案的通知》,全省计划淘汰100台燃煤锅炉(窑炉)的工作基本完成。联合省经贸委、省中小企业局一起完成对武汉凯迪电力公司等9个生物质发电(供热)项目所在工业园区的热负荷需求相关调查报告,也书面专报常务副省长,当年有3个工业园区热电联产项目正式开工。联合省经贸委、省中小企业局下发《关于开展全省工业园区热负荷需求情况调查的通知》,对全省工业园区在用锅炉热负荷需求、工业园区在建拟建项目热负荷及拟用锅炉状况、工业园区企业锅炉热负荷及生物质热负荷比较、工业园区周边生物质燃料资源状况进行全面摸底调查。

2008年,省质监局充分发挥省锅检院技术优势,组织成立专家小组,对全省工业锅炉状况进行调研分析,拟定在用工业锅炉能耗整治方案、节能型锅炉导向目录实施方案、节能型锅炉鉴定评审管理规定、高耗能特种设备节能监管工作贯彻意见和工业锅炉调查及百台锅炉节能示范工程改造方案,并形成《关于在全省推进工业锅炉节能降耗工作的报告》上报省政府。省质监局特设处上半年完成全省工业锅炉节能降耗工作现场会,并下发江西省高耗能特种设备节能监管工作贯彻意见和工业锅炉调查及百台锅炉节能示范工程改造方案。省锅检院积极开展工业锅炉能效普查和热工测试,在锅炉能效普查的基础上,选择22台有代表性的工业锅炉进行能效测试分析研究。7月,为落实《中华人民共和国节约能源法》中关于"对高耗能的特种设备,按照国务院的规定实行节能审查和监管"和国家质检总局《关于推进高耗能特种设备节能监管工作的指导意见》的要求,省质监局下发《江西省高耗能特种设备节能监管工作贯彻意见》。8月,省质监局下发《江西省工业锅炉调查及百台锅炉节能示范工程改造方案》。

2009年,全省完成锅炉节能改造134台,水处理达标2136台,司炉工培训节能知识3311人次,有6个锅炉房达标,500个锅炉房开展达标活动。

2010年3月,按照国务院批复的《鄱阳湖生态经济区规划》和省政府发布的《鄱阳湖生态经济区发展战略》部署,结合本省特种设备节能监管职能,省质监局制定了《关于印发〈鄱阳湖生态经济区特种设备节能监管措施〉的通知》。并积极组织开展特种设备能耗状况普查和制造使用企业调研,对鄱阳湖生态经济区内特种设备进行统计汇总,摸清设备数量、能效状况等基本数据,走访锅炉制造企业7家、大型化工企业5家,基本确定区域内特种设备54391台。全省特种设备能效测试机构中,省锅检院获得国家质检总局第一批在用工业锅炉能效测试资格,赣州市特检中心也向国家质检总局正式上报资格申请。省质监局在推进国家质检总局"四个一"节能工程方面,优先安排在鄱阳湖生态经济区完成20台在用锅炉能效测试,建立3个标杆锅炉房。同时鼓励、指导企业开发特种设备节能新产品,江西核工业260厂换热器节能新技术、南方工业锅炉有限公司燃气锅炉节能新技术共3项新技术向申报国家专利。5月,省质监局转发《江西省人民政府关于确保实现"十一五"节能减排目标的贯彻实施意见》的通知,要求各设区市局加大对本地区高耗能特种设备使用企业的节能减排宣传力度,提高企业节能减排意识,指导帮助企业及时淘汰能耗大、污染严重的设备,大力推广节能新产品和新技术;同时,要求《鄱阳湖生态经济区规划》行政区域涉及的9个设区市局和省两院要认真按照省质监局《关于印发〈鄱阳湖生态经济区特种设备节能监管措施〉的通知》要求部署,按计划、分阶段落实省质监局提出的节能监管措施。

至2010年底,全省工业锅炉总数约为1.37万台,通过对全省20台工业锅炉进行能效测试,平均热效率为64.2%。大型企业对工业锅炉节能减排工作比较重视,能够对企业锅炉设备进行节能技术改造,而中小企业由于缺乏工作主动性以及改造资金,锅炉设备节能技术改造工作基本处于停滞状态。能效状况总体不佳。

影响能效的主要因素主要有:1. 企业节能减排意识偏弱。全省大部分中小企业、个私民营企业规模小,企业业主节能减排的管理意识薄弱,积极性不高,同时缺乏管理人才,普遍没有开展用能计量和日常管理工作,尤其对锅炉节能减排的重要性认识不足,司炉人员和安全管理人员普遍缺乏节能知识,节能管理水平低下。2. 节能技术改造投入少。对分层给煤、余热利用、冷凝水回收(包括排污水回收)、电机变频技术以及其他技术等五项在用锅炉节能技术推广不够,企业不愿意投入资金对锅炉设备进行技术改造,导致设备一直处于低效率运行。3. 锅炉运行负荷不足。一些企业生产不稳定,开工不足,大量的锅炉处于停用、半停用和低负荷运行状态,而低负荷运行直接导致锅炉能效更差。另外,排烟温度和空气过量系数偏高、锅炉灰渣含碳量、炉膛正压燃烧也是影响在用工业锅炉能效的重要技术因素。

第五节 事故调查处理与应急救援处置

开展事故调查处理,建立制定事故应急措施,组织及时有效的应急救援是控制灾害蔓延、降低危害后果的关键。1990—1995 年,全省发生管特设备重大事故 23 起,爆炸事故 3 起。至 2000 年,锅容管特设备重大事故从 1995 年的 23 起下降到 2 起;爆炸事故从 1995 年的 3 起下降 2 起;爆炸事故结案率为 100% 。2000 年后,锅容管特安全监察机构划转后对特种设备数量和安全状况全方位普查整治,使特大、重大事故得到有效遏制。2001—2010 年,共计发生特种设备事故及特种设备相关事故 44 起,其中较大事故 7 起,无重大事故。2001 年,全省开始使用特种设备事故管理系统网络平台的对特种设备事故及相关事故进行统计管理。

事故统计和调查处理

1991 年 1 月 9 日晚,东乡县孝岗镇一谢姓个体企业户使用的自制锅炉发生爆炸致房屋倒塌,事故导致 2 人死亡,1 人重伤,2 人轻伤。9 月 3 日凌晨,贵溪县农药厂雇用一辆槽罐车运载 2.4 吨乙甲胺,在行至上饶县沙溪镇时,发生一起特大泄毒事故,造成 37 人死亡。事故调查发现,盛装乙甲胺的活动槽罐,是由鹰潭市锅检所应贵溪县农药厂的要求,用固定式液化石油气汽车槽车改造的。鹰潭市锅检所违规承担改造业务后,自己制定改造方案、组织施工,还自己检验,出具检验报告合格证。省政府办公厅就此特大伤亡事故,以赣府厅发〔1992〕7 号文件通报全省。5 月 10 日劳动部就贵溪“9·3”特大中毒伤亡事故通报全国。1992 年 7 月 10 日,省劳动厅下发《关于取消蔡金洲同志锅炉压力容器安全监察员资格的通知》,对在该起事故中负有领导责任的鹰潭市劳动局锅炉压力容器安全监察科科长兼锅检所所长蔡金洲,作出取消锅炉压力容器安全监察员资格的决定,吊销其安全监察员证。

1992 年,全省共发生锅炉事故 26 起,压力容器爆炸事故 4 起(包括气瓶爆炸 2 起),死亡 5 人,经济损失近 40 余万元,导致事故发生的主要原因集中在无证设计、制造,未经检验和使用管理混乱。其中东乡县孝镇孟兴制粉厂“土锅炉”发生爆炸,造成 2 人死亡,其主要原因是无证制造,设计不合理,制造质量低劣。于都化肥厂焦油过滤器由于长期未检验,容器腐蚀严重,且使用过程中压力变化频繁,最终产生疲劳破坏引发爆炸。瑞金制氧站氧气瓶充装发生爆炸,造成 1 人死亡,主要因为企业管理不到位。

1993 年 1 月 26 日,省妇幼保健院一台消毒柜爆炸,当场炸死 1 人,直接经济损失近万元。3 月 10 日,长征机器厂违章检验液化石油气钢瓶,一只 YSP-15 型在用钢瓶气密性试验时爆炸,重伤 1 人,轻伤 3 人,直接经济损失近 3 万元。3 月 20 日,由于厂领导违章指挥,万载县赤兴造纸厂的一台已检验判废的蒸球发生爆炸,致使 2 人死亡,1 人重伤,1 人轻伤,直接经济损失达 30 多万元。宜春地区劳动局于 3 月 26 日在该厂召开事故现场会,召集全区各县、市劳动部门及压力容器使用单位共 80 多人总结教训。

1994 年 4 月 19 日，丰城市化肥厂 6 号煤气柜发生炉爆炸，死亡 4 人，伤 5 人。直接经济损失 30 万元，这是一起严重违反《锅炉压力容器安全监察暂行条例》和《江西省劳动保护暂行条例》，违章指挥、违章检修、违章作业、管理混乱造成的重大伤亡责任事故。按照国务院第 75 号令发布的《企业职工伤亡事故报告和处理规定》及省政府〔1989〕49 号文的规定，依据宜春地区劳动局上报的事故调查报告，1995 年 6 月 16 日，省劳动厅以《关于丰城市化肥厂"4・19"重大伤亡事故结案的批复》对该起事故进行结案。并根据《江西省关于违反劳动保护法规的经济处罚暂行办法》第 3 条规定，处 3 万元罚款上缴国库，由省劳动厅执行。

1995 年 8 月，省劳动厅根据劳动部劳安锅局字〔1995〕19 号文及《关于实行锅炉压力容器事故快报制度的通知》的精神，结合全省情况，就实行锅炉压力容器事故快报制度有关事项发文《关于实行锅炉压力容器事故快报制度的通知》，决定从 1995 年 8 月开始全省实行锅炉压力容器事故快报制度，取消事故季报改为事故年报，要求各地劳动部门指定专人负责做好锅炉压力容器事故统计报告。

1996 年，1 月 4 日，6 月 9 日，7 月 14 日赣州市分别发生 3 起"土锅炉"爆炸事故，共造成 1 死 4 伤；8 月 14 日，宜丰县橡胶总厂生产车间 1 台硫化罐发生爆炸，1 人重伤，直接经济损失数万元；同日，南昌县某部队所属液化石油气充装站因违章卸液发生燃烧事故，致 2 人重伤，2 人轻伤，直接经济损失数十万元。同年，省劳动厅发文《关于转发劳动部〈关于进一步加强锅炉压力容器压力管道安全监察工作的几点意见〉的通知》。

1997 年 6 月，为庆祝"七一"香港回归，鹰潭市气象科技服务中心承担施放庆典氢气彩球的任务。1997 年 6 月 30 日凌晨 5 时许彩球灌装完毕后，将载有数只实瓶的车辆驶离作业现场停至鹰潭市气象局门口。30 日中午 11 时 40 分左右，车上一单体气瓶突然发生爆炸，致使鹰潭一中学生祝某重伤，右手截肢。鹰潭市劳动局于 1997 年 8 月 6 日做出《关于"6・30"氢气瓶爆炸事故调查报告的批复》，由于事故责任人黄某某对事故调查处理结果不服，提出行政复议。省劳动厅根据事故调查报告，依据《锅炉压力容器事故报告办法》第七条和《江西省气体充装站注册登记规则（试行）》第十二条规定，做出同意鹰潭市劳动局对该起气瓶爆炸事故的原因分析和责任划分意见及对事故主要责任人黄某某的处理建议，对责任人黄某某予以立即停止氢气充装工作，单位充装资格在劳动行政部门审查其整改情况后确定。

1998 年 5 月 18 日下午，丰城市同田造纸厂一只液氨气瓶发生爆炸，致使 35 人中毒（其中 8 人住院治疗）和 120 亩农田受损。事故原因是由于充装单位违规存放气瓶，且对不符合安全要求的液氨气瓶进行充装所致。7 月 21 日下午，抚州棉纺织厂发生一起液氨气瓶爆炸事故，造成 2 死 1 伤，直接经济损失达 32 万元，事故原因是液氨超装导致。10 月 20 日上午 8 时左右，宁都县胜利路 61 号一居民家中，因钢瓶角阀泄漏引起火灾，导致钢瓶爆炸，致使房屋倒塌，经济损失约 15 万元。

1999 年全年发生"土锅炉"爆炸事故 1 起，压力容器爆炸事故 1 起，压力容器重大事故 1 起，气瓶泄漏事故 1 起。1999 年 3 月 25 日，彭泽县浪溪镇浪溪餐厅业主李某因违章采用钢瓶对钢瓶倒灌液化气，导致液化气大量泄漏遇明火爆燃，重伤 2 人。5 月 2 日，星子县苏土当乡一液化石油气经销点因业主在室内倾倒残液，而引起气体爆燃，致使两层楼房倒塌，压死 1 人，重伤 2 人。5 月 28 日，省劳动厅依据抚州地区劳动局《呈报抚州棉纺织厂劳动服务公司冰室发生液氨钢瓶爆炸事故的报告》,以《关于抚州棉纺织厂"7·21"液氨钢瓶爆炸事故的结案批复》对"7·21"液氨钢瓶爆炸事故予以结案。10月8日省劳动厅转发国家质检总局《关于广西都安县液化石油气钢瓶爆炸等事故的通报》,同时通报省内4起钢瓶事故。10月26日上午,吉安地区贮木场人造板生产线二车间发生的有机热载体简易炉爆炸事故,造成锅炉房倒塌,死亡2人,重伤1人,经济损失7万多元。2000年12月7日,省质监局以《关于对〈关于《吉安地区贮木场"10·26"有机热载体简易炉爆炸事故调查报告及处理意见》的请示〉的批复》对该起事故结案,认定这是一起典型的非法设计、制造、安装、违章使用"土锅炉"而造成爆炸的责任事故。

2000年2月3日,新余市渝水区水西镇新旺菜场个体承包业主陈某某在给蔬菜大棚内的锅炉加煤强化燃烧时,发生爆炸,事故的直接原因是陈某某自行非法自制使用锅炉,根据新余市劳动局上报《关于对"2·3"土锅炉爆炸事故结案的请示》,12月7日,省质监局以《关于对新余市"2·3"土锅炉爆炸事故结案的批复》对事故结案。2000年11月3日上午7时45分,波阳县净水剂公司固体车间发生烘干机爆炸事故,重伤1人。根据上饶市劳动局上报的事故调查报告,12月4日,省质监局以《关于波阳县净水剂公司烘干机爆炸事故的结案批复》对该起事故结案。

2001年全省发生5起特种设备事故。2月20日,横峰县造纸厂液氯钢瓶发生泄漏,中毒13人。当地劳动部门已处理、结案。4月7日,新建县省工业贸易学校容积为1升的焊接气瓶在学生实习操作中爆炸,该钢瓶系无证制造产品。重伤2人,轻伤5人,直接经济损失14万元。7月,省质监局转发《转发〈2000年锅炉、压力容器、压力管道及电梯、起重机械等特种设备事故通报〉的通知》。9月6日,李家坳村个体豆腐作坊,在制作豆腐过程中发生"土锅炉"爆炸,个体业主当场死亡,房屋损坏,屋墙被击穿。该锅炉系业主自请人用薄铁皮非法自制、安装,且违章操作导致超压爆炸。9月28日,抚州广昌县LHRG型立式汽水两用微压锅炉爆炸,轻伤1人,损失1.2万元。10月9日,上高县自制"土锅炉"在试烧过程中爆炸,烫伤4人。

2002年全省发生2起特种设备事故。5月11日,星子县汽车修理个体户熊材火在对汽车轮胎充气时,空压机上的储气罐发生爆炸,设备的一个封头飞出,纵焊缝裂开,致使操作人员当场昏迷。该设备于2002年2月投入使用,属非法制造产品。爆炸原因为焊接质量问题导致。事故发生时,该设区市机构尚未划转,后因该个体户已搬迁,事故单位和人员无法追溯,故未结案。12月30日,南昌市青山湖区南京东路666号庐山花园一建筑升降机在修理过程中,因机修工违章操作,将载有建筑钢筋吊篮升至六楼顶,工人搬运时吊篮连货带人突然坠落,造成2死1伤严重事故。

2003年全省发生8起特种设备事故,相关事故3起。1月16日,江西黑猫炭黑股份有限公司一台热交换器在生产过程中发生爆炸,爆炸造成1人死亡,1人重伤。3月5日,九江化工厂租赁给九江大洋公司的环氧丙烷生产线用于储存环氧乙烷的一台储槽,在停产三个月的情况下突然发生爆炸,爆炸导致现场两个不锈钢储槽及阀门、管道、仪表的损坏,直接经济损失为48.48万元,经现场勘查,认定为非责任事故,是由雷击产生的不可抗拒的自然灾害。4月3日,兴国县客家有限责任公司所属兴国卷烟厂烟叶仓库,厂搬运队将烟叶用简易升降机吊运到3楼。两名工人在吊笼内下烟包。在下完了3包后,吊笼忽然下坠,两名工人受伤。经调查,这是一起因安全管理不当而造成的责任事故。5 月 4 日，广丰县五都乡轮胎翻修厂在吊装二台重约 500 千克化胶锅时，自制小轨电动葫芦吊(1000 千克)钢丝绳断裂，导致 1 人死亡。5 月 26 日，景德镇市锅检所在进入液化气储罐检验过程中，因防护不当导致 3 人窒息死亡。事故发生后，质监全系统深入开展检验检测机构安全质量整治工作，省质监局党组采取一系列措施妥善处理善后工作，并于 6 月 2—5 日派出 5 个督查组，由党组成员带队，分赴全省 11 个设区市，针对检验检测机构安全管理方面存在的薄弱环节进行全面检查。7 月 2 日全省质监系统设区市局分管安全工作的副局长，监察科长、检验检测机构负责人，在景德镇召开事故现场分析会，通过现场会，省、市特种设备检验检测机构举一反三，吸取教训，迅速展开以落实检验工作为主要内容的整顿治理工作。同时，省质监局又拨出资金，为锅检、特检机构配齐安全防护专用检测仪器和个人防护用品。6 月 1 日，新余市新钢公司炼钢厂 2#转炉活动烟罩进水金属软管突然爆炸，喷出的高温蒸汽将在三楼 RD 阀氮气控制箱处检修设备的 2 名工人烫伤，其中 1 人抢救后的第 25 天死亡。7 月 15 日，永修县城东江西水晶厂超高压水晶釜发生冲顶事故，无人受伤。8 月 4 日，浮梁县勒功乡九龙活性炭厂烘干车间土制锅炉突然发生爆炸，造成 1 死 2 伤。9 月 5 日，新余市江西第二化肥厂一辆液氨槽罐车，充装时液相管突然断裂，导致液氨泄漏，造成 1 人中毒死亡。10 月 24 日，吉安市安福县浒坑镇个体酒厂自制“土锅炉”(150 升铁皮油桶)在酿造烧酒时发生爆炸，造成 1 人死亡。11 月 13 日，上饶市广丰县横山镇横山村个体制糖作坊使用自制“土锅炉”制糖时发生爆炸，造成 2 人死亡。

2004 年全省发生 3 起特种设备事故，相关事故 1 起。4 月 20 日，南昌市江西油脂化工厂一闲置液氯气瓶，因瓶阀出气口及阀杆严重腐蚀，导致液氯泄漏。经调查此次事故是一起责任事故，事故因企业未按危险化学品安全管理的要求进行登记，未将液氯瓶作为重大危险源纳入安全检查的范围。6 月 17 日，宜春市奉新县化工搪玻璃厂容器车间在氧气瓶卸装过程中，操作人员在未打开后车厢挡板的情况下，将气瓶从车上滑下，与水泥地面碰撞后发生爆炸，导致 1 人受伤。6 月 23 日，九江市修水县黄沙造纸厂工人发现盛装液氯的气瓶一只角阀有少量泄漏，即将该瓶角阀端朝下，立置于一水池中，6 月 30 日晚该气瓶突然发生泄漏，造成 1 人轻度中毒。12 月 28 日，赣州市赣县江口镇发生一起“土锅炉”爆炸。该“土锅炉”为非法自制、安装，用于废旧电池回收。事故造成 2 人死亡，3 个受伤。

2005 年全年未发生特种设备事故。

2006 年全省发生 3 起特种设备事故，相关事故 1 起。4 月 1 日，景德镇市昌江区竟成镇河西村私人豆腐作坊，在加工豆腐类食品时，锅炉突然发生爆炸，造成 1 人烫伤，另有 1 名小孩被飞溅小石块磕伤(属皮外伤)。4 月 5 日，新余市富林工贸有限公司灌氧站房里的一只氧气瓶忽然发生爆炸，造成 1 人当场死亡，1 人烧伤。8 月 27 日赣州市南康市东环钨制品厂因设备故障决定停产检修，晚 11 点司炉人员在对锅炉进行了排污、降压、封炉后离开厂区，28 日凌晨 4 时左右，值班人员听到爆炸，锅炉本体飞离原位 92 米，无人员伤亡。12 月 29 日，赣州市章贡区水东镇赣州世鸿气体有限公司乙炔分厂生产系统发生爆炸，造成车间屋顶坍塌，没有人员伤亡。

2007 年全省发生 3 起特种设备事故。6 月 8 日，江西省新余市渝水区中铁三局五公司武吉高速 C9 标项目部在垒梁的过程中，两台门式起重机小车底架尚连接定滑轮组的钢丝绳绳卡数量不足，安装不规范,在起吊过程中起重一绳卡突然爆裂,其余绳卡松脱,导致8-4#箱梁坠落砸倒9-4#箱梁,致使9-4#箱梁翼板下休息的5名工人被砸死亡。经调查认定该事故属责任事故。7月26日,赣州市章贡区宽广科技电器商行1名员工在5楼仓库搬运货物时,使用土制吊篮坠落,该员工当场死亡。11月7日,九江市德安县林泉兴达化工建材厂进行升降机维修时,在未采取任何安全保护措施情况下,违章更换钢丝绳,致吊笼脱落,2人死亡。

2008年全省共发生特种设备事故起数3起。2月18日,九江市新潮商厦1号电梯正常运行至1楼后,电梯突然失控,在门未关,无人操作的情况下,电梯自行启动向上运行(门未关上),致1人被卡住后掉入井坑内,后经送往医院抢救无效死亡。经调查认定为非安全生产责任事故,是一起由于电梯使用年限较长、使用频率较高,电梯程序控制板(PLC)老化失控,而导致的电梯异常运行的突发性事故。4月10日,修水县九华水晶厂一台超高压水晶釜发生冲顶,致1人死亡。8月30日,新干县新干顺鑫制冰厂一台低压循环贮液桶液位计垫片冲破,引起氨气大量泄漏。后经本厂技术人员和县消防大队紧急处置,关闭了液位计上下阀门,阻止了泄漏,事故没有造成人员伤亡和中毒。11月19日,资溪县建新轮胎翻新厂一台电加热硫化罐发生爆炸,爆炸导致1人头部轻伤。

2009年全省共发生特种设备事故起数4起,相关事故2起。2月17日,赣州市钢瓶检验站工人在抽取残液时钢瓶发生爆炸,致1人死亡。5月10日,瑞金市金瑞明珠超市一观光电梯发生电梯井道坠人事故。致1名7岁男孩死亡,另1名8岁女孩轻伤。7月17日,赣州市章贡区锦辉小区内,1名死者移动公司的安装人员,擅自启动电梯电源并使用电梯钥匙进入B栋2单元的电梯井道内安装移动信号设备,在施工时因电梯运行被夹死在轿厢外壁与井道壁之间。10月5日,上饶市解百商场内,1名女顾客带1名年龄22个月的小女孩乘自动扶梯从三楼下二楼,因小女孩的鞋带松懈,鞋带和鞋一起转入梳齿板与梯级黄色前沿之间咬合位缝隙,造成电梯梯级黄边撞裂,致使电梯自动停止运行,小女孩的左脚卡入破裂的黄边缝隙内。事发后,商场工作人员立即组织救援,同时呼叫119求救,消防人员在现场用扩张器,将破裂的黄边缝隙扩张开,救出小女孩,经医院检查为轻伤。11月21日,修水县马坳镇游家槎村东津蒸压灰砂砖厂发生锅炉爆炸事故,造成1人死亡,3人轻伤。厂房周边居民受损房屋13栋,受影响房屋11栋。经调查该起事故为生产安全责任事故。事故原因是该厂擅自使用未经热态验收合格的锅炉,违规操作所致。12月15日,南昌市高新区昌东镇昌东大道江西西林科新能源有限公司在进行双聚蓖麻油酸二乙二醇单甲醚酯试验过程中,反应釜发生爆炸并引起火灾,导致试制车间厂房部分坍塌。厂区内离试验车间约40米的办公楼宿舍、厂区东北方向围墙外800米部分民宅窗户玻璃部分被震碎。事故造成2名职工在撤离时被震碎掉落玻璃划伤,未造成其他人员伤亡,估计直接经济损失约47万元。事故发生后,公司廖维林总经理及时赶到事故现场,立即成立了以廖维林总经理为组长的事故处置小组,并及时向市、区安监、消防、公安、质监等部门领导和专家汇报情况,接到报告后,市委副秘书长、政法委副书记季志勇,市应急办、市安监局、市质监局、市公安局、市消防支队、高新区管委会等相关职能部门第一时间赶赴现场指挥调度启动应急预案,并迅速组织人员疏散,控制周边交通。

2010年全省共发生特种设备事故起数4起,相关事故1起。6月15日,乐平市旺顺化工有限公司在生产加料过程中,工人在违规操作,导致反应釜内温度骤升,引起爆炸,造成2人当场死亡。

7月18日,分宜县金豪大酒店的一部电梯由4楼去往1楼,行至2楼时,电梯忽然停止运行且轿厢门打开。由于二楼是盲层,乘坐该电梯的1名10岁儿童从轿门与井道壁之间的间隙爬出去,不慎坠落至底坑,造成手脚骨折。7月26日,位于瑞金市沙洲坝镇杉山村新屋小组竹山窝的瑞金市亿立达气体有限公司,1名工人在搬运二氧化碳气瓶装上车时,气瓶发生爆炸,导致该装卸工当场死亡。8月27日凌晨3时36分,鹰潭贵溪市建设大道"左邻右舍农家菜"餐馆和"真心空气能"热水器专卖店路段发生爆炸燃烧事故。事故造成1人当场死亡,3人受伤(其中一伤者于8月28日因抢救无效死亡)。经质监、公安消防、安监等有关部门现场勘察后确认,爆炸原因为贵溪华润燃气有限公司K2+80天然气管道内的天然气泄露扩散至"左邻右舍农家菜"餐馆和"真心空气能"热水器专卖店形成爆炸性混合气体,达到爆炸极限后,遇"左邻右舍农家菜"餐馆内的明火引起爆炸和燃烧。9月21日,九江市赛得利(江西)化纤有限公司原液车间载货电梯运行至2楼与3楼之间时发生故障。电梯内1名操作人员擅自打开货梯桥厢门和层门,从轿厢底部和厅门顶端间隙中爬出电梯轿厢,途中不慎掉入底坑身亡。这起事故主要原因是违规操作,属责任事故。

事故应急救援处置

2001年11月16日,省质监局转发国家质检总局《关于转发国家质检总局〈锅炉压力容器压力管道特种设备事故处理规定〉的通知》。

2003年5月,省质监局成立江西省特种设备事故处理专家组,省质监局发文《关于成立江西省特种设备事故处理专家组的通知》,以确保一旦发生安全事故,专家组能及时赶赴事故现场给予技术支持,尽可能减少事故危害程度。

2005年7月,省质监局印发《江西省特种设备事故应急预案》。

2006年省质监局制定和完善应急预案和响应程序。各设区市、县区局也尽力完善特种设备应急预案和响应程序,并作为专项预案纳入当地政府统一规划;同时,根据实际指导相关企业制定典型重点设备事故应急预案,并组织演练。当年,质监部门协调和指导全省9条客运索道及其他典型设备使用单位开展应急救援演练;赣州市深燃天然气有限公司开展LNG液化储罐泄漏爆燃应急救援演练;宜春市江西赣中氯碱制造有限公司开展氯气管道泄漏应急救援演练;吉安市新干雪峰化工有限公司开展危化品运输途中事故应急救援演练;赣州市宝葫芦农庄、上饶市赣东北游乐园开展大型游乐设施应急救援演练;景德镇市昌河飞机工业集团开展电梯应急救援演练。11月初,省质监局和南昌市质监局协调市政府和安监、公安、消防、环保、气象、交管、医疗等部门,模拟压力管道泄漏、压力容器爆炸事故,组织应急救援联动综合演练活动。省质监局局长朱秉发、副局长陈国柱、南昌市市长、分管副市长、分管副秘书长和省安管局局长、分管副局长等领导和各设区市质监局分管局长、安全监察机构、检验机构负责人进行现场观摩。通过演练,提升应急处理能力,锻炼救援队伍,同时扩大质监系统的影响。

2007年建立省级特种设备重特大事故应急预案体系及应急联动机制,《江西省特种设备重特大事故应急预案》《特种设备应急救援体系响应程序》经省法制办批准已纳入《江西省政府重特大事故应急预案》,并设立了救援领导小组、救援队伍及救援专家组。

2008 年年初,全省遭遇罕见的持续低温雨雪冰冻灾害天气,各级质监局和各检验检测机构积极应对,抗灾救灾。省质监局先后下发《关于认真做好抗冻救灾期间特种设备安全监察工作的紧急通知》《关于做好雨雪冰冻灾后恢复重建期间特种设备安全工作的通知》等多个文件,迅速采取应对措施,着重落实客运索道和液化气站、化工企业压力容器、压力管道的安全监管和特种设备应急救援工作,成功排除 3 起外省液化气罐车翻车泄漏险情和 1 起电梯停电"困人"急情。灾害期间,联系国家索检中心技术专家对受灾严重旅游风景区的客运索道进行安全复查,帮助风景区的客运索道尽快安全投入运营。这一举措,得到国家质检总局的充分肯定。5 月,汶川特大地震后,省质监局紧急动员,及时从机关、省锅检院及相关企业抽调人员,组成特种设备技术服务队赶赴四川、重庆灾区。江西服务队克服时间紧迫、任务繁重、余震不断、疲劳伤病等诸多困难,冒着生命危险,对当地医院受损的 5 台医用氧舱及 22 台特种设备进行隐患排查、检修维护和检验检测,圆满完成任务,被国家质检总局授予"抗震救灾先进集体"称号。6 月,根据省安委会办公室《关于尽快制定分行业事故隐患分级管理实施办法的通知》,省质监局制定下发《江西省特种设备事故隐患分级管理实施办法(试行)》。7 月,省质监局制定了《关于印发〈江西省质监局奥运会期间特种设备突发事件应急预案〉的通知》。8 月,修订并印发新版《江西省特种设备较大以上事故应急预案》。

2009 年省质监局初步建立省级特种设备重特大事故应急预案体系及应急联动机制,江西省特种设备事故应急救援预案已基本形成一个涵盖综合应急预案、专项应急预案、现场应急预案以及单项应急预案为一体的应急预案体系,包括《江西省特种设备事故应急预案》《特种设备应急救援体系响应程序》和特种设备使用单位的现场应急预案以及重要时期、重要活动的单项应急预案。《江西省特种设备重特大事故应急预案》《特种设备应急救援体系响应程序》经省法制办批准已纳入《江西省政府重特大事故应急预案》,并设立救援领导小组、救援队伍及救援专家组。同时,各地不断完善特种设备事故应急预案,提高应急处置能力,着力指导使用单位开展应急救援演练,南昌、宜春、九江、上饶、吉安、萍乡、抚州等市局先后开展压力管道、压力容器、汽车罐车泄漏爆炸和客运索道高空困人等事故应急救援演练。上饶、抚州市局先后成功处置婺源县江湾气站山体滑坡造成储罐移位泄漏险情、临川区高坪敏彪气站储罐法兰垫片破损造成泄漏险情。2010 年省质监局成立以局长为组长,副局长为副组长,相关处室为成员的应急管理工作领导小组,成立由企业、检验检测机构、大专院校相关专业人员组成的应急救援专家小组;省质监局积极筹备成立特种设备事故调查处理中心,并拨出一定的经费购置应急救援装备。给省质监局特种设备处和各设区市局安全监察机构配置佳能摄像机。积极开展应急救援演练。6 月 29 日,新余市质监局联合新余市安委会在江西赛维 LDK 太阳能多晶硅有限公司举行特种设备重大事故应急救援预案演练,市安委会成员单位和市重点企业代表共 150 多人观摩演练。4 月 13 日,萍乡市质监局与武功山管委会、武功山金顶索道公司、芦溪县消防大队、芦溪县人民医院联合举行一次应急救援演练。9 月,吉安市质监局联合井冈山市相关部门对井冈山市笔架山客运索道开展困人应急救援演练。同年,抚州市在煤气公司举行压力管道事故应急救援演练;赣州市在中航城物业小区开展电梯应急救援演练,宜春市在江西赣中氯碱举行应急救援演练,市政府有关领导、市政府相关部门领导、南昌铁路局相关领导到现场观看演练，樟树电视台全程进行报道。2010 年全省共启动应急救援 20 余次。2010 年，针对电梯和气瓶事故的发生，省质监局布置电梯盲层监管和工业气瓶整治工作，在全省开展排查整治电梯盲层和工业气瓶，取得明显效果。

第六节　安全状况公布

根据国务院《特种设备安全监察条例》（国务院第 373 号令）第六十一条的规定“国务院特种设备安全监督管理部门和省、自治区、直辖市特种设备安全监督管理部门应当定期向社会公布特种设备安全状况。”省质监局 2005 年开始着手全省特种设备安全状况统计工作，并组织人员赴外省学习经验，于 2008 年始，每年一季度正式对外公布特种设备安全状况。

特种设备基本情况

（一）2008—2010 年使用登记情况

2008 年底，全省已办理使用登记的特种设备数量达到 82521 台，比 2007 年增加 11.36%。另有气瓶 3124263 只，压力管道 2324.6 千米。全省现有持证的特种设备作业人员 69352 人，其中 2008 年考核发证 23977 人。

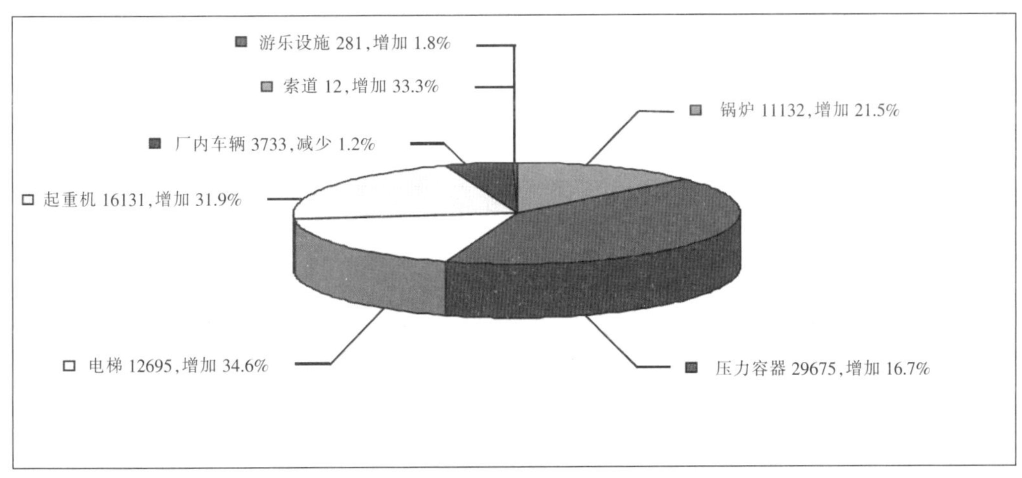

图 6－2－1　2008 年各类特种设备数量分布图

2009 年底，全省特种设备使用单位 18984 家；在用特种设备 96083 台，与 2008 年同期相比增加 17.8%。另有气瓶 3448261 只，压力管道 2314.6 千米。全省现有持证的特种设备作业人员 84762 人，其中 2009 年考核发证 14865 人。

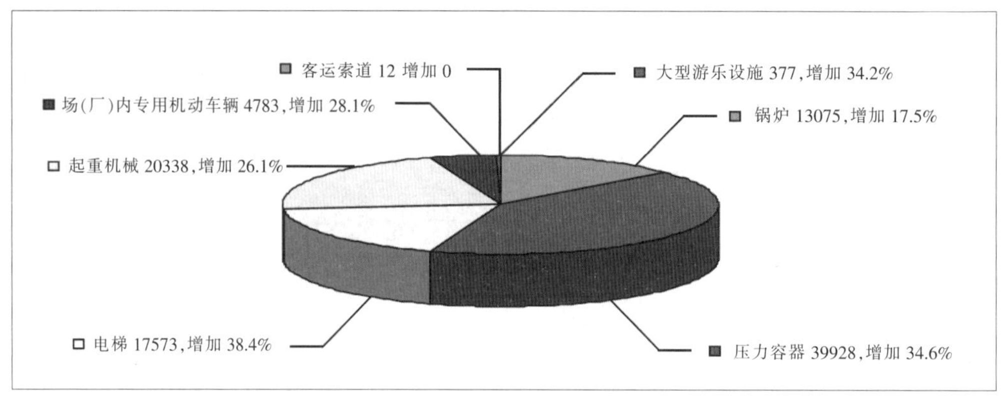

图 6-2-2 2009 年各类特种设备数量分布图

2010 年底,全省在用特种设备数量达到 106727 台,与 2009 年同期相比增加 11.1%。另有气瓶 3457580 只,压力管道 2411.2 千米。全省现有持证的特种设备作业人员 91396 人,其中 2010 年考核发证 22396 人。

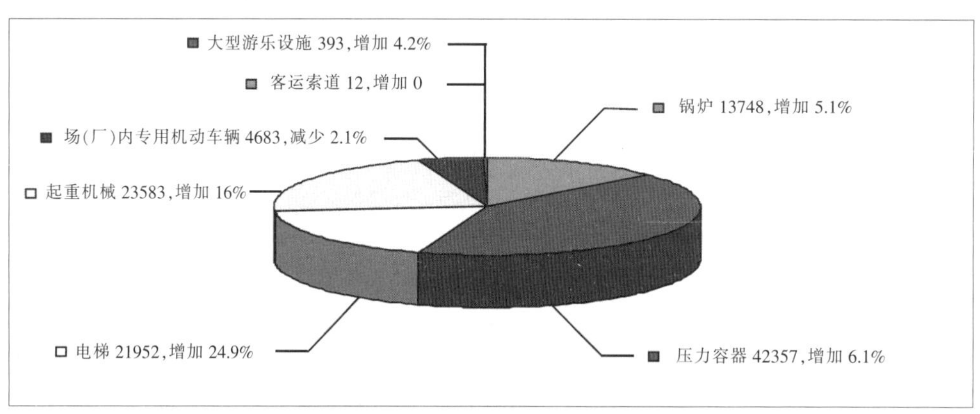

图 6-2-3 2010 年各类特种设备数量分布图

(二)2008—2010 年生产单位情况

2008 年底,全省现有特种设备生产(含设计、制造、安装、改造、维修、气瓶充装)单位 1134 家,比 2007 年减少 0.53%。其中设计单位 33 家,制造单位 120 家,安装改造维修单位 199 家,气瓶充装单位 782 家。

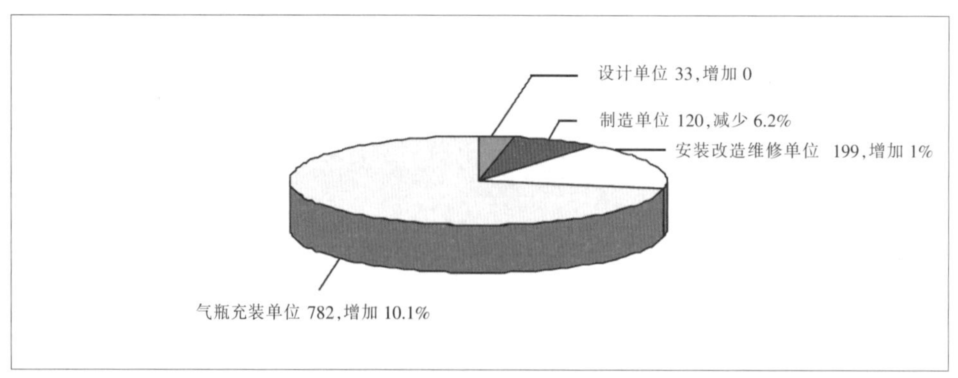

图 6-2-4 2008 年特种设备生产单位数量分布图

2009 年底,全省特种设备生产(含设计、制造、安装、改造、维修、气体充装)单位 984 家,与 2008

年同期相比减少16.4%,其中设计单位30家,制造单位70家,安装改造维修单位173家,气体充装单位711家。

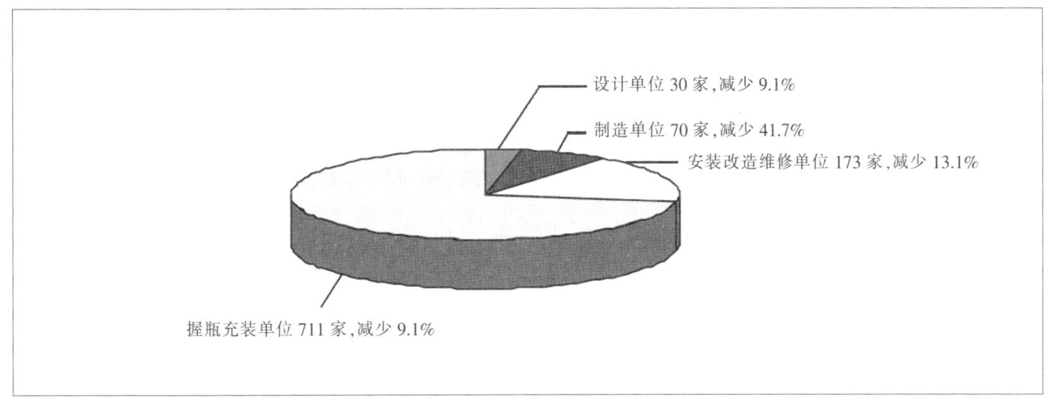

图6-2-5 2009年特种设备生产单位数量分布图

2010年底,全省特种设备生产(含设计、制造、安装、改造、维修、气体充装)单位1097家,与2009年同期相比增加11.5%;其中,有设计单位30家,制造单位76家,安装改造维修单位187家,气体充装单位804家。

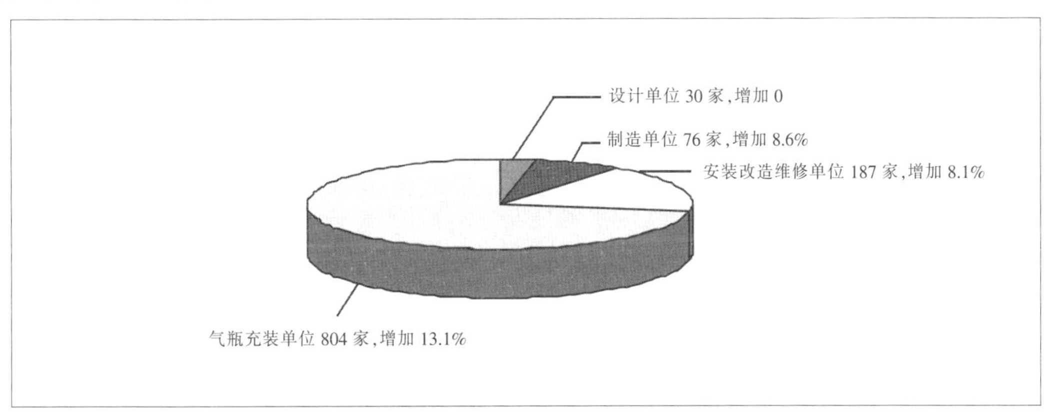

图6-2-6 2010年特种设备生产单位数量分布图

(三)2008—2010年安全监察和检验基本情况

2008年底,全省质监系统共设置特种设备安全监察机构114个,其中省级特种设备安全监察机构1个,市级11个,县级102个。全省特种设备安全监察人员共340人。全省特种设备综合性检验机构15个,其中质监部门所属检验机构9个,行业及企业检验机构6个。气瓶检验机构59个。检验机构人员共1088人,其中质监部门所属综合性检验机构440人,气瓶检验机构559人。

2008年,全省共开展特种设备执法监督检查20253次,责令整改事故隐患9156个。特种设备检验机构对5671台特种设备及其部件,208806个气瓶的制造过程进行监督检验,发现督促企业处理质量安全问题452个;对8099台特种设备安装、改造、维修过程进行监督检验,发现并处理质量安全问题2759个;对45261台在用特种设备,1047088只气瓶进行定期检验,发现并处理质量安全问题23432个,其中特种设备7199个,气瓶16233个。

2009年底,全省质监系统共设置特种设备安全监察机构114个,其中省级特种设备安全监察机构1个,市级11个,县级102个。全省质监系统特种设备持证安全监察人员共377人,比2008年增加37人。全省特种设备检验机构81个,其中质监部门所属综合性检验机构9个,行业及企业综合性检验机构6个,气瓶检验机构65个,无损检测机构1个。全省特种设备检验机构持证检验人员共502人,持证1292个,其中持高级检验师证8个、检验师证362个、检验员证922个;持证的检测人员265人,持证720个,其中持高级证67个、中级证595个、初级证58个。

2009年全省质监部门开展特种设备执法监督检查20033次,下发安全监察指令书4379份。特种设备检验机构对5656台特种设备(含部件)及144872万只气瓶的制造过程进行了监督检验,处理安全问题430个;对84台进口特种设备进行了监督检验,处理安全问题32个;对11187台特种设备安装、改造、维修过程进行了监督检验,处理安全问题2306个;对40721台在用特种设备及777020万只气瓶进行了定期检验,综合定检率为93%,处理安全问题18950个。

2010年底,全省质监系统共设置特种设备安全监察机构114个,其中省级特种设备安全监察机构1个,市级11个,县级102个。全省质监系统特种设备在岗持证安全监察人员共390人,与2009年同期相比增加13人。全省特种设备检验机构80个,其中质监部门所属综合性检验机构9个,行业及企业综合性检验机构6个,气瓶检验机构63个,无损检测机构2个。全省特种设备检验机构人员共1190人,其中质监部门所属综合性检验机构521人,行业及企业检验机构94人,气瓶检验机构516人,无损检测机构59人。全省特种设备检验机构持证检验人员580人,持证1348个,其中持高级检验师证8个、检验师证392个、检验员证948个;持证的检测人员285人,持证789个,其中持高级证77个、中级证643个、初级证69个。

2010年全省质监部门开展特种设备执法监督检查19001次,下发安全监察指令书4798份。特种设备检验机构对7304台特种设备(含部件)及161900只气瓶的制造过程进行了监督检验,处理安全问题696个;对74台进口特种设备进行了监督检验,处理安全问题18个;对11980台特种设备安装、改造、维修过程进行了监督检验,处理安全问题971个;对44199台在用特种设备及664600只气瓶进行了定期检验,综合定检率为92%,处理安全问题27539个。

特种设备安全状况

2008年共发生特种设备事故3起,死亡2人,受伤1人,直接经济损失102万元,其中较大事故2起,一般事故1起。万台设备事故起数为0.36起,万台设备死亡人数为0.24人。

2009年全省共发生特种设备事故4起,死亡3人,受伤4人,直接经济损失216万元,其中较大事故3起,一般事故1起。2009年万台特种设备事故起数为0.42起,万台特种设备死亡人数为0.31人。

2010年全省共发生特种设备事故及相关事故4起,死亡6人,受伤3人,直接经济损失965.2万元,其中较大事故3起,一般事故1起,涉险事故1起。2010年万台特种设备事故起数为0.47起,万台特种设备死亡人数为0.56人。

2008年至2010年共发生特种设备事故11起,其中:锅炉事故1起,固定式压力容器事故4起,气瓶事故1起,电梯事故4起,压力管道事故1起,全部发生在使用环节。锅炉事故发生在小企业,压力容器事故发生在小型化工企业,气瓶事故发生在气瓶充装运输使用环节,电梯事故发生在宾馆、商场,违规使用是特种设备事故发生的主要原因,表现为使用非法设备、淘汰设备,安全附件检修维护不当,作业人员违章操作,超范围使用设备以及非法使用未经检验的特种设备等。

安全监察主要工作情况

2008 年省质监局下发奥运会期间特种设备安全保障工作方案和突发事件应急预案,重点落实奥运火炬传递沿线的监督检查和值守监控工作;并组织开展隐患排查,全省共整改特种设备安全隐患 2986 个,查封停用隐患设备 219 台。"2008 隐患治理年",针对起重机械、电站锅炉、超高压水晶釜、压力管道元件等特种设备监管薄弱环节开展重点整治,全省共出动安全排查治理人员 17984 人次,检查各类特种设备 21497 台(套),涉及生产使用单位 7592 家,下达安全监察指令书 2117 份,查封停用隐患设备 270 台,拆除报废隐患设备 57 台;省局对基层局的工作进行逐级督查,共督查 10 个设区市局、103 个县区局,涉及乡镇 1266 个、企业 3273 家,超过国家质检总局的"三个 1/3"督查工作目标。全省三级安全监察机构建立特种设备隐患台账,完善隐患整改跟踪机制。全省基层局落实划片分区责任制,全部建立"一图二档三台账"。安全监察组织网络和信息化网络逐步完善;检验检测机构在提高检验质量和检验率的基础上,实行检验现场"三确认"制度。使用单位通过质监部门的帮扶指导,有 12375 名安全管理人员参加安全知识的学习宣贯,占安全管理人员总数的 93. 4%;有 11635 家签订安全使用承诺书,占单位总数的 88%;有 10159 家使用单位建立规章制度和操作规程,完善技术档案和应急预案,占单位总数的 76. 7%。省质监局先后出台指导性文件,对基层局、检验检测机构规范管理做出具体规定,对指导使用单位安全管理提出明确要求。通过召开现场会、举办培训班等,采取多种形式,创新工作方法,促进规范管理工作的开展。同时,不断完善动态监管体系和应急反应体系,提高应急处置能力,南昌、宜春、九江、上饶、吉安、萍乡、抚州等设区市局先后开展压力管道、压力容器、汽车罐车泄漏爆炸和客运索道高空困人等事故应急救援演练。上饶、抚州市局先后成功处置婺源县江湾气站山体滑坡造成储罐移位泄漏险情、临川区高坪敏彪气站储罐法兰垫片破损造成泄漏险情。发挥检验机构技术优势,通过对全省工业锅炉状况进行调研分析,先后制定省内在用工业锅炉能耗整治方案、节能型锅炉导向目录实施方案、节能型锅炉鉴定评审管理规定、高耗能特种设备节能监管工作贯彻意见和工业锅炉调查及百台锅炉节能示范工程改造方案,并向省政府上报《关于在全省推进工业锅炉节能降耗工作的报告》。在锅炉能效普查的基础上,选择 22 台有代表性的工业锅炉进行能效测试,对测试结果进行分析研究。并下发高耗能特种设备节能监管工作贯彻意见和工业锅炉调查及百台锅炉节能示范工程改造方案。加强节日特种设备安全保障工作,"十一"黄金周期间,全省出动安全检查人员 2151 人次,检查各类特种设备 3184 台(套),涉及使用单位 1952 家,下达安全监察指令书 157 份,发现隐患设备 472 台(套),查封不合格设备 18 台。积极开展特种设备安全法制宣传活动,全省累计发送各类宣传资料 40000 余份,制作宣传展板 352 块,张挂宣传横幅及标语 1243 条。编写《特种设备安全监察业务知识百题集》,全省共计 12375 名安全管理人员参加特种设备安全使用知识培训。

2009年省质监局组织开展"质量和安全年"特种设备安全"三项行动"工作。共下达安全监察指令书4379份,实施行政处罚1017次,吊销许可证6份。治理行动中,出动检查人员16995人次,检查生产使用单位10915家次,检查特种设备20033台(套),发现各类隐患7239个,其中监督完成隐患整改6043个。宣教行动中,累计开展宣传教育活动301次,发放宣传资料47208份,制作展板208块,并首次向社会公布《2008年江西省特种设备安全状况》。在做好新中国成立60周年以及其他重要时期的特种设备安全保障工作中,各级质监局采取免费保障性检验、提前定期检验、技术性检查、重点监控、现场值守等多项措施,9月份,全省出动安全检查人员6605人次,检查特种设备生产使用单位4323家,下发安全监察指令书511份,查封不合格特种设备67台。另外,先后开展元旦、春节、"两会"、旅游旺季、"五一""六一""安全生产月"期间的安全检查工作,实现节日期间特种设备零事故。省质监局制定相关规定并督促各设区市质监局和检验检测机构进一步规范安全监察、检验检测机构的内部管理,并在赣州市质监局、丰城市质监局开展安全监察绩效评价试点。同时,进一步帮扶企业规范安全管理。全省累计有12862家使用单位得到质监部门的指导帮扶,基本规范的有11245家。各设区市在"三个万"工程的基础上,逐步推进"四个五"节能工程。全年完成锅炉节能改造134台,水处理达标2136台,司炉工培训节能知识3311人次,有6个锅炉房达标,500个锅炉房正在开展达标活动。不断加强基础建设和队伍建设。全省特种设备检验检测机构固定资产达7312万元,仪器设备原值达2886万元。基层局对安全监察工作的投入不断加大,基层队伍建设继续加强。开展B类安全监察员培训考核78名。全年投入特种设备安全科研经费达215万元,《变压频调压调速拖动设备电参数测量研究》《特种设备钢结构焊缝质量检测与缺陷信号识别系统研究》等多个科研成果通过相关部门鉴定。

2010年积极推进法规标准建设,《江西省特种设备安全监察条例(草案)》经省政府第46次常务会议通过,省人大在当年完成立法调研及"一审",江西省《特种设备安全使用管理要求及评价》地方标准经省质监局颁布并报国家标准委备案。同时,各地按照省质监局的要求,积极开展标准化创建活动先行先试工作,试点的使用单位累计300余家。另外,不断推动特种设备安全"一岗双责",全面启动特种设备责任保险。2010年继续扎实开展专项整治,保障重要时期特种设备安全运行。开展气瓶、液化石油气掺混二甲醚问题、起重机械、场(厂)内专用机动车辆和电梯整治,并针对深圳华侨城"太空迷航"事故开展大型游乐设施安全隐患排查。确保元旦、春节、"两会"、五一、汛期、国庆、亚运会及中博会期间未发生任何特种设备安全事故。期间共计检查特种设备18382台(套),涉及生产使用单位11387家,发出安全监察指令书1427份。积极推进作业人员理论考试机考化、实践考试实物化(模拟化),并且开展各类特种设备安全法制宣传教育活动,发放宣传资料近4万份。在2009年试点的基础上,全面开展安全监察工作绩效考核,对11个设区市局组织进行特种设备安全监察工作绩效考核;同时开展检验检测机构整顿,开展自查自纠并组织考核和验收,对16家检验机构开展全覆盖的年度监督检查,并进一步规范检验收费管理。为落实《鄱阳湖生态经济区高耗能特种设备节能监管措施》,省局对鄱阳湖生态经济区内特种设备数量、能效状况等基本数据进行统计、汇总,完善特种设备数据库,确定区域内特种设备54391台。在"四个一"节能工程活动,优先在鄱阳湖生态经济区完成20台在用锅炉能效测试,建立了3个标杆锅炉房。2010年进一步规范行政行为，优化服务创业环境和机关工作作风；深入开展“百千万”内设机构测评活动，全面推行政务公开，告知、受理程序全部实行免费网上申请和办理，行政许可和作业人员获证情况在网上公示和公布。许可受理时间由7个工作日压缩为5个工作日，发证时间由30个工作日压缩为20个工作日。同时，加强证后监管工作力度，全年抽查特种设备生产单位和瓶检机构44家，对其中问题严重的12家单位实施了行政处罚。制定并实施《特种设备处服务重大产业项目绿色通道试行方案》，对重点工程、重大项目提供优质服务，当年减免相关企业检验费1194.7万元。省锅检院和省特检院引进高素质人才，改善检验设备仪器，提升检验能力，全省系统内综合性检验检测机构检验设备仪器原值已增至3920万元，较上年同期增加36%。同时，省锅检院两个科研项目分获国家科技进步二等奖、江西省科技进步三等奖，省特检院被国家质检总局评为“科技兴检”先进集体。在省锅检院获得国家质检总局第一批在用工业锅炉能效测试资格的基础上，相关设区市特种设备检验检测中心也在积极筹备特种设备能效测试机构资格申请。

第三章　特种设备检验

特种设备检验是特种设备安全监察的重要组成部分,是特种设备监管体系中的一个重要环节,担负着对特种设备安全技术把关的重要责任。通过检验,可以及早发现设备的安全隐患,进而可以采取措施避免事故的发生,特种设备检验主要包括监督检验和定期检验两种形式。

作为特种设备安全管理工作的补充,特种设备检验工作自20世纪70年代末开始,由原劳动部门陆续在各地级市设立一批锅炉压力容器检验机构,80年代中期又陆续设立了一批机电类特种设备检验机构,主要负责对特种设备安装、改造、重大维修过程进行监督检验,对在用特种设备进行定期检验,对特种设备产品、部件的型式试验等。特种设备检验机构作为特殊的技术机构,一方面承担技术把关的责任,是安全监察体制的组成部分;另一方面检验机构由国务院特种设备安全监管部门进行核准,其检验工作要接受各级特种设备安全管理部门监督,也是安全监察的对象。

第一节　特种设备检验管理

1989年3月,省劳动厅下发《关于同意电力系统、铁路系统对在用锅炉压力容器开展综合安全管理和定期检验的通知》,同意电力系统、铁路系统所成立的在用锅炉压力容器安全检验机构,负责检验和综合管理本系统在用的锅炉压力容器设备。

1991年1月,根据《江西省劳动安全卫生检测检验站管理办法实施细则》的规定,为加强对全省劳动部门职业安全卫生检测检验的管理,确保检测检验的质量,省劳动厅下发赣劳安〔1991〕1号文。将全省劳动部门、各劳动安全卫生检测检验站从事包括特种生产设备安全性能的检测检验在内的职业、安全卫生检测检验的范围及项目作划分,要求全省劳动安全卫生检测检验站严格按规定的范围及项目从事检测检验。6月,成立江西化学工业压力容器检测中心站(南昌市压力容器检验中心),隶属市经委,归口市化工局管理。主要职责是,负责南昌地区压力容器、小型锅炉、压力管道检验、检测以及各类特种设备安全附件的校验等。

1995年4月,省物价局、省财政厅、省劳动人事厅联合发文《关于调整江西省锅炉压力容器检验收费标准的通知》印发《江西省锅炉压力容器检验收费管理办法》和《江西省锅炉压力容器检验收费标准》,7月1日起全省统一执行。原1988年印发的省物价局、省财政厅、省劳动人事厅(88)赣价非字第06号、〔88〕赣财工字第9号、赣劳人锅〔88〕第7号文《江西省锅炉压力容器检验收费暂行办法》和《江西省锅炉压力容器检验收费标准》废止,与《通知》规定不一致的自行废止。1995年6月,省劳动厅下文转发劳动部《关于进一步加强锅炉压力容器定期检验工作意见》,把锅炉压力容器定期检验率完成情况作为考核每个检验单位的必要条件。

2002 年 5 月，省质监局转发《转发国家质检总局〈关于转发上海市财政局、物价局《关于同意收取压力管道安装监督检验费的复函》的通知〉的通知》，按照财政部、国家计委《关于锅炉等特种设备审查及检验收费有关问题的通知》要求，全省压力管道安装监督检验费收费标准正在制订。在该收费标准下发前，可参照上海市财政局、物价局关于压力管道安装监督检验的收费标准执行。

2003 年 5 月，省质监局下发《关于进一步规范特种设备检测、检验工作的通知》。要求各检测检验单位在检验工作中遇到需个例解决的特殊问题，须事先向省质监局锅炉压力容器安全监察处报告，经研究获准后方可施行。同时省质监局考虑到各地市检验机构发展问题，对增项条件成熟的检验单位，可向省质监局提出增项申请。省质监局将按照统筹规划、合理布局的原则进行检验资质认可和授权。6 月，为规范检验单位的工作行为，杜绝因检验人员、检验安全、检验工作制度执行不力而引发的事故，省质监局下发《关于进一步强化和规范特种设备检验检测机构监督考核工作的实施意见》。12 月，省质监局转发国家质检总局《关于印发〈特种设备检测机构管理规定〉的通知》的通知。

2004 年 9 月，按照国家质检总局和省质监局对工业压力管道普查整治工作的部署，全省的工业压力管道专项普查已进入检验治理阶段。本着尊重历史，面对现状，统一规划，合理分工，促进省、市两级检验机构共同发展的原则，省质监局下发《关于工业压力管道检验任务分工授权的通知》，对全省工业压力管道检验任务提出临时分工和授权范围。

2005 年 7 月，省质监局下发《关于全面推进我省工业压力管道检验整治工作的通知》《关于开展全省公用管道普查工作的通知》，全面推进全省在用工业压力管道检验整治工作。

2006 年 8 月，省质监局下发《关于明确现阶段公用管道检验业务授权的通知》，重申在省质监局特种设备检验分工明确之前，全省公用管道的安装监检和定期检验工作暂由省锅炉压力容器检验研究院承担，确保公用管道检验质量。12 月 21 日，为更好地落实全省特种设备检验检测机构的技术把关责任，切实提高特种设备定期检验率，杜绝检验检测区域的死角盲区，实现检验检测工作的有效覆盖。省质监局按照“尊重历史，统一规划，合理分工，促进省、市两级检验检测机构共同发展”的原则，下发《关于进一步明确全省特种设备检验检测业务授权的通知》，进一步明确全省特种设备检验检测业务授权。

2007 年 7 月，经省质监局与江西省国防科工办沟通，由于江西地区国防工业锅炉压力容器检验所资源条件已无法满足《特种设备检验检测机构管理规定》、TSG－008Z7001－2004《特种设备检验检测机构核准规则》要求，决定提请国家质检总局特种设备局取消江西地区国防工业锅炉压力容器检验所检验资格，并将《关于取消江西地区国防工业锅炉压力容器检验所检验检测资格的报告》上报至国家质检总局。

2008 年，省质监局面向基层，在全省承压类特种设备检验检测机构中组织开展压力容器检验业务知识竞赛活动。促进全省特种设备检验检测机构的规范管理，提高压力容器检验检测人员业务水平和综合素质。

2006 年和 2008 年，省质监局分别在九江和南昌召开全省特种设备检验检测工作业务研讨会，强调各级检验机构需规范检验检测的管理,严格质保体系运行,严格执行检验“三确认”制度。

2009 年 6 月,为认真贯彻《特种设备安全监察条例》,加强对全省特种设备检验检测机构的监督管理,省质监局制定下发《关于进一步加强特种设备检验检测机构监督管理工作的实施意见》,规范特种设备检验检测机构工作行为。

2010 年 5 月,省质监局下发《转发省发改委、省财政厅〈关于调整电梯检验费标准的通知〉的通知》,要求各单位认真组织学习并严格执行。各单位必须于 2010 年 5 月 20 日前按《通知》要求办理《收费许可证》变更及相关手续,严格按调整后的电梯检验费标准收费。并明确《通知》中所述“住宅电梯”包括《特种设备目录》中的乘客电梯、载货电梯、液压电梯和杂物电梯。是月,省质监局制定《全省质监系统特种设备检验检测工作整顿方案》,要求对各设区市局以及全省质监系统内各综合性特种设备检验检测机构(不含行业、企业自检机构和气瓶检验机构,以下简称“检验机构”)的检验检测工作开展整顿,明确检验机构的主要任务,摆正检验机构的职能定位,解决好在制度建设、制度落实、人员管理、仪器设备使用维护管理以及监督管理中存在的突出问题和薄弱环节,达到完善规章制度、提高人员素质、提升工作执行力、确保检验检测结果完整、准确、可靠、及时的目的。11 月,省质监局转发国家质检总局《关于改进和加强特种设备检验工作提升检验能力的指导意见》。

至 2010 年底,全省共有特种设备综合性检验机构 15 个,其中省级特种设备检验机构 2 个,市级特种设备检验机构 7 个,行业及企业综合性检验机构 6 个,在各自核准和授权的范围内对全省的特种设备制造产品和安装改造修理工程实施监督检验以及对在用特种设备实施定期检验。另外还有气瓶检验机构 63 个,对在用气瓶实施定期检验。

第二节　特种设备监督检验

制造监督检验

1990 年,劳动部修订印发《锅炉产品安全质量监督检验规则》。同年劳动部印发《压力容器产品安全质量监督检验规则》和《气瓶产品安全质量监督检验规则》,明确压力容器和气瓶制造的监检规定和要求。省劳动厅予以转发,并召开宣传贯彻会进行宣传贯彻。

1991 年,全省各级劳动部门授权有资格的检验机构委派驻厂检验员对锅炉、压力容器、气瓶制造的全过程进行检验,并在产品铭牌上打上监督检验钢印,检验合格签发监督检验证书,产品经过监督检验合格才能出厂。省锅检所主要对 A、B、C、D 级锅炉制造厂和三类压力容器产品进行安全性能的监督检验;对进出口锅炉压力容器产品进行安全性能的监督检验;各地、市锅检所对一、二类压力容器制造厂和 E 级锅炉制造厂产品进行安全性能监督检验。

1993 年 1 月,省劳动厅下发赣劳锅〔1993〕2 号文,授权江西省锅炉压力容器检验所(简称省锅检所)对国营人民机械厂生产的无缝气瓶产品安全质量实行监督检验,九江市锅炉压力容器检验所对江西轻工业机械厂生产的Ⅰ、Ⅱ类压力容器产品安全质量和九江热管锅炉生产的 E 级锅炉产品安全质量实行监督检验。2 月,省劳动厅下发《关于转发劳动部劳锅字〔1993〕1 号文的通知》,要求锅炉压力容器制造要进一步严格许可证制度,持锅炉压力容器制造许可证的企业,超级别试制锅炉压力容器产品,必须事先向审批许可证的劳动部门申请经批准后方可投产试制。锅炉压力容器承压部件扩散生产的监督检验,由省级劳动部门授权批准驻厂监检,监检合格后出具监检报告。8 月,省劳动厅下发赣劳锅〔1993〕19 号文,授权省锅检所对南方工业锅炉厂制造的锅炉产品,新余市锅检所对江西第二化肥厂制造的Ⅰ、Ⅱ类压力容器产品,鹰潭市锅检所对铁道部鹰潭压力容器厂、中国有色四建机修厂制造的Ⅰ、Ⅱ类压力容器产品实行安全质量监督检验。

1994 年,省劳动厅配合商检部门加强对进口锅炉压力容器的检验,省锅检所首次派员配合进口厂家到国外监造产品,检验进口锅炉压力容器 123 台,查出不合格产品 38 台,不合格率达 30.9%,不合格产品全部由生产方进行退赔。同时,进一步加强驻厂监检工作,配合锅炉压力容器生产厂家监察锅炉 619 台,压力容器 1421 台,保证产品安全性能。

1995 年,共计监督检验 551 台锅炉,1945 台压力容器、36750 只各类气瓶。

1996 年,监检锅炉 287 台,压力容器 466 台,液化石油气罐车 80 辆,各类气瓶 5216 只,进口锅炉 2 台,进口压力容器 145 台,出口无缝气瓶 400 只。

1998 年,全省监检覆盖率达到 100%。

1999 年,国家质监局修订实施《压力容器安全技术监察规程》,省劳动厅组织全省贯彻执行。7 月,省劳动厅下发《关于对江西省锅炉压力容器检验研究所〈关于要求对江西省火电公司压力容器厂 A 级锅炉扩散件进行监检的请示〉的批复》,同意省锅检所按照《锅炉产品安全质量监督检验规则》及相关规定,对省火电公司压力容器厂 A 级锅炉扩散件产品实行安全质量监督检验。8 月,下发赣劳锅〔1999〕20 号文件,同意上饶地区劳动局锅炉压力容器检验所对上饶市建达锅炉机械厂 E2 级锅炉产品实行安全质量监督检验。

2000 年,国家开始对小型和常压热水锅炉实行制造许可证制度,全省开始对取得常压热水锅炉制造资质的单位实行锅炉产品监督检验。2003 年国务院新版《特种设备安全监察条例》颁发后,按《特种设备安全监察条例》规定全省取消对小型和常压热水锅炉的产品监督检验。

2000 年 4 月,省劳动厅下发《关于加强压力容器产品安全质量监督检验的通知》,规定凡新建 AR3 级球形压力容器(容积≧ $50M^3$)现场组焊监检须由省锅炉压力检所承担,其他已在实施监检且未取得监检资质的检验单位停止监检。

1996—2000 年,共计监督检验的锅炉产品 1894 台,压力容器产品 6383 台,其中≥$50M^3$ 球罐 113 台;液化气体罐车 427 辆;气瓶产品 96.8 万只。

2002 年 12 月,国家质检总局正式制定印发《起重机械监督检验规程》,省质监局下发赣质技监锅发〔2002〕39 号文提出加强起重机械监督检验工作,规范起重机械验收检验和定期检验的行为,并要求全省检验机构认真学习贯彻《起重机械监督检验规程》。同时,依据《锅炉压力容器安全监察暂行条例》及实施细则要求,省质监局下发《关于开展压力管道安全质量监督检验的通知》,要求省锅检所按照《压力管道安装安全质量监督检验规则》等有关法规、标准,针对压力管道的具体特点编制检验大纲和检验工艺,明确检验内容,尽快开展压力管道的安装和在用检验工作,并接受当地锅炉压力容器安全监察机构的监督指导。国家质检总局锅炉局以质检锅便字〔2001〕第1069号函批准省锅检所增加“压力管道安装安全质量监督检验”“在用压力管道检验”项目,要求省锅检所在实施检验的同时,进一步加强内部管理,明确责任制“谁检验谁负责”,不断提高检验质量,确保受检压力管道的安全使用。

2006年1月,根据江西省电力设备总厂《关于申请对A级锅炉部件制造监检的报告》,省质监局下发《关于对江西省电力设备总厂要求制造监检的批复》决定由省锅检院对该厂按制造许可证规定范围制造的产品实施制造过程监督检验。10月,为贯彻落实国家质检总局《关于〈起重机械制造监督检验规则〉有关实施要求的通知》要求,省质监局下发《关于明确起重机械制造监督检验有关工作要求的通知》,要求在全省范围内积极稳妥地实施起重机械制造监督检验(以下简称监检)工作。

2008年2月,省质监局对省锅检院监检工作的现场——江西江联能源环保股份有限公司、省万安县锅炉厂、江西南方锅炉有限责任公司等制造单位开展监督抽查,发现驻厂监检工作环节存在不少问题。为杜绝安全隐患,省质监局下发《关于加强锅炉压力容器制造驻厂监检的函》,要求省锅检院立即认真自查、整改,并尽快将自查、整改处理情况和措施报省质监局特种设备处。3月,根据国家质检总局《特种设备检验检测机构管理规定》,省质监局组织相关专家对省锅检院、省特检院、赣州市、宜春市、景德镇市特种设备监督检验中心、南昌铁路局特种设备检测检验所进行年度抽查。6月,依据国家质检总局《关于对特种设备普查登记整治工作有关问题的通知》《关于起重机械专项治理工作有关问题的通知》及省质监局《关于明确全省在用固定式简易载货升降机安全使用要求的通知》的相关规定,省质监局制定并下发《关于规范简易载货升降机监督检验报告及检验原始记录的通知》,规范简易载货升降机监督检验报告及检验原始记录。

2009年4月,根据国家质检总局和省质监局2009年特种设备专项整治方案要求,省质监局下发《关于开展压力管道元件制造单位监督检查工作的通知》及2009年压力管道元件制造单位监督检查方案,强化全省压力管道元件制造单位质量管理,在4月下旬开展压力管道元件制造单位监督检查,要求相关设区市和省锅检院按照方案要求,积极配合,检查覆盖面为100%。

2010年10月,省质监局下发《关于对江西联动锅炉设备有限公司A组锅炉部件产品实施监督检验的函》,授权省锅检院对江西联动锅炉设备有限公司A级锅炉部件产品实施监督检验。

安装改造维修监督检验

劳动部1991年3月21日发布《起重机械安全监察规定》,全省陆续开展起重机械安全监察的监督检验工作。

1995年1月,省锅检所在对九江化工厂PO工程进口设备进行安全性能监督检验时,产自加拿大的38台压力容器中14台存在超标缺陷,并上报监察机构。针对此事省劳动厅发函《关于九江化工厂进口压力容器超标缺陷处理意见的复函》,明确检验应依据与外商签订的合同中所引用的规范和标准,直接按《在用压力容器检验规程》要求处理不妥。

1999年5月，九江发电厂三期扩建，引进两台美国PW公司生产的亚临界自然循环锅炉，最大连续出力1170.4T/H，配套35万千瓦机组，为保证重点工程质量，确保安全，省劳动厅下发《关于对九江发电厂三期扩建工程进口电站锅炉进行产品安全性能监督检验的通知》，要求九江发电厂办理进口电站锅炉申报检验手续，并认真做好迎检的各项准备。

1996—2000年，全省启动新建压力管道安装监督检验、医用氧舱的检验工作。

2000年监检压力管道1025千米，监检率100%；电梯2850部，起重机械4930台；厂内运输车1036辆。

2002年4月，根据《压力管道安全管理与监察规定》的要求，结合省内实际及国家关于必须持证检验的规定，省质监局发文赣质技监锅便函〔2002〕49号，授权省锅检所承担南昌市红谷滩新建燃气管道及市政燃气管网改造工程的安装安全质量监督检验任务。

2003年2月，为顺利开展省内游乐设施的检验工作，规范检验行为，省质监局下发《关于切实做好全省游乐设施监督检验工作的通知》，提出A级的游乐设施检验工作由国家游艺机检验中心承担，各设区市质监局督促游乐设施检验营运者按时报定期检验，省特种设备检验检测中心承担全省B、C级游乐设施检验工作，同时成立省游乐设施专业检验室，由持有国家质检总局颁发的游乐设施高级检验师和检验师的人员组成，在省特检中心的领导下开展工作。各设区市质监局对在安全检查中发现的问题和全省游乐设施专业检验室提出的检验意见，应根据国家质检总局《锅炉压力容器压力管道特种设备安全监察行政处罚规定》（第14号令）进行查处。游乐设施营运者对游乐设施使用和运营的安全负责。各设区市质监局应督促游乐设施营运者将《安全检验合格》标志悬挂于设施现场明显位置（如购票窗口或入口处），未悬挂到位的，应责令其纠正。6月，为规范全省压力管道安装工程开工报批程序，加强压力管道安装监督检验质量控制，省质监局下发《关于对新钢16000m^3/h制氧压力管道安装工程质量问题的处理意见》，重申凡外省来赣从事压力管道安装工程的安装单位，在压力管道施工前必须向省质监局特种设备安全监察机构办理备案手续，否则将按照《特种设备安全监察条例》和有关规定进行处罚；监督检验单位要认真按照国家质检总局《压力管道安装安全质量监督检验规则》认真从事监督检验工作，对玩忽职守、出具虚假检测检验报告的监检人员将按照《特种设备安全监察条例》进行处理；各设区市质监局特种设备安全监察机构人员应认真履行安全监察职责，加强对现场设备安装质量的督查。对工作失职、滥用职权等违纪的监察干部将予以行政处分，触犯刑律的，将依法追究刑事责任。

2004年2月，根据国家质检总局《特种设备检测机构管理规定》要求，省质监局下发《关于加强电站锅炉检验工作的通知》，加强电站锅炉的检验工作，保证电站锅炉检验质量。要求景德镇市、上饶市锅检所不能检验额定蒸汽压力大于2.45MPa的蒸汽锅炉，该检验任务暂授权由省锅检所承担。7月，省质监局根据《特种设备安全监督条例》（国务院令第373号），下发《关于开展锅炉安装质量监督检验的通知》，由省锅检所承担中电投工程建设管理分公司贵溪项目部在建的2台1025T/h锅炉的安装质量监督检验工作。

2009年2月，省质监局下发《关于对我省天然气管网工程实施管道安装监检的函》，明确天然气管道属于国务院《特种设备安全监察条例》中压力管道的范畴，并依据国家法规和国家质检总局规范要求,对全省天然气管网工程(西气东输二线江西段一期天然气管道总长为680余千米)压力管道安装实施法定监督检验。是月,省质监局根据上饶市质监局《关于同意上饶市特种设备监督检验中心对德兴百勤异VC钠公司一台新装75T/H锅炉安装质量监督检验的请示》,回复赣质技监特便函〔2009〕21号同意上饶市特检中心对仅限德兴百勤异VC钠有限公司的YG75/3.82-ME1台蒸汽锅炉进行安装监督检验,同时要求上饶市特检中心认真制定安装监督检验方案,严格按照国家安全技术规范及监督检验规程开展工作,确保安装监督检验工作质量。

2010年2月,省质监局下发《关于开展车用气瓶安装监督检验的通知》,同意宜春市特检中心对申请压力容器(限车用CNG气瓶)安装资质的宜春市力源动力科技有限公司试安装及取得资质后的车用气瓶安装开展监督检验。3月,省质监局下发《关于开展车用气瓶安装监督检验的通知》,同意赣州市特检中心对申请压力容器(限车用CNG气瓶)安装资质的赣州汽车改装厂试安装及取得资质后的车用气瓶安装开展监督检验。

第三节　特种设备定期检验

1990年特种设备检测检验工作发展迅速。全省已建立劳动安全卫生检测检验站12个,已开展电梯、起重机械等检测检验业务,共检测检验电梯697台,起重机械3634台。全省在用压力容器检测登记5781台,检测率达96.74%,超额完成劳动部下达检测率80%的任务;检测蒸汽锅炉4974台,占应检数的95.3%,超额完成劳动部下达的检验95%的任务。

1991年,省劳动厅制定《江西省起重机械、电梯安全性能检测项目及检测标准》,检测电梯、起重机械1750台,保证电梯、其中设备的安全运行。全省实检4970台锅炉,占应检数的96.4%,查出要进行修理的锅炉333台,降压使用的30台,报废219台。4月8日,省劳动厅下发《转发劳动部办公厅《关于扩大锅炉外部检验试点工作的通知》要求认真做好锅炉外部检验试点工作。并决定在南昌市和宜春地区进行锅炉外部检验试点工作。

1992年3月,省劳动厅下发《关于同意省锅检所和鹰潭市锅检所联合检验球罐的批复》,同意省锅检所和鹰潭市锅检所联合承担贵溪化肥厂五台1000立方米液氨球罐首次开罐检验任务,并由省锅检所出具检验报告。

1992年10月28日,省劳动厅下发《关于同意对铁路槽车罐体检验、修理布点的批复》,同意九江市锅检所与化工部星火化工厂组成化工部星火化工厂铁路槽车罐体检修站,同意省锅检所与贵溪冶炼厂组成江西铜业公司贵溪冶炼厂铁路槽车罐体检修站,检验工作吸收鹰潭市锅炉压力容器检验所参加,同意省锅检所与南昌铁路分局鹰潭车辆段组成鹰潭车辆铁路槽车罐体检修站,省锅检所、九江市锅检所负责罐体大、中修的检验工作。贵溪冶炼厂、星火化工厂、鹰潭车辆段负责罐体大、中修的修理工作。其资格认可工作由省劳动厅按照有关规定组织实施。

为开展对全省现有600多台超高压水晶釜检验工作,省锅检所于1991年制订《在用超高压水晶釜检验规则》并呈报劳动部锅炉局审核,1993年与南昌航空工业学院合作研究出运用超声波检测超高压水晶釜内表面裂纹检测工艺,并通过模拟试样验证该项工艺已通过模拟试样验证。1994

年根据劳动部《超高压容器安全监察规程(试行)》,省锅检所对该规则进行修订。

1994 年,全省电梯、起重机械等特种设备的定检率达 95%。锅炉检验率达 92.8%,在用压力容器检验率达 65.8%,气瓶检验率达 90.7%。

1995 年 6 月,省劳动厅转发劳动部《关于进一步加强锅炉压力容器定期检验工作意见》,要求各地劳动部门要加强对检验工作的领导,要把锅炉压力容器定期检验率完成情况作为考核每个检验单位的必要条件,同时也列为各地市劳动部门的主要目标管理任务之一和评先的必要条件,对未完成锅炉压力容器检验任务的地市和单位,要分析原因,因主观原因完不成检验任务,要追究其领导的责任,给予必要的处理,严重的取消其检验资格。各地市劳动部门要加强对锅炉压力容器使用环节的安全监察,督促锅炉压力容器使用单位对到期的设备按时安排检验工作。对不及时安排检验的单位,应根据劳动部颁发的《违反〈中华人民共和国劳动法〉行政处罚办法》第十条和《江西省关于违反劳动保护法规的经济处罚暂行办法》第三条(六)款的规定进行处罚。各地市劳动部门要加强对检验单位的监督检查,督促检验单位按时完成检验任务。各检验单位要制订切实可行的措施保证检验任务的落实和完成,确有特殊困难不能按时完成检验任务,应及时书面报告地方劳动部门和省级劳动部门,由省级劳动部门综合协调,重新分配,保证检验任务的完成。各检验单位的检验业务范围必须由资格认可机构审批,未经审批不得擅自扩大检验范围。每年的检验任务分配首先由地市劳动部门提出意见,报省级劳动部门综合协调、合理分配。跨系统、跨行业、跨地市和外省来省内检验,须报省劳动部门批准,有检验资格的单位联合检验和横向协作检验也必须报省级劳动部门审批,未有检验资格单位和个人不得从事锅炉压力容器检验工作。各地市劳动部门要继续贯彻执行劳动部颁布的《锅炉压力容器检验单位的监督考核办法》,全面实施对检验单位监督考核工作。

1995 年,在用锅炉、在用压力容器的定检率分别比 1994 年提高 1% 和 4.2%,锅炉水处理普及率有明显提高。检验锅炉 4870 台,检验在用压力容器 4880 台,检验各种气瓶 165015 只。

1997 年,对在用电梯、起重机全面实行年检,电梯定检数 1792 台、定检率 96%,起重机定检数 2676 台、定检率 95%,厂内机动车辆定检数 1105 台、定检率 75%。

1998 年,继续实施对电梯、起重机械、厂内机动车辆定期检测制度,在用电梯定检率 100%、在用起重机定检率 85%、厂内机动车辆定检率 80%。检验锅炉 3936 台,定检率达 95.86%,压力容器 4335 台,定检率达 92%。

1999 年,全省完成在用锅炉检验 3925 台,定检率 96%,在用压力容器检验 3981 台,定检率 90%。

2000 年,省质监局大监察力度,指导督促全省各级、各行业检测检验单位认真开展法定检验,努力提高设备定检率。2000 年全年在用锅炉检验 3523 台,定检率 98.3%;固定式在用压力容器检验 3365 台,定检率 97.9%;电梯检验 2850 部,起重机械检验 4930 台;厂内运输车检验 1036 辆。

2001 年,全省在用锅炉完成定期检验 4401 台,占应检总数的 96%;在用压力容器完成定期检验 2986 台,占应检总数的 93%;气瓶完成定期检验 302180 只,占应检总数的 86%;电梯 93.1%,游艺机和游乐设施 96%,客运索道 100%。12 月,省质监局根据全省电站锅炉检验工作的实际情况,下发《关于同意省电力工业锅炉压力容器检验中心继续开展电站锅炉定期检验的通知》,同意省电力工业锅炉压力容器检验中心继续开展省统调火电厂电站锅炉的定期检验工作,要求江西省电力公司根据劳动部《劳动部门锅炉压力容器检验机构资格认可规则》的要求,督促检验单位完善条件,完成检验资格换证后,方可从事电站锅炉定期检验工作。要求检验单位必须严格执行《锅炉定期检验规则》的规定,制定年度定期检验计划,按期完成检验任务,并及时通告、督促用炉单位认真整改锅炉存在的安全问题。检验单位每年应将本年度的定期检验计划及检验工作完成情况和锅炉存在的主要安全问题书面报告省质监局锅炉处。明确各设区市质监局锅炉安全监察机构是综合管理电站锅炉安全质量监察监督的部门,检验单位应接受各级锅炉安全监察机构的监察监督。

2002年3月,为规范全省移动式压力容器检验工作。省质监局规定由省锅检所承担宜春市、萍乡市、新余市、吉安市辖区内的液化气体汽车罐车及全省低温汽车罐车的检验任务,要求省锅检所严格按照《液化气体汽车罐车安全监察规程》及国家有关标准的要求,切实开展定期检验,确保检验质量。6月,省质监局赣质技监锅函〔2002〕16号转发国家质量监督检验检疫总局《施工升降机监督检验规程》,要求规范施工升降机验收检验和定期检验的行为,提高监督检验的工作质量。

2002年,全省在用锅炉完成定期检验6560台,占应检总数的96.4%;在用压力容器完成定期检验7027台,占应检总数的91.8%;气瓶完成定期检验287571只,占应检总数的73.3%;电梯完成定期检验1945台,占应检总数的91.6%,起重机械完成定期检验3354台,占应检总数的78.8%,游乐设施完成定期检验124台,占应检总数的93.9%,厂内机动车辆完成定期检验2038,占应检总数的79.8%。

2003年2月,省质监局下发赣质技监锅发〔2003〕6号转发国家质检总局《液压电梯监督检验规程(试行)》和《自动扶梯、自动人行道监督检验规程》,规范对自动扶梯、自动人行道及液压电梯监督检验工作的管理,规范验收检验和定期检验的行为。10月,省质监局下发《关于全省特种设备定检率检查结果的通报》,通报对全省已普查登记的7类特种设备的定检率督查情况。

2003年全省在用锅炉完成定期检验7179台,占应检总数的91.6%;在用压力容器完成定期检验9462台,占应检总数的84.7%;气瓶完成定期检验586196只,占应检总数的83.2%;电梯完成定期检验4089台,占应检总数的95.1%,起重机械完成定期检验4657台,占应检总数的73%,游乐设施完成定期检验150台,占应检总数的95.5%,厂内机动车辆完成定期检验2312,占应检总数的78.6%。

2004年3月,省质监局下发《关于加强液化气体汽车罐车定期检验工作的通知》,明确鹰潭、上饶、景德镇、抚州市锅炉压力容器检验所液化气体汽车罐车定期检验工作由省锅检所承担。5月,省质监局下发《关于调整南昌市部分三类压力容器定期检验工作的通知》,取消江氨化工有限责任公司压力容器检验所在用三类压力容器检验资格,由于江氨化工有限责任公司压力容器检验所检验师数量达不到认可规则要求,已不具备检验在用三类压力容器的条件,因此该项目的检验工作由南昌市锅检所承担。9月,省质监局下发《关于实施〈压力容器定期检验规则〉的通知》,通报国家质量监督检验检疫局总局公告2004年第79号发布的《压力容器定期检验规则》和《非金属压力容器安全技术监察规程》,要求压力容器检验单位,对压力容器、氧舱,移动式槽罐车的年检和定期检验应严格按规则的要求实施，并按附件要求的格式出具检验报告。

2004 年全省在用锅炉完成定期检验 6291 台，占应检总数的 94.7%；在用压力容器完成定期检验 6980 台，占应检总数的 89.8%；气瓶完成定期检验 481126 只，占应检总数的 93.8%；电梯完成定期检验 4296 台，占应检总数的 98.5%，起重机械完成定期检验 4110 台，占应检总数的 86.5%，游乐设施完成定期检验 83 台，占应检总数的 77.6%，厂内机动车辆完成定期检验 2146，占应检总数的 89.5%。

2005 年，全省共检验在用锅炉 6407 台，定检率 99%；检验在用压力容器 9712 台，定检率 97%；检验在用气瓶 756939 只，定检率 86%；检验在用压力管道 417.21 千米，定检率 50%；检验在用电梯 5510 台，定检率 100%；检验在用起重机械 4678 台，定检率 91%；检验在用游乐设施 158 台，定检率 100%；检验在用场内机动车辆 2929 台，定检率 95%。2005 年全省共检验在用特种设备（气瓶、压力管道除外）29394 台；发现问题 10714 个。

2006 年 12 月，省质监局特种设备处发函《关于全省特种设备定检率的通报》，对截至 2006 年 12 月 13 日各单位的设备定检率予以通报。

2006 年，全省共检验在用锅炉 7662 台，定检率 100%；检验在用压力容器 8775 台，定检率 100%；检验在用气瓶 1140062 只，定检率 96%；检验在用压力管道 233.7 千米，定检率 75%；检验在用电梯 7739 台，定检率 99%；检验在用起重机械 8575 台，定检率 99%；检验在用游乐设施 185 台，定检率 99%；检验在用场内机动车辆 3607 台，定检率 99%。2006 年全省共检验在用特种设备（气瓶、压力管道除外）36541 台；总定检率 99.6%，共发现问题 14344 个。

2007 年，全省共检验在用锅炉 9133 台，定检率 100%；检验在用压力容器 11749 台，定检率 99%；检验在用气瓶 808363 只，定检率 88%；检验在用压力管道 522.8 千米，定检率 86%；检验在用电梯 9421 台，定检率 100%；检验在用起重机械 5817 台，定检率 100%；检验在用游乐设施 276 台，定检率 100%；检验在用场内机动车辆 3071 台，定检率 81%。2007 年全省共检验在用特种设备（气瓶、压力管道除外）39467 台；总定检率 97.9%，共发现问题 13990 个。

2008 年 2 月，省质监局特种设备处发函《关于 2007 年全省特种设备定检率的通报》，通报各设区市和各检验单位的定检率。4 月，根据一些地方和单位在执行 TSGR002－2005《超高压容器安全技术监察规程》中所遇问题的请示，省质监局下发《关于执行〈超高压容器安全技术监察规程〉中有关规定的通知》，重申新《超高压容器安全技术监察规程》规定："超高压人造水晶釜使用超过 12 年后，每年至少应当进行一次全面检验。"以往按《超高压容器安全监察规程（试行）》规定执行的与现《超高压容器安全技术监察规程》中规定不一致的地方，应按新《超高压容器安全技术监察规程》执行。根据新《超高压容器安全技术监察规程》和《锅炉压力容器容器使用登记管理办法》的规定，超高压水晶反应釜的使用单位应按规定办理使用登记手续，使用登记手续由设区市的质监局负责办理。未办理注册登记的水晶反应釜的使用单位必须及时到单位所在地的设区市质监局安全监察机构办理，未办理注册登记的一律不得使用。

2008 年，全省共检验在用锅炉 9126 台，定检率 100%；检验在用压力容器 13785 台，定检率 100%；检验在用气瓶 776564 只，定检率 74%；检验在用压力管道 170.1 千米，定检率 97%；检验在用电梯9934台,定检率100%;检验在用起重机械8720台,定检率100%;检验在用游乐设施269台,定检率100%;检验在用场内机动车辆3237台,定检率99%。2008年全省共检验在用特种设备(气瓶、压力管道除外)45071台;总定检率99.6%。共发现问题23432个。

2009年12月,省质监局特种设备处发函《关于2009年全省特种设备定检率的通报》,同时要求各单位查找原因,在年底前完成本年度检验计划。

2009年,全省共检验在用锅炉7388台,定检率95%;检验在用压力容器12172台,定检率99%;检验在用气瓶777020只,定检率93%;检验在用压力管道266.7千米,定检率65%;检验在用电梯12041台,定检率98%;检验在用起重机械6218台,定检率87%;检验在用游乐设施236台,定检率98%;检验在用场内机动车辆2666台,定检率73%。2009年全省共检验在用特种设备(气瓶、压力管道除外)40721台;总定检率94%。共发现问题23436个。

2010年9月,由于全省特种设备数据平台升级维护,全年未统计设备定检率。

第四章　特种设备法规制度建设

1982 年 2 月，国务院颁布《锅炉压力容器安全监察暂行条例》。同年 8 月，劳动人事部下发《〈锅炉压力容器安全监察暂行条例〉实施细则》，之后陆续发布了相关的部门规章、规范性文件。1991 年，依据《江西省劳动保护暂行条例》制定的配套法规达到 16 个，该条例列入省人大重点法规检查内容。之后十几年全省不断制订和完善相关安全监察配套法规制度，并积极参与每年的“安全生产宣传周”活动，及时进行宣传贯彻。

2003 年 3 月，国务院颁布《锅炉压力容器安全监察条例》，全省初步建立了“行政法规—部门规章—安全技术规范—技术规定及相关标准”四个层次的法规体系结构。

第一节　特种设备法规制度制订

1991 年，依据《江西省劳动保护暂行条例》（1998 年 2 月 1 日起施行，2004 年 2 月 6 日废止）制定的配套法规达到 16 个，《江西省劳动保护暂行条例》列入省人大重点法规检查内容。4 月，为加强对锅炉安装修理技术改造和锅炉安装修理单位的管理，保证安装修理改造质量，省劳动厅根据〈锅炉压力容器安全监察暂行条例〉及其实施细则的规定，制定并印发《关于印发〈江西省锅炉安装修理安全管理规定〉的通知》。1992 年 3 月 5 日，根据劳动部《关于修改〈锅炉压力容器安全监察暂行条例〉实施细则个别条文的通知》规定，劳动厅下发《关于修改〈江西省锅炉安装修理安全管理规定〉部分条文的通知》进行修改。

1992 年，省劳动厅进一步完善法规建设，制定《江西省起重机械制造单位安全认可考核标准》《江西省起重机械安装维修单位安全认可考核标准》等配套法规。9 月 15 日，省劳动厅制定并印发《江西省劳动安全卫生检测检验站资格认可规则》，规则自下文之日起实行。9 月 28 日，根据〈锅炉压力容器安全监察暂行条例〉及其实施细则的规定，省劳动厅制定并印发《江西省锅炉技术改造安全管理暂行规定》，加强对锅炉技术改造设计单位和技术改造的管理，规定自 1993 年 7 月 1 日起执行。10 月 8 日，省劳动厅下发《关于加强电梯、起重机械安全管理的通知》，要求电梯和起重机械的制造、安装、修理单位，均应提出书面申请，经省级职业安全卫生监察机构审查并取得省级劳动部门颁发的安全资格认可证后，方能从事制造、安装、修理业务；具有制造、安装、修理能力的生产性企业，因需要自制自用起重机械，须将产品图纸及有关技术资料报省监察机构审核批准；自行安装修理起重机械，经企业所在地市监察机构审查批准；制造单位资格认可证有效期三年，安装修理单位认可证有效期四年，经安全资格认可的制造单位，其出厂产品应在产品合格证和产品名牌上标明安全认可证的编号,无认可证编号或未经省监察机构批准的产品不得在省内安装使用;安装修理单位在接受安装修理业务后,须持安全认可证副本,作业人员操作证到用户所在地市监察机构办理开工手续,安装修理工程结束后,须由监察机构指定的检测站进行检测检验,合格后方可和用户办理交付使用竣工验收手续;在全省范围内新安装的外省产品,其制造厂须经所在地、省级劳动部门认可,并出具有出厂安全技术监督检验合格证书和产品质量检测证明书,否则,不予办理开工手续;外省施工单位来赣施工前,应经省级监察机构审查,领取备案登记副本后,按本通知规定办理开工手续;制造、安装、修理单位的专业技术人员和技术工人的专业培训由省监察机构组织实施,考核合格后由省级监察机构颁发上岗证书。

1993 年 2 月 13 日,根据《江西省劳动保护暂行条例》和 GB5306 - 85《特种作业人员安全技术考核管理规则》的要求并结合全省的具体情况,省劳动厅颁布《江西省特种作业人员安全管理办法》,同时废止原《关于印发〈江西省特种作业人员管理暂行办法〉的通知》。4 月 14 日,国家劳动部颁布的《低压锅炉化学清洗规则》,结合全省低压锅炉化学清洗的实际情况,省劳动厅下发《关于颁发〈江西省低压锅炉化学清洗管理暂行办法〉的通知》,并制订发布《江西省低压锅炉化学清洗管理暂行办法》。4 月 16 日,省劳动厅根据《锅炉压力容器安全监察暂行条例》及其《实施细则》对气瓶检验资格认可的有关规定,制订《江西省气瓶检验站资格认可规则(试行)》。4 月 16 日,为贯彻执行《气瓶安全监察规程》《溶解乙炔气瓶安全监察规程》,省劳动厅制订印发《江西省气体充装站注册登记规则(试行)》。6 月 10 日,省劳动厅发布《江西省气瓶检验站资格认可规则(试行)》和《江西省气体充装站注册登记规则(试行)》,要求自发布之日起施行。8 月 6 日,根据国家劳动部《起重机械安全监察规定》的规定,省劳动厅制订下发《江西省电梯起重机械设备安全质量监督检验暂行办法》。

1996 年 6 月 10 日,省劳动厅下发赣劳锅〔1996〕16 号文件,转发劳动部《关于颁发〈压力管道安全管理与监察规定〉的通知》,并提出贯彻意见:按照劳动部有关文件精神,当前压力管道安全监察工作的重点是开展压力管道安全状况普查、参加事故调查与处理和对新建、改建、扩建的压力管道工程项目实施安装质量监督检验;各地(市)劳动部门应各地(市)劳动部门继续抓好压力管道(重点是工业管道和公用管道)安全状况普查,并及时将普查情况报省劳动厅锅炉处;各地(市)劳动部门应配用专人负责压力管道安全监察工作,并抓好基础工作。压力管道设计单位和制造单位的资格认可工作在劳动部相应管理规定颁布后实施;工业管道和公用管道安装单位资格暂时参照《江西省压力容器安装修理单位资格审定暂行办法》临时认可;全省压力管道的检验工作必须由劳动部门检验单位承担,具体检验业务划分在检验资格认可后确定。劳动部《压力管道安全管理与监察规定》配套的其他管理规定颁发后省劳动厅将及时转发。8 月 26 日,根据劳动部颁发《锅炉压力容器检验单位监督考核办法》,省劳动厅制订颁布《江西省〈锅炉压力容器检验单位监督考核办法〉实施细则》。要求各地(市)锅炉压力容器安全监察机构应加强对管辖范围检验单位的常规性监督检查。10 月 15 日,省卫生厅、省劳动厅联合转发《卫生部、劳动部关于下发〈医用氧舱临床使用安全技术要求〉的通知》。10 月 28 日,省劳动厅下发赣劳安〔1996〕30 号转发劳动部《关于进一步加强客运架空索道安全管理工作的通知》,要求各地(市)劳动部门依据《客运架空索道安全运营与监察规定》《关于发放客运索道〈安全使用许可证〉的通知》和本通知的要求贯彻执行。同时要求各监察机构在索道建设的前期阶段就要介入，参加索道建设的可行性研究论证、初步设计审查，并按规定做好试运行、预审、检测直至发放《安全使用许可证》的工作。12 月 20 日，为认真贯彻实施劳动部颁发的《锅炉产品安全质量监督检验规则》，保证锅炉制造的监督质量，省劳动厅结合全省锅炉产品监检的情况，制订颁发《江西省〈锅炉产品安全质量监督检验规则〉实施细则》。

1997 年 2 月 26 日，省劳动厅制订颁布《江西省锅炉安装修理改造安全管理规定》，从颁布之日起实施，原印发的《江西省锅炉安装修理安全管理规定》《江西省锅炉技术改造安全管理暂行规定》同时废止。2 月 26 日，省劳动厅以赣劳锅〔1997〕6 号转发劳动部《关于贯彻〈压力管道安全管理与监察规定〉工作中应注意的问题的通知》。9 月 29 日，省劳动厅根据《锅炉压力容器安全监察暂行条例》及其《实施细则》《气瓶安全监察规程》和劳动部文件精神，制订并下发《江西省气瓶检验单位监督考核管理办法（试行）》和《江西省气体充装单位年审管理办法（试行）》进一步巩固气体充装站、气瓶检验站整顿治理的成果。

1998 年 2 月 24 日，为加强电梯、起重机械的设计、制造、安装、修理、改造、检测检验、使用的安全管理，根据《江西省劳动保护暂行条例》，省劳动厅修订颁布《江西省电梯、起重机械安全管理办法》，自 1998 年 4 月 30 日起执行。原《江西省电梯、起重机械安全管理暂行办法》同时废止，以往颁布的有关规定与本管理办法相抵触的，以本办法为准。是日，省劳动厅根据《锅炉压力容器安全监察暂行条例》《压力容器安全技术监察规程》《压力管道安全管理与监察规定》和原劳动部文件精神，制订颁布《江西省压力容器压力管道安装修理单位资格认可与管理暂行办法》，加强对压力容器和压力管道安装修理单位的监督管理，确保安装修理质量，印发全省贯彻执行。9 月 14 日，根据国务院颁布的《锅炉压力容器安全监察暂行条例》和原劳动部《关于公布〈锅炉制造许可证条件〉的通知》的有关规定，省劳动厅结合全省的具体情况，制订公布《E2 级（含常压）锅炉制造许可证条件》，并提出贯彻意见。是日，还制订下发了《江西省压力容器压力管道安装修理单位资格认可与管理暂行办法》（以下简称《办法》），并定于 1998 年 10 月 7—9 日召开《办法》宣传贯彻会。

从 1996 至 2000 年间，省劳动厅积极完善地方性法规体系，不断完善和制订地方性法规。先后制订《江西省劳动保护条例》，由省人大常委会通过并颁布实施；颁发 6 个锅容管特方面的管理办法、实施细则等规范性文件。省内地方性法规体系日趋完善，锅容管特安全监察工作向法制化、规范化迈进。

2000 年 8 月份以来，省质监局在充分调研的基础上，积极组织编写《江西省锅炉压力容器压力管道安全管理与监察办法》等五项地方法规文件，其中《江西省锅炉压力容器压力管道安全管理与监察办法》《江西省特种设备安全管理与监察办法》两项法规准备提交省人大讨论通过后以省长令的形式颁布，促进全省锅容管特设备安全监察工作全面发展的同时，使全省锅容管特设备管理的法制化建设迈上新的台阶。省质监局根据法规标准更新快的特点，及时组织对新标准、规定的宣传贯彻工作。11 月，省质监局组织“小型和常压热水锅炉安全监察规定”宣传贯彻会，与会人员达 100 多人。

2001 年，省质监局加快锅容管特安全监察法规建设，《江西省客运索道安全管理办法》颁布实施,《江西省锅炉压力容器压力管道安全管理与监察办法》《江西省特种设备安全管理与监察办法》上报省政府法制办,《江西省锅容管特事故隐患处理规定》等多项管理办法征求意见或拟订中。2001年省质监局共组织3次国家质检总局相关法规和规程宣传贯彻会,宣传贯彻国家质监局《特种设备质量监督与安全监察规定》(国家质量技术监督局第13号令),《压力管道安装单位资格认可实施细则》和《压力容器安全技术监察规程》《气瓶安全监察规程》等相关法规。

2002年4月出台《江西省锅容管特资格许可评审管理暂行规定》;6月出台《江西省锅容管特设备事故隐患处理暂行办法》;7月拟定《江西省特种设备安装改造、维修保养单位资格认可管理暂行办法》(征求意见稿);8月,省质监局转发国家质检总局《锅炉压力容器制造监督管理办法》(国家质检总局第22号令);9月拟定《锅容管特设备设计、制造、安装、改造、维修保养、检验单位资格许可申请受理办法》(征求意见稿);10月根据国家质检总局《特种设备质量监督与安全监察规定》(国家质检总局第13号令)以及相关法规,制订颁布《江西省游乐设施安全管理规定》,同时,拟定《江西省特种设备安装、改造、维修保养单位资格认可取(换)证审查办法》。

2003年3月,国家质检总局制订《杂物电梯监督检验规程》,省质监局依据该规程下发赣质技监锅发〔2003〕11号文件以规范杂物电梯验收检验和定期检验的行为,要求各级部门认真组织学习并贯彻执行。3月12日,省质监局以赣质技监锅发〔2003〕12号文转发国家质检总局《关于印发〈游乐设施安全技术监督规程(试行)〉的通知》,要求各级部门将执行中遇到的问题及时反馈省质监局锅炉处。5月15日,省质监局转发国家质检总局《关于印发〈在用工业管道定期检验规程(试行)〉的通知》。5月16日,省质监局下发《关于进一步规范特种设备检测、检验工作的通知》。6月27日,省质监局下发《关于进一步加强化和规范特种设备检验检测机构监督考核工作的实施意见》。7月,省质监局转发国家质检总局《特种设备行政许可实施办法(试行)》,以规范特种设备生产、使用及检验检测的行政许可工作。同时,为规范机电类特种设备制造许可工作,确保机电类特种设备的制造质量和安全技术性能,国家质检总局制订《机电类特种设备制造许可规则(试行)》,省质监局以赣质技监锅发〔2003〕27号文转发,并组织学习贯彻。8月,省质监局转发国家质检总局《关于转发国家质检总局〈关于印发《压力管道使用登记管理规则(试行)》的通知〉的通知》《关于印发〈锅炉压力容器使用登记管理办法〉的通知》、国家质检总局《关于实施〈特种设备安全监察条例〉若干问题的意见》。9月,省质监局以赣质技监锅发〔2003〕38号文转发国家质检总局《关于印发〈锅炉压力容器制造许可条件〉〈锅炉压力容器制造许可工作程序〉〈锅炉压力容器产品安全性能监督检验规则〉的通知》,通知要求全省认真学习并贯彻执行。同时,为规范机电类特种设备安装、改造、维修单位的资格许可工作,确保机电类特种设备安装、改造、维修及电梯日常维护保养的质量与安全性能,根据《特种设备安全监察条例》(国务院373号令)和《特种设备质量监督与安全监察规定》(国家质检总局令第13号),国家质检总局制定《机电类特种设备安装改造维修许可规则(试行)》,省质监局以赣质技监锅发〔2003〕40号文转发。同时转发国家质检总局《关于建立特种设备动态监督管理机制的意见》和印发《江西省建立特种设备动态监督管理机制实施方案》的通知。10月,国家质检总局为规范特种设备行政许可型式试验及鉴定评审工作,颁布《关于公布〈特种设备安装改造维修许可证申请书〉等有关文书格式的通知》《关于公布〈特种设备行政许可鉴定评审机构〉

的通知》《关于公布〈首批特种设备型式试验机构〉的通知》三个文件，省质监局以赣质技监锅发〔2003〕50号文转发。11月，省质监局转发国家质检总局《关于印发〈特种设备检测机构管理规定〉的通知》，并组织学习。12月，转发国家质检总局《大型游乐设施设计文件鉴定规则(试行)》。

2004年2月9日，省质监局制订并下发《江西省质量技术监督系统特种设备安全监察工作职责及责任追究规定(试行)》，防止因安全监察机构工作人员和检验检测机构检验人员工作失职而造成特种设备及人员事故。为督促全省质监系统认真贯彻执行《规定》，省质监局制订《全省质量技术监督系统特种设备安全监察工作责任状》《全市质量技术监督系统特种设备安全监察工作责任状》和《质量技术监督系统特种设备检验检测机构检验检测工作责任状》。3月，省质监局发文《转发国家质检总局〈关于公布《特种设备目录》的通知〉的通知》。4月26日，省质监局发文《关于转发国家质检总局〈特种设备行政许可工作程序(试行)〉的通知》。同时，为规范电梯维护保养的安全管理，确保电梯的安全运行，根据国务院《特种设备安全监察例》和国家质检总局《机电类特种设备安装改造维修许可规则(试行)》的规定，结合本省实际，省质监局制订《江西省电梯维护保养安全管埋办法(试行)》，省质监局下发赣质技监锅发〔2004〕22号文件，要求全省认真组织学习并贯彻执行。8月13日，省质监局发文《转发国家质检总局〈关于压力容器安装许可工作的有关意见》的通知〉。10月10日，省质监局发文《转发国家质检总局〈关于电梯安装改造验收工作执行新版标准起始日期的通知〉的通知》。11月25日，省质监局发文《关于召开〈锅炉安装改造单位监督管理规则〉、〈锅炉安装监督检验规则〉宣贯会的通知》。12月24日，省质监局下发赣质技监锅发〔2004〕92号文件，传达关于锅炉安装改造维修有关问题的通知。12月25日，省质监局印发《江西省气瓶充装许可监督管理规则》。12月31日，省质监局发文《关于印发〈江西省气瓶充装许可监督管理规则〉的通知》。

2005年4月5日，省质监局下发《关于加强机电类特种设备生产单位许可后续监管的通知》，7月22日，省质监局下发赣质技监锅发〔2005〕56号文，转发国家质检总局《特种设备作业人员监督管理办法》。同时，为加强全省在用简易升降机的监督管理和安全使用，省质监局下发《关于明确全省在用固定式简易载货升降机安全使用要求的通知》。9月30日，省质监局下发《关于贯彻〈江西省气瓶充装许可监督管理规则〉的若干意见》。10月19日，为强化全省各级质监局特种设备安全监察机构及特种设备检验检测机构工作人员责任心，防止因安全监察机构工作人员和检验检测机构检验人员工作失职而造成特种设备及人员事故，省质监局依据有关规定制订《江西省质量技术监督系统特种设备安全监察和检验检测工作职责及责任追究规定(试行)》，同时，为切实履行国家赋予质量技术监督部门对特种设备安全监管的职责和督促特种设备检验检测机构依法履行特种设备检验检测职责，提高特种设备安全监察工作水平和检验检测覆盖率，防止和减少特种设备安全事故，省质监局依据《江西省质量技术监督系统特种设备安全监察和检验检测工作职责及责任追究规定(试行)》，特制订《江西省特种设备安全监察工作目标责任制考核办法(试行)》和《江西省特种设备检验检测工作目标责任制考核办法(试行)》，要求全省组织有关人员认真学习。11月，省质监局下发《关于明确电梯维护保养有关问题的通知》，对《江西省电梯维护保养安全管理办法(试行)》及其补充规定中电梯维护保养有关问题提出了相关明确要求。

2007年1月,省质监局发文《关于〈特种设备安全监察条例〉立法后评估调查工作情况的报告》,10月,省质监局下发《关于进一步明确全省客运索道安全监管要求的通知》。

2008年6月5日,根据国务院《特种设备安全监察条例》和国家质检总局《机电类特种设备安装改造维修许可规则(试行)》的规定,结合本省实际,省质监局制订《江西省电梯使用管理和日常维护保养办法》。要求全省组织学习并贯彻执行。

2009年5月22日,省质监局下发《关于进一步规范电梯检验准备和验收交付工作的通知》,9月3日,省质监局下发《江西省特种设备安全监察条例》征求意见稿。

2010年,省质监局组织编写的《江西省特种设备使用单位安全管理要求及评价》标准在国家质检总局备案。《江西省特种设备安全监察条例(草案)》通过省政府常务会议提交省人大,并完成立法调研和“一审”征求意见。

第二节　特种设备安全宣传

从1991年开始,全国安委会开始在全国组织开展“安全生产周”活动。每年5月的第二周,由省劳动厅组织,职业安全处、锅炉和压力容器处等相关处室参与,开展集中宣传安全生产及特种设备安全知识活动。2000年8月,特种设备职能划转后,省质监局特种设备处继续参与每年的“安全生产宣传周”活动。

2001年3月召开了《特种设备质量监督与安全监察规定》(国家质检总局第13号令)宣传贯彻会,6月召开了国家质检总局颁发的压力管道相关法规及《压力容器安全技术监察规程》宣传贯彻会。

2003年3月,为充分调动全省锅炉管特安全监察和检验人员的积极性和创造性,鼓励先进,省质监局决定在全省锅炉压力容器压力管道及特种设备安全监察工作会议期间对全省锅容管特普查整治工作先进集体和先进个人进行表彰。4月,省质监局发文《关于表彰全省锅炉压力容器特种设备普查整治工作先进集体和先进个人的决定》。

2004年5月13日,省质监局下发《关于报送“六一”期间特种设备安全法制宣传教育活动计划的函》。5月20—22日,省质监局在南昌召开《机电类特种设备安装改造维修许可规则(试行)》宣传贯彻会,各取(换)证单位代表,电梯、起重机械安装、改造、维修单位管理者代表或技术负责人,各设区市质监局安全监察代表参会。5月24日,按照国家质检总局质检特便字〔2004〕5008号文件要求,省质监局、省妇联、教育厅、司法厅、建设厅、安管局、团省委联合下发《关于转发国家质检总局等七部委〈关于在“六一”期间开展特种设备安全法制宣传教育活动的通知〉的通知》,要求各地按照通知开展特种设备安全法制宣传教育活动和现场集中宣传活动。6月,下发《关于召开全省〈机电类特种设备安装改造维修许可规则(试行)〉宣贯会的通知》。

2005年5月18日,省质监局下发《转发〈国家质检总局关于加强“六一”期间大型游乐设施安全监察工作并开展特种设备安全宣传活动的通知〉的通知》。

2006年2月,省质监局下发《关于认真做好〈特种设备安全使用服务指南〉宣贯工作的通知》。

5月，省质监局下发《关于开展特种设备安全知识宣传活动的通知》。6月，儿童节期间，在全省范围内启动了“特种设备安全知识进校园”主题讲座活动，主题活动形式多样，效果明显，社会反响强烈。另外，积极参与安全生产月活动，组织参与了全省安全生产诚信自律宣传、安全咨询服务队、《安全生产法》知识竞赛、“读好安全生产一本书”、“我为安全生产献一策”、安全生产执法典型示范、“6·11”安全生产月宣传咨询日等活动。法制教育宣传活动中，全省质监系统共向群众邮递和发送各类特种设备安全知识传单3万份，向小学生发放《特种设备安全知识读本》3000册。

2007年5月，省质监局下发《关于召开〈锅炉设计文件鉴定管理规则〉宣贯会的通知》。要求在抓好特种设备安全监管组织网络建设的同时，在全省范围内组织各级安全监察人员进行业务知识学习和比武活动，活动采取书面竞赛和抢答竞赛两种形式，进行层层选拔。11月中旬，在南昌组织了全省安全监察业务知识比武活动，南昌市局获一等奖；吉安、上饶、抚州市局获二等奖；赣州、九江、新余、萍乡市局获三等奖。国家总局特种设备局、省安管局和省质监局的相关领导观摩了电视决赛并为获奖单位颁奖。信息日报、江南都市报、中国质量报、江西电视台三套、国家总局网站等新闻媒体对活动进行了采访和报道。各设区市局按照省质监局要求认真组织了本地区的安全监察业务知识比武活动，其中吉安市局、抚州市局、南昌市局和上饶市局的比武活动组织较好。

2008年6月，省质监局下发《关于开展全省特种设备安全法制宣传主题活动的通知》，以《特种设备安全监察条例》颁布5周年和全国安全生产月为契机，积极开展特种设备安全法制宣传咨询活动，全省累计发送各类宣传资料40000余份，制作宣传展板352块，张挂宣传横幅及标语1243条。同期编写了《特种设备安全监察业务知识百题集》，全省共12375名安全管理人员参加了特种设备安全知识的学习宣传贯彻。9月，省质监局印发《全省特种设备压力容器检验人员业务知识竞赛活动方案》，组织开展全省特种设备检验人员业务知识竞赛活动。10月，省质监局印发《全省电梯安全管理人员业务比武活动方案》，在全省范围开展电梯安全管理人员业务比武活动。11月，省质监局下发《关于举办〈超高压容器安全技术监察规程〉等5个技术规范宣贯会的通知》。

2009年3月，省质监局下发《关于举办〈起重机械安装改造重大维修监督检验规则〉〈起重机械定期检验规则〉宣贯培训班的通知》。4月，省质监局下发《关于进一步开展全省〈特种设备安全监察条例〉宣传活动的通知》，“4·30”法制宣传日活动中，省质监局向新闻媒体提供了新闻通稿，并首次发布了《2008年江西省特种设备安全状况白皮书》。同时，各单位还积极参加了“安全生产月”的各项宣传活动。活动中，宜春市局推进“移动学校”举措，实现了宣传教育“时间移动、地点移动、方式移动”；南昌市局《特种设备安全工作简报》、上饶市特检中心《上饶特检信息》及省特种设备协会网站和《特种设备简讯》办得有特色；景德镇市特检中心的两幅摄影作品充分反映了特种设备安全工作的特色，分获省质监局“辉煌的中国、可爱的质监”书画摄影展比赛一、二等奖。5月，省质监局下发《关于开展特种设备安全进校园宣传活动的通知》及《关于参加国务院新修改的〈特种设备安全监察条例〉宣贯会的通知》。6月，省质监局下发《关于“特种设备安全进企业”有关活动安排的通知》。6月25日，省质监局《转发国家质检总局〈关于实施新修改的《特种设备安全监察条例》若干问题的意见〉的通知》。7月，省质监局下发《关于开展“特种设备安全进社区活动”的通知》。12月，省质监局下发《关于在全省开展起重机械使用管理规则宣贯的通知》。

2010 年 5 月,省质监局下发《关于印发〈全省特种设备安全"三进"宣传活动工作方案〉的通知》,以国务院新修改的《特种设备安全监察条例》为重点,以特种设备"进校园、进企业、进社区"活动为主题,点线面相结合,上下联动,采取多种形式,充分利用新闻媒体,大规模开展特种设备安全法制"百日宣传"活动。7 月,省质监局下发《关于全省特种设备安全"三进"宣传活动情况的报告》。2010 年累计开展宣传教育活动 301 次,发放宣传资料 47208 份,制作展板 208 块。全年开展 9 类特种设备安全使用服务指南宣传贯彻,全省累计举办宣传贯彻班 179 次,有 9793 家使用单位的 11173 人参加宣传贯彻学习,9890 家使用单位签订特种设备安全使用承诺书。

第七篇　法治建设

党的十一届三中全会以来,中国社会主义民主与法制建设取得显著成绩。十五大确立依法治国、建设社会主义法治国家的基本方略,1999 年九届全国人大二次会议将其载入宪法。作为依法治国的重要组成部分,依法行政也取得明显进展。1999 年 11 月,国务院发布《国务院关于全面推进依法行政的决定》,并明确提出"加强对执法活动的监督,推进依法行政"。各级质量技术监督部门忠实履行宪法和法律赋予的职责,保护公民、法人和其他组织的合法权益。坚持执政为民,严格行政执法,强化执法监督。

省标准局、省计量局及组建后的省技监局、省质监局重视江西省质监地方立法工作,先后多次向省政府呈交立法项目申请、并起草提交方案。后经省人大常委会批准通过后颁布实施的地方法规有《江西省产品质量监督管理条例》《江西省标准化管理条例》《江西省计量监督管理条例》《江西省特种设备安全监察条例》。为加强质监法治建设,先后出台了一系列规范性文件,涉及计量的有《江西制造、修理计量器具许可证评审员管理办法(试行)》《江西省修理计量器具许可证考核细则》《江西省个体工商户制造修理计量器具考核细则(试行)》《江西省石油计量监督管理办法》《江西省商品房面积计量监督管理办法》《江西省强检计量器具年度备案办法》等;涉及标准的有《江西省地方标准管理办法》《江西省无公害农产品标志管理实施细则》《江西省农业标准规范备案管理办法》《江西省企业产品标准备案管理办法》等;涉及特种设备的有《江西省客运索道安全管理办法》《江西省锅炉压力容器压力管道安全管理与监察办法》《江西省特种设备安全管理与监察办法》《江西省游乐设施安全管理规定》《江西省电梯维护保养安全管理办法(试行)》等;涉及纤维检验的有《江西省学生用纤维制品质量监督管理暂行办法》等。

全省质监系统围绕《中华人民共和国计量法》《中华人民共和国产品质量法》《中华人民共和国标准化法》《商品条码管理办法》《特种设备安全监察条例》《压力容器安全技术监察规程》等在省内的实施,多次组织宣传贯彻会学习贯彻。开展"二五""三五""四五""五五"普法活动,组织干部职工学习法律知识;每年都举办各种类型的培训班和研讨班,加强法制机构和队伍建设,重视法制教育和宣传,全省质监部门依法行政水平不断提高。

2010 年,省质监局按照省政府对每个部门的行政审批项目减少都不低于"三个 30%"的要求,提出不少于 40% 的工作目标,对行政许可事项 22 项进行清理和压缩,只保留行政许可项目 11 项,精简 11 项。至 2010 年底,省质监局共梳理 41 部法律法规,制定行政处罚自由裁量权参照执行标准,共计 222 款。同时,注重内部制度建设,先后制定一系列规范性文件和管理制度。当年省质监局获得全国质检系统"五五"普法先进单位。

第一章　法制机构

20 世纪 90 年代初,省计量局和省标准局没有专职的法制机构,随着政府职能的加速转变,1990 年省计量局成立行政复议办公室,省标准局聘请法律顾问。1995 年组建省技监局,专设法规宣教处,负责行政复议工作与标准化、计量、质量监督有关的技术法规的备案工作。1996 年成立省技监局行政复议委员会。2000 年成立省质监局,保留政策法规宣传教育处。2001 年,成立省质监局行政案件审理委员会。2003 年成立省质监局行政复议委员会。2007 年,成立省质监局行政法规规章清理工作领导小组和行政许可网上审批工作领导小组。2009 年成立省质监局电子监察系统建设工作领导小组。

按照国家质检总局和省委省政府要求,全省质监系统不断加强法制机构人员配备,通过举办各类执法业务和法律知识培训,提高法制工作人员依法行政水平。省质监局每年组织开展全省质监系统行政执法案卷检查评比,严格执行自由裁量权标准,认真落实执法责任制。形成建设“法治质监”的协同效应。

第一节　机构建设

20 世纪 90 年代初,省计量局和省标准局是由省经委领导的二级机构,分别负责贯彻国家有关计量法令和标准化法令。两局的机构设置都没有专职的法制机构,有关法制方面的相关工作,分别由两个局的综合处室负责。1990 年 1 月 20 日省计量局成立行政复议办公室。1990 年 10 月 31 日省标准局聘请省律师事务所熊本祥、方世杨为常年法律顾问。1994 年,南昌市郊区成立全市第一家区法院驻标准计量局执行室,为标准计量局执法增加力度。

1995 年省政府将省计量局、省标准局组建省技监局,专设法规宣教处,负责《中华人民共和国计量法》《中华人民共和国标准化法》《中华人民共和国产品质量法》在省内的组织实施和行政执法工作,指导系统执法机构的建设,负责行政复议工作,负责与标准化、计量、质量监督有关的技术法规的备案工作。各地市局设法规宣教科,部分小地市局法规宣教科与办公室合署办公。1996 年 4 月 29 日,成立省技监局行政复议委员会,局长杨毓模任主任,复议办公室设在法规宣教处。2000 年成立省质监局,保留政策法规宣传教育处,负责质量技术监督法律、法规的宣传贯彻,草拟地方质量技术监督相关的法规、规章;指导全省行政执法工作并进行监督检查;负责行政复议、应诉工作;负责组织宣传报道,承担局新闻发布工作;组织全省质监系统执法人员考试、考核和培训教育工作。2001 年 6 月 26 日,成立省质监局行政案件审理委员会,局长刘和平任主任,案审会办公室设在监督处。2003年5月22日成立省质监局行政复议委员会,局长刘和平任主任,行政复议办公室设在政策法规宣教处。2005年1月27日,省质监局调整行政复议委员会组成人员,局长朱秉发任主任。2007年4月16日,成立省质监局行政法规规章清理工作领导小组,局长朱秉发任组长。2007年6月15日,成立省质监局行政许可网上审批工作领导小组,局长朱秉发任组长。2009年2月11日成立省质监局网上审批和电子监察系统建设工作领导小组,领导小组办公室设在法规处。

第二节 队伍建设

质监系统按照国家质检总局和省委省政府要求,加强法制机构和队伍建设。除萍乡、新余等规模小一点的市局安排1名工作人员外,其他市局都安排2名以上工作人员。县区局都有一个部门负责法制工作,配备1名专兼职人员。省质监局每年组织开展全省质监系统行政执法案卷评查,严格按照程序办案,严格执行自由裁量权标准,认真落实执法责任制。推行"说理式"执法,构建和谐执法关系。

全面推进依法行政,涉及面广、难度大、要求高,需要一支政治强、作风硬、业务精的法制工作队伍。质监系统通过建立行政机关工作人员学法制度,采取自学与集中培训相结合、以自学为主的方式,不断增强法律意识,提高队伍素质。

1992年,根据国家"二五"普法要求,各级计量部门制订普法规划和计划,省计量局先后举办两期普法研讨班,分别对基层单位选送的普法骨干进行培训。1992年下半年省计量局举办全省计量普法师资培训班。1994年省标准局组织对全省320名技术监督行政执法人员进行行政执法业务培训。1995年省技监局先后在上海和福州市举办二期县级局长培训班,培训人数达110人。培训班在技监法律法规的授课基础上,还增加与外省县技监局局长一起座谈交流、案例剖析、释难解疑、观摩学习的教学内容。1997年加强对《中华人民共和国行政处罚法》的宣传贯彻培训,全省质监系统行政执法人员有1886人参加培训考核,1779人考核合格,取得行政执法资格,并获得江西省行政执法证书。全省质监行政执法人员执证上岗100%。1998年12月,省技监局举办首期"行政执法案例研讨会",并邀请国家技监局的专家讲课,参加培训人数达140余人。

2000年8月18—19日省质监局举办修改后《中华人民共和国产品质量法》宣传贯彻培训班。全省质监地、市局分管法制工作副局长、法规科科长、监督科科长、稽查支队队长、县局局长参加培训。为规范使用行政执法文书,2001年6月14日,举办全省质监系统《新质量技术监督执法文书制作培训班》。11月组织召开2001年全省质监行政执法案例研讨会,共收到各地提交的论文与案例130余篇。2002年12月18—19日,举办全省质监案例研讨班。2003年3月26—28日举办全省质监系统行政诉讼法律知识培训班。2004年1月7—9日在九江召开座谈会,组织人员学习交流《江西省质量技术监督行政执法人员法律知识辅导材料》。5月27—29日华东地区联络协作网在上饶市召开质量技术监督法制工作第五次会议。会上交流行政许可事项清理工作情况,并就行政许可法正式施行后可能出现的问题和拟采取的对策进行研讨。7月1日《中华人民共和国行政许可法》施行后,各级质监部门组织开展《中华人民共和国行政许可法》的学习培训,重点对领导干部、从事行政许可工作人员以及执法人员教育培训。全省质监系统共召开《中华人民共和国行政许可法》各类宣传贯彻培训班150多期,参加学习达7000人次。

2005年3月26—28日举办质量技术监督行政执法骨干培训班。2005年通过开展行政许可事项清理,组织执法人员培训考核,严格行政执法人员证件发放,制订《执法人员工作手册》,出台《江西省质量技术监督系统办案先进单位、办案能手评选办法》,组织开展行政执法大检查,涌现出一批行政执法先进单位和先进个人。2006年省质监局组织举办全系统宣传骨干培训班,共有123位行政执法业务骨干参加培训。同年,赣州市质监局党组将法律法规学习列入中心组的重要内容,班子成员定期组织法规学习。吉安市质监系统内部成立培训工作领导小组,年初制定业务培训计划以及相关培训制度,并先后投入26万元资金,组织300余人次参加地方政府、省质监局和国家局举办的各类培训。2006年,全省质监系统共组织执法人员培训150期,达6000余人次。为总结自省质监局成立以来全省质监法制工作,2007年4月11日在赣州市召开全省质监系统法制监督现场经验交流会,与会代表现场观摩学习赣州市质监局法制监督工作经验,会上强调法制工作人员名单需报省局备案并颁发省政府的法制监督员证件。

第二章　质监法律体系

质量技术监督是以法律法规为准绳，以标准为依据，以技术检验、计量检测为手段，对产品质量进行规范和监督管理的行政活动。质量技术监督部门在行政执法过程中涉及的法律有《中华人民共和国计量法》《中华人民共和国标准化法》《中华人民共和国产品质量法》《中华人民共和国节约能源法》《中华人民共和国食品安全法》《中华人民共和国安全生产法》《中华人民共和国农产品质量安全法》《中华人民共和国清洁生产促进法》等；涉及的法规有《中华人民共和国计量法实施细则》《中华人民共和国标准化法实施条例》《中华人民共和国认证认可条例》《中华人民共和国工业产品生产许可证管理条例》《特种设备安全监察条例》《危险化学品安全管理条例》《棉花质量监督管理条例》《公共机构节能条例》《中华人民共和国食品安全法实施条例》《中华人民共和国计量法实施细则》《中华人民共和国标准化法实施条例》《中华人民共和国认证认可条例》《中华人民共和国工业产品生产许可证管理条例》《特种设备安全监察条例》《危险化学品安全管理条例》《棉花质量监督管理条例》《公共机构节能条例》《中华人民共和国食品安全法实施条例》等；涉及的部门规章有《产品质量国家监督抽查管理办法》《食品加工企业质量安全监督管理办法》《食品检验机构资质认定管理办法》《食品生产许可管理办法》《工业产品生产许可证管理办法》《产品标识标注规定》《原产地域产品保护规定》《查处食品标签违法行为规定》《商品条码管理办法》《气瓶安全监察规定》《定量包装商品计量监督规定》《组织机构代码管理办法》《采用国际标准产品标志管理办法》《计量授权管理办法》《法定计量检定机构监督管理办法》《压力管道安全管理与监察规定》《气瓶安全监察规定》《茧丝流通管理办法》《茧丝质量监督管理办法》等。

为解决全省产品质量的突出问题，省标准局、省计量局及组建后的省技监局、省质监局加强质监法制建设，配套出台地方法规规章《江西省产品质量监督管理条例》《江西省标准化管理条例》《江西省计量监督管理条例》《江西省特种设备安全监察条例》《江西省组织机构代码管理办法》和一系列规范性文件。

第一节　地方立法

地方立法的主要任务是解决该地区的实际问题，这就要求地方立法更应关注该地区的实际情况，准确把握问题的特点和规律。省标准局、省计量局及组建后的省技监局、省质监局加强质监法制建设，重视江西省质监地方立法工作。先后多次向省政府呈交立法项目申请、并起草提交方案。

产品质量监督管理条例

1993 年 11 月 27 日,省标准局专题向省政府法制局去函要求将《江西省产品质量监督管理条例》列入 1994 年省政府立法计划,之后省政府将其列入 1994 年度省政府立法计划。1994 年 6 月 16 日,省标准局向省政府提交《江西省产品质量监督管理条例(送审稿)》,1994 年 11 月 30 日,省人大第八届常委会第十二次会议通过《江西省产品质量监督管理条例》。该条例自 1995 年 1 月 1 日起施行。1997 年 6 月 20 日,省第八届人大常委会第二十八次会议对《江西省产品质量监督管理条例》第一次修正。2010 年 9 月 17 日,省第十一届人大常委会第十八次会议对该条例进行第二次修正。

标准化管理条例

依据国家《中华人民共和国标准化法》管理办法,省标准局 1991 年 3 月 28 至 30 日在南昌市召开征求《江西省实施〈中华人民共和国标准化法〉管理办法》意见座谈会,省直有关厅局负责标准化工作的人员和市(地)政府标准化行政主管部门的主要领导参加会议。1992 年 4 月 14 日,省标准局向省政府呈送《关于颁发"江西省实施〈中华人民共和国标准化法〉管理办法"的请示报告》。1993 年 11 月 27 日,省政府法制局将《江西省实施〈中华人民共和国标准化法〉管理办法》列入 1994 年立法计划。在立法过程中,该管理办法更名为《江西省标准化管理条例》。

1996 年 5 月 23 日,省标准局将《江西省标准化管理条例》(草案送审稿)及其说明报送省政府审议,1997 年 10 月 23 日,省第八届人大常委会第三十次会议通过《江西省标准化管理条例》。1997 年 10 月 28 日省人大常委会第 14 号公告公布实施。《江西省标准化管理条例》共六章三十六条,自 1998 年 1 月 1 日起施行。2002 年 7 月 29 日省第九届人大常委会第三十一次会议对《江西省标准化管理条例》第一次修正,修正后的《江西省标准化管理条例》共六章三十九条。2010 年 9 月 17 日,省第十一届人大常委会第十八次会议对该条例进行第二次修正。

计量监督管理条例

针对市场经济条件下新的计量法律关系亟待调整的形势,省技监局将加强地方计量法规和规章建设作为计量工作的重点,从 1996 年开始着手准备《江西省计量监督管理条例(草案)》的制订工作。省技监局在调研 10 多个兄弟省市地方计量法规的基础上,在 1999 年 1 月 19 日向省政府请示要求将《江西省计量监督管理条例》列入 1999 年度省政府立法计划。后列入 1999 年度省政府立法计划。1999 年 8 月 20 日,省第九届人大常委会第十次会议通过《江西省计量监督管理条例》,《条例》共 8 章 48 条,该条例自 1999 年 10 月 1 日起施行。2001 年 8 月 24 日,省第九届人大常委会第二十五次会议对《江西省计量监督管理条例》第一次修正。2010 年 9 月 17 日,省第十一届人大常委会第十八次会议对该条例进行第二次修正。

特种设备安全监察条例

2004年8月30日，省质监局向省政府法制办请求《江西省特种设备安全监察条例》列入省政府2005年立法计划。2005年8月5日向省政府呈送《江西省特种设备安全监察条例（送审稿）》。2008年9月12日向省政府请示要求将《江西省特种设备安全监察条例》纳入省政府2009年立法工作计划。后《江西省特种设备安全监察条例》列入省政府2010年立法计划。2011年5月27日江西省第十一届人大常委会第二十四次会议通过，该条例自2011年7月1日起施行。2011年12月1日，省第十一届人大常委会第二十八次会议修正。

第二节　政府规章

江西省组织机构代码管理办法

1996年3月，省经贸委、省计委、省编办、省公安厅、省财政厅、省人事厅、省劳动厅、省技监局等十六个部门联合发文，颁布《江西省组织机构代码管理实施办法》。1998年2月20日省政府第一次常务会议讨论通过，1998年3月27日，省政府令75号公布《江西省组织机构代码管理办法》，自1998年5月1日起施行。使全省组织机构代码管理工作走上法制化轨道。

商品条码管理办法

根据省政府2003年立法工作计划的要求，省质监局承担《江西省商品条码管理办法》起草工作，2003年3月24日向省政府法制办呈送《江西省商品条码管理办法（送审稿）》。2004年，省质监局在南昌市、新余市分别召开座谈会征求对《江西省商品条码管理办法》意见，省内条码使用单位、条码印刷单位、政府有关部门及商业销售单位代表参加座谈会。随后由省政府法制办主持召开评审会，由大学、法院、社科院、律师事务所等单位专家学者组成的评审组对该政府规章进行评议。2007年8月28日，省质监局向省政府专题报告，请求将《江西省商品条码管理办法》《江西省名牌产品管理办法》纳入江西省政府2008年立法计划。2008年6月4日向省政府呈送《江西省商品条码管理办法（送审稿）》。因种种原因，《江西省商品条码管理办法》未能在2010年底前出台。

第三节　规范性文件

计量监督

1990年，省计量局制定《江西制造、修理计量器具许可证评审员管理办法（试行）》。省计量局颁布《江西省修理计量器具许可证考核细则》和《江西省个体工商户制造修理计量器具考核细则

(试行)》。为加强石油加油站的计量监督,1994 年 8 月 10 日,省计量局颁布《江西省石油计量监督管理办法》。1994 年,省乡镇企业管理局和省计量局制定《江西省乡镇企业计量达标管理办法(试行)》。1995 年 3 月 20 日,省乡镇企业局、省计量局印发《江西省乡镇企业计量工作达标管理暂行办法》。1997 年省技监局制定并公布《江西省商品房面积计量监督管理办法》。1997 年 7 月,省技监局制定《江西省强检计量器具年度备案办法》。1998 年制定公布《江西省燃油加油站计量确认考核细则(试行)》。1998 年 4 月,省技监局印发《江西省商品房销售面积计量监督管理办法》。1999 年 1 月,省技监局印发《江西省制造计量器具许可证年审注册办法(试行)》。2000 年 2 月,省技监局印发《江西省制造计量器具许可证年审实施办法(试行)》。于 2002 年 4 月 19 日,省质监局颁布下发《江西省计量校准管理办法(暂行)》,办法自 2002 年 5 月 1 日起施行。2004 年,省质监局颁布《江西省瓶装液化气计量标识管理办法(暂行)》。

标准化管理

2001 年 5 月 30 日,省质监局制定并印发《江西省地方标准管理办法》。同时 2001 年省质监局制定并印发《江西省无公害农产品标志管理实施细则》。2002 年 4 月 30 日,省质监局制定并印发《江西省农业标准规范备案管理办法》。2009 年 5 月 8 日,省质监局起草《江西省企业产品标准备案管理办法》(征求意见稿)。2009 年 9 月 29 日,省质监局印发《江西省企业产品标准备案管理办法》。

特种设备监督

2001 年,省质监局颁布实施《江西省客运索道安全管理办法》,并将《江西省锅炉压力容器压力管道安全管理与监察办法》《江西省特种设备安全管理与监察办法》上报省政府法制办。2002 年 10 月,赣质技监局发〔2002〕56 号制订颁布《江西省游乐设施安全管理规定》。2004 年 2 月,省质监局依据有关规定制订《江西省质量技术监督系统特种设备安全监察工作职责及责任追究规定(试行)》,同时省质监局制订《全省质量技术监督系统特种设备安全监察工作责任状》《全市质量技术监督系统特种设备安全监察工作责任状》和《质量技术监督系统特种设备检验检测机构检验检测工作责任状》。2004 年 5 月省质监局制订《江西省电梯维护保养安全管理办法(试行)》。2004 年 8 月,省质监局已制定《江西省电梯维护保养安全管理办法(试行)》。2004 年 12 月 31 日,省质监局下发赣质技监局发〔2004〕61 号,关于印发《江西省气瓶充装许可监督管理规则》的通知。2005 年 10 月省质监局制订《江西省特种设备安全监察工作目标责任制考核办法(试行)》和《江西省特种设备检验检测工作目标责任制考核办法(试行)》。2007 年,省质监局制定并实施《江西省特种设备安全监察员管理办法》,在全省范围内组织各级安全监察人员进行业务知识学习和比武活动。2008 年 6 月 5 日省质监局制定《江西省电梯使用管理和日常维护保养办法》。2010 年 1 月省质监局下发《江西省特种设备安全监察工作绩效考核办法》和《江西省锅容管特设备事故隐患处理暂行办法》。

纤维检验

2005 年 5 月 11 日，制定《江西省学生用纤维制品质量监督管理暂行办法》。

行政执法

省质监局 1998 年制定《江西省质量技术监督罚没物品管理》《江西省技术监督行政执法错案追究》等制度。2000 年 11 月 16 日，制定并下发《江西省质量技术监督大案要案查处规定》，规定查处假冒伪劣产品标值金额超过 10 万元的案件属大案要案。2002 年 4 月，省质监局出台《省重点保护产品管理办法》。2004 年 1 月 30 日制定下发《江西省质量技术监督系统特种设备安全监察工作职责及责任追究规定(试行)》。2005 年 7 月 13 日制定下发《江西省质监系统办案先进单位、办案能手评选办法》。2005 年 11 月 1 日制订《江西省质量技术监督行政执法管理制度》，着重解决重复执法、多头执法等问题。修改《江西省产品质量定期监督检验实施办法》和《江西省省级产品质量监督抽查管理制度》，着重解决重复检查、多头检查、抽样不规范等问题。2007 年 3 月 2 日，制定下发《江西省质量技术监督系统涉案物品管理和处置办法》，从而规范全省质监系统涉案物品管理和处置行为。2008 年 10 月 6 日，制定下发《江西省质监系统法律文件处理工作规定》。2010 年省质监局规范行政执法权、行政处罚自由裁量权和监督检查抽样、技术检测行为，先后制订《江西省质量技术监督局行政案件审理工作实施细则》《江西省产品质量定期监督检验实施办法》。至 2010 年，省质监局共梳理 41 部法律法规，制定《行政处罚自由裁量权参照执行标准》，共计 222 款。

行政许可

2001 年省质监局制定《江西省工业产品生产许可证管理暂行办法》。对保留的生产许可行政许可项目实行“审查、审批、监督”三分离和公示公告制度。2005 年制订《江西省质量技术监督合格评审工作规则》，从制度上严防在审批办证过程中出现“索、拿、卡、要”和乱收费、搭车收费的现象。建立以“定岗定责、评议考核、责任追究”为主要内容的行政执法责任制。2004 年 12 月 31 日，制定下发《江西省气瓶充装许可监督管理规则》。要求设区市质监局立即停止受理本地区气瓶充装单位的充装资格申请和换证申请。气瓶充装单位资格评审工作暂由省质监局特种设备安全技术协会承担，相关设区市质监局安全监察机构派安全监察员参加。2008 年 6 月 25 日，省质监局制订《江西省工业产品生产许可证获证企业后续监督管理办法(试行)》，要求各级质监部门认真履行“从源头抓质量”的职责，切实加强获证企业、产品质量监管工作。

内部管理

为配合全省政务环境评议评价活动，省质监局 2003 年 5 月 19 日制定《江西省质量技术监督局工作规则》。8 月 4 日制定公布《服务承诺制》《首问负责制》《一次性告知制》《限时办结制》等制度。2004 年 4 月 29 日，制定下发《江西省质量技术监督系统便民措施》《江西省质量技术监督系统推荐服务规范》和《江西省质量技术监督局2004年服务质量年活动考评办法》。严格依纪依法查办案件,把严格依纪依法办案的要求贯穿到立案、调查、审理全过程。为加强质监系统内部管理,2004年6月30日制定《江西省质量技术监督规范性文件制定程序规定》。2006年10月31日,制定《关于加强全省质监系统宣传媒体广告业务管理的暂行规定》,规定经营广告业务的媒体,必须经资格认可后方可在质监系统经营广告业务。2007年7月8日,制定《江西省质量技术监督系统行政机关效能责任追究暂行办法》。2010年11月9日,制定《江西省产品质量监督检验中心建设规划暂行办法》。

2001年9月6日,省质监局开始对涉及WTO/TBT相关的法规、部门规章和规范性文件的制定和修订工作。11月29日,省质监局布置江西省强制性地方标准清理工作。清理范围为《江西省蚕种生产检验规程》(DB36/006-91)等18项强制性地方标准。到2001年底省质监局已完成对涉及质监工作的政府规章清理,保留《江西省组织机构代码管理办法》,废止《江西省标准化管理试行办法》《江西省采用国际标准若干政策暂行规定》。对省质监局文件进行清理:查阅文件3333件、涉及WTO的文件52件、废止45件、待改7件,修订完善规章制度77个。省质监局将18项强制性地方标准清理结果报送至国家标准化管理委员会。继续有效2项,废止2项,转为推荐性14项,2003年7月30日要求全省各级质监部门清理和废止制约改革和经济发展的文件和规定,并在8月10日以前完成。

第三章　法制宣传贯彻

省标准局、省计量局及组建后的省技监局、省质监局非常重视法制教育和宣传贯彻，先后开展“二五”“三五”“四五”“五五”普法活动，组织干部职工学习法律知识和参加各种类型的培训班和研讨班，取得较好成效。2010年省质监局获全国质检系统“五五”普法先进单位。全省质监部门充分利用各种宣传载体，开展质监法律宣传普及，提高全社会质监法律意识。积极加强行风建设，先后制订和建立《江西省质量技术监督系统便民措施》《服务承诺制》《首问负责制》等系列便民措施及各项工作制度。建立“一窗式”或“一站式”便民服务形式，极人地方便服务对象。

第一节　普法教育

“二五”普法

1992年4月25日，成立省标准局“二五”普法领导小组，局长缪长凡任组长。省标准局下发《关于印发江西省标准局“二五”普法规划及实施意见的通知》，省计量局制定《江西省“二五”计量专业普法计划》。1995年10月30日，省技监局对全系统“二五”普法工作进行总结。省技监局在宜春地区标准计量局、南昌市标准计量局、九江县标准计量局、东乡县标准计量局、波阳县标准计量局等5个单位普法试点的基础上，全面推进全系统“二五”普法活动。全省技监部门抓好干部职工的普法学习，做到统一时间、统一教材，坚持每周二、五下午普法学习。省技监局组织机关工作人员普法考试，考试合格率达到100%。同时，抓好地（市）、县（市、区）局普法工作指导，先后召开地（市）和部分县（市、区）局长参加的技术监督法制工作研讨会，举办7期普法师资人员培训班，培训普法宣传员800多人。会同省司法厅对部分地、市、县局的普法工作情况进行抽查。全省技监部门按照国家技监局、司法部、中共中央宣传部《关于学习宣传〈中华人民共和国产品质量法〉的通知》，在全省范围内开展形式多样的《中华人民共和国产品质量法》的宣传活动。开展计量法规的宣传活动。通过“二五”普法活动，全省技监部门取得较好成效。

“三五”普法

1997年10月7日，省技监局制定并下发《江西省技术监督局开展法制宣传教育的第三个五年计划》。通过“三五”普法活动，提高全省技监部门干部职工的法律意识，依法行政水平不断提高。

全社会更加解技监法律,能依据技监法律保护自己的合法权益,按照技监法律规范生产销售产品,特别是组织专项打假最大程度地震慑制假售假违法犯罪分子,保持严厉打击制售假冒伪劣商品违法行为的高压态势,鼓舞和教育广大人民群众,形成全社会都来关心打假、参与打假的良好氛围。

"四五"普法

2002年3月9日,省质监局制订下发《全省质量技术监督法制宣传教育第四个五年实施计划》。通过"四五"普法活动,提高质监工作的法制化管理水平,促进生产、经营企业提高质量法制观念,帮助消费者提高自我保护意识。使法制宣传教育由增强法律意识向提高法律素质转变,由注重依靠行政手段的管理向注重运用法律手段管理的转变。为依法行政、依法治监,全面推进全省质监系统各项事业的健康发展打下坚实基础。

"五五"普法

2006年9月6日,省质监局印发《江西省质监局关于开展法制宣传教育的第五个五年规划》。成立省质监局"五五"普法工作领导小组,局长朱秉发任组长。2010年9月,省质监局总结全省质监系统"五五"普法工作。全省质监系统把普法依法治理工作纳入重要议事日程和领导班子责任目标,各单位都制定《开展法制宣传教育的第五个五年规划》《领导干部学法用法工作实施方案》。全省质监系统领导成员学法坚持一季度不少于1次,全年不能少于4次。公务员、执法人员与技术机构人员基本做到全年学法时间不能少于120小时。同时,组织干部职工参加法律知识考试,参考率和合格率都达到98%。2006年9月,全省质监系统组织开展2006年江西质监法律知识竞赛。有15个单位代表队参加角逐,吉安市质监局等6个单位分别获一、二、三等奖;南昌市质监局等9个单位荣获最佳组织奖;丁爱民等5人获优胜选手奖。通过"五五"普法活动,依法行政水平、服务意识和管理水平明显提高。2010年省质监局获全国质检系统"五五"普法先进单位。

第二节　法律法规宣传贯彻

质监部门充分利用"315"国际消费者权益保护日、全国"质量月"、全国"安全生产月""12·4"法制宣传日开展质监法律法规宣传贯彻。省质监局在《江南都市报》《信息日报》开辟专栏,开展质监法律法规宣传。领导带队到省电台、电视台录制节目,同时设立并公布"12365"举报咨询电话,对社会提供法律咨询,接受人民群众的举报和投诉,畅通质监部门与广大群众交流的渠道。组织编印各类质监行政法规宣传册。为全省2000余家工业园区企业和省重点企业免费开展"法律六进"活动,收到良好的效果。

《中华人民共和国计量法》宣传贯彻

《中华人民共和国计量法》于1985年9月6日颁布,自1986年7月1日起施行。1990年9月

11 日，省计量局在南昌举办庆祝《中华人民共和国计量法》颁布 5 周年座谈会，副省长钱家铭、国家技监局计量司司长洪用对、省计量局局长杨毓模参加座谈会，当天副省长钱家铭在《江西日报》上发表"加强计量工作，适应现代化建设的需要"署名文章。1991 年，在"第二个计量宣传周"中，全省各级计量部门利用各种宣传工具，采取多种形式进行计量法、计量知识及其他法规的宣传活动。这次活动重点突出计量工作为提高企业产品质量和经济效益这个主题，使活动开展得形式多样、生动活泼。各地普遍举行庆祝计量法的座谈会，与企业一起商量研究如何进一步加强计量工作，更好地为企业服务。各地人大和政府及有关部门的领导对这次活动很重视，有的亲自参加座谈会或在电视上发表讲话。省人大常委会副主任钱家铭、省长助理张云川、省经委主任钱梓弘参加省计量局召开的庆祝计量法颁布六周年座谈会，省领导在会上讲话要求各级政府和部门继续广泛地开展计量法的宣传工作，进一步提高全民特别是各级领导的计量意识，把计量工作当作提高企业产品质量的一项基础工作来抓，大力发展计量产品工业，为社会提供更多更精确的先进计量检测仪器。在"计量宣传周"期间，余干县标准计量局将企业开展计量工作前后的主要经济和技术指标进行对比，绘制一览表发给全县各企业，让企业从提高产品质量和经济效益方面来认识计量工作的重要性。九江市技监局、江西轻工业机械厂等 5 家单位联合举办九江市"江西轻机杯"计量知识竞赛，九江市二级计量合格企业和部分县级技术监督局参加竞赛，江西轻工业机械厂获得第一名。景德镇市技监局在市中心广场《综合宣传窗》对景德镇市自计量法颁布以来计量执法情况进行宣传报道。进贤县标准计量局在县城街头开展为期一周的计量咨询活动，共接待群众咨询上千人次，同时还出动计量宣传车在城乡进行巡回宣传。计量法的普及宣传，提高广大群众的计量法制观念，增强执法的自觉性，为企业建立健全计量监督机制，创造良好法制环境。各级计量部门积极开展计量专业普法工作，到 1993 年年底，普法人数达 1 万余人，占普法人数的 85% 以上，达到国家规定的要求。

1995 年，《计量法》颁布 10 周年，当年第三十届国际法制计量大会在中国召开，充分利用报纸、广播、电机等各种宣传工具，向社会广泛开展《计量法》宣传贯彻。同时，加强对《江西省计量监督管理条例》的宣传贯彻，全省共召开座谈会、宣传贯彻会 108 次，参加会议达 6000 多人。张贴、散发《江西省计量监督管理条例》11000 多份。

《中华人民共和国标准化法》宣传贯彻

《中华人民共和国标准化法》于 1988 年 12 月 29 日颁布，自 1989 年 4 月 1 日起施行。1989 年第一季度，省标准局就与司法厅等有关单位联合发文，要求各地（市）县，各有关部门认真抓好《标准化法》实施前的学习、宣传工作，并将 3 月 27 日至 4 月 1 日定为第一个《标准化法》宣传周。1990 年 1 月 25 日，省人大和省政府召开了学习、宣传、贯彻《标准化法》动员大会，省人大常委会副主任裴德安主持大会，省人大、省政府及有关部门的领导同志 300 多人出席了会议。国家技监局副局长鲁绍曾在会上作了《标准化法》审议情况的专题报告。1990 年 11 月，省标准局在南丰县召开全省宣传贯彻《中华人民共和国标准化法》工作大会。许多地、市、县也召开了由同级人大、政府主持的动员大会。此后，又开展了各种形式的宣传活动，出版《标准化法》专刊，印发了《标准化法》文本一万多册,举办了宣传贯彻学习班100多期,参加人数达5000多人次。赣州、南昌、抚州、萍乡、新余、樟树、靖安还出动了宣传车,行程1000多公里。全省在电视、电台和报纸上发表了宣传文章200多篇。省人大常委会副主任裴德安、副省长钱家铭以及南昌、新余等市的领导都亲自在电视、报纸上发表了讲话或文章。在《标准化法》实施前,全省掀起了一个学习、宣传《标准化法》的高潮,为《标准化法》的正式实施奠定了基础。

宜春地区标准计量局大力宣传《标准化法》,组织巡回宣讲。首先在宜春市召开了地、市宣传贯彻《标准化法》大会,行署和宜春市直机关、主管部门、市内企业等150多人参加了宣传贯彻会。局领导带队,分别到铜鼓、宜丰、万载、高安、奉新、靖安、上高七个县巡回宣讲。参加宣讲会的人数近2000人。除地区局组织巡回宣传贯彻外,各县市局也采取多种形式开展宣传贯彻活动。各县市局召开各种宣传贯彻会24次,利用电台广播稿件12篇。放映幻灯24场次。出动宣传车20辆次。向基层分发各种宣传资料3000余份。靖安县、樟树市将宣传贯彻标准化法纳入政法工作会议。专门安排时间进行宣讲。上高县人大常委会听取了县标准计量局关于学习、宣传《标准化法》的情况汇报后做出了《关于学习、宣传、贯彻〈标准化法〉的决定》。万载县政府发出了《关于学习、宣传、贯彻〈标准化法〉的通知》,召开了宣传贯彻动员和广播大会。

抚州地区标准计量局开展了形式多样地标准化法宣传贯彻活动。下发了学习通知,组织各县(市)局、所长学习,举办了骨干学习班,办了宣传图窗,出动了宣传车,派人到地区行业学习班动员大会上宣讲。全区在地、县、企业三个层次范围内采取分工负责,分片包干的方法,普遍开展了各种形式的宣传贯彻活动,绝大多数企业分厂领导(包括标准化委员会)、中层(包括专职人员)以及班组三个层次进行了学习、宣讲。据统计,抚州地区参加动员大会达4000多人,各种学习、座谈、宣传贯彻会240次,达5000多人,宣传标语400余条,墙报44期,广播和报社稿件33篇,出动宣传车5次。在全区范围内出现了一个学习、宣传、贯彻标准化法的热潮。

《标准化法》颁发实施以来,玉山县标准计量局采取了多种宣传贯彻方式:翻印《标准化法》文本200份;下发《关于进一步开展对生产、流通领域的产(商)品质量进行监督检验的通知》和《关于强化产(商)品质量监督,保护国家和消费者利益的通知》等文件;为提高企业领导、工作人员的管理水平与业务素质,举办了玉山县工业企业负责人标准化学习班,并积极派人员参加省、地市举办的标准化法学习班、质量监督员培训班等共达168人次。在贯彻执行《标准化法》的工作中,帮助七个企业设立了由企业厂长直接领导的有权威的标准化管理机构,帮助四个企业标准化验收合格,三个企业标准化定级,使三个企业获得省级企业,一个企业获得国家二级企业。

《中华人民共和国产品质量法》宣传贯彻

《中华人民共和国产品质量法》于1993年2月22日颁布,自1993年9月1日起施行。1998年9月,省技监局在南昌市八一广场举办纪念《中华人民共和国产品质量法》(以下简称《产品质量法》)实施5周年纪念活动,省人大常委会副主任钱梓弘参加。2000年8月1日,省技监局与省司法厅联合下发《关于进一步开展新修改的〈中华人民共和国产品质量法〉学习宣传活动的通知》。

要求技监部门行政执法人员在2001年9月1日前通过培训,熟悉掌握《产品质量法》的普及工作。2000年9月,围绕“质量·新世纪的呼唤”主题,省质监局在南昌市开展新《产品质量法》宣传活动,参加宣传和咨询人员达1万人以上。11月,组队参加国家质监局举办新修改的《产品质量法》有奖知识竞赛并获得组织奖。2001年3月15日,与省电视台联合制作《质量连着你我他》的电视特别节目。

抚州地区标准计量局在学习宣传新修改的《产品质量法》活动中,共出动宣传车60多辆,累计宣传达135天,发表各类普法宣传文章80多篇,书写固定及临时性标语11255条。宜春地区标准计量局宣讲《产品质量法》达33场2000多单位,30000多人参加宣传贯彻会。省人大常委会副主任王国本就《产品质量法》的实施在《江西日报》、省电视台分别发表署名文章和电视讲话。全省质监部门充分利用广播、电视、报纸、墙刊、标语、宣传车等宣传工具,特别是在专题活动日(月)期间,广泛开展质监法律宣传普及,做到“电视有影、广播有声、报纸有文、网络有版”。从而不断提高全社会质监法律意识,质监工作越来越受到社会关注,质监部门的地位得到提升。

特种设备法律法规宣传贯彻

2001年,省质监局共组织3次宣传贯彻会集中学习国家质检总局发布的特种设备相关法规和规程,宣传贯彻国家质检总局第13号令《特种设备质量监督与安全监察规定》《压力管道安装单位资格认可实施细则》《压力容器安全技术监察规程》《气瓶安全监察规程》。2003年5月21日,省质监局下发《关于组织开展学习、宣传、贯彻、实施〈气瓶安全监察规定〉的通知》。5月26日,下发《关于在全省范围内组织开展学习、宣传、贯彻、实施〈特种设备安全监察条例〉的通知》。国家质检总局把2003年6月1日《特种设备安全监察条例》正式实施日定为“全国特种设备安全监察宣传活动日”。活动主题是“为孩子的安全快乐,请您遵守《特种设备安全监察条例》”。全省各级质监部门按照通知要求,结合本地实际组织开展各种形式的宣传活动,同时组织对全质监系统特种设备安全监察人员和特种设备生产使用单位管理人员及大中型企业主要负责人开展特种设备安全监察行政执法等相关法律知识培训。2004年6月1日期间,省质监部门联合建设、教育、安管、工会、共青团等部门在公园娱乐场所和繁华地段,开展特种设备法制宣传教育活动,重点宣传大型游乐设施的安全使用知识。11月25日,召开《锅炉安装改造单位监督管理规则》《锅炉安装监督检验规则》宣传贯彻会。2007年5月,召开《锅炉设计文件鉴定管理规则》宣传贯彻会。2008年6月,开展全省特种设备安全法制宣传主题活动。2009年3月,举办《起重机械安装改造重大维修监督检验规则》《起重机械定期检验规则》宣传贯彻培训班。2009年4月,开展全省《特种设备安全监察条例》宣传活动。

《商品条码管理办法》宣传贯彻

2006年3月29日,省质监局下发《关于贯彻实施〈商品条码管理办法〉若干问题的意见》,全省各级质监部门按照省质监局的要求,开展宣传贯彻《商品条码管理办法》活动。中国物品编码中心江西分中心(设在省标准化研究院内)做好业务指导,提供必要的技术服务和对商品条码违法行为的确认服务。支持全省企业在商品上使用条码标识,帮助企业规范使用商品条码,促进全省条码事业的健康发展。

第三节　行风建设

2003年以来,省质监局印发《质监人手册》《服务指南》。各地政务大厅设质监部门服务窗口84个。在服务窗口办理业务和服务事项占市、县两级局业务量的70%。开通"12365"打假服务热线,制定《江西省质量技术监督系统便民措施》(9条措施)、全面实施《服务承诺制》《首问负责制》《一次性告知制》《限时办结制》,将47个办事程序汇编成《江西省质量技术监督局服务指南》发至服务对象。推行《江西省质量技术监督系统推荐服务规范》(25条服务规范),全省质监系统制定服务措施132个。2003年11月26日,省质监局制定下发《关于进一步发挥质量技术监督职能促进江西经济发展的若干意见》,明确推进政务公开和事务公开工作内容。

2005年4月1日印发《江西质量技术监督系统2005年"服务第一,争创一流"活动方案》。推行"四项规范":规范政务公开、规范服务行为、规范政务行为、规范执法行为。

2006年4月11日下发《关于印发〈江西省质量技术监督系统2006年"创服务品牌、树质监形象"活动方案〉的通知》,要求在办公楼内醒目位置设立政务公开栏等,技术机构和执法单位要建立"一窗式"或"一站式"等服务形式,各设区市局和县(市、区)局要按要求在当地政府行政服务中心设立服务窗口,技术机构要建立"一窗式"或"一站式"等服务形式。

2007年3月2日印发《江西省质量技术监督系统2007年"质监促发展、服务构和谐"主题活动方案》,要求全省质监系统进一步建立完善各项便民措施和工作制度,采用电子政务方式方便服务对象,坚持持证执法、持证检测、亮牌上岗。

2008年7月22日印发《江西省质监局关于开展"优化投资环境,提升服务水平"实践活动的实施方案》,提出改进审批服务方式。对重点企业在行政审批服务中开辟服务"绿色通道"、现场勘察"直通车"。涉及建设发展的重大项目和群众利益的重要办事事项,实行联合审批,简化手续,加快网上审批建设步伐,实现行政许可审批从申请到受理、审批、补正、办结、查询、申诉等全过程的网上办理、实时监督、预警纠错和绩效评估。

2009年1月23日印发《江西省质监系统开展机关效能年活动实施方案》,要求全省质监系统规范办证中心(窗口)和技术机构服务窗口行为,选拔素质高、业务能力强的人员充实窗口,优化办事程序,完善服务功能,规范服务行为,逐步建立省、市、县三级质监部门网上审批、电子监察统一网络平台。5月20日印发《江西省质量技术监督局2009年反腐倡廉工作任务分工意见》。8月至10月,在全省质监系统开展为期3个月的政风行风专项整治活动。

2010年8月31日印发《江西省质监局优化创业环境提升服务水平若干措施(30条)》,制定《关于进一步推进政务公开的若干意见》。

省质监局加强行风建设,从2003年至2010年每年按照省政府的统一部署,积极扎实地行风建设,参加政务环境评议评价工作,至2010年,全省质监系统先后制订《江西省质量技术监督系统便民措施》《服务承诺制》《首问负责制》等系列便民措施及各项工作制度。建立“一窗式”或“一站式”等服务形式。设政务公开栏140个,设置电子触摸屏40个,挂牌(亮牌)上岗单位298个、员工2508名,在政府办事大厅设质监服务窗口104个,事业单位一站式服务窗口72个。规范检测收费标准,开通网上办事指南、标准查询系统和名牌产品、地理标志产品、CCC认证产品、特种设备生产安装单位数据库,并通过12365服务热线,24小时接受咨询,网上办公受理系统也在试运行中,极大地方便服务对象。

第四章　行政执法监督

从20世纪90年代初开始,全省质监部门开始逐步完善相关执法机制,明确执法办案程序,严格执法人员管理,实行持证上岗。1995年底,全省技监系统已有执法机构99个,执法人员1067人,初步形成覆盖全省的技监执法网络。1997年底,省技监局和11个地市局都已建立法制机构、案件审理委员会、行政复议委员会,89个县技监局也成立行政案件审理组织。1999年底,全省技监部门全部建立行政执法案件审理委员会,实行重大案件集体审理制度。2002—2004年,省质监局逐步建立与质监工作相适应的法规体系,建立执法人员资格制度,初步建成12365举报、投诉、查询网络系统。省质监局被省政府评为2003年行政执法责任制优秀单位。2007年全省质监系统开始推行"说理式"执法文书;先后组织开展各种形式的执法检查,同时采取评优评先等方式,激励执法人员提高办案水平;通过进一步完善复议机构设置,依法办理每起复议案件;加强行政许可监督,规范行政审批工作,清理压缩审批事项。2010年省质监局按照省政府要求对行政审批事项再次进行清理和压缩,从2001年的33项精简到11项。至2010年底,省质监局共梳理41部法律法规,制定行政处罚自由裁量权参照执行标准,共计222款。为基层配置执法装备和检验检测设备,为11个设区市局各配置一台12365指挥车,提高应急反应和执法监管水平。

第一节　执法机制

1990年8月30日,省标准局转发国家技监局令第6号《技术监督行政案件办理程序的规定》。要求严格按照技术监督行政案件办理程序办案。1991年8月26日,省标准局下发《关于做好换发技术监督行政执法证件和徽章的通知》,明确自1991年10月1日起全省技术监督行政部门的行政执法人员在执行公务时,必须出示统一的行政执法证件和佩戴统一的徽章。1996年1月22日,省技监局转发国家技监局令第42号《技术监督行政案件现场处罚规定》,该处罚规定于1996年9月18日根据国家技监局令第47号修正发布。9月18日,《技术监督行政处罚委托实施办法》(国家技术监督局令第45号)、《国家技术监督局关于修改〈技术监督行政案件办理程序的规定〉的决定》(国家技术监督局令第46号)予以发布并施行。10月,省技监局部署全省质监系统行政执法人员对以上法规进行学习和贯彻。2003年7月21日,省质监局召开全省质监系统预防职务犯罪协调领导小组联席会议,确定质监行政执法中涉案货值5万元以上的案件都要移送司法机关处理。2005年2月20日,省质监局下发《关于换发行政执法证件工作有关事项的通知》,要求行政执法人员持《质量技术监督行政执法证件》和《江西省行政执法证件》双证上岗。4月17日,举办全省质监系统行政执法人员资格考试，执法人员经考试合格领取《质量技术监督行政执法证件》，并持证执法。9月19日，下发《关于重新核发〈江西省行政执法证〉和〈江西省行政执法监督证〉的通知》，要求全省质监系统行政执法人员和行政执法监督人员自2006年1月1日起使用新式《江西省行政执法证》和《江西省行政执法监督证》。

2001—2005年（“十五”时期）全省质监系统按照《江西省质量工作和打假工作行政领导责任制》的要求，严格按照条件考核、录用、聘任行政执法人员，实行持证上岗。行政执法人员持证上岗率达到100%。坚持行政执法奖惩制度，对不适应执法工作的执法人员坚决调离执法岗位。行政执法结案率达到90%以上，错案率控制在1%以下。

省质监局于2006年4月14日召开全省质监系统依法行政专题视频会议，副局长李岱要求全省质监系统严格依法依纪查办案件，决不能为创收而监督，为创收而执法。5月9日召开全省质监系统监督工作会议。局长朱秉发在会上强调严禁下达罚没指标、严禁用罚没指标作为考核手段、严禁重复检查、向企业收取保护费、将收入按比例返还、提成、奖励等等违规做法。更不准利用执法搞创收，把监督变成谋取非法利益的手段，做到该查处的依法严格查处，不该查处的坚决不查处，要有所为、有所不为。6月18日下发《关于进一步加强内部管理严格依法行政的通知》，要求全省质监系统切实履行综合管理、行政执法和安全监察三项职能，将依法执法办案的要求贯穿到立案、调查、审理、处罚、执行等各个环节。9月28日下发《关于组织学习〈最高人民检察院关于渎职侵权犯罪案件立案标准的规定〉的通知》，要求全省质监系统严格落实行政执法责任制，提高职业风险意识，增强预防职务犯罪的能力，加强行政执法的过程监控。针对质监部门行政执法中存在的一些问题，为规范全省质监部门行政执法行为，12月26日下发《关于深入学习贯彻省第十二次党代会精神的通知》，要求全省质监系统紧紧围绕江西发展战略和重点，寓监督于服务中，在行政执法工作中，要坚持预防为主、提醒在先的原则，严格区分严重产品质量问题和一般产品质量问题，对出现一般质量问题的企业做到首查不罚，一般不采取封存或扣押等强制措施，着重于引导和帮扶，督促其纠正。

2007年在全省质监系统推行“说理式”执法，要求各有关单位下发的行政处罚决定书，逐步由填写式向说理叙述式过渡。省质监局于2007年7月21日制定印发《积极推进“法治质监”建设的若干意见》，明确今后要重点落实做好法制监督11项工作。由于司法鉴定属于涉诉业务，具有一定的特殊性，为防止案件审理时因鉴定结论引发争议，省质监局于2007年12月21日下发《关于加强我省质监系统技术机构参与司法鉴定管理的通知》，要求全系统按照全国人大常委会《关于司法鉴定管理问题的决定》规定要求，向省、设区市级司法行政部门进行申请登记并获批准列入名册和进行公告的技术机构拟从事司法鉴定工作的，需向省质监局法规处进行备案。接受司法机关委托进行鉴定的，也要及时向法规处通报情况。并要求质监系统的检测技术机构在受理委托司法鉴定业务时要严格依照上述规定和有关技术规程实施。

2010年为基层配置执法装备和检验检测设备，尤其是为基础相对薄弱的42个县（市、区）局各配置一台食品与特种设备安全监管工作用车，为11个设区市局各配置一台12365指挥车，提高应急反应能力。

第二节　执法检查

1991 年 10 月 17 日,省标准局向国家技监局专题报告《工业产品质量责任条例》等行政法规在江西实施情况。报告中指出各行政法规实施后,质量案件查处 400 件、罚没金额 9300 元;质量纠纷调解 150 件、涉及金额 750 元;质量仲裁检查 750 件、涉及金额 3750 元;国家产品质量监督抽查次 27 次;国家产品质量监督抽查产品种类 186 类;国家产品质量监督抽查种 481 种;国家产品质量监督不合格企业 114 家、国家产品质量监督不合格企业整改处结率 30%;历年日常监督检验批次 11900 次;历年本地区国优产品 116 个、省优产品 3023 个、部优产品 795 个;国家级法定监督检验机构 1 个、省级法定监督检验机构 24 个、市(县)级法定监督检验机构 186 个;组织标准实施 10 个;有计划对标准实施进行监督 2 个;地方标准清理整顿转化 85 个;企业标准备案 765 个。

1994 年 11 月,在省人大常委会和省政府的组织下,协同有关部门一起参加了《中华人民共和国消费者权益保护法》和《全国人大常委会关于惩治生产、销售伪劣商品犯罪的决定》实施情况的检查。至 1995 年底,全省技监系统已有执法机构 99 个,执法人员 1067 人,初步形成覆盖全省的技监执法网络。1997 年 8—9 月,省技监局组织 5 个检查组分别对赣州、抚州、新余、九江、南昌地区等 5 个地市级局和余干县、上高县、吉安市、乐平市、南昌市郊区等 5 个县级局进行行政执法监督检查,并于 12 月 4 日对行政执法监督检查情况进行通报。1997 年全省各级技监部门都建立了"案件审理工作制度""文书案卷管理制度""罚没物资管理制度""廉政制度""错案追究制度""行政赔偿制度""行政复议工作制度"等工作制度。制度完善并执行较好的单位占 80%。宜春地区技监局制定"三公开、五不准"制度、南昌市技监局推出"行政执法工作程序标准"。1999 年宜丰县技监局获全国技监行政执法先进集体的光荣称号。全省技监部门全部建立行政执法案件审理委员会,实行重大案件集体审理制度。建立完善行政执法监督检查制度,全省办案准确率达到 90%。

2000—2002 年,全省质监系统查获假冒伪劣商品货值 3.1 亿元,捣毁制假售假窝点 1192 个,查办制假售假违法案件 24332 起,向公安机关移送案件 74 起。2003 年 2 月 18 日,省质监局向国家质检总局执法检查组提交行政执法工作自查报告,全省质监系统共有 65 件行政相对人要求听证的案件、有 27 件移送案件(其中:向司法机关移送 19 件、向其他部门移送 8 件)。

2002—2004 年,省质监局逐步建立适应全省质监工作需要的法规体系。建立执法人员资格制度,初步建成 12365 举报、投诉、查询网络系统。省质监局被省政府评为 2003 年行政执法责任制优秀单位。2004 年,省质监局法规处牵头协同有关单位对全省质监系统的行政执法监督工作进行检查,共检查 11 个市局 18 个县,查阅案卷 9 份,抽考执法人员 238 人,合格率达 90%。

2005 年 2 月 25 日,召开 2004 年度全省质监系统行政执法大检查总结大会,组织评选"办案能手",开展案例研讨,抓好"二种典型",鼓励先进、鞭策后进;会议要求为执法创造条件,在经费保障方面,向执法队伍适度倾斜,添置、补充必要的装备,切实为行政执法提供必要的保障。

2006 年 8 月 14 日,省质监局对 2006 年全省质监系统行政执法监督检查情况进行通报。2006 年建立行政执法案件审理制、办案人员与审理人员分离制、罚没物品管理制、举报投诉受理制,行政许可、行政执法案卷等管理制度。九江市质监局出台《九江市质监系统整合三方资源，提高工作有效性的指导意见》；新余市质监局规范行政执法的相关制度、做法获得市委、市政府的高度评价，被评为全市先进执法单位。南昌、萍乡、鹰潭市质监局全面推行案审会前的预审制度。上饶市质监局制定行政执法案卷装订、归档、编号的办法。宜春、景德镇、九江和南昌市质监局都建立《罚没物品管理制度》。吉安市质监局将依法行政列入全市系统目标管理考核当中；赣州市质监局制定不合格行政处罚案件（卷）的评定标准，对判断为不合格案件的责任人进行有关责任追究。突出执法重点，集中人员、集中时间、集中精力，对涉及人民群众生命财产安全的食品、农资、建材、特种设备等领域重点查处，维护和保障人民群众合法权益。

2007 年 6 月 20 日，省质监局对贯彻落实全省质监系统法制监督工作现场经验交流会精神的情况进行通报。赣州、萍乡、鹰潭、抚州市质监局 4 个单位贯彻落实情况较好。

根据省人大常委会 2008 年工作安排，2008 年 7 月 21 日省质监局下发《关于开展〈中华人民共和国行政许可法〉实施情况检查的通知》，在全省范围内对《中华人民共和国行政许可法》实施情况进行检查。通过各单位自查、对各地市质监局、直属单位全面检查、对审批项目较多的省局机关处室及相关直属单位进行抽查等方式，指出各单位存在的宣传不到位、行政许可设置不合理、许可程序不规范、公开公示不完善等问题，督促认真抓好整改落实，提高依法行政水平。

2008 年 12 月 25 日省质监局向省推进依法行政工作领导小组报送《江西省质量技术监督局 2008 年依法行政工作》报告，从四个方面对质监局依法行政工作进行总结。

第三节　行政复议

认真贯彻行政复议法，加强行政复议工作。对符合法律规定的行政复议申请，必须依法受理审理行政复议案件，要重依据、重证据、重程序，公正作出行政复议决定，坚决纠正违法、明显不当的行政行为，保护公民、法人和其他组织的合法权益。

1997 年省技监局和 11 个地市局都建立法制机构、案件审理委员会、行政复议委员会，89 个县技监局成立行政案件审理组织。2001 年 9 月 24 日，省质监局对全省质监系统贯彻执行《中华人民共和国行政复议法》情况进行总结。全省质监系统 1999 年收到复议申请 11 件，其中维持 6 件，撤销 5 件；2000 年收到复议申请 8 件，其中维持 5 件，撤回申请 1 件。2001 年，省质监局共审核批准各地报批的大案 19 件，接受各市备案审查案件 25 件。2002 年受理行政复议案件 9 件，其中：省级的 3 件，省级以下的 6 件。行政应诉案件 11 件，其中：省级 2 件，省级以下 9 件。2003 年共受理行政相对人提起行政复议的共 66 件，结案 56 件。其中：撤回行政复议申请 8 件、维持 26 件、撤销 16 件、变更 2 件、其他 4 件；全省质监部门已审结的行政诉讼案件共 15 件，其中：撤回起诉 1 件、维持 12 件、撤销 2 件。2008 年全省各级质监部门把行政复议作为质监部门自我监督、自我纠错的重要手段。进一步完善复议机构设置，提高复议人员素质，在行政处罚和强制措施文书上必须告知行政当事人复议和行政诉讼渠道。拓展复议受理途径，规范复议决定程序，强化行政复议在行政执法工作中的监督作用。妥善处理信访举报，适当扩大信访举报范围，疏通信访举报渠道，明确法制监督机构的处置权限。2008 年 2 月 25 日,省质监局下发《关于省以下垂直领导部门行政复议案件管辖问题的紧急通知》,通知要求从 2008 年 3 月 1 日起,按照《中华人民共和国行政复议法实施条例》第二十四条的规定执行,即“申请人对国务院批准实行省以下垂直领导的部门作出的具体行政行为不服的,可以选择向该部门的本级人民政府或者上一级主管部门申请行政复议。”7 月 15 日下发《关于转发〈行政复议法律文书示范文本〉的通知》,要求全省质监系统统一使用国务院法制办制定的〈行政复议法律文书示范文本〉,并继续按照 2008 年 1 月 25 日省质监局下发《关于切实完善行政复议、行政应诉案件统计报告制度的通知》要求,于每年 7 月 10 日,第二年 1 月 10 日每半年报送《行政复议案件统计报表》和《行政应诉案件统计报表》。

第四节　行政许可监督

2001 年 5 月 25 日,省质监局贯彻落实《省人民政府行政审批事项清理工作意见》,对 33 项行政审批事项进行清理,保留 18 项,取消下放 15 项,占原有行政审批项目的 45.45%。为落实省政府第二批行政审批事项取消项目的要求,8 月 9 日,在第一次清理基础上再次进行清理,第二批取消 5 项行政审批项目。(其中:取消 1 项、下放到设区市 1 项、交中介组织 1 项、交专业技术机构 1 项、交专业技术机构 1 项),省质监局原有行政审批事项 33 项,保留 14 项,减少 19 项,减少 58%。其中:取消 7 项,下放给设区市局 6 项,交中介组织或技术机构 3 项,有待修改的 3 项。9 月 7 日,省质监局将质监行政审批事项的有关依据印发给设区市、县质监局,以便于他们了解和熟悉最新的质监行政审批事项。

2002 年 9 月 3 日,省质监局再一次向省政府办公厅对现保留的审批、核准等事项提出改革意见:①依据全国人大常委会及国务院法律、法规的审批事项共 7 项,建议保留;②依据部门规章但涉及安全生产内容共 8 项,建议保留;③依据部门规章而设立的审批项目,因最终审批权限由国家质检总局行使,取消目录管理范围内的产品生产许可证审批。

2003 年 8 月 13 日省质监局局长刘和平通过电视台、广播电台、《江南都市报》等新闻媒体向全省作“服务塑形象,质量兴江西”优化政务环境公开承诺。承诺“省质监局原有行政审批事项 33 项,保留 14 项,减少 58%。将生产许可证申请由原来两个部门受理改为一个部门受理,受理时限由原来 30 个工作日缩短为 15 个工作日;临时许可证审批及产品质量检验机构的认可时限由 30 个工作日缩短为 15 个工作日;发放制造计量器具许可证由 4 个月时限压缩为 30 个工作日;计量授权和计量认可证由 6 个月时限压缩为 60 个工作日;企业标准备案审查时限由 15 个工作日压缩为 5 个工作日;锅容管特注册登记时限由 5 个工作日压缩为 1 个工作日。”2003 年省质监局按照省政府的要求,对行政审批事项进行第三次清理。原有的行政审批事项 33 项,保留 13 项,减少 61%。2004 年又对省质监局行政审批事项进行清理。原有行政审批事项 33 项,保留 12 项,减少 64%。

2010 年省质监局加大行政审批制度改革力度,按照省政府对每个部门的行政审批项目减少都不低于“三个 30%”的要求,省质监局党组提出不少于 40% 的工作目标,做到“三个减少”即:减少审批项目、减少审批环节、减少审批时间,全面开展行政审批事项清理规范工作。通过清理和压缩,行政许可事项共22项，保留11项，精简11项(其中不列为许可项目的2项、暂停实施1项、取消3项、下放3项、委托2项)，压缩数量是许可的50%；投资类项目审批事项共3项，保留1项，精简2项，压缩数量是许可的66%；保留事项平均办理时限都压缩30%以上。经省政府批准保留的许可项目由省政府法制办统一向社会公布。同时省质监局对外公示权力运行图，印制行政许可流程图宣传资料近2万份，方便前来办理行政许可的群众了解和监督办事程序。2010年7月省质监局按照审批“两集中、两到位”的要求，成立江西省质量技术监督行政许可评审中心，进一步优化行政许可工作流程。

表7－4－1　2010年江西省质监局行政许可项目目录

<table>
<tr><th>许可项目名称</th><th>种类(具体项目内容)</th><th>法律依据</th></tr>
<tr><td rowspan="5">特种设备安装、改造、维修单位资格许可</td><td>锅炉安装改造维修单位许可</td><td rowspan="6">国务院《特种设备安全监察条例》</td></tr>
<tr><td>压力管道安装单位许可</td></tr>
<tr><td>压力容器安装改造维修单位许可</td></tr>
<tr><td>电梯安装改造维修单位许可</td></tr>
<tr><td>起重机械安装改造维修单位许可</td></tr>
<tr><td>气瓶检验机构核准</td><td>气瓶检验机构核准</td></tr>
<tr><td>特种设备作业人员资格证核发</td><td>特种设备作业人员证</td><td rowspan="5">国务院《特种设备安全监察条例》</td></tr>
<tr><td rowspan="4">权限内特种设备使用登记</td><td>移动式压力容器使用登记</td></tr>
<tr><td>长输管道使用登记</td></tr>
<tr><td>客运索道使用登记</td></tr>
<tr><td>电站锅炉使用登记</td></tr>
<tr><td rowspan="4">食品生产许可(除大米、小麦粉、可可制品、配炒咖啡)及食品相关产品许可</td><td>食品(挂面、其他粮食加工品、食用植物油、食用油脂制品、食用动物油脂、酱油、食醋、味精、鸡精、酱、调味料、肉制品、乳制品、婴幼儿配方乳粉、饮料、方便食品、饼干、罐头、冷冻饮品、速冻食品、薯类食品、膨化食品、糖果制品、果冻、茶叶、含茶制品和代用茶、白酒、葡萄酒及果酒、啤酒、黄酒、其他酒、蔬菜制品、蜜饯、水果制品、炒货食品及坚果制品、蛋制品、糖、水产加工品、淀粉及淀粉制品、淀粉糖、糕点、豆制品、蜂产品、婴幼儿及其他配方谷粉、其他食品等)</td><td rowspan="4">1.《食品安全法》第二十九条、第四十三条
2.《行政许可法》
3.《工业产品生产许可证管理条例》第二条</td></tr>
<tr><td>食品相关产品生产许可</td></tr>
<tr><td>食品添加剂生产许可</td></tr>
<tr><td>化妆品生产许可</td></tr>
</table>

续表

许可项目名称	种类(具体项目内容)	法律依据
向社会提供公证数据的产品质量检验机构的计量认证	向社会提供公证数据的产品质量检验机构的计量认证	1.《中华人民共和国计量法》第二十二条:为社会提供公证数据的产品质量检验机构,必须经省级以上人民政府计量行政部门对其计量检定、测试的能力和可靠性考核合格。 2.《中华人民共和国计量法》实施细则第三十二条:为社会提供公证数据的产品质量检验机构,必须经省级以上人民政府计量行政部门计量认证。
产品质量检验机构资格审批	产品质量检验机构资格审批	1.《中华人民共和国产品质量法》第十九条:产品质量检验机构必须具备相应的检测条件和能力,经省级以上人民政府产品质量监督部门或者其授权的部门考核合格后,方可承担产品质量检验工作。 2.《中华人民共和国标准化法》第十九条:县级以上政府标准化行政主管部门,可以根据需要设置检验机构,或者授权其他单位的检验机构,对产品是否符合标准进行检验。法律、行政法规对检验机构另有规定的,依照法律、行政法规的规定执行。
制造计量器具许可证核发	制造计量器具许可证核发	1.《计量法》第十二条 2.《制造、修理计量器具许可监督管理办法》
计量检定员资格核准	计量检定员资格核准	1.《计量法》第二十条 2.《计量法实施细则》第二十九条 3.《计量检定人员管理办法》
计量器具强制检定	计量器具强制检定	1.《计量法》第九条 2.《强制检定的工作计量器具检定管理办法》
机动车安全技术检验资格许可	机动车安全技术检验资格许可	1.《中华人民共和国行政许可法》 2.《中华人民共和国道路交通安全法》(第十三条第二款规定:对机动车的安全技术检验实行社会化,具体办法由国务院规定) 3.《中华人民共和国道路交通安全法实施条例》(第十五条第二款规定:质量技术监督部门负责对机动车安全技术检验机构实行资格管理和计量认证管理,对机动车安全技术检验设备进行检定,对执行国家机动车安全技术检验标准的情况进行监督) 4.《机动车安全技术检验机构监督管理办法》(国家质检总局第121号令)

第八篇　科技　教育　信息化

20世纪90年代初期，全省质监系统科技工作主要是由省计量局和省标准局两家单位独立实施，下达给地市的技改和科研经费较少。教育培训工作起步较晚，基础弱，教育培训无固定的培训基地，培训条件及其效果受到诸多制约。在全省100个各级政府计量行政机构和114个技术机构里从事业务管理和专业技术工作人员中，大中专人员只有676人，未达到中专文化程度的占60%以上，具备高、中级技术职称的有218人。为加强质监队伍建设，提高人员素质，1992年7月，江西省计量教育培训中心成立。同期质监系统的信息化建设也仅限于组织机构代码和商品条码等信息管理领域。

2000年，省质监局成立并实施垂管后，积极引进和借鉴国内外先进技术和管理经验，成立计划财务科技处负责统一管理全省质监系统内的计划财务和科技工作，全省质监系统的科技管理体系逐步建立。与此同时，为加大质监教育培训力度，迅速提高全系统各级人员的专业技术水平，省质监局于2001年7月18日组建省质监教育培训中心，主要负责全系统干部职工和全省企事业单位有关专业技术人员、技术工人的教育培训工作。培训从内容、方式到资源实现全面的改进和整合。同时，省质监局大力推进质监信息化建设，正式对外开通省质监局门户网站，并于2004年成立江西省质量技术监督信息中心。

历经十年，全系统科技、教育和信息化建设均取得快速发展。至2010年底，共建成果蔬产品与加工食品、竹木产品、钨与稀土、塔架等8个国家级产品质检机构。推进实施人才强检、科技兴检战略，科技人才队伍不断壮大，科技事业实现了多个零的突破，科研项目多次获得国家科技进步奖、科技兴检奖和江西省科技进步奖等多项荣誉。全省质监系统具有博士研究生、硕士研究生学历154人，大专、本科学历3162人，高级职称266人，中级职称411人。质监信息化建设经历从单机应用到网络运行、从局部应用到纵横互联的发展进程。实现国家、省、市三级的互联互通，对接各设区市局局域网，同时还建设开发了邮件、视频会议、公文传输、特种设备安全监察、食品生产企业动态监管等一批质监业务系统。形成“统筹规划、顶层设计；统一架构、互联互通；业务驱动、安全同步”的信息化建设格局。

第一章　科　技

1991—2000年,全省标准、计量及所属技术机构共承担国家技监局技术改造、技术装备项目20多项,获得总局专项补助经费400多万元。2000年质监系统实行省以下垂管后,国家质检总局加大了对江西质监系统技术机构的技术改造、技术装备的支持力度。2001—2010年,全省质监技术机构承担国家质检总局技改技装项目40多项,获得总局项目补助经费4212万元,普遍惠及全省质监系统内国家级质检中心、省、市级技术机构等多个单位。

20世纪90年代初期,全省质监科技工作主要是由省计量局和省标准局两家单位独立实施。省质监局成立以后,全系统的技术机构有了快速发展,检测能力和水平不断提升。2002年,省质监局制定下发《江西省质量技术监督工作与事业发展三年(2003—2005年)规划》。规划对全省技术机构的设置、技术改造应遵循的基本原则作了具体规定,通过技术改造,一批技术机构的整体水平和竞争能力得到进一步加强。2002年7月,省质监局确定2003年12个重点项目上报国家质检总局。2003年,省质监局第一次组织申报科技计划项目达20项。

2002—2010年,全省质监系统纳入国家质检总局科研管理信息系统的项目达到28项。期间,科技成果不断涌现,其中省锅检院与中国特检院等联合完成的科研项目《大型储罐群安全检验技术体系研究和示范工程》获得国家质检总局科技兴检奖一等奖。2010年,第一次在全系统组织评选科技兴检奖,有6个项目获此奖项。同年,编制完成《省质监局"十二五"科技发展规划》,为后期全省质监系统科技事业进步、人才队伍建设、检测平台基地建设、技术机构科研技改工作等提供具体的方向和目标。至2010年底,全省质监系统科技人才队伍中,拥有博士5名、研究生学历74名,高级技术职称人员266名、中级技术职称人员411名。

第一节　技术改造与创新

1991年1月12日,省计量局结合"八五"发展纲要,将赣州、宜春、景德镇、南昌、九江等地市计量技术机构列为省"八五"期间着力进行技术改造的重点。7月18日国家技监局下达1991年度技改项目计划,补助省标准局30万元用于项目建设,分别为:上饶地区质检所10万元、南昌市质检所10万元、新余市标准计量局10万元。

为切实发挥技术监督部门在提高工业产品质量方面的职能作用,1992年1月15日,省标准局就吉安地区产品质量监督检验所实验室技术改造项目,做出分"八五""九五"两个阶段完成的计划,并向国家技监局申请将该项目列入"八五"技术改造滚动计划,分4年解决(每年25万元),该项目总投资约220万元。是年,省计量局按照《国家技术监督局技术改造项目管理办法》及《更新改造专项措施项目合同》,对1989—1991年国家下达给全省系统计量技改项目的执行情况,进行一次普遍检查。对省承担国家技监局下达的技改项目(计量项目和个别综合项目),除省计量局建设培训中心获一次性补助10万元外,另还有5个地市局获得计量补助费。7月28日,国家技监局下达1992年更新改造项目计划,补助江西经费20万元,分别为:赣州地区计量所10万元、景德镇市计量所5万元、萍乡市计量所5万元。12月25日,省计量局把1993年计量实验用房建设计划与设备更新技术改造结合起来配套进行,并重点投入到地市机构,使有限的资金发挥最大的效益。

1993年7月28日,省经贸委、省财政厅下达国家经贸委、财政部1992年更新改造专项措施项目计划经费,其中:省计量局补助25万元、省标准局补助20万元,各地市25万元(即抚州地区标准计量局5万元、宜春地区标准计量局5万元、南昌市标准计量局5万元、鹰潭市局10万元)。

1994年,省标准局申报的3个项目被国家技监局列入1994年更新改造专项措施项目计划,分别补助:南昌市标准计量局10万元、九江市技监局10万元、景德镇市技监局5万元。为保证项目改造的顺利进行,省标准局于10月、11月分别下文督促二家单位落实配套资金。

1995年12月27日,省经贸委、省财政厅下达国家经贸委、财政部1995年更新改造专项措施项目计划和经费64万元。

表8-1-1　1995年全省质监系统更新改造专项措施项目计划和经费表

单位:万元

企业名称	隶属关系	项目内容	国家补助
南昌市计量所	地方	建立医疗计量标准	4
九江市纤维检验所	地方	购置原棉杂质机等设备	4
鹰潭市质量检验所	地方	购置眼镜屈光计等设备	4
新余市标准计量局	地方	购置液相色谱仪等质检器;建立医用计量标准	10
萍乡市质量检验所	地方	购置煤炭检测设备	4
抚州地区标准计量局	地方	购置原子吸收分光光度计等	10
江西省技术监督局	省属	购置质检、计量检测设备	15
江西省技术监督局	省属	采用国际标准制定产品出口标准	9
江西省纤维检验所	省属	恒温室改造	4
合　计			64

1991—1995年,国家技监局共下达省技改项目经费257万元,其中质检项目115万元,计量项目73万元,纤检项目19万元,农业监测体系项目20万元,综合项目30万元。全省11个地、市和省纤检局均获得技改补助经费,各项目均按照更新改造专项措施项目合同予以实施。各项目的技改工作初步达到预期效果。

表 8-1-2　1991—1995 年国家技监局向省质监系统下达技改项目经费表

单位:万元

单　位	合　计	1991 年			1992 年			1993 年			1994 年			1995 年		
		质检	计量	综合	质检	计量	综合	质检	计量	综合	质检	计量	综合	质检	计量	综合
南昌市	30	10							5		10				5	
九江市	25				10						10			5		
上饶地区	18	10									8					
宜春地区	25		10						5		10					
赣州地区	20					10								10		
景德镇市	15					5					5	5				
新余市	30			10						10						10
鹰潭市	15							10						5		
萍乡市	33					8			15			5		5		
抚州地区	22				5			5			2			10		
吉安地区	10				10											
省纤检局	14				5						5			4		
合　计	257	20	10	10	30	23	0	15	25	10	50	10	0	39	5	10

1996 年 4—5 月,省技监局组织申报 1996 年技术改造项目计划,并对符合立项单位的基本情况、改造的必要性、技改项目地方配套资金等情况均进行调查摸底,决定将省质检所、省计量所、省纤检局列入 1996 年地方技术监督机构技术改造项目计划。8 月 20 日,省技监局为贯彻执行国家技监局《技术改造项目管理办法》和《技术改造项目竣工验收暂行办法》的规定,检查总结"八五"期间全省技改计划完成情况及管理经验,配合修订省技监事业"九五"发展计划。

1997 年 3—4 月,省技监局先后对 1991—1995 年国家技监局下达给全省技监系统技术改造项目的执行情况进行一次全面检查,并决定将宜春地区质检所、新余市技术监督检测中心、上饶地区质检所、赣州地区计量测试所、南昌市计量测试所、吉安地区计量所、省纤检局、九江市纤检所列入 1997 年地方技术监督机构技术改造项目计划。总计安排技改项目经费 255.62 万元,其中申请国家技监局补助 80 万元,地方财政安排 113 万元,自筹资金 62.62 万元。6 月 24 日,产品质量监督检验所电线电缆及插头插座检验设备项目被列入国家技监局 1996 年更新改造专项措施项目计划。

为实现资源优化配置和合理布局,结合全省经济发展重点和技术监督行政执法的需要,1998 年 3 月 12 日至 4 月 22 日,省技监局对 1998 年度全省技术监督机构技术改造项目进行统一规划和认真审查,并组织申报 1998 年度技术改造项目计划。

表 8-1-3　1998 年省质监系统地方技术监督机构技术改造项目计划表

单位:万元

企业名称	隶属关系	措施内容	当年用数			起止年限
			总额	国家补助	其他投资	
省纤维检验局	省技术监督局	纤维含量及其他纺织产品质量检测设备添置	20	10	10	1998.04—1999.04
工业陶瓷国家测试中心	省技术监督局	购置工业陶瓷检测设备	120	40	80	1998.04—1999.04

根据国家质监局质技监计函〔1999〕45 号文件精神,本着有利于实行省以下垂直管理后深化技术机构改革的原则,1999 年 5 月 4 日,省技监局对 1999 年度全省技术机构技术改造项目进行统一规划和认真审查,并向国家质监局呈报《江西省 1999 年地方技术监督机构技术改造项目计划表》和《江西省 1999 年地方技术改造专项措施项目技术改造方案》(共 5 份),并获得国家质监局批准,且列入国家质监局 1999 年更新改造专项措施计划,国家补助 55 万元,地方政府配套 67 万元。

表 8-1-4　1999 年江西省技术改造专项措施项目计划表

单位:万元

单位名称	项目内容	总额	国家补助	自筹及其他	起止年限
江西省	合计	122	55	67	1999—2000
抚州地区计量所		20	10	10	1999—2000
上饶地区技监中心	完善农业检测系统	30	10	20	1999—2000
新余市质检中心	化肥饲料农药产品检验	20	10	10	1999—2000
南昌市质检所	添置质检设备	20	10	10	1999—2000
省纤维检验局	纤维制品仪器设备	12	5	7	1999—2000
宜春		20	10	10	1999—2000

按照国务院和省政府关于治理整顿市场经济秩序,打击制售假冒伪劣产品违法行为的统一部署,为进一步完善和提高质监系统执法检测能力,经国家质检总局、国家经贸委和财政部批准,2000—2001 年两年共安排江西省质监系统技术改造、仪器设备更新项目经费 295 万元。2001 年 6 月 22 日,根据国家质检总局质检办计函〔2001〕28 号文件要求,省质监局组织申报省锅检所、省质检所、省计量所和省纤检局四家单位 2001 年度技术改造和设备更新项目及可行性研究报告。2000—2002 年三年间,省质监局用于技术机构设备投入的资金达到 1500 万元,投入技术机构发展的资金更是前 5 年投入的总和。

2002 年,省质监局制定下发《江西省质量技术监督工作与事业发展三年(2003—2005 年)规划》,初步规划全省技术机构的设置,提出技术改造应遵循的基本原则,提高技改资金的使用效果,避免重复建设。通过技术改造,一批技术机构的整体水平和竞争能力得到进一步加强。经济效益呈现大幅度增长,全系统技术机构总收入达 6500 万元。期间,省锅检所总体实力已进入全国先进行列,南昌市质检所达到中部地区的先进水平。

2002年2月,南昌市质检所承担的无公害食品检验检测项目技术改造方案被列入国家质检总局2002年技术改造项目。3月26日,省质监局重新修订省质监系统“十五”期间技术改造与基本建设方案。方案中明确“十五”期间江西省在技术装备建设方面将投入14800万元,其中:质检5200万元、计量4700万元、锅容管特4500万元、纤检400万元。根据国家质检总局《关于申报2003年进口补贴项目计划的通知》精神,3月31日,省质监局对省系统内2003年拟购买进口仪器设备的单位进行调查摸底,并从中筛选出省纤检局和国家果蔬、水产、肉禽产品质量检验中心(南昌市质检所)2个单位的项目向国家质检总局申报。4月,国家质检总局在《关于下达2002年质量技术监督专项补助经费的通知》中,下达给江西省质监系统技术装备经费2010万元。经过2个多月的市场调研和设备选型,省质监局确定采购计划,并将此计划中的检测检验设备进行分散采购。7月31日,根据国家质检总局《关于组织申报2003年技术装备和设备更新改造项目的通知》要求,省质监局对全省质监系统2003年技术装备和设备更新改造项目进行认真的筛选,确定12个重点项目上报国家质检总局。这12个项目总投资达1641万元,其中自筹824万元。

表8-1-5　2003年全省质量技术监督技术装备和设备更新改造项目表

单位:万元

项目名称	项目承担单位	项目内容	投资金额			起止年限
			总额	国家补助	自筹资金	
食品微生物检测分析	国家果蔬、水产、肉禽产品质量监督检验中心	购置全自动微生物监测系统、全自动细菌鉴定及药物分析系统、自动旋转接种仪、全自动菌落计数系统等仪器设备,开展微生物检测分析	222	111	111	2003.10—2004.12
果蔬、水产、肉禽产品质量检验	国家果蔬、水产、肉禽产品质量监督检验中心	购置等离子发射光谱仪、气相色谱仪、ASE快速溶剂萃取仪、SPME固相微萃取仪、离子色谱仪等仪器设备、开展果蔬、水产、肉禽产品质量检测	373	186	187	2003.10—2004.12
稀土产品质量检验	江西省赣州市质量技术监督检测中心	购置稀土产品质量检验装备	261	130	131	2003.10—2004.12
钢结构网架产品质量检验	江西省抚州市产品质量监督检验所	购置电子万能试验机、万能工具显微镜、超声波探伤仪、粒度分布测定仪等仪器设备,开展钢结构网架产品质量检验	205	102	103	2003.10—2004.12
日用陶瓷产品质量检验	江西省景德镇市产品质量监督检验所	购置硅酸盐化学成分快速分析仪、建材放射性检测仪、屏显式液压万能试验机等仪器设备,开展日用陶瓷产品质量检验	50	25	25	2003.10—2004.12

续表

项目名称	项目承担单位	项目内容	投资金额			起止年限
			总额	国家补助	自筹资金	
互感器检定	江西省计量院	购置全自动校准装置等仪器设备,开展互感器检定	45	22	23	2003.10—2004.12
压力表检定	江西省计量院	购置全自动数字微压校准系统、全自动数字压力校准系统等仪器设备,开展压力表检定	59	29	30	2003.10—2004.12
电话集中计费系统检定	江西省计量院	购置多功能计费准确率检定仪、多功能大话务量呼叫测试仪等仪器设备,开展电话集中计费系统检定	55	27	28	2003.10—2004.12
汽车罐车检验	江西省锅炉压力容器检验研究所	购置数字式超声波探伤仪、射线探伤仪及附件、阀门校验台、空气压缩机及缓冲罐等仪器设备,开展汽车罐车检验	105	52	53	2003.10—2004.12
压力管道检验	江西省锅炉压力容器检验研究所	购置超声波管道检测仪,开展压力管道检验	86	43	43	2003.10—2004.12
游乐设施检验	江西省南昌市特种设备监督检验中心	购置射线探伤仪、加减速度测定仪、超声波探伤仪、裂纹测深仪、工业内窥镜等仪器设备,开展游乐设施检验	90	45	45	2003.10—2004.12
纺织品功能检验	江西省纤维检验局	购置日晒牢度仪、强物透湿仪、单丝强力仪、电容式条干仪等仪器设备,开展纺织品功能检验	90	45	45	2003.10—2004.12
合　计			1641	817	824	

2003年4月10—12日,省质监局第一次组织召开全系统检验检测设备推介暨洽谈会。来自全国各地的80余家厂商和40余家技术机构参会,产品涉及400余种,超出预期的效果,节约资金240万元,节约资金率12.2%。随着我国加入WTO以及棉花市场的放开,棉花贸易也实行准入制度。是年8月,省质监局决定在全省建立一套完整的高科技的保障棉花经济运行体系。国家质检总局

和中国纤维检验局对省纤检局引进的HVI900型大容量棉花综合测试仪技术改造项目的建设非常重视,分别给予50万元和70万元的经费支持。

根据国家质检总局《关于组织申报2004年技术装备和设备更新改造项目的通知》要求,2004年2月28日,省质监局结合全省资源优势和经济发展特点,对全省技术机构申报的2004年技术装备和设备更新改造项目进行认真审查,确定食品中农药兽药残留及微生物检测等13个项目,作为江西省2004年度技术装备和设备更新改造项目。

表8-1-6 2004年全省质量技术监督技术装备和设备更新改造项目表

单位:万元

项目分类	项目名称	项目承担单位	项目内容	投资金额			起始年限
				总额	国家补助	自筹资金	
质量	食品中农药兽药残留及微生物检测	国家果蔬水产肉禽产品质检中心	通过本项目可以完善食品中农药残留、兽药残留、食品添加剂等项目的检测,同时加强和完善食品中微生物的检测	74.10	30.00	44.10	2004
质量	竹木产品检测	江西省产品质量监督检测院	通过本项目可以完善家具、竹木地板、竹木饰品及装饰人造板类产品检测能力,为筹建国家竹木产品检测中心和加快江西林业产业发展奠定基础	110.00	30.00	80.00	2004—2005
质量	卫生陶瓷及陶瓷包装材料质量检测	景德镇市产品质量监督检验所	江西景德镇是瓷都,通过本项目可以完善卫生陶瓷及陶瓷包装材料检测手段,进一步提高瓷都的陶瓷检测能力	65.90	30.00	35.90	2004
计量	可燃气体和有毒有害气体分析仪检测装置	江西省计量测试研究院	通过本项目可以开展对一氧化碳、二氧化碳、硫化氢、氢气、二氧化硫、氧气等可燃和有毒有害气体分析仪及报警器的强制检定	52.00	30.00	22.00	2004
计量	检定坐标测量仪标准器组	江西省计量测试研究院	通过本项目可以满足数控加工中心、三坐标测量机,数控机床以及在线加工测量设备的检测要求,确保其准确性和可靠性	70.00	30.00	40.00	2004
纤检	羽绒制品检测	江西省纤维检验局	江西是羽绒产业的发源地,通过本项目可以完善羽绒及制品的全项目检测能力,为江西羽绒产业服务	80.00	30.00	50.00	2004—2005

续表

项目分类	项目名称	项目承担单位	项目内容	投资金额			起始年限
				总额	国家补助	自筹资金	
特设	在用压力管道检测	江西省锅炉压力容器监督检验所	压力管道是国家要求新开展的检测项目,通过本项目可以解决压力管道的检测手段,确保全省压力管道的安全运行	388.00	30.00	358.00	2004
特设	游乐设施检测	南昌市特种设备监督检验中心	目前游乐设施越来越多,通过本项目可以完善全省游乐设施检测手段,确保游乐设施安全运行	48.40	30.00	18.40	2004—2006
特设	特种设备材料理化试验及无损检测	赣州市锅容管特监督检验中心	通过本项目可以完善特种设备金属材料力学性能试验、化学成分分析及无损检测手段,为特种设备安全监察提供更多的依据	62.10	30.00	32.10	2004
特设	在役锅炉压力容器检测	九江市锅炉压力容器检验研究所	通过本项目可以完善对大型石油、化工企业在役锅炉压力容器的检测手段,确保其安全运行	43.60	30.00	13.60	2004
质量	建材产品检测	上饶市计量质量检测中心	通过本项目可以增加水泥、钢材的检测能力,为地方经济发展服务	80.10	40.00	40.10	2004
质量	门窗产品检测	上饶市计量质量检测中心	通过本项目可以增加门窗风压、气密、水密、保温、强度等性能的检测能力,为地方经济发展服务	60.60	30.00	30.60	2004
计量	衡器检定装置	上饶市计量质量检测中心	通过本项目可以增加地秤、电子地秤检定能力,为地方经济发展服务	64.20	30.00	34.20	2004
合计				1199.00	400.00	799.00	

是年3月15日,省质监局组织对所属技术机构2004年进口项目计划的可行性进行评审,其中确认并申报省锅检所、省质检院、省计量院3个单位的进口项目计划。11月18日,省质监局将国家果蔬、水产、肉禽产品质检中心进口设备合同和省计量院进口设备合同一并申报到国家质检总局。

表8－1－7　2004年省质监系统购置进口设备项目申报表

单位:万元、台(套)

项目单位	仪器设备名称	型　号	原产地国或地区	数　量	价　格	已落实自筹经费
省计量院	双频激光干涉仪	ML10Gold	英国	1	8.20	70.40
	高频电刀检测装置	QA——ES	瑞典	1	1.00	
	多通道温湿度台式表(高温探头型)	HygroLab2	瑞士	1	0.50	
	黑体辐射校正源	M310	美国	1	0.40	
省质检院	气相色谱	6890GC	美国	1	4.50	128.80
	高效液相色谱仪	安捷伦1100	美国	1	5.05	
	原子吸收分光光度计	SOLAARS4	美国	1	5.48	
	均质器	BAGMIXER 400W	法国	1	0.45	
	恒温恒湿机组	VR12/2	英国	1	3.00	
省锅检院	管道超声波腐蚀检测系统	Teletest	英国PI公司	1	43.67	304.40
合　计				10	72.25	503.60

11月29日至12月27日,省质监局组织申报2005年质量技术监督技术装备和设备更新改造项目10个,其中:质量5个、计量2个、特设2个、纤检1个。

2006年7月28日,省质监局组织申报2007年技术装备和设备更新改造项目11个,其中:质量6个、计量2个、特设2个、纤检1个。是年11月6日,根据国家质检总局《关于报送2006年进口项目执行情况的通知》文件要求,省质监局直属单位省锅检院在不开挖的状况下对埋地管道外防腐层破损进行评估和定位以及对压力管道腐蚀缺陷检测的项目执行完毕。执行过程中与中国仪器进出口(集团)公司签订委托进口代理合同。

2009年10月23日,省质监局按照高起点规划、高标准建设、高要求管理的原则,筹建南昌市食品质量卫生安全监督检验中心。该中心在原有的检测场所基础上,筹建转基因食品检测实验室,全面提升食品检测和食品安全监控能力。转基因食品检验技术改造项目包括场地改建和设备改造升级,计划总投资600万元。12月10日,根据国家质检总局《关于申报2010年食品质量安全检验检测体系建设有关投资项目的通知》精神,省质监局批准安排11个地级市的基层产品(食品)质量检验检测机构进行申报,重点加强一线质量技术机构的食品质量安全检验检测能力建设。

"三聚氰胺"奶粉事件发生后,为进一步完善检验检测手段,2010年年初省质监局给全省11个设区市局技术机构配置"三聚氰胺"专项检测设备,并提前完成设备的验收、调试、培训工作,有效的保障三聚氰胺检测工作的顺利开展。

2010年5月28日,省质监局结合省环鄱阳湖生态经济区建设规划和经济产业发展特色,立足于服务地方经济建设,组织申报10个2010年技术改造和技术装备项目。

表8-1-8 2010年江西省质量技术监督技术装备项目表

单位:万元

项目名称	项目承担单位	项目主要内容	项目实施周期	项目总投资	申请总局拨款	配套资金
食品安全检测设备更新—气相色谱仪	国家果蔬产品及加工食品质量监督检验中心	改造现有的农药、药物、抗生素、激素等残留、食品添加剂分析的仪器设备条件,购置配有FID检测器、自动进样器的进口气相色谱仪器,使设备的灵敏度,分辨率满足食品安全项目检测要求,提高检验效率和精度,为保障食品监管和应对食品安全突发事件将发挥重要作用	2010.6—2010.10	50.00	20.00	30.00
人造板中甲醛释放量的测定—气体分析法	国家竹木产品质量监督检验中心	人造板中甲醛释放量是大家关注的热点,中心参与GB18580标准的起草工作,该标准已通过审定,标准已增加气体分析法,而我院尚缺该设备,无法满足人造板产品检测需要,需购置气体分析法甲醛释放量检测箱,以提高人造板产品检验能力	2010.6—2010.11	60.00	20.00	40.00
陶瓷原料分析	江西省宜春市产品质量监督检验所	陶瓷原料对陶瓷产品的性能有较大影响,对陶瓷原材料进行原料成份分析、颗粒度(细度)分析、热膨胀分析、差热分析等分析测试,有助于把好原料的质量关,降低陶瓷产品的不合格率	2010.6—2011.1	100.00	20.00	80.00
完善铜产品检测项目	鹰潭市质检所(江西省铜及铜产品检验站)	完善铜产品力学性能检测设备。涉及的检测产品主要包括:铜及铜合金板、带、管、线、棒等产品,通过技术改造,完善省级铜及铜产品检验站技术装备,并为申报国家级铜及铜产品检测中心打下技术基础	2010.6—2010.12	43.50	20.00	23.50
硅材料检测	新余市技术监督检测中心	采用ICP-AES分析硅材料各元素,具有高精度、快速、准确、可分析元素项目广等特点,该装备项目改造实施后,将较大提升中心在硅材料检验的能力,提高检验工作效率,从而提高为光伏产业提供优质检验服务水平	2010.6—2011.12	70.00	20.00	50.00
合计				323.50	100.00	223.50

是年11月2日,省质监局组织承担国家质检总局2007年以来技术改造技术装备项目的单位开展项目的自查工作。2007至2010年,省质监技术机构共承担国家质检总局技术改造技术装备项目22项。其中2007年4项,总局给予补助资金100万元;2008年5项,总局给予补助资金250万元;2009年7项,总局给予补助资金120万元;2010年6项,总局给予补助资金120万元,惠及全省

质监系统内国家级质检中心、省、市级技术机构10多个单位。筹措项目配套资金626万元,加快技术机构仪器设备的更新换代及实验室装修改造等。

第二节　科技管理与成果应用

科技管理

20世纪90年代初期,全省质监科技工作主要是由省计量局和省标准局两家单位独立实施。省质监局成立以后,全系统的技术机构有了快速发展,检测能力和水平不断得到加强。

为贯彻落实国家科委《关于申报1996年度国家级重点新产品试制鉴定计划项目的通知》精神,推动企业产品采用国际标准,1995年11月13日,省技监局从全省采标重点产品中,确定其中5项申报1996年度国家级重点新产品试制鉴定计划项目。1996年6月11日,省技监局有计划、有步骤地对符合国家技监局"九五"计划要求的项目进行组织推广。11月5日,又对省计量测试研究所和省技术监督信息研究所申报的《螺旋藻藻蓝素提取工艺研究》《建设江西省标准情报信息网络工程》和《条码胶片电脑制样系统》三个项目进行审查,并向省科委申报。

2001年1月,省质监局选定江西省凯通新材料科技有限公司的不锈钢塑料复合管项目申报"国家重点新产品计划"。

为逐步建立和完善全省质监系统科技管理制度,2003年7月22日,省质监局先后出台《省质监局科技项目管理办法(试行)》《省质监局科技兴检奖励办法》和《江西省质量技术监督工作与事业发展三年(2003—2005年)规划》,对加强技术标准、计量基标准、质量信誉等级评估制度和质量信誉、产品质量和质量管理评价指标、特种设备动态监管、纤维检验、技术机构、信息化网络等八个质监科技体系建设进行部署。同时也开始受理系统内的科技项目申报,共确定30个重点科研项目。7月24日,省质监局下达2003年度全省质监系统科技项目计划。

表8-1-9　2003年度省质量技术监督局科技项目计划表

单位:万元

项目类别	项目名称	项目承担单位	项目负责人	项目投资	项目起止时间	省局补助经费
计量	燃油售油机程序作弊分析软件的研制	吉安市检测中心	彭　泓	12.0	2003.07—2004.05	0.1
	量块智能检定系统的研制	省计量院	胡志刚 孙　淳	3.0	2003.07—2004.06	0.1
	网络综合布线与安全技术研究和开发	省计量院	孙　淳 黄家玲	28.0	2003.07—2005.06	0.1
	医学计量高频电刀检定方法的研究	省计量院	陈良炜	6.0	2003.07—2004.06	0.1

续表

项目类别	项目名称	项目承担单位	项目负责人	项目投资	项目起止时间	省局补助经费
特种设备	便携式涡流数显电导仪的研制	省锅检所	张路根	12.0	2003.07—2005.06	0.1
	汽车罐车最大侧向倾斜角快速测定方法的研究	省锅检所	兰清生	5.0	2003.07—2004.12	0.1
	基于在役承压设备安全运行的超声诊断技术研究与产品开发	省锅检所	张路根 胡　智	25.0	2003.07—2005.06	0.1
	多功能气体分析测试系统应用的研究	南昌市锅检所	袁耿民	95.0	2003.07—2005.06	0.1
	集群 CS2 储罐的安全定期检验的研究	九江市锅检所	谢迪明	22.0	2003.07—2003.12	0.1
	比对检验检测在提高特种设备安全监察质量上的应用研究	省局锅炉处	邬定华	13.0	2003.07—2005.06	0.1
	电梯紧急救援与事故预防分析系统的研究	南昌市安检站	李　勇	20.0	2003.07—2005.06	0.1
质检	肉及其制品中盐酸克伦特罗(瘦肉精)测定方法的研究	省质检院	黄　奔	15.0	2003.07—2004.06	0.1
	食品中农药残留快速测定方法的研究	省质检院	黄　奔	25.0	2003.08—2004.06	0.1
	细木工板胶合强度测定方法的研究	省质检院	胡国华	0.5	2003.08—2004.06	0.1
	装饰板材甲醛释放量与含水率关系的研究	省质检院	付远园	0.8	2003.08—2004.06	0.1
	陶瓷工业梭式窑质量评定标准的研究	景德镇市质检所	冯　青	2.5	2003.07—2004.06	0.1
	食用油脂掺伪分析方法的研究	吉安市检测中心	黄　俭	20.0	2003.07—2005.06	0.1
综合	质量技术监督系统技术机构改革对策的研究	省局计划财务科技处	罗小璋	3.0	2003.07—2004.06	0.1
	全国质监系统服务性收费项目的调查与研究	省局计划财务科技处	刘自宪	3.0	2003.07—2003.12	0.1
	仪器设备采购管理软件的研制	省局计划财务科技处	郑晓星	2.0	2003.07—2003.12	0.1

2004 年省质监局按照全国质检系统科技工作会议精神，在全系统积极稳妥地进行技术机构改革，大力实施科技强检战略，提高技术支撑和技术保障能力。贯彻《江西省质量技术监督系统技术更新改造项目管理暂行办法》，落实全年新增技术装备 1000 万元以上，新增检验检定项目 300 项。

3月2日,在鹰潭市召开的全省质监系统科技工作会议,提出《省质监局关于进一步加强全省质量技术监督科技工作的若干意见》。会议要求完成对全省质监系统食品检测手段和能力的调查摸底工作,实现省质监系统科技成果零的突破。

2005年7月18日,省政府与国家质检总局在昌签署《关于加强质量技术监督检验检疫工作,为实现江西在中部地区崛起做好全面服务的合作协议》。国家质检总局党组书记李传卿、省长黄智权出席签署仪式并致辞。省委副书记、常务副省长吴新雄主持仪式。根据协议,双方共同对江西质检工作予以重点关注,加强工作领导,认真解决质检工作中存在的问题,不断提高质检工作对江西经济社会发展的贡献率和有效性。《协议》是双方进一步全面拓宽合作领域的良好开端,也是加强江省质量监督和检验检疫工作的一项重要举措。

随着全系统技术机构改革的不断深化,2006年一批重大科技专项取得突破。全省已建立较完善的、能覆盖全省的检验检测体系,检验范围覆盖全省90%以上的产品和设备。锅检、特检两院的组建,使管理体系、人力资源、检验资源配置更为合理。完成了"十一五"规划编制工作,并颁布实施《江西省质量技术监督事业发展"十一五"(2006—2010年)规划》《江西省质量技术监督局"十一五"科技发展规划》。2006年11月15日,首次召开全系统科学技术大会,深入学习贯彻全国、省科学技术大会和全国质检系统科学技术大会精神,部署实施"科技兴检"战略,研究谋划"十一五"时期质监科技发展工作,全省质监系统200余名代表参加大会。会前,省质监局成立以局长为主任的科学技术委员会,下设办公室及6个专业委员会,统一组织、协调、指导全省质监系统的科技工作。各设区市局和省质监局直属技术机构也成立相应机构,配备人员负责科技管理工作。省科技厅党组书记、厅长王海到会致辞,并对质监科技事业的未来发展寄予希望。会议出台《关于加快实施"科技兴检"战略全面提高自助创新能力的若干配套政策》,对"十五"期间的优秀科技成果进行奖励,其中一等奖1项,二等奖9项,三等奖21项。为进一步加强科技管理谋划未来,省质监局还编制全省质监系统技术机构规划布点方案和发展方向:规划建设8个国家检测中心,7个省级技术机构,35个市级技术机构,86个县级技术机构。为全省质监系统科技兴检打下扎实的基础。

2006年,省质监局在《江西省中长期科学和技术发展规划纲要(2006—2020年)》中提出:实施技术标准战略,大幅度提高产品质量水平,加强科技基础条件平台建设,造就一支具有较高专业素质的科技中介服务队伍,初步形成适应自主创新要求,主体多元化,组织网络化、功能社会化、服务产业化的科技中介服务体系,为全省质监事业的快速、健康、有序发展指明方向。

2007年,省质监局完成质量电子监管、食品、特种设备、标准业务等数据库建设,整合、打造质监系统电子政务统一服务平台,其中特种设备行政许可实现的网上受理、网上审批,得到省政府的肯定,并在全省推广。在2005年省部签署合作协议的基础上,省质监局连续3年先后与广东、上海等13个省市质监局签署质监合作协议,进一步建立规范公平的质量标准、技术标准、合格评定体系和特种设备安全监察及处理机制,改善货物、服务贸易的市场环境,促进公平、开放、规范的市场体系建设。为使科技专项资金能得到科学、公正、合理的使用,10月28日,省质监局制定《省质监局科技专项资金使用管理办法》,就核定质量技术监督科技项目的范畴,科技资金的投入使用认定、审核办法以及科技专项资金的核定等作明确规定。是年,省质监局向国家质检总局申报国家标准项目54项，第六批国家级农业标准化示范区项目140个，国家级良好农业规范（GAP）试点项目9个。

2008年5月19日，省质监局在全省质监系统组织征集2008年度国家质检总局科技计划自筹经费项目，要求研究内容符合国家质检总局“十一五”科技发展规划或省质监局“十一五”科技发展规划。2009年4月13日，省质监局向国家质检总局报送4项软科学研究课题。7月1日，省质监局重新修订并下发《省质监局科技项目管理办法》。7月27日至8月17日，省质监局组织推荐2009年度国家质检总局科技兴检奖项目及增补评审备选专家。

表8－1－10　2009年7月底前已录入国家质检科研管理信息系统的质监科研项目表

单位：万元

项目名称	所属质检专业领域	项目类别	项目承担单位	项目主要负责人	项目起始日期	项目计划经费
特种设备信息管理系统的研究与开发	机电类特种设备安全	管理科学类	江西省特种设备检验检测研究院	李　勇	2002.01	60.0
集团购买棉胎	轻工纺织、纤维检验	应用技术类	江西省纤维检验局	邱容军	2002.11	18.0
江西省组织机构代码证书验证换证自动查询提醒（催办）系统	代码	应用技术类	江西省标准化研究院	王　云	2004.04	20.0
全自动音速喷嘴式燃气表检定装置	物理计量测试	应用技术类	江西省计量测试研究院	陈业正	2004.10	46.0
餐饮业用湿巾	轻工纺织、纤维检验	应用技术类	江西省纤维检验局	邱容军	2005.07	18.0
江西省主要农产品国内外技术法规与标准数据库	标准化	应用技术类	江西省标准化研究院	王　云	2005.09	20.0
烟花鞭炮产品安全追溯与监控应用系统	条码	应用技术类	江西省标准化研究院	王　云	2006.01	15.0
脐橙农产品质量跟踪与追溯自动识别技术应用系统	条码	应用技术类	江西省标准化研究院	王　云	2006.01	30.0
二等标准测力机装置	物理计量测试	应用技术类	江西省计量测试研究院	陈业正	2006.05	40.0
《机动车方向盘转向力—转向角检测仪》计量校准规范	物理计量测试督、标准化	应用技术类	江西省计量测试研究院	戴映云	2007.01	3.5

续表

项目名称	所属质检专业领域	项目类别	项目承担单位	项目主要负责人	项目起始日期	项目计划经费
国内外食品包装容器及材料法规与标准的收集、整理和翻译	标准化	应用技术类	江西省标准化研究院	王　云	2007.04	5.0
全站仪检定立式金属罐容积	物理计量测试	应用技术类	江西省计量测试研究院	陈业正	2007.07	50.0
国外标准题名翻译数据质保	标准化	应用技术类	江西省标准化研究院	王　云	2007.08	10.0
江西省调味制品和蔬菜制品等2类食品风险危害调查分析和监控方案制定	食品检验	管理科学类	江西省标准化研究院	王　云	2007.09	5.0
电梯导轨垂直度智能检测关键技术研究	机电类特种设备安全	应用技术类	江西省特种设备检验检测研究院	刘　旭	2007.09	40.0
特种设备钢结构焊缝质量检测与缺陷信号识别系统研究	机电类特种设备安全	应用技术类	江西省特种设备检验检测研究院	刘志云	2007.09	31.8
食品流通标准的收集与现状分析	标准化	管理科学类	江西省标准化研究院	王　云	2007.10	9.0
江西省烟草行业技术标准体系建设	标准化	应用技术类	江西省标准化研究院	王　云	2007.10	40.0
江西省服装行业技术标准体系建设	标准化	应用技术类	江西省标准化研究院	王　云	2007.10	40.0
江西省日用陶瓷原料标准建设	标准化	管理科学类	江西省标准化研究院	王　云	2007.10	60
测桩荷载箱检测装置及检测方法	物理计量测试	应用技术类	江西省计量测试研究院	陈业正	2008.01	120.0
基于全站仪检定立式金属罐容积的方法及应用软件的研发	物理计量测试	应用技术类	江西省计量测试研究院	陈业正	2008.01	65.0
食源性疾病的 Pulsent 建立与监测技术研究	质量检验	应用技术类	江西省产品质量监督检测院	彭志忠	2008.01	180.0

续表

项目名称	所属质检专业领域	项目类别	项目承担单位	项目主要负责人	项目起始日期	项目计划经费
原产地保护产品—南丰蜜桔地域性	质量检验	应用技术类	江西省产品质量监督检测院	彭志忠	2008.07	216.0
大型游乐设施(观览车类)不可拆卸主轴的缺陷在线检测方法与系统研究	机电类特种设备安全、质量检验	应用技术类	江西省特种设备检验检测研究院	刘志云	2008.09	70.0
食品添加剂、饲料添加剂和违禁化学品检验技术研究	质量检验	应用技术类	江西省产品质量监督检测院	彭志忠	2009.01	200.0
大型游乐设施(观览车类)关键部件安全检测方法研究	机电类特种设备安全	应用技术类	江西省特种设备检验检测研究院	刘志云	2009.10	70.0

2010年初,为规划全省“十二五”科技发展蓝图,省质监局在经过广泛调研,分析论证的基础上,结合江西省社会经济发展需求和科技事业发展方向,编制完成《省质监局“十二五”科技发展规划》,为今后一段时期内全省质监系统科技事业进步、人才队伍建设、检测平台基地建设、技术机构科研技改工作等提供具体的方向和目标。其中“公共检测重点工程建设”等内容被列入《江西省国民经济和社会发展“十二五”规划(征求意见稿)》。是年,在围绕鄱阳湖生态经济区建设,服务支柱产业和战略新兴产业发展中,省质监局先后新建26项社会公用计量标准:其中省级5项,市级21项。《LED(发光二极管)路灯》《江西省高速公路沥青路面设计规范》《有机食品 资溪白茶》《江西旅游生态设施规范》等36项地方标准和省标准化院1项均通过江西省知识产权局课题项目验收。全省质监系统科技人员在科研工作中公开发表科技学术论文55篇,其中,可被EI检索的2篇,国家级期刊11篇,省级其他期刊42篇。至2010年底,全省质监系统科技人才队伍中,拥有博士研究生5名、硕士研究生74名,高级技术职称人员266名、中级技术职称人员411名。

科研成果应用及获奖情况

20世纪90年代至2000年,质监部门的科研经费较短缺,主要用于实验室改造和设备更新,科研成果较少。2000年实行省以下垂直管理后,省质监局逐步建立和健全全系统的科技管理体系,开始重视科研成果的应用。

2001年5月,在对青年科技基金项目进行审查和初选时,将《磁记忆诊断技术在锅炉压力容器检测中的应用研究》《新型层板绕丝型超高压容器结构分析研究》《现代光电检测器件应用于接触式干涉仪技术改造》等7个项目向国家质检总局申报。其中:省锅检所《磁记忆诊断技术在锅炉压力容器检测中的应用研究》项目通过国家质检总局科技基金立项,省计量所的《紫外分光光度计计量标准》也在申报国家质检总局复查,粉尘采样品检定装置、生化分析仪检定装置、汽车前照灯检测仪检定装置等12项次级标准通过省级复查。

2002年1月,省质监局首次向省科学技术厅申报7个科研课题项目,其中:由计划财务科技处组织的《江西省产品质量检验机构应对入世对策研究》课题,被列入省科技厅2003年科技项目软科学研究课题。

2004年3月2日,由省锅检所承担的国家青年科技基金项目《磁记忆诊断技术在锅炉压力容器检测中的应用研究》课题,顺利通过国家质检总局评审。评审结论是理论研究达到国际水平,检测应用达到国内领先水平。该课题获得2004年度省科学技术进步三等奖。

2007年,由省计量院主编的《机动车方向盘转向力—转向角检测仪计量校准规范》通过国家审定,这是全省第一个通过审定的国家级计量技术规范。《全站仪(法)立式金属罐检定装置》项目被列入2007年度国家质检总局质量技术监督科技项目计划。是年,省质监局组织申报的"南丰蜜桔"项目和《照相机综合标准》项目获得省政府颁发的省科技进步三等奖。

2008年,省锅检院项目"大型储罐群安全检验技术体系研究和示范工程"、省计量院项目《机动车方向盘转向力—转向角检测仪校准规范》均获省政府颁发的省科技进步三等奖。

2009年2—4月,省锅检院与中国特种设备研究中心联合开展的国家科技支撑计划课题,《电站锅炉长周期运行安全保障关键技术研究及工程示范》项目的子课题《带保温层管道腐蚀电磁导波检测技术研究与设备研制》《大型储罐群基于风险的检验与综合安全评价技术研究》顺利通过国家质检总局的成果鉴定。其中省锅检院与中国特检院等联合完成的科研项目《大型储罐群安全检验技术体系研究和示范工程》获国家质检总局科技兴检奖一等奖。该院的声发射检测技术、磁记忆检测技术、超声导波检测技术和超声TOFD方法研究及开发应用工作,处于全国先进水平之列,并在中海油海底输油管线项目和南海海上石油钻井平台承压设备在线检测中得到广泛应用。是年,省计量院透射式烟度计检定规程获省科技进步三等奖。4月15日,该院的《汽油车CO和HC排放浓度超标的影响因数分析》一文,获国家质检总局优秀科技论文奖鼓励奖。9月该院主编的《实验室管理与认可》一书获省社会科学界联合会第十三次省社会科学优秀成果奖三等奖。

2009年11月,省标准化院的《我国食物过敏标准化体系建设的研究》课题列入国家质检总局2009年科技计划项目。12月,省特检院承担的国家质检总局科技计划项目《变频调压调速拖动设备电参数测量研究》和《特种设备钢结构焊缝质量检测与缺陷信号识别系统研究》通过国家质检总局组织的专家评审鉴定。其中《特种设备钢结构焊缝检测与缺陷信号识别系统研究》项目,填补国内该研究应用领域的空白。此外,该院的《电梯导轨垂直度智能检测关键技术研究》也被列入国家级公益性科研项目。

2010年1月18日,省质监局公布2008—2009年度全省质监系统优秀科技兴检成果奖授奖项目。其中:二等奖3项,三等奖3项。

表 8－1－11 2008—2009 年度全省质监系统优秀科技兴检成果获奖项目

成果名称	主要完成单位	主要完成人	获奖等次
特种设备钢结构焊缝质量检测与缺陷信号识别系统研究	省特检院，南昌航空大学	刘志云、程秋平、黎学文、刘旭、杨雅玲	二等奖
变频调压调速拖动设备电参数测量研究	省特检院	程秋平、刘旭、刘志云、黎学文、刘忠玮	二等奖
集中财务管理信息系统研究与开发	省局信息中心	章志键、刘自宪、姚力强、李泳翔、颜武	二等奖
《透射式烟度计》检定规程	省计量院	戴映云、权小菁、鲍国华	三等奖
带保温层管道腐蚀电磁导波检测技术研究与设备研制	省锅检院	胡智、张路根、汤新文	三等奖
广昌泽泻地方标准	广昌县质量技术监督局	谢鸣、吴永忠、刘立鼎	三等奖

2010 年 9 月，经国家质检总局批准，由省质监局直属单位省计量院起草的《汽车侧滑检验台检定规程》正式颁布实施。该院的《移动式摩托车安全技术检测线》国家标准通过审定，并填补国内空白，为机动车运行安全技术检测提供依据。11 月，省锅检院与中国特检院等单位合作的《金属压力容器和常压储罐声发射检测及安全评价技术与应用》获得 2010 年度国家科技进步二等奖，国家钨与稀土产品质量监督检验中心的《复合优溶无皂化工艺回收利用稀土荧光粉废料中的稀土元素》科研项目获 2010 年度省科技进步三等奖、赣州市科技进步二等奖。此外，省特检院还获得国家质检总局 2010 年度科技兴检先进集体称号。

第三节 检验机构规划

江西省国家质检中心的建设起步于 20 世纪 90 年代。1990 年，省标准局向国家技监局申请“八五”期间在全省建立国家稀土产品质量监督检验中心；是年，省标准局向国家技监局申请在省质检所建立国家羽绒产品质量监督检验中心。1997 年 1 月 21 日国家技监局同意在省工业陶瓷质检站的基础上，筹建工业陶瓷国家测试中心。2004 年 7 月，省质监局向国家质检总局申请在江西设立 3 个国家级质检中心，分别为：国家果蔬水产肉禽产品质量监督检验中心、国家竹木产品质量监督检验中心和国家陶瓷产品质量检验中心。2005 至 2008 年，又先后向国家质检总局申请建立钨与稀土、塔架、铜及铜产品、光伏、建筑卫生陶瓷等国家级质检中心。

1991—2010 年 20 年间，省质监局经过不断实践和摸索，对系统内省级产品质量监督检验机构的规划逐步形成一个基本框架，目标是在专业技术领域省内领先、国内先进；服务范围立足当地、面向区域、辐射全省。2010 年，省质监局出台《江西省产品质量监督检验中心建设规划暂行办法》，规范系统内省级产品质量监督检验中心规划工作，更好地发挥检测平台服务作用。截至 2010 年底，全省共有(含筹建)8个国家级质检中心,规划建立16家省级产品质量监督检验机构。

国家级质检机构规划

赣州有色冶金研究所是中国冶金系统建所最早的3个研究所之一,1984年起被国家经委指定为钨精矿创国优产品质量检验机构。为能就近就地更有效地监督钨和稀土产品质量,中国有色金属工业总公司南昌分公司和省标准局于1987年4月25日,联合向中国有色工业总公司申请将赣州有色冶金研究所列为国家钨稀中心。1990年6月11日,省标准局向国家技监局申请“八五”期间在省建立国家稀土产品质量监督检验中心,并提交可行性报告。为加强对全国羽绒制品质量的监督检验,维护广大消费者的利益,6月28日,省标准局向国家技监局申请在省质检所建立国家羽绒产品质量监督检验中心。

江西是国家工业陶瓷产品的主要生产基地,工业陶瓷又是萍乡市的支柱产业。根据市场需求,1997年1月21日国家技监局同意在省工业陶瓷质检站的基础上,筹建工业陶瓷国家测试中心。

2002年6月,省质监局向国家质检总局转呈赣州市质监局《关于请求解决建立〈江西省果品质检中心〉和〈江西省稀土与矿产品质量检测中心〉项目资金的报告》,将两个中心纳入省“十五”期间技术机构的建设规划之中,并请求国家质检总局给予300万元的专项支持。

2003年7月8日,省质监局向国家质检总局呈报要求在江西设立3个国家级产品质量监督检验中心的请示,具体是:在省质检院设立国家竹木产品质量监督检验中心,在国家日用陶瓷产品质量监督检验中心、工业陶瓷国家测试中心、景德镇市陶瓷产品质量监督检验站的基础上,整合组建国家陶瓷产品质量监督检验中心,在省纤检局设立国家羽绒产品质量监督检验中心。2004年7月,省质监局向国家质检总局申请在江西设立国家果蔬水产肉禽产品质量监督检验中心、国家竹木产品质量监督检验中心和国家陶瓷产品质量检验中心,并向省编办申请批准成立江西食品质量安全监督检测中心。

2005年,根据国家质检总局《关于同意筹建国家陶瓷产品质量监督检验中心(江西)的批复》精神,省政府下发赣府厅字〔2005〕69号文,决定以国家日用陶瓷质检中心为主体,将江西的其他几个陶瓷质检机构以并入或加盟国家日用陶瓷质检中心的形式,筹建国家陶瓷产品质量监督检验中心(江西)。

2007年,国家陶瓷产品质量监督检验中心(江西)获得中国合格评定国家认可委员会颁发的实验室认可证书。是年,经国家质检总局批准同意,在江西筹建钨与稀土产品和塔架产品2个国家级质检中心,使全省国家级质检中心达到5个。至此,全省已初步建立起标准化、计量、检验检测公共技术服务平台,逐步完善省质量技术监督的技术检验检测体系,检验范围覆盖全省90%以上的产品和设备。

2008年3月,省质监局充分依托亚洲最大的铜冶炼加工生产基地——贵溪冶炼厂、江西铜业公司等一批大型铜业冶炼、加工生产企业的资源区位优势,并结合省质检院的人才和技术优势,向国家质检总局申请在江西设立国家铜及铜产品质量监督检验中心,承担全国特别是华东、华南地区铜及铜材产品的质量监督检验工作，为省及周边地区涉及铜及铜材产品生产加工企业提供产品质量检验检测和技术支撑服务等。同时为加快和提升中国光伏产业发展水平。6 月，省质监局向国家质检总局申请建立国家光伏产品质量监督检验中心。

随着建筑卫生陶瓷产业的在宜春地区的发展壮大，宜春市逐步成为全国最大的建筑卫生陶瓷产业区和出口加工贸易区，高安、丰城等地也成为全国建筑卫生陶瓷工业的主产区。2008 至 2009 年，高安市政府以政府名义先后发文《关于配套支持中国建陶基地国家建筑陶瓷检测中心建设的承诺函》《关于配套支持中国建陶基地国家建筑卫生陶瓷监督检验检测中心建设的报告》，把国家建筑卫生陶瓷检测中心建设项目列入 2009 年市政府重点工程项目。由此，省质监局向国家质检总局申请在宜春市设立国家建筑卫生陶瓷产品质量监督检验中心。

2010 年 1 月，国家钨与稀土质检中心筹建工作完成，向国家质检总局申请验收。为加强省及周边地区的食品添加剂监管力度，3 月 4 日，省质监局向国家质检总局申请在南昌市食品质量卫生安全监督检验中心的基础上筹建国家食品添加剂产品质量监督检验中心（江西）。10 月，国家铜及铜产品质量监督检验中心和国家光伏基础材料及应用产品质量监督检验中心获国家质检总局批准同意筹建。

至 2010 年底，全省国家级质检中心（含筹建）共有 8 个，分别是国家竹木产品质量监督检验中心、国家果蔬产品及加工食品质量监督检验中心、国家陶瓷产品质量监督检验中心、国家钨与稀土产品质量监督检验中心、国家塔架产品质量监督检验中心、国家羽绒产品质量监督检验中心、国家铜及铜产品质量监督检验中心和国家光伏基础材料及应用产品质量监督检验中心。

省级产品质检机构规划

省级产品质量监督检验机构是质监系统内具有独立法人资格的组织或经省质监局授权，具有第三方公正地位，可以省级产品质量监督检验机构的名义承担产品质量监督检验、仲裁检验等任务，向社会提供产品质量检验检测服务，开展科学研究和技术研发，开展技术交流和培训，服务企业自主创新和产业升级的机构。

1991—2010 年 20 年间，省质监局利用公共检测平台，对系统内省级产品质量监督检验机构逐步规划，形成一个基本框架，即：全省统一规划布局、地方政府重视支持、具备筹建技术基础、拥有产业发展优势、避免同类重复建设、建设方案科学合理；目标是在专业技术领域省内领先、国内先进；服务范围是立足当地、面向区域、辐射全省。规划工作重点突出三个方面：一是服务民生，以保障人身健康安全、公共安全和规范市场经济秩序为目标，以涉及健康、安全、卫生、环保等领域产品为重点进行规划；二是服务产业，以检验检测体系与产业体系相匹配为目标，围绕地方主导产业、优势产业、特色产业、新兴产业和高科技产业进行规划；三是服务监管，以提高服务监管的技术保障能力为目标，以质监部门强化监督管理的产品为重点。

为进一步规范系统内省级产品质量监督检验中心规划工作，省质监局 2010 年出台《江西省产品质量监督检验中心建设规划暂行办法》，对规划工作的相关要求做出具体规定。至 2010 年底，全省质监系统内共规划 16 家省级产品质量监督检验机构,分别是江西食品质量监督检测中心(设在省质检院)、江西省建筑电器安全监督检验站(设在省质检院)、江西省燃气用具产品质量监督检验站(设在省质检院)、江西省计量产品质量监督检验站(设在省计量院)、江西省消防产品质量监督检验站(设在省计量院)、江西省机动车零配件产品质量监督检验站(设在省计量院)、江西省条码产品质量监督检验站(设在省标准化院)、江西省工业陶瓷质量监督检验站(设在萍乡市质监局)、江西省眼镜产品质量监督检验站(设在鹰潭市质检所)、江西省钢结构产品质量监督检验站(设在抚州市质检所)、江西省建筑卫生陶瓷产品质量监督检验站(工业陶瓷国家测试中心筹建,设在萍乡市湘东区)、江西省电光源产品质量监督检验中心(武宁)(九江市质监局在武宁县筹建)、江西省建筑卫生陶瓷产品质量监督检验站(高安)(宜春市质监局在高安筹建)、江西省铜及铜产品质量监督检验站(鹰潭市质监局筹建)、江西省光伏产品质量监督检验站(新余市质监局筹建)、江西省节能灯产品质量监督检验中心(贵溪)(鹰潭市质监局在贵溪筹建)。

第二章　教育培训

20 世纪 90 年代初期，全省质监系统培训以专业技术培训为主，党政干部培训和行政执法人员培训为辅。2000 年初期，为提升全省干部职工的综合素质，全系统进一步加大教育培训力度，自 2006 年始，每年制定全系统教育培训工作计划，并拨付专项教育培训经费，由省质监培训中心专门承办教育培训工作。

党政干部培训对象为系统内各级党政领导干部，以帮助其提高适应新环境、新形势、新要求的能力为目的，不断提升领导干部管理创新和驾驭全局的能力；行政执法人员培训对象为系统内各部门法制员、行政执法人员等，以法制教育宣传贯彻、提高行政执法水平为目的；专业技术人员培训对象主要为各级管理部门、检测机构及系统内和全省各类企业的相关专业技术人员，以提高参训人员的专业技术水平为目的。从 1991 年至 2010 年，共培训党政干部 10000 人次、行政执法人员 5000 余人次、专业技术人员 8000 余人次。截至 2010 年底，全系统参训人员从省局机关人员覆盖到市（县）局干职人员，培训内容从单一化向多元化、多样化方向发展，培训课程设置更加注重科学性、实用性，基本形成培训人员、培训内容全覆盖。

第一节　党政干部教育培训

1996 年，省标准局先后组织 40 名县（市）局长参加全国进修班，并举办两期县级局长培训班，成绩全部合格。

1999 年，按照省经贸委党组的统一部署，省技监局开展讲学习、讲政治、讲正气为主要内容的党性党风教育。

2000 年，实行省以下垂直管理后，制定《2001—2005 年江西省质量技术监督系统干部教育培训规划》，质监教育培训工作从内容、方式到资源也实现全面的改进和整合。

2002 年，为更好地适应中国加入 WTO 新形势的需要，培养和造就一支高素质的质检干部队伍，组织学习了《WTO 基本规则》、加入 WTO 后中国经济发展宏观经济演变与前景展望等内容，5 月 21—27 日省质监局举办第一期全省质量技术监督系统局长培训班，各设区市局领导班子成员及各县（市、区）局主要负责人共 145 人参加培训。

2003 年，根据省委组织部提出的在 5 年内将各级领导干部全部轮训一遍的要求，省质监局结合系统基层局干部队伍的现状，就领导科学、知识更新、适应国际竞争、服务当地经济和社会发展的工作水平及能力问题，当年共举办三期培训班。每期时间 7 天，共 56 课时。各设区市局领导班子、县级局领导班子共314人参加培训。

按照《中共中央关于加强党的执政能力建设的决定》和省委组织部提出大规模培训干部的要求,2004年10月18日,省质监局在庐山举办第四期市、县局长培训班。各设区市局及其所属县级局领导班子成员共135人参加培训。

2006年8月中旬,省质监局举办全省质监系统纪检监察干部业务培训班。培训主要以纪检监察政策、法规、信访工作知识、案件检查知识、案件审理知识等为教材。各设区市、县(市、区)局纪检组长(或分管副局长),纪检监察室主任(副主任);省质监局各直属单位分管纪检监察工作的负责人共33人参加培训。

2006至2007年,省质监局以培养干部队伍提高业务素质,寻求服务发展能力为切入点,着力从各设区市局选派一批干部去广东、浙江等发达地区质监部门学习锻炼,并要求各设区市局组织相关人员定期到本部门外派人员所在的学习点对口走访,建立一种不断跟进学习的长效机制。在此基础上,还组织优秀的县局长出国考察学习,丰富阅历,开阔视野。为提升领导干部驾驭全局的能力和创新能力,2007年8月6日至10日,省质监局举办1期全系统县级局长能力建设培训班,县级局局长共80人参加培训。

2008年,为培养造就一支高素质的质监队伍,推动"十一五"时期全省质监事业持续健康发展,根据上级部门和省质监局党组有关要求制订《江西省质量技术监督系统2009—2011年教育培训规划》,并进一步规范健全干部教育培训档案管理。首次尝试与省委党校合作开办全省质监系统处级干部管理创新与领导力提升培训班;部署开展全省质监系统以提高岗位技能为核心的全员岗位培训等工作。

2009年,为进一步提高全省质监系统纪检监察干部的业务能力和综合素质,省质监局于6月举办全省质监系统纪检监察干部培训班。根据中共中央《干部教育培训工作条例(试行)》和省质监局党组《关于加强县(市、区)局领导班子教育和管理暂行规定》的有关要求,8月30日至9月3日在中国计量学院举办全省质监系统处级干部业务理论研修班。各设区市局、省质监局机关各处室、省局各直属单位副处级干部共110人参加。9月9日至13日,在省经济管理干部学院举办全省质监系统县级局局长能力建设研修班。全省质监系统县区局局长共90余人参加培训。10月11日至16日,在北京大学举办全省质监系统领导干部能力建设与素质提升研修班。省质监局领导,各设区市局党组书记、局长,省质监局机关各处室及各直属单位主要负责人共45人参加此次研修。除自办学习培训外,先后选派20名优秀干部,积极参加国家质检总局、省委组织部、省直工委与省委党校等单位组织的学习培训。为多途径培养干部,省质监局同时还选派10名优秀的同志到广东省质监系统进行为期3个月的挂职学习锻炼。在系统内,还组织安排各设区市局和省局各直属单位的干部上挂省质监局机关工作,下派省局机关干部至设区市局和省局各直属单位挂职锻炼。据统计,当年全系统挂职交流干部共200余人。

2010年5月,省质监局再次与中国计量学院合作,举办全省质监系统处级干部业务理论培训班。全省系统有110多人参加培训。为检验学习成效,6月省质监局组织局机关、直属单位副处以上干部及人事、纪检干部共120多人参加干部选拔任用工作的4项监督制度知识测试,进一步匡正选人用人风气，提升干部选拔的公信度。8 月与中国浦东干部学院合作，举办全省质监系统领导干部能力建设专题培训班，120 多人参加培训。9 月与省委组织部联合举办全省领导干部质量兴省专题培训班，各设区市、县（市、区）政府分管质监工作的 120 名领导干部参加培训。

2010 年 10 月，为更好地服务鄱阳湖生态经济区建设，加快推进江西经济发展方式转变，加大地方党委政府对质监工作的领导力度，进一步推动区域质量振兴战略实施，落实质量工作责任制，努力提升发展质量，省委组织部、省质监局联合对各设区市、县（市、区）政府分管质监工作的领导干部举办 1 期全省领导干部质量兴省专题培训班。

至 2010 年底，全省质监系统共培训干部 13860 人次，其中质监系统干部职工培训 10664 人次，面向市场培训 3196 人次。全系统干部职工人均接受培训 2 次，其中厅级干部累计参学时间达到 3 个月以上，人均接受培训 18 次，参学率 100%；处级干部人均接受培训 3 次，参学率 100%；科级干部人均接受培训 2 次，参学率 77%；科员人均接受培训 2 次，参学率 76%；初任培训参训率 100%、任职培训参训率 100%。

第二节 行政执法人员教育培训

1992 年，全省技术监督系统共举办两期行政执法人员培训班，组织学习了标准、计量等相关法律知识以及执法人员应如何提升专业素养等培训内容，培训人员达 300 余人。

2002 年 10 月 9 日，省质监局在上海质量技术监督教育培训中心举办产品法律责任培训班，全系统各设区市局法规科长（或负责法规工作的人员）共 12 人参加培训班。

为提高全省质监系统行政执法工作水平，增长行政诉讼知识和应诉技能，2003 年 3 月 26—28 日，省质监局举办行政诉讼法律知识培训班。各设区市局和省质监局有关直属机构分管领导和科室负责人，各县级局分管局领导或执法业务骨干共 110 多人参加培训。

根据国家认监委《关于建立认证监管人员培训制度　加强认证监管队伍建设的通知》文件精神，为提高认证监管人员的业务素质和依法行政水平，2004—2006 年，省质监局先后举办三期全省质监系统认证监管人员培训班。

2005 年 3 月，省质监局举办质量技术监督行政执法骨干培训班，并对考试合格者颁发培训合格证。各设区市局法规科或稽查支队负责人，各县（市、区）局行政执法骨干，省质监局各有关直属单位行政执法骨干，共 110 多人参加。

根据国家质检总局《关于进一步加强执法打假工作的通知》通知，要求地方局要用好“12365”投诉举报电话等有效信息资源，指定专门人员，形成专项制度，专司受理群众举报，密切与群众联系。7 月 19—20 日，省质监局结合系统工作实际举办全省各设区市局 12365 举报申诉服务热线培训班。各设区市局监督科长、各设区市局“12365”专职工作人员，共计 25 人参加培训。

2006 年 1 月 13—18 日，为加强质量技术监督行政执法工作，提高行政执法水平，国家质检总局法规司委托中国质量报社在海口举办质量技术监督系统行政执法工作研讨班，法规司有关专家授课，各设区市局分管法制工作的局领导和法规科长参加培训学习。为贯彻落实国务院《关于进一步加强食品安全工作的决定》,提高全省质监系统食品安全监管水平,9月下旬举办全省系统食品安全监管与执法人员培训班。

2007年3月,省质监局举办质量技术监督行政执法骨干培训班。各设区市局法规科科长和稽查支队支队长,各县(市、区)局稽查大队大队长及省质监局有关直属单位共123人参加。9月30日至31日,省质监局举办全省质监系统行政执法人员综合法律知识培训班。全省共计400余人参加培训,考试合格者由省法制办颁发《行政执法资格证》。

为规范全系统依法行政行为,省质监局计划用3年左右的时间对全系统一线执法人员进行轮训。2008年3月至4月,省质监局先后举办2期全省执法人员培训班,培训期间,还邀请省公检法系统的教授和专家讲课,各设区市局稽查支队负责人和执法人员,县(市、区)局稽查大队,省稽查总队和省纤维检验局共116人参加培训。为推动全省质监系统"五五"普法工作的开展,5月中旬,举办"五五"普法骨干培训班,各设区市局法规科负责人,各县(市、区)局负责法规工作的领导,各直属单位负责法规工作的领导,共110多人参加培训。至2008年底,全省质监系统具有行政执法资格的人员3014人,持有行政执法证件人员2656人,占全系统获得行政执法资格证人数的88%。

根据国家质检总局《关于做好"全国12365投诉举报指挥系统"软件推广应用准备工作的通知》和《关于做好"全国12365投诉举报指挥系统"软件部署环境准备工作的通知》精神,2008年9月,省质监局组织12365举报申诉中心软件系统操作人员培训和有关设备的发放。各设区市局12365举报申诉中心执机员和计算机系统安装维护人员共30人参加培训。

为使全省系统相关人员全面理解、掌握《节约能源法》,切实承担起《节约能源法》赋予质监部门的职能,2009年2月,省质监局举办《节约能源法》暨涉及质监部门7项职能宣传贯彻培训班。各设区市局法规科科长、稽查支队队长,各县(市、区)局负责法规工作的负责人,省局直属单位负责法规工作的领导共计122人参加培训。2—6月,省质监局先后在南昌大学人民武装学院举办4期全省执法骨干培训班。每期各设区市、县局执法人员派120人参加。

2010年6月举办第五期全省质监系统执法人员培训班和全省质监系统法制员培训班,各设区市局法规科长,各县(市、区)局法制员,省质监稽查总队、省纤检局、省标准化院法制员共105人参加培训。

第三节 专业技术人员教育培训

1991年,省标准局开展不同层次的教育培训工作,在全省范围内举办企业法人参加的企业标准化管理学习班,由省标准局统一组织师资,深入到每个县宣讲,第一期参加人员达3300余人。同时还举办全国乡镇企业标准化培训班,培训人数达817人;企业标准化人员集训班,培训人数达300余人;举办2期全国质量监督管理岗位函授培训班,培训人数达3000余人,获国家技监局的表彰。

是年,为帮助全省各级企业及各级管理部门、检测机构培养大批标准化和质量监督人员,开展标准情报人员的培训,共举办4期国家标准宣传贯彻班,培训人员近400人;情报人员培训班一期,培训人员达20多人;第6期全国标准化函授学员结业,考试通过率达98%。另报名参加质量监督岗位函授和鉴别伪劣商品函授培训班有1500余人。

1993 年省标准局先后组织 150 余人参加 GB/T19000 - IS09000 质量管理和质量保证系列国家标准宣传贯彻会，300 余人参加国家技监局沈阳培训中心举办的标准化基础知识学习班。

1995 年，根据国家技监局技监教函〔1994〕08 号文件的要求，省技监局成立第 2 期全国质量体系与质量认证函授培训江西学区领导小组及办公室，负责全省质量体系与质量认证函授培训的组织管理和协调工作。

为规范各计量技术机构人员检定行为，严格检定员上岗资格，1997 年 7 月 2—6 日，省技监局举办 1 期全省衡器计量检定员学习班，有 42 人参加培训，同时通过理论和实际操作考核合格者，颁发《衡器检定》项目资格证书。是年，省技监局还举办 3 期《零售商品称重计量监督规定》《定量包装商品计量监督规定》宣传贯彻学习班，共有 250 余人次参加学习。

1998 年，按照国家局的统一部署，省技监局集中人员、集中时间、集中精力，有计划有步骤地，在全省系统范围内开展行风教育整顿工作。4 月，举办为期 5 天的全省地（市）局长和部分县局长业务培训班。

1998 年 11 月至 1999 年 4 月，省技监局委托省计量协会承办《燃油加油机检定规程》（JJG443 - 98），《非自动秤通用检定规程》（JJG555 - 96）等系列规程的宣传贯彻培训。全系统共有 95 家计量检定机构的 325 人次参加培训。

2002 年 9 月，为贯彻落实国家质检总局《关于进一步加强食品质量安全监督管理工作的通知》和《加强食品质量安全监督管理工作实施意见》的各项要求，省质监局举办食品质量安全市场准入制度培训班。省质监系统 80 余人参加培训。

2003 年 11 月 7 日，举办首期《中华人民共和国认证认可条例》学习培训班。省直有关单位、部分省属重点骨干企业、部分质检机构及全省认证咨询机构的代表共 60 余人参加培训。

按照国家质检总局《特种设备作业人员培训考核管理规则》《锅炉压力容器压力管道及特种设备检验人员资格考核规则》《特种设备作业人员培训考核管理规则》要求，2004 年，省质监局对液化气体汽车罐车驾驶员、气瓶检验人员、押运员、起重机械安装维护保养人员、游乐设施管理操作人员、安全监察员进行培训与考核，共发放相关证书共 413 本。

2005 年 3 月，按照国家质检总局《关于加快特种设备安全监察信息化工作的通知》的要求，省质监局对特种设备安全监察软件使用人员分两批进行培训。省质监局锅炉处全体人员，各设区市局分管局长、锅炉科全体人员，各检验机构负责人及有关人员共 70 多人参加培训。4 月 15—21 日，省质监局在南昌举办 2 期为期 3 天的电子公文传输系统知识培训班。各县（市、区）质监局选配的从事机要、文印工作人员共计 30 余人参加培训。9 月，省质监局举办 1 期 CQS 系统市级版服务器安装维护培训班，对各设区市局负责网络信息化工作的计算机技术人员进行服务器安装维护专业培训，各设区市局计算机专业技术人员共 14 人参加。6 月 17 日举办原产地域产品保护基础知识培训班，各设区市局分管局长和法规科长参加培训。是年，召开江西省糖果制品等 13 类食品生产许可证发证审查通则和细则及 2005 年食品生产许可证审查员资格考试宣传贯彻培训会。对各设区市质量技术监督局监督科人员、食品生产许可证审查员、拟报考 2005 年度食品生产许可证审查员资格全国统一考试的人员、相关的大型企业及部分中小型企业质量技术负责人和检验人员进行培训。还举办全省质监系统认证监管人员培训班,培训对象为全省各级质量技术监督部门从事认证监管的工作人员和行政执法人员。12月中旬举办全省质监系统食品安全检测人员培训班,对全系统质检机构食品安全检测骨干人员进行专项培训。

为进一步加强全省质监系统新闻宣传工作力度,不断提高新闻宣传骨干的业务能力和综合素质,2006年3月中旬举办全省质监系统新闻宣传骨干培训班。6月,省质监局分3期对全省特种设备安全监察人员进行业务培训。培训对象是全省未取得安全监察员证的县(市、区)局分管特种设备安全工作的副局长,各设区市局特种设备科(处)未取得安全监察员证从事特种设备安全监察工作的人员,共40余人参加培训。为提高县级局办公室主任的业务能力,6月底在庐山举办全省质监系统县级局办公室主任培训班。为提高质监系统工业产品生产许可证监管人员、系统财务人员、产品生产许可证监管人员的素质,7月,省质监局分别举办工业产品生产许可证、会计电算化培训班、工业产品生产许可证监管培训班,共有相关人员250余人参加培训。

为贯彻落实国务院《关于进一步加强食品安全工作的决定》,提高全省质监系统食品安全监管水平,2006年9月,省质监局举办全省系统食品安全监管与执法人员培训班。共计110余人参加培训。10月中旬,举办省保健食品企业标准化及产品申报培训班。各保健食品生产企业主要负责人、企业负责产品注册和标准管理人员参加培训。11月举办全省质监系统认证监管人员培训班。

2007年5月,省质监局举办全省标准化信息管理培训班,各设区市局标准化科长,各县(市、区)局标准化信息管理人员共105人参加培训。7月,举办全省系统食品安全监管人员培训班。各设区市局食品科负责人或监管人员,各县(市、区)局食品安全监管人员共90余人参加培训。是月,还举办《法定计量检定机构考核规范》宣传贯彻和强检工作计量器具建档软件培训班,各设区市局计量科和计量所人员,各县(市、区)局计量管理人员共107人参加培训。9月下旬,为进一步抓好《国务院关于加强食品等产品安全监督管理的特别规定》的学习贯彻,举办全省质监系统学习国务院503号令宣传贯彻会。各设区市(县、区)局分管局长,食品科、监督科、法规科、稽查支队,省稽查总队领导、食品监管人员参加培训。10月下旬举办全省质监系统办公室主任培训班。11月,举办食品标准化知识培训班。各设区市局标准化科科长,各县(市、区)局负责标准化工作人员共104人参加培训。11月28—30日,举办各市、县计量检定机构操作技术培训班。各设区市局计量科人员,被授权开展加油机检定的各市、县计量所计量检定人员共90余人参加培训。

为加强各类农业标准化示范区管理,做好第五批国家农业标准化示范区项目目标考核,按照《2008年度全省质监系统培训计划》,2008年5月初举办农业标准化示范区管理办法培训班。各设区市局标准化科科长、各县(市、区)局负责标准化工作的人员,第五批、第六批国家级和第三批、第四批省级农业标准化示范区项目承担单位负责人参加培训。5月22—23日举办全省质监系统广域网培训班,各单位负责网络信息化管理的人员参加培训。为提高全省质监系统质量管理与认证监管干部队伍素质,6月11—16日,举办全省质监系统质量管理与认证业务知识培训班,对各设区市(县、区)局分管质量管理与认证工作的局领导和质量科(处)全体人员进行培训。8月,省质监局对各设区市局、计量院、有关单位的国家计量标准二级考评员进行培训考核。9月中旬举办《食品标识管理规定》和《食品添加剂使用卫生标准》宣传贯彻培训。各设区市局法规科科长,各县(市、区)

局负责法规或食品工作的领导或相关工作人员共90余人参加培训。为帮助全省质监系统法定计量技术机构的计量管理人员及时掌握、理解和实施《计量标准考核规范》(JJF1033－2008),10月下旬举办《计量标准考核规范》培训班,对各市、县计量所从事计量标准管理的工作人员进行培训。10月底举办全省质监系统办公室主任培训班。根据国家质检总局《特种设备安全监察人员管理办法》要求,12月15日在南昌举办全省特种设备安全监察员(B类)培训考核班。

2009年2月下旬举办《节约能源法》暨涉及质监部门七项职能宣传贯彻培训班。各设区市局法规科科长、稽查支队队长,各县(市、区)局负责法规工作的负责人,省局直属单位负责法规工作的领导参加培训。3月,举办《特种设备安全监察条例》宣传贯彻培训班。各设区市局法规科科长,各县(市、区)局分管领导,全省特种设备安全监察会议代表共140人参加培训。3月21—22日,举办《起重机械安装改造重大维修监督检验规则》《起重机械定期检验规则》宣传贯彻培训班。各设区市局特种设备科(处)长,各设区市局起重机械分管人员,各检验检测机构(除省锅检院及其分院)负责人、技术负责人、起重机械检验责任人共78人参加培训。4月初举办全省质监系统办公室主任培训班。10月,举办《食品安全法实施条例》宣传贯彻培训班。各设区市局法规科科长、各县(市、区)局负责法规工作的领导,省质监局相关直属单位负责法规工作的领导共36人参加培训。为加强各类农业标准化示范区管理,做好第六批国家和第四批省级农业标准化示范区项目建设和目标考核,11月中下旬举办农业标准化培训班,各设区市局标准化科科长参加培训。按照国家质检总局《特种设备安全监察人员管理办法》的要求,12月11—20日举办全省特种设备安全监察员(B类)培训班。共110人参加培训。

2010年4月中旬举办全省质监系统食品安全监管人员培训班。根据省局《关于进一步做好全省代码电子档案工作　提高代码数据质量的通知》精神,4月下旬举办1期代码业务培训班,各设区市局及县(市、区)局代码办证点负责《组织机构代码信息管理系统》和《组织机构代码电子档案管理系统》的操作人员参加培训。5月上旬举办全省质监系统中级专业技术职务评审业务培训班。中旬举办全省质监系统办公室主任培训班。6月上旬举办全省质监系统法制员培训班。

2010年7月,省质监局举办2010年度质监系统财务管理与内部审计实务培训班,帮助财务人员全面掌握财政改革的各项政策,各单位计划财务科负责人和主办会计共47人参加培训。8月上旬举办一期《限制商品过度包装要求　食品和化妆品》(GB23350－2009)国家标准和《食品和化妆品包装计量检验规则》(JJF1244－2010)宣传贯彻培训班。8月11日举办全省质监系统机构编制实名制管理和事业单位绩效工资工作培训班,各设区市局人事科科长及人事干部,各直属单位从事人事工作的人员参加培训。8月24日举办软件应用人员培训班。9月26—28日举办全省认证监管人员培训班。11月,举办全省质监系统质量管理业务知识培训,各设区市局分管质量管理工作的局领导和质量科(处)全体人员、各县(市、区)局分管质量管理工作的局领导、省质监稽查总队共148人参加培训。是月,省质监局组织一次机动车安全技术检验监管业务培训,各设区市局监督科长和各县(市、区)局主管此项工作人员共98人参加培训。12月上旬举办《节约能源法》暨公共机构节能降耗培训班。是年,还举办1期江西质监网站管理系统应用培训班全省质监系统案卷管理业务培训班。

第四节 培训计划与实施

为进一步加强和改进全省质监系统教育培训工作,不断规范培训工作的管理,压缩精简培训经费,增强培训的针对性和有效性。省质监局从2006年开始,每年都制定年度培训计划,严格系统内各项培训计划的审批、管理,同时各相关单位和部门按照培训计划认真实施,培训内容从单一化向多元化、多样化方向发展,基本形成培训人员、培训内容全覆盖。

表8-2-1 2006年省质监局培训计划

培训班名称	参与培训人员	时间	承办单位
办公室主任培训班	各设区市局、省局直属单位、各县(市、区)局办公室主任(约150人)	二季度	办公室
电子公文培训班	各县(市、区)局办公室秘书(约100人)	4月	
县局局长培训班(1~2期)	40~100人	10月	人事处
纪检监察干部培训班	各设区市局监察室主任、各县(市)区局纪检组长(约110人)	9月	监察室
全系统会计电算化培训班	全系统各单位会计(160人)	5月	计财处
党务工作业务培训,学习考察	各设区市局机关党委专职副书记、直属单位党支部书记或组织委员、部分县局支部书记(30人)	5月	机关党委
行政执法人员资格培训	250人	一季度	法规处
新法规宣贯培训	150人	一季度	
案例研讨培训班	150人	一季度	
《地理标志产品保护条例》宣贯会	150人	二季度	
生产许可证发证后监管培训	各市、县、区局质监工作人员(约100人)	二季度	质量处
生产许可证审查员培训	有关审查人员(约30人)	二季度	
发证企业检验人员资格培训	发证企业检验人员(约200人,分2~3期)	二到三季度	
认证监管人员培训(第3期)	各市、县、区局质监工作人员(约100人)	三季度	
县(区)局分管局长、安全监察人员业务培训	全省县局分管局长,县区局安全监察人员(每期约100人)	分别在3、5月举办,计两期	特种设备处
有关食品安全监管工作	全系统执法人员、监管人员(约100人)	上半年	监督处
有关12365热线服务电话的工作制度、工作纪律,有关产品质量申述处理工作	全系统12365工作人员(30人)	下半年	

表 8－2－2 2007 年度省质监局培训计划与实施

培训班名称	培训对象	培训天数	参训人数	开班时间	承办单位
公文写作能力培训班	全系统办公室主任	7 天	120 人	三季度	办公室
用友 NC 财务软件培训班	全系统会计	3 天	170 人	元月份	计财处
电子票据系统培训班	全系统出纳	2 天	170 人	3 月	
处级干部研讨班	处级以上干部	6 天	40 人	3 月	人事处
工资改革培训班	全系统各市、县（区）局分管人员	5 天	120 人	以人事厅工改安排为准	
县(区)局长培训班	系统各县(区)局长	6 天	110 人	6 月	
人事业务工作培训班	人事干部	7 天	30 人	8 月	
后备干部培训班	系统处级后备干部	6 天	50 人	10 月	
统计人员培训班	系统组织人事统计人员	5 天	30 人	11 月	
地理标志产品保护审报及监督培训班	设区市局法规科，县局、申报单位骨干	2 天	120 人	一季度	法规处
质监宣传骨干培训班	市、县局宣传骨干	2 天	120 人	二季度	
行政执法业务骨干培训班	设区市法规科长，稽查支队队长	3 天	120 人	三季度	
全省质量管理与认证人员培训班	各设区市质量科工作人员、各县（区、市）局分管局长及工作人员各一名	7 天	200 人	4 月	质量处
提升执法能力培训班	全系统执法骨干人员	3 天	每县 2～3 人	上半年下半年各 1 次	监督处
提升检验能力培训班	全系统检验骨干人员	5 天	每个检验机构 2～3 人	上半年	监督处
安检机构管理人员培训班	全系统负责安检机构的管理人员	4 天	每个检验机构 2～3 人	下半年	
12365 工作人员上岗培训班	全系统 12365 工作人员	2 天	30 人	上半年	
市、县局食品安全监管人员学习班	市、县局分管领导	7 天	约 100 人	一季度	食品处
市、县局食品安全监管人员学习班	市、县局分管领导	7 天	约 100 人	二季度	
市、县局食品安全监管人员学习班	市、县局分管领导	7 天	约 100 人	三季度	
全系统食品安全评审员学习班	全系统食品安全评审员	7 天	约 200 人	二季度	

续表

培训班名称	培训对象	培训天数	参训人数	开班时间	承办单位
GAP 培训班	各市、县局	3 天	120 人	一季度	标准化处
上岗培训班	各市、县局	2 天	120 人	三季度	
标准化信息管理培训	各市、县局	3 天	120 人	三季度	
能源计量知识培训班	全系统的计量管理和技术人员	约 2 天	约 40 人	7 月	计量处
注册计量师资格考试培训	计量技术机构的计量检定人员	约 3 天	约 1000 人	5～9 月	
特种设备安全监管人员培训班	全省市、县安全监管人员	6 天	100 人	下半年	特种设备处
特种设备安全监察统计、事故软件培训班	设区市局监察机构、技术机构有关人员	2 天	35 人	元月份	特种设备处
国家新颁布的有关规章、技术规范等	设区市局监察机构、技术机构有关人员	每班 2～3 天	每班 60 人	上半年	
党的十七大精神学习培训班	各设区市局机关党委书记、专职副书记、党支部书记	2 天	50 人	11 月	机关党委
工会主席培训班	各设区市局工会主席、基层工会主席	2 天	30 人	9 月	
纪检监察信访业务培训班	设区市局、县(市、区)局纪检监察干部	4 天	100 人	三季度	纪检监察室
纪检监察业务学习考察班	设区市局纪检组长、监察室主任	约 7 天	约 25 人	二季度	
驾驶人员技术等级培训	局机关在职驾驶员	约 10 天	5～6 人	未知	服务中心

表 8－2－3　2008 年度省质监局培训计划

培训班名称	培训对象	培训天数	参训人数	开班时间	承办处室
文档管理培训班	各直属单位,设区市局、县(市、区)局办公室主任	2 天	130 人	上半年	办公室
全省科技工作培训班	各直属单位,设区市局、县(市、区)局计财人员	2～3 天	120～150 人	下半年	计财处
NC 系统财务软件培训班	各直属单位,设区市局、县(市、区)局计财人员	2～3 天	120～150 人	下半年	

续表

培训班名称	培训对象	培训天数	参训人数	开班时间	承办处室
档案管理业务培训班	档案管理人员、工作人员	5天	40人	4月	人事处
县处级干部任职培训班	近两年晋升副处级干部	30天	60人	5月	
人事、工资业务培训班	系统从事人事工作人员	6天	130人	6月	
系统县(市、区)局长能力建设培训班	县(市、区)领导	7天	110人	7月	
副处级后备干部培训班	系统后备干部	7天	60人	8月	
新闻宣传骨干培训班	全省系统宣传骨干	2天	120人	8月	法规处
行政执法培训班	全省系统执法骨干	2天	120人	6月	
新法律法规宣贯培训班	全省系统执法骨干	2天	120人	4月	
执法文书培训班	全省系统新任公务员	2天		4月	
质量管理与认证业务培训班	各设区市局分管局长、质量科全体人员,各县(市、区)局分管局长	7天	150~160人	3月初	质量处
全省质监系统执法人员培训班	全系统所有执法人员	7天	1500余人	分三期	监督处
12365举报申诉工作培训班	全系统12365举报中心工作人员	7天	30余人	上半年	
机动车安全技术检测机构监督管理人员培训班	设区市、县(市、区)机动车安全技术检测机构监督管理人员	3天	130人	下半年	
食品生产许可审查人员培训班	持证审查员	2天	260人	5月和10月	食品处
获证企业法人法律法规宣贯会	获证企业法人	每月1天	150人(平均)	每月中旬	
《食品安全法》宣贯会	各设区市、县(市、区)安全监管人员	2天	200人	5—6月	食品处
《食品用纸包装材料、容器生产许可实施细则》宣贯会	设区市局食品安全监管人员及相关企业	2天	80人	一季度	
农业标准化示范区管理办法培训班	各设区市局、县局标准化人员	2天	100余人	4月	标准化处
重要的标准宣贯	各设区市局、县局标准化人员	2天	100余人	上半年	

续表

<table>
<tr><th>培训班名称</th><th>培训对象</th><th>培训天数</th><th>参训人数</th><th>开班时间</th><th>承办处室</th></tr>
<tr><td>注册计量师培训</td><td>拟申报注册计量师的计量技术人员</td><td>3 天</td><td>100 余人</td><td>上半年</td><td rowspan="2">计量处</td></tr>
<tr><td>《计量标准考核规范》宣贯</td><td>本系统计量技术机构</td><td>3 天</td><td>100 人</td><td>上半年</td></tr>
<tr><td>《气瓶使用登记管理规则》宣贯会</td><td rowspan="2">各科(处)分管同志</td><td rowspan="7">各 0.5 天</td><td rowspan="2">50 人左右</td><td rowspan="7">3—5 月</td><td rowspan="11">特种设备处</td></tr>
<tr><td>《气瓶充装许可规则》宣贯会</td></tr>
<tr><td>《元件制造许可规则》宣贯会</td><td rowspan="5">企业相关技术负责人</td><td rowspan="5">40 ~ 50 人</td></tr>
<tr><td>《元件型式试验规则》宣贯会</td></tr>
<tr><td>《安全阀安全技术监察规则》宣贯会</td></tr>
<tr><td>《燃气用聚乙烯管道焊接技术规则》宣贯会</td></tr>
<tr><td>《超高压容器安全技术监督规程》宣贯会</td><td>各设区市局特种设备科分管容器人员、部分检验机构检验人员、使用、设计、制造单位</td><td>1 ~ 2 天</td><td>40 ~ 50 人</td><td></td></tr>
<tr><td>《压力容器安装改造维修许可规则》宣贯会</td><td>各设区市局分管人员、制造、安装、改造、维修单位,评审机构评审员、检验检测机构有关责任人员</td><td>1 ~ 2 天</td><td>70 人左右</td><td></td></tr>
<tr><td>《简单压力容器安全技术监察规则》宣贯会</td><td>各设区市局分管人员、检验机构有关检测人员、相关容器设计、制造、使用单位人员</td><td>1 ~ 2 天</td><td>60 人左右</td><td rowspan="3">7—10 月</td></tr>
<tr><td>《特种设备作业人员考核规则》宣贯会</td><td>各设区市监察机构 1 人</td><td rowspan="2">1 ~ 2 天</td><td rowspan="2">30 人左右</td></tr>
<tr><td>《特种设备作业人员监督管理办法》宣贯会</td><td>各作业人员考核机构 1 人</td></tr>
</table>

续表

<table>
<tr><th>培训班名称</th><th>培训对象</th><th>培训天数</th><th>参训人数</th><th>开班时间</th><th>承办处室</th></tr>
<tr><td>《电梯维护保养安全管理办法》宣贯会</td><td>各设区市局分管人员、检验机构有关责任人员、电梯维护保养单位有关责任人员</td><td>1～2 天</td><td>100 人</td><td>7—10 月</td><td rowspan="4">特种设备处</td></tr>
<tr><td>《特种设备现场安全监督检查规则(试行)》宣贯会</td><td rowspan="2">全省特种设备安全监察人员(结合全省特种设备安全监察人员培训工作进行)</td><td rowspan="2">5 天</td><td rowspan="2">200 人</td><td rowspan="3">三季度</td></tr>
<tr><td>《特种设备重点监控工作要求》宣贯会</td></tr>
<tr><td>锅炉、压力管道、气瓶、电梯、起重机械、场(厂)内机动车辆、行政许可、质量管埋体系、统计等相关规程、规定(已征求意见,待出台)宣贯班若干个</td><td>相关人员</td><td>5 天</td><td>200 人</td></tr>
<tr><td>新党章和党的十七大精神培训班</td><td>全省质监系统党务工作者</td><td>2 天</td><td>50 人</td><td>7 月</td><td>机关党委</td></tr>
<tr><td>全系统纪检监察干部业务培训班</td><td>全系统各级纪检监察干部</td><td>4 天</td><td>130 人</td><td>8—9 月</td><td>监察室</td></tr>
</table>

表 8－2－4 2009 年度省质监局培训计划

<table>
<tr><th>培训班名称</th><th>培训对象</th><th>培训天数</th><th>参训人数</th><th>开班时间</th><th>承办处室</th></tr>
<tr><td>新闻宣传骨干培训班</td><td>全省系统宣传骨干</td><td>2 天</td><td>120 人</td><td>二季度</td><td rowspan="4">办公室</td></tr>
<tr><td rowspan="2">全系统办公室主任培训班</td><td rowspan="2">各直属单位,设区市局、县(市、区)局办公室主任</td><td>2 天</td><td>120 人</td><td rowspan="2">三季度</td></tr>
<tr><td>2 天</td><td>50 人</td></tr>
<tr><td>全系统综治工作培训班</td><td>全省系统综治工作人员</td><td></td><td></td><td>三季度</td></tr>
<tr><td>财务人员培训会</td><td>部分单位财务人员</td><td>3 天</td><td>50 人</td><td>5 月</td><td rowspan="3">计财处</td></tr>
<tr><td>科技管理培训会</td><td>各直属单位、设区市检验机构相关人员</td><td>3 天</td><td>60 人</td><td>8 月</td></tr>
<tr><td>审计培训会</td><td>设区市各单位分管领导及部门负责人</td><td>3 天</td><td>50 人</td><td>10 月</td></tr>
</table>

续表

培训班名称	培训对象	培训天数	参训人数	开班时间	承办处室
人事业务工作培训班	人事干部	7天	30~40人	3月	人事处
后备干部培训班	系统处级后备干部	6天	50人	5月	
县(区)局长培训班	系统各县(区)局长	7天	110人	7月	
处级干部学习班(南昌大学联合办班)	处级以上干部	10天	40~50人	8—9月	
统计人员培训班	系统组织人事统计人员	5天	30人	11月	
工资、职称、档案等人事业务学习班	全系统各市、县(区)局、直属单位分管人员	6天	120人	6月	
五五普法骨干培训班	设区市局、县局分管领导、法规科长、普法业务骨干	2天	120人	10月	法规处
全省质量与认证工作培训班	各县(区)市局分管局长、质量科长	7天	150人	二季度	质量处
全省质监系统执法人员培训班	全系统所有执法人员	7天	1500余人	分三期时间	监督处
12365举报申诉工作培训班	全系统12365举报中心工作人员	7天	30人	上半年	
农业标准化培训班	市县标准化人员及有关单位标准化人员	2天	150人	下半年	标准化处
标准化战略培训班	市县标准化人员及有关单位标准化人员	2天	150人	上半年	
新计量检定规程宣贯	法定计量检定机构检定员	3天	100人	5月	计量处
《能源计量监督管理办法》宣贯	设区市局计量科、计量所管理人员	2天	50人	3月	
新修订的《特种设备安全监察条例》宣贯	各设区市局科(处)长、检验检测机构负责人	2天	50人左右	3月	
特种设备安全监察人员(B级)培训考核班	全省申请取特种设备安全监察人员资格证的人员	10天	60人	3月	

续表

培训班名称	培训对象	培训天数	参训人数	开班时间	承办处室
《起重机械定期检验规则》宣贯	特种设备监察、部分检验机构相关人员	2天	30人	3月	特设处
《起重机械安装改造重大维修监督检验规则》宣贯					
《气瓶使用登记管理规则》宣贯	各设区市局分管人员、检验检测机构有关责任人员	2天	50人左右	2—4月	
《气瓶充装许可规则》宣贯					
《元件制造许可规则》宣贯	各设区市局分管人员、检验检测机构有关责任人员	4天	50人左右	2—4月	
《元件型式试验规则》宣贯					
《安全阀安全技术监察规则》宣贯					
《燃气用聚乙烯管道焊接技术规则》宣贯					
《压力容器安装改造维修许可规则》宣贯	各设区市局分管人员、检验检测机构有关责任人员	2天	50人左右	7月	
《压力容器压力管道设计许可规则》宣贯					
《特种设备现场安全监督检查规则(试行)》宣贯	全省特种设备安全监察人员	4天	100人	5月	
《特种设备重点监控工作要求》宣贯					
《锅炉水处理管理规则》《锅炉水处理检验规则》《锅炉化学清洗规则》宣贯	特种设备监察、检验机构相关人员	4天	100人	9月	
GB/T9222－2008《水管锅炉受压元件强度计算》宣贯					

续表

培训班名称	培训对象	培训天数	参训人数	开班时间	承办处室
锅炉、压力管道、气瓶、电梯、起重机械、场(厂)内机动车辆、行政许可、质量管理体系、统计等相关规程、规定(已征求意见,待出台)宣贯班若干个	相关人员	4天	100人	适时组织宣贯	特设处
全省质监系统食品安全监管人员培训班	设区市局、县级局食品安全监管工作人员	15天	110人	4—5月	食品处
全省食品用塑料制品质量安全培训班	食品用塑料制品生产企业质量负责人	4天	90人	3月	
全省《食品安全法》宣贯培训班	全系统及大型企业	2—3天	200人	4—5月	
全省食品生产许可证审查人员培训班	审查组组长、组员	2—3天	100人	4月和10月	
党员培训	近几年入党的新党员及积极分子	60天	3人	5月	机关党委
党务工作培训	全系统党务工作者	45天	3人	10月	
全系统纪检监察干部业务培训班	各设区市局纪检组长、监察室主任,省局各直属单位分管领导,各县(市、区)局纪检组长或分管副局长	4天	130人	3月	监察室

表8-2-5　2010年度省质监局培训计划

培训班名称	培训对象	培训天数	参训人数	开班时间	处室
全省质监系统综治人员培训	各市、县、区,各直属单位综治办主任	3天	120人	3月	办公室
行政许可业务培训	省局行政许可业务处室、各设区市局行政许可业务科人员	2天	60人	3月	法规处
全省市、县法制员业务培训	设区市局法规、稽查负责人、各县市局法制员	2天	150人	6月	

续表

培训班名称	培训对象	培训天数	参训人数	开班时间	处室
行政复议报备管理系统业务培训	各设区市局法规科人员	2天	20人	7月	法规处
案卷管理人员培训	设区市局2人、各县市局1人	2天	200人	4月	
地理标志产品业务培训	设区市局法规科长、各县市局分管领导	2天	120人	5月	
新出台法律、法规若干个培训	设区市局法规、稽查负责人、各县市局法制员	3天	100人	上半年	
国库集中支持操作培训	各设区市及基层县局财务人员	2天	220人	上半年下半年各一次	计财处
科研、技改项目操作流程培训	各设区市局、有关技术机构负责人	3天	60人	下半年	
NC系统操作培训	各设区市及基层县局财务人员	2天	110人	上半年下半年各一次	
全省质监系统质量管理工作培训班	各设区市局分管局长、质量科长、各县区局分管局长	5天	150人	12月	质量处
全省质监系统生产许可证监管工作培训班	各设区市局分管局长、质量科长、各县区局分管局长	2天	150人	一季度	
机动车检验机构监管人员培训	各市局监督科长、各县监管人员	3天	120人	2月	监督处
江西12365数字化综合执法指挥调度管理系统专业培训班	全省质监系统12365专(兼)职工作人员	3天	150人	下半年	
执法人员培训班	执法人员、监督科长、支队长	10天	100人	6月	
农业标准化工作人员培训	各设区市、县、区质监局农业标准化人员	2天	120人	5月	标准化处
条代码管理人员培训	各设区市、县、区质监局条代码人员	2天	120人	4月	

续表

培训班名称	培训对象	培训天数	参训人数	开班时间	处室
新计量检定规程宣贯	各市、县计量所检定人员	3×4天	3×100人	上半年	计量处
计量检定人员培训	各市、县计量所检定人员	3×4天	3×100人	9月	
《能源计量监督管理办法》宣贯	各市、县局计量管理人员	3天	100人	第三季度	
特种设备安全监察人员(B级)培训班	全省申请取特种设备安全监察人员资格证的人员	10天	60人	6月	特设处
特种设备事故调查处理人员培训班	各设区市局分管人员、检验检测机构有关责任人员、事故调查专家组成员、应急处置人员等	2天	80人	6月	
新出台的特种设备相关规章、技术规范、标准宣贯班若干个	相关人员	2天	100人	上半年	
全省质监系统食品安全监管人员培训班	设区市局、县级局食品安全监管工作人员	15天	60人	4—5月	食品处
总局食品安全监管规章培训	设区市局、县级局食品安全监管工作人员	2~3天	120人	上半年	
认证监管基本知识培训班	各设区市、县区局认证监管人员及分管领导	4天	200人	6月	认证监管处
实验室资质认定与准则学习	各设区市局认证监管人员及本系统质检机构相关人员	2天	120人	8月	
《强制性产品认证管理规定》宣贯	各设区市、县局分管领导及认证监管人员	2天	200人	5月	
领导干部能力建设与素质提升班(干部学院或其他院校)	参照省局党组中心组学习(扩大)参会人员	7天	45人	下半年	人事处
领导干部业务理论研修班(中国计量学院或其他院校)	县处级干部	7天	50人	7月	
县级局局长能力建议研修班(省经管院或其他院校)	县级局局长	7天	100人	8月	

续表

培训班名称	培训对象	培训天数	参训人数	开班时间	处室
中级专业技术资格评委会研修班	省质监系统中评会评委	3天	36人	5月	人事处
人事业务培训班	省局直属单位人事业务干部,设区市局及其直属单位人事业务干部,县区局人事业务干部	5天	150人	7月	
省质监系统中青年干部研修班	质监系统中青年干部	7天	50人	下半年	
党员素质提高培训班	省局机关、直属单位在职党员	2天	80人	5月和9月各一期	机关党委
全系统纪检监察干部能力提高培训班	各设区市局纪检组长、监察室主任,各县(市、区)局纪检组长或分管副局长,省局各直属单位分管领导	7天	135人	9月	监察室

第三章　信息化

20世纪90年代初期,质监信息化工作主要在组织机构代码和商品条码的信息管理领域。1989年成立技术监督信息系统领导小组,负责对全系统的信息化工作进行结构优化和整体部署。1990年成立江西省技术标准情报所,负责全省技术标准情报的宏观协调和指导、负责全省技术标准情报文献的布局、检索系统的建立和情报业务统计及培训等。1994年该所更名为江西省技术监督信息研究所,正式承担起全省的组织机构代码数据库建设、软件开发以及代码的推广运用等管理工作。1996年该所申请列入“九五”科技信息机构,1997年11月,被批准设立中国质量信息网江西分部。

21世纪初期,随着江西省“金质工程”的启动,全省质监信息化工作也正式拉开帷幕。2004年,江西省质量技术监督信息中心成立。该中心成立后,认真遵循“金质工程”(一期)及“十一五”信息化规划总体要求,不断夯实网络基础,推进应用系统建设。2006年3月23日,《江西省质量技术监督信息化发展“十一五”(2006—2010年)规划》正式发布。至2010年底,完成省质监局与各设区市局局域网的组建,实现省、市、县三级质监部门的互联互通、数据共享、协同工作,开发了邮件、视频会议、公文传输、特种设备安全监察等一批质监业务系统;省质监局门户网站(江西质监网)经过数次改版后运行良好,全省质监系统的信息化水平得以稳步提升。

第一节　金质工程

工程建设

“金质工程”是国家质量技术监督检验检疫信息化工程,它旨在改变全国质检系统信息化落后局面,加大打假治劣力度,提高质量监督工作效率。江西“金质工程”的目标是建成全省质监信息化系统,实现省、市、县三级质监部门的互联互通、数据共享、协同工作,逐步实现行政审批网络化、监督管理信息化、决策支持智能化、业务处理规范化,提高质监系统整体工作效率和监督监管力度,增强社会服务能力。

2003年根据国家质检总局《关于落实“金质工程”地方配套资金的函》文件精神,省质监局为避免重复建设,提高质量技术监督和打假工作的快速反应能力,将质监信息化建设纳入“十五”规划。并以省政府的名义向国家发改委和国家质检总局上报《关于投资建设“金质工程”(相关部分)的函》,请求落实“金质工程”地方配套资金。2004年省质监局派出专人考察部分省市“金质工程”进展情况，学习好的经验做法，同时还到各设区市局及部分县局对各地信息化工作进行调研，摸清质监系统各地现有资源状况。在此基础上，开始编写江西省“金质工程”建设规划。

根据“金质工程”可行性研究工作会精神，2005 年 2 月，省质监局编写完成《江西省“金质工程”（一期）可行性研究报告》，4 月收到国家质检总局对该报告的审核意见。6 月省质监局向江西省“金质工程”建设专家顾问组成员颁发聘书，并对《江西省“金质工程”建设规划》征求专家们的意见。7 月正式成立省质监局“金质工程”项目建设领导小组。

为加强质量监管力度，扩大社会服务领域，使全省质监系统整体工作效能得到明显提升，2006 年 3 月，省质监局将修改完善的《江西省“金质工程”（一期）可行性研究报告》报省发改委申请立项。6 月省发改委组织召开《江西省“金质工程”（一期）可行性研究报告》专家评审会，专家们对可研报告表示认可并对项目实施中的问题提出建设性的意见。6 月 30 日，省质监局收到省发改委《关于江西省“金质工程”（一期）可行性研究报告的批复》，明确建设目标是：建成全省质量技术监督信息化系统、实现省、市、县级质监部门的互联互通、数据共享、协同工作，逐步实现行政审批网络化、监督管理信息化、决策支持智能化、业务处理规范化，提高质监系统整体工作效率和监督监管力度，增强社会服务能力。至此江西省“金质工程”（一期）正式批准立项实施。省“金质工程”建设主要内容是按照国家建设“一网一库三系统”（质检软硬平台和网络平台，质检业务数据库，质检业务监督管理、业务审批、信息服务等系统）的总体要求，建设全省质监信息化系统。系统包含建设 1 个系统网络、2 个基础信息库、2 个操作平台、5 类应用系统。截至 2007 年，省质监局“金质工程”（一期）投入近 1000 万元资金（详见表 8 - 3 - 1），基本完成质监信息化网络、质监主要业务数据库和业务应用系统的建设，全省质监信息资源的开发利用程度明显提升，为公众提供更广泛的质监信息咨询服务。金质工程后期又陆续投入 1400 余万元建设资金，分别用于省质监局大楼智能化工程、机房工程、网络系统集成和数据中心建设 1000 万元，设区市局和省局直属单位广域网建设 100 万元，各县级局的政务网接入及交换机费用 150 万元，各县级局政务公开所用的 LED 显示屏建设费用 150 万元。

表 8 - 3 - 1　2006—2007 年省质监局“金质工程”（一期）经费投入情况

单位：万元

项　目	费　用	说　明
网络系统	45	
省质监安全系统	10	
服务器及存储备份	40	
应用系统	560	视频会议系统、特种设备监管系统、电子公文传输系统、财务管理软件、特种设备检验等软件
PC 及外设	345	
合　计	1000	

根据江西省“金质工程”（一期）建设规划，2007 年 4 月省质监局向省政府采购办提出《关于请

求批准我局省级中心机房工程建设的函》和《关于请求批准我局采购省级中心机房精密空调的函》的政府采购申请,预算金额分别为205万元和41.5万元。2008年6月,为适应省质监信息化建设的要求,省质监局对信息化工作领导小组成员进行调整。2009年存储备份容灾功能数据中心建成。通过对全省质监系统数据进行大集中,各类服务器数量猛增到40余台,具备专业的存储和带库设备,设备间均为光纤连接,从而保证业务数据高效运算和安全。同时配置入侵防御、安全审计、行为管理等设备,搭建起严密的网络和数据安防系统。

通过金质工程建设,为质监管理工作提供了先进、实用、安全可靠的信息化保证。

应用系统建设

全省质监系统网络建设 为进一步提高全省质监系统的信息化水平,加快全省"金质工程"网络架构的建设,2004年省质监局决定依托全省政务信息网,建设全省质监系统的省市计算机联网工程,该工程第一期项目是建设省质监局至全省11个设区市质监局的计算机网络系统,并于是年11月启动。2005年1月,完成以江西政务网为基础的全省质监系统广域网平台的网络架构建设。通过统一的党政信息网与政府机构政务信息网络、社会公众信息服务网络实现互连互通和资源共享。2006年6月,省质监局与省信息中心联合发文《关于依托全省政务信息网实施全省质监系统县级局纵向联网工程的通知》,要求各设区市局尽快确定机房,在2007年全面完成各县(市、区)局的政务网接入工作。

为加快实施"金质工程"的基础建设,2007年1月和5月,省质监局分别下发《关于进一步加快各县(市、区)局政务网接入工作的通知》《关于督促各县(市、区)局尽快完成政务网接入工作的通知》。广域网和数据中心是江西省"金质工程"(一期)的主要基础建设项目。7月中旬,省质监局编制的《江西省质量技术监督广域网建设方案》《省质监局数据中心建设方案》,通过省"金质工程"专家顾问组的技术评审。8月为实现省"金质工程"(一期)的总体规划目标,向省政府采购办提出进行广域网网络设备和数据中心设备的采购,人民币约333.1万元。是月,全省质监系统广域网和省质监局数据中心的建设开始实施。12月下发《关于全省质监广域网(省、市)项目实施的通知》,决定将省、市两级现有广域网线路进行网络改造,配置相应网络设备,完善线路通信,完成省质监局与各直属单位的网络连接。

为不断夯实江西质监网络基础设施建设,增强和扩展基层单位网络信息系统的应用水平,2009年省质监局投入102万元作为102个县级局的联网专项经费,为各基层县级局配发防火墙,在原有广域网建设的基础上进行网络改造,完成上联国家质检总局、下达省、市、县(区)的互联互通四层三级广域网建设。该项目完成后,标志着一个以省局为中心的数据存储平台已粗具规模,从而实现全省质监系统核心数据的集中管理。

外部邮件系统建设 为加快全省质监系统无纸化办公进程,有效减少垃圾邮件及防止病毒传播,2003年6月1日,省质监局租用中国万网统一电子邮箱,并免费提供给全省质监系统各单位使用。9月1日起,第二批电子邮箱正式投入使用。但由于租用的电子邮箱保密性不好,垃圾邮件多,且收费高。为此,省质监局决定建立一套独立的省质监局外部邮件系统,作为“金质工程”建设的一部分,由省质监信息中心负责管理,该邮箱于2004年5月31日建成并正式投入使用。2008年,省质监局制订《江西质监系统电子邮箱管理规定》,明确邮箱分配原则、命名规则、邮箱申请变更程序及使用规范等。

视频会议系统建设　2004年,根据国家质检总局《关于质检主干网及视频会议专线接入有关事项的通知》精神,省质监局结合正在实施的“金质工程”建设,筹备实施全省视频会议系统建设方案,并借国家质检总局统一建设质检主干网及视频会议系统的契机,一步到位建成全省连接国家、省、市三级的视频会议系统。

2005年,省质监局向省财政厅申请建设省质监视频会议系统的有关设备获批。6月,在各部门密切配合下,省质监局主会场和11个设区市质监局分会场完成会场布置、设备安装和人员培训等工作。经过反复调试,达到预期的效果,并于28日正式开通使用。7月,省质监局完成国家质检总局组织建设的质检主干网及视频会议专线接入工作。为加强视频会议系统的管理和维护,省质监局制定出台《江西省质量技术监督视频会议系统管理暂行规定》。2007年在平移原有设备的基础上,对新办公大楼的视频会议系统进行功能扩充和必要的设备添置。2009年通过硬件改造和软件升级,将省市质监两级视频会议系统延伸到83个县级局,实现国家质检总局视频会议同步到县。同时还为远程会议和教学提供全方位的交流平台。

特种设备安全监管系统建设　为满足全省特种设备动态监督管理的需要,2004年省质监局开始进行特种设备安全监察管理系统软件采购、安装和推广使用工作。选用经国家质检总局评审通过,研制开发的特种设备安全监察信息动态监管系统。该系统包含特种设备安全监察、检验与企业设备管理三大部分,完全适用于省、市、县特种设备安全监察管理、检验单位检验业务管理和有关企业设备管理,同时它还具备与国家质检总局交换数据和网上行政许可审批等功能。该系统的建设使用,为进一步提高特种设备的监督管理水平,尤其是为动态管理提供有力的技术支撑。经过近两年的实践,全省特种设备的安全事故逐年下降,2005年实现严重以上事故起数为零的目标。2006年该系统完成与各设区市局采集点和检测机构的数据对接,通过数据交换进一步提高特种设备的监督管理水平,为全省特种设备安全监察的动态管理提供有力的技术支撑。

财务集中管理软件系统建设　2006年9月,省质监局开始筹建财务集中管理软件系统(NC系统),并于2007年1月1日起正式上线运行。该系统通过财务管理信息化可实现全省业务、财务管理的一体化。通过数据的集中,实现对所有单位业务数据的分析统计,以达到集中管理的目的,为加强省质监局对下级单位的财务监管提供技术支撑。

生产加工企业质量安全监管系统建设　为更好履行全省质监系统的食品质量安全监管职责,2004年12月,省质监局组织开发全省食品生产加工企业质量安全监管系统,并在部分设区市局进行试点运行,效果良好。是年该套软件通过专家评审,并面向全省各级质监部门进行推广实施。2006年该系统已建档食品企业20847家,同时推广运用全省范围内建档建材企业4151家,农资企业252家。通过该软件可以便捷地掌握监管企业的基本信息、产品信息和监管抽查信息,统计出重点监管对象和到期巡查监管企业,节约监管人力和监管成本,提高监管工作效率。按年均每个县

(区)局节约3万元监管成本,年均每个市局节约11万元监管成本计算,每年共计增收(节支)总额约为450万元。

电子公文交换平台建设 为进一步加快全省质监系统电子政务信息化建设的步伐,全面推进无纸化办公,2005年6月,省质监局完成机关与各设区市质监局、省局各直属单位之间的电子公文交换平台(一期)的建设工作。该平台于是年7月开始试运行。8月30日,出台《江西省质监系统电子公文传输管理办法》,进一步规范全系统电子公文的传输程序。9月1日平台正式运行,自此省质监局与各设区市局、各直属单位之间互行的行政文通过电子公文传输系统发送。

为确保二期电子公文传输系统建设工作稳妥有序地进行,2006年3月,省质监局对全省质监系统电子公文交换平台系统(一期)进行升级改造,并于4月中下旬,举办2期电子公文传输系统业务培训班,7月份完成电子公文传输系统暨省局机关与各设区市质监局、省局直属单位至各县(区)级局之间的电子公文传输(二期)安装调试工作。经过几个月的试运行,至2006年底全系统通过电子公文传输平台的有110个单位,下发650余个文件,每年大约节省开支近10万元。同时,还大大节省公文邮寄所花费的时间,提高政务执行效率。

政务综合管理平台建设 为贯彻落实省政府关于加快推进电子政务建设的要求,2009年3月,根据省"金质工程"(一期)建设内容,省质监局决定建设一个覆盖省(含省局直属单位)、市、县三级质监部门的政务综合系统平台,逐步实现各业务系统的融合对接,所以再次向省政府采购办申请购置政务综合平台建设所需软件。2010年,省质监局完成全省质监系统政务综合管理平台全部模块的开发和培训工作,并实现机关非涉密的公文交换、信息报送、工作安排、日常办公等工作。2011年1月1日起政务综合管理平台正式启用。

第二节 质监网平台建设

质监网基础建设

受省质监局委托,2002年省质监教育培训中心开始负责筹建省质监局门户网站(以下简称江西质监网)。江西质监网于2002年9月建成,2003年元旦正式对外开通。该网站的开通搭起一座质监部门与社会、企业、公众相互沟通的桥梁。2004年3月,根据职能划分,江西质监网站的建设、管理和维护工作于当年6月正式移交给省质监信息中心。是年,该中心完成江西质监网第三次改版,对其进行重新定位,明确把江西质监网建成全省质量技术监督电子政务与消息服务相结合的专业性网站,并在江西质监网设立防伪数码查询系统、省质监局外部邮件系统和"12365"热线服务系统。2006年4月,江西质监网开始着手设区市局分站的建设,逐步形成1个省局主站和若干个设区市分站共享一个数据平台的全省质监门户网站系统。经过不断沟通及反复研究设计,作为试点单位的江西质监网新余分站和九江分站先后开通运作。当年新余分站还被评为新余市政府优秀政务网站。2010年后,全省11个设区市局分站陆续建成开通。

质监网功能建设

2004 年 8 月江西质监网站进行第三次改版，其主要功能是突出全省质监工作特色，宣传全省质监业务涵盖内容、宣传质监工作的法律法规和政策，发布全省质监工作的信息和动态，提供信息咨询，防伪查询、为全省经济建设和消费者提供服务。

2006 年 10 月，江西质监网站完成第四次改版，改版后网站栏目主要划分为政务公开、网上办理、资讯服务三大类，条理清晰、合理规范。网站最大的亮点是首页新增的网上办事大厅、互动交流大厅、信息查询大厅、网上展示大厅、音频视频大厅等 5 个大厅，并重点加强政务公开栏目建设。为接受社会各界监督、江西质监网专门增设局长信箱、民声通道、行风监督等互动栏目，并指派专人限时回复与办理。质监知识栏目的开辟让老百姓足不出户就能了解质监常识并免费接受网上培训。每日更新的消费园地让老百姓明明白白消费，信息查询栏目为社会各界提供一个质监业务信息查询平台，便于企业和社会公众及时了解和掌握质监业务信息。

2008 年 10 月 1 日，江西质监网完成第五次改版。改版后政务信息更加公开透明。首页新增的信息公开栏目里增设政府采购、干部任免、人事表彰、教育培训、公务员考试 5 个子栏目。还增设信息公开规定、信息公开指南、依申请公开、媒体报道、网上办事场景式服务、行政许可在线申报等服务型栏目。同时更新网站的《办事指南》、党风廉政建设等专题栏目，修改完善省质监局领导个人主页。

2010 年，江西质监网再次进行一次从后台到前台的由里到外的大改版。改版后政府信息公开栏目简洁实用，在线服务全面准确，公众参与形式多样，更加突出网上办事、公众服务等功能，并围绕鄱阳湖生态经济区建设和质监中心工作制作一批有特色的专题栏目。

质监网运行

2005 年，江西质监网运行一年的浏览量达 105 万人次。2006 年，第四次改版后的江西质监网，浏览量突破 320 万人次，平均每天的浏览量达到 4000 人次以上。可查询的质监政策法规达到 250 部，行政依据 294 条，公示公告 162 篇，公文发布 1100 篇。至 2010 年底，江西质监网的浏览量已近 2022 万人次，共上传江西质监新闻、全国质监动态、媒体报道 2581 篇，公示公告 120 条，公文发布 147 条，消费信息 97 条，回复网上咨询信息 372 条以及其他栏目信息 800 余条。

江西质监网从 2002 年建站至 2010 年，采用的是托管形式，即：由网站设计开发公司提供独立服务器，托管在深圳电信机房，并由该公司负责网站的技术维护、日志、备份以及网站安全。

2010 年江西质监网站重建后，网站服务器搭建在位于省质监局办公大楼 7 层的中心机房。省质监信息中心负责整体网站的技术保障和运行维护工作，采取应用与数据分离，并进行集中式管理。针对此次网站重建，省质监局进行为期近一年的研究部署与开发，从方案的确定到深入调研、从软件开发到平台的搭建以及最后的实际运用。整个项目共分三个阶段进行：第一阶段以实现省质监局总站的开发与建设为总体目标，第二阶段要求在省质监局总站建设的基础上完成各地市局分站搭建,第三阶段进行有机的结合,将网站群与省质监局开发的政务综合管理平台互联互通,实现信息资源共享。

第三节 信息化规划与管理

2004年7月,根据省发改委《关于听取"十一五"规划基本思路有关事项的通知》精神,省质监局组织全省质监系统广泛收集有希望纳入国家及省"十一五"总体规划的有关建议和重大工程项目。

2005年1月,全省质监系统计划财务科技工作座谈会在南昌市召开。会议部署全省质监系统信息化建设工作,讨论《江西省质量技术监督信息化建设规划》,布置CQS系统平台搭建工作和视频会议系统建设工作,通报特种设备动态监管系统建设情况和电子公文传输系统建设情况。为贯彻落实省政府和国家质检总局关于信息化工作的部署,加快全省质监信息化建设步伐,6月28日,省质监局召开全省质监系统信息化工作会议,宣布视频会议系统和特种设备监管系统正式开通投入使用。7月,省质监局对全省质监系统信息化管理人员及信息化状况开展调查摸底工作。

为贯彻落实全国、全省"十一五"规划编制工作会议和国家质检总局《关于编制质检事业发展"十一五"规划的通知》精神,9月5日,省质监局召开全省质监系统编制"十一五"规划工作动员部署视频会议,对全省质监系统"十一五"规划编制工作提出要求并进行安排部署。

2006年3月23日,《江西省质量技术监督信息化发展"十一五"(2006—2010年)规划》正式发布。该规划提出:全省质监信息化建设以互联互通为前提、数据库建设为核心、业务梳理和优化为基础,统一规划、分步实施为保障;工作原则是统筹规划、资源共享、安全可靠、务求实效,以全面实施江西省"金质工程"(一网、两台、三库、五系统)。围绕各项业务工作,建成覆盖全系统的质监信息化网络,建立质监主要业务数据库和业务应用系统,实现与"信用江西"、省政府应急指挥系统、全省统一应用平台等外部信息资源的有效对接与共建。为推进质监信息化"十一五"规划的实施,5月30日,省质监局在南昌市举办"十一五"规划学习班。

2007年2月,省质监局向省信息化领导小组办公室报送全省质监系统2006年信息化执行情况及2007年信息化工作计划,并向全系统印发《2007年全省质监系统计划财务科技工作要点》。2008年对照《2007年全省信息化工作要点》,报送全省质监系统2007年信息化执行情况及2008年信息化工作要点。6月,为加快全省"金质工程"建设,省质监局对信息化工作领导小组成员进行调整。

2009年4月,省质监局印发《关于规范全省质监系统信息化项目建设管理工作的通知》,要求在规范信息化项目建设的同时,提高信息化项目的技术水平。当月,完成省质监局新大楼中心机房的全面验收工作。

2010年,省质监局在全省质监系统开展"十一五"期间信息化建设情况调查工作,掌握各单位"十一五"期间信息化建设项目与资金投入情况以及信息化建设取得的成绩和经验,并向全省质监系统征集"十二五"信息化发展的思路和建议。

第九篇　基本建设与财务管理

江西省质监系统的基本建设、固定资产和经费管理分为两个阶段,1991 年至 1999 年,由全省各级政府属地管理;2000 年全省质监系统实行省以下垂直管理后,基本建设、固定资产和经费上划到省质监局统一管理。

基本建设是一个部门发展的基础。20 世纪 90 年代初期,省标准局、省计量局的办公用房都是解放初期兴建的旧房,在省计量局和省标准局合并以前,各地市、县标准计量局是属地化管理,期间省计量局每年向省计委申请 20 多万元的计量系统基建计划资金用于基层局的基建补助。1991 年,省标准局、省计量局和各省直属单位固定资产共计约 789 万元,其中仪器设备约 436 万元。1995 年和 1996 年,省技监局共向省计委申请 210 万元基建补助经费,用于新建省技术监督局工作用房和省计量测试大楼的维修。

2000 年,全省质监系统共有固定资产总额(原值)7690 万元,其中仪器设备 2760 万元,房屋、建筑物 3826 万元,其他固定资产 1104 万元,建筑物面积 9.485 万平方米。全省各市、县(区)质监局及其所属技术机构中,部分单位系租用办公场所。全系统经费收入主要来源于财政拨款、专项拨款、检测收入和其他收入。全省质监系统实施垂管后,在各级政府支持和本系统广大干部职工的共同努力下,全系统基本建设、技术装备和经费保障水平取得较快的发展。经费收入来源拓展到财政拨款、预算外资金收入、事业收入、经营收入和其他收入等,经费收入逐年增长。2003 年,全省质监系统第一批新建办公检测大楼有南昌、九江、鹰潭、赣州、宜春、吉安、上饶、抚州等 8 个地市局,总建设面积达到 3.6 万平方米,总投资额达 3000 万元。2001—2005 年,全系统基本建设投入 8300 万元。至 2006 年底,全省质监系统 84% 的单位解决办公与实验室用房问题。2004 年 8 月,省发改委批复同意省质监局在南昌市青山湖区京东大道 1139 号建设省质监检验检测办公楼,项目总投资共计 8600 万元。2008 年 1 月 2 日,省质监局迁至省质监检验检测新办公楼,彻底解决省质监局机关的办公用房问题。为保证 3 个直属技术机构(省质检院、省计量院、省锅检院)的业务发展需求,2009 年 11 月,省质监局正式启动江西省质监检测基地工程项目,该项目被定为 2010 年省重点工程。多年来,质监系统先后出台了各项财务管理制度用于规范财务管理。

截至 2010 年 12 月 31 日,省、设区市质监局已全部解决办公用房问题。全省质监系统总资产达 8.98 亿元,固定资产总额 6.17 亿元,其中仪器设备 1.34 亿元、房屋建筑物总值 2.73 亿元、交通运输设备 1.19 亿元、其他固定资产 0.91 亿元。建筑物面积达 28.16 万平方米,在建建筑面积为 1.2 万平方米,竣工建筑物面积为 0.96 万平方米。有效地保障了全系统各项事业的快速发展。

第一章　基本建设

20世纪90年代初期,省标准局、省计量局的办公用房还是解放初期兴建的旧房。1995年7月至2000年7月,省技监局办公地点搬至省政府东二路3号省号簿大楼五楼,约500平方米。垂管初期,全省质监系统所辖市、县、区局及所属技术机构的业务办公用房有近40%是20世纪五六十年代所建,且相当一部分单位及技术机构系租用办公场所。为解决基层单位的办公用房问题,2002年3月,省质监局重新修订省质监系统"十五"期间基本建设方案,方案明确"十五"期间全系统基本建设将投入8300万元。2000年8月,省质监局迁至省锅炉检测院检测与办公大楼四、五、六层(南昌市江大南路)办公,使用面积约1000平方米,基本解决省质监局局机关办公场所不足的问题。至2006年底,全省质监系统84%的单位解决办公与业务用房问题。2008年1月2日,省质监局迁至省质监办公大楼(南昌市京东大道1139号)办公,楼层共14层,办公面积为14647.72平方米,占地面积10115.5平方米,彻底解决省质监局机关的办公用房问题。2009年正式启动江西省质监检测基地工程项目,主要用于省质检院、省计量院、省锅检院等直属机构的检测和实验室建设。至2010年底,全省质监系统建筑物面积达28.16万平方米,在建建筑面积为1.2万平方米,竣工建筑物面积为0.96万平方米;省、设区市质监局已全部解决办公用房问题。

第一节　项目工程

1990年,省计委下达给全省计量系统基本建设计划资金25万元。其中,全省计划会文件〔1990〕10号中已安排地方统筹20万元;地方统筹工业其他项下安排5万元,不足部分,由有关市、县自筹解决。1992年2月13日,省计委下达给全省计量系统基本建设计划资金30万元用于补助地县计量用房建设。12月25日,省计量局又向省计委申请40万元经费,并将1993年计量实验用房建设计划与设备更新技术改造结合起来配套进行,经费重点投入到地市机构实验室用房建设和对困难地方在建工程的扫尾,申请的70万元基本建设经费后期全部到位,使全省多数地县计量部门的工作和实验室用房得到了有效改善。

1994年全国技术监督系统基本建设地方总投资年均为28703万元,平均每个省、区、市为989.7万元,江西由于经济总量不高,在技术监督基本建设方面的投入与其他兄弟省市相比有较大差距,总投资仅为288万元(含省计委及各地、市、县财政部门的拨款数),在全国排列倒数第五位,在华东6省1市中则排列倒数第一。

1995年省技监局所属的省技术标准情报所与省包装协会、办公厅信访处等单位合建工程已进入竣工阶段，省技监局帮该所向省计委申请到15万元的基建经费。

1996年新组建的省技监局，仍没有解决办公用房。向省经贸委申请办公租用经费5万元/年、开办经费10万元。经省政府办公厅分配，省技监局办公地点在省政府大院派出所楼上五楼一层，共有12间办公室，一个小型会议室，约220平方米。省技监局稽查大队在外租300平方米的房屋办公。

1996年3月，全省地、市、县的技术监督部门机构改革也逐步完成，105个地、市、县、区均设有政府技术监督管理部门，有399个法定检验检定技术机构，形成省、地（市）、县三级技术监督行政管理、执法监督、技术保障体系。作为重新组建的省技监局，其职能范围除涵盖原省标准局、省计量局的职责外，还扩大到对全省产（商）品的质量、计量开展监督工作。面对资金短缺的巨大压力，1995年和1996年，省技监局先后两次向省计委申请50万元和60万元的基建补助经费。1996年10月16日，省技监局又向省计委申请100万基建补助经费，用于新建省技术监督局工作用房和省计量测试大楼的维修。

表9－1－1　1997年省技术监督局地方基本建设主要项目计划

单位：万元

项目名称	建设性质	在建规模	建设起止年限	投资来源	总投资	1997年计划		
						投资	主要建设内容	新增生产能力
省技术监督局工作用房	新建	建筑面积350米	1997年	自筹国家技术监督局地方统筹	136	36 50 50	建成	
省计量测试大楼	维修	建筑面积5100米	1997年	地方统筹	50	50	完成	

在机构体制改革过程中，为强化财政基本建设支出预算管理，根据省财政《关于转发财政部关于印发〈财政基本建设支出预算管理办法〉的通知》，1999年7月30日，省技监局再次发文强调：各地、市、县技监局要在充分调查研究及认证的基础上，做出可行性报告，并书面上报省技监局审查，未得到省技监局正式文件批复前，不得动用资金及动工建设。

1999年7月省计委、省直房改办函复，同意省技监局稽查大队利用位于南昌市江大南路15号的一块自有土地，总建筑面积达1590平方米，集资兴建职工住房，并向省财政提出追报1999年度自筹基建经费预算计划170万元的申请。是年出台了《江西省技术监督局关于出售公有住房实施办法》。

自2001年4月15日至6月30日止，省质监局根据省财政厅的要求，对全省质监系统开展国有资产产权登记、换证工作，并于4月28日在南昌召开动员部署会。此次清产核资是江西省继1992年以来组织开展的第三次较大规模、较大范围的清产核资工作，共分四个阶段开展，全系统符合清产核资范围的行政事业单位共计127户。

2001 年全省质量技术监督系统房屋建筑物 3448 万元,占固定资产总额的 45%,现有建筑面积 10.83 万平方米,其中实验室面积 1.74 平方米,占现有总建筑面积的 16%;实际完成基本建设投资 365 万元,其中自筹和其他资金投入 309 万元,占实际完成基建投资的 85%。

2002 年 11 月 4 日,省质监局组织全省质监系统申报 2003 年度基建项目计划。2003 年 3 月 3 日,省质监局就全省质监系统上报的《2003 年度新开工基建项目情况》进行了统一研究,并确定批复第一批新开工基建项目;7 月 22 日,批复第二批新开工基建项目。

2002 年全省质监系统房屋建筑物总值 4698 万元,占固定资产总额的 45%;现有建筑面积 10.72 万平方米,其中实验室面积 2.33 平方米,占现有总建筑面积的 22%。实际完成基本建设投资 1155 万元;其中自筹和其他资金投入 884 万元,占实际完成基建投资的 77%。

表 9-1-2 2003 年度第一批新开工基建项目

单位:万元、平方米

基建单位	基建项目名称	建设起止时间	建设规模			2003 年计划		
			占地面积	总建设面积	总投资	建设面积	投资	主要建设内容及相关情况
南昌市	检测大楼	2003—2004 年	224	900	60	900	60	办公楼为危房,亟需重建
九江市	检测大楼	2003 年	520	2980	213	2980	213	办公楼,集办公、计量检定、质量检验为一体综合设施等
鹰潭市	检测大楼	2003—2004 年	6666	1800	130	1800	300	办公检测大楼
赣州市	检测大楼	2003 年	4320	4980	382	4980	382	检测大楼及附属工程(大门、车库、围墙、值班室等)等
宜春市	检测大楼	2003—2004 年	4620	4360	255	4360	235	主体工程完工、检测大楼等
吉安市	检测大楼	2003—2004 年	2245	11320	802	7420	672	质检、计量、检测、办公用房等
上饶市	检测大楼	2003 年	11116	8240	815	8240	815	办公大楼、会议室、值班室等
抚州市	检测大楼	2003—2004 年	1984	5331	322	5331	322	办公大楼等

表9－1－3　2003年度第二批新开工基建项目

单位:万元、平方米

基建单位	基建项目名称	建设起止时间	建设规模			备　注
			占地面积	建筑面积	总投资	
九江市局	建综合检测楼	2003—2004年	450	2600	470	
吉安市局	建办公检测科研综合楼	2003—2004年	920	4670	460	更改中心原计划项目,市局与中心合建综合楼
吉安市吉安县局	购办公楼	2003年	280	1126	60	更改计划项目,由建房改为购房
宜春市奉新县局	购办公楼	2003年	255	1440	80	
抚州市临川区局	建综合培训大楼	2003—2004年	300	1820	120	

2003年省质监系统110个行政机构中,省质监局和4个设区市局、35个县级局没有办公用房;另有25个局办公用房简陋,建筑面积小于400平方米。根据国务院办公厅《关于进一步做好工商行政管理和质量技术监督部门经费保障工作的通知》精神:“质监部门及其执法机构和质监部门所属技术机构的基础设施建设,应纳入本地区的社会发展计划,实行统一规划和管理,有计划地安排基础设施建设经费”。省质监局于当年11月向省发改委申请将质量技术监督工作纳入国民经济发展计划中,每年帮助解决1000万元,分5年完成,总共支持5000万元基础设施建设经费。

为提升省产品质量检验检测水平,做大做强省质监检验检测机构,解决办公、实验室、科研用地用房严重不足的困难,完成国家质检总局在南昌筹建国家果蔬水产肉禽产品质量监督检验中心、国家竹木产品质量监督检验中心的目标。2004年8月23日,省质监局向省发改委提交筹建省质监检验检测楼工程项目的报告。8月31日,省发改委批复,同意省质监局在南昌市青山湖区京东大道中段东侧、内环路北侧的原省旅游学校校址内建设省质监检验检测楼工程项目。项目总投资估算9000万元,建设资金由省质监局自筹解决。后由于建材价格上涨等因素,省发改委批准调整该工程概算,总概算由6804.59万元调整为8640.94万元,调增1836.35万元。2008年3月,该工程验收竣工。

2003年全省质监系统房屋建筑物总值7183万元;现有建筑面积14.51万平方米,其中实验室面积2.27平方米;实际完成基本建设投资4464万元,其中自筹和其他资金投入3867万元。

2004年全省质监系统房屋建筑物总值8518万元,占固定资产总额的36.6%;现有建筑面积16.3万平方米,新增1.77万平方米,其中实验室面积3.09万平方米,办公用房13.2万平方米;实际完成基本建设投资3065万元。抚州、九江、吉安、赣州等4个设区市局办公用房得到解决,全省质监系统2/3的市、县局已解决办公楼,1/3的市、县局正在落实办公用地、筹建办公楼;技术设备也有较大的增长。

2005 年全省质监系统房屋建筑物总值 1.29 亿元,增长 51.78%;实际完成基本建设投资 4488 万元;现有建筑面积 18.07 万平方米,增长 1.78 万平方米,其中实验室面积 5.7 万平方米,增长 84.77%;办公用房 12.33 万平方米,比上年减少 0.82 万平方米。全省质监系统又有 46 个单位解决办公用房问题,另有 16 个单位正在建设之中,全省质监系统有 70% 的单位解决了办公用房问题。

2006 年全省质监系统房屋建筑物总值 1.9 亿元;现有建筑面积 19.01 万平方米,其中:实验室面积 6.08 万平方米,办公用房 10.8 万平方米;实际完成基本建设投资 3444 万元。是年,省质监检验检测大楼封顶,投资 1500 万元的省质监局庐山培训基地投入使用,10 个单位新建工作用房。为完成“十一五”规划“解决所有单位办公和实验室用房问题”的目标,切实做好全省质监系统国有资产有偿使用收入征收管理和资金解缴工作,6 月 28 日,省质监局转发了《江西省财政厅关于加强国有资产有偿使用收入征收管理和资金解缴工作的通知》,并于 6 月 30 日下达了“十一五”期间全省质监系统基本建设项目指导性计划,明确“对无办公用房的单位要确保在计划时间内完成计划,对已有办公用房但需改建、扩建、修建、重建的项目原则上不作进度要求”。截至 2006 年底,全省质监系统有 84% 的单位解决办公用房问题。

表 9-1-4 2006—2010 年全省质监系统基本建设项目指导性计划安排表一

(办公用房未达标但必须解决的单位)

单位:个

单 位	计划安排						单位总数
	需解决合计	2006 年解决	2007 年解决	2008 年解决	2009 年解决	2010 年解决	
合 计	50	10	17	13	9	1	166
省局机关	1		竣工				1
省稽查总队	1			竣工			1
省质检院	0						1
省计量院	0						1
省标准化院	0						1
省锅检院	2						6
南昌容器分院	1			竣工			
新余锅检分院	1			竣工			
省特检院	4						4
省本级	1	竣工					
九江特检分院	1			竣工			
新余特检分院	1			竣工			

续表

单　位	计划安排						单位总数
	需解决合计	2006 年解决	2007 年解决	2008 年解决	2009 年解决	2010 年解决	
鹰潭特检分院	1			竣工			
省纤检局	1						2
省本级	1	竣工					
省培训中心	1		竣工				1
省信息中心	1		竣工				1
省食品中心	1					竣工	1
南昌市	6						13
新建县局	1			竣工			
安义县局	1			竣工			
东湖区局	1			竣工			
青云谱局	1		竣工				
湾里区局	1		竣工				
青山湖区局	1			竣工			
景德镇市	1						7
浮梁县局	1			竣工			
萍乡市	7						10
市局机关	1		竣工				
市稽查支队	1		竣工				
市质检所	1		竣工				
市计量所	1		竣工				
工业陶瓷中心	1				竣工		
上栗县局	1			竣工			
芦溪县局	1				竣工		
九江市	4						18
德安县局	1	竣工					
湖口县局	1				竣工		
庐山风景区局	1	竣工					
共青办事处	1				竣工		

续表

单　位	计划安排						单位总数
	需解决合计	2006 年解决	2007 年解决	2008 年解决	2009 年解决	2010 年解决	
新余市	0						4
鹰潭市	4						7
市质检所	1	竣工					
市计量所	1	竣工					
余江局	1				竣工		
龙虎山区局	1		竣工				
赣州市	2						23
石城县局	1				竣工		
经济技术开发区分局	1		竣工				
宜春市	1						14
靖安县局	1		竣工				
上饶市	4						17
上饶县局	1		竣工				
万年县局	1				竣工		
三清山分局	1				竣工		
经济技术开发区分局	1				竣工		
吉安市	5						17
市锅检中心	1	竣工					
吉水县局	1		竣工				
泰和县局	1		竣工				
遂川县局	1	竣工					
青源区局	1			竣工			
抚州市	4						16
东乡县局	1	竣工					
金溪县局	1		竣工				
崇仁县局	1		竣工				
南城市局	1	竣工					

表 9-1-5　2006—2010 年全省质监系统基本建设项目指导性计划安排表二

（已有办公用房但计划改建、扩建、重建单位）

单位:个

单　位	计划安排					需解决合计
	2006 年解决	2007 年解决	2008 年解决	2009 年解决	2010 年解决	
合　计	2	5	11	6	8	32
省质检院					竣工	1
省标准化院	竣工					1
南昌市						2
市本级			竣工			1
市稽查支队			竣工			1
景德镇市						0
萍乡市						1
市特检中心				竣工		1
九江市						
九江市计量所		竣工				3
星子县局			竣工			1
瑞昌县局	竣工					1
修水县局				竣工		1
新余市						3
市本级			竣工			1
市稽查支队			竣工			1
市检测中心			竣工			1
鹰潭市						0
赣州市						2
市锅检中心		竣工				1
崇义县局				竣工		1
宜春市						7
市本级				竣工		1
市检测中心				竣工		1
丰城市局		竣工				1
樟树市局				竣工		1

续表

单 位	计划安排					需解决合计
	2006 年解决	2007 年解决	2008 年解决	2009 年解决	2010 年解决	
高安市局			竣工			1
宜丰县局			竣工			1
铜鼓县局		竣工				1
上饶市						5
广丰县局			竣工			1
铅山县局					竣工	1
玉山县局			竣工			1
弋阳县局			竣工			1
德兴县局					竣工	1
吉安市						1
市检测中心		竣工				1
抚州市						5
市本级					竣工	1
市稽查支队					竣工	1
市质检所					竣工	1
市计量所					竣工	1
市特检中心					竣工	1

2007 年全省质监系统房屋建筑物总值 2.27 亿元；现有建筑物面积 20.31 万平方米，其中：办公用房 13.05 万平方米，实验室面积及其他 7.26 万平方米；实际完成基本建设投资 3586 万元。是年 3 月 13 日，省质监局成立资产清查工作领导小组，下发《省质监局资产清查工作方案》，自 5 月 9 日起历经 3 个月时间，对全省质监系统展开国有资产清查工作，基本摸清家底，并对存在的问题也逐一进行纠正，提出了整改意见和建议，高标准地完成清查任务。10 月 18 日至 22 日，省质监局正式出台《省质监局国有资产管理办法暂行办法》，进一步完善行政事业单位国有资产管理体系。2008 年，省质监局对该办法的第二十三条第一款至第五款作相应的调整。是年全省质量技术监督系统房屋建筑物总值 2.27 亿元，新增 4009 万元；现有建筑物面积 22.57 万平方米，其中：办公用房 15.17 万平方米，实验室面积及其他 7.4 万平方米；在建建筑面积为 0.55 万平方米，竣工建筑物面积为 0.79 万平方米。

为加强和规范全省质监系统基本建设管理，最大限度地压缩行政成本，合理利用财政性资金，2009 年 2 月 27 日，省质监局成立基建项目工作领导小组，进一步规范程序，严格基本建设投资项目审批。明确所有投资规模 10 万元以上的新建、扩建、迁建、购置、装修、改造办公楼项目，必须报省质监局审批立项,严格履行审批程序。并要求各单位基建项目的实施程度,各项规费、税费的交纳和减免,工程的招投标,安装设备的政府采购,工程监理的质量监督,工程单项验收等,均需严格按照国家发改委、财政部、建设部、国家税务总局、地方政府及地方基本建设主管部门的法律法规执行。办公楼面积标准要严格按照原国家计委《关于印发党政机关办公用房建设标准的通知》的规定执行,对2006年以来开工的基本建设投资项目进行全面彻底的清理。同时下发指导性文件《关于进一步加强基本建设投资管理工作的通知》。3月16日,省质监局召开关于加强全省质监系统基本建设投资管理工作协调会议,会议就基建投资项目和审批工作流程等进行了职责分工。

根据《江西省财政厅关于实施行政事业单位资产管理信息系统有关问题的通知》精神,结合全省质监系统实际,2010年3月4日,省质监局制定下发《全省质监系统开展"行政事业单位资产管理信息系统"工作实施方案》。

为贯彻落实省委、省政府和国家质检总局有关提高产品质量、完善检验检测体系的指示精神,省质监局对直属3个技术机构(省质检院、省计量院、省锅检院)的发展需求作全面考量,决定筹建江西省质监检测基地。2009年11月17日,省质监局正式向省政府和省发改委提交《关于筹建江西省质监检测基地工程项目的请示》。该项目于年底获省发改委批准立项,立项批复总建筑面积为83464平方米,总投资估算为25848万元。该项目定为2010年"省重点工程"。

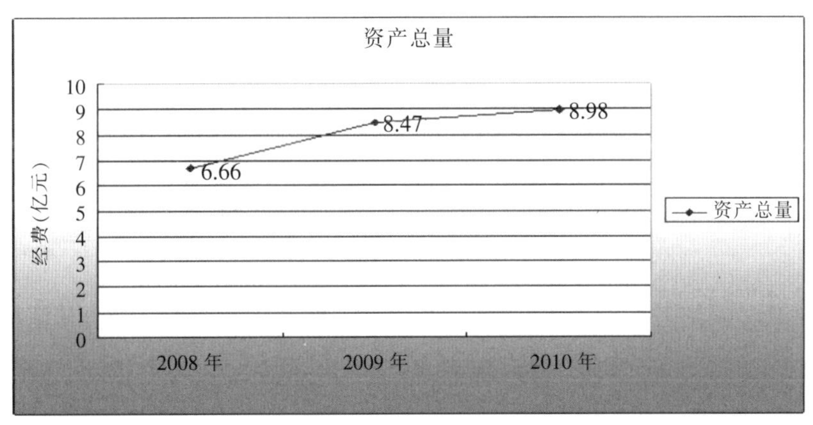

图9-1-1　2008—2010年全省质监系统资产总量增长情况对比图

2009年全省质监系统房屋建筑物总值2.75亿元,减少292万元;现有建筑物面积26.39万平方米,其中:办公用房17.98万平方米,实验室面积及其他8.41万平方米;在建建筑面积为1.83万平方米,竣工建筑物面积为1.46万平方米。

2010年全省质监系统房屋建筑物总值2.73亿元,减少292万元;现有建筑物面积28.16万平方米,其中:办公用房20.52万平方米,实验室面积及其他6.28万平方米;在建建筑面积为1.2万平方米,竣工建筑物面积为0.96万平方米。

第二节　固定资产

2001年全省质监系统国有资产总额8041万元,固定资产总额7620万元,其中:仪器设备2618

万元,占固定资产总额的34%;新增固定资产715万元,比上年增加318万元,增长率为80%。

2002年全省质监系统国有资产总额1.31亿元,固定资产总额1.18亿元,其中:仪器设备4589万元,占固定资产总额的39%;新增固定资产1244万元,比上年增加529万元,增长率为74%。

2003年全省质监系统国有资产总额1.94亿元,固定资产总额1.76亿元,其中:仪器设备5626万元,占固定资产总额的32%;新增固定资产4857万元,比上年增加3613万元,增长率为290%。

2004年全省质监系统国有资产总额2.41亿元,固定资产总额2.33亿元,其中:仪器设备6131万元,占固定资产总额的26.3%;新增固定资产5727万元,比上年增加870万元,增长率为17.91%。

2005年全省质监系统国有资产总额4.57亿元,固定资产总额3.05亿元,其中:仪器设备7494万元,占固定资产总额的23.7%;新增固定资产7185万元,比上年增加1458万元,增长率为20.29%。

2006年全省质监系统国有资产总额5亿元,固定资产总额3.72亿元,其中:仪器设备8189万元,占固定资产总额的22.01%;新增固定资产6741万元,比上年减少444万元,下降率为6.18%。

2007年全省质监系统国有资产总额5.7亿元,固定资产总额4.3亿元,其中:仪器设备1亿元,占固定资产总额的23.26%;新增固定资产5740万元,比上年减少1001万元,下降率为14.85%。

2008年全省质监系统国有资产总额6.66亿元,固定资产总额5.5亿元,其中:仪器设备1.06亿元,占固定资产总额的19.27%;新增固定资产11834万元,比上年增长6094万元,增长率为106.17%。

2009年全省质监系统国有资产总额8.47亿元,固定资产总额5.6亿元,其中:仪器设备1.17亿元,占固定资产总额的20.89%;新增固定资产737万元,比上年减少11097万元,下降率为93.77%。

2010年全省质监系统国有资产总额8.98亿元,固定资产总额6.17亿元,其中:仪器设备1.34亿元,占固定资产总额的21.72%;新增固定资产6176万元,比上年增加5439万元,增长率为738%。

表9-1-6 2001—2005年省质监局机关及直属机构固定资产情况

单位:万元

单位名称	2001年		2002年		2003年		2004年		2005年	
	固定资产总额	其中:仪器设备	固定资产总额	其中:仪器设备	固定资产总额	其中:仪器设备	固定资产总额	其中:仪器设备	固定资产总额	其中:仪器设备
省质监局	119.89		950.50	699.00	429.30		793.13		819.00	
省计量院	1177.00	501.50	1309.80	656.00	1834.00	883.00	2073.70	1064.80	2337.00	1246.00
省质检院	414.70	334.70	563.50	418.00	1151.70	826.60	1216.78	885.08	1365.00	1079.00
省稽查总队	61.00		108.79	106.13	142.56	139.90	183.28	180.62	222.00	10.00
省标准化院	142.92	41.29	224.20	84.30	230.50	57.40	261.90	64.98	329.00	107.00

续表

单位名称	2001 年		2002 年		2003 年		2004 年		2005 年	
	固定资产总额	其中:仪器设备	固定资产总额	其中:仪器设备	固定资产总额	其中:仪器设备	固定资产总额	其中:仪器设备	固定资产总额	其中:仪器设备
省质监局评审中心	4.60	4.60	7.53		8.60		10.09		15.00	
省锅检院	678.00	158.00	792.14	273.20	944.60	425.66	1078.90	562.57	1202.00	566.00
省特检院	31.00	29.90	51.00	25.80	105.99	75.97	131.55	75.97	321.00	130.00
省纤检局	205.20	105.20	337.50	175.50	518.30	372.30	572.00	234.00	1051.00	290.00
省质监信息中心	—	—	—	—	—	—	21.67	9.25	229.00	0.00
省食品中心	—	—	—	—	—	—	—	—	2.00	2.00
省局及直属小计	2834.31	1175.19	4344.96	2437.93	5365.55	2780.83	6343.00	3077.27	7892.00	3430.00

表 9-1-7　2006—2010 年省质监局机关及直属机构固定资产情况

单位:万元

单位名称	2006 年		2007 年		2008 年		2009 年		2010 年	
	固定资产总额	其中:仪器设备	固定资产总额	其中:仪器设备	固定资产总额	其中:仪器设备	固定资产总额	其中:仪器设备	固定资产总额	其中:仪器设备
省质监局	7721		9590		10679		10164		10893	
省计量院	1705	778	1897	929	2210	1387	2325	1489	2533	1627
省质检院	1322	949	1710	1256	2052	1501	2108	1548	2363	1936
省稽查总队	250	247	342	339	1675	3	1684	3	1780	3
省标准化院	293	172	532	448	865	467	456	20	443	20
省质监培训中心	10	10	11	11	25	11	25	11	25	12
省锅检院	1545	788	1623	838	1877	1015	2066	1180	2495	1564
省特检院	1065	152	819	131	1036	120	1111	128	1856	148
省纤检局	1284	292	1295	296	1734	676	1940	781	2054	837
省质监信息中心	422	233	465	253	700	488	803	580	1120	896
省食品中心	28	28	49	28	91	33	328	271	328	271
省局及直属小计	15645	3649	18333	4529	22944	5701	23010	6011	25890	7314

表9-1-8　2001—2005年江西省市县质监局机关及直属机构固定资产统计

单位:万元

单位名称	2001年		2002年		2003年		2004年		2005年	
	固定资产总额	其中:仪器设备	固定资产总额	其中:仪器设备	固定资产总额	其中:仪器设备	固定资产总额	其中:仪器设备	固定资产总额	其中:仪器设备
全省系统	7620.68	2618.37	11833.39	4589.97	17572.13	5626.05	23301.00	6131.00	30484.00	7494.00
省直单位	2834.31	1175.19	4344.96	2437.93	5365.55	2780.83	6343.00	3007.00	7892.00	3430.00
全省系统市级	2139.17	962.97	4305.07	1591.89	7274.85	2277.32	10151.00	2480.00	12951.00	3002.00
全省系统县级	2647.20	480.21	3183.36	560.15	4931.73	567.90	6807.00	644.00	9641.00	1062.00
南昌市	840.63	304.37	1481.09	387.62	1236.52	190.11	1550.00	158.00	2589.00	183.00
景德镇市	163.78	72.63	317.54	131.81	534.77	229.65	773.00	236.00	847.00	264.00
萍乡市	228.25	151.93	325.97	199.74	785.07	407.33	841.00	398.00	1054.00	505.00
九江市	711.54	134.80	1071.77	252.86	1662.40	367.69	2188.00	449.00	2503.00	508.00
新余市	338.86	75.46	300.80	204.80	406.70	153.30	551.00	210.00	610.00	244.00
鹰潭市	139.65	33.44	404.39	61.61	607.74	137.39	647.00	140.00	691.00	155.00
赣州市	793.78	184.13	1103.83	243.83	2567.92	394.71	3587.00	470.00	4333.00	637.00
吉安市	282.00	66.00	457.05	118.34	891.02	218.70	1352.00	228.00	3373.00	388.00
宜春市	535.94	239.81	957.32	274.98	1687.88	338.38	2791.00	351.00	2157.00	460.00
抚州市	242.72	102.61	286.97	126.39	522.81	181.33	755.00	208.00	1614.00	317.00
上饶市	509.22	78.00	781.70	150.06	1303.75	226.63	1923.00	276.00	2821.00	403.00

表9-1-9　2006—2010年江西省市县质监局机关及直属机构固定资产统计

单位:万元

单位名称	2006年		2007年		2008年		2009年		2010年	
	固定资产总额	其中:仪器设备	固定资产总额	其中:仪器设备	固定资产总额	其中:仪器设备	固定资产总额	其中:仪器设备	固定资产总额	其中:仪器设备
全省系统	37225	8189	42965	10000	54799	10621	55536	11691	61712	13445
省直单位	15644	3649	18333	4528	22945	5700	23010	6010	25889	7314
全省系统市级	11706	3163	13944	3870	17983	3925	16952	4468	19113	5020
全省系统县级	9875	1377	10688	1602	13871	996	15574	1213	16710	1111
南昌市	2951	351	2612	334	4064	419	3960	376	4174	657
景德镇市	654	207	810	265	578	100	871	234	989	278
萍乡市	1013	380	1137	437	1795	509	1452	550	1728	605

续表

单位名称	2006 年		2007 年		2008 年		2009 年		2010 年	
	固定资产总额	其中：仪器设备	固定资产总额	其中：仪器设备	固定资产总额	其中：仪器设备	固定资产总额	其中：仪器设备	固定资产总额	其中：仪器设备
九江市	2668	1081	3067	1296	4130	538	4535	773	5030	880
新余市	557	269	539	302	1243	646	1263	685	862	427
鹰潭市	1029	119	1311	214	1378	224	1116	280	1286	287
赣州市	3268	592	3513	672	5506	740	5868	749	6564	938
吉安市	2697	344	3173	477	3995	280	3132	483	3811	467
宜春市	2482	364	2764	587	3051	597	3895	699	4205	783
抚州市	1913	364	2248	420	2396	293	2520	312	2955	226
上饶市	2401	469	3458	468	3718	575	3914	540	4223	583

第二章　经费管理

20世纪90年代初期,按照经费属地管理原则,省市县三级的收入归当地财政管理,省以上的人均财政拨款基数不到0.8万元,经费总收入不到1000万元。经费收入主要来源于财政拨款、专项拨款、检测收入和其他收入。1992年,收费按预算外资金进行管理的省级检验机构有省产品质量监督检验所和省纤检局两家被列入到公示名单。省标准局、省计量局作为省经贸委的二级局,每年都要接受省审计厅的延伸审计。2000年垂管初期,全系统共有行政、事业机构133个。其中:省级机构10个,市级机构33个,县级机构90个。共有编制人数(以上划编统计)3528个。人均经费(含工资、福利、公务费、业务费、事业发展经费等)仅为1.1354万元,经费总收入达1.4亿元。行政事业性收费开始实行收支两条线管理。经费收入来源拓展到财政拨款、预算外资金收入、事业收入、经营收入和其他收入等,经费收入逐年增长。省审计厅每年除对省质监局机关和直属单位开展审计外,还延伸到各地市局以及相关协会。为加强制度建设,质监系统先后出台了《全省质量技术监督系统经费管理办法》《江西省质量技术监督单位财务管理暂行办法》《江西省质量技术监督系统财务人员管理暂行规定》《江西省质量技术监督重大财务事项请示报告制度》等系列财务管理制度,规范各单位的财务行为。至2010年底,全省质监督系统共有行政、事业机构160个。其中:省级机构11个,市级机构50个,县级机构99个。全省系统中编制数4452个,其中行政编制1752个,事业编制2700个,实际在职人数4094人。人均经费达10万元,经费总收入达6.1亿元。

第一节　制度建设

1999年3月8日,省技监局下发《关于全省技术监督部门实行人事、财务报告制度的紧急通知》,做好技术监督体制改革垂管前的各项准备工作。于通知要求各地(市)技术监督局的内部干部任免、人员调动、内设机构的变动、重大财务开支及国有资产的转让等应在征得当地党委政府及主管部门同意的同时,还需报经省技监局的同意。7月,省技监局综合计划科技处起草《全省质量技术监督系统经费管理办法》。9月,省技监局出台《江西省技术监督局机关管理制度》,其中包含《财务管理办法》《国有资产管理暂行办法》等财务制度。

为规范各单位的财务行为,根据《行政单位财务规则》《事业单位财务规则》和财政部有关精神,2001年4月,省质监局制定《江西省质量技术监督单位财务管理暂行办法》。根据财政部财会〔2001〕18号、省财政厅赣财会〔2001〕23号通知精神,省质监局组织为期三个月的会计法执法检查。该检查从2001年4月开始至9月底结束。检查分单位自查、重点检查和巡查验收三阶段进行。

2002 年，省质监局制定下发《江西省质量技术监督系统财务人员管理暂行规定》等 6 个管理办法，整顿和规范全系统财务秩序，严格执行财务收支两条线规定，并于 7—9 月组织开展了全系统财务大检查工作。全系统违规违纪现象大幅度减少。7 月 9 日，转发《江西省财政厅关于加快发展我省会计电算化事业的通知》，提出全省质监系统要加速会计电算化的进程，要求各直属单位在年内实现会计电算化，各设区市局在 2003 年上半年实现。

2003 年 3 月 3 日，省质监局在系统内广泛征求意见的基础上，对原颁发的《江西省质量技术监督重大财务事项请示报告制度》进行重新修订。5 月 8 日，为加快全系统无纸化办公的进程，有效地保障系统内部往来邮件的快速、安全、稳定性，省质监局在中国万网统一租用电子邮箱，并免费提供给系统内干部职工使用。6 月 30 日，根据《行政单位会计准则》《事业单位会计准则》及有关规定，省质监局统一了系统内会计科目设置，并要求从 2003 年 1 月份开始执行。7—10 月在全系统开展财务大检查工作。要求检查人员在检查过程中，做到纪律严明、廉洁自律、依法办事、不徇私情，尽可能减轻被检查单位的接待负担。检查工作结束后，要完成书面的检查报告。

2004 年 12 月 27 日，省质监局转发《江西省财政厅关于江西省各级行政事业单位公务用车实行政府采购定点保险有关事宜的通知》精神，要求全系统严格按照文件执行，各单位车辆保险只能在省财政厅规定的定点机构进行，按照就地就近的原则，由各单位自行负责，凡不执行的，按财务违规违纪处理。

2006 年 5 月 22 日，省质监局下发《关于严肃财经纪律进一步加强全省质监系统财务管理的通知》，文件就严肃财经纪律、进一步加强全系统财务管理提出 8 项意见。为加强宣传贯彻，2006 年 6 月 13 日，省质监局在南昌市召开全系统财务管理工作会。

2007 年 1 月 17 日，省质监局在南昌召开 2007 年度全系统计划财务科技工作会议。会议总结 2006 年全系统计划财务科技工作，表彰奖励先进单位，研究制定 2007 年全系统事业发展目标和考核办法，部署 2007 年全系统计划财务科技工作。

2008 年 5—9 月，根据省财政厅、省监察厅、省审计厅的要求，省质监局开展政府采购执行情况专项检查，着重检查 2006 年和 2007 年各单位政府采购执行情况。通过检查，促进各单位进一步掌握政府采购法律相关规定，纠正错误观念和不正当交易行为，提高依法采购的意识和能力。

2009 年 3 月 18 日，省质监局出台《江西省质量技术监督局公务卡管理暂行办法》，办法具体从公务卡的申办及销卡、公务卡的支付与服务、公务卡管理等方面进行说明。办法出台后，省质监局财政授权支付业务中原使用现金结算的公用经费支出，包括差旅费、招待费、办公费、会议费、印刷费、交通费等，均使用公务卡结算，一般情况下不再使用现金结算。5 月 18 日，成立省质监系统治理"小金库"工作领导小组，19 日召开全系统治理"小金库"工作视频会议，正式启动"小金库"专项治理工作，并把专项治理工作纳入党风廉政建设责任制考核范围。同时还制定《全省质监系统开展"小金库"专项治理工作实施方案》，方案明确省质监系统治理"小金库"工作领导小组重点检查的范围、六项政策意见和五项要求等。9 月 7 日，省质监局在全系统贯彻执行《中共江西省纪委、江西省监察厅、江西省财政厅关于下达党政机关厉行节约六项经费控制指标的通知》，要求各单位严格按照下达的经费缩减指标,安排好各项费用支出,确保实现厉行节约的预期目标。10 月 23 日,为进一步落实厉行节约有关规定,有效控制和节约行政成本,根据省纪委、省监察厅、省财政厅的要求,在全系统贯彻执行《江西省省直党政机关出差和会议定点管理办法(试行)》,规定各单位的公务接待和承办上级会议必须到定点饭店住宿和办会,到省外出差应到当地定点饭店住宿。

第二节 经费保障

在省计量局和省标准局合并以前,两局每年仅有少部分的专项经费下拨给地市局。1991 年初,财政体制改革后,中央和地方分级管理,地方的监督事业所需的行政办公、业务费和必要的基本建设经费已列入各级财政预算,各级技术监督部门所属的计量检定、测试、标准计量情报、质量监督检验等技术机构属国家公益性科技事业单位,其所需的事业费、科技三项费、设备费以及必要的基本建设、仪器购置费等,按照规定应分别纳入省级技术监督各类经费渠道之内。是年省技监局下拨标准补助和科技三项专项经费 15 万元,即省标准局 8 万元、景德镇市技术监督局 5 万元、抚州地区标准计量局 2 万元;后又增拨南丰县标准计量局 1 万元。另还下拨查处伪劣商品专项经费 10 万元。标准补助和科技三项专项经费在 1993 年 9 月 29 日划转 35 万元、1994 年 12 月 22 日划转 12 万元、1995 年 4 月 24 日划转 1 万元。

1995 年 8 月省技监局开始组建,新组建的省技监局属副厅级行政单位。组建初期省技监局行政定编 43 人,而实际共有 70 人,其中离退休人员 18 人,每年事业费仅有 14 万元。11 月 7 日,省经贸委审批同意将原省标准局、省计量局的行政经费从省经贸委划出,单独在省财政设立行政经费户头。从 1996 年开始,省技监局的行政经费单列,由省政府办公厅财务处直接划拨,定编 60 人。1999 年 3 月 5 日,省技监局下拨标准补助和科技三项专项经费 3.6 万元,下拨农业标准化示范区补助专项经费 3 万元。

从 2000 年 1 月 1 日起,省以下质监系统财务经费管理收归省质监局统一管理。为保证全省各级质监系统机构改革过渡期财务经费的正常运行,省质监局发文至各地(市)、县(市、区)技术监督局,提请当地财政编制 2000 年预算,2000 年人员经费参考标准为 9500 元/人/年左右。省财政对省质监系统的行政事业收入按 90% 返还、罚没收入按 50% 返还。是年 8 月,江西省特种设备检验检测中心从省劳动保护教育中心划转至省质监系统。至 2000 年底,根据省编办《关于省以下质量技术监督系统机构编制上划的通知》核定,截至 1998 年 7 月 16 日,全省质监系统编制数为 3162 人,离退休人员 416 人,1999 年、2000 年军转办安置转业干部和退伍军人 169 人,财政供养人数共计 4056 人。

2000—2001 年,国家质监局给江西 11 个地级行政执法机构共配备了 11 辆江铃皮卡车(每辆价值 9.65 万元)、15 个县级行政执法机构共配备了 15 辆昌河面包车(每辆价值 4.5 万元)。

2001 年 2 月 21 日,省质监局请示省财政厅把所属的省产品质量监督检验所、省技术监督信息研究所、省计量测试研究所、省锅炉压力容器检验所、省特种设备检验检测中心、省技术监督局稽查大队等 6 家单位的预算内、预算外经费统一归口管理。4 月 18 日,省质监局出台《江西省质量技术监督局产品质量监督抽查经费使用管理办法(草案)》,明确产品质量监督抽查经费的定义以及对产品质量监督抽查经费的使用和监督管理。12 月 28 日,省质监局向省财政厅提出申请,将省锅炉压力容器检验所预算内财政拨款从人均 0.4 万元增至 1.5 万元标准核拨事业经费。

2002 年 3 月 26 日,省质监局重新修订省质监系统“十五”期间技术改造与基本建设方案。方案中明确“十五”期间江西省在执法装备建设方面将投入 3000 万元,信息网络建设方面将投入 2600 万元。是年,省以下经贸委系统的质量管理机构和劳动系统的锅容管特设备安全监察机构成建制划转质量技术监督部门的交接工作已基本完成,全省质监系统机构得到了进一步理顺和加强,形成了质量、标准、计量、锅容管特安全监察四位一体的职能部门,全面完成了省以下垂直管理体制的改革。省以下机构的人员、经费、固定资产全部上划完毕,初步形成了协调统一、运行有效的垂直管理体制。是年,财政部还通过国家质检总局安排全省质监系统执法装备专项补助经费 390 万元,为省、市、县级有关行政执法部门购置工作用车,省质监局按照 1:1 的比例,从省财政下拨的办案补助经费中安排 370 万元的配套资金用于执法车辆的购置,并提出购买桑塔纳汽车 29 辆,江铃宝典皮卡 26 辆,昌河汽车 12 辆,别克面包车 2 辆,共计 69 辆购车计划。10 月 10 日,国务院下发《国务院办公厅关于进一步做好工商行政管理和质量技术监督部门经费保障工作的通知》,对做好质监部门经费保障工作作了具体规定,提出具体要求。经与省财政厅、省计委、省编委多沟通,12 月 3 日,省质监局正式向省政府报送《关于认真贯彻落实国办发 55 号文件精神,进一步做好质量技术监督系统经费保障工作的请示》,提出省质监系统贯彻 55 号文的建议。省财政表示在今后的财政预算中逐年适当增加拨款,同时在罚没收入返还方面给予相关政策。

2003 年,江西省计量测试研究所和南昌市计量测试研究所合并组建江西省计量测试研究院,是年 9 月 11 日,省质监局向省财政厅、省科委请示,将新组建的省计量院财务统一划归省质监局管理,省计量院财务体制转换工作从 2004 年 1 月 1 日起执行。

2004 年,省以下财政拨款基数从每人每年 1.1 万元增加到 1.18 万元。行政事业性收费收入按 80% 返还,罚没收入按 95% 返还。为防止将行政性收费收入转入经营性收入,省质监局对各单位经营性收入调控 5%。对实有人员少于财政供养编制的单位,也相应地调控财政拨款基数,防止“吃空编现象”。对完全是自收自支编制的省以下单位,省质监局不调控其经费。6 月 22 日,省质监局向省政府申请,要求将特种设备安全监察专项经费纳入省财政每年的财政预算,按年下拨安全专项监察经费 300 万元。

2005 年全系统人均可支配经费为 8 万元,财政拨款 8330 万元,争取国家经费支持 1584 万元,争取省以下地方政府经费支持 400 万元。2006 年全系统人均可支配经费为 9 万元,财政拨款 9228 万元,争取国家经费支持 1317 万元,争取省以下地方政府经费支持 700 万元。2007 年全系统人均可支配经费为 10 万元,财政拨款首次突破亿元,达 1.06 亿元,争取国家经费支持 2500 万元,争取省以下地方政府经费支持 1900 万元(不含地方政府无偿划拨土地)。2008 年全系统人均可支配经费为 11 万元,财政拨款 1.2 亿元,争取国家经费支持 1390 万元,争取省以下地方政府经费支持 2741 万元(不含地方政府无偿划拨土地)。2009 年行政事业性收费收入比例按 90% 返还。人均可支配经费为 11.9 万元,财政拨款 1.32 亿元,争取国家总局经费支持 834 万元,争取省以下地方政府经费支持1566万元(不含地方政府无偿划拨土地)。2010年全系统财政拨款1.57亿元,争取国家总局经费支持523.8万元,争取省以下地方政府经费支持2356万元(不含地方政府无偿划拨土地)。

第三节 经费收支

经费收入

20世纪90年代初期,经费构成主要有:事业经费、专项业务费、标准补助和科技三项专项经费。全省质监系统经费总收入不到1000万元,经费收入主要渠道:财政拨款、专项拨款、检测收入和其他收入。2000年全省质监系统财政预算内拨款达2188万元,行政事业性收入2700万元。垂管后,质监系统的经费收入渠道不断拓宽,主要有:财政拨款、预算外资金收入、事业收入、经营收入和其他收入等,经费收入逐年增长。2007年,全系统总收入达5.2亿元,与上年相比增长率达到15.5%,是垂管后历年的最高增长值。其中,行政事业性收费收入18180万元,增长16.9%;罚没收入13377万元,增长23.6%。至2010年底,全系统总收入6.68亿元,其中,行政事业性收费收入上交27965万元,罚没收入上交14842万元。

表9-2-1 2001—2003年质监部门经费收入情况

单位:万元

年度	财政拨款			预算外资金收入			其他收入			合计
	行政经费	事业经费	专项经费	行政事业性收费	罚没收入	其他	技术和中介服务	经营销售收入	其他	
2001	5698.97	1448.21	413.56	4251.77	1489.80	77.23	5.73	22.29	672.57	14080.13
2002	2976.52	3119.36	3300.83	6636.32	2848.31	95.64	33.63	496.73	1096.50	20603.84
2003	3833.09	1500.90	1198.32	8330.31	4398.89	139.51	267.51	278.50	3279.87	23226.90

表9-2-2 2004—2007年质监部门经费收入情况

单位:万元

年度	财政拨款				行政事业性收入	事业收入	经营收入	其他收入	合计
	行政经费	事业经费	专项经费	纳入预算管理的行政事业性收费					
2004	3665	3612	7791	4054	3128	1584	810	4542	29186
2005	6214	3656	10022	5304	2793	2690	715	3025	34419
2006	6403	3234	11319	4971	5201	4613	856	2574	39171
2007	12831	4398	9022	7785	2226	3674	796	5796	46528

表9－2－3　2008—2010年质监部门经费收入情况

单位:万元

年　度	财政拨款				预算外资金收入	事业收入	经营收入	其他收入	合　计
	行政经费	事业经费	专项经费	纳入预算管理的行政事业性收费					
2008	12677	4439	10459	16529	1728	1333	504	5613	53282
2009	11639	5518	11815	17745	2744	3123	558	5662	58804
2010	27928	5677	7256	12633	326	2611	340	4457	61228

经费支出

20世纪90年代初期,全省质监系统年均经费总支出不到800万元。1997年,全省质监系统经费支出达到3761万元,其中:人员经费支出1414万元、公用经费支出1206万元、专项经费支出205万元、其他支出936万元。2000年垂管后,2001年全省质监系统年经费总支出10024万元,其中:工资和社会保障支出4658万元,占总支出的46.47%;公务费2030万元,占总支出的20.25%;设备费871万元,占总支出的8.69%;业务费1020万元,占总支出的10.18%;其他支出1445万元,占总支出的14.41%。至2010年底,全省质监系统经费总支出6.06亿元,其中:工资福利支出1.86亿元,占总支出的30.71%;商业和服务支出2.18亿元,占总支出的35.9%;对个人和家庭补助4793万元,占总支出的7.91%;基建建设支出和其他资本性支出等专项支出1.34亿元,占总支出的22.13%;经营支出327万元,占总支出的0.54%;其他支出1705万元,占总支出的2.81%。

表9－2－4　2001—2003年质监部门经费支出情况

单位:万元

年　度	工　资	社会保障费	公务费	设备费	业务费	修缮费	专项经费	其　他	合　计
2001	3936.07	722.21	2029.96	871.06	1020.48	204.97	200.96	1038.52	10024.23
2002	6284.49	1061.26	3299.16	1790.26	1783.40	424.31	457.03	2846.04	17945.95
2003	6681.92	943.01	3999.60	2128.64	1958.12	604.94	1079.35	3881.96	21277.54

表9－2－5　2004—2007年质监部门经费支出情况

单位:万元

年　度	人员支出			公用支出			对个人和家庭补助支出			结转自筹基建	其他支出	合　计
	工资性支出	社会保障费	其　他	日常公用支出	专用设备购置	交通工具购置	其　他	离退休费	其他补助			
2004	6455	448	1498	8302	1104	1424	2007	974	369	3486	1663	27730
2005	6882	420	2167	8681	1002	1302	3377	1167	586	6510	1365	33459

续表

<table>
<tr><td rowspan="2">年　度</td><td colspan="3">人员支出</td><td colspan="3">公用支出</td><td colspan="3">对个人和家庭补助支出</td><td rowspan="2">结转自筹基建</td><td rowspan="2">其他支出</td><td rowspan="2">合　计</td></tr>
<tr><td>工资性支出</td><td>社会保障费</td><td>其　他</td><td>日常公用支出</td><td>专用设备购置</td><td>交通工具购置</td><td>其　他</td><td>离退休费</td><td>其他补助</td></tr>
<tr><td>2006</td><td>7363</td><td>432</td><td>3122</td><td>9997</td><td>963</td><td>1252</td><td>3822</td><td>1345</td><td>718</td><td>5205</td><td>2114</td><td>36333</td></tr>
<tr><td>2007</td><td>10265</td><td>529</td><td>3394</td><td>12299</td><td>1265</td><td>1096</td><td>2920</td><td>1822</td><td>1009</td><td>5947</td><td>1664</td><td>42210</td></tr>
</table>

表 9－2－6　2008—2010 年质监部门经费支出情况

单位：万元

<table>
<tr><td rowspan="2">年　度</td><td rowspan="2">工资福利支出</td><td rowspan="2">商业和服务支出</td><td colspan="2">对个人和家庭补助支出</td><td rowspan="2">基本建设和其他资本性支出等专项支出</td><td rowspan="2">经营支出</td><td rowspan="2">其他支出</td><td rowspan="2">用事业基金弥补收支差额</td><td rowspan="2">结余分配</td><td rowspan="2">合　计</td></tr>
<tr><td>小　计</td><td>其中：离退休费</td></tr>
<tr><td>2008</td><td>15279</td><td>19397</td><td>3413</td><td>1926</td><td>7597</td><td>231</td><td>910</td><td>100</td><td>450</td><td>47377</td></tr>
<tr><td>2009</td><td>16911</td><td>20502</td><td>4058</td><td>2178</td><td>12053</td><td>389</td><td>1138</td><td>289</td><td>1298</td><td>56638</td></tr>
<tr><td>2010</td><td>18614</td><td>21764</td><td>4793</td><td>2433</td><td>13413</td><td>327</td><td>1705</td><td>361</td><td>1520</td><td>62497</td></tr>
</table>

第四节　收费管理

为加强计量收费的监督管理，1991 年 11 月 1 日，省计量局、省物价局和省财政厅联合发文至省直各有关厅、局，各地区、省辖市、计划单列市技术监督（标准计量）局、物价局、财政局，要求各单位按照国家技监局、国家物价局、财政部统一制定的计量收费标准执行。新增计量器具检定的收费标准，由省计量局在不高于国家规定的同类计量器具检定收费标准的情况下，制定临时收费标准，报省物价局、省财政厅备案。计量测试和计量器具修理的收费标准，在调查研究的基础上，应按提供服务所需的实际支出，由省计量局提出方案报省物价、财政部门核定。

为加强省质量监督检验收费的管理，制止乱收费现象，1992 年 4 月 10 日，省标准局联合省财政厅、省物价局下发《关于明确我省质量监督检验收费问题的通知》，明确全省生产领域产品质量监督检验计划统一由省标准局批准下达，报省财政厅、省物价局备案。检验收费标准应严格按国家标准局、国家物价局、财政部联合下发的《关于发布产品质量监督检验收费标准的通知》，该文未作规定的检验项目和收费标准，按省标准局、省物价局、省财政厅联合下发的《转发〈关于发布产品质量监督检验收费标准的通知〉的通知》中规定：对江西省尚未列入本《收费标准》的产品检验收费，必须由省标准局按照本《计算办法》计算出收费标准，报省物价局、省财政厅审定后执行。所收费用按预算外资金管理有关规定，纳入同级财政专户储存管理，收费使用财政部门统一印制的收费票据。同时公示江西省第一批省级产品质量监督检验机构名单，其中：省产品质量监督检验所和省纤维检验局两家省直单位被列入其中。

1998年2月，省技监局更新了代码证书收费标准，由原来的80元/套改为53元/套，各地(市)、县(市、区)只需上缴27.5元/套。12月11日，为了加强行政事业性收费收支管理，规范收支行为，省政府出台《江西省行政事业性收费收支两条线管理办法》，省技监局的行政事业性收费开始实行收支两条线管理。收入按规定分别纳入财政预算或财政专户管理；支出由财政部门按核定的预算拨付。

1999年3月，根据国家计委等6部委的要求，组织各省直单位换发新版《收费许可证》，原发《江西省行政事业性收费许可证》从7月1日起停止使用。4月，省技监局的行政事业性收费征收实行银行代收制，原收入过渡户停止收费，账面资金根据省财政厅要求转入其指定的行政事业性收费财政专户。6月，省技监局转发国家计委、国家质监局《质量体系认证收费标准的通知》，是月省产品质量监督检验所的检验费、省技术监督信息研究所统一代码证书费被省财政定为第一批行政事业性收费现场执收的省直单位。9月，根据财政部、国家计委、监察部、国家质监局《关于加强质量技术监督部门行政事业性收费和罚没收入"收支两条线"管理工作的通知》要求，省技监局对所属各直属单位的行政事业性收费和罚没收入实行收支两条线管理，全省质监系统及所属各直属单位的票据统一由省技监局向省财政部门领取，逐级发放，由执收、执罚单位的财务机构统一管理。11月，省技监局又转发国家计委、国家质监局《关于印发产品质量认证收费管理办法和收费标准的通知》。12月，省技监局联合省财政厅下发《江西省质量技术监督系统票据管理实施办法》《关于我省质量技术监督系统管理体制改革财务经费管理有关事项的通知》，明确各级质监部门票据的使用和管理以及票据的种类及适用范围。

从2000年元月1日起，省质监局按照收支两条线管理的原则，启用省技监局预算外收入过渡性账户，在农业银行设立省质量技术监督财务专户并实行全省联网，各市、县(市、区)质监局都开设收入和支出过渡账户及罚没收入缴交账户，保证经费上缴和下拨资金渠道的畅通。此外，省质监局每年还派出工作组对设区市局、县(市、区)质监局的收费情况进行监督检查，保证全省系统收费工作的有序进行。

2001年7月18日，省质监局下发《关于清理整顿全系统银行账户的通知》，规定一个单位原则上只能开设一个基本存款账户，设区市局可开设一个专用存款账户，行政事业性收费的执收单位可开设一个收入过渡户，行政处罚的执罚单位可开设一个罚没专户，各单位的银行账户由财务部门统一管理。账户开立后到省财政厅登记领取《银行开户证》，在整顿前单位领取的《开户许可证》和《预算外资金开户证》同时作废。10—11月，根据《关于开展全省落实"收支两条线"规定专项检查的通知》精神，省质监局对全系统2000年1月至6月的行政事业性收费情况进行了一次大检查。检查分自查和重点抽查两个阶段进行。对于自查不自纠以及重点检查出来的问题，按照《违反行政事业性收费和罚没收入收支两条线管理规定行政处分暂行规定》(国务院令第281号)和《江西省行政事业性收费票据管理规定》(省政府令第55号)进行了处理。

2002年7月9日，省质监局对全省质监系统2000年、2001年、2002年上半年的票据缴销情况进行通报，通过对票据的缴销，发现许多单位在票据管理中还存在不少漏洞，省质监局要求各单位从中吸取教训，严格执行《江西省质量技术监督系统票据管理办法》，加强票据管理，对票据工作的发放、使用、核销务必做到专人专管。11月25日，省质监局就全省质监系统取得公共信息服务收入涉税问题下发通知,明确全系统公共信息服务收入的应纳所得税统一由省标准化信息开发中心交纳,各代办点应加强账务的管理,单独核算代办公共信息服务,准确计算企业所得税法中规定允许扣除的与取得公共信息服务收入有关的成本、费用、税金和损失,不得多列、虚列支出。

2003 年,根据省财政厅、人民银行南昌中心支行《关于转发〈财政部、中国人民银行关于将部分行政事业性收费纳入预算管理的通知〉的通知》规定,自 2003 年 1 月 1 日起,全省质监系统行政事业性收费中有关计量收费和统一代码标识证书收费收入一律纳入省财政预算管理、全额上缴国库,支出通过预算安排。5 月 9 日,省质监局转发省发改委《关于转发〈国家发展改革委关于全面实行收费公示的通知〉的通知》,要求全系统认真贯彻落实通知精神,做好收费公示工作。5 月 30 日,省质监局转发《江西省发展计划委员会、江西省财政厅关于转发〈国家发展和改革委、财政部关于调整组织机构代码证书收费标准及有关问题的通知〉的通知》,要求各单位尽快办理《收费许可证》变更手续,并使用江西省行政事业性收费票据,缴入财政专户。按照"谁受理、谁收费"的原则进行收费。

2004 年 5 月 21 日,省质监局在全系统对各项收费、办证、发放牌匾是否存在违纪违规现象开展检查活动。主要检查各单位在办证过程中,是否严格按照法规、法规办事;是否依照财政部门核准的收费项目进行收费,是否存在不按标准收费或超标准收费的现象;是否存在擅自扩大收费项目和金额;是否存在乱发牌匾及自查自纠的情况;是否在办证过程中存在吃、拿、卡、要等违法违纪行为。重点检查收费项目、收费标准、收费票据是否一致。

2009 年 1 月 22 日,根据省财政厅、省发改委关于《江西省从事个体经营有关人员 3 年内免收行政事业性收费项目》的精神,对从事个体经营的有关人员实行免收统一代码证书费、计量器具检定费、锅炉压力容器检验费、一般劳动防护用品检验费。5 月 11 日,省质监局对全系统各单位财政电子票据管理工作提出具体的要求,要求严格按照《会计法》《票据法》《江西省质量技术监督系统票据管理实施办法》以及省财政厅的有关规定做好财政电子票据管理工作,切实提高财务人员的票据管理水平;严格按照物价收费许可证的收费项目和收费标准开具财政电子票据,严禁搭车收费或超项目、超标准收费,不得随意作废各类票据;所有收费都必须使用财政电子票据并按规定及时缴销;票据缴销时不得有款未到而票已开的现象。

2010 年 5 月 14 日,省质监局根据《江西省财政厅关于省直行政单位资产出租收入实行国库集中支付改革有关事项的通知》精神,要求全系统各单位将出租收入缴入省级预算外财政专户,按照预算外资金用款程序,合理编制用款计划,通过零余额账户使用资金。6 月,根据《关于印发国家质检总局 2010 年治理和规范涉企收费工作方案的通知》,省质监局成立以主要领导为组长的规范涉企收费和减轻企业负担工作领导小组,先后召开两次专题会议研究部署如何落实惠企政策,主要是通过开展"走进企业送实惠"活动,在新闻媒体公开服务承诺,主动上门为企业提供一站式年检服务,制定《质量技术监督系统服务重大产业项目绿色通道实施方案》建立重大产业项目绿色通道服务制度,增设电子开票网站,推行支持企业发展九免费等活动。同时还制定《江西省质监系统开展关于 2010 年减轻企业负担专项治理》工作实施方案,从 7—12 月分四个阶段开始专项治理工作:启动部署、自查自纠、检查整改、总结报告。自查、治理工作做到了全覆盖,2009 年有 3 个单位降低了收费标准 2 项,减少了收入 156 万元;2010 年有 5 个单位降低了收费标准 3 项,减少了收入 1090 万元,没有发现任何违规收费的行为。9 月 6 日,全省质监系统收费开始启用新版的省财政票据。10 月 19 日,为规范全省质监系统收费行为,完善收费监管制度,省质监局印发《江西省质监系统收费公示制度》,要求公示内容包含行政事业性收费和经营性服务收费的收费依据、收费标准、收费范围、计费单位、投诉电话等,公示方式可能通过省质监局网站、报检大厅、公告栏、公示牌和办证大厅窗口等形式。

第五节　财务审计

在 20 世纪 90 年代初期,省审计厅每年都对省经贸委开展审计,同时延伸审计到省标准局和省计量局,审计重点是账务处理方面的财务审计。1995 年省技监局成立后,省审计厅每年都对省技监局开展专项审计,审计重点是关于财务收支方面的审计。2000 年省质监局垂管后,省审计厅每年除对省质监局机关和直属单位开展审计外,还延伸到各地市局以及相关协会,审计的重点是对财务收支和预算执行情况进行审计。为加强财务管理,省质监局在全系统逐步开展内部审计。

2001 年 5 月 16 日,省质监局转发《江西省审计厅关于印发 2000 年度质量技术监督部门财务收支审计实施方案的通知》,文件要求全系统各单位高度重视和正确对待垂管后的第一次政府审计工作,各单位事前应主动对照审计内容及重点进行自查自纠,认真整改,事中应积极配合审计部门开展工作;事后要做好与审计部门的沟通工作。对在被审计过程中发现的问题要认真分析原因,采取措施予以整改。

2003 年 4 月 22 日至 5 月 23 日,省审计厅经济执法审计处对省质监局计财处、办公室、工会及所属的稽查大队、省锅检所、省标准化所、省标准化信息开发中心以及省质量协会、省标准化协会、省信息协会等 10 个单位 2002 年度的财务收支和预算执行情况进行审计,6 月 13 日,分别以赣审经执意〔2003〕3 号和赣审经执决〔2003〕3 号下达审计意见书和审计决定书。省质监局要求各被审计单位要加强学习,统一思想,提高认识,对照审计意见书中指出的问题,逐条逐项认真对照检查,并写出书面整改报告;对审计决定书中的处理决定,在规定时限内必须执行完毕。

2008 年 4 月 1 日至 5 月 6 日,省审计厅经济执法审计处对省质监局 2007 年度财务收支和预算执行情况进行审计,同时对省局机关、部分设区市局及直属单位进行了延伸审计。5 月 26 日,分别以 2008 年第 29 号和赣审经执决〔2008〕1 号下达了审计报告和审计决定书。通过审计,及时发现各被审计单位财务管理上的不足,明确整改目标。为此,省质监局要求全系统各单位进一步加强对财务有关法律法规的学习,强化收支两条线规定,增强预算法制意识,自觉遵守各项财经法规和制度,加强整改,狠抓落实,不断提高财务管理水平。

2004 年至 2009 年,省质监局连续多年在全系统开展内部审计。2009 年 12 月省质监局结合治理"小金库"、严格基建投资管理工作以及压缩和控制公用行政经费支出等要求,对部分基层单位进行内部审计,并对 6 个基层单位(赣州市南康县局、鹰潭市贵溪市局、景德镇市乐平市局、新余市分宜县局、抚州市南城县局和萍乡市上栗县局)进行实地审计。根据审计结论,要求全系统举一反三,着力加强和改进各单位在资产和财务管理方面存在的问题。

第十篇　机　构

1980年,江西省分别成立省计量局和省标准局,均为省一级机构。1991年,省计量局和省标准局均为省经委领导的二级机构。1995年,省政府将省计量局、省标准局合并,组建江西省技术监督局,隶属省经贸委管理的行政机构。2000年,成立江西省质量技术监督局,全省各级质量技术监督部门实行省以下质量技术监督系统的垂直管理,为省政府的直属机构,正厅级建制。职能为:整体划入省技监局的职能;划入由省经贸委承担的质量管理、质量认证管理、"打假"综合协调、工业产品生产许可证管理的职能;划入由省劳动厅承担的锅炉、压力容器、压力管道、电梯、起重机械、厂内运输车辆、架空索道、游乐设施、防爆电器等特种设备的安全监察监督管理的职能,履行法定职责规定的质量技术监督职能。

2000年以后,地(市)质量技术监督局为省质监局的直属机构,负责管理本行政辖区内的质量技术监督和行政执法工作;县(市)质监局为地(市)质监局的直属机构。省质监局和省辖市质监局设立稽查队,为直属行政执法机构,列为事业编制;县(市)质监局和省辖市的区质监分局加挂稽查队牌子。

2001年以后,省质监局作为省政府的直属机构,负责管理全省质量、标准化、计量、认证和特种设备安全监察工作。2005年7月,根据江西省机构编制委员会办公室《关于省市质监局机构编制的批复》,省质监局增设食品安全监管处,主要负责食品生产加工环节质量卫生的日常监管;严格实行生产许可、强制检验等食品质量安全市场准入制度;严厉查处生产、制造不合格食品及其他质量违法行为。

2009年5月15日,经省政府批准重新核定省质监局"三定",省政府办公厅印发《江西省质量技术监督局职能配置内设机构和人员编制规定的通知》,省质监局为省政府直属机构。核定省质监局机关内设机构13个:办公室、法规处、计划财务科技处(审计处)、质量管理处、监督处(执法稽查局)、标准化处、计量处、特种设备安全监察处、食品生产监管处、认证监管处、人事处、机关党委、纪检组(监察室)。核定省质监局机关行政编制68名。

省计量局、省标准局、省技监局、省质监局先后成立13个直属事业单位,规划成立16家省级产品质量监督检验机构,此外,还有7个协会挂靠省质监局。

第一章　省级机构

1980年，分别成立省计量局和省标准局，省一级机构，此时计量与标准化行政管理机构与技术机构完全分开。

1991年，省计量局和省标准局成为省经委领导的二级机构，负责贯彻国家计量法令和标准法令，执行计量、标准的监督管理工作。

1995年，省政府将省计量局、省标准局合并，组建省技术监督局，属省经贸委管理的行政机构，为省政府管理计量和标准化工作的职能部门，核定内设机构6个。

2000年，成立省质量技术监督局，正厅级建制，核定省质监局机关11个内设机构，为省政府工作部门，负责领导全省质量技术监督部门正确执行国家有关质量技术监督的法律法规和方针政策，履行法定职责规定的质量技术监督职能；全省各级质量技术监督部门实行省以下质监系统的垂直管理；明确省质监局负责组织查处生产和流通领域中的产品质量违法行为，明确省工商行政管理局负责组织查处市场管理和商标管理中发现的经销掺假及冒牌产品等违法行为，两局在职责范围内密切协助配合，同一问题，不得重复检查、重复处理。

第一节　江西省计量局

1991年，省计量局职责范围是按照《省委办公厅、省人民政府办公厅关于几个机构的设置的通知》规定执行，省计量局为省经委领导的二级机构，是省政府管理全省计量工作的职能部门，负责贯彻国家计量法令，执行计量的监督管理工作。1991年，省计量局共计33人，其中大专以上学历18人，中专学历3人，中专以下学历人员12人。。

1992年6月4日，省编办同意设置省计量教育培训中心，隶属省计量局，列为科级事业单位，定经费自筹的事业编制5名。

表10-1-1　江西省计量局领导班子成员

姓　名	籍　贯	职　务	任职时间
杨毓模	江西南昌	局长	1984年8月—1996年2月
杨伟星	江西南昌县	副局长	1983年8月—1988年12月
胡志坚	江西南昌	副局长	1988年12月—1995年8月
钱少明	江西玉山	副局长	1988年—1996年

第二节 江西省标准局

1991 年,省标准局职责范围是按照《省委办公厅、省人民政府办公厅关于几个机构的设置的通知》规定执行,省标准局为省经委领导的二级机构,是省政府管理全省标准化工作的职能部门,负责贯彻国家标准法令,执行标准的监督管理工作。1991 年,省标准局共计 31 人,其中大专以上学历 24 人,不具备学历 7 人。

1991 年 7 月 16 日,省编办同意省标准局增设综合计划科,所需人员编制在该局机关总编中调剂解决。

表 10-1-2 江西省标准局领导班子成员

姓 名	籍 贯	职 务	任职时间
缪长凡	江西新建	局长	1990 年 7 月—1995 年 8 月
汪夑昌	江西婺源	副局长	1983 年 8 月—1994 年 3 月
曾国精	江西泰和	副局长	1990 年 12 月—1995 年 8 月

第三节 江西省技术监督局

1995 年 7 月 31 日,经省政府《江西省人民政府办公厅关于印发江西省技术监督局职能配置、内设机构和人员编制方案的通知》(以下简称《方案》),将省计量局、省标准局组建江西省技术监督局(副厅级),隶属省经贸委管理的行政机构,为省政府管理计量和标准化工作的职能部门。核定内设机构 6 个:办公室、综合计划科技处、法规宣教处、标准化处、计量处、监督稽查处。行政编制:45 名。领导职数:设局长 1 名、副局长 3 名(正处级)、副处级职数 6 名。

《方案》规定省技监局的主要任务和职责范围:贯彻执行国家有关技术监督工作的方针、政策,负责《中华人民共和国计量法》《中华人民共和国标准化法》《中华人民共和国产品质量法》在我省的组织实施和行政执法工作。负责起草标准化、计量、质量监督的有关制度和办法,推进技术监督工作与国际惯例接轨;组织制定全省实施技术监督事业发展规划,指导全省技术监督系统的改革,指导和协调行业和地(市)、县(市、区)技术监督工作,依法管理和考核省和地(市)质量检验和计量检定机构,负责行业及社会技术监督机构的业务指导和监督;负责组织协调市场商品质量、计量监督稽查工作,调解和仲裁有关重大质量、计量纠纷,严厉打击假冒伪劣商品,查处无证产品,维护消费者合法权益和正常的市场经济秩序;负责管理全省标准化工作。组织制订、审批和发布地方标准,监督各类标准的贯彻执行,负责企业标准备案和农业综合标准化工作;负责企、事业单位和社会团体统一代码标识制度的建立及商品条形码的推广应用。负责技术监督情报服务工作;负责管理全省计量工作。推行法定计量单位,组织建立省级最高计量标准,拟订和修订地方计量检定规程和计量技术规范,组织量值传递,负责计量检定测试的授权工作。指导企业计量工作,推广先进科学的计量管理方法,负责制造、修理计量器具许可证的管理工作;负责管理全省计量认证工作。拟定全省计量认证工作的规划、计划。审批计量认证委员会的组成、章程,组织质检机构的计量认证和审查认可,对质量、计量认证实行监督和对重大问题进行协调处理;组织指导全省技术监督系统的宣传、教育、培训、科技信息等工作。负责与标准化、计量、质量监督有关的技术法规的备案工作;承办省政府和省经贸委交办的其他工作。

1996 年 2 月 13 日,省编委同意成立"江西省技术监督局稽查大队",为省技术监督局直属事业单位。

1999 年 2 月 11 日,省技监局接收安置 2 名军队转业干部,并增加行政编制 2 名,至此行政编制达 47 名。

表 10－1－3　江西省技术监督局领导班子成员

姓　名	籍　贯	职　务	任职时间
杨毓模	江西南昌	省经贸委党组成员、省技术监督局局长	1996 年 2 月—2000 年 8 月
缪长凡	江西新建	副局长	1995 年 8 月—1998 年 12 月
彭太煜	江西万安	副局长	1995 年 8 月—1997 年 4 月
胡志坚	江西南昌	总工程师	1995 年 8 月—1998 年 12 月
李　岱	辽宁海城	副局长	1998 年 6 月—2000 年 7 月
徐光辉	山东高密	副局长	1998 年 11 月—2000 年 7 月
朱　毅	湖南长沙	副局长	1998 年 12 月—2000 年 7 月

第四节　江西省质量技术监督局

2000 年 1 月 3 日,省政府印发《江西省人民政府批转省技术监督局关于全省质量技术监督管理体制改革方案的通知》(以下简称《通知》),《通知》规定:全省各级质量技术监督部门实行省以下质量技术监督系统的垂直管理。江西省质量技术监督局为省政府工作部门,负责领导全省质量技术监督部门正确执行国家有关质量技术监督的法律法规和方针政策,履行法定职责规定的质量技术监督职能,承办省政府交办的其他工作;地(市)质量技术监督局为省质量技术监督局的直属机构,在省质量技术监督局的领导下,负责管理本行政辖区内的质量技术监督和行政执法工作,领导下级质量技术监督局;县(市)质量技术监督局为地(市)质量技术监督局的直属机构,省辖市所辖的区根据工作需要可设立质量技术监督局的分局,作为市质量技术监督局的派出机构,在地(市)质量技术监督局的领导下,负责管理本行政辖区内的质量技术监督和行政执法工作;省质量技术监督局和省辖市质量技术监督局设立稽查队,为直属行政执法机构,列为事业编制,县(市)质量技术监督局和省辖市的区质量技术监督分局加挂稽查队牌子。

《通知》对编制管理的规定:垂直管理后,省质监局及其所属技术机构的人员编制及领导职数,由省编办核定和管理;地、市、县质监局及其所属技术机构的人员编制和领导职数,由省编办会同省质监局统一核定和管理。经核定的编制不得自行扩大或改变使用范围。地、市、县质监局根据工作需要,如需增加编制可制订年度增人计划,报省质监局审核。省质监局根据工作需要和编制空缺情况,上报省机构编制管理部门同意后,逐级下达增人计划和指标,增用人员需经省质监局经严格考试、考核并审批同意后,办理有关手续。垂直管理后,省以下质量技术监督系统实行行政管理后,有关人员编制的管理权限上收到省一级,即县级和县级以上质监局机关、专职执法机构、技术机构人员的行政编制和事业编制数上划到省一级,编制上划后,由省质监局根据工作需要和原有编制情况,提出人员编制的具体意见,经省编办审批后,会同省质监局统一下达。垂直管理后,人员计划管理。省以下质量技术监督系统实行垂直管理后,有关人员计划的审批权限上收到省一级。省级质监局根据地、市、县级质监局提出的增人需求,在编制数额内制定年度增人计划,经省级政府人事部门审批后,将指标逐级下达到各级质监局。质监局机关和稽查队增加人员,要严格按照《国家公务员录用暂行规定》,经严格考试考核后录用。凡未经质量技术监督部门和人事部门审批自行增加的人员,人事部门一律不予办理手续和兑现工资。

《通知》对干部管理的规定:垂直管理后,省质监局领导干部实行双重管理,以省委管理为主,国家质监(检)局党组协助管理。局长的任免,省委在作出决定前,征得国家质监(检)局(总局)党组的同意;副局长的任免,省委在做出决定前,征求国家质监(检)局(总局)局党组的意见。垂直管理后,地、市质监局领导干部,以省质监局党组管理为主,地、市委协助管理。局长、副局长(包括同级非领导职务)的任免,省质监局党组做出决定前,征求地、市委的意见。垂直管理后,县(市、区)质监局领导干部,以地、市质监局党组管理为主,县(市、区)委协助管理。局长、副局长(包括同级非领导职务)的任免,地、市质监局党组做出决定前,征求县(市、区)委的意见。局长的任免,须征得省质监局党组的同意。垂直管理后,地、市、县稽查队队长在征求上一级质监局同意后,由主管的质监局考核任免。

《通知》对财务管理的规定:从2000年1月1日起,省质监局按照收支两条线原则,对全省质量技术监督系统财务经费实行统一管理。各级质监局及其直属技术机构的罚没收入和行政事业性收费,统一由省质监局汇缴省财政或纳入财政预算外资金专户,对涉及中央财政收入部门,由省质监局统一上缴。从2000年1月1日起,由省财政根据实际情况预拨一定数额的人员经费和必要的业务经费给省质监局,由省质监局逐级下拨。各级质量技术监督部门和技术机构的现有固定资产上划到省,统一由省质监局负责管理。

2000年9月30日,经省政府批准,省政府办公厅印发《江西省质量技术监督局职能配置内设机构和人员编制规定的通知》(以下简称《规定》),省质监局为管理标准化、计量、质量工作并行使行政执法监督职能的省政府直属机构,正厅级建制。核定省质监局机关11个内设机构:办公室、计划财务科技处、人事处、政策法规宣传教育处、质量管理与认证处、监督处、标准化处、计量处、锅炉压力容器安全监察处、机关党委和纪检组(监察室)。核定省质监局机关行政编制45名,纪检监察编制3名,老干部服务单列编制2名。机关后勤服务中心为省质监局下属相当于处级事业单位,核定事业编制8名。

《规定》核定省质监局主要任务和职责范围:贯彻实施国家有关质量技术监督工作的方针、政策和法律、法规，负责制定有关制度和管理办法；监督指导全省质量技术监督综合管理和行政执法工作；组织制定全省质量技术监督事业发展规划、计划；组织协调行业和专业的质量技术监督工作；管理和实施质量监督工作；对产品质量和市场商品质量实施监督检查；管理产品质量仲裁的检验、鉴定；组织协调全省“打假”工作，依法查处生产和经销假冒伪劣商品活动中的质量违法行为；宏观管理全省质量工作；贯彻实施《质量振兴纲要》，组织制定提高全省质量水平的发展战略、规划和意见，推广先进的质量管理经验和方法；协调建立重大工程设备质量监理制度，负责组织对重大产品质量事故进行调查；管理工业产品生产许可证工作；统一管理和监督认证认可工作；组织实施认证认可工作制度；协调与监督实行强制性管理的安全认证；依法对质量检验机构授权和监督管理；对与质量技术监督相关的社会中介组织实行资格认可和监督管理；统一管理全省标准化工作；管理地方标准的计划、审批、编号、发布；组织制定地方标准（含标准样品）；监督标准的贯彻执行；管理行业标准地方标准备案；管理全省组织机构代码和商品条码工作；统一管理全省计量工作；推行法定计量单位，建立省级最高计量标准，组织制定地方计量检定规程和计量技术规范，组织量值传递，负责计量检定工作的授权和制造、修理计量器具许可证的管理工作；依法组织对质量检验机构的计量认证，规范和监督商品量的计量行为；综合管理锅炉、压力容器、电梯、起重机械、厂内运输车辆、架空索道、大型游乐设施、防爆电器等特种设备的质量监督和安全监察工作，负责制定制度并组织实施；对锅炉、压力容器、压力管道、电梯、起重机械、厂内运输车辆、架空索道、游乐设施、防爆电器等特种设备实施进出口监督检查；管理全省质量技术监督系统的干部人事和财务工作；管理和实施质量技术监督科技工作；组织管理质量技术监督的宣传、教育、培训、信息工作；组织实施相关专业的职业资格工作；管理局直属单位，指导挂靠的学会、协会工作；管理全省防伪技术产品工作；管理全省质量技术监督系统的监察工作；承办省政府交办的其他事项。

《规定》划出的职能：西药、中药的质量监督管理交给省药品监督管理局；产品质量纠纷的仲裁职能交给人民法院或社会中介组织。

《规定》划入的职能：由原省劳动厅承担的锅炉、压力容器、压力管道、电梯、起重机械、厂内运输车辆、架空索道、游乐设施、防爆电器等特种设备的安全监察监督管理职能；由省经济贸易委员会原承担的质量管理、质量论证管理、“打假”综合协调、工业产品生产许可证管理的职能；由原省石油化学工业总公司承担的化学危险品质量监督管理职能；由原省电力工业局、省邮电管理局等承担的用于贸易结算的电能表、电话计费器等计量器具强制检定的行政监督管理职能；农药质量工作的宏观指导和农药质量的监督职能；承担国家质监局下放的职能。

《规定》交由社会中介组织或事业单位承担的事项：地方标准、企业标准和采用国家标准等标准化工作的技术性审查及咨询、服务；质量技术监督工作中的技术性评价；用于贸易结算的计量器具强制检定的技术性工作；锅炉、压力容器等特种设备的设计、制造、安装、使用、检验、修理、改造等环节及进口的具体检查、鉴定。

《规定》交由企业依法自主管理的事项：工业企业内部的标准化、计量、质量管理；非强制检定计量器具的检定周期和检定方式。

《规定》明确省质监局负责组织查处生产和流通领域中的产品质量违法行为，需要省工商行政管理局协助的,应予配合;省工商行政管理局负责组织查处市场管理和商标管理中发现的经销掺假及冒牌产品等违法行为,需要省质监局协助的,应予配合;在打击生产和经销假冒伪劣商品违法行为中,按照上述分工,两部门应密切配合。同一问题,不得重复检查、重复处理。

2001年,省质监局机关编制50名,实有人员53人。

2001年2月,省编办与省质监局联合发文《关于省以下质量技术监督系统机构编制上划的通知》,根据国务院国发〔1999〕8号、省政府赣府发〔1999〕13号、赣府发〔2000〕3号、省委办公厅赣办发〔1997〕7号文件精神,省以下质量技术监督系统实行垂直管理。将全省各设区市、县(区)质量技术监督系统的下列机构编制予以上划。同时按照各地质监局机关行政编制和事业编制的总数(工勤人员事业编制除外)核减当地相应数量的行政编制。原设区市、县(区)技术监督局更名为质量技术监督局。全省省以下质量技术监督系统机关、事业单位、稽查机构编制上划,上划编制总数3162名。

2002年6月11日,省编办与省质监局联合发文《关于印发〈江西省省以下质量技术监督局机构改革实施方案的通知〉》(以下简称《通知》),就11个设区市、80个县(市)、13个区质量技术监督局职能配置、机构设置、人员编制等作了明确规定。

《通知》规定省以下质量技术监督局的主要职责,原则上与上一级质量技术监督局相同。

《通知》规定机构设置:(一)市县两级质量技术监督局的设置。南昌市等11个设区市设置质量技术监督局,正处级,为省质量技术监督局的直属机构。庐山风景名胜区设置质量技术监督局,副处级,为省质量技术监督的直属机构,由九江市质量技术监督局代管。新建县、樟树市等80个县(市)设置质量技术监督局,正科级,为上一级质量技术监督局的直属机构。西湖区等13个市辖行政区和南昌高新技术产业开发区等4个开发区、风景区设置质量技术监督分局,正科级,为上一级质量技术监督局的派出机构。(二)内设机构的设置。南昌市、九江市、赣州市、宜春市、上饶市、吉安市、抚州市等7个设区市质量技术监督局内设办公室、人事科、法规科、质量科、监督科、标准化科、计量科、锅容管特科等8个职能科(室)和监察室(与党组纪检组合署)、机关党委。景德镇市、萍乡市、新余市、鹰潭市等4个设区市质量技术监督局内设办公室(法规科)、人事科、质量科、监督科、标准化科、计量科、锅容管特等7个职能科(室)和监察室(与党组纪检组合署)、机关党委。庐山风景名胜区质量技术监督局内设综合科1个副科级职能科。波阳县、井冈山市、袁州区等6个县(市、区)质量技术监督局(分局)内设办公室、业务股、执法股等3个职能股(室)。武宁县、乐平市、吉州区等65个县(市、区)质量技术监督局(分局)内设办公室、业务股等2个职能股(室)。新建县、青云谱区等23个县(区)质量技术监督局(分局)内设综合股1个职能股(室)。芦溪县、湘东区、青原区等3个县(区)质量技术监督局(分局)不设内设机构。县(市、区)质量技术监督局(分局)纪检监察机构按有关规定和程序设置。

《通知》规定人员编制情况:省以下质量技术监督局(分局)共下达编制1498名,其中行政编制1319名,为老干部服务单列编制8名,机关后勤服务事业编制171名。省以下质量技术监督局(分局)的领导职数,按照省委赣发〔2001〕23号文件有关市、县两级政府工作部门领导职数的配置规定执行,即:设区市质量技术监督局配局长1名,副局长3名,纪检组长1名;内设机构定编3名的配1

职,定编4~7名的配2职。县(市)质量技术监督局和市辖行政区质量技术监督分局配局长1名,副局长2名;庐山风景名胜区质量技术监督局和其他开发区、风景区质量技术监督分局配局长1名,副局长1名;内设机构定编3名的配1职,定编4~7名的配2职。

《通知》规定其他事项:成立设区市质量技术监督局机关后勤服务中心,为设区市质量技术监督局下属相当于科级事业单位。该中心主要职责:承担局机关后勤服务工作。各单位机构编制详细情况见汇总表。

2005年7月,省编办《关于省市质监局机构编制的批复》批复,省质监局增设食品安全监管处,核定行政编制5名,配正、副处级领导职数各1名。食品安全监管处主要职责是:负责食品生产加工环节质量卫生的日常监管;严格实行生产许可、强制检验等食品质量安全市场准入制度;严厉查处生产、制造不合格食品及其他质量违法行为。并增加省质监局质量处、法规处、监督处副处级领导职数各1名。当年,省质监局机关编制60名,实有人员51人,其中,硕士研究生16人,本科24人,大专8人,高中及以下3人。

2006年8月28日,省编办《关于全省质监系统加挂举报申诉中心牌子的批复》通知,在省质量技术监督局监督处加挂"江西省质量技术监督局举报申诉中心"牌子。其主要职责是:负责受理辖区内关于产品质量、计量、标准化、特种设备等方面的举报申诉工作。

2009年5月15日,经省政府批准重新核定省质监局"三定",省政府办公厅印发《江西省质量技术监督局职能配置内设机构和人员编制规定的通知》(以下简称《规定》)。省质监局为省政府直属机构。核定省质监局机关内设机构13个:办公室、法规处、计划财务科技处(审计处)、质量管理处、监督处(执法稽查局)、标准化处、计量处、特种设备安全监察处、食品生产监管处、认证监管处、人事处、机关党委、纪检组(监察室)。核定省质监局机关行政编制68名(含纪检监察编制3名、专项编制1名)。其中,领导职数:局长1名、副局长4名、纪检组长1名;正处级13名、副处级11名。机关后勤服务中心,为省质监局下属正处级全额拨款事业单位,核定事业编制13名,其中正处级领导职数1名、副处级领导职数1名。

《规定》核定省质监局的主要任务和职责范围是:负责全省质量技术监督工作,组织实施提高国家质量水平的发展战略及有关政策,贯彻执行国家有关质量技术监督方面的法律法规及部门规章,负责与质量技术监督有关的技术规范工作;承担全省产品质量诚信体系建设责任,负责质量宏观管理工作,组织实施国家质量振兴纲要,推进名牌发展战略,会同有关部门组织实施重大工程设备质量监理制度,组织重大产品质量事故调查,实施缺陷产品和不安全食品召回制度。监督管理产品防伪工作;负责全省产品质量安全监督工作,管理产品质量安全强制检验、监督检查和风险监控工作,负责工业产品生产许可证管理和纤维质量监督检验工作,监督管理产品质量安全仲裁检验、鉴定,组织开展产品质量安全专项整治工作,依法查处产品质量违法行为,按分工打击假冒伪劣违法活动。根据省政府授权,组织协调全省有关专项打假活动;统一协调管理全省标准化工作,组织实施标准化法律、法规和规章、制度,在全省经济社会发展总体规划的框架内,制定全省标准化事业发展规划,会同有关部门编制地方标准制定、修订的计划,负责地方标准的统一审查、批准、编号和发布,统一管理全省标准化专项经费,管理全省标准化技术委员会的有关工作,负责企业标准备案工作,负责管理省内各行业参与国家或者国际标准化活动的工作,负责全省新产品的标准化审查工作,管理全省组织机构代码和商品条码工作,负责标准的宣传、实施和监督工作,管理全省标准化信息工作;负责统一管理全省计量工作,推行法定计量单位和国家计量制度,依法管理计量器具及量值传递和比对工作,负责规范和监督商品量和市场计量行为;统一管理、监督和综合协调全省认证认可工作,组织实施认证认可的监督管理制度、规定,依法监督和规范认证市场,监督管理自愿性认证、认证咨询等中介服务和技术评价行为,管理相关校准、检测、检验实验室技术能力的评审和资格认定工作,组织实施对产品质量监督检验实验室的评审、计量认证和资格认定工作;承担综合管理特种设备安全监察、监督工作的责任,监督检查高耗能特种设备节能标准的执行情况;承担省内食品、食品相关产品生产加工环节的质量安全监督管理责任。不再发放食品生产环节的卫生许可证;在全省经济社会发展总体规划的框架内,制定并组织实施全省质量技术监督科技发展和技术机构建设规划,组织重大科研和技术引进工作,承担地理标志产品申报、监管工作,组织实施职业资格工作;对省以下质量技术监督系统的机构编制、人财物和业务工作实行垂直管理;承办省政府交办的其他事项。

《规定》核定内设机构主要任务和职责范围是:办公室负责文电、会务、机要、档案等机关日常运转工作;承担信息、安全、保密、信访、政务公开等工作。法规处负责草拟相关地方性法规、规章草案;承担局机关规范性文件的合法性审核工作;承办有关行政复议、行政应诉工作;拟订全省质监系统执法工作的内部监督制度并组织实施;承担地理标志产品申报、监管工作。计划财务科技处(审计处)负责拟订全省质监系统计划、财务和基本建设的管理制度并组织实施;编报预决算并下达预算;管理各类资金、国有资产、基本建设、政府采购工作。拟订全省质监系统领导干部任期经济责任审计等制度并组织实施;承担全省质监系统内部审计工作;拟订相关科技发展规划并组织实施;开展相关科研、技术引进等工作;提出全省质监系统技术机构及实验室建设规划、计划并监督执行;承担质量技术监督的统计工作。质量管理处负责贯彻实施国家质量振兴的政策措施和国家质量奖励制度;建立全省产品质量诚信制度;承办重大工程设备质量监理有关事宜;组织重大产品质量事故的调查并提出整改意见;承担产品防伪的监督管理工作。监督处(执法稽查局)负责拟订产品质量安全监督工作制度;承担产品质量监督检查工作;拟订全省重点监督产品目录并组织实施;承担工业产品生产许可证管理、产品质量安全强制检验和风险监控工作;指导和协调产品质量的行业、区域和专业性监督;管理机动车安全技术检验机构资格;监督管理产品质量检验机构及仲裁检验、鉴定;组织查处违反标准化、计量、质量、特种设备等法律法规的行为;组织全省质监系统开展从源头打击假冒伪劣产品违法活动;承担组织协调全省有关专项打假活动及跨设区市案件的查处和大案要案的督查督办工作;负责受理全省产品质量、标准化、计量、特种设备等方面的举报申诉工作。标准化处负责统一协调管理全省标准化工作,组织实施标准化法律、法规和规章、制度;负责制定全省标准化事业发展规划,会同有关部门编制地方标准制定、修订的计划;负责标准的统一审查、批准、编号和发布;统一管理全省标准化专项经费;管理全省标准化技术委员会的有关工作;负责企业标准备案工作;负责管理省内各行业参与国家或者国际标准化活动的工作;负责全省新产品的标准化审查工作;管理全省组织机构代码和商品条码工作;负责标准的宣传、实施和监督工作,管理全省标准化信息工作。计量处负责管理省级计量标准、标准物质；组织制定全省计量检定规程和计量技术规范；依法管理计量器具，负责能源计量的监督管理工作，组织全省量值传递和比对工作；监督管理商品量、市场计量行为和计量仲裁检定；监督管理国家法定计量检定机构及其计量检定人员的资质资格。特种设备安全监察处负责管理锅炉、压力容器、压力管道、电梯、起重机械、客运索道、大型游乐设施、场（厂）内专用机动车辆等特种设备的安全监察、监督工作；监督检查特种设备的设计、制造、安装、改造、维修、使用、检验检测和进出口；按规定权限组织调查处理特种设备事故并进行统计分析；监督管理特种设备检验检测机构和检验检测人员、作业人员的资质资格；监督检查高耗能特种设备节能标准的执行情况。食品生产监管处负责贯彻实施省内食品、食品相关产品生产加工环节质量安全监督管理的工作制度；承担生产加工环节的食品、食品相关产品质量安全监管、风险监测及市场准入工作；按规定权限组织调查处理相关质量安全事故；承担化妆品强制检验工作。认证监管处负责统一管理、监督和综合协调全省认证认可工作；组织实施认证认可的监督管理制度、规定；依法监督和规范认证市场，监督管理自愿性认证、认证咨询等中介服务和技术评价行为；管理相关校准、检测、检验实验室技术能力的评审和资格认定工作；组织实施对产品质量监督检验实验室的评审、计量认证和资格认定工作。人事处负责全省质量技术监督系统的机构编制、人事管理、队伍建设、教育培训、职业资格、外事、离退休人员的管理和服务工作。直属机关党委负责机关和直属单位的党群工作。纪检组（监察室）为省纪委（省监察厅）的派驻机构。机关后勤服务中心承担局机关后勤服务工作。

《规定》职责调整：取消已由省政府公布取消的行政审批事项；不再直接办理与企业和产品有关的名牌评选活动；调整工业产品生产许可范围，并将有关技术性评审及事务性工作交给符合法定条件的相关事业单位承担；健全产品质量安全监管体系，加强涉及人民群众生命财产安全的产品质量监管，落实产品质量安全责任制；加强技术性贸易措施应对工作，改进服务方式，规范执法行为，提高执法效率。

《规定》明确：省质监局负责食品生产环节许可的监督管理。省卫生厅负责提出食品生产环节的卫生规范和条件，纳入食品生产许可的条件。

2010 年，省质监局机关编制 71 名，实有人员 75 人，超编 4 人。其中，博士 1 人，硕士研究生 23 人，本科 45 人，专科 5 人，高中及以下 1 人。2000 年至 2010 年，省质监局共增加行政编制 23 名，增加总工程师职数 1 名（副厅级）。

表 10－1－4　江西省质量技术监督局领导班子成员

姓　名	籍　贯	职　务	任职时间
刘和平	江西新干	党组书记、局长	2000 年 6 月—2003 年 8 月
朱秉发	江西瑞金	党组书记、局长	2003 年 9 月—2008 年 4 月
王　詠	上海	党组书记、局长	2008 年 5 月—2015 年 5 月（2016 年 7 月，被判处有期徒刑九年六个月）
李舰海	江苏徐州	党组成员、副局长	2000 年 7 月—2004 年 6 月

续表

姓　名	籍　贯	职　务	任职时间
李　岱	辽宁海城	党组成员、副局长巡视员;巡视员	2000 年 7 月—2010 年 10 月;2010 年 10 月
徐光辉	山东高密	党组成员、副局长	2000 年 7 月
杨毓模	江西南昌	助理巡视员	2000 年 8 月—2002 年 12 月
胡菊芬(女)	浙江慈溪	党组成员、副局长; 党组成员、副局长(正厅级)	2000 年 12 月—2001 年 10 月 2001 年 10 月—2005 年 6 月
张树声	河北蓟县	党组成员、纪检组长	2001 年 1 月—2005 年 5 月
陈国柱	江西上饶	党组成员、副局长	2004 年 6 月—
蒋洪南	江苏扬州	副巡视员	2005 年 2 月—
赵泰初	江西丰城	副巡视员	2005 年 2 月—
姜红(女)	江西临川	党组成员、纪检组长	2006 年 8 月—2010 年 10 月
蔡　玮	江西新建	党组成员、副局长	2007 年 9 月—
马　灵	山东苍山	党组成员、纪检组长	2010 年 10 月—

至 2010 年底,全省质监系统共有行政事业编制总数 4428 个,其中垂管期间增加行政事业编制数 1302 个;共有机构总数 349 个。

表 10－1－5　2010 年全省质监系统机关、事业、稽查、特设机构情况总表

单位	机构数总计	机构数																			行政机关内设机构数
		计	省局行政机构数	市局行政机构数	县局行政机构数	小计	直局直属					市					县				
							计	计质纤	稽查	锅特		计	后勤中心	计质食配	稽查	锅特	计	计质家具	稽查	锅特	
										总院	分院纤										
合计	349	111	1	11	99	238	21	10	1	2	8	56	11	26	11	8	161	111	42	8	
省局	22	1	1			21	21	10	1	2	8										
计	327	110		11	99	217						56	11	26	11	8	161	111	42	8	380
南昌市	24	12		1	11	12						4	1	2	1		8	6	2		40
九江市	39	14		1	13	25						6	1	3	1	1	19	16	3		44
景德镇	11	3		1	2	8						6	1	3	1	1	2	2			15
萍乡市	14	5		1	4	9						6	1	3	1	1	3	1	2		19
新余市	7	2		1	1	5						4	1	2	1		1		1		12
鹰潭市	9	4		1	3	5						4	1	2	1		1		1		17
赣州市	55	19		1	18	36						4	6	3	1	1	30	22	8		62
宜春市	55	19		1	18	36						6	1	3	1	1	30	22	8		62
上饶市	52	14		1	13	38						4	1	1	1	1	34	22	12		51
吉安市	40	14		1	13	26						5	1	2	1	1	21	14	7		48
抚州市	45	12		1	11	33						6	1	3	1	1	27	13	6	8	43

表 10－1－6　2010 年全省质监系统机关、事业单位、稽查机构情况总表

单位	行政事业编制总计	机关编制数小计	机关编制数行政	机关编制数军转	事业编制合计	后勤	事业、稽查合计	事业单位小计	计量所（标、食、配）计	计量所编制数全额	计量所编制数军转	计量所编制数差额	计量所编制数自筹	质检所（站）计	质检所编制数全额	质检所编制数军转	质检所编制数差额	质检所编制数自筹	纤检所（站）计	纤检所编制数全额	纤检所编制数差额	纤检所编制数自筹	技术监督所（站）计	技术监督所编制数全额	技术监督所编制数差额	技术监督所编制数自筹	锅检产检所（安检站）计	锅检产检所编制数全额	锅检产检所编制数差额	锅检产检所编制数自筹	稽查机构填制数小计	稽查机构填制数军转	稽查机构填制数全额事业
合计	4428	1705	1638	67	2723	206	2514	2117	1505	746	2	416	341	279	170	1	20	88	21	4		17	90	43	11	36	222	102	43	77	400	8	392
省局	632	74	51	23	558	13	545	545	545	365		39	141																				
计	3796	1631	1587	44	2165	193	1972	1572	960	381	2	377	200	279	170	1	20	88	21	4		17	90	43	11	36	222	102	43	77	400	8	392
南昌市	388	187	175	12	201	21	180	129	129	41			88																	51	1	50	
九江市	459	189	182	7	270	24	246	216	126	48	1差	61	16	31	18			13	21	4		17					38			38	30	1	29
景德镇	189	59	58	1	130	8	122	109	46	29			17	29	29								5			6	29	5	24		13		13
萍乡市	170	71	70	1	99	9	90	76	42	14		28		6	6								12			12	16		16		14		14
新余市	79	44	43	1	35	5	30	24	21	14	1		6	3			3														6	1	5
鹰潭市	102	66	65	1	36	8	28	19	12			8	4	7	6	1															9	1	8
赣州市	662	261	253	8	401	31	370	295	199	30		111	58	44	21		8	15					16		11	5	36	20		16	75	1	74
宜春市	405	165	165	1	240	19	221	200	119	79		38	2	66	10		8	48									15	12	3		21	1	20
上饶市	428	212	208	4	216	27	189	110	90	13		76	1	4			1	3									16	16			79	1	78
吉安市	466	202	199	3	264	23	241	168	38	24		6	8	64	64								43	43			23			23	73	1	72
抚州市	448	175	170	5	273	18	255	226	138	89		49		25	16		9						14			14	49	49			29		29

表 10－1－7　2010 年南昌市质监系统机关、事业单位、稽查机构编制情况

单位	行政事业实有人数	行政事业编制总计	行政实有人数	机关			事业实有人数	事业编制合计	后勤	事业、稽查合计	事业单位																								离退休人数
				编制数							小计	计量所（站）					质检所（站）					培训中心					食品中心					稽查机构			
												编制数					编制数					编制数					编制数					编制数			
				小计	行政	军转						计	全额	军转	差额	自筹	计	全额	军转	差额	自筹	计	全额	军转	差额	自筹	计	全额	军转	差额	自筹	小计	军转	全额	
合计	380	388	174	187	175	12	206	201	21	180	129	108	20	0	0	88	0	0	0	0	0	5	0	5	0	0	16	16	0	0	0	51	1	50	58
南昌市局	93	97	47	48	48		46	49	9	40	21	0										5		5			16	16				19	1	18	13
县小计	287	291	127	139	127	12	160	152	12	140	108	108	20			88																32		32	45
新建县局	18	14	12	13	13		6	1	1	0	0	0																							5
南昌县局	23	18	11	12	12		12	6	2	4	4	4	4																						10
安义县局	25	23	10	12	12		15	11	1	10	10	10	10																						5
进贤县局	59	76	11	12	12		48	64	2	62	46	46				46																16		16	8
西湖区局	31	15	14	14	13	1	17	1	1	0	0	0																							4
东湖区局	22	16	14	14	13	1	8	2	2	0	0	0																							4
青云谱局	28	21	11	14	12	2	16	7	1	6	6	6	6																						2
湾里区局	14	20	9	9	9		5	11	1	10	10	10				10																			1
青山湖局	38	62	13	13	12	1	25	49	1	48	32	32				32																16		16	6
高新区局	13	13	9	13	9	4	4	0	0	0	0																								
经开区局	17	13	13	13	10	3	4	0	0	0	0																								

表 10-1-8　2010 年九江市质监系统机关、事业单位、稽查机构编制情况

单位	行政事业实有人数	行政事业编制总计	行政实有人数	机关			事业实有人数	事业编制合计	后勤	事业、稽查合计	事业单位																											稽查机构		
				编制数							小计	计量所(站)					质检所(站)					纤检所(站)					特设中心					标准化信息所				填制数		
												编制数					编制数					编制数					编制数					编制数						
				小计	行政	军转						计	全额	军转	差额	自筹	计	全额	军转	差额	自筹	计	全额	军转	差额	自筹	计	全额	军转	差额	自筹	计	全额	差额	自筹	小计	军转	全额
总计	450	459	161	189	182	7	293	270	24	246	216	120	48	1	55	16	31	18			13	21	4			17	38				38	6		6		30	1	29
九江市局	151	151	36	35	28	7	115	116	5	111	100	39		1 差	38		17	11			6						38				38	6		6		11	1	10
县区小计	299	308	125	154	154		178	154	19	135	116	81	48		17	16	14	7			7	21	4			17										19		19
修水县局		25	13	13	13		9	12	2	10	10	10	10																									
庐山区局		15	11	13	13		15	2	2	0	0																											
德安县局		34	9	12	12		17	22	1	21	21	17		17							4				4													
瑞昌市局		42	13	13	13		30	29	2	27	27	12	12			7				7	8				8													
彭泽县局		28	8	13	13		14	15	2	13	13	8			8						5				5													
永修县局		15	9	13	13		16	2	2	0	0																											
星子县局		21	11	12	12		18	9	1	8	8	8			8																							
武宁县局		19	14	13	13		9	6	2	4	0	0				0																				4		4
湖口县局		23	7	12	12		12	11	1	10	10	6	6									4	4															
都昌县局		43	11	13	13		21	30	2	28	13	6	6			7	7																			15		15
九江县局	27	10	12	12		16	15	1	14	14	14	14																								0		0
庐山风景局		10	7	9	9		1	1	1	0																												
共青局		6	2	6	6																																	

表 10－1－9　2010 年景德镇市监系统机关、事业单位、稽查机构编制情况

单位	行政事业实有人数	行政事业编制总计	行政实有人数	机关			事业实有人数	事业编制合计	后勤	事业、稽查合计	事业单位																						稽查机构		
				编制数							小计	计量所（站）					质检所（站）					纤检所（站）					特设中心					填制数		
												编制数					编制数					编制数					编制数							
				小计	行政	军转						计	全额	军转	差额	自筹	计	全额	军转	差额	自筹	计	全额	军转	差额	自筹	计	全额	军转	差额	自筹	小计	军转	全额
总计	165	189	47	59	58	1	118	130	8	122	109	51	29			22	29	29									29			29		13		13
景德镇市局	119	143	30	33	32	1	89	110	5	105	92	34	29			5	29	29									29			29		13		13
县区小计	46	46	17	26	26		29	20	3	17	17	17				17																		
乐平市局		26	8	14	14		28	12	2	10	10	10				10																		
浮梁县局		20	9	12	12		1	8	1	7	7	7				7																		

表 10－1－10　2010 年萍乡市质监系统机关、事业单位、稽查机构编制情况

单位	行政事业实有人数	行政事业编制总计	行政实有人数	机关 编制数 小计	机关 编制数 行政	机关 编制数 军转	事业实有人数	事业编制合计	后勤	事业、稽查合计	事业单位 小计	计量所(站) 编制数 计	计量所(站) 编制数 全额	计量所(站) 编制数 军转	计量所(站) 编制数 差额	计量所(站) 编制数 自筹	质检所(站) 编制数 计	质检所(站) 编制数 全额	质检所(站) 编制数 军转	质检所(站) 编制数 差额	质检所(站) 编制数 自筹	省陶检站 编制数 计	省陶检站 编制数 全额	省陶检站 编制数 军转	省陶检站 编制数 差额	省陶检站 编制数 自筹	特设中心 编制数 计	特设中心 编制数 全额	特设中心 编制数 军转	特设中心 编制数 差额	特设中心 编制数 自筹	稽查机构 填制数 小计	稽查机构 填制数 军转	稽查机构 填制数 全额
总计	143	170	52	71	70	1	91	99	9	90	76	42	14		28		6	6				12				12	16			16		14		14
萍乡市局	110	104	32	32	31	1	78	73	5	68	62	28			28		6	6				12				12	16			16		6		6
县区小计	33	66	20	39	39		13	26	4	22	14	14	14																			8		8
莲花县局	13	30	4	12	12		9	18	1	17	14	14	14																			3		3
上栗县局	10	17	8	11	11		2	6	1	5																						5		5
芦溪县局	5	9	4	8	8		1	1	1																									
湘东分局	5	9	4	8	8		1	1	1																									

表 10-1-11　2010 年新余市质监系统机关、事业单位、稽查机构编制情况

单位	行政事业实有人数	行政事业编制总计	行政实有人数	机关			事业实有人数	事业编制合计	后勤	事业、稽查合计	事业单位																						稽查机构		
				编制数							小计	计量所(站)					质检所(站)					纤检所(站)					特设中心					填制数		
													编制数					编制数					编制数					编制数						
				小计	行政	军转						计	全额	军转	差额	自筹	计	全额	军转	差额	自筹	计	全额	军转	差额	自筹	计	全额	军转	差额	自筹	小计	军转	全额
总计	67	79	34		33	1	33	35	5	30	24	21	15			6	0			0		3	3									6	1	5
新余市局	50	59	27		31		23	28	4	24	18	15	15				0			0		3	3									6	1	5
县区小计	17	20	7		12	1	10	7	1	6	6	6				6																		
分宜县局	17	20	7		12	1	10	7	1	6	6	6				6																		

表10-1-12 2010年鹰潭质监系统机关、事业单位、稽查机构编制情况

单位	行政事业实有人数	行政事业编制总计	行政实有人数	机关 编制数 小计	机关 编制数 行政	机关 编制数 军转	事业实有人数	事业编制合计	后勤	事业、稽查合计	事业单位 小计	计量所(站) 编制数 计	计量所(站) 全额	计量所(站) 军转	计量所(站) 差额	计量所(站) 自筹	质检所(站) 编制数 计	质检所(站) 全额	质检所(站) 军转	质检所(站) 差额	质检所(站) 自筹	纤检所(站) 编制数 计	纤检所(站) 全额	纤检所(站) 军转	纤检所(站) 差额	纤检所(站) 自筹	特设中心 编制数 计	特设中心 全额	特设中心 军转	特设中心 差额	特设中心 自筹	稽查机构 填制数 小计	稽查机构 军转	稽查机构 全额
总计	83	102	45	66	65	1	38	36	8	28	19	12			8	4	7	6	1													9	1	8
鹰潭市局	46	60	24	32	31	1	22	28	4	24	15	8			8		7	6	1													9	1	8
县区小区	37	42	21	34	34		16	8	4	4	4	4					4																	
贵溪市局	21	19	10	13	13		11	6	2	4	4	4				4																		
余江县局	12	13	7	12	12		5	1	1																									
龙虎山局	4	10	4	9	9			1	1																									

表 10－1－13　2010 年赣州市质监系统机关、事业单位、稽查机构编制情况

单位	行政事业实有人数	行政事业编制总计	行政实有人数	机关			事业实有人数	事业编制合计	后勤	事业、稽查合计	事业单位																					稽查机构		
				编制数							小计	计量所(站)					质检所(站)					技术监督所(站)					特设中心					填制数		
												编制数					编制数					编制数					编制数							
				小计	行政	军转						计	全额	军转	差额	自筹	计	全额	军转	差额	自筹	计	全额	军转	差额	自筹	计	全额	军转	差额	自筹	小计	军转	全额
总计	565	662	221	261	253	8	341	401	31	370	294	198	29		111	58	44	21		8	15	16			11	5	36	20			16	76	1	75
赣州市局	139	137	50	38	38		87	99	5	94	86	28			28		11			8	3	11			11		36	20			16	8		8
县区小计	426	525	171	223	215	8	254	302	26	276	208	170	29		83	58	33	21			12	5				5						68	1	67
章贡区局	28	39	11	12	12		17	27	2	25	25	25			25																			
南康市局	32	46	9	13	12	1	23	33	2	31	20	20				20																11		11
上犹县局	19	23	11	12	12			7	11	1	10	5					5	5														5		5
崇义县局	18	28	11	12	12		7	16	1	15	5											5				5						10		10
信丰县局	25	29	9	12	12		16	17	2	15	14					14																1	1	
瑞金市局	30	34	10	14	12	2	20	20	3	17	17	8	8			9	9																	
大余县局	25	28	11	12	12		14	16	1	15	11	11			11																	4		4
石城县局	14	23	8	12	12		6	11	1	10	3	3				3																7		7
于都县局	29	29	11	12	12		18	17	2	15	15	8	8				7	7																
全南县局	18	19	4	12	12		14	7	1	6	6	6				6																		

续表

单位	行政事业实有人数	行政事业编制总计	行政实有人数	机关 编制数 小计	机关 编制数 行政	机关 编制数 军转	事业实有人数	事业编制合计	后勤	事业、稽查合计	事业单位 小计	计量所(站) 编制数 计	计量所(站) 编制数 全额	计量所(站) 编制数 军转	计量所(站) 编制数 差额	计量所(站) 编制数 自筹	质检所(站) 编制数 计	质检所(站) 编制数 全额	质检所(站) 编制数 军转	质检所(站) 编制数 差额	质检所(站) 编制数 自筹	技术监督所(站) 编制数 计	技术监督所(站) 编制数 全额	技术监督所(站) 编制数 军转	技术监督所(站) 编制数 差额	技术监督所(站) 编制数 自筹	特设中心 编制数 计	特设中心 编制数 全额	特设中心 编制数 军转	特设中心 编制数 差额	特设中心 编制数 自筹	稽查机构 填制数 小计	稽查机构 填制数 军转	稽查机构 填制数 全额
定南县局	14	18	9	12	12		5	6	1	5	5	5	3		2																			
安远县局	20	20	5	12	12		15	8	1	7	7	7			7																			
寻乌县局	21	29	10	12	12		11	17	1	16	6	6			6																	10		10
兴国县局	29	42	13	15	13	2	16	27	1	26	26	14			14		12				12													
赣县局	29	27	11	11	10	1	18	16	1	15	15	15				15																		
龙南县局	22	29	10	13	11	2	12	16	2	14	4	4	4																			10		10
会昌县局	36	39	10	12	12		26	27	2	25	15	15	6		9																	10		10
宁都县局	17	23	8	13	13		9	10	1	9	9	9			9																			

表 10－1－14　2010 年宜春市质监系统机关、事业单位、稽查机构编制情况

单位	行政事业实有人数	行政事业编制总计	行政实有人数	机关			事业实有人数	事业编制合计	后勤	事业、稽查合计	事业单位																					稽查机构		
				编制数							小计	计量所（站）					质检所（站）					技术监督所（站）					特设中心					填制数		
												编制数					编制数					编制数					编制数							
				小计	行政	军转						计	全额	军转	差额	自筹	计	全额	军转	差额	自筹	计	全额	军转	差额	自筹	计	全额	军转	差额	自筹	小计	军转	全额
总计	362	405	137	165	164	1	217	240	19	221	200	119	79		38	2	66	10		8	48						15	12		3		21	1	20
宜春市局		98	34	33	32	1	55	66	5	61	55	35			35		5			5							15	12		3		6	1	5
县区小计	281	306	103	132	132		162	174	14	160	145	84	79		3	2	61	10		3	48											15		15
袁州区局		17	14	15	15		14	2	2																									
樟树市局		16	13	14	14		11	2	2																									
丰城市局		64	9	15	15		39	49	2	47	47	18	18				29				29													
奉新县局		23	5	12	12		7	11	1	10	10	5					5	5																
靖安县局		23	15	12	12		7	11	1	10	10	5			3	2	5			3	2													
高安市局		47	13	14	14		33	33	2	31	31	14	14				17				17													
上高县局		35	8	12	12		17	23	1	22	15	10	10				5	5														7		7
宜丰县局		34	8	13	13		13	21	1	20	20	20	20																					
铜鼓县局		16	9	12	12		5	4	1	3	3	3	3																					
万载县局		31	10	13	13		12	18	1	17	9	9	9																			8		8

表10－1－15　2010年上饶市质监系统机关、事业单位、稽查机构编制情况

单位	行政事业实有人数	行政事业编制总计	行政实有人数	机关编制数小计	机关编制数行政	机关编制数军转	事业实有人数	事业编制合计	后勤	事业、稽查合计	事业单位小计	计量所(站)计	计量所(站)编制数全额	计量所(站)编制数军转	计量所(站)编制数差额	计量所(站)编制数自筹	质检所(站)计	质检所(站)编制数全额	质检所(站)编制数军转	质检所(站)编制数差额	质检所(站)编制数自筹	纤检所(站)计	纤检所(站)编制数全额	纤检所(站)编制数军转	纤检所(站)编制数差额	纤检所(站)编制数自筹	特设中心计	特设中心编制数全额	特设中心编制数军转	特设中心编制数差额	特设中心编制数自筹	稽查机构填制数小计	稽查机构填制数军转	稽查机构填制数全额
总计		428	183	212	208	4	262	216	27	189	110	90	13		76	1	4			1	3						16	16				79	1	78
上饶市局		91	42	42	41	4	58	49	5	44	44	28			28												16	16						
县区小计		337	141	170	167	3	204	167	22	145	66	62	13		48	1	4			1	3											79	1	78
信州区分局		15	14	13	13		13	2	2	0																								
上饶县局		38	11	13	12	1	14	25	2	23	15	15			15																	8	1	7
广丰县局		26	12	13	13		19	13	2	11	4	4			4																	7		7
玉山县局		17	13	15	15		26	2	2	0																								
铅山县局		25	9	12	12		12	13	1	12	5	5	5																			7		7
弋阳县局		24	9	13	12	1	10	11	1	10	3	3			3																	7		7
横峰县局		24	13	12	12		14	12	1	11	3	3	3																			8		8
婺源县局		28	9	12	12		21	16	2	14	5	5	5																			9		9
德兴市局		33	9	13	13		18	20	2	18	10	10			10																	8		8
鄱阳县局		33	12	16	16		17	17	2	15	7	3			2	1	4			1	3											8		8
余干县局		47	15	15	15		14	2	2	0																								
万年县局		47	12	14	13	1	25	33	2	31	14	14			14																	17		17
三青山分局		10	3	9	9		1	1	1																									

表 10－1－16 2010 年吉安市质监系统机关、事业单位、稽查机构编制情况

单位	行政事业实有人数	行政事业编制总计	行政实有人数	机关			事业实有人数	事业编制合计	后勤	事业、稽查合计	事业单位																										稽查机构		
				编制数							小计	计量所(站)					质检所(站)					技术监督所(站)					标准化信息所					特设中心					填制数		
												编制数					编制数					编制数					编制数					编制数							
				小计	行政	军转						计	全额	军转	差额	自筹	计	全额	军转	差额	自筹	计	全额	军转	差额	自筹	计	全额	军转	差额	自筹	计	全额	军转	差额	自筹	小计	军转	全额
总计	388	467	172	203	199	4	216	264	23	241	168	28	14		6	8	64	64				43	43				10	10				23				23	73	1	72
吉安市局		142	32	35	32	3	88	110	5	105	94						61	61									10	10				23				23	17	1	16
县区小计	274	322	140	168	167	1	128	154	18	136	74	28	14		6	8	3	3				43	43														56		56
吉州区局		22	10	14	14		18	8	2	6	6	3	3				3	3																					
新干县局		30	9	12	12		8	18	1	17	9											9	9														6		6
峡江县局		29	7	12	12		7	17	1	16	14											14	14																
永丰县局		16	13	14	14		8	2	2																														
吉水县局		43	13	13	13		12	30	1	29																											29		29
秦和县局		32	12	14	14		11	18	2	16	10											10	10														6		6
万安县局		32	9	12	12		6	20	1	19	10											10	10														7		7
安福县局	21	11	12	12		8	9	1	8	3	3	3																									5		5
永新县局		30	12	14	14		15	16	2	14	14	14			6	8																							
遂川县局		20	11	13	13		7	7	1	6	3	3	3																								3		3
井冈山局		17	13	15	15		8	2	2																														
吉安县局		20	10	13	13		11	7	2	5	5	5	5	5																									
青原区局		10	10	10	9	1	9																																

表 10-1-17　2010 年抚州市质监系统机关、事业单位、稽查机构编制情况

单位	行政事业实有人数	行政事业编制总计	行政实有人数	机关			事业实有人数	事业编制合计	后勤	事业、稽查合计	事业单位																							稽查机构		
				编制数							小计	计量所(站)					质检所(站)					技术监督所(站)					特设中心					填制数		
												编制数					编制数					编制数					编制数							
				小计	行政	军转						计	全额	军转	差额	自筹	计	全额	军转	差额	自筹	计	全额	军转	差额	自筹	计	全额	军转	差额	自筹	小计	军转	全额
总计	348	448	150	175	170	5	188	276	18	255	226	138	89		49		25	16			9	14				14	49	49				46		46
抚州市局		122	34	34	32	2	72	88	5	83	71	34			34		18	12			6					19	19					12		12
县区小计	232	326	116	141	138	3	116	185	13	172	155	104	89		15		7	4			3					30	30					17	0	17
临川区局		55	16	18	16	2	14	37	2	35	29	25	25				4	4														6		6
东乡县局		35	14	13	13		16	22	2	20	20	15			15											5	5							
金溪县局		22	8	12	12		8	10	1	9	9	9	9																					
资溪县局		19	10	12	12		4	7	1	6	6	4	4													2	2							
崇仁县局		54	11	14	13	1	35	40	1	39	33	6	6				3				3	14			14	10	10					6		6
乐安县局		22	9	12	12	6	10	1	9	9	9	9																						
宜黄县局		23	10	12	12	7	11	1	10	7	7																					3		3
南城县局		27	12	12	12	5	15	1	14	14	10	10														4	4							
南丰县局		29	9	12	12		7	17	1	16	16	14	14													2	2							
黎川县局		16	9	12	12		8	4	1	3	3															3	3							
广昌县局		24	8	12	12		6	12	1	11	9	5	5													4	4					2		2

第二章　直属机构

省计量局、省标准局、省技监局、省质监局先后共成立13个直属事业单位，分别是：江西省质量技术监督稽查总队、江西省产品质量监督检测院、江西省纤维检验局、江西省计量测试研究院、江西省标准化研究院、江西省锅炉压力容器检验检测研究院、江西省特种设备检验检测研究院、江西省质量技术监督教育培训中心、江西省质量技术监督信息中心、江西省质量技术监督局机关后勤服务中心、江西省钨与稀土产品质量监督检验中心、江西省钢结构网架质量检验中心、江西食品质量监督检测中心；并在全省质监系统规划成立16家省级产品质量监督检验机构。

职责范围是在全省计量、标准化、产品质量、锅容管特、认证、生产许可证、食品等方面的检验检测任务，开展检验方法研究和验证、检验设备研制以及检验技术培训等工作，并对全系统干部职工、全省企业办证等组织开展教育培训等工作；在全省范围内实施对计量、标准化、产品质量、锅容管特、认证、生产许可证、食品等质量技术监督法律法规综合执法，多种形式的打击生产销售伪劣产品的执法活动，有效地规范市场秩序，维护消费者权益，净化市场环境。

第一节　江西省质量技术监督稽查总队

组织机构

江西省质量技术监督稽查总队（简称省质监稽查总队）前身为江西省技术监督局稽查大队（简称省技监局稽查大队），1996年2月13日，省编办下发《关于成立“江西省技术监督局稽查大队”的通知》批准成立省技监局稽查大队，为省技监局直属处级事业单位，核定事业编制20人。

1997年3月27日，根据《关于省技术监督局稽查大队内设机构设置的通知》，省技监局稽查大队内设办公室、稽查一科、稽查二科和审理协调科三科一室，设立高级专业技术职数2个，中级专业技术职数8个，初级专业技术职数8个。全队人员中，具有大专以上学历的人员16名，获各类专业技术职称资格的12名，其中高级职称1名，中级职称5名，初级职称6名。

2003年6月6日，根据《关于全省质量技术监督系统稽查机构更名的通知》，省技监局稽查大队更名为省质监稽查总队。

2003年9月17日，省质监局在总队设立案件审理委员会总队一般案件审理小组，由稽查总队督查科负责其日常事务。规定一般案件由审理小组进行审理，并提出处理建议，呈省质监局分管副局长审核、签发;较大案件一般情况下由审理小组初审后,交局案件审理委员会审理,特殊情况下可由总队一般案件审理小组审议后,直接呈局案件审理委员会副主任、主任审批。

2008 年 12 月 19 日,省质监稽查总队被列入参照《中华人民共和国公务员法》管理,成为省质监局直属的参照公务员管理的处级单位。

2010 年,省质监稽查总队核定参照公务员管理编制 20 名,实有人员 21 名。设有总队长 1 名,副总队长 3 名,副调研员 2 名,科(副)级干部 14 名。

质量技术监督行政执法

省技监局稽查大队是省技监局直属专职执法机构,受省技监局委托开展技术监督行政执法工作,其职责和任务是:依据《中华人民共和国产品质量法》《中华人民共和国产品计量法》《中华人民共和国产品标准化法》《特种设备安全监察条例》《认证认可条例》《工业产品生产许可证试行条例》及《危险化学品安全管理条例》等法律法规对生产、流通领域实施技术监督综合执法,在全省范围内实施对计量、标准化、质量、锅容管特、认证、生产许可证、食品等质量技术监督法律法规综合执法;参与或直接组织开展对生产、流通领域的监督检查;办理省技监局管辖或查处的案件;承办其他省(市、区)技术监督部门和全省各地、市、县技监局要求协办或移送查处的案件;承办生产企业、经销企业、用户、消费者举报的案件;办理上级领导部门指定省技监局管辖或查处的案件以及省技监局交办的其他事项。

打假治劣

省技监局稽查大队按照“规范市场、扶优治劣、引导消费、服务企业”的工作原则和“查大案,端窝点,抓专项,整市场,保名优”等的工作要求,在全省范围内开展多种形式的打击生产销售伪劣产品的执法活动,集中力量查获一批涉及面广、数额巨大、危害严重、影响恶劣的大案要案,取缔一批制假售假企业,狠狠打击制售假冒伪劣产品违法分子的嚣张气焰。有效地规范市场秩序,维护消费者权益,净化市场环境。

1996 年,南昌出现生产销售假冒某医疗器械厂的一次性注射液及一次性输液器的违法行为。针对这一情况,省技监局稽查大队立即组织专项打假行动。12 月 6 日,根据举报,省技监局稽查大队对李某等人即将发往新疆、四川、云南等地的一次性注射液及一次性输液器进行现场检查。现场查获假冒“江西省南昌市赣江医疗器械厂”的一次性注射液及一次性输液器共 5 批次 334 箱,执法人员对假冒产品进行查处,并通报新疆、云南、四川技术监督部门及有关单位。

1998 年,省技监局稽查大队重点围绕打假治劣、扶助名优、规范市场,确保灾后重建所需物质质量等方面开展执法打假工作。全年共查处违反技术监督法律、法规案件 180 余个,查获假冒伪劣产(商)品 14 大类 50 多个品种,标值 2500 多万元,捣毁各类制售假窝点 96 个,为省内 24 家名优产品生产企业开展专项“打假”活动百余次,打掉生产销售假冒劣质饮料、螺纹钢、化肥、油毡等涉及救灾及灾后重建物资的窝点 21 个。

1999 年,省技监局稽查大队在全省范围内集中开展以“查市场、保两节”“查农资、保春耕”“查建材、保建设”为工作重点的专项打假活动。先后组织实施针对食品、家用电器、化肥、农药、螺纹钢、水泥等产品的专项打假行动。全年共出动执法人员 5000 余人次,查办违反技术监督法律、法规案件 182 起,查获各类假冒伪劣产(商)品标值 1800 万元,端掉制售假窝点 21 个。同时,进一步加大对重大制假售假案件的查处力度,其中有 3 名制假售假违法分子被送上审判席,分别被判处有期徒刑。

2000 年,省技监局稽查大队认真落实省技监局关于集中力量,狠抓“三重一大”,限期解决一批突出质量问题的工作部署,对重点商品、重点区域、重点市场加强执法监督,突出抓查办大案要案的数量和质量。省技监局稽查大队先后查处制售假冒伪劣白酒、葡萄酒、奶粉、螺纹钢、化肥、农用运输车、汽车配件、润滑油、成品油、电线、电器开关、电动工具等案 164 起,货值 1125 万元,端掉制售假窝点 25 个,其中大案要案 20 起。对以南昌为中心遍布于丰城、樟树、高安等县市的数十家小型轧钢厂组成的劣质螺纹钢产区和对以弋阳、横峰等县为中心的制售假冒化肥的区域进行整治。省技监局稽查大队先后查处 15 家无证及生产劣质螺纹钢的单位,一举端掉 22 个制售假冒钙镁的窝点。同时加强对江西省装潢建材大市场、南昌市洪城大市场及省 320、105 国道沿线的成品油市场三个重点“市场”的监督与治理,查获制售假窝点 15 个,堵截进入市场周边仓库的假冒伪劣产品 8 批次,货值近 300 万元。

2001 年,为认真贯彻落实国务院和省政府关于整顿和规范市场经济秩序有关文件精神,在国家质检总局和省技监局的总体部署下,省技监局稽查大队结合全省的实际情况,组织开展食品、洗涤化妆品、卷烟、成品油液化气、汽车配件、城乡电网改造产品、农资产品、建筑用螺纹钢、黑心棉、定量包装产品的专项打假活动和酒店销售海鲜计量问题的专项检查活动。全年共出动执法人员约 3800 人次,打假区域涉及全省十一个地市,开展专项打假行动近百次,查获假冒伪劣产品标值约 1300 万元,全年查办制售假冒伪劣产品案件 320 起,其中大案 78 起,罚没款总额为 180 万。在省质监局公布的十大案件中,有四起案件为大队查办,其中一起案件被省整顿办列为全省十大案件之一。

2001 年 4 月,省技监局稽查大队认真执行省政府关于卷烟打假的部署,在省打假办统一指挥下,省技监局稽查大队对卷烟进行联合打假,打掉生产假冒卷烟窝点 2 个,销售假冒卷烟窝点 2 个,共查获假冒卷烟 5624 条。省技监局稽查大队联合相关部门,在赣州市龙南县马牯镇捣毁一大型非法制售烟丝地下工厂,当场抓获制假嫌疑人 13 名,查获切丝机 6 台,烘丝炉 1 台,烟丝震动槽 4 条,薄片烟丝 2625 千克和大量制丝用原辅材料、工具。

2002 年,省技监局稽查大队认真贯彻落实国家质检总局的八大打假战役,以查办大案要案为突破口,突出查处危害人体健康、人身财产安全产品,组织开展“查热销商品,保假日经济”“农资”“螺纹钢、地条钢”“锅炉管特”“含‘吊白块’食品”等专项打假工作。全年出动执法人员 2500 多人次,打假地域涉及全省十一地市,40 个县(市、区),立案查办案件 96 起,罚没款近 300 万。

1996—2002 年,省技监局稽查大队共查处违反技术监督法律、法规案件 880 余起,查获各类假冒伪劣产(商)品标值近亿元,捣毁各类制售假窝点 300 多个,为省内百余家名优产品生产企业开展专项“打假”活动千余次,为企业挽回经济损失2亿元。

2003年,省质监稽查总队在全省范围内集中开展“查节日市场,保生活安全”“农资”“重点工程建设用产品”“食用油”“‘非典’防护用品”专项打假工作,全年立案查办案件32起。4月,省质监稽查总队认真贯彻执行国家质检总局关于对防治“非典”医用器械进行执法检查的工作部署,会同省纤检局有关人员和信息日报等多家新闻媒体,对省内多家生产卫生口罩、消毒液的企业进行执法检查。查获违法产品货值金额约22万余元,其中共检查生产卫生口罩企业7家,查获不合格口罩6万余只,医用棉签266只;检查生产消毒液企业5家,查获违法消毒液1200余箱。

2004年,为落实国家质检总局书记李传卿视察省质监稽查总队时的讲话及在全国质监局长座谈会上讲话精神,确保老百姓食品安全,省质监稽查总队组织开展以肉及制品为重点的专项打假行动。共破获专门贩卖屠宰病死猪、种猪及以此为原料加工肉制品团伙案件5起,移送公安机关案件3起,刑拘6人,逮捕2人。

同时,为贯彻落实《中共中央 国务院关于促进农民增加收入若干政策》中央一号文件精神,根据省质监局安排,省质监稽查总队重点对化肥、农药等农资产品进行专项检查。查处生产销售假冒伪劣农资案件21起,查获假冒伪劣农资1500余吨,案值百万余元。查办鹰潭市某肥业开发公司生产的劣质复混肥案,查获劣质复混肥300余吨。此案被国家质检总局评为全国农资打假十大案件之一。

2005年,省质监稽查总队对涉及人民群众人身财产安全和切身利益的产品进行专项检查及为名优企业打假,作为执法工作的重中之重;开展食品、特种设备、农资、改装汽车、建材等专项执法打假行动。共开展执法检查95次,立案查办各类案件66起,移送司法部门追究刑事责任案件1起,罚没款710万元。

其中,在非法改装汽车的专项打假行动中,根据国家交通部、公安部、国家质检总局等八部门联合发布的2005年在全国治理车辆超限超载工作要点通知的部署,省质监稽查总队深入到南昌、吉安、萍乡等地对非法改装的不符合国家强制性标准要求、存在严重安全隐患的车辆进行重点查处。共查获非法改装车辆90余辆,货值金额500余万元,立案查办案件8起,收缴罚没款89万元。

2006年,随着全省区域整治和专项打假相结合不断深入,打假工作被列入地方政府综合治理考核的考评项目,打假工作越来越受到各级政府的重视。在这种高压态势下,省质监稽查总队着力对食品、危险化学品等产品进行专项执法打假。全年办理违法案件128起,查获伪劣商品标值5200余万元。

2007年,省质监稽查总队按照国务院提出的有关节能、减排、降耗战略部署,治劣保建设,深入开展地条钢专项打假行动。省质监稽查总队先后派出多名执法人员集中开展地条钢专项整治行动。捣毁专门生产地条钢坯的窝点21个,查处无生产许可证生产螺纹钢违法行为41起,查获地条钢及其制品180吨。

2008年,省质监稽查总队紧紧围绕省委省政府的工作重点和省质监局中心工作,把危及群众人身财产安全和高耗能、重污染、生产工艺落后、国家明令禁止的淘汰产品作为整治和打假的重点,组织开展对食品、农资、建材、地条钢、危化品等产品的执法专项打假。全年共立案查处违法案件

165件，其中大案要案66件，收缴罚没款超千万元。

三鹿奶粉事件发生后，省质监稽查总队配合省质监局有关部门奔赴全省各地开展乳制品的检查工作。在1个月时间内先后对十余家乳制品企业进行检查，出动执法人员近150人次，抽样近120批次。

为确保抗震救灾和奥运安保，省质监稽查总队开展针对建材产品的打假行动。先后查处不合格铝型材、不合格细木工板和无3C认证生产电线案等案件46件；围绕节能减排着重开展高污染、高能耗、低质量的地条钢专项整治，先后在上饶、吉安、鹰潭、九江等地查处30余个“地条钢”窝点。

2009年，省质监稽查总队组织开展以关注民生为重点的系列专项整治、专项打假活动。组织开展对加油机计量“作弊”、农资、加油机、食品添加剂、防控甲型H1N1流感疫情物资的执法检查。省质监稽查总队就加油机利用高科技手段作弊，擅自改变计量系统设备的情况进行突击检查，先后在全省十一个设区市查处自行破坏加油机计量准确度案件30余起。为维护广大农民合法权益，组织力量在“春耕”“双抢”期间集中对农机、农资产品进行专项打假，先后查处违法生产销售农资产品案件40余件，为农民挽回直接损失300余万元。为进一步提高全省防治甲型H1N1流感产品质量，规范防治甲型H1N1流感产品市场的经济秩序，省质监稽查总队开展防控甲型H1N1流感疫情物资专项检查，先后对全省消毒剂和洗手液等洗涤用品生产厂家以及部分医疗机构使用的医用器械及设备进行执法检查，切实维护人民群众生命健康安全。

2010年，省质监稽查总队紧紧围绕鄱阳湖生态经济区建设，开展对特种设备、危险化学品、蓄电池及其极板、节能灯、一次性发泡塑料餐具等涉及人身财产安全、节能环保产品的专项检查。围绕百姓反映强烈的热点、难点问题，开展对加油机计量、食品添加剂、农资产品、电线电缆、汽车挡风玻璃、建筑用安全玻璃等产品的系列专项打假行动。全年共处理申诉、投诉类案件177起，查获假冒伪劣商品标值总额2000万元，罚没款1000万元，一人移送公安机关追究刑事责任。查处腐竹产品含吊白块案件6起，蜂蜜产品含高果糖淀粉糖浆、氯霉素等有害案件13起，食用油掺杂掺假、以次充好的案件7起；查处养分不合格等问题复混肥、农药案件11起，查获违法复混肥400余吨、农药1000余箱；查处无3C认证及不合格电线电缆案9起；查处未取得3C认证违法生产汽车挡风玻璃案件3起，查获违法生产产品共1.2215万片。

2003—2010年，省质监稽查总队共查处违反技术监督法律法规案件1000余起，查获各类假冒伪劣产（商）品标值近亿元，捣毁各类制售假窝点300多个，为省内百余家名优产品生产企业挽回经济损失3亿元。处理调节消费者投诉的产品质量纠纷100余起，切实维护消费者的合法权益。

扶优维权

省技监局稽查大队自1996年起坚持打假扶优与维权相结合：一方面，努力加强与名优产品生产企业的合作，建立名优产品生产企业打假协作网，组织多次名优产品的专项打假行动，促进名优产品在市场上的销售；另一方面，省技监局稽查大队每年都会举办质量月宣传咨询活动，并在活动期间向广大市民宣传《产品质量法》、设立咨询台现场为消费者答疑解疑、集中销毁查获的伪劣产品等等,增强消费者的维权意识,更好地维护消费者的切身利益。

1998年6月4日,按照省委书记舒惠国、副省长朱英培先后做出的"把打假和保护名优结合起来"重要批示,省技监局稽查大队在省技监局的统一部署下,先后捣毁销售假冒"飞碟"电器窝点10个,并会同浙江省嵊州市技监局位于该市一处生产假冒"飞碟"电扇的窝点,查获"假冒"飞碟电扇861台,总标值10余万元,并将涉案的3名主要制售假分子移送公安部门,追究刑事责任。

1999年是省技监局稽查大队"打假保名优"工作开拓新领域、迈出新步伐的一年。该年度,省技监局稽查大队出动执法人员1000余次,先后为南昌钢铁有限责任公司、鹰潭三川水表厂、江西飞碟电器公司、江西民星企业集团、南昌亚洲啤酒有限公司等一批省内名优畅销产品生产企业开展专项"打假"及市场整治行动130余次,查获各类假冒伪劣商品标值近400余万元。

2000年,省技监局稽查大队联合76家名牌优质产品生产、经销企业,共同组建省技监局稽查大队打假保优协作网,根据网员单位提供的线索,有针对性地开展一系列专项打假活动,先后为省内名优产品企业开展打假30多次,查获假冒伪劣产品货值达400余万元。成功地捣毁位于弋阳县的一个生产假冒"草珊瑚""两面针"等名牌牙膏的窝点,没收成品及半成品的假冒草珊瑚等牙膏包装盒130多万只,标值达12万元。

2001年,省技监局稽查大队在原打假保优协作网的基础上,吸纳18家名优产品生产企业成为网员。根据网员单位提供的线索,省技监局稽查大队先后为南昌钢铁有限责任公司、新余钢铁有限公司、江西英雄乳业有限公司、资溪农药厂、上海大众汽车、联合利华、广州宝洁等企业开展专项打假活动40多次,查获假冒名优产品标值400余万元,为企业挽回经济损失500万余元。

2004年,在不断打击制售假冒伪劣商品违法犯罪行为的同时,省质监稽查总队也采用一系列的方法来规范执法行为和帮扶企业。例如,修订和完善内部规章制度,编印《江西省质量技术监督稽查总队办事指南》;走访南昌高新技术开发区、南昌民营科技园、新建长堎工业园等园区企业,对名优企业进行重点服务;装配全省第一辆现场执法检测车,增强总队在打假治劣工作中的及时性和有效性;采用调解的方式,成功解决消费者质量纠纷12次等等。

2005年,省质监稽查总队成功调解用户、消费者投诉案件30余起。新建县某楼盘业主向省质监稽查总队投诉,反映由江西某房产开发公司开发的该楼盘防盗门存在严重质量问题,多次到县相关部门及新闻媒体投诉,均未能解决。省质监稽查总队接到投诉后,展开调查并成功调解纠纷,最终由开发商赔偿每户业主1600元,合计赔偿给业主160万元。

2007年,省质监稽查总队根据省质监局党组有关开展"质监促发展、服务构和谐"主题活动的部署和要求,对地方政府支柱企业实施重点帮扶;对一些尚存在不规范行为的企业,坚持以教育为主、处罚为辅的原则;能不罚款的,坚决不罚,能依法从轻处罚的,一律从轻。对存在一般性违法行为的当地政府重点扶持的支柱企业进行从轻处置,其中免于处罚的达到8家,减轻或从轻处罚的达10家。

2010年,省质监稽查总队组织对农资、螺纹钢、汽车挡风玻璃等领域的扶优打假行动,共查处假冒他人厂名厂址复混肥案件6起,查处生产假冒江铃等各种名牌汽车挡风玻璃案6起,查处仿冒"萍钢""南钢"等名牌螺纹钢案件10余起。为江铃集团等品牌汽车制造企业、萍乡钢铁股份有限公司、长力股份有限公司、江西开门子肥业集团有限公司等名优企业挽回直接经济损失均达千万元以上。

第二节　江西省产品质量监督检测院

组织机构

江西省产品质量监督检测院(以下简称省质检院)于2003年4月25日由江西省产品质量监督检验所(以下简称省质检所)和南昌市产品质量监督检验所(以下简称市质检所)合并组建而成,是隶属于省质监局的正处级事业单位。主要职责是:承担政府指令性各类产品质量监督检验和仲裁检验、商品验货等多种委托检验任务;开展检验方法研究和验证、检验设备研制以及检验技术培训等工作。核定全额拨款事业编制65名,自收自支事业编制10名;实有全额拨款事业编制57人,自收自支编制6人,聘用人员21人,共计84人,其中专业技术人员63人。是年10月8日院工会委员会成立,2004年3月30日党支部委员会成立。

省质检所于1983年4月26日经省政府批准成立,是国家依法设置的省级综合性产品质量监督检验机构,具有第三方公正性,是社会公益型的正处级事业单位。省质检所隶属于江西省经济贸易委员会(以下简称省经贸委),核定事业编制40人,内设办公室和业务科。1986年9月12日,省纤检局成立,与省质检所合署办公,实行两块牌子、一套人员,直至2001年10月30日从省质检所划出。1989年4月15日,江西省机构编制委员会同意省质检所增编至50名。1991年2月7日,省经贸委发文,将江西省工业产品质量检测中心及江西省包装产品质量检测中心设在省质检所,但后期两个中心并未正式运转。1992年4月23日,省经贸委同意在省质检所成立省质检技术开发公司,系全民所有制企业,企业编制20人,后期该公司未能保留。

至1992年底,省质检所共有事业编制50名和企业编制20名,在编正式职工57名,其中专业技术人员41名,占72%;高级工程师8名,占14%;工程师19名,占33%。内设办公室、业务科、技术委员会等三个职能科室,设化学分析室、物理性能检测室、轻纺产品检验室、电器产品检验室、纤维检验室等五个专业检验室以及纤维计量站、棉麻实物标准仿制站。检测大楼面积3600平方米,精密恒温恒湿室面积145平方米,仪器设备总原值200余万元。

市质检所成立于1985年6月25日,是南昌市人民政府批准成立的正科级事业单位,定编15人。至1991年底,市质检所共有价值50万元检测仪器设备128台(套),固定资产60万元,人员29人。在岗各类检测人员共24人,其中高级工程师2名、工程师10名、助理工程师7名、技术员5名,其他人员5名。内设有理化分析室、工、燃气用具检验室、低压电器、机械专业检验室。1996年8月23日,省技监局同意筹建江西省燃气用具产品质量监督检验站,并纳入省级质检站建站规划,该站承担单位为市质检所,归口部门为南昌市技监局。2003年省质检所与市质检所合并组建省质检院后,该站划归省质检院管理。

2005 年 6 月 20 日,省质监局经研究决定,同意在省质检院成立江西省建筑电器安全监督检验站,与省质检院两块牌子、一套人员。

江西食品质量监督检测中心 2004 年 6 月 16 日,省编办同意设立江西食品质量监督检测中心,该中心为省质监局下属差额拨款事业单位,不定级,核定差额拨款事业编制 20 名。该中心主要职责是:承担国家质检总局、省政府和省食品安全综合协调部门、省质监局指定的监督抽查检验和定期监督检验、食品生产许可证发证检验和质量仲裁检验等任务;对检验技术、方法进行研究,受托参与国家、地方和行业标准的起草和修订;为企业和消费者提供检测技术服务;承担总局交办的其他工作。该中心与省质检院合署办公,内设办公室、技术部、食品检验部等 3 个机构。

国家竹木产品质量监督检验中心 国家质检总局批准省质监局筹建国家竹木产品质量监督检验中心(以下简称国家竹木中心)。2005 年 4 月 22 日,该中心通过实验室认可、计量认证和审查认可的“三合一”评审。该中心开展的质量监督检验业务受国家质检总局和中国国家认证认可监督管理委员会(以下简称国家认监委)的监督和指导。

国家果蔬产品及加工食品质量监督检验中心 国家质检总局批准筹建的国家果蔬水产肉禽产品质量监督检验中心,原由市质检所负责筹建,省质检所与市质检所合并后由新组建的省质检院承建,2005 年正式更名为国家果蔬产品及加工食品质量监督检验中心(以下简称国家果蔬中心)。6 月 22 日,该中心按要求通过实验室认可、计量认证和审查认可的“三合一”评审,并经国家认监委授权。该中心开展的质量监督检验业务受国家质检总局和国家认监委的监督和指导。

到 2010 年底,省质检院内含两个国家中心(国家果蔬中心和国家竹木中心),两个省级质检站(省建筑电器安全监督检验站和省燃气用具产品质量监督检验站),一个江西食品质量监督检测中心。实际在岗人员 128 人,含正式在岗人员 70 人,聘用人员 58 人,其中在岗专业技术人员 94 人;退休人员 23 人。设有食品检验室、竹木检验室、化工检验室、轻工检验室、电器检验室、机械检验室等六个专业检验室以及办公室、业务科、质量技术科、设备科、财务科、人力科等六个综合科室。

业务范围及业务工作

省质检所最早于 1989 年 9 月通过省级计量认证。主要任务是:负责有关产品的监督检验;承担有关优质产品的检验鉴定和复查;承担产品质量仲裁检验、公正检验;承担实行生产许可证产品和新产品投产前的质量鉴定检验;承担产品质量认证检验;向上级和有关部门反映技术标准的贯彻执行情况和产品质量存在的问题,提出改进和处理意见。到 1991 年底,省质检所具备食品、饲料、化肥、石油产品、涂料、化学试剂、日化、林化等化工产品以及电光源、电热器具、家用电器、低压电器、金属材料、五金工具、轴承、磨具、皮革、塑料、橡胶、人造板、包装产品、羽绒制品、各种天然和人造纤维等产品的检测能力。1991 年承担各类监督检验、委托检验共 1535 批次。

1992 年,接受国家认监委“二合一”资质认定计量认证和验收,成为法定的检验机构。1999 年 8 月 26 日,省质检所又新增加 26 类 648 种产品的检验工作。2002 年 6 月,省质检所初次通过国家认监委组织的“三合一”实验室认可评审,认可证书编号:No. L0085。2003 年 1 月 27 日,国家认监委验收通过,可以在通过验收的检验产品范围内开展质量监督检验业务。通过验收的检验产品范围为电子、通讯、电工、冶金及金属、非金属材料、建筑材料、机械及专用设备、食品、饮料、烟草、化工产品、纺织、服装、皮革、文体用品及轻工产品、木材、家具、饲料等,验收证书号为:(2003)国认监验字(12)号。开展的质量监督检验业务受同级质监局的领导。

市质检所自成立以来,对全南昌市县区的16类424余种产品进行日常监督检验。于1992年12月11日通过省计量局计量认证,并颁发(1992)量认(赣)字(20284)号合格证书。检测业务范围涉及食品、轻工产品、化工产品、机械产品和电器产品共32大类产品。

2003年组建省质检院,获认可项目280项。2004年完成国家实验室认可监督评审,认可项目由原来的280项增至824项;国家竹木中心与国家果蔬中心同时完成审查验收的现场评审。2005年2月5日,省质检院按要求通过实验室认可、计量认证、审查验收"三合一"第二次复评审,通过验收的检验产品为食品、化工产品、轻工产品、竹木产品、机械产品和电器产品,验收证书号为:(2005)国认监验字(12)号。省质检院内设两个国家中心于3月10日通过国家认监委验收。其中国家果蔬中心主要检验产品为果蔬、水产品、肉禽产品,授权证书编号为:(2005)国认监认字(266)号。国家竹木中心主要检验产品为竹木产品,授权证书编号为:(2005)国认监认字(271)号。

此外2005年,省质检院争取到电线电缆3C认证检验资质。省质检院分别于2004年4月、10月向省质监局认证处递交申请,省质监局认证处于2005年3月7日向国家认监委递交申请,是年获国家认监委批复,成为国家认监委重新调整和确认承担3C任务指定实验室,跨入全国技术监督系统38家指定签约实验室之列。是年6月20日,江西食品质量监督检测中心获省质监局同意增扩大米、小麦粉等食品检验项目的授权。

2008年,先后顺利通过国家实验室认可监督暨扩项评审、国家认监委对国家级食品中心的监督检查和国家质检总局科技司委托省质监局对国家食品检验中心、国家竹木检验中心的考核评估。省质检院、国家竹木中心和国家果蔬中心顺利通过各项认证验收,检验项目由原来的1039项增加到1061项,新扩食品兴奋剂、塑料包装、竹林产品等检查项目22项。

2008年1月21日,国家质检总局指定省质检院为食用油脂制品、食用动物油脂、其他粮食加工品、调味料、方便食品、速冻食品、薯类食品、含茶制品和代用茶、其他酒、蔬菜制品、水果制品、其他水产加工品、淀粉糖、其他豆制品、蜂花粉及蜂产品制品、婴幼儿及其他配方谷粉等16类食品质量安全市场准入工作发证检验单位。

2009年11月23日,省质检院通过第三次国家实验室认可复评审。至此,省质检院通过认可项目1588项,新增527项,产品标准变更151项;新增8类生产许可证发证检验资质,使省质检院具备生产许可证发证检验资质增至19类。

经过七年建设,至2010年,省质检院取得国家质检总局批准食品28类、食品添加剂18类、食品包装材料等23类、食品塑料包装和纸包装容器等制品67个品种的发证检验资质,填补全省在食品添加剂和食品相关产品生产许可证检验方面的空白。通过实验室认可项目1588项,资质认定计量认证项目1700余项。

技术装备

1991 年,省质检所检测大楼面积 3600 平方米,精密恒温恒湿室面积 145 平方米,仪器设备总原值 200 余万元;市质检所办公检测用房约 400 平方米,有价值 50 万元检测仪器设备 128 台(套),固定资产 60 万元,两所固定资产相加仅为几百万元。

1991 年,省质检所投入资金用于设备投入、信息系统建设以及实验室。5 月 1 日,省质检所启用 TW386 计算机进行检测数据处理和产品质量信息管理,并打印检验报告。8 月,省质检所轻工及纤维检验恒温恒湿间(共 100 平方米)通过验收,该项目自 1990 年 11 月动工改造,历经 10 个月完成,符合国家标准(温度 20 ±2℃、相对湿度 65 ±3%),开始投入使用。

1993 年,省质检所筹措经费用于购置进口液相色谱仪,其中江西省质量检验技术改造项目支持资金 28 万元。

1994 年 8 月 16 日,省质检所投入资金用于购置蚕茧、生丝检测设备。11 月 3 日,投入资金用于购置汽油产品质量检测仪器。

每年国家质检总局和省质监局都会下拨技术改造资金,同时省质检所自筹部分资金投入,至 2003 年,省质检所与市质检所整合后省质检院固定资产总额达 1216.8 万元。

2004 年,省质检院投入 121 万元购置仪器设备 43 台(套),投入 85 万元改造微生物实验室、竹木轻工产品恒温恒湿实验室、业务服务中心及实验室环境整治。

2005 年 5 月 19 日,省质检院投入 23.8 万元用于腐竹、白酒类产品项目挖潜改造。5 月 23 日,投入 16 万元用于承担腌腊制品质量技术监督抽查的设备添置。

2006 年,省质检院自筹 200 万元投入到检验项目的填平补齐。同时,申报食品安全检测技术课题两项,申请到食品准入专业委员会的 2 个副主任委员单位和 5 个委员单位。

2007 年,省质检院自筹 320 万元重点放在食品仪器设备投入上,投入 100 万元进行食品实验室改造。

2009 年,省质检院投入 465 万元用于仪器设备投入和实验室环境改造。

2010 年,省质检院实现固定资产和新基地建设投入资金共 1206.4 万元。其中,检测仪器设备投入 253.3 万元;实验室改造 53.1 万元;正在实施更新改造和政府采购设备 150 万元;自筹 750 万元投入小蓝检测基地基建。此外,为开拓检验业务,将实验室位置前移,设立国家竹木产品质量监督检验中心南康服务站,固定资产投入 50 万元。是年,省质检院承担 3 个省质监局科技项目。至 2010 年底,省质检院固定资产总额为 2690.7 万元。

技术服务

1991—2003 年,省质检所、市质检所作为质量监督部门的技术机构,承担省标准局、省质监局、国家质检总局多年的产品质量监督考核、省级监督抽查、省级专项监督抽查、省级定期监督检验、国家监督抽查、国家专项监督抽查等质量监督任务,为政府质量监督工作提供各类检验检测技术服务。

2003 年 4 月 25 日，省质检院成立，继续作为政府的技术支撑机构，用检验数据为政府产品质量监管提供依据。在很多重大的社会事件和产品质量安全事件中，为政府为社会提供检验检测技术服务。

2003 年 4 月 25 日，省质检院承担省质监局防治“非典”相关产品省级监督专项抽查。5 月 14 日，省质检院承担防治“非典”重要产品的国家监督专项抽查。

2005 年 3 月 28 日，根据国家质检总局《关于加强含苏丹红食品国家监督抽查的紧急通知》要求，进一步抓好食品质量安全，保护广大消费者的人身健康，省质监局决定在全省范围内对可能含有苏丹红的食品进行国家监督抽查。此次国家监督抽查任务全部委托省质检院承担。10 月 8 日，部分国家在中国出口的活鳗、冻鳗、烤鳗中检出孔雀石绿残留。对此，国务院领导高度重视，作出重要批示，责成有关部门尽快采取措施，杜绝含孔雀石绿产品进入国内、国际市场。为贯彻落实国务院领导指示，防止对人体健康带来危害的含孔雀石绿产品进入国内市场，国家质检总局下发《关于加强含有孔雀石绿水产加工品监督管理的紧急通知》对此项工作进行紧急部署。省质检院承担水产品中孔雀石绿的国家监督抽查任务。

2008 年 6 月 13 日，为确保援建四川灾区过渡安置房产品质量，保障灾区群众的基本生活，按照“突出服务、措施有效、严惩违法、确保质量”的工作方针，省质监局决定，对省内承担援建灾区的过渡安置房生产企业实施驻厂监管，确保产品质量安全。省质检院开辟绿色通道，备齐配好检测力量，积极向过渡安置房生产企业提供检验检测服务，对企业送检的产品做到随到随检，确保在最短的时间内出具检验报告，并且免收或减收检测费用。

2008 年 4 月 18 日，省质监局指定国家果蔬中心（设在省质检院）为全省唯一供奥运会食品检验机构以保障奥运期间食品供应安全。7 月 28 日，为进一步加强对销往奥运比赛城市食品生产企业的质量安全监管，省质检院承担全省范围内奥运会食品质量监督专项抽查任务。

2008 年 9 月 11 日，根据国家质检总局的部署，省质监局决定在全省范围内开展奶粉专项检查活动，切实保障婴幼儿及广大消费者身体健康安全。此次专项检查中的原料和产品检测工作由省质检院承担。9 月 12 日，省质监局决定进一步扩大乳制品专项监督检测范围。9 月 22 日，省质检院成立“三鹿婴幼儿奶粉”重大食品安全事故应急处理工作领导小组，负责应急处理工作的全面部署指挥，审议批准应急处理工作报告。下设领导小组办公室，内设样品检测组、样品及结果收发管理组、检测工作质量监督组、后勤及仪器设备耗材保障组，对工作的各个环节进行责任部署。至 2008 年 10 月 15 日，省质检院共检测原料奶与乳制品中三聚氰胺样品 682 批次，其中监督检验 523 批次（含国家质检总局专项抽查 315 批次、省质监局专项抽查 208 批次），社会及企业委托检验 159 批次。在所检 682 批次样品中，婴幼儿配方奶粉 130 批次、普通奶粉 118 批次、液态乳 336 批次、原料乳 45 批次、其他含乳产品 53 批次。由于食品中三聚氰胺在前期（10 月 7 日前）一直没有检验标准，该项目的检测在全国都未开展过，省质检院组织技术人员查阅美国 FDA 相关资料，参照饲料中的三聚氰胺检测方法，通过运用国内最先进的高效液相色谱仪定量、液质串谱仪确证，反复与有关牵头的国家检测中心进行技术探讨及数据对比，率先在江西开展原料乳与乳制品中三聚氰胺项目的检测,为国家质检总局和省质监局应对此次事件提供技术支持。

第三节　江西省纤维检验局

组织机构

江西省纤维检验局(以下简称省纤检局),成立于1986年9月12日,为正处级事业单位,隶属于江西省经济贸易委员会(以下简称省经贸委)。1991年,省纤检局仍为正处级事业单位,隶属于省经贸委,有事业编制8名,与省质检所合署办公,实行两块牌子,一套人员。2000年,省纤检局有工作人员8人,其中大学本科4人,中级职称4人。

2001年10月30日,省编办《关于同意中心组建江西省纤维检验局的通知》省纤检局从省质检所划出,与省纺织产品质量监督检验站合并,重新组建江西省纤维检验局,为省质监局直属单位,级别为正处级,核定事业编制28名,内设办公室、质量技术科、监督执法科、纤维检验科、纺织品检验科、计量科6个科室。

2004年10月15日,省编办《关于调整九江市纤检所隶属关系等事业的批复》九江市纤维检验所划归省纤检局管理,并增加自收自支事业编制13名,增编后共有自收自支事业编制21名,内设办公室、执法科、纺织品、棉花检验科4个科室。2006年5月,省纤检局在羽绒服装生产基地——共青城,挂牌成立江西羽绒制品质量检测中心。

2010年5月,省纤检局筹建国家羽绒制品质量监督检验中心(江西),并成立国家羽绒制品质量监督检验中心(江西)筹建专家组。年末,省纤检局有工作人员50人,其中研究生1人,大学本科26人,专科16人;有技术人员22人,其中高级职称8人(含正高1人)、中级职称8人、初级职称6人。

业务范围

1992年6月26—28日,全国棉花标准审定会在南昌召开,由省纤检局承办,共计40余人参会。是年,省纤检局在井冈山召开全省棉花技术交流会、在庐山召开全国棉花工作会议。1995年6月23日,省纤检局在景德镇市召开全省棉花检验技术交流会,共计76家单位104人参会,会议通报1994年棉花监督情况,部署1995年棉花监督工作,并交流棉花检验技术。会议强调把好收购质量关,注意工作质量,对立案查处拒不纠正的要加重处罚,并加大曝光力度。

1996年,省纤检局在铅山召开全省棉花检验技术交流会。是年,省纤检局共完成棉花监督检验4万担,46个批次检验任务,收入11.807万元。1999年,省纤检局开展棉花公证性检验20万担,其中任务棉5万担。

1991—2003年,省纤检局承担棉花及其制品、麻类、化纤、羊毛的产品检验项目。2003年5月,省纤检局实验室通过中国合格评定认可委员会“三合一”评审,承担纤维类、纱线类、纺织品类、针织类、巾被服装类、其他类共计6类113项产品检验项目，同时获得计量认证合格证，证号：〔2003〕量认（赣）字（Z0216）号，有效期5年。

2004年5月，省纤检局实验室通过中国合格评定认可委员会第一次监督评审。是年6月10日，中国纤维检验局（以下简称中纤局）批复同意省纤检局为第一批承担国家生丝公证检验承检机构。2005年10月，省纤检局建立全省棉花收购加工企业质量信息档案，对棉花收加企业质量标准进行信息管理。2006年11月8日，获省质监局颁发资质认定证书，证书编号：〔2006〕（赣）质监验字002号，有效期为3年。

2008年5月，省纤检局实验室通过中国合格评定认可委员会"三合一"复评审，承担棉花、化学纤维、茧丝、纱线、纺织品、服装共计六大类108项产品检验项目。2009年5月，省纤检局实验室通过国家合格评定认可委员会第一次监督评审。是年9月24日，省纤检局获中纤局颁布的全国第三批桑蚕干茧公证检验实验室合格证书，证书编号为：GXJ2009－GG010。

科研工作

1992年7月15日，省纤检局制定1992年省内仿制苎麻、熟红麻实物标准，在是年7月7日经省级审查符合国家标准要求，并上报省标准局，是年7月23日，经省标准局研究，同意发布该项标准，在当年新麻上市时开始执行，有效期2年。

2002年4月，省纤检局出台《江西省鲜茧收购资格认定实施细则》，对蚕丝行业进行规范管理和有效监督。2005年3月8日，省纤检局与省勤工俭学办联合印发《学生服面料及服装通用技术规范》，对省内学生服进行规范管理和有效监督。

2006年1月25日，省纤检局出台地方标准DB36/491—2006《餐饮业用湿巾》，自2006年5月1日起开始实施。是年11月，省纤检局科研项目"餐饮业用湿巾地方标准的研究与制定""集团购买棉胎地方标准的研究与制定"荣获"十五"期间全省质监系统科技兴检科技成果三等奖。

2008年12月，省纤检局"竹碳涤纶纤维多功能性测试研究"科研项目（申请科研经费为117万元）已通过中纤局、国家质检总局、科技部的审批，并上报财政部批准。中小企业公共技术服务平台建设项目（申请科研经费为100万元）、新型纤维指标测试及数据库的建立研究项目（申请科研经费为18万元）已上报国家质检总局及科技部。

2009年4月1日，省纤检局制定实施《江西省纤维制品企业质量信用等级评定实施细则》，首次对省内集团采购供货企业实施质量信用等级制度管理。

技术装备与技术服务

1991年1月25日，省质量检验技术改造项目经费拨付下发，总金额为206万元，其中纤维检验18万元；要求国家补助123万元，其中纤维检验10万元。是年，省经贸委拨付35万元技措费至省质检所，其中6.3万元用于纤维检验工作，省纤检局投资6.7万元用于购置设备19台（套）。省纤检局轻工及纤维检验恒温间（共100平方米）自1990年11月起动工改造，于1991年8月通过验收,符合国家标准,投入使用。

1992 年,省纤检局投资 5.1 万元用于购置设备 7 台(套)。1994 年,省纤检局投资 1.6 万元用于购置设备 3 台(套)。是年 8 月,省经贸委、省财政厅下达省纤检局质量项目技措费 4 万元,用于购置蚕茧、生丝检测设备。1996 年,省纤检局投资 2 万元用于购置设备 2 台(套)。1998 年,省纤检局购置 1 台电子楔尺,型号 JQC,总价 5450 元。至 2000 年底,省纤检局共有固定资产 69.46 万元,办公面积约 300 平方米,仪器设备 118 台(套)。

2002 年 5 月 1—7 日,省纤检局为南昌铁路局制服招标标的物进行检测,为共青鸭鸭集团、江纺有限责任公司的新产品提供鉴定检测服务。2002 年 1—6 月,省纤检局与南昌市远东羊毛衫批发公司签鉴定协议,对其购进的羊毛衫开展公证检验。同一阶段,省纤检局开发出涉及 8 家企业的技术服务项目,为新形势下发挥优势,扩展业务,向社会提供服务探索道路。

2004 年 8 月,省纤检局耗资 170 余万元购进 1 台棉花仪器化公证检验设备大容量测试仪 HVI900,推进棉花质检体制改革工作发展。2005 年 3 月 25 日,中纤局批复同意《江西省棉花质量仪器化公证检验实验室规划布局方案》,省纤检局棉花检验实验室名称定为中国棉花公证检验南昌实验室。是日,省发改委印发《江西省棉花加工业生产设备更新改造规划意见(2005—2009)》,省纤检局取得国家级棉花公证检验实验室合法地位。

2006 年 3 月,新检测大楼落成,省纤检局从南昌市北京东路 125 号省纺织集团公司办公大楼 7 层搬迁至南昌市高新区火炬大道 188 号丰源商务小区内办公,办公面积从 811.19 平方米扩增至 2578.53 平方米。

2007 年 8 月,省内首次有 2 家棉花加工企业按新体制棉花要求完成改造并参加棉花仪器化公证检验,省内棉花质检体制改革工作取得实质进展。2008 年 2 月,省纤检局投入约 400 万元购进 9 台气质联用仪、羽绒及其制品检测设备,新建干茧检测实验楼 325 平方米,并购置相关检验设备。是年 11 月,省纤检局投入约 280 万元增购 2 台棉花仪器化公证检验设备棉花大容量测试仪 HVI1000,投入约 40 万元增购 7 台干茧公证检测设备。

2009 年 7 月,省纤检局通过中纤局桑蚕干茧国家实验室考核验收,建成茧丝公证检验实验室。是年 9 月 10—11 日,省纤检局举办全省新体制棉花加工企业样品管理员、信息系统管理员培训班,共计 40 余人参与培训。12 月,省纤检局投入约 33 万元购进 7 台纺织品专用检测设备、1 台恒温恒湿室高精密空调。

2010 年 12 月,省纤检局投入 43 万元购进 15 台土工布检测设备,新上土工布检测项目,共有固定资产 1757 万元,办公面积 2838.53 平方米,仪器设备 960 台(套)。是年,省纤检局在创业服务年活动期间,走访重大产业项目 8 个,为重大产业项目召开座谈会 5 次,上门服务 21 次,解决技术问题 23 个,为企业挽回直接经济损失 90 余万元,减免重大产业服务对象收费 152 次,金额 13.5 万元,通过技术服务减少企业直接成本 200 余万元,帮助企业增收 2000 多万元;开展企业技术人员免费培训 200 余人次,为企业生产问题和各类技术难题提供高效服务。

第四节 江西省计量测试研究院

组织机构

江西省计量测试研究院(简称省计量院)为省质监局直属全额拨款事业单位。其前身为江西省计量测试研究所(简称省计量所),为县团级事业单位,从1983年起隶属省经贸委领导。1987年9月20日,根据省公安厅、省经济委员会、省标准局、省工商行政管理局印发的《江西省消防产品质量监督检验管理实施细则》,省计量所承担省消防产品质量监督检验站的工作。

1991年,省计量所共有领导班子成员4人,部门12个,分别是办公室、业务科、科技科、资料室、长度室、力一室、力二室、电学室、热工室、化学室、无线电室和动力室。人员总计86人,其中本科毕业36人,大专毕业20人,其他30人;高级工程师13人,工程师29人,助理工程师17人,其他27人。

1996年4月2日,根据省劳动厅《关于同意设立江西省技术监督(计量)职业技能鉴定站的批复》,同意设立江西省技术监督(计量)职业技能鉴定站,该站以省计量所为依托,在职业技能鉴定工作方面,接受省劳动厅、省工人考核委员会的领导以及省职业技能鉴定中心的业务指导。鉴定站面向社会,主要承担在职职工、待(转)业人员、军地两用人才、各级各类职业技术院校和其他职业技能培训单位毕(结)业生职业技能鉴定工作。

1997年5月7日,省计量所被省科学技术委员会、省技监局认定为第一批科技成果检测鉴定省级检测机构。

1998年9月28日,根据省经贸委《关于成立江西省环境监测器具等两个检测中心,一个检验站的通知》,省计量所成立省计量产品质量监督检验站。

2000年,省计量所共有领导2人,部门12个,分别是办公室、业务科、科技科、资料室、长度室、力一室、力二室、电磁室、温度室、化学室、无线电室和动力室。人员总计96人,其中硕士研究生1人,本科毕业32人,大专毕业24人,其他39人;高级工程师9人,工程师22人,助理工程师24人,其他41人。

2001年6月15日,省编办印发《关于省技术监督局稽查大队等8家单位成建制划归省质量技术监督局管理的通知》,同意将省计量所从省经贸委成建制划给省质监局管理。划转后,该所的机构规格、编制数、经费性质不变。是年6月19日,根据省质监局赣质技监函〔2001〕02号文件,同意以省计量所为基础设立省机动车零配件产品质量监督检验站。

2003年4月25日,根据国家质检总局关于计量机构布局的有关意见,省编办印发《关于成立省产品质量监督检测院、省计量测试研究院的通知》,省质监局于2003年7月合并省计量所和南昌市计量所,成立省计量测试研究院(简称省计量院),为正处级事业单位,有全额拨款事业编制135名。南昌市计量所位于南昌市青山路立交桥边,拥有1107.5平方米的恒温检测室。合并后院领导5

人,部门14个,根据工作需要自定办公室、业务科、总工程师办公室、长度室、光仪室、力学室、电学室、热工室、理化室、流量室、医疗器械及无线电室、出租车计价器检测室、消防器材及性能试验室、定量包装检验室。截至2003年底,人员总计102人,其中硕士研究生7人,本科毕业35人,大专毕业22人,其他38人;教授级高级工程师1人,高级工程师23人,工程师34人,助理工程师14人,其他30人。

2010年,院领导班子6人,部门15个,分别是综合管理部、业务管理部、质量科技管理部、长度室、力学所、电学室、热工室、理化室、流量室、医疗器械及无线电室、出租车计价器检测室、消防器材及性能试验室、定量包装检验室、机动车设备检测室和基建办。截至2010年底,人员总计136人,其中硕士研究生19人,本科毕业67人,大专毕业23人,其他27人;高级工程师33人,工程师28人,助理工程师34人,其他41人。

资质能力与业务范围

计量标准 省计量院(所)1991年建立计量标准63项,2000年底建有97项,2003年底建有100项,2010年底建有148项。这148项之中52项为国家质检总局考核,96项为省质监局考核。各项计量标准的项目名称(限于篇幅它们的等级、测量范围、测量不确定度等技术能力从略)如下:

国家质检总局考核的52项计量标准有:平面平晶检定装置、二等量块标准装置(0.5~100毫米)、三等量块标准装置、二等金属线纹尺标准装置、单刻线样板标准装置、正多面棱体标准装置、一等铂铑10-铂热电偶标准装置、标准水银温度计标准装置、0.02级活塞式压力真空计标准装置、一等补偿式微压计标准装置、0.01级活塞式压力计标准装置、杠杆式力标准装置、静重式力标准装置、E_1等级克砝码标准装置、E_2等级克组砝码标准装置、E_2等级公斤组砝码标准装置、转速标准装置、比较法中频振动标准装置、计量罐容积检定装置、二等直流电阻标准装置、直流电桥/直流电阻箱检定装置、失真度仪检定装置、一等电池标准装置、直流比较仪式电位差计标准装置、铷原子频率标准装置、交直流电压/电流/功率表标准装置、数字多用表标准装置、电导率仪检定装置、检定光学仪器标准器组、白度计检定装置、旋光仪检定装置、火焰光度计检定装置、原子吸收分光光度计检定装置、折射率仪检定装置、气相色谱仪检定装置、汽车排气分析仪检定装置、紫外可见近红外分光光度计检定装置、浊度计检定装置、医用诊断X射线辐射源检定装置、医用超声诊断仪超声源检定装置、高压高阻检定装置、液相色谱仪检定装置、三相电能表标准装置、发射光谱仪检定装置、原子荧光光度计检定装置、离子色谱仪检定装置、测色色差计检定装置、电压互感器标准装置、0.01S级电流互感器标准装置、互感器校验仪检定装置、透射式烟度计检定装置、一等金属量器标准装置。

省质监局考核的96项计量标准有:三等量块标准装置、一级角度块标准装置、测力仪标准装置、振动台检定装置、维氏硬度计检定装置、显微硬度计检定装置、布氏硬度计检定装置、洛氏硬度计检定装置、表面洛氏硬度计检定装置、材料试验机检定装置(小负荷)、F_1等级克组砝码标准装置、F_1等级公斤组砝码标准装置、E_2等级毫克组砝码标准装置、钟罩式气体流量标准装置、水表检定装置、血压计检定装置、0.05级数字式压力表标准装置、配热电偶用温度仪表检定装置、配热电阻用温度仪表检定装置、工作用廉金属热电偶检定装置、标准水银温度计标准装置、心/脑电图机检定装置、接地电阻表检定装置、酸度计检定装置、多用时间检定仪标准装置、直流磁电系检流计检定装置、检定指示量具标准器组、检定测微量具标准器组、检定游标量具标准器组、钢卷尺标准装置（尺类量具）、汽车里程表检定装置、冲击试验机检定装置、眼镜片顶焦度标准装置、医用激光源检定装置、小角度测量仪标准装置、环规检定装置、刀口形直尺检定装置、平尺平板检定装置、水准仪检定装置、经纬仪检定装置、绝缘电阻表（兆欧表）检定装置、心脑电图机/心电监护仪检定仪检定装置、玻璃量器检定装置、出租汽车计价器检定装置、摩托车轮偏检测仪检定装置、滑板式汽车侧滑检验台检定装置、验光仪顶焦度标准装置、生化分析仪检定装置、粉尘采样器检定装置、汽车前照灯检测仪检定装置、机动车检测专用轴（轮）重仪检定装置、汽车底盘测功机检定装置、滚筒式车速表检验台检定装置、滚筒反力式制动检验台检定装置、滤纸式烟度计检定装置、温/湿度计检定装置、医用诊断计算机断层摄影装置（CT）X 射线辐射源检定装置、瞳距仪检定装置、指示表检定仪检定装置、测厚仪检定装置、镜向光泽度标准装置、坐标测量机检定装置、扭矩扳子检定装置、千斤顶检定装置、低频电压标准装置、超声探伤仪检定装置、熔点仪检定装置、电位滴定仪检定装置、pH 计检定仪标准装置、重力式自动装料衡器检定装置、液态物料定量罐装机检定装置、恒温恒湿场校准装置、金属量器标准装置（三等）、多路/交换/集中型电话计时计费装置检定装置、一氧化碳分析仪及报警器检定装置、二氧化碳气体分析器检定装置、二氧化硫气体检测仪检定装置、可燃气体检测报警器检定装置、雷达测速仪检定装置、动态公路车辆自动衡器检定装置、F_2 等级砝码标准装置、三等金属线纹尺标准装置、塞尺检定装置、水平仪检定器检定装置、多刻线样板标准装置、接地导通电阻测试仪检定装置、风速仪检定装置、空盒气压表（计）检定装置、二等铂热电阻温度计标准装置、热工仪表检定仪校准装置、测桩荷载箱检定装置、二等金属量器标准装置、0.05 级活塞式压力计标准装置、酶标分析仪检定装置、血细胞分析仪检定装置、恒定加速度建筑材料试验机检定装置。

计量授权　按照《计量法》《对法定计量检定机构进行考核的要求》《法定计量检定机构考核细则》的要求，国家技监局于 1997 年 6 月组织 9 名专家对省计量所进行首次计量授权考核，之后国家质检总局在 2002 年、2007 年分别进行第二次、第三次计量授权考核。2007 年获得授权检定项目 268 项，校准项目 286 项，商品量检测项目 5 项，分别为：平面/平行平晶、量块、三等金属线纹米尺、线纹米尺、钢卷尺、纤维卷尺、测绳、通用卡尺、高度卡尺、千分尺、内径/公法线类/杠杆/带表/深度千分尺、杠杆卡规、百分表、千分表、杠杆表、角度块、万能角度尺、平板、刀口尺、三棱尺、四棱尺、环规、电子/合象水平仪、自准直仪、百分表/千分表检定仪、电涡流/磁阻法覆层厚度测量仪、机械式比较仪、镜向光泽度计、钢直尺、塞尺、水平仪检定器、测长仪、光学计、线纹比较仪、工具/读数/测量/干涉显微镜、电感测微仪、接触式干涉仪、测角仪、光学数显分度头、光学/电子经纬仪、水准仪、焦度计、验光镜片、主观式/客观式验光仪、瞳距仪、坐标测量机、表面粗糙度仪、齿厚卡尺、内径表、平尺、框式（条式）水平仪、超声波测厚仪、投影仪、测长机、光切显微镜、光学分度台。标准/工作用铂铑 10 – 铂热电偶、二等标准水银温度计、工作用玻璃液体温度计、电接点水银温度计、压力式温度计、半导体点温计、双金属温度计、石油产品用玻璃液体温度计、温度巡回检测仪、工作用廉金属热电偶、工作用隐丝式光学高温计、配热电阻/热电偶用动圈式温度二次仪表/自动平衡显示仪表/数字温度指示调节仪、毛发湿度计、干湿表、电容式/电阻式湿度计、粉尘采样器、烟尘测试仪、大气采样器、双/单活塞式压力真空计、精密压力表、补偿式/倾斜式微压计、数字/活塞式压力计、活塞式压力真空计、一般弹簧管压力表及压力真空表、血压表、台式血压计、血压计标准器;各类干燥箱、培养箱、高低温箱、湿热箱、养护室(箱)、恒温恒湿实验室、水浴锅、水温箱、运动粘度测定器(温场部分)。标准/工作测力仪、抗折/压力/万能试验机、各种测力装置、非金属拉力、压力和万能试验机、小负荷力值装置、洛氏/表面洛氏/维氏/布氏/显微硬度计、摆锤式冲击试验机、扭矩扳子、千斤顶、砝码、电子/机械/扭力/架盘天平、衡量仪器、数字/模拟/非自动指示秤、动态计重系统、转速表、车速里程表标准装置、转速标准装置、计价器本机/使用误差标准装置、振动传感器/测量仪、车速里程表、车用转速表、机械式/电动式振动台。立式/卧式金属罐、钟罩式气体流量标准装置、三等标准金属量器、汽车油罐车、液体容积式流量计、膜式煤气表、转子流量计、容量瓶、滴定管、吸管、量筒、量杯、注射器、水表、燃油加油机、膜式燃气表、速度式/气体容积式/质量/差压式/气体转子流量计。直流标准电阻、直流电阻箱、直流单双电桥、标准电池、直流电位差计、交直流数字电压表、电流表、数字欧姆表,数字多用表交直流电压、电流测量功能,多功能标准源、交直流电压、电流、功率表,绝缘电阻表检定装置、高压高阻箱、高压电压表、直流磁电系检流计、接地电阻表、绝缘电阻表、交流电能表、电能表检定装置、电流/电压互感器、互感器校验仪、IC 卡公用电话、单机型、集中管理分散计费型电话计费器、交换机计费系统。失真度测量仪、模拟示波器、石英晶体振荡器、机械/电子/电启动秒表、电子/指针式毫秒仪、低频电压表、超声波探伤仪、医用诊断 X 射线辐射源、医用超声诊断仪超声源、心/脑电图机及其检定仪、心电监护仪、医用气体/固体激光源、生化分析仪、医用诊断计算机断层摄影装置(CT)X 射线辐射源、血细胞分析仪、机动车定角式雷达测速仪。电导率仪、水质测定仪(电导功能)、白度计、自动旋光仪、自动旋光糖量计、目视旋光仪、目视旋光糖量计、火焰光度计、原子吸收分光光度计、阿贝折射仪、气相色谱仪、汽车排放气体测试仪、单光束紫外可见分光光度计、便携式浊度仪、实验室浊度仪、液相色谱仪、可见分光光度计、酸度计、离子计、熔点仪、自动电位滴定仪、pH 检定仪、二氧化硫气体检测仪、一氧化碳检测报警器、一氧化碳红外分析仪、二氧化碳气体分析器、可燃气体检测报警器、看谱仪、摄谱仪、直读光谱仪、非色散原子荧光光度计、离子色谱仪、测色色差计。摩托车轮偏检测仪、汽车前照灯检测仪、滑板式汽车侧滑检验台、汽车底盘测功机、滚筒式车速表检验台、轴(轮)重仪、滚筒反力式制动检验台、滤纸式烟度计。定量包装机、液态物料定量灌装机。质量标注定量包装商品净含量(Q)克,体积标注定量包装商品净含量(Q)毫升,长度标注定量包装商品净含量(Q)米,面积标注定量包装商品净含量(Q)平方米,计数标注定量包装商品净含量(Q)个。出租汽车计价器。

实验室认可 2006 年 4 月,中国实验室国家认可委员会(CNAL)首次对省计量院进行实验室认可考核,认可检测项目 43 项(其中计量产品 32 项,消防产品 11 项),校准项目 183 项。2007 年 7 月,中国合格评定国家认可委员会(CNAS)对该院进行实验室认可监督及扩项评审,认可检测项目 42 项(其中计量产品 31 项,消防产品 11 项),校准项目 185 项。2009 年 12 月,中国合格评定国家认可委员会(CNAS)组织进行监督评审,认可检测项目 42 项(其中计量产品 31 项,消防产品 11 项),校准项目 185 项。通过认可项目包括:①计量产品检测项目:游标卡尺、外径千分尺、刀口尺、焦度计、验光机、经纬仪、水准仪、验光镜片、数字温度指示调节仪、体温计、温湿度试验箱、工作用温度计、压力表、精密压力表、电子计价秤、非自行指示秤、砝码、非自动天平/杠杆式天平、转速表、标准测力仪、感应式交流有功电能表、直接作用模拟指示电测量仪表、模拟示波器(性能测试)、晶体振荡器、超声诊断仪、秒表、水表、煤气表、小容量玻璃量器、一次性输液器、一次性注射器。②消防产品检测项目:内扣式消防接口、室内消火栓、消防水泵结合器、手提式灭火器、有衬里消防水带、消防水枪、消防梯、消火栓箱、BC干粉灭火剂、ABC干粉灭火剂、消防应急灯。③校准项目:量块、游标卡尺、深度卡尺、高度卡尺、千分尺、百分表、千分表、平面平晶、平行平晶、刀口形直尺、钢直尺、钢卷尺、水平仪检定器、框式/条式水平仪、塞尺、超声波测厚仪、覆层厚度磁性测量仪、触针式表面粗糙度测量仪、坐标测量机、百分表检定仪、千分表检定仪、工具显微镜、光学计、投影仪、测长仪、经纬仪、水准仪、瞳距仪、标准铂铑10－铂热电偶、工作用贵金属热电偶、工作用廉金属热电偶、二等标准水银温度计、工作用玻璃液体温度计、电接点玻璃水银温度计、压力式温度计、双金属温度计、石油产品用玻璃液体温度计、半导体点温计、温度巡回检测仪、温度指示控制仪、工业热电阻、工作用铜—铜镍热电偶、温度变送器、数字温度指示调节仪、模拟式/动圈式温度指示调节仪、工业过程测量记录仪、温湿度计、环境试验设备、恒温槽、红外辐射温度计、粉尘采样器、大气采样器、烟尘采样器、标准活塞式压力计/压力真空计、精密/一般压力表、血压计标准器、数字式压力计、压力变送器、补偿式微(差)压计、倾斜式微压计、微(差)压计、砝码、天平、振动传感器、测振仪、冲击、碰撞试验台、胶砂试体成型振实台、水泥胶砂搅拌机、水泥净浆搅拌机、转速表、称量法水分测定仪、标准/工作测力仪、拉力/压力/万能材料试验机、非金属拉力/压力/万能试验机、扭矩扳子、千斤顶、里氏硬度计、回弹仪、标准电阻、标准电池、直流电阻箱、高阻箱、直流电桥、直流电位差计、交直流电流表、电压表、功率表、检流计、接地电阻表、绝缘电阻表、交直流数字电压表/电流表、直流数字欧姆表、机电式/电子式电能表、电能表检定装置、电流/电压互感器、互感器校验仪、耐电压测试仪、交直流电表校验仪、钳形电表、医用超声诊断仪超声源、医用诊断X射线辐射源、心脑电图机、心电监护仪、医用诊断计算机断层摄影装置(CT)X射线辐射源、医用激光源、生化分析仪、血细胞分析仪、尿液分析仪、低频电子电压表、电平表、机械/电子/电秒表、时间检定仪、电子测量仪器内晶体振荡器、通用计数器、示波器、低频信号发生器、心/脑电图机(心电监护仪)检定仪、失真度测量仪、LCR数字电桥、超声探伤仪、X射线探伤机、电话计时计费检定仪、浊度计、白度计、测色色差计、熔点测定仪、阿贝折射仪、旋光糖量计、旋光仪、火焰光度计、原子吸收分光光度计、非色散原子荧光光度计、汽车排放气体测试仪、一氧化碳—二氧化碳红外气体分析仪、可燃气体测定仪、一氧化碳测报警器、氧气测定仪、液相/气相色谱仪、离子色谱仪、直读光谱仪、等离子发射光谱仪、可见分光光度计、紫外可见分光光度计、pH计检定仪、酸度计、离子计、钠离子计、电导仪、电位滴定仪、酶标仪、工作酒精计组、标准酒精计组、手持式糖量计(折射仪)、总有机碳分析仪、水中油分浓度分析仪、液体容积式流量计、常用玻璃量器、液体流量标准装置、电话计时计费装置、IC卡公用电话计时计费装置、程控数字用户自动电话交换机计时计费系统、车速表检验台、侧滑检验台、机动车检测专用轴(轮)重仪、机动车前照灯检测仪、制动检验台、滤纸式/透射式烟度计、汽车底盘测功机、摩托车轮偏检测仪。

比对与能力验证　2003—2010年,省计量院参加国家质检总局和专业计量技术委员会组织的量值比对项目21项,参加中国实验室国家认可委员会、中国合格评定国家认可委员会组织的能力验证项目4项,能力验证和比对项目的结果全部满意。

资质认定(计量认证和审查认可)的检验检测

省消防产品质量监督检验站 1999年,获省技监局颁发的授权证书,可开展检验的消防产品共20种,分别是消防接口、室内消火栓、消防水泵接合器、手提式灭火器、消火栓、消火栓连接器、消防水带、火灾报警控制器、消防斧、车用电子报警器、消防水枪、消防梯、分水器、集水器、悬挂式卤代烷灭火装置、阻燃型材、灭火药剂、给水设备、消火栓箱、防火门物理机械性能。2001年3月2日,省质监局对该站进行计量认证复查评审,通过上述20种可开展检验的产品,亦颁发授权证书。2010年4月30日,获得省质监局颁发的计量认证证书和授权证书,可开展检验的产品共25种,分别是消防接口、室内消火栓、消防水泵接合器、手提式灭火器、推车式灭火器、室外消火栓、消火栓连接器、有衬里消防水带、火灾报警控制器、消防斧、消防水枪、消防梯、分水器、集水器、悬挂式气体灭火装置、阻燃型材、消防给水设备、消火栓箱、防火门、BC干粉灭火剂、ABC干粉灭火剂、钢结构防火涂料、消防排烟风机、消防应急灯具、建筑通风和排烟系统用防火阀门。

省计量产品质量监督检验站 1998年11月19日,获省技监局颁发的计量认证合格证书,编号〔98〕量认(赣)字(Z0728)号,项目或参数共36项,分别是游标卡尺/外径千分尺、钢直尺/钢卷尺、水准仪、光学经纬仪、焦度计、验光机、压力传感器、压力仪表、水表及其校验装置、家用煤气表、玻璃量器、加油机、标准金属量器、交直流仪表校验装置、交直流标准电流/电压源、单/三相电能表、交/直流指示仪表、耐压测试仪、直流磁电系检流计/直流数字电压表、酸度计检定仪、测温仪表检定仪、各种电子计价秤、台/案/地秤、皮带秤/配料秤、砝码、非自动天平、感应式/电子式转速表、湿热/盐雾/长霉试验箱/低温/高温/高、低温试验箱、动圈式指示仪表、快速测量用钨铼热电偶、电子/机械式秒表、电子计数器/频率计/振荡器、通用示波器、可见分光光度计、紫外可见分光光度计、实验室pH计。2010年4月30日,获省质监局颁发的计量认证证书和授权证书,编号分别为2010140728Z和〔2010〕(赣)质监认字043号,检验产品有56种,分别是平面平晶、平行平晶、量块、钢卷尺、纤维卷尺、卡尺、千分尺、指示表、杠杆指示表、平板、平尺、刀口尺、框式(条式)水平仪、交直流电表校验仪、电能表检验装置、电能表、交直流指示仪表、电压监测仪、测量电阻用直流电桥、绝缘电阻表、接地电阻表、电能表现校仪、紫外可见分光光度计、可见分光光度计、酸度计、焦度计、验光镜片、验光机、水准仪、光学经纬仪、太阳镜、模拟示波器(性能测试)、晶体振荡器、超声诊断仪、秒表、温度试验箱、快速测量钢液温度用钨铼热电偶丝、数字温度指示调节仪、体温计、工作用温度计、干式变压器用电脑温控仪、压力表、血压计、压力传感器、计价秤、非自行指示秤、电子皮带秤、砝码、天平、转速表、出租汽车计价器、测力仪、加油机、水表、煤气表、注射器。

省机动车零配件产品质量监督检验站 2001年12月28日,获省质监局颁发的计量认证证书,编号为〔2001〕量认(赣)字(p0950)号,可开展检验的产品共46种,分别是汽车用离合器面片、汽车液压制动系无扩口金属管、汽车气制动用热塑管接头卡套、汽车气制动用热塑管接头衬套、汽车用制动器衬片、汽车发动机曲轴、汽车发动机曲轴止推片、汽车发动机连杆、汽车发动机凸轮轴、汽车/摩托车用磁感式车速里程表、汽车用车速表、汽车/摩托车用电子车速里程表、汽车/摩托车用磁感式转速表、汽车/摩托车用电子转速表、汽车/摩托车用组合仪表、汽车用温度报警器、汽车用温度表、汽车用片式插接器、汽车用电源总开关、汽车用转向管柱上组合开关、汽车断电器用电容器、汽车用易熔线、汽车用暖风电动机、喇叭继电器、汽车用刮水电动机、汽车用蜂鸣器、汽车与挂车照明和信号装置的工作电压及其测量、车用电子报警器、汽车倒车报警器、汽车信号闪光器、汽车/摩托车用电流表、汽车/摩托车用电压表、汽车发动机气门挺杆、汽车发动机气门、汽车发动机主轴瓦及连杆轴瓦、汽车发动机气缸套、内燃机铝活塞、汽车/摩托车发动机铸造铝活塞、汽车/摩托车发动机活塞环、汽车发动机镶耐磨圈活塞、汽车摩托车发动机钢带组合油环、汽车发动机螺旋衬套铸铁油环、内燃机活塞环/矩形环、活塞环梯形/楔形、活塞环刮环、活塞环油环。2010 年 4 月 30 日，获省质监局颁发的计量认证证书和授权证书，编号分别为 2010140950P 和〔2010〕(赣)质监认字 040 号，可开展检验的产品有 8 种，分别是汽车气制动用热塑管接头、汽车/摩托车用仪表、喇叭继电器、汽车发动机气门挺杆、汽车发动机气门、汽车发动机主轴瓦和连杆轴瓦、内燃机铝活塞、汽车/摩托车发动机铸造铝活塞。

职业技能鉴定　省计量院(所)职业技能鉴定工种有长度量具计量检定工、长度量仪计量检定工、衡器计量检定工、电磁计量检定工等。鉴定层次为初、中、高三个技术等级。鉴定收费许可证为赣价证字第 690 号。1997 年，省劳动厅核准的职业技能鉴定许可证编号为 9728032，鉴定专业工种为长度量具计量检定工、长度量仪计量检定工、衡器计量检定工、电磁计量检定工，鉴定等级或类别为初、中、高级。2001 年，省计量所国家职业技能鉴定所机构代码 032，鉴定专业工种为长度量具计量检定工、长度量仪计量检定工、衡器计量检定工、电磁计量检修理工，鉴定级别为初、中、高级。2003 年后，省计量院国家职业技能鉴定所开展电磁计量检定工、衡器计量检定工、长度量具计量检定工、长度量仪计量检定工和热工计量工的职业技能鉴定。2003 年 9—11 月，省计量院国家职业技能鉴定所承担省劳动厅、人事厅委托的技术监督行业职业技能鉴定和技师培训 197 人次，其中技师 18 人，高级工 80 人，中级工 64 人，初级工 35 人。

科研技改

科研项目　完成省部级科技项目 5 项。分别是：2001 年江西计量科技发展对策研究(省级软科学项目)，2002 年 3 月 25 日通过省科技厅组织的评审并备案。2007 年全站仪检定立式金属罐容积、2007 年 12 月基于全站仪检定立式金属罐容积的方法及应用软件的研发、2009 年 12 月农药残毒快速测定仪校准用标准物质及校准方法的技术指标研究、2010 年 11 月汽车制动性能比对试验方法与评价研究。

完成厅局级科技项目 8 项。分别是：2005 年 7 月基于全站仪检定立式金属罐容量方法的研究、2009 年 11 月平直度现场快速检校装置的研制、2009 年 11 月机动车视频测速仪计量校准规范编制、2009 年 11 月立式金属罐容量(全站仪法)地方检定规程编制、2009 年 11 月自动付油计量控制系统地方检定规程编制、2010年污水处理流量计量系统现场校准方法、2010年隧道收敛计检定装置的研制、2010年摩托车路试仪检定装置的开发与设计。

完成院科技项目11项。分别是:2005年仪器收发管理系统、2005年液相色谱数据处理程序、2005年中央空调监控软件、2005年计算机电子签名(防伪)管理系统、2005年GPS车辆定位系统、2008年直线度和平面度数据处理程序、2008年标准振动台配套功率放大器的研制、2008年消防应急灯多参数测试仪、2008年证书/报告集中打印系统、2008年出租汽车计价器检定网络化管理系统、2008年出租汽车计价器检定技术服务网络化管理系统。

科技项目获奖情况 2008年7月17日,省计量院为主要起草单位,戴映云、杨欣、常强为起草人制定的《机动车方向盘转向力——转向角检测仪》(JJF1196－2008)国家计量校准规范荣获省政府2008年度省科技进步奖三等奖。2010年6月28日,省计量院为主要起草单位,戴映云为起草人制定的《透射式烟度计》(JJG976－2010)国家计量检定规程荣获省政府2010年度省科技进步奖三等奖。

技术改造项目 完成省部级技改项目6项。分别是:2004年全自动音速喷嘴式燃气表检定装置(大区国家计量仪器改造专项项目)、2006年二等标准测力机标准装置(大区国家计量测试中心专项项目)、2006年可燃气体和有害气体分析仪及报警器检定装置(国家质检总局技术改造项目)、2007年全站仪(法)立式金属罐检定装置(华东大区国家计量测试中心项目)、2007年温湿度计检定装置(国家质检总局技术改造项目)、2009年交直流电压电流功率表检定装置(国家质检总局技术改造项目)。

完成院技改项目1项。为2004年计量院信息管理系统改造(省经贸委技术改造计划)。

计量检定规程/校准规范 主持、参与制定国家计量检定规程/校准规范8项。分别是:测量仪器可靠性分析,编号:JJF1024－2006;机动车方向盘转向力——转向角检测仪校准规范,编号:JJF1196－2008;便携式动态轴重仪校准规范,编号:JJF1212－2008;汽车侧滑检验台检定规程,编号:JJG908－2009;滚筒式车速表检验台检定规程,编号:JJG909－2009;六氟化硫检测报警仪校准规范,编号:JJF1263－2010;透射式烟度计检定规程,编号:JJG976－2010;烘干法水分测定仪检定规程,编号:JJG658－2010。起草制定江西计量检定规程/校准规范12项。分别是:干式变压器电脑温控仪检定规程,编号:JJG(赣)001－2002;测桩荷载箱检定规程,编号:JJG(赣)002－2008;注射针针尖刺穿力(锋利度)测试仪校准规范,编号:JJF(赣)001－2002;注射器密合性负压试验仪校准规范,编号:JJF(赣)002－2002;连接牢固度测试仪校准规范,编号:JJF(赣)003－2002;电能表现场校验仪校准规范,编号:JJF(赣)004－2004;交直流电表校验仪(装置)校准规范,编号:JJF(赣)005－2004;称量法水分测定仪校准规范,编号:JJF(赣)006－2004;高频电刀校准规范,编号:JJF(赣)007－2004;电线/电缆测长仪校准规范,编号:JJF(赣)008－2004;测温仪表检定仪校准规范,编号:JJF(赣)009－2006;甲醛测定仪校准规范,编号:JJF(赣)010－2007。

技术论文、书籍 2002—2010年间,省计量院发表技术文章和论文共133篇,其中国家级刊物60篇,省级及以下刊物73篇,其中2009年4月15日,《汽油车CO和HC排放浓度超标的影响因数分析》获国家质检总局优秀科技论文奖鼓励奖;编写书籍3本,其中2009年9月,《实验室管理与认可》获省社会科学界联合会第十三次省社会科学优秀成果奖三等奖。

技术装备及技术服务

技术装备　1991—2010 年,省计量所(院)购入 20 万元以上测量设备 14 台(件),原值约 407 万元。2010 年,在用设备 1133 台(件),原值约 1456 万元。

1990 年,省计量所财政拨款为 70 余万元。2003 年,省计量所财政供养 109 人,财政拨款基数为 166.7 万元,从省科委渠道拨付经费;南昌市计量所财政供养 49 人,经费由省质监局全额拨付南昌市质监局转省计量院,拨款基数为 58.3 万元。2010 年,财政拨款为 774.8 万元。

20 世纪 90 年代中期,省计量所检测收入突破 100 万元,90 年代末期,收入达近 200 万元,2002 年收入略超过 200 万元。2003 年,省计量所和南昌市计量所合并为省计量院,其检定测试收入当年达 468 万元。2005 年为 1000 万元,2006 年为 1300 万元,2007 年为 1530 万元,2008 年为 1700 万元,2009 年为 2080 万元,2010 年为 2941 万元。

技术服务　江铃汽车股份有限公司是江西省最大的汽车制造企业,在中国所有汽车制造商中位列第十四位。数十年来,省计量院(所)与该公司一直有着紧密的业务合作,并为其提供优质的服务。1995 年,该公司申请 ISO9000 质量管理体系认证,有一万余台测量设备需要进行检定、校准,获得相关证书。省计量所承担此业务后,积极组织力量,加班加点,按时保质完成任务,帮助该公司顺利通过认证考核,并且还协助该公司建立了对应的测量设备台账,获得好评。省计量所也首次获得一个单位一次性检测收入 42 万元。

2002 年 2 月,省计量所对南昌市区域内的部分定量包装商品生产企业开展定量包装商品净含量国家专项抽查,这是江西省首次承担定量包装商品净含量国家专项抽查任务。

2003 年,"非典"爆发,病毒肆虐,流动人口成为病毒传播的主要路径。为防止病毒入侵,学校、机场、车站等人口流动较大场所都配备红外线测温仪,相关部门设卡对来往人员进行体温检测。为确保各关卡所使用的红外线测温仪测量准确,国家质检总局要求对这些红外测温仪免费进行检测,该院组织热工室检定员,冒着感染病毒的危险,赶赴昌北机场,加班加点检定红外测温仪等测温设备,保证测温仪的准确可靠,为南昌市的"非典"预防工作做出重要的贡献。

2006 年,按照省政府的部署,该院两名副院长带队,组织 50 余名技术人员和民工,在两个月内坚持 24 小时三班倒工作,按时完成 4000 公里线上的 144 个收费站的 446 台动态汽车衡的强制检定任务,为全省公路实行计重收费打下扎实的基础。

2008 年 1 月下旬至 2 月,全省发生极其罕见的雨雪冰冻灾害,面对由此造成的诸多困难,该院想方设法做好计量服务工作。景德镇美菱制冷有限公司急需设备检定证书通过 3C 强制性产品认证,由于路面打滑车辆无法行驶,该院电学室、医疗卫生无线电室、理化室的同志多次折返三上景德镇;电学室同志在赶赴上饶市电力公司的途中被困,他们不畏困难,迂回前进;流量室在接到中石化江西石油分公司对其位于九江市的管道石油库的立式金属罐进行容量检定的申请后,经过 24 小时的长途奔波,爬上近二十米高的露天金属罐罐顶仔细测量。

2009年之前,国内尚无针对污水处理终端排放计量系统现场校准的国家和行业标准方法。为规范污水处理终端排放计量系统的现场校准工作,加强污水处理终端排放计量系统的正常管理,强化政府监管,该院与南昌市污水处理工程公司、洪城水业污水处理公司、青山湖污水处理厂、南昌鹏鹞水务有限公司等单位合作,于2011年编写完成《江西省污水处理流量计量系统现场校准方法》,并付诸实施。该方法带来直接经济效益一年就达到100万元。

2010年,为保证西气东输二线工程正常建成投产,该院工程技术人员克服种种困难完成对江西省天然气有限公司86台双金属温度计、128台管路上耐震压力表的检定工作,满足该公司准确供应天然气的计量需求。

新余钢铁公司是省内高耗能企业之一,节能降耗工作一直深受省领导重视。省计量院技术人员与该公司商定,按标准配备生产涉及的风、水、电、气近300个监测点所需计量器具,并实施周期检定,确保能源计量数据及时、可靠,此举为该公司节约近千万元的运行成本,增加了经济效益。

第五节　江西省标准化研究院

组织机构

江西省标准化研究院(简称省标准化院)为省质监局直属全额拨款事业单位。其前身为江西省技术标准情报所,1990年6月,经省编办《关于设立"江西省技术标准情报所"及其人员编制的通知》批准成立,副处级事业单位,隶属省标准化局领导,内设办公室、文献室、编译室3个副科级机构,定事业编制15名。1991年,共有干部职工8人,其中事业编制职工8人,具有大专以上学历的4人。

1992年12月,中国物品编码中心《关于同意建立中国物品编码中心江西分中心的批复》批复同意省标准局建立中国物品编码中心江西分中心,分中心设在省技术标准化情报所。

1994年5月,省标准局《关于同意筹建江西省条码质量监督检验站的批复》批准筹建成立江西省条码质量监督检验站。

1994年7月,省编办《关于江西省技术标准情报所更名、挂牌的通知》批准省技术标准情报所更名为江西省技术监督信息研究所,并增挂江西省组织机构代码管理中心牌子。更名后,原隶属关系、机构级别、人员编制等暂维持不变。

1996年10月,省编办《关于省技术信息研究所增加编制的通知》批准增加全额拨款事业编制5名,增编后该所事业编制为20名。

1997年4月,省编办《关于江西省技术监督信息研究所机构规格的通知》批准定为正处级事业单位,内设机构为:办公室、文献室、信息研究室、条码管理室、组织机构代码管理室和声像室(微机室)。

2000年,该所共有干部职工20人,其中事业编制职工18人,具有大专以上学历的14人,高级职称人员3人,中级职称人员6人,初级职称人员4人;聘用人员2人。

2001年7月16日,省编办《关于省技术监督信息研究所更名及增挂牌子的通知》批准省技术监督信息研究所更名为江西省标准化研究所,并增挂中国WTO/TBT江西通报咨询中心牌子。

2002年6月,由省标准化院出资成立全民所有制企业江西省标准化信息开发中心,2009年6月,经南昌市工商局批准更名为江西省标准化服务中心。

2005年3月16日,省编办《关于江西省标准化研究所更名的批复》批准省标准化研究所更名为江西省标准化研究院(江西省组织机构代码管理中心,中国WTO/TBT江西通报咨询中心)。

2007年5月,经国家标准委同意,国家标准馆江西分馆成立,分馆落户省标准化院。

2010年,省标准化院分别挂省组织机构代码管理中心、中国WTO/TBT江西通报咨询中心、中国物品编码中心江西分中心、省条码质量监督检验站、国家标准馆江西分馆牌子,有1个企业——省标准化服务中心。共有干部职工37人,其中事业编制职工20人,具有大专以上学历的20人,高级职称人员4人、中级职称人员9人、初级职称人员3人;聘用人员17人,其中具有大专以上学历的11人,中级职称人员3人,初级职称人员2人。

业务范围

1990年6月,省技术标准情报所成立,省标准局的标准情报科相应撤销,该科室承担的标准情报技术工作划归省技术标准情报所。

1991年3月,省技术标准情报所承担的情报管理职能主要是:贯彻国家的科技情报政策,负责全省技术标准情报的宏观协调和指导,负责全省技术标准情报文献的合理布局、情报检索系统的建立以及情报业务统计和培训等,承担中国技术监督情报研究所下达的任务,处理有关业务问题,建立和管理全省技术标准情报网工作。

1992年1月,受省标准局委托管理全省商品条码工作。1992年12月,承担全省物品编码管理工作。1994年5月,承担全省条码质量监督检验工作。1994年7月,承担全省组织机构代码管理工作。2001年6月,受省质监局委托在江西省行政辖区内,依法对组织机构代码、商品条码情况进行执法监督检查。2001年7月,承担全省WTO/TBT研究、咨询与服务工作。

2010年,省标准化院主要职能是提供标准信息与技术服务、标准化研究、企业标准体系建设研究、物品编码管理及应用、WTO/TBT通报咨询服务以及统一信用代码相关工作等。同时,受省质监局委托在江西省行政辖区内,依法对商品条码情况进行执法监督检查。

业务工作

省标准化院自成立以来,通过艰苦奋斗、开拓创新,各项事业取得较大发展。业务范围也由成立之初的单一的标准资料的收集、加工、服务,扩展到标准化研究、标准技术服务、全省组织机构代码管理、全省物品编码管理以及WTO/TBT通报咨询等方面。业务收入由1990年的成立起步发展到2010年的1007.6万元,固定资产达到551万元。

标准化服务工作 省标准化院成立之初,开展的主要工作就是标准文献发行服务工作。之后,加强标准化服务能力建设,基础设施、服务环境和服务手段得到明显的改善,围绕省内企业需求和立业发展方向,确立“主动服务企业,主动服务江西经济”的理念,跟踪市场需求及动向,推进标准化服务创新。建成国内标准题录库数据库,实现标准文献由手工检索向计算机检索的转变。国家标准馆江西分馆和中国标准出版社标准文本数字打印系统江西发行站分别挂牌,斥资近20万元购置全省第一套标准文本数字打印系统,依托国家标准馆和兄弟省市标准化院所开展标准资源共享和标准资源体系建设工作,建立标准化信息服务网络平台,为企业提供多方位的标准化服务,为用户提供快捷、准确、高效的标准信息服务,使用户足不出户就可以快速检索、浏览、下载相关标准,满足全省企事业单位对标准信息的需求,使标准服务的质量、效率和水平都得到极大提高,推动标准服务真正意义上由传统走向现代。

物品编码工作 1992年,中国物品编码中心江西分中心成立,受省标准局委托管理全省商品条码工作,坚持政策推进与市场服务两手抓,以应用研究和应用示范系统建设为基础,不断拓展商品条码应用新领域。同时,深入开展商品条码在企业诚信体系、产品溯源体系建设中的应用研究,自觉地把商品条码工作融入经济社会发展的全局中去推进。商品条码工作从无到有,截至2010年底,全省商品条码系统成员保有量达到3355家,使用商品条码标识的产品超过4万种,采用条码技术进行扫描结算的连锁超市有千余家,使商品条码在零售、物流配送、电子商务、食品安全追溯等国民经济和社会发展的各个领域得到广泛应用。在11个设区市设立条代码管理办公室,成立省条码质检站,初步形成覆盖全省的条码工作服务网络体系。

组织机构代码工作 全省组织机构代码工作于1993年2月开始启动,1994年7月,在省标准化院成立江西省组织机构代码管理中心,承担全省组织机构代码管理工作。1998年3月,省政府令第75号发布《江西省组织机构代码管理办法》,使全省组织机构代码管理工作走上法制化轨道。在工作中,通过加大与有关部门的协调力度,借助全国代码共享平台,大力推进地方代码深层次应用,积极争取更多部门加入到代码应用行列中来。同时,不断加强代码数据质量管理,为质量诚信体系和社会信用体系建设打下坚实基础。截至2010年底,全省累计有31万多个组织机构应用全国统一代码,建立覆盖全省范围的组织机构基本信息数据库,在全省共设有97个代码颁证机构,在11个设区市局设立条代码管理办公室,建立比较健全的工作网络,实现全省组织机构代码数据的网络化、动态化管理,保证全省代码信息的质量和时效性。代码数据库信息已融入到社会、经济管理的人流、物流、金融流和信息流当中,为各行各业进行现代化管理发挥着重要的纽带和桥梁作用。税收征管、银行基本账户管理及贷款管理、三资企业管理、人事信息管理、公安交通车辆管理、出入境管理、社会保险登记管理、海关电子口岸管理、外汇资金管理、基本单位普查、国有资产管理以及质量技术监督等48个部门业务中都在积极使用组织机构代码。

科研开发

1. 标准制修订

2002 年 4 月,参与起草的《江西省归档文件整理规范》地方标准正式发布。

2005 年 9 月,参与起草的《非发酵性豆制品》地方标准正式发布。

2009 年 11 月,起草省地方标准《无公害食品萍乡红鲫》《无公害食品萍乡红鲫养殖技术规范》获得立项。2011 年 2 月 16 日正式发布。

2. 科研项目

2004 年 12 月,自行研发的"脐橙农产品质量跟踪与追溯自动识别技术应用系统""烟花鞭炮产品质量跟踪与追溯系统"项目被列为中国条码推进工程。

2006 年 11 月,自行研发的"江西省组织机构代码证书验证换证自动查询提醒(催办)系统"被评为"十五"期间江西省质监系统科技兴检成果奖二等奖。该项目以普通电话为平台,将智能化语音、软件技术等高新技术综合应用于组织机构代码管理业务处理工作中,能全天候、全方位、远距离、高清晰地进行组织机构代码业务查询、催办,可通过代码数据库信息实时提醒顾客验证、换证,提高代码工作的服务能力和服务水平。

2006 年 11 月,由省标准化院建立的"省主要农产品国内外技术法规与标准数据库"被评为"十五"期间省质监系统科技兴检成果奖三等奖。该数据库包括 7 个信息子库(标准题录库、国外技术法规题录库、农药残留限量指标库、兽药残留限量指标库、有害污染物限量指标库、微生物学限量指标库、江西省地方标准和法规库),包括各类标准 2935 项、技术法规 2858 项、农药最高残留限量指标 57049 项、兽药最高残留限量指标 3616 项、有害重金属和污染物限量指标 1025 项、有害微生物限量指标 277 项、江西省地方标准 70 项、国内及地方法规 16 项。较为全面地覆盖谷类、蔬菜、水果等植物源和动物源性产品,并提供多种检索方式的数据查询。

2006 年 11 月,由省标准化院研发的"气瓶条码安全监察管理系统"被评为"十五"期间省质监系统科技兴检成果奖三等奖。该项目依托安全条码等技术措施,综合运用经济、法律和行政手段,促进气瓶充装、检验单位落实安全责任,规范气瓶充装、检验行为,提高气瓶使用登记率和定期检验率,杜绝充装过期瓶、报废瓶现象,有效防范气瓶事故,促进气瓶充装和检验行业健康发展。

2006 年 12 月,由省标准化院自行研发的"省组织机构代码证书验证换证自动查询提醒(催办)系统"通过国家组织机构代码创新工程项目验收组验收。

2006 年 12 月,由省标准化院承担的"组织机构代码证书验证换证自动咨询提醒服务系统"和"省农产品国内外技术法规和标准数据库"2 项科技项目通过省科技厅组织的专家鉴定。鉴定意见明确提出 2 项课题填补省内空白,分别达到国内领先水平和国内先进水平,具有大力推广的价值。

2009 年 11 月,"省技术性贸易壁垒预警系统建设可行性研究"项目被列为省质监局 2009 年度科技计划项目。该项目通过对全省出口企业遭遇技术性贸易壁垒情况的分析研究,以提升应对国外技术性贸易壁垒的能力,促进外贸出口为目标,建立一系列包括 TBT - SPS 通报、省出口企业和出口产品等信息的基础数据库等,实现质监及相关政府部门和企业、专家的互动和联合,确保出口企业能够有效应对国外技术性贸易壁垒。2012 年 6 月,该项目通过省质监局组织的专家验收。

2009 年 11 月,“省地方标准体系建设研究”被列为省质监局 2009 年度科技计划项目。该项目对省地方标准体系的现状(历史、作用、问题、重点领域体系建设、发展)进行调查和研究,提出整顿和完善省地方标准的原则和措施,对省地方标准将来的发展提供思路和参考依据。2012 年 6 月,该项目通过省质监局组织的专家验收。

2009 年 11 月,“省法人单位基础信息数据库建设”被列为省质监局 2009 年度科技计划项目。该项目着力解决省内存在的法人单位信息共享方面的信息孤岛问题,实现各部门信息系统间的互联互通,整合和统一不同部门的法人单位基础信息,实现信息资源共享,为电子政务其他应用提供权威、充分的法人单位基础数据支持。2012 年 6 月,该项目通过省质监局组织的专家验收。

2009 年 12 月,“我国食物过敏标准化体系建设研究”被列为国家质检总局 2009 年度科研计划项目。该项目通过建立食物过敏标准化体系,加快开展食物过敏源检测技术方法和标准的研究,从法规标准上加强食物过敏的安全管理,对保障人民身心健康安全具有重要的现实意义。2011 年 11 月,该项目通过省质监局组织的专家验收。

技术服务

标准技术服务 1992 年 1 月,设立标准资料发行站,建立各县标准资料发行关系,以满足全省各企事业单位对标准资料的需求。

1992 年 6 月,在景德镇举办 GB/T10300 质量管理和质量保证系列国家标准宣传贯彻会,全省各地、市标准计量局和各网员单位以及省标协团体会员单位人员参加。

1992 年 6 月,与省机械厅联合在南昌举办关税与贸易总协定宣讲会,以帮助全省企业学会按国际贸易的惯例行事,掌握企业在新形势下生存、发展的主动权。

1996 年 5 月,在南昌举办如何建设企业标准体系研讨会,为企业讲述《企业标准化工作指南》等 5 个标准。

1996 年 9 月,在庐山召开华东地区技术监督情报协作网年会,华东网各成员单位参会。

1996 年 10 月,在鹰潭召开全省首届标准情报信息服务研讨会,以提高企业情报人员的业务素质,掌握标准文献的服务方式,提高标准化和信息服务水平。

1999 年 1 月,在南昌召开 ISO9000 系列标准高层学习班,邀请国家质量管理首席专家 GB/T19000 - ISO9000 系列标准的组织起草人陈志田授课,以帮助企业提高市场竞争力,加快质量管理同国际惯例接轨进程。

2000 年 7 月,在上饶召开 2000 版 ISO9000 系列标准高层学习班,邀请 GB/T19000 - ISO9000 系列标准的组织起草人陈志田授课,以帮助省内广大企业和咨询机构熟悉相关内容,做好 2001 年的实施准备工作。

2002 年 10—11 月,对全省各级卫生防疫机构使用的国家标准、行业标准、地方标准进行一次全面的标准有效性确认专项服务活动，以确保卫生防疫机构在工作中依据标准正确、有效。此次，共为26家卫生防疫部门查询标准4663项次，查出作废标准424项次。

2005年11月，建立省标准信息团体会员制，加强与企事业单位之间的信息交流，实现资源共享，及时、快捷、便利地提供标准信息服务。

2006年4月，开展标准资源共享和标准资源体系建设并正式开通标准网络服务系统，为用户提供快捷、准确、高效的标准信息服务，使用户足不出户就可以检索、浏览、获取相关标准。

2007年5月，成立国家标准馆江西分馆，使省内的标准信息资源与国家标准信息资源接轨，实现原有标准信息平台与国家标准馆信息平台的互联和资源共享，为全省各级政府、企事业单位提供优质、便捷的标准咨询、有效性确认和标准研究服务。

2008年7月，投资近20万元建立的全省首套标准文本数字打印系统正式投入使用。该系统可以直接打印中国标准出版社数据库中的标准，彻底解决省内用户购买标准难的现象，降低用户购买标准的成本，加快标准的传递，及时满足省内各行业对正版标准文本的需求。

商品条码服务 1993年7月，在井冈山举办条码技术培训及GB/T19000国家标准宣传贯彻会，帮助企业了解条码知识，严格控制并提高条码印刷质量。

2004年6—9月，开展条码质量市场调查工作，共计调查2026批次产品；在全省范围内开展商品条码的监督抽查和定期监督检验工作，此次监督抽查共抽查200批次产品。

2005年6—9月，在全省范围内开展商品条码质量定期监督检验和监督抽查工作，此次定期监督检验共抽查396批次产品；开展条码质量市场调查工作，共计调查2000批次产品。

2009年9—11月，先后到上饶、九江、抚州市局帮助开展商品条码备案暨条码知识培训，并免费为黄庆仁药栈、华氏大药房等15家连锁药店、商业超市举办商品条码标准宣传贯彻会，为企业宣讲《商品条码管理办法》，并帮助企业解决商品条码使用过程中碰到的技术难题。

2010年4月，与南昌市工商局及西湖区工商局协调，以大型超市为突破口，将全球数据同步（GDS）信息数据平台应用到零售流通领域中，带动制造商、零售商实现数据同步标准化，深化全球贸易项目代码（GTIN）的应用；11月，在医疗卫生领域推广全球统一标识系统，多次与省食品药品监督管理局联系，推广应用自动识别技术实现医疗器械安全追溯（UDI），并在全省110家医疗器械生产厂家参加的培训会上，成功进行国际物品编码组织（GS1）系统与植入性医疗器械追溯管理的案例分析；4—11月，开展质量提升服务进万企活动，上门到企业帮助解决商品条码技术问题，并免费举办条码知识培训班，免费为近100家企业提供产品信息备案服务。

组织机构代码服务 1993年8—12月，在南昌举办四期统一代码计算机人员培训班。

1995年12月，在南昌举办微机人员培训班。

2001年3—4月，为全省外贸、科技等系统所属单位统一办理验证、换证服务。

2001年5—7月，上门为统计部门第二次全国基本单位普查和公安部门车辆管理中使用代码，以及省国税局在新余市试点推行单位代码证书等工作提供服务，并免费提供有关文件、材料，进行代码知识授课。

2002年11月，编写《江西省组织机构代码工作指南》发放到全省各市、县代码办证机构。

2003 年 3 月,编写《全省代码工作质量管理手册》发放到全省各市、县代码办证机构。

2004 年 6 月,研发的组织机构代码自动催办咨询系统在省直办证窗口应用。

2004 年起连续十余年,每年 5 月上门为江西省监狱管理局下属三十余家单位提供集中验证、换证服务。

2008 年 2 月,被中共江西省直属机关工作委员会、江西省妇女联合会评为首届“巾帼文明岗”。

2010 年 8 月,全国组织机构代码心援助江西省救灾款 10 万元,全部用于基层代码办公设备的采购。

2010 年 3 月,被省城镇妇女“巾帼建功”活动协调小组、江西省妇女联合会评为“江西省巾帼文明岗”;11 月,被省总工会评为“江西省工人先锋号”;12 月被省委宣传部、省文明办评为“江西省优化环境服务创业主题实践活动先进集体”。

第六节　江西省锅炉压力容器检验检测研究院

组织机构

江西省锅炉压力容器检验检测研究院(简称省锅检院),前身为江西省锅炉压力容器检验所,1984 年 6 月 4 日,经省编委以《关于成立江西省锅炉压力容器检验所及人员编制的通知》批准建立,原为省劳动厅下属科级事业单位,从事锅炉压力容器检验工作,属于为安全生产服务的公益性单位。

1989 年 11 月 13 日,省编办下发《关于省锅炉压力容器检验所级别的通知》,鉴于省锅炉压力容器检验所负有对各地、市所的技术指导和对全省重大检验项目的组织协调的任务,为适应全省锅炉压力容器安全监察工作的需要,同意省锅炉压力容器检验所定为副处级事业单位。至 1991 年底,省锅炉压力容器检验所共有员工 27 人,其中本科以上学历 17 人,具有中级以上技术职称 11 人。

1993 年 8 月,省编办下发《关于省锅检所更名的通知》,将省锅炉压力容器检验所更名为江西省锅炉压力容器检验研究所(简称省锅检所)。2000 年底,省锅检所有员工 31 人,其中本科以上学历 18 人,具有中级以上技术职称 24 人,其中副高级职称 4 人。

2001 年 6 月,省编办下发《关于省技术监督局稽查大队等 8 家单位成建制划归省质量技术监督局管理的通知》,省锅检所成建制划转到省质监局管理。

2005 年 9 月 13 日,省编办下发《关于省锅炉压力容器检验检测机构和特种设备检验检测机构管理体制和机构编制调整的批复》,省锅检所更名为江西省锅炉压力容器检验检测研究院,内设办公室、计划财务部、总师办、检验一部、检验二部、检验三部、检验四部。主要职责是:根据授权和委托,依法从事承压类特种设备法定检验检测工作和其他工作。改变原南昌市锅炉压力容器检验所、南昌市压力容器检验中心、九江市锅炉压力容器检验所、新余市锅炉压力容器检验所、鹰潭市锅炉压力容器检验所等机构的隶属关系，由当地质监部门管理改为省锅检院管理，并分别更名为省锅检院锅炉检验检测分院、省锅检院压力容器检验检测分院、省锅检院九江分院、省锅检院新余分院、省锅检院鹰潭分院。2007 年 6 月，省编办下文《关于省锅炉压力容器检验检测研究院锅炉分院和容器分院合并并更名的批复》，省锅检院锅炉检验检测分院和容器检验检测分院合并组成省锅检院南昌分院。

省锅检院南昌分院、九江分院、鹰潭分院、新余分院分别是省锅检院设在南昌市、九江市、鹰潭市、新余市行政区域内从事锅炉压力容器压力管道检验的分支机构。至 2010 年底，省锅检院有员工 178 人，其中本科以上学历 78 人；具有中级以上技术职称 70 人，其中正高级职称 2 人，副高级职称 33 人。

业务范围

省锅检院 1991 年分别通过劳动部、江西进出口商品检验局和省技监局的检验资格认可和计量认证；1992 年又经省经委认证为省锅炉压力容器质量检测中心。

1991 年 8 月，省锅检所具体工作范围和任务是：对 A、B、C、D 级锅炉制造厂和三类压力容器产品进行安全性能的监督检验；对进出口锅炉压力容器产品进行安全性能的监督检验；协助各地、市解决在用锅炉压力容器检验过程中的疑难问题；解决各地、市无力完成的在用锅炉压力容器定期检验项目等。

1992 年 3 月，省劳动厅同意省锅检所和鹰潭市锅检所联合承担贵溪化肥厂 5000 立方米液氨球罐首次开罐检验任务，并由省锅检所出具检验报告。

1993 年 1 月，省劳动厅同意授权省锅检所对国营人民机械厂生产的无缝气瓶产品安全质量实行监督检验。

1993 年 8 月，省劳动厅同意省锅检所对南方工业锅炉厂制造的锅炉产品、新余市锅检所对江西第二化肥厂制造的一、二类压力容器产品，鹰潭市锅检所对铁道部鹰潭压力容器厂、中国有色四建机修厂制造的一、二类压力容器产品实行安全质量监督检验。

2000 年 7 月，省劳动厅同意省锅检所对省火电公司压力容器厂 A 级锅炉扩散件产品实行安全质量监督检验。同时开展锅炉热工测试、压力管道检验、球罐安装监检、医用氧舱检验和超高压水晶釜检验等新业务。

2001 年 12 月 6 日，省锅检所获准从事以下 17 项检验工作：额定蒸汽压力大于 2.45MPa 的在用蒸汽锅炉检验；第一、二类在用压力容器检验；第三类在用压力容器检验；在用汽车罐车检验；在用铁路罐车检验；超高压容器检验；在用医用氧舱检验；在用压力管道检验；额定蒸汽压力大于 2.45MPa 的蒸汽锅炉安装安全质量监督检验；B、C、D 级锅炉制造厂产品安全质量监督检验；A 级锅炉制造厂产品安全质量监督检验；第一、二类压力容器制造厂产品（含现场组装）安全质量监督检验；第三类压力容器制造厂产品（含现场组装）安全质量监督检验；气瓶制造厂产品安全质量监督检验；医用氧舱监督检验；压力管道安装安全质量监督检验；进出口锅炉压力容器安全性能监督检验。

2003年,省交通厅、省质监局联合下文《关于加强对道路危险化学品运输槽罐车辆管理的通知》,全省道路危险化学品运输槽罐车辆的常压容器(罐车)需经省质监局授权认可的省锅检所检验合格后出具《汽车罐车常压容器检验合格证》进行检验登记并注明下次检验日期。

2006年3月,国家质检总局《关于公布第二批特种设备行政许可鉴定评审机构名单的公告》(2006年第28号)确定122家单位为第二批特种设备行政许可鉴定评审机构,省锅检所为其中之一。确认项目为:一、设计:压力容器D级;二、制造:1. 锅炉D级,2. 压力容器D级,3. 压力管道元件B级;三、安装改造:1. 锅炉,2. 压力容器,3. 压力管道GB类,GC类(限GC2、GC3级);四、检验检测机构:气瓶检验。

2006年8月28日,省锅检院检验检测项目有:额定蒸汽压力大于22MPa的蒸汽锅炉监督和定期检验;额定蒸汽压力小于等于22MPa的蒸汽锅炉监督和定期检验;额定蒸汽压力小于等于9.82MPa的蒸汽锅炉监督和定期检验;热水锅炉、有机热载体锅炉、额定蒸汽压力小于等于2.45MPa的蒸汽锅炉监督和定期检验;超高压容器定期检验;球型贮罐、氧舱监督和定期检验;第一、二、三类压力容器监督和定期检验;铁路罐车、汽车罐车(低温、罐式集装箱等)定期检验;长输(油气)管道、公用管道、工业管道和管道元件监督和定期检验;进出口锅炉、压力容器、气瓶监督检验;锅炉介质、安全阀定期检验;气瓶监督检验;压力表检定;危险化学品包装容器、运输槽罐检验;锅炉热工测试;金属材料及制件的无损检测;特种设备作业人员培训;其他委托项目。

2006年12月21日,经省质监局进一步明确全省特种设备检验检测业务授权,省锅检院(含分院)检验工作范围为:

表10-2-1 省锅检院(含分院)检验工作范围

核准项目代码	检验项目	分工范围
GJ2、GD2	额定蒸汽压力小于等于22MPa的蒸汽锅炉	产品安全性能监督检验:全省A级锅炉制造厂 安装监督检验:全省范围大型电站锅炉(名单附后) 定期检验:南昌、九江、鹰潭、新余、上饶、景德镇、赣州、抚州市辖区内(行业检验所承担范围除外)
GJ3、GD3	额定蒸汽压力小于等于9.82MPa的蒸汽锅炉	产品安全性能监督检验:全省A级锅炉制造厂 安装监督检验(含修理改造监督检验):全省范围大型电站锅炉(名单附后),南昌、九江、鹰潭、新余、上饶、景德镇、赣州、抚州市辖区内 定期检验:南昌、九江、鹰潭、新余、上饶、景德镇、赣州、抚州市辖区内(行业检验所承担范围除外)
GJ4、GD4	热水锅炉、有机热载体炉、额定蒸汽压力小于等于2.45MPa的蒸汽锅炉	产品安全性能监督检验:全省B级锅炉制造厂,南昌、九江、鹰潭、新余市辖区内C、D级锅炉制造厂 安装监督检验(含修理改造监督检验):南昌、九江、鹰潭、新余市辖区内该类设备检验(铁路系统行业检验机构负责的除外) 定期检验:同上(行业检验单位负责的除外)
RD1	超高压容器	定期检验:全省范围内

续表

核准项目代码	检验项目	分工范围
PJ1	无缝气瓶（B1）焊接气瓶（B2）	产品安全性能监督检验:全省范围内气瓶制造厂
RJ2、RD2	球罐	产品安全性能监督检验:全省范围内球形储罐现场组焊或球壳板制造 修理改造监督检验:南昌、九江、鹰潭、新余市辖区内 定期检验:同上
RJ3、RJ4	第一、二、三类低、中压容器（A2）铁路罐车（C1）;汽车罐车（C2）;罐式集装箱（C3）	产品安全性能监督检验:全省范围内A、B、C级压力容器制造厂（含A、B级锅炉制造厂具备D级压力容器制造项目的），南昌、九江、鹰潭、新余市辖区内D级压力容器制造厂 安装监督检验（含修理改造监督检验）:南昌、九江、鹰潭、新余市辖区内该类设备检验（铁路系统行业检验机构负责的除外） 修理改造监督检验:液化气体汽车罐车、罐式集装箱、低温罐车
RD3、RD4	第一、二、三类压力容器	定期检验:南昌、九江、鹰潭、新余市辖区内（自检单位、行业检验单位负责的除外）、全省范围内医用氧舱附属的一、二类压力容器,加氢反应器、高压氢气瓶、高压氮气瓶 定期检验:南昌、九江、鹰潭、新余市辖区内（自检单位、行业检验单位负责的除外）、全省范围内医用氧舱附属的一、二类压力容器,加氢反应器、高压氢气瓶、高压氮气瓶
RJ5、RD5	医用氧舱	产品安全性能监督检验:全省范围内 安装监督检验（含修理改造监督检验）:全省范围内 定期检验:全省范围内
RD6	铁路罐车	定期检验:仍按原铁道部分工范围
RD7	汽车罐车（低温、罐式集装箱）	定期检验:全省范围内液化气体汽车罐车、罐式集装箱（赣州市除外），全省范围内低温罐车
KJ1	进出口锅炉、压力容器、气瓶	产品安全性能监督检验:全省范围内
DJ1、DD1	长输管道	安装监督检验（含修理改造监督检验）:全省范围 定期检验:全省范围
DJ2、DD2	公用管道	安装监督检验（含修理改造监督检验）:全省范围 定期检验:全省范围

续表

核准项目代码	检验项目	分工范围
DJ3、DD3	工业压力管道	安装监督检验(含修理改造监督检验):GC1 级工业压力管道;全省范围大型发电厂(名单附后);上饶市辖区内(级别不限,暂授权),南昌、九江、鹰潭、新余市辖区内;全省范围内安装工程长度 5 公里以上的 GC2、GC3 级压力管道 定期检验:GC1 级工业压力管道(同时覆盖该企业的 GC2、GC3 级压力管道);全省范围大型发电厂(名单附后);上饶市辖区内(级别不限,暂授权),南昌、九江、鹰潭、新余市辖区内
DJ4	管道元件	产品安全性能监督检验:全省范围内管道元件制造厂
FD1	安全阀	定期检验:院本部所检设备的安全阀,南昌、九江、鹰潭、新余市辖区内安全阀校验
JJ1、JJ2	锅炉介质	定期检验:南昌、九江、鹰潭、新余市辖区内锅炉水质分析

说明:大型电厂:南昌发电有限公司、分宜发电有限公司、景德镇发电有限公司、贵溪第一发电有限公司、国电九江发电厂、华能国际电力股份有限公司井冈山电厂、丰城发电有限责任公司、新余发电有限责任公司、赣能萍乡发电厂、贵溪发电有限公司、国电黄金埠发电有限责任公司

2009 年 12 月,省锅检院被国家质检总局批准为第一批在用工业锅炉能效测试机构。

2010 年 9 月,省锅检院经过特种设备检验机构核准后,共有特种设备检验资格 31 项,包括:额定蒸汽压力小于等于 22MPa 的蒸汽锅炉监督检验和定期检验;额定蒸汽压力小于等于 9.82MPa 的蒸汽锅炉、热水锅炉、有机热载体锅炉监督检验和定期检验;额定蒸汽压力小于等于 2.45MPa 的蒸汽锅炉监督检验和定期检验;超高压容器定期检验;球型贮罐监督检验和定期检验;第三类压力容器监督检验和定期检验;第一、二类压力容器监督检验和定期检验;氧舱监督检验和定期检验;铁路罐车定期检验;汽车罐车(含低温、罐式集装箱)定期检验;长输(油气)管道监督检验、定期检验(增项);公用管道监督检验和定期检验;工业管道监督检验和定期检验;管道元件监督检验;进出口锅炉、压力容器、气瓶、压力管道元件监督检验;发电锅炉的水质定期检验;额定工作压力小于等于 2.5MPa 锅炉的水质、有机热载体炉的介质定期检验;各类气瓶监督检验;安全阀定期检验。

科研工作

省锅检院大力实施“科技兴检”战略,提升技术能力。以特种设备检验检测、无损检测为依托,围绕特种设备在线监测与故障诊断、电磁检测技术研究、超声检测技术研究、射线检测技术研究等方面的优势和特色,在科研和工程技术开发中,立足行业,立足江西,面向全国。多年来省锅检院与中国特种设备检测研究中心、华中科技大学、南昌航空大学、南昌大学、江西铜业公司、中石化九江分公司等科研院所、国有大型企业进行密切的科研合作,建立相对稳定和良好的科研协作关系。

1991 年以来,省锅检院采取多种形式提高人员素质,例如:(1)送出去,1999 年有 26 人次参加

国家劳动部、国家质监局和省厅等部门举办的学习考核班，送两名人员到西安交通大学深造；(2)组织举办技术讲座，讲授新技术、新标准，碰到具体技术问题及时召开技术分析会；(3)鼓励职工积极撰写论文；(4)定期举办锅炉压力容器技术规范考试，并在考试后组织职工对试题进行研讨，以加深大家对锅炉压力容器技术规范的理解和应用；(5)组织技术人员利用双休日在江西师大外语系参加英语口语和听力强化班学习，提高技术人员的外语水平；(6)进一步加强对外交流，组织专业技术人员到兄弟检验单位考察学习，以丰富检验人员检验经验。

同时，省锅检院成立学术委员会，邀请行业内多名专家对院内的科研工作进行指导，鼓励科研工作的开展，提高检验人员的科研能力，并规定凡检验检测人员每年都可以申请科研项目立项，对批准的项目，在科研经费、项目环境等方面提供支持。成立"在用超高压水晶釜超声波检测"技术攻关小组进行技术攻关，解决水晶釜检验的技术难题。

2001 年，省锅检院组织优秀青年工程技术人员参加国家质检总局科技基金立项竞选工作，其中《磁记忆诊断技术在锅炉压力容器检测中的应用研究》项目获国家质检总局青年科技基金，此项目经小组成员历时两年多的艰苦探索，并在省内数百台电站锅炉、超高压水晶釜、铁路罐车、大型球罐检验现场反复验证，取得令人满意的成果，并获得 2004 年度省科学技术进步奖三等奖。认真组织 2001 年技改项目的遴选申报工作，"关于在用球罐检验使用声发射检测技术的更新改造"项目获国家质检总局批准立项，有力推动声发射检测技术在省大型承压设备检验中的应用，保证省特种设备的安全运行。

2007 年 12 月 21 日，经省政府、省科技厅批准依托省锅检院组建省无损检测工程技术研究中心，这是江西省第一家省级无损检测工程技术研究中心。

2009 年 5 月，由国家质检总局立项的科研项目"大型储油罐安全检测技术与评价方法研究"获得 2008 年度省科学技术进步奖三等奖。

2009 年 4 月，与中国特检院等单位合作的科研项目"大型储罐群安全检验技术体系研究和工程示范"获得中国职业安全健康协会 2009 年科学技术奖一等奖，2010 年 5 月，该项目获得国家质检总局 2009 年度科技兴检奖一等奖。

2009 年 11 月 5 日，经省教育厅和省学位办专业评审后立项、由省锅检院与南昌航空大学共建的研究生创新基地，是江西立项建设的第一批 12 个研究生教育创新基地之一。省锅检院有 4 人分别被聘为南昌航空大学、南昌大学硕士研究生导师。

2010 年 11 月，与中国特检院等单位合作的科研项目"金属压力容器和常压储罐声发射检测及安全评价技术与应用"获得 2010 年度国家科学技术进步奖二等奖。

至 2010 年，省锅检院有一项科技项目获得国家科技进步奖，两项科技项目获得江西省科技进步奖，两项科技项目获得省部级科技奖。仅在"十五"期间省质监系统科技兴检成果奖评选过程中，省锅检院的科研成果就获得一项一等奖、三项二等奖、两项三等奖。

技术装备及技术服务

省锅检院规定每年在年总收入中提取 10% 以上的资金作为采购基金，主要用于检验仪器设备添置和工作设施改造。

1991 年,省锅检院共有检测设备 28 台,固定资产 87.44 万元,检验收入 51.06 万元。2000 年,配置检测设备 49 台,其中 10 万元以上的设备 2 台,拥有固定资产 481.39 万元。

2000 年,省锅检院的工作重心是对在用设备进行检验:一是做好江西、福建、浙江 3 省的在用铁路罐车大修、中修检验和综合技术评定工作,共检验铁路罐车 117 辆;二是对昌北新机场输油管路进行监检,查出其安装时的安全隐患,并妥善处理;三是对九江石化总厂 2 台新安装的大型球罐进行安装检验;四是积极配合全国液化石油气钢瓶制造质量专项治理,并受万载县技监局和庐山区技监局委托,对市场抽查钢瓶进行检测;五是受南昌市三康食品厂委托完成其在用锅炉技术监测,受泰和浸胶厂委托完成对其锅炉事故检验。六是对四〇九库和万安水晶厂在用超高压水晶釜的检验,填补省内该项检验空白,其检验技术达全国先进水平。七是开展在用氧舱的安全检验,督促用户单位整改,以确保使用安全。2000 年,省锅检院共检锅炉产品 202 台,压力容器产品 459 台,液化石油气体汽车罐车 102 辆,无缝气瓶 34370 只,出口压力容器 4 台,出口无缝气瓶 495 只,检验收入共 126.81 万元。

在认真做好产品监检工作的同时,省锅检院也加强对受检厂质保体系的巡回检查,坚持把国家规定每半年检查一次的要求提高到每月检查一次。检查结果的判定严格按照上报国家质检总局报表的有关要求,对存在问题的受检厂及时发出监检工作联络单,监检意见书等,限期督促整改。

2001 年,省锅检院配置检测设备 55 台,其中包括德国铁素体测定仪,日本便携式金相仪,便携式硬度计,光纤内窥镜,数字式超声波探伤仪,3005 型 X 射线探伤机等检测设备。江西有超高压水晶釜 600 多台,是全国水晶釜数量最多的省份之一,然而水晶釜生产环境恶劣,且属腐蚀性介质,检验难度大,当时国内并没有与之配套的有关检验技术标准,检验项目、方法和条件均缺少完整性和明确性,致使水晶釜检验定检率为零,成为全省安全生产的重大隐患之一。为解决这一技术难题,省锅检院投入 83 万元购置声发射仪及其配套(如数字超声仪和射线机等)的先进设备,并与高校联合成立科研攻关组,以江西水晶厂、江西晶体建材厂等国有龙头企业为突破口,在全国率先开展水晶釜定检工作,为水晶企业的安全生产提供保障。

2001 年,省锅检院通过采用金相分析、电子显微术、电化学试验、材料力学性能试验、温度场测试、应力分析等综合分析技术,对水晶釜的失效模式有全面的了解。在此基础上,开展对全省超高压水晶釜的定期检验工作,特别是对易于失效的台阶等关键部位,采用外壁超声波结合高清晰度内窥镜检测相结合的方式,大大提高缺陷检出率,确保超高压水晶釜的安全运行。

2003 年,省锅检院组织开展全省低温容器检验。低温绝热容器由于其结构为全封闭真空夹层容器,介质为低温液体,内胆无法直接进入检验。同时,当时相应的检验规范、规程不明确,实际检验的操作性不强,也给定期检验工作带来一定的难度。省锅检院对低温容器运行中影响安全的因素进行系统的分析,确定重要环节及关键因素检验的内容、方法,使省内的低温容器检验走在全国的前列,成为全国最早开展低温容器检验的单位之一。

2004 年,省锅检院开展全省危险化学品常压容器检验。江西有运送液体危险化学品常压罐车 1000 多台,罐车运输汽油、柴油、机油、甲醇、甲醛、乙醇、硫酸、盐酸、氢氧化钠、双氧水、氨水等,具有易燃易爆、有毒有害、腐蚀性强的特点，在人口密集城市的道路上运输，随时威胁着人民群众的生命财产安全和生态环境。危险化学品引发的事故时有发生，有的在社会上造成较大影响。省锅检院依据国家质量检验检疫总局、铁道部、公安部、交通部、国家安全生产监督管理总局联合发出的《关于开展危险化学品罐车专项检查整治工作的通知》，制定危险化学品常压容器检验细则，在全省开展常压容器检验。

2004 年，省锅检院运用先进的检测设备开展南昌生米大桥钢管拱钢结构检测。2004 年 9 月 6 日，中央电视台《焦点访谈》栏目以“患病的高炉”为主题播出南昌钢铁有限责任公司 4 号高炉煤气泄漏产生安全隐患的节目报道。南钢 4 号高炉是国家投资 1.4 亿元新建的核心生产设备，2004 年 8 月 4 号，高炉外壳产生裂纹，高炉煤气泄漏，致使高炉停产，造成日减产 1500 吨生铁的巨大损失，同时影响炼钢转炉的正常生产。省政府领导为此做出重要批示：要尽快消除隐患，恢复生产。虽然高炉不属特种设备，当企业焦急万分之时，受企业委托，省锅检院临危受命赶赴现场，运用先进的检测技术在高炉上连续工作三昼夜，无偿对高炉裂纹部位挖补和底部外围加固的焊缝进行无损探伤，高质量完成检验工作，极大地缩短高炉的修复进程，使高炉在最短的时间内恢复生产。

从 2005 年 9 月开始，省锅检院采用超声导波、超声波检测、TOFD 法等检测技术对中国海洋石油公司、美国康菲公司、美国戴文能源公司等在南海的海上采油平台上的管道、压力容器腐蚀类缺陷成功进行在线检测。特别是首次运用导波技术对中海油的惠州至番禺海底输油管线项目的在制压力管道进行检测，开创中国导波技术应用的先例。

至 2005 年 11 月，省锅检院拥有 88 台总价值约 405 万元的检测设备，10 万以上的设备 4 台，其中有 10 通道数字超声仪、36 通道声发射检测仪、4 通道俄罗斯的应力集中磁检测仪、比利时的 X 射线仪、美国的硬度仪和测厚仪、德国的裂纹测深仪、日本金相检测仪等。2005 年，省锅检院共监检锅炉 300 台；压力容器 720 台；无缝气瓶 12 万只；大于 50 立方米球罐 1 台；压力管道安装监检 8000 米；压力管道定检 30000 米；锅炉定检 3 台。检验医用氧舱 62 台；铁路罐车 116 台；汽车罐车 74 台；超高压水晶釜 300 台；危险化学品汽车常压罐车 1100 台。对江西晨鸣纸业集团 2 台 240 吨/时电站锅炉、贵溪电厂的 300MW 锅炉机组、亚东水泥厂的 4 台进口锅炉、分宜电厂的电站锅炉进行检验。

2006 年，全院有各类检测仪设备 509 台(套)，其中 10 万以上 10 台。2006 年 10 月 18 日，温州特种设备检测中心来江西求援，希望江西省锅检院派出精干检验人员去温州市参加其特种设备“百日大战”。省锅检院在年底自身任务十分繁忙的情况下，派出检验师队伍支援温州同行。到温州后，他们对温州市约 4000 台锅炉进行定期检验。

福建炼油乙烯一体化是一个投资 330 多亿元的世界级的一体化炼油化工大项目，由福建炼化、沙特阿美海外公司和美国埃克森美孚(中国)石油化工有限公司投资兴建。2008 年 2 月，省锅检院接到福建炼油乙烯项目——4300 单元 PMI 检验中标及开工通知书，这标志着省锅检院在检测技术服务领域迈进国内先进水平的行列。

从 2009 年开始，省锅检院组织技术骨干在江铜集团贵冶铁路编组站对企业危旧铁路罐车罐体进行以无损探伤为主的内外部检验。已检测的 210 台硫酸罐车，有 167 台经检测修复后得到使用。在为企业消除安全隐患的同时，挽回直接经济损失 1000 多万元。

2010年,省锅检院在做好法定检验工作的同时,把工作重心转移到国家、省重点工程项目的服务上。省锅检院承担省重点建设工程——江西省天然气管网工程一期工程九江至南昌段、景德镇、丰城、高安段近200公里输气管道的安装监检工作以及省内的其他重点工程检测项目如九江石化、江西铜业集团、南昌钢铁厂、新余钢厂以及洪都集团等大型国企的锅炉压力容器检验检测工作。

2010年5月11日,《江西日报》要闻版第四版以"挑战国外权威　挽回经济损失"为题,对省锅检院的事迹进行报道;2010年9月16日,《中国质量报》用半个版的篇幅,以"十年磨一剑的江西省锅检院"为题,报道近年来省锅检院科技兴检、优质服务、文化强院,为社会撑起安全生产一片蓝天的事迹。

至2010年9月,全院检验仪器设备采购费为1474万元,投入资金占总检验收入的11.58%。至2010年底,拥有固定资产4154.85万元,检验收入4276.57万元,各类检测仪器设备共737台(套),10万以上25台,其中有加拿大远场涡流管线内外壁腐蚀检测系统、以色列超声C扫描仪、便携式定量光谱仪、合金分析仪、36通道声发射检测仪、英国埋地管道外防腐层检测仪、高温测厚仪、超高压耐压试验设备、10通道数字超声仪、工业电子视频内窥镜、4通道俄罗斯的金属磁记忆诊断仪、3005型X射线仪、美国的硬度仪和测厚仪、德国的裂纹测深仪、日本金相检测仪、现场金相显微分析仪、1.054铁素体含量测量仪、全站仪等先进设备。开展国电黄金埠电厂600MW发电机组锅炉安装监检、"九昌樟"输油管道的检验工作。

第七节　江西省特种设备检验检测研究院

组织机构

江西省特种设备检验检测研究院(简称省特检院),前身为江西省劳动安全卫生检测中心站。1986年4月,为贯彻国务院《关于加强安全生产和劳动安全监察工作的通知》精神,根据劳动人事部《关于建立劳动安全卫生检测站通知》要求,省编委批准在省劳动厅下属省劳动保护教育中心内设立江西省劳动安全卫生检测中心站,负责全省劳动保护、劳动安全卫生检测检验任务。省劳动安全卫生检测中心站于1986年筹建,主要职责是:电梯、起重机械、厂内机动车辆、游艺机和游乐设施、客运索道、安全技术检验和劳动卫生检测,是第三方的检测检验机构。

1989年6月5日,省编委批复省劳动保护教育中心增设矿山安全技术服务科,对外称省矿山安全卫生技术支援中心,从事全省矿山电梯、起重机械、矿用提升机、矿灯、矿山呼吸性粉尘等检测检验工作。

1991年,省劳动厅要求全省劳动安全卫生检测中心站严格按规定的范围及项目从事包括特种生产设备安全性能的检测检验在内的职业安全卫生检测检验。

1992年6月20日,为加强省矿山呼吸性粉尘监测工作,减轻矿山粉尘危害,省编委同意成立省矿山呼吸性粉尘监测中心,与省劳动保护教育中心合署办公,两块牌子,一套人员,并在省劳动保护教育中心内增设矿山呼吸性粉尘监测科，另增事业编制10名。

1994年，省技监局批复同意省劳动厅所属的省劳动安全卫生检测中心站内设置省劳动防护用品质量监督检验中心站，该站与省劳动安全卫生检测中心站两块牌子、一套人员，合署办公。

1994年8月8日，按照劳动部《关于对全国起重机械情况进行普查的通知》要求，省劳动安全卫生检测中心站对全省起重机械情况进行普查，加强对起重机械的安全管理。

1996年5月20日，省劳动安全卫生检测中心站依据《中华人民共和国劳动法》《矿山安全法》《江西省劳动保护暂行条例》及有关法规的授权和规定，对全省境内企事业单位使用的特种生产设备、劳动安全卫生设施、矿用设备、仪器及劳动防护用品等安全性能实施监督检测检验，为全省劳动保护及安全监察工作提供科学依据。

1996年5月27日，随着形势的发展，省劳动防护用品质量检测中心站下设的3个分站均已取消，全省劳动防护用品质量检测的业务都已集中在省站进行，鉴于省劳动安全卫生检测中心站的业务范围不仅是对防护用品进行检测，同时也对全省生产和使用的特种劳动安全产品（如起重机械、矿用绞车、游艺机等）进行检测，为使站内的检测工作能名副其实，便于管理，省技监局批准将原省劳动防护用品质量监督检验中心站更名为江西省劳动安全产品质量监督检验站，该站和省劳动安全卫生检测中心站两块牌子、一套人员，合署办公。

1997年3月21日，为加强省劳动安全卫生检测检验机构的正规化建设，适应市场经济需要，要求各地市劳动安全卫生检测检验站在现有基础上，积极创造条件，按照1997年目标管理的要求，年底前完成检测检验机构资格认证。凡1997年未认证的检测检验机构，1998年不得从事劳动安全卫生检测检验工作，当地检测检验任务由省劳动厅组织已取得资格认证的检测检验机构实施。

1998年9月8日，为进一步加强特种设备（包括起重机械、电梯、厂内机动车辆、架空索道、防雷装置、漏电保护器等）和特种作业人员的安全管理，省劳动厅确定，自1998年起各单位特种设备的安全监察由省劳动行政部门直接管理，其中检测检验工作由省劳动安全卫生检测中心站或经省劳动行政部门认可的行业检测站组织进行。

2000年8月，根据省委、省政府关于机构改革"三定"方案的决定，按照职能划转、人随职能走的原则，省劳动厅下属单位省劳动保护教育中心的内设机构省劳动安全卫生检测中心站划入省质监局。

2001年6月28日，省编办《关于同意成立江西省特种设备检测检验中心的通知》批准成立江西省特种设备检测检验中心（简称省特检中心），为省质监局副处级事业单位，核定全额拨款事业编制9名。至2001年底，省特检中心共有人员20人，其中高级职称3人、中级职称7人、助理职称1人、其他持证人员9人。省特检中心2002年人员增至34人，其中中级职称新增2人、助理职称新增1人、其他持证人员新增11人。

2004年4月20日，经省质监局党组研究决定，为做大做强全省特检事业充分发挥区域优势，决定将南昌市质监局特种设备监督检验中心并入省特检中心。至2004年底，省特检中心共有人员74人，其中高级职称6人、中级职称13人、助理职称11人、技术员10人、其他持证人员34人。

2005年9月13日，根据省编办《关于省锅炉压力容器检验检测机构和特种设备检验检测机构管理体制和机构编制调整的批复》,将省特检中心更名为江西省特种设备检验检测研究院,内设办公室、总师办、检验一部、检验二部、检验三部。南昌市特种设备监督检验中心成建制并入省特检院,改变原九江市劳动安全卫生检测站、新余市劳动安全卫生检测站、鹰潭市劳动安全卫生检测站等机构的隶属关系,由当地质监部门管理改为省特检院管理,并分别更名为江西省特种设备检验检测研究院九江分院、江西省特种设备检验检测研究院新余分院、江西省特种设备检验检测研究院鹰潭分院。

2009 年,省特检院办证大厅在省委宣传部、省文明办开展的全省窗口行业“优化发展环境　提升服务效能”实践活动中,获得全省窗口行业先进单位称号。10 月 27 日,省 5 家新闻媒体集中对省特检院办证大厅进行采访(《江西日报》、江西省广播电台新闻中心、江西电视台、《江南都市报》、江西文明网),并先后刊登相关报道。省文明办主办的《江西精神文明建设》“优化发展环境　提升服务效能”实践活动专辑第三期刊登省特检院优质服务先进事迹。

2010 年 9 月,国家质检总局授予省特检院“科技兴检先进集体”(2005—2010 年,5 年一次)。至 2010 年底,省特检院多次获得省质监局、省质监局党组等单位授予的各项工作先进称号。

至 2010 年底,省特检院共有人员 91 人,其中高级职称 11 人、中级职称 15 人、助理职称 29 人、技术员 14 人、其他持证人员 22 人。

业务范围

1991 年 1 月 2 日,根据《江西省劳动安全卫生检测检验站管理办法实施细则》的规定,为加强对全省劳动部门职业安全卫生检测检验的管理,确保检测检验的质量,省劳动厅将全省劳动部门各劳动安全卫生检测检验站从事职业安全卫生检测检验的范围及项目暂作如下划分。省劳动安全卫生检测检验中心站负责客货两用以上各类载人电梯,单梁、双梁、门式起重机等安装后使用前的检验;20 吨以上(含 20 吨)起重机的年检及大修后的检验;客货两用以上各类载人电梯(南昌、景德镇两市除外)的年检及大修后的检验;南昌、景德镇市 10 层以上(含 10 层)各类载人电梯及 9 层(含 9 层)以下直流、交调及微电脑控制的电梯的年检及大修后的检验。南昌市、景德镇市劳动安全卫生检测检验站负责升降机、杂物电梯、简易起重机、电动葫芦等起重设备安装使用前检验、年检及大修后检验;20 吨以下(不含 20 吨)起重机的年检、大修后的检验;10 层以下(不含 10 层)各类载人电梯(起重交调、直流、微电脑控制电梯除外)的年检及大修后检验。九江市、萍乡市、鹰潭市、新余市、上饶地区、抚州地区、赣州地区、吉安地区、宜春地区等地市劳动安全卫生检测检验站负责升降机、杂物电梯、简易起重机、电动葫芦等起重设备安装使用前的检验、年检及大修后检验;20 吨以下(不含 20 吨)起重机的年检、大修后的检验。

1992 年 10 月 8 日,省劳动厅要求省劳动安全卫生检测检验中心站加强电梯、起重机械安全管理,并下发《江西省起重机械制造单位安全认可考核标准》《江西省起重机械安装维修单位安全认可考核标准》《江西省电梯安装修理单位安全认可考核标准》,要求按标准进行检测检验工作,使电梯、起重机械安全管理工作规范化、制度化,提高产品制造、安装、维修质量,促进安全生产。

1992 年 10 月 23 日，根据劳动部《职业安全卫生检测检验站管理办法》有关精神，由省劳动行政部门，从 1992 年 11 月开始至 1993 年 12 月底，对省劳动安全卫生检测检验中心站，按所开展的检测检验项目逐项进行资格认证。进一步搞好职业安全卫生监察工作，加强对检测检验工作的领导，促进检测检验站健康发展。

1993 年 8 月 8 日，省劳动厅对《关于试行〈江西省劳动安全卫生检测项目暂行收费标准〉的通知》中部分项目收费标准提出修改补充意见，对新增加的职业安全卫生检测检验项目也提出收费标准，其他项目及收费标准仍按《通知》要求执行。此次涉及调整收费项目有省自动扶梯安装验收安全检测收费标准（共 15 项）、省劳动保护用品检测检验收费标准（共 22 项）、省特种生产设备驻厂监检和劳动防护用品监制收费标准（共 3 项）、省进出口特种生产设备和劳动防护用品检测检验收费标准（共 2 项）、省劳动保护培训、图纸审批、咨询、事故技术鉴定费收费标准（共 6 项）。

1996 年 5 月 20 日，根据《中华人民共和国计量法》《中华人民共和国标准法》《中华人民共和国产品质量法》的有关规定，为进一步加强省劳动安全卫生检测工作的法制化管理，省技监局批准对省劳动安全卫生检测中心站实施计量认证（特种生产设备、劳动卫生、防护用品、矿用设备、游乐设施）和产品质量检测检验资格认证（特种生产设备、防护用品）。

1996 年 6 月 3 日，省劳动厅经过多次调查研究并参照兄弟省、市经验的基础上，修订《江西省劳动安全卫生检测项目收费管理办法》《江西省劳动安全卫生检测项目收费标准》，取代《江西省劳动安全卫生检测项目暂行收费标准》。

1998 年 9 月 8 日，省劳动厅确定，各单位特种设备的安全监察由省劳动行政部门直接管理，其中检测检验工作由省劳动安全卫生检测中心站或经省劳动行政部门认可的行业检测站组织进行。

2001 年，江西省特种设备检测检验中心顺利通过国家质检总局对其进行的省级特种设备检验机构资格认可。

2002 年 2 月 10 日，经省质监局审查，鉴定省特检中心符合产品质量监督检验站管理办法和审查认可细则的要求，予以授权。授权检验的产品如下：电梯（89 项）、游艺机和游乐设施（46 项）、厂内机动车辆（23 项）、客运索道（26 项）、起重机械（73 项）。

2002 年 4 月 23 日，省特检中心经国家质检总局锅炉压力容器安全监察局审查，获准从事以下检验工作：（有效期至 2007 年 4 月 22 日，注册编号 LO2042310）在用电梯检验、在用起重机械检验、厂内机动车辆检验、在用游乐设施检验（限 B、C 级游乐设施）、电梯验收检验、起重机械验收检验、游乐设施验收检验（限 B、C 级游乐设施）。

2006 年 12 月 21 日，省质监局印发《关于进一步明确全省特种设备检验检测业务授权的通知》，进一步明确全省特种设备检验检测业务授权，其中省特检院（含分院）检验工作范围如下：

表 10-2-2 省特检院(含分院)检验工作范围

核准项目代码	检验项目	分工范围
TJ1、TD1	电梯	安装监督检验(含修理改造监督检验):南昌、九江、新余、鹰潭市辖区内、全省范围大型发电厂(限大型电厂生产区内,名单同承压类)、江西德兴铜矿(包括矿山新技术开发有限公司)、银山矿业、东乡铜矿、城门山铜矿、武山铜矿 定期检验:同上
QJ1~QJ8、QD1~QD8	起重机械	产品安全性能监督检验:全省范围内桥式起重机、门式起重机制造企业(含既制造桥式起重机、门式起重机,又制造其他类型起重机械的企业)、南昌、九江、新余、鹰潭市辖区内专门制造塔式起重机、施工升降机、简易升降机;内河港口用固定式起重机 安装监督检验(含修理改造监督检验):南昌、九江、新余、鹰潭市辖区内,铁路系统(暂授权),全省范围大型电厂(限大型电厂生产区内,名单同承压类),江西德兴铜矿(包括矿山新技术开发有限公司)、银山矿业、东乡铜矿、城门山铜矿、武山铜矿,全省范围内提滑模装置、架桥机 定期检验:同上
NJ1、ND1	场(厂)内机动车辆	定期检验:南昌市、抚州、九江、新余、鹰潭市辖区内;铁路系统(暂授权),全省范围大型发电厂(限大型电厂生产区内,名单同承压类),江西德兴铜矿(包括矿山新技术开发有限公司)、银山矿业、东乡铜矿、城门山铜矿、武山铜矿
YJ2、YD2	B、C级游乐设施	安装监督检验(含修理改造监督检验):全省范围内 定期检验:同上

2007年4月13日,国家质检总局对省特检院进行审查,并下发中华人民共和国特种设备检验检测机构核准证(有效期至2011年4月12日,编号TS7110285-2011),具体获准检验项目如下:电梯(TJ1、TD1—不含防爆电梯)、起重机械(QJ1、QD1、QJ2、QD2、QJ3、QD3、QJ4、QD4、QJ5、QD5、QJ7、QD7、QJ8、QD8)、场(厂)内机动车辆(NJ1、ND1)、游乐设施(YJ2、YD2)、鉴定评审(电梯和起重机械安装、改造、维修专业资质评审)。

2007年8月3日,省质监局对省特检院进行资质认定审核,认定省特检院已具备国家有关法律、行政法规规定的基本条件和能力,批准可向设备出具具有证明作用的数据和结果,并下发资质认定计量认证证书(有效期至2010年8月2日,证书编号:2007140617L),检测产品/类别(核准项目)如下:电梯(直梯121项、自动扶梯73项)、起重机械[桥(门)式起重机84项、电动单梁(悬挂)54项、塔式起重机87项、流动式起重机61项、门座式起重机88项、施工升降机70项]、厂内机动车辆(59项)、游乐设施(241项)、索道(单线固定抱索器客运架空索道50项、单线线循环脱挂抱索器客运架空索道67项、双线往复式客运架空索道64项、客运拖索索道70项)。

至2010年底,省特检院业务范围未发生改变,检验能力同2007年7月核准结果。

科研工作

1999 至 2005 年底，省特检院共计在各类刊物上发表科研论文 18 篇，其中刘志云 10 篇、何才厚 6 篇、赵宁 2 篇。

2009 年 12 月 13 日，受国家质检总局科技司委托，省质监局主持召开由省特检院承担的国家质检总局 2 个科研项目课题鉴定会（“变压频调压调速拖动设备电参数测量研究”“特种设备钢结构焊缝质量检测与缺陷信号识别系统研究”）。经专家认真讨论，一致认为该 2 项科研课题已经达到计划任务书所规定的各项指标，所取得的研究成果整体上达到国内领先水平，填补该领域国内空白，获得 2008—2009 年度省质监系统科技兴检成果二等奖，项目编号为 2007QK174、2007QK175。

2009 年，省特检院申报的“电梯导轨垂直度智能检测技术研究”项目获得国家公益性行业科研项目立项（项目编号 200910058）。省特检院申报的 3 个科研项目“大型游乐设施超出设计使用年限后的安全性能评估研究”“大型观览车类游乐设施不可拆卸主轴缺陷在线检测关键技术研究”“起重机本质安全及其风险评定研究”被国家质检总局批准立项。

2009 年，省特检院申报的 4 个科研项目“起重机械安全状况综合评估方法研究”“大型观览类游乐设施关键部件安全检测方法研究”“大型游乐设施安全评估方法研究”“起重机械主梁下挠对安全性能的影响研究”被省质监局批准立项。

2010 年，省特检院申报的 3 个科研项目“基于磁记忆检测的钢结构质量检测与信号识别系统研究”“基于 CCD 视频定位的大型游乐设施手动扫描超声成像检测系统研究”“基于风险的场（厂）内机动车辆安全评价方法研究”被国家质检总局批准立项。

2010 年，省特检院申报的 4 个科研项目“基于 ARM 和 μCOS－Ⅱ的电梯平衡系统智能测试系统的研究”“电梯能耗测量与节能评价方法研究”“基于 BS 结构的特种设备检验管理系统的设计与实现”“岸边集装箱起重机检验内容及方法的研究”被省质监局批准立项。

至 2010 年底，省特检院共计在各类刊物上发表科研论文 35 篇，其中刘志云 16 篇，何才厚 6 篇，李杰 3 篇，赵宁、杨雅玲各 2 篇，杜阳坚、傅建俊、刘少斌、刘忠炜、任丽华、谢腾飞各 1 篇。

技术装备及技术服务

技术服务　1990 年，省劳动安全卫生检测中心站建立下辖南昌、九江、新余等劳动安全卫生检测检验站 12 个，开展电梯、起重机械、粉尘分级、高温分级、毒物分级等项检测检验业务，共检测电梯 597 台、起重机械 634 台，对 143 家企业进行粉尘分级，检测粉尘点 1593 个。

1991 年，省劳动安全卫生检测中心站加强对特种设备、劳动防护用品的管理，对特种设备和劳动防护用品的设计、生产（制造）、安装、销售、维修、使用和检验等环节进行整顿，制定《江西省起重机械、电梯安全性能检测项目及检测标准》《江西省职工劳动保护用品发放标准》，审查电梯、起重机械制造、安装、维修单位资格 26 家，复查 3 家；检测电梯、起重机械 1750 台，保证电梯、起重设备的安全运行。

1992 年,省劳动安全卫生检测中心站进一步完善职业安全监察工作的法规建设,制定《江西省国营企业劳动条件、劳动强度测评暂行办法》《江西省起重机械制造单位安全认可考核标准》《江西省起重机械安装维修单位安全认可考核标准》等 5 个配套法规。积极开展对建筑施工单位的安全资格认可工作的试点;省劳动安全卫生检测中心站加强对特种生产设备的安全管理,对全省 63 个电梯、起重机械安装维修单位,24 个防护用品定点生产单位进行资格审查;颁发许可证,定期对电梯、起重机械安全性能的检测进行粉尘危害作业岗位的普查和粉尘危害分级试点工作。

1994 年,全省电梯、起重机械等特种设备的定检率达 95%。

1996 年 5 月 20 日,省劳动安全卫生检测中心站下设特种设备、职业卫生、防护用品、矿用设备、游乐设施等 5 个专业检测室,现有固定资产 103 万元,检测仪器设备 97 台(套),已具备资格认证条件。

1997 年,省劳动厅加强职业安全卫生监察工作,认真抓地(市)劳动安全卫生检测检验站"双证认可"工作,加强特种设备安全管理和监督。全省有 30 家企业经审查考核合格,颁发生产、安装、维修许可证,对在用电梯、起重机全面实行年检,电梯受检数 1792 台、受检率 96%,起重机受检数 2676 台、受检率 95%,厂内机动车辆受检数 1105 台、受检率 75%。

1998 年,省劳动安全卫生检测中心站加强对全省电梯、起重机械制造、安装维修单位管理工作,对 39 家申请特种设备制造、生产单位安全资格进行考核换(发)证。继续实施对电梯、起重机械、厂内机动车辆定期检测制度,在用电梯年检率 100%、在用起重机年检率 85%、厂内机动车辆年检率 80%。

1999 年初,国家质监局等 6 单位为落实中央领导同志的指示,进一步做好游乐设施的安全质量管理工作,联合下发《关于开展游乐设施安全质量大检查的通知》,决定"六一"儿童节前,在全国开展一次游乐设施安全质量大检查。为认真贯彻落实该项检查,省劳动厅在 5 月 14 日要求各地市劳动局、技监局督促各游乐场所立即对现运行的游乐设施进行一次清理登记,各使用单位立即按照各项标准要求进行一次全面自检。省技监局稽查大队、省劳动安全卫生检测中心站,立即对南昌等地市游乐场所在用游乐设施进行一次安全质量大检查;省劳动安全卫生检测中心站组织专门技术力量对南昌等地市载人、危险性较大的游乐设施进行一次安全质量检测。

2001 年,全省电梯检验量为 1618 台,起重机检验量为 2855 台,厂车检验量为 609 台,游乐设施检验量为 49 台;总计检验业务收入 25. 1 万元,总资产 62. 74 万元,固定资产 37. 32 万元。

2002—2004 年,全省电梯检验量为 6873 台,起重机检验量为 12308 台,厂车检验量为 3000 台,游乐设施检验量为 284 台;总计检验业务收入 1607. 63 万元,总资产 949. 67 万元,固定资产 413. 02 万元。

2005 年,全省电梯检验量为 4007 台,起重机检验量为 5813 台,厂车检验量为 1559 台,游乐设施检验量为 153 台;总计检验业务收入 1087. 28 万元,总资产 1266. 61 万元,固定资产 371. 05 万元。

2006—2009 年,全省电梯检验量为 31619 台,起重机检验量为 33230 台,厂车检验量为 8046 台,游乐设施检验量为 1063 台;总计检验业务收入 10137. 75 万元,总资产 12869. 52 万元,固定资产 4745. 44 万元。

2010 年,全省电梯检验量为 14092 台,起重机检验量为 11929 台,厂车检验量为 2702 台,游乐设施检验量为 402 台;总计检验业务收入 3958.54 万元,总资产 6165.27 万元,固定资产 2121.8 万元。

技术装备　1991 年底,省劳动安全卫生检测中心站共有仪器设备 11 种,合计 40 套。其中,用于电梯检验检测 3 种 9 套,起重机检验检测 2 种 2 套,游乐设施检验检测 1 种 2 套,厂内机动车检验检测 1 种 1 套;用于电梯、起重机、游乐设施、厂内机动车检验检测 4 种 26 套。

1995 年底,省劳动安全卫生检测中心站共有仪器设备 15 种,合计 77 套。其中,用于电梯检验检测 4 种 19 套,起重机检验检测 2 种 4 套,游乐设施检验检测 1 种 2 套,厂内机动车检验检测 1 种 1 套;用于电梯、起重机、游乐设施、厂内机动车检验检测 6 种 50 套;用于无损检测 1 种 1 套。

至 2000 年底,省劳动安全卫生检测中心站共有仪器设备 24 种,合计 149 套。其中,用于电梯检验检测 7 种 47 套,起重机检验检测 2 种 4 套,游乐设施检验检测 1 种 3 套,厂内机动车检验检测 1 种 1 套;用于起重机、电梯检验检测 2 种 4 套,用于电梯、起重机、游乐设施、厂内机动车检验检测 8 种 87 套;用于无损检测 1 种 1 套,无损探伤 1 种 1 套,科研 1 种 1 套。

至 2005 年底,省特检院共有仪器设备 92 种,合计 422 套。其中,用于电梯检验检测 26 种 99 套,起重机检验检测 7 种 22 套,游乐设施检验检测 7 种 13 套,厂内机动车检验检测 8 种 9 套;用于起重机、电梯检验检测 7 种 18 套,用于起重机、游乐设施检测 1 种 2 套,用于电梯、起重机、游乐设施检验检测 7 种 13 套;用于电梯、起重机、游乐设施、厂内机动车检验检测 14 种 138 套;用于无损检测 9 种 9 套,无损探伤 5 种 7 套,科研 1 种 1 套。

至 2010 年底,省特检院共有仪器设备 59 种,合计 468 套。其中,用于电梯检验检测 16 种 175 套,起重机检验检测 3 种 20 套,游乐设施检验检测 7 种 13 套,厂内机动车检验检测 1 种 2 套;用于起重机、电梯检验检测 1 种 2 套,用于电梯、起重机、游乐设施检验检测 5 种 19 套;用于电梯、起重机、游乐设施、厂内机动车检验检测 11 种 220 套;用于无损检测 9 种 9 套,无损探伤 5 种 7 套,科研 1 种 1 套。

第八节　江西省质量技术监督教育培训中心

组织机构

江西省质量技术监督教育培训中心(简称省质监教育培训中心)是隶属于省质监局的事业单位。前身是 1992 年成立的江西省计量教育培训中心。1991 年,全省 100 个各级政府计量行政机构和 114 个技术机构里从事业务管理和专业技术工作的 1698 人中,大、中专学历人员只有 676 人,未达到中专文化程度的占 60% 以上,低于全国各省平均水平;具有高、中级技术职称的 218 人,只占总人数的 12.80%,落后于同类地区的省市;特别是处在监督管理和执法第一线的县市队伍,由于经济不发达(全省 88 个县市就有 40 个重点老区县市)、文化程度、法制观念、业务知识和管理水平等方面缺乏训练,很不适应执法监督和组织协调任务的需要。1991 年 11 月 18 日,省计量局向国家技监局提交《关于建设省计量培训中心的报告》,1992 年 7 月获得批准成立江西省计量教育培训中心(简称省计量教育培训中心),单位级别为正科级,人员编制为 5 名,当时实有人员 4 名,其中工程师 1 名、助理工程师 1 名、技术员 2 名。职能是为从事质量技术监督及相关活动的人员提供短期培训服务;承担全省质量技术监督系统干部职工和全省企事业单位有关专业技术人员、技术工人的教育培训工作;相关咨询、信息、宣传服务。

2001 年 7 月 18 日,省编办批复下发《关于同意组建江西省质量技术监督教育培训中心的通知》,同意在省计量教育培训中心基础上,组建省质监教育培训中心,为省质监局直属的不定级事业单位,核定自收自支事业编制 7 名,当时实有人员 4 名,其中工程师 1 名、助理工程师 1 名、技术员 2 名。主要职责是承担全省质量技术监督系统干部职工和全省企事业单位有关专业技术人员、技术工人的教育培训工作。

2010 年 5 月,省编办发文《省质量技术监督教育培训中心增挂省质量技术监督行政许可评审中心牌子的批复》批复在省质监教育培训中心增挂省质监行政许可评审中心牌子,单位为不定级的自收自支的事业单位,编制 10 名,当时实有 5 人,其中高级职称 1 名、中级职称 2 名、初级职称 2 名。其主要职责是为质量技术监督及相关活动的人员提供短期培训服务,行政许可提供服务;根据省质监局的授权和委托,负责质量技术监督部门承担的行政许可事项的勘查、论证、现场审查等有关技术性和事务性的工作;负责建立质量技术监督行政许可评审专家信息库;负责省质量技术监督系统干部职工和全省企事业单位有关技术人员、技术工人的教育培训等;相关咨询、信息、宣传服务等;承担省质监局交办的其他工作。该中心共设综合部、教育培训部和评审部三个部门,共有 14 名职工;其业务由教育培训(质监系统干部职工培训和面向市场培训)、学历教育和行政许可评审三大业务组成。

教育培训

质监系统干部职工培训 1992 年,省计量教育培训中心批复成立但还没有组建,办公场所、人员、部门仍未确定;直至 1997 年 7 月 2 日,举办自成立以来的第一期培训班,参训人员 42 名。

2001 年,省质监教育培训中心正式运转,先后举办 6 期质量专业人员学习培训班、“光明工程实施”师资培训班、法定计量检定机构考评员培训班、计量认证内审员培训班、电梯操作人员新取证培训班,共计 10 期培训班,培训学员 458 名。

2002 年,举办 2 期生产许可证审查员培训班、质量专业技术人员职业资格考前培训班、移动电话机商品维修技术人员培训班、固定电话机商品维修技术人员培训班、产品法律责任培训班、食品质量安全市场准入制度培训班,共计 7 期培训班,培训人数达 1000 人次。

2003 年,举办 2 期全省质监系统市县局长培训班、2 期业务骨干培训班、《中华人民共和国认证认可条例》宣传贯彻培训班 2 期、行政诉讼法律知识培训班,共计 7 期培训班,培训人数达 700 人次。

2004 年,举办省质监系统认证监管人员培训班、省质监系统食品安全检测人员培训班 2 期、省质监系统食品安全业务骨干培训班 2 期、省质监系统新闻宣传骨干培训班、液化气体汽车罐车驾驶员押运员培训班、全省游乐设施管理操作人员培训班、《企业标准体系》系列国家标准培训班、起重机械安装维护保养人员培训班、游乐设施管理操作人员培训班、气瓶检验人员培训班、全系统认证监管人员培训班、对电梯及起重机械安装维护保养人员和操作人员培训班、全省质监系统第四期市县局长培训班、全省特种设备安全监察人员考前辅导班,共计 15 期培训班,培训人数达 1300 人次。

2005 年,举办质监行政执法骨干培训班、电子公文传输系统知识培训班 2 期、机关公文写作与处理培训班、特种设备安全监察软件培训班、全省各设区市局 12365 举报申诉服务热线培训班、CQS 系统市级版服务器安装维护培训班,与上海市质监局联合举办卓越绩效评价准则培训班,共计 8 期培训班,培训人数达 900 人次。

2006 年,举办全省特种设备安全监察人员业务培训班 3 期、全省质监系统纪检监察干部业务培训班、全省工业产品生产许可证监管人员培训班、全省质监系统县级局办公室主任培训班、全省质监系统会计电算化培训班、全省系统食品安全监管与执法人员培训班、全省质监系统认证监管人员培训班,共计 9 期培训班,培训人数达 900 人次。

2007 年,举办全省质量技术监督行政执法骨干培训班、省良好农业规范相关知识培训班、省标准化信息管理培训班、全系统食品安全监管人员培训班、新版《法定计量检定机构考核规范》宣传贯彻培训班、强检工作计量器具建档软件培训班、全省质监系统新闻宣传骨干培训班、全省质监系统办公室主任培训班、全省质监系统行政执法人员综合法律知识培训班、食品标准化知识培训班,共计 10 期培训班,培训人数达 1200 人次。

2008 年,举办首期全省执法人员培训班、农业标准化示范区管理办法培训班、“五五”普法骨干培训班、全省质监系统广域网培训班、全省质监系统质量管理与认证业务知识培训班、12365 举报申诉中心软件系统操作人员培训班、《食品标识管理规定》和《食品添加剂使用卫生标准》宣传贯彻培训班,共计 7 期培训班,培训人数达 506 人次。

2009 年,省质监局建立培训专项经费机制,年初下达培训专项经费和培训计划,所有参训人员免收培训费,全年举办全省质监系统领导干部能力建设与素质提升研修班、省质监系统处级干部业务理论研修班、机动车安全技术检验新标准宣传贯彻会、《节约能源法》暨涉及质监部门 7 项职能宣传贯彻培训班、《特种设备安全监察条例》宣传贯彻培训班、《食品安全法实施条例》宣传贯彻培训班、农业标准化培训班、全省特种设备安全监察员(B 类)培训班、全省执法骨干培训班 4 期、全省质监系统县级局局长能力建设研修班,共计 13 期培训班,培训人数达 1400 人次。

2010 年,举办全省质监系统质量管理业务知识培训班、工业产品生产许可证审查员培训班、全系统食品安全监管人员培训班 3 期、全省质监系统处级干部业务理论培训班、全省质监系统处级干部业务理论培训班、组织机构代码业务培训班、省质监系统中级专业技术职务评审业务培训班、全省质监系统办公室主任培训班、全省质监系统人事干部培训班、全省质监系统法制员培训班、全省质监系统行政执法人员培训班、业务人员的培训 4 期、质量管理工作培训班、计量检定人员培训班、全省认证监管人员培训班、机动车检验机构监管人员培训班,共计 21 期培训班,培训人数达 2300

人次。

面向市场培训 2001年10月,根据国家质检总局《“光明工程”计划实施方案》《眼镜生产经营监督管理规定》的有关要求,贯彻执行好2001—2002年《江西省“光明工程”计划实施方案》,在南昌举办4期光明工程实施师资培训班,参加对象为各眼镜服务行业验光师和各设区市计量技术机构屈光度计检定员,学习内容为人体眼睛生理构造及特点、眼镜与眼睛健康、屈光度计检验要求、眼镜镜片质量要求、现场镜片比对等,培训人数共计236人次。

2004年,作为质监系统华东(跨地区)培训中心协作网会员单位,省质监教育培训中心在庐山承办培训协作网第二届年会,参会人员共35人。国家质检总局人事司瞿兆宁传达全国质检系统人才工作会议的主要精神,介绍质监系统人员素质状况及《十五教育培训规划》;四川、江苏、浙江、湖北、新疆等省、自治区质监教育培训中心的领导等在会上作典型发言,介绍各自开展教育培训的做法和经验;与会代表就“当前质监系统教育培训工作所面临的严峻形势和挑战”“围绕人才强检战略,加强人才培训工作”“规范教育培训实行对口管理,加快培训中心发展”“以能力建设为核心,加大培训工作力度”“加强基础建设,完善制度措施”“整合培训资料,开展培训合作”“发挥网络优势,完善培训网络”及“培训中心的职能、地位、作用、体制”等问题进行座谈讨论。同时,还相互介绍各自独立开发的培训课程,寻求相互合作,共同开展培训项目。会议确定第三届华东(跨地区)质监系统教育机构协作网年会的相关事宜。

2005年,省质监教育培训中心和南康市质监局在南康联合举办国家强制性标准《家具使用说明书》宣传贯彻培训班,抓好《家具使用说明书》国家强制性标准的宣传贯彻。南康市人民政府副市长陈武到会指导并讲话,南康市家具生产、经销企业的负责人共计78人参加此次培训班。此次培训班邀请国家竹木产品检测中心主任邱伟星现场授课,重点对《家具使用说明书》国家强制性标准的目的、意义、编写的要点和方法、有害物质限量国家强制性规定和要求等内容进行讲解。4月28日,省质监教育培训中心与省消防产品质量监督检验站联合举办全省质监系统首期消防产品质量监督管理知识培训班,普及消防产品质量监督管理知识,帮助相关人员熟悉并掌握消防产品质量监督管理的职能与法律依据、监督管理的方法与技巧,拓宽全省质量技术监督系统新的工作领域,延伸服务内容。南昌、九江、赣州、吉安、景德镇、萍乡、新余、抚州、上饶、宜春等10个市局稽查支队和部分县局稽查大队的执法人员共计98人参加培训。2005年,还举办企业全面质量管理骨干培训班、《食品标识管理规定》和《食品添加剂使用卫生标准》宣传贯彻培训班、质量检验员培训班。全年共计举办五期系统外培训班,培训人数达523人次。

食品安全关系到人民健康和国计民生,2006年3月,举办食品安全管理体系培训班,指导和帮助食品生产企业建立并实施食品安全管理体系,提高企业的食品安全管理水平和食品安全卫生质量。培训对象为食品生产企业经理、厂长、质量管理人员、食品安全管理体系(HACCP)人员、有意深入了解食品安全管理体系(HACCP)的人员等,培训内容为食品的安全与卫生、良好操作规范(GMP)、HACCP体系审核、案例分析等。4月及6月,在南昌举办3期《食品质量认证实施规则——酒类》宣传贯彻培训班。规范酒类认证工作,进一步促进中国酒类行业质量安全水平的提高,创建中国酒类名牌产品和企业,结合国家认监委、商务部正式发布第一部以认证方式证明酒类产品质量等级部门规范性文件，帮助和指导酒类生产企业学习、理解、掌握和实施《食品质量认证实施规则——酒类》。培训对象为全省酒类生产企业（白酒、配制酒、葡萄酒、黄酒、果酒、啤酒、白兰地、威士忌、俄得克、食用酒精共10大类）分管质量工作的领导、质量管理部门的负责人或质量管理与检验人员，培训内容为酒类产品认证的目的和适用范围、酒类产品认证机构和人员的要求、酒类产品认证目录等。另外，还举办非自动秤检修技术提高培训班、江西企业质量管理骨干培训班、企业产品标准编写与备案基础知识培训班、全省食品用塑料包装容器工具等制品生产企业生产许可证实施细则宣传贯彻会。全年共计举办8期培训班，培训人数达635人次。

2007年12月，依据《关于对省级专业计量站进行授权考核复查的通知》要求，省质监局在对南昌铁路局所辖计量授权检定站（含建立计量标准器的各站段）进行授权复查现场考核中发现，由于工作的需要和调整，其系统所辖计量授权检定机构有许多新的同志不了解和熟悉计量工作，为此专门举办了南昌铁路局系统计量人员计量基础知识培训班。参训对象为省各段、站专（兼）职计量管理人员和计量检定（含各外设检定点）技术负责人，培训涉及计量基础与计量法律、法规，具体宣传贯彻《注册计量师制度暂行规定》《注册计量师资格考试实施办法》和强检授权中存在的有关问题等。另外，还举办全省获证白酒生产企业质量检验人员岗位资格培训班、全省获证的农药产品生产企业质量检验人员岗位资格培训班、质量检验人员岗位资格培训班、全省建筑外窗生产企业质量检验人员岗位资格培训班、《起重机械制造监督检验规则》宣传贯彻会、JJG98－2006《机械天平》、JJG99－2006《砝码》检定规程宣传贯彻与检定操作人员国家职业技能鉴定考核培训班、质量工程师继续教育培训班。全年共计举办10期系统外培训班，培训人数达912人次。

2008年，举办一期酒类和酱油生产企业《食品标识管理规定》和《食品添加剂使用卫生标准》宣传贯彻培训班，举办全省质量管理数理统计知识培训班、《定量包装商品净含量计量检验规则》解读培训班（2期）、农业标准化示范区管理办法培训班。全年共计举办5期培训班，培训人数达500人次。

2009年3—5月，为抓好质量工程师的继续教育，提高业务水平，从源头上保证企业产品的生产质量，省质监教育培训中心与省质监局和江西省质量管理协会分别在南昌、九江联合举办质量工程师必修项目的继续教育培训班；4—7月，先后与南昌市质监局、赣州市质监局、萍乡市质监局联合举办《食品安全法》和《食品安全法实施条例》宣传贯彻培训班；帮助食品生产企业相关人员全面理解、正确掌握、准确运用《食品安全法》和《食品安全法实施条例》。全年共计举办2期系统外培训班，培训人数达300人次。

2010年，国家质检总局和国家标准委联合发布首部GB24426—2009《烟花爆竹标志》强制性国家标准（简称《标准》），并于7月1日起实施。为帮助烟花爆竹生产企业全面理解、准确掌握、贯彻实施该《标准》，强化企业法人“质量安全主体责任”的法律意识，规范其生产行为，进一步提高产品质量，最大限度保护生产者、储运者、燃放者及公众的生命财产安全，指导企业正确设计制作产品标志及包装，避免因对该《标准》理解不到位而造成的不必要损失，经万载县人民政府批准，省质监教育培训中心与万载县质监局在万载联合举办《烟花爆竹标志》强制性国家标准宣传贯彻培训班。培训对象为全县各烟花爆竹生产经营企业及引火线生产企业法人或负责人，培训内容为《烟花爆竹标志》对标志内容的规定、对标志形式的规定、对违法的处罚规定及其相关的标准及法律法规和在实施中应注意问题,培训人数达 65 人次,另外,还举办质量检验人员岗位资格培训班 2 期、质量工程师继续教育培训班。全年共计举办 4 期系统外培训班,培训人数达 326 人次。

学历教育

2003 年 1 月,省质监教育培训中心内设中国计量学院江西函授站,办学宗旨是为"推进江西工业化进程、促进江西经济发展",培养更多的质量技术监督专业人才,并以"注重基础、发展个性、培养能力"为人才培养目标,集中国计量学院专业、师资力量等优势与质量技术监督办学特色,首次招收标准计量与质量管理专科专业,安全工程、工商管理本科专业,首次招录学员 28 名。至 2010 年,中国计量学院成人教育学院先后培养毕业学员 150 余人次。

2007 年,经与山东大学、省教育厅联系,设立山东大学网络学院江西质监校外学习中心,于 2007 年招收第一批工商管理(质监方向)专业的学员 19 人,此后先后开设安全工程专业等,至 2010 年,该中心共招收毕业学员 37 人次。

行政许可评审

2010 年 7 月,根据省编办批复,省质监教育培训中心开展食品生产企业和工业产品生产企业工作评审,在评审工作中,树立服务意识,加强同相关处室的协调配合,实事求是、科学严谨、公开公正、严格把关,以行动践行工作承诺,无一家企业因中心失误致超时限而投诉。7—12 月,共接待食品生产许可申报企业 1017 家,受理食品生产许可证申请 655 家,发证 119 家;受理食品相关产品生产许可证申请 46 家,发证 6 家;受理工业产品生产许可证申请 151 家,发证 137 家。在 7 月至 12 月 24 日期间,完成生产许可证省级收费 1802240 元(其中食品生产许可 1649560 元,工业产品生产许可 152680 元);完成生产许可证国家级收费 486200 元(其中食品生产许可 191840 元,工业产品生产许可 294360 元)。全年完成生产许可证省级收费 2569600 元(其中食品生产许可 2306480 元、工业产品生产许可 263120 元);完成生产许可证国家级收费 1076680 元(其中食品生产许可 553080 元,工业产品生产许可 523600 元)。

第九节　江西省质量技术监督信息中心

组织机构

江西省质量技术监督信息中心(简称省质监信息中心)于 2004 年 3 月由省编办《关于成立江西省质量技术监督信息中心的批复》批准成立,为省质监局所属全额拨款事业单位,核定全额拨款事业编制 6 名。主要职责是:负责全省质量技术监督广域网络系统、机关局域网、电子政务以及省质监局信息网站的建设和管理工作、负责数据库开发及信息技术咨询与服务工作。省质监信息中心于2004年5月开始筹建，到2004年底筹建工作已基本完成。有办公场所及机房约70平方米，固定资产约为40余万元。省质监信息中心人员编制为6人，实有职工5人，其中大专以上学历的4人，中级职称1人，助理工程师职称1人，技术员职称2人。

2005年，省编办下发《关于省质监系统编制调整的批复》，省质监信息中心编制增加1名，调整为7名。2006年，省质监信息中心内设机构有办公室、技术科、江西质监网站。2007年，内设机构调整为：办公室、技术科、应用科、江西质监网站。2008年，内设机构调整为：办公室、技术科、应用科、江西质监网站、业务科。

至2010年底，省质监信息中心办公场所及机房使用面积约795.6平方米，固定资产约为1435余万元。编制7名，实有职工14人，其中硕士学位3人，研究生学历2人，本科学历8人，大专学历1人，有高级职称2人，中级职称2人，初级职称9人。

业务工作

2004年，省质监信息中心组织人员配合省质监局到各设区市局及部分县局进行信息化工作基础调研，起草完成江西省“金质工程”建设规划（征求意见第一稿）。同时省质监信息中心开始搭建省CQS综合业务管理信息系统省级操作平台，并于年底建设完成省CQS数据库。CQS系统是国家质检总局质量监督综合业务管理信息系统的英文简称。该系统是集质量技术监督综合业务管理和综合信息资源的共享及利用为一体的大型网络应用系统。所涉及的业务内容包括：产品质量监督管理、计量管理、质量管理、执法打假、特种设备安全监察等。为及时掌握CQS系统的应用方法，专门派人到北京和四川学习CQS项目服务器设备的使用，PC服务器的安装调试与维护以及网络操作系统的管理与应用。10月中旬，省质监信息中心按照省质监局安排部署，经过广泛的市场调研和认真的设备选型、提交连接国家、省、市三级的质监系统会议建设方案，报省质监局局长办公会议确定。是年，根据省质监局及省编办对省质监信息中心工作职能的划分，江西质监网的建设、管理和维护工作从培训中心移交到省质监信息中心，省质监信息中心在原工作基础上，对江西质监网进行全面改版。

省质监信息中心按照“金质工程”的安排部署，2005年配合省质监局建立全省CQS系统（质量监督综合业务管理信息系统）操作平台。开始建立省CQS数据库，CQS系统省级、市级版都已安装完毕。为在全省质监系统推广应用CQS综合业务管理信息系统，该中心协助省质监局于10月10—11日在南昌举办全省质监CQS系统市级版服务器安装维护培训班，对各设区市局负责网络信息化工作的计算机技术人员进行服务器安装维护专业培训，并将服务器配发至各设区市质监局，各设区市质监局可通过浏览器软件在局域网内对系统进行访问操作。它的推广与运用将加速质量技术监督综合业务管理和综合信息资源的共享与利用。省质监信息中心经过反复调研和论证，协助省质监局对全省设区市局进行安装和联网调试，完成从省质监局到市质监局视频会议系统的建设，省质监局主会场布置、设备安装和人员培训等工作。建立省、市两级质量技术监督视频会议系统。并于6月28日正式开通使用。同时，该中心配合省质监局开始搭建以江西政务网为基础的全省质监系统广域网平台。在省信息中心的大力支持下,依托省党政信息网实施省质监系统省市计算机联网工程,完成省质监局和设区市质监局之间的网络架构建设。通过统一的党政信息网与政府机构政务信息网络、社会公众信息服务网络实现互联互通,资源共享。

是年,配合省质监局特种设备处建立全省特种设备安全监察管理系统。根据“金质工程”建设规划和特种设备安全监察工作要求,配合省质监局锅炉处完成对机房场地的装修和特种设备安全监察管理系统软件和操作系统的采购、安装,各种硬件设施的配置和调试工作,完成与各设区市局采集点和检测机构的数据对接,通过数据交换进行日常业务处理,加强监督执法的力度,进一步提高特种设备的监督管理水平,为特种设备安全监察的动态管理提供有力的技术支撑。协助省质监局监督处建立省(食品)安全生产加工企业质量安全监管系统,进一步加强食品安全监管的手段。协助省质监局办公室搭建省质监电子公文交换平台,各设区市质监局和省质监局各直属单位只要访问省质监信息中心的服务器,就能与省质监局以及各单位相互间进行公文传递,实施无纸化办公。8 月,省质监信息中心参与实施的省特种设备动态监察系统、省食品生产加工企业质量安全监管系统 2 个项目获得 2005 年省计算机学会、省计算机用户协会评选的江西省首届信息技术应用优秀成果奖一等奖。根据省质监局的安排,该中心对省质监局新办公大楼的楼宇智能化系统进行调研和初步规划,根据办公自动化要求,向省质监局提出新大楼智能化建设项目和概算,基本确定楼层和每个房间的信息点。2005—2007 年,省质监信息中心对江西质监网进行全面改版。期间被省计算机用户协会评为全省信息技术应用先进单位,省政府网站评比中获总分第一名。在国家质检总局委托第三方评测机构对全国 30 个省、自治区、直辖市质量技术监督局网站进行绩效评估,省质监局门户网站获综合排名第六名,公众参与排名第一。

2006 年,省质监信息中心协助省质监局编制完成《江西省质量技术监督信息化发展“十一五”(2006—2010 年)规划》,并正式下发。6 月,省发改委在省质监局组织召开《江西省“金质工程”(一期)可行性研究报告》专家评审会,该中心协助省质监局向省内科研单位及高等院校的专家们关于江西省“金质工程”的情况进行介绍。通过专家评审,省“金质工程”(一期)项目正式获得批准立项,江西成为当时全国为数不多“金质工程”正式立项的省份之一。由省质监信息中心主要负责完成的江西省“金质工程”(一期)项目的研究和江西省质量技术监督局门户网站系统的建立研究,分别获省质监系统“十五”期间科技兴检成果奖三等奖。同时,省质监信息中心再次荣获省级青年文明号称号并正式挂牌。

是年,配合省质监局与省信息中心联合下发《关于依托省政务信息网实施全省质监系统县级局纵向联网工程的通知》,指导和联系第一批试点县质监局进行政务网的接入,完成第一批联网单位政务网接入交换机的设备选型和招标采购工作。组织人员编写《全省质监广域网技术方案(初稿)》,该方案对于省质监系统的广域网络互联、网络设备配置、网络安全防范、业务应用和存储备份等方面提出明确的技术要求和建设目标。并配合省质监局人事处完成公务员管理信息系统、机构编制管理系统、离休老干部管理系统和高技术人才管理系统等业务软件的使用和信息报送工作。依托质检主干网和省政务信息网,分别完成省质监局与国家质检总局和省政府电子公文传输系统的互联及系统维护工作。配合省质监局计划财务科技处、特种设备安全监察处完成全省质监系统财务管理软件、特种设备检验软件的安装、维护和前期培训工作。

同时,该中心配合省质监局完成省质监检验检测楼建筑智能化信息系统集成工程建设的设计方案和各子系统的产品选型。编写省质监检验检测楼建筑智能化信息系统集成工程招标文件,测算该智能化信息系统集成工程总预算和分项工程预算。对该集成工程进行施工招标并确定中标单位,按照合理低价的原则确定该系统集成监理工程单位。完成省质监检验检测楼的机房设计方案和效果图以及设备选型、招标文件初稿等工作。通过租用中国联通数据专线首先与江西出入境检验检疫局互联,形成省质监局与国家质检总局的互联互通。

2007 年,省质监信息中心完成省质监局新大楼视频会议室声、光、音视频中控方案编写,为省质监局新大楼视频会议系统平移搬迁和新增设备集成施工,新视频会议室增加摄像头 3 台、电动升降摄像机支架 3 套、电动升降会标 3 套、中央控制系统 1 套,并将原有设备和新增设备的控制集成到一台遥控触摸屏幕上,方便视频会议系统的操作控制,使视频会议室的智能化程度迈上一个新台阶。

是年,该中心完成省质监局各网络平台和在用业务系统、数据的平移、搬迁和扩建改造等新大楼各项信息化建设工作。完成省质监局新大楼建筑智能化信息系统集成工程的施工和初验工作,全面完成主楼建筑智能化综合布线系统、闭路电视监控系统、防盗报警装置系统、一卡通管理系统、程控电话交换机系统、有线电视系统、电子显示屏及信息查询系统和室外背景音乐广播系统八大系统的安装和调试工作,确保省质监局顺利搬迁至新大楼办公。顺利完成将省政务信息网、质检主干网等线缆入户施工工作,确保省质监局新大楼办公网络和各业务系统的正常运转。编制省质监局新大楼《中心机房技术要求方案》,测算出中心机房工程总预算和分项工程预算,完成省质监局新大楼中心机房建设工程的招标和施工工作,中心机房强弱电、门禁、监控、24 小时不间断 UPS 供配电系统全部调试开通完毕,确保中心机房和楼层设备间设备正常运转。

2008 年,省质监信息中心完成视频会议系统二期工程的调研,并草拟《江西省质监系统视频会议二期工程规划(初稿)》。对江西质监网进行第五次改版,并于 10 月 1 日正式推出。是年,更换网站“12365”域名,与省质监局“12365”举报申诉中心做好域名的移交工作。制定新闻发布流程规范,并完成将新闻发布权限交予省质监局办公室的交接工作。制定省质监局中心机房、计算机培训教室及全省广域网和数据中心等各项管理规定,其中广域网管理规定下发至广域网的各级节点单位,严格规范全省质监系统的网络和信息系统管理,加强网络安全,从制度上保证全省质监广域网及各应用系统的正常运行。

是年,省质监信息中心基本完成省质监局新大楼建筑智能化信息系统集成工程的扫尾工作,并完成综合布线、闭路监控、一卡通、有线电视四个子系统的第三方公正检验检测工作和整个建筑智能化系统的验收工作。对物业公司的工作人员开展大楼内闭路监控、防盗报警、LED 显示屏、背景音乐等系统的使用及维护的现场培训。完成省质监局新大楼统一网络管理平台的测试、选型工作,将已制定好的采购计划并上报。

2008—2009 年,省质监信息中心根据省江西“金质工程”(一期)总体规划的要求,协助省质监局起草《江西省质量技术监督系统县级局网络安全建设方案》和《江西省质量技术监督 VOIP 系统建设方案》,并将两方案经金质工程专家评审通过,使两个建设项目按规定完成招标采购。完成全省质监县级局网络安全项目及全省质监 VOIP 系统建设的技术方案深化设计,并完成两项目的实施集成及初验工作。

2009 年 4 月,省质监局门户网站以综合绩效评估第四名的成绩获优秀网站称号并受到表彰。是年,省质监信息中心完成省质监局局域网管理平台软件的测试、采购及部署应用,完成广域网管理平台软件的升级扩容,全面完善网络管理。按照省质监局对视频会议模式的新要求对省质监局视频会议室进行两次改造,将现有的几路视频信号进行整合,修改集中控制台相应程序,实现培训模式下的双路视频流传输。完成全省质监财务集中管理信息系统的审评验收和该项目的科技成果申报工作。按照省质监局要求对办证大厅进行改造,增加两套电磁门禁,修改触摸屏内行政许可项目软件的相应内容。完成省质监局新大楼中心机房的全面验收工作。

2010 年,省质监信息中心做好省、市、县三级质监部门网上审批、电子监察统一网络平台建设。扩大政务公开范围,规范政务公开内容和程序,逐步实行行政许可网上审批,大力实施政务流程再造。基本完成全省政务综合管理平台建设,该平台对省质监局的工作流程进行量身定制的开发,基本涵盖日常工作处理的各方面。对江西质监网进行一次从后台到前台的大改版。被省计算机用户协会评为 2010 年江西省优秀政府网站和第五届优秀网站。至 2010 年底,已上传江西质监新闻、全国质监动态、媒体报道 2581 篇,公示公告 120 条,公文发布 147 条,消费信息 97 条,回复网上咨询信息 372 条以及其他栏目信息 800 余条,网站的访问量近 2022 万人次,上网对象遍及社会各行各业,将江西质监网站打造成“服务群众、服务企业、服务社会”为主的服务型网站。

信息化装备及技术

2004 年,省质监信息中心成立后,对省质监局办公大楼局域网进行机房搬迁、线路调整等一系列综合改造工程,增添机房的硬件设备,网络接入设备 10 台,服务器 5 台。选购北京亿邮公司开发的邮件系统软件及邮件防病毒网关,为全省质监系统所有机关及直属单位、机关各处(科)室、全省质监系统副处以上领导、省质监局机关全体干部职工配备工作用电子邮箱,建立省质监局外部邮件系统。购置“网络神探”安全管理硬件,对省质监局局域网内所有计算机上网进行全程记录,并顺利通过省信息化安全领导小组的网络安全检查;增购江民 KV 网络版杀毒软件,扩展到 125 个端口,对大楼内所有计算机进行安装调试,有效保障省质监局局域网的安全运行。

初步建立“12365”热线服务系统,省质监信息中心在江西质监网首页开设“12365”热线服务专栏。在此专栏内分设 3 个子栏目,分别为“12365”违反质监法规投诉举报系统、省质监行风投诉举报系统、省质监网上服务系统。“12365”服务热线是政府部门“形象工程”和“德政工程”的一个组成部分,也是质量技术监督部门服务社会、服务经济、服务群众,维护广大消费者合法利益的重要手段之一。

2006 年,建立完善省质监局大楼局域网网管和监控系统,启用新的网络管理监控软件和网络版杀毒软件,并对省质监局大楼网络结构进行整体改造,合理调整省质监信息中心机房设备,安装搭建质监网站的流媒体服务器和FTP管理系统。

2007年,该中心按照省质监局整体部署,对省质监局行政许可审批系统进行多次调研和可行性分析,组织山东浪潮、北京和利时等公司在省质监局召开行政许可审批系统演示讨论会。详细了解和对比北京局、上海局等较为成熟的系统技术方案,起草并提交关于在省质监局推行该系统的相关意见分析,为下一步建设和实施该系统提供技术参考和支撑。根据省质监局自身情况,省质监信息中心向国家质检总局申请成为行政许可审批系统的试点单位,10月,省质监局正式获得国家质检总局批准,成为首批获得批准的试点单位。11月底,根据国家质检总局信息办部署,配合省质监局在南昌召开由国家质检总局各业务司局和省质监局各业务处室参加的行政许可事项业务调研会。

2009年,省质监信息中心完成省质监局应用服务器的招标采购及安装部署,完善省质监局数据中心的存储备份设备的系统和资源整合。

2010年,配合省质监局为各县级质监局配置电脑、防火墙、交换机、网络机柜等百余套设备,并对县级质监局的网络线路进行统一改造和整理,完善县级质监局信息化设备的使用环境,提升基层单位的信息化水平。具备存储备份容灾功能的省级数据中心已初具规模,实现全省数据大集中,各类服务器数量达到40余台,网络设备80余台,具有专业的存储和带库设备,设备间均为光纤连接,保证业务数据的高效运算及安全。同时加强安全建设,通过配置入侵防御、安全审计、行为管理等设备搭建起严密的网络和数据安防系统。

至2010年底,省质监信息中心承担全省质监系统广域网、省政务内网、质检主干网、质检总局宝视通视频网络等所有网络线路和网络设备的日常管理维护工作,省级数据中心服务器及存储设备硬件设备、省质监局智能化信息系统设备、中心机房设备、会议系统设备的日常管理维护工作,政务管理平台、全省质监网站群、电子邮件系统、财务集中管理系统、金质工程业务系统、特种设备安全动态监管和特种设备检验检测等10余个软件业务系统的日常管理维护工作,确保全省质监信息化工作正常运行。

第十节　江西省质量技术监督局机关后勤服务中心

江西省质量技术监督局机关后勤服务中心成立于2000年9月30日。省政府办公厅《关于印发江西省质量技术监督局职能配置内设机构和人员编制规定的通知》批准成立江西省质量技术监督局机关后勤服务中心,为省质监局下属正处级全额拨款事业单位,主要承担局机关后勤服务工作,核定事业编制8名(其中处级1名)。2009年5月,省政府办公厅《关于印发江西省质量技术监督局主要职责内设机构和人员编制规定的通知》批准调整中心事业编制数为13名(其中正处级领导职数1名、副处级领导职数1名)。截至2010年,服务中心未正式独立运行。

地址变迁

1990年,省标准局和省计量局办公地址在北京西路88号。1995年6月,合并后的省技监局办公地址搬至南昌市省府大院东二路大院派出所楼上5楼,办公面积约500平方米。2000年7月,垂管后的省质监局办公地址搬至南昌市江大南路19号锅检大厦4—6楼,办公面积约为2100平方米。2008年1月2日,省质监局正式入驻位于京东大道1139号的省质监检验检测楼,楼层共14层,办公面积为14647.72平方米,占地面积10115.5平方米。

后勤管理

2000年9月成立省质监局机关后勤服务中心以来,中心工作紧紧围绕省质监局重点工作展开。

房改工作 根据1996年《南昌市房改出售公有住房暂行规定》,省质监局对全局公有住房情况进行清查。全局拥有公有住房共41套,分别为南昌市江大南路9号24套、南昌市西湖区站南巷40号14套、南昌市青山湖小区31栋4单元3套。2000年10月完成公有住房出售工作,累计出售公有住房39套,取得售房款1262696元。其中:出售位于南昌市江大南路9号22套房,售价786996元;出售位于南昌市西湖区站南巷40号14套房,售价426064元;出售南昌市青山湖小区31栋4单元3套房,售价49636元。

办公大楼基建工作 2004年8月23日,为解决省质监检验检测机构办公、实验室、科研用地用房严重不足的情况,省质监局向省发改委提交筹建省质监检验检测楼工程项目的报告。申请在江西省旅游学校即位于南昌市青山湖区京东大道中段东侧、内环路北侧面积为16675平方米(约25亩)的土地上建设集科研、检验检测、办公、培训为一体的省质监检验检测楼。该楼建设面积26000平方米,其中:新建17000平方米、利用原有建筑面积9000平方米。建设功能有:科研标准化(约占建筑面积2000平方米),检验检测功能(约占建筑面积15000平方米)、信息网络中心(约占建筑面积2000平方米)、会议室机关办公(约占建筑面积2000平方米),人员培训功能(约占建筑面积2000平方米)。是月31日,省发改委对省质监检验检测楼工程项目进行批复,同意省质监局在南昌市青山湖区京东大道中段东侧、内环路北侧的原省旅游学校校址内建设省质监检验检测楼工程项目。项目总投资估算9000万元,建设资金由省质监局自筹解决。2005年11月8日,省发改委将省质监检验检测楼工程项目列为省2005年第二批重点建设项目,并于是月30日取得开工许可。该工程为地下2层/地上14层(含裙楼3层)框架结构,其中地下室层高3.4~3.6米,裙楼层高3.7~4.2米,标准层层高3.3米,总建筑面积为17487.22平方米。2008年2月4日,由于在建设时间、建材价格上涨和节能技术标准等政策变化以及地基处理不可预见情况发生引起设计变更等因素,省发改委批准调整该工程概算,总概算由6804.59万元调整为8640.94万元,调增1836.35万元。2008年3月10日,在建设单位的组织下,在工程现场对该工程进行验收,设计、勘察、监理、各施工单位均派主要人员参加,经现场对工程质量观感,安全性能,质量保证资料等检查,确认质量良好,资料齐全,经各方验收意见一致,同意验收。2008年3月15日,经监理单位查验,出具工程验收竣工报告,并于同年取得房产证及土地证。

物业管理服务工作 2008年1月2日,省质监局搬入位于京东大道的新办公大楼,出于对物业服务专业化的需求,自2008年起省质监局将大楼与院内的物业管理以购买社会力量的形式进行外包。外包的物业管理服务内容包括安保、保洁、会务、维修等。

公共机构节能工作　2008 年 8 月 1 日，国务院颁布第 531 号国务院令《公共机构节能条例》。省质监局自 2009 年开始按季上报单位能耗数据，并于 2009 年 2 月 1 日成立省质监局节能工作领导小组。节能工作领导小组负责对省质监系统内各单位公共机构节能工作进行指导、管理、协调和监督。2010 年 3 月 18 日，省政府颁布省政府令第 181 号《江西省公共机构节能管理办法》。办法规定公共机构负责人对本单位节能工作全面负责，并要求各公共机构应当建立、健全各项具体节能管理制度，制定科学合理的节能目标，每年上半年对本级公共机构上一年度节能任务和目标完成情况进行考核评价。根据要求，省质监局分别于 2010 年 1 月 30 日、3 月 4 日、3 月 17 日制定并印发《江西省质监系统办公用品及耗材管理制度》《江西省质监系统各项能耗管理制度》及《江西省质监系统公共机构能源资源消耗统计实施方案》。全系统各公共机构认真贯彻执行，强化重点用能环节的管理，省质监局 2010 年全年的各项能耗数值均比 2009 年有所下降。其中：2010 年用电量比 2009 年的 3617773 千瓦时下降 2903308. 2 千瓦时，降幅达 80. 25%；用水量由 2009 年的 5800 立方米下降到 3333. 68 立方米，降幅 42. 52%；汽油用量由 2009 年的 107717. 53 升降至 69582. 64 升，降幅 35. 4%；2010 年柴油用量比 2009 年的 77651. 31 升减少 65368. 91 升，降幅达 84. 18%。

住房货币化补贴工作　2008 年 10 月 28 日，按照建立与社会主义市场经济体制相适应的新的城镇住房制度的要求，进一步完善解决职工住房问题的各项制度，省财政厅、省直机关房改领导小组办公室印发《关于在昌省直机关住房分配货币化实施意见》。意见中充分考虑省直机关职工的实际情况，通过对无房和住房面积未达到规定标准的在职和离退休职工发放住房补贴，实现多数职工家庭购买或承租普通商品住房和经济适用住房，保障新职工和家庭困难职工的基本住房需要。是年 11 月 21 日，省财政厅、省直机关房改领导小组办公室印发《在昌省直单位住房货币化补贴申报审批发放办法》，对住房补贴发放过程中的个人申请、单位审核、房改审批、财政稽发 4 个关键环节的工作进行规范管理。至 2010 年 12 月 31 日，省质监局完成机关包括离退休员工在内的近 160 名员工的政策宣传以及住房补贴调查函与申请表的下发；完成 101 人调查函及申请表的收集整理、电脑录入工作；完成 101 人上交的住房货币化相关资料的初审工作，初审后申请住房货币化补贴员工总人数减少至 96 人；完成 96 人申请住房货币化补贴的计算以及金额汇总统计工作。至 2010 年底，省质监局符合条件并申请住房货币化补贴总人数 96 人，合计申请补贴金额为 2237381. 50 元，其中：面积不达标职工 75 人，申请住房补贴金额 142245. 15 元；无房职工 21 人，申请住房补贴金额 814930. 00 元。

第十一节　江西省钨与稀土产品质量监督检验中心

组织机构

赣州享有“世界钨都”“稀土王国”的美誉，2006 年全市规模以上钨企业销售收入超过全国三分之一,达109.64亿元,税利达16.2亿元,成为赣州市首个产值、销售收入超100亿的产业集群,稀土企业销售收入达37.6亿元,利税4.7亿元,奠定赣州市钨、稀土产业在全国的重要地位。为实现赣州市优势产业由粗放型向集约型、由低技术水平向高技术含量的转变,更好地为赣州的经济发展提供质量技术支撑,2007年2月,赣州市政府向省政府请示,要求向国家转报建立国家钨与稀土产品质量监督检验中心(简称国家钨与稀土产品质检中心)。3月,赣州市政府、省质监局分别向国家质检总局请示,要求在赣州市建立国家钨与稀土产品质检中心。5月,国家质检总局调研组到赣州市对国家钨与稀土产品质检中心筹建工作进行考察,对中心的建设规划和发展思路给予肯定。6月,国家质检总局批复同意由省质监局负责在赣州市筹建国家钨与稀土产品质检中心。9月,赣州市市长蔡晓明主持召开专题办公会议,议定国家钨与稀土产品质检中心的建设由赣州市质监局牵头,采取与江西理工大学合作的方式进行建设。12月,国家钨与稀土产品质检中心在赣州经济技术开发区举行开工奠基仪式。2008年4月,省人大常委会副主任朱秉发视察赣州市质检中心和正在兴建的国家钨与稀土产品质检中心。7月,一期工程中心检测实验楼顺利封顶,该楼为6层全框架结构,建筑面积5400平方米。

2009年2月,国家钨与稀土产品质检中心开始筹建运行,主要开展钨与稀土从矿样到产品的一系列样品检测服务,检测能力覆盖钨与稀土的50多个产品100多项参数,满足钨与稀土企业相关产品检测需要。是月,商务部副部长蒋耀平率工作组深入赣州国家级钨与稀土新材料科技兴贸创新基地——国家钨与稀土产品质检中心进行调研。4月,为提高赣州市钨与稀土专业技术水平,有利于开展钨与稀土产业学术交流,国家钨与稀土产品质检中心成立国家钨与稀土产品质量监督检验中心管理委员会和国家钨与稀土产品质量监督检验中心钨与稀土学术委员会。是月,国家钨与稀土产品质检中心被赣州市政府确定为首批赣州市大学生就业创业见习基地。5月,在国家钨与稀土产品质检中心建设试运行成功的基础上,省编办《关于成立江西省钨与稀土产品质量监督检验中心的批复》,同意成立江西省钨与稀土产品质量监督检验中心(简称省钨与稀土产品质检中心),为省质监局下属正处级全额拨款事业单位,核定全额拨款编制20名,内设办公室、检验部、研发部、业务部等4个科级机构,配主任1名、副主任2名、总工程师1名;正科职数4名、副科职数4名。中心主要承担全省钨与稀土等有色金属产品的抽检工作,受托承担省内外委托检验工作、对检验技术方法进行研究,为国家、地方和行业标准起草和修订提供技术支持。7月,省质监局批复同意将省钨与稀土产品质检中心委托赣州市质监局代为管理。9月,省编办《关于江西省钨与稀土产品质量监督检验中心增挂牌子的批复》批复同意省钨与稀土产品质检中心增挂省钨与稀土研究院牌子。至此,国家钨与稀土产品质检中心、省钨与稀土产品质检中心和省钨与稀土研究院实行三块牌子、一套人员的管理运行模式。是月,全国稀土标准化技术委员会批复,同意国家钨与稀土产品质检中心成立全国稀土标准化技术委员会离子型稀土矿工作组,工作组主要负责离子型稀土矿标准的制修定工作,工作时间为3年。11月,国家钨与稀土产品质检中心、省钨与稀土研究院在赣州市举行揭牌仪式。国家钨与稀土产品质检中心是全国唯一的国家级钨与稀土产品质量监督法定检验机构,省钨与稀土研究院也是省首家专门从事钨与稀土技术标准、产品开发、工艺创新的研发机构。

2010年9月,国家质检总局组织的国家质检中心验收专家组对国家钨与稀土产品质检中心进行现场验收，考核指标全部达标。国家钨与稀土产品质检中心已基本形成为国内钨、稀土产业提供检验检测、技术研发、科技成果的转化、教育培训和信息服务等为一体的国家级公共服务平台。是月，省质监局批准由赣州市质监局和省钨与稀土产品质检中心筹建江西省稀土标准化技术委员会（简称省稀标委），省稀标委是赣州首个省级标准化技术委员会，也是赣州继全国稀土标委会离子型稀土矿工作组之后又一个获准成立的标准化工作机构，省稀标委秘书处设在省钨与稀土产品质检中心。省稀标委的成立有助于赣州市稀土企业掌握国家、行业标准的发言权，赢取核心技术主动权，实现技术标准与技术创新的良性互动。10 月，国家质检总局批准国家钨与稀土产品质检中心通过认监委组织的“三合一”评审和授权，并经国家质检总局组织的专家组验收合格，批准国家钨与稀土产品质检中心正式成立。至 2010 年底，中心共有员工 38 名，具有本科及以上学历 23 名，其中博士（后）3 名，硕士 6 名，具有中级以上技术职称的人员为 6 名，其中具有副高级职称的人员为 4 名。

业务范围

2009 年 2 月，国家钨与稀土产品质检中心开始运行，主要开展钨与稀土从矿样到产品的一系列样品检测服务，满足钨与稀土企业相关产品检测需要。10 月，中心通过中国合格评定国家认可委员会的实验室认可、资质认定和审查认可“三合一”评审，取得中国合格评定国家认可委员会颁发的实验室认可证书（NO. CNASL4280）、国家认证认可监督管理委员会颁发的计量认定和授权证书，国家认证认可监督管理委员会对国家钨与稀土产品质检中心授权，授权检测产品主要为钨及钨制品、稀土及稀土制品，检测报告允许使用“CMA”标志，国家钨与稀土产品质检中心的法律责任由省钨与稀土产品质检中心承担，开展的产品质量监督检验业务，受国家质检总局和国家认监委的监督和指导。至此中心检测能力覆盖钨与稀土等有色产品 7 类 62 个产品、118 项参数。

2010 年 5 月，国家钨与稀土产品质检中心先后与中实国金国际实验室能力验证研究中心、国家稀土产品质量监督检验中心（包头）、株洲硬质合金集团有限公司分析测试中心、中国有色金属工业粉末冶金产品质量监督检验中心等机构进行多次能力验证与实验室比对，准确率均达到 100%。是月，国家钨与稀土产品质检中心组织开展 2010 年监督抽查，共抽查赣州市 60 家企业生产的 75 批次产品。其中，合格 56 批次，不合格 19 批次，合格率为 75%。抽查结果表明，赣州市钨与稀土企业生产的钨、稀土产品质量状况较好，但仍有部分企业生产的产品未到达国家标准要求。在抽查摸底的基础上，国家钨与稀土产品质检中心完成《2010 年赣州市钨与稀土产品质量状况分析报告》，并向国家质检总局产品质量监督司请示将钨、稀土产品列入国家监督抽查目录范围，以加强对钨、稀土产品质量的监督与控制，以推动钨、稀土企业改进生产工艺，提高产品质量。7 月，前来赣州参加 2010 中国·江西（赣州）稀土钨产业合作推进会的专家学者共 150 余人参观国家钨与稀土产品质检中心。10 月，国家钨与稀土产品质检中心、江西出入境检验检疫局综合技术中心赣州分中心签订合作协议，双方将着力构建与大质量工作机制相适应的运作模式，实现两个“中心”优势资源配置一体化，在钨、稀土产业重要领域和关键环节先行先试，加强协调，鼓励和引导企业、部门、机构之间开展结对合作活动。11 月,国家钨与稀土产品质检中心通过实验室认可、计量认证、审查认可“三合一”评审和授权以及国家质检总局组织的专家组验收合格评定,正式被国家质检总局、国家认证认可监督管理委员会批准成立。至2010 年底,中心收样近4000 个,同比增长93%,共检验参数4.2 万个,同比增长107%,月均收样量同比增长112%,检验业务收入共计84.47 万元。中心业务范围拓展到北京、河北、辽宁、湖北、河南、上海、浙江、江苏、湖南、云南、广西、广东、福建、台湾等14 个省、区、市,累计客户总数为600 个,中心服务企业、开放共赢的效应正日益显现。

科研工作

2008 年起国家钨与稀土产品质检中心开展科研工作。11 月,中心申报省质监局项目“电感耦合等离子发射光谱法测定镨钕金属及其氧化物十五个稀土元素氧化物的配分量方法研究”立项。

2009 年10 月,省钨与稀土研究院、南康天龙资源再生利用有限公司联合完成的“高效无害化综合利用电镀污泥技术研究”通过赣州市科技局科学技术成果鉴定,并获得赣州市科学技术成果鉴定。12 月,省质监局对国家钨与稀土产品质检中心列入国家质检总局2009 年度科技计划项目“PDP 用稀土荧光粉研制与性能评价”给予1 万元的经费补助。

2010 年,国家钨与稀土产品质检中心申报国家质检总局“磁性材料的磁性能检测”技改项目1 项,并获技改资金20 万元;省财政厅“提升赣州钨稀土产业水平和核心竞争力的能力建设”项目1 项,并获项目专项经费100 万元;赣州市科技局“钨材料实验室建设”项目1 项,并获专项资金5 万元。向国家工信部、省发改委、省科技厅、省质监局及赣州市科技局等有关部门申报项目9 项,为大余东宏锡业有限公司等多家企业提供“绿色环保技术综合高效回收钨冶炼渣技术研究”“高矫顽力稀土永磁体研制”“钨渣中钨的回收”等3 项科研项目支持,为企业拉动经济效益近1000 万元,促进企业技术升级。期间省钨与稀土研究院购置一批先进的科研仪器设备,并重点在新型能源如动力电池和燃料电池、新型材料如中高档硬质合金、高档次永磁材料、高性能发光材料、节能灯具等方面的开发与应用、钨稀土资源及其二次资源的综合利用、循环经济、节能环保和冶金新工艺和短流程等方面开展相关研究。2010 年底,国家钨与稀土产品质检中心先后承担国家质检总局、省质监局、省科技厅等部门下达的科研项目5 项,通过省科技厅、赣州市科技局组织的科学技术成果鉴定各1 项,为企业转化科技成果3 项。至此,国家钨与稀土产品质检中心作为公共平台的作用已经初步显现,有力地支持地方的经济社会快速稳定发展。

技术装备及技术服务

2008 年10 月6 日,国家钨与稀土产品质检中心向省外贸厅、省财政厅申报国家商务部、

财政部2008 年优化机电和高新技术产品进出口结构调整资金“公共服务平台建设项目”及资金资助500 万元。是年12 月22 日,项目获批,并被商务部评为2008 年江西省唯一优秀公共服务平台资助项目。2009 年8 月,项目通过省外贸厅、省财政厅的验收。

2010 年9 月,国家钨与稀土产品质检中心参加以“抓质量水平提升、促发展方式转变”为主题

的2010年赣州市质量月现场咨询活动，设置宣传牌，并为现场100余名群众讲解质量知识，进一步普及质量安全知识，增强全员质量意识。11月，由国家钨与稀土产品质检中心等单位筹建的省钨与稀土工程研究中心通过省发改委专家组进行的现场评估，基本实现采选、冶炼、深加工的完整产业链技术研发服务体系。江西省钨与稀土工程研究中心建设项目由江西省钨与稀土研究院发起，并依托国家钨与稀土产品质检中心，联合江西理工大学、赣州有色冶金研究所、赣州虔东稀土集团股份有限公司、省龙钇重稀土材料有限责任公司、赣州中瑞材料科技有限公司共同组建，旨在充分开发并合理有效地利用钨和稀土资源，搭建科研与产业之间的桥梁，更好地研究开发关键的共性技术，加速科研成果向产业转化，培育并提高赣州地区钨与稀土产业的自主创新能力，推动钨与稀土产业结构调整和转型升级。一年来，国家钨与稀土产品质检中心参与起草国标项目8个，向全国稀土标准化技术委员会提交《钇基稀土硅铁合金》《钇基稀土硅镁铁合金》标准草案2个，向省质监局提交《镝铁合金》《钆铁合金》《钬铁合金》标准草案3个，完成稀土标准化委员会组织的新国标验证试验2项，制定企业标准多项。至2010年底，中心已购置包括ICP－Mass等离子体质谱仪、ICP发射光谱仪、激光粒度仪、原子吸收光谱仪等达到国际先进水平的大型精密分析检测仪器设备15台（套），价值600余万元，建立钨、稀土专业的信息网站，同时还对接国内外35万个技术标准数据库基本建成集技术文件、方法标准、业内动态、科技前沿资讯等信息技术平台。

第十二节　江西省钢结构网架质量检验中心

组织机构

2004年8月，经省质监局研究并陈述充分理由，请示省编办，拟在抚州市产品质量监督检验所的基础上增挂江西省钢结构网架质量检测中心的牌子，实行两块牌子，一套人员，不提高规格，不增加编制。2004年10月29日，省编办《关于抚州市产（商）品质量监督检验所增挂江西省钢结构网架质量检测中心牌子的批复》，同意在抚州市产（商）品质量监督检验所的基础上增挂江西省钢结构网架质量检测中心的牌子。实行两块牌子，一套人员，在行政管理权上与质检所同样归属于抚州市质监局。江西省钢结构网架质量检测中心主要职责是承担钢结构网架工程的出厂委托检验、复检项目检验、监督检验以及技术咨询、技术服务等相关检测工作。2004—2006年期间，有相关检测人员20余人，其中高级工程师有5人、工程师8人，80%以上人员为大专以上学历。2007年4月，为更好地开展钢结构检验工作，经省质监局研究，请示省编办，将中心单独设置，升格为省质监局下属正处级事业单位，中心更名为江西省钢结构网架质量检验中心（简称为省钢结构质检中心）。6月，省编办《关于单设江西省钢结构网架质量检验中心的批复》批复同意，并核定全额拨款编制12名（所需编制从抚州市产品质量监督检验所划拨），配主任1名，副主任2名。在行政管理权上仍归属于抚州市质监局代管。该中心主要职责是：承担全省范围内钢结构网架生产企业的钢结构网架的出厂委托检验；承担全省范围内已建、在建的钢结构网架工程的监督检验；承担钢结构网架工程的使用单位对工程质量安全的委托检验。2007年12月,成立国家塔架质量监督检验中心筹建处。筹建处下设办公室,主要负责筹建日常事务处理。2009年9月27日,省钢结构质检中心自升格以后的第一任班子到位。2010年4月12日,该中心成立4科1室,将抚州市产品质量监督检验所(简称为抚州市质检所)融合于中心之中,两者仍实行两块牌子、一套人员管理模式。同时中心实行抽检工作分离,从制度上、机制上阻隔检验人员与外界联系,规范检验行为,严格检验程序,做到检验结果公平公正。逐步建立业务科收样、检验科检验、质控科审核、业务科发送报告的检验工作流程。是年6月,通过省质监局参加省人社厅组织的公开招考、面试,录用5名在编检验人员,另通过单位内部考核,聘用2名检验人员,充实中心检验人员队伍。至2010年底,省钢结构质检中心(抚州市质检所)共有相关检测人员30余人,其中高级工程师7人、工程师5人,80%以上人员为大专以上学历。10—11月,中心举办实验室开放活动,迎接群众参观指导。

业务范围

2003年10月28日,省钢结构质检中心通过省质监局组织的计量认证"二合一"资质评审,同时获得计量认证合格证,证号:(2003)量认(赣)字(Z0214)号,有效期5年。2004年1月10日,获得审查认可验收证书,证号:(江西)省质监认字(065)号,有效期5年。主要检测项目包括:钢结构网架工程及塔桅钢结构工程的整体性能、变形监测、焊接质量、钢结构机械性能、金相分析、化学成分分析、涂镀层厚度及耐腐蚀性等。同时获省建设厅颁发的钢结构专项工程质量检测技术资质。2007年10月29日,通过省建设厅组织的对该项资质的复评审考核,获其颁发的《建设工程质量检测机构资质证书》,证书编号:赣建检字第361000130号,有效期3年。检测范围及项目包括:钢结构焊接质量无损检测、钢结构防腐及防火涂装检测、轻钢结构检测、钢网架结构检测、钢网架结构的挠度检测、钢材、钢铸件力学性能、焊接材料性能检测。2009年9月,省钢结构质检中心通过省质监局组织的计量认证"二合一"资质评审。9月30日,获省质监局颁发计量认证和验收两个资质证书,计量认证证书编号:2009140214Z、验收证书编号:(2009)(赣)质监验字013号,有效期均为3年。2010年6月,中心经扩项,具备输电线路铁塔等5类铁塔产品资质。2010年12月,经省质监局、全国工业产品生产许可证审查中心审查合格,增加中心承担有关生产许可证发证检验工作,主要包含输电线路铁塔型号规格:110kv/220(330)kv、500kv、750kv;广播通信铁塔型号规格:电视塔、广播塔、微波塔、通信塔。

科研工作与技术合作

20世纪80年代中期,省钢结构质检中心的前身抚州市质检所完成当时国内最大跨度达45米的抚州体育馆平板组合网架的设计与施工,该项目获省科技进步三等奖,并编入建设部发布的(1949—1989年)《中国建设工程重大科技成就》。1997年,该中心依托省重点院校东华理工学院的教研实力,与该院地测学院、材料学院开展技术合作,使用日本产电子速测全站仪和自动安平水准仪,对抚州体育馆进行10年后的挠度监测对比,积累大量数据,得到国内有关专家的一致好评。

经省钢结构质检中心(抚州市质检所)与东华理工大学双方共同努力,2007 年 6 月,获国家质检总局批准筹建国家塔架质量监督检验中心,目标完成国家认监委组织实验室资质认定及国家质检总局组织的验收。筹建后国家塔架质量监督检验中心拟包含的业务范围主要有:广播塔、电视塔、微波塔、通信塔、输电线路塔、石油化工塔、广告塔和桅杆产品逐步扩展到矿塔、索道支架、排气火炬塔和轻钢厂房、网架、网壳、钢桁架结构、膜结构逐步延伸到钢结构桥梁、钢结构建筑等。筹建完成后拟达到对钢结构和铁塔类产品能进行全项目检验,并争创国内一流水平,与国际接轨;逐步对重大工程实行动态监测,建立预警系统;能承接起国家对此类产品的监督抽查和生产许可证检验,承担起对全国此类产品生产企业技术和检测人员的培训;组织或参与制修订此类产品的国家标准,代表国家参与国际交流与互认。筹建国家级中心要求的水平很高,省钢结构质检中心需得到合作对象支持,具体包括三方面:建立联合筹建的框架,明确各自职责,充分发挥双方的资源优势,形成实质上的共同筹建、共同管理、共同发展、共同受益;在东华理工大学建立精密仪器室、GPS 动态研究监制试验室和应力应变分析实验室(待定),确定仪器设备的专用和受控;确保 2 名正常测量人员,纳入质量体系管理,3 ~5 名水平高的专业测量人员作为技术支撑,1 ~2 名钢结构设计人员参与技术检测方案的制定和校核,并组成有材料、钢结构设计、测量等方面权威专家组(约 6 ~9 人),推动检测水平的不断提高和创新。2010 年 6 月,省钢结构质检中心承担的“钢管结构制造技术条件”国家标准制订前期调研,项目起止时间是 2010 年 11 月至 2011 年 12 月。

技术装备及技术服务

2004 年度,省钢结构质检中心(抚州市质检所)收到省质监局下拨技术装备,共计金额 36.9 万。其中中心所用设备主要包括:盐雾试验箱、金相显微镜、磁粉探伤仪、布洛维三用硬度计、涂镀层测厚仪等,金额约合 8 万元,其余为抚州市质检所所用设备。2004—2006 年,中心承接中石化各地市加油站屋盖网架工程、江铃底盘股份公司网架厂房、南昌市交警支队汽车驾驶训练馆焊接板节点钢结构屋面工程、江西农大田径场主席台网架工程、江铜集团铸造有限公司轻钢厂房、宜黄县党政大楼屋顶钢架等各类工程 50 余项工程的检测。先后与江西雄基钢构建材有限公司、江西宏兴钢构有限公司以年度为单位签订委托检验协议书,另外与江西嘉益铁塔钢构有限公司(抚州)、省群力钢结构工程有限公司 2 家公司初步达成合作意向。中心提供长年委托检验服务,积累检验实践经验,并记录下来形成较完整的技术资料。2005 年中心对省内面积及跨度最大的网架工程 - 九江学院田径馆屋面网架进行整体加载,检验其挠度的合格性,通过静力荷载检验保证工程质量的安全。中心拥有仪器设备 20 余台套,其中包括超声波探伤仪、x 射线探伤仪、磁粉探伤仪、自动安平水准仪、万能材料试验机、压力机、原子吸收分光光度计、三元素分析仪、碳硫分析仪、盐雾腐蚀试验箱、涂镀层测厚仪、布洛维三用硬度计、摄影金相显微镜等。2007—2008 年,中心继续与雄基钢构、宏兴钢构签订年度委托检验协议,并加大与雄基钢构的合作,其他检验业务也稳中有升,总检验业务量相比以前年度有一定幅度增长,尤其是承接抚州市文化局委托的市文化园汤显祖大剧院、图书馆、博物馆(均为抚州市标志性建筑)以及金溪县新行政中心、会议中心大楼等政府工程项目的检测任务。此外配合参与抚州市质监局、赣州市质监局稽查支队以及抚州市各县(包括南城、乐安、金溪)质监局等部门行政执法工作,提供相关检测服务和检测报告依据。2008 年 12 月,经赣财〔2008〕部门 200 号批复省质监系统 2007 年度国家专项设备采购—检测机构专用设备,中心(质检所)收到下拨设备一批,共 12 台,总计金额 59.9 万。其中中心所用设备主要包括:30 吨、100 吨微机屏显式液压万能试验机、全站仪(日本进口宾得)、数字超声波探伤仪、全程控静态电阻应变仪等,合计金额 42.7 万,其余为质检所用设备。2009 年,中心与雄基钢构的合作达到高峰,全年检验多达 30 批次;并积极为各地市质监系统行政执法提供检测服务及执法依据,先后与鹰潭贵溪市质监局、泰和县质监局及抚州市局稽查支队合作服务;完成江西格美科技股份有限公司委托的多晶硅项目工程 21 栋钢结构厂房的检测任务。2010 年第 1 季度,中心受国家质检总局委托,派出 2 组检验人员对江西、河南 2 省共 12 家铁塔生产企业的 7 个批次铁塔产品进行抽查,检查结果为 6 家铁塔产品为合格,1 家铁塔产品为不合格,产品合格率为 85.71%。抚州市产品质量监督检验所,在检验业务工作中,中心继续与雄基钢构、荣盛钢构签订年度委托检验协议,全年检验 10 批次,相比以前年度有所减少。另外增加抚州立巢钢构、新余华国钢构的长年委托检验协议,其他检验业务保持稳定增长,尤其工程检验项目增长明显。从检验业务量上来看,检验总批次数增长幅度明显,检验生产企业、服务对象领域扩大,培养一批重要合作对象,普遍存在与同家委托企业多项目合作情况且检验范围覆盖全省多地市,并逐渐向外省辐射。检验业务收入也由成立初期的 10 万~20 万,上升到 60 余万。在实验室基础设施建设方面,中心筹集到 120 余万元,主要投入到实验室建设、装修及改造,购置通风柜,建设微生物实验室,购买 10 余套设备,主要包括:生物安全柜、超净工作台、冲击实验机、液压缺口拉床、低温槽、试样缺口投影仪、紫外分光光度计、白金坩埚等。此外,还为中心业务科制作不锈钢样品架。在技术服务方面与内蒙古通辽通发科技发展公司游泳馆屋盖网架工程合作,该工程网架跨度 33 米,最大长度 66 米,面积达 2100 ㎡。受该公司委托,中心自 2006 年开始派出检测人员对该公司游泳馆网架进行安全性检测。又由于该网架处于潮湿环境中,为适时掌握其安全状况,中心还分别于 2009、2011、2012 年进行跟踪检测服务。提出相关整改措施,有效消除其安全隐患。

第三章　协　会

省质监局有7个挂靠协会，分别是：江西省计量协会（简称为省计协）、江西省标准化协会（简称为省标协）、江西省质量协会（简称为省质协）、江西省质量检验协会（简称为省质检协会）、江西省特种设备安全技术协会（简称为省特协）、江西省防伪行业协会（简称为省防伪协会）、江西省认证认可协会（简为省认证协会）。

各协会由全省计量、标准化、产品质量、锅炉管特、认证等工作者自愿结成依法登记成立的公益性、学术性、非营利性的法人社会团体，为企业开展计量、标准化、产品质量、锅炉管特、认证等方面业务的技术咨询、宣传、指导、服务、学术交流等服务工作，提高广大群众对计量、标准化、产品质量、锅炉管特、认证等业务认知能力，会员来自生产企业、技术机构和科研机构等各行各业，是促进质监行业发展的重要社会力量，是加强行业和各类质量检测机构与政府联系的桥梁和纽带。

第一节　江西省计量协会

理事会

江西省计量协会（简称为省计协）是由全省计量管理部门、计量技术机构、企事业计量机构、计量器具制造、修理企业及计量经营服务部门和计量工作者自愿结成依法登记成立的公益性、学术性、非营利性的法人社会团体。会员来自省机械、电子、石化、汽车、计量器具生产企业、计量技术机构和科研机构等各行各业，是发展省计量事业的重要社会力量，是党和政府开展计量工作的纽带和桥梁。至2010年12月31日，共有单位会员253家，其中常务理事单位48家，理事单位114家，个人会员938多名。

第一届理事会　1996年8月12日，省计协在南昌召开成立大会。江西省政府办公厅、省民政厅、省直有关部门和企、事业单位等150多人参加会议。省人大常委会副主任钱梓弘出席会议并讲话。会议审议并通过《江西计量协会章程》。省直有关部门和企事业单位的65名代表当选为省计协理事；在一届一次理事会上，选举产生协会领导：钱梓弘、杨毓模为名誉理事长，胡志坚为理事长，余克新、程宝明、万林凤、冯金兆、陈飞华、甘克强、洪绍庭、钱少明、余埼、魏志华为副理事长，余克新为秘书长。首届团体、个人会员分别达到159家和556名。

第二届理事会　2002年10月28日，省计协第二次会员代表大会在南昌召开。中国计量协会秘书长肖世光、江西省民政厅蔡建武、省质监局领导李舰海、李岱、徐光辉、杨毓模等到会祝贺并讲话。大会选举产生省计协第二届理事会理事90名,二届理事会第一次全体会议选举产生正、副理事长及41名常务理事。杨毓模当选为第二届理事会理事长,周元根等11人当选为副理事长,并选举周元根兼任秘书长。省计协团体会员228个,个人会员总计795名。

第三届理事会 2009年8月18日,省计协第三次会员代表大会在南昌召开。大会共选举出理事114名,第一次理事会会议选举产生正、副理事长及48名常务理事。杨毓模连任第二届理事会理事长兼秘书长,薛岩、黄小平、吴一微、郭小红、欧阳金桂、万益群等6人当选为副理事长。省计协团体会员253个,个人会员总计938名。

主要活动

教育培训 自1998年始,省计协采用国家技监局统一培训教材,连续5年在全省举办计量管理函授培训班,不断提高各行业计量管理人员和专业人员的业务素质和管理水平,进一步掌握计量法规体系和计量检测技术规范,熟悉理解国际标准ISO10012对测量设备的质量保证要求,共有3000余人参加培训。

历年来,省计协共举办各类标准、规程、规范等的宣传贯彻、培训100余期,7000余人参加宣传贯彻、培训,提高全省计量队伍的管理水平和技术素质。

计量宣传 "520"是世界计量日宣传,在省技监局统一部署下,每年5月20日组织和开展"520"世界计量日宣传服务活动,提高社会计量意识。活动突出"计量与效益""计量与节约能源""能源计量与节能降耗和污染减排"等主题,一方面有针对性地对全省重点耗能企业开展服务活动,派出专人到企业生产现场帮助解决计量检测方面的疑难问题;另一方面,面向社会开展义务咨询、张贴宣传画、发放宣传资料,让群众了解计量,让计量知识深入社会。2004—2005年,省计协配合省质监局在全省各地市县工业园区举办免费企业计量专题讲座,并制作"走进计量"专题片,将300余张刻录盘分发给企业,加强与工业园区内企业的沟通;编写《计量与企业知识讲座》教材4000余册,发给参加讲座的企业代表,并分批次在全省100多个工业园区举办计量专题讲座,全省1509家园区企业的4000余名企业代表参加讲座。2005年9月,按照省质监局的要求,省计协配合有关部门在全省企业中开展"计量与效益"宣传活动。全省有关厅、局及企事业单位代表60余人参加座谈会。2006年,省计协配合省质监局举行全省节耗增效服务活动启动仪式,提高企业节能意识。启动仪式上,省质监局局长朱秉发向11个设区市的"节能降耗增效服务分队"隆重授旗,省质监局副局长李岱代表省质监局分别与19家重点耗能企业的负责人签订《共同推进节能降耗增效工作责任书》,全省40多家重点耗能企业的领导和能源与计量工作负责人共86人参加启动仪式。

技术咨询 2003—2010年,省计协按ISO10012:2003《测量管理体系——测量过程和测量设备的要求》,采取标准宣传贯彻、培训内部审核员、指导文件编写、指导内审与管理评审等方式,帮助江西铜业集团公司、华意压缩机股份有限公司等30多家省大中型骨干企业建立和完善计量检测体系,加强企业计量管理,提高企业检测技术水平,使其顺利通过国家测量管理体系认证;帮助定量包装商品生产企业开展C标志评价工作，提高企业信誉度。按照《定量包装商品生产企业计量保证能力评价规定》的要求，为江西锦溪水泥有限公司、南昌电缆有限责任公司等30余多家企业提供相应技术服务，使这些企业满足定量包装商品净含量所应具备的管理要求、技术要求和产品要求，并顺利通过省质监局组织的定量包装商品计量保证能力评审，取得计量保证能力证书（即"C"标志），为其定量包装商品提高计量信誉度、提高市场占有率打下基础。2004年，按照《法定计量检定机构考核规范》的要求，指导计量标准技术报告的撰写，帮助修改体系文件，指导开展内审和管理评审等工作，使12家单位全部顺利通过省质监局组织的计量授权考核。

2003—2010年，省计协组织精干力量向需要实验室资质认定技术咨询与服务的检测机构提供帮助，采取宣传贯彻准则、培训内部审核员、指导文件编写、指导内审与管理评审等方式，共对400多家产品质量检验机构提供相应技术咨询服务，并提高机构的实验室管理水平和检测能力，使其满足评审准则的要求。

学术成果

学术活动　省计协通过多种形式开展学术活动50余次，参加活动人数有3000多人，交流学术论文200余篇。主要活动有：1999年11月，组织全省各设区市主管计量局长和计量科长及部分大中型企业的计量管理人员60多人赴深圳参加全国计量检测研讨会。2000年，召开全国计量学术交流大会，按照征文的要求不仅组织省计量科技工作者积极撰写论文，并按中国计量测试学会要求制作软盘寄给中国计量测试学会，共征集9篇论文，其中8篇入选论文集；2000年4月，举办"三坐标、圆度、圆柱度、表面粗糙度测试技术讲座"，会议邀请国内外专家到会介绍几何量测量的最新技术和最新动态。2000年、2001年，理事周锦坤、王玉林分别参加中国计量协会组团赴美国、西欧的传感器与检测技术交流研讨会。2003年11月中旬，协会联合江西东华计量测试研究所召开全国性的电学计量新技术交流研讨会，全国各行各业的60余位代表参加交流会。交流会主要就推动直流电桥、电阻箱、电位差计和高阻箱、高压表等项目的检定装置技改工作，研讨制订直流仪器数字化、智能化检定的技改措施、方案和对新方案的测量不确定度的理论分析以及如何利用现已具有的设备，在少投入的情况下达到最佳技改效果，以促进新技术的应用，提高上述项目的检定技术水平。2004年10月，省计协组织青年计量工作者参加由省科协举办的首届江西青年科学家学术年会，推选出一批"江西优秀青年学者"，在全省科技界产生重大影响，也为青年科技英才展露才华提供舞台。2004年11月3—7日，在井冈山举办热工计量新规程宣传贯彻暨新技术应用交流研讨会，会议汇聚省电力系统、民用系统和国防系统的计量专家，对ISO5167进行宣传贯彻，60多名与会人员就新型流量仪表和数字温度显示调节仪表的使用与维修以及热工计量的不确定度分析等问题进行交流。2005年，省计协综合计量专业委员会和广东省计量测试学会温度专业委员会在宜春共同举办赣粤两省热工计量新规程宣传贯彻暨学术交流研讨会，会议进行新规程宣传贯彻，特邀专家做学术报告，还进行学术论文交流研讨，共有46人参加。2010年，由华东华南计量协会学会联席会议办公室主办、省计协承办、华东华南各省（市）计量协会学会协办的华东华南计量学术交流研讨会在井冈山市召开,会议同时还是首届省科协学术年会第十五分会场,主题是"计量为'节能降耗,科学发展'服务"。省计协组织会员单位和专业委员会开展学术研究并撰写学术论文,并编辑《华东华南计量学术论文集(2010)》。论文收录《计量与节能》《检定与校准》《测量与研究》《管理与提高》等方面的论文计88篇。来自各省市学会协会秘书长、计量科技工作者、有关高等院校的专家学者,共计100余人参加会议。会上,来自上海、江苏、安徽、山东、广东和江西的7位论文作者分别作大会论文交流。

科研成果 2008年,由省计协申报的《机动车方向盘转向力—转向角检测仪校准规范》课题获省政府科技进步三等奖;2009年,《透射式烟度计检定规程》《微小力值检定装置的研制》《爆速计量现场校准装置的研究》分别获省政府科技进步三等奖。

文章著作 2007年,由省计协、中国计量出版社出版的《建筑工程检测实验室实用技术》一书;2008年,中国质检出版社出版《机动车方向盘转向力-转向角检测仪校准规范》(JJF1196-2008);2010年,由戴映云起草,中国质检出版社出版《透射式烟度计检定规程》(JJG976-2010);2001—2010年部分会员发表的文章。期间共发表文章156篇,其中发表在国家级刊物67篇,省级刊物89篇。

书籍编写参与《江西省计量监督管理条例》制订。协会主要负责人协助参与《江西省计量监督管理条例》的起草、修订、调研和实施宣传贯彻工作。《江西省计量监督管理条例》先后修改17稿后定稿,于1999年8月20日经江西省人大第十次常委会审议通过,10月1日正式发布实施。

省计协于2000年主持编写《计量管理工作实用指南》一书,是为加强计量法律法规宣传力度,提高各行业从事计量工作者的业务素质和管理水平,共有30位理事参与编写和修订,全书约75万字,共分5篇,主要包含至1999年底出台的有关计量工作的法律、法规及规章。重点介绍计量器具、商品量、检测与校准实验室、工业企业等计量监督与管理工作内容,为计量工作如何适应市场经济,实现计量法制管理提供权威性指导,具有很强的政策性、技术性和实用性,是计量工作者的常备工具书。

第二节 江西省标准化协会

理事会

江西省标准化协会(简称为省标协)是经江西省民政管理部门登记注册,成立于1980年10月14日,具有法人资格的全省标准化工作者的学术性、公益性的群众团体,是党和政府联系标准化者的纽带和桥梁,本会为企业提供制修订企业标准、标准化培训服务,结合世界标准日主题向社会宣传标准的作用,提高广大群众的标准化意识。至2010年12月31日,共有单位会员109家,其中常务理单位43家,理事单位84家。

第一、二、三届理事会 1980年10月成立至1995年共召开3次理事会。

第四届理事会 1995年12月18—20日,在南昌市召开第四次会员代表大会,共108名会员代表参加会议,上届理事长缪长凡致开幕词,省科协副主席张云根、省民政厅处长蔡建武、省技监局副巡视员杨毓模、省经委原主任、省标准局原局长、省标协第一任理事长贺世民到会并讲话;上届副理事长沈世孚作三届理事会工作报告,组织工作委员会主任夏孟秋作《江西省标准化协会章程》修改情况的说明,并作关于《江西省标准化协会会员管理办法》(讨论稿)的起草说明,同时按《章程》程序表决通过。大会选举产生由69人组成的第四届理事会,其中常务理事28名。

第五届理事会 2003年6月12日,省标协召开第五次会员代表大会(因非典原因采用函会)。全体代表以函会形式,审议《江西省标准化协会第四届理事会工作报告》和《江西省标准化协会章程(修改草案)》,并一致通过关于上述2个报告的决议。同时通过对第四届理事会的《致敬信》。全体代表采用无记名投票方式,选举省标协第五届理事。选出省标协第五届理事65名,理事会常务理事29名,理事会理事长1名,副理事长3名,秘书长1名。

第六届理事会 2009年8月21日,省标协第五届会员代表大会在南昌举行,有109名会员代表参加会议;省质监副局长徐光辉,副巡视员蒋洪南、省科协学会部部长孙为民等领导到会并讲话。余国平代表五届理事会做工作报告,王章清作省标协五届理事会财务情况报告,大会选举产生84位理事,省标协六届一次理事会选出43名常务理事。

主要活动

科普宣传 1990年,先后指派6人次参加中国标协在杭州和天津举办的IE师资格班;随后在省内举办"IE"宣传贯彻、研讨会。省标协在每年10月14日世界标准日,都开展科普宣传活动。2005年10月14日,第三十六届世界标准日的来临前夕,在省科协学会部的支持和指导下,省标协理事们加班加点,编写出"让标准化走进我们的生活"科普宣传读本,共印刷8000余册,免费发送全省各地、市、县,受到全省广大读者的欢迎和好评。

技术培训 省标协1990—2010年,先后举行工业工程(IE)实用技术培训班、农业标准化培训班、标准化良好行为培训班、新国标GB1.1-2009培训班、标准化战略培训班、食品标签新国标宣传贯彻培训班、良好农业规范(GAP)培训班等不同内容的各种大小培训班共50余期。2002年,在南昌举办工业工程(IE)实用技术培训班,在其他地市共举办8期培训班,受训人员400余人。2010年1月,在南昌市举办"新国标GB1.1-2009"培训班,专门从北京邀请该标准第一起草人白殿一到省培训讲课。来听课的技术人员和领导300多人,讲课效果很好,受训人员反映良好;新标准培训班陆续在赣州市、九江市、景德镇市、上饶市、宜春市、吉安市等地方共举办9期,受训人员1600余人。"标准化良好行为"培训班,从1996年开始至2010年,先后在南昌、上饶、宜春、抚州、赣州、九江、吉安等地市都举办培训班,总共有18期,受训人员近2000人。

技术咨询 1990—2010年,20年来,省标协科技咨询工作主要有:为企业制订和审查标准,修改完善标准化审查报告,指导和完善标准化良好行为企业标准化体系、ISO9001质量体系,标准化良好行为企业标准化体系现场审核、确认,农业标准化现场咨询指导等共200余项。其中标准化良好行为企业标准化体系现场审核,并通过现场确认的有九江石化、南昌印钞厂、江西诚志日化有限公司、江西中景集团公司、江西江铃齿轮箱厂等50多家企业,为创名牌产品发挥积极作用。16年来,全省标协常务理事、理事、会员们共制订地方标准(含地理标志产品标准)332项,制修订各类企业标准共6355项;为江西绿色崛起发挥较好的标准引领作用。

学术成果

学术活动 1990年12月,在南昌、吉安召开综合性学术年会,进行学术交流,宣读学术论文,评审学术论文。2003年开始的第一届至2010年,参加由国标委和中国标准化协会联合主办的且有特色的中国标准化论坛,每届都获奖,共获特等奖4项,二等奖11项以及其他全国性论文赛:二等奖1项,三等奖1项。省质监局、省标协、南昌市质监局协同国标委、中标协联合在南昌成功举办第五届中国标准化论坛。在大会上,省质监局局长朱秉发为参会领导和主持嘉宾,副局长李岱、副处长余国平为嘉宾宣读论文,教授王章清为获奖者代表宣读论文。省标协会员向全国核心期刊——《中国标准化》杂志踊跃投稿,共发表论文16篇。2001年、2002年,王章清发表的《推行"三新"战略振兴监狱经济》《试论建立监狱投资项目达标的保证体系》分别在司法部论坛获三等奖、二等奖。

表10-3-1 第一届至第十届中国标准化论坛获奖名单

论文题目	作　者	作者单位	论坛届别	奖励等级
标准化是构建节约型社会的强力"推进器"	王章清	省标协	第五届	特等奖
实施技术标准战略推进节约型社会建设	胡友发	南昌市质监局	第五届	特等奖
实施标准化战略建设节约型大学	曾小红 邱祖民	南昌大学	第五届	特等奖
江西实施技术标准战略的思考	舒　辉	江西财大	第六届	特等奖
标准化战略是加速实现鄱阳湖生态经济区国家战略的强力推进器	蒋洪南 王章清	省质监局、省标协	第七届	二等奖
江西物流业标准化体系构建研究	毛炜翔	省标准化研究院	第七届	二等奖
标准化是挺起战略性新兴产业的脊梁	蒋洪南 王章清	省质监局、省标协	第九届	二等奖
技术标准化战略新探讨	舒　辉	江西财大	第十届	二等奖
实施标准战略,力促地方经济平稳较快发展	王章清	省标协	第六届	二等奖
标准化是农业产业化的必由之路	曾宪彬	吉安市质监局	第五届	二等奖
标准化是推进社会主义新农村建设的基石	王章清	省标协	第四届	二等奖
标准化是推动循环经济发展的"加速器"	王章清	省标协	第三届	二等奖
试论加速原产地域保护产品的国标制订和贯彻,为民族精品撑起一把保护伞	王章清	省标协	第二届	二等奖

续表

论文题目	作 者	作者单位	论坛届别	奖励等级
国际贸易中的技术壁垒及国标准化工作的改革	赵美琳	靖安县质监局	第一届	二等奖
企业采标中存在的问题和解决的途径	李保娣	江西铜业公司	第一届	二等奖

表 10－3－2 1990—2010 年省标协会员、理事在期刊《中国标准化》杂志发表论文

论文题目	作 者	作者单位	期刊时间
如何采用国标标准	余国平	省标协	2003 年第 10 期
如何开展农业标准化工作	余国平	省标协	2003 年第 3 期
中小企业标准化工作难点及应对措施	涂世凡	南昌县质监局	2004 年第 5 期
破除国际绿色壁垒，促进农业出口	朱为杰	吉安市质监局	2004 年第 5 期
浅析企业实施技术标准战略的策略	舒 辉	江西财大	2004 年第 5 期
浅析我国企业标准化工作	林志忠 彭军平	宜春市质监局	2004 年第 5 期
试论印刷企业如何做好标准化工作	吴付华	省标协	2004 年第 5 期
关于发展循环经济的思考	胡火生 罗志强	省标协	2005 年第 8 期
浅谈如何强化标准在质监执法中的作用	黄 坚	省标协	2006 年第 9 期
矩阵形组织结构在标准化项目过程中的应用	彭长春 李 鸣	南昌大学	2006 年第 9 期
企业标准化信息管理的开展	李 霞	省标协	2007 年第 9 期
建立技术标准化体系，促进地方经济又好又快发展	余国平 陶家瑞	省标协、 赣州市质监局	2008 年第 3 期
构筑我国企业环境管理体系的新思维	舒 辉	江西财大	入选 2003 年中标协论文集
ISO8644－88《摩托车轻合金车轮试验方法》径沟冲击试验的研究	钱仲明	洪都摩托车分厂	入选 2003 年中标协论文集
面向 ISO14000 的企业经营发展战略	舒 辉	江西财大	入选 2003 年中标协论文集
在新机研制中，开拓工装标准化工作	李荣发	洪都机械厂	入选 2003 年中标协论文集

第三节　江西省质量协会

理事会

江西省质量协会(简称为省质协)前身为江西省质量管理协会,成立于1980年7月25日,2000年前挂靠省经贸委,2000年后挂靠省质监局,业务主管单位是江西省科学技术协会。协会的主要工作是普及质量管理知识,培训质量管理专业人员,组织指导质量管理小组活动;宣传贯彻ISO9000族标准,为企业提供质量管理技术咨询,推动实施用户满意工程,开展产品、工程和服务质量的社会监督与用户评价工作;积极宣传、推广和总结企业在推行全面质量管理、实施名牌战略、走质量效益型发展道路的先进经验,开展学术研讨与交流,推进质量学术水平的提高等等。至2010年12月31日,共有单位会员128家,其中理事单位102家,个人会员218多名。

第一、二届理事会　1980年7月25日成立至1990年共召开二届理事会。

第三届理事会　1990年5月16日,在南昌召开第三次会员代表大会,团体会员120余家。主要内容:听取和审议第二届理事会工作报告,讨论研究省质协今后工作;选举第三届理事会。副省长梁凯轩、朱英培出席会议并讲话。第三届理事会由28人组成,顾问由副省长梁凯轩担任,理事长由副省长朱英培担任,唐惠民、贺世民、万文钟、许扶荣、徐天庆为副理事长,黄文典为秘书长。1992年,由省经贸委副主任赵志坚担任会长,质量处处长张静梅、彭太煜先后担任秘书长。

第四届理事会　1995年8月16日,在南昌召开第四次会员代表大会,团体会员120余家。主要内容:听取和审议第三届理事会工作报告,讨论研究省质协今后工作;选举第四届理事会。副省长梁凯轩出席会议并讲话。第四届理事会共36人组成,顾问由副省长梁凯轩担任,理事长由赵志坚担任,黄文典、徐天庆、许扶荣为副理事长,曾国精为秘书长。1998年2月,省经贸委副主任涂勤华担任理事长,雷新修、陈兰洲、王鱼门、杨建兴、朱小梅、曾国精先后担任过副理事长。

第五届理事会　2003年3月6日,在南昌召开第五次会员代表大会,团体会员99家,个人会员218人。主要内容:听取和审议第四届理事会工作报告,讨论研究省质协今后工作;选举第五届理事会;审议通过省质协人事制度改革方案,建立以聘用制为基础的用人制度等一系列协会管理制度。中国质量协会秘书长马林、省政府副秘书长朱希、省科协副主席李雪南、省质监局副局长胡菊芬、徐光辉、杨毓模、省民间组织管理局局长李和生出席大会。第五届理事会成员112人,理事长由南昌大学教授刘卫东担任,郑伟、涂建民、李平、熊辉敏、汪清、廖昶、邱玉文、曾国精、蔡玮为副理事长,秘书长由省质监局质量处处长蔡玮担任,吴生龙、廖永宁为副秘书长。2006年12月,省质监局副局长胡菊芬任会长,刘卫东任副会长,增补朱小理为副会长。

第六届理事会　2008年11月28日,在南昌召开第六次会员代表大会,团体会员128家,个人会员218人。主要内容:听取和审议第五届理事会工作报告,讨论研究省质协今后工作;选举第六届理事会;审议通过协会章程修订决议、会费缴纳管理办法等。省人大常委会副主任朱秉发、省政协副主席李华栋、省质监局副局长蔡玮、省总工会副主席柯进水、共青团江西省委副书记郭美荐、省社团管理局局长李和生出席大会。第六届理事会成员102人，顾问由省人大常委会副主任朱秉发担任，胡菊芬为会长，刘卫东、王洪、郑伟、刘江浩、刘年凤、涂建民、温伟明、吴生龙为副会长，秘书长由省质监局质量处处长吴生龙担任。2009年8月25日，召开第六届第二次理事会，同意省质监局质量处处长吴生龙辞去秘书长、副处长肖斌辞去副秘书长职务，由姜晓菲担任秘书长。

主要活动

质量管理　1980年，江西省开始推进群众性质量管理（QC）小组活动，每年召开一次QC小组代表大会，总结一年来全省群众性质量管理活动的经验、研究存在的问题和对策，发表活动成果，评选、表彰省优秀质量管理小组，推荐全国优秀质量管理小组、全国质量信得过班组等。此项活动由省质协牵头，省总工会、团省委、省科协和省妇联共同推进。1991—2000年，共召开10次全省性质量管理小组代表大会（第十二次至第二十一次代表大会），发表优秀QC成果2050个，有2024个小组被授予“江西省优秀质量管理小组”称号，229个小组被授予“全国优秀质量管理小组”称号。2001—2010年，召开省第二十三次至第三十一次质量管理小组代表大会，共发表优秀QC成果2094个，有2080个小组被授予“江西省优秀质量管理小组”称号，其中有322个小组被授予“全国优秀质量管理小组”称号、89个班组被授予“全国质量信得过班组”称号。在此期间，先后组织开展“节能降耗减排”“自主创新”“质量提升”专题QC小组活动和成果发表会。

质量服务　提升质量服务，实施用户满意工程，是中国质量协会1996年发起并联合国家技监局等有关部门共同推进的一项社会性质量工程，省质协于1996年开始推进此项活动。1996—2010年，主要宣传用户理论，全方位用户满意观，在大商场质量跟踪站和企业产品维修站开展咨询、维修服务，组织用户评价、推荐表彰用户满意项目。累计完成用户满意度调查测评610个，表彰全省用户满意企业417家、全省用户满意产品385个、全省用户满意服务171项，用户满意建筑工程40项。2009年开始活动推进到服务领域，由省质协牵头，省总工会、共青团省委和省妇联联手在全省开展创建“用户满意服务明星”活动。评选出用户满意服务明星62人，用户满意服务明星班组59个。2004—2007年，省质协获得全国用户委员会授予的“优质服务月活动优秀组织者”荣誉。

教育培训　1991—2010年，举办“全面质量管理基本知识辅导员培训”“企业领导人员质量管理和质量保证知识广播讲座”“质量合理和质量保证”知识电视讲座；“乡镇企业领导质量法规和质量保证知识教育”等培训班60余期。为企业培训辅导员2113人，组织89910员工参加全国全面质量管理（TQM）知识统一考试并获得合格证。1990—2010年，开展“TQM普及教育师资培训”“ISO9000质量管理体系内审员培训”“六西格玛管理”“现场管理”“注册质量工程师继续教育”“注册设备监理师继续教育”“统计技术与方法培训”“卓越绩效评价准则”“QC小组骨干及诊断师”等培训班70余期。

技术咨询　1990—2010年，省质协利用技术优势，积极开展质量技术咨询服务，累计完成技术咨询项目230多项。2006—2010年，组织开展“百千万质量专家企业行”“质量专家革命老区、工业园区行活动”,这是一项公益活动。在全省工业园及行业等开展质量宣讲和现场诊断活动15场,受益企业500余家。2010年7月,省质协与省工信委联合印发《关于印发2010年全省推广先进质量管理方法实施计划的通知》,在全省工业企业推广先进质量管理方法。

学术活动

1991—2000年,省质协组织编辑质量法宣传资料,QC小组长入门,QC普及教材,新质量指标体系等学习资料7种。1991—2010年,组织开展全省重点企业、盈亏大户企业质量管理体系调查;参与《中国制造业质量管理现状调查和对策研究》《全国机械和食品行业质量管理现状调查和对策研究工作》等项目调研。2001—2010年,分别召开省“质量与经济”“质量、品牌与效益”“卓越过程、卓越结果”“创新、质量、竞争力”为主题学术交流会5场,发表优秀质量论文200余篇。2005年9月,邀请国际质量科学院院士、亚太质量组织终身名誉主席詹姆士·哈林顿博士来南昌作“全面改进管理——下一代绩效改进”演讲。2010年9月,邀请国际质量科学院院士哈林顿博士和罗宾曼博士来南昌作先进质量方法“简约流程管理”“业务卓越与标杆对比”专题演讲。

第四节 江西省质量检验协会

理事会

江西省质量检验协会(简称为省质检协会)是在江西省民政厅登记注册的具有法人资格的社会团体,省质检协会是全省质量检验机构、检验工作者、质量监督管理工作者开展学术理论研究,提高检验技术水平,促进产品质量提高的行业性非营利性社会组织。至2010年12月31日,共有单位会员181家,其中常务理事单位32家,理事单位95家。

第一届理事会 1997年4月2日,第一届会员代表大会在南昌市召开,省质检协会有团体会员192家。大会主要议程:向大会报告《江西省质量检验协会筹备工作情况汇报》;讨论通过《江西省质量检验协会章程(草案)》;选举产生第一届理事会等。第一届理事会由120人组成。根据协会章程,理事会选举产生40名常务理事组成常务理事会,并选举产生协会领导成员,彭太煜当选第一届理事会理事长,罗小璋等8人当选为副理事长,秘书长由罗小璋兼任,协会聘请省人大常委会副主任钱梓弘、杨毓模等为名誉理事长。

第二届理事会 2003年3月12日,第二届会员代表大会在南昌市召开,省质检协会有团体会员164家。大会主要议程:讨论通过《江西省质量检验协会第一届理事会工作报告》;《关于修改江西省质量检验协会章程的报告》,选举产生省质检协会第二届理事会、常务理事会。第二届理事会由110人组成,理事会选举产生常务理事30人,游海当选为理事长,曾大平、王云、冯金兆、张在田、魏坤玉、苏奔、余枫、席德三、陈苏、黄代放等10人为副理事长,曾大平为常务副理事长兼秘书长(法人代表),聘请蒋国宾、杨毓模为理事会顾问。

第三届理事会　2008年12月30日，第三届会员代表大会于在南昌市召开，省质检协会共有团体会员181家。大会主要议程：讨论通过《江西省质量检验协会第二届理事会工作报告》；选举产生省质检协会第三届理事会、常务理事会；审议通过《江西省省质检协会工作人员考勤休息管理办法》《江西省质检协会业务活动管理办法》《江西省质检协会财务管理规定》三项制度。第三届理事会由95人组成，理事会选举产生常务理事32名，选举张树声为理事长，曾大平、田小鹏、白峰、余枫、沈军、张伟、罗远江、彭志忠等8人为副理事长，曾大平兼任秘书长，聘请朱秉发为总顾问，朱为杰、郑胜林、胡平为顾问。

主要活动

科普活动　1998年，在《产品质量法》实施5周年之际，在省技监局统一组织下，省质检协会举办“新科杯”纪念《产品质量法》5周年知识竞赛活动，参赛的有职工也有学生，从事质量工作的，及其他行业的人员，历时2月余，参赛人数3500余人。为贯彻《质量振兴纲要》帮助企业实施名牌战略，省质检协会开展名优产品宣传活动。在江西电视台、《信息日报》上开辟专栏，宣传名优企业和产品，提高名优产品的知名度，扩大名优产品的市场占有率，从而引导消费，为企业和用户、消费者服务，为企业实施名牌战略献计献策，进一步提高名优企业和产品的信誉度。1999年，省质检协会在全省化肥行业中选择2家生产企业，派出技术人员为企业进行技术指导，促使企业内部质量管理规范，产品质量检验技术进一步提高，使企业的产品质量得到提升。

技术培训　1999年4月，组织对复混肥料开展检验结果比对试验活动，全省有64家质检机构和化肥生产企业参加。通过比对试验，反映质检机构和生产企业在检验数据上存在较大偏差，针对存在问题，省质检协会及时组织有关质检机构和生产企业集中进行化肥产品国家新标准的宣传贯彻学习班，讲解和实习相结合，受到质检人员的欢迎。自1999年开始，每年都进行比对检验活动。

为提高质检机构和企业质检人员的业务能力和检验水平，省质检协会成立以来每年组织省质检人员参加中国质量检验协会举办的多类培训班和研讨班，如质量检验人员培训班、产品标准标识规定培训班、内部质量体系审核员培训班、质量振兴纲要学习研修班、CRBA国家注册审核员预备知识（标准）培训班、产品质量抽样检测国家标准研修班等。

针对省内企业检验科长业务水平参差不齐的现状，有计划地对企业质检科长进行专门培训，举办3期检验科长培训班，参加培训的科长130多人。

根据企业的需要和企业的实际情况，省质检协会与质检机构联合举办相应的专业培训班；与省化工化肥农药质检站举办化验员培训班，与省仪器质检站联合举办气相色谱分析技术培训班，与省地矿厅实验测试中心举办珠宝玉石鉴定技术培训班等。

省质检协会自成立到1999年，3年内培训各类质检人员1000多人。

技术咨询　2000年，先后为企业和用户进行三次质量鉴定工作：对哈尔滨哈飞汽车制造有限公司生产的松花江HF6350微型客车的车体质量问题的鉴定；关于设备转让案中的生产VPVC塑料机械的质量问题的鉴定；关于汽车配件赔偿案中的继动阀产品质量问题的鉴定。2000年，对江西省建筑设计研究总院、江西鸿农复合肥厂、江西三源润滑油公司、江西前卫化工有限公司等10家企业进行产品质量认证和质量体系认证咨询工作,为企业培训内部审核员325人。2006—2008年,为近百家食品企业进行咨询服务,重点培训企业负责人,要求他们了解和担负产品质量的责任和义务,切实履行社会责任、保证食品安全。为企业培训负责人和质量管理人员1500余人次。为机动车安检机构申办许可证开展咨询服务工作。2008—2010年,为20余家安检机构进行咨询服务并顺利办好许可证。2008年以来,共培训安检机构质量检验员2000多人,安检人员技术水平得到提高,社会责任意识进一步加强。2006年,遂川板鸭生产企业取得食品生产许可证从零发展到20余家,产品抽样合格达93%,较之前提高30%,每千克增值28%,总产值增长55.6%,利税增长30%,解决6700多农民就业问题,并带动饲料、羽绒加工、饲料及运输等行业的快速发展。

学术成果

1999—2002年,省质检协会鼓励质检人员进行学术理论和应用技术研究,不断提高业务水平,以促进全省质检技术水平的提高和质监事业的发展。开展四次学术理论和应用技术的交流会,收集评选优秀论文106篇,出版论文集四册。发行《江西省质量检验协会通讯》《江西质检动态》和《江西质检》等刊物传递国家和省内质量监督、质量检验的最新要求和动态,介绍质量检验知识,报道协会工作情况,共发行20余期、8000余份。

第五节　江西省特种设备安全技术协会

理事会

江西省特种设备安全技术协会(简称为省特协)筹建于2003年下半年,2004年11月8日经省民政厅赣民管字〔2003〕070号文批准、登记成立,其业务主管部门为省质监局。协会会员由全省大专院校、科研技术机构、特种设备检验检测、生产、使用单位及专家、学者等技术人员组成。至2010年12月31日,共有单位会员169家,其中常务理事单位11家,理事单位32家,普通会员单位126家;个人会员32名。

第一届理事会　2004年11月8日,省特协在南昌召开成立大会。省质监局副局长陈国柱到会作题为《解放思想,改革创新,促进我省特种设备安全工作健康有序发展》讲话,省质监局副局长徐光辉到会宣读省质监局党组书记、局长朱秉发为大会发来的贺信。通过选举表决,省质监局副局长陈国柱为省特协名誉理事长;省质监局特种设备安全监察处李党建担任理事长和秘书长;产生省特协第一届理事会,由43家单位组成,确定省特协《章程》特协首批会员单位118家,其中常务理事单位11家,理事单位32家,普通会员单位75家。

第二届理事会　2009年2月16日,省特协在南昌市召开第二次会员大会,对省特协领导班子进行换届改选。柳江春任理事长兼秘书长。省质监局副局长陈国柱在会上作题为《发扬纽带作用,构筑会员之家》重要讲话。新任理事长兼秘书长柳江春在会上作履新致辞。经过增补,省特协共有会员单位134家,其中常务理事单位11家,理事单位32家,普通会员单位91家。

第二届一次理事会 2009年7月3日,省特协以通讯形式组织召开第二届一次理事会。对法律法规授权的具有公共事务管理职能的事业单位工作人员在协会担任领导职务的情况进行投票改选,并以赣特协〔2009〕031号文进行公告。陈国柱不再担任名誉理事长;胡智等不再担任副理事长;增补南昌大学环境科学工程学院院长胡兆吉、省化工设计院院长吴庆南为副理事长。纠正机关事业单位公务人员在协会兼职的问题。

主要活动

服务政府 省特协认真完成政府授权现场鉴定评审及特种设备检验检测作业人员考试工作外,参与制定江西省相关地方标准及相关政策。有:《江西省特种设备安全监察条例》《全省机电类安装、改造、维修鉴定评审管理办法》《江西省液化天然气充装站安全技术条件》;完成国家委托的5个特种设备事故应急救援预案、7个应急救援模块开发编写工作;开展全省作业人员持证数量、分布及各类人员比例分析研究,为监察机构提供有效的分析数据;开发特种设备作业人员考核管理系统,建立10个作业种类40个考核项目的特种设备作业人员考试题库,并顺利投入运行。

服务行业 省特协开展电梯安装维修单位人员需求情况,全省起重机械、压力容器制造企业在生产过程的困难摸底调查工作,针对企业在质量体系建立与实施、技术工艺难题、全省电梯维保工作最低询价开展广泛调研,通过调研掌握省内特种设备行业的基本情况,了解相关企业的诉求,形成调查报告,向相关部门反映。省特协先后成立电梯专业委员会、起重机械专业委员会、客运索道专业委员会,并制订全省相关专业的行业自律公约及行业行为准则、制订专业委员会管理办法;起草电梯标准保养合同格式、电梯安装维保单位星级评价方案。全省170余家生产单位签订《行业自律承诺书》,自愿接受社会监督,维护行业和会员利益。各专业委员会开展全省客运索道、起重机械现场观摩和应急救援演练等活动;开展全省特种设备生产企业及特种设备使用大型企业的管理人员的标准化达标创建培训;对全省特种设备生产企业质保工程师开展评审指南、细则及质保体系建立的培训。省特协官方网站于2009年上线投入使用,经过3次改版升级。该网是省特协在国际互联网平台上的唯一对外服务窗口,担负着向社会宣传国家有关特种设备安全和节能的方针、政策、行业动态及法律法规等功能。针对特种设备作业人员理论考试实行机考化要求,开辟特种设备作业人员理论模拟考试网上在线练习功能。特种设备行业相关信息、办事程序、疑难问题解答等均可通过协会网站查询,为会员提供方便快捷的服务,深受广大会员好评,网站点击率、关注度逐年提高。

技术服务 省特协向广大市民宣传特种设备安全法,免费下发、张贴特种设备安全法规宣传挂图;制作宣传展板。深入社区,开展电梯安全进社区活动,制作电梯安全使用知识卡通动画宣传册、宣传单和安全知识小册子免费派发给居民进行广泛宣传,让广大人民群众了解掌握特种设备使用的安全知识。

在省质监局和省保监局的政策支持下,省特协和有关单位协作利用2年左右的时间,开展大量的调研和征求意见工作,按设备分类,制定详细的方案。所涉及的地市面之广、方案之细、设备种类之多,在全国都属第一家。全省11个地市都有参与投保的企业,企业防范风险和投保意识在不断增强,投保率逐年提高。同时根据电梯行业需求,省特协和有关部门开发《电梯雇主责任保险方案》,制订优惠的团购方案。一旦发生事故,其赔付开通团购绿色通道,由保险公司先行理赔,化解雇主的经济压力。全省雇主责任保险的投保率占电梯企业的50%以上。

学术交流

交流活动 为提高和保障特种设备的安全稳定运行,满足企业的用工需求,省特协积极与会员单位和有关院校沟通,就开展协会与院校合作培养专业技术人才事宜进行实地调研,并召集有关企业和院校同志进行反复论证。先后与南昌百瑞机械职业培训学校、江西技师学院、江西机电职业技术学院等院校合作签署共同培养专业技术人才合作协议。走出一条合作办学的新路子,也为各大企业输送大批合格技术人员,有效拓宽毕业生和待业人员就业渠道。

省特协按时参加每年一度华东地区各省市特种设备协会协作会议;组织接待河南、四川、广东、江苏、浙江等行业协会来省特协的考察交流活动;组织会员单位前往广东、四川、江苏、浙江、山东等发达省市考察交流。2010年,组织承办华东地区各省市特种设备协会协作会议,除华东地区省市协会参加外,另外邀请贵州、黑龙江、重庆、连云港、青海、天津等协会参与。

期　刊 《江西特种设备》刊物是由省特协2007年创刊的内部刊物《特种设备简讯》升级改版而成,经省出版局批准核发,为连续性内部资料性出版物。杂志设置交流与探索、行业动态、法规解读、警钟长鸣等多个栏目,并向广大会员及行业相关企业免费发放。2006年3月3日,省特协取得国家质检总局特种设备行政许可鉴定评审资质。2006年10月17日,省特协取得省质监局特种设备作业人员考试授权。

第六节　江西省防伪行业协会

理事会

江西省防伪行业协会(简称为省防伪协会)成立于2002年7月。省防伪协会是由广大从事防伪技术研究、生产、经营、推广、使用的企事业单位自愿结成,依法登记成立的公益性、学术性、非营利性的社会团体。至2010年12月31日,共有单位会员92家,其中常务理事单位9家,理事单位52家,个人会员200名。

第一届理事会 2002年7月12日,省防伪协会第一届会员代表大会在南昌召开,成立期间有团体会员105家,个人会员200人。会上,讨论通过《江西省防伪行业协会章程(草案)》,选举出49名协会理事,21名常务理事。罗小璋当选为协会理事长,刘自宪、冯金兆、周南昌、李捷、龚立浩当选为副理事长，刘自宪兼任秘书长。

第二届理事会　2007 年 12 月 17 日，省防伪协会第二届会员代表大会在南昌召开，期间团体会员 92 家，个人会员 200 人。会上选举出 52 名协会理事，24 名常务理事。章志键当选为协会理事长，周光岚、张正新、吴生龙、周南昌、杨瑛、刘自宪、万小明、缪波、徐飞当选为副理事长，周光岚兼任秘书长。

第三届理事会　2009 年 7 月 21 日，理事会重新选举新一任的领导班子，共选举出 53 名协会理事，9 名常务理事。由张振安任法人、理事长兼秘书长，万小明、徐飞、张斌任副理事长。

主要活动

政策宣传　2001 年 12 月，国家质检总局颁布《产品防伪监督管理办法》，面向会员单位和社会团体及消费者介绍该《办法》对打击假冒伪劣，保护名优产品、维护市场经济秩序的重要性和必要性，增强企业的自我保护意识、责任意识。免费为团体会员单位订阅《中国防伪》杂志，使他们及时了解国家在防伪打假工作中的新动态，防伪领域的新技术、新手段等。

服务企业　2002 年 8 月，经省数据通信局批准同意，省防伪协会与江苏南京大学数码科技有限公司合作开通全省范围内的“12365”数码防伪查询系统，采用“惟一”数码防伪技术及数码货流监控系统，消费者只需拨打查询电话并根据语音提示正确输入产品的身份码，就可以辨别产品的真伪及相关生产厂家的信息。“12365”数码防伪查询系统对保护全省名优特新产品，打击假冒起到积极作用，2002 年共有 40 多家企业加入全省防伪网络系统。

2005 年，省防伪协会在如何做好防伪宣传工作，扩大社会影响上下功夫。在江西质监网上开辟“防伪产品展示专栏”，针对企业和用户宣传防伪技术、防伪知识和相关的法律、法规等，同时为企业提供防伪产品展示平台。截至 2005 年年底，有 7 家企业入网展示防伪新技术产品。有 75 家产（商）品的生产者、销售者采用“12365”数码防伪查询系统，防伪标贴使用量累计达到 1100 万枚，使生产企业的产品避免被假冒、仿冒之苦，解除广大消费者担心购买到假冒伪劣产（商）品的后顾之忧，对省防伪行业的发展起到促进作用。

2009 年 7 月，省防伪协会致函全省、市、县质监局，推广“江西省质量技术监督防伪专用标签”。9—10 月，省防伪协会先后给名牌产品企业及其他企事业单位发函共 120 余件，不断发展团体会员，加强与会员单位的合作。积极推广数码防伪系统，促使更多会员单位使用协会设计制作的防伪标签（包括地理标志产品）。

技术培训　2010 年 4 月，省防伪协会举办防伪技术管理知识与正确使用防伪标签宣传贯彻学习班，邀请南昌大学和江苏南大数码科技有限公司的专家授课，对《产品防伪监督管理办法》等防伪法律法规、方针政策进行详细讲解。年底，向社会发放宣传单近 100 份，旨在宣传防伪技术在国民经济中的重要地位，防伪标签使用说明，如何采用“防伪保真”等。

第七节　江西省认证认可协会

理事会

江西省认证认可协会(简称为省认证协会)成立于2009年12月18日,省认证协会接受省质监局的业务指导和省民间组织管理局的监督管理。省认证协会是由认证监督部门,认证、培训、咨询机构和各类质量检测机构自愿结成,依法登记成立的非营利性、具有独立法人资格的社团组织,是促进省内认证认可行业发展的重要社会力量,是加强行业和各类质量检测机构与政府间联系的桥梁和纽带。至2010年12月31日,共有单位会员158家,其中常务理事单位36家,理事单位82家,个人会员200多名。

第一届理事会　2009年12月8日,省认证协会在南昌青山湖宾馆召开第一届理事代表大会。会议到场理事代表158人,会议讨论并通过《江西省认证认可协会章程》。选举产生第一届常务理事会员36家,理事会员82家。谭生光为协会第一届会长理事长,彭志忠为副理事长,薛岩为副理事长,张立为副理事长,匡联国为秘书长兼副理事长,袁桂兰为副秘书长。

主要活动

技术培训　2009年12月,根据省质监局《关于对全省实验室资质认定评审员进行考核的通知》要求,在南昌举办实验室资质认定评审员培训班和食品检验机构资质认定评审员培训班,为全省实验室资质认定工作的开展打造一支高素质、高水平、廉洁高效的评审员队伍。

省认证协会分期分批组织新申请和到期复查的,建筑、食品、环保、机动车、疾控中心、司法鉴定等机构的质量负责人、内审员进行培训,宣传贯彻《实验室资质认定评审准则》;讲解实验室管理体系的基本知识和审核技巧;组织食品检验机构的内审员和质量负责人培训,宣传贯彻《食品检验机构资质认定评审准则》,讲解食品检验机构资质认定转换评审材料的填报要求。

技术指导　省认证协会多次组织开展对技术负责人、授权签字人培训,使获证实验室技术负责人、授权签字人明确其职责和要求,掌握实验室检验(检测)的质量控制要求,熟悉测量不确定度基本知识以及测量设备期间核查程序和方法等相关知识,提高实验室技术负责人和授权签字人的能力水平。

省认证协会发挥专业委员会作用,组织召开《砌体结构工程施工质量验收规范》(GB50203－2011)、《水泥标准稠度用水量、凝结时间、安定性检验方法》(GB/T1346－2011)、《建设用砂》(GB/T14684－2011)、《建设用卵石、碎石》(GB/T14685－2011)、《钢筋焊接及验收规程》JGJ18－2012等一批基础标准的宣传贯彻学习。邀请建工建材行业资深专家授课,对标准的变化、关键技术指标、技术要求、适用范围、强制性条文和执行要求等内容进行详细的讲解,使参加学习人员更加准确理解和掌握新标准的要求。

根据咨询单位的需求，省认证协会聘请一批可以覆盖多行业，为机构提供优质服务的评审员担任咨询老师，他们围绕会员单位所关注的热点、难点问题，以提升服务质量为突破口，认真开展技术咨询服务，帮助企业有效运行管理体系，赢得众多会员的肯定和信任。省认证协会通过与咨询老师的沟通与协调，保证咨询工作的有序开展，派出咨询老师指导会员单位和检验机构建立管理体系。

能力建设　根据省质监局关于开展全省实验室能力验证工作的要求，省认证协会自成立以来协助省质监局组织实施 3 类检测实验室，共 12 个项目的能力验证活动。食品检测类实验室 6 项。建工建材检测类实验室 5 项。环境监测类实验室（含自来水实验室）1 项。省认证协会按要求，委托有关单位准备好检测所需的样品；认真梳理需要每年参加能力验证的实验室名单，并通知有关实验室报名和领样；做好样品的分发和编号登记工作；收集和分类汇总数据结果；指定相应专业委员会专家对收集的数据进行分析，确定能力验证结果。提供复测样品，组织对能力验证结果不满意的单位进行样品复测。2010 年，组织 270 家实验室参加能力验证活动，结果满意的有 222 家。

学术活动

省认证协会依托各专业委员会建立实验室技术 QQ 群，对在日常工作中遇到的技术和管理难题进行互动与交流，对如何更好地使用新技术标准、规范等进行讨论与答疑，技术交流平台有效地促进各行业技术发展，大幅提升协会的专业技术服务能力，为促进全省认证认可事业发展和提高从业人员素质提供坚实的技术保障。

第十一篇　设区市质量技术监督概况

1983—1988 年,景德镇市、南昌市、九江市、萍乡市、新余市、鹰潭市标准计量局和宜春地区、赣州地区、上饶地区、抚州地区、吉安地区标准计量局相继成立。除景德镇市局和宜春地区局为直属一级机构,其余均为经委领导下的二级局。1995 年,省政府组建省技术监督局;至 1998 年,所有地市技术监督局均升格为正处级一级局。2001 年,全省质量技术监督系统实行省以下垂直管理体制,市、县机构全部上划,更名为市、县质量技术监督局(以下简称市、县质监局)。市质监局一般内设办公室、人事科、质量科、监督科、计量科、标准化科、锅炉压力容器安全监察科、法规宣传科。此后,随着工作职能的扩大,分别增设认证认可监管科、食品安全监管科、计划财务科技科。

1991—2000 年,地市标准计量局、技术监督局主要开展以下工作:一是对企业标准进行备案,推动企业采用国际标准及国外先进标准,1993 年起,按照国务院要求,开始实行机关、社会团体、企事业单位统一代码标识制度。1995 年起,开展消灭无标生产工作。二是实施计量认证工作,开展计量监督检查。三是开展质量监督打假活动。1993 年,《中华人民共和国产品质量法》颁布实施,各地技术监督部门联合宣传部、电视台等开展“质量万里行”宣传活动。1994 年,主要组织开展建材、五金家电、粮油食品、农资等 30 大类商品执法检查,查处假冒伪劣及不合格商品。1995—2000 年,主要对农资、电子、机械、食品等 8 类数百种与群众生活生产、人身安全密切相关的产品进行监督检查。

1991—2000 年,锅容管特监督检验工作由地区(市)劳动局负责。2001 年,各设区市质监局承接市劳动局划转的锅容管特安全监察职能,对锅炉压力容器管道及特种设备制造、安装和使用单位进行现场监察,对违法安装使用锅炉、非法制造小型和常压锅炉、液化气站充装超期钢瓶现象进行查处。

2001 年始,各设区市质监局开始大力实施标准化战略,积极参与制订国家标准、行业标准、省地方标准;建设农业标准化示范区。对重点产品开展市级产品质量定期监督检验,配合省质监局进行省级产品质量定期检验和监督抽查。2003 年始,南昌、赣州、抚州等设区市成立名牌战略推进委员会、名牌战略工作领导小组,组织推荐市内产品参评中国名牌和江西名牌产品,并建立质量工作责任制和质量奖励制度。2005 年,机动车安检机构许可及监督管理职能由公安交通管理部门划入质监部门,各设区市局组织开展机动车安检机构调查摸底和建档工作。2006 年始,各设区市局逐步建立“一图二档三台账”为主要内容的特种设备规范化管理模式。2008 年,各设区市局组织开展“计量服务进社区”“关注民生、计量惠民”活动;9 月,各地质监部门开通“12365”产品质量举报申诉平台,24 小时接受群众举报申诉。至 2010 年,各地质监部门进一步加强对获得工业生产许可证企业的监管工作。

第一章 南昌市

南昌市标准计量局成立于1984年8月，在原南昌市计量管理所基础上组建而成，隶属市经委，内设办公室、计量科和标准化科3个科室，核定行政编制10人。

1991年，市标准计量局核定行政编制10人。全市标准计量机构13个，160人。1996年，市标准计量局从市经委划出组建南昌市技术监督局（简称市技监局），隶属市政府职能部门，升格为正县级，内设办公室、标准化科、计量科、监督管理科、法规科5个科室，核定行政编制20人，下属事业单位不变。是年，县（区）标准计量局相继更名县（区）技术监督局，升格为正科级。一般内设办公室、质量股、计量股、监督管理股或综合股，核定编制人员较前有所增加。是年，南昌市法制计量监督管理所更名南昌市技术监督局稽查大队（简称市技监局稽查大队），其计量监督管理职能由市直属检定站承担。2000年，市技监局核定行政编制20人。

2001年2月，市技监局更名为南昌市质量技术监督局（简称市质监局），实行垂直管理，隶属省质监局管辖。各县（区）技监局一同更名县（区）质监局。是年6月，经省质监局批准，市质监局在南昌国家高新技术产业开发区和南昌经济技术开发区分别设立质量技术监督工作站，属市质监局的派出机构，核定编制5人。是年10月，设立市质监局肉类产品稽查队，从事肉食品市场整治。2002年，江西省机构改革，核定市质监局行政编制33人。是年11月，完成对质量管理和锅容管特安全监察职能的划转工作，将锅炉科和三个锅容管特技术机构划转至市质监局管辖。是年，市质监局设立肉类豆制品稽查队（南昌市冷冻肉食品管理办公室）。2003年4月25日，根据省编办批复，南昌市产品质量监督检验所与江西省产品质量监督检验所合并组建江西省产品质量监督检测院；南昌市计量测试研究所与江西省计量测试研究所合并组建江西省计量测试研究院，上划省质监局管辖。是年5月，市质监局增设监察办公室履行安全监察行政执法职能。是年7月，南昌国家高新技术产业开发区、南昌经济技术开发区两个质量技术监督工作站更名质监分局，隶属关系和人员不变。是年，设立南昌市钢瓶质量检测中心。2004年6月，市技监局稽查大队更名为南昌市质量技术监督稽查支队（简称市质监稽查支队）。是年11月，市质监局机关内设办公室、人事处、监察室、机关党委、质量处、监督管理处、计量处、标准化处、法规处、综合处、锅炉处和后勤服务中心12个职能处（室），核定行政编制34人。直属单位4个：市质监稽查支队、市锅炉压力容器检验所、市压力容器检验中心、市钢瓶质量检测中心。是年，南昌市肉类豆制品稽查队正式纳入市质监稽查支队管辖。2005年8月，市锅炉压力容器检验所、市压力容器检测中心与省锅检院合并，划归省质监局管辖。是年10月，市质监局增设食品安全监管处。年底，全市质监部门行政编制138人。其中：女21人，少数民族1人，中共党员118人，硕士2人、研究生5人、大学本科51人、大学专科75人、中专4

人、高中以下1人,40岁以下72人。2007年3月16日,南昌市食品检测中心大楼开工建设。它位于艾溪湖东岸,规划面积1.7公顷,建设面积2.3万平方米(19层)。是年12月18日,经省编委核准,设立南昌市食品检测中心,核定事业编制16人,隶属市质监局管辖,全额拨款事业单位。2008年10月,南昌国家高新技术产业开发区、南昌经济技术开发区2个质量技术监督分局升格为副处级行政机构。更名南昌国家高新技术产业开发区质监局和南昌经济技术开发区质监局,核定编制13名,职数为:副处级领导职数1名,正科级领导职数3名,副科级领导职数3名。2009年5月16日,市质监局举行局机关乔迁南昌市食品检测中心办公楼庆典。2010年6月,市质监局机关增设认证监管处,履行认证认可监督管理职能。是年,南昌市质监局辖新建县、南昌县、安义县、进贤县、西湖区、东湖区、青云谱区、湾里区、青山湖区、高新区、经开区11个县(区)局。年末,市质监局核定行政编制48人。全市质监部门核定行政编制176人,事业编制208人。

标准计量管理

1991—1996年,南昌市标准计量局认真贯彻执行《中华人民共和国标准化法》和《中华人民共和国标准化法实施细则》,组织开展计量专项抽查活动,加快制定企业标准和采用国际国内先进标准的步伐。1991年,全市计量检测门类涵盖长度、力学、电学等36种计量器具,占全国推行55种检测计量器具的56.4%。1992年底,全市415家企业通过计量整顿验收,其中南昌钢铁厂经国家计量局验收定为一级合格企业,江西电机厂、江东机床厂、南昌商场等46家企业通过省级验收定为二级计量合格企业,南昌电化厂、南昌保温瓶厂等368家企业经市级验收定为三级计量合格企业和计量整顿验收合格企业。1993年2月,国务院批转《关于建立企业事业单位和社会团体统一代码标识的报告》,是年4月,市政府办公厅转发市经委、市标准计量局等12个部门《关于建立我市企业、事业单位和社会团体统一代码标识制度实施意见的报告》,用一年半的时间在全市范围内全面建立统一代码标识制度,并成立以市经委主任为组长、市标计局等7个单位领导为副组长的南昌市统一代码标识制度领导小组,办公室设在市标准计量局,具体负责代码标识日常工作。是年9月,各县(区)相继成立统一代码标识制度领导小组。同时在《南昌晚报》《南昌政报》及南昌电视台发布公告广泛宣传。此项工作得到市金融、税务、统计等部门的大力配合与支持,代码办证进展顺利。是年,国家技监局废止《企业计量工作定级管理办法》,至此,市标准计量局停止办理自1986年开始的企业计量定级、升级工作。1994年,市标准计量局颁发《南昌市食品标签管理暂行规定》,规定凡未注明企业执行标准代号的食品禁止上市,要求生产企业的食品标签须经市标计局登记认可备案。是年6月,市标准计量局分两批对南昌齿轮厂、南昌供电局、市自来水公司水表检定维修站等21个单位进行计量授权考核,确认21个单位的检定项目的计量器具有法律效力,发给计量授权证书或社会公用计量标准合格证书。1995年初,经市标准计量局推荐,连续多次被评为“物价、计量信得过”先进单位的南昌百货大楼、南昌大众商场、黄庆仁栈药店、船山路粮油食品店、墩子塘农贸市场等25家企业获得省级“计量信得过单位”。1997年初,市技监局根据国家技监局通知停止从1984年开始的工业企业标准化整顿验收工作。1998年,全市代码办证、换证4745家,代码数据库零差错率,并纳入微机实行动态管理。2000 年,南昌市技监局会同南昌市农业局总结多年水稻直播生产技术经验,制订出台《江西省水稻直播技术操作规程》,在南昌县蒋巷镇建立江西省水稻直播标准化示范区。

2003 年 5 月,国家标准委紧急制订防非典型肺炎的 10 项强制性国家标准后,市质监局会同市商贸委联合下发《关于贯彻实施商业、服务业经营场所传染病预防措施强制性标准的通知》要求全市服务场所严格执行此标准,并深入各服务场所进行宣传与督促,为有效防止非典型肺炎入侵与传播,夺取全市"抗击非典"的胜利起到保障作用。是年 6 月,计量检定人员不断充实,设备不断增加。检定门类涵盖长度、力学、光学、热工学、电学、无线电、化学等 52 个门类 159 种计量器具,占国家推行检定计量器具项目数的 80%。2005 年,市质监局突出源头治理,强化标准化建设,推进质量兴市、名牌战略工程,启动标准信息化建设,开通《南昌企业标准工作服务平台》《视频与下载》《国内外标准数据库》《采标目录数据库》和《南昌市组织机构代码数据库》等信息系统。是年,市质监局投入 40 万元用于 8 个县(区)计量技术机构仪器设备及实验室的改造,全部通过省质监局考核。全年完成代码证、换证 16130 家,年检 18050 家,发放 IC 卡 11529 张,为 120 家企业的 425 个产品进行标准备案登记,发展使用条码新成员 156 家,继续使用条码成员 190 家,代码数据库实现零出错率。2006 年,围绕农业、农村、农民"三农"政策,以农业标准化推进农业现代化,制订《军山湖清水大闸蟹》《军山湖清水大闸蟹养殖技术规范》2 项省地方标准。全市建立国家农业标准化示范区 8 个、省标准化示范区 5 个,示范区面积 15 万公顷,产值达 30 亿元,转移吸纳农民工 5000 余人。是年 11 月 17 日,国家检查验收组对江西卓茵园林景观工程公司实施的南昌市万亩花卉苗木农业标准化示范区、江西省进贤县军山湖鱼蟹开发公司实施的进贤县军山湖清水大闸蟹养殖农业标准化示范区 2 个项目进行检查验收,认定全面完成示范标准和目标任务,符合国家验收条件,同意竣工验收。2007 年 9 月 18—21 日,由国家标准化委员会主办,省质监局、市人民政府和中国标准化协会共同承办,市质监局具体筹办的第五届中国标准化论坛在南昌举办。来自全国各省、自治区、直辖市的 600 余名标准化领导、专家、学者出席会议。是年,成立南昌市农业标准化工作领导小组并印发《关于进一步做好全市农业标准化工作的通知》,启动第六批国家级农业标准化示范区申报工作。推选南昌县"煌上煌的养鸭及制品"、青云谱"阳光乳业的乳牛养殖"、湾里区"绿色油茶种植"等 32 家农业龙头企业申报国家农业标准化示范区建设项目。是年,实施标准化良好行为试点,组织开展计量专项监督检查。南昌印钞厂、江西诚志日化有限公司先后获国家 AAAA 级标准化良好行为试点单位。授权供电检定单位 9 家,供水检定单位 3 家,上门考核计量标准 42 家。2008 年,围绕全市国家文明城市创建和第七届城运会筹办工作,推动城市管理服务标准化,组织制订《南昌市公共信息图形标志标准化管理办法》,推动《南昌市物流企业认定标准》《物流企业服务标准》《南昌市街容街貌标准》《户处广告设施设置规范》《梅湖景区旅游设施设置和服务规范》《和谐村镇建设标准》《八一起义纪念馆服务规范》七个地方服务管理标准立项。是年 5 月,开展大型"关注民生、计量惠民"专项行动,组织开展"诚信计量进市场、健康计量进医院、光明计量进镜店、服务计量进社区乡镇"四进大型服务活动。其间,组织 200 名市民参观阳光乳业标准化奶牛场,并考察自动化无菌生产线。为社区居民免费检定血压计 50 余台、衡器 40 余台。2009 年 6 月 19 日,市质监局在南昌国家高新技术产业开发区举行国家高新技术产业集群标准化示范基地揭牌仪式,国家质检总局党组成员纪正昆出席并揭牌。这是全国第10个国家级高新技术标准化示范区,也是全国唯一的"产业集群标准化示范基地"。至年底,完成标准备案251项、登记标准227项,重点指导帮助2家第五批国家级农业标准化示范区通过国家标准委考核验收。完成组织机构代码数据清理4.59万条,完成率100%;完成代码新办证7562套,换证7710套,验证1.41万家;发展商品条码153家,续展228家,条代码工作占全省的三分之一。

2010年,围绕解决LED产业集群标准缺失和标准滞后等问题,成立南昌市企业标准化联盟,制定相关管理办法,组织起草《LED照明工程施工和验收规范》等6个LED产业联盟标准,并上升为省地方标准。是年,组织起草《水稻抛秧技术规程》《水稻直播技术规程》等地方标准,其中《水稻直播技术规程》被省质监局评为技术标准科技成果一等奖。全年,市质监局新登记备案标准4013个,其中采用国际标准、国际先进标准136个。

质量监督认证认可

1991年,根据《南昌市商品质量监督抽查实施方案》,市标准计量局对全市各商场、生产企业生产销售的6大类101种商品进行质量抽查。1992年,为提高偏远县区群众辨真识假能力,分别在进贤县、安义县召开伪劣食品展览现场会,向广大农民群众进行质量宣传,遏制制假售假行为。1993年,《中华人民共和国产品质量法》颁布实施后,全市质量监督管理开始纳入法制轨道。重点监督检查与人民生活密切相关的生活用品及影响国计民生的重要产品,定期向省标准计量局报告抽查结果,由省标准计量局统一公布质量监督抽查结果。1995年,市标准计量局开始实施消灭无标生产监督管理,开展食品、建材、机械、煤制品等7类130余种产品物理、化学等性能指标检验检测,完成产品质量监督检验5000余批次。1996年2月,市政府发布清理整顿生产煤流通市场的公告,市标准计量局联合工商、公安相关部门,在全市各贮煤场、发电厂及煤炭、煤球生产厂家进行煤炭质量、计量集中整治,仅2个月,全市查出掺杂使假煤30万千克,先后110余次对蜂窝煤球店销售煤饼缺斤少两进行严肃查处,使得全市煤炭市场有所好转。1997年6月,市技监局开始承担部分质量监督管理工作,此前质量管理职能由市经贸委管辖。是年,推荐的22家企业23个产品被确认为江西产品质量免检产品。

2001年3月,设立由副市长任组长、17个执法部门负责人为小组成员的打击生产和经销假冒伪劣商品违法行为领导小组,统一部署,开展打假行动,出动执法人员800余人次,查处超期化肥10万千克,收缴劣质稻种300余千克,查获各种不合格农产品货值300万元。2002年春,开展"保春耕,送优质农资下乡"活动,出动执法人员1330人次,检查农资市场9个,捣毁制假窝点2个,查处不合格及假冒伪劣农资产品货值352万元。是年6月,南昌县质监局在蒋巷镇查获标称泰中牌18%杀虫剂312箱,全系用色素勾兑而成,有效成分为零,涉案者被公安机关依法拘留。是年,推行大米、面粉、食用植物油、食醋等五类食品生产许可证制度,检修计量器具4150台套,推荐省重点保护产品,36家企业43种产品办理食品生产许可证173个,检查生产经销企业1086家,查处假冒伪劣产品案件1250件,涉案产品货值5059万元,捣毁制假窝点2个。2003年1月6日,中央电视台

《焦点访谈》节目报道南昌市青山湖区扬子洲乡某加工点用硫黄熏制辣椒并销售消息。省长黄智权对此做出指示,由省质监局副局长李舰海亲自带队,省、市、区三级质量技术监督部门60余名执法人员,于当日21时赶赴现场,查获熏制辣椒400袋,用于熏制辣椒硫黄400千克,未加工辣椒800袋,包装袋1000只。还配合工商部门对南昌市几大食品批发市场进行集中清理整治,效果显著。是年4月,贯彻《工业产品生产许可证试行条例》,落实《强制性产品认证管理规定》,市质监局召开全市强制性产品认证制度实施工作会议,75家生产、经销企业参加,全面落实"中国强制认证"制度(英文缩写为"CCC")。是年,面对"非典"疫情,在做好自身防治工作的同时,出动执法人员1163人次,对洗涤用品、消毒剂、口罩、防护服、体温计等防治"非典"相关产品开展执法打假,查处违法案件23起,查获劣质口罩1500只,医用一次性防护服205套,假冒洗涤消毒用品5吨。其中,市技监局稽查大队查处的某厂无证生产清洁精案、青云谱区质监局查处的某公司销售计量不合格过氧乙酸等案件,被列为全省典型案件。是年,查处进贤县制售劣质一次性输液器案,涉案28人,有5人被司法机关依法逮捕,5人被送劳动教养。是年,确认江西省重点保护企业37家,全市有23家企业30个产品获江西名牌产品,占全省名牌产品总数的四分之一。2004年8月起,在全市范围内,凡未加贴"CCC"强制认证标识的产品,一律停止销售,并列入无证生产范畴进行查处,保护获证企业的合法权益。是年,全市审核各种食品标签3326份,合格率由1993年的27%提升到91.2%。是年,加大监管力度,从源头上抓质量。全市开展食品、"地条钢"、汽车、农资产品、劣质奶粉、保护知识产权、肉类食品等14次专项整治行动,关闭一批不具备质量保证的企业,查处不合格及假冒伪劣产品货值4000万元。2005年,"质量兴市,名牌战略"成效显著。全市查处食品案件344件,查获标识不合格的食品179批次,标值总额63.69万元;捣毁制售假冒伪劣食品黑窝点22个,粮油、乳制品等定量包装商品净含量抽检合格率稳定在95%以上。由市质监局推荐的"南方"卷烟、"长力"弹簧钢、"利捷"助力车等6家企业9个产品被认定江西省名牌产品。全市获中国名牌2个、江西省名牌51个,分别占全省名牌产品的五分之一和四分之一。通过质量认证企业500家,获得农产品质量认证40个,197家企业获得工业产品生产许可证,86家企业获得"CCC"认证。进贤县获2005年省质量兴县先进单位。2006年,组织开展食品专项整治和质量月活动,检查生产企业1266户次,查获标识不合格食品421批次,标值总额309万元,捣毁制售假冒伪劣窝点14个。泰豪集团有限公司"泰豪"中小型电机、正邦集团有限公司"正邦"饲料和洪达医疗器械集团有限公司"洪达"一次性输液医疗器械3个产品被认定中国名牌产品;"海螺"水泥等13个产品被评为江西省重点保护产品。年底,全市拥有中国名牌产品6个,占江西省中国名牌产品数的30%。2007年,质量兴市高位推进,设立由市政府分管副市长为组长,21个职能部门分管领导为成员的南昌市质量兴市与名牌战略工作领导小组,出台《南昌市人民政府关于实施质量兴市战略的意见》《南昌市市长质量奖和南昌名牌产品管理办法》2个政策文件,在全省率先设立市长质量奖,对获得中国名牌产品、国家免检产品或国家地理标志产品、江西名牌产品的企业分别给予一次性奖励50万元、20万元、10万元。年底,全市获中国名牌产品1个、江西省名牌产品53个,南昌国家高新技术产业开发区被国家质检总局和国家人事部联合授予全国质量管理先进集体。2008年,正式启动南昌名牌和市长质量奖评定工作。市政府对2007年获得中国名牌产品、国家免检产品、国家地理标志产品和江西名牌产品的企业奖励450万元,居全省首位。

2010年,全市举办质量月活动,8个市直部门参加,活动内容24项,参与企业115家,质量兴市(县、区)覆盖面达82%,86家市以下机构取得质量认证证书,囊括建筑材料、机动车检验、环境监测、食品检验、疾病预防等领域。至2010年,认定南昌名牌产品93个,奖励南昌名牌产品资金额180万元。全市19家企业获江西省质量管理先进企业,4家企业获质量信用AAA级企业。是年,组织开展全市问题乳粉彻查工作,查处率100%。积极稳妥做好使用问题乳粉生产食品企业的调查处理工作,对库存问题原料乳粉进行监督销毁,对全市乳制品生产企业、含乳食品生产企业的乳制品和含乳食品进行抽样检验,保障全市乳制品生产质量安全。

特种设备监察检验

1991—2002年,特种设备监察检验工作先后由市经委、市劳动局、市安监局管理。1984年2月,经市政府批准成立市锅炉压力容器检验所,为市劳动局所属正科级事业单位。主要职责是:负责南昌地区锅炉压力容器的产品质量监督、检验、安全技术鉴定、试验、校验等。1991年6月,成立江西化学工业压力容器检测中心站(南昌市压力容器检验中心),隶属市经委,归口市化工局管理。主要职责是:负责南昌地区压力容器、小型锅炉、压力管道检验、检测以及各类特种设备安全附件的校验等。1993年8月,市压力容器检验中心归口市劳动局。1998年8月,市政府颁发《南昌市特种设备安全管理办法》。2000年,按省政府部署,全市开展安全防范大检查,查封液化气储备站36家,停业整顿4家,取缔供应点24处;41台锅炉、压力容器和36台电梯停用整改。

2001年6月,市锅炉压力容器检验所和市压力容器检验中心均归口市安全生产监督管理局管理。是年9月,市安监局与市市政公用事业局联合开展液化气钢瓶安全监察,查出超期钢瓶1155只。2002年2月,成立以市政府分管副秘书长为组长、有关部门负责人为成员的南昌市锅容管特设备普查整治工作领导小组,各县(区)政府相应设立专门机构,随即在全市范围组织开展"土锅炉"专项普查和打假行动。历时10个月,按时完成全市锅容管特设备普查整治工作,建立完善锅容管特设备数据库,普查登记锅炉2073台、压力容器8621台、电梯1570台、起重机械1979台、游乐设施36台、厂内车辆1102台,涉及使用单位4084家。全市应整治设备2995台,发出监察意见通知书或检验意见通知书2995份,占应整治设备100%。查处和销毁"土锅炉"86台,4人阻挠执法被移送公安机关处理。是年10—12月,国家质检总局、省质监局先后对市锅容管特设备普查整治工作进行验收,分别授予南昌市"全国特种设备普查整治先进单位"和"全省特种设备普查整治先进集体"。是年12月,市锅炉压力容器检验所和市压力容器检验中心均移交市质监局,完成锅容管特安全监察职能划转。2003年5月,市质监局设立安全监察办公室。是年7—10月,在全市范围内开展无缝气瓶和液化石油气瓶的普查整治工作,实施气瓶的产权转移和托管,初步建立气瓶安全监管新模式。经普查全市登记各类气瓶30.69万只,其中,登记建档气瓶278160只,检验各类气瓶249490只,报废各类气瓶18660只。气体充装单位46家,其中,长期气体充装单位12家、液化气体充装单位4家、溶解乙炔气体充装单位3家、液化石油气充装单位27家。是年,根据国家质检总局和省质监局安排，开展《特种设备安全监察条例》宣传，突出抓特种设备专项整治和安全大检查。全市质监部门出动执法人员5921人次，检查使用单位2361家，检查设备8165台次，责令整改设备2103台，发出监察意见书615份，查封停用设备698台，查封扣押各类气瓶450只，销毁设备313台，取缔非法气瓶充装站和瓶装气体销售点各1家。全市特种设备未发生重特大安全责任事故，连续两年获全市安全整治工作先进单位。2004年12月，市政府发布《关于进一步加强南昌市特种设备安全监察工作意见》，全市特种设备管理纳入法制化管理。2005年，抓住食品安全监管与设备安全监察“双安全”持续开展特种设备专项整治及安全大检查，先后发出安全监察意见书1255份，查封停用设备799台，查封扣押各类气瓶800余只，销毁“土锅炉”“土设备”376台，取缔非法气瓶充装站3个、瓶装气体销售点1个。是年，特种设备安全监察持续保持高压态势，全市出动执法人员4699人次，检查各类特种设备使用单位2912家，办理特种设备告知手续5055家，办理各类特种设备操作人员证3125个，发出安全监察意见书535份，提出整改意见2537条，责令734家整改设备1232台，整改到位715家，查封、关停特种设备159台，取缔违规生产使用特种设备7台，特种设备安全监察覆盖率100%。2006年7—10月，开展“土锅炉”专项整治活动，重点排查城乡接合部、偏远乡镇豆制品厂、米粉厂、洗衣作坊及学校周边锅炉生产使用情况，出动执法人员1144人次，检查锅炉使用单位387家，检查锅炉260台，提出整改意见27条，发出安全监察指令2份，拆除“土锅炉”3台。是年11月1日，联合公安、消防、环保、卫生、安监等部门在原南昌化工原料厂举行全市危险化学品泄漏致使特种设备爆炸应急救援演练活动。省市有关领导，省设区市质监部门特种设备分管负责人，各市县(区)有关部门负责人120余位出席观摩。全年，检查各类特种设备使用单位3000余家，查封关停特种设备85家。2007年，围绕“抓基层、打基础、规范管理”工作主线，落实特种设备安全责任，健全特种设备信息管理制度，完善“一图二档三台账”，加强特种设备安全监察工作信息化网络建设，在新闻媒体开辟法律法规和安全使用宣传专栏，提高监察工作的有效性。是年，出动特种设备安全执法人员2417人次，检查特种设备使用单位917家，检查特种设备4434台，提出整改意见196条，发出安全监察意见通知书67份，查封停用特种设备11台。2008年，组织开展全国、全省两会及节假日期间安全大检查，出动安全监察人员5631人次，检查各类特种设备使用单位935家，检查特种设备9521台，消除安全隐患120起。是年，开展起重机械和液化石油气充装站专项整治，检查起重机械125台，其中拆除3台，改造15台，查封107台，依法取缔无证充气站2个，查处并销毁报废钢瓶967只。2009年，围绕“质量和安全年”活动，贯彻落实新《特种设备安全监察条例》，扎实开展特种设备安全执法、治理和宣传三项行动，积极探索建立特种设备安全监察新机制。

2010年，针对电梯管理较为薄弱的现状，会同有关单位制定《南昌市电梯安全管理工作指导意见》(试行)，并印发相关单位执行。是年，组织开展气瓶、起重机械、电梯和厂内车辆等专项整治行动，全市检查各类特种设备使用单位1200余家，特种设备3400余台，查处超期、报废钢瓶2000余只，排查整改简易升降机23台、起重机械10台，整改超期未检电梯1580台，办理厂内车辆使用首检登记291台，消除各类安全隐患152起。是年，全市有锅炉2955台、压力容器16646台、压力管道596.6千米、电梯6355台、起重机械6222台、游乐设施133台、厂内机动车辆1210辆、各类气瓶(含液化石油气钢瓶)798654只。

第二章 九江市

九江市标准局于20世纪80年代初期成立。同时期九江市质检所成立,隶属市标准局,1983年地市合并后,市标准局并入九江市经济委员会。1988年,九江市标准计量局单设,隶属九江市经济委员会。1989年,九江市标准计量局更名为九江市技术监督局(简称市技监局),直属市政府的二级局(副处级),原市经委下属的市标准计量局予以撤销。是年,成立于1962年的市计量所划归市技监局管理。90年代初期,各县(市、区)均成立技术监督局,一般设有办公室、标准股、法制所和计量所。1991年,九江市标准计量局及直属单位有工作人员55人,其中大学本科12人、专科23人,有技术人员19人,高级职称2人、中级职称9人。全(地)区有工作人员217人,其中大学本科34人、专科79人,有技术人员38人,高级职称2人、中级职称12人。1993年6月,九江市技术监督局法制所成立,3年后,更名为九江市技术监督局稽查大队,为正科级事业单位。1994年11月,九江市纤维检验所成立,隶属市技监局,为正科级事业单位。1995年,市技监局列为政府工作机构之一,二级局升格为一级局(正处级),编制数也相应增加。1996年前后,各县(市、区)技术监督局,均升格县区政府一级机构,为正科级单位,编制有所增加。2000年,九江市技监局及直属单位有工作人员88人,其中大学本科56人、专科38人,有技术人员46人,其中高级职称4人、中级职称12人。全市有工作人员362人,其中大学本科88人、专科143人,有技术人员85人,高级职称18人、中级职称31人。2001年,九江市质量技术监督局(简称市质监局)基本完成人、财、物上划,全系统上划机关编制数187个,事业单位编制数214个。是年,市、县技术监督局更名为质量技术监督局。2001年8月,九江市压力容器检验站由劳动部门划入市质监局,为正科级自收自支事业单位。是年8月,原市劳动局锅检所、市劳动安全检测站,从劳动部门划入市质量技术监督部门,更名为九江市锅检所、九江市特种设备检测中心。2002年,庐山风景区设置副处级质监局,为省质监局直属机构,由九江市质监局代管。2004年5月,市技监局稽查大队更名为九江市质量技术监督稽查支队,为正科级事业单位。2004年10月,九江市纤检所划归省纤检局管理。2005年10月,九江市锅检所、九江市特种设备检测中心上划为省特种设备技术机构垂直管理,分别更名为省锅检院九江分院、省特检院九江分院。2006年,九江市标准化研究所组建。2008年10月,共青开放开发区质监局成立,为省质监局直属副处级行政机构,由九江市质监局代管。

2010年末,九江市质监局机关及直属单位有工作人员103人,其中大学本科35人、专科58人,有技术人员49人,高级职称4人、中级职称10人。是年,九江市质监局辖庐山区、修水县、武宁县、瑞昌市、永修县、德安县、彭泽县、都昌县、湖口县、九江县、星子县、庐山风景名胜区、共青开放开发区13个县(市、区)局。全市质监系统共有干部职工371人,其中研究生3人、大学本科106人、专科165人,有技术人员86人,高级职称17人、中级职称38人。

标准计量管理

1991年初,九江市计量所有长度、力学、热工、电学4类41项计量标准,仪器设备总资产44万元。1991年3月13日,九江市技监局下发《关于依法对汽车里程表执行强制检定的通知》,正式开始依法对汽车里程表实施强制检定。是年4月,市政府转发市技监局《关于取缔非法定计量单位计量器具的报告》,规定全面取缔非法定单位计量器具,10月24日,市技监局根据国家技监局及省技监局统一部署要求,印发《关于热电偶、热电阻及配套温度显示仪表采用IEC国际标准有关问题的通知》,部署对使用中测温仪表进行改型,4年后所有改型取缔非法定单位计量器具工作基本完成。1992年,省标准局组织开展全省农业标准化先进县水平考核,所列首批12个试点县中,九江市彭泽、瑞昌、九江3县(市)名列其中。1993年3月10日,市政府印发《关于成立九江市企事业单位和社会团体统一代码标识制度领导小组的通知》,全市企事业单位和社会团体统一代码标识制度正式启动。是年4—11月,各级人民银行、统计、国税部门先后与技术监督(标准计量)部门联合发文,规定在账户管理、统计、全国第三次产业普查、税务登记等社会管理活动中全面查验全国统一代码证书,是年,全市共为6798个机关、企业事业单位和社会团体赋予全国统一代码标识。1994年,根据国家技监局统一部署,组织开展对医疗卫生单位使用中强检计量器具依法实施监督检查。是年,全市实际检定强检计量器具37387台(件),其中用于贸易结算32952台(件),用于安全防护2606台(件),用于医疗卫生1534台(件),用于环境监测295台(件)。1995年9月19日,《国家技术监督局农业标准化示范区管理办法(试行)》出台。是年,瑞昌"中华猕猴桃"标准化种植被国家技监局批准列为全国首批农业综合标准化示范项目;瑞昌市技监局与瑞昌市农业局、瑞昌市农业科学研究所等单位通力合作,制定出《中华猕猴桃种植技术规程》《中华猕猴桃果品质量标准》两项标准,经过3年实施,瑞昌"庐山香"中华猕猴桃产量和果品质量都有明显提高,一级品率提高近10个百分点,并通过国家技监局组织考核验收。1997年10月,市技监局颁布《九江市出租汽车计价器计量监督管理规定》,为加强出租汽车计价器的计量监督管理提供依据。1997年底,瑞昌市的消灭无标生产试点工作通过国家技监局考核验收,国家技监局向瑞昌市人民政府颁发"全国消灭无标生产县(市)"荣誉证书。1998年3月15日至4月15日,组织对城区定量包装商品进行计量专项检查,其中抽查小食品91批次,合格82批次,合格率90.1%。

2000年,省技监局开展省优秀地方标准、企业产品标准评选活动,九江市的江西航海仪器厂的《JLG25A型燃气燃烧器》(Q/GH98-1998)、《JLG25A型燃气燃烧器技术条件》(Q/GH98-1998),蓝星星火化工厂的《八甲基环四硅氧烷》(Q/XHC012-1998)、《202高含氢硅油》(Q/XHC014-1998)、《甲基低含氢硅油》(Q/XHC016-1998)、《N-(β-氨乙基)-γ-氨丙基二甲氧基硅烷》(Q/XHC035-1998)6项企业标准获奖。2001年11月,九江市质监局举办GB/T1.1-2000《标准化工作导则　第1部分:标准的结构和编写规则》国家标准宣传贯彻培训班,各县(市、区)质监局标准化工作负责人和有关企业厂长(经理)或标准化工作人员参加培训。2003年10月,市质监局组织庐山云雾茶向国家质检总局申报原产地域保护,2004年8月获得批准。2005年4月,根据《国务院关于进一步加强食品安全工作的决定》相关要求,国家标准委下发《关于加强食品企业标准化工作的通知》,市质监局予以全文转发并认真部署开展已备案食品企业标准清理、食品企业标准备案管理、督促企业严格按标准组织生产、加强标签标识监督管理及标准宣传贯彻、培训和技术服务等五项重点工作任务。2007年6月4日,九江市质监局、九江市庐山茶叶科学研究所、庐山垦殖场承担起草的《地理标志产品　庐山云雾茶》由国家质检总局、国家标准委作为国家标准批准发布。2009年3月23日,江西上好佳食品工业有限公司通过评价确认,成为九江市首家通过定量包装商品生产企业计量保证能力评价,取得"C"标志的企业。2009年,九江瑞昌安顺客运有限公司的"道路客运服务标准化试点"项目,成为省内首批"国家级服务业标准化试点"项目。

2010年,九江市质监局部署开展企业标准化现状调查,着手建立企业执行标准情况数据库。至2010年底,全市已有中国石油化工股份有限公司九江分公司、江西美庐乳业有限公司、彭泽牧业有限公司等一批企业先后获国家(或省)级标准化良好行为企业确认。市质监局共备案企业标准1909项。

质量监督认证认可

1989年,《中华人民共和国产品质量法》颁布后,产品抽查工作开始逐步规范。1991年7月,碳酸饮料质量全国统一抽检九江市浔阳区、庐山区、开发区和九江县17家生产企业17种产品,唯有九江市封缸酒厂生产的雪荔汽水检验合格,合格率5.9%,这是国家在九江首次抽检汽水产品。是年,全市统一食品标签管理,印发《九江市食品标签管理试行办法》,进行全市性的专项抽查治理。是年,全市获国优产品6项,部优产品17项,省优产品100项。1992年,国家抽查九江碳酸饮料21家生产企业的21个产品,9个合格,合格率42.8%,列全省第二。是年,九江市参加《中国质量万里行》活动,对食用油、饮料、乳制品、眼镜、低压电器、钢材等12类100多个品种的商品进行抽查,查出伪劣商品2593件,货值金额38万元。是年5月,市质监、商业、供销、粮食等部门共同发起不经销伪劣商品活动,6—7月,由质监部门牵头,举办3期培训班,培训企业骨干80人次,同经销单位签订《不经销伪劣商品责任书》,并在经销单位申请的基础上,进行综合考核合格,全市39家商店挂"不经销伪劣商品商店"标牌。1994年10月,国家抽检预应力混凝土预制构件质量,抽查全市30家30个产品,合格产品23个,合格率为76.7%。1995年,九江市技监局在九江原火车站查获480吨劣质化肥,该案影响大。是年,九江市技监局被国家技监局评为"打假"先进单位。

1996年,国家在全国22个城市开展市场商品质量、计量监督大抽查活动中,重点检查大米、面粉、食用植物油、味精和食醋等五种"米袋子""菜篮子"商品,九江、佛山、合肥等10个地市得到表扬。是年,南京区域技术监督协作网互认办公室组织对江西民星企业集团九江饲料厂,省彭泽县植物油厂,赣北银河化工三家企业质量保证体系及所生产的产品宝丰871牌猪用饲料、鸡用饲料,尖牌二级菜油、精炼棉油,凯安牌合成制动液的质量状况进行质量审查,并经抽样检验合格,通过南京区域技术监督协作网产品质量互认考核评审组的审核认可,获得南京区域20个地市的质量认可,获认可产品在20个地市范围内经销可享受地、市质量监督抽查免检。是年，宣传部、文明委、发改委等9个部门联合发文深入开展“百城万店无假货”活动，庐山牯岭街、九江市浔阳路商业街命名为全省第三批“百城万店无假货”活动示范街，庐山牯岭旅游超市为示范店。1999年，九江市技监局在全市开展“查建材、保建设”专项活动，查处九景高速公路建设工程使用无生产许可证的“通力牌”水泥其安定性和强度均不合格的情况；查处都昌三叉港、西源、大沙移民建镇工地使用热轧再生钢且内径偏小螺纹钢的情况；市委书记刘上洋等在听取市技监局“查建材、保建设”汇报指出：技术监督部门介入移民建镇工程和水毁修复工程是防止豆腐渣工程出现的一个组织措施。是年，在市政府53次市长办公会会议纪要中明确指出：要求技术监督部门参与工程建设，做好工程的质量技术监督工作。是年，九江啤酒有限责任公司的烟水亭牌九江啤酒、珍珠啤酒等3个产品列入全省技术监督系统“名优烟酒重点保护产品”。是年，对九江各大专院校学生公寓的棉被褥进行抽查，发现不少学校购进的被褥用纤维性工业下脚料及医用纤维性废弃物等（俗称“黑心棉”原料）制作，严重损害学生健康，合格率仅为10%左右，对涉案企业立案查处。2000年，九江10家商贸企业代表发出创建全国“购物放心一条街”倡议书，制定《关于创建购物一条街实施意见》，浔阳中路266家商店参加创建，并于次年3月，通过验收，成为全省第一条“购物放心一条街”，购物环境大为改观。

2001年，“查市场、保两节”专项打假行动中，查获假冒临川贡酒系列包装物1万套，商品标值15万元；假冒茅台、五粮液名酒1016瓶，商品标值9.5万元；假全兴酒、剑南春酒系列包装物1750套，商品标值0.63万元；假冒伪劣酱油860箱10320瓶，商品标值3.56万元，查获各类食品标值20万元。是年，九江市技术监督部门在京九批发市场查获一个销售假冒名牌香皂窝点，查封200余箱涉嫌假冒多种国内外名牌香皂。是年，全市成立打假委员会，办公室设在市质监局，负责全市打假工作。是年，开展全市“百日打假联合行动”，重点打击食品中违禁使用甲醛次硫酸氢钠（雕白块），瑞昌市抽查11家生产企业，经省质监站检验判定掺有甲醛次硫酸氢钠，没收米粉966千克、腐竹100千克，货值金额为2400余元。是年，江西亚东水泥有限公司的洋房牌水泥的8个品种，中国石油化工股份有限公司九江分公司的江海牌尿素获“国家免检产品”。

2002年，九江市质监局制定《九江市食品质量安全市场准入制度实施方案》，受理大米和食用植物油生产企业的生产许可证申报，是年2家食品生产企业获得生产许可证。是年，国家监督抽样九江市浔阳区蔬菜批发市场茄子、菜豆农药残留量，经检测均超标。2002年，共青鸭鸭成为九江市第一个中国名牌。2002年，九江市政府印发《关于推动开展“质量兴市”活动的意见》，永修县列为第一批“质量兴县”的试点。是年，开始组织工业产品生产许可证申报工作，全年共受理审查25家化妆品、白酒等企业的申请。2002年，江西共青鸭鸭（集团）有限公司的鸭鸭牌羽绒服获“国家免检产品”。2003年8月，九江市政府成立庐山云雾茶申报国家原产地域产品工作领导小组，工作组于2003年10月向国家质量监督检验检疫总局申报原产地域保护产品并于次年获得批准。2003年，永修县人民政府获得全国“质量兴县”先进单位，在全国质量兴市经验交流会上介绍经验，其做法在全省得到推广。是年，省质监局授予九江市政府、永修县政府为省质量管理先进单位。是年，开展学生用校服的监督检查工作，建立校服企业售前报检制度，当年校服抽查合格率为86%。是年，江西亚东水泥有限公司、国营第七一三厂、省菊三七开发有限公司、蓝星化工新材料股份有限公司江西星火有机硅厂获省质量管理先进企业。2004年,中国石油化工股份有限公司九江分公司生产的江海牌尿素、江西亚东水泥有限公司生产洋房牌水泥获得国家免检产品。2005年,对九江学院学生食堂食用油进行调查,5.4吨食用油中抽样送检判为不合格产品,原因为一级油品内故意加入棕榈油和其他杂质油,没收不合格油,并按照相关法律规定严处;形成九江学院食用油案的情况报告送市政府,得到政府主要领导的表扬。是年,市质监局帮助九江钢厂申办生产许可证成功,得到市党政主要领导表扬。是年,江西星火化工厂生产的燃料推进剂运用于"神六"载人飞船,"神六"飞船重要零部件—精密空间导电滑环由6354研究所制造,九江产品首次进入高、精、尖领域。是年,九江开展全市食品质量安全整治"百千万"行动,明确五里街道与市区、十里街道与市区、莲花镇与庐山区、沙河街道与城区等4个重点区域,规划100个重点整治村镇加工点和291个重点整治小作坊。2005年6月7日,"地条钢"违法生产造成开发区大面积停电,九江市整规办印发《关于开展整治"地条钢"专项行动会议纪要》,由市质监局牵头,工商、公安、环保、供电等部门配合,集中10日至30日开展联合执法行动,彻底清除"地条钢"。2006年8月26日,中央电视台《每周质量报告》报道江西圣士丹啤酒有限公司使用非"B"瓶充装啤酒,及用捆扎式包装销售等一系列问题。市质监局对全市啤酒生产企业开展使用非"B"瓶清查工作,对江西圣士丹啤酒有限公司库存非"B"瓶销毁,查处湖口三和啤酒公司30万只和九江啤酒有限公司40万只非"B"瓶,九江啤酒有限责任公司还存在3000扎捆扎啤酒等情况。

2007年,创建庐山区炒货基地,对一些传统工艺、其产品又是群众生活所需且具有地方传统特色的食品加工小企业和小作坊,采取边整边建、引导帮扶,扶持小作坊由小到大、由散到聚、由劣到优、由不规范到规范,实现经营者、消费者、政府"三满意"的效果,促进全民创业和社会和谐,为食品小作坊有效监管闯出一条新路子,这些模式被省质监局在全省推广,得到国家质检总局专项整治验收组的赞誉和充分肯定。是年,对6家星级酒店及娱乐场所销售的高档酒类进行抽样,查假酒价值10万元,对高端消费市场有触动。是年,九江市政府出台《九江市名牌管理暂行办法》,对获名牌产品的生产企业进行经济奖励政策,奖励标准为中国名牌产品企业一次奖金30万至50万元,江西名牌产品企业一次奖金5万元,中国名牌产品通过复评的企业一次奖金8万元,江西名牌产品通过复评的企业一次奖金2万元,一个企业多个产品是年获评取最高标准按一次奖励,是年,市政府首次拿出71万元资金按奖励政策规定对上年度获名牌企业进行奖励。是年,省名推委在获江西名牌名单中重点评选中国石油化工股份有限公司九江分公司生产的江海牌车用无铅汽油及蓝星化工新材料股份有限公司江西星火有机硅厂生产的蓝星有机硅产品为2007年江西重点名牌产品。2007年,市级开展产品质量定期监督检验,并下发《九江市产品质量定期检验工作的监督检验实施细则》和《关于开展九江市市级及县级产品质量定期监督检验计划的通知》,这是全市实行市级定期监督检验制度的开端,对全市产品质量进行有计划的监督,提高监督的有效性。2008年,对输京等奥运场地城市的江西七娃、石钟山豆制品、华征水产品等3家食品生产企业严格落实批批强制检验制度,产品100%合格出厂。2008年9月,特邀原国家质检总局质量司司长于献忠主讲"质量 品牌"战略高层知识讲座,市4套班子领导、市直单位主要领导、规模以上企业负责人及质监系统全体人员到场听课。

2008 年,启动企业质量信用等级评价试点工作,按照《关于加强企业质量信用体系建设工作意见》的规定,对连续出现三次检验不合格的企业吊销生产许可证。瑞昌盛秀水泥厂生产许可证被建议吊销。2008 年,三鹿奶粉事件发生后,市质监局迅速行动,第一时间成立九江市质监局三鹿奶粉重大食品安全事故应急处理工作领导小组,及时启动应急处理方案,对全市所有乳制品生产企业进行拉网式检查,共检查获得 QS 证的江西美庐乳业有限公司、九江市乳品厂两家,未获 QS 证的江西九江迪尔康乳业有限公司、修水县益生乳业有限公司等 6 家;及时制定《九江市质量技术监督局乳制品驻厂工作组监管工作方案》,由两名专职食品监管员和两名食品检验员组成的 4 人驻厂工作组,进驻江西美庐乳业有限公司,跟班监督和协助企业抓好生产过程的质量安全控制,确保乳制品质量安全。2008 年 4 月 10 日,在武宁县万福经济技术开发区海滨实业有限公司查处标明"TOYOTA(本田)"和"MADE　IN　JAPAN(日本制造)"的滤清器 4720 只,标明"AHS"字样无任何厂名厂址的滤清器 69023 只,标明制造商为荣盛过滤器制造有限公司、产地为浙江丽水市水阁工业区、并标注质量认证标志滤清器销售 18231 只,经查三种产品均属假冒、冒用认证标志行为。九江市质监局将该公司行为通报海关、进出口检验检疫等相关部门,并对该公司处罚 13 余万元。

2009 年,九江市政府办公厅印发《关于全面实施质量兴县(市、区)战略的决定》,在全市全面实施以"质量兴园"为重点的质量兴县(市、区)工作,并将试点工作中"产品质量、工程质量、服务质量"三个质量,扩展到环境领域等四个方面的质量要求。同时,市工业园区工作领导小组办公室与市质监局联合下发《关于开展质量兴园工作的意见》,确定在全市建立工业园区工作站,由园区管理部门、质监、环保、建设等职能部门派员参加,此举为全省首创。2009 年 3—8 月,九江市质监局抽调 40 名干部,分成 4 组,深入全市 15 个工业园区 1008 家企业进行质量安全状况调查,收集意见建议信息 350 条,发现园区企业质量安全问题 758 处。并专门从机关、技术机构、基层局抽调骨干组成 5 个服务队,到企业帮扶解决质量安全问题,撰写《九江市工业园区质量状况调查分析报告》,市政府对此报告进行转发。2009 年 8 月 25 日,九江市质监局对九江大厨味制造有限公司的生产情况及使用原料检查,查明该公司已生产味精 2717.68 吨,使用工业硫化钠 8800 千克,硫化钠为《食品添加剂使用卫生标准》中规定的不能作为加工助剂用于味精生产,属于添加非食用物质行为,市政府要求依法对涉嫌违法企业严厉处罚。2009 年,省绿冬丝科有限责任公司、共青鸭鸭(集团)有限公司、江西回圆服饰有限公司、蓝星化工新材料股份有限公司江西星火有机硅厂、江西昌河汽车有限责任公司等 5 家企业获省质量信用"AAA"级企业称号。是年,星子金星砚、鸭鸭羽绒服评为"江西名牌旅游商品"。是年,九江市政府出台《九江市食品生产加工小作坊产品质量安全监督管理若干规定(暂行)》,为全省首创。

2010 年 5 月始,市政府组织开展放心食品统一抽验工作,市质监局完成米粉、腐竹、粉丝、豆腐、食用植物油、豆浆共 6 个品种 900 个批次的抽验工作。2010 年,庐山区政府在生态工业园设置"质量兴园工作站",工业园管委会领导兼任站长。2010 年,九江市质监局向市政府提交《关于解决当前食品生产加工小作坊监管缺失问题的请示》和《关于明确过渡期食品小作坊监管主体的建议》,受到市政府多个领导重视和肯定,促进市食安办《九江市关于界定食品生产加工、流通、消费环节监管职责意见》的出台。

特种设备监察检验

1991 年,九江地区劳动局组织检查组对全区各县(市)锅炉房进行检查,实行锅炉房安全合格牌照制度,当年核发锅炉房安全合格牌照 309 个。2000 年,全区有 6 人取得锅炉压力容器安全监察员证,28 人取得锅炉压力容器检验员证,8 人取得无损检测员证。先后举办安全技术管理人员学习班 13 期,492 人次参加学习;司炉培训班 52 期,3690 人参加培训,其中 3460 人取得司炉操作证;压力容器操作培训班 13 期,527 人参加培训,其中 515 人获得证书;水处理化验培训班 6 期,230 人参加培训;焊电工培训 3 期,54 人参加培训取得锅炉压力容器焊工合格证。

2001 年 10 月,成立全市锅炉压力容器管道特种设备普查登记和整顿治理工作领导小组,部署开展特种设备普查登记工作,为接管特种设备安全监察职责作准备。2003 年 1 月,组织开展"土锅炉"专项整治,检查锅炉使用单位 225 家,责令整改锅炉 85 台,判废、监督销毁锅炉 14 台。2006 年,全市开展对常压锅炉承压使用、起重机械、废旧特种设备和"土制特种设备"的专项整治,全年出动检查人员共 362 人次,下安全指令书 36 份,销毁"土锅炉"2 台。2006 年,市政府办公厅转发市质监局《关于加强全市工业园区特种设备安全管理工作的通知》,要求切实加强工业园区特种设备安全管理,保障安全生产。2006 年,市质监局制定《九江市特种设备工作目标责任制考核办法》,在全省率先对全市所辖 13 个县级质监局进行考核。2006 年,全市安全监察岗位无证工作人员全部参加国家特种设备安全监察员考试,合格率为 96%,市县级质监监察机构监察员持证上岗人数均符合省质监局要求。2007 年,市质监局将 1400 台锅炉、5382 台压力容器、1066 台电梯、1778 台起重机械、49 台游乐设施、5 条索道、468 台厂内机动车辆、523 千米压力管道全部建立纸质档案和电子档案,完成特种设备规范化管理省级达标建设,13 个县级质监局全部通过验收。2008 年 2 月 1 日,成功排除九江县高速公路一台 20 吨满载液化石油气罐车严重翻车事故险情,避免"雪上加灾",受到省安监局到场领导的高度赞扬。2009 年,九江市质监局制定《九江市特种设备使用单位安全责任人工作制度》,建立企业安全主体责任人档案,7 个县(市、区)企业安全主体责任人完成培训上岗,使企业安全主体责任落到实处,受到省质监局领导肯定并批转全省借鉴。2009 年 8 月 8 日,协助排除晚高速公路荷花垅处 1 辆满载 30 吨甲苯槽罐车翻车可能引发的"二次事故"。2009 年,共出动安全检查 1032 人次,检查特种设备生产单位 66 家,使用单位 744 家,检查设备 2928 台(件),发现隐患 331 处,当年整改安全隐患 120 起,实施行政处罚 109 起。排除各类超标缺陷液化石油气钢瓶 3290 只,丙烷气瓶 6 只,罐车 140 台。

2010 年底,全市在用各类特种设备共 13992 台(套),按设备类别分,锅炉 1377 台,压力容器 6736 台,电梯 2127 部,起重机械 3007 台,场(厂)内专用机动车辆 681 台,客运索道 5 条,大型游乐设施有 64 台。另有气瓶 939042 只,压力管道 750 千米。全市持证特种设备作业人员总数达到 13984 人。

第三章　景德镇市

景德镇市标准计量局是1983年9月由景德镇市标准局和景德镇市计量局合并而成,1991年改名为景德镇市技术监督局(简称市技监局),升格为正县级。1993年,乐平、浮梁县标准计量局分别更名为乐平市技术监督局、浮梁县技术监督局。1995年,景德镇市计量测试研究所王犇获得国家技监局“有突出成绩的计量工作者”。1999年后,浮梁县技术监督局与浮梁县工商行政管理局不再合署办公。2000年,省以下质量技术监督系统实行垂直管理后,乐平市技术监督局更名为乐平市质量技术监督局,内设办公室、业务股、特种设备安全监察股3个职能股室,机关行政编制16人,下辖计量测试所,为直属管理事业单位,事业编制10人。是年,浮梁县技术监督局更名为浮梁县质量技术监督局,内设办公室、综合股、特种设备安全监察股3个职能股室,核定行政编制14人,下属计量测试所,事业编制7人。2001年10月,景德镇市技术监督局更名为景德镇市质量技术监督局(简称市质监局),划归为省质监局领导和管理,内设13个职能科室和机关服务中心,行政编制33人,后勤服务编制5人。辖乐平市、浮梁县2个县(市)质监局。市质监局下辖景德镇市计量测试研究所(景德镇市法制计量监督管理所),为正科级单位,编制34人。2002年,景德镇市锅炉压力容器检验所和景德镇市劳动安全卫生检验站由市劳动局划转至市质监局管理。2003年,接收景德镇市经贸委质量管理职能,景德镇市产品质量监督检验所(景德镇市陶瓷产品质量监督检验站)29个事业编制同时划转。2005年,成立下属单位景德镇市质量技术监督稽查支队,为正科级全额拨款事业单位,编制13人,下设3个稽查大队,是年获“全省青年文明号”。2007年,景德镇市锅炉压力容器检验所和景德镇市劳动安全卫生检验站合并成立景德镇市特种设备监督检验中心,升格为正科级,编制29人,承担全市检定锅炉、压力容器、压力管道、厂内车辆、行车、游乐设施、电梯等检测职能。2002—2010年,管理体制改革,市质监局全面履行标准化、计量、质量和行政执法及锅容管特安全监察职能。至2010年底,景德镇市质监局辖乐平市、浮梁县2个县(市)质监局。市质监局及直属单位实有工作人员169人。

标准计量管理

1991—2010年,对具有地方特色的农产品浮梁茶、德雨活茶、板鸡、板鱼制订省级地方标准,为保护地方茶农品、提高农品质量提供依据。1991—1992年,景德镇市标准计量局会同卫生部门在市第二人民医院进行全省医疗卫生单位计量达标试点,并通过省计量局、省卫生厅的联合验收。1992年二季度,景德镇市技监局会同市物价局在全市范围内开展物价、计量双信评比活动,共评出物价、计量信得过单位74家,双信标兵20名,双信个体户13户。对连续5年荣获双信称号的27家单位颁发匾牌。两年间,市标准计量局深入开展工业企业定级、升级考核工作。至1992年,通过计量定级验收考核的工业企业43个,其中陶瓷系统21个,机械系统10个,电子系统6个,县属企业6个。在43户企业当中定为三级的21户,定为二级的5户。依据国家标准局《食品标签通用标准》,市标准计量局开始对市场上销售的预包装食品标签进行监督与检查,发现食品标签标注不规范、冒用他人备案等问题,按规定责令停止销售。至1993年,累计查处各种食品标签不合格案件134件。在市经贸委牵头组织下,市标准计量局、各主管局和企业抽调人员组成8个小组,分赴全市各行业包括乡镇企业进行标准化整顿验收。至1994年,全市185家工业企业标准化整顿验收合格。其中,景德镇市电瓷电器公司、制冷设备总厂、电机厂等3家中型企业的3个产品获得省级合格证书。景德镇市加快制定企业标准和采用国际、国内先进标准的步伐,对全市生产企业国家标准、行业标准、地方标准、企业标准的要求,进行登记备案。1994年,景德镇市经市技监局制定和发布的产品标准达127个,产品标准覆盖率达到82.5%。为促进企业生产加工产品采用标准,1995年开始,市技监局对全市各类企业采用标准情况进行检查,实施消灭无标生产监督管理。按照景德镇市政府办批转市经委、市技监局等12个部门《关于建立我市企业、事业单位和社会团体统一代码标识制度实施意见的报告》,要求在全市范围内全面建立统一代码标识制度。至1995年底,全市完成代码证书367家。1995—1996年,景德镇市技监局和各县技监局共举办各类标准化工作培训班3期,培训企业厂长(经理)和其他管理人员120余人,指导企业完善标准化体系。1996年,对计量产品抽检36批,合格33批,合格率92%,收缴不合格计量器具184台(件),淘汰杆秤476把。是年,建立完善全市市场商贸计量器具档案,组织完成全市400多辆出租车计价器的安装、检定工作,为5个企事业单位完成计量标准考核6项,复核8项。经过5年的专项整治,至1996年,全市共查处计量违法行为3327起。1998年,组织开展对全市销售计量产品的经销企业和门店监督检查26家,检查产品196台(件),合格率90%,对不合格的进行处罚教育。是年,帮助6家企业完善计量标准和开展计量仲裁2起。1998年7月,国家技监局发布《商品条码管理办法》,是年10月至1999年,市技监局组织全市有关企业的经营者、标准质量人员举办商品条码标识培训学习班1期,全市申办商品条码数增至34个。

2000年,景德镇市组织机构代码办证、换证2213家,代码数据库达到零差错率。是年,按照分类指导的原则,引导全市大中型企业建立适合自身发展的计量检测体系,投资4万元,建立差式流量变送器检定装置,解决困扰市供气部门和用户之间日益尖锐的计量矛盾。是年,全市登记备案的企业标准达127个,经省质监局验收,乐平市被评为消灭无标生产县(区)。2001年,全市组织2次统一行动,对定量包装、用于贸易结算的计量器具进行专项检查,共检查定量包装企业32家,各类商店、商场、超市、批发市场、粮站、酒店共248家,368批次,合格320批次,批次合格率84%。经过检查,定量包装产品生产企业、超市、商场自包装商品计量短少较为普遍,非正规生产厂家生产的定量包装商品的净含量短少严重,执法人员对违法行为进行严肃查处。是年3月,经省质监局批准,浮梁县有机茶标准化示范区成为全省第二批农业标准化示范区项目,促进全县茶叶产业增产增效。依据省质监局开展“光明工程”放心眼镜店活动的要求,2002年5月开始,市质监局对全市眼镜店进行检查，对眼镜店配镜用的计量仪器实施全部检测，凡不合规范要求者，责令期限整改，并经计量授权检测机构认定后方可经营。至2010年，全系统共出动检查人员300余人次，检查眼镜店共90余家，开办各类免费讲座200余场次，宣传咨询活动50场。2002年，开展定量包装的监督检查定量包装企业70多家，各类商店、超市378家，800余批次。2003年1—10月，共检查各类超市、商店、批发市场128家，388批次，对不合格的计量器具进行检定，对不合格的批次进行计量处罚，维护消费者的合法权益。是年加强对液化气计量的管理力度，开展全市液化气钢瓶塑封工作，全年塑封钢瓶35万只，出站塑封率达到100%。2004年，对组织机构代码办证加强监督管理，办证进度加快，共为5700多个单位办证，换证率达到80%。是年开展大米、面粉、食用油、干货食品等定量包装商品净含量专项抽查，共抽查市十八桥农贸市场、日新超市和景客隆超市等15家单位的36批次的商品，抽样合格率为89%。经过近两年的景德镇瓷器原产地域产品保护申请工作，2005年，经国家质检总局2005年第63号公告批准，对景德镇瓷器实施原产地域保护，品种涵盖青花瓷、玲珑瓷、高温颜色釉瓷、粉彩瓷、新彩瓷。2005年2月，乐平市无公害蔬菜标准化示范区成为全省第三批农业标准化示范区项目。2005年后，市供电公司、昌江供电公司、赣东北供电公司、市自来水公司及市各大医院等多家单位设有专门的计量管理机构，配备专职计量人员，各企业用于贸易结算的计量器具实行定期检定制度。2006年，全市对大米、粉丝、冷冻食品开展定量包装商品抽查，共抽查11家企业228批次商品，综合检查商品合格率为80.23%。2008年，对沃尔玛、万客隆等5家超市进行抽查，合格率为88.43%。是年，全市组织开展“四个走进”专项活动，全年行动共检查集贸市场在用衡器351台(件)，受检率83%；公平秤37台，受检率100%；查处计量违法案件数2起，督促建立集贸市场在用衡器计量监管长效机制。加强对集贸市场公平秤的监督管理，对尚未配备公平秤的，督促主办者配备经计量检定合格的公平秤，专职人员进行管理。2009年，行动共检查集贸市场在用衡器425台(件)，受检率87%；公平秤39台，受检率100%；查处计量违法案件数1起。2010年，组织抽样、检测的执法人员共计106人次，出动执法检查车共35次，检查企业单位32家，商场超市12家，共抽样检查64批次，涉及商品类10大类。根据检查结果，大部分商品达到要求，只有2批次检查不合格。对不合格商品的经销单位和生产企业，进行处罚并责令整改。全年共抽查全市生产企业3家(4个品种)，农贸市场门店33家，检查在用计量器具(衡器)21台(件)，查处未申请检定计量器具13台(件)，并协助省计量院抽检流通领域样品9个批次，3批次不合格，对不合格的要求责令整改。2010年，按照全国开展推进诚信计量、建设和谐城乡行动要求，本着“生产经营者自律、行政部门监管、社会各界监督”的原则，在集贸市场、加油站、餐饮业、商店、医院和眼镜店等与人民群众生活密切相关的领域建立以经营者自我承诺为基本框架的诚信计量体系。全市加油站和眼镜店等行业25家单位自愿承诺，在显目位置统一张贴、悬挂《诚信计量自我承诺书》。同时按要求公布投诉电话，做出诚信计量的承诺，接受社会的监督。全市加大对商品条码的监管力度，每年都对一些超市、大型商场销售的商品进行监督抽查，发现不少商品有仿冒他人商品条码、不规范标注商品条码和已被注销的条码和商品重码现象。市质监局责令超市、商场将商品撤下柜台，督促生产企业限期整改。

2009年，德雨活茶获得“省标准化科学技术进步”二等奖。2010年，全市累计申办各类条码87

个,在市质监局登记备案的标准累计为398个。先后对市自来水公司、市量溯水表检测中心、市压力表厂和华意压缩机股份有限公司等12家单位进行计量标准考核,确认11家单位的检定项目在规划区域范围内,其检定的计量器具具有法律效力,发给计量授权证书或社会公用计量标准证书,并按照法律法规规定的有效期内对计量标准、计量授权和社会公用计量标准进行复查考核。同一期间,全市共检修各类计量器具45余万台(件),检测的门类包括长度、力学、电学等28种计量器具,占全国推行检测的55种计量器具的51%。强制检定的重点范围在电表、水表和燃气表等与民生息息相关的计量器具上,占到所有检定器具的80%。

质量监督认证认可

1991—1992年,质量监督工作坚持生产领域和流通领域两手抓。在生产领域重点对陶瓷产品和其他工业主要产品进行质量监督,共抽检1115批次,批次合格率83.59%;其他工业产品质量监督检验1263批次,批次合格率81.61%。在流通领域,共抽查553批次,其中抽样检验300批次,批次合格率42.34%,为企业培训在岗质量监督人员共214人。两年间先后两次组织质检人员,成立日用瓷"三率"(产品器型规格合格率、产品缺陷率,出厂产品不合格率)质监考核组,对38家国营、集体日用瓷生产企业陶瓷产品的"三率"进行为期16天的监督抽查。1992年抽查表明,产品5项缺陷率为29.88%,产品器型规格合格率19.61%,出厂产品不合格率5.17%。是年7—11月,组织40人的"打假"队伍,在城乡广泛开展两次打假活动,查获各种假冒酒1万瓶,价值23万;假冒伪劣腐竹价值1.8万元;伪劣塑料电线224卷价值5.4万元;共计30.2万元。1993年,全市完成国家和省里下达的碳酸饮料、水泥的统检任务,合格率分别为33.33%、80%。对有关涉及安全、人体健康和社会普遍反映质量问题较多的20多种商品抽查510批次,其中抽样检验90批次,批次合格率45.56%。是年5—8月,市技监局组织宣传贯彻活动,先后分3批组织350家企业400多名主管厂长(经理)和质检科长学习培训,对22家企业5000多人次的干部职工进行宣讲,结合查处假冒伪劣商品381件,全民质量意识增强。是年8月、9月、12月,分别在19家瓷厂烧炼现场进行日用瓷5项主要缺陷(斑点、落渣、变形、裂纹、阴黄)抽查,共抽查338批次3.15万件产品,及时掌握陶瓷生产的实际质量状况,督促企业整改落实。1995年,质量监督的广度和深度拓展,市技监局对陶瓷产品及其原辅材料开展多种形式的监督。对全市16家生产、经销、陶瓷麦辅材料的企业开展抽查22批,对6家建筑陶瓷生产企业开展抽查16批,对市场上40余家建筑陶瓷经销门点开展专项检查25批,陶瓷质量监督由以往重生产领域向生产、流通领域并举转变。同时先后对化肥、农药、粮油制品、饮料、啤酒、食品、建材、机电产品、家用电器、化妆品、洗化用品、通信器材等10多类20余种重要商品开展经常性的执法检查,累计检查各类经销企业和门点200余家,抽样检验商品119批,查出不合格企业和门点100多家,对不符合要求的220批商品进行现场处罚。1996年,查获一起四川省绵竹县供销社为抵还景德镇市陶销储运公司陶瓷欠款的200箱剑南春重大假酒案,货标值达20.5万元。1997年,完成陶瓷产品质量抽查检验595批次,18家重点陶瓷企业的监督抽查,检验结果按月进行通报,对主要企业的检验结果按季在景德镇日报上进行公告。全年累计完成电瓷、化肥、水泥、红砖、预制构件、粮油制品、食品、农资、家用电器、食品、建材、眼镜、化妆品、柴油、润滑油等商品抽样检验328批,合格率67.4%。是年,按照市政府实行煤粉定点生产的规定,市产品质量监督检验所派出专业技术人员驻市煤饼一厂、二厂,对每天配制的煤粉严格进行质量检验。是年,查获3起假冒名优陶瓷案,竟成镇某陶瓷加工作坊假冒玉风瓷厂生产的宝玉茶杯100箱3186只;查获一家彩绘加工点个体经销户余某等人假冒光明瓷厂100套102头西餐具;查获某厂承包工程人王某用玉风瓷厂的底款花纸,生产假冒玉风茶杯897只。1998年春节期间,开展酒类打假。查获一些个体经营户从省外搭售来的标注为山西省汾阳市杏花酒村酒厂生产销售的7个品牌的40余瓶劣质酒。查获收缴假冒五粮液、剑南春、泸州老窖等酒600余瓶。是年,开展专项打击假冒景德酒的活动,查获景德大曲3000余瓶,假冒伪劣景德老窖近200瓶。并于年底在市酒厂进行销毁,维护企业和消费者的合法权益。1999年,根据国家质监局和省技监局关于抓好"五个一批、三大战役"的部署,全市共查处假冒伪劣商品总标值72万元,违法案件74件,端掉制假窝点4个。2000年,按照省质监局部署开展3次跨地区的联合执法打假行动,对邦迪创可贴、钢材、大米进行检查,查获假冒螺纹钢80余吨。查处广东、香港产的席梦思320床,标值9万元;假冒俞兆林内衣200套,标值4万元。是年,抽查农资产品样品65批次,其中查处伪劣和不合格化肥700吨,标值72万元;伪劣不合格农用运输车19台,标值67万元,有力打击制售假冒农资产品的不法行为,净化农资市场。开展燃气用具专项打假,共查获假冒灶具900余台(件),不合格液化气钢瓶1000个。是年,对全市5家小型轧钢厂和15家经销钢材门店进行全面突击检查,在景德镇市电视台、景德镇日报社、乐平市公安局的支持和配合下,查获无生产许可证和用废旧烂钢材做原料生产非标准W月牙与超规格的热轧再生螺纹钢214吨,标值41万元。其中不合格再生螺纹钢29吨,查封轧机、钢炉、毛坯机等生产设备17台(套),钢锭251吨。全年累计查处假冒伪劣商品103批,标值240万元,处罚制假售假企业及个人85人次。

2001年,组建市质监局后,质量监督职能明显增强,重点监督检查与人民生活密切相关的生活用品及影响国计民生的重要产品,对肉制品、食用油、大米、面粉、定量包装食品、家用电器、纺织用品、水泥、钢材、建筑装饰材料、汽车配件、农资产品等重点产品进行质量监督抽查,引导消费者谨慎购买商品。是年,组织开展"2001年全市质量月"活动,集中销毁13类伪劣商品,标值41余万元。是年2月,查获一起市石油公司违法经销400吨劣质柴油大案。7月份,又查获市石油公司销售不合格柴油2100吨,不合格汽油800余吨,进行严厉处罚,净化全市石油市场。是年3—5月,共出动执法人员500余人次,抽查农资产品样品62批次,其中化肥不合格产品7个,查获河西塑料厂生产假冒湖南某农药厂"杀虫脒",标值近万元。乐平市质监局查获乐平市农资公司五七仓库利用湖北荆州包装袋灌装的钙镁磷肥13吨案,并配合上海农药厂对假冒违法行为进行处罚。是年6月中旬,与景德镇市出入境检验检疫局联手,对进口洋货开展打假。对进口的冷冻食品、洋酒、DVD,随身听、剃须刀、食品加工机等商品进行全面检查和抽样检验,查获未经备案和手续不全的进口商品标值达11.61万元。全年共组织开展10余次集中统一打假行动,共检查企业400余家,检查市场30余次,查获假冒伪劣及不合格产品3000余万元,捣毁制假窝点21个。2002年1月,组织昌飞、华意、中景等10家企业国有重点企业分管质量工作领导赴上海参加高级质量管理人员培训班。对从事移动、固定电话机维修及其配件产品经营单位人员共170人进行“三包”(包修、包换、包退)培训。是年3月,针对外地瓷假冒景德镇产地及假冒“景德镇”品牌的违法行为,市质监局对全市陶瓷经销店进行一次突击检查,发现18家制售假冒景德镇陶瓷的违法行为,并依法进行查处。下半年,市质监局制定《关于加大陶瓷市场的整顿力度,打击假冒“景德镇”品牌陶瓷实施方案》,集中4个月时间开展陶瓷专项整治,共出动执法人员700多人次,查获假冒“景德镇”陶瓷案件48起,标值达130余万元,扼制住假冒“景瓷”的现象,维护瓷都陶瓷品牌。全年共出动执法人员2000多人次,共检查企业(商店)340余家,查获假冒伪劣和不合格产品标值520多万元,移送司法机关处理案件3起,捣毁制假较大窝点3个。是年,市政府印发《景德镇市开展“质量兴市”活动实施意见》,7月,召开全市质量工作会议,并成立以副市长为组长、市直有关单位负责人为成员的市质量振兴领导小组,确定乐平市为试点市。至2010年,已完成全市强制性管理产品和销售额在500万元以上的156家企业建档工作,对这些企业实施质量动态管理,为质量兴市工作奠定基础。按照《江西省名牌战略推进工作方案(2003—2005年)》要求,2002年底,制定《景德镇市名牌战略推进工作方案(2003—2005年)》,并成立以副市长为主任、市政府有关部门负责人为成员的市名牌战略推进委员会,出台《名牌战略规划》《名牌产品管理暂行办法》和《名牌产品评价和确认评分细则》。向企业宣传名牌产品评价程序,鼓励和帮助企业制定符合企业实际的名牌战略计划。2003年,加大对重点产品、重点企业质量监督抽查力度,对全市20家重点企业进行质量跟踪督查,提高产品等级品率、工业产品销售率、质量稳定提高率。对大米、面粉、食油等10多类食品开展质保条件专项检查,分别建立质量档案。按照企业自愿、政府推动、中介机构参与、社会确认的原则。是年2月,全市共有18家企业申请江西名牌,按照企业规模、销售额、质量保证能力等主要指标,经市质监局初步筛选,省名牌战略推进委员会评价,全市9家企业9个产品获得“江西名牌”产品称号,占全省名牌产品总数的8.6%,景德镇市华意电器总公司生产的无氟压缩机获2003年“中国名牌”,实现国家实施名牌战略工程以来全省“中国名牌”零突破。景德镇市华意电器总公司被授予“全省质量管理先进企业”称号。是年4月,市质监局召开全市强制性产品认证制度实施工作会议,贯彻落实《强制性产品认证管理规定》,全面执行“中国强制认证”制度(英文缩写为“CCC”,又称“3C”认证)。实施强制性认证制度的产品均与公众工作生活密切相关,被列入国家认监委《第一批实施强制性认证产品目录》中的产品,包括电线电缆、电路开关或连接用电器装置、低压电器、小功率电动机、电动工具、电焊机、家用和类似用途设备等19大类132种产品。是年,组织全市白酒、复合(混)肥、水泥等产品生产企业参加省质监局举办的生产许可证管理学习,贯彻落实国家质检总局颁布的《工业产品生产许可证试行条例》。2004年,景德镇市鑫森森农用化工厂生产的“白俄罗”化肥、江西锦溪水泥有限公司生产的“青溪峰”水泥获得省重点保护产品。是年共查处并捣毁生产、加工“地条钢”及其制品企业2家,经销“地条钢”及其制品企业1家,建筑工地16家,查获“地条钢”及其制品76.9吨,货值金额30余万元。是年,共立案查处案件332起,查获假冒伪劣商品标值900万元,罚没款280万元。2005年,景德镇市鹏飞建陶有限责任公司的“卡地克”建筑陶瓷获得省重点保护产品。是年,集中和日常打假共出动执法人员700余人次,整顿重点区域12个,超市及商场24个,特别是对危及生命财产安全的含“苏丹红”食品及无证生产、质量低劣的特种设备作为打假的重中之重来查处。并开辟载重汽车、防盗门、乙炔气等新案源，共检查建筑工地、经销企业、生产企业160余家。开展液化石油气塑封的专项整治，共查处违法案件320起，查获假冒伪劣商品标值890万元。是年，全市查处一批不合格纯净水、冷粉作坊、假冒“四特酒”和无证生产的食品违法案件。2006年，浮梁县瑶里茶叶有限公司的“崖玉”茶叶获得省重点保护产品。是年，联合名优企业查处经销假名酒案件4起。2007年，对全市生产及市场的8个品牌的大桶纯净水进行抽样，合格率87.5%，查处1家不合格生产企业；对1家化肥生产企业和市场上的8个品牌的化肥进行抽样，合格率80%；开展啤酒市场专项抽查，对全市生产厂家和市场上10个批次的啤酒进行抽样，合格率70%。2008年，积极稳妥处理好三鹿婴幼儿奶粉相关工作，全市开展婴幼儿配方奶粉及相关产品的专项检查，对全市的第一炉面包房、民泰糖糕厂等食品生产企业原辅料进货是否索证索票、是否掺杂使假、食品添加剂使用是否符合规定等方面检查。责令乳制品的批发、经销单位，将有问题的乳制品及时下架并进行召回。是年8月，开展保奥运食品安全专项检查行动，与全市所有进京食品企业签订质量承诺书，要求其加强进京食品管理。全年共查办各类案件263起。2009年，组织对全市大、中院校集体食堂的食品安全进行为期10天的专项检查，查处使用无证产品白糖、调味品等案件，针对发现的问题，执法人员依法进行处罚，要求其整改；对市场上电动车存在的无生产许可证、超重、超限速等不符合国家标准的现象，进行专项检查；开展眼镜市场专项检查，查处销售无证产品眼镜店2家。2010年，对液化气行业二甲醚及钢瓶开展专项整治，先后3次对液化气站进行抽样，要求全市的液化气充装单位签订承诺书。是年，加大对化肥、农药、农膜和建筑工地产品的监督检查力度。是年，为保障救灾物资和灾区群众生活用品的质量安全，全市重点开展对桶装水、瓶装水、牛奶、面包、饼干、香肠、方便面、八宝粥、米面粮食产品、食用油、酱油等食品生产企业的监管，并开展地沟油专项整治。全年共检查建筑工地、经销企业、生产企业600余家，共查处案件344起。至2010年，全市共13家企业先后获得“省质量管理先进企业”称号。

特种设备监察检验

1991年前，景德镇市锅炉压力容器检验所已成立，由市劳动局管辖，主要工作是贯彻执行江西省《锅炉压力容器安全监察暂行条例》，履行锅容管特安全监察职能，实行锅炉安全合格牌照等制度，机构改革后由劳动部门划入质监部门。1995年10月，市质检所（站）首次通过省级计量认证，获得日用瓷器、建材、食品及化工类等26项产品的检验资质。1996年1月，首次通过省质监局质量审查验收，获得日用瓷器、建材、食品及化工类等36项产品的检验资质验收。1999年，通过省质监局质量审查验收复评审。2001年，通过省级计量认证复评审，获得日用瓷器、建材、食品及化工类等58项产品的检验资质。2003年3月，全市质监系统围绕国务院公布的《特种设备安全监察条例》，市质监局通过宣传单、宣传海报、横幅以及新闻报道等多种形式组织全系统特种设备安全监察人员和特种设备使用单位及业主进行广泛宣传贯彻，提高广大市民对特种设备的认识。2005年，市质检所通过“二合一”评审，获得5大类167项产品检验资质。是年8月，P1级微生物实验室通过验收。是年12月30日至2006年9月30日，市质监局联合市安监局、公安局、交通局、建设局等

4单位在全市开展为期9个月的液化气钢瓶运输市场综合整治活动,共查处违规异地充装车辆30余车次,扣押超期未检钢瓶30余车600只,端掉非法倒罐窝点10余个,通过检测,强制报废废旧小钢瓶700余只,50千克大钢瓶200只,其中拿出10万元专项资金作为检测优惠费用。2006年8月,全市开展冷粉和豆腐作坊锅炉专项整治活动,至2007年8月31日,共捣毁"土制"和其他违法违规锅炉13台。2006年,市质监局对内开展监察机构内部规范化建设,期间制定特种设备安全工作例会制度等29项工作制度和特种设备安装、改造、维修告知受理工作程序等10项工作程序,特种设备工作人员职责等8项工作内容进行上墙悬挂。2006年9月,形成《特种设备安全监察管理制度工作程序及办法汇编》。2006—2007年,对全市特种设备规范化安全管理帮扶指导验收企业121家。2007年1月15日,市锅炉压力容器检验所和市特种设备检验所进行合并,组建市特种设备监督检验中心。2008年6月15日,在人民公园举办《特种设备安全监察条例》颁布实施5周年宣传活动。是年9月20日,检验中心通过国家核准,开展锅炉、压力容器、压力管道、电梯、起重机械、场内车辆的安装监督检验和定期检验,促进特种设备使用单位安全管理水平的提高,持续排查各类特种设备隐患。1986—2010年,全市共检验各类锅炉1200台、压力容器19000台、压力管道10万余米、电梯12000台、起重机械2000台、场内车辆1500台。2008年5月7日至8月5日,全市开展特种设备安全百日督查专项行动,检查企业89家,发出监察指令书13份,2台冶金起重机已报停,查获1个液化气倒灌窝点,封存37只15千克和19只50千克的液化气钢瓶。2009年4—5月,先后在景德镇市区、乐平市和浮梁县举办3场有关国务院新修订的《特种设备安全监察条例》的宣传活动,活动共有210家特种设备使用单位的230人参加学习。2010年2月,全市紧急对液化石油气充装站进行为期3个月专项治理。是月,市质检所通过"二合一"复评审,获得6类132种产品及6类180个参数的检测能力资质。是年,开展德昌高速乐平段特种设备专项整治行动,行动中共查处9台违法起重机械,发出监察指令书5份。至2010年,全市受检特种设备4400台(套),其中电梯873台、起重机械895台、场(厂)内专用机动车辆266台、大型游乐设施41台(套)、锅炉369台、压力容器1956台(套),气瓶充装单位25家,气瓶检验检测单位4家,电梯维保单位2家,工作站点9家。

第四章　萍乡市

萍乡市标准计量局成立于1985年。原隶属市经贸委的标准化管理科划归萍乡市标准计量局管理,市标准计量局内设办公室、计量管理、标准化管理和质量监督4个科室,核定行政编制15个,下辖1个直属单位市计量所,工作人员28人,其中工程师5人、技术人员17人。1987年10月22日,经萍乡市政府批准成立萍乡市产品质量监督检验所,隶属萍乡市标准计量局,核定编制3人,因业务发展需要,1991年增编3个。1991年,萍乡市标准计量局及直属单位有工作人员48人,其中大学本科8人、大专1人、中专3人、高中2人,有工程师7人、技术人员21人。莲花县局和上栗县局在1991年前成立,各局人员2人至3人。1996年2月,成立萍乡市技术监督局稽查大队,为全额拨款科级事业单位,事业编制6个。

1996年4月,萍乡市标准计量局升格为一级局,列市政府组成部门,更名为萍乡市技术监督局(简称市技监局)。内设办公室、计量科、标准化科、执法监督科、监察室,定行政编制23个、事业编制3个。1997年12月,成立工业陶瓷国家测试中心(江西省工业陶瓷质量监督检验站),为科级事业单位,经费自理,定事业编制12个。2000年10月,质量和锅炉压力容器管道特种设备划转到市技监局,同时划转质量科3人和劳动局锅炉科4人。2000年末,萍乡市技监局及直属单位有工作人员85人,其中大学本科13人、大专22人、中专4人、高中5人,有高级工程师7人、工程师11人、技师2人、技术人员14人。

2001年,萍乡市技监局上划省质监局垂管。人员、编制、经费划归省质监局领导和管理。2002年3月,萍乡市技术监督局更名为萍乡市质量技术监督局(简称市质监局)。2003年3月,将萍乡市锅炉压力容器检验所和萍乡市特种设备检测站合并,成立萍乡市特种设备检测中心。2003年,莲花县质监局、上栗县质监局划转入萍乡市质监局管理,组建萍乡市质监局湘东分局,有工作人员25人。2006年,成立芦溪县质监局,核定行政编5人,实有人员3人。是年,萍乡市质监局辖湘东区、芦溪县、上栗县、莲花县4个县(区)质监局。2006年,锅炉管特检测检验中心正式更名为萍乡市特种设备监督检验中心,划归为萍乡市质监局下属科级事业单位。2010年,萍乡市质监局办公大楼在萍乡市文昌路188号竣工落成,实现局机关及所有下属事业单位集中统一办公,结束因房屋拆迁后各单位租房办公时代。2010年,萍乡市质监局设立计划财务认证科。2010年末,萍乡市质监局及直属单位有工作人员122人,其中大学45人、大专23人、中专4人、高中11人;有工程师以上人员20人、助理工程师17人、专业技术人员26人。是年,萍乡市质监局辖湘东区、芦溪县、上栗县、莲花县4个县(区)质监局。全市质监系统有工作人员163人。

标准计量管理

1991年1月,根据省标准局关于清理整顿现行标准工作安排,萍乡市标准计量局组织对萍乡市地方标准和萍乡市经济委员会批准发布的萍乡市企业标准进行清理。共清理现行萍乡市地方标准11个。报经省标准局审查,废止原标准33个,下放为企业标准70个,上升为省级地方标准8个。1991年4月,省标准局下达1991年第一批采用国际标准产品验收(审核)项目(全省共50项),萍乡市有17项。市标准计量局组织对全市行政机关、国营、集体企业、事业单位以及市政府的有关文件和市统计局的统计资料,新闻稿件等使用计量单位的情况进行检查,从检查的情况证明大多数单位都基本使用法定计量单位。市标准计量局依据《中华人民共和国计量法》的有关规定,授权萍乡钢铁厂计控室等16个单位对行业内部强检计量器具进行检定。全市强检计量器具受检率迅速达到60%以上。市标准计量局制定并颁发《萍乡市食品标签审查备案管理办法》,共10条,规定凡萍乡市生产企业(包括个体企业)启用食品标签,均须经市标准计量局审查备案,检查160种食品标签,合格率达到67%。市标准计量局下发《关于开展我市农业标准化先进水平考核的通知》,转发《江西省农业标准先进县水平考核暂行规定》和《江西省农业标准化先进县水平考核评分细则》,首次提出在萍乡市实行农业标准化水平考核的问题。1993年5月,转发省标准局《关于食品标准备案认可编号的通知》,实行备案认可编号制度,受理登记181种产品标准,受理企业产品标准13项。1993年6月,萍乡市政府《批转市经委市标准计量局关于建立企事业单位和社会团体统一代码标识制度实施意见的报告》。7月6日,成立萍乡市企业事业单位和社会团体统一代码标识制度领导小组,领导小组下设办公室在市标准计量局。1994年,全省使用采标标志的产品共计32项,萍乡市占3项,国家级采标重点新产品全省有5项,萍乡市湘东工业瓷厂"PaC-1型大开孔全瓷拱"被列入其中。1991—1994年底,全市市属企业共建立企业最高计量标准82项。1995年,市标准计量局颁发《萍乡市杆秤制造、修理业务管理的规定》,规定凡制造、修理、销售杆秤应有固定场所凭证经营,对无证游动的生产经营者一律取缔。用于制造、修理杆秤的标准砝码,属国家强检计量器具,必须按周期进行送检。严禁生产、销售非法定计量单位的"市制秤"。从此每年都进行正常的监督检查。1997年3月,按照省计量局部署,对国家实行双证(制造计量器具许可证、生产许可证)管理的电度表、各种衡器、血压计、直流安培计、直流伏特计、灵敏电流计等16种计量器具产品进行监督检查。1998年,依据国家计量局《关于工业企业计量定级、升级办法(试行)的补充规定》及《江西省工业企业计量工作定级、升级实施办法》,到年底全市有21个企业经省技监局考核达到二级计量合格,有150个企业达到三级(验收)计量合格,有22个企业单项验收合格。

2000年3月,市技监局下发《关于认真贯彻执行(啤酒瓶)国家标准的通知》,要求全市有关生产、销售企业不得生产和销售非B瓶包装的瓶装啤酒。啤酒生产企业应按《GB4544啤酒瓶》标准,不得购进超过使用年限的B瓶,采取有效措施防止不符合国家标准的啤酒瓶投入生产,流向市场。根据萍乡市政府关于《加强烟花爆竹生产品经营安全监督管理和清理整顿的紧急通知》的规定,对烟花爆竹安全标准的贯彻实行情况大检查。11月,市技监局下发《关于继续做好采用国际标准产品申报采标标志工作的通知》，至2001年，全市又有5家企业申报“采标”标志。2000年，市技监局下发《关于加强煤炭系统强制计量器具监督管理的通知》。是年10月，根据《江西省石油计量监督管理办法》，杜绝在经营中“短斤少两”的违法现象，下发《关于贯彻落实〈江西省石油计量监督管理办法〉的通知》，规定凡从事燃油加油机流量计操作人员必须进行业务培训，并经考核合格，取得操作人员计量合格证后，方可上岗操作。查处违法行为5起，查处案件9件，没收不合格计量器具650（台）件，捣毁黑窝点3个。是年，萍乡市社会公用计量标准达到24项。2001年10月25日，成立萍乡市农业标准化工作领导小组，副市长吴伏生任组长，领导小组下设办公室。2002年，无公害蔬菜示范面积达333.333公顷，比2001年新增133.333公顷，全市共有5个乡镇参加示范区的示范工作，整个无公害蔬菜示范区生产蔬菜1947万千克，有6个主要品种获省质监局颁发的《无公害农产品标志证书》。安源黄麻羊标准示范区的建设也有显著的扩展，除已有的1个种羊场，3个县（区）繁育基地外，年底存栏数达2.9万头，比上年增长163%。2003年，根据萍乡市政府关于《加强烟花爆竹生产经营安全监督管理和清理整顿的紧急通知》，专门组织人员到上栗县上栗镇进行现场办公，为上栗镇40多家烟花爆竹企业办理组织机构代码证。2005年，市质监局下发《关于建立产品生产执行标准登记制度的通知》，明确实行企业产品执行标准登记制度是为对企业的产品执行标准情况进行有效的管理和监督，及时给市场商品的监督检查提供依据，消灭无标生产，遏制伪劣商品，提高全市产品执行标准水平和产品质量等级。2007年，市质监局下发《关于严格实施烟花爆竹国家标准的通知》，要求烟花爆竹行业，要不折不扣地执行国家强制性标准。各企业负责人和产品检验人员、标准化人员要认真学习掌握GB10631－89《烟花爆竹安全与质量标准》和CB11652－89《烟花爆竹劳动安全技术规程》，并在生产销售中严格执行。严禁任何单位和个人销售不符合国家标准规定的烟花爆竹产品。同时根据《萍乡市人民政府关于贯彻国办明发〔2000〕17号和赣府发〔2000〕19号加强烟花爆竹生产经营安全监督管理和清理整顿的紧急通知》，对生产销售烟花爆竹产品进行监督抽查，依法查处伪劣、违禁和不合格烟花爆竹产品。并举办强制性国家标准宣传贯彻班，对部分企业的负责人和标准化人员进行培训。

从2002年起对市内各银行和金融机构组织机构代码证实施查验、强制推行。各金融机构开始代办登记工作，到年底实现新办2000家的目标。办证的范围也扩大到村级机构和个体工商户。至2010年底，累计全市登记办理统一代码标识证书（组织机构代码证）40591户。

2010年，萍乡市加强商品量的计量监督管理，重点检查28家定量包装生产、销售企业，15个批发市场、超市和21家水泥企业以及民用“三表”及出租车计价器。全市电能表复核检定3823块，煤气表、水表安装前的首次强制检定工作落实到位，600多辆出租车全部安装计价器并执行强制检定。检查510家商店、门市在用的511（台）件，合格率为88.9%。围绕“节能降耗、计量惠民、强检检验”三大主题，对列入省政府节能降耗考核的11户企业，50家市级重点能耗企业，进行排查，对完成能源计量器具的配备和各项能源计量制度的企业情况进行回头看，查漏补缺。同时积极开展“5·20世界计量日”宣传教育活动，强化计量服务举措。

质量监督认证认可

1991—1992年,萍乡市标准计量局将水泥、饮料、砖、粮油食品、轻质碳酸钙、油类、饮料、饲料、化妆品列为全市统检计划,组织全市各质检机构生产的水泥、电风扇、机床、酱油等16种与工农业生产,人民生活关系密切的产品进行定期和不定期的质量监督检验,受检产品579批次,总合格率为72.8%。检查300余家单位的塑胶电线、插头、插座、低压电器、毛料、洗衣机、饮料、糕点、奶粉、化肥、化妆品等15类商品313批次,抽样检验22批次,合格9个批次,合格率40.9%,查处伪劣商品金额为40.2万元。1994年,依照国务院《关于严厉打击生产和销售假冒伪劣商品违法行为的通知》和全国人大常委会《关于惩治生产、销售假冒伪劣商品的决定》,检查829家单位的建材、五金家电、粮油食品、农资等30大类120多个品种,货值达6851万元,其中查出假冒伪劣商品和不合格商品标值达到1885万元,达27.5%。根据《中华人民共和国产品质量法》和国务院《关于严厉打击生产和经销假冒伪劣商品违法行为的通知》,累计检查820余家单位的建材、机电、食品、五金家电、化妆品、酒、饮料、化肥、日用品等30大类,120种商品。立案查处的违法案件81起,没收销毁假冒伪劣商品标值52.4万元,捣毁制售假冒伪劣商品的窝点12个。查处10万元以上大案两起:珠海南航贸易公司在市销售假冒松下2188彩电50台,没收44台,会同检察机关追回货款7万元;查处山东威海乳品厂在市内销售掺假奶粉案,为副食品公司追回货款14万元。1995年,根据《中华人民共和国产品质量法》《江西省产品质量监督管理条例》决定对部分商品实行售前报检制度。首批实行报验的商品有啤酒、皮鞋、旅游鞋、饲料、衡器、复混肥,翌年,将黄金首饰、进口家电、农药、化肥列入售前报验。1995年3月起,在全市开展"质量信誉承诺",创"无假冒伪劣商品的公司、商店"活动。全年立案查处违法案件80起,其中10万元以上大案8起,影响较大的有假冒松下EK-2096寻呼机、"白猫"洗洁精、"国公酒"、劣质"中华鳖精"、电煤短斤少两等大案。1996年,萍乡市政府办公室转发市技监局《关于萍乡市商品售前质量报验管理办法》,办法共11条。是年查处5个大案:萍乡某学校下属电脑公司,无生产许可证拼、组装不合格微机系统,总货值60余万元,殃及市内7个学校和一些行政机关及事业单位;河北京博橡胶输送长驻萍销售点,销售劣质500×5、650×5输送皮带2000米,货值30余万元;上海胶带股份有限公司输带厂销售劣质650x5输送皮带4000米,总货值80余万元;河北邢台县电缆厂生产和经销的劣质电缆,货值2.8万元;对各宾馆饭店销售"五粮液"名酒进行检查,查出假(劣)"五粮液"酒281瓶,货值725万元。

1997年,市技监局为规范检验抽样行为,发布《检定、检验抽样有关问题规定》,向社会公布检验抽样所需样品的数量。年底,市技监局将连续3年质量监督抽样检验合格的市酒厂"萍泉酒"、萍乡铝厂的铝型材、市塑料七厂的"腾飞"系列日用品推荐到省技监局,经过省技监局评审,3家企业的产品均获得1998年度免检产品称号。在《萍乡日报》上专门开展保护地方名优产品的宣传活动,陆续刊登萍乡地方名优产品的宣传报道和简介。为提高萍乡名优产品的知名度,还将青峰水泥厂、飞碟电器集团公司和萍乡供销大厦3家单位的产(商)品照片和文字简介寄送人民日报刊出。在执法打假方面查处21个品牌的热水器585台,查获一批假冒"火王"灶具,深圳火王公司赠"打假英雄、执法能手”锦旗一面；查处“米积牌”纵孔聚乙烯同轴电缆，销售金额达12万元；查处假冒“蓝梦”“雪莉娜”卫生巾，处以罚款10.9万元；查处无棣县通达商贸有限公司劣质鱼粉60吨，货值58万元等一批大案。全年重点组织10次专项商品质量大检查，查处不合格音响电气、翻新轮胎、粮油食品、低压电器、工矿配件、通信电缆、汽车机油、各类建筑、装饰材料等产（商）品货值2560万元，端掉1个生产经营多年，制造“参茸”“鹿龟”酒等5种假劣酒的制假窝点，查获制售劣酒货值达12万元。1998年，针对山西朔州毒酒造成重大人员伤亡事件，重点检查散装白酒和低档白酒的生产企业7家，经销单位520家，封存来自山西汾阳县杏花村镇杏酒厂、文水县宏发酒厂等6个酒厂生产的“杏花双礼酒”“恭喜发财酒”“中华礼酒”“汾竹酒”等8个品牌的瓶装白酒178瓶，经质检所检验均为不合格，另外在检查中查获假冒“五粮液”“口子酒”共600多瓶。检查液化气钢瓶11个批次，低压电器21个批次、食用调和油7个批次、啤酒9个批次、酱油7个批次、手机21个批次，查处不合格无生产许可证化肥、农药各3个批次，货值达120万元，查处不合格电线、电缆34个批次，查处不合格釉面砖11个批次，查处无生产许可证铝型材12个批次，货值达60万元；1998年查处的主要案件有：查处假冒江内总厂“奋飞”汽车水泵案、假冒醴陵市“泉兴白醋”案、假冒“白光”电池、“南孚”电池案，查处市某农资公司销售不合格50u/o甲胺磷、无生产许可证40%乐果乳油、800－/0敌敌畏乳油案，货值达120万元，查处不合格玻璃案、伪造计量数据案、以次充好液压油案等24件违法案件。1999年4月，市技监局下发《关于加快我市工业瓷产品质量监督管理有关问题的通知》明确省工业陶瓷质量监督检验站承担全市工业瓷产品的检测任务，凡经抽样检验合格的产品，由市技监局颁发“产品质量合格证书”，8月底，举办全市工业陶瓷企业贯彻《耐酸陶瓷环填料技术条件》等地方标准的培训班，有关企业派人参加培训。12月，萍乡市经贸委、市技监局、市工商局、市机械电子局、市建材行业办，根据萍乡市政府《关于切实抓好我市电瓷、工业陶瓷产品质量监督的通知》的要求，联合下发《关于进一步加强我市电瓷、工业瓷产品质量监督管理的通知》，对电瓷、工业陶瓷行业生产秩序进行全面整顿，抑制劣质电瓷、工业陶瓷对整个行业的冲击和由此产生的无序竞争，促进萍乡市电瓷、工业陶瓷生产上规模、出品牌。1999年，市技监局开展“查市场、保两节”（元旦、春节）、“查农资、保春耕”、“查建材、保建设”的“三大战役”，共出动执法人员6710人次，累计检查各类经营单位1060家，小商品集贸市场10个，检查产（商）品涉及50个大类1581个品种，立案查处假冒伪劣商品违法案97起，查获假冒伪劣商标值达957万元，捣毁制假黑窝点24个，移送司法机关追究刑事责任2人。查处万元以上的大案有青山镇柳源村制售假冒“汰渍”“全力”洗衣粉窝点案，在该案的查处过程中，造假者纠集当地村民100多人围攻追打执法人员和公安干警，经及时调派警力支援并拘留2名带头闹事者，事态才得以平息；查处市某厂生产、销售质量不合格电话线一案，销售额达15.3万余元；查处市某公司经销不符合国家强制性标准的“金虹牌”液化气钢瓶；查处芦溪县某南杂批零部销售不合格猪油案，违法金额达56万元；查处市某公司经销不合格“谷浪”牌钙镁磷肥案。2000年，经省技监局审定并报国家局批准，萍乡市八一东路被列入2000年创建“购物放心一条街”的试点街。为认真贯彻落实《国务院关于开展严厉打击制售假冒伪劣商品违法犯罪活动联合行动的通知》和全省质监系统打假联合行动部署会议的要求，立案查处违法案件15件，捣毁窝点9个，大案4起。局稽查大队根据举报，查获341件包括半成品在内的假冒汽车轴承产品，货值达30余万元。其中173件标有“哈尔滨轴承股份有限公司”“江西轴承厂”“瓦房店轴承股份有限公司”“洛阳轴承集团公司”和“万向钱潮股份有限公司”生产的汽车轴承,经以上厂家派专家鉴定全是假冒产品,其余均为“三无”产品(无厂名、厂址、产品合格证)。10月,根据举报,稽查大队在跃进路查获一批假冒“东风”“湘泉”“宏大”“航空”“丰收”等品牌潜水泵70台,货值达1万余元,还有一批空白名牌。查处假冒“安泰”杀虫药和下埠电网改造中村民集资购买的变压器存在质量问题案,为村民挽回经济损失3.8万元。2001年,省质监局公布2001年度省重点保护产品,萍乡钢铁有限责任公司“博升牌HRB335、HRB400钢筋混凝土用热轧带肋钢筋”、萍乡新安工业有限责任公司“虎林牌轻瓷填料”、萍乡华通电瓷制造有限公司“华通牌”“萍瓷牌悬式绝缘子、针式绝缘子”榜上有名。其中萍钢博升热轧带肋钢筋获“国家免检产品”。打假联合行动出动执法人员1851人次,共端掉制假窝点45个,立案查处假冒伪劣案件167起,查获假冒伪劣商品标值达782万元,查处大案要案2起,其中移送司法机关追究刑事责任1起(有毒米粉案)。2002年,根据国家质检总局《关于进一步加强食品安全监督管理工作的通知》《加强食品质量安全监督管理工作实施意见》和《关于印发小麦粉等5类食品生产许可证实施细则的通知》,市质监局发出《关于下发大米等5类食品质量安全市场准A制度实施意见的通知》,确定市内首批实施食品质量安全市场准入制度的产品有小麦粉、大米、食用植物油、酱油和食醋。是年,打假工作中共出动执法人员1521人次,立案查处96起,涉案货值1343万元。2003年,检查重点扩大到电器和“地条钢”等产品,共立案92件,涉案货值2030万元,捣毁制假窝点15个。连续查获3家食品加工企业,均无食品生产许可证,且被查获的原料经检验,属陈化粮和饲料用碎米,国家规定严禁人类食用,据此,8940千克原料予以没收,各处以罚款1万元,并责令停产整顿。杭州杭桂机电有限公司驻萍直销处销售不符合强制性国家标准的变型运输机案,封存违法产品9辆,涉案货值21.6万元,处罚款3万元。2003年、2004年分别抽查涉及健康安全、国计民生和质量突出的29种产品、32种商品和19种产品、25种商品,综合合格率为88.5%、84.5%;防“非典”期间,及时组织人员对3家生产企业、8家医疗机构和14家经销单位的防“非典”产品进行现场监督检查;稳步推进食品质量安全市场准入机制。2005年,加大查处无证产品的执法力度,对9家无证非法生产的小水泥厂,分别向市工商局、市供电公司发出吊销营业执照、停止供应生产用电的建议函。累计完成86家年产值100万元以上500万元以下和92家500万元以上规模企业的违法排查工作。2006年、2007年坚持不懈地深入开展“打假”。出动执法人员5900人次,重点检查食品、农资、建材、电线电缆、锅容管特、汽车配件、日用商品和进出口商品,共查处案件87件,涉案货值1170万元,捣毁制假售假窝点13个。2008年,市质监局查处制售农资案件8件,共抽查10家生产企业的10个批次样品,合格率达100%。2009年,抽查建筑工程中使用的PVC管材、铝塑型材、混凝土外加剂、水泥制品等63种产品,对抽查检验不合格的37家单位进行行政处罚。2010年2月,全市质监系统组织对全市412家相关产品经销企业专项检查,对抽查检验不合格的37家单位进行行政处罚。6月,由市质监局牵头组织市工商局、食品协会、卫生防疫站、个体劳动者协会参加的联合监督检查,检查商业网点(含批发部)299个,涉及食品品种393个,主要有酱油、食醋、婴幼儿食品、面包、饼干、饮料、酒类、罐头食品、食用植物油、茶叶、粮果等。对执法依据进行清理、规范,尤其是对企业反映较大的罚款自由权进行细化,并探索建立“首错不罚”制度，在坚持依法行政的前提下，注重执法方法的研究，倡导理性化执法、人性化管理。1995年，市标准计量局李运辉获得国家技监局授予的“全国质量监督先进个人”荣誉称号，2010年，市质监局李剑获得国家质检总局授予的“全国质量监督检验检疫工作先进个人”荣誉称号。

特种设备监察检验

1991年，萍乡市锅炉压力容器检验所和萍乡市特种设备检测检验站共有人员13人。1991—1994年，检验锅炉280台、压力容器120台、电梯227台、起重机900台；1995—1997年，检验锅炉300台、压力容器130台、电梯678台、起重机1200台；1998—2000年，检验锅炉320台、压力容器140台、电梯1280台、起重机1600台；2001—2002年，检验锅炉350台、压力容器160台、电梯2100台、起重机2400台；2002年5月18日，正式合并成立后，狠抓《特种设备安全监察条例》的贯彻落实，特别是在重要节日期间特种设备专项安全检查，出台《萍乡市气瓶安全普查和专项整治实施方案》，对违反规定跨省市运输和经销工业用气体的不法行为予以坚决打击和取缔，在全省率先开展的气瓶普查与整治顺利通过省质监局验收。2005年，继续坚持全过程安全监察的基本制度，在重大节日和“两会”期间特种设备专项安全大检查中，对容易发生群死群伤的重点设备、场所开展专项整治，对“土锅炉”“土容器”、土特种设备、不合格气瓶进行查处，加大对游乐设施检查整顿力度，加强对危险化学品安全监察。加大特种设备隐患投诉举报查处力度。对全市特种设备进一步摸底、清理、分类。按照省质监局监管建档的要求，对全市8类特种设备进行清理和核实，市质监局多次召开会议，对建立设备档案进行布置。建立健全全市特种设备监管档案，做到“网络健全、档案完整、图表和制度上墙”。对培训单位提出严格要求，确保持证人员符合发证要求。对武功山索道、萍乡卫校、各省属统配煤矿、各液化气充装单位等单位进行现场监察，查处违反条例的案件，并进行相应的处罚。督促各气体充装单位配置具有自动切断气源装置的电子充装秤，使全市充装水平达到全省同行业领先水平。按照省质监局的要求，组织开展对《特种设备安全使用服务指南》宣传，下发各县(区)局及检验机构全年安全监察工作目标责任制考核办法，印制《萍乡市特种安全监察工作手册》将工作要求和目标都进行具体的划分，共制定完善16项考核制度。全年年审及办理各种设备使用证，操作人员上岗证，全市全年无一起特种设备安全事故。2007年，以“抓基层、打基础、规范管理”为主线，市县乡三级安全监察机构人员得到充实。全面落实市县两级安全监管责任，实行区域监管，层层签订责任状。是年，共编写9类特种设备安全使用服务指南，与25家使用单位签订特种设备安全使用承诺书，建立和完善“一图二档三台账”及有关见证材料，规范监察机构工作制度和工作程序，强化责任意识。在特种设备专项整治方面。开展“工业气体充装单位专项整治”“土制锅炉”及常压锅炉专项整治等6项专项整治。狠抓特种设备“四率”的监管，培训人员，发证、检验、持证上岗和结案率均达到100%。由市质监局组队参加全省特种设备安全监察人员的业务大比武活动中，莲花县质监局彭晓强获得个人第二名，萍乡市质监局获得团体三等奖。2008年，对武功山金顶索道安全隐患问题进行督查，拉开萍乡质监系统百日督查专项行动的序幕。市质监局的百日督查专项行动，涉及5个县区36个乡镇，对督查中发现的问题按有关规定严格整改验收，及时消除数处安全隐患。全力保障奥运会期间特种设备安全,部署奥运期间特种设备安全保障工作,指导开展拉网式排查,做好重大隐患排查治理。对武功山金顶索道进行重点监控并且指导其进行突发事件应急预演,选取萍乡高等专科学校和萍乡中学及市政府重点节能项目飞虎碳黑有限公司为试点,取得较好成效。2009年,开展特种设备安全"三进"和"服务月"活动;加大现场监察力度。有力地推动生产使用单位安全责任的落实,确保全市特种设备安全。在全市范围开展以"关爱生命、安全发展"主题的"特种设备安全服务月"活动,深入基层、深入企业生产一线,强化特种设备安全服务和技能培训。

至2010年,共开展特种设备安全大检查45次,出动执法人数12000人次,检验各类特种设备14805余台(套),检验压力管道38825米,封存设备400余台,发出检验整改通知书600余份,下发安全整改通知800余份,消除安全事故隐患1300余起,监督检验液化气钢瓶2.4万只、工业用气瓶2600只,举办特种设备操作人员培训班120余期,共培训2万余人次。确保特种设备无重大事故的目标。

第五章　新余市

1963年,新余县计量管理站成立。1983年,新余标准计量所成立。1984年8月,经市政府批准成立新余市标准计量局,为政府工作部门,行政管理二级局,隶属市经贸委,内设人秘科、标准化科、计量技术管理科,定编18人,且与新余市标准计量所(事业单位)实行两块牌子、一套人员。为加强产品质量管理,打击假冒伪劣商品,1988年12月,新余市产品质量监督检验所(科级事业单位)成立,与市标准计量局合署办公。经国家计委批准,国家技监局投资67万元兴建新余市技监检测大楼,总面积2103平方米,于1992年4月完工并正式启用。1993年12月,撤销新余市标准计量所和新余市产品质量监督检验所,设立新余市技术监督检测中心。1994年10月,成立新余市纤维检验所。1995年10月,新余市标准计量局由二级机构升格为正处级一级机构,更名为新余市技术监督局(简称市技监局),列为市政府组成部门,内设机构不变,定编28人。

2000年,市技术监督系统实行省以下垂直管理。2001年,原市、县技术监督局更名为质量技术监督局,机构编制全部上划。7月,顺利完成与市经贸委质量管理科和市劳动局锅炉安全监察科、职业安全卫生监察科、锅炉压力容器检验所、职业安全卫生检测站的职能、机构编制和人员的交接划转工作。2005年,投资900万元兴建一栋建筑面积1万余平方米,集检验检测和办公为一体的12层大楼。10月,新余市锅炉压力容器检验所上划省锅检院管理,新余市特种设备检测站上划省特检院管理。年底,市质监稽查支队、市质量技术监督协会成立。

至2010年底,新余市质监局内设办公室、质量科、标准化科、计量科、食品安全监管科、监督科、特种设备安全监察科、法规科、人事科、纪检监察室、机关党委11个职能科室。下辖分宜县质量技术监督局、市质量技术监督稽查支队、市技术监督检测中心、市纤维检验所、机关后勤服务中心。全系统有行政编制43人,其中市质监局机关31人,分宜县质监局12人;事业编制35人,其中市质监局机关后勤服务中心4人,稽查支队6人,检测中心15人,纤检所3人,分宜县质监局7人。资金投入由1983年不足10万元增加至300余万元,可对31个种类560余种产品质量进行定量检验。实验室面积达1700余平方米,其中恒温实验室面积800余平方米。产品质量检验和计量检定能力跃居全省中上水平。

标准计量管理

1985年,市质监部门在全市范围内开展企业生产标准化管理宣传,深入企业生产第一线,了解、掌握、解决企业实现标准化需求。1990年,市质监部门为全市企业计量管理部门举办《中华人民共和国计量法》《中华人民共和国计量实施细则》《中华人民共和国强检管理办法》《中华人民共和国制造修理计量器具许可监督管理办法》和《中华人民共和国定量包装商品计量监督管理办法》等法律法规培训4期。完成计量单位由旧杂制向法定计量单位过渡。1991年,积极开展“双信”活动,全市获“物价、计量”信得过单位49家,其中市工贸大楼获全国计量先进单位称号。同时深入企业、乡镇和各经销单位检修计量器具2504台,为广大农村检修电表700余只,减轻农民的经济负担。是年,为企业标准化整顿验收30家,其中达到标准化考核定级标准的有5家,市金属制品厂率先在全市乡镇企业中第一个进入先进企业行列。开展标准情报咨询服务达208人次,解决企业生产急需。对34种计划创优产品实施标准监督,达标率97%。同时,举办一期“公文标准”宣传贯彻会,有133个副县级以上单位参加,法人代表标准化培训班一期,有58人参加。1991年,市质监部门会同市农业局等相关部门力促“新余蜜桔”和“无公害蔬菜”两个国家级农业标准化示范区通过国家标准委员会验收。1992年,重点做好产品标准备案和登记工作,年底已备案标准31个,注册登记标准71个。至1995年,市标准计量局为部分小企业、乡镇企业和个体企业无标准生产的产品制订企业标准108个,企业标准化考核验收40家,产品标准登记企业349家,产品质量抽检样品207个。1993年,对全市从事检验检测实验室及机构进行计量认证,对检验机构场地、环境、人员、设备、检测能力进行检查考核,考核合格者,颁发计量认证授权证书,对其检验能力范围内产品和参数予以授权。在授权有效期内对实验室定期进行监督评审和检查。1996年,狠抓标准实施、采标、制定、备案、登记5大环节,对32家生产、销售企业8大类73个食品标签进行通用标准实施监督检查,合格率为75.3%。是年,加强对定量包装商品的计量监督检查,重点检查51家企业生产和销售的15类商品。对2家未经授权私自开展检定业务的供电单位违法行为进行查处,没收不合格木杆秤200余件。同时加强乡镇企业的计量基础工作,对渝水区16个乡镇的48个中小乡镇企业全面铺开计量达标活动。全年共完成2564台(件)计量器具的检测任务,确保全市计量传递的准确性。1997年,加强对全市量传系统的监督管理,完成36家企事业单位的6724台(件)强检计量器具的统计建档工作,完成4家授权计量检定机构的24项标准授权复核工作和3家企业12项计量标准的复查考核。1998年,市政府下发《新余市全面开展消灭无标生产工作实施意见》,市技监局发放宣传材料1600份,播发稿件和简报95件,培训辅导材料400余份,为县、区进行二级培训560人,印发各类标准253个。经过不懈努力,分宜县消灭无标生产工业企业137家,工业产品191个,标准覆盖率由38.2%提高到96.8%;渝水区消灭无标生产工业企业270家,工业产品333个,标准覆盖率由42.3%提高到96.4%,成为1998年全省首批消灭无标生产的县、区。是年,帮助新余纺织厂、江西第二化肥厂、新余钢铁有限责任公司等3家获省名牌产品称号的企业按GB/T19022-IS0/0012标准建立计量检测体系。此外,对全市72名计量检定人员进行换证考核,为企业培训82名管理人员。全年共完成计量器具检测9523台(件)。其中:天平73台,地秤13台,电子秤和台秤208台,售油器58台,B超32台,心电图机36台,电能表3450只。1999年,推行强检计量器具年审制度,为90家企事业单位颁发年检证书,为125家企事业单位进行强检计量器具年审登记。同时加强对计量器具制造许可证管理,对市八达电子公司、惠元电子公司、长红电子衡器厂3家计量器具生产企业进行考核复查并重新发证。2000年,按照部署,统一代码办换证实现全省联网。为江西新余南英味精厂、分宜高岚酒厂、分宜大名府麻油厂、新余市洋江酱菜食品有限公司等6家企业办理商品条形码，增强企业市场竞争力。5月，严肃整顿啤酒"非B瓶"，共查获"非B瓶"啤酒瓶350多万个，基本抑制"非B瓶"爆炸给消费者造成伤害的势头。2000年，对全市计量检定员进行培训考核，共培训计量检定人员44名，涉及长度、力学等7个专业，有40名学员换发《计量检定员证》。此外在春耕期间，对生产、销售的化肥进行"拉网式"计量监督检查，保护农民的合法权益。在法定假日，对市民普遍关心的啤酒、白酒、牛奶、碘盐等进行专项计量抽查。对市石油公司第四加油站擅自改装加油机造成计量器具失准，严重缺秤少量的违法行为进行严肃查处。2000年，制订《新余市无公害蔬菜生产技术操作规程》并印发2万余册资料发送到各示范户手中。是年全市无公害蔬菜生产示范户达3.2万余户，无公害蔬菜面积达0.35万公顷，年产量每公顷增加7500千克，新增总产值4200万元。2002年，进一步完善标准管理制度，共登记138家企业所执行的产品标准231个，复审到期的企业标准28个，帮助企业制订并备案标准26个。是年，对全市医疗卫生、安全防护、贸易结算、环境保护4类强制检定计量器具普查建档，并由纸质档案逐渐转为电子档案。2003年，与市农业局联合帮助果农制订《新余蜜桔产品标准》，调动果农的积极性，全市种植面积达1.6万亩，新增产值112.5万元，并被列为省级农业标准化示范区。是年，为企业查询和检索行业与国家标准800余个，国际或国外先进标准170余个，举办标准宣传会11场，开办企业标准化工作人员培训147人次。同时，完成全市计量标准和计量授权的清理工作，检查企事业单位15家，检查企事业单位最高计量标准97项，清理授权项目28项。2005年，引导企业采用国内或国外先进标准创名牌产品、免检产品、重点保护产品，提高企业产品在国内外市场竞争力和占有率。新余钢铁有限责任公司打造的中国名牌产品——船体结构用钢板，市场占有率居全国之首。年初，市质监部门加强与老百姓生活密切相关的零售、电力、自来水、煤气、石化等行业的计量监管。开展民用"三表"(电表、水表、煤气表)、加油机计量计价表、电话计时计费器、出租车计价器、电子计价秤等监督检查，对列入强检目录的计量器具进行周期性强制检定，强检率达90%以上。2006年，助力企业抢占标准制高点。指导协助新华金属制品股份有限公司起草GB/T17937－1999电工用铝包钢线、GB/T1179－1999圆线同心绞架空导线、GB/T10120－1996金属预应力松弛试验方法、GB/T5224－2003预应力混凝土用钢绞线国家标准；帮助引导分宜煤矿电机厂制定MT/T249－1997矿用隔爆型双速三相异步电动机行业标准；积极参与江西赛维LDK太阳能有限公司制定"太阳能级多晶硅""太阳能电池用单晶硅"行业标准。此外，每年世界标准日举行座谈会，组织知名企业标准化专业人员参加中国标准化论坛。是年，对全市9家省级重点耗能企业每年将其能源计量器具配备是否符合通则要求，能源计量数据采集是否准确、完整、可靠，数据是否经过科学分析并应用于生产和节能管理等建立企业能源计量档案，企业能源计量器具配备率、受检率、检定合格率年检均达100%。2007年，全市冶金、机械、光伏、化工、纺织、电子、食品等行业420家企业共制定631个企业标准并备案，产品覆盖30余个国家和地区，为企业和个人提供标准检索服务2000余次。是年，市"无公害葡萄标准化示范区""早熟梨无公害示范区"、分宜"苎麻标准化示范区"3个国家级示范区项目获国家标准委员会批准建立。分宜"丹桂标准化示范区"省级示范区项目获省质监局批准建立。按照"有标贯标、无标制标、缺标补标"和"先急后缓"的原则，加快制定农业标准体系建设。根据现有标准，为各种农业标准化示范区召开标准宣传会46场,制定符合国内外市场和农产品质量安全生产操作技术规程及企业标准12项,其中《新余蜜桔生产技术规程》《仙女湖吊瓜生产技术规程》获省质监局批准立项。2007年,对13000余只水表、14000余只电能表、600余台加油计量计价表、500余电话计时计费器和500余辆出租车计价器进行检定和监督检查,并首次对煤气表实施强检,对20余种定量包装商品进行100余批次抽检。2008年,帮助江西华电新余公司、新余长林机械厂、新余纺织厂、新余康美乐食品厂等规模以上企业培训标准化工作人员300多人次,为企业和个人提供标准检索服务400多人次,帮助58家企业办理企业标准备案。全年代码领证3950套,办证3690个,验证3841个,代码电子扫描4165个,电子建档3969份。为做大做强市农业标准化示范区,争取政府对农业标准化工作的支持。10月,市政府出台《新余市加快经济发展优惠办法》,规定:对获得国家农业标准化示范区项目的,一次性奖励5万元;获得省级名牌农产品或省级农业标准化示范区项目的,一次性奖励2万元。2010年,完成《国家级分宜苎麻农业标准化示范区》《国家级无公害早熟梨生产标准化示范区》《国家级无公害葡萄种植标准化示范区》3个国家级农业标准化区的验收考核工作,并全部被国家标准委专家组评定为优秀等级。全年办理换发代码证书3224个,年度检验代码证书2835个,扫描代码档案数5792份。为10家企业办理商品条码注册工作,为21家单位办理商品条码续展。同时,开展"5·20世界计量日"宣传活动,共发放宣传资料160余份,砝码100余个,免费检测30余批次,现场咨询40余人次。

质量监督认证认可

1991年,下达质量监督检验项目30个品种,完成27个,占90%。积极查处伪劣商品,受检单位48个,13类商品,79批次,立案18起,其中查处个体经营户余某某从南昌子固路购进假汾酒一案,没收其非法所得1.665万元。1992年,发起3次大规模的打假行动,集中检查工农业生产资料以及直接影响人身健康安全的产品和耐用消费品,如螺纹钢、眼镜、食品、电线、家用电器等18类商品。共检查经销企业、个体户724家,抽查商品1542批次,价值328万余元,查出不合格商品价值109.274万元,其中假锦江酒、汾酒等假冒酒类价值16.899万元。1995年,市质监部门对市、区棉麻公司管辖的17个棉花收购站和5个棉花轧花厂的棉花收购、加工、库存、调拨进行监督检验。3月,对市棉麻公司弄虚作假从丰城和九江调入的2批棉花186包,重13.7吨的违法行为进行严肃查处。1996年,对实行生产许可证的电动扶梯、工业雷管、电焊条、电表、水泥、铝型材等10类产品进行监督检查,共检查企业350家,抽检商品361批次。同时,对新余市生产的产品和市场销售的商品,经常开展不定期的监督检查,全年共抽查17项产(商)品,计414批次,合格283批次,合格率68.4%。此外,全年共组织6次大的打假活动,出动执法人员530人次,检查生产、销售企业556家,受检商品总价值441万元。1997年,重点开展保春节、保春耕、保"六一"、保国庆活动。检查食品经销企业138家,抽查各类商品234批次,处罚销售假冒商品企业48家,检查各类化肥5032吨,检查儿童用商品168批次。全年共查处制假、售假案件13起,其中冒用他人厂名厂址生产的9起,掺杂使假、生产并销售劣质棉絮的1起,改换包装销售尿素的1起,销售以太空棉被冒充水鸟被的2

起。受理消费者对质量投诉案件32起,解决率达100%。1998年,对重要的生产资料和高档消费品进行定期监督检查。检查341家企业的363个批次产(商)品,合格率为76.5%,比1997年同期上升6.5个百分点。全市共有7个产品在全国产品质量统检中获得合格,分别是:分宜县农资公司复合肥厂生产的"昌农牌"复混肥、江西第二化肥厂生产的"羊角牌"复混肥、新钢公司生产的"袁河牌"235A型6.0×1800XL、8.0×1800XL、12.0×1800XL碳素结构钢和低合金结构钢热轧厚钢板及钢带产品、"山凤牌"DR510型硅钢片、"新耐牌"MT14C×550×116、116×100镁碳砖。1999年,深入开展"三大战役"和"三重一大"活动。"三大战役"即查市场、保两节,查农资、保春耕,查建材、保建设。检查生产、销售企业386家,农贸市场8个,没收假酒286瓶,过期失效农药17种663瓶,伪劣润滑油4桶,端掉售假窝点6个。"三重一大"即检查重点商品、重点市场、重点区域,抓大案要案。确定钢筋、水泥、化肥、饲料、铝合金、大米、食用油、乳制品等12种商品为重点商品;市五金市场为重点市场;建设西路一条街为重点区域;分宜黎明摩托车厂拼装假冒"金菱""飞羚"摩托车一案为大案。2000年,对列入定期监督检验计划的42种重点产(商)品加大监督力度,抽检408家企业的417个批次的样品,批次合格率86.4%,比1997年提高17.9%。是年,在秋季新生入学期间,对销往学生公寓的棉絮(胎)进行质量监督检查,其中发现樟树市大世界棉絮厂销往新余师范学校学生用的300床盖被和300床垫被棉絮均以短线冒充等级棉现象,对这一严重侵犯学生合法权益的违法行为,市质监部门依法进行严肃查处。2002年,组织全市32家需实行生产许可的企业集中宣传贯彻有关精神、法规和规章,指导帮助16家申领、换发生产许可证的企业一次性通过现场审查,对实行生产许可证管理的产品进行监督检查,查获无生产许可证生产产品的企业5家,货值达200余万元。市质监部门还开展多种形式的质量月活动,先后组织由2630人参加的"质量知识竞赛"和由5000余人参与的"质量咨询服务"活动,还组织市级3家新闻媒体深入8家企业进行"讲诚信、保质量"系列采访和报道。同时,注重从源头上打假治劣,全年端掉制假造假窝点71个,没收制假造假工具21台,没收用于制假的速冻食品标签23千克、冷饮包装袋320千克、生活用纸包装袋760千克、大米包装袋4200个,没收用于掺入食品中的有毒有害物质(有毒有害物质主要指在米粉、年糕等食品中加入微量吊白块和硼砂等)3.1千克。2003年,切实加强对生产许可证的监管,有14家企业获得生产许可证,7家企业的申请被受理,查处无生产许可证生产企业6家。同时举办TQM辅导员培训班5期,培训172人。3000名职工报名参加全国TQM统考,第一批1231人通过考试。14家企业通过ISO9000质量体系认证,2家企业通过3C认证。2004年,国务院将食品生产加工环节安全监管划入质监部门。是年,市质监部门成立食品安全监管科,履行食品生产安全监管职责。规定食品生产企业产品出厂实行市场准入制,所有食品生产企业生产的产品在出厂之前必须经质监部门强制检验,检验合格,且在最小销售单元包装上标注食品生产许可证编号并加印"QC"("质量安全"英文缩写)市场准入标志。未经检验,没有市场准入标志的食品一律不得出厂销售。在对全市387家食品生产企业进行调查摸底后,对26家申报食品质量安全许可证的企业进行现场审查,其中合格22家,需要整改4家,有15家企业获食品质量安全许可证。2005年,将食品安全日常监管放在首要位置,建立"地方政府负责、部门指导协调、各方联合行动"的食品安全责任机制,落实"三员四定、三进四图、两书一报告"区域监管责任制。将企业分为A、B、C、D四类,按类定人实行巡查监管,每年每户巡查不少于2次。对获证企业,每年检测不少于2次。2006年,加大产品质量监督抽查力度,抽查水泥、农药、化肥、钢筋、啤酒、饮用水、白酒、铁矿粉等18类产品333家企业的406个批次的产品,合格343个,平均合格率84.5%。此外,加强食品生产企业准入工作,帮助7家企业进行换证,18家企业申报食品生产许可证。2008年,切实做好工业生产许可证和3C监管工作,帮助16家企业办理生产许可证换发证,对全市56家获证企业进行年度监督检查,对4家认证公司的有效性进行专项检查。联合有关部门开展"2008年新余市质量月"活动,悬挂宣传条幅76条,张贴质量月宣传画报100余张,发放宣传品4500多份,接受市民咨询约2100多人次,出动执法人员260多人次,新闻媒体派出记者50多人次。2009年,帮助新钢机械制造有限责任公司等5家企业进一步完善质量管理体系,对56家许可证获证企业和3C企业进行巡查,对江西新王龙线缆有限公司等12家企业进行质量管理体系有效性查检,更新完善74家企业的质量档案数据,对15家无证生产企业进行查处。同时在全年质量监督工作中,共抽查274家企业的346个批次的产品,经检验,合格批次为304个,平均合格率为87.86%。2010年,协助江西博丰耐水材料有限公司等10家企业完善质量管理体系申办许可证,对3家眼镜企业进行生产许可证审查,对55家《生产许可证》获证企业提交的自查报告进行审核,对全市获证企业的数据进行全面核对与修改,对4家无证生产企业进行查处。此外,开展对大米、豆制品、糕点、食用油、乳制品、化肥、水泥、人造板、卫生用品等28类产品的质量进行定期监督抽查。共抽查234家企业的267批次的产品,经检验,合格批次240个,不合格批次27个,平均合格率89.51%,比上年同期提高近2个百分点。

特种设备监察检验

2000年前,特种设备设计、制造、安装、使用、改造、维修、检验7个环节全过程安全监察由市劳动部门负责。1991—1995年,重点加大私营企业、"三资"企业和乡镇企业锅炉压力容器的安全监察。1996年,检验电梯77台,起重机械323台,对全年发生的9起锅炉压力容器事故及时进行查处,结案率达100%。锅炉定检率达99%以上,压力容器定检率达97%以上。1998年,强化锅炉压力容器安全监察,严肃查处无证制造及使用土锅炉行为,积极开展新装城市燃气管道及工业管道的安全监察和检验。1999年,现场监察锅炉压力容器使用单位113个,查封土锅炉9台,无证制造的压力容器29台。从2001年起划归市质监部门管理。当年,市质监局着手在全市范围内进行特种设备普查。2002年,省质监局特种设备管理软件开发成功,实现全省联网,市质监部门将普查数据纳入计算机管理。全市共登记注册各种设备3022台,其中锅炉275台、压力容器1553台、特种设备1194台。开展假日安全、重大政治活动日安全、危险设备安全等专项检查活动14次,检查单位409个,检查设备1196台,查封设备41台,限期整改的设备282台,责令报废设备81台,铲除"土锅炉"24台。2003年,开展特种设备安全大检查13次,检查使用单位170家,特种设备1110台次,销(拆)毁特种设备10台,查封139台,责令整改358台,发出安全监察意见书86份。全年举办特种设备操作人员培训班6期,培训人员398人,经考核合格,发证398人。对461名操作人员进行考核换证工作,严把持证上岗关。2004年,集中开展整治气瓶和气瓶充装单位,检验气瓶20357只,报废不合格气瓶 431 只,取消气瓶充装单位 6 家。同时,对全市新增的 310 台,检验合格的 812 台,报停(废)的 210 台特种设备相关数据及时录入微机、实现动态管理。2005 年,开展全市煤矿及非煤矿山特种设备普查整治。对分宜县境内 41 家小煤矿井使用的 47 台压力容器进行普查登记和检验,有 6 台经检验后判废。6 月初,对渝水区 103 家煤矿及非煤矿山 100 多台特种设备进行普查检验。是年,省质监局特种设备安全监察工作信息建立,特种设备注册登记、使用变更、检验检测、日常监管、作业人员培训考核等信息实现全省联网。全市有 4600 多台(件)特种设备数据按期录入省特种设备安全监察信息网。2006 年,开展"抓基层、打基础、规范使用管理"活动,根据《中华人民共和国安全生产法》《特种设备安全监察条例》,编制《新余市特种设备使用单位规范管理制度汇编》,指导企业和使用单位建章立制。完善建立 4 个工作职责,14 项管理制度,9 项工作程序,健全"一图二档三台账",重新确定 31 家重点监控单位和 110 台重点监控设备。2007 年,在重点单位、重点区域先后组织召开安全监察现场会 5 次,举办管理人员培训班 8 期,制定《特种设备使用规范管理检查记录表》和《电梯单位规范管理要求》,逐一进行检查验收,并签订《特种设备安全使用承诺书》。至年底,全市特种设备使用单位共 387 家,拥有各种特种设备 3822 台,全部实行计算机信息平台监控。2008 年,全年组织 5 次安全大检查,开展 9 个特种设备安全专项整治,指导 250 家特种设备使用单位规范管理,包括对新钢三期技改、赛维 LDK 公司、江西双强化工公司、江锂公司等省市重点工程建设工地特种设备安全实行全过程监管,共出动 1080 人次,检查使用单位 290 家,设备 2800 台(套),查处隐患 850 处,查封设备 63 台(套),下发指令书 251 份,确保特种设备安全运行。2009 年,全市登记在册特种设备 7950 台。围绕新修订《特种设备安全监察条例》的实施,免费发放新《条例》500 多份,各种宣传资料 700 多份,并结合日常隐患排查治理工作,共出动检查人员 476 次,检查使用单位 152 家,特种设备 1036 台,查处特种设备违法违规案件 10 起,其中安徽淮北磐石防磨器材有限公司违规制造锅炉部件案件移送司法机关处理。2010 年,深入开展"安全生产年",特种设备安全进校园、进企业、进社区和安全生产月等宣传教育活动。组织节假日和重要时期特种设备安全大检查 6 次,与市安监、消防、环保、卫生、气象等部门,联合 60 多家相关单位,开展特种设备事故应急救援演练。培训锅炉司炉人员 82 人,对其培训考核中增加锅炉节能知识考核内容。全年共出动检查人员 672 人次,检查特种设备使用单位 251 家,检查特种设备 1836 台,排查特种设备隐患 628 处,下发《特种设备安全监察指令书》190 份,查处违法违规案件 16 起,拆除特种设备 9 台,封停特种设备 27 台,责令整改设备 198 台,受理特种设备安装、修理、改造施工告知 1410 台,办理特种设备注册登记 1385 台,培训、考核作业人员 1700 余人,复审考核换证作业人员 2300 余人,办理特种设备注册登记 1163 台,有效确保全市 9594 台特种设备安全运行。

第六章　鹰潭市

1990年2月15日,根据《关于市标准计量局与计量所分设的通知》规定,将原鹰潭市标准计量局(所)分设为鹰潭市标准计量局和鹰潭市计量所,局机关为正科级行政机构,配备事业编制6名。1991年6月18日,成立鹰潭市产品质量监督检验所。1991年,全市标准计量局有工作人员31人,其中大学本科1人、专科4人,技术人员5人,中级职称2人。

1995年11月13日,鹰潭市标准计量局更名为鹰潭市技术监督局(简称市技监局),升格为正县级,直属市政府领导,统一管理和组织协调全市标准化、计量和质量工作,1996年3月20日正式挂牌,是年8月9日,市编委下发机构三定方案,局机关内设人秘科、标准计量科、监督稽查科和综合科等四个职能科室,核定行政编制6名,领导职数3名,全局工作人员21名。1996年5月,贵溪市技术监督局(简称贵溪市技监局)和余江县技术监督局(简称余江县技监局)成立,其中贵溪市技监局事业编制21名,自收自支编制4名;余江县技监局事业编12名。

1997年5月19日,成立鹰潭市技术监督局稽查大队,为正科级事业单位。是年,市计量所、市产品质量监督检验所升格为正科级事业单位。2000年,根据省政府质监机构改革方案,全省设区市技监体制实行省以下垂直管理。按照省质监局《关于全省质监机构管理体制改革有关交接问题的通知》要求,通过相关部门的协调配合,全面顺利完成对市经贸委质量管理人员(3名)、市劳动部门锅炉压力容器、特种设备监察管理人员(4名)及所属技术机构人员(12人)的人员及相关档案交接工作。县(市、区)技监局及所属事业机构人员编制严格依照赣府发〔2000〕3号和赣编办发〔2000〕8号文件中机构编制管理上划原则,办理上划工作。2000年,全市技术监督系统有工作人员63人(包括市技监局31人),其中大学本科10人、专科22人,技术人员14人,高级职称1人、中级职称4人。是年,鹰潭市技监局辖贵溪市、余江县2个县(市)技监局。全市技监系统共有干部职工63人。

2001年10月,鹰潭市技术监督局更名为鹰潭市质量技术监督局(简称市质监局),直属省质监局领导,统一管理和组织协调鹰潭市质量、计量、标准化、锅炉安全、特种设备的监督工作。全局在职人员117名,内设11个职能科室和4个技术机构。2002年6月11日,成立鹰潭市质量技术监督局龙虎山分局,核定行政编制5名。是年,设立特种设备安全检测中心,为正科级事业单位,主要承担全市锅炉、特种设备的安全检测。是年,经省质监局批准,在鹰潭市产品质量检验的基础上成立省眼镜产品质量监督检验站,填补鹰潭市没有省级质量检验机构的空白。2010年10月21日,国家质检总局批复同意鹰潭市筹建国家铜及铜产品质量监督检验中心(江西),12月举行破土动工仪式。省质监局批复同意贵溪市筹建江西省节能灯产品检验中心。2010年,全市质监系统共有在职人员83人，公务员45人、事业编人员38人。本科学历44人，大专学历29人，中专、高中学历8人，初中及以下学历2人。其中，市质监局44人，贵溪市质监局21人，余江县质监局14人，龙虎山分局4人。是年，鹰潭市质检局辖贵溪市、余江县、龙虎山风景名胜区3个县(市、区)质监局。全市质监系统共有干部职工83人。

标准计量管理

1989年起，按照《江西省企业产品标准备案管理办法》，鹰潭市标准计量局对全市企业产品标准进行备案，组织相关企业开展基础性标准培训。至2000年，共受理企业产品标准备案登记审查331个，帮助企业制订产品标准49个，复审企业产品标准41个，8家企业11种产品获得采用国际标准标志。

1990年，市标准计量局与市计量所分设后，新建的计量标准器较多，水平较高，拥有加油机容量检定装置、二等金属量器标准装置、心脑电图心电监护仪检定装置等19种计量标装准器。先后举办计量培训和学习班36期，对企业开展计量工作定升级考核。1991年，开展计量认证，全市通过计量认证单位21家，组织计量监督检查，受检计量器具10000余台(件)。与市物价局联合在流通领域开展“物价计量信得过”活动。1991年起，鹰潭市计量所逐步建立起计量标准器15项30种，分属9个专业，仪器设备总值16.5万元，年均检定工作计量器具1.5万台(套)。1996年，对15个企业进行标准化、计量等级复查换证，并配合省质监局对两个质检站、实验室进行计量认真复查。为发挥计量技术机构服务窗口作用，市计量所作出“三严格、二做到、一监督”的服务承诺。1997年初，鹰潭市计量所通过省技监局组织的计量机构考核验收，列全省B级第二名。初步建立医用X辐射源检定标准。两县(市)计量所均通过计量标准器的换证复查及认证考核。1997年，在各加油站开展“计量信得过单位”活动，在有关企业、部门和商业系统中先后发展义务计量检查员70多人并获得《江西省计量检查证》。至1998年底，市技监局共颁发统一代码证书2485个，贵溪市和余江县级共颁发代码证书1553个。至2000年，全市有126个企业通过考核验收，其中有36家企业达计量二级，一家企业计量一级。市质监局对全市个体医疗诊所进行《计量法》宣传和医疗计量器械的计量检定，维护国家和消费者(病患者)的利益。1998年，开展加油站计量监督检查，对全市加油机逐台普查建档。2001年，对全市个体医疗诊所进行《计量法》宣传和医疗计量器械的计量检定，拓宽新的计量服务领域。分类指导、对口帮助，帮助20家企业正确选用计量器具，新考核计量标准3项，复查11项。2002年，对全市的集贸市场、加油站计量环境实施全面整治，实现集贸市场在用计量器具受检率达到85%以上，公平秤设置和受检率达到100%，加油站在用计量器具受检率达到100%，集贸市场、加油站利用计量器具作弊、缺斤短两坑害消费者的现象得到有效遏制。

2001年，开展农业标准化工作，南方早熟梨被列为全国农业标准化示范区项目。通过示范辐射作用，带动更多农户按标准作业，使果品的品质达到最佳风味，实现增产增收。2002年，南方早熟梨标准化栽培示范区在贵溪市金沙乡、塔桥园艺场等区域共开发140公顷，示范果园平均亩产达2125千克。开展标准化执行情况检查，针对市民反映强烈的照片“缩水”问题进行专项检查，有效地保护消费者的合法权益。3月1日开始,全市开展代码公共信息载体的发放工作。建立电能表检定装置社会公用标准,全面开展电能表安装使用前的首次强制检定。2003年,鹰潭市飞鹰农业发展有限公司《无公害存器蔬菜》被列为国家级农业标准化示范项目。余江县《生猪生产》被列为省级农业标准化示范项目,洪湖乡、刘垦农场、中童镇、邓埠镇、平定乡、邓家埠水稻原种场等地13个规模养猪场,列为省级标准化示范区;清理全市代码沉淀数据1306家,新申办、换证1012家;对6家综合性超市和22家小食品企业分别进行食品标识、执行标准情况的监督检查。鹰潭市计量所经省质监局考核复查评审认定为计量检定机构。2004年,帮助指导制订"南方早熟梨"五项农业技术标准规范,抓好无公害蔬菜标准化示范区和余江县生猪养殖标准化示范区项目的实施工作;组织申报江西三荣银杏开发有限公司和贵溪市白鹤湖生态有机农场2个企业的银杏茶、有机茶两种产品为国家级农业标准化示范区。帮助15个企业制修订标准18个,审查备案企业产品标准58个。在龙虎山风景区开展旅游标准化试点工作,培训相关人员力促旅游业标准化工作上台阶。加强企业代码数据库建设。全市新办代码278个,换证218个,验证506个,新办条码16家,续展23家。开展集贸市场、超市和部分零售商业企业定量包装商品计量专项检查,共检查32批次,合格率为81%。进一步完善强检体系,检查单位147家,计量器具811台(件),受检率和合格率均达90%以上。2005年,帮助18家企业制修订产品标准55个,备案产品标准82个。全年新办和换发代码证书1145个,年检1115个。新发展条形码成员15家,续展条形码23家。强化计量认证管理,完成两个县级技术机构标准化和机构考核。2006年,发挥农业示范区的辐射带动作用,指导南方早熟梨示范区建立农业标准体系,为农户查询农业标准20余个;开展铜产品标准的研究,加强对企业产品标准的清理和修订,帮助企业制(修)订企业产品标准12个,审查备案企业标准3个,组织新办(检)代码证445家,年检627家,初步建立标准管理数据库。

计量工作坚持服务与监督并举,完成对全市36家加油站的计量确认(复检)工作,对6家食品定量包装生产企业开展计量确认,开展液化石油气计量标识工作,加大对定量包装商品的监督检查,检查企业19家共28个批次;启动全市强制检定计量器具的普查登记工作。认证认可工作进一步加强,涉及3C认证企业认证通过率达85%,新增体系认证企业15家。

2007年,标准化工作稳步推进。全年帮助企业制定企业标准67个,标准备案52个,发展条码系统成员12家,续展成员35家,续展率达85%。全市新办代码证1468家,年审1763家。地理标志产品保护申报工作进展顺利,择优对余江"夏天无"地标产品保护项目进行申报。以"民生计量"为内容,开展商品定量包装监督检查、液化石油气计量标识、水表强制检定、医院计量器具检定等专项工作。全年完成计量器具检定6000余台(件),受检率达98%,更新改造社会公用计量标建议检查准1项。以计量节能为目标,为重点耗能企业建立能源计量档案,帮助企业改进工艺,提高煤、电利用率。

2008年,通过"有标贯标、缺标补标、无标制标"的方法,积极帮助企业解决无标生产的实际困难,进一步夯实全市标准体系基础。全年共制(修)订企业标准12个,审查备案企业标准18个,接受企业标准咨询服务60余次,查询标准资料100余个,新扩展条码系统成员6家,续展14家,全市新办(换)组织机构代码证807家,年检949家,鹰潭市质监局被评为"2008年全省条代码工作先进单位”;完成本市第四批省级农业标准化示范项目的申报。余江“夏天无”国家地理标志保护产品获得国家质检总局的批准,实现本市地理标志保护产品零的突破。开展中秋、国庆等节日期间商品量计量专项监督检查和“关注民生、计量惠民”等专项行动,检查定量包装商品16批次,加油机32台,计量不合格后处理率达100%,为促进企业技术改造、节能降耗、提高经济效益、维护公平竞争的市场环境做出积极努力。

2009年,市政府首次召开鹰潭市标准化工作会议,对近几年全市标准化工作取得的成绩给予充分肯定,并部署未来五年的工作任务。出台全市《关于加快推进实施标准化战略的意见》;《地理标志产品—余江夏天无》获批为江西省地方标准,填补鹰潭市无省地方标准的空白;建立2个省级农业标准示范区。鹰潭市向政府争取标准化专项资金,用于标准化示范项目建设;完成245家生产企业执行标准的清理,新办(换)组织机构代码证2285家、年检2809家。组织开展一系列“计量惠民”行动,对全市271台新更换出租车使用的计价器进行校准,走入12个社区点开展“计量服务进社区”活动,为群众免费检测血压计等家用计量器具,宣传计量法律法规。全年完成检定、测试计量器具6000余台(件),强检覆盖率达90%以上。

2010年,以标准化工作作为融入鄱阳湖生态经济区建设的切入点,加强对企业标准化工作的指导。鹰潭市企业主导或参与制订国家标准12个、行业标准11个;江西省有色金属标准化技术委员会落户鹰潭,改变全市无标准化技术委员会的历史。加大农业标准化实施力度,大力推进生态农业建设。积极做好示范到期国家和省级项目的验收工作,整理编辑有关示范材料20多册。市质监局积极配合市申遗办,对全市服务行业进行标准化作业指导,助推龙虎山成功申遗。对全市260家生产许可证及3C认证的生产企业签订质量安全承诺书,完成全市企业竞争力指数调查。实施“计量惠民”行动,共检定计量器具3800余台(件),强检工作计量器具3000余台(件)。开展流动加油车、电子汽车衡、定量包装商品等计量专项整治行动,建立“计量实验室开放日制度”。

质量监督认证认可

1991年,鹰潭市标准计量局坚持日常监督与专项治劣相结合,生产领域与流通领域监督相结合的原则,围绕重大节日,结合季节性特点,对重要生产资料、耐用消费品、涉及消费者安全和影响健康以及群众反映质量差的产品、获优质荣誉的产品、获生产许可证和质量认证的产品等5类产品进行检查。1995年,查处烟酒食品等十二类假冒伪劣商品4017件,总标值50277.10元。1996年,检查企业2262次,受理计量、标准、质量案件75起,立案处理31起,结案23起,受理消费者投诉、调解质量纠纷38起。1997年,检查生产企业46家的57批次产品,检查商业企业221家的305批次商品,此外受理投诉及调解质量纠纷146起,仲裁检验、检定3起,立案查处并结案98起。至2000年,共组织现场监督检查700多次,受检单位1300多个。

2001年,全市共端掉制假售假窝点11个,立案96起,其中报省质监局典型案例15起。查获一起利用非食品用原料,食品包装用石蜡作添加剂生产有毒瓜子的案件,该案被国家质监局列为2001年度全国十大典型案例之一。

2002年,共组织专项检查42次,出动执法人员5200人次、车辆1650余台次;检查产(商)品1075批次,抽样检查产(商)品280批次,其中产品105批次;端掉制假售假窝点12个,查获劣质产品标值2200万元;受理消费者投诉46起,市长专线电话"12345"交办案件9起,全年共立案115起,其中报省质监局典型案件37起,为企业和消费者挽回直接经济损失1800多万元。贵溪市委、市政府全面启动"质量兴市"活动。2002年9月1日,市委宣传部、市质监局、市经贸委、市总工会、团市委等五部门共同主办以"讲诚信、保质量"为主题,为期一个月的全市质量月活动。开展质量宣传咨询,举办培训班,开展"农资、食品、土锅炉"的专项打假等一系列活动,营造"讲诚信、保质量"的良好氛围。2003年,全市质监系统出动执法人员1560人次,查处假冒伪劣案件106起,其中查处防"非典"不合格产品(口罩等)、黑心棉、劣质农药、篡改生产日期奶粉等大要案及典型案件22起,向公安部门移送2起,查处假冒伪劣产(商)品货值1000多万元,为企业挽回经济损失6000多万元。全年受理消费者投诉和"市长专线"交办函件18起,为消费者挽回经济损失2.6万元。2月,成立鹰潭市名牌战略推进委员会,分管副市长为主任,质监局长、经贸委主任为副主任,宣传、工商、计委、广电、环保、农业等部门的分管领导为委员。食品质量安全市场准入制度实施步伐加快,全市有7家企业8种品牌获得"江西名牌产品",并有5家企业6种产品被确认为"江西省重点保护产品",18家企业获得《食品质量安全生产许可证》。鹰潭市荣获2003年度全省质量管理先进单位。

2004年,针对阜阳劣质奶粉事件,市质监局严把食品安全市场准入制度,全市共有46家企业获得食品生产许可证,强化市场监管,出动执法人员近百人次,对列入"黑名单"的奶粉进行全力追查,检查奶粉经销企业53家,抽样检验9个批次;组织开展婴幼儿配方乳粉、白酒等7类产品的无证查处,共检查企业68家,发出责令停止销售通知书10份,捣毁无证、无照生产白酒的生产企业1家,并对12家学校食堂、宾馆使用的老五类食品进行检查。结合节假日开展食品专项检查,共出动执法人员278人次,检查食品生产(加工)销售企业40余家,冷库、集贸市场40余家,查获不合格食品23个批次,进口动物源性产品70590千克,进口单证及检验检疫证明不全的产品23617千克。建立政府质量奖励激励机制,出台《鹰潭市政府质量奖励办法》,积极培植名牌,提高产品市场竞争力,江西铜业(集团)公司"贵冶牌"电解阴极铜荣获中国名牌,实现鹰潭市中国名牌零的突破;"三川"牌系列水表成为鹰潭市第一家获"国家免检产品"产品;江西贵化复合肥和贵溪"科华"牌水泥获江西名牌;"贵化"牌、"施大壮"牌磷酸二铵和氮磷钾复合肥等5家企业6种产品获江西省重点保护产品;2家获省质量管理先进企业称号。2005年,市质监局紧紧围绕全市支柱产业积极扶优扶强,积极推进名牌战略,全市"国家免检产品"3个、"中国名牌"1个、"江西名牌"12个。为进一步健全和完善食品安全监管体系,市(县)局成立食品安全监管办(股)公室,实施食品质量安全市场准入制度,坚持"三严"把好"三关",全年共有8家企业获得食品生产许可证,全市获得食品生产许可证的企业总数达65家。2006年,继贵溪市开展质量兴市试点后,余江县和月湖区的质量兴市活动基础性工作开始启动。全市中国名牌产品总数达2个,江西名牌产品总数达13个。以完善食品加工业普查建档为基础,以细化区域监管责任为落脚点,以强化巡查、回访为手段,以专项整治为突破口,积极推进食品质量安全准入制度,建立协管员队伍,对生产企业实行分类监管,做到定人、定责、定区域、定企业的"四定"监管方式,有针对性地开展白酒、大米和纯净水等食品专项整治活动,加大对食品小作坊黑窝点打击查处力度，全年签订食品安全承诺书500余份，发放食品质量安全告知书700份；出动2400余人次，检查企业680余家，查出食品安全隐患213起，查处无证生产30余起；普查建档录入食品生产加工企业691家，办理食品生产许可证73家。

2007年，设立鹰潭市质监局驻市工业园区工作部，具体负责市工业园区质量技术监督工作的综合管理、协调和服务。市质监局制定《鹰潭市质量振兴工作实施方案》和考评办法。全市共有2家企业获得“中国名牌”产品、4家企业获得“国家免检”产品、19家企业获得“江西名牌”产品、4家企业获得“江西省重点保护产品”的称号，获得“中国名牌”“江西名牌”的企业数在全省11个地市排名居前列。加快建章立制基础性工作，在全市范围内实施“食品放心”工程；加大食品生产企业巡查监管力度，检查食品生产企业300余家，经销单位29家，检查食品380余批次，查出食品安全隐患260余起，查处各类违法案件29起，食品生产企业建档数达706家；全市共新增获证企业19家。食品安全工作得到市政府和省质监局的充分肯定，被市政府和省质监局评为“2007年全市食品安全工作先进单位”和“全省质监系统产品质量和食品安全专项整治行动先进单位”。开展“查农资，保春耕”“查食品，保健康”等专项行动，查获假冒伪劣产（商）品100余万元，联合相关部门开展“百城万店无假货”“3·15保护消费者权益日”“质量宣传月”等活动；对涉及人体健康和生命财产安全的产品、消费者反映强烈的产品实行重点监管，查处大案要案20起，共受理举报申诉电话32个，12345市长热线和省质监局举报申诉中心批转查处的案件3起，办结率100%；全年定期监督抽查样品数138批次，合格率90.2%；监督抽查样品数103批次，合格率67%。市质监局制定实施2008—2010年全市名牌培育计划，全市共有名牌总数23个，其中中国名牌2个、江西名牌21个，名牌产品拥有量在全省11个地市平均排位靠前，企业“名牌效益”也已初步显现。

2008年，以确保奥运期间食品安全工作为重点，加大对食品加工企业的巡查和执法力度，巡查各类食品生产企业580余家，查出食品安全隐患300余起，与101家小作坊签订承诺书。全市共有112家企业获得食品生产许可证。“三鹿奶粉事件”发生后，启动重点食品安全事故应急处置预案，安排人员加班加点对全市的乳制品进行专项检查，对涉及在食品中添加乳制品为原辅料的企业开展检查。深入开展打假治劣专项整治，全年共对36类192批次的生产产品实施产品质量监督抽查，合格率84.4%，立案64起，查处假冒伪劣产品标值300余万元，案件种类涉及食品、建材、特种设备、无证生产等，有效遏制制假售假者的嚣张气焰。2009年，全市名牌产品拥有量上升至23个，其中中国名牌2个，江西名牌20个，江西省重点名牌1个。质量兴市、质量兴园工作有序推进，先后起草《鹰潭市质量振兴实施方案》《鹰潭市企业质量信用体系建设工作的实施方案》等文件，市经济开发区制定《鹰潭市经济开发区质量兴园实施方案》并付诸实施。重点产品质量安全保持稳定，对全市89大类204批次产品进行监督抽查，产品抽检合格率86%，较2008年提高3.8个百分点。共查处不合格产品及劣质产品货值900余万元，其中立案查处案件85起，全年受理举报申诉案件32起，食品监督抽查合格率达84.3%，较2008年提高3.6%，切实维护消费者的合法权益。全年未发生一起食品安全事故，市政府及贵溪市政府分别下拨2万元的食品专项抽检经费，被市政府评为“2009年全市食品安全工作先进单位”。2009年，全市获得CCC认证企业达到5家，有机产品认证企业达到17家。2010年，全市通过各类认证的企业达到108户，对全市企业进行认证工作有效性开展专项监督检查,处罚3家认证机构。开展“世界认可日”宣传活动,发放宣传资料600余份。是年,对全市156家企业生产的44类120批次的产品进行定期监督检验和监督抽查,产品定检合格率为91.3%。严格实施食品质量安全市场准入制度,规范食品生产秩序,依法落实企业主体责任,全市110家食品企业的123种产品获得食品生产许可证。全年共查处各类案件221起,查获假冒伪劣产品货值400余万元,受理举报投诉29起,为维护经济秩序做出积极贡献。

特种设备监察检验

1984年,鹰潭市劳动人事局设立劳动安全监督科,1991—2000年期间,全市先后组织多次锅炉房安全运行检查评比工作,并于1997年开展燃气站注册登记,共有16家气体充装单位进行注册登记;至2000年底,共检验锅炉912台(其中热态检验50台)、压力容器894台、汽车槽车6台、铁路罐车14台、球罐9台、液化气瓶73337只,检测电梯329台次、起重机械812台次、厂内机动运输车辆1118台次。2001年,鹰潭市在全省率先圆满完成锅容管特和质量管理机构人员的划转,特设备监察职能划转至市技监局。在余江县集中对锅容管特设备使用单位进行普查整治试点工作,共对84家236台锅容管特设备进行普查登记,对液化气管道、瓶罐和储备站进行监督检查。2002年,全市锅容管特普查登记与整治工作进展顺利,共普查登记锅容管特设备1574台,超期未检、资料不全、存在缺陷应整治的设备整治率近80%。举办一期全市司炉工和电梯操作工培训班,各有关单位共100余名学员参加学习。2003年,全市开展专项安全检查8次,检查67家企业2044台设备,整改特种设备518台,判废、销毁、停用设备189台,提出整改意见173条;实施特种设备计算机动态管理,定期完善设备数据库,开展特种设备安全检验1742台;举办特种设备管理人员与操作人员学习班9期,417人参与培训。2004年,共组织7次全市特种设备安全大检查,检查单位130余家次,检查设备400余台次,查出安全隐患120余家。共培训考核管理人员2期97人。特种设备作业人员培训9期486人次,持证上岗率达92%。2005年,全年组织开展各类安全检查活动5次,出动检查人员460多人次,检查特种设备使用单位180余家,检查各类设备500余台次,提出整改意见220余条,查封停用设备4台,拆除土锅炉2台。对7家企业进行立案调查,对5家违规企业进行处罚。配合省质监局检查电力工业锅炉压力容器检验工作。全年举办特种设备学习班3期,培训特种作业人员512人次。2006年,以“抓基层,打基础,规范管理”工作为主线,健全安全监察机构,充实安全监察人员,着力建立安全监管长效机制。县(市)局已开通特种设备信息网络平台,全面实现全市特种设备监管电子化。全年共出动安全检查人员280人次,检查巡查特种设备使用单位256家,检查特种设备406台,保障特种设备安全运行。2007年,通过建立“一图两档三台账”,动态掌握特种设备“五率”状况,实行事故隐患跟踪机制,规范现场安全监察,重点设备监控和达标验收等手段。积极开展专项整治。共出动安全监察人员390人次,检查特种设备使用单位216家,检查各类特种设备506台,查封停用设备18台,拆除不合格设备12台。2008年,以开展特种设备安全“隐患治理年”为主线,完善特种设备隐患整改督察督办机制,制定相关制度。开展“特种设备安全百日督查专项行动”,出动安全监察人员760人次,检查单位310余家,检查设备1150台,下达监察指令书160

份，排查隐患180台次，整改隐患160起，封停隐患设备12台，拆除隐患设备3台，重点隐患到期整改率达100%。2009年，开展“特种设备安全百日督查专项行动”，出动安全监察人员760人次，检查单位310余家，检查设备1150台，下达监察指令书160份，排查隐患180台次，整改隐患160起，封停隐患设备12台，拆除隐患设备3台，重点隐患到期整改率达100%，全年未发生一起安全事故。2010年，特种设备安全监管制度日趋健全，对全市3800余台特种设备、40余千米压力管道进行普查摸底备案。围绕节能减排、结构调整，推进锅炉等特种设备节能技术推广工作，全市60%以上锅炉使用单位使用谷壳、木屑等节能环保的非煤燃料。对全市33家省运会定点接待宾馆进行“体检”，开展重点产品、重点企业、重点区域专项整治工作，确保产品质量、食品生产加工和特种设备“三大安全”，有效提升安全监管水平。

第七章　赣州市

赣州地区标准计量局成立于1986年1月,归口赣州地区经济委员会管理,与赣州地区标准计量所合署办公。1991年,局内设机构有办公室、计量科、标准化科、质量监督科,下辖地区标准计量所。各县(市)标准计量局亦归口县(市)经济委员会管理,为副科级机构,与县(市)计量所合署办公。赣州地区标准计量局及下属单位有工作人员53人,县(市)标准计量局共有工作人员156人。1992年6月,成立赣州地区医疗仪器计量站。1992年7月,赣州地区标准计量局更名为赣州地区技术监督局,属赣州地区行署直属二级局,随后各县(市)标准计量局亦更名为技术监督局。1993年10月,成立赣州地区劳动安全卫生检测中心,为赣州地区劳动局直属事业单位,并将地区劳动局下属的地区锅炉压力容器检验所、职业卫生检测检验站归入该中心管理。

1996年3月,赣州地区技监局升格为正县级机构,内设办公室、计量科、标准化科、质量监督科、法规宣教科、综合计划科,并设立技术监督局稽查大队,专司技术监督行政执法。各县(市)技监局亦随之升格为正科级机构。1999年7月,赣州地区撤地设市,赣州地区技术监督局随之更名为赣州市技术监督局(简称市技监局)。2001年6月,赣州市经贸委产品质量管理职能及人员划转赣州市技监局,赣州市劳动局所属锅炉压力容器安全监察科、赣州市劳动安全卫生检测中心、赣州市锅炉压力容器检验所、赣州市职业安全卫生检测检验站划归赣州市技监局管理。随之赣州市技监局设立质量管理科、锅炉压力容器安全监察科。2001年9月,技术监督系统实行省以下垂直管理体制,赣州市技监局上划省质监局管理,市级局对县级质量技术监督系统的机构编制、人财物和业务工作也实行垂直管理。赣州市技术监督局更名为赣州市质量技术监督局(简称市质监局),内设办公室、人事科、计量科、标准化科、产品质量科、锅炉压力容器安全监察科、法规宣传科,赣州市质监局下属单位有市技监局稽查大队、市劳动安全卫生检测中心、市锅炉压力容器检验所、市职业安全卫生检测检验站、市计量检定测试所、市产品质量监督检验所、市医疗仪器计量检测站,辖章贡区、赣县、南康市、大余县、上犹县、崇义县、信丰县、龙南县、定南县、全南县、安远县、宁都县、于都县、兴国县、瑞金市、会昌县、石城县、寻乌县18个县(市、区)质监局。全市质监系统共有职工423人,其中市质监局及下属事业单位88人,县(市、区)质监局335人。

2002年3月,整合质监系统检测机构,增强检测能力,将赣州市计量检定测试所、赣州市产品质量监督检验所、赣州市医疗仪器计量检测站、章贡区计量所合并,组建赣州市质量技术监督检测中心,负责全市计量器具的测试、检定、维修和产品质量的检验工作。2004年8月,赣州市技术监督局稽查大队更名为赣州市质量技术监督稽查支队。2005年,原由卫生部门承担的食品生产加工环节监督职能移交给质量技术监督部门。2006年,成立赣州经济技术开发区质监局,与赣州市质监局综合科合署办公，履行赣州开发区质量技术监督职能。2006 年 9 月，市锅炉压力容器检验所与市劳动安全卫生检测中心合并，组建赣州市特种设备监督检验中心。随着工作职能的扩大，赣州市质监局亦相应增设内设机构，2005 年设立认证认可监管科（与质量科合署办公），2006 年 6 月设立食品安全监管科，2008 年 1 月设立计划财务科技科。

2007 年 6 月，国家质检总局批准在赣州市建设国家钨与稀土产品质量监督检验中心（简称国家钨与稀土产品质检中心），由赣州市质监局负责筹建。2009 年 2 月，国家钨与稀土产品质检中心试运行。5 月，省编办《关于成立江西省钨与稀土产品质量监督检验中心的批复》，同意成立江西省钨与稀土产品质量监督检验中心（简称省钨与稀土产品质检中心），为省质监局下属正处级全额拨款事业单位。9 月，省编办《关于江西省钨与稀土产品质量监督检验中心增挂牌子的批复》批复同意省钨与稀土产品质检中心增挂省钨与稀土研究院牌子。至此，国家钨与稀土产品质检中心、江西省钨与稀土产品质检中心、江西省钨与稀土研究院实行三块牌子一套人员的运作模式。2010 年 10 月，国家质检总局、国家认监委批准正式成立国家钨与稀土产品质检中心，为国家级钨与稀土产品质量监督检验法定技术机构。至 2010 年底，中心共有员工 38 名，具有本科及以上学历 23 名，其中博士（后）3 名、硕士研究生 6 名，具有中级以上技术职称的人员为 6 名，其中具有副高级职称的人员为 4 名。

2010 年 12 月，赣州市质监局为省质监局直属的正县级机构，内设办公室、人事科、法规科、计划财务科技科、质量科（认证认可监管科）、监督科、食品安全监管科、标准化科、计量科、特种设备安全监察科 11 个职能科室以及监察室、机关党委；下属单位有市质监稽查支队、市特种设备监督检验中心、市质监检测中心、机关后勤服务中心；辖章贡区、赣县、南康市、大余县、上犹县、崇义县、信丰县、龙南县、定南县、全南县、安远县、宁都县、于都县、兴国县、瑞金市、会昌县、石城县、寻乌县 18 个县（市、区）质监局和赣州经济技术开发区质监分局；受省质监局委托代管国家钨与稀土产品质检中心。全市质监系统共有编制 662 人，实有在职人员 549 人，在职人员中市本级 137 人，县（市、区）局 412 人，大专以上学历人员 438 人，占职工总数的 80%，硕士 3 人；专业技术人员中，高级职称 7 人、中级职称 16 人、初级职称 65 人，分别占专业技术人员总数的 9%、18%、74%。

全市质量技术监督部门坚持以质量为中心，以计量、标准为基础，以维护人民健康生命财产安全为重点开展工作，认真履行质量技术监督综合管理和行政执法职能。至 2010 年，赣州市质监局先后获省（部）级表彰 15 次，市（地）表彰 245 次，连续 7 年被省质监局评为综合工作先进单位。

标准计量管理

1991 年，赣州地区标准计量局重点帮助企业制定标准和采用 ISO 国际标准及国外先进标准，经备案的有 22 项。重点对《食品标签通用标准》和新版《火柴标准》的实施情况进行监督抽查，抽查 40 余家企业的食品标签，发现《食品标签通用标准》的采用合格率只有 40%，通过整顿全区火柴生产厂家均能按新标准生产火柴。是年，始于 1988 年的工业企业标准化定级考核工作取得阶段性成果，赣州木材厂、赣州钨钼材料厂、赣南无线电厂、江西齿轮箱总厂、江西气压机厂、赣南造纸厂等企业率先完成标准化定级。是年2月,赣州市、县级标准计量局联合工商、物价、消费者协会等部门开展春节期间商贸计量检查,赣州市场计量器具合格率86.9%,全区立案处理违反计量法案件19起。1992年,按照全省统一部署,对全区45项原地方标准进行清理转换,对赣南化工厂、江西气压机厂等17家国营大中型企业的产品标准进行调查摸底。帮助32家蜜饯生产企业和13家酿酒企业建立和完善标准体系,制订赣南蜜饯系列地方产品标准。是年,开展计量标准考核、复核和质检机构计量认证工作,对县(市)技术监督部门实施达标考核,强化强检计量器具建卡建档和监督管理工作。1993年,启动组织机构代码工作,至年底,全区申办代码单位11709个。6月,下发《关于开展全区燃油加油站"计量信得过"活动的通知》和《赣州地区燃油加油站计量管理办法》,在全省率先进行计量机构燃油加油机计量标准复核换证工作。1994年,规范企业采用国际先进标准组织生产,赣州技术监督部门协助赣南轴承厂等9家企业产品采用国际先进标准,提高企业的现代化管理水平。5月,推荐赣州星辰化工有限公司等8家企业的产品标准参加全省评选,有7个产品标准获奖。1995年,启动消灭无标生产县工作,全区18个县(市)分三批进行,2000年,全市各县均通过消灭无标生产县考核验收。同时,针对全市食品工业发展较快,标准化工作基础薄弱的实际,赣州技术监督系统上门帮助指导企业准确理解GB7718《食品标签通用标准》及正确使用和印制食品标签,对77家企业不符合规定的食品标签做出处理,食品标签采用合格率由上年的40%上升到71%。是年,开始农业标准化示范区建设,对列为全国首批高产优质高效农业示范区项目的"信丰脐橙"和列为国家试点项目的"南康甜柚"进行标准作业规范,分别制订《信丰脐橙》《南康甜柚》系列标准。1996年,组织企业参加全省用户满意企业和产品及优秀质量评选活动,赣州有3家企业获全省用户满意企业,4种产品获全省用户满意产品,8家企业获全省优秀质量管理企业。重点考核40项工业产品,质量稳步提高率为87.5%。全区企业共有17种产品列为省重点保护产品。是年,开展"计量、质量信得过"评选活动,全区评选计量、质量信得过单位164家。1997年,组织开展优秀食品标签评选活动,有7个企业的食品标签被评为全省优秀食品标签,11个企业产品获省产品标签达标合格证书;建立创业集团等11个企业标准化帮扶联系点。是年,全区技术监督部门严厉打击市场贸易结算计量器具违法行为,对4家单位在电脑加油机中加装遥控回油装置的违法行为予以查处;对销售水表、电表、衡器等计量器具产品的商店进行重点抽查。是年,拓宽计量检测范围,提高强检覆盖面,相继开展出租车计价器、汽车里程表、汽车检测线、电磁仪表检定测试项目。1998年,信丰脐橙标准化示范区建设通过国家的考核验收,随后南康甜柚的标准化示范区建设于2000年通过国家考核验收。是年,商品房面积计量公正站、眼镜计量公正站、汽车里程表、出租汽车计价器、汽车检测线等项目通过省质监局计量标准考核,190名检定员通过考试合格取得《计量检定员证》。

2000年,全市共有全省用户满意企业11家,全省用户满意产品23种,全省优秀企业30家,全省免检产品7种。代码工作实现全省赋码联网、全市代码数据总数24984户。当年,全面完成标准到期复核,使计量标准器具周期受检率达100%;结合调整后的《强检目录》,加大对强检器具的检定,建立强检目录231项,强检器具受检率98%以上。1991—2000年,全地区每年检定各种计量器具10多万台(件),其中地区计量所检定近2万台(件)。

2001年起,实施标准化战略,工业标准化率先在全省开展高新技术产业标准化示范区建设,相关科研单位和企业发挥技术优势,围绕赣州市钨、稀土主要产业,积极参与相关国家标准、行业标准的制修订,农业标准化围绕脐橙、茶叶、烟叶等特色主导产业,参与制订国家标准、行业标准、省地方标准,建设农业标准化示范区。2001 年,赣州市研制起草农业部行业标准《户用农村能源生态工程南方模式设计施工使用规范》,这一标准的推广运用,保证沼气池成功率达到 100%,产气率提高 10% 以上,基本实现常年无故障安全使用。当年,石城烤烟、"猪—沼—果"生态示范区被列为全国第二批高产优质、高效农业标准化示范区项目,定南蜜梨、寻乌蜜桔被列为江西省第一批省级标准化示范区项目。是年,对全市各加油站 1000 多台加油机开展税控装置的安装、调试、检定工作。9—10 月,对全市零售定量包装食品、化妆品、农药、水泥 4 类 63 种商品进行计量专项检查,处理生产、销售不合格产品企业 32 家。2002 年 11 月,赣州有色冶金研究所起草的 6 项国家标准《稀土金属及其氧化物中非稀土杂质化学分析方法》《离子型稀土矿混合稀土氧化物化学分析方法》等正式发布,《宁都黄鸡》省级地方标准正式发布。是年,市技监局组织人员调查全市计量管理与检测现状,并清理 17 家计量授权机构。2002 年起,服务民心工程,按年电能表投放量 10% 抽检电能表,是年抽样 1.2 万块,合格率 99.8%。对全市眼镜制配行业进行监督管理,使其计量器具配备率 80% 以上,组织开展"光明工程眼镜店"创建活动。2003 年,赣州市被科技部、国家质检总局、国家标准委确定为第二批国家级"重要技术标准研究"专项试点市,是省内在重要技术标准研究方面首个进入"国家队"的城市。是年,大余金边瑞香被列为第四批国家级农业标准化示范项目,兴国灰鹅列为江西省第二批农业标准化示范项目。2004 年,赣州市委、市政府出台《关于建立和完善技术标准体系的实施意见》,对 2004—2015 年全市技术标准体系发展进行规划,建立由质监、科技、农业等 14 个部门组成的"赣州市建立和完善技术标准化体系联席会议"制度,成立、建立和完善技术标准体系协调领导小组办公室。是年,开展商品条码工作,使有商品条码发展企业 55 家。是年,开展对全市部分计量认证获证质检机构的监督评审工作,共涉及建筑、粮油、卫生系统的 15 家质检机构。对 3 个存在问题较严重的单位建议上级发证机关暂停其检测资格。检查液化气站 82 家,充装合格率仅为 31.7%,对 12 家问题较严重的液化气站进行立案查处,随后制定《赣州市瓶装液化气充装量计量监督管理办法》,面向全市推行。2005 年起,企业标准备案工作由赣州市、县两级质监部门共同完成改为统一由赣州市质监局标准化科备案,赣州市质监局设立标准情报所,负责组织专家对备案标准进行评审,确保标准的质量。赣州市质监局印发《赣州市企业产品标准备案管理办法》,组织对全市生产企业执行标准情况进行全面监督检查,清理 194 个企业产品标准,取消备案标准 95 项。6 月,赣州市政府出台《赣州市主要农产品质量安全标准实施办法》和《赣州市水资源保护技术标准实施办法》,对农产品生产、加工、储运、销售等环节实施好农产品质量安全标准作相应规范,对赣州市水资源保护、实施好水资源保护技术标准提出要求。10 月,国家质检总局第 152 号公告,批准赣南脐橙协会使用"赣南脐橙"地理标志产品专用标志。赣州市起草的《兴国鱼丝》《金边瑞香》等 7 项地方标准获省质监局批准正式发布。赣州市质监局投资 380 万元建设的"技术标准数据库"正式投入使用,为省内首个技术标准数据库。当年启动全系统计量检定测试所"计量授权"工作,全市县级计量检定机构的授权考核全部一次性通过省质监局的考核。开展煤矿计量专项监督检查,对 3 万台(件)强制检定计量器具进行检定,强检合格率 100%,实现对煤矿用计量器具从生产到使用的全过程监督。开展粮油市场计量专项监督检查,检查粮食收购站217家、粮食销售企业218家的所有计量器具;检查粮食类定量包装商品135批次,合格率87%,查处违法案件9起。推广应用"C"标志(定量包装商品计量合格标准保证能力标志),指导全市50家规模企业做好新时期定量包装生产工作。全市有圣塔实业集团、江西晶心面条有限公司、定南瑞丰粮油公司等企业陆续获"C"标志。2006年,赣州市优势和特色产业技术性贸易措施预警机制初步建立,并成立预警专家小组,由钨、稀土、脐橙3个行业损害调查与评估小组共同组成,赣州质监网开辟WTO/TBT专栏,为赣州市优势和特色产业贸易提供预警服务。同时,对全市自来水公司(厂)计量标准进行检查清理,新建计量标准4个;对民用天然气表由市质检中心派出2名检定人员驻厂检定,实行100%首检,是年共检天然气表1万块,合格率85%。开展税控加油机计量专项整治活动,检查加油站302座,查处利用加油机作弊案11起;对全市机动车安全技术检验机构专用计量器具开展计量监督检查,在用应检计量器具受检率100%,合格率92%,查处机动车安检机构违法出具数据案件6起。2007年,赣州市农业局利用"赣州三农网"建起农业质量标准库,初步构建起服务农业生产发展的技术平台。赣州市质监局与瑞金市制定的《瑞金红色旅游景区(点)设施与服务质量规范》省级地方标准,经省质监局审定后于10月1日发布实施,是省里首个红色旅游地方标准。是年,配合全市食品安全整改,对在备案有效期内的360个食品标准进行一次全面清理,重新修订标准28个。是年,有4家企业通过标准化良好行为省级验收,江西赣电兴乐电线电缆有限公司确认等级为AAAA级,是全省首批确认为AAAA级的3家企业之一;赣州港都卫生制品有限公司确认为AAA级,是全省卫生制品行业第一家通过AAA确认的企业。2007年,赣州市质监局开发"计量管理系统"软件,把强检部分和非强检部分分为A、B、C三类,建立企业计量器具档案,全市共建立8131家单位、17604台(件)的强检工作计量器具档案。2008年,开工建设标准体系载体项目国家钨与稀土产品质量监督检验中心和国家竹木产品监督检验中心(南康分中心)。是年,推进全市水表首次强制检定工作,从8月1日起,赣州市所有新建改建房屋水表实施首检制,对用于贸易结算的生活用水表采取"首次强制检定,限期使用,到期轮换"的管理方式。是年,组织开展"计量服务进社区""关注民生、计量惠民"活动,发放宣传册、接受咨询和计量投诉、免费检测家用秤、免费眼镜验光和修理眼镜,受到广大群众的欢迎。2009年,赣州市首次被列为国家级服务业标准化试点,分别由兴国将军园管理处承担江西省兴国县旅游服务业标准化试点,瑞金中央革命根据地纪念馆承担江西省瑞金市红色旅游服务业标准化试点,2个项目分别于2011年6月和12月通过验收。

2010年9月,省质监局批准国家钨与稀土产品质检中心筹建省稀土标准化技术委员会,此为该中心继2009年获批准成立全国稀土标准化技术委员会离子型稀土矿工作组之后设立的又一个标准化工作机构。是年,赣州质监网实行网上受理商品条码注册及续展业务。全市开展标准化柑橘园创建活动,其中农业部标准园8个,赣州市标准园10个,总面积1502.7公顷。赣州市质监局自主开发的《赣州标准化管理系统》正式启用,将有效期内备案标准信息全部录入该系统,实现赣州市企业标准备案信息的数字化管理。同时,对赣州市57家列入年耗5000吨以上省重点耗能企业和国家重点耗能企业建立能源计量档案,所有的1143台计量器具全部建立台账,督促重点耗能企业更新或升级落后设备,改变能源消费结构,减少煤、油的使用,加大用电设备使用,年内3家企业完成余热发电项目建设。

至2010年，赣州有色冶金研究所、省南方稀土高技术股份有限公司、章源钨业股份有限公司等单位参与制修订的国家标准有36项、行业标准6项；赣州市起草制定的农业标准有24项，其中国家标准3项、行业标准1项、地方标准20项。全市建设的国家级农业标准化示范区17个、省级农业示范区10个；制订农业技术规范264项；备案产品标准1864项。全市计量检测机构共检定计量器具近100万台，其中强检计量器具80多万台；市质监局计量检测机构共检定计量器具34.13万台（件），其中强检器具24.50万台（件），每年检定费收入500多万元。全市有法定计量检定机构18家，建立强检计量标准147个，开展的计量检定项目有长度、温度、力学、电磁、时间频率、光学、化学、声学、电离辐射等共9大类53项社会公用计量标准，检定、校准项目96个；全市获得计量检定资格的人员有198人。

质量监督认证认可

1991年，赣州地区标准计量局在赣州市（县级市）、宁都县集中力量查处市场伪劣商品，重点是化肥、农药、罐头、低压电器等17类商品，查处不合格商品总额78.7万元。1992年，对水泥及水泥电杆、涂料、粮油、水稻种子、饲料、化肥、电线等25种产品进行全区统检，合格率较高的有水泥、水稻种子、复合肥、白糖，合格率较低的有饲料、碳酸饮料。对食用植物油、钢筋、皮鞋、轴承、闸阀等20种商品进行市场抽查，食用油、钢筋合格率100%，闸阀、轴承、皮鞋合格率较低。抽检碳酸饮料和蜜饯产品，碳酸饮料抽检32个产品，合格9个，蜜饯产品抽检30个，合格24个。在打击生产经销假冒伪劣商品违法行为专项活动中，全区共检查29592个企业，查出假冒伪劣商品845万种（件），处罚2773家企业。1993年，全区地级质检站发展到15个，其中5个完成认证工作。是年，《中华人民共和国产品质量法》颁布实施，赣州地区技监局联合赣州地委宣传部、赣州电视台开展"质量万里行""质量监督在赣南"宣传活动，电视摄制组到县（市）、乡村接受群众投诉，对生产、经销伪劣产（商）品违法行为进行公开曝光。1995年，赣州地区技监局对4个企业进行质量保证体系考核，完善企业自身检验能力，提高企业产品质量和质量管理水平。是年，赣州生产的东方红水泥、大余多味花生等7种产品获省技监局批准为省第一批免检产品。1998年，强化对危及人身安全、健康产品的监督，查处案件1408起；开展"查大案、端窝点、整市场"活动，捣毁制假窝点29个。全年监督检查812家生产企业的37类995批次产品，抽样合格率60.8%。结合赣南的特点对化肥、食品进行监督检查，抽查全区复混肥生产企业7家，合格4家；抽查酱油生产企业15家16批次产品，合格4批次，抽样合格率25%，对酱油质量问题突出现象，赣州地区技监局进行追踪督促整改。1999年，对问题较多的农资、食品、金银饰品、食用油进行专项整治，分行业召开质量分析会，帮助企业解决存在的质量问题，对质量好的企业进行宣传，37家地方名优产品在赣州电视台"产品名优榜"展播。是年，龙南、定南两县发生部分群众食用广东"三无"桶装工业猪油导致中毒的恶性案件，技术监督及有关部门全力查处"猪油中毒事件"，出动执法人员9000多人次，检查各类市场301个，端掉制假窝点28个，立案482件。2000年，对食品、燃气用具、农资、建材进行专项打假，检查各类市场304

个,端掉制假窝点29个,立案查处304件,3名制假人员移送公安机关处理。是年,评定全市重点保护产品29家,推荐13家申报全省重点保护产品。

2001年起,质量管理工作进一步规范,工作力度进一步加大,每年赣州市质监局有所侧重地对部分产品开展市级产品质量定期监督检验,同时配合进行省级产品质量定期检验和监督抽查。2001年,对全市实施生产许可证产品生产企业进行普查,共调查白酒生产企业18家、水泥31家、化肥31家,组织符合条件的企业申报工业产品生产许可证。2002年,启动质量兴市工作,至2010年,全市18个县(市、区)和赣州开发区全部开展质量兴县(市、区)活动。是年,赣州市质监局联合工商、公安、烟草、卫生、农业等部门联合开展打击假冒伪劣产品专项行动,汽车配件、食品、农资、建材、卷烟等10类产品为重点整治产品,有效地遏止生产、销售假冒伪劣产(商)品违法行为屡禁不止的态势。2003年8月,成立赣州市名牌战略推进委员会,组织推荐市内产品参评中国名牌产品、省名牌产品。是年,大余伟良钨业有限公司的金属钨粉、赣南海欣药业股份有限公司的转移因子和注射用乳糖酸阿奇霉素等10个产品被认定为江西省名牌产品。市质监局组织人员对地方特色产品进行原产地域调查,遴选出赣南脐橙、南安板鸭、南康甜柚、上犹梅岭毛尖、会昌米粉5种具备原产地域保护的特色产品,并向国家质检总局申报赣南脐橙原产地域保护,11月,获国家质检总局107号公告批准,为赣州市首个原产地域保护产品。是年,赣州市政府下发《关于进一步加强落实质量和打假工作责任制的通知》,建立质量工作责任制和质量奖励制度。是年,开展小麦粉等5类食品生产许可证受理工作,全市有26家生产企业申请"食品生产许可证",有4家企业获《食品生产许可证》,8家企业完成现场审查;组织建材市场专项整治,捣毁制假售假窝点21个,查处案件168起。2004年,全市开始实施食品质量安全市场准入制度,开展"食品安全城乡行"大型活动,展示赣州名优产品,提高消费者食品安全意识。"阜阳奶粉"事件后,全市开展6次集中统一行动,捣毁制假窝点3个,查处售假商店560家,查办违法案件161起。2003年,赣州被国家质检总局列为全国"地条钢"重灾区、全市115家地条钢生产企业,年生产能力30万吨以上的有11家。2004年,全市开展地条钢整治专项行动,立案查处生产地条钢及其制品案件226起,取缔或捣毁生产企业和窝点108家,查缴生产设备182台(套),有效控制"地条钢材"的生产。2005年,食品生产加工环节安全监管职能划入质监部门后,全市开展食品生产加工企业普查建档和基层网络建设工作,共建立食品生产加工企业档案1783份,全部录入微机实行动态管理,食品安全监管推行"十率"达标考核量化管理。2005年起,开展为期3年的食品质量安全整治"百千万"行动,检查各类小作坊和企业2000多家,通过排查抽样,发现食品安全隐患1000多处,下发责令整改通知书1000余份,立案查处食品违法案件124起,取缔生产劣质产品、无照小作坊企业355家。2005年起,开始认证认可监督管理工作。2006年,机动车安全检验机构监督管理职能由公安交通管理部门划入质检部门,市质监局开展机动车安检机构调查摸底和建档工作,全市共有安检机构21家,其中汽车检测线3条,摩托车检测线18条。全市开展清理整顿非法认证专项活动,共检查479家单位,查处违法单位113家;查处3C认证违法案件157起。是年,赣州双胞胎集团生产的"双胞牌"乳猪配合饲料获"中国名牌产品"称号,瑞金市被国家质检总局评为"全国质量兴市先进市县"。2007年,市质监局筹资建设食品生产企业电子监控系统,对全市饮料、饮用水、酱油、乳制品、白酒、啤酒、肉制品、糕点、蜜饯等高风险食品企业实施电子监控,监控终端设备设在市质监局食品科,企业在生产过程的关键控制岗位设置3个以上的电子摄像头,有效监管高风险企业的质量控制过程,促使企业加强内部管理,强化自律,确保产品质量。是年,针对全市竹木产品生产加工企业1000余家,年销售收入近10亿元,但产品质量不高的问题,开展人造板专项整治活动,淘汰100余家作坊式企业,近200家企业实现联合重组,人造板质量"重灾区"问题基本得到解决。2008年,为进一步深化"质量兴市"活动,开展"质量兴园"活动,至2010年,全市16个工业园有12个工业园开展该项活动。是年,对名牌产品、免检产品、列入工业产品生产许可证和3C认证目录范围的所有生产企业100%建立质量档案,对列入《首批入网产品目录》的家用电器、人造板、电线电缆等9大类69种产品实施电子监管,组织130余家企业加入产品质量电子监管网。10月,始设于2006年的赣州质监12365服务热线全面升级,实现全省范围内12365系统的联网,全天候接受举报申诉。2010年,建立重点行业质量状况分析报告制度,赣州市质监局每年一次、县级质监局每半年一次向政府提交有分量的质量状况分析报告,并将这一工作纳入年度工作考评内容。是年一季度,对民用液化石油气掺混二甲醚问题开展专项整治,抽查75批次、68批次检出掺混二甲醚,其中二甲醚含量8%以上的28批次,责成检出二甲醚的液化气充装单位立即停止充装,对问题液化气进行技术处理,并公告召回含有二甲醚的液化气钢瓶。

至2010年,全市严抓产品质量整治,查处制假售假违法行为,据不完全统计,全市立案查处制假售假案件1.75万件,涉案货值17586万元,捣毁制假窝点98个。至2010年底,全市有218家企业获工业产品生产许可证,获证食品生产企业有552家,有70家企业获得314张3C认证证书,347家企业获管理体系认证及自愿认证证书。全市有中国名牌产品1个,省名牌产品50个,地理标志保护产品5个,绿色食品认证农产品33个。全市产品质量监督检验检测能力逐步增强,建立食品化工、轻工建材、电磁等综合实验室和微生物二级防护实验室,可开展食品、轻工、化工、电器、竹木等6类42项1446个产品(参数)的质量监督检验检测。

特种设备监察检验

1991—2000年,特种设备监督检验工作由赣州地区(市)劳动局负责,赣州地区劳动局设有劳动安全监察科。1992年,全区有生产、生活锅炉917台。1995年,全区有固定式压力容器2260台,移动式压力容器50100台,注册登记的气体充装站38家。地区锅炉压力容器检验所气瓶检验站、赣州有色冶金机械厂制氧分厂、赣南化工厂制氧站、大余化工厂制氧站通过省劳动厅认可获得气瓶检验资格。1992—1995年,全区检测在用锅炉2509台、压力容器2096台;监督检验新安装锅炉压力容器设备359台、压力容器193台、压力容器生产厂家产品质量2487台;检验移动式压力容器和液化气钢瓶18373台、汽车槽缸98台。1993年起,特种设备作业人员考核发证工作由地、县负责改由地级劳动部门组织实施,赣州地区劳动局对在用特种设备进行建档管理。至2000年,赣州地区劳动局提出特种设备整改意见2230条,其中重大事故隐患整改意见190项;培训特种设备作业人员17400人,其中举办厂长经理培训班180期3900人。

2001年,特种设备安全监察职能由劳动部门划转到质量技术监督部门,即对锅炉压力容器管道及特种设备制造、安装和使用单位现场监察,下达监察意见通知书346份。对违法安装、使用锅炉,非法制造小型和常压锅炉现象进行查处。针对液化石油气站充装超期钢瓶现象,开展专项检查,对查出的22897只超期钢瓶实行强制送检。2002年,全市开展锅炉压力容器特种设备普查整治工作,组织开展9次安全大检查,共普查设备5085台,普查的各类锅炉压力容器特种设备信息全部录入计算机管理。普查中,更新、封停、限期整改、报废一批设备,捣毁非法制造厂8家,处理锅炉压力容器特种设备违规安装修理行为18起,对各类违章行为下发《监察意见书》或《整改意见通知书》1736份,通过普查登记和整顿治理,实现"摸清设备底数,掌握设备状况,消除事故隐患,建立动态管理"的目标,并在省内率先通过省验收。2003年,加大对重点监控设备的监督检查,全年开展安全生产大检查10次,查封无证制造、安装的特种设备306台,捣毁"土特种设备"69台,对违章充装超期钢瓶的4家气站责令停业整顿。因而被国家质检总局列为全国100家气瓶安全整治和锅炉压力容器特种设备动态管理工作的试点城市之一,随后开展工业气瓶普查整治,取缔不符合要求充装单位14家,给每个充装单位规定1个编号,建立起"以气瓶产权转移为核心,充装单位为气瓶安全责任主体"的全新气瓶监管模式,这一工作得到国家质检总局的好评,并向全国推广赣州的经验。"以块为主,条块结合,纵向到底,横向到边"的全市特种设备安全监察网络初步形成,覆盖到乡镇、工业园、街道办事处和特种设备重点用户,拥有安全监察协管员359名。2005年,赣州市质监局制定《赣州市质监系统特种设备安全监察工作职责》《赣州市特种设备现场安全监察工作程序规定》等系列特种设备安全监察规范性文件。在全省率先完成特种设备安全监察"四率"(设备注册率、操作人员持证上岗率、设备检验率、设备事故结案率)达标,实现"杜绝重大事故、校园事故,遏制大事故,减少一般事故"的安全目标,提前5年实现国家质检总局提出的目标任务。全市特种设备数据库与省级特种设备安全监察工作平台实现联网。2006年,加大特种设备定期检验申报制度的落实,全市到期特种设备检验申报率达82%。全市质监系统开展特种设备安全监察规范化管理工作,3月,省质监局在赣州召开全省特种设备安全监察现场会,向全省推广赣州"一图二档三台账"为主要内容的规范化管理模式,市、县二级特种设备安全监察机构通过省级规范化管理达标验收。2007年,加大信息化网络建设工作,全市19个县级安全监察机构均配备专业电脑,指定专人负责信息化管理工作,定期与市特种设备科联系,确保数据的准确、真实。2009年,全市特种设备安全监察工作试行绩效评价机制,特种设备到期主动申报检验率达80%,社会各界对特种设备安全监察工作总体满意率达98.6%。2010年,市质监局提出"全覆盖,全员行动"的工作要求,组织开展特种设备安全全面检查,检查特种设备生产使用单位4021家次、设备10578台(件)次,查出安全隐患870处,发出安全监察指令书650份,安全隐患全部整改到位。并且出台《特种设备使用安全管理规范》,是省内首家发布的特种设备使用市级地方标准。是年,气瓶和电梯专项整治取得突破性进展,以气瓶注册登记为抓手,查清全市注册登记气瓶77.41万只,全部实行统一规范标识,集中电脑激光打码,实现气瓶动态化管理。结合电梯检测新规定的贯彻执行,开展为期3个月的电梯专项整治,解决电梯使用过程中存在的突出问题,落实电梯安装维护保养和使用单位主体责任,提高定期检验率、维保率,推广统一格式的电梯安全提示和维护保养合格标志。

至2010年,全市质监系统每年均有所侧重地组织对锅炉司炉工、起重机械操作人员、锅炉压力容器电焊工、特种设备安全协管员等特种设备操作人员进行培训，据不完全统计，共培训6600多人次。全市共有持证特种设备作业人员11247人，其中锅炉司炉人员2430人、压力容器2177人、起重机械2315人、叉车45人、电梯1125人、气瓶充装423人、安全管理人员2732人；全市注册登记的特种设备有11537台，其中锅炉2014台、压力容器3969台、起重机械2352台、电梯3124台、游乐设施44台、叉车34台。2005年成立的赣州虔安工业气瓶检验服务有限公司承担液化石油气钢瓶检验和工业气瓶检验，设计年检验液化石油气钢瓶20万只。2006年9月，组建赣州市特种设备监督检验中心，拥有高级检验师和高级无损检测人员，检验能力逐步提高，锅炉检验从额定蒸汽压力P小于等于2.45MPa提高到9.82MPa，无缝气瓶检验、危险化学品包装容器检验、锅炉能效测试、电梯限速器校验等项目先后开展。至2010年全市共检验锅炉11152台、压力容器10273台、压力管道133.6千米、电梯5763台、起重机械4409台、钢瓶104.62万只，特种设备检验收入逐年增加，2006年突破1000万元，2010年达到1780.8万元。

第八章 宜春市

宜春地区标准计量局成立于1984年9月7日,为宜春行署正处级单位,与宜春地区计量所合署办公,两块牌子,一套人员。局机关内设秘书科、计量科、标准化科、热工室、长度室、力学室、电学室、科研室,主要职责是负责全区标准化、计量、质量监督管理和行政执法。1990年4月,行署劳动局内设锅炉压力容器安全监察科、职业安全卫生监察科。1991年,宜春地区标准计量局与行署劳动局内设锅炉压力容器安全监察科、职业安全卫生监察科并存,履行各自职能。年末,宜春地区行政公署标准计量局机关共有干部职工48人(其中大学本科14人,大专27人,中专7人);技术人员30人[其中:计量检定员16人,高级工程师2人,工程师(会计师)8人];事业编制总数45个;设有秘书科、计量科、标准化科、热工室、长度室、力学室、电学室、科研室8个内设机构。是年,全地区10个县(市)均成立计量站(所),工作人员4人至20人不等。

1996年1月,宜春地区标准计量局改称宜春地区行政公署技术监督局,为行署正处级工作机构,机关事业编19名,内设秘书科、质量监督科、标准化科和计量科;下属直属事业单位3个:宜春地区计量所、宜春地区产品质量监督检验所;组建地区技术监督局稽查大队,机构级别正科级。1996年1月至1999年12月,宜春地区行政公署技术监督局的名称、职能、编制、下属单位未变;期间,全地区10个县(市)技术监督局实行行政按属地、业务由宜春地区行政公署技术监督局指导的双重管理体制。2000年6月,宜春地区行政公署技术监督局更名为宜春市技术监督局(简称市技监局)。年末,宜春市技监局机关共有干部职工19人(大学本科8人,大专11人);编制总数23个(其中行政编19个,工勤编4个);设有秘书科、质量监督科、标准化科和计量科共4个内设机构;下辖地区计量所、地区产品质量监督检验所、地区技术监督局稽查大队3个正科级直属事业单位,编制总数45个(其中计量所35个、质监所5个、稽查大队5个);共有工作人员41人(其中计量所31人、质监所5人、稽查大队5人)。是年,宜春市技监局辖袁州区、万载县、铜鼓县、宜丰县、奉新县、上高县、靖安县、丰城市、樟树市、高安市10个县(市、区)技监局。全市技监系统共有干部职工344人。

2001年1月,省政府决定对全省质量技术监督系统管理体制进行重大改革,实行省以下质监系统垂直管理。2月,宜春市技术监督局更名为宜春市质量技术监督局(简称市质监局)。按照改革要求,袁州区、樟树市、丰城市、高安市、靖安县、奉新县、上高县、宜丰县、铜鼓县、万载县10个县(市、区)技术监督局于2001年2月5日正式更名为县(市、区)质量技术监督局。是年11月底,宜春市质监局完成对上述10个县(市、区)质监局的交接。宜春市质监局为正处级单位,是省质监局的直属机构。设办公室、人事科、法规科、质量科、监督科、标准化科、计量科、锅容管特科等职能科

（室），及监察室（与党组纪检组合署）、机关党委。县（市、区）质监局为正科级行政单位，系宜春市质监局的直属机构。2001 年 6 月，在系统内部撤销市计量所、市产品质量监督检验所，成立市质量技术监督检测中心，为宜春市质监局直属事业单位。7 月，宜春市质量管理和锅炉压力容器等特种设备安全监察职能、机构和人员，分别由市经贸委和市劳动局划转到宜春市质监局。2002 年 5 月，原宜春市锅炉压力容器检验所和宜春市特种设备监督检验所合并，成立宜春市锅炉压力容器特种设备监督检验中心（后更名为宜春市特种设备监督检验中心），为宜春市质监局直属事业单位。6 月，成立机关后勤服务中心（正科级），承担局机关后勤服务，为市质监局直属事业单位。2004 年 5 月，市技术监督局稽查大队更名为市质量技术监督稽查支队。按照省质监局要求，2005 年 5 月，市质监局决定在质量科加挂认证监管科牌，与质量科合署办公；设立计划财务科技科，其职责与省质监局计财科技处对应。2006 年 7 月，增设食品安全监管科。9 月，锅容管特科更名为特种设备安全监察科。2009 年 6 月，袁州区质监局技术机构（产检所、计量所）全部划转到市技术监督检测中心，袁州区质监局不再保留技术机构。2010 年末，宜春市质监局机关共有干部职工 48 人（其中研究生 4 人，大学本科 27 人，大专 15 人，中专 2 人），中共党员 46 人，退休人员 16 人；编制总数 44 个（其中行政编 33 个，事业编 6 个，工勤编 5 个）；设有办公室、人事科、法规科、质量科、监督科、标准化科、计量科、特设科、计财科、食品科 10 个职能科室和监察室、机关党委。有市质量技术监督稽查支队、市质量技术监督后勤服务中心、市技术监督检测中心、市特种设备监督检验中心共 4 个直属事业单位，编制总数 66 个（其中稽查支队 6 个，服务中心 5 个，检测中心 40 个，特检中心 15 个）；共有工作人员 57 人（其中稽查支队 10 人，服务中心 5 人，检测中心 27 人，特检中心 15 人）；其中计量检定员 35 人，一级计量师 2 人，二级计量师 7 人，高级工程师 3 人，工程师（会计师）5 人。是年，宜春市质监局辖袁州区、万载县、铜鼓县、宜丰县、奉新县、上高县、靖安县、丰城市、樟树市、高安市 10 个县（市、区）质监局。全市质监系统共有干部职工 349 人。

标准计量管理

依照国务院 1984 年 2 月 27 日发布的《关于在我国统一实行法定计量单位的命令》，市技术监督检测中心建立的计量标准有 5 类（长度、力学、温度、电磁、理化）46 项，其中最高计量标准 37 项，次级计量标准 9 项。《中华人民共和国计量法》实施后，宜春地区拥有一支由 36 人组成并经省计量局考核合格的计量执法队伍，从事计量执法工作。1990 年，全区各县（市）组织 123 次商贸计量监督检查，检查经贸单位 2959 个（次），农贸市场 143 个（次），个体摊贩 3124 个（次），查商品标签 567350 张，计量器具 7134 台（件），包装商品 4601 件，查处违法案件 461 起，没收不合格计量器具 568 台（件）。全年计量器具综合合格率 82.5%，包装商品合格率 89.7%。宜春地区标准计量局成立之前，宜春地区没有制订和发布过工业产品的地方标准和企业标准，只制定过农业标准，如《马洪豆》标准、《珍珠矮》栽培规程等。1991 年，宜春地区标准计量局发布的全区 64 个工业产品地方标准，有 57 个地方标准下放为企业标准，废止 7 个地方标准。4 月，宜春地区标准计量局发布《宜春地区企业产品标准管理办法》。1991 年，地区标准计量局召开全区计量工作先进企业表彰会，宜春风动工具厂、宜春电机厂、樟树四特酒厂等23家企业被评为全区计量工作先进单位，受到地区标准计量局的表彰。宜春地区各县(市)计量(管理)站(所)建立长度、力学、温度、电磁4类120项计量标准。全区49家企业、事业单位建立长度、温度、力学、电磁4类136项计量标准。

1992年9月，受省计量局计量认证办公室委托，宜春地区标准计量局计量认证评审组对地区兽药饲料质量检验站进行考核评审。按照考核评审标准要求，通过评审组的现场考核和综合评审，首开宜春地区计量认证评审先例。1992年，宜春地区标准计量局会同奉新县标准计量局，在奉新县会埠乡渣村夜回村民小组依据标准开展晚稻、棉花标准化栽培示范试点。1993年2月6日，按照省政府办公厅赣府厅〔1993〕7号文件精神，5月27日，成立宜春地区企事业单位和社会团体统一代码标识制度领导小组，开展建档、换证、年审工作；1994年，区、县两级质监部门共为33210个组织机构赋码颁证，合计发证53977个(其中有13215个组织机构由于机构的废立导致其代码被废置)。行署技术监督局罗明和林志忠获"全国组织机构代码工作先进个人"称号；市质监局彭军平获"全国组织机构代码工作先进个人"称号。1993—1994年，全区共有计量检验机构75家，按计量认证管理权限均分别通过省、地区计量行政部门和有关省级行业主管部门的计量认证评审组考核评审。经省计量行政部门考核聘任，共7人为计量认证评审员。

1995年5月，宜春地区高安市被国家技监局挑选为江西省唯一一个全国50个县(市)首批消灭无标生产工作的试点县(市)；是月，在高安市召开全区标准化工作会议，总结推广高安市试点工作五点主要做法和经验。1995年12月8日，国家技监局发布《定量包装商品计量监督规定》(以下称规定)后，1996—1997年，全区计量行政部门对市场经销的定量包装商品，特别是消费者难以判定商品量是否符合标准要求的化妆品、洗涤用品和酒类等加大查处力度，"下架"一批与包装标注净含量不符的商品，处罚一批缺斤少两的生产企业和经销户。1996年7月，高安市无标生产试点工作顺利通过国家验收。国家技监局授予高安市政府"全国消灭无标准生产县(市)"称号，高安市成为全国首批、省第一个获此殊荣县(市)。1997年7月17日，在奉新县召开全区标准化工作会议，落实各县市消灭无标生产工作计划。为在全区推广高安经验，全面推进消灭无标生产工作，12月10日，区技监局在宜丰县召开消灭无标生产工作预验收现场会。

1998年，宜春地区31家定量包装商品生产企业经过行署技术监督局考核验收，取得生产定量包装商品企业计量合格证书，其产品外包装可以标注合格证书标志和证书号。1998年，全区省轴承质量检验站、水泵质量检验站、花炮质量检验站、低压电器质量检验站4个省级产品质量检验机构和宜春地区产品质量监督检验所等75个地、县级产品质量检验机构通过计量认证和授权；3月19日，省技监局组织考核组实地考核宜丰县消灭无标生产工作，宜丰县率先通过由省技监局组织的考核验收，成为全省第一批第一个通过消灭无标生产验收的县(市)。12月8日，经省技监局考核验收通过，宜春地区比原计划提前一年完成消灭无标生产工作，全区10个县(市)都获得消灭无标准生产县(市)称号。1999年，全区31家定量包装商品生产企业经行署技术监督局考核验收，取得生产定量包装商品企业计量合格证书。1999—2002年，市技术监督检测中心建立的59项计量标准，其中37项最高计量标准经省计量行政部门考核合格，22项次级计量标准经市计量行政部门考核合格，全部取得《计量标准合格证书》和《社会公用计量标准证书》。各县(市、区)计量(管理)站

(所)建立的120项社会公用计量标准,49家企事业单位建立的136项最高计量标准经市计量行政部门考核合格,取得《计量标准合格证书》。2000年,全区共评出物价计量信得过单位1700余家(含省级信得过单位)。2001年,列入强制检定的工作计量器具395007台(件)。2002年,宜春地区设立1个由四特酒有限公司承担的"全国白酒标准化技术委员会特香型白酒分技术委员会"标准化技术委员会。2003年,全市通过计量行政部门考核合格取得《制造计量器具许可证》的衡器(杆秤)生产合作社(组)和个体秤工82家,取得《修理计量器具许可证》的衡器(杆秤)生产合作社(组)和个体秤工74家。2003年2月,市质监局荣获"全国消灭无标生产先进单位"称号,市质监局罗明获"全国消灭无标生产先进个人"称号,受到国家标准委的表彰。"非典"时期,为贯彻实施强制性国家标准,市质监局于5月20日在宜春召开贯彻实施防治"非典"防护用品三项强制性国家标准培训会,市区各药房及医院共16个医疗单位参训。2004年,全市各县(市、区)的法定计量检定机构,一次性通过省质监局评审组的复审考核。是年,全区消灭无标生产验收企业数2013家、产品数3718个。2005年,全市各县(市、区)的法定计量检定机构,一次性通过省质监局评审组的复审考核;全市有9个县(市)供电公司通过省质监局组织的计量授权考核;10月,江西宏丰人造板有限公司和江西金薄金生态科技有限公司被国家标准委定为国家级和省级试点企业;市质监局彭军平获"全国农业标准化示范区先进工作者"称号,万载县质监局获"全国农业标准化示范区建设先进单位"称号。2006年,市质监局在全市工业企业中进行耗能情况的调查,其中2家列入全区重点耗能企业;与奉新赣锋锂业有限公司签订共同推进能源计量工作责任书;年耗标煤3万吨以上企业建立能源档案。2007年,经省计量行政部门考核聘任、全市建立一支由11人组成的计量标准考评员队伍。市技术监督检测中心建立的59项计量标准,其中37项最高计量标准经省计量行政部门考核合格,22项次级计量标准经市计量行政部门考核合格,全部取得《计量标准合格证书》和《社会公用计量标准证书》;全市有上高共大电表厂、高安仪表厂、宜春水表厂、奉新仪表厂、丰城电力计量器厂、丰城电子衡器厂、江西工具厂、东华计量管理所、宜春地区计量所等9家计量器具生产企业(除杆秤、木尺制造企业)制造包括长度、温度、力学、电磁等4类27种计量器具,全部通过省级样机试验和计量行政部门组织的技术考核,取得《制造计量器具许可证》。2007年,全市工业企业计量定级、验收企业590家;2008年,全市各县(市、区)计量(管理)站(所)建立计量标准4类(长度、力学、温度、电磁),120项(含暂已封存的),其中最高计量标准100项,次级计量标准20项。全区49家企事业单位建立长度、温度、力学、电磁4类136项计量标准(含暂已封存的)经市计量行政部门考核合格,取得《计量标准合格证书》。市质量技术监督检测中心建立的37项最高计量标准器具,按省质监局的安排,定期送省计量所或上海、成都计量技术部门检定。9项次级计量标准器由市技术监督检测中心按计划安排自行检定。各县(市、区)计量(管理)站(所)与企事业单位建立的各项计量标准器具,按标准器的准确度等级分别送市技术监督检测中心或省计量测试研究所检定。全市列入强制检定的工作计量器具395007台(件)。其中用于贸易结算的351635台(件),占总数的89.02%;用于安全防护的12036台(件),占总数的3.05%;用于医疗卫生的12312台(件),占总数的3.12%;用于环境监测的3101台(件),占总数的0.79%;其他15923台(件),占总数的4.03%,全部纳入各级计量检定机构的周期检定计划,实行周期检定。一次性检定的计量器具45589台(件),按行政区划由各县(市、区)质监局实行有效监督管理。2009年,袁州区质监局计量所与市质监局计量检测中心进行整合,袁州区质监局技术机构全部划转到宜春市检测中心,袁州区不再保留检测机构(《关于袁州区质监局技术机构与市检测中心进行整合的决定》)。经市质监部门组织起草、申报,省质监局批准发布的有《DB36/T220-1998油茶低产林改造》等省地方标准11个。贯彻实施《长江流域双季稻生产规程》(国标报批稿)和《棉花营养钵育苗移栽技术规程》(省地方标准)。宣传贯彻《中华人民共和国标准化法》及《实施细则》,5—7月,省质监局与市质监局组成的考核组考核确定,江西四特酒有限公司和江西金薄金生态科技有限公司达到省级4A、3A级《标准化良好行为企业》标准。2010年,市技术监督检测中心经再次扩建、改造后有检定用房761平方米,恒温面积722平方米,具备开展7类(长度、力学、温度、电磁、理化、定量包装、过度包装)112种计量器具和4类定量包装商品(长度定量包装商品、面积定量包装商品、计数定量包装商品、质量或体积定量包装商品)标注净含量的计量检验、过度包装和检测能力。特别是针对民生计量开展电能表、煤气表、加油机、加气机计量检定。全市列入强制检定的工作计量器具395007台(件);一次性检定的45589台(件),各县(市、区)的工作计量器具强制检定由县(市、区)质监局监管。全市各县、市、区建立计量检定队伍,具备开展7类112种计量器具和4类定量包装商品标注净含量的计量检验、过度包装和检测能力;开展电能表、煤气表、加油机、加气机民生计量检定。2010年,全市共发布《稻鸭共育模式生产绿色稻谷技术规程》等县级地方标准28个;全市共有90多个产品获得采标标志。是年,宜春市有农业标准化示范区15个(国家级11个,省级4个)。12月底,市质监局起草或已争取立项的国家标准或行业标准有16个,国家标准样品1个(宜春学院生物工程研究所承担研制的《乌索酸标准样品》)。全市备案企业标准3067个,取消或废止备案企业标准1120个。

质量监督认证认可

1991年开始,宜春市质监局连续开展质量监督检查。开展电子建档、网上办公电子化服务。受理产(商)品质量投诉997起,涉及产品货值448.123万元,挽回企业和消费者经济损失114.33万元;检查商家(街、店)、整顿各类市场4470个;查处销售伪劣产品商店、摊位601个;查处问题企业101家,责令整改33家,关停68家;关停小作坊412个;查处违法案件4172起(其中化肥案75起;农药案18起;不合格农用车13辆),移送司法机关案件39起(人);吊销营业执照19个;与554家企业签订产品质量责任状。全市获国家优质名牌奖的产品有5个(宜春风动、高安腐竹、四特酒厂、宜春橡胶、宜春一机)。1993年,在流通领域对农用生产资料、夏季饮料、酱油、饲料、通风终端设备、燃油和禁销的无中文标签商品进行检查。抽查4377家生产企业和经销商104种(类)6643批次产品,合格4356批次;查出伪劣商品445批次,销毁假冒伪劣商品货值151.2余万元;立案45起,罚没款25.82万元。为76家生产企业、91个产品颁发《质量合格证书》。1994年,经省技监局推荐,国家技监局授予宜丰县标准计量局"全国技术监督行政执法先进单位"称号、授予上高县标准计量局局长"全国技术监督行政执法先进工作者"称号;1995年11月,授予质量监督科副科长熊文虎"全国质量监督工作先进个人"称号。是年,在《宜春日报》开办《质量红黑榜》专栏,红榜表彰企业 99 家,产(商)品 124 个;黑榜批评企业 15 家,产(商)品 16 个;曝光不合格产(商)品 20 次;通报批评问题企业 251 家。按照国务院 1996 年 12 月颁布的《质量振兴纲要(1996—2010 年)》提出的恢复质量月活动要求,1997 年,全区质量监督工作的重点由生产领域转向流通领域。宜春地区行政公署技术监督局和各县(市)局与当地公安部门组织开展“联合打假”行动。全地区检查 1098 家商业企业、531 家企业生产的 576 批次产品;抽检商品 1288 种 1695 批次;捣毁制售假窝点 32 个,查处质量违法案件 306 起,结案 97 件;查处假冒伪劣商品 156 种,标值 284 多万元;销毁货值 67 多万元伪劣商品;打掉制售假化肥窝点 5 个,查获假冒化肥 160 余吨。受理并解决消费者有关质量投诉 593 起,货值金额 148 万元;挽回企业、消费者经济损失 14.5 万元。1998 年,开展打假治劣、保护名优工作。1999 年,相继开展“查市场、保两节”“查农资、保春耕”“查建材、保建设”行动,对产品质量不稳定的生产企业,下达责任整改通知。对产品质量低劣的生产企业,责令停产整顿,限期整改。2000 年,为落实全国全省打假联合行动电视电话会议精神,组织开展“九点行动”,重点对化肥、种子、农药、饲料、食品、螺纹钢筋、汽车配件、一次性输液器等产(商)品进行监督检查。全市共出动执法人员 1236 人次,端掉制假窝点 271 个,查获假冒伪劣产(商)品货值 476.5 万元。2001 年春节期间,全市质监部门开展“查市场、保两节”专项行动,捣毁制售假窝点 271 个,查获假冒伪劣货值 488.13 万元;11 月,市政府首次召开全市企业质量管理工作会议。是年,宜春市政府下发《关于实行质量工作和打假工作行政领导责任制的通知》,建立质量工作责任制;全市 4 家企业被省质监局评为“江西省质量管理先进企业”,3 家企业获“江西省效益型先进企业”称号。2002 年,组织“黑心棉”专项打假统一行动,检查棉花生产加工企业 16 家、经销商 35 家,查获不合格禁用纤维制品 1481 床(件)。是年,国家质检总局授与市质监局质量监督科“全国质量监督工作先进集体”称号;授于市技监局稽查大队教导员周信华“全国质量技术监督打假联合行动先进个人”称号。2003 年,开展食品普查建档。2004 年,为确保全国农运会在宜春举办期间的食品质量安全,10 月,宜春市质监局与袁州区质监局共同开展食品质量安全专项整治行动,检查食品生产加工、经销企业 318 家次,检查各类食品 50 余批次,查处存在问题企业 86 家,责令限期整改企业 33 家,关停 53 家,与 138 家食品生产加工企业签订质量责任状。市质监局与各县(市、区)局出动执法人员 3200 人(次),检查食品生产企业 1200 余家。市质监稽查支队对宜春城区 7 家面粉批发店抽取 9 个样品进行检查,其中 6 个增白剂超标,最多的超标准 3 倍,对超标库存的 79.1 吨面粉进行封存,对售出的查清流向。全市 574 家食品生产加工企业取得食品生产许可证;391 家两证齐全食品小作坊全部签订质量安全承诺书;679 家证照不齐和无证无照小作坊,移送有关部门并报请当地政府停产处理。是年,在全市县(市、区)、乡镇、村建立食品安全监管员制度,共聘用 712 名食品安全监管员。2005 年,全市开展农资和建材生产加工企业产品质量监督建档工作,建档企业 650 家(建材企业 612 家,农资企业 38 家);还对全市食品生产加工企业普查建档,建立电子档案 2628 份。是年,市质监局在全市党政机关建立 ISO9001 质量管理体系,并通过审核认证。2006 年,重点开展食品、农资、“地条钢”等专项打假行动,出动执法人员 3200 余人次,共查处“地条钢”生产企业 22 家,现场查封“地条钢”260 吨,对 5 家生产“地条钢”企业执行断电、没收产品等“五彻底”措施。7 月 13 日《中国质量报》第一版刊登题为《重心下移三位一体责任到人解谈江西食品安全监管的“宜春模式”》文章,肯定市质监局的成绩,向全国推荐市质监局在食品安全监管中的“独特作法”。是月,市质监局增设食品安全监管科后,食品质量实行专管。全市配备食品安全监管专职人员38名,乡镇质量技术监督管理人员202名,社会信息员367名。全市各县(市、区)质监局设立食品监管股,市、县两级食品安全监管机构13个。2007年,将全市202个乡镇、街道、开发区划分为150个质量监管责任区,在责任区定人、定责,将食品质量安全、特种设备安全、辖区打假落实到人。年内,在高安市开展腐竹整顿工作,整治腐竹加工企业、作坊21家,10家企业取得食品生产许可证,1家企业改建申请办证,其余10家关停。帮助获证企业在产品包装上正确加印、加贴QS标志,帮助145家企业获得《食用生产许可证》;全市586家食品生产加工企业全部获得《食品生产许可证》。对全市家用电器、儿童玩具等10类产品生产企业进行调查摸底建档,全市96家企业,除关停8家,其余88家已全部建立质量档案,建档率100%。建立全市质量安全重点监管和产品定期监督检查数据库,避免重复检查。市质监局建档工作经省质监局现场考核验收,获“全省质量技术监督局系统产品质量和食品安全专项整治行动”达标单位。全市有中国名牌产品3个(保险柜、大米、面条)、国家免检产品3个(2个大米、1个食用植物油)、国家地理标志产品(高安腐竹)、省名牌产品9个、省重点保护产品12个。省樟树粮油公司雪莲牌红叶系列小麦粉等市内11家企业获得“国家免检产品企业”称号。宜春市5家企业5个产品荣获“省名牌产品”称号,5家企业获“省质量管理先进企业”称号。全市共有质量检验机构75家,通过省、市计量行政部门和省级行业主管部门计量认证评审组考核评审。检查桶装纯净水生产企业38家,查处无许可证企业5家。2008年,全市对71家单位(生产企业17家,经销单位54家)开展3C认证行政执法检查,查处案件18起(生产企业3家,经销单位15家),罚款总额9.42万元;检查7家认证机构,对3家违规认证机构进行处理。编制《宜春市2008—2010年名牌培育发展规划》。为落实省质监局“质量兴园”部署,9月,市质监局和市经开区签订质量兴园合作备忘录,并召开企谈会。10日,江西省樟树粮油公司等8家企业分获“中国名牌产品”“国家免检产品”称号。在《宜春日报》向全市企业发出《以质取胜、品牌兴企倡议书》,12日,市委宣传部、市质监局等六部门联合举办质量论坛。六部门及市县两级质监局、全市规模以上企业负责人共150余人参加论坛。省质监局派员围绕名牌战略发展作专题讲座。受三鹿奶粉事件影响,国家质检总局通知国家免检产品、中国名牌产品评选暂停。2009年7月,省质监局将建筑外窗和验配眼镜产品生产许可委托设区市局办理,全市共办理建筑外窗生产许可证3个,验配眼镜生产许可证4个。9月1日,市领导就质量月活动接受宜春日报记者专访,作题为《创新提升质量,名牌促进发展》专题介绍。是月,市领导带领市质监局等质量月活动领导小组7部门负责人,深入企业开展“质量服务进园区”活动;12月,市政府下发《关于开展质量兴园工作的实施意见》;全市5个县(市、区)相继开展质量兴园活动,5家企业获省质量管理先进企业称号。2010年9月,市质监局联合电信公司制作群发1000余条“质量月”公益宣传手机短信。是月,市质监局联合市经开区管委会组织园区企业开展质量月活动,组织全市9家名牌企业开展质量对比提升示范活动;部署开展10类重点产品生产企业、工业产品生产许可证企业、3C认证目录范围生产企业以及有效期内的名牌产品生产企业、国家免检产品生产企业质量建档工作。各县(市、区)局对照省质监局提出的建档参考企业名单,市质监局从机构代码数据库中调取建档企业名单,开展清查摸底,全市316家企业建立质量档案。是年,市质监局开展产品质量调研，形成《建筑陶瓷产业发展及产品质量分析报告》上报市政府，分管副市长在市质监局呈送《宜春建筑陶瓷产业发展及产品质量状况分析报告》上作肯定批示；是年，市质监局制定《宜春市加强认证执法监管体系建设工作实施方案》，各县（市、区）局明确监管人员；对获得3C认证企业及获得自愿性认证企业进行清理，将获证企业名单发至各县（市、区）局，对3C认证企业建立质量档案。至2010年11月30日，全市有效期内的3C强制认证证书126张，暂停17张、注销8张、撤销13张；全市有效期内的质量管理体系认证证书278张、环境管理体系认证证书48张、职业健康安全管理体系认证证书23张、产品认证证书18张。是年，检查29家认证机构，检查食品农产品认证企业12家，涉及产品种类37种，查处4家问题企业。年底，分别对列入工业产品生产许可证、3C认证目录范围的288家生产企业以及名牌企业建立质量档案，建档率达到100%。

特种设备监察检验

为贯彻执行省《锅炉压力容器安全监察暂行条例》《蒸汽锅炉安全技术监察规程》《锅炉房安全管理规则》，做好锅炉安装使用安全监管工作，宜春地区劳动局锅炉压力容器安全监察科依据1985年3月宜春行署劳动人事局发出的《关于对现有锅炉安装和修理单位进行整顿的通知》，对锅炉安装和修理单位重新申请、登记、考核，重新确定业务范围，领取蒸汽锅炉安装、修理业务许可证。1991年，全区共有锅炉1171台，全部实行登记、发证。是年，经省劳动厅资格认可审查组审查，并于1992年经劳动部备案注册，认定宜春地区锅炉压力容器检验所检验资格。1992年，对6个锅炉安装、修理专业单位进行审查、考核、换证。是年，樟树起重设备厂、江西电梯厂取得由省劳动厅首次颁发的生产、安装、维修许可证；宜春地区建筑公司取得省劳动厅起重机械安装维修资格证书。1993年始，进行电梯检验。1994年，宜春第一机械厂等三家企业分别取得电梯、起重机械安装维修资格证书。1995年，制订《锅炉房安全管理八项制度》《全区气体充装站注册登记实施办法》《宜春市落实特种设备使用单位主要负责人及相关管理、作业人员安全责任实施意见》。1996年，经行署劳动局审查批准，地区水电设备安装公司和英岗岭矿务局机修厂获D级锅炉安装专业单位资格。1998年10月，省劳动厅和省技监局对地区劳动安全卫生检测站进行资格认可。1999年1月，行署劳动局发出《关于认真做好锅炉压力容器安全管理的紧急通知》。年底，对4个D级锅炉安装修理单位进行审查换证。2000年，全市查封“土锅炉”50余台。处理违章安装使用的锅炉27台、压力容器36台；处理未经注册、无证使用的压力容器97台；液化气站工程质量验收6家。是年，审查锅炉压力容器安装修理申报184台次，检验建筑升降机145台，验收电梯14台，年检电梯101台；检测验收行车280台，防雷检测14个单位。锅炉压力容器检验所共检验锅炉626台，压力容器143台，压力容器产品监检45台。2001年7月3日，召开特种设备安全监察工作会，各县（市、区）质监局确定一名分管领导，并成立特种设备安全股。2002年，组织特种设备普查登记，全市1084台锅炉登记备案2003年3月，国务院颁布《特种设备安全监察条例》并于6月1日起实施。市质监局与市安全生产委员会办公室联合发文，建立乡镇、街道特种设备安全协管员制度。为指导县（市、区）规范化、制度化开展现场监督检查工作，省质监局对特种设备安装修理单位重新核发许可证书，江西起重机械总厂等 11 家企业取得制造、安装、维修等不同级别许可证。2004 年,市特种设备监督检验中心经国家质检总局核准,确定额定蒸汽压力小于等于 2.45MPa 在用蒸汽锅炉和在用承压热水锅炉检验等 10 个检验项目;8 月,出台《宜春市特种设备安全监督检查实施意见》。2005 年,提出监督检查,问题查处,隐患整改,责任追究"四个到位"。2006—2007 年,推行"一图、二档、三台账"(特种设备分布示意图;安全监察工作档案、使用单位特种设备档案;特种设备台账、安全协管员台账、作业人员台账)做法。建立特种设备安全监察定期上报制度;制定《特种设备隐患整改监督办法(试行)》;90%以上使用单位签订《特种设备安全使用承诺书》。组织指导明月山汇盛索道有限公司和江西赣中氯碱公司应急救援演练。2008 年,开展起重机械专项整治,完善特种设备动态监管、特种设备安全责任、特种设备应急救援体系。2009 年,重点开展"电梯安全使用及维护保养、起重机械专项整治和气瓶充装安全"三个专项整治。2010 年,完成特种设备检验任务 3056 台(含在用锅炉 1061 台、压力容器 690 台、压力管道 12 千米、电梯 865 台、起重机械 400 台、厂内机动车辆 40 辆)。从 2002 年起,特种设备作业人员由市特检中心组织培训考核,2006 年,省质量技术监督局批准宜春市特检中心为宜春市特种设备作业人员考核机构。2002—2010 年,全市共核发取证特种设备作业人员 8787 名。至 2010 年底,历年经市特检中心检验并整改的特种设备,未发生质量安全事故。

第九章　上饶市

1991 年,上饶地区标准计量局为副县级差额拨款事业单位,隶属上饶地区经济委员会管理,工作人员有 39 人,其中大学本科 9 人、大学专科 9 人、中专 4 人、其他 17 人;计量检定人员 22 人。7 月,上饶地区标准计量局成立上饶地区产品质量监督检验所,为局属副科级事业单位。1993 年 10 月,上饶地区标准计量局更名为上饶地区技术监督局,仍为副县级事业单位,下辖地区计量所和地区质检所 2 个事业单位,隶属上饶地区经济委员会。1995 年,地区质检所具有化工、食品、家用电器三大类检测能力。1996 年 9 月,地区行署明确上饶地区技术监督局为上饶行署主管全区技术监督工作的副处级事业单位,内设办公室、计量管理科、标准化科、综合科、监督科 5 个副科级内设机构,核定事业编制 28 名。1998 年 5 月,上饶地区技术监督局升格为上饶地区行署行政一级局,为正处级事业单位。

2000 年,上饶地区撤地设市,上饶地区技术监督局更名为上饶市质量技术监督局(简称市质监局),市质监局机关人员 55 人,拥有本科学历 12 人、专科 24 人、中专 5 人、其他 14 人,计量检定人员为 17 人。2001 年,根据国务院关于质量技术监督管理体制改革的规定,上饶市质监局由上饶市成建制划转省质监局垂直管理,负责上饶市辖区内质量技术监督综合管理和行政执法工作。是年,全市质监系统分三批完成人员编制上划工作,第一批从地方上划编制数 442 个(其中行政 270 个,事业 172 个);第二批从上饶市劳动局的锅容压力容器检验所、劳动安全卫生检测检验站上划编制 16 个;第三批从上饶市经贸委质量科、上饶市劳动局锅炉压力容器安全监察科上划编制 5 个。4 月,上饶市质监局将原地区计量所、原地区产检所合并成立上饶市计量质量检测中心。年底,上饶市质监局完成省以下垂直管理机构改革,确定为省质监局正处级直属机构,内设办公室、人事科、法规科、质量科、监督科、标准化科、计量科、锅容管特科等 8 个职能科室和监察室(与党组纪检组合署)、机关党委;信州区、上饶县、广丰县、玉山县、横峰县、弋阳县、铅山县、鄱阳县、余干县、万年县、婺源县、德兴市 12 个县(市、区)质监局为上饶市质监局正科级直属机构;三清山风景名胜区质量技术监督分局为上饶市质监局正科级派出机构。上饶市县两级质监局机关定编 201 人(其中行政编制 175 人,后勤事业编制 25 人,老干部服务编制 1 人);核定市县两级质监局事业编制 188 人(其中全额 75 人,差额 109 人,自收自支 4 人)。是年,上饶市委组织部同意成立上饶市质监局党组,撤销上饶市质监局党支部。

2004 年 9 月,省质监局批准设立上饶市质监局综合科,增加行政编制 9 名。2005 年 7 月,省质监局批准设立上饶市质监局食品安全监管科。8 月,在综合科基础上成立上饶工业园区质量技术监督分局,负责上饶工业园区的质量技术监督综合管理和行政执法工作。2006 年 1 月,省质监局同意将上饶市计量质量检测中心分设,成立上饶市计量所和上饶市产品质量监督检验所2个直属技术机构。5月,市质监局新综合办公大楼建成,占地6100多平方米,建筑面积8100多平方米。6月,市质监局要求各县(市、区)质监局组建食品安全办公室,负责食品生产环节质量安全监管工作。2010年6月,省质监局批准设立上饶市质监局认证监管科。是年,上饶市质监局辖信州区、上饶县、广丰县、玉山县、横峰县、弋阳县、铅山县、鄱阳县、余干县、万年县、婺源县、德兴市、三清山风景名胜区13个县(市、区)质监局。

标准计量管理

1991年2月,地区标准计量局开展标准化整顿验收复查工作。6月,开展"商品质量信得过"企业评选活动。7月,联合地区卫生局对医用X-辐射源实行强制性检定。是年,地区计量所全年检定业务收入达10万元,铅山县标准计量局获全省计量工作达标一级单位。1992年7月,开展全区工业计量执法监督检查工作,授予上饶客车厂等5家企业为标准情报工作先进单位。是年,成立上饶地区标准资料发行站。1993年,全区生产企业实行产品标准登记制度,为25家地属以上工业企业进行标准登记,备案企业标准56个,制(修)订企业标准29个。是年,上饶茶厂、上饶市啤酒厂等10家企业率先申报商品条码。开展汽油加油机专项检查,检查加油站22家,立案查处8家涉嫌违法加油站。1994年,全区企业产品标准登记覆盖面达70%,备案企业产品标准48个,开展食品标认可600多个,全区代码数达到12802家。是年,联合人民银行上饶地区分行在全区金融系统推行全国"统一代码"标识制度。1995年,对全区52家企业换发"四级"标准化水平证书,新登记企业产品标准200多家,制(修)订产品标准240余个。8月,地区行署行文,要求在全区公众贸易中限制使用杆秤。1997年,德兴市"异维西纳"产品列入国家级重点科技新产品项目,全区有14家企业申报商品条码,并获中国物品编码中心批准。1998年11月,在广丰县召开全区消灭无标县工作现场会。是年,地区计量所年检定业务收入达30余万元。全区完成42家生产定量包装商品企业的计量合格评定工作。1999年,全地区共有32项企业产品采用国际标准,21项产品获国家"采标标志"认可;共完成400项企业产品标准备案工作,帮助企业制(修)订标准260项;共制定9项省地方标准,并经省质监局批准发布;全地区共有18个企业获得省、地区实施标准优秀企业,21项标准被评为全省优秀标准。全地区12个县(市)中有11个通过国家及省级无标生产工作验收,标准覆盖率由47.9%上升到97.6%。全地区共办理换发组织机构代码证1.2万余家,办理商品条码150余家,700多种产(商)品使用商品条码。全地区组织开展对加油机、商品房、瓶装液化气、电线及化肥、水泥等定量包装商品的计量监督1000余次,完成电话计费器强制检定700余台。广丰卷烟厂等一批单位被省质监局评为"江西省企业计量工作先进单位"。

2000年,万年县全国淡水珍珠养殖标准化示范区通过国家级农业标准化示范区考核验收。是年,全地区4项计量器具强制检验的受检率从2年前的15%上升到90%以上。地区计量所年检定业务收入超过50万元,建立计量标准以电学类为主,达18项。全市法定计量技术机构及授权计量机构使用的计量标准及重要计量设备受检率达98%。2003年,国家标准委授予鄱阳县质监局巢木水“全国消灭无标生产先进工作者”荣誉称号。是年，上饶市人民照相馆等82家企业被评为“上饶市计量信得过企业”。7月，全市在强制检定合格后的加油机上加贴全国统一的强制检定合格标志。2004年，市质监局姜浩获“全国农业标准化工作先进个人”称号。是年，婺源大鄣山大米国家级农业标准化示范区通过考核验收。2005年，全市统一使用全国新版《检定证书》和《检定结果通知书》格式式样，并对全市县级供电有限责任公司开展计量授权考核。4月，国家质检总局批准广丰县白耳黄鸡为国家地理标志保护产品，是全市首个获得地标保护的农产品。2006年，玉山县白玉豆系列蔬菜省级农业标准化示范区通过考核验收。是年，全市开展强制检定工作计量器具普查登记，全面停止使用DD28等淘汰的单相电能表。12月，国家质检总局批准弋阳年糕为国家地理标志保护产品。2007年1月，批准横峰葛为国家地理标志保护产品。是年，万年生猪国家级农业标准化示范区通过考核验收；弋阳县质监局起草的省地方标准《地理标志产品　弋阳年糕》经省质监局批准发布。

2008年，全市质监系统完成法定计量检定机构复查考核，制定《上饶市质监局关于水表强制检定有关问题的通知》。2月，广丰县的天桂梨、绿竹笋示范区项目和上饶县的“金益精”牌蜂产品，被国家标准委列入第六批国家级农业标准化示范区项目，全市国家级农业标准化示范区项目达到13项。9月，市质监局组织市计量所、市供电公司、市自来水公司、市燃气公司在信州区解放路社区开展“计量进社区”服务活动。是月，市质监局决定在鄱余万滨湖区域由余干县局牵头筹建余干县产品质量检测站；在德婺区域由婺源县局牵头筹建婺源县产品质量检测站。10月，国家质检总局批准婺源绿茶为国家地理标志保护产品。11月，德兴市的江西维东山设备有限公司《辐射式高效水力旋流分级机组》国家标准送审稿通过审查。12月，国家质检总局批准万年贡米为国家地理标志保护产品。2009年1月，上饶市计量所完成上饶中心城区100台出租车计价器计量主程序芯片更换工作。是年，上饶市政府成立市标准化战略领导小组，宣传部等15个部门为成员，领导小组办公室设在市质监局，印发《上饶市人民政府关于大力实施标准化战略的意见》。是年，市质监局开展“商业诚信计量”活动，在市中心城区16家金银首饰店铺悬挂“诚信计量自我承诺公示牌”，开展“米袋子、火炉子”定量包装商品计量监督检查306批次，查处62起计量违法行为。是年，市县级计量技术机构对全市442台在用加油机全面启动加油机防欺骗功能，全面完成强制检定工作计量器具建档工作，完成6276台（件）强制检定计量器具及125929台（件）民用三表的建档工作。12月，玉山县紫宝香糯1号、玉山白玉豆和榨菜系列蔬菜3个省级农业标准化示范区通过省质监局考核验收。

2010年，上饶市政府印发《关于加强计量工作的若干意见》，将乡镇医院医疗器具和集贸市场衡器强检费用纳入财政预算，建立民生计量经费保障机制和计量长效监管机制，全市26户省级重点能源企业建立能源计量档案。是年，上饶市计量所建立计量标准23项，年检定业务收入230万元。12月，国家质检总局批准马家柚（广丰）、婺源荷包红鲤为国家地理标志保护产品，全市获得国家地理标志保护产品达7个。

质量监督认证认可

1991 年 3 月,地区标准计量局下达年度第一批产(商)品质量监督考核计划。4 月,在上饶市(现信州区)试行啤酒报验工作。1992 年,地区标准计量局组织全系统开展打击生产和经销假冒伪劣商品活动。1993 年,举行地区《产品质量法》宣传贯彻座谈会,行署专员邓布仁在《赣东北报》发表《认真实施〈产品质量法〉,净化我区经济环境》的署名文章,联合地区经委、地委宣传部、上饶电视台等单位,开展"上饶质量访察行"活动。9 月,加强产品质量检验机构计量认证监督管理,明确未通过计量认证的检测机构停止出具检测数据的检测工作。1994 年,全地区完成 24 类产品的定期监督检验工作,抽查 382 个批次产品,合格率为 81%。是年,全地区共查处假冒伪劣商品标值 449.7 万元,销毁假冒伪劣商品 110.25 万元,罚没款 65.77 万元。1995 年 7 月,地区技术监督局成立《上饶质量访察专刊》编委会。1996 年 5 月,大鄣山茶经中国绿色食品发展中心认证,获全省首家 AA 级绿色食品证书。7 月,地区行署发文,在全地区开展打假扶优创名牌系列活动。1997 年,地区技术监督局对 39 类产品进行定期监督检验,抽查 200 家企业 230 个批次产品,合格率为 84%。开展"打假保春耕、打假保夏种"行动,检查各类农资 598 批次,合格率为 75%。开展"双百双十工程",确定广丰烟厂等一批名牌重点保护企业。是年,全系统查处产商品质量违法案件 637 件,没收处理产商品标值 116.9 万元,打假立案 171 起,罚没总额 444 万元。1998 年 3 月,地区技术监督局联合地区公安局成立联合打假办公室。1999 年,全地区集中开展"查市场、保二节,查农资、保春耕,查建材、保建设"三大战役,共出动执法人员 7476 人次,查获假冒伪劣商品标值 440 万元,捣毁销售假冒伪劣商品窝点 12 个,检查商品 2749 批次,专业市场 147 个,商业门店 3467 家,没收劣质计量器具 466 只(件),查处的"弋阳县弋江镇制造销售假冒名牌牙膏窝点案"列入当年全国 10 个制假售假案之一。江西凤凰光学(集团)公司生产的"凤凰 303 相机"获科技部、国家质监局颁发的"国家级重点科技新产品"。

2002 年,上饶市政府出台《关于进一步加强产品质量工作的通知》,启动"质量兴市"工作。是年,确定广丰县为全省"质量振兴"工作试点县。4 月,市质监局举办首次食品质量安全市场准入制度培训班,对首批实施市场准入制度的小麦粉、大米、食用油、酱油、食醋 5 类食品进行宣传贯彻培训。2003 年,市质监局印发《上饶市质量技术监督系统 2003 年农资打假工作实施方案》,对全市生产农药和化肥企业开展重点排查。2004 年 3 月,全省质监系统质量管理与认证工作暨质量兴市工作座谈会在广丰召开,市质监局获全省质量管理与认证工作先进单位。8 月,上饶市委、市政府由市质监局牵头,十个市直部门联合组成"地条钢"专项整治工作领导小组,全面取缔"地条钢"生产企业。2005 年 5 月,上饶市政府召开首次全市质量工作会议,表彰江西省德兴市百勤异 VC 钠有限公司等 10 家"全市质量管理先进单位",对获得"江西名牌"产品企业进行授牌,并明确提出实施"质量振兴"战略。6 月,《上饶市食品生产加工企业质量安全卫生监督管理办法》出台,规定企业所生产加工的食品必须经检验合格并加印(贴)食品质量安全市场准入标志后方可出厂销售。7 月,市质监局建立乡镇街质量技术监督协管员制度,延伸质监工作的基层监管触角。9 月,市质监局开展以“质量在我手中,用户在我心中”为主题的食品质量安全宣传咨询活动。是月,市质监局完成全市名牌产品主要经济指标数据统计,全市有省级名牌生产企业 14 家,省级名牌产品 15 个,全市 2004 年度名牌产品销售总额 241914.18 万元,出口总额 1605 万美元,纳税总额 47328.44 万元。2006 年 3 月,市质监局批准德兴市、余干县成立上饶市产品质量监督检验所食品监督检验站,批准成立广丰烟花鞭炮监督检验站。8 月,市质监局批准成立上饶市产品质量监督检验所弋阳食品监督检验站。9 月,信州区荣获“2006 年全国质量兴市先进县市”,是全省唯一获此殊荣的市辖区。

2007 年 9 月,市质监局联合市委宣传部等举办以“质量安全,共同的责任”为主题的产品质量和食品安全大型宣传咨询活动,集中展示 50 余家企业的 124 个名优产品。是月,上饶市政协视察市质监局食品安全工作,实地察看上饶市红叶食品公司、上饶市产检所等企业和食品检测机构。11 月,上饶市政府召开全市产品质量和食品安全领导小组会议,总结全市产品质量和食品安全专项整治工作,食品生产加工企业获证率达到 100%,小作坊签订食品质量安全承诺书比例为 90.7%,14 类重点工业产品企业建档率 100%。2008 年,玉山县“春源”山茶油被列为奥运进京重点督查食品。3 月,市质监局在全市开展“农资专项打假”行动,出动执法人员 323 人次,检查农资生产企业 51 家,抽取样品 60 余个,查处制售假冒伪劣农资案件 9 起,捣毁制假窝点 2 个。8 月,市质监局根据省质监局主要领导关于认真查处万年经济适用房使用劣质钢材的批示,在全市范围内开展劣质钢材专项整治行动。是月,为确保北京奥运期间危化品和农药产品企业生产安全,市质监局对危化品和农药获证企业开展实地检查,检查获证企业 12 家,覆盖率 100%,其中 8 家企业安全系数为合格,3 家企业停产,1 家企业因管道老化责令停产整顿。9 月,市质监局联合市委宣传部等举办质量月大型宣传咨询活动,组织发布食品等 11 项产品质量信息,集中展示 60 余家 200 余个名优产品。2009 年 3 月,市质监局组织开展家电下乡产品专项监督工作,重点对列入家电下乡产品目录的彩电、冰箱(冰柜)、洗衣机、手机、电脑、空调 6 类产品进行检查,全市系统出动执法人员 242 人次,检查定点销售网点 159 个,中标家电品牌 23 个,查获拼装假冒“三洋”彩电 5 台。开展“农资打假保春耕”行动,对 23 家农资企业、89 个农资门市进行检查,查处不合格化肥 9.7 吨,为农民挽回经济损失 8 万余元。

2010 年,上饶市委、市政府全面开展“质量三兴”活动,全市拥有凤凰光学等 2 个“中国名牌”产品,江西盾翔等 25 个“江西名牌”产品,全市产品质量合格率较 5 年前提高 15%,主要工业产品抽查合格率达 87.6%。是年,上饶市政府成立上饶市名牌战略推进委员会,建立名牌领导、工作、协调机制,出台《上饶市市本级工业发展基金管理办法》,将“名牌产品”奖励列入市政府工业发展基金,给予“中国名牌”20 万元、“江西名牌”5 万元的高额奖励。是年,全市共有工业产品生产许可证获证企业 118 家企业,130 张证书,主要取证产品范围是建筑材料(水泥、钢筋、防水卷材、混凝土输水管、建筑外窗、人造板、混凝土简支梁)、农业生产资料(复混肥、磷肥、农药、水泵)、验配眼镜、危险化学品(含包装物)等。

特种设备监察检验

1991—2000 年,上饶地区特种设备工作由地区劳动局负责,前身为上饶地区劳动局锅炉压力容器安全监察科。

2001 年 7 月,上饶市政府召开上饶市劳动局和上饶市质监局关于锅炉压力容器系统交接问题协调会议,地区劳动局锅炉压力容器安全监察科、市劳动安全卫生检测检验站、市锅炉压力容器检验所的在编 23 人,一并由上饶市质监局接收。上饶市液化石油气压力容器检验站维持现状,编制、人员、身份及待遇不变,明确业务接受市质监局指导,管理由上饶市劳动部门负责,市质监局不再增设其他液化石油气压力容器检验站。是年,省质监局批准,将上饶市锅炉压力容器检验所和上饶市特种设备检测检验站合并,成立上饶市锅容管特检测检验中心。上饶市锅容管特检测检验中心有职工人数 17 人,其中工程师 7 人,检验师 7 人。2001 年 10 月,市质监局开展锅炉压力容器压力管道及特种设备普查登记和整顿治理工作。12 月,对全市小型和常压热水锅炉开展专项技术检定。2002 年,上饶市锅容管特检测检验中心检测业务收入达 57 万元。2003 年,市质监局对国家质检总局的《锅炉压力容器制造许可条件》《锅炉压力容器制造许可工作程序》《锅炉压力容器产品安全性能监督检验规则》进行宣传贯彻。2004 年 11 月,省质监局批准上饶市锅容管特检测检验中心更名为上饶市特种设备监督检验中心。2005 年,省质监局印发《关于同意上饶市质量技术监督局成立上饶市液化石油气压力容器检验站的函》,同意其在核准范围内从事检验工作。2006 年,市质监局实行特种设备行政许可网上审批,特种设备安全监察平台网上审批贯穿行政许可整个过程,涉及申请、受理、评审、审批、发证、施工告知等工作。2 月,市质监局举办全市特种设备安全监察员培训班,培训特种设备安全监察员 40 余人,明确提出特种设备工作“四化”要求,即法制化、制度化、程序化、信息化,努力实现“五率”达到 100%,即注册登记率、定期检验率、持证上岗率、隐患整改率、事故结案率。6 月,市质监局组织信州区质监局、上饶县质监局分别在庆丰公园、赣东北游乐场开展特种设备安全法制宣教活动,现场解答游客关于特种设备安全使用问题。2007 年,市质监局开展特种设备安全文化“六进”活动,即特种设备安全文化进园区、进社区、进校园、进农村、进家庭,广泛宣传特种设备安全法制,提高全民安全使用意识。是年,市质监局获得全省特种设备安全监察业务知识大比武活动团体二等奖。2008 年 8 月,上饶市特种设备监督检验中心方焕华、刘建勋、谢君震 3 人,经过 1 年多的反复设计、论证、实验,发明的“升降机断绳保护装置”获得国家级专利。

2010 年,上饶市特种设备监督检验中心有职工 40 人,高级工程师 2 人,检验师 28 人,III 级无损检测人员 3 人,各种检验检测仪器设备从 2002 年 26 台增长到 208 台,2010 年完成检测业务收入达 695 万元。9 月,信州区质监局在月泉花城小区开展“特种设备安全进社区暨电梯事故应急救援演练”活动,保证在电梯突发事件时应急工作协调、有序、高效运行。11 月,信州区质监局在上饶中材机械有限公司举行“特种设备事故救援演练暨特种设备安全进企业”活动,提高使用企业应对特种设备突发事故的指挥协调、协同作战和抢险救援能力。

第十章　吉安市

吉安地区标准计量局成立于1984年11月15日，为副处级政府直属机构，归口吉安地区经济委员会管理。1987年成立地区产品质量检验所，为地区标准计量局下属事业单位。1991年，地区标准计量局内设机构有办公室、计量科、标准科、质量监督科，辖地区计量所、地区产品质量检验所。共有工作人员39人，其中大学本科5人、专科30人；有技术人员14人，其中高级职称6人，中级职称4人。1992年，吉安地区各县（市）技术监督部门的名称均为标准计量局，为副科级行政事业单位，归口当地经济委员会管理，共有工作人员66人，有中级职称2人。

1996年，吉安地区标准计量局更名为地区技术监督局，仍为副处级政府直属机构，内设办公室、质量监督科、标准化科和计量科，下属单位为吉安地区计量所、吉安地区产品质量检验所，全地区12个县（市）技术监督部门均更名为技术监督局，归属当地经济委员会管理的体制不变，职能、行政级别、编制保持不变，业务由地区技术监督局指导。1997年5月，成立吉安地区技术监督局稽查大队。1998年，地区计量所与地区产品质量检验所合并，组建地区技术监督检测中心。

2000年1月，实行省以下质监系统垂直管理。吉安地区技术监督局随即更名为吉安市质量技术监督局（简称市质监局），各县（市、区）技术监督局均更名为质量技术监督局。2002年12月11日，经省机构编委办公室批准，吉安市质监局为正处级行政单位，下属各县（市、区）质监局为正科级行政单位。2000年末，全市质监系统共有职工258人，其中吉安市质监局78人，县（市、区）质监局176人，其中大学本科16人、专科98人。有技术人员31人，其中高级职称9人、中级职称15人。内设机构有办公室、法宣科、标准化科、质量科、监督科、计量科，下辖吉安市质量技术检测中心（撤地设市前称为吉安地区技术监督检测中心）。市质量技术检测中心内设机构有热工室、长度室、力学室、电学室、理化室、办公室。

2001年7月30日，吉安市的质量管理和锅炉压力容器特种设备的安全监察职能、机构和人员，分别由市经贸委和市劳动局整体划转到吉安市质监局。2002年5月，吉安地区技术监督局稽查大队更名为吉安市质量技术监督稽查支队。2002年8月，市质监局增设锅容管特管理科。2002年10月，原吉安地区锅炉压力容器检验中心更名为吉安地区特种设备监督检验中心（2006年9月，更名为吉安市特种设备监督检验中心）。2003年3月，经省编办批准吉安市质量技术监督局青原分局成立，为正科级行政单位。2005年3月，成立市质监局机关后勤服务中心（正科级事业单位）。2005年7月，市质监局增设食品安全监管科，各县（市、区）质监局均设立食品安全监管办。2005年，市质监局锅容管特管理科更名为特种设备安全监察科。2007年6月，全市各县（市、区）质监局均成立计量监督检测所，为副科级事业单位。2009年7月，经省编办同意成立吉安市标准化信息所。2010年6月,市质监局增设认证科、计财科。2010年末,吉安市质监局系直属省质监局的正处级政府直属工作机构,内设机构有:办公室、人事科、法规科、质量科、监督科、标准化科、计量科、特设科、计财科、食品科、认证科等11个科室和监察室、机关党委;直属单位有市质量技术监督稽查支队、市质量技术监督检测中心、市特种设备监督检测中心、机关后勤服务中心、市标准化信息所。是年,吉安市质监局辖吉州区、青原区、新干县、峡江县、永丰县、吉水县、安福县、永新县、吉安县、泰和县、万安县、遂川县、井冈山市13个县(市、区)质监局。全市质监系统共有干部职工376人,其中市质监局159人,县(市、区)质监局217人,共有大专以上学历人员296人,占总数的79%,其中硕士7人;技术人员中有高级职称8人、中级职称20人、初级职称110人,分别占技术人员总数的6%、15%、79%。

标准计量管理

1984年,吉安地区标准计量局有专职标准化管理人员3人,开始进行企业产品标准的制订工作。1985年,地区标准计量局会同有关部门,制订区内企业生产的白酒、饮料、火腿、地瓜干、无压锅炉等319个企业产品技术标准。1985年9月6日,中华人民共和国主席令公布《中华人民共和国计量法》,吉安地区各县、市采用多种形式进行宣传贯彻。1988年12月,《中华人民共和国标准化法》颁布,全区标准化工作始纳入法制化轨道。1990—1991年,地区标准计量局连续2年对吉安地区原企业产品标准执行情况进行摸底登记,在100个企业生产的420种产品中,有标准的产品330种,占产品品种数量的78.6%,无标准的产品90种占21.4%。1990年,地区标准计量局先后派出600多人次,帮助区内企业搞好计量整顿,开展全面考核评分定级工作,经考核合格发证的有46家企业,其中定为三级计量合格的31家,定为二级计量合格的15家。

1990年底,全地区有工业企业854家(其中机械行业54家,轻工行业14家,农资、化工行业103家,纺织行业25家,建材行业143家,粮食行业97家,食品行业186家,电子行业5家,医药行业40家,其他36家),有产品2562种,有标准的2240种(其中执行国家标准的1383种,执行行业或地方标准的691种,执行企业标准的166种),占87.46%;无标准产品321种,占12.54%,1992年全市有69个企业成立标准化管理机构。

1991—1993年,根据国家规定,强制检定的计量器具有55种,地区计量所根据检测能力,对全区17种计量器具(竹木直尺、钢皮尺、体温计、砝码、天平、加油机、计量贮罐、计量槽车、单相电度表、酸度计、比色计、分光光度计、台秤、案秤、字盘秤、地中衡、电子秤)实行强制检定。至1994年底,吉安地区工业产品标准有机械、电子、五金、电线电缆、电视机(黑白)、钢材、水泥、樟脑、造纸、纺织、塑料、皮革、服装、樟木箱、饲料、食品(含饮料)、罐头、建筑材料、汽车配件、电动机、变压器、酒、药品等24大类的202项。至2000年8月,已制订企业标准95项,基本形成以国家标准为主体,行业标准、地方标准和企业标准相互协调配套的标准体系。1994—1997年,加强对全区加油站的监督检查和强制检定,全区465个加油站、1395台加油机计量合格率从25%提高到95%。

1995年以后,全区技术监督部门执行国家质监局关于全国消灭无标生产工作的通知,对县、市以下所有工业企业、生产的产品、产品执行的标准进行普查登记，建立台账，逐个检查验收，全区产品标准覆盖率达到95%以上。经国家质监局验收合格的万安县被授予全国消灭无标生产县荣誉证书，其余12个县、市经省质监局验收合格，被评为全省消灭无标生产工作先进集体。地区局共收集各类国际标准13800项，行业标准10566项，制订、备案各类企业标准1000多项。其中以食品标准为主，包括饲料、化肥、电子、机械、轻工标准等组成吉安地区的标准体系，全区的标准化从传统的工农业产品向高新技术、信息技术、环境保护和管理、产品安全和卫生服务等领域发展。

1998年，地区技术监督系统指导企业采用国际标准，全区有14个产品获得采用国际标准认证证书，全年共制、修订企业产品标准115个，标准复查22个。在普查标准的基础上，建立企业产品标准卡，绘制辖区内企业产品执行标准网络图，对《食品标签通用标准》的贯彻实施进行监督检查，全区共检查生产企业250家，批发点、市场店6000家，促进强制性标准的贯彻实施。同时，继续抓好组织机构代码证书颁证和换证工作，全区共完成组织机构代码颁证和换证2400多户，统计出废置代码库近1500户。

1998—2000年，地区技术监督检测中心已开展包括长度、力学、温度、电磁学、化学、声学、无线电（电离辐射）7大类21项70余种计量器具的检定、维修项目。增加烧结砖、铝合金、低压电器等质量检验项目和心脑电图、B超、旋光仪、商品房销售面积计量检测等计量标准，共完成计量器具检定2.4万台（件），产品质量检验13类472批次。同时加大对强检计量器具强检的力度，提高强检计量器具的受检率。据统计，全区共有用于贸易结算、医疗卫生、安全防护、电力、油料、环境监测等领域的强检计量器具24576台（件），检定合格率为95%。2000年，地区技监局对区内的商品加大计量监督管理力度，对有定量包装产品的企业进行监督检查和考核，共抽查167家经销商和255家生产企业，经考核全部合格，颁发合格证书，开展对商品房销售面积的计量监督检查，共抽查7家房地产开发公司的286套商品房，为购房者挽回经济损失25万多元。

2001年底，市质监局开展代码工作的年检和数据库的清理整理工作，对全市538户应年检、换证单位下发监督通知书，对272户进行年检，为143户办理换证手续，办理新申办单位14户。

2002年3月15日，永丰县大蒜、甘蓝、白萝卜、早辣椒、空心菜、黄瓜等6种蔬菜被省质监局批准使用全国统一的无公害农产品标志。是年，《永丰早辣椒生产技术规程》（DB3608/T－2002）获省质监局颁发的2002年度江西省标准化科技成果一等奖。2004年6月，市政府下发《吉安市质量工作十五规划提纲》《加快推进农业标准化工作实施意见》，全市共制定早辣椒、韭菜苔、食用仙人掌、黄瓜、樱桃、番茄、竹篙薯等地方特色蔬菜产品标准及生产技术规程16项。按照“一县一品一示范区”的思路，建立国家、省、市、县四级标准化示范区，制订示范区建设实施方案，全市质监、农业等相关部门共发放生产技术规程“明白纸”8万多张，举办标准宣传贯彻培训班620多期，参加培训农民6万多人次。2004年1月29日，国家质检总局正式批准遂川狗牯脑茶为国家原产地域保护产品，这是吉安市第一个受国家原产地域保护的产品。9月10日，泰和乌鸡原产地域产品通过国家质检总局组织的专家审查，正式获得国家质检总局保护，是国内第一个通过国家质检总局审查的活体原产地域保护产品。2006年3月25日，新干商州枳壳地理标志产品保护通过国家质检总局审查批准。至3月底，全省获得国家地理标志保护产品10个，吉安市占3个，位居全省第一。

2006年始,市质监局对公共电话计费装置进行强制检定,共检定公用电话上千台。2006年12月14日,市标准化协会专家委员会召开吉安市企业产品标准审查会,审查通过江西牛牛乳业有限公司制定的《复合蛋白质饮料》和青山寨吉安特产开发公司制定的《笋及笋制品》2个企业产品标准,是吉安市标准化协会专家委员会成立以来第一次审查企业标准工作。2007年8月,《中国泰和乌鸡》国家标准由国家标准委批准发布。据统计,当年全市完成企业产品标准制、修订达110个,出台一批本市景区和红色旅游地方标准。起草《井冈山旅游服务规范》省级地方标准,规范井冈山索道以及景区的安全监管。2007年9月,市质监局制订计量节能监督检查实施方案,对全市10家被列入全省百家重点耗能企业进行监督检查。2008年3月,市质监局下发《关于开展标准实施监督和商品条码管理监督专项执法活动的通知》,开展商品条码专项执法活动,重点对生产和经销单位伪造、仿冒、使用已注销和转让商品条码行为进行查处,规范商品条码市场秩序。2008年10月,吉安市和各县(市、区)质监系统实现计量检定联动,吉州区计量所建立的6个计量检定标准全部移交市检测中心检定覆盖,全市30吨以上的大衡检定由市质检中心进行检定覆盖(30吨以下由各县市检定),联动办法实行后,13个县市区30吨以上大衡检定率达95%。

2009年5月,吉安市条代码工作获国家、省级表彰,市质监局艾喆获国家物品编码中心颁发的全国条代码工作先进个人称号(全省仅2人获此奖励),全市共办理组织机构代码5511户,验证8846家,发展商品条码系统成员67户,续展98家,均超额完成省质监局下达的任务。2009年9月7日,吉安市政府召开全市标准化工作会议,下发《关于大力推进标准化战略的实施意见》。全区质量技术监督系统深入开展"送标准送技术进园区进企业"活动。

2010年,市政府下发《关于进一步加强计量工作的实施意见》,首次召开由各分管县(市、区)长和市直部门领导参加的全市计量工作会议。在工业计量、科技计量、能源计量、民生计量、诚信计量方面重点突破,不断提高计量工作水平。有3家企业获得国家"C"标志认证,18家企业通过计量合格确认;40家重点企业平均节能在10%以上;开展"关注民生、计量惠民"专项行动,全市各集贸市场公平秤设置率达95%,对全市24445台(件)强检计量器具进行检定,对"民用三表"、出租车计价器等安装前首检率达100%,对591台加油机进行防作弊系统安装。计量检定项目拓展到68项,各县(市、区)局均设有计量监测所,计量检定年收入发展达到320万元。

至2010年,吉安市政府成立名牌战略推进委员会,制定下发《吉安市争创名牌"十一五"规划》,设立争创名牌产品奖,吉安名牌战略推进效果明显。2007年,市政府拨出40万元专门对2006年度成功争创到中国名牌、国家地理标志保护、江西名牌的企业进行重奖,全市成功争创中国名牌1个,国家免检产品1个,国家地理标志保护产品3个,江西名牌产品27个,省重点保护产品20个,遂川狗牯脑茶获国家地理标志产品保护后被列入联合国政府采购目录和中国茶典。全市质监系统打假制劣,从源头抓质量,每年抽查各类企业上万家,办理各种执法案件2000多起,查处不合格及假冒伪劣产品标值4000多万元,捣毁制售假窝点60多个,销毁假冒伪劣商品标值200多万元。实行全覆盖食品质量监管,自主研发食品生产加工企业电子监管系统在全省推广应用,获全省系统科技成果二等奖,吉安市列为全国首批中国产品质量电子监管网试点城市,有三家企业率先加入该电子监管网,市质监局制订的《防控禽流感监管企业工作方案》被国家防控办作为监管企业防控禽流感的典范采用。

至2010年，吉安市质监系统标准、计量及“两码”工作水平明显提高，市标准化信息所成立以来建立5万多项国家标准和行业标准数据库。对1160家重点企业，开展执行标准调查，办理企业产品标准备案222个，解决企业生产急需；制订《思倍得生猪饲料技术规程》《吉安肉牛养殖技术规程》2项标准，全市生产企业产品标准覆盖率达到99%；江西绿海油脂有限公司通过国家标准化良好行为认证。全市建立思倍得生猪养殖、新干三湖红桔、遂川金桔等17个国家级和安福红心杉木、吉安县肉鸡养殖等17个省级农业标准化示范区。重点建设泰和乌鸡、新干生猪养殖、永新蚕桑3个国家农业标准化示范区优势精品示范区。全市共建立机关、事业单位、企业、社团、宗教、工会、民办非企业和其他机构等代码数据库2.8万余户，组织机构代码已在银行、税务、公安、海关、银监、检察等20多个部门推广应用。发展商品条码系统成员421家，有效地服务全市产品打入国际国内超市，促进现代物流。

质量监督认证认可

1993年，《中华人民共和国产品质量法》颁布后，地县两级质监部门全面开展产品质量监督与执法打假工作。

1991—1995年，吉安地区质监部门按照“抽查一类产品，整顿一个行业，帮助一批企业”的原则，对区内电子、化工、冶金、轻工、建材、食品等企业的85类1558个批次产品进行监督检查，将食品、农用物资、建材作为重点产品进行专项治理，组织实施《食品标签通用标准》等强制性标准，消灭无标生产现象，对强制性检定的计量器具进行强制检定，通过监督检查和专项治理，产品质量有不同程度提高，吉安地区羽绒制品合格率由50%提高到90%以上，饲料合格率提高40%，水泥合格率稳定在85%以上，食品标签合格率达到85%以上，全地区国营企业基本消灭无标生产现象，强制检定的计量器具覆盖率由36%提高到67%，受检率由75%提到90%，强检计量器具5.4万台(件)。

1996—1998年，根据国家技监局的部署，先后在全区对农资、电子、机械、食品、家用电器、粮油、眼镜等八大类数百种与群众生活生产、人身安全有密切相关的产品进行监督检查，上半年开展“查市场，保两节”“查农资，保春耕”“查建材，保建设”三大战役，下半年开展“三重一大”(重点商品、重点市场、重点区域、大案要案)等战役，共查获假冒伪劣(商)品价值6010万元，销毁假冒伪劣(商)品价值69.2万元，端掉制(销)假冒伪劣商品77个，立案查处981起(结案955起)，其中大案要案29起，移送公安机关1起，依法追究刑事责任1起。受到省技监局和国家技监局的通报表扬。1999年，围绕与老百姓生活密切相关的米袋子、菜篮子等商品进行监督检查，查处假冒凤凰牌自行车263辆，查处假冒上海闸阀货值5万多元，在全区专项检查无证生产桶装猪油，检查经销食用油店(点)1350家，查处“三无”(无厂名、无厂址、无合格证)食用油95.7吨，标值76.6万元。2000年，区内开展燃气热水器、燃气灶具、液化石油气钢瓶、调压器、减压阀等燃气用具的专项监督检查活动，共检查经销门市部37家，生产厂家15个，不同型号产品47种，查处假冒伪劣燃气用具187台(件)，封存没收375件，开展建筑用钢材质量专项检查，出动执法人员1021人次，检查专业市场31

个,抽检钢材样品145批次,合格98批次,合格率68%,开展燃油质量大检查,对区内50多个加油站(含油库)进行监督检查,抽取柴油和汽油样品计83个。

2000年11月15日及2001年1月15日、4月10日、12月20日上午9时,配合全国打击假冒伪劣商品联合行动,组织4次"9点行动",重点对小型炼(轧)钢厂及钢材食品、电器、农资、汽车配件等销售市场进行突击执法检查,共检查小炼(轧)钢厂6家,经销钢材单位8家,查封无生产许可证钢材500多吨,查封生产设备6台(套),检查企业433家,关停企业9家,检查市场107家,清理整顿60个,捣毁制售假冒伪劣窝点62个,查获假冒伪劣商品标值总额286.2万元。2001年6月21日,按全省统一部署,对全市肉品冷库进行集中执法检查,出动执法人员48人次,查获变质羊肉片、猪肉1500千克,无检验检疫证的猪头肉、肥肉9000千克,标值近5万元。2001年8—9月,市质监局开展棉絮质量打假专项活动,出动执法人员806人次,检查生产经销使用单位292家,查获劣质棉絮2000床,抽检样品56个批次,合格15批次,抽样合格率仅为26.8%。2002年,市质监局实施国家"光明工程",对本市眼镜行业进行等级评定,其中吉安新华眼镜店被省质监局授予省级光明工程放心眼镜店称号。

2001年始,市质监局组织对全市企业质量状况进行普查,探索从源头抓质量的途径和方法,至2002年底,共普查2200家企业,建立企业档案,完善企业质量户口,实行动态管理,选择200户市级重点企业进行全面质量管理(TQM)及各种先进质量管理知识培训,共培训企业管理人员、技术人员6000多名,帮助企业加强管理,练好内功,降本节耗。

2003年11月,市质监局贯彻落实国家和省局"关于进一步加大对地条钢专项整治工作力度的通知"精神,取缔、捣毁地条钢生产企业14家,查获生产设备15台(套),关闭地条钢制品企业12家,查封地条钢180余吨,货值45万元,将取缔的地条钢生产企业列入黑名单,严密监控。

2004年春节前夕,市质监系统在市内开展"五查一打"专项活动,即查食品质量,保放心消费;查热销产品,保节日安全;查救灾物资,保安全过冬;查特种设备,保安全运营;查商品计量,保足斤足两。查处假冒伪劣食品5000余袋,饮料7000余箱,酒类3000多瓶,对未加贴QS标志的大米5000多袋、酱油6000余瓶、食醋3000余瓶、食用油200多箱,责令撤下柜台,收缴国家明令禁止使用的色素、食品添加剂、糖精若干。2004年2月,由市质监局牵头,与农业、工商、商检、经贸、公安、卫生部门联合行动,严查禽类产品,重点对集贸市场、冷库、禽类产品加工场所进行检查,出动执法人员520人次,检查22个集贸市场8个冷库,查封禽类产品1.98吨。3月,开展对种子、农药和化肥等农资监督检查,现场检查与抽样送检相结合,出动执法人员690人次,对全市27家农资生产企业生产的31种农资产品进行监督抽样检查,共检查出17家化肥企业生产的20种近3000吨复合肥不合格,货值达20多万元,产品抽样合格率为64.5%,查封销毁劣质化肥1000多吨。联合当地公安机关查获病死猪及制品达2600多千克,全部予以没收销毁,铲除3家加工销售病死猪肉的窝点。2004年5月,市质监局系统对全市汽车市场进行执法专项整治,出动执法人员500多人次,检查生产加工汽车配件企业9家,检查经销企业100多家,查获假冒伪劣产品货值50万元,查处非法加工改造汽车车厢企业6家,货值30多万元,查处销售不符合国家强制性标准农用车企业2家,货值10多万元。

2004 年始，市质监局在吉安电视台《今晚 8 点》节目开通“每周质量报告”，在《吉安晚报》设立“质监专版”，不定期公布不合格产品及生产企业，报道质监系统打假状况，通报产品监督抽查结果，引起社会对质量的关注。

2005 年 7 月，吉安市政府下发《关于建立落实全市食品质量安全监督安全监管员和监管责任制的通知》，将食品安全监管责任从县延伸至乡镇（街道），至 10 月底已建立健全食品安全监管网络，共设立监管员 296 名。12 月 17 日，针对遂川县泉江镇发现一起高致病性禽流感事件，市质监局紧急布署防控高致病性禽流感工作，控制源头，对全县 29 家板鸭等禽肉生产加工企业进行严格监控，全面落实检验检疫措施，防止病情扩散和人员感染。2006 年 1—5 月，市质监系统开展“进百村，入百户，抽百样”农资打假下乡活动，实行溯源查案与监督抽查并举，打假与服务同步，查处假劣化肥违法案件 153 起，查获假冒伪劣化肥标值 620.6 万元，捣毁制售假化肥窝点 6 个，销毁假劣化肥 41.5 吨，为农民挽回经济损失 440.2 万元。2006 年 7 月，安福县火腿（集团）有限责任公司生产的安福火腿获中国名牌产品称号，实现吉安市无中国名牌产品的历史突破。

2006 年 9 月，吉安市政府制定《吉安市创名牌产品表彰奖励办法》，推动质量兴市、名牌兴企工作。10 月，贯彻落实省、市政府转发的《食品生产加工业整顿工作方案》，市质监局开展食品企业普查建档和整治工作，经省质监局考核验收合格，全市共普查建档（纸质档案和电子档案）食品生产加工企业 3600 家。2007 年 3 月 16 日，遂川县专项整治板鸭工作跻身 2006 年度全国食品质量安全专项整治“百千万工程”十大先进集体之一，是全国唯一县级食品整治先进。至 2007 年 12 月底，吉安市产品质量和食品安全专项整治工作取得阶段性成果，全市出口食品 100% 加贴检验检疫标志，14 类消费食品 100% 建立质量档案，县城定点屠宰率实现 100%，农产品批发市场 100% 纳入质量安全监测范围，整治任务和量化指标全面完成。2008 年 6 月 12 日，江西唯一一家定点供应奥运会食品生产加工企业——驻地在遂川县的江西罗霄山罐头食品公司生产的冬笋罐头，装车起运发往首都北京指定地点。市质监局为保证供奥产品质量，此前派员进驻该公司进行为期 2 个月的监管。三鹿奶粉事件突发后，市委市政府高度重视，对监管工作进行部署，市质监局对乳制品生产全程监管，受到国家质检总局乳制品监管检查工作组肯定。

2007—2010 年，在每年的全市质量工作会上，由市政府领导与各县市区政府分管领导签订《质量工作与打假工作责任书》《食品生产加工业质量安全监管目标责任书》，属全省质监系统率先。

2010 年，市政府将全市食品检验和监管经费全部纳入财政预算，为全市食品安全提供重要经费保障。全市获取食品卫生许可证 736 家，注销 36 家，食品安全位居全省前列。全市系统质量检测项目由 2000 年的 70 多项拓展到 352 项、1216 个参数，其中市质检中心食品检验室是全省首家达到国家 P2 级水平的市级实验室。

1998 年，开展认证认可工作。地区技术监督系统帮助企业采用 ISO9000《质量管理和质量保证》系列标准，地区水泥厂、新干县瑞丰生化有限责任公司、江西电缆有限责任公司通过 ISO9002 质量体系认证。1999 年始，地区技监局帮助企业采用 ISO10012 先进管理标准，全区有 7 家企业通过计量确认。对全区粮油、环保、建筑工程、饲料、水电、种子、建材、农药、交通、金银珠宝、卫生等单位的化验室、检测站进行计量认证和质量审查认可，对认证合格的 59 个单位均颁发合格证书，对授权的电能表检定站进行监督检查。

2003 年 11 月实施国务院认证认可条例后,规范认证认可活动。2008 年,市质监局组织对全市 21 家计量授权机构、24 家质检机构进行计量认证年审,其中 9 家机动车综合性能检测站属首次年审。2010 年 3 月,吉安市金盾、振兴等 15 家汽车、摩托车安检机构顺利获得机动车安检机构资格许可证,为全省首个机动车安检机构全部获证地市。

2010 年始,每年的"世界认可日"均开展宣传咨询活动;同时规范认证市场,做好对管理体系认证活动和强制性认证产品的监督检查,对取暖设备、电线电缆、低压电器、儿童玩具等产品获证企业分为 A、B、C 三类进行日常巡查。全市共有强制性产品认证获证企业 50 家,获证证书 308 张;管理体系认证证书 743 张(含质量管理体系、环境管理体系、职业健康安全管理体系、食品农产品安全管理体系、信息安全及技术服务管理体系、测量管理体系、森林认证体系、服务认证体系等);自愿性工业产品认证证书 57 张;食品农产品认证证书 200 张。对 102 家获证的建筑建材、机动车、司法鉴定等行业检验检测机构纳入统计范围,严格把关,确保检验检测机构合理合法。

特种设备监察检验

1991—2000 年,特种设备监察工作由吉安地区劳动局管理,配有专职干部 9 人。各县市亦成立劳动安全监察机构,并配有专职干部。设立锅炉压力容器安全监察科(简称锅安科),先后成立吉安地区锅炉压力容器检验所(简称锅检所)和吉安地区劳动安全卫生监测检验站(简称安检站)。1991 年,又成立吉安地区液化石油气钢瓶检验站,专门对全区的钢瓶实行定点检验,为锅检所下属的自收自支企业单位。对特种设备的安全监察,主要采用安全技术培训,监察与检测相结合的方式,到 2000 年,全区职业安全卫生监察安全机构共举办非矿山企业电工、焊工、起重工、建筑升降机操作工、厂内机动车驾驶员、电梯工、制冷工、架子工等安全技术培训班 285 期,考核发证 14930 人。锅炉安全监察机构举办锅炉司炉工、压力容器焊工、水质化验员、液化石油充装员培训班 95 期,培训 3437 人次。获取锅炉安全监察员证 6 名,获取锅炉检验员证 9 名,获取特种设备检验员证 5 名,获取锅炉Ⅱ级证 4 名,Ⅲ级证 1 名。从 1991—2000 年,每年都在开展安全监察的基础上,进行检测检验,合格的发给特种设备安全使用证和牌照。十年来全区共检测各种设备 2678 台次,在用设备挂牌运行率达 80% 以上。对全区在用液化石油气钢瓶进行统计,建档、检测、判废工作和对在用液化气汽车槽车实施发放正式使用证制度。在区内组织开展锅炉普查登记、检验和换证工作,开展锅炉房综合治理工作,组织安全合格锅炉房达标活动,全区评出合格锅炉房 377 座,合格率为 78%,整治率为 100%,与此同时,对全区化肥、化工企业在用固定式压力容器按照相关规定进行全面整治,不定期对钢瓶的使用和充装单位进行监察,对违反规定的依法进行处理。着力开展液化石油站安全整治,对未经有关部门审批私自建站,违规经营,存在重大事故隐患的吉安县厦华连顺液化气站实施停止使用、签封措施。1999 年,在全区进行锅炉压力容器、压力管道安全专项检查工作,完善管理制度和操作规程,消除事故隐患,保证压力容器安全运行。同时对全区气体充装站进行注册登记。2000 年,在全区开展液化石油气钢瓶安全质量大检查,做到不合格的钢瓶不充装,充装过量和发现故障的钢瓶不发送，对超期未检气瓶一律组织送钢瓶检验站检修，合格后方可使用。

2001年7月30日，根据国家和省编办的精神，吉安市锅容管特监察职能和人员整体划转到质监部门。是年8月1日起，吉安市质监局按新的管理体制，依法履行锅容管特安全监察职责（包括设计、制造、安装、使用、检验、修理和改造7个环节全过程的管理与监察），确保设备安全运行。8月27—30日，市质监局首次举办由各县（市、区）局长、分管局长、主管工作人员共36人参加的锅容管特安全监察工作培训班（以后每年都多次举办各种设备管理人员和操作工培训班考试考核开展比武活动），提高相关人员安全意识、业务知识和管理能力。是年，在全市范围内集中开展锅容管特设备及配件专项打假活动，出动执法人员587人次，检查生产、经销、使用单位402家，查封锅容管特设备107台，销（拆）毁锅容管特设备34台，查处违法案件38起。2001—2002年，全市各县（市、区）先后开展锅容管特设备普查登记工作。

2002年10月底，通过省锅容管特普查整治领导小组组织的验收，查清全市锅容管特设备底数3888台，建立设备台账，共下发《监察意见书》789份，查封锅容管特设备164台，捣毁违规设备150台，举办法规宣传贯彻会5期，培训班9期，培训人员1000多人。颁发证书561本，初步实现计算机动态管理。

2004年4月，对全市范围内的危险化学品从业单位进行安全大检查。巡回检查生产危险化学品企业数十家，对瑞丰生化、赣中氯碱、万德科技、万安农药等重点企业进行复查。2004年6—8月，市质监局按《压力管道安全管理与监察规定》，普查工业管道及其附属设施和安全保护装置状况，摸清工业管道的分布和数量，建立安全技术档案和安全管理制度，落实安全管理责任，逐步实现动态监督管理机制。至2004年底，质监部门和教育等部门共同协作，对全市所有中小学校开展锅炉安全专项检查和事故隐患治理，重点清查无证锅炉使用、常压锅炉承压使用、茶水炉烧蒸汽超期未检和无证操作等违规行为。中小学校使用无证锅炉，无证上岗等现象得到治理。2004年10月，市质监局组织人员对全市70多家液化气充装站采取“一帮二查三整”进行清查整治，共检验气瓶51648只，破坏性报废处理气瓶613只，在用气瓶检验率100%，气瓶隐患得到有效整治，顺利通过省质监局验收小组审查验收。

2005年，市锅检所适应市场变化，开拓检验新业务，把危险化学品容器检验、液化石油气贮罐外检、压力管道检验列入检验范围，开展设备委托检验业务，如大型建筑钢架机构的焊缝探伤、电站高压输水管道的焊缝探伤、水泥窑无损探伤等。2005年，市政府下发《关于加强工业园区特种设备安全监察工作的意见》。

从2006年始至2010年，在每年以市政府名义召开的全市质监工作会上，市政府领导均与各县（市、区）政府分管县长签订《特种设备安全工作责任书》。2006年，市质监局与市港航管理处联合发文《关于加强全市港口、码头起重机械安全工作的通知》，与市建设局理顺建筑工程起重机械的检验工作，建立自动化率达80%以上的钢瓶检验线，全市锅炉、压力容器、电梯等特种设备安全检验率达99%以上，列全省之首。加强井冈山索道安全监管，确保200多万游客观光安全，全市已有1100多家企业纳入特种设备规范化管理工作，占95%以上，每年都全面完成市政府和省质监局下达的特种设备安全刚性指标。特种设备检验项目由2000年的6项拓展到12项，特检设备检测收入由

2000 年 80 万元增加到 720 万元。2010 年 4 月,吉安市质监局积极组织开展特种设备安检,共出动执法人员 500 余次,执法车辆 310 辆次,检查重点企业 198 余家,检查各类特种设备 1200 余台,发出安全监察指令书 20 份,现场整改隐患 50 余处。

2008 年 9 月,全市质监系统开展“百日安全督查专项行动”,有效排查治理特种设备安全隐患,营造“平安奥运”环境。对存在安全隐患的单位及时下达《特种设备安全监察指令书》,共排查设备隐患 39 起,查封隐患设备 17 台,强制拆除严重事故隐患锅炉 1 台。

2009 年 5 月,市质监局分 3 期组织全市 300 家电梯使用单位安全管理人员开展电梯事故应急救援演练活动,提高电梯使用单位的安全管理水平和事故应急处置能力。2009 年 9 月,市质监局联合井冈山市质监局、井冈山市安监局举行井冈山笔架山景区和龙潭景区客运索道紧急事故应急救援演练,优化国庆节井冈山安全稳定的旅游环境,提升景区安全保障和应急救援能力。

第十一章　抚州市

抚州地区标准计量局成立于1988年12月，为正处级行政单位。内设人事秘书、计量管理和标准化管理3个科，定行政编制7个，下辖地区计量所。1988—1989年，各县(市)相继成立标准计量局。1990年12月，地区标准计量局增加事业编制4个，增加的事业编制按行政编制管理。1991年，抚州地区标准计量局及直属单位有工作人员55人，其中大学本科12人、专科23人，有技术人员19人，其中高级职称2人、中级职称9人。全(地)区有工作人员217人，其中大学本科34人、专科79人；有技术人员38人，其中高级职称2人、中级职称12人。

1992年7月，成立抚州地区产(商)品质量检测站，为科级事业单位，经费自理，定事业编制3个。是年11月，地区标准计量局增加事业编制2个。1993年12月，地区标准计量局设立执法监督科；计量管理科与标准化管理科合并，称标准计量管理科。1994—1995年间，东乡县标准计量局与工商局、物价局合并，称工商物价标准计量局。1995年，抚州市与临川县合并为临川市后，其标准计量局随之合并，称临川市标准计量局。1996年8月，地区标准计量局更名为地区技术监督局，内设人事秘书科、计量科、标准化科、执法监督科、监察室，定行政编制11个、事业编制2个，行政超编控制数1个。12月，成立技术监督局稽查大队，为正科级事业单位，归地区技监局领导，定事业编制7个。并从地区计量所调整5个事业编制到稽查大队，编制调整后，稽查大队定编12个，计量所定编34个。是年，县(市、区)标准计量局更名为技术监督局，为县政府职能部门，正科级行政单位。各县(市)技监局内设机构多为人秘股、计量股、标准化股和监督股等股室。全区各县(市)技监局机关共有行政编制77个、事业编制20个、工勤编制4个，下辖计量所，局、所合署办公。1997年初，崇仁县技监局在该县马安、航埠、礼陂、孙坊、相山、河上6个乡(镇)设立技术监督所。1998年3月，经地区经贸委和地区技监局协商，地区经贸委所属产品质量监督检验所与地区技监局所属产(商)品质量检测站合署办公，隶属于经贸委领导，业务上受技监局指导。4月，抚州地区产(商)品质量检测站更名为抚州地区产(商)品质量监督检验所，隶属关系不变。1999年2月，抚州地区产(商)品质量监督检验所增加事业编制到6个。

2000年11月撤地设市，抚州地区技术监督局更名为抚州市质量技术监督局(简称市质监局)，并接收市经贸委质量管理职能和市劳动局锅容管特安全监察职能，编制人员一并划转。经贸委所属产品质量监督检验所(24个全额拨款编制)和劳动局所属锅炉压力容器检验所(16个全额拨款编制)、劳动安全卫生检验站(3个全额拨款编制)同时划转。是年12月，质量技术监督管理部门实行垂直管理，市质监局人员、编制、经费划归省质监局领导和管理，市质监局辖临川区、南城县、南丰县、黎川县、崇仁县、宜黄县、乐安县、金溪县、资溪县、广昌县、东乡县11个县(区)质监局和市计量所、市产品质量监督检验所、市锅炉压力容器检验所、市劳动卫生安全检验站。管理体制改革后,全面履行综合管理标准化、计量、质量和行政执法及锅容管特安全监察的职能。10月,临川撤市设区,临川市技术监督局改称临川区技术监督局。12月,县(区)技术监督局改称质量技术监督局,人员编制上划归市质监局领导和管理。市质监局及直属单位有工作人员88人,其中大学本科56人、专科38人,有技术人员46人,其中高级职称4人、中级职称12人。全市有工作人员362人,其中大学本科88人、专科143人;有技术人员85人,其中高级职称18人、中级职称31人。

2003年7月,市劳动卫生安全检验站并入市锅炉压力容器检验所,成立抚州市锅容管特检测检验中心。2004年8月,人事秘书科拆分为办公室、人事科、机关后勤服务中心。10月,在抚州市产品质量监督检验所增挂省钢结构网架质量检验中心的牌子,实行两块牌子、一套人员。2005年6月,市质监局增设食品质量安全监管科和法规科;同时,各县(区)局增设食品安全监管股。2006年9月,抚州市质监局金巢经济开发区分局成立,负责履行金巢经济开发区的质量技术监督职能,内设综合科。10月,抚州市锅容管特检测检验中心更名为抚州市特种设备监督检验中心。2007年6月,国家质检总局批复同意在抚州市产品质量监督检验所的基础上筹建国家塔架质量监督检验中心。是月,单设省钢结构网架质量监督检验中心,为正处级事业单位,定事业编制12个(所需编制从抚州市产品质量监督检验所划转),于2009年8月正式组建,隶属于省质监局,由抚州市质监局代管。2009年9月,临川区计量所整合到抚州市计量所,其人员、编制、机构保留不变。2010年6月,抚州市质监局设立计划财务认证科。是年,抚州市质监局辖临川区、南城县、南丰县、黎川县、崇仁县、宜黄县、乐安县、金溪县、资溪县、广昌县、东乡县11个县(区)质监局。抚州市质监局及直属单位有工作人员103人,其中大学本科35人、专科58人;有技术人员49人,其中高级职称4人、中级职称10人。全市有工作人员371人,其中研究生3人、大学本科106人、专科165人;有技术人员86人,其中高级职称17人、中级职称38人。

标准计量管理

1989年起,抚州地区标准计量局贯彻实施《中华人民共和国标准化法》《中华人民共和国标准化法实施细则》。1991年,地区加快制定企业标准和采用国际、国内先进标准的步伐,对全区生产企业按照国家标准、行业标准、地方标准、企业标准分类进行登记备案,是年制定8个等级产品的企业标准。1991年后,全区严格按照国家统一计量检定规程进行检定,特别是对一些受温度、湿度影响较大的高精密度计量仪器的环境条件作出规定。经检定合格的发给检定合格证或打上封印。地(市)计量所将建立的标准每年送省计量所(院)检定,各县(区)计量所、企业的计量标准仪器送地(市)计量所检定。1992年初,江西电力互感器厂采用国际标准。10月,制定《南丰蜜桔系列标准》。1993年3月,《南丰蜜桔系列标准》报国家技监局备案,由省标准局作为地方标准发布。是年,全区获省标准局颁发标准化合格证书的企业有230家。全区开展消灭无标(标准化)生产工作,强化国家强制性标准在企业标准中贯彻执行,促进企业制定、完善产品标准,对产品执行标准情况进行分类登记备案管理。1993年,按国务院要求,区内开始实行机关、社会团体、企事业单位统一代码标识制度。是年,临川县华溪乡华茂公司首家使用条形码。1993—1994 年,全区代码发证 4626 个。此后,使用条码的企业和办理代码发证数逐年增加,证满 4 年的单位要进行换证。至 1996 年,地区标准计量局、地区计量所帮助和促进企业做好计量整顿和计量定级、升级工作,对计量管理、计量器具配备率、计量检测率、计量技术素质 4 方面考核合格的企业颁发《二级计量合格证》(省计量局颁发)和《三级(或验收)计量合格证》(地区标准计量局颁发)。厂矿企业根据生产规模、技术要求和计量测试任务需要,设有计量机构或配备专、兼职计量员,负责管理企业内部计量、质检工作。1998 年后,宣传贯彻《江西标准化管理条例》,加强对各类标准的执行和管理。临川、南城、南丰、崇仁、金溪、东乡 6 个县(市)开展消灭无标生产工作,年底通过省技监局验收,其中崇仁县通过国家技监局验收,成为全国消灭无标生产县。1999 年,黎川、乐安、宜黄、资溪、广昌 5 个县开展消灭无标生产县工作,12 月通过省技监局验收。2000 年,全区计量检定部门和工矿企业单位共建立 6 大类、19 项计量标准。是年,江西富奇汽车厂等 22 家企业建有计量室,全区企业有专职计量检定员 94 人。至 2000 年底,全区代码发证共 13503 个,使用条形码企业 105 家。

2000 年后,随着私营企业的发展,工农业生产、科学技术、商业贸易发展,市内大型公司企业均设有质检员,区内建立计量标准不断增加。2001 年始,全市开始建设农业标准化示范区项目,南丰蜜桔被批准为国家级农业标准化示范区项目,为全省首个。2002 年,抚州在全省率先开展瓶装液化气标识管理,安装瓶装液化气标识 100 余万个。市质监部门对市城区液化气投诉较多的居民区免费赠送公平秤 6 台,配合国税部门对全市燃油加油机安装税控装置。2003 年,抚州市获江西名牌产品 9 个。2004 年,广昌昌顺公司在全省首个通过计量 C 标志认证。全市获江西名牌产品 7 个、省重点保护产品 6 项。2005 年,成功申报无公害农产品 2 个,采标产品 2 个,备案企业标准 110 个,备案标签 303 个。大亚木业有限公司获得国家标准化委员会颁发的采标证书。是年,抚州市计量所新开展汽车里程表计量检定工作,检定业务收入呈逐年增长态势;全市各县(区)计量所均通过省质监局的授权考核。抚州市政府成立抚州市名牌战略推进委员会,制定《抚州市推进名牌产品管理暂行办法》《江西名牌产品 2006—2008 年培育发展规划》,将 51 个工农业优势主导产品列入培育对象。年内新增江西名牌 2 个。2006 年,抚州市质监局开展为重点耗能企业提供节能降耗服务,帮助大亚木业、高信化工等 24 家重点能耗企业建立和完善能源计量档案和能源计量管理制度,对重点耗能企业加强节能管理,检定能源计量器具 2569 台(件)。是年,首次对全市 IP 电话超市、公用电话、宾馆饭店的电话计时计费器进行监管;首次建立强制检定计量器具数据库。是年,市计量所投入 43 万元购置 1 辆检衡车和 20 吨砝码,解决大吨位汽车衡检定难题。新增江西名牌 11 个,市政府首次对获江西名牌产品的企业奖励 2 万元。2007 年,抚州市制订《广昌泽泻》《崇仁麻鸡养殖规范》等 7 项省地方标准。至 2007 年,全市先后有南丰蜜桔、广昌白莲、金溪黄栀子、崇仁麻鸡 4 个产品获得国家地理标志保护。是年,新增江西名牌 14 个,有 1 个产品获国家免检。2008 年,《抚州市执行标准登记管理办法》《抚州市企业标准备案管理办法》出台,抚州市质监局为企业制定标准 10 个、企业标准备案 67 个。2009 年,市政府成立抚州市实施标准化战略领导小组,市长任组长。9 月 7 日,市政府首次召开全市标准化工作会议,加强标准化普及工作。是年,市质监部门为企业修订标准 18 个、企业标准备案 98 个。同时,对被列入《抚州市名牌发展规划(2006—2010 年)》的企业在政策及技术上给予重点扶持。

2010年,市质监部门为企业制定标准16个,《有机食品——资溪白茶》等5项地方标准通过专家审查,并发布实施。至12月底,全市有1200家企业、1632个产品标准建立档案,其中执行国家标准的产品有760个、执行行业标准的有46个、执行企业标准的有479个。2010年末,全市工业产品标准覆盖率为96%,支柱产业采用国际标准率为85%。先后建设南丰蜜桔、广昌白莲、金溪黄栀子、金银花、泽泻、木薯、旅游观光园等农业标准化示范区项目,全市农业标准化示范区总数为22个,其中,国家级示范区共10个(经验收8个)、省级项目12个(经验收10个)。先后制定《南丰蜜橘》《广昌白莲》《广昌藕粉》3个国家标准及《黄栀子干果》《资溪白茶》《金银花》《丝瓜络》等农业标准,全市农业产品达国家标准、地方标准规范总数有29项。

至2010年,全市有东乡生猪、黄栀子及2个大米企业共4个产品获得无公害农产品证书。有大亚木业中纤板、崇仁互感器、全市水泥企业的产品等7个企业获得采标证书;共制定企业标准479个,清理食品标准121个。全市共建立9大类36项计量标准、6项商品量计量检验标准,建立衡器、砝码、加油机等社会公用计量标准92项;共对全市352家定量包装企业进行考核、发证,对85家工业企业计量保证体系进行确认并颁发证书。全区共查处计量违法案件750起,没收非法计量器具3650件。2010年,资溪县青云地板集团有限公司和南丰振宇实业集团有限公司获得“江西省质量信用AAA级企业”称号。

质量监督认证认可

1989年,《中华人民共和国产品质量法》颁布后,抚州地、县两级标准计量系统每年对企业产品质量统一监督检验1至2次。产品质量检验合格、质量稳定的申报“江西省免检产品”。1990年始,区内开展市场商品质量监督抽查检验工作。1990—1995年,区内对粮油、饲料、酒类、饮料、建材等20类商品进行监督抽查,检查合格率为70%～76%,其中饲料合格率81%～89%。1993年开始,区内质量技术监督部门受理产(商)品质量投诉和仲裁质量纠纷。1996年,临川贡酒、资溪甲胺磷等6个产品被评为“江西省免检产品”。1996年始,区内逐步加大执法稽查力度,对930个批次的市场商品质量进行监督检查,共查处假冒伪劣违法案件112起,货物价值800余万元,涉及食盐、化肥等。1997年,临川贡酒、永惠饲料等8个产品评为“江西省免检产品”。是年,参照省免检产品评选方法和程序,评选地级免检产品24个。3—4月,对全区农资产品进行专项检查,合格率52%,打掉制售假化肥窝点5个,查获假冒化肥160余吨。还重点监督检查建材、食品、饮料、啤酒、低压电器、摩托车、成品油等。1998年,开展打假治劣、保护名优工作。1999年,全区相继开展“查市场、保两节”“查农资、保春耕”“查建材、保建设”行动。1998—2000年,全区每年获得“省重点保护产品”7～9个,对两次以上检验合格的产品,发给产品质量合格证书,有效期1年。对产品质量不稳定的生产企业,下达责任整改通知,帮助企业加强技术基础工作,完善质量保证体系,提高产品质量。对产品质量低劣的生产企业,责令停产整顿,限期整改,并依据产品质量法规定进行经济处罚。

2000年12月15日、27日及2001年1月15日,抚州市质监局配合全国打击制售假冒伪劣商品联合行动,组织3次“九点行动”,重点对全市的化肥、种子、农药、饲料、食品、螺纹钢筋、汽车配件、一次性输液器等产(商)品进行监督检查。共出动执法人员1103人次,端掉制假窝点30个,查获假冒伪劣产(商)品货物标值476.5万元,其中劣质螺纹钢46吨。2001年春节期间,全市质监部门开展“查市场、保两节”专项行动,捣毁制假售假窝点22个,查获假冒伪劣货值287万元。2001年,市政府首次下发《关于实行质量工作和打假工作行政领导责任制的通知》,建立质量工作责任制。11月,市政府首次召开全市企业质量管理工作会议。全市4家企业被省质监局评为“江西省质量管理先进企业”,3家企业获“江西省效益型先进企业”称号。2002年,全市主要工业产品质量指标稳定提高率91.9%。2003年,崇仁县质监局被国家质检总局评为“全国质量兴县先进市县”。是年,开展食品企业普查建档,建档率100%。2004年,全市7个产品获江西名牌。开展执法打假行动,出动执法人员8000余人次,捣毁制假窝点8个,查获各类伪劣产品标值2000余万元。是年,在全市县(区)、乡(镇)、村建立食品安全监管员制度,共聘用682名食品安全监管员。2005年,成立抚州市“质量振兴”工作领导小组;开展全市企业建档工作,建档企业数368家,其中规模以上企业168家;开展指导工业园区企业质量管理上水平活动。在全市食品生产加工业进行普查建档,共建立电子档案2728份。是年,机动车安全技术检验机构资格及监督管理工作由公安交管部门向质检部门移交,抚州市有恒力科技有限公司等4家机动车安全检测站,并随着机动车保有量不断增加,到2010年全市机动车安全检测站增至10家。期间,抚州市质监局每年依法对各检测站开展监督检查。2005年1月,抚州市质监局在全省质监部门和全市党政机关率先导入ISO9001质量管理体系。6月,经国家方圆标志认证中心实地审核,通过质量管理体系认证。此后,2007年、2010年分别进行换证审核。2006年,重点开展食品、农资、“地条钢”等专项打假行动,共出动执法人员近9000人次,捣毁生产假冒伪劣化肥窝点2个,查处“地条钢”生产企业4家,查获“地条钢”86吨。是年,抚州市各县(区)质监局设立食品监管股,市、县两级食品安全监管机构13个。2006—2010年,全市生产领域产品质量监督抽查合格率96%,重点监控产品生产企业持证率100%,基本消灭无标生产现象。2007年,抚州市质监局出台《抚州市产品质量监督检查管理办法》,制定全市质量安全重点监管目录和产品定期监督抽查目录,建立监督检查数据库,避免重复检查。江西浩伦农业科技有限公司生产的“帅威”“富尔优”产品被国家质检总局评为“国家免检”产品。为加强对食品企业认证有效性监管,经市质监局现场检查,其中2家认证机构在认证过程中存在违法违规行为,对涉事认证机构进行行政处罚。是年,对市场桶装水进行专项整治,共检查桶装纯净水生产企业42家,查处无许可证企业18家。2008年,对江西名牌生产企业、生产许可证获证产品及重点产品的155家企业进行建档;开展电子监管网建设,37家企业加入产品质量电子监管网。9月,市质监部门开通“12365”产品质量举报申诉平台,每天24小时接受群众举报申诉。并开展农资打假下乡活动和节约能源执法检查行动,共出动执法人员8000余人次,抽检样品22891个,查获各类假冒伪劣产品货值400余万元。出台《抚州市食品加工小作坊管理办法》和《抚州市食品监管部门联席会议制度》。全市查处违法违规小作坊96户、取缔56户,14户小作坊经过改造升级获得食品生产许可证。“三鹿”奶粉事件出现后,质监部门对全市所有的奶牛养殖场(户)、鲜奶灌装点进行检查,查获无证分包奶粉案件1起。是年,抚州金山烟花产品列入奥运会专供产品和国庆60周年进京焰火专供产品。2009年,首次接受省质监局委托授权办理大米产品行政许可;开展打击违法添加非食用物质和滥用食品添加剂专项整治,建立食品添加剂生产企业档案4个,对336个企业及小作坊使用的食品添加剂进行备案登记。2010年,对列入上海世博会焰火专供产品,市质监局抽调人员进驻金山烟花集团公司,对生产焰火使用的原辅料流向、焰火药配方使用、产品质量安全控制、产品出厂检验和质量溯源进行监管。

2010年,开展全市工业企业质量状况调查,对3个县、5个工业园区、51家企业进行质量生产能力、质量竞争能力、质量创新能力综合调查分析,提出区域经济质量扶植目标,出台《抚州市"质量兴园、质量兴企"实施细则(试行)》。至2010年,抚州市质监部门共对大米、小麦粉、植物油、酱油、食醋、奶粉及含乳食品、白酒、食用油、豆制品等进行专项整治,食品合格率由2001年的68%提高到2010的89%,全市385家食品企业获得食品生产许可证,对获证企业后续监管巡查率100%。全市有161家企业获得工业产品许可证,133户企业通过质量体系认证。

特种设备监察检验

1988年,抚州地区劳动局贯彻执行省《锅炉压力容器安全监察暂行条例》《蒸汽锅炉安全技术监察规程》《锅炉房安全管理规则》,制订《抚州地区锅炉安全使用管理细则》。1990年,相继下发《锅炉房综合治理工作意见》和《关于开展安全合格锅炉房达标活动的通知》,并召开全区锅炉治理试点现场工作会议。1991年,抚州地区劳动局组织对全区各县(市)锅炉房进行检查,实行锅炉房安全合格牌照制度,核发锅炉房安全合格牌照209个。1994年,抚州地区劳动局制订《抚州地区压力容器安全管理细则》,全区压力容器安全使用步入规范化。至2000年,全区有4人取得锅炉压力容器安全监察员证,28人取得锅炉压力容器检验员证,8人取得无损检测员证。举办安全技术管理人员学习班11期,416人次参加学习;司炉培训班52期,3620人参加培训,其中3350人取得司炉操作证;压力容器操作培训班13期,469人参加培训,其中465人获得证书;水处理化验培训班6期,205人参加培训;焊电工培训2期,34人参加培训取得锅炉压力容器焊工合格证。

2000年11月,抚州市质监局承接抚州市劳动局划入的锅容管特安全监察职能。2002年,市内开展特种设备普查,普查设备3679台。开展6次安全大检查,捣毁8台土锅炉;开展对液化气钢瓶、土锅炉、浴室和学校锅炉的3个专项整治。2003年,在全市"安全生产月"期间开展特种设备安全宣传咨询服务活动。2005年,对25家重点危险源使用单位的47台重点设备进行重点监控,开展废旧特种设备、医用特种设备等专项整治,发现和消除事故隐患26起。2006年,全市首次建立特种设备应急救援预案。2008年,市质监局首次协助资溪大觉山旅游有限公司安装客运索道;开展全市特种设备使用单位规范管理验收工作。2009年,举办锅炉节能培训班3期,全市有120余名水质分析员和司炉工参加,淘汰、改造6台高耗能、高污染锅炉;全市1094家特种设备使用单位建立健全特种设备安全管理制度及档案,规范建档率为95%以上。2010年,开展特种设备使用单位安全管理标准化达标活动,共建立标准化达标建设示范点42个,达标单位526家。是年,开展特种设备安全"三进"宣传服务活动。至2010年,共开展特种设备安全大检查63次,检验各类特种设备28000余台(套),检验压力管道100850米,发出检验整改通知书1200余份,消除安全事故隐患3300余起,实现特种设备无重大事故的目标。

人　物

人物简介

局领导简介

缪长凡　1938年8月出生,江西省新建县人,大学学历。1958年武汉水利电力学院水工建筑系学习。1961年入党,1963年参加工作,1963年任水电部长沙设计院水电部第八工程局设计院技术员。1975年任省水电设计院、省委工交政治部、省经委工程师。1984年任省委办公厅房管处副处长。1987年任省标准局副局长,1990年任省标准局局长。1998年退休。

在标准局任职期间,大力开展农业标准化工作,先后组织专家针对江西省特色的农产品,例如南丰蜜桔、信丰脐橙、南康甜柚、婺源红荷包鲤鱼、万年珍珠等进行农业综合标准化工作,并形成示范区规模。

在工业及企业标准化工作中,鼓励各级企业建立以技术标准为主体包括管理标准和工作标准在内的标准体系。对乡镇企业,省标准局联合省科协、省乡镇企业局组成乡镇企业标准化函授教育领导小组,着力促进乡镇企业标准化工作,开展标准化体系及强制性标准产品的宣贯。把标准化工作纳入法制管理的轨道,牵头起草《江西省实施标准化法管理办法》(征求意见稿),后经过立法论证、立法调研和反复修改,更名为《江西省标准化管理条例》。1997年10月23日,《江西省标准化管理条例》经省第八届人民代表大会常务委员会第三十次会议通过;10月28日,予以颁布实施。

杨毓模　1942年2月出生,江西省南昌市人,大学学历。1966年参加工作,1979年入党。1961年进入江西大学物理系学习。1967年任新余钢铁厂技术员、副科长。1983年任省计量局副局长(副处),1984年8月—1996年2月,任省计量局局长(正处);其间,兼任省计量测试研究所所长。1996年2月—2000年8月,任省经贸委党组成员、省技监局局长(副厅)。2000年9月—2002年,省质监局助理巡视员。2002年退休。

在省技监局任职期间,全局的计量、标准化工作和质量管理工作都迈上新的台阶。组织制定并实施《江西省计量监督管理条例》;与商业、物价部门联合开展"物价、计量信得过"活动,对流通领域加油机、农贸市场、粮食市场加大监督查处力度,加大对市场短斤少两行为的查处;对市场信誉好,群众满意的产品进行表彰。同时,大力培养计量管理和计量专业技术人员。宣传贯彻实施《江西省标准化管理条例》;组织实施国家强制性标准,对企业标准化水平组织评价和监督备案,开展农业标准化试点工作,宜春油茶、南昌县水稻、信丰脐橙三个农业标准化示范区列入第一批国家高产优质农业标准化示范区;组织开展无标生产查处、制定工作方案、组织检查验收。组建省技术监督局执法大队,并指导各地组建相应的执法队伍,查处一批违反质量、标准化、计量法律法规的案件。同时,对名优产品、重点产品加大保护力度,实施名优产品免检制度,为全省产品质量提升做出贡献。

胡菊芬(女) 1944年8月出生,浙江省慈溪人,大学学历,1960年参加工作,1966年入党。1960年赣州赣江造纸厂工人、干事、团委书记,1969年任赣州赣南无线电厂车间支部书记,1972年赣州接插件厂党委书记,1973年任赣州市妇联主任、共青团江西省委副书记,1986年任江西省工商行政管理局副局长、党组成员,2000年任省质监局副局长、党组成员,2001年任省质监局党组成员、副局长(正厅级)。2005年任省政协人口环境资源委员会副主任、省政协委员。

张树声 1944年9月出生,河北省蓟县人,大学学历,1969年参加工作,1974年入党。1964年西北工业大学学习,1969年任航空兵41师121团机械师、副指导员,1979年任南昌航空学院干部、系办公室副主任、师范部办公室主任,1984年任省纪委干部处干部、主任科员,1988年任省纪委干部处副处长,1992年任省纪委干部室副主任(正处),1995年任省纪委宣教室主任(正处),1997年任省纪委宣教室主任(副厅),2001年任省质监局纪检组组长,2006年退休。

朱秉发 1952年2月出生,江西省瑞金市人,大学学历,高级经济师。1967年参加工作,1969年入党。1967年12月入伍,历任战士、班长、排长、副指导员、指导员、团政治处干事。1977年转业至江西省供销储运公司,任人保科干事、副经理、经理、总经理,1992年任省供销社副主任、党组成员,1996年4月任省供销社党组书记、主任。2003年9月至2008年4月,任省质监局党组书记、局长。2008年1月任省人大常委会副主任、党组成员。中国共产党江西省第十二届、第十三届委员会委员。

在省质监局任职期间,以科学发展观为统领,以服务大局为己任,推动江西质监事业发展的新跨越。着力抓好食品安全监管工作。将其作为"一把手"工程来抓,构建食品安全动态监管平台,严格实施食品质量安全市场准入制度,全面加强食品小作坊监管并严查违法违规行为。不断提升特种设备安全监察工作能力和水平。落实特种设备生产使用单位、检验检测机构和安全检测机构三方面安全责任,制定特种设备检验检测工作目标责任考核办法和考评细则,对检验机构的检验率、检验质量进行考核,并记录在案,确保检验质量。任职期间,全省产品质量监督抽查合格率提高到78%,未发生食品和特种设备重特大事故。

全面推进质量兴市、名牌兴企工作,自2001年至2006年,全省31个市(县、区)开展质量兴市工作,其中,新余、瑞金等5个市(县、区)荣获全国质量兴市先进市县荣誉称号;新钢"袁河"牌船体结构用钢板等20个产品荣获中国名牌产品称号,中国名牌产品总数跨入中西部地区前三名;江铃"全顺"牌汽车等253个产品荣获江西名牌产品称号;"润田"牌纯净水等37个产品荣获国家免检产品,“施大壮”牌化肥等94个产品获省重点保护产品;“万年贡米”等10个产品荣获国家地理标志保护产品;全省70%以上的主要工业产品采用国际标准,计量器具强检受检率达95%,初步构筑起以质量振兴支撑经济社会发展的格局。

坚持“科技兴检”“人才强检”战略,加强质监基础建设和精神文明建设,人员编制、经费收入、办公用房、仪器设备、执法装备、信息化能力等方面实现大幅度增长,为全省质监事业长远发展奠定了坚实基础。主编《江西质监史》等书籍,被中国管理科学研究院人文科学研究所授予“中国人文科学优秀专家学者”称号,并荣获全国商业劳动模范光荣称号。

徐光辉　1952年11月出生,山东省高密市人,大学学历,1971年参加工作,1973年入党。1971年参军,历任战士、文书、排长、干事,1976年南昌步兵学校学员,1978年任南昌步校政治部连、营职干事、秘书,1984年任南昌陆院秘书处副处长,1986年任南昌陆院政治部、二大队副团职干部,1989年任南昌陆院二大队政委,1992年任南昌陆院政治部正团职副主任,1994年任南昌陆院政治部副师职副主任(1996年12月中央党校南京军区领导干部函授本科班经济管理专业毕业),1998年任省技监局副局长,2000年省质监局党组成员、副局长。

李　岱　1953年5月出生,辽宁省海城市人,大学学历,1968年参加工作,1990年入党。1968年瑞金县云石山公社沿坝大队插队知青,1969年高安县祥符公社建山大队插队知青,1970年萍乡市无线电专用设备厂工人,1974年宜春化工实验厂工人,1975年浙江大学化工系学习,1978年宜春化工实验厂干部,1981年省经贸委技术处借用,1983年省经贸委质量处干部、副主任科员,1988年省经贸委质量处主任科员,1992年省经贸委质量处副处长,1998年省技监局副局长,2000年省质监局党组成员、副局长,2010年省质监局巡视员。

陈国柱　1954年5月出生,江西省上饶市人,大学学历,1970年参加工作,1976年入党。1970年国家建委第一施工大队工人,1973年江西上饶地区基建局职工,1975年江西工学院土建系学生,1977年江西工学院土建系教师,1984年江西工学院团委副书记(副科级),1985年江西工学院团委书记(副处级),1988年江西工学院团委书记(正处级),1991年江西团校党委书记,1992年江西团校党委书记、校长,1996年江西省直属机关工委委员、组织部部长,2004年省质监局党组成员、副局长。

蒋洪南　1954年10月出生,江苏省扬州市人,大学学历,1972年参加工作,1976年入党。1972年参军,历任空军第七航空学校三团机务三中队无线电员,1976年空军第七航空学校三团机务三中队无线电师,1978年空军第一航空机务学校学员,1979年空军第一航空机务学校训练部无线电雷达考教研室见习教员,1980年职务等级定为副连职,1981年职务等级晋升为正连职,1985年空军第一航空机务学校训练部电子设备教研室副营职教员,1987年空军第一航空技术专科学校通信导航教研室营职教员,1987年技术职务评定为助教,1988年空军第一航空技术专科学校训练部计算机教研室副主任,1989 年技术职务评定为讲师,1991 年空军第一航空技术专科学校训练部计算机教研室主任,1993 年空军第一航空学院教务处副教务长,1998 年空军第一航空学院四系主任,2001 年省质监局办公室主任,2005 年省质监局副巡视员。

刘和平 1954 年 12 月出生,江西省新干县人,省委党校在职研究生学历。1974 年参加工作,1984 年入党。1974 年江西省畜牧良种场插队,1977 年南京大学哲学系学生。1980 年任江西省统计局平衡统计处干部、主任科员,1987 年任江西省统计局平衡统计处副处长,1989 年任江西省统计局办公室主任,1995 年任江西省统计局副局长、党组成员。2000 年 6 月任省质监局党组书记、局长(其间:2002 年 3 月—2003 年 1 月中央党校第 18 期中青班学习)。2003 年 8 月调任上饶市市长。

在省质监局任职期间,围绕"抓大事、谋发展、出效率"这一思想主线,努力实施"11334"工程,整体效能得到极大发挥。收入总量与增幅创历史新高,精神文明建设取得明显成效;打假主力军的作用凸显,假冒伪劣产品得到有效遏制。积极推动各级地方政府将质量工作纳入地方国民经济和社会发展规划,紧密围绕从源头抓质量,积极推进质量兴市、名牌战略、认证认可和生产许可证开展等工作。全省 2 家企业的 3 种产品被国家质检总局评为"中国名牌",实现了江西省"中国名牌"产品零的突破,77 家企业的 106 种产品被确定为 2002 年度省重点保护产品;锅容管特安全管理工作成效显著,2001 至 2002 年连续两年未发生一起锅容管特重、特大事故,实现了"杜绝特大事故、遏止重大事故、减少一般事故"的目标。质量技术监督事业对促进江西经济发展的作用明显加强。

朱　毅 1955 年 5 月出生,湖南省长沙市人,大学学历,1970 年参加工作,1985 年入党。1970 年萍乡矿务局职工,1978 年淮南矿业学院机械制造专业学习,1982 年任萍乡矿务局设计院设计员,1986 年任江西省标准局干部,1988 年任省技监局标准管理科科长,1996 年任省技监局标准化处处长,1998 年任省技监局局长助理、标准化处处长、副局长,2000 年任省质监局人事处负责人、人事处处长(其间:2000 年 1 月—2001 年 11 月淮南工业学院研究生进修班学习)。2001 年调任江西省煤炭行业管理办公室主任、党组成员。

赵泰初 1955 年 11 月出生,江西省丰城市人,大学学历,1973 年参加工作,1976 年入党。1973 年乐平县公溪镇新居大队新居青年队,1978 年江西工学院学生,1982 年入江西省劳动厅工作,1989 年任省劳动厅锅炉处、职安处副处长(其间:1990 年 1 月至 1992 年 1 月下派九江县任副县长),1998 年省劳动厅锅炉处处长,2000 年任省质监局锅炉处负责人,2001 年任省质监局办公室主任,2001 年任省质监局人事处处长,2005 年任省质监局副巡视员。

王　詠 1956 年 8 月出生,上海市人,硕士研究生,副研究员。1974 年参加工作,1986 年任吉林省体改委干部、体改研究所宏观研究室主任、副所长、体改委宏观处处长。1993 年任国家经贸委综合司产业处处长、宏观处处长,1998 年任国家经贸委综合司副司长、企业监督局副局长。2003 年任国务院国资委政策法规局副局长。2003 年任中共南昌市委副书记、常务副市长。2008 年 5 月任省质监局党组书记、局长。2015 年 5 月接受审查(2015 年 5 月涉嫌严重违纪,接受省纪委组织调查;2015 年 9 月,省人民检察院以涉嫌受贿罪、贪污罪决定逮捕;2016 年 7 月,萍乡市中级人民法院判处王詠有期徒刑九年六个月,并处罚金五十万元)。

李舰海 1957 年 5 月出生,江苏省徐州市人,大学学历,1975 年参加工作,1984 年入党,1975 年江西省南昌无线电十一厂工人,1976 年江西省南昌师范学校学生,1978 年江西八一无线电厂干部,1981 年江西大学物理系无线电专业学生,1985 年江西省经贸委人事处干部,1988 年省经贸委人事处副主任科员,1990 年省经贸委人事处主任科员,1992 年省经贸委人事处副处长,1994 年省经贸委人事处处长,2000 年省质监局副局长、党组成员。2004 年调任江西省抚州市委常委、组织部部长。

马 灵 1958 年 2 月出生,山东省苍山县人,大学学历,1974 年参加工作,1977 年入党。1974 年南丰县洽村公社瞿村大队插队知青、民办教师,1978 年参军,1981 年抚州地区五交化公司职工,1982 年抚州师专中文系读书,任校学生会部长、主席,1985 年乐安县招携镇党委委员,金竹乡党委副书记(主持党委工作)、党委书记,1988 年宜春行署监察局科长,1993 年宜春市(地区)纪委监察局室副主任、纪委委员、室主任、副书记、市政府党组成员、监察局局长,2007 年省供销合作社党组成员、纪检组长,2010 年省质监局党组成员、纪检组长。

姜 红 女,1958 年 10 月出生,江西省临川区人,大学学历,1975 年参加工作,1985 年入党。1975 年江西省新建县昌邑公社团结大队知青,1976 年江西省新建县昌邑中学民办教师,1978 年南昌师范学校文艺专业学生,1980 年共青团南昌市委学校部干部、少工委副主任,1986 年共青团南昌市委常委、南昌市青少年宫主任,1992 年江西宾馆党总支副书记、副总经理(其间:1996 年 3 月—1996 年 6 月江西省委党校第 8 期青干班学习),1996 年江西省旅游局航空服务处处长、兼江西省国际旅游航空服务公司党支部书记、总经理(正处级)(其间:1996 年 8 月—1998 年 12 月中央党校函授学院经济管理专业学习),2000 年江西省海外旅游总公司总经理兼江西省国际旅游航空服务公司党支部书记、总经理,2005 年省旅游局监察室主任,2006 年省质监局党组成员、省纪委驻省质监局纪检组长。2010 年调任江西省新闻出版局(省版权局)党组成员、省纪委(省监察厅)驻省新闻出版局(省版权局)纪检组组长。

蔡 玮 1964 年 6 月出生,江西省南昌市人,硕士研究生学历,1985 年参加工作,1984 年入党。1981 年江西师范大学化学系有机化学专业学习,1985 年任江西师范大学学报编辑部编辑,1988 年入江西师范大学化学系有机化学专业研究生学习。1991 年任江西省标准局干部,1994 年任江西省标准局主任科员,1995 年任省经贸委质量处主任科员,1998 年任省经贸委质量处副处长(其间:1999 年 8 月—2000 年 1 月江西省委党校第 15 期青干班学习),2000 年任省质监局质量处负责人,2001 年任省质监局质量管理与认证处处长,2007 年任省质监局党组成员、副局长。

模范先进人物简介

王平意　1947年9月出生,山东省青岛市人,教授级高级工程师。1970年陕西省军区部队农场劳动锻炼。1972年江西省计量测试研究所(院)工作、总师办参与管理工作,1993年任江西省计量测试研究院电磁室主任。

2001年参与省科技厅立项的"江西计量科技发展对策研究"课题,为主要参与者之一。课题共5个专题,王平意承担"江西计量科技现状和发展趋势"课题,该项目开创性地提出计量专业的研究与发展方向。2000—2003年主持完成"三相电能表标准"和"数字多用表标准"2项计量标准的建标工作,通过考核验收,建立全省最高社会公用计量标准。2004年主持完成2项省级校准规范通过省级鉴定,在国内尚无相应标准规范时,为各级计量部门和生产企业提供了校准和生产依据,保证量值的准确。作为技术总负责,主持完成省内二级科研项目"直流分压箱自动检定装置",填补国内空白。

陈　平　1954年10月出生,吉林省敦化市人。1977年1月参加工作,1987年9月入,加入中国国民党革命委员会。1992年6月任赣州地区医疗仪器计量站站长,1995年5月任赣州地区计量检定测试所所长,1997年3月任赣州地区技监局计量科长、兼检测中心主任,2005年4月任赣州市质监局副调研员。1999—2009年赣州市民革副主委,赣州市第一、二届政协委员、常委,江西省第九、十届政协委员。

自1995年担任计量所长以来,1996年全年完成检定业务收入和检修台件数比1995年分别增长127.6%和121.4%,1997年固定资产比1995年增长152.2%。检测项目由1995年的89种拓展为1997年的120多种,业务收入比1995年翻两番。多次获得省级、市级荣誉,2000年获人事部、国家质检总局"先进工作者"称号。

陈　敏　1954年10月出生,浙江省慈溪市人,教授级高级工程师。1972年知青,1982年浙江大学光学仪器工程学系光学仪器专业毕业,1982年任江西省计量测试研究院化学室主任、业务科科长、院副总工程师。

从事光谱分析长度计量/理化计量/质量体系管理工作,主持、参与经纬仪、水准仪、电导仪、白度仪、紫外分光光度计、原子吸收分光光度计、折射率仪、气相色谱仪、液相色谱仪、有害气体分析仪等16项建标工作。获长度、理化专业的检定员证30多项,几乎包括长度、理化的全部项目。作为中国合格评定国家认可委员会——实验室认可(CNAS)技术评审员、商务部对外援助项目评审专家,国家和江西省检验检测机构主任评审员、省技监局计量评审员。经常为检验检测机构的评审员、技术负责人、授权签字人、质量负责人、内审员培训授课。

胡　智　1956年3月出生,江西省南昌市人,教授级高级工程师。1971年10月参加工作,1985年9月加入中国共产党。1985年任南昌树脂厂动力车间副主任,1989年任南昌电化厂厂长助理。1990 年江西省锅炉压力容器检验所工程师、所长,2005 年底任江西省锅炉压力容器检验研究所(院)所(院)长。国务院政府特殊津贴专家。

主持多项国家级、省级重点工程检验检测、工程监理工作,带领江西省锅炉压力容器检验检测研究院承担着全省承压类特种设备约 60% 的检验检测任务。在全国率先开展水晶釜定检工作,并相继开拓低温罐车、气瓶、电站锅炉安装和水晶釜在用检验业务;为江西省重点项目——江西赛维 LDK 多晶硅项目工程、江西省西气东输天然气管网建设项目、"九昌樟"输油管道建设以及九石化、江西铜业集团、南钢等大型国企重点项目的建设提供优质的检验服务。先后获得总局工作先进个人、江西省科学技术进步奖三等奖、国家质检总局"科技兴检奖"一等奖、国家科学技术进步奖二等奖等多项荣誉称号。

胡雪春　女,1956 年 1 月出生,江西省都昌县人,教授级高级工程师。1974 年 2 月参加工作,1987 年被评聘为江西纺织工业职工大学讲师;1995 年被评聘为纺织工业科研设计院高级工程师,2007 年被评聘为教授级高级工程师,当年 8 月被引进调入省纤检局。

院纺织工程专业的技术负责人,担任市场部主任,负责专业技术洽谈工作。先后独立承担、独立主持并参加过 36 项纺织工程项目(可研、方案设计、初步设计、施工图设计)的工艺设计。在科研部负责本单位的科研管理工作及科研项目申报及主持工作。2006 年在国家级纺织专业核心期刊《棉纺织技术》上发表论文〈可溶性 PVA 纤维与棉混纺生产高档毛巾用纱的实践与探讨〉,2007 年在《上海纺织科技》上发表论文〈19.4tex ×2 腈/棉(55/45)混纺针织股线的生产〉和〈现代棉纺厂新厂工艺设计探讨〉。

戴映云　女,1958 年 10 月出生,江西省鄱阳县人,教授级高级工程师。1978 年 8 月在江西省计量所参加工作,2000 年 10 月加入中国共产党。1993 年 9 月任省计量所长度室副主任,2003 年 8 月任省计量测试研究院业务科副科长,2005 年 8 月任省计量测试研究院机动车设备检测室主任。

主持完成 9 部国家计量技术法规:JJF1196 - 2008《机动车方向盘转向力—转向角检测仪》校准规范、JJG976 - 2009《透射式烟度计》检定规程、JJG909 - 2009《汽车车速表检验台》检定规程、JJG908 - 2009《汽车滑板式侧滑检验台》检定规程、国家标准《移动式摩托车安全检测站》《轮胎花纹深度检测尺》校准规范等。获得"摩托车路试仪检定装置"发明专利 1 项。参加"便携式汽车制动路试仪检定仪"等发明专利的研究 4 项。主持完成国家及省级科研课题 5 项。先后获江西省科学进步三等奖 2 项,江西省科技兴检三等奖 1 项。

刘志云　1962 年 3 月出生,江西省万安县人,教授级高级工程师,1999 年 7 月加入中国共产党,1983 年 7 月江西农业大学本科学习;1983 年 8 月中国第二汽车制造厂技术中心工作;1987 年 9 月入浙江工学院研究生学习,获硕士学位;1990 年 7 月在江西省劳动保护教育中心工作、任矿山安全技术服务科副科长;1998 年 12 月任江西省劳动保护教育中心(江西省劳动技校教务科)科长;2005 年 1 月任江西省特种设备检测检验中心主任助理(正科级)、副院长(副处级)。2007 年为江西省“百千万人才工程”入选者;2010 年享受江西省政府特殊津贴专家。

主要从事机电类特种设备检验检测与研究等工作,为电梯、起重机械、场(厂)内专用机动车辆、大型游乐设施和客运索道检验师,国家质检总局批准的高级检验师。主持并参与过近二十项国家级、省部级和厅局级科研课题,多次获国家级、省级科技奖项,申请获准一项发明专利《一种电梯导轨垂直度及轨距测量机器人》。

张路根 1965 年 4 月出生,江西省南昌市人,教授级高级工程师。1986 年 8 月参加工作,1996 年 12 月加入中国共产党。1995 年 6 月任江西省锅炉压力容器检验研究所技术室副主任、主任、副总工程师兼技术室主任、总工程师兼技术室主任;2007 年 5 月任副院长兼总工程师。江西省新世纪百千万人才人选;南昌航空大学兼职硕士生导师。

作为项目负责人或骨干先后主持或参与完成九江“三十万吨合成氨、五十二万吨尿素”大化肥、江西赛维 LDK 太阳能多晶硅项目等国家和省重点工程项目及进口锅炉压力容器压力管道检验工作;赴意大利、韩国等国家和地区实施锅炉压力容器产品现场监造工作。主持建立的江西省无损检测工程技术研究中心和江西省研究生教育创新基地,是省重点基础科研平台和基地。主持或参与完成多项国家级、省部级和市级科研项目,分别获 2010 年度国家科技进步二等奖 1 项,省部级科技进步三等奖 2 项,省质监局“科技兴检”成果奖一等奖 1 项、二等奖 2 项、三等奖 1 项。

朱小东 1971 年 7 月出生,江西省瑞金市人,中共党员。1988 年 10 月参加工作。1992 年 8 月至 2004 年 4 月,在江西省标准化研究所工作。2004 年 5 月至 2006 年 6 月,任新余市质监局党组成员、副局长。2006 年 6 月至今,历任江西省质监局监督处调研员、计量处处长、办公室主任。

2005—2006 年多次获国家级、省级奖励。2007 年 7 月被人事部、国家质检总局授予全国质量工作先进个人。2009 年,积极促成以省政府名义召开全省计量工作会议。2010 年,省政府出台《关于进一步加强计量工作的意见》,全省新建社会公用计量标准 25 项,强检计量器具受检率达 90% 以上,在用汽车衡受检率 95% 以上。2008 年、2009 年、2010 年连续 3 年被评为优秀公务员,被记三等功一次。

李　平 1972 年 2 月出生,江西省于都县人。1994 年 7 月参加工作,1996 年 9 月加入中国共产党。2005 年任瑞金市质监局局长;2007 至 2010 年任赣州市质监局副局长。

在瑞金市质监局工作期间,主抓质量兴市工作取得丰硕成果,瑞金市获“全国质量兴市先进县市”和“全省质量兴市先进县市”称号。在赣州市质监局工作期间,主抓质量、特种设备等工作取得优异成绩,赣州市产品质量水平得到大幅提升,数十个产品获江西省名牌产品称号,赣州的特种设备安全监察管理模式在全国推广。筹建国家钨与稀土产品质量监督检验中心,为推动钨与稀土产业结构转型、产品升级和科技进步提供重要的技术支撑平台。

2002 年 3 月,被国家质检总局授予全国质量技术监督执法打假先进个人荣誉称号;2006 年 5 月,被人事部、国家质检总局授予全国质检系统先进工作者荣誉称号。

人物名录

省部级先进个人荣誉名录

姓　名	籍　贯	所在单位	获得荣誉	获得时间	授予单位
陈斐文	江西临川	抚州地区标准计量局	全国技术监督人员贡献奖	1994	国家技术监督局
王　云	江西安义	江西省技术监督局	全国打假先进个人	1995	国家经贸委、国家工商局、国家技术监督局
		江西省质量技术监督局	中国物品编码工作二十年贡献奖	2009	国家标准化管理委员会
罗小璋	江西新建	江西省技术监督局	全国质量监督工作先进个人	1995	国家技术监督局
承德宗	江苏常州	江西省技术监督局	全国质量监督工作先进个人	1995	国家技术监督局
王　犇	江西余干	景德镇市计量测试研究所	有突出成绩的计量工作者	1995	国家技术监督局
蔡　玮	江西新建	江西省技术监督局	全国质量监督工作先进个人	1995	国家技术监督局
		江西省质量技术监督局质量管理与认证处	全国质量管理先进工作者	2004	国家质量监督检验检疫总局
李运辉	江西萍乡	萍乡市标准计量局	全国质量监督工作先进个人	1995	国家技术监督局
杨毓模	江西南昌	江西省技术监督局	全国先进计量工作者	1995	国家技术监督局
胡志坚	江西南昌	江西省技术监督局	全国先进计量工作者	1995	国家技术监督局
周文达	江西东乡	抚州地区标准计量局	全国质量监督工作先进个人	1995	国家技术监督局
陈　平	吉林敦化	赣州市质量技术监督局	全国技术监督系统先进工作者	1999	国家人事部、国家质量技术监督局
胡国华	江西南昌	江西省产品质量监督检验所	全国质量监督工作先进个人称号	2002	国家质量监督检验检疫总局
李安运*	江西瑞金	赣州市特种设备检验检测中心	全国质监系统锅容管特普查登记先进个人	2002	国家质量监督检验检疫总局
		赣州市质量技术监督局	全国质检系统四五普法先进个人	2006	国家质量监督检验检疫总局
		赣州市质量技术监督局	全国质量监督检验检疫工作先进个人	2007	国家质量监督检验检疫总局
		赣州市质量技术监督局	全国质检系统法制工作先进个人	2008	国家质量监督检验检疫总局

续表

姓　名	籍　贯	所在单位	获得荣誉	获得时间	授予单位
罗　发	江西临川	临川区质量技术监督局	全国质量技术监督执法打假工作先进个人	2002	国家质量监督检验检疫总局
李　平	江西于都	赣州地区技术监督局	全国质量技术监督执法打假先进个人	2002	国家质量监督检验检疫总局
		瑞金市质量技术监督局	全国质检系统先进工作者	2006	国家人事部、国家质量监督检验检疫总局
李　捷	江西南昌	江西省质量技术监督稽查总队	全国优秀“青少年维权岗”创建活动先进个人	2002、2003	共青团中央、中央综治办、最高人民法院、最高人民检察院、公安部、司法部、劳动和社会保障部、国家广电局、国家工商局、国家质检局、新闻出版总署
			全国质量技术监督执法打假先进个人	2003	国家质量监督检验检疫总局
			全省青年文明号活动十周年先进个人	2004	江西省青年文明号活动组委会
涂　建	江西奉新	江西省质量技术监督局标准化处	第二次全国基本单位普查先进个人	2003	第二次全国基本单位普查领导小组
			全国农业标准化示范区组织推广先进个人	2005	国家标准化管理委员会

*2017 年 8 月,以受贿罪判处有期徒刑三年,并处罚金人民币二十万元。

续表

姓　名	籍　贯	所在单位	获得荣誉	获得时间	授予单位
余国平	江西安义	江西省质量技术监督局标准化处	全国消灭无标先进工作者	2003	国家标准化管理委员会
			全国城市地名标志设置工作先进个人	2005	民政部、交通部、国家工商行政管理总局、国家质检总局
邬定华	江西进贤	江西省质量技术监督局锅炉处	全国锅炉压力容器压力管道特种设备普查整治工作先进个人	2003	国家质量监督检验检疫总局
胡　智	江西南昌	江西省锅炉压力容器检验检测研究院	江西省勤政廉政“先进典型”	2003	中共江西省纪律检查委员会、江西省监察厅
			全国质量监督检验检疫工作先进个人	2004	国家质量监督检验检疫总局
			江西省科技进步三等奖	2004	江西省人民政府
			江西省科技进步三等奖	2008	江西省人民政府
			“科技兴检奖”一等奖	2009	国家质量监督检验检疫总局
			江西省先进工作者	2010	江西省人民政府
姜　浩	黑龙江桦川	上饶市质量技术监督局	全国农业标准化先进工作者	2004	国家标准化管理委员会
刘伟成	江西南昌	江西省锅炉压力容器检验检测研究院	江西省科技进步三等奖	2004	江西省人民政府
			江西省新世纪百千万人才工程人选	2007	江西省人社厅
张路根	江西南昌	江西省锅炉压力容器检验检测研究院	江西省科技进步三等奖	2004	江西省人民政府
			江西省科技进步三等奖	2008	江西省人民政府
			江西省新世纪百千万人才工程人选	2010	江西省人社厅
肖忠群	江西泰和	江西省锅炉压力容器检验检测研究院	江西省科技进步三等奖	2004	江西省人民政府
刘学辉	江西奉新	江西省质量技术监督局	全国质检系统安全保卫工作先进个人	2005	国家质量监督检验检疫总局

续表

姓　名	籍　贯	所在单位	获得荣誉	获得时间	授予单位
黄兴华	江西于都	赣州市质量技术监督局	全国代码工作十五周年先进个人	2005	国家标准化管理委员会
曾宪彬	江西泰和	吉安市质量技术监督局	优秀中青年专家	2006	国家质量监督检验检疫总局
姚力志	江西鄱阳	江西省标准化研究院	全省先进老干部工作者	2006	中共江西省委组织部、江西省人事厅、中共江西省委老干部局
李党建	江西丰城	江西省质量技术监督局特设安全监察处	“十五”期间全省安全生产先进个人	2006	江西省人民政府
肖德源	江西赣州	赣州市质量技术监督局	宣传工作先进个人	2007	国家质量监督检验检疫总局
朱小东	江西瑞金	新余市质量技术监督局	全国质量工作先进个人	2007	国家人事部、国家质量监督检验检疫总局
张达贵	江西石城	石城县质量技术监督局	江西省全国第一次经济普查先进个人	2007	江西省人民政府
刘志云	江西万安	江西省特种设备检验检测研究院	江西省技术进步奖三等奖	2008	江西省人民政府
			江西省新世纪“百千万人才工程”人选者	2008	江西省人民政府
			省政府特殊津贴	2010	江西省人民政府
王兆友	江西南康	赣州市质量技术监督局	全国特种设备安全工作先进个人	2008	国家质量监督检验检疫总局
戴映云（女）	江西鄱阳	江西计量测试研究院	江西省科学技术进步三等奖	2008	江西省人民政府
			江西省科学技术进步三等奖	2009	江西省人民政府
张雪峰	江西鄱阳	江西省质量技术监督局特种设备安全监察处	江西省抗冰救灾先进个人	2008	中共江西省委、江西省人民政府

续表

姓 名	籍 贯	所在单位	获得荣誉	获得时间	授予单位
刘长荣（女）*	江西南丰	抚州市质量技术监督局	国庆60周年焰火质量安全保障工作先进个人	2009	国家质量监督检验检疫总局
田 勇	山东黄县	抚州市质量技术监督局	国庆60周年焰火质量安全保障工作先进个人	2009	国家质量监督检验检疫总局
邓平平	江西临川	抚州市质量技术监督局	国庆60周年焰火质量安全保障工作先进个人	2009	国家质量监督检验检疫总局
唐建中	江西临川	抚州市质量技术监督局	国庆60周年焰火质量安全保障工作先进个人	2009	国家质量监督检验检疫总局
梅华清	江西临川	抚州市质量技术监督局	国庆60周年焰火质量安全保障工作先进个人	2009	国家质量监督检验检疫总局
周德昌	江西崇仁	抚州市质量技术监督局	国庆60周年焰火质量安全保障工作先进个人	2009	国家质量监督检验检疫总局
颜 兵	江西临川	抚州市质量技术监督局	国庆60周年焰火质量安全保障工作先进个人	2009	国家质量监督检验检疫总局
郝 荷（女）	江苏泰兴	抚州市质量技术监督局	国庆60周年焰火质量安全保障工作先进个人	2009	国家质量监督检验检疫总局
曾大平	江西吉安	江西省质量技术监督局监督处	全国质检系统北京奥运会残奥会保障工作先进个人	2009	国家质量监督检验检疫总局
			国庆60周年焰火质量安全保障工作先进个人	2009	国家质量监督检验检疫总局
沈 军	江西九江	江西省质量技术监督局监督处	国庆60周年焰火质量安全保障工作先进个人	2009	国家质量监督检验检疫总局
谢财旺	福建顺昌	江西省质量技术监督局监督处	国庆60周年焰火质量安全保障工作先进个人	2009	国家质量监督检验检疫总局
邬书成	江西高安	吉安市质量技术监督局	全国质检系统“质量和安全年”活动先进个人	2009	国家质量监督检验检疫总局

＊2015年4月，以受贿罪判处有期徒刑十年六个月，并处没收个人财产人民币10万元。

续表

姓　名	籍　贯	所在单位	获得荣誉	获得时间	授予单位
刘立刚	江西新干	江西省质量技术监督局质量管理处	全国质检系统“质量和安全年”活动先进个人	2009	国家质量监督检验检疫总局
李草生	江西新余	江西省质量技术监督稽查总队	全国质检系统新闻宣传先进个人	2010	国家质量监督检验检疫总局
章志键	江西南昌	江西省质量技术监督局	全国质检系统科技兴检先进工作者	2010	国家质量监督检验检疫总局
肖　炜	江西赣州	江西省质量技术监督稽查总队	全国质检系统执法打假“办案能手”	2010	国家质量监督检验检疫总局
李　剑	江西萍乡	萍乡市质量技术监督局	全国质量监督检验检疫工作先进个人荣誉称号	2010	国家质量监督检验检疫总局

正高级专业技术人员名录

姓　名	籍　贯	所在单位	资格名称	获得时间
王平意	山东青岛	江西省计量测试研究院	教授级高级工程师	2004
刘志云	江西万安	江西省特种设备检验检测研究院	教授级高级工程师	2005
胡雪春(女)	江西都昌	江西省纤维检验局	教授级高级工程师	2007
陈　敏	浙江慈溪	江西省计量测试研究院	教授级高级工程师	2009
胡　智	江西南昌	江西省锅炉压力容器检验检测研究院	教授级高级工程师	2009
戴映云(女)	江西鄱阳	江西省计量测试研究院	教授级高级工程师	2010
张路根	江西南昌	江西省锅炉压力容器检验检测研究院	教授级高级工程师	2010

省部级及以上先进集体荣誉名录

单　位	获得荣誉	获得时间	授予单位
上高县标准计量局	全国实施法定计量单位先进集体	1994	国家技术监督局
江西省技术监督局监督稽查处	全国质量监督工作先进集体	1995	国家技术监督局

续表

单 位	获得荣誉	获得时间	授予单位
宜春地区标准计量局监督管理科	全国质量监督工作先进集体	1995	国家技术监督局
景德镇市技术监督局	全国技术监督系统“二五”普法宣传教育先进单位	1996	国家技术监督局
新余市技术监督局	全国技术监督先进单位	1999	国家质量技术监督局
宜丰县技术监督局	全国技术监督系统先进集体	1999	国家人事部、国家质量技术监督局
江西省技术监督局稽查大队	全国质量技术监督执法打假工作先进集体	2002	国家质量监督检验检疫总局
	全国质检系统先进集体	2002	国家质量监督检验检疫总局
江西省质量技术监督稽查总队	第九届省级文明单位	2002、2003	中共江西省委、江西省人民政府
	全国优秀“青少年维权岗”	2002、2003	共青团中央、中央综治办、最高人民法院、最高人民检察院、公安部、司法部、劳动和社会保障部、国家广电局、国家工商局、国家质检局、新闻出版总署
	全国质检系统“全国青年文明号”	2003	国家质量监督检验检疫总局、共青团中央
江西省质量技术监督稽查总队	优秀青少年维权岗	2004	共青团、中央综治办、国家质检总局
	第十届省级文明单位	2004、2005	中共江西省委、江西省人民政府
	江西省第十一届省级文明单位	2006、2007	中共江西省委、江西省人民政府
	江西省第十二届省级文明单位	2008、2009	中共江西省委、江西省人民政府
江西省纤维检验局	全国优秀“青少年维权岗”	2002、2003	共青团中央、中央综治办、最高人民法院、最高人民检察院、公安部、司法部、劳动和社会保障部、国家广电局、国家工商局、国家质检局、新闻出版总署

续表

单 位	获得荣誉	获得时间	授予单位
江西省质量技术监督局	第二次全国基本单位普查先进单位	2003	第二次全国基本单位普查领导小组
	全国农业标准化示范区组织推广先进单位	2005	国家标准化管理委员会
	江西省第十届文明单位	2006	中共江西省委、江西省人民政府
	全省民主评议政风行风先进单位	2007	江西省人民政府
江西省质量技术监督局标准化处	抗击“非典”先进集体	2003	国家质量监督检验检疫总局
	全国标准化工作先进单位	2003	国家标准化管理委员会
江西省锅炉压力容器检验检测研究院	江西省科技进步三等奖	2004	江西省人民政府
	全国质量监督检验检疫工作先进单位	2006	国家质量监督检验检疫总局
	全国质量监督检疫“科技兴检”先进集体	2006	国家质量监督检验检疫总局
	江西省科技进步三等奖	2008	江西省人民政府
	全省服务非公有制经济发展先进单位	2009	江西省人民政府
	“科技兴检奖”一等奖	2009	国家质量监督检验检疫总局
	国家科学技术进步奖二等奖	2010	国务院
永丰县质量技术监督局	全国标准化先进集体	2005	国家标准化管理委员会
江西省纤维检验局纺织检测所	全国质检系统“全国青年文明号”	2005	国家质量监督检验检疫总局、共青团中央
	巾帼文明岗	2006	中华全国妇女联合会、全国妇女“巾帼建功”活动领导小组
遂川县质量技术监督局	全国食品质量安全区域整治先进集体	2006	国家质量监督检验检疫总局
瑞金市质量技术监督局	全国质量兴市先进市县	2006	国家质量监督检验检疫总局

续表

单　位	获得荣誉	获得时间	授予单位
江西省锅炉压力容器检验检测研究院总师办	全国质检系统“全国青年文明号”	2006	国家质量监督检验检疫总局、共青团中央
	全国质检系统“全国青年文明号”	2007	国家质量监督检验检疫总局、共青团中央
新余市质量技术监督局	江西省第十届文明单位	2006	中共江西省委、江西省人民政府
上饶市质量技术监督局	江西省第十届文明单位	2006	中共江西省委、江西省人民政府
江西省质量技术监督局机关党委	全省“四五”法制宣传教育先进单位	2006	中共江西省委、江西省人民政府
赣州市质量技术监督局	全国质量技术监督执法打假工作成绩突出单位	2006	国家质量监督检验检疫总局
	江西省第十一届省级文明单位	2006、2007	中共江西省委、江西省人民政府
	全省民主评议政风行风工作人民群众满意的行政执法单位	2007	江西省人民政府
	全国质检系统法制工作先进集体	2008	国家质量监督检验检疫总局
	全省普法教育工作先进单位	2006、2008	中共江西省委、江西省人民政府
	“质量和安全年”活动先进单位	2009	国家质量监督检验检疫总局
赣州市质量技术监督局	全省服务非公有制经济发展先进单位	2009、2010	江西省人民政府
	江西省第二次经济普查先进集体	2010	江西省人民政府
	全国质检系统“五五”普法先进集体	2010	国家质量监督检验检疫总局
赣州市特种设备检验检测中心	江西省第十一届省级文明单位	2006、2007	中共江西省委、江西省人民政府
	江西省第十二届省级文明单位	2008、2009	中共江西省委、江西省人民政府

续表

单　位	获得荣誉	获得时间	授予单位
江西省产品质量监督检测院	全国产品质量监督工作先进单位	2008	国家质量监督检验检疫总局
江西省质量技术监督信息中心网站	全国质检系统“全国青年文明号”	2007	国家质量监督检验检疫总局、共青团中央
江西省质量技术监督局抗震救灾特种设备技术服务队	全国质检系统抗震救灾先进集体	2008	国家质量监督检验检疫总局
江西省质量技术监督局特种设备安全监察处	全国特种设备安全工作先进单位	2008	国家质量监督检验检疫总局
江西省工业陶瓷质量监督检验站	全国质检系统“全国青年文明号”	2008	国家质量监督检验检疫总局、共青团中央
抚州市质量技术监督局	国庆60周年焰火质量安全保障工作先进集体	2009	国家质量监督检验检疫总局
江西省质量技术监督局监督处	国庆60周年焰火质量安全保障工作先进集体	2009	国家质量监督检验检疫总局
	全国质量监督检验检疫系统上海世博会保障工作先进单位	2010	国家质量监督检验检疫总局
江西省特种设备检验检测研究院	科技兴检先进集体	2010	国家质量监督检验检疫总局

附　录

重要文件

江西省人民政府办公厅关于印发江西省技术监督局职能配置、内设机构和人员编制方案的通知

赣府厅发〔1995〕94号

各行政公署，各省辖市人民政府，各县（市、区）人民政府，省政府各部门：

《江西省技术监督局职能配置、内设机构和人员编制方案》经省机构编制委员会办公室审核，已经省人民政府批准，现予印发。

一九九五年七月三十一日

江西省技术监督局职能配置、内设机构和人员编制方案

根据《中共中央、国务院关于江西省党政机构改革方案的通知》（中委〔1994〕81号）和《中共江西省委、江西省人民政府关于实施省直党政机构改革方案的通知》（赣发〔1994〕8号），组建江西省技术监督局，为江西省经济贸易委员会管理的机构（副厅级），其职能配置、内设机构和人员编制确定如下：

一、主要职责

省技术监督局是省政府统一管理和组织协调全省标准化、计量和质量工作的职能部门，主要职

责是：

(一)贯彻执行国家有关技术监督工作的方针、政策，负责《中华人民共和国计量法》《中华人民共和国标准化法》《中华人民共和国产品质量法》在我省的组织实施和行政执法工作。负责起草标准化、计量、质量监督的有关制度和办法，推进技术监督工作与国际惯例接轨。

(二)组织制定全省实施技术监督事业发展规划，指导全省技术监督系统的改革，指导和协调行业和地(市)、县(市、区)技术监督工作，依法管理和考核省和地(市)质量检验和计量检定机构，负责行业及社会技术监督机构的业务指导和监督。

(三)负责组织协调市场商品质量、计量监督稽查工作，调解和仲裁有关重大质量、计量纠纷，严厉打击假冒伪劣商品，查处无证产品，维护消费者合法权益和正常的市场经济秩序。

(四)负责管理全省标准化工作。组织制订、审批和发布地方标准，监督各类标准的贯彻执行，负责企业标准备案和农业综合标准化工作。负责企、事业单位和社会团体统一代码标识制度的建立及商品条形码的推广应用。负责技术监督情报服务工作。

(五)负责管理全省计量工作。推行法定计量单位，组织建立省级最高计量标准，拟订和修订地方计量检定规程和计量技术规范，组织量值传递，负责计量检定测试的授权工作。指导企业计量工作，推广先进科学的计量管理方法，负责制造、修理计量器具许可证的管理工作。

(六)负责管理全省计量认证工作。拟定全省计量认证工作的规划、计划。审批计量认证委员会的组成、章程，组织质检机构的计量认证和审查认可，对质量、计量认证实行监督和对重大问题进行协调处理。

(七)组织指导全省技术监督系统的宣传、教育、培训、科技信息等工作。负责与标准化、计量、质量监督有关的技术法规的备案工作。

(八)承办省政府和省经贸委交办的其他工作。

二、内设机构

根据上述职责，省技术监督局机关设6个职能处室(副处级)。

(一)办公室

负责文秘档案、机关财务、后勤保障、安全保卫、保密及局机关国有资产管理等工作。负责管理局机关及直属单位的人事劳动工作。

(二)综合计划科技处

负责编制和组织实施全省技术监督工作的事业发展规划和年度计划，并检查执行情况；管理全局财务、基建、物资计划和直属单位国有资产，负责本系统统计工作。组织管理本系统技术开发、成果推广及科研项目、科技成果的评审和奖励等工作。

(三)法规宣教处

组织编制全省技术监督法规建设的规划、计划，负责起草有关制度和办法，负责行政复议工作；组织指导全省技术监督系统改革的调查研究，承担有关重要报告的起草工作，指导系统执法机构的建设。

（四）标准化处

负责监督各类标准的贯彻执行；开展全省标准化技术交流；推进企业采用国际标准工作，拟定和实施全省采用国际标准规划和计划，负责对采用国际标准产品的注册管理和监督；管理企业产品标准的备案；负责全省农业综合标准化工作；协调和指导全省各行业、各地区的标准化工作。

（五）计量处

负责推行法定计量单位，组织拟定我省计量检定系统、检定规程和计量技术规范，组织和管理全省量值传递，管理省级最高计量标准；依法管理全省计量器具，负责制造修理计量器具许可证的考核发证工作，负责计量检定测试的授权工作；负责对计量公证服务机构的业务指导；负责计量认证工作。

（六）监督稽查处

依照《标准化法》《计量法》《产品质量法》组织对市场商品质量和计量的行政执法监督稽查；指导全省技术监督行政执法队伍的建设和管理；组织对质量检验机构的审查认可并对其工作进行指导和监督。拟定全省质量、计量监督检查计划，组织实施省级监督抽查并做好相应的后处理工作；组织查处生产、经销假冒伪劣产品、受理并承办质量、计量投诉、调解和仲裁质量、计量纠纷。

三、人员编制和领导职数

省技术监督局机关行政编制为45名。

领导职数：局长1名（副厅级）、副局长3名（正处级），副处级职数6名。

关于我省省以下技术监督系统机构编制上划有关问题的通知

赣编办发〔2000〕8号

各地、市、县(区)机构编制委员会办公室、技术监督局:

根据国务院国发〔1999〕8号、江西省人民政府赣府发〔1999〕13号、赣府发〔2000〕3号、省委办公厅赣办发〔1997〕7号文件精神,全省质量技术监督系统实行垂直管理。为做好我省省以下技术监督系统机构编制上划工作,现就有关机构编制材料报审的问题通知如下:

一、机构编制材料报审的单位

各级技术监督部门报审机构编制材料的单位为:地(市)、县(市、区)技术监督局机关;地(市)、县(市、区)技术监督局所属技术机构,即计量所(站)、质检所(站);地(市)、县(市、区)技术监督局稽查大队。

与物价、工商、经贸等部门综合设立的工商物价技术监督局、质检所,其物价、工商、经贸部分的机构编制材料不报审,各级技术监督局所设立的企业性质的公司、服务中心等,其机构编制材料不报审。

二、报审材料的种类

(1)各级技术监督局机关的三定方案和其他机构编制的批文(即同级党委、政府和机构编制管理部门有关技术监督部门的机构编制的批文)复印件;各级技术监督局所属技术机构、稽查大队的机构编制批文复印件;各级技术监督局机关及所属技术机构、稽查大队1997年8月7日的编制卡和1997年底的机构编制统计报表及1998年7月16日的在编人员统计表。

(2)省机构编制委员会办公室、省技术监督局联合制发各级机构编制管理部门和技术监督部门填报的各种表格(附后)。

各级技术监督部门提供的上述批文和表格均一式两份〔含地(市)、县(市、区)填报的表格〕,并加盖各级机构编制管理部门和技术监督部门的印章后,分别报送省编办综合处和省技术监督局办公室。

三、所报材料的时效

此次报审的机构编制材料,各级技术监督局机关及下属技术机构、稽查大队必须是1997年8月7日前各级党委、政府和机构编制管理部门批准的机构编制的文件。此后新增的机构编制或补办的机构编制批文,一律不报审。

四、报审机构编制材料的程序和时间

1. 各级技术监督部门负责本单位和下属部门有关机构编制批文的提供、机构编制和实有人数报表的填写、汇总工作。同级机构编制管理部门负责审核、把关工作。

2. 各级技术监督系统机构编制材料报审实行逐级审核制度。县(市、区)初审后,报地(市);地

(市)复审汇总后,报省;省技术监督局审核汇总后,报省机构编制委员会审定。

3. 县(市、区)上报地(市)的时间不迟于2000年3月10日;地(市)汇总上报省的时间不迟于2000年3月20日。

五、纪律要求

各级机构编制管理部门和技术监督部门要高度重视技术监督系统机构编制上划的材料报审工作,认真负责、通力合作。对提供的数据和相关文件材料要准确无误,既不得少报,也不得多报。各级技术监督部门应由主要领导亲自挂帅,专人负责。要严格机构编制纪律,该项工作将作为今后考核各级领导班子的一项内容。省编办、省技术监督局将对各地提供的数据进行实地抽查,对弄虚作假的,将追究单位领导人的责任。

二〇〇〇年二月二十四日

江西省人民政府办公厅关于印发江西省质量技术监督局职能配置内设机构和人员编制规定的通知

赣府厅发〔2000〕94 号

各行政公署,各省辖市人民政府,各县(市、区)人民政府,省政府各部门:

《江西省质量技术监督局职能配置、内设机构和人员编制规定》经省人民政府批准,现予印发。

二○○○年九月三十日

江西省质量技术监督局职能配置内设机构和人员编制的规定

根据《中共中央、国务院关于江西省人民政府机构改革方案的通知》(中委〔2000〕73 号)和《中共江西省委、江西省人民政府关于印发〈省人民政府机构改革实施方案〉的通知》(赣发〔2000〕15 号),组建江西省质量技术监督局,为管理标准化、计量、质量工作并行使行政执法监督职能的省人民政府直属机构。

一、职能调整

(一)划出的职能

1. 西药、中药的质量监督管理交给省药品监督管理局。

2. 产品质量纠纷的仲裁职能交给人民法院或社会中介组织。

(二)划入的职能

1. 由原省劳动厅承担的锅炉、压力容器、压力管道、电梯、起重机械、厂内运输车辆、架空索道、游乐设施、防爆电器等特种设备的安全监察监督管理职能。

2. 由省经济贸易委员会原承担的质量管理、质量论证管理、“打假”综合协调、工业产品生产许可证管理的职能。

3. 由原省石油化学工业总公司承担的化学危险品质量监督管理职能。

4. 由原省电力工业局、省邮电管理局等承担的勇于贸易结算的电能表、电话计费器等计量器具强制检定的行政监督管理职能。

5. 农药质量工作的宏观指导和农药质量的监督职能。

6. 承担国家质量技术监督局下放的职能。

(1)组织重要标准的实施职能;

(2)对社会公正计量服务机构的监督职能;

(3)省以下质量检验机构计量认证职能。

(三)增加的职能

全省质量技术监督系统的干部人事和财务管理职能。

(四)转变的职能

1. 交由社会中介组织或事业单位承担的事项。

(1)地方标准、企业标准和采用国家标准等标准化工作的技术性审查及咨询、服务。

(2)质量技术监督工作中的技术性评价。

(3)用于贸易结算的计量器具强制检定的技术性工作。

(4)锅炉、压力容器等特种设备的设计、制造、安装、使用、检验、修理、改造等环节及进口的具体检查、鉴定。

2. 交由企业依法自主管理的事项。

(1)工业企业内部的标准化、计量、质量管理。

(2)非强制检定计量器具的检定周期和检定方式。

二、主要职责

根据以上职能调整,省质量技术监督局的主要职责是:

(一)贯彻实施国家有关质量技术监督工作的方针、政策和法律、法规,负责制定有关制度和管理办法;监督指导全省质量技术监督综合管理和行政执法工作;组织制定全省质量技术监督事业发展规划、计划;组织协调行业和专业的质量技术监督工作。

(二)管理和实施质量监督工作;对产品质量和市场商品质量实施监督检查;管理产品质量仲裁的检验、鉴定;组织协调全省“打假”工作,依法查处生产和经销假冒伪劣商品活动中的质量违法行为。

(三)宏观管理全省质量工作;贯彻实施《质量振兴纲要》,组织制定提高我省质量水平的发展战略、规划和意见,推广先进的质量管理经验和方法;协调建立重大工程设备质量监理制度,负责组织对重大产品质量事故进行调查;管理工业产品生产许可证工作。

(四)统一管理和监督认证认可工作;组织实施认证认可工作制度;协调与监督实行强制性管理的安全认证;依法对质量检验机构授权和监督管理;对与质量技术监督相关的社会中介组织实行资格认可和监督管理。

(五)统一管理全省标准化工作;管理地方标准的计划、审批、编号、发布;组织制定地方标准(含标准样品);监督标准的贯彻执行;管理行业标准地方标准备案;管理全省组织机构代码和商品条码工作。

(六)统一管理全省计量工作;推行法定计量单位,建立省级最高计量标准,组织制定地方计量检定规程和计量技术规范,组织量值传递,负责计量检定工作的授权和制造、修理计量器具许可证的管理工作;依法组织对质量检验机构的计量认证,规范和监督商品量的计量行为。

(七)综合管理锅炉、压力容器、电梯、起重机械、厂内运输车辆、架空索道、大型游乐设施、防爆电器等特种设备的质量监督和安全监察工作,负责制定制度并组织实施;对锅炉、压力容器、压力管道、电梯、起重机械、厂内运输车辆、架空索道、游乐设施、防爆电器等特种设备实施进出口监督检查。

(八)管理全省质量技术监督系统的干部人事和财务工作;管理和实施质量技术监督科技工作;组织管理质量技术监督的宣传、教育、培训、信息工作;组织实施相关专业的职业资格工作;管理局直属单位,指导挂靠的学会、协会工作;管理全省防伪技术产品工作。

(九)管理全省质量技术监督系统的监察工作。

(十)承办省政府交办的其他事项。

三、内设机构

根据上述职责,省质量技术监督局设置9个职能处(室)。

(一)办公室

负责全省性会议的组织;制订机关工作制度;负责局政务组织协调,起草局综合性文件及重要报告;负责局机关文秘、档案、保密、政务信息、调研、计算机网络管理工作;研究提出贯彻落实质量技术监督工作的方针政策的措施;负责撰写年鉴及简报的编辑发行工作;负责局机关财务、保卫、基建工作,管理局机关国有资产。

(二)计划财务科技处

编制和组织实施全省质量技术监督事业发展的规划、计划;管理全省质量技术监督系统财务、基建技术改造信息和统计工作;管理全省质量技术监督的国有资产、技术开发、成果推广、科研项目、信息服务、发明、专利、科技成果评审和奖励等工作;研究质量技术监督技术机构和质量技术监督社会中介组织的改革与发展;负责全省防伪技术产品的管理工作。

(三)人事处

拟订全省质量技术监督系统干部人事管理制度并组织实施,管理全省质量技术监督系统干部人事、机构编制、劳动工资和离退休人员的管理和服务工作;负责局机关公务员管理的日常工作;对全省质量技术监督队伍建设进行政策指导,管理和指导全省质量技术监督相关专业的职业资格工作;负责表彰奖励工作。

(四)政策法规宣传教育处

负责质量技术监督法律、法规的宣传贯彻,草拟地方质量技术监督相关的法规、规章;指导全省行政执法工作并进行监督检查;负责行政复议、应诉工作;负责组织宣传报道,承担局新闻发布工作;组织全省质量技术监督系统执法人员考试、考核和培训教育工作。

(五)质量管理与认证处

对全省质量工作进行宏观指导;组织实施国家和省政府关于质量振兴的政策措施;组织实施国家和省质量奖励制度,推进名牌战略;总结推广先进的质量管理经验和科学的质量管理方法,协调建立重大工程设备质量监理制度;负责组织重大产品质量事故的调查并提出整改意见;管理工业产品生产许可证工作;组织管理全省质量认证与认可工作;研究制定并贯彻实施认证工作制度;负责认证咨询机构备案管理和内审员培训注册管理工作;管理校准实验室和检测实验室评审和认可工作,依法组织对质量检验机构的审查认可,规范和监督社会质量检验中介机构。

(六)监督处

组织查处生产、流通领域中产品质量、标准违法行为和流通领域中的计量违法行为;组织实施产品质量监督检查;管理和协调产品质量的行业监督、地方监督与专业质量监督;管理质量仲裁检验、鉴定工作。组织查处生产和经销假冒伪劣商品的质量违法行为;承担全省打击生产和经销假冒伪劣商品违法行为的日常协调工作;负责局案件审理委员会的日常工作;负责法定质检机构(包括授权机构)的业务指导、监督管理和规划布点。

(七)标准化处

组织实施标准化法律、法规;检查标准实施工作;负责地方标准的计划、审批、编号和发布;管理企业产品标准的备案和企业产品执行标准的登记工作;组织重要标准的宣传贯彻工作;协调全省各行业、专业的标准化工作;管理全省标准化技术委员会,负责全省农业标准化以及新产品、引进技术和设备的标准化审查工作。

(八)计量处

组织实施计量法律、法规,负责推行国家法定计量单位;组织和管理全省量值传递,组织制订地方检定规程和计量技术规范,管理省级最高计量标准;依法监督管理全省计量器具,负责制造修理计量器具许可证的考核发证工作;负责计量技术机构(授权计量技术机构)的管理,规范市场计量行为;组织计量仲裁检定;依法组织对质量检验机构的计量认证,规范社会公正计量服务机构。

(九)锅炉压力容器安全监察处

综合管理锅炉、压力容器、压力管道、电梯、起重机械、厂内运输车辆、架空索道、大型游乐设施、防爆电器等特种设备的质量监督与安全监察和安全认证工作;制定工作制度并组织实施和监督检查;对锅炉、压力容器、气瓶、压力管道、电梯、起重机械、架空索道、大型游乐设施、防爆电器等特种设备的设计、制造、安装、使用、检验、修理、改造等环节和进出口进行监督检查;对有关事故进行统计分析和调查处理;管理有关检测机构、检测人员、安全管理人员、特种设备作业人员、并对其资格进行考核发证工作。

机关党委。负责局机关和下属单位的党群工作。

纪检组(监察室)。为省纪委(省监察厅)的派驻机构。

四、人员编制

省质量技术监督局机关行政编制45名,纪检监察编制3名,为老干部服务单列编制2名。

领导职数:局长1名,副局长3名,纪检组长1名;正处职数11名,副处职数6名。

五、其他事项

(一)成立江西省质量技术监督局机关后勤服务中心,为省质量技术监督局下属相当于处级事业单位,核定事业编制8名(其中,处级1名)。该中心主要职责:承担局机关后勤服务工作。

(二)省质量技术监督局负责组织查处生产和流通领域中的产品质量违法行为,需要省工商行政管理局协助的,应予配合;省工商行政管理局负责组织查处市场管理和商标管理中发现的经销掺假及冒牌产品等违法行为,需要省质量技术监督局协助的,应予配合;在打击生产和经销假冒伪劣商品违法行为中,按照上述分工,两部门应密切配合。同一问题,不得重复检查、重复处理。

关于省以下质量技术监督系统机构编制上划的通知

赣编办发〔2001〕9号

各设区市、县(区)机构编制委员会办公室、质量技术监督局:

根据国务院国发〔1999〕8号、江西省人民政府赣府发〔1999〕13号、赣府发〔2000〕3号、省委办公厅文件精神,省以下质量技术监督系统实行垂直管理。经审核,现将全省各设区市、县(区)质量技术监督系统的下列机构编制予以上划(详见下表)。同时按照各地质量技术监督局机关行政编制和事业编制的总数(工勤人员事业编制除外)核减当地相应数量的行政编制。

原设区市、县(区)技术监督局更名为质量技术监督局。

二〇〇一年二月五日

2001 年全省质量技术监督系统机关、事业单位、稽查机构编制上划表

单位	总计	机关				事业单位																	稽查机构				
		编制数				小计	计量所(站)				质检所(站)				纤检所(站)				技术监督所(站)				填制数				
								编制数				编制数				编制数				编制数							
		小计	行政	事业	后勤		计	全额	差额	自筹	计	全额	差额	自筹	计	全额	差额	自筹	计	全额	差额	自筹	小计	行政	全额事业	差额事业	自筹事业
总计	3162	1384	376	980	28	1398	972	395	377	200	301	183	20	98	29	4		25	96	49	11	36	380	5	231	47	97
南昌市	348	126	20	106		172	147	59		88	25	15		10									50		34		16
九江市	401	187	23	164		185	125	48	61	16	31	18		13	29	4		25					29		15		14
景德镇市	144	51	27	24		93	53	36		17	35	35							5			5					
萍乡市	100	26	23		3	60	42	14	28		6	6							12			12	14	3	6	5	
新余市	48	20	12	7	1	23	20	14		6	3		3										5		5		
鹰潭市	69	43	6	37		18	12		8	4	6	6											8		8		
赣州市	504	171	120	39	12	258	198	29	111	58	44	21	8	15					16		11	5	75		35	10	30
宜春市	363	158		154	4	185	119	79	38	2	66	10	8	48								20		20			
上饶市	442	270	5	265		94	90	13	76	1	4		1	3								78	2	44	32		
吉安市	435	218	57	154	7	145	28	14	6	8	68	68							49	49			72		43		29
抚州市	308	114	83	30	1	165	138	89	49		13	4		9					14			14	29		21		8

2001年南昌市质量技术监督系统机关、事业单位、稽查机构编制上划表

单位	总计	机关				事业单位																	稽查机构				
		编制数				小计	计量所(站)				质检所(站)				纤检所(站)				技术监督所(站)				填制数				
							编制数				编制数				编制数				编制数								
		小计	行政	事业	后勤		计	全额	差额	自筹	计	全额	差额	自筹	计	全额	差额	自筹	计	全额	差额	自筹	小计	行政	全额事业	差额事业	自筹事业
总计	348	126	20	106		172	147	59		88	25	15		10									50		34		18
市局小计	100	20	20			62	37	37			25	15		10									18		18		
县(市、区)局小计	248	106		106		110	110	22		88													32		16		16
新建县局	13	13		13																							
南昌县局	15	11		11		4	4	4																			
安义县局	21	9		9		12	12	12																			
进贤县局	74	12		12		46	46			46													16		16		
西湖区局	17	17		17																							
东湖区局	15	15		15																							
青山谱区局	22	16		16		6	6	6																			
湾里区局	15	5		5		10	10			10																	
效区局	56	8		8		32	32			32													16				16

2001 年九江市质量技术监督系统机关、事业单位、稽查机构编制上划表

单位	总计	机关				事业单位																	稽查机构				
		编制数				小计	计量所(站)				质检所(站)				纤检所(站)				技术监督所(站)				填制数				
								编制数				编制数				编制数				编制数							
		小计	行政	事业	后勤		计	全额	差额	自筹	计	全额	差额	自筹	计	全额	差额	自筹	计	全额	差额	自筹	小计	行政	全额事业	差额事业	自筹事业
总　计	401	187	23	164		185	125	48	61	16	31	18		13	29	4		25					29		15		14
市局小计	96	19	19			67	42		42		17	11		6	8			8					10				10
县(市、区)局小计	305	168	4	164		118	83	48	19	16	14	7		7	21	4		17					19		15		4
修水县局	21	11	4	7		10	10	10																			
庐山区局	21	21		21																							
德安县局	32	9		9		23	19		19						4			4									
瑞昌市局	47	20		20		27	12	12			7			7	8			8									
彭泽县局	42	29		29		13	8			8					5			5									
永修县局	30	30		30																							
星子县局	16	8		8		8	8			8																	
武宁县局	21	17		17		0	0				0												4				4
湖口县局	20	10		10		10		6	6						4	4											
都昌县局	36	8		8		13	6	6			7	7											15		15		
九江县局	19	5		5		14	14	14															0		0		

2001 年景德镇市质量技术监督系统机关、事业单位、稽查机构编制上划表

单位	总计	机关				事业单位																	稽查机构				
		编制数				小计	计量所(站)				质检所(站)				纤检所(站)				技术监督所(站)				填制数				
							编制数				编制数				编制数				编制数								
		小计	行政	事业	后勤		计	全额	差额	自筹	计	全额	差额	自筹	计	全额	差额	自筹	计	全额	差额	自筹	小计	行政	全额事业	差额事业	自筹事业
总计	144	51	27	24		93	53	36		17	35	35							5			5					
市局小计	105	29	27	2		76	36	36			35	35							5			5					
县(市、区)局小计	39	22		22		17	17			17																	
乐平市局	25	15		15		10	10			10																	
浮梁县局	14	7		7		7	7			7																	

2001 年萍乡市质量技术监督系统机关、事业单位、稽查机构编制上划表

单位	总计	机关				事业单位																	稽查机构				
		编制数				小计	计量所(站)				质检所(站)				纤检所(站)				技术监督所(站)				填制数				
								编制数				编制数				编制数				编制数							
		小计	行政	事业	后勤		计	全额	差额	自筹	计	全额	差额	自筹	计	全额	差额	自筹	计	全额	差额	自筹	小计	行政	全额事业	差额事业	自筹事业
总计	100	26	23		3	60	42	14	28		6	6							12			12	14	3	6	5	
市局小计	73	21	18		3	46	28		28		6	6							12			12	6		6		
县(市、区)局小计	27	5	5			14	14	14														8	3		5		
莲花县局	19	2	2			14	14	14														3	3				
上栗县局	8	3	3																			5			5		

2001年新余市质量技术监督系统机关、事业单位、稽查机构编制上划表

单位	总计	机关				事业单位																	稽查机构				
		编制数				小计	计量所(站)				质检所(站)				纤检所(站)				技术监督所(站)				填制数				
							计	编制数			计	编制数			计	编制数			计	编制数							
		小计	行政	事业	后勤			全额	差额	自筹		全额	差额	自筹		全额	差额	自筹		全额	差额	自筹	小计	行政	全额事业	差额事业	自筹事业
总计	48	20	12	7	1	23	20	14		6	3		3										5		5		
市局小计	35	13	12		1	17	14	14			3		3										5		5		
县(市、区)局小计	13	7		7		6	6			6																	
分宜县局	13	7		7		6	6			6																	

2001 年鹰潭市质量技术监督系统机关、事业单位、稽查机构编制上划表

单位	总计	机关				事业单位																	稽查机构				
		编制数				小计	计量所（站）				质检所（站）				纤检所（站）				技术监督所（站）				填制数				
							编制数				编制数				编制数				编制数								
		小计	行政	事业	后勤		计	全额	差额	自筹	计	全额	差额	自筹	计	全额	差额	自筹	计	全额	差额	自筹	小计	行政	全额事业	差额事业	自筹事业
总　计	69	43	6	37		18	12		8	4	6	6											8		8		
市局小计	32	10	6	4		14	8		8		6	6											8		8		
县（市、区）局小计	37	33		33		4	4			4																	
贵溪市局	25	21		21		4	4			4																	
余江县局	12	12		12																							

2001年赣州市质量技术监督系统机关、事业单位、稽查机构编制上划表

单位	总计	机关				事业单位																	稽查机构				
		编制数				小计	计量所(站)				质检所(站)				纤检所(站)				技术监督所(站)				填制数				
							编制数				编制数				编制数				编制数								
		小计	行政	事业	后勤		计	全额	差额	自筹	计	全额	差额	自筹	计	全额	差额	自筹	计	全额	差额	自筹	小计	行政	全额事业	差额事业	自筹事业
总计	504	171	120	39	12	258	198	29	111	58	44	21	8	15					16		11	5	75		35	10	30
市局小计	75	17	15	2		50	28		28		11		8	3					11		11		8				8
县(市、区)局小计	429	154	105	37	12	208	170	29	83	58	33	21		12					5			5	67		35	10	22
章贡区局	30	5	5			25	25		25																		
南康市局	39	8	7		1	20	20			20													11			11	
上犹县局	15	5	5			5					5		5										5		5		
崇义县局	25	10		10		5													5			5	10		10		
信丰县局	28	14	5	9		14	14			14																	
瑞金县局	26	9	8		1	17	8	8			9	9															
大余县局	21	6	5		1	11	11		11														4				4
石城县局	15	5	4		1	3	3			3													7				7
于都县局	28	13	11		2	15	8	8			7	7															
金南县局	14	8		8		6	6			6																	
定南县局	15	10	7	2	1	5	5	3	2																		
安远县局	13	6	6			7	7		7																		

续表

单位	总计	机关				事业单位																	稽查机构				
		编制数				小计	计量所(站)				质检所(站)				纤检所(站)				技术监督所(站)				填制数				
							编制数				编制数				编制数				编制数								
		小计	行政	事业	后勤		计	全额	差额	自筹	计	全额	差额	自筹	计	全额	差额	自筹	计	全额	差额	自筹	小计	行政	全额事业	差额事业	自筹事业
寻乌县局	22	6	6			6	6		6														10			10	
兴国县局	32	6	5		1	26	14		14		12			12													
赣县局	22	7	6		1	15	15			15																	
龙南县局	24	10	10			4	4	4															10		10		
会昌县局	40	15	5	8	2	15	15	6	9														10		10		
宁都县局	20	11	10		1	9	9		9																		

2001 年宜春市质量技术监督系统机关、事业单位、稽查机构编制上划表

单位	总计	机关				事业单位																	稽查机构				
		编制数				小计	计量所(站)				质检所(站)				纤检所(站)				技术监督所(站)				填制数				
							编制数				编制数				编制数				编制数								
		小计	行政	事业	后勤		计	全额	差额	自筹	计	全额	差额	自筹	计	全额	差额	自筹	计	全额	差额	自筹	小计	行政	全额事业	差额事业	自筹事业
总　计	363	158		154	4	185	119	79	38	2	66	10	8	48									20		20		
市局小计	64	19		19		40	35		35		5		5										5		5		
县(市、区)局小计	299	139		135	4	145	84	79	3	2	61	10	3	48									15		15		
袁州区局	35	35		35																							
樟树市局	31	31		31																							
丰城市局	58	11		10	1	47	18	18			29			29													
奉新市局	25	15		14	1	10	5	5			5	5															
靖安县局	14	4		4		10	5		3	2	5		3	2													
高安县局	43	12		12		31	14	14			17			17													
上高县局	30	8		7	1	15	10	10			5	5											7		7		
宜丰县局	28	8		7	1	20	20	20																			
铜鼓县局	10	7		7		3	3	3																			
万载县局	25	8		8		9	9	9															8		8		

2001 年上饶市质量技术监督系统机关、事业单位、稽查机构编制上划表

单位	总计	机关				事业单位																	稽查机构				
		编制数				小计	计量所（站）				质检所（站）				纤检所（站）				技术监督所（站）				填制数				
								编制数				编制数				编制数				编制数							
		小计	行政	事业	后勤		计	全额	差额	自筹	计	全额	差额	自筹	计	全额	差额	自筹	计	全额	差额	自筹	小计	行政	全额事业	差额事业	自筹事业
总　计	442	270	5	265		94	90	13	76	1	4		1	3									78	2	44	32	
市局小计	56	28		28		28	28		28																		
县（市、区）局小计	386	242	5	237		66	62	13	48	1	4		1	3									78	2			
上饶市局	31	31		31																							
上饶县局	37	15		15		15	15		15									7		7							
广丰县局	32	21		21		4	4		4								7		7								
玉山县局	45	45		45 差																							
铅山县局	22	10		10		5	5	5								7	7										
弋阳县局	21	11		11 差		3	3		3							7			7								
横峰县局	32	21	5	16		3	3	3											8	2	6						
婺源县局	26	12		12		5	5	5										9		9							
德兴县局	35	17		17 差		10	10		10								8			8							
波阳县局	36	21		21 差		7	3		2	1	4		1	3								8		8			
余干县局	31	31		31 差																							
万年县局	38	7		7		14	14		14								17			17							

关于印发《江西省省以下质量技术监督局机构改革实施方案》的通知

赣编办发〔2002〕83号

各设区市质量技术监督局：

《江西省省以下质量技术监督局机构改革实施方案》经省编委批准，现印发给你们，请认真组织实施。

二〇〇二年六月十一日

江西省省以下质量技术监督局机构改革实施方案

根据《中共江西省委、江西省人民政府关于实施市县乡党政机构改革的通知》(赣发〔2001〕23号)和《江西省人民政府批转省技术监督局关于全省质量技术监督管理体制改革方案的通知》(赣府发〔2000〕3号)精神，为做好全省省以下质量技术监督局机构改革工作，制定本实施方案。

一、职能设置

省以下质量技术监督局的主要职责，原则上与上一级质量技术监督局相同。

二、机构设置

(一)市县两级质量技术监督局的设置

南昌市等11个设区市设置质量技术监督局，正处级，为省质量技术监督局的直属机构。

庐山风景名胜区设置质量技术监督局，副处级，为省质量技术监督的直属机构，由九江市质量技术监督局代管。

新建县、樟树市等80个县(市)设置质量技术监督局，正科级，为上一级质量技术监督局的直属机构。

西湖区等13个市辖行政区和南昌高新技术产业开发区等4个开发区、风景区设置质量技术监督分局，正科级，为上一级质量技术监督局的派出机构。

(二)内设机构的设置

南昌市、九江市、赣州市、宜春市、上饶市、吉安市、抚州市等7个设区市质量技术监督局内设办公室、人事科、法规科、质量科、监督科、标准化科、计量科、锅容管特科等8个职能科(室)和监察室(与党组纪检组合署)、机关党委。

景德镇市、萍乡市、新余市、鹰潭市等4个设区市质量技术监督局内设办公室(法规科)、人事科、质量科、监督科、标准化科、计量科、锅容管特等7个职能科(室)和监察室(与党组纪检组合署)、机关党委。

庐山风景名胜区质量技术监督局内设综合科1个副科级职能科。

波阳县、井冈山市、袁州区等6个县(市、区)质量技术监督局(分局)内设办公室、业务股、执法股等3个职能股(室)。

武宁县、乐平市、吉州区等65个县(市、区)质量技术监督局(分局)内设办公室、业务股等2个职能股(室)。

新建县、青云谱区等23个县(区)质量技术监督局(分局)内设综合股1个职能股(室)。

芦溪县、湘东区、青原区等3个县(区)质量技术监督局(分局)不设内设机构。

县(市、区)质量技术监督局(分局)纪检监察机构按有关规定和程序设置。

三、人员编制

省以下质量技术监督局(分局)共下达编制1498名,其中行政编制1319名,为老干部服务单列编制8名,机关后勤服务事业编制171名。

省以下质量技术监督局(分局)的领导职数,按照省委赣发〔2001〕23号文件有关市、县两级政府工作部门领导职数的配置规定执行,即:

设区市质量技术监督局配局长1名,副局长3名,纪检组长1名;内设机构定编3名的配1职,定编4~7名的配2职。

县(市)质量技术监督局和市辖行政区质量技术监督分局配局长1名,副局长2名;庐山风景名胜区质量技术监督局和其他开发区、风景区质量技术监督分局配局长1名,副局长1名;内设机构定编3名的配1职,定编4~7名的配2职。

四、其他事项

成立设区市质量技术监督局机关后勤服务中心,为设区市质量技术监督局下属相当于科级事业单位。该中心主要职责:承担局机关后勤服务工作。

省以下质量技术监督局的机构改革工作,在省委、省政府的统一领导下,由省质量技术监督局具体组织实施。省质量技术监督局要按照实施方案的规定,周密部署,认真组织,加强协调,精心实施,确保机构改革顺利进行。

2001年吉安市质量技术监督系统机关、事业单位、稽查机构编制上划表

单位	总计	机关				事业单位																	稽查机构				
		编制数				小计	计量所(站)				质检所(站)				纤检所(站)				技术监督所(站)				填制数				
							编制数				编制数				编制数				编制数								
		小计	行政	事业	后勤		计	全额	差额	自筹	计	全额	差额	自筹	计	全额	差额	自筹	计	全额	差额	自筹	小计	行政	全额事业	差额事业	自筹事业
总计	435	218	57	154	7	145	28	14	6	8	68	68							49	49			72		43		29
市局小计	116	35		35		65						65	65										16		16		
县(市、区)局小计	319	183	57	119	7	80	28	14	6	8	3	3							49	49			56		27		29
吉安市局	32	26	5	20	1	6	3	3			3	3															
新干县局	22	5	5				11												11	11			6		6		
峡江县局	26	10	2	8		16													16	16							
永丰县局	26	26	5	21																							
吉水县局	33	4	3			1																	29				29
泰和县局	36	20	5	15		10													10	10			6		6		
万安县局	25	6	3	2	2	12													12	12			7		7		
宁冈县局	11	11	1	10																							
安福县局	15	7	2	4	1	3	3	3															5		5		
永新县局	44	30	16	14		14	14		6	8																	
遂川县局	19	13	2	11		3	3	3															3		3		
井冈山市局	18	18	3	15																							
吉安县局	12	7	5		2	5	5	5																			

2001 年抚州市质量技术监督系统机关、事业单位、稽查机构编制上划表

单　位	总计	机　关				事业单位																	稽查机构				
		编制数				小计	计量所(站) 编制数				质检所(站) 编制数				纤检所(站) 编制数				技术监督所(站) 编制数				填制数				
		小计	行政	事业	后勤		计	全额	差额	自筹	计	全额	差额	自筹	计	全额	差额	自筹	计	全额	差额	自筹	小计	行政	全额事业	差额事业	自筹事业
总　计	308	114	83	30	1	165	138	89	49		13	4		9					14			14	29		21		8
市局小计	66	14	12	2		40	34		34		6			6									12		12		
县(市、区)局小计	242	100	71	28	1	125	104	89	15		7	4		3					14			14	17		9		8
临川区局	51	16	9	7		29	25	25			4	4											6		6		
东乡县局	24	9	8	1		15	15		15														0		0		
金溪县局	20	11	5	6		9	9	9															0		0		
资溪县局	9	5	5			4	4	4																			
崇仁县局	39	10	9		1	23	6	6			3			3					14			14	6				6
乐安县局	17	8	5	3		9	9	9																			
宜黄县局	18	8	7	1		7	7	7															3		3		
南城县局	17	7	6	1		10	10	10																			
南丰县局	18	4	4			14	14	14																			
黎川县局	17	17	8	9																							
广昌县局	12	5	5			5	5	5															2				2

2002年省以下质量技术监督局机构编制汇总表

项目 单位名称	机构数				编制数			领导职数				
	内设职能机构	机关党委	党组纪检组（监察室）	机关后勤服务中心	行　政	为老干部服务单列	后勤事业	局领导		纪检组长	中层领导	
								正	副		正	副
总　计	256	11	11	11	1319	8	171	109	224	11	278	73
南昌市	25	1	1	1	131	1	15	12	23	1	27	7
九江市	31	1	1	1	154	1	22	13	26	1	33	8
景德镇市	10	1	1	1	49	1	7	3	7	1	12	3
萍乡市	9	1	1	1	53		6	5	11	1	11	1
新余市	8	1	1	1	37		4	2	5	1	10	1
鹰潭市	11	1	1	1	54		6	4	8	1	13	3
赣州市	37	1	1	1	213	1	29	19	39	1	39	16
宜春市	27	1	1	1	140	1	18	111	23	1	29	10
上饶市	36	1	1	1	175	1	25	14	28	1	38	10
吉安市	32	1	1	1	168	1	22	14	29	1	34	11
抚州市	30	1	1	1	145	1	17	12	25	1	32	3

2002 年全省各设区市质量技术监督局机构编制汇总表

项目 单位名称	机构设置				编制数			领导职数				
	内设职能机构	机关党委	党组纪检组（监察室）	机关后勤服务中心	行　政	为老干部服务单列	后勤事业	局领导		纪检组长	中层领导	
								正	副		正	副
总　计	84	11	11	332	8	42	11	33	11	106	3	
南昌市质量技术监督局	8	1	1	1	33	1	4	1	3	1	10	2
九江市质量技术监督局	8	1	1	1	31	1	4	1	3	1	10	
景德镇市质量技术监督局	7	1	1	1	28	1	4	1	3	1	9	
萍乡市质量技术监督局	7	1	1	1	28		4	1	3	1	9	
新余市质量技术监督局	7	1	1	1	28		3	1	3	1	9	
鹰潭市质量技术监督局	7	1	1	1	28		3	1	3	1	9	
赣州市质量技术监督局	8	1	1	1	32	1	4	1	3	1	10	1
宜春市质量技术监督局	8	1	1	1	31	1	4	1	3	1	10	
上饶市质量技术监督局	8	1	1	1	31	1	4	1	3	1	10	
吉安市质量技术监督局	8	1	1	1	31	1	4	1	3	1	10	
抚州市质量技术监督局	8	1	1	1	31	1	4	1	3	1	10	

2002 年全省各县(市、区)质量技术监督局机构编制汇总表

项目 单位名称	机构设置	编制数		领导职数			
	内设职能机构	行　政	后勤事业	局领导		中层领导	
				正	副	正	副
总　计	172	987	129	98	191	172	70
南昌市质监局所属县(市、区)局	17	98	11	11	20	17	5
九江市质监局所属县(市、区)局	23	123	18	12	23	23	8
景德镇市质监局所属县(市、区)局	3	21	3	2	4	3	3
萍乡市质监局所属县(市、区)局	2	25	2	4	8	2	1
新余市质监局所属县(市、区)局	1	9	1	1	2	1	1
鹰潭市质监局所属县(市、区)局	4	26	3	3	5	4	3
赣州市质监局所属县(市、区)局	29	181	25	18	36	29	15
宜春市质监局所属县(市、区)局	19	109	14	10	20	19	10
上饶市质监局所属县(市、区)局	28	144	21	13	25	28	10
吉安市质监局所属县(市、区)局	24	137	18	13	26	24	11
抚州市质监局所属县(市、区)局	22	114	13	11	22	22	3

2002年南昌市市县两级质量技术监督局机构编制汇总表

项目 单位名称	机构设置				编制数			领导职数				
	内设职能机构	机关党委	党组纪检组（监察室）	机关后勤服务中心	行政	为老干部服务单列	后勤事业	局领导		纪检组长	中层领导	
								正	副		正	副
总计	25	1	1	1	131	1	15	12	23	1	27	7
南昌市质量技术监督局	8	1	1	1	33	1	4	1	3	1	10	2
县（市、区）小计	17				98		11	11	20		17	5
新建县质量技术监督局	2				10		1	1	2		2	
南昌县质量技术监督局	2				11		2	1	2		2	1
安义县质量技术监督局	1				9		1	1	2		1	1
进贤县质量技术监督局	2				11		2	1	2		2	1
西湖区质量技术监督分局	2				10		1	1	2		2	
东湖区质量技术监督分局	2				10		1	1	2		2	
青云谱区质量技术监督分局	1				9		1	1	2		1	1
湾里区质量技术监督分局	1				8		1	1	2		1	1
郊区质量技术监督分局	2				10		1	1	2		2	
南昌高新技术产业开发区质量技术监督分局	1				5			1	1		1	
南昌经济技术开发区质量技术监督分局	1				5			1	1		1	

2002 年九江市市县两级质量技术监督局机构编制汇总表

项目 单位名称	机构设置				编制数			领导职数				
	内设职能机构	机关党委	党组纪检组（监察室）	机关后勤服务中心	行政	为老干部服务单列	后勤事业	局领导		纪检组长	中层领导	
								正	副		正	副
总计	31	1	1	1	154	1	22	13	26	1	33	8
九江市质量技术监督局	8	1	1	1	31	1	4	1	3	1	10	
县(市、区)小计	23				123		18	12	23		23	8
修水县质量技术监督局	2				123		2	1	2		2	1
庐山区质量技术监督分局	2				11		2	1	2		2	1
德安县质量技术监督局	2				11		1	1	2		2	
瑞昌市质量技术监督局	2				10		2	1	2		2	1
彭泽县质量技术监督局	2				11		2	1	2		2	1
永修县质量技术监督局	2				11		2	1	2		2	2
星子县质量技术监督局	2				12		1	1	2		2	
武宁县质量技术监督局	2				11		2	1	2		2	1
湖口县质量技术监督局	2				10		1	1	2		2	
都昌县质量技术监督局	2				11		2	1	2		2	1
九江县质量技术监督局	2				10		1	1	2		2	
庐山风景名胜区质量技术监督局	1				5			1	1		1	

2002 年景德镇市市县两级质量技术监督局机构编制汇总表

项目 单位名称	机构设置				编制数			领导职数				
	内设职能机构	机关党委	党组纪检组（监察室）	机关后勤服务中心	行政	为老干部服务单列	后勤事业	局领导		纪检组长	中层领导	
								正	副		正	副
总计	10	1	1	1	49	1	7	3	7	1	12	3
景德镇市质量技术监督局	7	1	1	1	28	1	4	1	3	1	9	
县(市、区)小计	3				21		3	2	4		3	3
乐平市质量技术监督局	2				12		2	1	2		2	2
浮梁县质量技术监督局	1				9		1	1	2		1	1

2002 年萍乡市市县两级质量技术监督局机构编制汇总表

项目 单位名称	机构设置				编制数			领导职数				
	内设职能机构	机关党委	党组纪检组（监察室）	机关后勤服务中心	行政	为老干部服务单列	后勤事业	局领导		纪检组长	中层领导	
								正	副		正	副
总计	9	1	1	1	53	1	6	5	11	1	11	1
萍乡市质量技术监督局	7	1	1	1	28	1	4	1	3	1	9	
县(市、区)小计	2				25		2	4	8		2	1
莲花县质量技术监督局	1				8		1	1	2		1	1
上栗县质量技术监督局	1				7		1	1	2		1	
芦溪县质量技术监督局					5			1	2			
湘东区质量技术监督局					5			1	2			

2002 年新余市市县两级质量技术监督局机构编制汇总表

项目 单位名称	机构设置				编制数			领导职数				
	内设职能机构	机关党委	党组纪检组（监察室）	机关后勤服务中心	行政	为老干部服务单列	后勤事业	局领导		纪检组长	中层领导	
								正	副		正	副
总计	8	1	1	1	37		4	2	5	1	10	1
新余市质量技术监督局	7	1	1	1	28		3	1	3	1	9	
县(市、区)小计	1				9		1	1	2		1	1
分宜县质量技术监督局	1				9		1	1	2		1	1

2002年鹰潭市市县两级质量技术监督局机构编制汇总表

项目 单位名称	机构设置				编制数			领导职数				
	内设职能机构	机关党委	党组纪检组（监察室）	机关后勤服务中心	行政	为老干部服务单列	后勤事业	局领导		纪检组长	中层领导	
								正	副		正	副
总计	11	1	1	1	54		6	4	8	1	13	3
鹰潭市质量技术监督局	7	1	1	1	28		3	1	3	1	9	
县(市、区)小计	4				26		3	3	5		4	3
贵溪市质量技术监督局	2				12		2	1	2		2	2
余江县质量技术监督局	1				9		1	1	2		1	1
龙虎山风景名胜区质量技术监督分局	1				5			1	1		1	

2002 年赣州市市县两级质量技术监督局机构编制汇总表

项目 单位名称	机构设置				编制数			领导职数				
	内设职能机构	机关党委	党组纪检组（监察室）	机关后勤服务中心	行政	为老干部服务单列	后勤事业	局领导		纪检组长	中层领导	
								正	副		正	副
总计	37	1	1	1	213	1	29	19	39	1	39	16
赣州市质量技术监督局	8	1	1	1	32	1	4	1	3	1	10	1
县(市、区)小计	29				181		25	18	36		29	15
章贡区质量技术监督分局	2				11		2	1	2		2	1
南康市质量技术监督局	2				11		2	1	2		2	1
上犹县质量技术监督局	1				9		1	1	2		1	1
崇义县质量技术监督局	1				9		1	1	2		1	1
信丰县质量技术监督局	2				11		2	1	2		2	1
瑞金市质量技术监督局	2				11		2	1	2		2	1
大余县质量技术监督局	2				10		1	1	2		2	
石城县质量技术监督局	1				9		1	1	2		1	1
于都县质量技术监督局	2				11		2	1	2		2	1
金南县质量技术监督局	1				9		1	1	2		1	1
定南县质量技术监督局	1				9		1	1	2		1	1
安远县质量技术监督局	1				9		1	1	2		1	1
寻乌县质量技术监督局	2				10		1	1	2		2	

续表

项目 单位名称	机构设置				编制数			领导职数				
	内设职能机构	机关党委	党组纪检组(监察室)	机关后勤服务中心	行政	为老干部服务单列	后勤事业	局领导		纪检组长	中层领导	
								正	副		正	副
兴国县质量技术监督局	2				11		1	1	2		2	1
赣县质量技术监督局	1				9		1	1	2		1	1
龙南县质量技术监督局	2				11		2	1	2		2	1
会昌县质量技术监督局	2				11		2	1	2		2	1
宁都县质量技术监督局	2				10		1	1	2		2	

2002年宜春市市县两级质量技术监督局机构编制汇总表

项目 / 单位名称	机构设置				编制数			领导职数				
	内设职能机构	机关党委	党组纪检组（监察室）	机关后勤服务中心	行政	为老干部服务单列	后勤事业	局领导		纪检组长	中层领导	
								正	副		正	副
总　计	27	1	1	1	140	1	18	11	23	1	29	10
宜春市质量技术监督局	8	1	1	1	31	1	4	1	3	1	10	
县(市、区)小计	19				109		14	10	20		19	10
袁州区质量技术监督分局	3				13		2	1	2		3	
樟树市质量技术监督局	2				12		2	1	2		2	2
丰城市质量技术监督局	2				12		2	1	2		2	2
奉新县质量技术监督局	2				10		1	1	1		2	
靖安县质量技术监督局	1				9		1	1	2		1	1
高安市质量技术监督局	2				12		2	1	2		2	2
上高县质量技术监督局	2				10		1	1	2		2	
宜丰县质量技术监督局	2				11		1	1	2		2	1
铜彭县质量技术监督局	1				9		1	1	2		1	1
万载县质量技术监督局	2				11		1	1	2		2	1

2002年上饶市市县两级质量技术监督局机构编制汇总表

项目 单位名称	机构设置				编制数			领导职数				
	内设职能机构	机关党委	党组纪检组（监察室）	机关后勤服务中心	行政	为老干部服务单列	后勤事业	局领导		纪检组长	中层领导	
								正	副		正	副
总计	36	1	1	1	175	1	25	14	28	1	38	10
上饶市质量技术监督局	8	1	1	1	31	1	4	1	3	1	10	
县(市、区)小计	28				144		21	13	25		28	10
信州区质量技术监督分局	2				12		2	1	2		2	2
上饶县质量技术监督局	2				11		2	1			2	1
广丰县质量技术监督局	2				12		2	1	2		2	2
玉山县质量技术监督局	3				13		2	1	2		3	
铅山县质量技术监督局	2				10		1	1	2		2	
弋阳县质量技术监督局	2				10		1	1	2		2	
横峰县质量技术监督局	2				10		1	1	2		2	
婺源县质量技术监督局	2				11		2	1	2		2	1
德兴县质量技术监督局	2				12		2	1	2		2	2
波阳县质量技术监督局	3				13		2	1	2		3	
余干县质量技术监督局	3				13		2	1	2		3	
万年质量技术监督局	2				12		2	1	2		2	2
三清山风景名胜区质量技术监督局	1				5			1	2		1	

2002 年吉安市市县两级质量技术监督局机构编制汇总表

项目 单位名称	机构设置				编制数			领导职数				
	内设职能机构	机关党委	党组纪检组（监察室）	机关后勤服务中心	行　政	为老干部服务单列	后勤事业	局领导		纪检组长	中层领导	
								正	副		正	副
总　计	32	1	1	1	168	1	22	14	29	1	34	11
吉安市质量技术监督局	8	1	1	1	31	1	4	1	3	1	10	
县(市、区)小计	24				137		18	13	26		24	11
吉州区质量技术监督分局	2				12		2	1	2		2	2
新干县质量技术监督局	2				10		1	1	2		2	
峡江县质量技术监督局	1				9		1	1	2		1	1
永丰县质量技术监督局	2				12		2	1	2		2	2
吉水县质量技术监督局	2				10		1	1	2		2	
泰和县质量技术监督局	2				12		2	1	2		2	2
万安县质量技术监督局	2				10		1	1	2		2	
安福县质量技术监督局	2				10		1	1	2		2	
永新县质量技术监督局	2				12		2	1	2		2	2
遂川县质量技术监督局	2				11		1	1	2		2	1
井冈山市质量技术监督局	3				13		2	1	2		3	
吉安县质量技术监督局	2				11		2	1	2		2	1
青原区质量技术监督局	0				5			1	2		0	

2002 年抚州市市县两级质量技术监督局机构编制汇总表

项目 单位名称	机构设置				编制数			领导职数				
	内设职能机构	机关党委	党组纪检组（监察室）	机关后勤服务中心	行政	为老干部服务单列	后勤事业	局领导		纪检组长	中层领导	
								正	副		正	副
总计	30	1	1	1	145	1	17	12	25	1	32	3
抚州市质量技术监督局	8	1	1	1	31	1	4	1	3	1	10	
县(市、区)小计	22				114		13	11	22		22	3
临川区质量技术监督局	3				13		2	1	2		3	
东乡县质量技术监督局	2				11		2	1	2		2	
金溪县质量技术监督局	2				10		1	1	2		2	
资源县质量技术监督局	1				9		1	1	2		1	1
崇仁县质量技术监督局	2				11		1	1	2		2	1
乐安县质量技术监督局	2				10		1	1	2		2	
宜春县质量技术监督局	2				10		1	1	2		2	
南城县质量技术监督局	2				10		1	1	2		2	
南丰县质量技术监督局	2				10		1	1	2		2	
黎川县质量技术监督局	2				10		1	1	2		2	
广昌县质量技术监督局	2				10		1	1	2		2	

江西省人民政府办公厅关于印发江西省质量技术监督局主要职责内设机构和人员编制规定的通知

赣府厅发〔2009〕49号

各市、县(区)人民政府,省政府各部门:

《江西省质量技术监督局主要职责内设机构和人员编制规定》已经省人民政府批准,现予印发。

二〇〇九年五月十五日

江西省质量技术监督局主要职责内设机构和人员编制规定

根据《中共江西省委　江西省人民政府关于印发〈江西省人民政府机构改革实施方案〉的通知》,保留江西省质量技术监督局,为省人民政府直属机构。

一、职责调整

(一)取消已由省人民政府公布取消的行政审批事项。

(二)不再直接办理与企业和产品有关的名牌评选活动。

(三)调整工业产品生产许可范围,并将有关技术性评审及事务性工作交给符合法定条件的相关事业单位承担。

(四)健全产品质量安全监管体系,加强涉及人民群众生命财产安全的产品质量监管,落实产品质量安全责任制;加强技术性贸易措施应对工作,改进服务方式,规范执法行为,提高执法效率。

二、主要职责

(一)负责全省质量技术监督工作,组织实施提高国家质量水平的发展战略及有关政策,贯彻执行国家有关质量技术监督方面的法律法规及部门规章,负责与质量技术监督有关的技术规范工作。

(二)承担全省产品质量诚信体系建设责任,负责质量宏观管理工作,组织实施国家质量振兴纲要,推进名牌发展战略,会同有关部门组织实施重大工程设备质量监理制度,组织重大产品质量事故调查,实施缺陷产品和不安全食品召回制度。监督管理产品防伪工作。

(三)负责全省产品质量安全监督工作,管理产品质量安全强制检验、监督检查和风险监控工作,负责工业产品生产许可证管理和纤维质量监督检验工作,监督管理产品质量安全仲裁检验、鉴定,组织开展产品质量安全专项整治工作,依法查处产品质量违法行为,按分工打击假冒伪劣违法活动。根据省政府授权,组织协调全省有关专项打假活动。

(四)统一协调管理全省标准化工作,组织实施标准化法律、法规和规章、制度,在全省经济社会发展总体规划的框架内,制定全省标准化事业发展规划,会同有关部门编制地方标准制定、修订的计划,负责地方标准的统一审查、批准、编号和发布,统一管理全省标准化专项经费,管理全省标准化技术委员会的有关工作,负责企业标准备案工作,负责管理省内各行业参与国家或者国际标准化活动的工作,负责全省新产品的标准化审查工作,管理全省组织机构代码和商品条码工作,负责标准的宣传、实施和监督工作,管理全省标准化信息工作。

(五)负责统一管理全省计量工作,推行法定计量单位和国家计量制度,依法管理计量器具及量值传递和比对工作,负责规范和监督商品量和市场计量行为。

(六)统一管理、监督和综合协调全省认证认可工作,组织实施认证认可的监督管理制度、规定,依法监督和规范认证市场,监督管理自愿性认证、认证咨询等中介服务和技术评价行为,管理相关校准、检测、检验实验室技术能力的评审和资格认定工作,组织实施对产品质量监督检验实验室的评审、计量认证和资格认定工作。

(七)承担综合管理特种设备安全监察、监督工作的责任,监督检查高耗能特种设备节能标准的执行情况。

(八)承担省内食品、食品相关产品生产加工环节的质量安全监督管理责任。

(九)在全省经济社会发展总体规划的框架内,制定并组织实施全省质量技术监督科技发展和技术机构建设规划,组织重大科研和技术引进工作,承担地理标志产品申报、监管工作,组织实施职业资格工作。

(十)对省以下质量技术监督系统的机构编制、人财物和业务工作实行垂直管理。

(十一)承办省人民政府交办的其他事项。

三、内设机构

根据上述职责,省质量技术监督局内设11个职能处室。

(一)办公室。

负责文电、会务、机要、档案等机关日常运转工作;承担信息、安全、保密、信访、政务公开等工作。

(二)法规处。

草拟相关地方性法规、规章草案;承担局机关规范性文件的合法性审核工作;承办有关行政复议、行政应诉工作;拟订全省质监系统执法工作的内部监督制度并组织实施;承担地理标志产品申报、监管工作。

(三)计划财务科技处(审计处)。

拟订全省质监系统计划、财务和基本建设的管理制度并组织实施;编报预决算并下达预算;管理各类资金、国有资产、基本建设、政府采购工作。拟订全省质监系统领导干部任期经济责任审计等制度并组织实施;承担全省质监系统内部审计工作;拟订相关科技发展规划并组织实施;开展相关科研、技术引进等工作;提出全省质监系统技术机构及实验室建设规划、计划并监督执行;承担质量技术监督的统计工作。

(四)质量管理处。

贯彻实施国家质量振兴的政策措施和国家质量奖励制度;建立全省产品质量诚信制度;承办重

大工程设备质量监理有关事宜；组织重大产品质量事故的调查并提出整改意见；承担产品防伪的监督管理工作。

（五）监督处（执法稽查局）。

拟订产品质量安全监督工作制度；承担产品质量监督检查工作；拟订全省重点监督产品目录并组织实施；承担工业产品生产许可证管理、产品质量安全强制检验和风险监控工作；指导和协调产品质量的行业、区域和专业性监督；管理机动车安全技术检验机构资格；监督管理产品质量检验机构及仲裁检验、鉴定；组织查处违反标准化、计量、质量、特种设备等法律法规的行为；组织全省质监系统开展从源头打击假冒伪劣产品违法活动；承担组织协调全省有关专项打假活动及跨设区市案件的查处和大案要案的督查督办工作；负责受理全省产品质量、标准化、计量、特种设备等方面的举报申诉工作。

（六）标准化处。

统一协调管理全省标准化工作，组织实施标准化法律、法规和规章、制度；负责制定全省标准化事业发展规划，会同有关部门编制地方标准制定、修订的计划；负责标准的统一审查、批准、编号和发布；统一管理全省标准化专项经费；管理全省标准化技术委员会的有关工作；负责企业标准备案工作；负责管理省内各行业参与国家或者国际标准化活动的工作；负责全省新产品的标准化审查工作；管理全省组织机构代码和商品条码工作；负责标准的宣传、实施和监督工作，管理全省标准化信息工作。

（七）计量处。

管理省级计量标准、标准物质；组织制定全省计量检定规程和计量技术规范；依法管理计量器具，负责能源计量的监督管理工作，组织全省量值传递和比对工作；监督管理商品量、市场计量行为和计量仲裁检定；监督管理国家法定计量检定机构及其计量检定人员的资质资格。

（八）特种设备安全监察处。

管理锅炉、压力容器、压力管道、电梯、起重机械、客运索道、大型游乐设施、场（厂）内专用机动车辆等特种设备的安全监察、监督工作；监督检查特种设备的设计、制造、安装、改造、维修、使用、检验检测和进出口；按规定权限组织调查处理特种设备事故并进行统计分析；监督管理特种设备检验检测机构和检验检测人员、作业人员的资质资格；监督检查高耗能特种设备节能标准的执行情况。

（九）食品生产监管处。

贯彻实施省内食品、食品相关产品生产加工环节质量安全监督管理的工作制度；承担生产加工环节的食品、食品相关产品质量安全监管、风险监测及市场准入工作；按规定权限组织调查处理相关质量安全事故；承担化妆品强制检验工作。

（十）认证监管处。

统一管理、监督和综合协调全省认证认可工作；组织实施认证认可的监督管理制度、规定；依法监督和规范认证市场，监督管理自愿性认证、认证咨询等中介服务和技术评价行为；管理相关校准、检测、检验实验室技术能力的评审和资格认定工作；组织实施对产品质量监督检验实验室的评审、计量认证和资格认定工作。

(十一)人事处。

负责全省质量技术监督系统的机构编制、人事管理、队伍建设、教育培训、职业资格、外事、离退休人员的管理和服务工作。

直属机关党委。负责机关和直属单位的党群工作。

纪检组(监察室)。为省纪委(省监察厅)的派驻机构。

四、人员编制

省质量技术监督局机关行政编制68名(含纪检监察编制3名、专项编制1名)。其中,领导职数:局长1名、副局长4名、纪检组长1名;正处级13名、副处级11名。

五、其他事项

(一)保留省质量技术监督局机关后勤服务中心,为省质量技术监督局下属正处级全额拨款事业单位,核定事业编制13名(其中正处级领导职数1名、副处级领导职数1名)。该中心主要职责:承担局机关后勤服务工作。

(二)省质量技术监督局负责食品生产环节许可的监督管理。省卫生厅负责提出食品生产环节的卫生规范和条件,纳入食品生产许可的条件。不再发放食品生产环节的卫生许可证。

六、附则

本规定由江西省机构编制委员会办公室负责解释,其调整由江西省机构编制委员会办公室按规定程序办理。

江西省产品质量监督管理条例

（1994年11月30日江西省第八届人民代表大会常务委员会第十二次会议通过，1997年6月20日江西省第八届人民代表大会常务委员会第二十八次会议第一次修正，2010年9月17日江西省第十一届人民代表大会常务委员会第十八次会议第二次修正）

第一章 总则

第一条 为了加强对产品质量的监督管理，明确产品质量责任，保护用户、消费者的合法权益，维护社会经济秩序，根据《中华人民共和国产品质量法》（以下简称《产品质量法》）和其他有关法律、法规的规定，结合本省实际，制定本条例。

第二条 在本省行政区域内从事产品生产、销售活动，必须遵守《产品质量法》和本条例。

本条例所称产品是指经过加工、制作并且用于销售的产品。

军工企业生产的民用产品以及建设工程中使用的产品适用本条例。

第三条 县级以上人民政府技术监督行政管理部门负责组织、协调本行政区域内产品质量监督工作，调解产品质量纠纷，查处产品质量违法行为。

省人民政府技术监督行政管理部门统一管理全省的企业质量体系认证、产品质量认证、产品质量奖励工作，并会同有关部门负责产品质量检验机构的规划、考核工作。

工商、公安、商检等行政管理部门和各行业主管部门以及消费者协会依照有关法律、法规的规定，在各自职责范围内相互配合，做好产品质量监督管理工作。

法律、法规对产品质量监督管理另有规定的，依照有关法律、法规的规定执行。

第二章 监督管理

第四条 县级以上人民政府对产品质量实行监督检查制度。

产品质量监督检查的重点是：可能危及人体健康和人身、财产安全的产品，影响国计民生的重要工业产品以及用户、消费者、有关组织反映有质量问题的产品。

产品质量监督检查以监督抽查为主要方式。

第五条 县级以上人民政府各主管部门组织产品质量监督检查，必须纳入产品质量监督检查计划。未纳入计划的，不得组织实施，生产者、销售者有权拒绝，但下列情况除外：

（一）国家统一部署的；

（二）法律对产品质量监督检查另有规定的；

（三）用户、消费者和有关组织举报、投诉的。

第六条 全省性的产品质量监督检查计划，由省人民政府技术监督行政管理部门统一制定和组织实施。

市、县、区的区域性产品质量监督检查计划，由同级人民政府技术监督行政管理部门统一制定，并报上一级人民政府技术监督行政管理部门审批后组织实施,设区的市技术监督行政管理部门审批时应当报省人民政府技术监督行政管理部门备案。

县级以上人民政府有关主管部门组织的产品质量监督检查计划,应当报同级人民政府技术监督行政管理部门协调、审批。

第七条 产品质量监督检查不得重复进行。对同一生产者、销售者的产品质量监督检查,必须间隔三个月以上。产品质量监督检查中的检验数据在同一检查周期内可以互用。

产品质量监督检查结果应当通过新闻媒介等方式如实向社会公布。

第八条 技术监督行政管理部门和有关主管部门以及消费者协会,对日常监督管理工作中发现的以及用户、消费者和有关组织举报、投诉中反映的产品质量问题,应当根据各自的职责及时依法处理。

第九条 经监督检查,对产品质量不合格的生产者、销售者必须限期整顿和改进。技术监督行政管理部门和有关主管部门应当加强督促、指导和帮助。

第十条 实施产品质量监督检验依照下列依据:

(一)国家标准、行业标准、地方标准或者依法备案的企业标准;

(二)产品应当具备的使用性能,但是对产品存在使用性能的瑕疵做出说明的除外;

(三)产品说明书、质量保证书、产品检验报告单、实物样品、产品标识、产品广告等表明的质量指标和质量状况以及经济合同中的质量约定;

(四)国家、行业主管部门和省制定的产品质量监督检验规定。

第十一条 以监督抽查方式进行产品质量监督检查时,不得向被检查者收取检验费用,技术监督行政管理部门所需检验费用由同级财政列支,其他主管部门所需检验费用由其自有资金开支。但根据国家规定对生产者进行的定期监督检验和统一监督检验以及其他形式的检验,所需检验费用按国家和省规定的项目和标准收取。

第十二条 产品质量监督检查所需样品由被检查者无偿提供。抽样时必须出示监督检查计划批准书和组织监督检查的部门签发的抽样凭证,按照本条例第十条第一项、第四项规定的标准,确定数量和方法抽取样品。检验完结留样期满后,除已损耗的外,样品必须及时退还。

第十三条 产品质量行政执法人员在进行产品质量执法检查时,应当有两人以上参加,出示行政执法证件,佩戴执法徽章,使用国家或者本省统一的执法文书,并有权行使下列职权:

(一)查阅、复制有关的发票、账册、凭证、标准、业务函电和其他有关产品质量的资料,用照相、录音、录像等手段取得所需的证明材料;

(二)进入产品存放地检查产品,依法取证;

(三)对有严重质量问题可能危及人体健康和人身、财产安全的产品,或者生产者、销售者有转移意图的违法产品,经县级以上产品质量行政机构负责人批准,可以予以封存或者扣押。

产品质量行政执法人员应当保守当事人正当的技术秘密和商业秘密。

第十四条 产品质量行政执法机构对被封存或者被扣押的产品,应当在三十日内做出处理决定。因案情复杂需要延长期限的,应当报省人民政府技术监督行政管理部门审批,并书面通知产品的被封存者或者被扣押者。

对被封存或者被扣押的产品，有容易变质或者污染环境的，应当及时处理；经鉴定合格的，必须及时退还。

第十五条　县级以上人民政府技术监督行政管理部门可以在产品质量检验机构聘任产品质量监督员。产品质量监督员受同级人民政府技术监督行政管理部门委托，可以执行产品质量抽样和参与产品质量监督检查工作。

产品质量监督员须经省人民政府技术监督行政管理部门培训、考核合格后才能上岗。

产品质量监督员执行任务时，应当出具省人民政府技术监督行政管理部门统一核发的证件，但不得行使本条例规定的行政执法人员职权。

第十六条　产品质量检验机构必须具备相应的检测条件和能力，经省人民政府技术监督行政管理部门或者其授权的部门考核合格后，并取得由省人民政府技术监督行政管理部门颁发的考核合格证书，方可承担产品质量检验工作。产品质量检验机构考核合格证书有效期为三年。有效期满后必须进行复查。

第十七条　产品质量检验机构及其工作人员应当对其出具的检验报告负责。其按规定程序出具的检验报告应当作为产品质量执法和处理产品质量争议的依据。

第十八条　被检验方对产品质量检验机构的检验报告有异议的，可以在接到检验报告之日起十五日内向承担检验工作的产品质量检验机构提出。对异议处理结果仍不服的，可以在接到处理结果十五日内向组织实施检验的管理部门或者技术监督行政管理部门申请复检。原产品质量检验机构不得承担复检。复检结论为终局结论。逾期未提出异议或者未申请复检的，视为认可检验报告。提出异议和复检所需费用由责任方承担。

第三章　责任义务

第十九条　生产或者销售的产品，其质量、标识、包装必须符合《产品质量法》规定的要求。

禁止生产、销售下列产品：

（一）不符合国家标准、行业标准、地方标准，影响人体健康以及人身、财产安全的；

（二）掺杂、掺假，以假充真、以次充好，以不合格冒充合格的；

（三）国家明令淘汰的；

（四）国家规定必须实行生产许可证制度而未取得许可证的；

（五）伪造或者冒用认证标志、名优标志、采标标志等质量标志的；

（六）伪造产品之产地的；

（七）伪造或者冒用他人的厂名、厂址、条码的。

第二十条　对关系人体健康和人身、财产安全的产品，应当附有中文说明书；限期使用的产品，应当用中文或者阿拉伯数字注明生产日期和保质期或者失效期；用进口散件组装或者分装的产品以及联营厂生产的产品，应当在产品或者其包装上用中文注明组装厂、分装厂或者联营厂的厂名、厂址。

第二十一条 质量达不到规定标准的产品,或者不符合以产品说明、实物样品、产品广告等方式表明的质量状况的产品,但仍具有使用价值并符合安全、卫生要求的,必须在产品或者其包装的显著位置或者采用其他明示方法标明"处理品""次品"或者"等外品"字样后,方可出厂、销售。

第二十二条 产品的监制者应当对被监制的产品质量负责,保证产品质量符合规定的要求。

第二十三条 以代销或者联营等形式销售产品者,承担本条例规定的销售者同样的产品质量责任和义务。

第二十四条 印制者承接印制产品标识、名优标志、认证标志、防伪标志或者含以上所列标识、标志的包装物和铭牌时,应当查验有关证明文件,并复印留存。委托人不能提供证明文件的,印制者不得承接。

印制者不得将印制的前款所述标识、标志、包装物和铭牌提供给非委托人。

第二十五条 场地或者设备的提供者不得纵容、庇护使用者生产、销售违反本条例第十九条规定的产品。

发现前款所指违法行为的,应当及时向主管部门或者其他有关部门举报。

第二十六条 广告经营者和广告发布者应当依法查验有关广告产品的质量证明。不得代理、设计、制作、发布伪劣产品的广告。

第四章 纠纷处理

第二十七条 用户、消费者有权就产品质量问题向产品的生产者、销售者要求修理、更换、退货和赔偿相应的损失;对因产品质量问题造成的人身伤害、财产损失,有权依法向产品的生产者、销售者提出赔偿要求。生产者、销售者不得拒绝。属于生产者责任的,销售者赔偿后,有权向生产者追偿;属于销售者责任的,生产者赔偿后,有权向销售者追偿。

第二十八条 因产品质量发生民事纠纷时,当事人可以通过协商解决,或者向技术监督、工商行政管理等部门以及消费者协会申请调解。当事人不愿协商、调解或者协商、调解不成的,可以根据当事人各方的协议向仲裁机构申请仲裁。当事人各方没有达成仲裁协议的,可以向人民法院起诉。

第五章 奖惩

第二十九条 有下列情况之一的单位和个人,由人民政府及其有关部门给予表彰、奖励:

(一)产品质量管理成绩显著的;

(二)产品质量达到国际先进水平的;

(三)研究、推广产品质量科学技术成绩显著的;

(四)举报或者协助查处违反产品质量法律、法规行为有突出贡献的;

(五)其他为提高产品质量做出重大贡献的。

第三十条 产品标识不符合本条例第十九条第一款、第二十条规定的,依照《中华人民共和国产品质量法》第四十三条的规定予以处罚。

第三十一条　生产本条例第十九条第二款第一项所列产品之一，或者销售明知是上述产品之一的，责令停止生产、销售，没收违法生产、销售的产品和违法所得，并处以违法所得一倍至五倍的罚款；情节严重的，吊销营业执照。

生产本条例第十九条第二款第二项、第三项所列产品之一，或者销售明知是第二项所列产品之一的，责令停止生产、销售，监督销毁或者作必要的技术处理，没收违法所得，并处以违法所得一倍至五倍的罚款；情节严重的，吊销营业执照。

生产本条例第十九条第二款第四项所列产品，或者销售明知是第三项、第四项所列产品之一的，责令停止生产、销售，没收违法生产、销售的产品和违法所得，并处以违法所得一倍至五倍的罚款。

过失销售本条例第十九条第二款第一项至第四项所列产品之一的，责令停止销售，监督销毁或者作必要的技术处理。

第三十二条　生产本条例第十九条第二款第五项至第七项所列产品之一的，或者销售明知是上述产品之一的，责令公开更正，没收违法所得，并处以违法所得一倍至三倍罚款。

过失销售本条例第十九条第二款第五项至第七项所列产品之一的，责令公开更正。

第三十三条　产品的监制者违反本条例第二十二条规定的，责令改正，没收违法所得；情节严重的，处以违法所得一倍以下的罚款。

产品标识的印制者违反本条例第二十四条规定的，责令改正，没收非法印制或者非法提供的产品和违法所得，处以违法所得一倍至五倍的罚款；情节严重的，责令停业整顿。

场地或者设备的提供者违反本条例第二十五条规定的，责令改正，没收违法所得，处以违法所得一倍至五倍的罚款。

违反本条例第二十六条规定的，依照《中华人民共和国广告法》的规定处理。

第三十四条　按本条例第三十条至第三十三条规定进行罚款时，违法所得难以确认的，以该批违法产品的销售价格计算。

第三十五条　因产品存在质量问题，销售者故意拖延或者无理拒绝修理、更换、退货或者赔偿损失要求的，责令改正；拒不改正的，处以该产品货值金额一倍至五倍罚款。

第三十六条　对符合本条例规定的监督检查，生产者、销售者拒绝抽样检验的，或者拒不提供本条例第十三条第一款第一项所列资料的，责令改正；拒不改正或者隐匿、转移、毁灭证据的，对主要责任者处以二千元至五千元罚款。

擅自销售、隐匿、转移、毁灭被封存的受检产品的，处被封存产品货值金额一倍至五倍罚款，有违法所得的没收违法所得，并对主要责任者处以二千元至五千元罚款。

第三十七条　违反本条例第五条、第七条规定，擅自对产品质量进行监督检查或者在同一检查周期内重复进行监督检查的，由负责审批监督检查计划的技术监督行政管理部门责令改正；拒不改正的，通报批评，对主要责任者由其所在单位或者上级主管部门给予行政处分。

违反本条例第十二条规定，不按照规定的数量和方法抽取样品，或者留样期满后不及时退还样品的，由组织监督检查的行政管理部门或者上级主管部门责令限期改正；情节严重的，处该样品价值二倍至五倍罚款,对主要责任者由其上级主管部门给予行政处分。

第三十八条 产品质量检验机构未经考核合格,擅自进行产品质量检验并出具检验报告的,由技术监督行政管理部门宣布检验报告无效,并处以所收检验费一倍至三倍罚款。

产品质量检验机构工作人员伪造检验数据或者伪造检验结论的,由技术监督行政管理部门宣布检验报告无效,组织重新检验,并处以所收检验费一倍至三倍罚款,对直接责任者及其负责人,由其行政主管部门给予行政处分;造成损失的,责令赔偿;再次伪造的,责令停止检验工作或者吊销有关证件。

第三十九条 违反本条例第十三条规定,产品质量行政执法人员在封存或者扣押产品时滥用职权,使被封存者或者被扣押者的合法权益受到损害的,由其所在单位承担赔偿责任,并给予主要责任者行政处分。

第四十条 从事产品质量监督管理的国家工作人员滥用职权、玩忽职守、徇私舞弊,不构成犯罪的,由其行政主管部门或者监察部门给予行政处分。

第四十一条 违反本条例规定,构成犯罪的,依法追究刑事责任。

第四十二条 本条例规定的吊销营业执照的行政处罚,由工商行政管理部门实施。其他行政处罚由技术监督行政管理部门或者工商行政管理部门按照国务院规定的职权范围决定。法律、行政法规对行使行政处罚权的机关另有规定的,依照有关法律、行政法规的规定执行。

第四十三条 当事人对处罚决定不服的,依照《产品质量法》第四十六条规定执行。

第六章 附则

第四十四条 本条例具体应用中的问题由省人民政府负责解释。

第四十五条 本条例自1995年1月1日起施行。

江西省标准化管理条例

(1997年10月23日江西省第八届人民代表大会常务委员会第三十次会议通过,2002年7月29日江西省第九届人民代表大会常务委员会第三十一次会议第一次修正,2010年9月17日江西省第十一届人民代表大会常务委员会第十八次会议第二次修正)

第一章 总则

第一条 为加强标准化工作,促进技术进步,提高产品质量,发展对外贸易,维护社会主义市场经济秩序,保护国家和公民、法人或者其他组织的合法权益,根据《中华人民共和国标准化法》和《中华人民共和国标准化法实施条例》,结合本省实际,制定本条例。

第二条 在本省行政区域内从事标准的制定、实施以及对标准的实施进行监督活动的单位和个人应当遵守与标准化有关的法律、行政法规和本条例。

第三条 各级人民政府应当将标准化工作纳入国民经济和社会发展计划,加强对标准化工作的领导,采取切实措施,鼓励企业积极采用国际标准和国外先进标准。对在标准化工作中做出显著成绩的单位和个人,应当予以奖励。

第四条　县级以上人民政府质量技术监督行政主管部门统一管理本行政区域的标准化工作。其他有关行政主管部门根据各自职责分工管理本部门、本行业的标准化工作。

第二章　地方标准、企业标准的制定

第五条　制定地方标准和企业标准应当符合有关法律、法规规定和所涉及的强制性标准的要求,有利于保障国家和人民生命财产的安全,保护消费者的权益,有利于合理利用国家资源和保护环境,有利于推广科学技术成果,有利于产品的通用互换和对外经济技术合作。

第六条　对下列没有国家标准和行业标准而又需要在本省范围内统一的技术要求的,应当制定本省地方标准:

(一)工业产品的安全、卫生要求以及生产、经营活动中的生产技术、管理技术要求;

(二)能源、资源、信息开发利用的技术要求以及交通运输的安全、卫生要求;

(三)环境质量要求和污染物排放要求;

(四)建设工程的质量、安全、卫生要求;

(五)农业(包括林业、牧业、渔业,下同)产品(包括种子、种苗、种畜、种禽)的品种、规格、质量要求以及生产技术、管理技术要求;

(六)本省需要控制的与人身财产安全密切相关的重要工业产品的技术、维修要求;

(七)法律、法规规定应当制定地方标准的其他要求。

地方标准的具体项目由省质量技术监督行政主管部门确定。

第七条　地方标准由省质量技术监督行政主管部门编制计划,组织草拟,统一审批、编号和发布。法律、行政法规对地方标准的制定另有规定的,从其规定。

第八条　地方标准分为强制性标准和推荐性标准。下列标准属于强制性标准:

(一)产品生产、储运和使用中的安全、卫生标准;

(二)环境质量标准和污染物排放标准;

(三)建设工程的质量、安全、卫生标准;

(四)本省需要控制的与人身财产安全密切相关的重要产品标准;

(五)农业种子、种苗、种畜、种禽标准;

(六)法律、法规规定的其他应当强制执行的地方标准。

强制性标准以外的标准是推荐性标准。

第九条　地方标准应当报国务院标准化行政主管部门和国务院有关行政主管部门备案。地方标准在相应的国家标准或者行业标准实施后,即行废止。法律、行政法规另有规定的,从其规定。

第十条　产品没有国家标准、行业标准或者地方标准的,生产企业应当制定本企业的产品标准,作为组织生产和经销活动的依据。

产品已有国家标准、行业标准或者地方标准的,鼓励企业根据市场以及为提高产品质量和促进技术进步的需要,制定严于国家标准、行业标准或者地方标准的企业产品标准,在企业内部使用。

第十一条 鼓励企业对其产品采用推荐性国家标准、行业标准、地方标准。不采用推荐性标准的,产品生产者应当制定企业产品标准。企业产品标准的主要性能指标或者技术指标低于推荐性国家标准、行业标准、地方标准要求的,企业应当在产品标识或者使用说明书中明示。

第十二条 制定地方标准、企业产品标准,应当发挥行业协会、科研机构和标准化专业技术委员会的作用。

地方标准、企业产品标准的制定部门或者单位在标准发布前必须组织有关方面专家对标准进行审查。

企业产品标准的编写格式、结构以及代号、编号等应当符合国家关于产品标准编写的基本规定。

第十三条 企业应当在制定的产品标准发布之日起三十日内,持标准文本及有关材料,经有关行政主管部门或者行业管理部门签署同意后,报同级质量技术监督行政主管部门备案注册。

备案注册后发现企业产品标准有违反强制性标准的,由质量技术监督行政主管部门责令其停止实施,并限期改正。

第十四条 地方标准和企业产品标准的制定部门和单位应当根据科学技术发展和市场需要适时对标准进行复审,复审周期不得超过三年。复审后,应当及时向受理备案部门报告复审结果。对于复审后需要修订的标准,在修订后应当重新备案。

第三章 标准的实施

第十五条 从事科研、生产、经营活动的单位和个人,必须严格执行强制性标准。应当执行强制性标准而未达到强制性标准要求的产品,禁止生产、销售和进口。

第十六条 企业必须按产品所执行的标准组织生产、检验。

企业应当在产品或者其说明书、包装物上标注所执行的标准代号、编号。

企业生产、销售的产品,其标签标识应当符合有关强制性标准规定。

第十七条 企业研制新产品、改进产品、进行技术改造、引进技术和设备,应当进行标准化审查,符合标准化要求。

第十八条 企业根据自愿原则可以向省人民政府质量技术监督行政主管部门认可的认证机构申请农产品质量认证。经认证合格的,由认证机构颁发农产品质量认证证书,准许企业在产品或者产品包装上使用农产品质量认证标志。

第十九条 企业生产国家强制管理认证产品的,其产品质量必须达到国家规定的认证标准要求,并取得相应的认证证书。

第二十条 各单位在公共场所及公用设施中所设置的公共信息图形符号必须符合强制性标准的要求。

第四章 监督管理

第二十一条 设区的市和县级人民政府质量技术监督行政主管部门对于可能危及人体健康和

人身财产安全及消费者普遍反映有突出问题的商品，应当及时报告上级人民政府质量技术监督行政主管部门，并经省质量技术监督行政主管部门和其他有关主管部门同意，组织进行标准化审查。

第二十二条　企业按照国际标准或者国外先进标准组织生产的产品，符合国家有关规定的，可以在其产品或者该产品的说明书、包装物上印制采用国际标准产品标志，并按国家有关规定报质量技术监督行政主管部门或者其他有关部门备案。

第二十三条　质量技术监督行政主管部门的执法人员实施标准化监督检查时可以行使下列职权：

（一）进入有关制定、实施标准活动的场所检查；

（二）查阅、复制有关制定、实施标准的文件和资料；

（三）对违法标签标识、包装物和不符合强制性标准的产品，依法采取登记保存措施；

（四）制止销售不符合强制性标准的产品；

（五）法律、法规规定的其他职权。

第二十四条　质量技术监督行政主管部门可以在生产、经销企业和有关管理机构中聘任标准实施监督员。标准实施监督员受质量技术监督行政主管部门委托在本行业、本部门、本企业中对标准草案进行审查，检查各类标准的贯彻实施情况，参与标准实施监督检查后的处理工作。

第二十五条　质量技术监督行政主管部门设置的检验机构或者受质量技术监督行政主管部门委托的检验机构，负责对产品是否符合标准进行检验。

第二十六条　质量技术监督行政主管部门的执法人员实施标准化执法监督检查时，应当向被检查者出示有效的行政执法证件；不出示证件的，被检查者有权拒绝。

质量技术监督行政主管部门和其他有关行政主管部门的监督检查人员不得泄露被检查者正当的商业秘密。

第五章　法律责任

第二十七条　生产违反本条例第十条第一款、第十三条、第十七条规定产品的，由质量技术监督行政主管部门或者其主管部门责令限期改正，并可通报批评或者依法对直接负责的主管人员和其他直接责任人员给予行政处分。

第二十八条　违反本条例规定，生产、销售无标准产品，或者企业产品标准的主要性能指标或者技术指标低于推荐性国家标准、行业标准、地方标准要求，并且未在产品标识或者使用说明中明示的，由质量技术监督行政主管部门责令限期改正；逾期不改正的，处一千元以上五千元以下罚款。

第二十九条　违反本条例规定，产品标识不符合强制性标准的，由质量技术监督行政主管部门责令限期改正，可以并处二百元以上一千元以下罚款；逾期不改正的，没收违法生产、销售的产品和违法所得，并处以违法生产、销售产品货值金额百分之五十以上二倍以下的罚款。

第三十条　违反本条例规定，生产、销售不符合强制性标准的产品的，由质量技术监督行政主管部门责令改正，没收违法生产、销售的产品，并处违法生产、销售产品货值金额一倍以上三倍以下的罚款；有违法所得的，并处没收违法所得。

第三十一条　违反本条例规定,销售属国家强制管理认证而未取得认证证书的产品的,由质量技术监督行政主管部门责令其停止销售,处以违法所得一倍以上三倍以下罚款,并可对单位直接负责的主管人员处以三千元以下罚款。

第三十二条　违反本条例第二十条规定的,由质量技术监督行政主管部门责令限期改正;逾期不改正的,处五百元以下罚款。

第三十三条　违反本条例规定,有下列行为之一的,由质量技术监督行政主管部门或者其主管部门责令限期改正,并依法对直接负责的主管人员和其他直接责任人员给予行政处分;逾期不改正的,由质量技术监督行政主管部门处一千元以上三千元以下罚款:

(一)生产产品所执行的标准不依法申请登记的;

(二)生产产品所执行的标准发生变化时不依法申请变更登记的。

第三十四条　采用国际标准产品标志的产品不符合采用标准而出厂销售的,由质量技术监督行政主管部门责令改正。

第三十五条　当事人对依照本条例做出的行政处罚决定不服的,可依法申请行政复议或者直接提起行政诉讼。

第三十六条　质量技术监督行政主管部门或者其他有关行政主管部门的工作人员玩忽职守、徇私舞弊、滥用职权、索贿受贿,或者泄漏被检查者正当的商业秘密的,由其所在单位或者上级主管机关或者监察机关给予行政处分;给公民、法人或者其他组织的合法权益造成损害的,依法予以赔偿;构成犯罪的,依法追究刑事责任。

第六章　附则

第三十七条　本条例自1998年1月1日起施行。1980年11月4日省人民政府发布的《江西省标准化管理试行办法》同时废止。

江西省人民政府令

（第75号）

《江西省组织机构代码管理办法》已经1998年2月20日省人民政府第1次常务会议讨论通过，自1998年5月1日起施行。

省长 舒圣佑

一九九八年三月二十七日

江西省组织机构代码管理办法

第一条 为了加强本省组织机构代码（以下简称代码）的管理工作，准确反映组织机构的信息，完善社会管理、服务体系，根据国家有关规定，结合本省实际，制定本办法。

第二条 本办法所称代码，是指根据国家有关代码编制原则编制，赋予本省境内机关、企业、事业单位、社会团体及其他组织机构在全国范围内唯一的，始终不变的法定标识。

第三条 本省境内的下列组织机构，应当申领代码及代码证书：

（一）依法成立及经机构编制管理部门批准成立的机关和事业单位；

（二）经工商行政管理部门核准登记的企业；

（三）经民政部门核准登记的社会团体；

（四）经有关管理部门核准登记的中央和外省、自治区、直辖市驻赣机构；

（五）经外事管理部门或其他有关管理部门批准或核准登记的外国和境外非政府组织驻赣机构；

（六）前列组织机构经有关管理部门批准或核准登记设立的相对独立的分支机构或派出机构；

（七）其他依法成立的组织机构。

第四条 省技术监督行政管理部门是全省代码工作的主管部门，其主要职责是：

（一）监督、管理、协调全省代码工作；

（二）建立并组织实施全省代码标识制度；

（三）划分各类代码的区段；

（四）核准、赋予经国家和同级有关管理部门批准成立或核准登记的组织机构的代码并颁发代码证书；

（五）其他与代码管理制度有关的工作。

省组织机构代码管理中心负责建立本省代码管理数据库，提供有关代码信息服务，并承担省技术监督行政管理部门前款职责范围内的日常工作。

第五条 地区、设区的市和县(市、区)技术监督行政管理部门负责核准、赋予经同级有关管理部门批准成立或核准登记的本地组织机构的代码并颁发代码证书,对本地的代码进行监督管理。

第六条 各级技术监督行政管理部门应当加强对代码的宣传工作,并按照省技术监督行政管理部门规定的格式,印制《申领代码及代码证书通知书》,交同级负责批准和核准成立组织机构的管理部门,由其在办理批准或核准成立组织机构的审批手续时代为发放。工商行政管理、机构编制、民政、税务、银行及其他有关部门应当依照本办法的规定,在各自的职责范围内协同技术监督行政管理部门做好代码管理工作。

第七条 本办法第三条所列组织机构应当自批准成立或核准登记之日起30日内,持有关批准文件或登记证书,向批准其成立或核准其登记的管理部门同级的技术监督行政管理部门申领代码及代码证书。

技术监督行政管理部门应当自组织机构申领代码证书之日起10日内,对该组织机构所提交的批准文件或登记证书的真实性、有效性进行审核;经审查核准的,赋予代码并颁发代码证书。

第八条 一个组织机构只能取得一个代码。

代码分为法人代码和非法人代码。依据法律,具有法人资格的组织机构,其代码为法人代码;不具有法人资格的组织机构,其代码为非法人代码。

第九条 代码证书是由国家技术监督行政管理部门统一印制、证明组织机构具有法定代码标识的凭证。

技术监督行政管理部门对经核准赋予法人代码的组织机构,应当视其机构类型分别颁发《中华人民共和国机关法人代码证书》《中华人民共和国企业法人代码证书》《中华人民共和国事业单位法人代码证书》《中华人民共和国团体法人代码证书》;对经核准赋予非法人代码的组织机构,应当视其机构类型分别颁发《中华人民共和国机关代码证书》《中华人民共和国事业单位代码证书》《中华人民共和国社会团体代码证书》。

第十条 代码证书分为正本和副本(含电子智能卡副本)。正本和副本具有同等法律效力。组织机构应当申领代码证书正本1份,副本若干份(电子智能卡副本1份)。

任何组织机构和个人不得伪造、涂改、出借或转让代码证书。

第十一条 组织机构的名称、地址、法人代表或负责人、机构类型发生变更时,应当自有关管理部门批准或核准变更之日起30日内,持有关文件或证书向原颁发代码证书的技术监督行政管理部门申请换领代码证书。

技术监督行政管理部门应当自组织机构申请换领代码证书之日起10日内,对所提交的有关文件或证书的真实性、有效性进行审核;经审查核准的,收回原代码证书,颁发新的代码证书。

第十二条 组织机构依法终止时,应当于15日内向颁发代码证书的技术监督行政管理部门办理代码注销手续;技术监督行政管理部门应当注销其代码,并收回代码证书。

被注销的代码,不得再赋予其他组织机构。

第十三条 代码证书遗失或毁坏的,组织机构应当及时向颁发证书的技术监督行政管理部门申请补发。

第十四条　代码证书每4年更换一次,组织机构应当在换证期届满前30日内,持代码证书的正本和副本向颁发代码证书的技术监督行政管理部门办理换证手续。

省技术监督行政管理部门可以根据本省重大社会、经济活动的需要,对代码证书组织开展验证工作,但须报省人民政府备案。

第十五条　组织机构办理申领、变更、更换代码证书手续时,应当按照规定的收费项目及标准,向技术监督行政管理部门缴纳费用。

第十六条　组织机构进行下列活动时,应当使用代码证书(副本);有关部门应当予以查验:

(一)向银行或非银行金融机构办理开户及贷款等业务时;

(二)接受统计部门进行的各项统计普查、统计调查以及向统计部门上报统计报表时;

(三)向税务部门办理税务登记、变更手续和购买税务发票时;

(四)向技术监督行政管理部门申请注册商品条码及办理企业标准备案、计量认证、质量认证、食品标签审核时;

(五)向人事、劳动部门办理工资基金审查时;

(六)向公安部门办理机动车号牌和机动车辆行驶证年审时;

(七)向计划部门办理基建投资立项等有关业务时;

(八)向机构编制部门办理机构编制变更事项审批时;

(九)向国有资产管理部门办理国有资产登记时;

(十)向外经贸部门办理申请进出口有关业务时;

(十一)向工商行政管理部门办理企业年检时;

(十二)向民政部门办理社会团体年检及办理会费票据时;

(十三)向劳动部门办理职工社会保险时;

(十四)有关法律、法规、规章规定的其他社会活动。

鼓励社会各行各业积极推广应用代码。

第十七条　组织机构凡违反本办法第七、十一、十三、十四条规定,未申领代码及代码证书或未办理代码证书变更、补发、换领、验证手续的,由技术监督行政管理部门责令其限期改正;拒不改正的,可处以500元以上1000元以下的罚款。

第十八条　组织机构或个人违反本办法第十条第二款规定,伪造、涂改、出借、转让代码证书的,由技术监督行政管理部门收缴其代码证书,并可按下列规定给予处罚:

(一)属经营性行为的,处5000元以下的罚款;

(二)属组织机构的非经营性行为的,处1000元以下的罚款;

(三)属个人的非经营性行为的,处200元以下罚款。

第十九条　当事人对技术监督行政管理部门的行政处罚决定或代码管理工作中的其他具体行政行为不服的,可以依法申请行政复议或提起行政诉讼;逾期不申请复议、不向人民法院起诉又不履行罚款处罚决定的,做出处罚决定的机关可以申请人民法院强制执行。

第二十条　技术监督行政管理部门和其他有关部门的工作人员必须秉公办事,依法行政;对在代码管理工作中徇私舞弊、滥用职权、玩忽职守或对组织机构故意刁难的,视情节轻重给予行政处分;触犯刑律的,提请司法机关依法追究刑事责任。

第二十一条 本办法施行前已经成立的组织机构尚未申领代码及代码证书的,应当自本办法施行之日起30日内,按本办法的规定补办申领代码及代码证书手续。

持有营业执照、有一定规模并有固定生产或经营场所、门牌字号的个体工商户要求赋予代码,取得代码证书的,按国家有关规定执行。

第二十二条 本办法具体应用中的问题由省技术监督行政管理部门负责解释。

第二十三条 本办法自1998年5月1日起施行。

江西省计量监督管理条例

（1999年8月20日江西省第九届人民代表大会常务委员会第十次会议通过，2001年8月24日江西省第九届人民代表大会常务委员会第二十五次会议第一次修正，2010年9月17日江西省第十一届人民代表大会常务委员会第十八次会议第二次修正）

第一章 总则

第一条 为加强计量监督管理，保障国家计量单位制的统一和量值准确可靠，保护消费者和经营者的合法权益，维护社会主义市场经济秩序，根据《中华人民共和国计量法》和其他有关法律、法规，结合本省实际，制定本条例。

第二条 在本省行政区域内从事计量活动的单位和个人，必须遵守本条例。

本条例所称计量活动，是指建立计量标准，进行计量检定或者校准，使用计量单位，制造、修理、安装、进口、销售计量器具以及使用计量器具出具计量数据。

第三条 省人民政府质量技术监督行政部门对本省计量工作实施统一监督管理，市、县(区)质量技术监督行政部门对本行政区域内的计量工作实施监督管理。

各级质量技术监督行政部门在计量监督管理工作中的具体职责是：

(一)贯彻执行计量监督管理的法律、法规；

(二)制定计量事业发展规划，推行国家法定计量单位，建立社会公用计量标准，组织量值传递；

(三)对制造、修理、安装、销售和使用计量器具以及商品量的计量行为实施监督；

(四)进行计量认证，调解计量纠纷，组织仲裁检定；

(五)法律、法规和规章规定的其他职责。

有关行政管理部门应当依照法律、法规的规定，按照各自的职责做好计量监督管理工作。

第二章 计量单位

第四条 国际单位制计量单位和国家选定的其他计量单位为国家法定计量单位。国家法定计量单位的名称、符号按国务院颁布的有关命令执行。

第五条 从事下列活动需要标明计量单位的，应当使用国家法定计量单位：

(一)制发公文、公报、统计报表；

(二)编播广播、电视节目；

(三)发表报告、学术论文；

(四)制作发布广告；

(五)出版发行图书、报纸、刊物及音像制品、电子出版物；

(六)印制票据、票证、账册；

(七)制定标准、检定规程、技术规范、产品使用说明；

(八)出具检测、检验数据;

(九)生产、经营商品,标注商品标识;

(十)其他面向社会标明计量单位的活动。

第六条 进出口商品、出版古籍、文学书籍及其他需要使用非法定计量单位的,按国家有关规定执行。

第三章 计量器具

第七条 以销售为目的制造计量器具,或者对社会开展经营性修理计量器具业务的单位和个人,应当依法取得《制造计量器具许可证》或者《修理计量器具许可证》,并按照规定接受年度审核。

任何单位和个人不得利用他人的产品、生产设备和技术等级证明申办《制造计量器具许可证》或者《修理计量器具许可证》。

禁止伪造、涂改、转让、出借、与他人共用《制造计量器具许可证》《修理计量器具许可证》。

第八条 制造计量器具新产品,应当按照国家有关规定进行定型鉴定或者样机试验。

禁止利用他人的样机申请定型鉴定或者样机试验。

第九条 安装计量器具业务的单位或者个人,应当具备法律、法规规定的资格。

第十条 列入《中华人民共和国进口计量器具型式审查目录》的进口计量器具,未取得国务院质量技术监督行政部门颁发的型式批准证书的,不得进口、销售。

列入《中华人民共和国依法管理的计量器具目录》的进口计量器具,在销售之前应当按有关法律、法规的规定申请检定,检定合格后,方可销售。

第十一条 禁止制造、修理、销售、安装下列计量器具:

(一)国家明令禁止制造、使用的;

(二)无检定、校准合格印、证的,无《制造计量器具许可证》标志、编号以及制造企业名称、地址的;

(三)伪造或者冒用《制造计量器具许可证》标志和编号、检定或校准合格印、证及制造企业名称和地址的;

(四)用残次零配件组装或者以旧计量器具冒充新计量器具的;

(五)可能危及人身、财产安全又无警示标志或者中文警示说明的。

第十二条 生产、经营中使用计量器具不得有下列行为:

(一)破坏计量器具准确度、防作弊装置或者检定封缄;

(二)伪造或者破坏计量检定或校准印、证;

(三)使用未经检定,超过检定周期或者经检定不合格,校准、测试不符合要求的计量器具;

(四)使用国家明令淘汰、禁止使用或者不符合国家有关准确度要求的计量器具;

(五)使用无制造企业名称、地址或者无《制造计量器具许可证》标志和编号的计量器具。

第四章 计量检定与计量认证

第十三条 单位建立的最高计量标准器具,应当依法持有质量技术监督行政部门颁发的考核合格证;最高计量标准器具停止使用,应当报原发证的质量技术监督行政部门备案,未经批准不得擅自启用。

第十四条 依法设置的计量检定机构和县以上质量技术监督行政部门依法授权的计量检定、校准机构(以下统称为法定计量检定机构),对计量器具进行检定、校准、测试应当符合下列要求:

(一)使用的计量标准器具具有县以上质量技术监督行政部门发给的考核合格证;

(二)在县以上质量技术监督行政部门限定的项目范围内进行;

(三)执行相应的计量检定规程、校准规范和测试方法;

(四)计量检定、校准人员持有与检定、校准专业相符的资格证件。

第十五条 法定计量检定机构的计量器具检定、校准的印、证由县以上质量技术监督行政部门负责制作和管理。

禁止擅自制作、伪造、盗用、倒卖计量器具检定、校准的印、证。

第十六条 对社会公用计量标准器具,部门和企业、事业单位使用的最高计量标准器具以及用于贸易结算、安全防护、医疗卫生、环境监测等国家规定实行强制检定的工作计量器具,依法实行强制检定。使用单位或者个人必须按照规定向指定的法定计量检定机构申请周期检定。

法定计量检定机构应当定期将强制检定的计量器具的检定情况向当地质量技术监督行政部门报告。

第十七条 直接用于贸易结算的电能表、水表、煤气表、流量计、出租车计价器、燃油加油机、电话计时计费器等强制检定的工作计量器具,应当经质量技术监督行政部门指定的法定计量检定机构强制检定合格后,方可安装使用。

第十八条 为社会提供公证数据的产品质量检验机构和计量公正服务机构,应当经省人民政府质量技术监督行政部门计量认证合格后,方可开展检验、测试业务。需新增加检验、测试项目的,应当申请单项计量认证。

其他为社会提供公证数据的检验、检测机构可根据自愿的原则,向省人民政府质量技术监督行政部门申请计量认证。

第十九条 法定计量检定机构、计量公正服务机构和经依法计量认证的检验、检测机构在计量考核、认证有效期内,应当符合考核、认证条件,并按照规定接受年度审核。

第二十条 法定计量检定机构、计量公正服务机构和经依法计量认证的检验、检测机构不得对未考核或者考核不合格的检定、校准、测试的项目出具检定、校准、测试数据,不得伪造检定、校准、测试数据。

第二十一条 处理因计量器具准确度和计量数据引起的纠纷,以国家计量基准器具或者社会公用计量标准器具检定的数据为准。

第二十二条 法定计量检定机构接到受检计量器具或者受检申请时,应当在十五日内完成检定、校准工作;如因客观情况需要延长检定、校准时间的,法定计量检定机构应当向送检单位说明情况,并征得送检单位同意。

第五章 商品量计量

第二十三条 经营者经营商品(包括提供服务,下同),以量值作为结算依据的,应当标明法定计量单位,配备和使用与其经营或者服务项目相适应并符合国家或者省规定的计量器具。

现场计量交易时,经营者应当明示计量操作过程和计量器具显示的量值。如有异议的,经营者应当重新操作计量过程和显示量值。

第二十四条 经营者在经营商品时,应当保证商品量计量(包括服务计量)的准确,其结算值应当与实际值相符,计量允差应当在国家和省规定的范围内。对必须计量收费的,不得估算收费、超量收费或者多收少计。

第二十五条 生产、销售定量包装商品的,应当在包装的显著位置用中文、数值和法定计量单位清晰标注净含量。经营者不得销售未标明净含量的定量包装商品。

第六章 计量监督

第二十六条 各级质量技术监督行政部门应当依法对进行贸易结算、安全防护、医疗卫生、环境监测等方面的计量活动和计量器具产品质量进行重点监督。

第二十七条 计量器具产品质量监督检查和重点定量包装商品的监督检查由省人民政府质量技术监督行政部门负责组织。

第二十八条 计量监督执法人员应当秉公执法、文明执法。进行监督检查时,应有两人以上参加,并出示质量技术监督执法证件,使用统一的执法文书。

计量监督执法人员在检查、抽取样品时,必须严格执行国家有关规定,并妥善保管样品。监督检查结束后,除正常损耗和国家另有规定外,抽取的样品应当退还被检查者。

质量技术监督行政部门及其工作人员不得泄露被监督检查单位或者个人的技术秘密和商业秘密。

第二十九条 质量技术监督行政部门在进行计量监督检查时,有权依法采取下列措施:

(一)询问有关当事人和证人;

(二)进入生产、经营场地和产(商)品存放地检查、抽取样品;

(三)查阅、复制与被监督的计量活动有关的支票、发票、账册、合同、凭证、文件、业务函电等资料;

(四)使用录音、照相、摄像等技术手段取得所需的证据材料;

(五)在证据可能灭失或者以后难以取得的情况下,依法采取登记保存措施。

第三十条 任何单位或者个人不得拒绝、阻碍质量技术监督行政部门执法人员依法进行的计量监督检查;不得擅自处理、转移被质量技术监督行政部门责令停止使用的计量器具或者封存的计量器具。

第七章 法律责任

第三十一条 违反本条例第五条规定,使用非法定计量单位的,责令其限期改正;属经营性行为的,可并处一百元以上一千元以下罚款。

第三十二条　违反本条例规定,制造、修理、销售、安装或者进口计量器具的,责令其停止违法行为,并按以下规定进行处罚:

(一)违反第七条第一款、第二款、第十一条第二项、第四项、第五项、第十七条规定之一的,依法封存计量器具,没收违法所得,可并处违法所得百分之十以上百分之五十以下罚款;没有违法所得或者违法所得难以计算的,处以二千元以上二万元以下罚款;

(二)违反第八条规定的,责令停止制造,依法封存新产品样机,没收违法所得,可并处三百元以上三千元以下罚款;

(三)违反第十条规定的,依法封存计量器具,责令停止销售并补办型式批准手续,可并处进口额或者销售额百分之十以上百分之五十以下罚款;

(四)违反第十一条第一项规定的,依法没收计量器具和违法所得,可并处违法所得百分之十以上百分之五十以下罚款。

第三十三条　违反本条例第十二条第一项、第四项规定之一的,依法没收计量器具和违法所得,可并处二百元以上二千元以下罚款。

违反本条例第十二条第三项、第五项规定之一的,责令停止使用计量器具,限期整改;逾期不改的,并处以二百元以上二千元以下罚款。

第三十四条　违反本条例第十三条、第十六条第一款规定之一的,责令停止使用计量器具,限期整改;逾期不改的,可并处一百元以上一千元以下罚款。

第三十五条　违反本条例第十八条第一款、第十九条规定之一的,责令停止检验,限期整改,可并处一百元以上一千元以下罚款。

第三十六条　违反本条例第二十四条规定,损害国家和消费者利益的,责令停止违法行为,没收违法所得,可并处违法所得一倍以上三倍以下罚款;违法所得难以计算的,处以二千元以上二万元以下罚款。

第三十七条　违反本条例第二十五条规定,生产、销售未标明净含量的定量包装商品的,责令限期整改,逾期不改的,可并处二百元以上二千元以下罚款。

第三十八条　擅自处理、转移被责令停止使用的计量器具或者封存的计量器具的,处以该计量器具价值一倍以上五倍以下罚款;对主要责任者处以二百元以上二千元以下罚款。

第三十九条　违反本条例第七条第三款、第十一条第三项、第十二条第二项、第十五条第二款规定之一的,没收其非法印、证和违法所得,处以二百元以上二千元以下罚款。

第四十条　违反本条例第二十二条规定的,由其主管部门对责任人给予行政处分;给送检用户造成损失的,应当依法承担赔偿责任。

第四十一条　质量技术监督行政部门及其执法人员玩忽职守、滥用职权、徇私舞弊的,由其所在单位、上级主管部门或者行政监察机关对其主要负责人和直接责任人员给予行政处分。

质量技术监督行政部门及其执法人员违法责令停止使用计量器具或者违法封存计量器具,给当事人造成损失的,应当按照《中华人民共和国国家赔偿法》的有关规定赔偿;不按规定退还样品的,责令退还或者照价赔偿;情节严重的,按前款规定予以处罚。

第四十二条 违反本条例的行为,触犯《中华人民共和国治安管理处罚法》的,由公安机关依法处罚;构成犯罪的,依法追究刑事责任。

第四十三条 本条例规定的行政处罚,由县以上质量技术监督行政部门决定。法律、法规另有规定的,从其规定。

第四十四条 当事人对行政处罚决定不服的,可以依法申请行政复议或者提起行政诉讼,在法定期限内不申请复议也不起诉,逾期又不履行处罚决定的,由做出处罚决定的部门依法申请人民法院强制执行。

第八章 附则

第四十五条 在本省行政区域内的部队系统及军工国防企事业单位从事民品生产中的计量行为适用本条例。

第四十六条 本条例自1999年10月1日起施行。

关于印发《江西省工业产品生产许可省级发证工作管理办法》的通知

赣质监质发〔2008〕2号

各设区市质量技术监督局：

为了加强工业产品生产许可省级发证工作的管理，严格依法行政，特制定《江西省工业产品生产许可省级发证工作管理办法》，现印发给你们，请遵照执行。

二〇〇八年二月十五日

江西省工业产品生产许可省级发证工作管理办法

第一章　总则

第一条　为加强工业产品生产许可省级发证工作（以下简称"省级发证"）的统一管理，明确各级工业产品生产许可证管理部门的工作职责，规范有关发证工作程序，根据《中华人民共和国工业产品生产许可证管理条例》（以下简称《管理条例》）、《中华人民共和国工业产品生产许可证管理条例实施办法》（以下简称《实施办法》）和国家质检总局《工业产品生产许可省级发证工作规范》的要求，制定本办法。

第二条　本办法所称省级发证产品是指经国家质检总局发布公告，由省级质量技术监督部门负责发放工业产品生产许可证的产品。

第三条　省级发证工作应遵循"科学公正、公开透明、程序合法、便民高效"和"权责一致"的原则，落实生产许可证工作机构、检验机构及其工作人员的责任，建立申请受理、实地核查、发证检验、审核审批等工作环节的岗位责任制，严格实行过错责任追究制度。强化获证企业的监督管理。

第四条　江西省省级发证工作由江西省质量技术监督局（以下简称"省局"）统一管理。除许可审批权外，省局可以将省级发证的有关事项委托设区市质量监督局（以下简称"设区市局"）实施，并依法办理委托手续。

第五条　各级质量技术监督部门要严格按照国家质检总局、省局有关规定和相关产品《实施细则》的要求，组织实施省级发证工作，不得将被委托事项再次进行委托，坚决杜绝代办生产许可证行为，确保生产许可管理工作的正常秩序和良好形象。

第六条　在江西省行政区域内，凡从事生产、销售或者在经营活动中使用省级发证产品的，应遵守《管理条例》《实施办法》及本办法。

第二章　职　责

第七条　省局负责省级发证工作的统一管理,其主要工作职责为:

(一)负责组织省级发证的审查、批准、发证工作;

(二)负责审查、考核并向国家质检总局推荐承担省级发证检验任务的检验机构;

(三)公告由本省许可的获证企业名单,并通报相关部门;

(四)建立本省许可的工业产品生产许可档案;

(五)负责辖区内省级发证检验机构的监督管理;

(六)组织省级发证产品《实施细则》宣贯;

(七)负责辖区内获证企业的监督管理;

(八)负责辖区内工业产品生产许可证审查人员的监督管理;

(九)受理有关工业产品生产许可证的投诉,处理有关争议事宜。

(十)完成国家质检总局交办的其他有关工作。

省局内设省工业产品生产许可证办公室(以下简称“省工许办”),负责省级发证产品生产许可的日常工作。

第八条　设区市局负责辖区内省级发证产品生产许可的管理,主要工作职责为:

(一)接受省局委托,并在委托规定的范围内负责省级发证产品生产许可的申请受理;

(二)组织或配合组织对企业的实地核查和产品检验;

(三)向省局推荐承担省级发证产品检验任务的检验机构;

(四)负责对辖区内获证企业年度自查报告的管理,并建立获证企业档案;

(五)负责辖区内获证企业的日常监管和无证查处;

(六)完成省局交办的其他有关工作。

第九条　县(市、区)质量技术监督局(以下简称“县局”)负责本辖区内省级发证企业的日常管理工作,其主要工作职责为:

(一)及时向企业提供有关产品的换(发)证工作信息。调查、汇总有关产品生产企业情况,制定生产许可证动态管理企业名录;

(二)组织、督促生产企业申报生产许可证,指导企业按照相关产品《实施细则》要求做好申证准备工作;

(三)认真履行观察员的职责和义务;

(四)负责获证企业的日常监督管理;

(五)按照上级部署,督促获证企业及时提交年度自查报告,开展无证查处工作;

(六)受理生产许可证有关举报和投诉,解答企业有关问题。

第三章　生产许可工作程序

第一节　申请和受理

第十条　企业取得工业产品生产许可证,应当符合下列条件:

(一)有覆盖申请取证产品的营业执照;

(二)有与所生产产品相适应的专业技术人员;

(三)有与所生产产品相适应的生产条件和检验检疫手段;

(四)有与所生产产品相适应的技术文件和工艺文件;

(五)有健全有效的质量管理制度和责任制度;

(六)产品符合有关国家标准、行业标准以及保障人体健康和人身、财产安全的要求;

(七)符合国家产业政策的规定,不属于国家明令淘汰的产品和落后工艺,不存在国家禁止投资建设的高耗能、污染环境、浪费资源的情况。

法律、行政法规有其他规定的,还应当符合其规定。

第十一条　省级发证产品生产许可申请的受理单位(以下简称"申请受理单位")为省局或受省局委托的设区市局,具体产品的申请受理单位由省局确定并予以公布。

第十二条　企业生产省级发证产品,应到其所在地的申请受理单位领取或登录"江西省质量技术监督局"(www.jxzj.gov.cn)网站下载《全国工业产品生产许可证申请书(省级发证)》,按申请书和产品《实施细则》的要求填写,形成纸质文本和电子文本,附齐有关附件,一式3份提交到申请受理单位办理申请手续。

企业的申请可以通过信函、电报、电传、传真、电子数据交换和电子邮件等方式提出。

第十三条　申请受理单位收到企业申请后,应按照相关行政许可、国家有关生产许可证工作要求和有关《实施细则》对企业申请材料进行审查,填写《工业产品生产许可证受理确认表(省级发证)》,办理申请受理审核、批准手续。

第十四条　符合申报条件的,申请受理单位应准予受理,并于5日内向企业发送《行政许可申请受理决定书》;

对申请材料不符合《实施细则》要求且可以通过补正达到要求的,申请受理单位应当场或5日内向企业发送《行政许可申请材料补正告知书》,一次性告知应补正的全部内容,企业按要求补正后可重新提出申请。逾期不告知的,自收到申请材料之日起即为受理。

对申请材料不符合《行政许可法》和《管理条例》要求的,申请受理单位应当做出不予受理的决定,并发出《行政许可申请不予受理决定书》。

第十五条　申请受理单位应在受理申请的办公场所,将有关省级发证产品生产许可工作的依据、条件、程序、期限、收费、需要提交的全部材料的目录、申请示范文本以及投诉和咨询电话公示。任何单位和个人不得另行附加其他条件,限制企业申请。

第二节　审查与决定

第十六条　受理企业申请后,应当及时组织企业审查。

企业审查包括对企业的实地核查和对产品的检验,其中一项不合格即判为企业审查不合格。

第十七条 实地核查一般采取下列方式:

(一)由省工许办直接组织实地核查。设区市局应当自受理企业申请之日起5日内,将已受理企业的申请材料和《工业产品生产许可证设区市局受理企业名单》,以纸质文本和电子文本两种形式上报省工许办。省工办自受理企业申请之日起30日内完成对企业实地核查和抽封样品,并将实地核查结论以《工业产品生产许可证实地核查结果告知书》告知被核查企业,同时告知设区市局。

(二)由设区市局负责组织实地核查。设区市局编制《工业产品生产许可证实地核查计划表》报省工许办备案后,方可实施。自受理企业申请之日起20日内完成对企业实地核查和抽封样品,并将实地核查结论以《工业产品生产许可证实地核查结果告知书》告知被核查企业。

省局根据产品的不同特点和具体情况,分别确定具体产品的实地核查方式。

第十八条 企业实地核查计划应提前5日通知企业,企业有权对审查人员提出回避要求,但应在计划核查实施日期3日前提出。回避要求合理的,应予采纳;逾期未提出的视为认可。

第十九条 实地核查组织单位派出审查组,负责对企业进行实地核查,企业应当予以配合。

审查组由2至4名审查员组成,审查组成员由国家工业产品生产许可证注册审查员担任。审查组长应当由国家注册高级审查员或至少完成10次以上企业实地核查任务的国家注册审查员担任。根据需要,可委派按规定备案的技术专家参加实地核查工作,但技术专家不作为审查组成员。

第二十条 审查组应当按照《实施细则》要求,对企业进行实地核查,核查时间一般为1-3天。审查组对企业实地核查结果负责,实行组长负责制。

第二十一条 实地核查实行观察员制度。被核查企业所在地的设区市局或县局必须委派1名观察员参加实地核查。观察员一般由从事生产许可管理的工作人员担任。

观察员的主要职责是:对审查组和被核查企业在核查活动中的行为进行监督,但不得干涉正常的核查工作;负责维护现场核查秩序,并在相应文书上签字;向实地核查组织单位书面报告有关情况,对核查结论持有异议的,应专题报告;督促被核查企业按照审查组提出的整改意见开展整改,对企业整改情况负责监督回访。

第二十二条 经实地核查合格的企业,审查组应在企业声明合格的产品批中进行现场抽、封样品。

第二十三条 对核查不合格的企业,审查组不再进行产品抽样,企业审查工作终止。

第二十四条 需要送样检验的,应当告知企业在封存样品之日起7日内将样品送达检验机构。需要现场检验的,由核查人员通知企业自主选择的检验机构,检验机构应在5日内进行现场检验。

检验机构应当在《实施细则》规定的时间内完成检验工作,出具检验报告,并将检验结果及时报送实地核查组织单位和被检企业。

第二十五条 发证检验机构由企业自主选择,任何单位和个人不得强制指定、明示或暗示企业选择检验机构。

第二十六条 企业对发证检验结论有异议的,可以自接到检验结果之日起15日内,向实地核查组织单位提出复检申请。实地核查组织单位应在收到复检申请5日内做出是否复检的书面答复。对符合复检条件的,应及时组织复检,复检结果为最终结论。

第二十七条　企业应当积极配合实地核查和现场抽、封样品工作,如无正当理由拒绝实地核查或现场抽、封样品的,应当按企业审查不合格处理。

第二十八条　对实地核查或产品抽样检验不合格的企业,申请受理单位应当及时收回《行政许可申请受理决定书》,同时责令企业停产整顿。

第二十九条　由设区市局负责组织实地核查的,应当自受理企业申请之日起30日内将企业申请材料、现场核查文书及抽样单、产品检验报告等材料签署意见汇总,形成《工业产品生产许可证审查企业情况登记表》,一并报送省工许办。

第三十条　省局自受理企业申请之日起60日内做出是否准予许可的决定。产品检验所需时间(包括样品送达、检验机构检验、异议处理的时间)不计入60日期限内。

符合发证条件的,省局应当在做出许可决定之日起10日内颁发生产许可证及副本;不符合发证条件的,应当自做出决定之日起10日内向企业发出《不予行政许可决定书》。

第三十一条　省局应将获证企业名录以网络、报刊等方式向社会公布。同时,相关产品的发证情况要及时通报有关部门。

第三十二条　省工许办负责向国家质检总局报送月度工业产品生产许可省级发证工作信息,包括准予、不予工业产品生产许可情况(包括发证和期满换证)及工业产品生产许可证变更、撤回、撤销、吊销、注销情况等。同时上报电子文本。

第三十三条　工业产品生产许可证有效期为5年,按照《实施办法》的规定,省级工业产品生产许可证证书全国有效。有效期届满,企业继续生产的,应当在有效期届满6个月前向所在地申请受理单位提出换证申请。

第三十四条　企业获得生产许可证后需要申请增加项目的,应当按照《实施细则》规定的程序办理增项手续。符合条件的,换发生产许可证证书,但有效期不变。

第三十五条　在生产许可证有效期内,因国家有关法律法规、产品标准及技术要求发生较大改变而修订《实施细则》时,省工许办应按照全国许可证办公室的统一部署,组织必要的实地核查和产品检验。

第三十六条　在生产许可证有效期内,企业生产条件、检验手段、生产技术或者工艺发生较大变化的(包括生产地址变更、生产线重大技术改造等),企业应及时向其所在地申请受理单位提出申请,省工许办或设区市局应当按照《实施细则》的规定重新组织实地核查和产品检验。

第三十七条　申请受理单位应将企业办理生产许可证的有关资料及时归档,指定专人负责材料汇总和档案管理工作,公众有权查阅有关档案资料。企业档案材料的保存时限为5年。省工许办负责对档案工作进行监督检查。

第三节　对审查工作的监督检查

第三十八条　由省工许办组织检查组,对企业实地核查和产品检验工作质量,进行定期和不定期的监督检查。

被抽查的企业数量应当控制在获证企业总数的20%以内。

第三十九条 实施监督检查,应当制订监督检查计划,包括检查组组成,具体检查时间以及被检查企业或检验单位等内容。

第四十条 监督检查计划应提前通知被检查单位。对企业核查工作质量进行监督检查时,还应提前通知企业所在地设区市局。被检查单位和设区市局应当对检查工作予以配合。

第四十一条 检查组对企业核查工作质量实施检查时,应当按照《实施细则》规定的程序和要求进行。

第四十二条 检查组应通过查阅检验报告、检验结论对比及现场观察等方式,对检验机构的检验过程和检验报告是否客观、公正、及时进行监督检查。

第四十三条 监督检查完成后,由检查组写出书面报告及处理建议,上报省工许办。

第四节 集团公司的生产许可

第四十四条 集团公司及其所属子公司、分公司或者生产基地(以下统称所属单位)具有法人资格的,可以单独申请办理生产许可证;不具有法人资格的,不能以所属单位名义单独申请办理生产许可证。

各所属单位无论是否具有法人资格,均可以与集团公司一起提出办理生产许可证申请。

第四十五条 所属单位与集团公司一起申请办理生产许可证时,应当向集团公司所在地申请受理单位提出申请。按规定由设区市局组织实地核查的,集团公司所在地设区市局可以直接派出审查组,也可以书面形式委托所属单位所在地设区市局组织核查。集团公司所在地设区市局负责按规定程序汇总上报有关材料。集团公司所在地设区市局直接派出审查组进行实地核查时,应通知所属单位所在地设区市局,并邀请其派观察员参加实地核查。

第四十六条 集团公司取得生产许可证后,新增加的所属单位需要与集团公司一起办理生产许可证的,对新增所属单位进行审查合格后,换发生产许可证证书,但有效期不变。

第四十七条 所属单位与集团公司一起申请办理生产许可证的,经审查的集团公司及所属单位应当分别缴纳审查费和产品检验费。

第四十八条 其他经济联合体及所属单位申请办理生产许可证的,参照集团公司办证程序执行。

第四章 证书和标志

第四十九条 省级发证的全国工业产品生产许可证书,(以下简称生产许可证证书)分为正本和副本,具有同等法律效力。生产许可证证书由国家质检总局统一制定式样、统一印制,套印江西省质量技术监督局印章。

第五十条 省工许办指定专人负责工业产品生产许可证证书管理,建立空白证书领用以及因损坏、打印错误、期满换证、注销等无法使用或作废的证书回收、销毁等登记制度。

第五十一条 生产许可证证书应当载明企业名称、住所、生产地址、产品名称、证书编号、发证日期、有效期。

集团公司的生产许可证证书还应当载明与其一起申请办理的所属单位的名称、生产地址和产品名称。

第五十二条 企业名称、住所、生产地址发生变化而企业生产条件、检验手段、生产技术或者工艺未发生变化的，企业应当在变更名称、住所、生产地址后1个月内向企业所在地设区市局提交《全国工业产品生产许可证变更申请书（省级发证）》。

第五十三条 设区市局受理企业变更申请后，应对申请内容进行必要的审查，提出审查意见。不同意变更的，应书面向企业说明理由；同意变更的，应在受理之日起5日内将上述材料上报省工许办。

省工许办自收到上报的企业名称变更材料之日起10日内完成申报材料的书面审核，并报省局做出是否准予变更的决定。对于符合变更条件的，颁发新证书，但有效期不变；不符合条件的，书面告知企业，并说明理由。

第五十四条 企业应当妥善保管生产许可证证书。生产许可证证书遗失或者损毁，应在市级以上媒体上刊登遗失或者毁损声明后，向企业所在地设区市局提交《全国工业产品生产许可证补领申请书（省级发证）》。

第五十五条 设区市局自受理企业补领生产许可证材料之日起5日内，将上述材料上报省工许办。

省工许办自收到上报的企业补领生产许可证材料之日起10日内，完成申报材料的书面审核，并报省局做出是否准予补领的决定。对于符合条件的，颁发新证书，但有效期不变；不符合条件的，书面告知企业，并说明理由。

第五十六条 工业产品生产许可证标志由“质量安全”英文（Quality Safety）字头（QS）和“质量安全”中文字样组成。标志主色调为蓝色，字母“Q”与“质量安全”四个中文字样为蓝色，字母“S”为白色。标志的式样、尺寸及颜色要求。

QS标志由企业自行印（贴）。可以按照规定放大或者缩小。

第五十七条 省级发证的工业产品生产许可证编号为（赣）XK××－×××××××－×××××。其中，（赣）代表江西，XK代表许可，前两位（××）代表行业编号，中间三位（×××）代表产品编号，后五位（×××××）代表生产许可证编号。

企业生产许可证编号自00001开始依序编排，不重复使用。

对因企业增项、迁址、名称变更、重新核查、期满换证、遗失补领等换（补）发的生产许可证，其编号保持不变。

对撤销、撤回、吊销和注销的生产许可证，其编号不得再次使用。

第五十八条 企业必须在其产品或者包装、说明书上标注生产许可证标志和编号。

根据产品特点难以标注的裸装产品，可以不标注生产许可证标志和编号。

第五十九条 集团公司所属单位具有法人资格的，并单独办理生产许可证的，其产品或者包装、说明书上应当标注所属单位的名称、住所、生产许可证标志和编号。

所属单位和集团公司一起办理生产许可证的，在其产品或者包装、说明书上应当分别标注集团公司和所属单位的名称、住所以及集团公司的生产许可证标志和编号,或者仅标注集团公司的名称、住所和生产许可证标志和编号。

第六十条 取得生产许可证的企业,应当自准予许可之日起6个月内,完成在其产品或者包装、说明书上标注生产许可证标志和编号。

第六十一条 任何单位和个人不得伪造、变造生产许可证证书、标志和编号。取得生产许可证的企业不得出租、出借或者以其他形式转让生产许可证证书、标志和编号。

第五章 监督检查

第六十二条 省局和设区市局对本办法的实施情况进行监督检查,对违反本办法的行为进行纠正和处理。

第六十三条 生产许可证管理部门及工作人员、审查人员、检验机构及检验人员以及企业,违反《管理条例》和《实施办法》有关规定的,应当依照《管理条例》和《实施办法》的规定承担相应的法律责任。

第六十四条 省级发证产品,经国家质检总局公告已开展无证查处工作后,企业未取得生产许可证的不得生产该产品,任何单位和个人不得销售或者在经营活动中使用未取得生产许可证的产品。

第六十五条 自申请受理单位做出生产许可受理决定之日起,企业可以试生产申请取证产品。企业试生产的产品,必须经承担生产许可证产品检验任务的检验机构,依据产品《实施细则》规定批批检验合格,并在产品或者包装、说明书标明"试制品"后,方可销售。对省局做出不予许可决定的,企业从即日起不得继续试生产该产品。

第六十六条 取得生产许可证的企业应当保证产品质量稳定合格,不得降低取得生产许可证时的实地核查条件。

第六十七条 获证企业自取得生产许可证之日起,每年度应向所在地设区市局提交《工业产品生产许可证获证企业年度自查报告》。获证未满一年的企业,可以下一年度提交自查报告。获证企业年度自查报告的管理,由设区市局负责。

第六十八条 省工许办组织设区市局对企业自查报告的真实性进行实地抽查,被抽查的企业数量应当控制在获证企业总数的10%以内。

第六十九条 在监督检查工作中,应当严格执行过错责任追究制度。对于工作质量出现严重问题的,应追究有关领导及主管人员的责任。

第六章 附则

第七十条 企业办理工业产品生产许可证应当交纳相关费用,收费项目和收费标准应当按照省财政、价格主管部门的有关规定执行。

第七十一条 行政许可申请受理决定书、行政许可申请材料补正告知书、行政许可申请不予受理决定书、不予行政许可决定书、全国工业产品生产许可证证书(正本与副本)式样、全国工业产品生产许可证标志及说明以及生产许可证产品委托加工备案及生产许可证的撤销、撤回、吊销、注销等管理，依照《实施办法》的规定执行。

第七十二条　食品生产许可的管理不适用本办法。

第七十三条　本办法由江西省质量技术监督局负责解释。

第七十四条　本办法自 2008 年 3 月 1 日起实行。

关于印发《江西省工业产品生产许可证获证企业后续监督管理办法(试行)》的通知

赣质监质发〔2008〕13 号

各设区市局,省局机关各处室:

现将《江西省工业产品生产许可证获证企业后续监督管理办法(试行)》印发给你们,请认真贯彻执行。

二〇〇八年六月二十五日

江西省工业产品生产许可证获证企业后续监督管理办法(试行)

第一章　总则

第一条　为加强对本省工业产品生产许可证(以下简称生产许可证)的监督管理,规范取得生产许可证企业(以下简称获证企业)生产、经营行为,持续保证产品质量安全,维护消费者利益,根据《中华人民共和国工业产品生产许可证管理条例》(以下简称《管理条例》)和《中华人民共和国工业产品生产许可证管理条例实施办法》,结合我省生产许可证工作实际,制定本办法。

第二条　在本省行政区域内,获证企业监督管理工作,应当遵守本办法。

本办法所称产品是指《管理条例》规定的产品,加工食品、直接接触食品的材料等食品相关产品及化妆品除外。

第三条　后续监督管理(以下简称后续监管)是指质量技术监督局(以下简称质监局)为保障获证企业能够持续按照取证条件生产质量稳定合格的产品,而对企业的生产、销售、经营等相关活动进行监督管理。

后续监督管理主要包括:年度监督审查和日常监督检查。

第四条　后续监管工作应遵循科学公正、公开透明、程序合法、层级负责、分类监管的原则。

第五条　省质监局负责全省后续监管工作,省工业产品生产许可证办公室(以下简称省工许办)承担全省后续监管日常工作。

设区市质监局和县(市、区)质监局(以下简称县级质监局)负责本辖区内获证企业的后续监管工作,并定期向上级主管部门报告监管信息。

第六条　对获证企业进行监督检查,必须由 2 名以上工作人员进行,出示有效证件,并对检查和处理的结果予以文字和影像记录,经被检查企业负责人和核查人员签字后归档。

监督检查不得影响企业的正常生产经营活动,不得收取费用,不得索取或收受企业财物、谋取不当利益。

第二章　年度监督审查

第七条　年度监督审查(以下简称年审)是指获证企业每年度向质监局提交《工业产品生产许可证企业年度自查报告》(以下简称《自查报告》),质监局对企业《自查报告》进行核准,并从申报年审企业中抽取不超过10%的企业进行实地核查,核实企业是否履行许可证相关法定义务并具备持续生产质量稳定合格产品的能力。

第八条　省工许办负责全省年审的统一管理工作,设区市质监局负责年审工作的具体实施,年审采取书面审核和实地核查两种方式。

第九条　获证企业应在每年3月1日至4月30日期间向企业所在地设区市质监局提交以下年审材料。获证未满一年的企业,可以下一年度提交年审材料。

(一)《全国工业产品生产许可证》副本原件;

(二)《自查报告》;

(三)企业营业执照(副本)复印件;

(四)企业质量档案;

(五)每个获证单元本年度设区市及以上产品质量检验报告复印件;

(六)涉及其他行政许可的(如安全生产、环保)需提供相关许可证复印件。

获证企业应当如实提供年审材料,不得隐瞒有关情况或者提供虚假材料,提交前款规定的复印件应当加盖单位公章,并携带原件进行核实;提交的全部材料应使用A4纸,沿长边装订。

第十条　设区市质监局应当自收到企业年审材料之日起15个工作日内完成年审材料的书面审核,根据书面审核情况及日常监督检查情况,按不超过年审企业数10%的比例对企业进行实地核查。有下列情形之一的,应当列入实地核查对象:

(一)企业年度自查材料有不实之处或有所隐瞒的;

(二)获证产品存在严重质量问题被投诉或举报的;

(三)获证产品在本年度自查周期内,设区市及以上产品质量监督抽查中,产品质量被判定为不合格的;

(四)企业连续停产6个月以上或已经转产的;

(五)本年度企业发生质量、安全、环保等重大事故的;

(六)其他违反法律、法规情形的。

第十一条　设区市质监局负责组织对企业进行实地核查,编制实地核查计划,除有明确举报被许可人涉嫌从事违法活动,或者事先告知可能妨碍核查过程中获得真实情况的之外,设区市质监局应当于实地核查2日前向企业发出《生产许可证后续监管实地核查通知书》。企业所在地的县级质监局可派人参加核查。

第十二条　实地核查依据为所核查产品生产许可证实施细则及企业《自查报告》,核查重点为企业的原材料控制、生产必备条件、出厂检验、安全生产等情况。核查人员应填写《生产许可证获证企业后续监管记录》,经被检查企业负责人和核查人员签字后归档。核查时间一般不超过1个工作日。实地核查中发现企业产品涉嫌存在严重质量问题的,应当在企业实地核查的同时,依据《管理条例》的有关规定进行产品抽样检验。

第十三条 设区市质监局在书面审核企业年审材料或对企业进行实地核查中,发现并核实企业有下列情形之一的,判定企业年审不合格;违反法律法规及规章规定需要给予行政处罚的,按相关规定实施处罚。

(一)按产品实施细则中规定的《生产许可证企业实地核查办法》进行实地核查,核查结论判定为不合格的;

(二)企业获证后生产条件、检验手段、生产技术或者工艺发生变化的(包括生产地址变更、生产线重大技术改造等)、企业名称变更的(包括企业名称、住所名称、生产地址名称发生变化的)、企业获证产品增项的(包括增单元、增规格型号、产品升级、增生产场所)以及委托(被委托)加工未按规定办理备案手续或者擅自改变备案标注方式的;

(三)企业未依照本条例规定在产品、包装或者说明书上标注生产许可证标志和编号的;

(四)企业出租、出借、转让或者变造许可证证书、生产许可证标志和编号的;

(五)在获证产品中掺杂掺假、以假充真、以次充好或者以不合格产品冒充合格产品等严重违法行为的;

(六)企业获证后违反产业政策,使用国家明令淘汰的生产设备和工艺、生产国家明令淘汰的产品或建设国家严禁重复投资建设项目的;

(七)在实地核查中获证产品经抽样检验判定为不合格的;

(八)其他违反法律法规规定情形的。

第十四条 获证企业未在规定的时间内向设区市质监局提交自查报告的,按照《管理条例》第五十三条的规定实施处罚;企业拒绝依法实施年审实地核查的,省工许办按有关规定上报国家质检总局依法处理。

第十五条 设区市质监局应于每年6月20日前,完成企业年审工作,做出年审结论,在企业的《自查报告》和《全国工业产品生产许可证》副本上加盖年审印章,注明年审合格或年审不合格结论。对年审合格的企业及时发还《全国工业产品生产许可证》副本;同时,向省工许办上报本年度监督审查情况报告及《获证企业年度自查情况汇总表》。

第十六条 年审不合格的企业,设区市质监局在做出不合格结论之日起5个工作日内,向企业发出《生产许可证年审不合格通知书》,责令限期整改,整改期限原则上不超过30日,特殊情况需延长期限的应上报省工许办批准。企业整改后应向设区市质监局提交复查申请和《整改报告》,由设区市质监局组织复查,核查人员根据企业整改情况判断整改是否合格。复查仍不合格的,由企业所在地设区市质监局立案,向省工许办提出吊销生产许可证建议。

第十七条 涉及《工业产品生产许可证注销程序管理规定》(国家质检总局令第93号)所列举的撤回、撤销、吊销和注销生产许可证违法行为的企业,由设区市质监局向企业发出《生产许可证暂扣决定书》,暂扣其生产许可证(正、副本),并依据有关法律、法规和规章的规定进行处理。

第三章 日常监督检查

第十八条 日常监督检查包括:定期监督检查、不定期监督检查和产品质量监督抽查。

定期监督检查是指县级及以上质监局有计划地对本辖区内获证企业进行实地核查,必要时进行产品质量抽查;不定期监督检查是指省质监局或设区市质监局根据某类产品的质量安全状况以及预防突发事件的需要,结合某类产品存在的问题而组织对生产企业进行实地核查,必要时进行产品质量抽查;产品质量监督抽查是指质监部门依照《中华人民共和国产品质量法》等法律法规和规章规定对获证企业的产品质量进行抽查。

第十九条 定期监督检查(以下简称定检)工作由设区市质监局在本辖区内统一组织,设区市和县级质监局负责具体实施。定检主要内容包括:

(一)获证企业是否继续符合从事生产经营活动的法定条件;

(二)获证企业生产条件、检验手段、生产技术或工艺是否发生变化,若发生变化是否按照规定办理重新审查手续;

(三)获证企业的原辅材料进货验收制度是否有效运行,是否有针对性地对企业原辅材料的采购进货、入库验收、保管和使用情况进行抽查;

(四)获证产品是否实施出厂检验,重点检查出厂检验记录和报告;

(五)获证产品包装是否符合标识标注规定,产品包装上是否标注生产许可证标志和编号,是否存在误导、欺骗消费者的情况;

(六)获证企业在发现其生产的产品存在可能对人体健康和生命安全构成安全隐患时,是否立即向社会公布有关信息,通知销售者停止销售,告知消费者停止使用,主动召回产品,并向有关监督管理部门报告。

第二十条 设区市质监局应当根据不同行业、不同企业的质量安全状况,制定相应的定检计划和定检频次。获证企业每年至少要定检一次;有效期内的名牌产品、免检产品生产企业及质量守信A级企业应当适当减少定检频次;对出现以下情况之一的企业,应当增加定检频次:

(一)生产直接关系公共安全、可能危及人体健康和生命财产安全的产品,如生产化肥、农药、农机、水泥、螺纹钢筋、建筑扣件、危险化学品及其包装物等产品的;

(二)被许可生产的产品因严重质量问题被投诉并经证实的;

(三)获证产品在上年度设区市及以上产品质量监督抽查中判定为不合格的;

(四)获证企业在上年度的日常监督检查中有2次以上不合格记录的;

(五)生产许可证年审不合格的;

(六)企业提交《自查报告》中有不实之处或有所隐瞒的;

(七)企业有违反法律、法规、规章被依法处罚记录的。

第二十一条 不定期监督检查是上级质监局不定时间、不定地点、临检前不告知当地质监局而进行的突击性检查。不定期监督检查由省工许办组织实施。

当获证企业出现下列情况之一的,应当对其进行不定期监督检查。

(一)在生产经营过程中被举报或被媒体曝光的;

(二)涉嫌制售假冒伪劣产品行为和记录的;

(三)在生产经营过程中发生重大质量事故的;

(四)上级部门交办的检查或有关部门移送的案件等。

对不定期监督检查中发现问题的企业,根据有关规定进行处理。

第二十二条 设区市和县级质监局对获证企业实施日常监督检查前的准备、检查实施与本办法第十一条和第十二条相同。

第二十三条 出现本办法第十三条情况之一的,日常监督检查判定为不合格;违反法律法规及规章规定需要给予行政处罚的,按相关规定实施处罚。

第二十四条 对日常监督检查合格的获证企业,实施检查的质监局应当在获证企业的《全国工业产品生产许可证》副本上签署“日常监管检查合格”结论,在不合格企业的《全国工业产品生产许可证》副本上签署“日常监管检查不合格”结论。

第二十五条 设区市和县级质监局在对获证企业进行日常监督检查后,应填写《获证企业日常监督检查汇总表》,县级质监局应于每季度结束后的第一个月十日前,上报设区市质监局;设区市质监局于每季度结束后的第一个月十五日前,上报省工许办。

第二十六条 日常监督检查不合格的企业,实施检查的质监局对其进行复查前的准备、复查实施与本办法第十六条相同。

第二十七条 设区市和县级质监局在日常监督检查中查处生产许可证案件,应填写《生产许可证执法情况汇总表》,县级质监局应于每季度结束后的第一个月十日前,上报设区市质监局;设区市质监局于每季度结束后的第一个月十五日前,上报省工许办。

第四章　附则

第二十八条 各设区市质监局要按照省质监局的统一部署,建立本辖区内获证企业文本和电子质量档案,内容包括:企业基本情况、获证产品基本情况、年度监督审查、日常监督检查、执法查处情况等信息,并及时更新有关信息,上报省工许办。

设区市质监局每年元月十五日前,向省工许办报送上一年度后续监管工作总结材料。

第二十九条 省工许办负责组织有关人员,对各地质监局开展的后续监管工作进行不定期的监督检查。

第三十条 省质监局对设区市质监局后续监管工作进行年度综合考核。对认真履行职责、监管力度大、措施得力、成效显著的单位和个人给予表彰和奖励。对失察、失职、不作为、乱作为,或监管不力,质量问题严重、无证生产泛滥的,依据有关规定严肃追究有关人员和领导的责任。

第三十一条 本办法由江西省质量技术监督局负责解释。

第三十二条 本办法自发布之日起施行。

江西省人民政府关于实施标准化战略的意见

赣府发〔2009〕12 号

各市、县(区)人民政府,省政府各部门:

为全面落实科学发展观,切实增强自主创新能力,提升产业整体水平和综合竞争力,充分发挥标准化在国民经济中的技术支撑作用,提高经济增长的质量和效益,促进全省经济社会又好又快发展,结合我省实际,现就实施标准化战略提出如下意见:

一、充分认识实施标准化战略的重要意义

标准化是国民经济和社会发展的重要技术基础。随着经济全球化进程的加快,标准已成为国际经济、科技竞争的重要手段,以标准化手段为主要内容的技术性贸易措施,正成为当前国际贸易非关税壁垒的主要表现形式,标准也成为一个国家和地区提高自主创新能力和核心竞争力的重要战略目标之一。实施标准化战略是推动技术进步、提高产品质量、促进产业发展,节约资源、保护环境、扩大国际贸易的重要举措;是在新形势下推动省委、省政府提出的"科学发展抓项目"活动的重要手段,是促进我省经济社会又好又快发展,实现江西崛起新跨越的重要保障。

二、实施标准化战略的指导思想、基本原则和工作目标

(一)指导思想。认真贯彻党的十七大和十七届三中全会精神,全面落实科学发展观,围绕经济社会发展中心任务,以优势技术领域和特色产业为突破口,引导企业积极参与国际标准、国家标准的制(修)订,鼓励企业研制创新标准、采用国际标准和国外先进标准,增强企业核心竞争力;努力提高标准总体水平和全社会的标准化意识,迅速提升科技创新能力和产业发展水平;建立符合市场经济发展和经济全球化需要的标准体系,促进我省经济社会又好又快发展。

(二)基本原则。坚持政府推动、社会参与原则。以发展经济、壮大产业、应对挑战为目的,加强对标准化工作的组织领导、宏观指导和协调监督,充分调动企业、高等院校、科研院所、中介组织的积极性和主动性,引导全社会重视、关心和参与标准化工作,营造标准化工作良好环境。

坚持企业为主、市场引导原则。以优势产业为依托,充分发挥产业在标准化工作中的基础作用,发挥企业在技术标准研制中的主体作用。以市场为导向,推进标准化与市场的联系,面向经济社会发展的重点领域、支柱产业和重点产品开展标准化工作。通过加强标准化工作,提升产品竞争力,增强产业抗冲击力,带动全省经济社会的发展。

坚持技术创新、国际接轨原则。以技术创新为重点,实现优势特色产业关键技术的突破,开发一批具有自主知识产权的高新技术和产品,形成一批具有核心技术和专利技术的产品,促进"技术专利化—专利标准化—标准全球化",全面提升参与国际市场竞争的能力。

(三)工作目标。到 2015 年,我省标准化工作要实现的总体目标是:建立适应经济建设和技术发展需要的标准化工作体制和运行机制;形成政府推动,企业为主,高等院校和科研院所为技术依托、中介服务机构为桥梁的技术标准研究、制定、推广实施体系;培养一支素质高、能力强的标准化人才队伍;培育一大批研制先进标准、采用先进标准的优势企业群体;建立一个较为完善的标准信息服务平台,构建技术性贸易措施预警机制;基本建成重点突出、结构合理、适应市场需求、支撑我省经济社会和产业发展的新型标准体系;实现我省标准总体水平的跨越式发展,成为国家技术标准创新的一支重要力量。

具体目标是:

到2010年,我省具有竞争优势的企业参与制(修)订国家标准、行业标准80个以上,在制定国际标准方面有所突破。到2015年,我省承担全国专业标准化技术委员会(TC)和分技术委员会(SC)及工作组(WG)的数量达20个以上,参与制(修)订国家标准、行业标准200个以上,参与制(修)订国际标准3个以上。

到2010年,建立国家级、省级农业标准化示范区200个。到2015年,建立国家级、省级农业标准化示范区350个,培育国家、省级名牌农产品60个以上。

到2010年,我省重点领域工业产品采标率达到85%以上,2015年达到90%以上。

到2010年,每年培育一批服务业标准化示范单位,在一些传统和新兴的服务行业全面执行服务质量国家标准、行业标准、地方标准。到2015年,形成全省比较完善的现代服务业标准体系。

到2010年,新增地方标准200个左右。到2015年,地方标准达到1000个左右。

到2010年,初步建立食品安全、生物安全、食源性重大传染病控制、疾病控制和安全生产、环境保护标准体系。到2015年,建立健全科学合理、适应我省经济社会发展需要的安全保障标准体系。

三、实施标准化战略的主要任务

(一)加强标准化基础工作。加大地方标准制定力度,以信息化建设、推进产业升级和建立完善安全标准体系为重点,积极组织制定我省经济社会发展迫切需要的地方标准。加强企业标准管理,规范企业产品标准备案管理,特别是食品标准备案工作,按照国家规定逐步实行标准备案人员资格证书制度,提高企业产品标准水平。加强食品标准化工作,建立完善食品安全标准体系、检验检测体系和认证认可体系,切实加强食品标准研究工作,尤其要做好食品中有害物质限量检测方法标准的研制,不断提高对不法分子坑害消费者行为的应对、查处能力。

(二)加快采用国际标准和国外先进标准步伐。把主导产业、高新技术产业和传统优势产业作为采标工作重点。大中型企业、高新技术产业和进出口企业要按照国际标准和国外先进标准组织生产和管理。在新建项目、技术改造和新产品开发时,企业要积极采用国际标准和国外先进标准。支持以出口产品为主的大型企业、龙头企业和具有技术优势的科研院所参与国际标准化活动。

(三)积极开展专业标准化技术委员会工作。推动我省优势企业申请组建全国专业标准化技术委员会(TC)和分技术委员会(SC)及工作组(WG),为参与国际标准化活动积累经验和培养人才,形成龙头企业积极跟踪和参与国际标准、国家标准制(修)订工作的机制,及时将自主知识产权融入国际标准、国家标准,增强企业核心竞争力。

(四)建设国家高新技术产业集群标准化示范基地。加快南昌高新技术产业开发区"国家高新技术产业集群标准化示范基地"的建设步伐,建立光电子、新材料新能源、机电、应用软件和生物医药五大产业集群技术标准体系,促进标准与专利技术结合,推动国家科学技术进步;在技术创新、专利申报、标准制订、品牌创建方面推出一批成果,促进具有自主知识产权的原创技术推向国际,带动具有我国核心技术标准的产业形成和发展。

(五)加强企业标准化工作。引导工业企业按照《企业标准体系》《质量管理体系》《环境管理体系》等系列国家标准要求,继续大力推动以技术标准、管理标准、工作标准为主要内容的企业标准体系建设,充分利用通用化、组合化、模块化等标准化工作有效形式,全面提高企业的现代管理水平和安全保障水平。中国名牌产品、省名牌产品生产企业以及食品生产企业、高危行业企业、省重点企业和科技创新型企业要积极创建"标准化良好行为企业"。

(六)加快农业标准化进程。以提高农产品质量安全水平和市场竞争力为重点,以农业增效、农民增收为目的,建立完善与国家标准、行业标准、地方标准和企业标准相配套,技术先进、结构合理的农业标准体系。按标准净化农产品产地环境,严格农业投入品管理。以农业标准化示范区建设为抓手,大力推进农业标准化生产。推动农业标准化与农业产业化的有机结合,加快发展无公害农产品、绿色食品、有机食品和名牌农产品。农产品出口企业要率先采用国际标准和国外先进标准。要推广"公司+基地+标准+农户"等生产经营模式,充分发挥龙头企业在农业标准化中的带头辐射效应,积极实施"良好农业规范(GAP)",探索培育"标准化农产品"品牌途径,发展精品农业,扩大优质农产品出口。

(七)积极推进服务标准化工作。坚持把标准化管理理念应用于服务业,在服务业开展标准化活动,以建立健全服务标准体系和推动服务标准的实施为手段,充分发挥标准化在提高服务质量和推动第三产业发展的作用。重点选择旅游、社区管理、餐饮、美容美发等开展服务标准化试点工作,在总结经验的基础上,扩大服务标准覆盖范围,加快推进服务标准体系建设,规范服务行为,提高服务质量,促进我省第三产业的快速健康发展。用标准化手段提高服务质量和提升城市综合服务功能,推动优秀旅游城市、文明城市、卫生城市、园林城市的创建。

(八)加快节能减排标准体系建设。围绕建设资源节约型和环境友好型社会的目标,建立以企业为主体、产学研相结合的标准制(修)订工作机制,加快节能减排创新技术成果向标准的转化,集中研发和大力推广节能、节水、节地、节材等方面的技术标准。尤其要以钢铁、有色、煤炭、电力、石化、光伏、建材等耗能、耗水行业企业为重点,抓好高消耗行业能耗、水耗定额和污染物排放标准体系的建设,并使其成为加强资源监管、保护环境、调整产业结构、评估重大工程立项、指导重大项目引进、规范企业用能行为、实行节能工作问责制的重要技术依据。加快建立科学、规范、统一的循环经济生产过程控制标准,大力推进资源综合利用和发展循环经济标准体系建设,实现污染源治理源头控制和过程控制,切实提高资源利用率。

(九)提高应对技术性贸易壁垒手段。商务、质监、科技、海关、出入境检验检疫等部门要在整合资源的基础上,建立我省重点行业技术性贸易措施预警工作信息库,搭建贸易技术壁垒、动物与植物卫生措施(WTO/TBT—SPS)预警服务平台,对产品主要出口国设置的技术性贸易措施和市场准入等情况进行相关信息的收集、整理、分析、评估,建立符合产业自身特点的统一权威标准信息数据库,增强信息的准确性和时效性,为企业主动应对国际市场变化提供支持。根据我省出口产品的产业结构及特点,建立快速反应的贸易技术壁垒预警体系,加强国外贸易技术壁垒信息采集,面向社会提供最新国际贸易技术壁垒信息,规避贸易技术壁垒的风险。

四、实施标准化战略的主要措施

(一)加强标准化战略的组织领导。各级政府要加强对标准化战略实施的组织领导,坚持把标准化工作摆上重要议事日程,出台相应政策和措施,全力推动标准化战略的实施。成立江西省标准化战略领导小组,由分管质量技术监督工作的副省长担任组长,宣传、发改、财政、国资、工信、科技、交通、农业、林业、文化、旅游、商务、环保、卫生、供销、质监等部门为成员单位,领导小组下设办公室负责日常工作,办公室设在省质监局。市、县(区)也要成立相应工作机构。质监部门主要负责实施标准化战略的组织、协调和指导。宣传部门要牵头做好标准化战略的宣传工作。发改、财政、国资、工信、科技等部门,要切实履行职责,确保实施标准化战略的发展规划、资金支持和科技奖励等激励政策得到落实。农业、林业等部门要大力推动我省农业标准的实施。交通、文化、旅游、商务、环保、卫生、供销等部门,要做好本部门、本行业标准化战略的实施工作。各大中型企业特别是省重点企业和科技创新型企业,要指定有关机构负责标准化战略的组织实施。

(二)加大标准化工作的资金支持力度。建立标准化工作专项经费,多渠道筹措资金,加大对标准化工作投入。各级政府要制定标准化资金支持补助政策,地方标准制定要有专项资金保障。重点扶持科研机构和高新技术企业通过原创性自主知识产权能够形成的国际标准或国家标准项目。对承担或参与国际标准、国家标准、行业标准、地方标准制(修)订的单位,承担筹建国际、国家及江西省专业标准化技术委员会(分技术委员会、工作组)的单位,承担国家和省级标准化重点科研项目的单位,国家级和省级农业标准化示范区建设单位,服务标准化试点单位,国家良好农业规范(GAP)认证试点企业,采用国际标准或国外先进标准的企业等予以资金支持。各相关部门要在项目资金中划出一部分用于标准化工作。

(三)加快标准化人才队伍建设。按照国家规定建立标准化工程师资格制度,构建以质监、科技、行业主管部门为主体,高等院校、科研院所、企业技术研发中心为骨干的培训网络,多渠道开展标准化培训工作。实施标准化继续教育工程,努力培养一批复合型标准化专业技术人才。有关大专院校要积极探索标准化在校教育,开设标准化课程,条件具备的可设立标准化专业。通过标准化工程师资格制度的实施,吸收和培养一大批标准化人才,从中选出并建立江西省标准化专家人才库。鼓励标准化人才积极参与国内外标准化活动,培养更多的国际标准化专家。

(四)建立标准化战略的协调和激励机制。建立科技部门和标准化管理部门协调的工作机制,出台相关政策,引导和鼓励科研单位、生产经营企业和社会各界积极参与标准研制。承担重大产业研发项目和创新产品项目的单位要把标准制定和科技项目研究同步进行,加快科研成果和自主知识产权向标准转化进程,并按标准组织生产,促进科研成果产业化。要将重要技术标准的研制成果纳入省级科技进步奖励范围,将各级标准列入省科技进步奖评定范围,标准文本正式批准发布后,视同同级刊物发表的学术论文。各级政府、各有关部门要把采用国际标准和国外先进标准工作纳入本地、本部门发展规划和年度计划,对采用国际标准和国外先进标准的项目,优先列入高新技术产业化、工业结构调整、科技发展等计划。加强对政府采购活动的标准化审查,优先选择采用国际标准或国外先进标准的产品或项目。对在标准化工作中表现突出的单位和个人,给予表彰和奖励。

（五）加强责任落实。省政府对实施标准化战略实行目标管理责任制。各级政府、各有关部门要把实施标准化战略纳入当地国民经济和社会发展规划，并根据《意见》的要求，提出本地、本部门实施标准化战略的具体方案。省标准化战略领导小组办公室要研究制定考核办法和细则，加强对各地、各有关部门实施标准化战略工作的考核。

（六）加大对标准化工作的宣传力度，积极开展标准化示范县、示范园（景）区建设活动。充分利用广播电视、报纸、杂志、互联网等，加大宣传力度，开辟专刊、专栏、专题，普及标准化知识。对在标准化工作中涌现出的典型企业要加强宣传，以点带面，引导企业走标准化管理和质量效益型道路。组织好“世界标准日”“科普日”“科技周”等重大宣传活动，提高全社会标准化意识。加快标准化示范县建设，推动县域工业、农业、服务业标准体系建设，通过示范工业园区、示范景区建设，在区内全面有效推进标准化工作。

江西省人民政府

二〇〇九年四月三十日

关于印发《江西省企业产品标准备案管理办法》的通知

赣质监标发〔2009〕7号

各设区市质量技术监督局:

为进一步加强企业产品标准备案管理,省局制定的《江西省企业产品标准备案管理办法》已经局长办公会审议通过,现印发给你们,请遵照执行。

二〇〇九年九月二十九日

江西省企业产品标准备案管理办法

第一章　总则

第一条　为加强我省企业产品标准备案的管理,提高企业产品标准备案工作的时效性、科学性、规范性,根据《中华人民共和国标准化法》《企业产品标准管理规定》和《江西省标准化管理条例》等法律、法规、规章的有关规定,制定本办法。

第二条　本办法适用于在江西省境内企业用于生产、加工或销售的产品标准的制定、审查、备案等活动。法律、法规另有规定的从其规定。

第三条　企业生产的产品没有国家标准、行业标准或者地方标准的,应当制定企业产品标准,作为生产和贸易的依据,并按本办法进行备案。对已有国家标准、行业标准或者地方标准的,鼓励企业制定严于国家标准、行业标准或者地方标准的企业产品标准。不作为交货依据的企业内控产品标准,不需备案。

第四条　企业是企业产品标准的制定和实施主体,对备案的企业产品标准的真实性、合法性承担全部法律责任。

第二章　企业产品标准制定

第五条　制定企业产品标准应当遵循下列要求:

(一)符合国家有关法律、法规和规章的规定;

(二)符合国家产业发展方针、政策;

(三)符合强制性国家标准、行业标准和地方标准的要求;

(四)满足保障人体健康、人身财产安全的要求,保护动植物生命健康和安全;

(五)保护消费者合法权益,保护环境,合理利用资源和节约能源;

(六)保证产品质量和产品安全;

（七）完整反映产品的质量特征和功能特性。

第六条 鼓励企业积极采用国际标准和国外先进标准，制定具有自主知识产权的产品标准。

第七条 制定企业产品标准的一般程序包括编制计划、调查研究、起草标准草案、征求意见、对标准草案进行必要的验证、审查、批准、编号、发布。

第八条 企业产品标准的代号、编号方法如下：

Q/ ××× ××× — ××××

企业标准代号 企业代号 顺序号 年代号

第三章 企业产品标准审查

第九条 企业产品标准在批准发布之前应通过企业产品标准审查专家组（以下简称专家组）的审查。审查内容包括：

（一）企业产品标准与国家法律法规和强制性标准规定的符合性；

（二）技术内容的先进性、合理性和完整性；

（三）试验方法的科学性；

（四）检验规则的可操作性；

（五）标准编写与《标准化工作导则》GB/T1 系列国家标准的符合性。

第十条 专家组由企业负责组织，也可以委托专业标准化技术委员会、行业协会或者其他相应专业技术机构组织。专家组成员原则上从江西省标准化专家人才库或各设区市标准化专家人才库中遴选。

第十一条 专家组对企业产品标准的审查，实行组长负责制。专家组应当由研发、生产、检验、用户等方面人员组成，原则上不少于 5 人。直接参与企业产品标准起草的人员不得作为专家组成员参加审查。

第十二条 参与企业产品标准审查工作的专家应当具有中级以上专业技术职称任职资格或者大专以上学历和 3 年以上从事相关行业工作经历，熟悉有关法律、法规、规章和有关强制性标准，了解相关产品生产的工艺、技术要求和国内外该领域技术、标准发展的状况。

第十三条 标准起草单位提交专家组的审查材料不得少于下列内容：

（一）标准文本（送审稿）；

（二）标准编制说明；

（三）规范性引用文件和参考资料；

（四）标准征求意见汇总处理表；

（五）试验验证报告；

（六）企业实施该标准在设备、检验、管理等方面能力的说明。

第十四条 标准审查必须经专家组全体人员三分之二以上同意方可通过，专家组应当根据审查意见填写审查单（会议纪要）。

审查情况应当包括：审查日期、地点、起草单位、组织审查机构、参加审查人员名单。审查结论主要涉及:评价意见、主要修改意见和采纳情况;所审查的企业产品标准送审稿是否符合法律、法规和强制性标准的规定;低于推荐性国家标准、行业标准和地方标准的,应当具有相应的理由和相关影响的说明;是否予以通过审查等内容。

审查结论可以作为企业批准发布企业产品标准的技术依据。

第十五条 企业产品标准审查通过后,由企业法定代表人或者其授权人批准、发布。并应在发布后30日内办理备案。

第四章 企业产品标准备案

第十六条 企业产品标准备案是企业依法将批准发布的企业产品标准告知标准化行政主管部门,并由标准化行政主管部门存档备查的行为。备案后的企业产品标准可以依法作为监督检查的依据。

第十七条 全省企业产品标准受理备案部门分工如下:

(一)省标准化行政主管部门和省有关行政主管部门受理下列企业产品标准备案:

1. 在省级(含省级)以上工商行政主管部门登记注册企业和省属(含中央在赣)企业的产品标准;

2. 机械、电子、化工、消防及省级(含省级)以上有关行政部门审批发证的消毒用品、化妆品以及与人身健康、财产安全密切相关的产品标准;

3. 法律、法规和其他有关规定必须报省里备案的标准。

(二)设区市标准化行政主管部门和设区市有关行政主管部门受理前款所列以外的企业产品标准备案。

设区市标准化行政主管部门和设区市有关行政主管部门是否受理县(市、区)属企业和在县(市、区)工商行政主管部门登记注册企业的产品标准备案,由县(市、区)所在地设区市标准化行政主管部门决定。

第十八条 企业产品标准备案注册章,应有如下内容:

(一)受理备案标准化行政主管部门名称;

(二)备案号:× ××× — ××××;

产品分类号(一级类目) 顺序号 年代号

(三)有效期。

第十九条 企业产品标准备案应当提交下列材料:

(一)企业产品标准备案/复审登记表;

(二)企业产品标准批准发布文件;

(三)企业产品标准纸质和电子文本;

(四)企业产品标准编制说明(重点说明确定标准中主要内容,如:技术指标、性能要求、试验方法、检验规则等目的和依据、试验方法的可行性、准确性);

(五)企业产品标准与相关法律法规、强制性标准等符合性承诺,与相应的推荐性标准是否一致

的声明;企业产品标准采用国际标准、国外先进标准的,应当提供采标的相关说明;

(六)组织机构代码证和工商营业执照原件及复印件;

(七)标准有效性查证报告。

第二十条 受理企业产品标准备案的部门对企业提交的材料是否齐全进行审查。企业提交的备案材料齐全,在5个工作日内应予办理。符合第十九条的,编写该标准的备案登记号,用带有备案标识的A4纸张打印一式三份,在标准文本封面左上角加盖备案专用章。备案标准连同备案材料一份留受理备案部门、一份留有关行政主管部门存档,一份返还企业。如不予备案,应说明理由。

第二十一条 企业产品标准备案的有效期为3年。企业产品标准备案不得收取备案费用。

第二十二条 企业产品标准应当定期复审,复审周期不超过3年。复审后应当提出继续有效、修订或者废止的明确结论。企业产品标准复审后,其产品标准编号的顺序号不变,只改年代号。

第二十三条 有下列情形之一的,企业产品标准应当进行复审:

(一)国家有关法律、法规、规章以及产业发展方针、政策做出调整或者重新规定的;

(二)新发布了相关国家标准、行业标准、地方标准的;

(三)规范性引用文件中相应的国家标准、行业标准、地方标准作了修订的;

(四)企业生产工艺或者原材料配方发生重大改变的;

(五)标准备案有效期届满的;

(六)其他应当进行复审的。

第二十四条 企业产品标准经复审为继续有效且备案有效期即将届满的,企业应当在该标准备案有效期届满前30日内,重新办理备案手续。逾期未办理的,前次备案注销。企业产品标准经复审为修订的,修订后应当重新办理备案。备案登记号重新编号。

企业产品标准经复审为废止的,应当报当地标准化行政主管部门。

第二十五条 已备案的产品标准,如个别技术内容需要修改或补充,企业应填写企业产品标准更改登记表,报送原审查专家组确认同意并经备案单位核准后,连同标准文本一并使用。变更企业名称者应当提供工商行政管理部门的变更证明,经审核同意后,可变更企业名称。

第二十六条 标准化行政主管部门应定期公布企业产品标准的备案和复审情况。

第五章 企业产品标准审查、备案的管理

第二十七条 参加标准审查的专家在审查工作中应当坚持实事求是的原则和严肃认真的态度,保证审查结果的正确性、合理性和科学性,并对审查意见负责。参加审查工作的专家应当保守标准审查活动中涉及的技术秘密和商业秘密。

第二十八条 受理备案部门不得泄露、扩散标准的内容或者文本。备案的标准一般不对外提供,但法律法规另有规定的除外。

第二十九条 标准备案人员应当认真负责、恪尽职守,不向备案企业提出与备案工作无关的要求。对违反工作纪律、滥用职权、徇私舞弊、玩忽职守的,依法依纪追究相应责任。

第三十条 经备案的企业产品标准,企业应当严格执行。

第三十一条 发现应当备案的企业产品标准未办理备案手续的,或者超过备案有效期限而未复审且未重新办理备案手续的,按无标准生产处理,标准化行政主管部门应当责令其限期改正,并可以向社会公告。

第三十二条 标准在实施过程中,如发现与国家法律、法规或强制性标准不符的,应终止标准的实施,由受理标准备案的部门撤销其备案。

第三十三条 受理企业产品标准备案的行政主管部门,应当在每年元月 15 日前,将上年度受理的企业产品标准备案情况的书面形式汇总报给省标准化行政主管部门。

第三十四条 本办法由江西省质量技术监督局负责解释。

第三十五条 本办法自发布之日起施行。

江西省人民政府关于进一步加强计量工作的意见

赣府发〔2010〕9号

各市、县(区)人民政府,省政府各部门:

为充分发挥计量工作在推动科学发展、改善民生、保护环境中的基础保障作用,加快推进鄱阳湖生态经济区建设,促进全省经济社会又好又快发展,依据有关法律法规,结合我省实际,现就进一步加强计量工作提出以下意见:

一、工作目标

紧紧围绕全面推进鄱阳湖生态经济区建设,认真贯彻落实《中华人民共和国计量法》,以计量综合水平进入中部地区前列为总体目标,不断夯实计量基础,为推动全省科学发展、进位赶超、绿色崛起提供可靠的计量技术保障。到2015年,计量基础建设得到全面发展,建立起适应经济社会发展需要的计量工作模式和运行机制,大型企业及省重点耗能单位基本建立计量测量管理体系;形成涵盖全省各行业需求的计量检测校准公共服务平台,建成5个以上国家级计量检测中心和国际互认的计量检测校准实验室,社会公用计量标准满足社会90%的量值传递(溯源)需求,其中具有国家先进水平的省级计量标准达10项以上;强制检定计量器具受检率达到95%以上,定量包装商品净含量抽检合格率达到97%以上。

二、主要任务

(一)加强计量技术基础建设

统筹利用社会计量资源,加快形成以各级法定计量检定机构为主导,各部门、企事业单位计量检定机构为补充的功能完善的量值传递体系。加快建设我省经济社会发展急需的社会公用计量标准,完善涉及民生、资源节约、环境保护等方面的计量器具检定装置,进一步提升计量标准装置水平和检定(校准)能力,支持我省优势产业发展和污水处理等重大项目建设。加强对各类计量检定(校准)机构的监督管理,规范计量检定(校准)行为,创建一批优秀计量实验室。规范社会公正计量行(站)建设,鼓励社会公正计量行(站)参与大宗物料贸易交接的计量活动,提升其服务经济社会发展的水平。

(二)加强工业计量工作

按照分类指导的原则,推广先进的计量管理模式,引导企业加大投入,在生产加工、工艺控制、产品检验等关键过程合理配置、有效使用合格的计量器具,全面提升企业计量管理水平和检测能力。鼓励大型企业按照GB/T19022－2003(idt ISO10012:2003)《测量管理体系 测量过程和测量设备的要求》,建立和完善计量检测体系,开展测量管理体系认证工作。中小企业要认真贯彻落实原国家质量技术监督局《中小企业计量检测保证规范》(质技监局量发〔2000〕61号),强化计量管理,合理配备计量检测设备,严格生产过程计量检测,切实解决计量检测手段不足和计量管理水平落后的问题。定量包装商品生产企业要依据原国家质量技术监督局《定量包装商品生产企业计量保证能力评价规定》(质技监局量发〔2001〕55号),建立和完善企业计量管理体系,开展计量保证能力评价工作。

(三)加强能源计量工作

指导用能单位依据GB17167－2006《用能单位能源计量器具配备和管理通则》,合理配备、依法管理和正确使用能源计量器具,加强能源计量数据的采集、处理和能源利用状况统计分析。做好能源计量器具的量值传递工作,以准确的计量数据作为各级政府和有关部门实施能源消耗统计监测及节能减排目标考核评价的依据。充分发挥计量技术机构的作用,积极研究能源计量器具在线检定、校准方法,研究和开发节能计量技术,鼓励企业应用节能计量器具。组织制定和修订一批急需的能源计量技术法规、产品能耗和建筑能耗限额标准,加强能源计量专项执法检查,对不能按照规定开展能源计量器具周期检定以及出具虚假能源计量检测数据的,要依法进行处理。

(四)加强强制检定工作

大力实施"关注民生、计量惠民"工程,加强贸易结算、安全防护、医疗卫生、环境监测、行政执法、产品质量检验等关系国计民生的计量器具的周期检定和监督管理,提高强制检定覆盖率和合格率。深入开展以服务民生为主题的计量惠民系列活动,把提高乡村(社区)医疗服务和市场公平交易的计量保障能力作为各级政府民生工程的重要内容,每年两次对全省乡村卫生院(所)、社区卫生服务机构常用医疗器具和集贸市场的衡器实行免费检定,所需资金由质监部门从财政安排的经费中统筹考虑,做到方便群众、造福百姓。

(五)强化商品量计量监管

进一步加强商品量计量监督管理,建立健全长效监管机制。引导生产经营者按照《零售商品称重计量监督管理办法》(国家质检总局令第66号)和《定量包装商品计量监督管理办法》(国家质检总局令第75号)的规定,自觉规范计量行为。加大对守法经营、诚信计量单位的宣传,树立一批具有行业性或区域性示范作用的诚信计量典型。加大计量执法检查力度,严厉打击缺斤短两等损害消费者利益的违法行为,使地方特色商品、粮油、乳制品等与百姓生活息息相关的定量包装商品净含量抽检合格率稳定在95%以上。集中力量组织开展加油机、电能表、衡器计量专项整治工作,依法查处利用计量器具实施作弊的不法行为,切实遏制加油站、商场、餐饮场所等商贸领域缺斤短两、克扣群众等违法行为。

三、保障措施

(一)强化组织领导

各级政府要加强对计量工作的领导,把计量工作纳入国民经济和社会发展总体规划,制定完善相关政策和措施,大力推进本地区的计量工作。质量技术监督部门要加强对计量工作的组织实施和协调指导。发展改革、财政、工信、科技等部门要切实履行职责,制定计量工作发展规划,支持和促进计量工作发展。各有关部门要组织做好本部门、本行业的计量管理工作。大中型企业,特别是重点耗能企业要有履行计量职责的管理机构,负责本企业计量工作的组织实施。

(二)加强协调配合

发展改革、财政、工信、科技和质量技术监督部门要建立协调机制,出台相关政策,支持加快社会公用计量标准建设,完善量值传递体系,引导和鼓励计量科研、技术发明和管理创新。将制定计量检定规程、技术规范,研制计量标准装置、计量器具新产品等列入省科技进步奖评定范围,并按照科技计划项目管理规定申报省科技计划重点项目。

(三)加大资金支持力度

各级政府要加大对计量工作的经费投入,支持各级法定计量检定机构的发展和民生工程的实施,重点保障我省急需的社会公用计量标准建设和落后计量标准装置的更新改造所需经费,为计量事业发展和服务民生提供支持与保障。

(四)加强人才队伍建设

大力实施"科技兴检"和"人才强检"战略,加强计量人才队伍建设。选拔年轻的技术骨干,参加国家级计量院(所)课题项目研究和实验活动,为我省培养和造就一批计量学术带头人。充分发挥高等院校的优势,通过委托培训等多种方式,大力开展企业专兼职计量管理人员培训,培养一批高层次计量技术和管理人才,为提高企业计量管理水平提供人才保证。

(五)加大宣传力度

充分利用广播电视、报刊、互联网等媒体,大力宣传计量法律法规,普及计量科学技术知识,推广使用法定计量单位,宣传计量工作先进典型。组织开展"世界计量日""质量月"等重大宣传活动,提高全社会的计量意识,努力营造政府重视、企业关注、百姓关心的计量工作良好氛围。

江西省人民政府

二〇一〇年三月二十三日

江西省人民政府关于实施质量兴省战略的意见

赣府发〔2010〕33 号

各市、县(区)人民政府,省政府各部门:

为深入贯彻落实科学发展观,加快转变经济发展方式,提升我省经济增长质量和效益,省政府决定在全省实施质量兴省战略,现提出以下意见:

一、指导思想

以科学发展观为指导,以鄱阳湖生态经济区建设为主线,坚持政府推动、部门协作、企业为主、社会参与的原则,进一步创新质量工作体制机制,不断强化质量安全监管,着力增强企业核心竞争力和区域综合竞争力,全面提升质量总体水平,为加快转变经济发展方式,构建社会主义和谐社会,实现江西科学发展、进位赶超、绿色崛起奠定坚实基础。

二、主要目标

通过深入实施质量兴省战略,到"十二五"期末,行业性、区域性质量达到预定目标,主要产业整体素质和企业质量管理水平显著提高,节能减排达到国家有关规定要求。到 2020 年,产品、工程、服务、环境等重点行业和领域质量水平跨入全国先进行列。

(一)产品质量目标。经过 5 至 10 年的努力,主要工业产品 85% 以上按国际标准或国外先进标准组织生产,主导产业整体素质达到国内领先水平,制造业质量竞争力指数排序进入中西部前列。出口产品质量检验检疫合格率达到国内同类产品领先水平,一般产品质量国家监督抽查合格率保持在全国平均水平以上。培育出口免验商品 3 -5 个,国内知名品牌产品 45 个。

——金属材料产品。到"十二五"末,高精铜材、硬质合金工具及硬面材料、稀土深加工产品、中厚钢板、弹簧钢等产品质量达到国内一流水平。重点培育江铜阴极铜、新钢中厚板、钢绞线、方大特钢弹簧扁钢、萍钢螺纹钢、江钨硬质合金等 5 -7 个国内知名品牌产品。建成 2 ~3 个金属材料国家质检中心或国家重点检测实验室和 8 -10 个金属新材料开发及应用企业技术中心。到 2020 年,主要产品 90% 采用国际先进标准生产,国内知名品牌产品达到 10 个。

——新能源产品。到"十二五"末,光伏、锂电等新能源产品生产技术和实物质量达到国内领先水平,重点产品采用国际先进标准生产。建成 1 -2 个光伏等新能源产品国家质检中心或国家重点检测实验室和 3 -5 个新能源产品开发及应用企业技术中心。重点培育赛维 LDK、晶科、江锂等 2 ~3 个国内知名品牌产品。到 2020 年,主要产品 85% 采用国际先进标准生产,国内知名品牌产品达到 5 个。

——装备制造产品。到"十二五"末,汽车、电工电器等领域重点产品的设计水平、成套能力、整机装配合格率、可靠性达到国内领先水平。重点培育江铃、昌河汽车及泰豪中小型发电机等 3 ~5 个国内知名品牌产品。到 2020 年,新能源汽车、中小型发电机组实物质量达到国际先进水平,国内知名品牌产品达到 8 个。

——石化产品。到“十二五”末，化肥、农药、石油、盐化工、精细化工等重点产品实物质量接近或达到国内领先水平。重点培育景德镇开门子复混肥、九石化汽油、蓝星星火有机硅等3~5个国内知名品牌产品。到2020年，主要产品实物质量接近或达到国际先进水平，国内知名品牌产品达到7个。

——电子信息产品。到“十二五”末，主导产品90%采用国际标准生产。重点培育联创LED、晶能LED芯片等2~3个国内知名品牌产品。到2020年，主要产品实物质量接近或达到国际先进水平，国内知名品牌产品达到5个。

——非金属材料产品。到“十二五”末，高技术陶瓷材料、日用陶瓷、工艺陶瓷、建筑陶瓷、水泥等产品实物质量达到国内领先水平。重点培育景德镇陶瓷、万年青水泥等2~3个国内知名品牌产品。建成1~2个非金属材料国家质检中心或国家重点检测实验室和3~5个非金属新材料开发及应用企业技术中心。到2020年，高技术陶瓷、玻璃、无机纳米材料全部采用国际先进标准生产，主要产品实物质量接近或达到国际先进水平，国内知名品牌产品达到5个。

——食品、药品。到“十二五”末，大米及其副产品、白酒、茶叶、山茶油等主要产品实物质量达到国内领先水平，国内食品市场占有率达3%以上。龙头企业加工的食用农产品全部达到绿色食品标准，重点食品企业通过HACCP认证，保健食品生产企业通过GMP认证。重点培育金佳、四特等2~3个具有国际国内影响的绿色食品品牌。药品、化妆品、保健食品评价性抽验合格率分别达到98%、95%、90%，医疗器械监督抽验合格率达到90%。到2020年，国内食品市场占有率达5%以上，争创3~5个具有国际国内影响的绿色食品品牌，培育江中、汇仁、仁和等2~5个具有国内影响的药品、保健食品、医疗器械品牌。

——农产品。到“十二五”末，农产品质量安全强制性指标合格率达到98%，大型农产品批发市场100%纳入质量安全监测范围。新增无公害农产品1500个，新增绿色（有机）食品原料基地25个，新增绿色（有机）食品生产基地400万亩，新增绿色（有机）食品750个，新增国家地理标志保护产品50个。到2020年，无公害农产品、绿色食品、有机农产品认证率达到30%，制定农业地方标准100项，标准化生产基地达到2000万亩。

（二）工程质量目标。经过5至10年的努力，竣工工程质量全部达到国家标准或规范要求，大中型工程和省重点工程建设项目一次性验收合格率达到100%、优良率达到50%，其他工程一次验收合格率达到98%。国家、部委、省级优质工程逐年递增，力争达到或高于全国平均水平。

——建筑工程。到“十二五”末，城市房屋建筑与市政工程质量监督覆盖率、工程质量验收合格率、新建工业项目一次试车成功率均达到100%，城市新建民用建筑实施50%节能标准率达到100%。争创中国建筑工程鲁班奖5项，省优良工程奖300项。到2020年，争创中国建筑工程鲁班奖10项以上。

——公路工程。到“十二五”末，全省高速公路平均优等路率达到95%，干线公路平均好路率达到90%，县城、农村公路平均好路率达到80%。高速公路竣工验收合格率、优良率分别达到100%、90%，干线公路竣工验收合格率、优良率分别达到100%、85%，农村公路竣工验收合格率、优良率分别达到100%、60%。到2020年，全省高速公路、干线公路、农村公路竣工验收优良率分别达到95%、90%、70%。

——水利工程。到“十二五”末,单元工程质量合格率达到100%,优良率力争达到70%。大中型水库全部建立水雨情信息采集、传输、洪水预报和河道防洪决策支持系统。到2020年,水利工程质量优良率力争达到80%。

(三)服务质量目标。经过5至10年的努力,建立覆盖旅游、商贸、交通、电信、金融、保险、医疗卫生等主要服务行业的标准体系,主要服务行业顾客满意率达90%,培育20个服务业省级名牌企业。

——旅游业。到“十二五”末,旅游景区(点)50%达到A级景区,旅游者集中入住的饭店80%达到星级饭店。旅游、酒店、购物、客运、娱乐等服务业标准覆盖率达到90%,游客满意率达到80%,投诉率低于2%。到2020年,旅游服务业50%推行国际标准,游客满意率达到90%,投诉率低于1%。

——商贸物流业。到“十二五”末,商贸企业60%建立质量诚信档案,重点培育15~20家连锁龙头企业,力争2~4家进入全国连锁企业100强,形成3~5个物流服务国内知名品牌。到2020年,3~5家商贸企业进入全国连锁企业100强,形成5~10个物流服务国内知名品牌。

——交通运输业。到“十二五”末,公路长途客运正点率达到80%,铁路客运发送、到达正点率分别达到98%、95%,民航航班正点率达到70%,乘客满意率达到85%,投诉处理及时率达到99%。到2020年,公路长途客运、铁路客运、民航航班正点率均达到85%,乘客满意率达到90%。

——电信业。到“十二五”末,电信计时收费等民生计量问题实现有效监控,顾客满意率达到90%,投诉处理及时率达到99%。到2020年,顾客满意率达到95%。

——金融保险业。到“十二五”末,顾客满意率达到90%,投诉处理及时率达到99%。到2020年,顾客满意率达到95%。

(四)环境质量目标。经过5至10年的努力,全省环境质量保持稳定,好中趋优。全省单位生产总值能耗和主要污染物排放总量得到有效控制,完成国家下达的节能减排目标任务。

——大气环境质量。到“十二五”末,城市(含县城)空气质量达到国家二级标准;南昌、九江等环保重点城市环境空气质量好于二级标准的天数达到300天,到2020年,力争达到320天。

——水环境质量。到“十二五”末,城镇污水处理率达到80%,主要江河湖泊监测断面Ⅰ—Ⅲ类水质比例达85%,城镇集中式饮用水水源地水质达标率达到100%,农村人口饮水基本达到安全标准。到2020年,城镇集中式饮用水水源地水质达标率稳定达到100%。

——生态环境质量。到“十二五”末,全省森林覆盖率达到63%,城市森林覆盖率达到35%,自然保护区面积占全省面积的比重达到9%左右,城镇生活垃圾无害化处理率达到80%。到2020年,建成10个循环经济示范城市、生态城市和环保模范城市。

三、主要任务

(一)推进质量安全工程。坚持属地管理和“谁主管、谁负责”的原则,不断完善打假责任制度、奖励举报制度、专项检查制度和责任追究制度,形成“地方政府负总责、监管部门各负其责、生产经营者为第一责任人”的质量安全责任体系。运用生产许可、强制认证、监督抽查、注册备案等手段,对涉及健康安全的食品、药品、化妆品、危险化学品、特种设备等产品，严把市场准入关。建立健全从产品设计、原料进厂、生产加工、出厂销售到售后服务的工业品全过程监管链条，建立健全从种植养殖、生产加工、流通销售到餐饮消费的食品全过程监管链条。加快建立质量安全风险预警和快速反应机制，切实防范和有效处置产品质量和食品药品安全突发事件，保障经济安全运行，维护人民群众生命财产安全。

（二）推进名牌带动工程。围绕产业经济“十百千亿”工程、科技创新“六个一”工程和十大战略性新兴产业中的重点产品、重点企业和重大项目，制定名牌培育规划。完善以消费者认可和市场评价为基础的名牌产生机制，着力打造江西工业产品名牌、农产品名牌和优势特色服务业品牌，不断提高名牌企业和名牌产品的质量效益。着力通过自主创新、品牌经营、地理标志保护、商标注册、专利申请等手段，培育一批拥有自主知识产权、核心技术和市场竞争力强的知名品牌，壮大一批在全国乃至国际上具有较强竞争力的名牌企业集团和产业集群。鼓励和引导企业发挥名牌带动优势，实施规模扩张，促使各类生产要素向名牌企业集聚。严厉打击生产、销售假冒名牌的违法行为，积极营造有利于名牌产品、名牌企业发展壮大的市场环境。

（三）推进标准提升工程。及时跟踪和掌握国内外先进标准情况，制定并实施全省标准化发展规划，全面提升标准水平。加快农业标准体系和农业标准化示范区建设，积极推行 ISO9000、ISO14000、HACCP 和 GAP 技术标准。支持企业制定高于现行国家标准的企业内控标准，鼓励企业采用国际标准或国外先进标准，不断缩小与国际先进标准的差距，以先进的技术标准提升发展质量。鼓励扶持各类组织参与国际标准和国家标准的制（修）订工作，将具有自主知识产权的技术和专利及时转化为标准，促进技术专利化、专利标准化、标准国际化，抢占行业制高点，掌握行业话语权，提高企业核心竞争力。

（四）推进技术基础工程。从政策、经费等方面加大支持力度，加快建立健全以国家级和省级技术机构为龙头，市级技术机构为骨干，县级技术机构为补充的全省技术机构检验检测公共服务平台。整合检测资源，建立全省大型仪器协作共用网，提升高端技术设备共享水平，实现优势互补。鼓励大型企业建立技术开发中心，引导中小企业联合建立检测实验室。完善计量溯源体系建设，切实做好能源计量和民生计量工作。大力推进安全卫生、节能降耗、环境保护等领域的强制性产品认证，促进企业质量管理、环境管理、职业健康安全等体系认证，推广无公害农产品、绿色食品和有机产品认证。

（五）推进安居畅行工程。加强建设工程质量监督管理，严把项目开工和工程竣工验收关，严格执行招标投标制度、工程监理制度、质量终身负责制度，形成从规划、设计、施工、监理到验收的工程建设监管链条。严格落实国家节能技术标准，加强室内装饰装潢质量监管和检测，完善社区基础设施和公共服务设施，提高物业管理服务质量和水平。抓好交通工程建设特别是特大桥梁、特长隧道等制约性工程的全过程质量监控，切实防范和有效处置重大基础设施工程质量事故。建立道路客运和危险品运输企业安全运行评价制度，强化对客（货）运车辆和驾驶员的规范管理，加强场站安检设施建设和公路安全设施建设，确保道路运输安全。

（六）推进顾客满意工程。进一步提高服务业的服务质量，使服务业尽快成为我省经济增长的主导产业、富民兴赣的重要渠道和扩大对外开放的窗口。在旅游景区、旅行社、旅游酒店广泛开展服务标准化和质量体系认证工作,形成设施完善、服务规范、游客满意的良好旅游环境。严格执行国家电信服务标准,提高通信质量,做到计量准确、服务至上、顾客满意。从建立服务标准化体系入手,增加产品种类,提升服务水平,扩大金融保险业市场。统一规划现代物流信息系统,推行统一的物流服务标准。从构建和谐的医患关系入手,提高医疗服务质量,保证医疗安全,缓解群众看病难、看病贵的问题。引导企业开展"购物放心一条街""百城万店无假货"和"中华老字号"活动,着力提升服务质量和水平。

(七)推进生态保护工程。综合运用法律、行政、经济和技术手段,重点解决危害人民群众健康和影响可持续发展的突出生态环境问题,全面改善空气、水质、土壤质量。加强节能减排监管体系建设,限制高消耗、重污染行业准入,关停一批资源浪费、污染严重的企业,淘汰不符合国家强制性能源效率标准的用能产品、设备和生产工艺。继续实施造林绿化工程,建立健全林业技术标准体系,建立一批林业标准化示范区,继续抓好造林绿化"一大四小"以及生态公益林保护、重点防护林建设等国家重点林业工程。加大环境治理和保护力度,加强重点水源监控,治理源头和支流的水土流失。深入开展电力、煤炭、钢铁、水泥、有色金属、焦炭、造纸、制革、印染等行业的清理整顿,抓好企业污染物达标排放工作。加强垃圾无害化处理设施建设,控制扬尘污染,治理机动车尾气污染。大力推进重点污染源自动监控系统建设,制定突发环境污染事故应急预案,有效预防和处置环境污染事故。

(八)推进净化市场工程。扎实开展以食品、农资、建材、汽车配件、"黑心棉"等为重点产品,以小企业、小作坊、"黑窝点"为重点对象,以农村、城乡接合部为重点地区的专项执法活动,严厉打击制售假冒伪劣产品、实施商业欺诈和侵犯知识产权的行为。以涉及安全、卫生、环保、健康、反欺诈等敏感商品为重点,严把进口检验检疫关,严厉打击进出口商品逃漏检和非法出口行为。进一步规范建筑市场秩序,严厉查处建筑工程领域规避招标、假招标和转包行为,大力推行按质论价、优质优价。加快构建市场监管信息化网络,建立群众举报、质量申诉以及市场价格变化等综合信息分析系统。

(九)推进质量诚信工程。加快整合质量信用信息资源,构建全省质量诚信体系的基本框架和运行机制。以企业质量档案为基础,与合同履约、经营纳税、金融信贷等诚信制度互为依托,逐步建立科学、公正的质量信用评价体系。整合质监、工商、税务、食品药品监管、金融、检验检疫等部门的企业信用信息,构建企业信用信息交换平台,实现行业信用信息交换和共享。严格实施守信激励和失信惩戒机制,对诚信经营、质量过硬的企业,加强宣传,提供优质服务和便利;对管理薄弱的企业,加大监管和巡查力度;对制假售假的企业,依法曝光并处理。督促企业建立缺陷产品召回和投保产品责任保险制度,自觉抵制违法生产经营行为,做到合法生产、守法经营。

(十)推进质量文化工程。坚持把质量教育作为提高全民素质的重要内容,组织开展形式多样、不同层次的质量教育和培训活动,在全社会普及质量知识,培育"以人为本、诚实守信、精益求精、追求卓越"的质量文化。广泛宣传质量兴省战略,深入开展质量月、"3·15"消费者权益保护日等群众性质量活动,增强全民质量意识,形成人人重视质量、人人关心质量、人人享受质量的良好氛围。

以落实“企业质量安全第一责任”为主要内容，采取有效手段，督促和引导企业牢固树立“质量第一”的观念，增强竞争意识、风险意识和法制意识。组织企业开展“质量兴企”“质量提升”“质量赶超”等活动，提高企业质量管理能力。引导企业培育质量文化，使企业负责人、经营管理人员及生产人员牢固树立生产经销优质产品光荣、生产经销假冒伪劣产品可耻的观念。

四、保障措施

（一）强化组织领导。各级政府要高度重视质量兴省工作，将质量兴省工作目标纳入政府工作绩效考核体系，建立健全质量工作目标考核机制和责任追究机制。省质量振兴领导小组负责全省质量兴省工作的组织领导、统筹协调和部署实施，领导小组办公室（省质量技术监督局）承担质量兴省日常工作。建立并实行领导小组成员单位联席会议制度，定期研究分析质量工作形势，通报质量兴省工作进展情况。市、县政府也要相应成立领导机构和工作机构，把质量工作纳入当地国民经济和社会发展规划，深入开展质量兴市（县、区）、质量兴园、质量兴企、质量兴业活动。省直各有关部门要充分发挥职能作用，各负其责，各司其职，认真组织实施质量兴省战略，切实抓好质量监管工作。

（二）加大扶持力度。各级政府要加大对质量工作的投入。省政府设立江西省井冈（省长）质量奖，对在质量兴省工作中做出突出贡献的单位给予表彰和奖励。省财政要统筹安排质量工作经费并列入年度预算，在食品药品安全监管、质量监督抽查、技术标准体系和公共检验检测平台建设等方面进一步加大投入。各级政府和有关部门要重点支持国家级、省级质检中心及重点实验室建设，对获得省级及省级以上名牌产品的企业给予奖励，对参与国际、国家标准制（修）订的企业给予扶持。积极引导公共资源向质量诚信企业和名优企业流动。鼓励银行、保险和担保机构加大对名牌产品生产企业的扶持力度。企业要加大对质量改进、新产品研发和技术进步的资金投入，不断提高产品质量水平。

（三）加强法制建设。不断完善政策支撑体系，加快制定和出台适应我省经济社会发展需要的地方性质量法规、规章。建立健全质量管理执法监督机制，提升执法装备水平，提高执法人员的综合素质和执法水平。落实行政执法责任制，严格责任追究，保证严格执法、公正执法、文明执法和廉洁执法。加大质量执法力度，严厉查处和打击质量违法犯罪行为。不断加强质量普法工作，将质量管理的法律、法规纳入全民普法教育规划，着力增强全社会质量管理的法制意识。

（四）加强队伍建设。坚持培养与引进并重，建设一支高层次、高技能、满足不同需求的质量专业人才队伍。加强质量领域对外合作与人才交流，着力培养一批在质量管理、标准化、计量、认证、卫生学评价和风险评估领域的学科带头人和技术专家。加强岗位职业培训，不断提高各级政府质量管理人员和质量从业人员的业务素质和综合管理能力。加快推行质量专业技术人员职（执）业资格制度，对直接从事涉及人体健康和人身财产安全的产品检验人员，实行产品质量安全检验师职业准入制度。

附件：质量兴省工作任务分解表

江西省人民政府

二〇一〇年十一月二十五日

质量兴省工作任务分解表

项目	具体任务	牵头部门	参与部门
质量安全工程	坚持属地管理和“谁主管、谁负责”的原则,不断完善打假责任制度、奖励举报制度、专项检查制度和责任追究制度,形成“地方政府负总责、监管部门各负其责、生产经营者为第一责任人”的质量安全责任体系。	省政府办公厅 省质监局 省卫生厅 省农业厅 省工商局 省食品药品监管局	省公安厅 省监察厅
	建立健全从产品设计、原料进厂、生产加工、出厂销售到售后服务的工业品全过程监管链条,建立健全从种植养殖、生产加工、流通销售到餐饮消费的食品全过程监管链条。	省质监局 省卫生厅 省农业厅 省林业厅 省食品药品监管局 省工商局	
	运用生产许可、强制认证、监督抽查、注册备案等手段,对涉及健康安全的食品、药品、危险化学品、特种设备等产品,严把市场准入关。	省质监局 省食品药品监管局	
	加快建立质量安全风险预警和快速反应机制,切实防范和有效处置产品质量和食品药品安全突发事件,保障经济安全运行,维护人民群众的生命财产安全。	省质监局 省卫生厅 省食品药品监管局 省住房城乡建设厅 省农业厅 省环保厅	
名牌带动工程	围绕产业经济“十百千亿”工程、科技创新“六个一”工程和十大战略性新兴产业中的重点产品、重点企业和重大项目,制定名牌培育规划。	省质监局	省发改委 省工信委 省财政厅 省旅游局
	完善以消费者认可和市场评价为基础的名牌产生机制,着力打造江西工业产品名牌、农产品名牌和优势特色服务业品牌,不断提高名牌企业和名牌产品的质量效益。	省质监局 省农业厅 省发改委	省工信委 省商务厅
	鼓励和引导企业发挥名牌带动优势,实施规模扩张,促使各类生产要素向名牌企业集聚。	省发改委 省工信委 省国资委 省质监局	

续表

项目	具体任务	牵头部门	参与部门
名牌带动工程	着力通过自主创新、品牌经营、地理标志保护、商标注册、专利申请等手段，培育一批拥有自主知识产权、核心技术和市场竞争力强的知名品牌，壮大一批在全国乃至国际上具有较强竞争力的名牌企业集团和产业集群。	省质监局 省工商局 省科技厅	省发改委
	严厉打击生产、销售假冒名牌的违法行为，营造有利于名牌产品、名牌企业发展壮大的市场环境。	省质监局 省工商局	省公安厅
标准提升工程	及时跟踪和掌握国内外先进标准情况，制定并实施全省标准化发展规划，全面提升标准水平。	省质监局	省发改委
	加快农业标准体系和农业标准化示范区建设，积极推行ISO9000、ISO14000、HACCP和GAP技术标准。	省农业厅 省质监局 江西出入境检验检疫局 省发改委 省财政厅	
	支持企业制定高于现行国家标准的企业内控标准，鼓励企业采用国际标准或国外先进标准，不断缩小与国际先进标准的差距，以先进的技术标准提升江西科学发展的质量。	省质监局 江西出入境检验检疫局	省国资委 省工信委
	鼓励和扶持各类组织参与国际标准和国家标准的制（修）订工作，将具有自主知识产权的技术和专利及时转化为标准，努力促进技术专利化、专利标准化、标准国际化，占领行业制高点，掌握行业话语权，提高企业核心竞争力。	省质监局 江西出入境检验检疫局	省工信委 省科技厅 省国资委
技术基础工程	从政策、经费等方面加大支持力度，加快建立健全以国家级和省级技术机构为龙头，设区市级技术机构为骨干，县级技术机构为补充的全省技术机构检验检测公共服务平台。	省发改委 省质监局 江西出入境检验检疫局 省卫生厅 省农业厅	省财政厅
	整合检测资源，建立全省大型仪器协作共用网，提升高端技术设备共享水平，实现优势互补。	省发改委 省科技厅 省教育厅	
	鼓励大型企业建立技术开发中心，引导中小企业联合建立检测实验室。	省工信委	

续表

项目	具体任务	牵头部门	参与部门
技术基础工程	完善计量溯源体系建设,切实做好能源计量和民生计量工作。	省质监局	
	大力推进安全卫生、节能降耗、环境保护等领域的强制性产品认证,促进企业质量管理、环境管理、职业健康安全等体系认证,推广无公害农产品、绿色食品和有机产品认证。	省质监局 江西出入境检验检疫局 省发改委 省财政厅	省工信委
安居畅行工程	加强建设工程质量监督管理,严把项目开工和工程竣工验收关,严格执行招标投标制度、工程监理制度、质量终身负责制度,形成从规划、设计、施工、监理到验收的工程建设监管链条。	省住房城乡建设厅	
	严格落实国家节能技术标准,加强室内装饰装潢质量监管和检测,完善社区基础设施和公共服务设施,提高物业管理服务质量和水平。	省住房城乡建设厅	
	抓好交通工程建设特别是特大桥梁、特长隧道等制约性工程的全过程质量监控,切实防范和有效处置重大基础设施工程质量事故。	省交通运输厅	
	建立道路客运和危险品运输企业安全运行评价制度,强化对客(货)运车辆和驾驶员的规范管理,加强场站安检设施建设和公路安全设施建设,确保道路运输安全。	省交通运输厅 省公安厅	
顾客满意工程	努力提高旅游、电信、金融、保险、现代物流、民航、交通、医疗卫生、文化及创意、商贸流通等服务业的服务质量,使服务业尽快成为我省国民经济增长的主导产业、富民兴赣的重要渠道和扩大对外开放的窗口。	省旅游局 省工信委 省卫生厅 省商务厅 省交通运输厅 江西银监局 江西保监局 省通信管理局 省邮政管理局 民航江西监管局 南昌铁路局	

续表

项目	具体任务	牵头部门	参与部门
生态保护工程	综合运用法律、行政、经济和技术手段,重点解决危害人民群众健康和影响可持续发展的突出生态环境问题,全面改善空气、水质、土壤质量。	省环保厅 省发改委	
	加强节能减排监管体系建设,限制高消耗、重污染行业准入,关停一批资源浪费、污染严重的企业,淘汰不符合国家强制性能源效率标准的用能产品、设备和生产工艺。	省发改委 省环保厅	省质监局 省工信委 省国资委
	继续实施造林绿化工程,建立健全林业技术标准体系,建立一批林业标准化示范区,继续抓好造林绿化"一大四小"以及天然林保护、重点防护林工程建设。	省林业厅	
	加大环境治理和保护力度,加强重点水源监控,治理源头和支流的水土流失。	省水利厅 省环保厅	省发改委
	加强垃圾无害化处理设施建设,控制扬尘污染,治理机动车尾气污染。推进重点污染源自动监控系统建设,制定突发环境污染事故应急预案,有效预防和处置环境污染事故。	省环保厅	省发改委 省住房城乡建设厅 省交通运输厅 省公安厅
	开展钢铁、有色、光伏、化工、水泥等重污染行业的清理整顿,抓好企业污染物达标排放工作。	省环保厅	省工信委 省国资委
净化市场工程	扎实开展以食品、药品、农资、建材、汽车配件、"黑心棉"等为重点产品,以小企业、小作坊、"黑窝点"为重点对象,以农村、城乡接合部为重点地区的专项执法活动,严厉打击制售假冒伪劣产品、实施商业欺诈或侵犯知识产权的行为。	省质监局 省工商局 省食品药品监管局 省商务厅	省公安厅
	以涉及安全、卫生、环保、健康、反欺诈等敏感商品为重点,严把进口检验检疫关,严厉打击进出口商品逃漏检和非法出口行为。	江西出入境检验检疫局 省商务厅 省农业厅	省工商局
	进一步规范建筑市场秩序,严厉查处建筑工程领域规避招标、假招标和转包行为,大力推行按质论价、优质优价。	省住房城乡建设厅	省监察厅
	大力构建市场监管信息化网络。建立群众举报、质量申诉、产业结构调整以及市场价格变化等综合信息分析系统。	省发改委 省质监局 省工商局 省住房城乡建设厅	省旅游局 江西银监局 江西保监局 省卫生厅 省商务厅

续表

项目	具体任务	牵头部门	参与部门
质量诚信工程	加快整合质量信用信息资源,构建全省质量诚信体系的基本框架和运行机制。以企业质量档案为基础,与企业合同、经营纳税、金融借贷等诚信制度互为依托,逐步建立科学、公正的质量信用评价体系。	省质监局 江西出入境检验检疫局 省发改委	省工商局 省国税局 省地税局 江西银监局 省统计局
	整合质监、工商、税务、金融、检验检疫等部门的企业信用信息,构建企业信用信息交换平台,实现行业信用信息交换和共享。	省质监局 省发改委 江西出入境检验检疫局	省工商局 省国税局 省地税局 江西银监局 省统计局
	严格实施守信激励和失信惩戒机制,对诚信经营、质量过硬的企业,加强宣传,提供优质服务和便利;对管理薄弱的企业,加大监管和巡查力度;对制假售假的企业,依法曝光并处理。	省质监局 江西出入境检验检疫局 省发改委 省工商局	省委宣传部 省广播电影电视局
	督促企业建立缺陷产品召回和投保产品责任保险制度,自觉抵制违法生产经营行为,做到合法生产、守法经营。	省质监局 江西出入境检验检疫局 江西保监局 省发改委	省工信委 省国资委
质量文化工程	把质量教育作为提高全民素质的重要内容,组织开展形式多样、不同层次的质量教育和培训,在全社会普及质量知识,培育"以人为本、诚实守信、精益求精、追求卓越"的质量文化。	省质监局 江西出入境检验检疫局	省委宣传部 省工商局
	广泛宣传质量兴省战略,深入开展质量月、3·15消费者权益保护日等群众性质量活动,提高全民质量意识,形成人人重视质量、人人关心质量、人人享受质量的良好氛围。	省质监局 江西出入境检验检疫局 省工信委 省住房城乡建设厅 省工商局	省委宣传部 省广播电影电视局
	以落实"企业质量安全第一责任"为主要内容,采取有效手段,督促和引导企业牢固树立"质量第一"的观念,增强竞争意识、风险意识和法制意识。	省质监局 江西出入境检验检疫局 省工信委 省国资委	
	组织企业开展"质量兴企""质量提升""质量赶超"等活动,提高企业质量管理能力。引导企业培育质量文化,使企业负责人、经营管理人员及生产人员均树立生产经销优质产品光荣,生产经销假冒伪劣产品可耻的观念。	省质监局 江西出入境检验检疫局 省工信委 省国资委	

编纂始末

2012年4月,根据省政府办公厅《关于印发第二轮江西省志编纂工作方案的通知》(赣府厅字〔2012〕6号)精神,省质监局成立江西省质量技术监督志编纂委员会,下设编纂室,后对各处室和各单位进行编纂分工。

2016年6月3日,省质监局党组召开专题会议,研究部署《江西省志·质量技术监督志(1991—2010)》编纂工作的推进措施,抓紧调整编纂委员会和办公室成员,由此《质量技术监督志(1991—2010)》的编修工作正式启动。6月7日,省质监局下发《关于成立第二轮〈江西省志·质量技术监督志(1991—2010)〉编纂机构的通知》,重新调整编纂委员会组成人员,编纂委员会主任由省质监局党组书记、局长王福平担任,常务副主任由省质监局党组成员、副局长蔡玮担任,其他各位局领导为副主任,省局机关各处室、各直属单位主要负责人为成员。下设编纂办公室(以下简称编纂办),编纂办公室主任李捷,副主任朱小东,成员有吴玉屏、黄军根(后调整为宋丹妮)组成。编纂办具体负责志书编纂的组织、实施、协调等各项工作。负责志书和长编的审核、统稿。负责序、编纂说明、编纂始末等撰写。负责指导、督导各处室和各单位资料搜集、长编和志书初稿撰写及进度督查,负责志书的总纂。负责组织编纂人员业务培训,与地方志办和内部处室、单位的沟通协调,负责组织志书和长编的内审评议、志书初审、复审和志书验收等有关工作。

2016年6月15日,省质监局召开第二轮编纂工作动员大会,对推进省质监局编纂工作进行全面部署,建立严格的修志责任制和联络员工作制,并从经费和办公场地等方面给予编纂工作大力支持。根据《江西省编办关于省质量技术监督局主要职责内设机构和人员编制调整的通知》(赣编办发〔2013〕53号),省质监局食品安全监管职责划入省食品药品监督管理局,经报请省方志办同意,明确食品监管内容由省食品药品监督管理局负责撰写。至7月7日,篇目大纲按照质量技术监督职能及门类设12篇42章,章下设节,经反复讨论、数易其稿,终形成第一稿。7月8日,省质监局下发《关于印发〈江西省志·质量技术监督志(1991—2010)编纂工作实施方案〉的通知》,进一步明确内容结构、时间和进度安排以及志书的篇目大纲和编纂分工,各篇章由省质监局相关处室、直属各单位独立编纂,设区市质监概况由各设区市质监局、市场和质量监管局独立编纂,由省质监局编纂办总纂成志。

会后,各承编单位全力以赴开展资料搜集、修改志书篇目大纲、试写资料长编和志书初稿。志书编写的内容前后跨度20年,这20年,质监部门几经分分合合,职能变化较大,人员更换频繁,资料保存不是很完整。特别是很多地市质监部门已经合并为市场和质量监管局,原始资料的搜集就更为困难,而原始资料的完整性和准确性正是志书撰写的基础。在这种情况下,编纂办将1980—

1999 年 20 年间已交付省档案馆保存的相关资料进行数字化加工,解决了 2000 年前 10 年资料无从查找的问题;同时协助完成省局档案室文件资料的整理工作,便于编纂人员调取、拷贝和使用;并先后下发《关于做好资料收集工作的函》《关于协调相关处室联系对口协会提供资料的函》《关于请提交〈江西省志・质监志〉相关资料的函》等通知;在编纂过程中,积极与省档案馆联系,协商好撰稿人员查阅档案事宜,较好地解决了涉及其他厅局文件资料搜集困难的问题。

为加强工作调度,编纂办坚持定期召开撰稿人员调度会议,及时解决编纂工作中遇到的困难和问题。深入到抚州、赣州等地进行调研,帮助抚州局率先完成《抚州市质量技术监督概况》的资料长编和初稿,作为样稿给其他地市局参考借鉴。定期向省地方志办报送工作动态。同时建立质监志工作群,在工作群发布《志书编纂知识和要求》《关于编写江西省质监志资料长编的若干要求》《省志工作简报》等编纂知识文稿 46 篇、发布志书样稿 8 篇、统一各篇志稿格式、内容形式等,在工作群解答编纂工作中遇到的问题、上传会议纪要、部署编纂任务,使撰稿人员第一时间了解和掌握编纂知识和进度。

为提高编纂质量,2016—2018 年,省局连续三年举办撰稿人员编纂业务培训暨集中编纂会议,取得事半功倍的效果。

第一次培训时间是 2016 年 9 月,培训期间集中完成志书初稿和资料长编(第一稿)。2016 年 10 月至 2017 年 2 月,编纂办对志书初稿(第一稿)进行审核并提出修改意见,各承编单位依据修改意见,重点围绕前十年内容缺乏等问题有针对性的修改、补充和完善,编纂办再审核、再修改,形成志书初稿(第二稿)。

2017 年 3—8 月,省地方志办专家和聘请的编纂指导对志书初稿(第二稿)进行审阅,发现存在不少问题。期间,编纂办召开紧急内务会议,就存在的问题和未完成工作进行研究和再分工,同时明确吴玉屏为总纂稿。内务会后,编纂办一方面继续加强对各单位撰稿人员的指导,一方面抓紧审编各单位资料长编。9—10 月,总纂稿将志书初稿(第二稿)审核后每篇的修改意见发给各承编单位。针对志稿中存在的问题,2017 年 10 月底,省质监局对所有的撰稿人员组织第二次培训,编纂委员会常务副主任蔡玮,编纂办主任李捷到会指导,省方志办专家现场教学,并采用集中编纂的方式进行统一修改,查漏补缺,取长补短。这轮修改完形成志书初稿(第三稿)经各处室各单位主要负责人和老同志审阅后于 2017 年 12 月至 2018 年 2 月陆续上报。总纂稿人对(第三稿)进行再加工修订,尽量避免各篇内容上的交叉重复,力求体例规范、文风统一,于 2018 年 4 月初完成对整本志书的总纂,形成约 85 万字的《质量技术监督志(1991—2010)》(初审稿)。同时编纂办将修改后的资料长编进行统一编审形成约 445 万字的资料长编。

2018 年 5 月初,编纂办完成了志书和资料长编的校稿、排版和印刷;5 月中旬将编印好的《质量技术监督志(1991—2010)》(初审稿)发给编纂委员会和各承编部门征求意见,并向省地方志办提出初审申请。6 月下旬,省质监局组织召开《质量技术监督志(1991—2010)》内审会议,编纂委员会主任王福平和常务副主任蔡玮出席会议并讲话,机关各处室、各直属单位负责人,老专家代表,编纂办同志近 40 人参加会议。参会人员进行认真细致的评审,共提出意见和建议 99 条。编纂办对这些意见和建议进行汇总梳理,以便于下一步初审稿的统一修改。

按照志书成书的程序，必须经过初审、复审、验收三个重要环节。2018 年 7 月，省质监局联系省地方志办组织召开《江西省志·质量技术监督志（1991—2010）》初审会。省地方志办领导和专家充分肯定《质量技术监督志》（初审稿）的质量，在全省分志中，《质量技术监督志》是第 35 部进入初审的，属于编纂时间较短编纂质量较高的单位。与会专家就图照、篇目、概述、大事记、正文、记述方法、图表等方面提出各自的修改意见和建议。

初审会后，编纂办花了 2 个月的时间把内审、初审会上和对外征求到的共 600 多条意见和建议进行认真梳理，形成 4 万字的《初审稿修改意见书》。9 月，省局召开《质量技术监督志》编纂工作第八次调度会，对初审稿中存在问题进行详细讲解，布置近期修改任务，同时把《初审稿修改意见书》发给大家对照进行资料补充和修改。

2008 年 11 月中旬，省市场监督管理局成立之初，举办了第三次《质量技术监督志》撰稿人员业务培训暨集中编纂会议，邀请省地方志办方志处的专家进行专题培训和答疑解惑。培训期间，在编纂办的组织下，撰稿人员认真对照《初审稿修改意见书》进行集中修改，共同探讨和研究各章节的写法，反复核实史料，对各篇中存在的问题做好资料补充、文字和数据校稿等基础修改工作，此次培训达到预期的效果。

2019 年 1 至 6 月，撰稿人员和编纂办对初审稿反复修改，编纂指导吴生龙也对此轮修改提了很多有益的意见和建议。总纂稿吴玉屏对全书内容逐段逐章逐篇进行总纂，并重点对图照、概述、大事记和正文的志体和内容反复推敲和修订，形成近 100 万字的《质量技术监督志》（复审稿）；同时狠抓版面设计，从收集到的 3000 余幅图片中精选具有代表性的图片约 120 幅分类别排列，使志书更具有观赏性和收藏性。

为更好地完成编纂任务，努力打造精品佳志，7 月，省局下发《江西省市场监管局办公室关于调整第二轮〈江西省志·质量技术监督志（1991—2010）〉编纂机构的通知》，对编纂委员会和编纂办公室的人员进行调整，进一步明确了职责。

8—9 月，编纂办完成复审会议申请报告、关于《江西省志·质量技术监督志（1991—2010）》（复审稿）的编纂报告、并将修改情况形成 6 万字的《质量技术监督志初审稿修改意见汇总书》等材料；对复审稿征求完意见，紧锣密鼓为复审会的召开做好各项会前准备工作。10 月 12 日，《江西省志·质量技术监督志（1991—2010）》复审会在省市场监管局召开。省地方志编纂委员会副主任、省地方志办党组书记、主任甘根华，省市场监管局党组成员、副局长蔡玮参会并讲话，省地方志办党组成员、副主任杨志华主持会议。省市场监管局副巡视员李捷、省地方志专家、省市场监管局专家及编纂办全体人员参加会议。

会上，省地方志办领导指出，与初审稿相比，复审稿质量有很大的提升，内容丰富翔实、章节设计合理、语言简洁流畅，符合志书行文规范要求，基本能反映 20 年全省质量技术监督事业的发展历程。同时还将修改情况专门形成《质量技术监督志初审稿修改意见汇总书》，在修改过程中一些好的做法值得推广。与会专家对复审稿进行认真细致的评审，对复审稿中存在问题提出修改意见和建议。

2019 年 10 月复审会后，编纂办总结几年工作中好的经验做法，将收集到的意见整理成近 5 万字的《复审稿修改意见书》,有计划有部署的指导撰稿人员开展复审稿的修改工作。至2020年6月底,已全面完成对复审稿的修改、总纂、校稿、排版、印刷、保密审核等各项验收前准备工作,于9月21日在省地方志办召开了验收会,在全省102部分志中,《质量技术监督志》是第27部通过验收的分志。之后编纂办同志再接再厉于2021年1月完成对验收稿的修改和总纂,全面完成《质量技术监督志》的编纂任务。

《江西省志・质量技术监督志(1991—2010)》是在省局编纂委员会的领导下,在全省质监系统各单位的共同努力下完成的一项大型文化工程。它力求全面真实地记述江西质量技术监督20年来改革发展、探索创新取得的成绩和经验,突出时代特征和质量技术监督行业特点。由于历史原因,2016年6月前省质监局的编纂工作一度处于停滞状态,滞后其他厅局好几年。在省质监局新一届编纂委员会的正确领导下,编纂办认真组织、稳步推进、创新方法、赶超进度,使《江西省志・质量技术监督志(1991—2010)》的编纂工作从落后行列进入到上游行列。

质监系统共有数十名同志参与志稿和资料长编的撰稿工作,分别是曾亮、吴玉屏、吴生龙、黄军根、虞惠霞、严小芳、徐春林、杨文峰、宋建群、邹建芳、肖保琼、付宁凯、欧阳勇、姚勇、徐美、成健、肖炜、邓小淳、胡国清、甘蓓、熊京慧、陈业正、黄海鹰、周秋英、吴明国、黄虹、肖熳、康轶涵、程希、周峻、卢博、邓洪、张立锐、刘希贤、冯中贵、黄俊、崔宇、朱尚俊、彭玉英、钱国兵、陈少华、李晓明、刘春江、刘炎、丁永红、曾子云、宋丹妮、徐欢(按照篇目排序)等。参与编纂本志书的同志几年来兢兢业业、不计得失、一丝不苟、精益求精。原省质监局领导和各处室、各直属单位主要负责人都参与了审稿,这部志书凝聚着全系统的集体力量和智慧。

本志编纂工作得到省地方志办公室领导和方志处的许多指导和帮助;省局各处室、各直属单位、各设区市局均大力支持配合,对修志工作尽心尽力;聘请的吴生龙、李江生、刘柏修、涂小福等专家帮助审稿不遗余力,在本志完成之际,向以上人员表示诚挚的谢意。

编修本志历经4年多,编纂过程也是不断修改完善的过程,从第一稿到验收稿,共进行5轮大的修改,对篇目大纲修改多达9稿,有二分之一以上的篇章编纂办和各篇撰稿人员反复修改多达十几稿,小修改补充难计其数。尽管如此,仍难免有疏漏讹误之处,恳请读者批评指正。

编　者

2021年1月

图书在版编目(CIP)数据

江西省志. 质量技术监督志 : 1991—2010 / 江西省地方志编纂委员会编. --南昌 : 江西人民出版社, 2021.12

ISBN 978-7-210-13480-0

Ⅰ. ①江… Ⅱ. ①江… Ⅲ. ①江西-地方志 ②质量技术监督-概况-江西-1991-2010 Ⅳ. ①K295.6 ②F279.23

中国版本图书馆CIP数据核字(2021)第279770号

江西省志·质量技术监督管理志:1991—2010(上下册)
江西省地方志编纂委员会 编
出版总监:张德意 梁 菁
出版总协调:涂如兰
责任编辑:胡 滨
责任印制:潘 璐
特约编辑:邱尚仁
书籍设计:同异文化传媒
出版发行:江西人民出版社
经 销:各地新华书店
地 址:江西省南昌市三经路47号附1号
编辑部电话:0791-86893196
发行部电话:0791-86898815
邮 编:330006
网 址:www.jxpph.com
E-mail:jxpph@tom.com
2021年12月第1版 2021年12月第1次印刷
开 本:889mm×1194mm 1/16
印 张:60 插页:12
字 数:1464千字
ISBN 978-7-210-13480-0
定 价:1200.00元
承 印 厂:深圳市精彩印联合印务有限公司
赣版权登字-01-2021-857